東アジア長期経済統計

7

金融

徳原 悟

渡辺利夫……監修
拓殖大学アジア情報センター……編

刊 行 の 辞

　東アジアは欧米列強や日本の長年にわたる植民地支配から独立を達成し，以来，半世紀を経過した。この間，東アジアは経済発展のための物的基盤はもちろんのこと，組織的・制度的基盤さらには人的資源基盤の形成を求めてこれに大きな努力を傾注してきた。努力の成果はまことに大きいものであった。

　二つの端的な指標について言及してみよう。一つは，工業化の進展である。東アジアの工業化率すなわち国内総生産額に占める工業生産額の比率は，1950年前後において5～10％であった。工業化率は1970年代以降急速に高まり，NIES（新興工業経済群）ならびに東南アジア諸国の同比率は今日30～35％に達し，日本のそれと同水準にいたった。植民地支配の下におかれ語るに足る工業基盤をもっていなかった東アジアが，独立以降に蓄積してきた生産能力には高い評価が与えられるべきである。

　もう一つの指標は，世界貿易における東アジアのプレゼンスの拡大である。工業生産能力の拡充が輸出競争力の強化となってあらわれたのである。輸出競争力は1980年代後半期に入って一段と強化された。世界の総輸入額に占める東アジア（NIES，東南アジア諸国，中国）の比率は，1985年には10％以下であったが，現在では20％近傍に達した。しばらく前まで貧しく停滞的だとみなされてきた東アジアが，たかだか十数年の間に世界のマーケットシェアにおいて2割近くを占めたという事実は画期的である。

　こうした指標にあらわれる東アジアの発展軌跡を追うことは，われわれアジア研究者の重要な課題である。しかし，半世紀にわたる東アジアの発展過程を追究するに際して重大な制約となっているのが，長期経済統計の不備である。近年，東アジアにおいて統計整備が進んでいることは喜ばしい。しかし，1950年代から1970年代までの苦闘の開発過程においては統計整備にまでは手がまわらなかったのであろう。統計は多くの国において欠落しており，存在していても断片的であったり，信憑性に欠ける。さらに各国で用いられる統計概念は多様であり，時代をさかのぼればのぼるほど相互の比較可能性は薄くなる。

　われわれは，各国政府，国際機関が公表した統計をあたうる限り広く収集し，適切と思われるあらゆる統計学的手法を駆使して欠落部分を推計し，相互の比較を可能とするよう統計概念整合化の努力を試みた。かくして成ったものが本シリーズ『東アジア長期経済統計』（全12巻＋別巻3）である。各巻は長期かつ比較可能性をキーコンセプトとして編集された。整備された長期統計を用いて各巻のテーマについての分析も試みられている。

i

刊 行 の 辞

　本事業に協力された多くの研究者ならびに勁草書房，同社編集部の宮本詳三氏には心から感謝する。本シリーズは拓殖大学創立100周年記念事業の一つとして編まれたものであり，研究ならびに刊行のための予算に格段の配慮を賜った同大学に深甚の謝意を表する。

　本シリーズが東アジアの長期経済社会発展の軌跡を追うという関心に応える「知的インフラ」として役立つことを切望する。

　平成11年　秋寒

監修者　渡 辺　利 夫

監修者まえがき

　イギリスは産業革命の成果を木綿繊維工業に取り入れて経済発展を遂げた。それに続き，アメリカやドイツは重化学工業を基盤とした発展を経験してきた。その後に続くフランス，日本，ロシア，そして第二次世界大戦後にはアジアをはじめとする開発途上国も工業化を通じて，自国の経済発展を遂げてきた歴史がある。これまでの歴史を振り返ると，工業化なくして，経済発展は成しえないということである。

　経済発展の要となる工業化は，果たしてどのような要因によって支えられているのだろうか。このことは経済成長の理論にも示されているとおり，労働力，機械設備や工場施設などの資本，および技術進歩が重要視されている。確かに，これらの要素が組み合わされ，財・サービスが生産されるならば，経済は成長する。しかし，労働者の雇用，機械設備や工場施設への投資，そして技術開発，このどれをとっても資金なくしては成しえないことである。この資金をいかにして調達し，そしてそれをいかに産業に振り向けていくことができるかに工業化の成否がかかっている。経済発展における金融の役割はここにある。

　家計などの黒字主体から資金を集め，それを企業などの赤字主体に資金融通することが金融の重要な役割の１つである。この資金融通のあり方を類型化したのが，「間接金融」や「直接金融」と呼ばれるものである。前者は，預金を取り扱う商業銀行が担い，そして後者は株式や債券を扱う証券会社が担う。どちらのタイプが中心になるかは，各国が推し進める工業化の時代背景や経済の発展段階によって異なってくる。例えば，イギリス，ドイツ，フランスなどの工業化の歴史的研究から金融パターンを類型化したアレクサンダー・ガーシェンクロンは，後進国になるほど銀行の役割が大きくなるとしている。本書の分析対象となるアジア諸国の金融システムも銀行中心型であり，ガーシェンクロンの主張を裏付けている。

　アジアは厳しい初期条件（initial conditions）から経済発展の長く厳しい道のりを踏み出した。所得水準が低いことからくる低貯蓄率のため，投資需要に足るだけの資金を産業に供給することができずにいた。国民から集めた少額の預金を準備として，銀行は信用創造機能をフルに発揮して資金供給を行ってきた。そして政府も希少な資源である資金を有望産業に向ける仕組みを構築し，まさに国家全体で工業化を推進してきたのであった。例えば，戦略的産業への信用割当，人為的低金利政策などは，厳しい初期条件の中で幼稚産業を育成・保護していくために生み出された工夫の１つである。現代の経済理論からみると，これらの仕組みは政府の市場介入の最たる例であり，資源配分を歪めたという評価がなされることもある。しかし，資金不足や幼稚産業の負担軽減というアジアの当時の実情を斟酌するならば，制度的工夫と言えるだろ

iii

う。

　その後，世界的規模で進む金融の自由化・国際化の潮流は，アジア諸国にも例外なく流れ込んできた。金融の自由化・国際化により，アジアの国々は，海外直接投資，ポートフォリオ投資，銀行貸付，その他短期資本などのさまざまな形態の海外資金を取り入れる機会を得た。アジアの国々は対 GDP 比でみて 30% を超える貯蓄率を誇るまでに成長した。しかし，その貯蓄率を凌ぐほどの投資需要があり，海外資金へのアクセス機会拡大は 1 つのメリットでもあった。現に，アジアに巨額の資金が流れ込むと，経済の成長は加速化した。この経済成長がさらに資金を呼び込み，それが投資を増やし，さらに経済を成長させるという好循環に恵まれたのである。まさに 1980 年代後半から 1990 年代半ばまでの高成長は，国際資金の流入によって支えられていたのであった。

　しかし，この国際資金の中に浮動性の高い短期資金がかなり含まれていたことが災いし，アジアは通貨・金融危機により大きな経済的後退を余儀なくされた。危機の災禍は，タイから隣国のマレーシア，インドネシアに飛び火し，そして韓国まで広がりをみせた。短期資金の流出入にアジアの国々は翻弄されたのである。過去にアジアで発生した国際収支危機や累積債務危機などの時点と比べると，経済のファンダメンタルズに大きな問題があったわけではなかった。「アジアは危ないかも知れない」，という投資家の期待が不幸にも実現してしまったのである。もちろん，アジアの国々にも問題がないわけではない。国際資金取引に十分対応できるまでに金融・資本市場が整備され，金融機関の経営健全性が確保されていなかった。

　通貨・金融危機を教訓として，アジアは国際資金の門戸を閉ざすのではなく，新たな金融改革に取り組んでいる。長期の投資資金を安全に調達するために，株式や債券などを取引する資本市場の育成・強化を進めている。これまで銀行だけに資金調達を任せ過ぎたことの反省でもある。アジアは頑健な金融システムの構築に全力を傾けている最中である。これまで，アジアは幾度となく危機を乗り越え，持続的な経済発展を遂げてきた。アジアの潜在成長力はいまなお強い。

　本書の分析編では，これまでアジアが辿ってきた経済発展の道筋を金融というフィルターを通して一望することができるものとなっている。筆者の徳原悟教授の真摯な努力に深い敬意を表する。

監修者　渡　辺　利　夫

目　　次

刊行の辞
監修者まえがき

分　　析

序　章　分析の目的と概要 ……………………5
　　　　本書の目的　5
　　　　各章の概要　6

第1章　東アジアの工業化と金融システム
　　　　の歴史的変化 …………………………8
　　　　はじめに　8
　　　(1) 東アジアの金融部門の発展　9
　　　(2) 経済発展と金融の役割　12
　　　　　　開発途上国の資金調達方式　13
　　　　　　間接金融下における金融システム　14
　　　　　　東アジアにおける工業化資金の供給　15
　　　(3) 工業化戦略と金融システムの変化　17
　　　　おわりに：持続的発展に向けての金融シ
　　　　ステム　22

第2章　東アジアの金融制度改革の背景と
　　　　その概要 …………………………25
　　　　はじめに　25
　　　(1) 経済成長と金融機構の整備　25
　　　(2) 金融制度改革の契機　26
　　　　　　預金・貸出金利の自由化　27
　　　　　　金融機関間の競争促進　28
　　　　　　資本市場の育成・強化　28
　　　　　　外国為替管理の緩和　29
　　　　　　非制度金融機関の縮小　29
　　　　　　金融機関に対する監督・規制の整備　30
　　　(3) 東アジアにおける金融的相互依存関
　　　　　係の深化　30
　　　(4) 韓国の金融自由化・国際化　31

　　　　　　金融自由化・国際化以前の金融シス
　　　　　　テム　31
　　　　　　金融自由化・国際化の動向　33
　　　　　　資本市場の育成・強化　34
　　　　　　外国為替管理の緩和　34
　　　　　　外資規制の緩和　35
　　　　　　金融・資本市場の監督強化　35
　　　　　　韓国の金融深化　35
　　　(5) フィリピンの金融自由化・国際化　37
　　　　　　フィリピンの1970年代の金融制度
　　　　　　改革　37
　　　　　　1980年代以降の金融制度改革　38
　　　　　　金融自由化・国際化の動向　38
　　　　　　金融・資本市場の監督・規制体制の
　　　　　　整備　40
　　　　　　資本市場の育成・強化　40
　　　　　　外国為替管理の緩和　41
　　　　　　外資規制の緩和　41
　　　　　　フィリピンの金融深化　42
　　　　　　今後の課題　43
　　　　おわりに　44

第3章　工業化と国際収支危機，対外債務
　　　　危機，そして資本逃避 ……………45
　　　　はじめに　45
　　　(1) 国民所得勘定と国際収支　45
　　　(2) 経済開発と2つのギャップ　47
　　　(3) 国内金融情勢と国際収支危機　49
　　　　　　韓　　国　50
　　　　　　フィリピン　52
　　　(4) 国内金融と累積債務問題　53

v

　　　　　危機の背景　54

　　　　　債務危機の発生　54

　　　　　対外債務返済能力　55

　　　　　韓国とフィリピンのケース　55

　　（5）資本逃避と国内金融市場　61

　　　　　財政・金融政策とインフレーション　61

　　　　　インフレーションと資産選択　62

　　　　　闇市場への外国為替の供給　63

　　　　　東アジアにおける資本逃避　63

　　おわりに　65

第4章　金融・資本自由化の東アジア経済
　　　　へのインパクト　……………………66

　　はじめに　66

　　（1）金融自由化の理論的枠組み　66

　　（2）金利自由化の国内貯蓄に与えるイン
　　　　パクト　68

　　（3）金利自由化による投資拡大と投資効
　　　　率の向上　71

　　（4）国際資本移動の経済成長に及ぼした
　　　　効果　74

　　おわりに　80

第5章　国際通貨システムと東アジアの
　　　　マネーストック　………………………82

　　はじめに　82

　　（1）基軸通貨ドルの役割と非対称性　82

　　（2）基軸国と周辺国のマネーストックの
　　　　非対称性　85

　　（3）ドル・ペッグ制とマネーストック：
　　　　東アジアの事例　87

　　　　　ドル・ペッグ制とマネーストック変
　　　　　動の背景　87

　　　　　東アジアの事例　89

　　おわりに　94

第6章　アジア通貨・金融危機　……………95

　　はじめに　95

　　（1）開発途上国の通貨・金融危機　95

　　（2）国際資金流入の背景　97

　　（3）東アジアの通貨・金融危機　102

　　（4）2つのミスマッチ　103

　　　　　韓　　国　105

　　　　　台　　湾　105

　　　　　中　　国　107

　　　　　タ　　イ　107

　　　　　マレーシア　108

　　　　　インドネシア　109

　　　　　フィリピン　109

　　おわりに　111

第7章　グローバル・ファイナンスと
　　　　東アジア　………………………112

　　はじめに　112

　　（1）「ブレトンウッズⅡ」論について　113

　　（2）アメリカと東アジア主要国のインバ
　　　　ランス　114

　　（3）アメリカと中国のインバランス　125

　　おわりに　126

第8章　東アジアにおける通貨統合の可能
　　　　性：ユーロ危機からの教訓　………128

　　はじめに　128

　　（1）最適通貨圏の理論と統合条件　129

　　（2）スワン・ダイアグラムと調整問題　133

　　（3）最適通貨圏の理論からみた東アジア
　　　　の現状　137

　　おわりに　145

終　章　東アジアにおける金融改革の課題
　　　　………………………………146

　　はじめに　146

　　（1）東アジア金融改革の概観　146

　　（2）内外金融システムの整合性　147

　　（3）間接金融優位の問題　149

　　（4）規制緩和・撤廃重視の金融改革　151

　　おわりに　151

目　　次

統　　計

アフガニスタン（1948-2000 年）　154

アフガニスタン（2001-2016 年）　160

イラン（1948-2016 年）　164

インド（1948-2016 年）　180

インドネシア（1948-2000 年）　188

インドネシア（2001-2016 年）　194

オーストラリア（1948-2000 年）　200

オーストラリア（2001-2016 年）　206

カンボジア（1948-2000 年）　210

カンボジア（2001-2016 年）　216

サモア（1948-2000 年）　220

サモア（2001-2016 年）　226

シンガポール（1948-2016 年）　230

スリランカ（1948-2000 年）　238

スリランカ（2001-2016 年）　244

タイ（1948-2000 年）　248

タイ（2001-2016 年）　260

ニュージーランド（1948-2016 年）　264

ネパール（1948-2000 年）　280

ネパール（2001-2016 年）　286

パキスタン（1948-2000 年）　290

パキスタン（2001-2016 年）　296

パプアニューギニア（1948-2000 年）　300

パプアニューギニア（2001-2016 年）　306

バングラデシュ（1948-2000 年）　310

バングラデシュ（2001-2016 年）　316

フィジー（1948-2000 年）　320

フィジー（2001-2016 年）　326

フィリピン（1948-2000 年）　330

フィリピン（2001-2016 年）　340

ブータン（1948-2000 年）　344

ブータン（2001-2016 年）　350

ブルネイ（1948-2016 年）　354

ベトナム（1948-2016 年）　370

マレーシア（1948-2000 年）　378

マレーシア（2001-2016 年）　390

ミャンマー（1948-2000 年）　394

ミャンマー（2001-2016 年）　400

モンゴル（1948-2000 年）　404

モンゴル（2001-2016 年）　410

ラオス（1948-2016 年）　414

韓国（1948-2000 年）　422

韓国（2001-2016 年）　428

香港（1948-2016 年）　432

台湾（1948-2000 年）　440

台湾（2001-2016 年）　446

中国（1948-2016 年）　450

日本（1948-2000 年）　458

日本（2001-2016 年）　468

注と出所　472

文　　献 ……………………………………………………………………473

索　　引 ……………………………………………………………………487

図表目次

第1章

図 1-1　東アジアにおける金融深化（1970-2002 年）……………………………………………10

図 1-2　東アジアの資本市場の深化（1985-1999 年）………………………………………………12

図 1-3　韓国の工業生産と資金供給経路の変化（1980-1997 年）……………………………16

図 1-4　タイの工業生産と資金供給経路の変化（1980-1997 年）……………………………17

図 1-5　フィリピンの工業生産と資金供給経路の変化（1980-1997 年）……………………18

第2章

表 2-1　韓国の金融自由化・国際化の措置……………………………………………………………32

図 2-1　韓国の金融深化（1979-1996 年）……………………………………………………………36

表 2-2　フィリピンの金融自由化・国際化の措置…………………………………………………39

表 2-3　フィリピンの直接投資受入額（認可ベース）……………………………………………42

図 2-2　フィリピンの金融深化（1980-1996 年）…………………………………………………43

第3章

図 3-1　貿易ギャップと貯蓄・投資ギャップの推移………………………………………………49

図 3-2　韓国の外貨準備の増減とその要因（1977-1997 年）……………………………………51

図 3-3　フィリピンの外貨準備の増減とその要因（1977-1997 年）…………………………53

図 3-4　フィリピンの貿易および貯蓄・投資ギャップ（1980-1995 年）……………………56

図 3-5　韓国の貿易および貯蓄・投資ギャップ（1980-1995 年）……………………………57

図 3-6　韓国の長・短期債務比率（1970-1997 年）………………………………………………58

図 3-7　フィリピンの長・短期債務比率（1970-1997 年）………………………………………58

図 3-8　韓国の公的および民間債務の平均金利（1970-1997 年）……………………………59

図 3-9　フィリピンの公的および民間債務の平均金利（1970-1997 年）……………………59

図 3-10　韓国の公的および民間債務の平均満期（1970-1997 年）……………………………60

図 3-11　フィリピンの公的および民間債務の平均満期（1970-1997 年）……………………60

図 3-12　韓国の資本逃避の規模（1976-1997 年）…………………………………………………64

図 3-13　フィリピンの資本逃避の規模（1977-1997 年）………………………………………65

第4章

表 4-1　東アジアの金融自由化の開始時期……………………………………………………………67

図 4-1　金利の自由化と経済成長のメカニズム……………………………………………………68

図 4-2　台湾の金利パラメータの推移（1980-1997 年）…………………………………………70

図 4-3　タイの金利パラメータの推移（1980-1997 年）…………………………………………70

図 4-4　フィリピンの金利パラメータの推移（1980-1997 年）………………………………70

図 4-5　台湾の投資関数における金利パラメータの推移（1980-1997 年）…………………72

図 4-6　タイの投資関数における金利パラメータの推移（1980-1997 年）…………………72

図表目次

図 4-7 フィリピンの投資関数における金利パラメータの推移（1980-1997 年）·················72
図 4-8 台湾，タイ，およびフィリピンの投資効率（1970-1997 年）·····················74
表 4-2 東アジアの資本移動に関わる主な自由化措置と自由化進捗度·················75
表 4-3 東アジアの為替レート・システム（1990-1996 年）·····················76
表 4-4 東アジア主要国への民間資本の流れ·····························77
図 4-9 東アジア 5 ヵ国の資本流入・経常収支赤字比率の推移（1990-1996 年）··········77
図 4-10 東アジア 5 ヵ国の国内信用の増加と経済成長（1980-1996 年）··············78
表 4-5 東アジア 5 ヵ国のファンダメンタルズ指標·························80

第 5 章

表 5-1 国際通貨の 6 つの機能····································83
図 5-1 アメリカの対外準備の構成（1950-1970 年）························85
図 5-2 A 国の金融拡張を示した 2 国間モデル···························86
図 5-3 タイの M2 と外貨準備の関係（1989-1999 年）·······················90
図 5-4 マレーシアの M2 と外貨準備の関係（1989-1999 年）····················90
図 5-5 インドネシアの M2 と外貨準備の関係（1989-1999 年）···················90
図 5-6 東アジア 3 ヵ国のマネーストック増加率（M2 伸び率—実質 GDP 成長率，1980-2003 年）····91
図 5-7 タイのマネタリーベースの推移とその源泉（1990-1997 年）·················92
図 5-8 マレーシアのマネタリーベースの推移とその源泉（1990-1997 年）··············93
図 5-9 インドネシアのマネタリーベースの推移とその源泉（1990-1997 年）············94

第 6 章

表 6-1 東アジアの主要経済指標···································96
図 6-1 東アジアの実質 GDP 成長率の推移（1985-2015 年）····················98
表 6-2 東アジアの貯蓄率と投資率··································99
表 6-3 世界各地域の貯蓄率と投資率································99
図 6-2 東アジアへの民間資金の流れ（1990-2007 年）·······················100
図 6-3 アメリカと東アジアの短期金利の格差（1985-1997 年）···················100
図 6-4 名目為替レートの推移（1997-2009 年，月次ベース）····················101
図 6-5 東アジアの株式指数の推移（1988-1998 年）························101
表 6-4 国内貯蓄だけで実現可能な成長率（1991-1996 年）·····················105
図 6-6 韓国の国際収支動向（2000-2015 年）····························106
図 6-7 台湾の国際収支動向（2002-2015 年）····························106
図 6-8 中国の国際収支動向（2000-2015 年）····························107
図 6-9 タイの国際収支動向（2000-2015 年）····························108
図 6-10 マレーシアの国際収支動向（2000-2015 年）·······················109
図 6-11 インドネシアの国際収支動向（2000-2014 年）······················110
図 6-12 フィリピンの国際収支動向（2000-2015 年）·······················110

第 7 章

図 7-1 名目為替レートの推移（1997 年 1 月-2009 年 8 月，月次ベース）···············115
図 7-2 アメリカと東アジア主要国の貿易バランス（2000-2008 年）·················116
図 7-3 アメリカの対東アジア貿易赤字のシェアの推移（2000-2008 年）··············117

ix

図表目次

図 7-4　アメリカの貯蓄・投資バランスの推移（1990-2007 年）……………………………………117
図 7-5　中国の貯蓄・投資バランスの推移（1990-2007 年）…………………………………………118
図 7-6　日本の貯蓄・投資バランスの推移（1990-2007 年）…………………………………………119
図 7-7　韓国の貯蓄・投資バランスの推移（1990-2007 年）…………………………………………119
図 7-8　台湾の貯蓄・投資バランスの推移（1990-2007 年）…………………………………………120
図 7-9　マレーシアの貯蓄・投資バランスの推移（1990-2007 年）…………………………………121
図 7-10　東アジア主要国の外貨準備高の推移（2000-2008 年）………………………………………121
図 7-11　東アジア主要国のアメリカ財務省証券引受額の推移（2000-2008 年）……………………122
図 7-12　東アジア主要国のアメリカ財務省証券の引受シェアの推移（2000-2008 年）……………122
図 7-13　東アジア主要国の名目為替レートの推移（2000 年 1 月-2010 年 12 月）…………………123
図 7-14　東アジア主要国の実質実効為替レートの推移（2000 年 1 月-2010 年 12 月）……………124

第 8 章
図 8-1　ユーロ圏主要国の域内輸出の対 GDP 比（1999-2011 年）……………………………………131
図 8-2　ユーロ圏主要国の域内輸入の対 GDP 比（1999-2011 年）……………………………………132
図 8-3　スワン・ダイアグラム　…………………………………………………………………………134
図 8-4　経常収支動向の推移（1991-2015 年第 I 四半期）………………………………………………135
図 8-5　ギリシャの不均衡　………………………………………………………………………………136
図 8-6　ユーロ圏の 1 人当たり GDP の推移（2000，05，10，15 年）………………………………139
図 8-7　東アジアの 1 人当たり GDP の推移（2000，05，10，15 年）………………………………139
図 8-8　ユーロ圏の貿易依存度の推移（1990-2015 年）………………………………………………140
図 8-9　東アジアの貿易依存度の推移（1990-2015 年）………………………………………………140
表 8-1　ユーロ圏の実質経済成長率の相関関係（1990-2015 年）……………………………………141
表 8-2　東アジアの実質経済成長率の相関関係（1990-2015 年）……………………………………141
図 8-10　ユーロ圏の消費者物価上昇率の収斂化（1990，95，2000，05，10，15 年）……………142
図 8-11　東アジアの消費者物価上昇率の収斂化（1990，95，2000，05，10，15 年）……………143
図 8-12　ユーロ圏の政府債務残高の推移（1990，95，2000，05，10，15 年）……………………144
図 8-13　東アジアの政府債務残高の推移（1990，95，2000，05，10，15 年）……………………144
脚注の図　国際金融のトリレンマ ………………………………………………………………………136

東アジア長期経済統計　第 7 巻

金　融

分　析

序　章　分析の目的と概要

本書の目的

　本書の目的は，経済発展における金融の役割を明らかにすることにある。この目的を実証的に解明するための対象として，東アジア地域（日本，韓国，台湾，香港，シンガポール，タイ，マレーシア，インドネシア，フィリピン，および中国の10の国と地域である）を取り上げる。同地域における経済発展に対して金融的要因がどのように影響を及ぼしたのかを分析する。この分析を多角的視点に立って進めるために，実際に発生した事象を各章のテーマとして選び出した。各章の具体的な内容については次節で行う。各章で取り上げたキーワードを列挙すると，金融制度改革，国際収支危機，累積債務問題，資本逃避（キャピタル・フライト），金融の自由化・国際化，通貨・金融危機，グローバル・インバランスとなる。これらのキーワードからも明らかなように，本書ではマクロ経済的視点から分析を行うことにする。

　これらテーマの分析を通じて明らかにしたことは，経済発展において金融的要因がとりわけ重要なインパクトを持つのは，大きな金融的ショックが発生したときである，というものである。もちろん，金融的ショックが発生しなければ，金融的要因は重要ではない，ということではない。資金余剰主体から資金不足主体へと資金を融通する金融仲介機能は，持続的な経済発展において必要不可欠な機能である。金融仲介が円滑に機能し，実物部門に向かった資金が投資され，生産活動につながっていけば，経済成長が実現されるからである。この過程において，例えばインフレーションや不良債権が発生しても，それが適切な範囲にコントロールされていれば，金融仲介が滞ることはない。換言すれば，実物部門が持続的に成長していけば，金融部門も発展し，両部門の相互的発展が実現する，ということである。

　このバランスが崩れて資金が行き場を失ったときには，不動産や株式などの金融資産市場めがけて資金が流れ込む。これが資産価格を騰貴させるが，それが際限なく進むことはない。ブーム・アンド・バストのサイクルが示すとおり，資産価格バブルは弾けることになる。ブームの時期には，資産効果が働き，消費活動を活発化させ，それが実物部門の活況を牽引する。しかし，バルブが弾けると逆資産効果が働き，それが実物部門の停滞の原因となる。資産価格の膨張が永遠に続くことはないのであるから，金融部門が実物部門を牽引し続けることはできない。このことからも金融的要因を過度に重要視することはできない。上掲のキーワードを分析対象にしたのは，この点を解明するためである。

　むしろ重要なことは，インフレーション，財政赤字，経常収支赤字，対外債務などの各指標を適切なレベルに抑え，マクロ経済全体の安定性を確保することである。これらの指標は，国内外の要因からさまざまな影響を受ける。例えば，先進国の金利や為替レートなどが，開発途上国のそれに大きな影響を及ぼすことは，小国マクロ経済モデルからも明らかである。そのため，開発途上国にとって，それらを管理することは最重要課題である。その管理能力を向上させるためには，金融制度を改革し，金融・資本市場の育成・発展が必要不可欠となる。財政・金融政策の政策波及経路の中核は，金融・資本市場であるからである。市場整備を通じて，政策効果を高める環境整備を行うことで，マクロ経済の安定性を実現することができる。そして，マクロ経済の安定が維持されるならば，金融仲介機能も効果的にワークする。これにより，金融部門が実物部門に安定的に資金供給を行うことができる。ここに実物部門と金融部門の相互的発展が実現することになる。このことを

各章のテーマに沿ったデータを用いて実証することが，本書の目的である。

各章の概要

第1章では，東アジア地域が経済発展とともに金融部門，とくに銀行部門が発展してきたことを示す。銀行部門の発達度を示すためにM2の対GDP比を，資本市場のそれを示すために時価総額の対GDP比を代理指標として用いた。それぞれの代理指標を比較すると，東アジアでは銀行部門が大きく発展していることが明らかになった。そして，その理由を工業発展のあり方に求めた。輸入代替期には，国内貯蓄が不足し，外国貯蓄も援助などの公的資金が中心であり，十分な工業化資金を確保できない環境であった。銀行部門の活動を産業政策のもとにおき，産業発展に金融資源を集中させるための制度的工夫が銀行部門を中核とした統制的な金融システムであることを明らかにした。

第2章では，1980年代半ばから1990年代半ばにかけて東アジア各国で進められた金融改革の概要を示した。そして，韓国とフィリピンを事例として，第1章で取り上げた統制的な金融システムが，工業化政策やその帰結としての累積債務問題などの諸問題が発生し，システム改革を迫られている点を明らかにした。民間資本移動が活発化し，外資を梃子にした工業化戦略を採用する場合には，外資が求める金融サービスを提供できる環境が必要になる。また，資金移動の国内経済に及ぼす影響も大きくなるため，金融・資本市場を育成・強化してマクロ経済政策が円滑に機能する環境整備が求められる点が明らかにされる。また，韓国とフィリピンのケース・スタディから，工業発展段階が異なれば金融の自由化・国際化を進めても，そのメリットを享受できないことが明らかになった。

第3章では，大きな金融ショックの1つの事例として，国際収支危機，累積債務，そして資本逃避という現象を一連の流れとしてとらえた。そしてこの一連の危機の流れの原因が，実物部門と金融部門がバランスを維持できなくなったことにあ

ることを明らかにした。先進国の景気低迷による輸出鈍化，アメリカの高金利・ドル高による資金流入の縮小などで，工業化の速度が鈍化した。輸出と海外資金に依存した工業化が立ち行かなくなり，それが債務危機の原因となり，金融部門を不安定化させていくプロセスを示した。危機が進行すると，国内資金は先進国に逃避していき，それがさらに景気の悪化をもたらすことを示した。両部門の安定的関係が崩れると，金融部門に歪みが生じ，それが実物部門にさらに大きな歪みをもたらすことを明らかにした。

第4章は，債務危機などを契機に推進された金融改革，すなわち金融の自由化・国際化の効果が「金融自由化論」の想定どおりなのか否かを明らかにしている。金利の自由化を通じて，市場金利が上昇すると貯蓄動員能力が向上すると想定されている。そして，この貯蓄の増加が投資拡大をもたらすとされている。また，金利自由化により実質金利がプラスになると，実質金利以下の投資プロジェクト，すなわち投資の限界効率が実質金利を下回るような投資機会が整理され，効率化されると考えられている。しかし，分析の結果から，「金融自由化論」の想定を支持できるだけの証拠は得られなかった。そして，金融改革が実物部門の発展に大きな影響を及ぼしたのは，資本移動であることを明らかにした。

第5章では，ドルを基軸通貨とする世界での資本移動が東アジア経済にどのような影響を及ぼすのかを検討した。アメリカの拡張的な金融政策運営は金利と為替レートの低下をもたらすため，輸出拡大や資本流入によって東アジアでは外貨準備が急増する。この外貨準備がマネタリーベースの増加要因となり，マネーストックは拡大する。その拡張速度はアメリカのそれよりも速く，「過剰流動性」を生み出す原因となる。これが資産価格高騰を引き起こし，東アジアでのブームの原因となる。金融改革途上の東アジアでは金融・資本市場が未発達であるため，「過剰流動性」を十分に吸収できない。ここに，ブーム・アンド・バスト・サイクルの端緒がみいだされることを明らかにした。

第6章は，金融の自由化・国際化によって急拡大した資本流入が流出に転じて，東アジアを直撃した通貨・金融危機の発生から終息までのメカニズムを解明した。この危機が深刻な影響を及ぼしたのには，資金取引において2つのミスマッチが発生したためである。このミスマッチが東アジアの特徴である銀行優位の金融システムと重なり合うと，急速な信用収縮が発生し，危機を増幅させることになる。短期の外貨資金を借り，国内通貨で長期貸しを行うという，期間と通貨の両面でミスマッチが起きていたのである。このような状況で資金流出が発生すると，信用収縮が景気を悪化させ，そしてそれがさらに金融機関の経営基盤を悪化させ，金融危機を引き起こす。また，資金流出により外貨が不足するので，通貨危機も発生することになる。これが，2つの危機の同時発生メカニズムの原因であることを明らかにした。

第7章は，通貨危機後のグローバル・ファイナンスにおける東アジアの位置づけを問うものである。危機後，東アジアは，国内的には貯蓄・投資バランスにおいて貯蓄超過状態，そして対外的には経常収支が黒字となっている。国際収支上，経常収支黒字は資本収支黒字となる。つまり，東アジアの国々は資本輸出国になったといえる。1人当たりGDPが低い段階で資本輸出国化するというのは奇妙な姿である。このような現象をもたらしているのは，ドルを基軸通貨とした国際通貨システムのもとでの活発な資本移動である。ドルは国際経済において準備通貨の機能も果たしているため，周辺国は外貨準備を積み上げなければならない。それは，アジア通貨・金融危機からの1つの教訓でもある。このようなインバランスを解消するためには，アメリカと東アジアが相互に貯蓄・投資バランスを調整しなければならないことを明らかにした。

第8章は，東アジアでの通貨同盟の成立可能性について検討を加えた。東アジアでの生産・貿易・投資の結びつきが高まりをみせている。そのため，為替レートの安定化が重要になる。為替レート安定化のための為替レート・システムとして通貨同盟は1つの選択肢となる。通貨同盟を形成するための諸条件を示した最適通貨圏の理論をもとに，東アジアでの実現可能性を検討した。その結果，経済発展段階が大きく異なり，またヨーロッパの経験からも明らかなように，財政統合を実現する政治的意思を相互にもつメリットが存在しないため，東アジアでは当面通貨同盟を形成することは困難であることが明らかになった。

終章では，これまでの分析を踏まえて，今後，金融改革に求められる内容について検討を加えた。そして，短期資金移動への対応，間接金融重視の金融システム，そして金融の自由化・国際化に対応するためには，規制を再編成することが必要なことを示した。

第1章 東アジアの工業化と 金融システムの歴史的変化*

はじめに

経済発展と金融の関係，言い換えるならば，金融部門や金融構造のあり方と経済発展プロセスとの間にはどのような関係があるのだろうか。この議論は古くて新しいテーマである。産業革命を経て「世界の工場」と称されたイギリスが，アメリカやドイツにキャッチアップされ，製造業が弱体したことの理由として金融産業の役割が指摘されている[1]。Schumpeter (1912) は，金融システムと経済発展プロセスは密接に関連していると指摘している。シュンペーターの研究のキー概念である技術革新において，金融部門は資金供給を行う重要な役割を果たしている。なかでも，資本の提供において，銀行の信用創造機能を重視している。また，Gerschenkron (1962) は，イギリスとドイツの経済発展プロセスを比較した歴史研究から，後発国ほど銀行部門，そして次に政府の役割が重要になると指摘している。この研究成果は，第2次世界大戦後の日本の高度成長期における経験からもある程度うかがい知ることができる。

その後も，この分野の研究は進められ，その主張を大別するならば，以下の4つに分類することができる。1つは，経済成長において金融的発展を過大に評価しすぎているというものである（例えば，Lucas, Jr. (1988), Dornbusch and Reynoso (1993)）。Dornbusch and Reynoso (1993) は金融的要因が重要になるのは，金融の不安定性が経済に大きな影響を及ぼすようなときである，と指摘する。次は，金融的要因を評価するとしても，経済成長が先行し，金融がそれに追随するという需要主導型の考え方（Robinson (1952) など）である。これとは，逆に，金融部門の発展なくして，経済成長は立ち行かないという供給主導型の考え方（Goldsmith (1969), McKinnon (1973), Shaw (1973)）が3つ目の考え方である。そして最後に，Stigliz (2000) などにみられるように，金融部門が急速に発展すると，通貨・金融危機などが発生しやすくなり，それが経済成長を足踏みさせる，というものである。その後も，内生的経済成長論や「情報の非対称性」をキー概念とした情報理論の枠組みからの理論的・実証的な研究が進められている[2]。このように膨大な理論的・実証的研究が積み重ねられてきてはいるが，Patrick (1966) が論じているように，一般的には経済成長と金融的発展は相互に影響し合っていると考えられている。そこで，以下では，東アジアでは経済発展と金融的発展がどのように進んできたのかをみていくこ

---

* 本章は，拙著「東アジアにおける経済発展と金融システム」，拓殖大学海外事情研究所『報告』no. 33，1999年，47-58頁の掲載論文に加筆・修正を加えたものである。

1) イギリスの産業と金融との関係についてのサーベイはCollins (1991) を参照されたい。また，イギリスの産業金融についてはCottrell (1980) を参照されたい。アメリカについては，Rousseau and Wuchtel (2017) を参照されたい。

2) 経済発展における金融の役割が大きく注目されるようになったのは，比較的最近のことである。初期の開発経済学研究においては，金融が明示的に取り上げられることはほとんどなかった。この点については，開発経済学の先駆的研究者の業績をとりまとめた，Meier and Seers (1984), Meier (1987), Meier (2004) からも知ることができる。なお，最近の研究動向につては，Levine (2005), Demirgüç-Kunt and Levine (2001, 2008) などを参照されたい。Allen and Yago (2010) は，古代文明から現代までの金融技術の発展が社会の発展に大きく寄与してきたことを明らかにしている。また和文献としては藪下 (1995, 2001) を，実証研究については，奥田 (2000), 寺西・福田・奥田・三重野編 (2007, 2008), 三重野 (2015) など参照されたい。金融システムのパフォーマンスを比較実証分析したものとしては，Allen and Gale (2000) を参照されたい。

とにする。

東アジアは，戦後から現在までにおいて，他の開発途上国と比較すると素晴らしい経済実績を残してきた。1960年代から1970年代にかけての国際収支危機，1980年代前半の累積債務問題と構造調整，そして1997年のアジア通貨・金融危機と，幾多の経済的困難に直面しながらも持続的発展を遂げてきた。特に，1990年代半ば頃までのそのパフォーマンスは「東アジアの奇跡」と称され，東アジアが世界経済の成長センターとなって世界経済の牽引役になると目されていた。その後，1997年に発生したアジア通貨・金融危機を乗り越え，東アジアの経済はその強靱性を示したものの，危機以前の成長力は陰を潜めている。

東アジアは，このように幾多の経済危機を乗り越えてきた。その過程において東アジアでは金融システムの改革も同時に進められてきた。特に，大規模な金融改革が実施されたのは，1980年代後半からの金融の自由化・国際化であった。この金融の自由化・国際化を契機として，東アジアの金融システムは，統制的な金融システムから市場型金融システムへと移行し始めた。しかし，この金融改革が，アジア通貨・金融危機を惹起した要因の1つとして指摘されている。金融自由化以前の東アジアの金融システムは，政府・中央銀行による強力な監視・規制体制のもとにおかれていた。例えば，預金・貸出金利の上限規制，優遇的資金配分政策，金融機関の業容規制，参入規制など，さまざまな面で規制が張り巡らされていた。しかし，このような規制色の濃い金融システムは，金融部門の非効率性をもたらし，経済発展において大きな足枷となったことが，金融システム改革へとこれら諸国を駆り立てた。

東アジアの金融システム改革が本格的に進んだのは1980年代後半以降のことであった。この改革の過程で通貨・金融危機にこれら諸国は直面し

たのである。そして，現在，これら諸国は金融システムの見直しを再度迫られている。今後，東アジアが経済危機を克服し，再び成長軌道に復帰して持続的な経済成長を達成するためには，避けてとおることのできない課題といえよう。

本章では，東アジアの経済発展に金融がどのような役割を果たしたのかという点を念頭におきつつ，工業化戦略との関係における金融システムのあり方を歴史的に考察していくことにする。1960年代後半から1970年代前半までの輸入代替型工業化，1980年代における外資を梃子とした輸出志向型工業化と金融システムの形態についての分析を行う。そしてこれらの分析をもとにして，危機を乗り越え持続的な経済発展を維持するための金融システムのあり方を展望することが，その目的である。なお，本章では，東アジアで進められている金融システムの改革や金融システムの特徴についての分析は行わない。その詳細な分析は次章で行うことにする[3]。

(1)東アジアの金融部門の発展

東アジアは1980年代後半頃からめざましい経済発展を遂げてきた。一般に経済水準が高くなるにつれて，国民1人当たりの金融資産保有量も増加するといわれている。この金融資産の保有量の増加は，投資可能な資金の形成を意味することから，それを投資に充当することによって経済成長を促進することが可能になる。このように実物部門と金融部門の成長は相互依存関係にあるとみられる。そこで，ここでは東アジアの金融部門がどの程度発展したのかを「金融深化（financial deepening）」という指標から観察してみることにしよう[4]。

実際に，東アジアの「金融深化」の動向をみる前に，「金融深化」について若干の説明を加えて

---

3) 東アジアの金融システム，および近年の金融制度改革の動向を整理したものとしてはさしあたり以下の文献をみられたい。World Bank（1989），日本銀行（1990），大蔵省財政金融研究所内金融・資本市場研究会編（1991），呉（1992），大場・増永監修，（財）国際金融情報センター編（1995），河合・QUICK総合研究所アジア金融研究会編著（1996），大場・増永監修，（財）国際金融情報センター編（1999），大野・小川・佐々木・高橋（2002）。寺西・福田・奥田・三重野編（2007, 2008）。また，開発途上諸国に共通する金融システムの特徴については，松井（1977）を参照されたい。

4) 金融部門の発展の先駆的な実証研究については，Goldsmith（1969），McKinnon（1973），Shaw（1973）などを参照されたい。

分　　析

図1-1　東アジアにおける金融深化（1970-2002年）

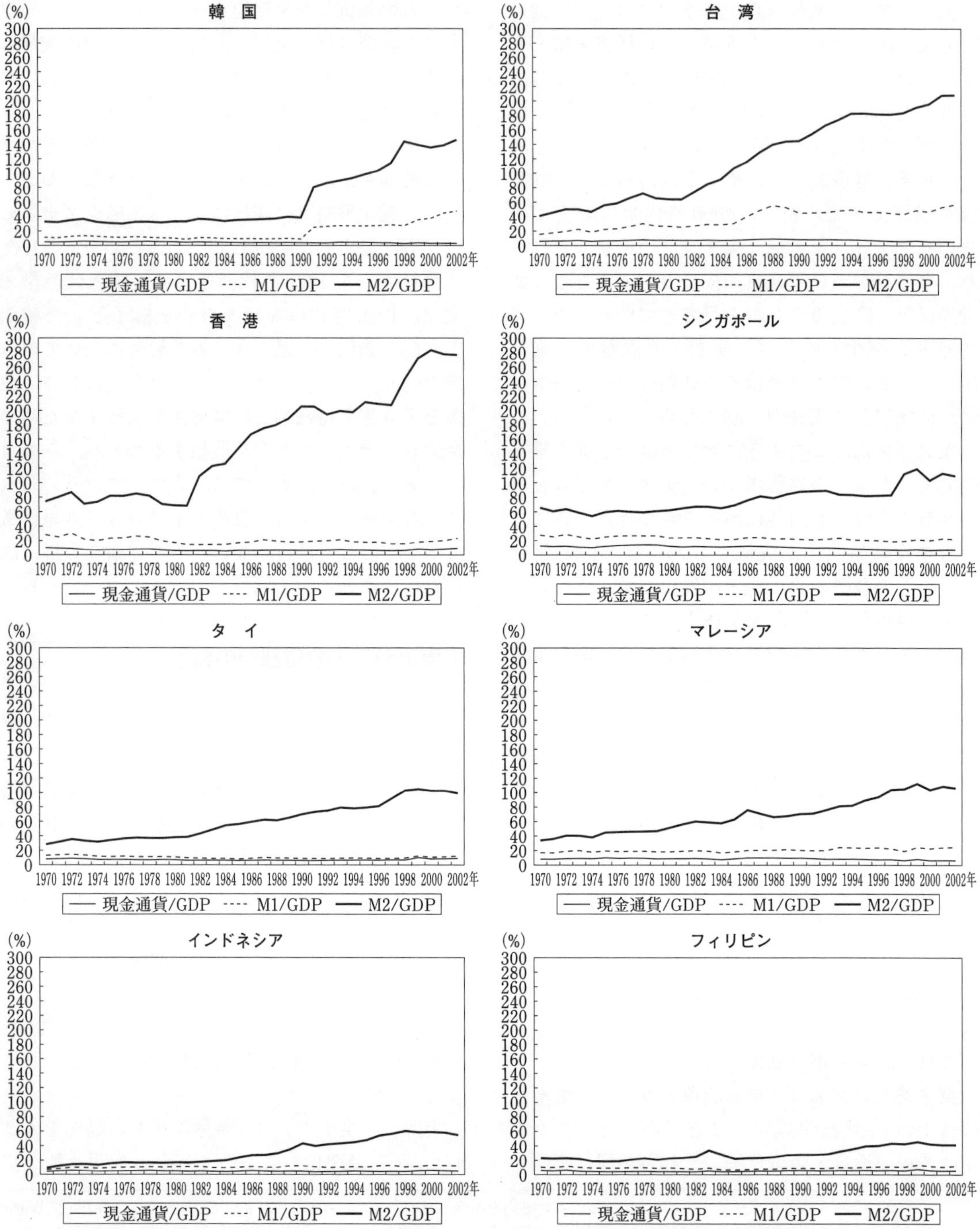

韓　国

（％）

現金通貨/GDP　　M1/GDP　　M2/GDP

台　湾

（％）

現金通貨/GDP　　M1/GDP　　M2/GDP

香　港

（％）

現金通貨/GDP　　M1/GDP　　M2/GDP

シンガポール

（％）

現金通貨/GDP　　M1/GDP　　M2/GDP

タ　イ

（％）

現金通貨/GDP　　M1/GDP　　M2/GDP

マレーシア

（％）

現金通貨/GDP　　M1/GDP　　M2/GDP

インドネシア

（％）

現金通貨/GDP　　M1/GDP　　M2/GDP

フィリピン

（％）

現金通貨/GDP　　M1/GDP　　M2/GDP

（出所）　IMF, *International Financial Statistics Yearbook*, Washington, D.C., IMF, various years を参照した。香港については，ADB, *Key Indicators of Developing Asia and Pacific Countries*, Manila, Oxford University Press, various years を参照した。また，台湾については，Department of Economic Research, The Central Bank of China, *Financial Statistics, Taiwan District, Republic of China*,（*Compiled in Accordance with IFS Format*）, Taipei, Department of Economic Research, The Central Bank of China, various issues を参照した。

おくことにする。金融深化とは、銀行などの組織化された金融仲介機関による金融仲介の拡大をいい、M2〔現金通貨＋要求払預金＋定期預金〕/GDPで測定される。M2の対GDP比が高くなるということは、国民の多くがその貯蓄を定期性預金の形で預けることを意味する。言い換えれば、これは銀行が企業に貸し付けることのできる長期性の資金が増加することを意味する。

図1-1は1970年から2002年までの東アジアの金融深化の推移を示したものである。同図のM1は現金通貨と要求払預金の合計、M2はM1に準通貨を加えたものである。そして、これら通貨集計量の対GDP比の推移が図示されている。河合（1992）でも指摘されているように、これら諸国で共通していえることは、現金通貨とM1のGDP比はそれぞれ長期的に安定的に推移しているということである。これは、現金および要求払預金の性格からくるものである。現金および要求払預金は主として商品の取引代金を支払う手段として用いられることから、その動きは取引需要によって決まる。このような取引は経済水準が高くなってもその割合は大きく変化しないという事情を反映して、このような動きを示しているといえよう。

次に、金融部門の発展を示すM2/GDP比をみてみることにしよう。韓国を除くと東アジアでは総じて1980年代に入ってからM2/GDP比をみる限り、金融部門の発展が観察される。もちろん、国ごとにその発展速度は大きく異なっている。この図をみる限り、香港は東アジアで最も金融部門が発展しているが、これは香港が内外一体型の国際金融市場を擁していることからくるものであると考えられる。香港のM2の構成をみると、外貨建て預金、特にユーロ・ドル預金の占める割合が非常に高く、1997年時点ではM2の総供給量の40%程度を占めるに至っている。これに対して、東アジアの中で際立って低い水準にあるのが韓国である。河合（1992）によれば、韓国でM2/GDP比が低水準にあるのは、規制の比較的緩やかなノンバンクなどの非銀行金融機関が急速に成長し、その金融債務がある程度M2の代替物とし

て機能していることによるものだと指摘されている。したがって、これは金融部門の発展が十分でないことを必ずしも意味するものではないといえよう。

NIESと比較するとASEANの金融深化は相対的に遅れているとみられる。しかも同地域でもタイ、マレーシアが急速に発展しているのに対して、インドネシアとフィリピンは1990年代に入りようやく発展の途についたばかりである。両国では、それぞれ1983年と1981年に預金金利の自由化が行われていることからすると、金融深化が緩やかに進んでいると評価できる。この金融深化の緩慢さの原因について、寺西（1991）は次のように指摘している。まずインドネシアについてみると、金利規制自由化前は、長期の定期預金には高い金利が提示されていたが、金利の自由化によりそのような長期の定期預金に対する補助金が廃止され短期性預金の金利との格差が縮小し、相対的に短期性の預金金利が高くなったことが、その原因だとしている。また、フィリピンについては、金利の自由化と同時に預金ごとに格差をつけた準備率制度を導入した。この準備率制度は、満期期間730日未満の定期預金については基準となる準備率を19%とし、3ヵ月期間が短縮されるごとに1%ずつ低い率を適用する。次に、満期期間730日を超えるものについては、基準の準備率を1%とし、期間が3ヵ月長期化するごとに1%ずつ高い率を適用するというものであった。金利の自由化により、長期性預金に対する補助金が預金者から金融機関に与えられることになった。このような事情のもとで、金融機関は短期預金を長期預金の名目で受け取ることにより準備率上の利益を得る行動をとったが、実際には短期で払い戻されていたことによるものだとされている。

このように国によって程度の差はあるにせよ、NIES・ASEANを全体としてみると、GDPが時間とともに成長するほどM2/GDP比も上昇する傾向にあることが確認できよう。そして、これらのことから少なくとも実物部門と金融部門の成長が相互依存関係にあることも理解できよう。

また、株式時価総額/GDPの比率を資本市場

11

図 1-2 東アジアの資本市場の深化 (1985-1999 年)

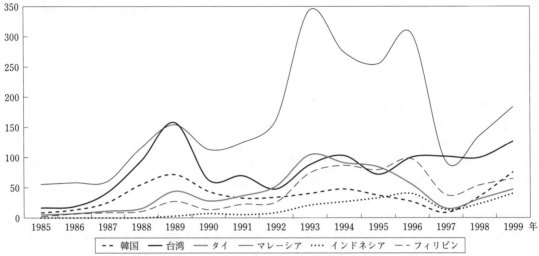

(出所) Standard & Poor's, *Emerging Stock Markets*, New York, Standard & Poor's Corporation, various years.

の発展度合いを示すための代理変数とすると，東アジアの資本市場の発展は，相対的に遅れているとみることができる。図 1-2 は，この代理変数が 1985 年から 1999 年までの期間にどのような推移を辿ってきたのかを示している。近年，株価，すなわち株式時価総額の上昇から流通市場は拡大傾向にあるが，株式発行市場は未発達である。発行市場の発展が遅れている理由としては，直接金融を行うために必要となる会計制度などの情報開示制度が未整備であること，企業の所有と経営が分離されておらず企業情報の公開を避ける傾向があること，また，国民 1 人当たりの所得水準が低いためにリスク回避を目的とした資産運用の分散が進まないこと，などが指摘できる。

また，株式市場と比較すると債券市場の発達はさらに遅れをとっている[5]。一般的にみると，先進国などの経験からすると，最初に国債市場が発達し，その後社債市場が発達する傾向がみられる。東アジアでは財政均衡主義がとられているために，国債市場が十分発達していないのが実情である。国債市場の発達は，株式・債券による資金調達を促進することに加えて，金利体系の形成にも重要

な役割を果たす。特に，国債の金利が市場ベースで形成されることが重要である。国債は国家が発行する債券なので，社債，金融債などの他の債券よりもリスクが低い。そのため，国債金利が形成されるならば，他の長期債券金利のベンチマークとして機能することになるからである。各種債券金利が形成され，国内金利構造が構築されることは，金融政策を運営するうえでも欠かすことができない条件である。金融政策が効果的に運営されてマクロ経済の安定が確保されることは，経済成長を通じてさらに，金融・資本市場の発展を促すという好循環をもたらす。そのため，東アジアでは，資本市場の育成・強化が進められることになったのである。

(2) 経済発展と金融の役割

東アジアが金融システムの改革に着手したのは 1980 年代後半のことであった。しかし，その流れが本格的な動きとなったのは 1990 年代に入ってからのことであった。改革以前の東アジアの金融システムの特徴を一言で示すならば，政府・中

---

5) 東アジアの資本市場については濱田編 (1993)，World Bank (1995) を参照されたい。また，近年の ASEAN の動向については，アジア資本市場研究会 (主査：川村雄介) 編 (2015) がある。

央銀行による統制が多方面にわたって行われていたということになる。例えば，預金・貸出金利の上限規制，優遇的資金配分政策，金融機関の業容規制，参入規制をはじめとする，さまざまな規制がしかれていた。しかし，1970年代後半から1980年代にかけて，それまで採用してきた輸入代替型工業化政策が行き詰まりをみせた。1970年代までの積極果敢な工業化の結果の負の側面として，1980年代前半に深刻な累積債務問題が発生した。これにより，東アジアは工業化戦略の変更を余儀なくされた。

その一方で，世界的潮流となる金融の自由化・国際化が先進国と開発途上国とを問わずに進められた。その推進力となったのが，1970年代前半以降の国際金融環境の大きな変化にあったことはいうまでもない。固定為替レート制から変動為替レート制への移行や情報通信技術の発展にともない，世界的規模での資金の移動が拡大したのであった。また，同時期に，先進国は高度経済成長から低成長の時代に突入し，多国籍金融機関や機関投資家は有利な投資場所を求めていたことも，自由化や国際化に拍車をかけた。

東アジアが金融を自由化・国際化した目的は，世界銀行やIMFなどの国際金融機関からの融資を受けるためのコンディショナリティとして盛り込まれていたという事情がある。しかし，東アジアにとっても，自由化に着手することに利点があった。それは，海外資金を取り入れ投資の拡大を通じて持続的な経済成長を実現することである。東アジアは，他の開発途上国とは異なり，比較的貯蓄率は高い水準にある。それを上回る投資資金の需要が存在するために，国内貯蓄をより効率的に動員することと並んで，海外から資金を動員することが経済発展を図るうえで不可欠であった。そして，そのための制度的枠組みづくりが，1980年代に入り東アジアが推し進めた金融の自由化・国際化であった。

このような東アジアを取り巻く金融環境において，これらの国々は金融部門の機能を向上させ，さらなる経済発展を遂げることを目標にした。Gurley and Shaw（1955）などにより早い時期から指摘され，すでに一般的になっていることであるが，金融部門の役割は，貯蓄は十分あるがいい投資機会をもっていない個人や企業，すなわち貯蓄超過主体から，いい投資機会はもっているが貯蓄が不足している企業，すなわち投資超過主体へ，資金を融通することである。そして，この資金の融通を受けた投資超過主体は，その資金で設備投資などを行うことが可能になる。その結果，収益性の高い投資が行われ，生産性の高い資本ストックが蓄積されるので，経済の成長率が高まるということである。一般的に，東アジアでは，銀行部門が中心となってこの金融仲介機能を果たしてきた。

World Bank（1993）でも指摘されているように，この高い貯蓄率が東アジアの経済発展を支えた1つの要因であった。しかし，工業化資金の蓄積の高まりだけでは，工業化を達成することは不可能である。工業化を実現するためには，蓄積された貯蓄が効率的かつ有効に配分される必要がある。国内貯蓄が奢侈品購入のための消費者信用や，非効率な生産部門での投資に向けられるならば，生産力の拡充を通じた経済発展は望むべくもない。先にも金融深化指標で確認したように，東アジアの金融的発展は着実に進んできたといえる。そこで，以下では，東アジアの工業化過程における工業化資金の供給経路について検討する。

開発途上国の資金調達方式

一般的に，資金調達の方法には内部金融と外部金融という2つの方法がある。内部金融とは，投資主体が投資資金を自分自身の所得や資産を処分して賄うものである。これは，自己金融と呼ばれることもある。これに対して，外部金融とは，貯蓄主体から投資に必要な資金を調達することを意味する。さらに外部金融は，直接金融と間接金融とに分類することができる。直接金融とは，貯蓄超過主体（資金余剰主体）から投資超過主体（資金不足主体）に，証券市場を媒介として資金が流れることを指している。一方，間接金融とは，貯蓄超過主体と投資超過主体の間に金融機関が介在し，貯蓄超過主体がこの金融機関に預金をし，金

融機関がその資金を投資超過主体へ貸し出したり，その発行する債券に投資したりすることをさす。

経済発展の初期段階では，開発途上国の資金調達方式は自己金融が大半を占め，外部金融の利用は相対的に少ない。金融市場や証券市場が十分に発達していない状況ではむしろ当然のことといえよう。Gurley and Shaw（1955）は経済発展段階と資金調達メカニズムの変化との間の関係を以下のように整理している。経済発展の初期段階では内部金融が中心で，経済発展が進むにつれ金融機関の導入により間接金融方式へと移行し，さらに経済発展が進むと証券市場が発達して直接金融方式が支配的になる。さらに経済の成熟度が増すと，企業などの投資主体の内部留保が増加し，再び自己金融に移行するという大きなパターンがみられると指摘している。

この図式に照らして，開発途上国の資金調達メカニズムをみると，第2段階の間接金融方式が中心を占めているようにみられる。未組織金市場を通じた資金調達である，第1の自己金融方式は，依然として存在するものの，徐々に組織的金融市場へと取り込まれていく傾向がみられるため，現状では第2段階の間接金融方式が中心的な資金調達メカニズムであると判断してもさしつかえないであろう。

間接金融下における金融システム

東アジアに限らず，開発途上国の金融システムは政府および中央銀行の厳しい統制下にある。商業銀行の貸出上限規制，特定部門への優先的資金配分，預金・貸出金利の上限規制などは，統制の厳しさを物語っている。これは，主として限られた国内貯蓄を工業化に集中的に仕向けるための制度的な工夫であった。すなわち，産業政策のうえで戦略的産業に指定された産業に投資資金を供給することで工業化を進めることが開発途上国にとっての急務の課題であったからである。そして，この資金供給を行う場合には，できるだけ低利で貸出を行うことで，借入企業の返済負担を軽減する必要があった。投資が生産力化し，借入企業が債務返済を行えるようになるまでには長い期間を要する。そのため，貸出金利が高ければ高いほど，企業経営にとって大きな負担となる。これにより，債務返済が滞るならば，金融機関に不良債権が累増され，遅かれ早かれ経営難に陥ることになろう。

一方，貸出を行う金融機関の貸出金利が低位に設定されている以上，預金金利も低位に据え置かれねばならない。というのは，金融機関は，貸出金利と預金金利の差額を重要な収益源としているからである。貸出金利よりも預金金利の方が高ければ，逆ザヤとなり金融機関自体の経営基盤が掘り崩されてしまうことになる。これらの状況を回避しながら工業化を進めるために，統制的な金融システムが構築されたといえよう。

しかし，先にもみたように，開発途上国の資金調達メカニズムの中心は間接金融であった。それは基本的に，金融機関が短期の預金で資金調達をして，長期の貸出を行うメカニズムである。このメカニズムが円滑に機能するためには，長期の貸出が円滑に返済されることを条件とする。このような預金－貸出－返済という一連の流れが順調に行われることによってはじめて金融機関は存続可能になるのである。

また，厚みのあるマネー・マーケットの存在も不可欠である。金融機関同士での取引が行われるインターバンク市場や機関投資家を含めたオープン市場の存在もまた，金融機関の存続において重要な役割を果たす。というのは，上で指摘した資金の還流メカニズムに何らかの問題が発生した場合には，これらの市場から流動性を取り入れることができるからである。しかし，一般的に開発途上国では，商業銀行の貸出や店舗網の拡大は政府によって規制されているため，資金量や預金吸収力を容易に高めることはできない。余裕資金をマネー・マーケットで運用する余地がない以上，厚みのある市場への発展は望めない。マネー・マーケットは短期的な流動性を調整する場というよりは，長期性資金の調達の場となっているというのが実情である。このように，商業銀行などの預金取扱機関が長期貸出を行うのには大きなリスクが存在し，そのリスクを最小限にとどめるための制度的環境が整備されている必要がある。

このような預金取扱機関に代わり，長期資金供給の機能を果たしてくれるのが株式や社債などの証券市場である。証券市場を通じた長期資金の供給が安定的に行われるには，発行市場と流通市場の整備が欠かせない。資金の借り手は発行市場で長期証券を発行し，長期資金を調達することができる。しかし，証券の購入者，すなわち資金の貸し手は流通市場がなければ満期が到来するまで証券を保有しなければならない。流通市場が整備されることで満期以前に証券を売却し現金化することが可能になり，満期のギャップを解消することができる。

証券市場がこのような機能を有するため，開発途上国の金融改革においても証券市場の育成・強化が掲げられるのである。旺盛な投資資金需要が存在し，慢性的な貯蓄・投資ギャップのもとにある開発途上国において持続的な経済発展が実現できるかどうかは，長期資金の調達可能性にかかっているからである。しかし，証券市場は発展しつつあるものの，十分にそのような機能を発揮するまでには至っていない。その原因は，主要企業である財閥や国営企業は商業銀行から優先的な資金配分を受けられるため，株式公開の必要性に迫られていない。また，財閥企業などの主要企業以外の上場株については，企業の情報開示や会計制度などの制度的遅れが原因となって，インサイダー情報などで価格が激しく変動してしまう。制度的な遅れをもつ証券市場で分散投資を行っても，価格変動リスクを軽減するのは困難である。1人当たり資産保有水準が低く，価格変動リスクの軽減が困難なため株式保有は進まない，というさまざまな要因が指摘できる。

このように，開発途上国の工業化資金の供給主体は依然として預金取扱機関であるものとみられる。そこで，以下ではめざましい経済発展を遂げてきた東アジアの現状を確認する。

東アジアにおける工業化資金の供給

1980年代以降，東アジアは急速な経済発展を遂げてきた。この経済発展とともにこれら諸国の金融部門が発展してきたことは，金融深化の指標

などを用いてこれまでみてきたところである。東アジアは1980年代後半から金融改革に取り組んでおり，それまでの統制的な金融システムから市場取引を中心としたシステムへと移行し始めている。そして，これまで間接金融に深く依存してきたシステムを改善するために，証券市場の育成・強化も進められている。持続的な経済発展を図るための制度づくりが行われているといえよう。そこで，以下では東アジアの中でも，韓国，タイ，およびフィリピンを事例として取り上げ，これら3ヵ国の工業化資金の供給主体がどのように変化してきたのかをみていくことにする。

そこでまず，経済発展と各種金融機関および株式市場による資金供給との間にどのような関係があるのかを確認しておくことにしよう。ここでは，経済発展の代理指標として要素費用費用表示のGDPをとり，各種資金供給主体の民間部門向け融資で相関をみた。また，株式市場については時価総額を用いた。

まず韓国の預金取扱銀行，信託銀行，開発金融機関，郵便貯金，および株式市場についてみると，要素費用費用表示のGDPとの間に強い相関関係がみられる。特にGDPと預金取扱銀行，開発金融機関，郵便貯金との間に強い関係がみられる。そして，これに次いで高い相関を示したのが株式市場である。最も相関が低かったのは，信託銀行であった。韓国の金融システムの特徴としては，これまで財閥系企業と預金取扱銀行の間でみられる融資関係から間接金融優位であるといわれてきた。また，積極的な重化学工業化路線を進んできたことから，政府系の開発金融機関や郵便貯金が工業化資金の供給において重要な役割を果たしてきたことは想像に難くない。しかし，これらの相関からみる限り，株式市場も先の3者とほぼ近い相関関係を示しており，近代的な金融システムへと徐々に移行しつつあるものとみられる。

次に，上記金融機関の融資および株式市場が工業生産に対しどのように寄与してきたのかをみてみることにする。これを示したのが図1-3であるが，1980年代においては，預金取扱銀行と政府系の開発金融機関，および郵便貯金の工業生産に

分　析

図1-3　韓国の工業生産と資金供給経路の変化（1980-1997年）

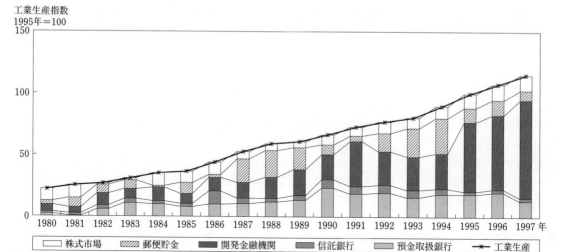

(出所)　IMF, *International Financial Statistics Yearbook*, Washington, D.C., IMF, various years, および World Bank, *World Development Indicators*, Washington, D.C., World Bank, various years より作成。

対する寄与が高くなっている。このことは上記のGDPと各種金融機関の民間部門向け融資との間でみられた関係と合致する。そして，1990年代に入り，各種金融機関の工業生産の寄与度が収斂する傾向をみせている。元来，韓国では企業部門の資金調達は銀行借入が主流であり，1980年代中頃まで間接金融が5割を超えていた。しかし，その後，ノンバンク金融機関の発展，1980年代後半から始まる資本市場育成のための有価証券発行が奨励されたこと，そして銀行資金の逼迫がみられたために，直接金融へのシフトが進んでいる。また，1996年のOECDへの加盟により金融の自由化・国際化の流れも大きく寄与しているものとみられる。1990年代以降の寄与度の収斂化傾向は，これらのことを反映したものと思われる。

次にタイであるが，ここでは預金取扱銀行，開発金融機関，政府系貯蓄銀行，株式市場との間の相関関係をみた。タイではGDPと預金取扱銀行が最も高い相関関係を示す結果となった。そしてこれよりも若干相関度が落ちるが，政府系の開発金融機関と政府系貯蓄銀行がほぼ同レベルの相関を示しており，同国の経済発展において重要な役割を果たしている。特に，先の韓国と比較すると政府系金融機関の役割がタイで強く，経済発展段階の違いが確認できよう。株式市場はこれらの金融機関と比べると相対的に相関が低く，依然として間接金融優位の状態にあるといえよう。

そこで，図1-4に示した工業生産に対する各種金融機関の寄与度をみると，預金取扱銀行の寄与度は安定的に推移しており，工業部門への安定的な資金供給の役割を担ってきていることが確認できる。寄与度からみると大きな役割を果たしているのは，政府系の開発金融機関と政府系貯蓄銀行である。これは，1980年代後半からのめざましい経済開発に大きな役割を果たしていたことの裏返しである。開発金融機関は1990年代に入っても高い寄与を示しているが，その一方で政府系貯蓄銀行の寄与が低下している。政府系貯蓄銀行は，預金・貸出面で預金取扱銀行と競合しているために，このように寄与度の低下が生じているものとみられる。株式市場についてみると，1980年代後半頃から，資本の蓄積が進み投資家が育つ一方で，本格的な設備投資の開始による安定的な長期資金調達のニーズも高まった。また，上場規制の緩和などの資本市場育成策がとられたことで，株式市場は急速に発展している。しかし，寄与度からみる限り，依然としてその役割は限定的なものである。

最後にフィリピンであるが，ここでは預金取扱銀行，ノンバンクなどのその他金融機関，株式市

図1-4　タイの工業生産と資金供給経路の変化（1980-1997年）

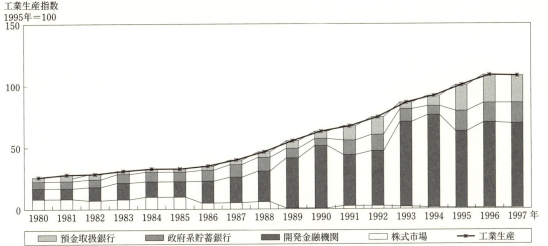

（出所）IMF, *International Financial Statistics Yearbook*, Washington, D.C., IMF, various years, および World Bank, *World Development Indicators*, Washington, D.C., World Bank, various years より作成。

場のデータを用いて相関関係をみたところ，その他金融機関，預金取扱銀行，株式市場の順で強い相関がみられた。フィリピンの場合には，これら3者の間の相関関係に大きな差がないことが特徴である。これは，東アジアにおいて，比較的早い時期から近代的な金融システムが構築されていたことによるものと考えられる。フィリピンの金融制度は，独立以前はアメリカの植民地であったことから，アメリカの金融制度の影響を強く受けている。すでに1960年代にはCPが発行されるなど，アメリカの金融技術も早くから導入され，東アジアの中では先進的な金融市場であったことを反映しているものと考えられる。

次に，これら金融機関の資金供給を通じた工業生産に対する寄与をみてみることにしよう。図1-5からも明らかなように，預金取扱銀行の寄与度は安定的に推移し，しかも高い寄与度を示している。1980年代前半には，預金取扱銀行と並んでノンバンクなどのその他金融機関も高い寄与度を示している。しかし，経済危機，政情不安や金融危機などの影響を受け，1990年代半ば頃まで停滞することになる。またこのような状況を反映して株式市場も大きな変動を繰り返し，工業生産に対する寄与度はそれほど高くない。近年上場企業数は増加傾向にあるが，時価総額でみる限り上位10数社で時価総額の6割以上に達しており，安定的な長期資金供給の機能を十分に果たすまでには至っていないものとみられる。

これまで，韓国，タイ，フィリピンを事例として工業化資金の供給を検討してきた。これら3ヵ国では依然として長期資金調達の需要が高く，長期資金を安定的かつ効率的に供給できるかどうかが重要な課題となっている。ここで取り上げた国の中で最も経済発展段階の高い韓国では，開発途上国で典型的にみられる間接金融優位から直接金融を活用したシステムへと徐々に移行し始めていることが確認できた。また，タイ，フィリピンにおいては，1980年代後半から資本市場の育成・強化により株式市場の発達はみられるものの，依然として間接金融に依存したシステムのもとにあるといえよう。経済発展の只中にあるタイ，フィリピンでは依然として長期資金調達のニーズが高いため，今後，資本市場の育成・強化は避けて通れない課題であろう。

(3)工業化戦略と金融システムの変化

戦後，東アジアをはじめとする多くの開発途上国で採用された工業化戦略は，輸入代替型工業化政策であった。これは，従来，輸入に依存してい

分　析

図1-5　フィリピンの工業生産と資金供給経路の変化（1980-1997年）

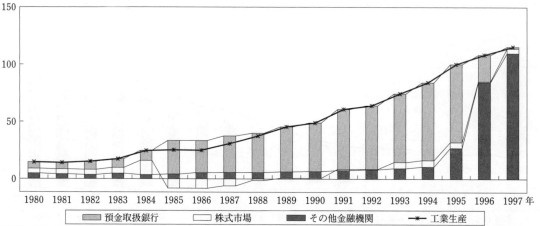

（出所）IMF, *International Financial Statistics Yearbook*, Washington, D.C., IMF, various years, および World Bank, *World Development Indicators*, Washington, D.C., World Bank, various years より作成。

た財や製品を国内生産に切り替え，そこで節約された外貨を用いて素材，中間財，資本財や生産技術といった工業生産に不可欠な諸要素を購入するというものである[6]。そして，この輸入代替型工業化は，まずは，（1）素材，中間財，資本財を輸入して，これを最終財に組立・加工し，国内市場に供給することから始まる。次いで，（2）この最終財の国内生産が国内需要を超過する時点から，その輸出が始まり，さらに（3）最終財の国内需要と輸出をあわせた総需要の拡大が生産財の輸入を誘発し，この輸入規模がある「限界点」を超えたところで，その生産財自体の国内生産が開始されるというものである。そこで，ここでは労働集約的な最終財を国内生産する時期を第1次輸入代替期とし，資本集約的な生産財を国内生産する時期を第2次輸入代替期とし，この2つの時期の資金需要の性質と国内金融市場の資金供給能力を比較しながら輸入代替期における金融システムの特徴をみていくことにする。

このような工業化を可能にする金融システムとはどのような機能を果たすのであろうか。ここでは奥田（1993b）にならい，（1）投資資金需要の性質と，（2）国内金融市場の資金供給能力の側面に着目し，輸入代替期の金融システムの特徴を示すことにする[7]。まず，投資資金需要の性質についてであるが，産業の種類によってその性質は異なる。労働集約的な最終財を生産する産業と資本集約的な生産財を生産する企業では，前者の方が投資の最小最適規模が小さくまた技術を習得する期間も短いので，したがって，資金需要の規模も後者に比べて小規模で期間も短いということがいえる。

また，このような資金需要の規模と投資期間の相違は投資リスクにおいても現れる。一般的に投資資金の規模が大きくまたその期間も長いということは，その投資がそれだけリスクの高いものになることを意味する。したがって，金融システムが未成熟な開発途上国では，リスク処理能力は著しく低く，金融部門がそのような投資資金を供給するのは非常に困難であると考えられる。東アジ

---

6) 輸入代替型工業化のメカニズムについては渡辺（1978，1996），梶原（1995，1999）を参照されたい。また，NIES・ASEAN の工業化の概略についても上掲の文献を参照されたい。

7) 寺西（1991）においても，経済発展において金融部門の長期資金の供給機能が重視されているので参照されたい。一方で，三重野（2015）においては，資金需要の観点から ASEAN の金融部門を実証分析しており，実物経済面の構造変化が金融部門の新たな発展を求めることを明らかにしている。

アでは，概して資本市場の発展が遅れていることから，設備投資などの巨額で投資懐妊期間の長い投資資金の供給は金融機関，とりわけ商業銀行からの融資に依存せざるをえない。しかし，預金という短期的性格の強い形でその資金調達を行うことから，商業銀行が長期的性格をもつ投資資金の供給を行うならば，調達と運用の間で生じる期間のミスマッチは避けられないであろう。このような期間のミスマッチによって発生するリスクは，商業銀行が流動性を調整できるほどにマネー・マーケットが十分に発展しているならばある程度そのようなリスクに対処することもできようが，そのようなマーケットは東アジアには存在しないのが実情である。

さらに，投資資金需要の性質に影響を及ぼす要因としては，このような投資を地場企業が行うのか，それとも外国企業が行うのか，ということである。外国企業が行う場合には，すでに本国ないしは第三国で同様の投資を経験していることから，開発途上国の技術・産業レベルにかかわらず，投資リスクを軽減することができるといえよう。しかし，地場企業がそのような投資を行うのには，そのような技術を習得するまでにはあまりにも長い期間を要するうえに，この学習効果を通じた規模の経済性を実現できるかどうかに対する不確実性が高いことから，非常にリスクの高い投資となろう。

次に資金供給能力についてであるが，まず問題となるのが国内貯蓄をどれだけ動員することができるかということである。一般的に指摘されているように，経済発展水準が低いほど1人当たりの資産規模が小さく，資産保有者はリスク回避的な行動をとること，金融システムが未成熟なことからリスク回避能力が低いことなどの点を考慮すると，第2次輸入代替期にみられるような，資本集約的な産業への投資は投資資金の規模および期間

の点でリスクが大きく，金融セクターだけではそのような資金を供給することは困難であると考えられる。また，開発途上国の金融の大きな特徴として未組織金融市場の存在が挙げられるが，その存在は国内貯蓄を制度的金融に吸収するのを妨げており，より投資資金の供給を困難にしていると考えられる。このような未組織金融市場の発展は一面では，輸入代替型工業化戦略を進めるうえで採用された，預金・貸出金利の上限規制や優先産業部門への優先的資金配分政策の副産物ということもできよう。まず，預金・貸出金利の上限規制であるが，これは優先産業部門の資金コストを軽減するために，人為的に金利を低水準に抑えようとするものであり，いわゆる「金融抑圧（financial repression）」をもたらした[8]。同時に，多くの開発途上国ではインフレ率が高いため，金利規制のもとで実質金利がしばしばマイナスになることもあった。これに比べ，未組織金融市場では，金利規制がなければ実現したであろうほぼ市場実勢金利に近い高金利を預金者に提示した。一方，優遇的資金配分政策により，制度的金融から締め出された借り手が多く存在することから，このような高金利で預金を吸収することが可能であったのである[9]。

資金供給にかかわるもう1つの問題は，海外資金の動員力である。例えば，他の開発途上国に比べて，東アジアの貯蓄率は概して高い水準にあるといわれているが，それでも旺盛な投資需要を賄うことはできない。したがって，公的借入，外国金融機関からの借入，直接投資，証券投資などの形で海外から資金を調達することが，経済成長を図るうえで避けられないといえよう。とりわけ，第2次輸入代替期には投資必要資金量が大幅に増加し，しかもその期間が長期化することから，海外資金を調達することの重要性はより一層高くなるといえよう。しかし，先進国の貸し手側からす

---

8)　金融抑圧，金融抑制の議論については，McKinnon (1973, 1976), Shaw (1973), Hellmann, Murdock, and Stiglitz (1998)，池尾・黄・飯島 (2001)，および奥田・三重野・生島 (2010) を参照されたい。
9)　もちろん，未組織金融市場が発展した要因はこれだけではなく，次のような要因も考えられよう。制度的金融を利用するには融資を受けるにも担保物件が必用であり，また借入手続きが長いこと，および金融機関の支店網が十分に整備されていないことなども指摘することができよう。

れば，投資案件や投資資金の使途・管理について
の情報が不足しているために非常にリスクが高い
ものとなる。つまり，資金供給者と資金需要者と
の間には情報の非対称性が存在することになり，
市場ベースで海外資金を調達することは不可能に
なる。このような事情から，例えば，東アジアの
中でも地場資本を中心に急速な重化学工業化を推
し進めた韓国では，融資に関する銀行保証制度を
導入した。これは韓国銀行（中央銀行）および韓
国外国為替銀行が外国の貸し手に保証書を発行し，
債務不履行の場合には，借り手にかわって債務を
返済するというものであった。このような制度的
工夫により，海外資金を調達することが可能にな
ったが，これらの地場企業は依然として外貨獲得
能力をもつには至らず，1980年代前半に対外債
務危機に同国が陥ったことは周知のとおりである。
　これまでみてきたように，輸入代替期における
統制的な金融システムは1つの制度的工夫であっ
たといえよう。急速な工業化発展を図るために投
資資金を内外から動員するには，預金・貸出金利
の上限規制，優先的資金配分，海外借入に対する
公的保証などを行う必要があるからである。この
ような金融的支えをもとに進められた輸入代替型
工業化政策は，1970年代に行き詰まりをみせた。
国内資金だけでは投資必要資金を賄えない以上，
海外資金に依存するしかない。輸入代替型工業化
政策のもとで創設された新規企業が輸出を通じて
外貨を獲得することができなければ対外債務だけ
が残り，このような工業化路線は転換を余儀なく
される。しかし一方で，このような戦略のもとで，
NIESは一定水準の重化学工業化を達成し，
ASEANは軽工業段階にまで達することができた
ことも事実であり，外資を梃子とした経済発展に
向けての準備段階と位置づけることができる。
　前述したように，東アジアが統制色の強い金融
システムを維持してきたのは，工業化発展を図る
ためであり，その意味では，限られた金融資源を
効率的かつ集中的に特定産業に向けるための1つ
の制度的工夫であったということができる。しか
し，輸入代替型工業化政策が立ち行かなくなれば，
このような工業化を金融面から支えてきた統制色

の強い金融システムも有効に機能しなくなる。
1960年代後半から1970年代にかけて，東アジア
ではそれまで採用してきた輸入代替型工業化政策
が行き詰まりをみせ，輸出志向型工業化政策へと
舵を切った。これにともない，東アジアの金融シ
ステムにも変化がみられるようになってきた。そ
れまで維持されてきた統制的な金融システムは自
由化され対外開放的なものへと変わりつつあった。
もちろん，そこには構造調整という名のもとで
IMFや世界銀行などの国際金融機関が大きな役
割を果たしたことはいうまでもない。
　東アジア，特にASEANは，1980年代後半頃
からめざましい経済発展を遂げた。ASEANの経
済発展は，各国でほぼ同時に金融の自由化・国際
化が進展する状況がみられたことから，韓国や台
湾における発展とは若干異なった様相を示してい
るといえよう。東アジアの中でも比較的早い時期
に重化学工業化に取り組んだ韓国や台湾とは異な
り，ASEANの金融システムは相対的に発展度が
低く，国内市場で十分に資金調達を行うことは不
可能であった。また，ASEANの各国政府は，
1980年代前半に債務危機という苦い経験をした
ことから，公的債務の増加には慎重な態度をとっ
ている。これらの事情から，ASEANは，海外資
金を調達するための制度的枠組みを整備するため
に，金融市場の対外開放，外国為替管理の緩和，
外資参入規制の緩和，優遇税制などの制度的工夫
を行った。このような制度改革を背景に，1980
年代後半頃から，ASEANにも直接投資，証券投
資などの形で海外資金が流入した。それは，工業
化を進めるうえで国内貯蓄を上回る投資資金需要
に応じるのに役立った。
　ASEANは他の開発途上国と比べて相対的に貯
蓄率が高い水準にあるのに対して，国内貯蓄では
賄いきれないほどの投資資金に対する需要が存在
するといわれている。近年，NIESでは貯蓄・投
資バランスが均衡ないしは貯蓄超過状態にあるの
に対して，ASEANでは投資超過状態が続いてい
る。そして，対GDP比でみた投資額に対外債務
の元本，および金利支払いを合計した必要資金量
と国内貯蓄となると，そのギャップは一層拡大す

ることになる。このような資金ギャップは，対外的には経常収支の赤字となって表れる[10]。この経常収支赤字は何らかの形でファイナンスされなければならない。このような赤字をファイナンスする手段としては，直接投資，証券投資，およびその他の長期・短期の投資資金の流入が考えられる。

対外開放化は，直接投資の自由化，オフショア金融市場の創設を通じた商業銀行の海外資金調達，および証券投資の対外開放という形で行われてきた。香港，シンガポールを除くと，東アジアでは直接投資の受入れを制限してきた。特に，マレーシアのブミプトラ政策やインドネシアのプリブミ政策にみられるように，直接投資の受入れを厳しく制限してきた。しかし，1980年代に入り，税制面での優遇や外資出資比率の緩和などを通じて積極的に直接投資を受け入れる姿勢を打ち出し，これが高成長の原動力になったのである。

また，マレーシアでは1990年にラブアン・オフショア市場（LOFSA），タイでは1993年にバンコク・オフショア市場（BIBF）が創設され，銀行間の資金取引が活発化することになった。オフショア市場の創設と銀行業務規制の緩和により，海外資金が急速に流入し始めた。これにより，直接投資を通じて進出した外資系企業の短期資金の調達が容易になった。

証券投資については漸次対外開放が進んでいるものの，直接投資ほど活発ではない。1990年代に入り株式投資を中心に証券投資は増加傾向にある。この海外からの株式投資の大部分が株式流通市場に向かい，株価は急速に上昇した。流通市場の発達に対し，発行市場の発達は遅れ気味の感を否めない。また，債券市場の発達も急務の課題となっている。工業化資金のみならず，今後インフラの整備・拡充に巨額の長期性資金が必要になることは明らかである。これらを国際金融機関，海外援助，および国家の財政支出だけでは賄いきれないためである。インフラ・プロジェクトをファイナンスするために起債された債券投資家として

のアジア開発銀行（ADB）や国際金融公社（IFC）の参加は債券市場の発達の足がかりになるものとみられる。

このように金融・資本市場の対外開放が進むと同時に，外国為替管理も自由化されることとなった。外資を梃子とした輸出志向型工業化と称されるように，東アジアは外国貿易・直接投資の受入れを通じてめざましい経済発展を遂げたのである。このような状況において従来どおりの厳格な外国為替管理を維持することは工業化にとって大きな足枷となる。直接投資を通じて進出した外資系企業は，設備投資資金，運転資金，為替取引などにかかわるさまざまな金融サービスを必要としている。進出した外国企業を引き止めておくには，本国と同様の金融サービスを提供する必要がある。また，この金融サービスを提供する外資系金融機関から金融市場の対外開放とともに外国為替管理の自由化の要請が高まったことも，外国為替管理自由化の契機となった。また，先にも述べた，東アジア各国でのオフショア市場の相次ぐ創設が，金融市場間の競争を促進したことも，外国為替管理自由化の大きな弾みになった。

これらの金融の自由化・国際化戦略と「ドル本位制」とに支えられ巨額の資本が東アジアに流入した。この外資を梃子にして東アジアはめざましい発展を遂げたといえよう。しかし，通貨・金融危機以降，対ドル連動為替レート制に対する批判が高まっている。少し脇道にそれるがこの点について触れておくことにしよう。そもそも東アジアが自国通貨をドルと連動させたのは主としてアメリカ市場をターゲットとした輸出志向型工業化を採用したことと，生活物資の安定供給を確保するためであった。経済成長を促進するための外貨を輸出で稼ぎ，外資を呼び寄せるには対ドル・レートを安定させる必要性があった。また，危機後の為替レートの減価により，輸入生活物資を中心とする急激な消費者物価の上昇に見舞われた。これらのことからもドルに連動させていたことにはそれなりの理由がある。ただし，為替レートをドル

---

10) 厳密に言えば，経常収支とは貿易収支・サービス収支，第1次所得収支，第2次所得収支（旧形式では，貿易収支，サービス収支，所得収支，経常移転収支）を合計したものであるが，ここでは簡略化している。

にほぼ固定してきた点は失敗であったといえよう。固定化と安定化とは意味が違うのであり、名目為替レートが実質為替レートから大きく乖離しないように弾力的な調整が必要であったといえよう。

現在、円の比重を高めた通貨バスケット制が提唱されているが、当面その実現は困難なように思われる。日本が東アジアの「需要吸収者」の役割を果たせるだけの経済成長がなければならない。また、円ドルレートの動向が東アジアの経済に及ぼす影響にも注意しなければならない。円高期には日本からの直接投資が増加するとともに、東アジアの輸出競争力が強くなることから、東アジアの経済成長にプラスの効果を及ぼす。しかし、逆に円安になると1995年夏以降にみられるように逆のメカニズムが働くことになる。つまり、日本と東アジアが少なからず対米輸出依存型経済から脱却しない限り、その実現は困難なように思われる。

おわりに：持続的発展に向けての金融システム

アジア通貨・金融危機が発生してすでにかなりの時間が経過しているが、東アジアは危機前の成長軌道に戻れていない。為替レートの安定と円高基調という好条件により輸出が伸び出している。これに景気を下支えするための財政出動が加わり景気の底上げが図られているのが現状である。すでに、通貨・金融危機は収束しており、金融改革も進んでいるが、依然としてその足取りは重い。通貨・金融危機により流動性危機に陥ったタイ、韓国、インドネシアはIMFからの融資を受ける見返りにコンディショナリティ（融資条件）を課され、構造調整に取り組んでいる。その内容には金融システム改革の推進が盛り込まれている。

今回の通貨・金融危機で東アジアの金融システムの脆弱性が露呈された。特に大きな打撃を受けた韓国、タイ、インドネシアで間接金融への依存度が高いことが共通してみられる。ちなみに1997年の数字でこれら3ヵ国の対GDP比による銀行部門の対民間部門向け融資額をみると、韓国（75%）、タイ（160%）、インドネシア（60%）と、

それぞれ高水準にある。一方、これら諸国の直接金融の規模を株式時価総額の対GDP比でみると、軒並み30%前後の水準にあり、いかに間接金融優位にあるかがうかがい知れよう。

このように資金供給において銀行は大きな役割を果たしてきた。銀行は短期性の資金を預金という形で受け入れ、長期資金の貸出を行ってきたのである。つまり、短期の貸出をロールオーバーすることで長期資金需要に応えてきたのである。これは、預金が安定しており、貸出・返済が円滑に機能してこそ成り立つメカニズムである。間接金融体制による長期資金供給にはつねに潜在的な不安定性がともなう。銀行は短期の預金を取り入れる一方で、長期貸出を行うからである。預金は短期間に預金者から引き出される傾向をもつ。しかし、貸出は長期間固定されているので、金融機関は流動性を確保できなければ、預金支払いに対応できなくなる。通常、この流動性の供給は短期金融市場を通じて行われるが、東アジアでは十分に整備されていないのが実情であり、最終的には中央銀行の「最後の貸し手」機能に頼らねばならない。つまり、間接金融システムのもとでの長期資金の供給は、「期間のミスマッチ」をもたらすリスクをつねにはらんでいるのである。

また、これら金融機関の貸出は、海外短期資金の借入の増加によっても加速化された。金融システムの対外開放化により、東アジアには、直接投資、証券投資、銀行貸付、およびその他短期資本の形で巨額の資金が流入した。通常、これらの資金はドル建て資金の形態で流入する。東アジアでは「ドル・ペッグ制」を採用していたため、為替レートの安定を背景にドル建て資金が流入したのであった。そして、このドル建て短期債務をもとにして地場商業銀行は、現地通貨で長期貸しを行ったのであった。これにより、バランス・シートの負債はドル建てとなり、資産は現地通貨建てとなる。資本流出が発生すると、地場銀行は外貨を入手して返済しなければならない。通常、変動為替レート制のもとでは、先物市場でドル買い予約をするが、ドル・ペッグ制のもとでは為替レートが安定しているため地場銀行は先物契約をしてい

第1章　東アジアの工業化と金融システムの歴史的変化

なかった。むしろ，為替レートがドルに固定され
ている場合には，先物契約を結ぶことはコストに
なる。そのため，外貨入手が困難になり返済不能
に陥った。また，為替レートの大幅な低下による
債務負担の急増も，金融機関の返済能力やバラン
ス・シートの毀損に大きな影響を及ぼした。この
ように，「通貨のミスマッチ」も危機を深刻化さ
せた一因である。

　これらのことから，東アジアに望まれる金融シ
ステムの姿の一面が浮き彫りにされる。東アジア
は，今後しばらくの間は，経済を発展させるため
に巨額の資金を必要とする。しかし，既述のとお
り，間接金融システムだけでこれらの資金需要を
満たすことは困難である。そのため，資本市場の
育成・強化が望まれるのである。間接金融システ
ムを基盤としながらも資本市場を育成し，長期資
金供給の役割を果たすシステムが必要になる。そ
のためには，企業の情報開示，会計や監査体制の
整備，所有権や破産法の法的整備も欠かすことが
できない。これらのインフラ整備を行いながら自
国通貨建て債券の発行が可能になるような環境整
備が必要になる。このような金融システムが最終
的に構築されるならば，少なくとも先に示した
「期間のミスマッチ」や「通貨のミスマッチ」は
回避されよう[11]。

　しかし，東アジアにおいて自国通貨建て債券を
発行することが可能になるには，先に指摘したイ
ンフラ整備だけでは困難であろう。いかなる為替
レート・システムを採用するかにもよるが，外国
人投資家に債券を購入してもらうためには，「広
く厚みのある」外国為替市場を整備し，先物契約
によって為替変動リスクを回避させる環境も整備
されねばならない。そして，これらの体制が整備
されるまでは，当該国政府，IMFや世界銀行な
どの国際金融機関，またはアジア開発銀行などの
地域開発銀行などが信用保証を与えることで支持
することも1つの方策といえる。

　東アジアは，工業化を通じて持続的な経済発展
を実現するためには，金融部門の数多くの問題に

今後も対処していく必要がある。いかにして安定
的に長期資金を調達するかが，工業化にとっての
重要な問題である。旺盛な長期資金の需要に対し
て，間接金融システムだけで対応することは困難
である。その困難性を端的に示すものが，「期間
のミスマッチ」と「通貨のミスマッチ」である。
自国通貨建て債券を発行できるような市場環境の
創出が望まれるのも，先の困難性を緩和するため
である。対外開放を行い市場ベースで投資資金を
世界から調達するという金融の自由化・国際化を
堅持するのであるならば，開発途上国は，規制や
監視体制の再編成を行い，信用秩序の維持に向け
た方策をとる必要がある。その一方で，先進国，
国際開発金融機関および地域開発金融機関は，先
に提案したように開発途上国の自国通貨建て債券
に対して何らかの保証を付与するなどの手段を利
用して，資本市場の育成・強化を支援していく必
要がある。

　金融改革により東アジアは高度経済成長という
果実を手にしたが，その代償も大きかった。金融
改革による規制の緩和・撤廃という側面が前面に
打ち出され，金融秩序を維持するための諸政策が
等閑にされていた。通貨・金融危機以後，東アジ
アでも自己資本比率規制，情報開示制度などの諸
制度の充実が図られている。金融改革とは，単に
規制の緩和・撤廃を意味するのではなく，規制の
枠組みの転換であることを示しているといえよう。
情報開示や会計制度などの金融インフラを強化す
ることで，東アジアは頑健な自国金融システムの
構築に歩み始めている。

　このようにみてくると，実物部門と金融部門は
相互に影響を与え合っており，それが各国の金融
システム変容の基礎となっている。そして，その
システムが円滑に機能するためには，マクロ経済
全体の安定性が欠かせないことも，これまでの危
機の歴史から明らかとなっている。持続的な経済
発展のためには，金融部門が円滑に機能する必要
がある。金融機能の果実を享受できるかどうかは，
各国が自国のマクロ経済的安定性を経済政策によ

---

11)　「期間のミスマッチ」と「通貨のミスマッチ」の2つのミスマッチ論については，吉冨（2003）を参照されたい。

分　　析

ってどれだけ実現できるか，その手腕にかかって
いるとえいよう。

第2章　東アジアの金融制度改革の背景と その概要*

はじめに

　東アジアは，1980年代半ばから1990年代中頃にかけて類まれな成長パフォーマンスをみせてきた。しかし，1997年7月2日のタイ・バーツの暴落に端を発する通貨・金融危機がこの地域を襲った。世界経済の成長センターとして注目されてきただけに，経済危機の波及やその世界経済に及ぼすインパクトをも含め，大きな関心がよせられた。

　「東アジアの奇跡」と称された東アジアの経済成長を支えてきた要因はいくつかある[1]。経済政策の役割，貿易，直接投資など，さまざまな要素が考えられる。その要因の1つに，金融の役割を挙げることができる。以下で考察していくが，1980年代中頃から東アジアでは「外資導入競争」を契機に，金融の自由化・国際化を目的とする金融制度改革が進められてきた。ここに，実体経済の発展段階と金融制度は密接な関係をもっていることの一端を垣間みることができる。

　そこで，東アジアにおける産業発展のあり方を念頭におきながら，通貨・金融危機前の同地域の金融制度改革を検討していくことにする。その柱は，概ね下記の6点に集約することができる。すなわち，（1）預金・貸出金利の自由化，（2）金融機関間の競争促進，（3）資本市場の育成・強化，（4）外国為替管理の緩和，（5）「非制度的金融機関（informal finance）」の縮小，（6）金融機関に対する監督・規制の整備，ということになる。これらの分類にしたがいながら，金融制度改革の内容を整理していくことにする[2]。

　これらの特徴を示したのちに，韓国とフィリピンの制度改革について具体的にみていくことにする。1960年代から1970年代にかけて両国は工業化を推進し，1980年代初頭には債務危機を経験したという共通点をもつ。しかし，韓国は先進国入りを遂げたのに対して，フィリピンは「失われた10年」と称されるように，低迷が続いた。このような対照的な結果になったのには，金融制度改革の内実が実体経済とうまくかみ合っていなかったことにあると考えられる。この点を明らかにするために，2つの国の制度改革を取り上げる。

(1)経済成長と金融機構の整備

　一国の実体経済の発展段階と金融機構とは切っても切り離せない関係にある。実体経済における金融機関の基本的な役割は，経済の中の貯蓄超過主体から投資超過主体への資金融通を仲介することにある。これにより国民貯蓄を投資に動員することによって経済成長を推し進めることができる。しかしながら，先進国とは異なり，東アジアでは概して近代的金融制度が十分に整備されていない状況にある[3]。その背景には，前近代的金融業者の根強い残存や，植民地時代から構築された特有の構造的要因のほかに，実際的運営の歴史が浅く，

---

* 本章は，著者が「アジア諸国の経済発展と金融制度改革」というテーマで『月刊　状況と主体』（谷沢書房）において，国・地域別に1年間（1998年2月〜1999年2月）にわたり連載した原稿をベースに再編集し，加筆・修正を加えたものである。
1) World Bank（1993）を参照されたい。
2) この分類，および制度改革の概要については，World Bank（1989），日本銀行調査統計局（1990）を参照した。
3) 近代以前から近代初期にかけての金融システムについては，Goldsmith（1987），Kindleberger（1993）などを参照されたい。また，近代初期からの貨幣・信用に関する学説の展開については，Rist（1938）を差し当たり参照されたい。

経験の蓄積に乏しいという事情があると考えられる。

このように近代的金融制度が整備されていない以上，広く国民から貯蓄を集め，効率的に投資に動員することはできず，経済成長にも自ずと限界がみえてくることになる。経済成長を促進するためには，海外から受け入れた資金の効率的使用のほかに，国内貯蓄の動員のために金融機構の整備と効率的な運営のあり方が重要視されることになる[4]。

また，国民貯蓄の投資への動員を阻む要因としては，近代的な金融制度が整備されていないことに加えて，投資に比べて貯蓄が不足がちであることも指摘できる。人為的低金利政策とインフレーションとが相まって，実質金利が低水準にあるかマイナスとなるので，金融資産で資金を運用するよりも，貴金属，宝石，不動産などの実物資産の形で資金が運用される傾向が強くなり家計貯蓄の現金退蔵化傾向と，実物資産投資選好が根強いということがいえよう。また制度的金融機関に貯蓄が集まらず，非制度的金融機関への資金流入傾向が強いことも一因になっている。

ところで，経済成長を促進するには有望な産業を育成する必要があり，これを目的として産業政策が策定・実施される。しかし，上で述べたように，資金をこれらの産業に動員するにも金融機構が整備されていない以上，有望産業育成もままならない状況にある。そこで，このような窮状を打開し，有望産業育成を目的とした産業政策を遂行するために，政策金融が要請されることになる。経済成長の原動力となるリーディング・インダストリーの育成を目的とした産業政策と整合性をもつように金融資源が政策的に配分されることになる。つまり，産業政策の一環として金融機構の整備が行われることを，このことは意味している。

また，投資に比べて貯蓄が不足している状況では，有望産業育成を遂行するための資金を海外に依存せざるをえなくなる。海外資金の流入形態には，外国政府や国際機関による公的援助，外国銀行などによる民間融資，外国企業による直接投資などがあるが，公的援助・民間融資は，近い将来に金利と元本を返済していかなければならないので，有望な輸出産業を育成することが絶対条件となる。これに失敗すると元利返済ができず，債務累積に陥ってしまう。他方，直接投資は受入国にとっては債務負担とはならないうえに，外国から技術が移転されてくるので，有望輸出産業を育成するのに効果的であるといわれている。しかし，このような外資を受け入れるには経済的安定（経済政策の安定），政治的安定が条件となり，「外資法」などで外国企業の優遇措置をとるという法的整備も必要になる。これに加え，海外資金の取入口としての金融・資本・為替市場の育成にも取り組まねばならなくなるであろう。このように有望な産業を育成するためには国内面のみならず国際的にも金融機構の整備が要請されることになる。

(2)金融制度改革の契機

周知のように，香港を除けば，1960，70年代を通じて東アジアでは概して政府・中央銀行による規制の比較的色濃い金融制度が維持されてきた。各国に程度の差はみられるものの，金利規制，新規参入規制，特定産業への融資義務，銀行部門の国営化，民間銀行への公的介入が多分にみられた。このような特徴を備えた金融制度は，東アジアが成長戦略として採用した輸入代替型工業化政策，および輸出志向型工業化政策という産業政策の一環として位置づけられていた。輸入代替型工業化政策にしても輸出志向型工業化政策にしても国内産業を育成・保護し，リーディング・インダストリーを確立することを目的として，重点的に特定産業に効率的に資金を供給することが重要になる。つまり，金融制度が産業政策の一手段として構築されていたのであった。そして輸入代替型工業化政策の段階から輸出志向型工業化政策の初期段階においては政策的資金配分の非効率性がさほど大きくなかったということもいえるであろう。

---

4) 確かに，投資の原資となる貯蓄が増加することは重要であるが，Chick（1983, 1992）やStudart（1995）が指摘するように，金融システムが発展するにしたがい，銀行の「信用創造」の活発さにより投資量はますます影響を受けることになる点も見逃せない。

しかし，輸入代替型工業化政策のもとでは，結局競争力のある国内産業を育成することができないばかりか，産業構造の高度化や経済成長を加速化させ，先進国にキャッチアップするという初期の目標さえ達成することができなかった。1970年代に入ると輸入代替型工業化政策から輸出志向型工業化政策へと政策転換が本格的に東アジアでみられるようになったわけであるが，政策的資金配分という性格を色濃くもつ既存の金融制度では旺盛な資金需要に応じることができず，その非効率性が顕著になってきたことが金融制度改革の1つの契機として挙げられる。つまり，各種の規制により，国内貯蓄を効率的に動員することができなければ，産業構造の高度化も経済成長のさらなる促進も覚束ないという認識が高まってきたといえる。また，東アジアでは投資に比べ相対的に貯蓄水準が低く，投資資金を海外に依存せざるをえない状況にあったことも一因であったと考えられる。

金融制度改革の第2の契機としては，東アジアで採用された対外志向的な工業化戦略が挙げられる。つまり1980年代，特に1985年9月のプラザ合意以降，対外志向的な工業化と経済成長を推し進めていくには，もはや旧態依然の金融制度では対応しきれないという認識に達したことにある。東アジアは1980年代半ば以降，直接投資の受入れを足がかりに輸出促進を図るという「外資依存型輸出促進政策」に乗り出した。これにより，東アジアでは直接投資を通じた海外資金流入の活発化がみられるようになってきた。このような状況のもとで，外国資本や外国企業を誘致するうえでも，またすでに誘致した外国資本や外国企業の国外への脱出を防ぐという点からも，金融制度改革は避けて通ることができないと考えるようになったのである。

第3の契機としては，国際金融面でみられる金融の国際化・自由化・証券化が挙げられる。国際金融環境は先進国主導のもとで，急速な変化をみせている。情報通信技術の発達とも相まって，資金移動が活発化するとともに，新しい金融商品が続々と登場しており，資金調達手段も多様化して

いる。このような国際金融環境において，東アジアが経済発展を推し進めていくうえで必要となる資金を国際金融市場から調達していかなければならないということが金融制度改革を不可避なものにしている。

これまで述べてきたことからも明らかなように，近年における金融制度改革は，1960，70年代における輸入代替型工業化政策の時期における規制色の濃い金融制度から，1980年代における外資を梃子とした輸出志向型工業化を進めていくのに適した金融制度へと再編することを意味しており，「市場型取引」の拡大を通じた「金融の効率化」にその主眼がおかれている。

預金・貸出金利の自由化

東アジアの金利は，早期に自由化に着手した香港，シンガポールを除けば，1970年代中頃まで強い規制下におかれていた。1980年代以降の香港とシンガポールにおいては，もはや自由化の余地も限られているために，金融機関経営の健全性の維持や信用秩序を維持するための監督・規制の強化に焦点がおかれるようになっている。次に比較的早い時期に預金・貸出金利の自由化に取り組み始めたのは，マレーシア（1978年），フィリピン（1981年），インドネシア（1983年）であった。

このような早い時期に預金・貸出金利の自由化に踏み切ったのは，これら諸国では1970年代における2度の石油ショックにより対外債務が累増していったことが挙げられる。インフレ率の上昇により実質金利はマイナスとなり，国内貯蓄を動員しようにも動員できず，対外債務が累積するという開発途上国で典型的にみられる悪循環に陥ってしまったのである。これをうけ，IMFおよび世界銀行の指導のもとに金利を自由化していったのである。またタイも含めこれらの国では特定産業に重点的に資金供給を行うさまざまな優遇的資金配分政策がとられてきたが，徐々に資金配分が市場メカニズムに委ねられるようになってきている。これら3ヵ国をよそに，タイは1989年に預金・貸出金利の自由化の第一歩を踏み出すまで厳しい規制下のもとにおかれていた[5]。

27

韓国・台湾も1980年代までは厳格な預金・貸出金利の規制とさまざまな優遇的資金配分政策を特徴とする金融システムを擁していた。しかし，1980年代後半以降，一転して預金・貸出金利の自由化に着手し，1991年には4段階にわたる金利自由化計画を発表し，韓国においては1997年を目途に金利の完全自由化を目指すこととした。台湾においては1989年7月の銀行法改正によって預金・貸出金利を制度上自由化する運びとなった。

このように，預金・貸出金利の自由化に着手した時期は東アジアでもかなり差がみられるが，着実に取り組まれていることがうかがい知れる。しかし，金利の自由化が制度的に進められているにしても，その実効性は，金融機関間の競争がどの程度まで行われているかにかかっているといえよう。

金融機関間の競争促進

東アジアでは，金融機関の中核を占める商業銀行が寡占体制にあり，しかも経営の意思決定における政府の役割が大きいこと，大銀行と特定企業グループとが密接な関係をもっていること，外国金融機関の進出や業務規制が厳しい，などということがいわれている。しかし，シンガポールでは，外国銀行については国内市場への参入，および業務規制はあるものの，香港とともにこの面でも例外といえるほど規制が少ない。

韓国の大手商業銀行は，その株式の大半が政府によって保有されていたが，1981年から1983年にかけて民営化が行われ，1989年には市中銀行3行が新たに設立され競争が促進された。また業務規制の緩和も進み，市中銀行の信託業務への参入，1985年には外国銀行に対しても業務規制が緩和され，1991年からは信託業務への参入も認められた。

台湾でも1989年の銀行法改正により，民間銀行の新規設立，3大商業銀行の民営化，および外国銀行の信託・貯蓄業務への参入が認められた。

タイでは参入・業務規制が1980年代後半にしてようやく緩和され，1987年には商業銀行が，翌1988年にはファイナンス・カンパニーの業容が拡大された。また1978年以来停止されていた外国銀行支店の新設を認可する方針が1988年12月に打ち出された。

インドネシアは1988年10月に民営銀行の新設方針を打ち出すとともに，同年12月には20年ぶりに合弁銀行の設立認可方針を発表し，1990年2月末までに日系8行を中心に11行が営業の開始，または認可を得ている

このように，金融機関間の競争が東アジアで積極的に促進されるようになったのは1980年代後半になってからのことであり，依然として優遇的資金配分の色彩が色濃く残っている。ただ，金融機関間の競争を促進することは「金融の効率化」を図るうえでは重要なことであるが，過度に競争が激化すると，地場金融機関が経営の健全性を損なうような活動に走ったり，競争によって地場金融機関が淘汰されたり，地場産業が金融サービスを受けられずに窮地に追い込まれたりするようなことは回避しなければならないであろう。

資本市場の育成・強化

東アジアの金融構造の特徴として，間接金融のウエイトが高い一方で，株式・債券の発行を通じた直接金融のウエイトが低く，資本市場の発展が遅れているということが指摘できる。その最大の理由を資金調達者側からみると，東アジアにおいて長期資金を需要する優良大企業の多くは国営・公営企業であるために公共予算から資金を調達することもできれば，中央銀行から再割引融資を受けることもできるので，資本市場から資金を調達する必要はなかったからである。その意味ではこの地域では資本市場から資金を調達しようとする優良な民間企業が育っていなかったといえる。

資金運用者側に目を移してみると，株式などのリスクの高い投資手段よりも金融市場で資金を運用することのほうが有利であったということがい

---

5) タイの実物部門と金融部門の発展については，岸（1990），田坂（1996）を参照されたい。

える。資本市場で取引を円滑に行うための情報の公開や投資家保護が十分整備されていなかったので，資本市場で資金を運用することは高いリスクを負うことになるからである。

しかし，経済発展が進むにつれて，家計部門の金融資産の蓄積が進むとともに，企業側でも，設備投資を目的とした長期資金の需要が増大し，銀行借入以外の調達手段を求めるようになった。また，投資家側からしても多種多様な金融資産に投資をすることによってリスク分散を行う必要があるという認識が高まっているということがいえるであろう。

このような状況のもとで，資本市場の育成・強化策がとられた。その目的は，「非制度金融機関の縮小」の箇所でも述べるが，国民貯蓄を制度的金融機関に取り込むことによって効率的に投資に動員することである。また資本市場を整備することは外資導入の窓口を広め，加えて海外資金を投資に動員することを目的としたものであった。

外国為替管理の緩和

東アジアで国際貿易・資本移動が活発化したのは1980年代に入ってのことであった。すでに国際金融センターとして機能していた香港やシンガポールでは1970年代に為替取引が自由化されていた。このような国際貿易と資本移動の活発化を受けて，1980年代後半から東アジア全般で為替取引の自由化に本格的に取り組む動きがみられ始めた。

香港，シンガポール，マレーシアは1960年代後半にIMF8条国に移行しており，経常勘定の為替制限は撤廃されていたが，それ以外の国は1980年代後半から1990年代になってIMF8条国に移行したので，為替管理が緩和され始めたのはごく最近のことである。資本勘定については各国ごとに程度の差はあるものの比較的強い規制が残されており，完全自由化にはほど遠いといえよう。

このような為替取引の自由化を推し進めている背景の1つとしては，外資を挺子とした輸出志向型の経済発展を続けていくうえで，為替管理を維持していくことが重大な制約であるという認識に達したことにある。

第2に，香港・シンガポールを除き，1983年には金利自由化に先立ち台湾がオフショア銀行業務を開始し，1990年10月にはマレーシアがラブアン島に，タイが1992年3月バンコクにと，相次ぐオフショア金融市場の創設からもうかがい知ることができるように，東アジアが自国の国際金融センター化に向けて動き出していることが挙げられる。しかし，現時点では，本来のオフショア業務である「外―外」取引（非居住者による資金の運用と調達）が伸び悩む一方で，国内金融の補完としての「外―内」取引（居住者からの資金調達）が大半を占めている状況にある。

また，韓国と，特に台湾では貿易黒字の拡大につれて，外貨準備が増大し，国内の流動性が著しく高まったため，対外証券投資などを通じた資本流出を促進させる必要性があったことなどが挙げられる。

非制度金融機関の縮小

開発途上国の金融構造の1つの特徴として，商業銀行，およびノンバンクなどの近代的に組織化された金融機関以外に，わが国の無尽，親母子講にあたる，韓国の「契」（キイ），台湾の「会仔」（ホエア），タイの「チット・ファンド」，インドネシアの「アリサン」などのいわゆる非制度金融機関が多く存在することが挙げられる。

もともと東アジアでは制度的金融機関は特定産業に重点的に資金を供給することを目的としていたので，中小企業，都市の零細住民，小規模農民などは締め出される傾向があった。また金融機関の支店網も発達していなかったり，制度的金融機関を利用できたにしても不動産などの担保を必要としたり，借入手続きも非制度金融機関に比べて時間がかかったりするなどの事情からこれらの機関が発達したのである。

しかしながら，国内貯蓄を効率的に投資に振り向けるうえでも，金融政策の有効性を高める観点からしても，また高利，脱税，犯罪の温床という点に鑑みて，非制度金融機関の禁止もしくは制度的金融機関への取込みを通じて縮小させる動きが

高まっている。だが，非制度金融機関が制度的金融機関のサービスを受けられなかった人たちにサービスを提供してきたという点では，制度的金融機関を補完しているといえるので，この点を無視して非制度金融機関を一方的に縮小させるのは問題といえよう。

金融機関に対する監督・規制の整備

1980年代後半から1990年代にかけて，東アジアにおいて金融・資本市場の監督・規制体制の強化・再編の動きが目立つようになってきた。こうした動きの基本的な背景としては，金融の自由化・国際化にともない，従来の監督規制の体制や方法では，個別金融機関の経営健全性を的確に把握し，問題が生じた際に適切に対応しきれなくなったことが挙げられる。また先進国においてBIS（国際決済銀行）の基準にもとづく自己資本比率規制の相次ぐ導入もこのような動きに拍車をかけたように思われる。

また金融・資本市場の拡大にともない，投資家層も従来の資産家層だけから中所得者層へと広がりをみせているために，市場の健全な育成および投資家保護を目的とした監督体制の強化が進められるようになった。さらに最近では，上場基準の明確化，公正取引ルールの確立，インサイダー取引規制の導入，会計ルールの普及，情報開示の強化などが進められている。このような取組みは，金融取引における情報の非対称性を小さくするとともに，金融システム全体の安定性を維持するための制度的インフラストラクチュアと位置づけることができよう。

(3)東アジアにおける金融的相互依存関係の深化

これまでみてきたように，東アジアでは1970年代における輸入代替型工業化政策から輸出志向型工業化政策へと路線を変更するとともに，国内の金融自由化に取り組むことになった。もちろん，各国は自国の事情に左右されながらも，段階的に国内の金融自由化に取り組んできた。

1980年代に入ると，外資を挺子とした輸出志向型工業化政策がとられ，いわゆる「東アジアの奇跡」といわれるような，めざましい経済成長を東アジアは実現していったのである。この外資を挺子とする輸出志向型工業化政策により，金融面でも自由化・国際化を図ることが急務の課題となった。特に1980年代後半から1990年代中頃までの東アジアへの直接投資の急増が，当該地域における金融の自由化・国際化を推し進める契機になったといえるであろう。

また，東アジアで金融の自由化・国際化が進むにつれて，海外資金の流入形態にも変化がみられるようになってきた。従来の公的融資，銀行貸付，直接投資に加えて，オフショア金融市場を通じた証券投資による資金の流入やその他短期資金の流入が急速に拡大しており，旺盛な資金需要にこたえるべく資金調達の一翼を担っている。しかし，証券投資による資金の流入にしてもその他短期資金の流入にしても，これらの資金は逃げ足が速く，逆流するリスクがあることに特徴がある。短期資金の移動が激しくなると為替レートの変動も大きくなり，それに対応するために金利政策を通じた金融政策の変更を余儀なくされるが，これによりマネーストックの変化も激しくなり，経済運営が困難になる。そのような意味では，このような資金を調達して，投資に動員するために国内にとどめておくには，経済のファンダメンタルズを健全に維持することが重要なことになろう。

このように，東アジアも金融の自由化・国際化という世界的な潮流にのり，各国ごとにその進捗状況は異にするものの，段階的に金融の自由化・国際化に取り組んでいると評価することができるであろう。しかしながら，東アジアにおける金融自由化の過程を一瞥するならば，従来からいわれているように，少なからず優遇的資金配分政策が依然としてとられていることからも，「金融の効率化」の余地が少なからず残されていることが明らかになるであろう。

東アジアにおいて国際貿易・直接投資がめざましい成長をみせるとともに，金融の国際化が進んだ。金融の国際化により，東アジアの経済主体も，世界的に統合された市場で，貯蓄と投資の決定を

行うことができるようになった。しかし，一方で金融の国際化によって新たな課題が東アジアに突きつけられるようになった。

　国際貿易・直接投資の拡大は国際金融・資本取引の増加を意味する。そして東アジアにおける金融・資本市場の発展・拡大，為替・資本取引の増加は，東アジア内はもとより，当該地域と日欧米との金融的な結びつきをより緊密なものとする。つまり，これは，東アジアが国際金融ネットワークに取り込まれることを意味する。その意味では，攪乱的な短期資本移動，為替レートのボラティリティ（不安定性），およびさまざまな金融リスクにさらされるとともに，自らがその震源地になりうる可能性があることを意味している。したがって，東アジアは従来以上にマクロ経済運営の安定化に細心の注意を払っていく必要があるとともに，東アジア地域内のみならず，他の地域との整合性のとれた制度改革に取り組んでいかなければならないであろう[6]。また，今回の通貨・金融危機にもみられるように，今後は，国際協調の制度的枠組みの構築にも取り組んでいかなければならないであろう。

(4)韓国の金融自由化・国際化[7]

金融自由化・国際化以前の金融システム

　韓国の経済発展は初期条件の貧弱さをものともせず，政府が積極的に介入することにより，急速な工業化を達成してきた。政府主導による大企業（財閥企業）中心の重化学工業化を主たる政策としていた。この政策を支えたのが人為的低金利政策と外資導入政策であった。低金利政策の目的は，低利で優遇産業に優先的に資金配分を行う，すなわち大企業に投資資金を供給することにあった。外資導入政策は，投資資金を海外から調達するた

めに，外資系金融機関を優遇するというものであった。

　韓国では国民貯蓄が十分に形成されていなかった。工業化を推進するためには巨額の投資資金が必要となるため，政府は預金銀行の融資活動に介入せざるをえなくなる。乏しい国民貯蓄をもとに工業化を推し進めるには，特定部門に融資を集中させる必要があろう。そこで，政府は預金銀行の融資活動に介入し，大企業（財閥企業）を中心に優遇産業部門に優先的に資金配分を行ったのである。また，これらの部門への低利貸出を行うために，預貯金金利にも上限規制が課された。貸出金利を低位に抑えるべく低金利政策をとったのである。預金銀行の預貯金金利は金利上限規制によりインフレ率よりも低く抑えられており，実質金利がマイナスになることもしばしばであった。いわゆる「金融抑圧（financial repression）」状態に韓国経済はあったといえる。このように，政府の積極的な指導のもとで，人為的低金利政策を軸に，いわゆる巨大企業が経営する重化学工業部門への資金配分，すなわち政策金融を優先的に行ってきたのである。これにより，高い経済成長が実現されたが，その一方で信用の慢性的超過需要が銀行システム内部から創出されたのである。

　次に外資導入政策であるが，これは外国銀行韓国支店に対する優遇制度と外国からのローンに関する銀行保証制度からなっていた。国内貯蓄の乏しい韓国では旺盛な投資資金需要を満たすためには外国からの融資に頼らざるをえない。この窓口になるのが外国銀行韓国支店である。韓国政府は，貯蓄・投資のインバランスを是正するとともに，国際収支の赤字をファイナンスするために，外国銀行の進出を歓迎した。この外国銀行に対しては，先に述べた金利上限規制や特定産業への融資義務などの規制を加えることはなく，事実上無規制で

---

6) 東アジアの金融改革の概要，および韓国，フィリピンの金融改革の詳細については多くの論文・文献を参考にした。特に World Bank（1989），日本銀行（1990），大蔵省財政金融研究所内金融・資本市場研究会編（1991），呉（1992），高阪（1993），大場・増永監修，（財）国際金融情報センター編（1995），河合・QUICK 総合研究所アジア金融研究会編著（1996），第一勧銀総合研究所編（1997），大場・増永監修，（財）国際金融情報センター編（1999），大野・小川・佐々木・高橋（2002），寺西・福田・奥田・三重野編（2007，2008）によるところが大きい。その他の論文・文献については上記の参考文献に記載されているので参照されたい。

7) 韓国の経済・金融の一般的に動向については，渡辺（1982），Cole and Park（1983），鈴木（1993），Patrick and Park（1994），梶原（1995, 1999），渡辺・金（1996）などを参照した。

分　　析

表 2-1　韓国の金融自由化・国際化の措置

	預金・貸出金利自由化政策の内容
1981 年	金利の階段的自由化開始（コールレート，CP レートの自由化）
1982 年	政策金利・普通金利の差縮小
1984 年　1 月	優遇貸出金利の廃止と貸出金利の弾力化
6 月	商業銀行による CD 発行認可
1985 年	外国銀行に対する金利規制緩和
1986 年	社債・金融債の発行金利の弾力化，産業別金利の廃止
1988 年 12 月	貸出金利の原則自由化，長期預金金利の自由化，金融商品金利の完全自由化
1989 年	コール市場の統合
1991 年 11 月	4 段階の金利自由化計画の策定
1993 年 10 月	「3 段階金融自由化計画」の発表
11 月	第 2 段階の金利自由化措置の発表
1994 年	第 3 段階の金利自由化措置の発表

	金融機関間の競争促進政策の内容
	〈銀行の新設・民営化〉
1980 年 12 月	一般銀行自由化措置
1983 年	5 大市中銀行の民営化完了
1988 年	政府系 3 銀行の民営化の開始
1989 年	金融産業再編の基本方針の発表
1990 年 11 月	投資金融会社の銀行転換推進法案の発表
	〈業務規制緩和〉
1980 年 12 月	商業銀行経営への政府直接介入の廃止
1983 年	市中銀行による信託業務の認可
1986 年　2 月	個人向け金融サービスに関する規制の緩和
1989 年	銀行の支店開設認可の急増
	〈銀行業務の国際化〉
1977 年	外国銀行の支店開設認可の推進
1984 年	外国銀行の内国民待遇の方針を打ち出す
1985 年	外国銀行業務規制の緩和と優遇措置の削減
1988 年	外国銀行の支店設置規制の解除
1990 年	外国銀行支店の CD 発行枠の引上げ，外国銀行に対する資本金上限規制の撤廃
1991 年	外国銀行の信託業務認可基準の緩和
6 月	外国銀行の支店開設を国内銀行並みに
1992 年	外国銀行の店頭市場での債券取引認可

	資本市場の育成・強化
1956 年	韓国証券取引所の成立
1968 年　1 月	「資本市場育成に関する法律」の制定
1972 年　8 月	私債市場凍結令
1973 年	「企業公開法」の制定
1974 年　5 月	振替決済制度の導入
1977 年	証券管理委員会，証券監督院の発足
1988 年	証券市場の自由化措置
1987 年　4 月	株式店頭市場の開設

あったといえる。また，これら外国銀行に対しては「韓銀スワップ」といわれる優遇措置が講じられており，これにより，外国銀行は調達した外貨に対して約 0.5% のマージンが保証され，為替変動リスクを回避できたのである。これは，韓国通貨ウォンの切下げが継続的に起きていた時期には

大きな特恵ということができよう。

　1960 年代には，外国からのローンの流入を促進するために，ローン返済に関する銀行保証制度が創設された。この制度は，韓国銀行（中央銀行）と韓国為替銀行が外国の貸し手に対して保証書を発行し，借り手が債務不履行に陥った場合に

第2章 東アジアの金融制度改革の背景とその概要

表 2-1 韓国の金融自由化・国際化の措置（つづき）

外国為替管理の緩和	
1981 年 1 月	「資本自由化計画」の発表
1984 年 7 月	外資系企業の利潤国外送金自由化
1987 年 2 月	海外非居住者のウォン預金の認可
1988 年 11 月	IMF 8 条国に移行
12 月	「資本市場国際化中期計画」の発表
1989 年 12 月	ドル・コール市場の創設
1990 年 3 月	外国為替集中管理制度の緩和
1991 年 3 月	円・コール市場の創設
1992 年 9 月	マルク・コール市場の創設，「改正外国為替管理規定」の実施
1993 年	外国為替自由化計画
1994 年	外国為替改革案の発表
1995 年	「外国為制度改革 5 ヵ年計画（1995-99 年）」の発表
金融機関に対する監督・規制の整備	
1977 年	証券管理委員会，証券監督院の発足
1987 年 12 月	銀行の自己資本比率規制の見直し（都市銀行 6%，地方銀行 7%）
1993 年 8 月	金融実名制の導入
1995 年	不動産実名制の導入
外資自由化政策	
1981 年 7 月	「外資導入法」改正（導入業種，投資家要件の緩和）
1984 年 7 月	「外資導入法」改正（導入業種のネガティブリストへの転換）
1985 年 10 月	外国人投資禁止業種の削減
1987 年 12 月	対外直接投資要件の緩和
1989 年 2 月	対外直接投資額の上限撤廃
1991 年 6 月	外国銀行の支店開設を国内銀行並みの扱いに
1992 年 10 月	外資規制改正

（出所）World Bank (1989)，日本銀行（1990），大蔵省財政金融研究所内金融・資本市場研究会編（1991），呉（1992），大場・増永監修，（財）国際金融情報センター編（1995），河合・QUICK 総合研究所アジア金融研究会編著（1996），大場・増永監修，（財）国際金融情報センター編（1999），大野・小川・佐々木・高橋（2002），寺西・福田・奥田・三重野編（2007, 2008），その他より作成。

は，韓国銀行が債務の返済を肩代わりするというものであった。この制度により，貸し手は貸倒れリスクを完全に回避することができる一方で，韓国の借り手は中央銀行から支援の保証をえることになる。もっとも，外国からのローンの規模，およびその配分に関する権限は政府が握っていたので，大企業が借り手であったことはいうまでもないであろう。

このような政府主導の金融政策，および各種の措置を通じて，韓国は高度経済成長を実現してきたのである。特に，重化学工業部門の担い手である財閥大企業を優遇し，輸出志向型の工業化を推し進めてきたのである。しかし，このことが，企業の自主性を弱体化させたり，金融市場の金利メカニズムに機能不全をもたらしたり，これらの優遇措置を受けられない中小企業や国民を高利の私

債市場に依存させるなどの問題をもたらしたのである。このような諸問題を抱えながらも，韓国でも 1980 年代に入り金融の自由化・国際化が漸進的に進められている。そして，1988 年 11 月の IMF 8 条国への移行，1996 年 10 月の OECD 加盟により，名実ともに先進国の仲間入りを果たしたことにより，もはや金融の自由化・国際化の道を後戻りできない状況にあるといえよう。以下では，1980 年代から 1990 年代にかけて進められた同国の金融の自由化・国化際の足取りを簡単に考察することにする。なおこれらの動向については表 2-1 に整理されているので参照されたい。

金融自由化・国際化の動向

韓国では，輸出産業および重化学工業の育成・強化を目的とした優先的資金配分が行われ，1960

年代から 1970 年代にかけて厳格な金利規制が敷かれており，また，金融機関の業務内容および業務区分を規定し，金融機関間の競争を制限してきた。しかし，外国銀行の進出には比較的弾力的な立場をとってきた。

1980 年代に入り徐々に規制緩和が行われるようになったが，本格的に規制緩和が進むのは1980 年代後半になってからのことであった。1984 年には優遇貸出金利の廃止と貸出金利の弾力化が行われ，1988 年には貸出金利の自由化，長期預金金利の自由化，CP をはじめとする金融商品の金利自由化が進んだ。1991 年にはさらに大規模な金利自由化計画が発表され，そこでは1997 年までに完全金利自由化を達成するということが掲げられている。

韓国の商業銀行は，その株式の大半が政府によって保有されていたが，1981 年から 1983 年にかけて民営化が行われた。1982 年には市中銀行の新設許可，1984 年の商業銀行による信託業務への参入，1985 年には外国銀行の業務規制の緩和が行われるなど，金融機関間の競争が促進された。しかし，従来からのいわゆる「官治金融」と称される金融部門への政府統制は依然として強く残っており，財閥企業と金融機関との密接な関係を揺るがすまでには至っていないといえよう。

資本市場の育成・強化

韓国における人為的低金利政策，および政府による金融部門への介入は，重化学工業の育成，さらには高度成長の実現に大いに貢献したが，そのためには多大なコストを支払わなければならなかった。乏しい資本を経済建設の重点分野に動員することが政府にとっての最重要課題であったことからすれば，ごく自然な成り行きともいえよう。このことから，韓国の金融構造は中央銀行に依存した間接金融を特徴としている。このような間接金融が金融取引の中心をなしているために，資本市場の発展は遅れている。

しかし，韓国政府は資本市場の育成・強化に乗り出さなかったわけではなかった。1981 年 1 月「資本自由化計画」を発表し，資本市場の自由

化・国際化に着手したのである。そこでの特徴は，非居住者および外国人投資家による韓国企業株式取得を回避するために，ポートフォリオ投資を制限する代わりに，投資信託などを利用して外資導入を図ってきた点にある。さらに，1988 年 12 月には「資本市場自由化の段階的拡大推進計画」が発表されるなど，資本市場の自由化・国際化に向けての努力がなされてはいるものの，さほど大きな進展はみられていない。財閥企業は低利でしかも優先的に預金銀行からの融資によって資金調達が可能であることから，わざわざ高い金利を支払ってまで，資本市場で起債して資金調達をする必要がなかったことが，資本市場の発展が遅れていることの大きな要因といえよう。しかし，これとて高い経済成長をこれまで支えてきた間接金融優位の金融システムを韓国政府が維持しているからこそ，なのである。緩和されつつあるとはいえ，優先的に特定部門に低利融資を行うよう金融部門に規制を課すことによって政府が強く介入することなくしては，ありえないからである。1996 年の OECD 加盟により，他の加盟国と同等の資本市場の自由化・国際化を進めて行くことが課題になっていることから，今後，資本市場の整備が本格的に進むことが期待される。

外国為替管理の緩和

韓国は「外国為替管理法」によって東アジアの中でも厳しい為替管理を行ってきた。外国為替銀行と機関投資家以外は，原則的に海外での外貨保有は禁止されており，対外債権の回収義務を課して外貨資産を為替銀行に集中させる外国為替集中制度がとられている。また，外国為替銀行に対しては持ち高規制や先物取引の実需原則など厳しい為替管理が実施されていた。1988 年の IMF 8 条国への移行によって経常勘定取引は原則的に自由化された。1992 年には外国為替管理法が大幅に改正され，従来の為替取引「原則禁止，例外可能」から「原則自由，例外規制」へと方針を転換し，外国為替取引の自由化を進めている。また，1993 年には外国為替自由化計画を発表し，各種の資本取引に対する規制を順次撤廃する方針を打

ち出した。さらに，1995年には「外国為替制度改革5ヵ年計画（1995-99年）」が発表され，資本勘定に関する為替取引自由化の計画を打ち出している。

外資規制の緩和

韓国は，1970年代まで海外からの直接投資を制限してきた。海外からの直接投資を制限してはいたが，海外から技術も資金も取り入れていなかったわけではなかった。先進国の技術は技術導入の形で，海外資金は外国銀行韓国支店を通じた借款という形で取り入れていた。しかし，1980年代に入り，海外からの直接投資を積極的に受け入れる方向に転換した。このような方針転換には，1996年10月のOECD加盟国入りという要因も大きく働いていると考えられる。というのは，OECDに加盟するには資本取引の自由化を速やかに達成する必要があったからである。1981年には「資本自由化計画」が打ち出され，1984年には「外資導入法」が改正され導入業種をネガティブリストに転換するなど，直接投資の受入れ体制を整備し自由化を推し進めている。

海外からの直接投資の受入れと同様に，韓国では対外直接投資についても1970年代まで厳格な規制が実施されていた。1980年代後半に貿易黒字を達成すると，ウォン高や賃金上昇に見舞われ，韓国企業の海外展開の必要性が高まった。そこで1980年代に入り対外直接投資についても積極的に自由化を推し進めたといえる。1984年以降対外直接投資の要件・評価基準の緩和が行われており，同国の対外直接投資はASEANを中心に本格化することになった。

金融・資本市場の監督強化

韓国の金融機関の監督体制は，韓国銀行（中央銀行），韓国産業銀行，中小企業銀行などの国営および政府出資銀行の監督を監査院が行い，民間銀行，農協などの金融機関は銀行監査院が監督するという体制になっている。証券会社を監督する証券監督院は，財政経済院の委託により投資信託会社と証券取引所を監督する。また，保険監督院は保険会社を監督している。

このような監督体制がとられてはいるものの，比較的政府の強い介入のもとで金融機関が活動してきたことを考えると監督体制の強化が必要となろう。金融の自由化・国際化が進むということは，少なからず市場原理が金融部門に導入されることを意味するものである。

金融機関は，金利の期間構造，資金の調達と運用の期間構造など，これまで考慮せずにこられた点にも配慮しなければならなくなる。これらの期間構造に大きなミスマッチが生じるということは，金融機関の経営を揺るがすだけでなく，金融システム全体を機能不全に陥らせかねないからである。アジア通貨・金融危機でも明らかになったように，同国の金融機関は巨額の不良債権を抱えており，同国の金融システムが機能不全に陥っていることからも，情報開示，会計制度，監査体制，預金保険機構，中央銀行による緊急融資体制などの整備を通じて，金融機関の健全経営を推し進めるような環境整備が望まれる。今後，金融の自由化・国際化が進み，金融機関間の競争激化，対外開放化が進むにつれて各種金融機関の中には経営不振に陥る機関も出てくると予想されることから，金融・資本市場の監督体制の強化が望まれる。

韓国の金融深化

韓国では，高い経済成長を実現してきたことの裏返しとして統制色の濃い金融システムが長期間維持されてきた。金融の自由化・国際化が本格化したのは1980年代後半から1990年代になってからのことであった。この金融制度改革のプロセスはすでに述べたとおりであるが，この金融制度改革により韓国の金融部門がどの程度まで発展したのかをみてみることにしよう。金融部門の発展はM2（現金通貨＋要求払預金＋定期預金）の対GDP比で測られる。このM2/GDP比が上昇するということは，その国の貯蓄が定期性預金の形で銀行に預託されていることを意味するものである。この定期性預金が増加するということは，銀行が企業に貸し付けることのできる長期資金が増加しているということである。

分　析

図 2-1　韓国の金融深化（1979-1996 年）

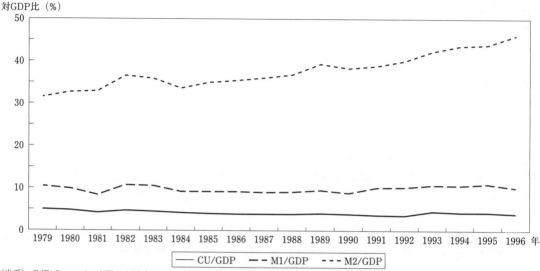

（出所）IMF, *International Financial Statistics Yearbook*, Washington, D.C., IMF, various years, ADB, *Key Indicators of Developing Asia and the Pacific*, Manila, ADB various years.

　図 2-1 は韓国の対 GDP 比でみた CU（現金通貨），M1（現金通貨＋要求払預金），M2（M1＋定期預金）の推移を示したものである。同図からも明らかなように，CU および M1 の対 GDP 比率はそれぞれ，5％，10％ 前後の水準で比較的安定的に推移している。これは，CU および M1 が取引需要を反映していることからくるものである。一方，M2 の対 GDP 比は 1980 年の 30％ から 1996 年には 45％ 前後の水準に達しているが，東アジアの中では上昇が緩慢である。これは，1980年代に入ってから徐々に金利の自由化が行われてはいるものの，充分にその成果が出ていないことを意味しているといえよう。韓国銀行（中央銀行）の指導が行き届く預金通貨金融機関では依然として政府指導が行われており，資金需要が強く中央銀行引受に預金通貨金融機関が大きく依存せざるをえない状況では，この政府指導を無視することはできないであろう。金利規制が緩和ないし撤廃されても，これでは実質的に自由化されているとはいえない。一方，財政経済院の管轄するノンバンク，証券会社を中心とする非預金通貨金融機関は次々と新しい金融商品を導入して，そのシェアを拡大させている。つまり，預金通貨金融機関よりも非預金通貨金融機関が提供する高い金利の金融商品に貯蓄が向かっているといえる。これは，金利の自由化，金融機関間の競争が充分に行われていないことを意味している。この点からも，韓国においては金融の自由化・国際化の余地が多分に残されているということが指摘できる。

　韓国は 1996 年に OECD 加盟国入りを果たし，金融の自由化・国際化を避けて通ることができない状況にある。これを契機に，これまでの統制色の濃い金融システムから少なからず市場原理にもとづく金融システムへの変革が進むものと期待できる。

　韓国の金融市場は「二重構造」であるとしばしばいわれている。財閥企業を主体とする公金融市場と，そこから締め出された中小企業および国民を主体とする私金融市場が存在する。前者は，政策により低金利で，後者は高金利と，「市場の二重構造」によって金利が二重化している。これは，市場を通じた効率的な資金配分を考えるうえで，避けて通れない問題である。また，金融政策を効果的に運営するためにも，金融市場の「二重構造」を是非とも解消する必要があろう。その意味では，金融機関間の競争が促進される必要があるといえる。

　また，資本市場の育成・強化にも取り組まなけ

ればならないであろう。これまで間接金融を主たる取引形態としていたことから、資本市場の発展は遅れている。資金調達の場であるとともに運用の場でもある資本市場を整備することは、国内貯蓄をより効率的に投資に動員する役割を果たし、少なからず経済発展にプラスの効果をもたらすと考えられる。株式の上場基準、社債の起債基準、企業の情報公開、投資家保護体制の整備などの環境整備を行い、資本市場の育成・強化が望まれる。

金融の自由化・国際化が進むと、金融機関間の競争が促進されると一般的にいわれるが、競争激化によりシェア獲得競争が進み、金融機関の経営健全性が損なわれる可能性が大きくなる。その意味では、金融機関経営の監督が強化される必要があろう。中央銀行の監督権限の強化、自己資本比率の強化、大口融資規制の導入などの制度的枠組みの整備が急がれよう。また、金融システム全体の安定性を維持するための枠組みとして、預金保険機構や中央銀行による緊急融資体制の整備も欠かせないであろう。

以上のように、今後の課題は山積しているが、もう1つ大きな問題が残されている。それは、政府、財閥、金融機関という3つの主体の複雑な関係を透明化していくことである。これは韓国経済に深く根を下ろしたものであるために、最も厄介な問題であるが、深い結合・癒着関係が成立していることはいうまでもないであろう。今回の通貨・金融危機からも明らかなように、財閥の過剰投資、金融機関の過剰融資とこれを支える政府との関係が大きくクローズアップされている。その意味では、政府は市場監視に専念し、財閥および金融機関は「自律性」をもち経営を行う必要があると考えられる。

⑸フィリピンの金融自由化・国際化[8]

フィリピンの1970年代の金融制度改革

フィリピンは、アメリカの植民地であったことからも、同国の金融制度の影響を強く受けていた。

そのため、1960年代には日本も含めた東アジアの中でもいち早くCP（コマーシャル・ペーパー）が発行されるなど、東アジアの中では先端的な金融市場を擁していた。

フィリピンは1960年代の輸入代替型工業化政策が行き詰まりをみせ、1970年代初頭に輸出志向型工業化政策へと路線を変更した。工業化政策の転換によって、フィリピンの投資水準は国内貯蓄を大きく上回り、その不足分は対外借入によって賄われるようになった。また、開発途上国の金融システムの特徴として指摘される、貸出金利の上限規制や優先部門への信用割当規制の強化などの動きもみられた。工業化戦略の変更による投資の増加は金融システムへの政府介入の領域を拡大させることになった。

政府介入による規制色の色濃い金融システムによりフィリピンでは銀行貸出市場と短期金融市場が株式市場や長期証券市場などの資本市場よりも活発になった。その理由は、積極的に投資を行う経済主体は主として同国の主要企業であり、これら企業は商業銀行を通じて低利融資を受けることができたので、資本市場で資金調達をする必要はなかったからである。また、低利優遇融資に加え、1970年代の高インフレーション（年平均物価上昇率14.3%）により実質金利はマイナス状態であったことも1つの要因として挙げられる。

このような1970年代の「金融抑圧」状態は金融仲介機関への国民貯蓄の動員を停滞させた。国民貯蓄はマイナスの実質金利を回避して、投資会社（Investment House）などの非銀行金融機関の発行する手形、CPなどに向かった。これにより金利規制を受けていない預金代替物（deposit substitutes）の取引が活発化し、金利の乱高下、商業銀行の貯蓄吸収力の低下、預金代替物の投機的取引の増大、商業銀行の中央銀行借入依存度の高まり、などの問題が生じた。そこで1976年に預金金利の引上げと預金代替物の金利に上限規制が課され、金利規制の強化という形で対処したのである。

---

8) フィリピンの経済情勢については以下の文献によって詳しく分析されている。本章も以下の文献に全面的に依拠している。坂井・カンラス（1990）、小浜・柳原（1995）、梶原（1995, 1999）、Cole, Scott, and Wellons（1995）などを参照した。

しかし，これでも旺盛な投資需要を十分に賄う
だけの貯蓄を商業銀行は吸収することはできなか
った。この貯蓄不足を補うために外国貯蓄が導入
された。これまで資本市場が未発達であったため
に中・長期資金を調達することが困難であったが，
この外国貯蓄の導入により中・長期資金の調達が
可能になった。また，中央銀行は優遇産業に対す
る貸出にはスワップ・ファシリティを低利で提供
したので，為替リスクはないに等しかった。この
ように1970年代に入り，工業化戦略の変更は金
融制度への政府介入の領域を拡大させたが，その
目的は内外貯蓄の動員を図ることにおかれていた。

1980年代以降の金融制度改革

すでにみたように，1970年代初頭にフィリピ
ンは輸出志向型工業化政策をとり，積極的に工業
化を推し進めていった。そして1970年代後半か
ら積極的に投資が行われたが，これを国内貯蓄で
賄うことはできなかった。その結果，フィリピン
は対外借入に大きく依存し，対外債務を累積させ
ていった。そして，1970年代末から1980年代初
頭にかけて，第2次石油ショック，世界的高金利，
先進国の経済低迷などにより経済危機に陥った。
これによりついに1983年には対外債務の支払停
止宣言を行わざるをえなくなった。1984年には
IMFの融資を受けて総需要抑制政策がとられ，
国際機関主導による構造調整に乗り出すことにな
った。

この構造調整策の一環に金融制度の改革も据え
られ，中・長期資金を中心とした国内貯蓄の増強，
効率的な金融仲介，効率的な資金配分を目的とし
た金融制度の構築に着手した。ここではフィリピ
ンにおける金融自由化・国際化のプロセスを整理
し，その特徴を指摘することにする。なお，金融
自由化・国際化政策の概要については表2-2に整
理されているので参照されたい。

フィリピンの金融制度改革は1972年のIMF・
フィリピン中央銀行による合同調査，1979年の
IMF・世界銀行合同金融部門調査，1987年の世
界銀行金融調査などによるIMF・世界銀行によ
る政策提言に沿って行われ，金融仲介コストの低

下，金融機関間の競争促進，中・長期資金供給の
円滑化を目的として進められている。そこでは金
融自由化を通じて，中・長期資金を中心とした国
内貯蓄の増強，効率的な金融仲介，金融・資本市
場などを通じた効率的な投資資金の配分の実現が
期待されている。

金融自由化・国際化の動向

先にも指摘したように，フィリピンでは1970
年代を通じて金利規制により金利が低位に据え置
かれていた。これにより商業銀行は貯蓄の吸収と
中・長期資金の供給を十分に行うことはできなか
った。1980年には商業銀行，貯蓄銀行，農村銀
行などの関連法が改正された。この改革では，商
業銀行に証券業務を兼業させるユニバーサル・バ
ンキング制度の導入と預金・貸出金利の自由化が
行われた。その目的は，業務による規模の経済性
と範囲の経済性を通じて金融システムの効率化を
促進することに加え，中・長期資金を商業銀行に
吸収させることにあった。金利規制の自由化につ
いては貯蓄金利，長期貸出金利，預金金利，短期
貸出金利は1980年から1983年にかけて順次自由
化され，1983年には銀行の預金・貸出金利は原
則的に全面自由化された。

このような自由化の一方で，政府系金融機関に
よる貸出増，一部預金金利が低水準に固定されて
いることなどにより，銀行部門は依然として寡占
状態にあり，非効率のままであった。しかも，対
外債務の支払停止宣言による経済的混乱と政情不
安（1983年のベニグノ・アキノ氏の暗殺，1986
年のマルコス大統領の失脚）とが重なり，金融自
由化の効果が十分に発現し，それを享受できるよ
うな状況にはなかった。しかし，このような混乱
を乗り越え，再び1988年から支店設置条件の緩
和，国営銀行の民営化を手始めとして金融自由化
に着手し，金融の効率化が促進されている。

フィリピンでは旺盛な投資需要にこたえるため
に，海外資金の取入れ窓口として1970年に「拡
大外貨預金勘定（FCDU）」，1977年に「オフショ
ア・バンキング・ユニット（OBU）」がそれぞれ
創設された[9]。しかし，1970年代を通じて外国金

第 2 章　東アジアの金融制度改革の背景とその概要

表 2-2　フィリピンの金融自由化・国際化の措置

	預金・貸出金利自由化政策の内容
1978 年　1 月	定期預金などの上限金利規制の撤廃
1981 年　7 月	貯蓄性預金, NOW 勘定の預金金利, 長期貸出金利 (730 日以上) の上限規制撤廃
1982 年 12 月	預金金利の完全自由化
1983 年　1 月	貸出金利の完全自由化

	金融機関間の競争促進政策の内容
1989 年	政府系金融機関の再建, 一部民営化 (フィリピン・ナショナル・バンクなど)

	業務規制緩和
1980 年	各種金融機関間の機能の差異を標準化, および参入規制の緩和
	ユニバーサル・バンキング制度の導入 (商業銀行による信託・証券業務の兼営)
	ベンチャー・キャピタル会社設立の認可
1988 年 10 月	銀行の新規支店開設条件の緩和
1994 年　5 月	「外国銀行自由化」法発効

	銀行業務の国際化
1973 年	外国金融機関の銀行株保有を認可
1977 年	オフショア・バンキング・ユニット (OBU) の創立
1994 年　5 月	外国銀行規制緩和 (業務制限の撤廃, 店舗数の増加, 出資比率の拡大：30%→60%, 合弁銀行の新設の認可：出資比率 60% まで)

	資本市場の育成・強化
1927 年	マニラ証券取引所設立
1963 年	マカティ証券市場設立
1986 年　2 月	国営企業の民営化計画を発表
1988 年　1 月	居住者への配当金に対する源泉課税率の段階的引下げ開始
1989 年 10 月	コンピュータによる株価情報システムの導入 (マニラ取引所)
1992 年　1 月	国営企業マニラ・エレクトリックの民営化・上場
7 月	マニラ・マカティ両取引所の統合 (フィリピン証券取引所)

	金融機関に対する監督・規制の整備
1981 年	各種監督規制の強化
1983 年	中央銀行による CAMEL システムの導入 (金融機関に対する緊急融資体制の整備)
1989 年	商業銀行への監督・規制強化, 預金者保護のためのプログラム
1993 年　1 月	中央銀行改革 (新中央銀行の設立, 対外債務は別機関が継承)

	外国為替管理の緩和
1962 年	貿易為替管理の撤廃
1977 年	オフショア・バンキング・ユニット (OBU) の創設
1992 年　9 月	経常・資本取引に関する外国為替管理の大幅規制緩和
1995 年　9 月	IMF 8 条国に移行

	外資自由化政策
1981 年	「投資奨励法」制定
1987 年	「包括投資法」制定
1991 年 12 月	「1991 年外国投資法」制定
1992 年　9 月	外国為替管理の規制緩和

(出所)　World Bank (1989), 日本銀行 (1990), 大蔵省財政金融研究所内金融・資本市場研究会編 (1991), 呉 (1992), 大場・増永監修, (財) 国際金融情報センター編 (1995), 河合・QUICK 総合研究所アジア金融研究会編著 (1996), 大場・増永監修, (財) 国際金融情報センター編 (1999), 大野・小川・佐々木・高橋 (2002), 寺西・福田・奥田・三重野編 (2007, 2008), その他より作成。

融機関にはさまざまな規制が課されていた。これらの規制が緩和されたのは1994年になってからのことであり，それまでは経営基盤が脆弱な国内商業銀行を保護するために外国銀行の参入を規制してきた。現在，投資資金を海外から調達するとともに，金融機関間の競争を促進することを目的として対外開放が進められている。

金融・資本市場の監督・規制体制の整備

　フィリピンでは金融機関も含め政府による民間企業救済の事例が多数あり，規模が大きいという点を除けば珍しいものではないといわれている。最近の事例としては1981年のデューイ・ディー（Dewey Dee）氏が6億ペソにのぼる巨額の債務を残して国外逃亡したことに端を発した金融不安がある[10]。これにより短期金融市場は閉塞状態に陥り，投資会社や金融機関が経営不能に陥るものが続出した。これに対応すべく，中央銀行が16億ペソの特別融資を行ったが，それでも投資会社や金融機関の経営不振や破綻を食い止めることができなかった。この企業倒産の連鎖はさらに金融機関の経営悪化を引き起こすという悪循環を惹起した。このような悪循環が形成されたのは，フィリピンでは銀行の大部分が縁故・血族関係などを基礎にした企業集団の「機関銀行」[11]として，企業集団に取り込まれていたからである。

　このような特定企業と特定銀行の結合・癒着関係は次のような問題をもたらす。1つは，企業および銀行経営が放漫になり，収益やリスクをかえりみず融資を行うというモラル・ハザードの問題を引き起こしやすいということである。もう1つは，金融機関を救済するために政府が融資することによって財政赤字が膨らむということである。

　これらの問題を回避するためにも金融・資本市場の監督・整備が望まれる。1983年に金融機関に対する監督体制の整備が進められ，銀行の経営状態のモニタリング，監督システムが導入された。また，全金融機関を対象に立ち入り検査を行い，収益性，流動性，経営能力，資産内容などが検査され，特定事項に限定した特別検査も実施されることになった。また1993年の新中央銀行法により，銀行が債権者の保護に必要な資金を維持できない場合，預金保険公社（PDIC）は，通貨委員会から当該銀行の管財人に任命され，清算業務を行うことになった。

資本市場の育成・強化

　フィリピンの証券市場はASEANの中では比較的長い歴史をもち，1927年にマニラ証券市場が開設されている。また1963年にはマカティ証券取引所が開設され，1960代後半までは香港市場を凌駕する東南アジア最大の市場といわれるほどの活発な取引を行っていた。しかし，1970年代初頭における工業化路線の変更による間接金融優位の金融システムの登場，1970年代後半から1980年代前半にかけての政情不安と経済危機とにより低迷を続けた。

　1980年代半ばになるとASEANは外資に依存した輸出志向型工業化政策を採用し始めた。外資を積極的に誘致するために各国は積極的に資本市場の育成・強化に乗り出した。周辺諸国同様，フィリピンでも資本市場の改革が1980年代半ばから進められているが，確たる進展がみられない。その理由は，フィリピンの資本市場は同国の政情不安により動揺を繰り返してきたこともあるが，マクロ経済の不安定性にその原因が求められよう。

---

9)　海外資金の動員を図るために，1970年に「拡大外貨預金勘定（Expanded Foreign Currency Deposit Unite: FCDU）」と1977年に「オフショア・バンキング・ユニット（Offshore Banking Unite: OBU）」が創設された。前者については，居住者・非居住者から外貨預金を受け入れ，居住・非居住者に対して外貨建て，ペソ建てで貸し付けられる。外貨資金の出し入れは自由で，ペソ建てへの転換は中央銀行よるスワップを受けることができる。また，後者については，OBU勘定からの貸付は対外債務として扱われるが，預金などの債権は該当しない。

10)　デューイ・ディー事件における短期金融市場への影響については，Dohner and Intal, Jr. (1989) を参照されたい。

11)　「機関銀行」とは，特定の企業と特定の銀行との堅い結合・癒着関係をさしている。このような関係は日本でも戦前期において看取される。この点については以下の文献を参照されたい。加藤（1957），高橋・森垣（1968, 1993），寺西（1982, 1991, 2011）などを参照されたい。またクローニズム（縁故主義）については，Dohner and Intal, Jr. (1989)，Backman (2001) を参照されたい。

フィリピンは巨額の対外債務を抱え，いつそれが債務危機として顕在化するのかという不安がつねにつきまとっている。また，債務返済により財政赤字が拡大し，この赤字を国債発行によって賄っているために国債市場に資金が集中し，株式・社債市場は締め出されている。フィリピンが工業化を進めていくうえで，資本市場の育成・強化は以下で述べる外資規制の緩和とともに，外資誘致のインフラとなるので，その整備が望まれる。

外国為替管理の緩和

　フィリピンはアメリカの植民地であったことにより，ペソの平価を変更するにもアメリカ大統領の許可なくして変更することはできなかった。1949 年の国際収支危機の際にも平価切下げで対処することができなかった。1950 年代末から1960 年代初頭にかけて輸入代替型工業化が市場の狭隘性という制約に突き当たり，政府主導型の工業化戦略がとられた。そこでは輸出産業を育成することに主眼がおかれ，これに対応して為替レート・システムも複数為替レート制が採用された。輸出によって得た稼得外貨の 25% は 3.2 ペソで，残りの 75% は従来の 2 ペソで中央銀行が買い入れる。輸入業者については課徴金をも含め 1 ドル＝4 ペソのレートでドルが売られた。輸出を促進するために，輸出業者の現地通貨での手取りが増えるようなレートが設定された。1962 年に貿易為替管理は原則的に廃止されたが，資本勘定といくつかの経常勘定取引については為替管理が行われていた。

　その後，1960 年代後半になるとフィリピンは国際収支の悪化に見舞われた。輸出は生産低下と天候不順が重なり，ほぼ横這い状態であったのに対して，輸入はマルコス政権設立後の金融緩和策，財政赤字による積極的な開発政策により急増したことがその原因であった。1970 年 1 月には IMFからの借入についての交渉が行われ，為替レートの切下げを含む財政・金融政策の引締めがその条件であった。これにより 1970 年 2 月には 1 ドル3.95 ペソから 6.45 ペソに切り下げられた。しかし，国際収支危機を何とか乗り越えると，再び積極的な開発政策が採用され，財政・金融政策は緩和された。

　1980 年代前半にはその拡張的な財政・金融政策にもとづく開発戦略の限界が債務危機という形で顕在化した。再び IMF・世界銀行主導のもとで，財政・金融政策は引き締められた。また，為替レートの調整も実施され，それまで過大評価されてきたペソは切り下げられた。また，1980 年代前半まで対ドル・レートの安定化をめざした管理変動レート制が採用されていたが，1984 年に変動為替レート制に移行した。しかし，依然として中央銀行による介入が大きく，管理為替レート制の色彩が強いといわれている。1992 年に為替管理の大幅な自由化が行われ，1995 年になってIMF8 条国に移行した。しかし，資本勘定に関する為替取引には依然として比較的強い規制が残されている。

外資規制の緩和

　フィリピンの外資政策は，1967 年の「投資奨励法」の制定に始まり，1969 年の「輸出加工区法」，1970 年の「輸出振興法」といずれも 1960年代の輸入代替型工業化の行き詰まりを打開し，政府主導による輸出志向型工業化戦略を法的に支持するために制定されたものである。また，関税も 1980 年代に入って段階的に引き下げられている。フィリピンでは 1957 年に制定された関税法によって他の周辺諸国に比較して高い関税が課されており，それによって国内市場が保護されていた。この 1980 年代の関税引下げは国内輸出産業の生産効率の向上を図り輸出稼得能力を増大させるとともに，外資系企業を積極的に誘致することを目的としていると考えられる。

　投資奨励法についても，世界銀行主導のもとで1983 年に投資奨励法が改定され，投資奨励業種の外資出資比率が緩和された。これに続き 1987年には累積債務と経済危機からの脱出を図るために，「包括投資法」が制定された。これは，内外企業を問わず投資を等しく奨励するために各種の投資優遇措置を定めたものであり，なかでも重要なのは法人所得の免税措置である。この「包括投

資法」は，ある程度外資を誘致することに成功したが，他の周辺諸国に比べ外国資本にとって魅力を欠くものであった。そこでフィリピン政府は，1991年に「外国投資法」を制定し，外資を誘致することに力を注いだ。この法律では，ネガティブリスト（投資閉鎖分野表）に記載されていない企業に進出を認めることが規定されている。

巨額の対外債務を抱えているフィリピンにとっては，外資を誘致して産業構造の高度化を図ることが他のASEAN周辺諸国に比べて重要視されるであろう。海外から資金を借り入れて工業化を推進することも1つの方法ではあるが，この場合には債務を返済できるだけの輸出稼得能力を備えることが条件となる。しかし，外資系企業を誘致して工業化を図る場合には債務を負うこともなく，しかも技術移転が生じ，工業化を加速させることができるからである。

フィリピンはASEANの中で直接投資受入額が目立って少ない（表2-3参照）。認可ベースでみると，1980年代では年平均3億3,100万ドル，1990年代では11億800万ドルとなっている。対外債務のこれ以上の増加を抑制するためにも，フィリピンが工業化を進めていくには直接投資を受け入れていく必要があろう。そのための枠組みを整備するために，これまで各種の外資規制緩和措置がとられてきたが，より一層の努力が望まれよう。

フィリピンの金融深化

フィリピンでは上記のようなプロセスで金融改革が進められてきたのであるが，最後に同国における金融部門の発達度をみることにしよう。金融部門の発達度はM2（現金通貨＋要求払預金＋定期預金）の対GDP比で測定される。このM2の対GDP比が上昇するということは国民の多くがその貯蓄を定期性預金で銀行に預けることを意味している。この定期性預金が増加すると，銀行が企業に貸し付けることのできる長期資金も増加することになる。

図2-2をみると，M2の対GDP比は1980年代初頭には上昇傾向にあったが，1983年には反転し急速な落ち込みをみせている。1982年の金融危機の際に金融機関を救済するために政府が巨額の融資を行ったことから，国内過剰流動性が発生しインフレーションが急速に進行した。これにより金融資産の実質金利が大幅なマイナスとなったことが，このような落ち込みをもたらしたのである。また，対外債務支払停止を宣言したことにより，IMFからの融資を受ける条件として，厳しい財政・金融政策の引締めが行われたことも影響していると考えられる。このような経済不安に加えて，1983年のベニグノ・アキノ氏暗殺，1986年のマルコス大統領の失脚などの政情不安も遠因になっていると考えられる。しかし，1986年頃から再び増勢に転じている。これは，経済情勢が底を打ち，経済が上向きに転じたことに加え，1986年のアキノ政権の成立により，政情が安定化へと向かったことによるものであると考えられる。また1983年以降，フィリピンはIMF・世界銀行主導による構造調整策と，その一環としての金融改革に取り組んできた成果だということができるであろう。

以上のように，フィリピンの金融改革はIMF・世界銀行主導のもとで行われてきており，相次ぐ経済困難と政情不安に見舞われながらも，金融改革を推し進めてきた。依然として選別融資，縁故・血縁関係にもとづく放漫融資などがみられるものの，図2-2からも明らかなように，金融改革は，金融機関の長期資金の吸収力を高めている

表2-3 フィリピンの直接投資受入額（認可ベース）

（単位：100万ドル）

1980年	－	1989年	804
1981年	－	1990年	961
1982年	－	1991年	778
1983年	－	1992年	284
1984年	－	1993年	532
1985年	132	1994年	2,374
1986年	78	1995年	1,871
1987年	167	1996年	967
1988年	473	1997年	8,895

（出所）　National Statistical Coordination Board より。

図2-2 フィリピンの金融深化（1980-1996年）

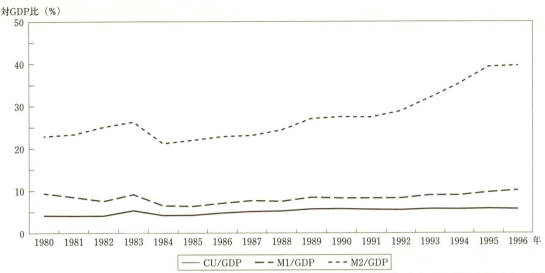

（出所）IMF, *International Financial Statistics Yearbook*, Washington, D.C., IMF, various years. ADB, *Key Indicators of Developing Asia and the Pacific*, Manila, ADB, various years.

という点では，一定の成果をあげたといえるであろう。

今後の課題

　フィリピンの金融改革はどちらかというと国際機関主導のもとで行われてきたといえよう。たび重なる国際収支危機と累積債務問題は同国に構造調整をもたらし，その一環として金融改革も行われてきた。他の開発途上国同様，フィリピンでも縁故・血縁関係，および一部エリート層の利害関係に阻まれながらも，構造改革に着手しにくい状況にあるので，国際機関主導のもとに改革が行われていることはある意味で望ましいことである。

　フィリピンの金融自由化では，中・長期資金を中心とした国内貯蓄の増強，効率的な金融仲介，金融・資本市場を通じた効率的な投資資金の配分の実現が課題となっている。これらはいずれも持続的な経済成長を実現するための条件である。これらの課題は1980年代から1990年代の金融改革によってある程度の改善の成果がみられたものと考えられる。ここである程度と限定したのは，確かに金利自由化により国内貯蓄が増強されはしたものの，依然として選別融資および特定部門への融資義務が課されていたり，周辺諸国に比べて高い預金準備率が課されていたりして，これが金融仲介コストを高める原因になっている。さらに金融改革を推し進め，金融仲介機能を効率化できる余地があることを示している。持続的な経済成長を実現するには，金融機関間の競争を促進し，金融システムの効率化が求められる。

　しかし，これらの点が金融改革によって改善されたとしても，持続した経済成長を実現できるとは限らない。金融取引は基本的には信用関係の構築にほかならず，経済状況が不安定ではその関係性を保つうえで大きな制約になる。フィリピンは国際収支危機および対外債務問題に見舞われ，経済状態の不安定化を繰り返している。工業化を実現するにはある程度拡張的なマクロ経済政策を採用することは否めないが，経済状態の不安定化が常態化するようなことがあってはならない。そうならないように適宜マクロ経済政策を通じて経済の安定化を図る必要があろう。そして財政・金融政策が有効に作用するようなシステムの創出が望まれる。

　また，フィリピンは工業化のための産業政策を明確に打ち出し，成長産業の育成を行う必要がある。開発途上国でよくみられるように，縁故や血縁関係などの非経済的な要因によって不良企業へ

の融資が行われているからである。持続的な経済発展を実現するには有望産業に投資資金が配分されなければならない。産業政策が経済合理性に沿ったものであり，他のマクロ経済政策と整合性をもつ総合的な経済開発政策の策定がフィリピンに望まれる。

おわりに

　本章では，1980年代後半から1990年代半ばに東アジアで実施されてきた金融の自由化・国際化の概要を整理し，そしてその具体例として韓国とフィリピンの改革内容について触れた。両国は，1970年代後半から1980年代前半にかけて，国際収支悪化に端を発する債務危機に見舞われた。この債務危機を乗り越えるために，IMFや世界銀行からの融資を受けた。その際に課されたコンディショナリティの一環として金融の自由化・国際化が含まれている。そこで示された改革パッケージに従い，金融部門も含めた経済構造改革が行われた。

　その成果は，その後の経済パフォーマンスが示している。韓国は貯蓄・投資バランスを改善させ，再び輸出主導型の成長を実現した。それに対して，フィリピンは「失われた10年」と称されるように，1990年代前半まで低成長を経験した。この対照的な結果は，両国の経済構造とそれに対する金融の自由化・国際化のインパクトにあると考えられる。韓国は工業化が高度に進み，輸出や海外直接投資をより積極化させる段階に到達している。その意味で，市場ベースの金融システムへと移行することにより，それらの活動を促進しやすくなる。そしてそれが韓国の経済成長を促進する要因となる。

　一方，フィリピンの場合には，ようやく輸出志向へ転換しようとする段階である。そしてまた，先進国からの直接投資を受け入れて自国の産業構造を高度化させていく，いわば出発段階にある。直接投資を受け入れるには，多国籍企業が求める金融サービスを提供できるような仕組みに金融システムを転換させていくことが求められる。しか

し，十分に実物経済部門が発達していないところに，市場ベースの金融システムを導入しなければならなかった。統制的な金融システムを経験してきただけに，市場型取引を中核とするシステムへの変更には不慣れである。しかも，債務危機やそれと同時に発生した政情不安などが重なり，直接投資も低調であった。実物部門が効果的に機能しておらずに，金融部門だけが急速に発展することはない。両国の金融自由化・国際化の経験は，この点を示していると考えられる。

第3章　工業化と国際収支危機，対外債務危機，そして資本逃避[*]

はじめに

　開発途上国は工業化の過程で慢性的な工業化資金の不足に必ずといっていいほど悩まされる。それは，国内貯蓄をはるかに凌駕する投資需要が存在するためである。そしてこの慢性的な資金不足のもとで工業化を進めるために，開発途上国は統制的な金融システムを構築することでこれに対応してきた。限られた金融的資源を成長の見込まれる産業分野に集中的に投入し，持続的な経済成長を牽引するリーディング・インダストリーの育成・強化をいち早く実現させることに国家的な目標が据えられているからである。

　統制的な金融システムのもとで動員された国内貯蓄だけでは資金不足は解消されない。そのため，工業化は外国貯蓄，すなわち海外からの多種多様な形態による資金も利用される。どのような形態であれ，海外資金は対外借入なので，いずれはその返済を求められる性格のものである。その返済を確実に履行できるかどうかは，外貨を獲得することのできる輸出産業を確立できるかどうかにかかっている。輸出産業の育成に失敗すれば，債務を返済することができず，たちまち対外債務危機に見舞われる。そして，そのインパクトは国内銀行の大規模かつ急激な貸出抑制や既存融資の回収を通じて，国内景気を悪化させる。これがまた不良債権をつくりだし，金融機関の経営基盤を掘り崩す。その結果として，国内金融システム不安が生じる。そうすると，国内資金は資本逃避という形で海外へ逃げ出していくことになる。

　工業化資金は国内貯蓄だけでなく，海外からの借入によっても賄うことが可能である。この海外借入により国内貯蓄を上回る投資が実行可能になる。しかし，この海外借入は元利返済が履行されねばならないので，借入国は何らかの形で外貨を獲得しなければならない。しばらくの間は自国の外貨準備を取り崩すことで対応可能であるが，外貨準備が枯渇し新規借入ができなければ最終的には債務返済不能に陥ることになる。このような事例は，開発途上国でしばしばみられるが，東アジアでも韓国とフィリピンが1980年代に同様な事態に直面している。

　上述したように，貯蓄・投資バランスを大きく損ないながら開発戦略を持続的に推進することには大きな困難がともなう。財政・金融政策の適切な運営によって貯蓄・投資バランスを維持しながら開発戦略を推し進めることが，開発途上国にとっての重要な課題である。しかし，現実には成長目標が重視され外貨準備の枯渇を通じた国際収支危機に見舞われることがしばしばである。そしてその背後では，国内金融システムにおいて過剰な通貨供給が行われていることが頻繁にみられる。その意味では，国内金融システムの乱用が国際収支危機の重要な原因として指摘することができる。本章では，韓国，フィリピンを事例として工業化，国際収支危機，対外債務危機，資本逃避，そして政策運営との関連性を検討することにする。

(1)国民所得勘定と国際収支

　国民所得勘定は一定期間内にどれだけ生産し，所得を生み出し，それがどのように支出されたの

---

[*]　本章は，『経済セミナー』（日本評論社）において，「東アジアの経済発展と金融」というテーマで1年間（2000年4月～2001年3月）連載した原稿に加筆・修正を加えたものである。

かを知るための重要なデータである。この国民所得を増加させることで，経済成長が測定される。そして，持続的な経済成長を通じて，経済構造が変化し，経済発展を遂げていく[1]。持続的な経済成長を実現するには，生産，所得分配，支出のサイクルが円滑に進んでいかねばならない。付加価値を体現した財・サービスが生産され，その生産額が生産活動への貢献に応じて所得として分配され，その所得が財・サービスに支出される。これらの動きを示してくれるのが，国民所得勘定である。この国民所得勘定と国際収支表は，輸出入を通じてリンクしている。そこで，この関係を以下で確認しておくことにする[2]。

　国民所得勘定の代表的な集計量は，国内総生産（Gross Domestic Product: GDP），ないしは国民総生産（Gross National Product: GNP）である。これらの指標は，国内あるいは国民が1年間に生み出した財・サービスの付加価値の合計額である。この付加価値が生産への貢献度に応じて分配される。そして分配として受け取った所得をもとに支出がなされる。このことから，これら集計量は，生産，分配，支出の3面からみて等しくなり，「三面等価の原則」と呼ばれる。

　先ほども述べたように，GDP は1年間に国内で生み出された財・サービスの付加価値の合計額である。これを（Y^A）としよう。そして，この国内総生産に財・サービスの輸入（IM）を加えると，その国の総供給（Y^S）に等しくなる。これを式で示すと以下のようになる。

$$Y^S = Y^A + IM \tag{1}$$

次に，総需要（Y^D）であるが，これは国内で生産された財・サービスがどのような形で需要されたのかを示す。その構成項目は，消費（C），投資（I），政府支出（G），そして，財・サービスの輸出（EX）である。これを式で示すと，式

（2）のようになる。

$$Y^D = C + I + G + EX \tag{2}$$

ここで，総供給と総需要が等しい状態（$Y^S = Y^D$）とすると，式（1）と式（2）から，次のような関係が導出できる。

$$EX - IM = Y^A - (C + I + G) \tag{3}$$

式（3）の左辺は，輸出から輸入を差し引いたものであるから純輸出（NX）となり，右辺のカッコ内は内需またはアブソープション（A）と呼ばれる。これを整理すると式（4）になる。

$$NX = Y^A - A \tag{4}$$

この NX は国際収支表の財・サービスの輸出からその輸入を差し引いた，財・サービス収支となる。この式の両辺に，最新版〔第6版〕[3]の国際収支表に計上されているネットの数値としての第1次所得収支と，第2次所得収支を加えると，左辺は経常収支（CA），右辺の Y^A は GNP（Y^B）となる。

$$CA = Y^B - A \tag{5}$$

式（5）から，事後的には経常収支は国民総生産から内需を差し引いた金額に等しくなることがわかる。より明示的な形で同式から政策的インプリケーションを導くために，ここで租税（T）を加えることにする。すると以下の式（6）のようになる。

$$CA = (Y^B - T) - \{C + I - (T - G)\} \tag{6}$$

上式の右辺の第1項は所得から租税を差し引いた民間可処分所得（PDI），第2項の（$T-G$）は財政収支（GB）となるので，式（7）のように示すことができる。

---

1)　鳥居（1979）は経済成長と経済発展の相違を詳細に説明している。本章でも，一時的な景気変動や，鳥居のいう「国民所得という集計量の尺度」（鳥居（1979），32頁）に焦点を当てた経済成長よりも，より広い意味での経済発展を視座とする。

2)　ここでの議論は，IS バランスなどの項目で国際マクロ経済学や国際金融論のテキストで説明が加えられているが，新国際収支マニュアルと対応させたものとして中條（2015）を参照した。なお，ここで示された関係は，事後的（ex post）に成立するものであり，事前的（ex ante）に成立するとは限らない。

3)　IMF は 2008 年に『国際収支マニュアル（第6版）』を公表した。同マニュアルの詳細は，IMF（2009）を参照されたい。

$$CA = PDI - C - I + GB \qquad (7)$$

式（7）の右辺の PDI から C を引くと民間貯蓄（PS）となるので，これを整理したのが，式（8）である。

$$CA = PS - I + GB \qquad (8)$$

式（8）から，経常収支は，貯蓄・投資バランスと財政バランスによって決まることがわかる。そして，経常収支が赤字の不均衡状態であるならば，この赤字はファイナンスされなければならない。これらの取引は国際収支表の金融収支に計上される。この金融収支は従来の資本収支に相当し，符号の付け方も変わった。そのため，国際収支表全体では式（9）のような関係になる。

$$\begin{aligned} &経常収支 + 資本移転等収支 \\ &\quad - 金融収支 + 誤差脱漏 = 0 \end{aligned} \qquad (9)$$

議論を単純化するために，ここで金額的にそれほど大きくない資本移転等収支と誤差脱漏を無視するならば，事後的には経常収支と金融収支は同額となる。経常収支が赤字であれば，それは国際間の資金移動を通じた資金流入によりファイナンスされることになる。この動きが金融収支に計上されるのである。

　国民所得勘定と国際収支表はこのような形で結びついており，経済分析や政策運営の視座を提供してくれるものである。経常収支の動向は，貯蓄・投資バランスと財政バランスによって決まってくる。そして，このように決まった経常収支の黒字や赤字は，資本流出入の動きを示す金融収支，そして外貨準備によって調整されることになる。

(2) 経済開発と2つのギャップ

　前節で検討したとおり，国民所得勘定と国際収支は密接な関係を有している。式（8）からも明らかなように，経常収支の動向は国内の貯蓄・投資バランスと財政バランスによって決まる。そし

て，例えば，経常収支が赤字であるならば，その不足分は金融収支，および外貨準備などでファイナンスされる。そこで，この関係を経済開発の推進段階にある状況にあてはめてみることにする。そこには，貯蓄・投資ギャップ，貿易ギャップ，外貨ギャップという3つのギャップが存在する[4]。

　開発途上国は経済開発を推進する過程で工業化資金不足の問題に直面する。経済発展の低い段階では，国民1人当たりの金融資産保有量は低く，国内貯蓄は低水準にとどまる。そして，その少ない貯蓄も，金融資産保有の主たる動機が，当面の生活費や不測の事態に備えた予備的動機によるため，その性格は短期性の強いものである。一方，工業化を推進することを最優先課題にしているため，投資機会は豊富にあり，そこで必要とされる資金量は大きくなる。しかも，工業化に必要な資金は巨額の長期性資金である。建物の建設や生産設備の設置で求められる資金の規模は巨額である。またこれらの生産設備などが生産力化し返済されるまでには長期間を要するためである。このように資金規模からみると投資資金は大きく不足し，資金の期間的性格においてもミスマッチが生じているのが，開発途上国の一般的な特徴である。

　このような条件のもとで開発戦略を推進するためには，統制的な金融システムが必要になる。限られた資金を低利で優先部門に配分し，外貨獲得能力のある戦略的産業を育成する必要があるからである。すなわち，世界市場で国際競争に耐えうるだけの産業を育成するということである。このような産業が育成されることによって経済が発展し，国民1人当たり所得の増加を通じて国内貯蓄の増強が図られる。そしてこの増強された国内貯蓄がさらなる投資に向けられるという好循環が生まれる。しかし，このようなメカニズムが十分に機能するためには長期間を要する。そしてまた投資資金需要を国内貯蓄だけではとうてい賄うことはできない。このような資金的制約を緩和してくれるのが外国貯蓄の導入である。

　外国貯蓄の導入には公的援助，先進国の民間銀

---

4)　ここでいう3つのギャップについては，Williamson（1983）の日本語版を参考にした。

行からの融資，外債発行などさまざまな形態がある。これにより外国貯蓄の受入国は国内貯蓄不足を一時的にファイナンスすることができる。言い換えるならば，国際収支表における経常収支の赤字をファイナンスすることが可能になり，「国際収支の天井」が高まることになる。これにより外国貯蓄の受入国の投資資金不足は一時的に緩和されることになり，国内貯蓄動員能力を超えた経済開発が可能になる。しかし，これは資金制約が完全に解消されたことを意味するものではない。

どのような導入形態をとるにせよ外国貯蓄を受け入れるということは，将来のある時点で受入国は貸し手に対して元利返済を行わなければならない。そしてその返済能力は主として戦略的産業として育成された産業の外貨獲得能力に依存することになる。この産業が世界市場への輸出によって稼得した外貨が返済の原資になるのである。しかし，この戦略的産業に外貨獲得能力が十分に備わっていなければ，返済困難に陥ることになろう。もちろん，開発途上国とはいってもいくらかの外貨準備は保有しているが，債務返済を継続的に行えるほど潤沢に保有しているとはとうてい考えられない。したがって，瞬く間に外貨準備は枯渇し返済不能に陥ることになろう。そのような状況に直面するやいなや，新規資金の流入は途絶える一方で，資金流出も発生し深刻な経済状況に陥ることになる。

このように，恒常的な投資資金不足に悩む開発途上国にとって，外国貯蓄の導入は経済開発の資金的障害を軽減してくれるものではあるが，完全に解消してくれるものではないのである。むしろそれは，一時的に資金不足を賄ってくれる手段だといえよう。しかし，資金管理を誤るならば，対外債務危機に見舞われる。このような危機を回避しながら，開発戦略を推進してく必要がある。海外資金を利用して開発戦略を推進する際の最適経路が存在する。それを示してくれるのが，図3-1である。同図を用いながら，梶原（1995）が簡潔な説明をしているので，ここではそれにならうこ

とにする[5]。

同図は，縦軸に対 GDP 比でみた国内貯蓄率と必要資金量を，横軸に時間をとっている。また同図からも明らかなように，国内投資率は一定とされている。このような枠組みにおいて，時間経過とともに，国内貯蓄，必要資金量，対外債務残高がどのように変化していくのかを示している。以下では，具体的に各期の特徴をみていくことにする。

(1) $T_0 \sim T_1$ 期：貯蓄レベルが低く，投資の大部分を賄うことができないため，大きな貯蓄・投資のギャップが発生する。このギャップ分と債務の利子支払いを合計した借入が必要となる。

(2) T_1 期：貯蓄・投資ギャップが解消されて均衡状態となるので，対外借入はその利子支払い額に等しくなる。

(3) $T_1 \sim T_2$ 期：貯蓄が投資を上回り，利子支払いの一部に充当されるが，債務残高の伸び率は経済成長よりも高い。

(4) T_2 期：債務残高/GDP 比が最高水準に達し，これ以降低下する。

(5) $T_2 \sim T_3$ 期：債務残高/GDP 比は低下しているが，経常収支赤字のために債務残高の絶対額は増加する。

(6) T_3 期：経常収支が均衡する。

(7) T_3 期以降：経常収支が黒字になり，債務残高の絶対額が減少していく。

以上が，図 3-1 の説明であるが，先にも指摘したとおり，この最適経路は投資率を一定としたものである。実際の開発途上国では，投資率は上昇する傾向にあり，最適経路を進むことはより困難になる。開発途上国が直面する 2 つのギャップ，すなわち貿易ギャップと国内の貯蓄・投資ギャップは表裏一体の関係にある。貯蓄・投資ギャップ・アプローチによると，経済開発を外国貯蓄に依存するならば，貯蓄率が成長率と限界資本産出

---

5) 詳細は，梶原（1995, 63-65 頁）を参照されたい。

第3章 工業化と国際収支危機，対外債務危機，そして資本逃避

図3-1 貿易ギャップと貯蓄・投資ギャップの推移

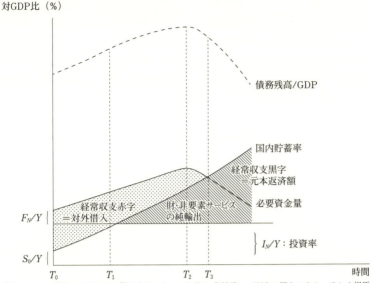

(注) なお，同図のオリジナル版はSelowsky and Tak (1986), p.1110の図1であり，それを梶原が修正したものである。
(出所) 梶原 (1995), 64頁より転載。

高比率を乗じた値より大きくなること，言い換えるならば，貯蓄率が投資率を上回らなければ，返済困難になることを示している。そして，貯蓄率の伸びが投資率のそれよりも速ければ，ギャップ解消と債務完済までの期間は短縮される。このようなツーギャップ・アプローチによるならば，持続的な経済成長と経常収支改善という2つの政策課題を同時に実現できる条件は，国内貯蓄（国民所得から消費を除いた値，ただし要素サービス純支払い控除前の貯蓄）を投資よりも増加させることである。これをなしえなければ債務が累積されていくことになる。

(3) 国内金融情勢と国際収支危機

前述したように，開発途上国は開発過程において恒常的な投資超過状態にある。これは裏を返せば，経常収支の赤字である。経常収支赤字は資本流入によってファイナンスされるが，経常収支赤字を拡大させ続けることは困難である。そのため，財政・金融政策の引締めによって総需要が抑制されねばならない。いわゆる「ストップ・アンド・ゴー政策[6]」によって調整を行わねばならないのである。このような緊縮政策は金利引上げや財政支出削減などを通じて景気を後退させることから痛みをともなうものである。また，金利の引下げ，マネーストックの増加，および財政支出の拡大を通じて推進してきた開発戦略に水をさすものであり，開発過程にある開発途上国には受け入れがたいものである。

一般的に経済開発に専心する開発途上国での財政・金融政策の運営は拡張的になる傾向が強い。その理由は，国内貯蓄動員能力に限界があり，また外国貯蓄の過度な依存には債務返済問題がつねにつきまとうからである。これとは対照的に，拡張的な財政・金融政策によって工業化資金を創出する方法は比較的容易である。財政支出を通じた国家資金で工業化プロジェクトやインフラ建設が

---

[6] 国内均衡と対外均衡を実現するために，財政・金融政策を裁量的に運営することを意味しており，イギリスなどでは，「ストップ・アンド・ゴー政策」と呼ばれる。日本では「国際収支の天井」と呼ばれている。固定為替レート制の時代に，貿易赤字が発生し，外貨不足に陥るとマクロ経済政策を引き締め，外貨準備が豊富になると拡張的な政策を採用することを，このように呼んでいる。

行われるが，その財源は主として国債発行に依存することになる。そしてこの発行された国債を中央銀行が引き受け，これをベースに追加的な通貨供給が行われることになる。これは，中央銀行が通貨を増刷するだけですむことから一番手っ取り早い方法であり，開発途上国における開発資金調達の常套手段となっている。これこそがインフレ的金融と呼ばれるものである[7]。

優先部門に対し低利融資を行うという産業政策上の要請から人為的統制金利が実施されている。これに拡張的な金融政策が加わり，金利はさらに低下傾向を示すことになる。このような拡張的な金融政策はやがて高率のインフレーションをもたらす。それは，時として中南米でみられるような年率 1,000% 超のハイパー・インフレーションになることもある。拡張的な政策は需要を喚起するが，需要が生産能力を急速な速度で上回るようになると，物価上昇が始まる。元来，開発途上国の生産能力は先進国に比較して低く，そして多くの財を輸入に依存している。当然，このように喚起された需要は外国財にも向かうことになり，貿易収支は急速に赤字を拡大させる方向に進むことになろう。

また，インフレーションの昂進により為替レートの過大評価も拡大する。一般的に開発途上国では，為替レートが固定されているために名目為替レートはほぼ横這いの水準で推移する。しかし，国内インフレの進行により，実質為替レートは減価することになる。この実質為替レートの減価は財の多くを輸入に依存する国々にとっては輸入物価の上昇という形でインフレーションの進行に拍車をかけることになる。

このようなインフレーションがひとたび発生すると，これを終息させるには強力な引締め政策を採用せざるをえなくなる。そしてそれは以下でみるフィリピンのような「失われた 10 年」と称されるような重大な経済・社会的なコストをもたらすことさえある。

このようにみてくると，国内金融システムのあり方と外貨準備の枯渇による国際収支危機との間には密接な関係があることが確認できる。そして，経済開発過程にあっても貯蓄・投資バランスが大きく損なわれないように政策運営を行っていく必要がある。いうまでもなく，貯蓄・投資バランスは経常収支に反映され，投資超過は経常収支赤字となって表れる。経常収支赤字は資本流入によってファイナンスされるが，ある臨界規模に達すると資本の逆流が生じ，やがては外貨準備の枯渇を通じた国際収支危機に見舞われることになる。このような資本流出が始まると，この流れを抑えるために金利の引上げが行われることになる。しかし，一旦流出を始めた資本は金利の引上げにもかかわらず流出し続ける。この資本流出による国内信用の収縮と高金利とが相まって，経済は急速に後退を余儀なくされる。特に，国内金融機関が短期の対外借入を行い，国内で貸出を拡大している場合にはその経済に与えるインパクトは大きなものとなろう。

これまで開発途上国は開発過程において外貨準備の枯渇による国際収支危機を経験してきた。特に，中南米ではそのような危機が頻発したが，1970 年代後半から 1980 年代前半にかけて東アジアでも同様の経験がみられる。特に，フィリピンはその後遺症を長く引きずり，低迷の 1980 年代を経験した。ここでは，1980 年代前半の韓国とフィリピンを事例として国際収支危機と国内金融システムとの間の相互関係を検討することにする。

韓　国

韓国経済がめざましい経済発展をこれまで遂げてきたことはよく知られたことである。特に 1960 年代以降，重化学工業化路線をひた走り工業化を遂げたことは注目に値する。この重化学工業化路線を支えるために韓国はいわゆる「インフレ的金融」を行ってきた。乏しい国内貯蓄レベルにあった韓国が工業化資金を供給するための止む

---

[7] 開発途上国のインフレ的金融やインフレタックスについては，松井 (1977) や Dornbusch (ed.) (1993) などを参照した。特に，経済開発，金融システム，債務との関係や各国の累積債務問題にかかわる動向については，中村 (1987)，毛利 (1988)，Eichengreen and Lindert (1989)，石見・伊藤編 (1990)，寺西 (1991, 1995)，堀内編 (1991)，神沢 (1995)，梶原 (1995, 1999) を参照した。

第3章 工業化と国際収支危機，対外債務危機，そして資本逃避

図 3-2 韓国の外貨準備の増減とその要因（1977-1997 年）

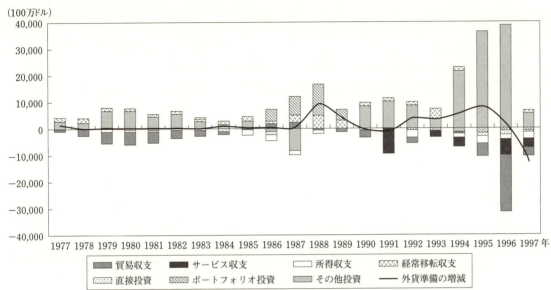

（出所）IMF, *International Financial Statistics Yearbook*, Washington, D.C., IMF, various years.

に止まれぬ方法であった。特に1970年代後半になるとこのインフレ的金融が加速化し，対前年比でみたマネーストック（M2）の伸びは40%を超えるほどであった。また，1979年1月に発生した第2次石油ショックによる原油価格の高騰も加わり，急激に物価が上昇した。このような状況のもと，韓国経済は不況へと向かっていった。そして1981年には，実質GDP成長率はマイナス5.2%という未曾有の低迷を余儀なくされた。

また，韓国の経済発展を支えてきたもう1つの要因として外資の役割が挙げられる。韓国の経済発展は輸出志向型工業化と特徴づけられているが，それは，輸出をはるかに上回る輸入によって実現されていたといえる。資本財，中間財などを輸入し，それを体化させた製品を輸出することで発展してきた。そしてこの輸入を支えたのが海外資金であった。そのため，1981年には対GDP比でみた債務残高は50%近くに達し，しかも返済負担額の新規借入額に対する比率が60%を超えるという深刻な事態を経験したのである。

この債務危機前後の韓国の金融動向をみてみると，M1は1978年の2兆7,140億ウォンから1982年の5兆7,990億ウォンとなっているのに対し，準通貨は同期間に3兆7,020億ウォンから14兆1,050億ウォンへと急増している。これは預金取扱銀行の定期性預金の拡大にともなうものである。また，預金取扱銀行は同期間に対外負債を1兆1,110億ウォンから8兆9,680億ウォンへと増大させており，この対外負債と定期性預金の拡大は預金取扱銀行の対民間部門向け融資の規模にほぼ匹敵している。韓国では，1970年代後半からの物価上昇により引締め的な金融政策がとられてきたといわれているが，結果的にはそれほど厳しい引締め政策が実施されなかったのではないかと考えられる。そしてその帰結として，1985年には対GDP比でみた対外債務残高は60%近くに上昇し，厳しい構造調整と引締め政策を導入しなければならなかったものと考えられる。

この厳しい構造調整により貿易収支の赤字幅が縮小していることが，図3-2から確認できる。この間，その他投資の流入による外貨流入により辛うじて外貨準備の枯渇を免れてきたが，外貨準備の増減をみると地を這うような動きを示している。そして，1980年代半ば以降貿易収支の黒字化にともない外貨準備は増加した。しかし，1990年代に入り再び貿易赤字は拡大傾向にあった。それ

でもその他投資の流入により外貨準備はむしろ拡大していたが，1997年にはタイ・バーツの変動為替レート制への移行を契機に東アジアに瞬く間に通貨・金融危機が広がった。そして，急速に短期資本が流出した。この短期資本の流出により一時的に韓国では外貨準備が枯渇したとまでいわれる状況であった。

フィリピン

フィリピンは1970年代以降積極的な重化学工業化を推進してきた。これにより国内貯蓄・投資バランスは投資超過となった。この国内貯蓄不足を賄うために韓国と同様にフィリピンでも中央銀行信用に依存した工業化資金供給が行われた。

また，国内資金だけでは工業化資金を十分に賄えないために外国貯蓄の導入も積極的に試みられた。1970年代末に起きた第2次石油ショックは，先進国経済の景気停滞とそれにともなう一次産品の需要停滞と価格低下をもたらした。これによりフィリピンの総輸出は1980年の57.88億ドルから1985年には46.29億ドルへと落ち込んだ。このような輸出所得の減少に加え，アメリカによる高金利政策が同国の債務負担を急速に高めた。これにより世界銀行の構造調整融資と国際収支対策としての拡大信用供与をIMFから受けることになった。

このような国際的支援により経済困難を乗り切ろうとしていた矢先の1981年に，デューイ・ディー（Dewey Dee）氏が6億ペソにのぼる巨額の債務を残して国外逃亡したことに端を発した金融不安が生じた。これにより短期金融市場は閉塞状態に陥り，投資会社や金融機関が経営不能に陥るものが続出した。これに対応すべく，中央銀行が16億ペソの特別融資を行ったが，それでも投資会社や金融機関の経営不振や破綻を食い止めることができなかった[8]。そのため，非金融企業の経営悪化や倒産にまで飛び火し，1982年の経済成長率は3％となった。不況による歳入不足や輸出不振のため対外借入が増加した。すでに1981年

時点で対外債務残高は対GDP比60％を超え，しかもそのうち46％が短期債務であり，対外債務はほぼ限界に達していた。そのため，その後IMFや世界銀行からの融資と引換えに，同国が構造調整に取り組まざるをえなくなったことは周知のとおりである。

このような事態の中でフィリピンの国内金融はどのような状況にあったのかをみていくことにする。まず流通通貨と要求払預金を加えたM1の動きをみると，1979年の188億ペソから1983年の335億ペソへと比較的安定的に推移している。一方，定期性預金などを含んだ準通貨は同期間に297億ペソから908億ペソへと急拡大している。これは預金取扱銀行の定期性預金の拡大が大きく寄与している。また，同期間に預金銀行は対外負債を275億ペソから442億ペソへと拡大させており，この両者と預金取扱銀行の対民間部門向け融資額とがほぼ対応した動きを示している。つまり，この期間においてフィリピンは民間銀行の対外借入増と定期性預金の拡大を背景に積極的な民間部門向け融資を行ってきたものとみられる。すでに対外債務が危険水準に達しており，金融引締めが行われる必要性があったにもかかわらず，結果的には金融を拡張することになった。その結果として1985年には対GDP比80％を超える対外債務残高を記録し，厳しい構造調整を余儀なくされることになったのである。

次に，フィリピンの外貨準備の増減とその要因を示した図3-3をみることにしよう。同図からも明らかなように，フィリピンの貿易収支は基本的に一貫して赤字である。この赤字をファイナンスしてきたのがその他投資であった。しかし，先述したように，1980年代初頭には外貨準備が流出することになった。その後，構造調整による引締め政策により1980年代半ばには貿易収支の赤字幅が縮小したが，大きな資本流入は見込めず外貨準備は横ばいで推移した。1990年代に入るとフィリピンも近隣諸国と同様に経済成長がみられるようになった。この過程でも貿易収支赤字は拡大

---

8) デューイ・ディー事件とその短期金融市場への影響については，Dohner and Intal, Jr. (1989) を参照されたい。

第3章 工業化と国際収支危機，対外債務危機，そして資本逃避

図 3-3　フィリピンの外貨準備の増減とその要因（1977-1997 年）

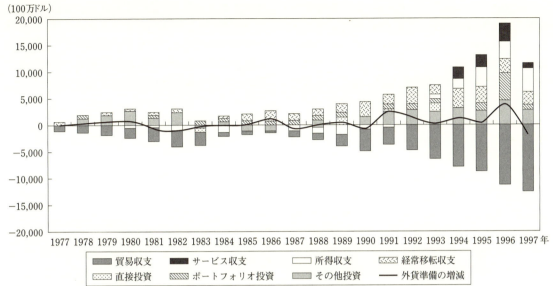

（出所）IMF, *International Financial Statistics Yearbook*, Washington, D.C., IMF, various years.

する一方であったが，サービス収支の黒字化と資本流入とにより貿易赤字はファイナンスされた。そして，この赤字をはるかに上回る資本流入が生じたため，外貨準備が増加傾向をたどった。しかし，1997 年の通貨・金融危機による資本流出によって外貨準備は大きく減少することになった。ただし，韓国と比較してその他投資の流入が少なかったことから，外貨準備の減少も小幅にとどまった。

このように，外貨準備の枯渇を通じた国際収支危機と国内金融のあり方が密接に関連しあっていることが確認できる。積極的に経済開発を推進している開発途上国では恒常的な国内貯蓄不足に見舞われる。そしてこの国内貯蓄の不足は海外資金とインフレ的金融によってファイナンスされてきた。これにより開発資金は一時的にファイナンスされるが，その副作用は経済に深刻な打撃を与える。その意味で，持続的な経済発展を実現するには国内貯蓄・投資バランスを睨みながら財政・金融政策を効果的に運営していかなければならないといえよう。

(4) 国内金融と累積債務問題

開発途上国では，工業化の過程において国内貯蓄をはるかに凌ぐ巨額の投資資金需要が発生する。一般的に投資資金の源泉は，持続的な経済成長を通じて，国民全体が貯蓄形成を行うところにある。この貯蓄は，金融部門を通じて，資金不足主体に融通される。資金を手にした企業は，それを投資に振り向ける。しかし，それでも不足する投資資金については，主として外国貯蓄によって賄われてきた。具体的には，世界銀行や IMF などの国際金融機関や先進国政府からの公的援助，民間金融機関による銀行貸付や，近年急速に増大しつつある各種の市場性資金によってファイナンスされてきた。これらの海外資金の流入によって開発途上国が開発戦略を推し進めてきたことはこれまでみてきたとおりである。

しかし，中南米の開発過程の経験が示すように，これまで開発途上国は債務返済困難に陥ってきた。1982 年のメキシコの債務危機，1987 年に発生した最大の債務国ブラジルの債務返済問題は当該債務国だけでなく，国際金融システムをも揺るがしかねない衝撃的な事件であった。同様のことは東

アジアでもみられた。1970年代後半から1980年代中頃にかけて，韓国，フィリピンが深刻な債務危機に見舞われた。そして，1980年代はフィリピンにとって「失われた10年」といわれるほど深刻な後遺症をともなったのである。以下では，韓国，フィリピンの累積債務問題について検討する。

危機の背景

1970年代初頭，東アジアは工業化を急速に推し進め，同地域は新興工業経済群と呼ばれるようになった。国内貯蓄率をはるかに上回る高水準の投資に支えられ，総生産に占める工業製品の比重を急速に高めていった。これらの国では財政支出を通じて工業化資金が動員された。具体的には，国債を中央銀行が引き受け，それと引換えに通貨が供給された。一方，東アジアの金融システムは工業化を円滑に進めるために人為的低金利政策が採用されていた。そのため，金融政策が有効に機能しうる余地は非常に限られ，経常収支赤字も急速に拡大していった。国内貯蓄を上回る投資水準を維持するには海外からの資金流入が不可欠であった。

1973年に勃発した第1次石油ショックはこうした新興工業経済に大きな影響を及ぼした。第1は，原油価格の高騰により石油輸入国の対外赤字が急速に拡大したことである。そのためこれら諸国は対外赤字をファイナンスするために対外借入への依存度を急速に高めていったのである。第2は，中東をはじめとする産油国が巨額の経常収支黒字を抱えたことによるものである。この経常収支黒字はユーロ市場を通じて赤字国に「還流」されたため，新興工業経済の外貨準備が急増するとともに，対外債務を膨らませていった。この資本流入は国内投資に向けられたため，急速に投資率が上昇した。

ユーロ市場を通じた民間資本の流れは，先進国商業銀行によるシンジケート・ローンの形をとった[9]。これらのローンは主としてドル建てであり，貸出金利はロンドン銀行間市場における6ヵ月物ユーロダラー金利に連動するという変動金利であった。そして，先進国商業銀行はこの潤沢なオイルダラーを背景に，借り手を世界中にもとめ急速に貸出を増加させていったのである。この結果，開発途上国の債務は急速に増大していった。

債務危機の発生

このようにオイルダラーの還流を背景に開発途上国は急速に工業化を推し進めた。しかし，第2次石油ショックが発生し先進国のインフレ率は加速し，金利も急騰した。これにアメリカの高金利・ドル高政策も加わり，金利と為替レートは急上昇した。他の先進国でもインフレ抑制のための金融引締め政策がとられ，世界金利の高騰に拍車をかけた。これによりユーロダラー金利も1978年の9%から1981年には約17%という非常に高い水準にまで上昇した。1982年には世界経済がリセッションに陥り，巨額の債務を抱える開発途上国の主要輸出品目の価格・数量は低下した。外貨獲得源である輸出が困難になり，債務返済能力にも陰りがみえ始めたのである。そして金利の高騰により新規借入も困難になった。

このドル高，高金利，輸出の価格・数量の低下，そしてその結果としての経常収支赤字の拡大により，一挙に借入国の累積債務問題がいかに深刻な状況にあるのかが如実のものとなった。新規マネーの流入が途絶え，変動利付きのドル建て債務負担が重くのしかかった。そこに輸出価格の低下も加わり，借入国は外貨を獲得する道を閉ざされてしまったのである。これにより債務返済猶予や債務支払停止に追い込まれる国が続出したのである。

このような状況は韓国，フィリピンなどの東アジアでもみられたが，その深刻さは中南米においてはるかに深刻であった。こうした両地域の違いが生じた理由としては，次の3点が指摘できよう。第1に，1970年代後半から1980年代初頭にかけての世界経済で生じた外生的ショックの大きさが東アジアでよりも中南米でのほうが大きかったの

---

9) 当時のユーロ市場の仕組みについては，Dufey and Giddy（1978）を参照されたい。

ではなかろうか。第2に，ショックに対する政策対応において東アジアのほうが財政・金融政策の引締め，経済構造の自由化などをタイミングよく実施できたことにあるものと考えられる。確かに，東アジアの国内投資率は高いが，それに見合って貯蓄率も高い水準にある。このため，工業化資金を賄うために中南米に比べてインフレ的金融が実施される規模が小さいといえよう。つまり，中南米よりも東アジアにおいてマクロ経済環境が良好だったのではなかろうか。そのため，このような弾力的な政策運営が可能だったのであろうと思われる。第3に，長期的にみると，中南米と比較すると東アジアは一歩先に輸入代替型工業化政策から輸出志向型工業化政策に転換しており，開発戦略の違いも大きく影響しているものとみられる。

対外債務返済能力

このように開発途上国は1980年代前半に債務危機に見舞われ，その後厳しい構造調整政策に迫られた。しかし，この債務危機は外国からの借入に依存した開発資金調達戦略を採用してきた1つの帰結でもあった。開発資金の海外資金への依存により開発途上国の「国際収支の天井」は引き上げられた。国内貯蓄で開発資金を賄うならば，国際収支が赤字になると財政・金融政策の引締めという苦い薬を飲まなければならない。このことは高度成長期の日本でもみられたことであり，「ストップ・アンド・ゴー政策」ともいわれる。このような政策運営を行うことによって，債務累積を回避しながら経済成長を進めてきたのである。これは，開発資金の源泉が海外資金であるか国内資金であるかを問わず，債務返済能力を超えた開発は持続しえないことを意味している。

では，この債務返済能力とはどのような要因によって決定されるのであろうか。これは多数の要因によって決定され，総合的な判断が必要であるが，Avramović（1964）は，対外債務返済能力を短期的な側面と長期的な側面とに分けて説明している。短期的な側面については，国際収支の調整と流動性管理に関する問題であるとしている。具体的には，その国の，（1）輸出余力の程度，（2）

経済成長を鈍化させることなくどの程度輸入を抑制できるか，そして（3）IMFファシリティなどの融資枠をどの程度利用できるかということに依存している。長期的な側面においては，外資を利用して開発投資を行い，その懐妊期間が経過して生産力効果を発揮し，国内余剰貯蓄を創出することができるかどうかという問題である。

債務返済能力が国際収支の調整と国内貯蓄の増強に依存するということは，債務国自身の経済政策運営にかかっているということである。工業化資金の源泉を海外に求めるか国内に求めるかを問わず，財政・金融政策を弾力的に運営してマクロ経済の安定化を図らねばならないということになろう。国内投資が国内貯蓄を大きく上回るときには総需要抑制政策により経済の加熱を抑えなければならない。これは経常収支の赤字を縮小ないしは黒字化させることであり，これにより外貨準備が蓄積されるからである。

そしてこのようなマクロ経済政策が効果的に機能できるような市場環境を創出することが重要なことになろう。開発途上国は開発資金を捻出するために，人為的低金利政策のもとで，中央銀行に国債を引き受けさせてマネーストックを拡大する傾向がある。このような状況では，金融政策はほとんど機能しえない。そして工業化を最重要目標として掲げている以上，財政支出にも歯止めがかかりにくくなる。また，このような状況では金融資産の蓄積も阻害される。国債の中央銀行引受によるマネーストックの増加はインフレーションを惹起する傾向がある。このインフレーションは国債保有者にとってはその実質価値の低下を意味するからである。こうしたことから競争原理の働くような市場環境の創出も重要なことになると思われる。特に開発途上国の金融市場は人為的低金利政策により競争金利のメカニズムが働きにくいので，競争的市場の整備は避けられないであろう。

韓国とフィリピンのケース

1970年代後半から1980年代半ばにかけて中南米と同様に，韓国，タイ，インドネシア，フィリピンなどの東アジアも深刻な累積債務問題に見舞

分　析

図 3-4　フィリピンの貿易および貯蓄・投資ギャップ（1980-1995 年）

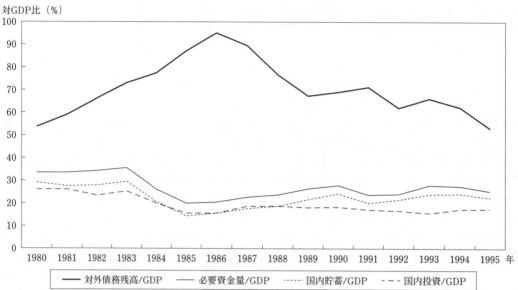

（出所）　IMF, *International Financial Statistics Yearbook*, Washington D.C., IMF, various years, ADB, *Key Indicators of Developing Asia and Pacific Countries*, Manila, ADB, various years, World Bank, *Global Development Finance*, Washington D.C., World Bank, various years.

われた。特にフィリピンのそれは深刻なもので，「失われた 10 年」といわれるほどの惨憺たる経済的後退を経験した。以下では韓国とフィリピンの累積債務問題の特徴をみていくことにする。

　1970 年代前半には，フィリピンの国内貯蓄率と国内投資率は約 20％ 前半の水準でほぼ均衡しており，このため同時期の外国貯蓄率（必要資金量と国内貯蓄のギャップを補塡するための対 GDP 比でみた対外借入）もかなり小さかった。しかし，1970 年代半ば頃から投資率が国内貯蓄率をかなり上回り，債務残高比率が急速に上昇している。そしてピーク時の 1986 年には対外債務は対 GDP 比 94.4％ に達した。その後急速に債務残高は減少し 1990 年には対 GDP 比 69.2％ にまで低下している。しかし，1980 年代初頭から中頃にかけての国内貯蓄率と投資率とがともに大きく低下していることから判断できるのであるが，投資率低下→経済成長率低下→貯蓄率低下が生じ，政策的に均衡がもたらされたのである。経済開発過程において投資率と貯蓄率がともに上昇し，後者が前者を上回るような状況に達したわけではない。1980 年代半ば頃から対外債務残高は急激に低下しているが，投資率が貯蓄率を上回るという状況にある（図 3-4 参照）。

　韓国は 1970 年代初頭にはすでに国内投資率が貯蓄率を上回る状況に達しており，その乖離幅は拡大する傾向にあった。第 1 次・第 2 次石油ショック時には引締め政策が採用されたこともあって一時的に国内貯蓄率と投資率の開きが縮小した。しかし，基本的には積極的な重化学工業化路線を推し進めていたために，そのギャップは拡大傾向にあった。そしてこの重化学工業化政策は外国からの借款に大きく依存していたために，第 2 次石油ショックを境に対外債務残高が急速に上昇した。1985 年のピーク時には対 GDP 比 50％ にまで対外債務が膨れ上がった。その後，国内投資が抑制されそのギャップは縮小している。そして 1980 年代後半から 1990 年代初頭にかけて貯蓄率が投資率を上回り，韓国は経常収支黒字国に転換した。1990 年代に入り，韓国は若干投資率が貯蓄率を上回っているがほぼ均衡状態にあり，債務残高比率を急速に低下させている（図 3-5 参照）。このように両国の経済実績は対照的である。

　1986 年の両国の対外債務残高は韓国が 445 億

第3章 工業化と国際収支危機，対外債務危機，そして資本逃避

図3-5 韓国の貿易および貯蓄・投資ギャップ（1980-1995年）

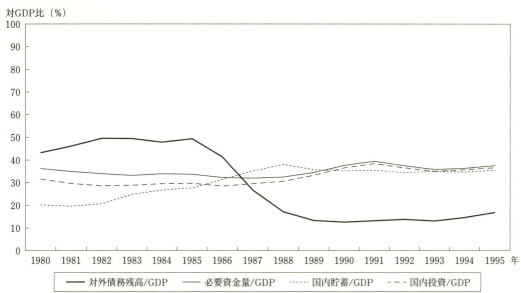

（出所） IMF, *International Financial Statistics Yearbook*, Washington D.C., IMF, various years, ADB, *Key Indicators of Developing Asia and Pacific Countries*, Manila, ADB, various years, World Bank, *Global Development Finance*, Washington D.C., World Bank, various years.

ドル（対GDP比41.0％）であったのに対し，フィリピンのそれは283億ドル（対GDP比94.8％）となっている。前年と比較すると韓国では債務額が22億ドル減少しているのに対し，フィリピンは16億ドル増加している。韓国は1985年に国内貯蓄率が投資率を上回り，1987年には経常収支黒字に転換してから債務元本の返済が可能になった。韓国は高い投資率を維持しながら国内貯蓄率がそれを上回ったため，債務元本を返済することができたのである。一方フィリピンの場合には投資率を低下させて国内貯蓄率がそれを上回ったものの，債務の元本返済に資金をまわす余裕はなかった。元利返済は実施されているが，債務残高は年々拡大し，返済以上の借入が続いている。つまりフィリピンでは，対外債務の増加と経常収支赤字から生じた経済危機を乗り切るために投資率を引き下げ，これを国内貯蓄率と均衡させるという一時避難的現象であったのである。韓国のそれはまさに経済開発の成果から貯蓄が増加した結果であることを考えるならば，両国の債務国としてのパフォーマンスは対照的であるといえよう。

次に韓国とフィリピンの債務構造について簡単にみておくことにしよう。両国とも1970年代半ば頃までは債務総額の7割以上が長期債務であった（図3-6と図3-7参照）。しかし，1970年代後半から両国とも徐々に短期債務の比率を増加させていった。特にフィリピンは1980年代前半に債務の短期化が進み，その比率は5割近くにまで上昇した。これは，1970年代に借り入れた債務の償還と国際収支困難を背景としたものである。同期間に韓国も若干債務の短期化が進んだが，フィリピンほどではなかった。むしろ特徴的なのは，韓国が1980年代後半以降債務の短期化が進んでいることである。これは韓国経済の活況と経済の自由化が進んだことにより，金融機関が海外から工業化資金を調達していたことを反映している。そして1990年代半ばにはほぼ半分が短期債務によって構成されることとなった。これが後の通貨・金融危機の1つの原因になったことは記憶に新しい。一方フィリピンは1980年代の「失われた10年」を乗り越え，ようやく成長軌道にのったが，長期借入が8割を占めており，これが通貨・金融危機の影響を軽微なものにした。

これらの短期債務を主として供給するのは先進国の商業銀行である。これらの債務は基本的に市場金利にカントリー・リスクなどを上乗せした金

図 3-6 韓国の長・短期債務比率（1970-1997 年）

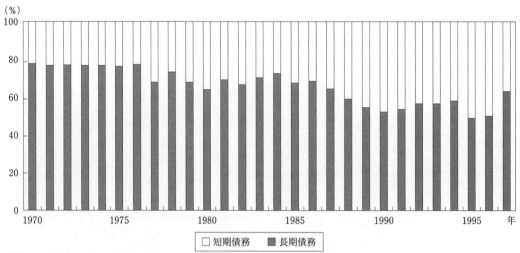

（出所） World Bank, *Global Development Finance*, Washington D.C., World Bank, various years.

図 3-7 フィリピンの長・短期債務比率（1970-1997 年）

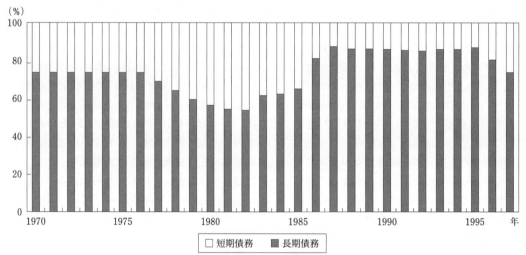

（出所） World Bank, *Global Development Finance*, Washington D.C., World Bank, various years.

利が付されるため市場金利よりも高く，しかも金利変動型の債務である。これは貸し手の先進国商業銀行にとってはうまみのある業務である。というのは融資を回収するまでの期間が短く，しかも金利が高いからである。

1970 年代後半から 1980 年代中頃にかけて民間債務の平均金利は国際機関などの公的債務よりも高い水準で推移しているが（図 3-8 および図 3-9 参照），これは第 2 次石油ショック，アメリカの高金利・ドル高政策および先進国のインフレ抑制を目的とした高金利政策によるものである。この間フィリピンと韓国は短期債務である民間商業銀行からの債務を急速に増加させているが，債務負担を増加させながらも短期債務を借り入れて償還の迫った債務の返済と国際収支赤字のファイナンスに充当していたのである。これにより対外債務を急増させていったことは先に述べたとおりである。

また図 3-10 と図 3-11 からみて確認できるよう

第3章 工業化と国際収支危機, 対外債務危機, そして資本逃避

図3-8 韓国の公的および民間債務の平均金利（1970-1997年）

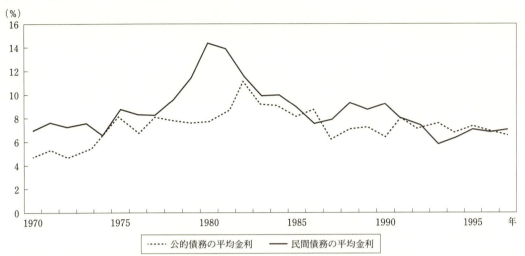

（出所）　World Bank, *Global Development Finance*, Washington D.C., World Bank, various years.

図3-9 フィリピンの公的および民間債務の平均金利（1970-1997年）

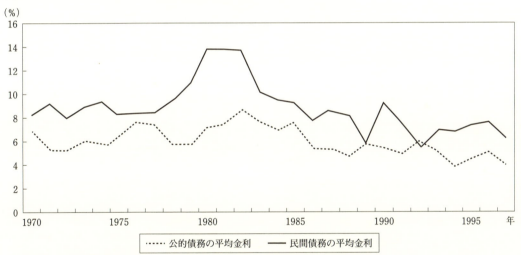

（出所）　World Bank, *Global Development Finance*, Washington D.C., World Bank, various years.

に公的債務と民間債務の平均満期期間では, 圧倒的に後者の債務の満期が短くなっている。韓国とフィリピンを比較すると両者の開きは韓国でのほうが小さくなっており, フィリピンでは公的債務の満期のほうが圧倒的に長い。これにはさまざまな要因が考えられるが, フィリピンのカントリー・リスクを大きく反映しているものと考えられる。基本的に民間商業銀行は回収困難な国に対する融資を嫌う。そのため, このような国は国際機関などの公的機関からの支援に頼らざるをえなくなる。しかし短期債務のように満期を控え, 借換や新規資金の供給が受けられなくなるという危機的状況は避けられるという利点もある。韓国とフィリピンでは, 韓国のほうが格段に良好な経済実績なので, 民間債務に依存することができる。しかし, 公的機関からの借入よりも安易な分, 勢い債務を増加させてしまう可能性もあり, いずれの借入においても債務管理を慎重に進めていかねば

分　析

図 3-10　韓国の公的および民間債務の平均満期（1970-1997 年）

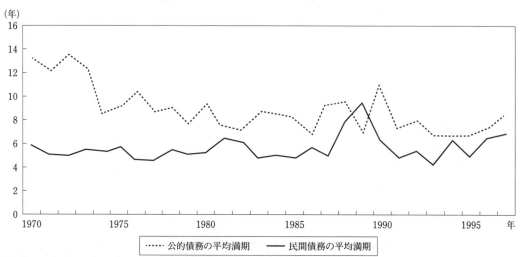

（出所）　World Bank, *Global Development Finance*, Washington D.C., World Bank, various years.

図 3-11　フィリピンの公的および民間債務の平均満期（1970-1997 年）

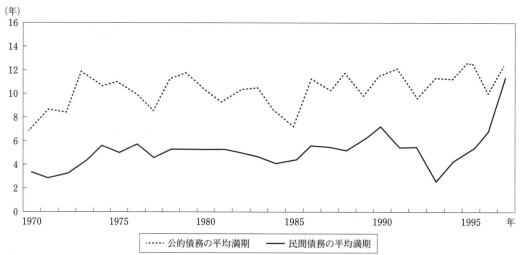

（出所）　World Bank, *Global Development Finance*, Washington D.C., World Bank, various years.

ならない。

　開発途上国が急速に経済発展を推し進めていく過程で，国内投資が貯蓄を上回ることは不可避なことである。そのため，海外資金に依存することは避けられないが，借入である以上はつねに返済がともなう。そしてこの対外債務返済は当該国産業の外貨獲得能力に最終的には依存することになる。外貨が獲得できず，新規マネーの流入が途絶えるならば，たちまち返済難に陥ることは明らか

である。

　もちろん，石油ショックのような外生的ショックが大きな影響を及ぼしたのは確かであるが，基本的には上記の要件が整っていることが必要である。もし，このような要件が満たされないのであれば，工業化に水を差すとはいえ，財政・金融政策を引き締めて総需要管理をしなければならない。その意味では，累積債務問題は債務国自身の工業化戦略と財政・金融政策をはじめとするマクロ経

済政策運営の不整合から生じるといえよう。

(5)資本逃避[10]と国内金融市場

開発途上国は累積債務問題に苦しんでいるが，この債務累積の原因が累積債務国の工業化政策および財政・金融政策のあり方と密接に関連していることは前述したとおりである。もちろん，1980年代初頭の第2次石油ショックの勃発やアメリカによる高金利・ドル高政策が累積債務問題に重大なインパクトを与えたことは確かである。しかしその一方で，開発途上国はその債務返済能力をはるかに上回る速度で対外借入を拡大させていったのである。そして国内的には拡張的な財政・金融政策の運営により工業化を積極的に推し進めていた。その結果，為替レートの大幅な減価，高率なインフレーションの進行により，国内金融システムは混乱に陥ったのである。

このような債務国の国内金融システムの混乱によって，国内資金が国外に流出するという資本逃避（キャピタル・フライト）が発生している。この資本逃避は累積債務問題を深刻にしている1つの要因である。本来であれば債務返済に充当できた資金が国外に流出するため，それは債務返済資金量の拡大を意味するからである。一般的に開発途上国では債務返済問題のために外国為替は希少な資源であり，これを確保するために厳重な為替管理が施行されている。そのため資本逃避は，このような為替管理体制をかいくぐるような巧妙な方法によって行われる。この資本逃避を防止することは開発途上国の債務返済問題からして，急務の課題である。しかし，この資本逃避は以下でみていくように，債務国の国内金融システムおよび財政・金融政策のあり方と密接に関連している。これらの問題点が解消されない限り，資本逃避を防止することはできないと思われる。そこで以下では，この資本逃避の発生メカニズム，そしてその債務国国内金融システムとの関連性を検討することにする。

財政・金融政策とインフレーション

開発途上国のマクロ経済運営を概観すると，工業化を実現するために，財政・金融政策が拡張的に運営される傾向にあることがわかる。開発途上国では工業化に要する投資資金の不足に見舞われているため，なんとかして工業化資金を動員しなければならない。しかし，所得水準の低い段階にあるため，国内貯蓄を動員しても投資資金需要を満たすことはできない。そのため，財政・金融政策の拡張的な運営によってこれら投資資金需要に応じようとするインセンティブが高くなる。というのも，このような政策運営を行うことで容易に資金を創出することが可能だからである。

一般的に開発途上国でみられる資金創出方法は，財政赤字を国債発行で賄うというものである。そしてこの国債は中央銀行に売却されることになる。中央銀行は，この国債を引き受ける見返りに通貨を発行し，財政赤字が中央銀行信用によって賄われるのである。このような方法を利用すると，国内貯蓄を凌駕する国内投資を比較的維持することが容易になる。というのは，国内投資が国内貯蓄を上回るならば，その不足分を外国貯蓄に依存するか，もしくは総需要抑制政策によって投資を抑制するという苦い薬を飲まなければならなくなる。しかし，このような国債の中央銀行引受による資金創出にも大きな問題がある。それでもこのような手段が用いられるのは，安易に資金調達ができることと，その副作用がすぐには認識されないところにある。

中央銀行はこの発行された国債を購入し，その支払いとして通貨が創出されることになる。この通貨は財政支出を賄う資金として利用されるため，マネーストックは拡大することになる。この中央銀行信用は，通貨を印刷すれば原理的にはいくらでも拡大することができるので歯止めがかかりにくい。そのため，開発途上国では一般的に経済成長率を大幅に上回るスピードでマネーストックが拡大され，この帰結としてインフレーションが猛威を振るうことになる。このようなことは中南米

---

10) 資本逃避については，Díaz-Alejandro (1985), Cuddington (1986), Dornbusch (1986, 1990a, 1990b), Lessard and Williamson (1987), Barkin (1990) などを参照した。また高木編 (2003) に収められた論考も参照されたい。

でみられる年率 1,000% 以上のハイパー・インフレーションからも明らかである。

そしてこのインフレーションは，変動為替レート制のもとでは名目為替レートの減価をもたらし，これが輸入財価格の高騰となって跳ね返ってくる。そして国内物価水準に影響を与えることになる。一般的に開発途上国では，為替レートは主要先進国通貨，特にドルにペッグされていることから，名目為替レートは安定的に推移する傾向がある。しかし，インフレーションが進行しているために，実質為替レートは増価することになり，これが開発途上国の輸出産業の競争力を低下させる。開発途上国にとって輸出産業の競争力低下は，工業化戦略に大きな打撃を与える。それは，輸出産業は貴重な外貨を獲得するための重要な役割を担っているからである。

このように，拡張的な財政・金融政策の運営の帰結としてのインフレーションは開発途上国経済に重大な副作用をもたらすのである。

インフレーションと資産選択

このインフレーションの進行は，資産保有者の資産選択に重大な影響を及ぼす。一般的に資産保有者はどのような形で資産保有を行うかを選択する。資産保有者は，家，土地，貴金属などの実物資産，株式などの実物資産に対する請求権，銀行預金や国債などの形で資産を保有することができる。また，外国為替管理がなされていない場合には，外貨預金，アメリカの財務省証券などの海外資産で資産運用を行うことも可能である。

この資産選択は，各資産のリスクと収益を比較検討することによって行われる。そして，国内資産よりも海外資産の自国通貨でみた収益が高くかつリスクが低い場合には，国内居住者は，海外資産の保有を拡大することになろう。逆に，海外資産よりも国内資産の収益が高ければ，国内居住者は国内資産を選好することになる。このような国内資産と海外資産の選択は2つの資産の収益を同一通貨で換算し直し，そして投資期間における為替レートの予想変化を加味して行われる。例えば，アメリカの預金金利が年率10%で，対ドル為替

レートの予想減価率が120%であるならば，その収益率は年率130%になる。そこで開発途上国のドル建て換算した国内預金の収益がこのドル預金の収益率を下回れば，国内居住者はドル預金を選好し，逆のケースでは国内預金を資産として保有しようとするであろう。すなわち，国内資産の収益率よりも海外資産のそれのほうが高ければ資本流出が増大し，国内資産の収益率が海外資産のそれを上回れば資本流出は縮小するといえる。

このように，資本の流れは，内外金利格差と為替レートの予想変化率とによって決定される。上で検討したことは，インフレーションが進行する経済ではどのようになるのであろうか。一般的に開発途上国では，工業化を促進する目的で金利水準が人為的に低位に据え置かれている。そして，インフレーションが進行する過程で金利も上昇するが，その動きはインフレ追随的であり，しかもインフレ率の伸びよりも低く抑えられている。また，資産選択の基準となる為替レートの予想減価率もインフレーションにより大きくなる。そのため，国内資産と海外資産との間の収益率格差は拡大し，海外資産めがけて資本流出が始まる。

このような資本流出は，さらなる資本流出を生み出す傾向がある。海外資産を購入する場合，国内居住者は自国通貨を外貨に転換しなければならない。つまり，自国通貨を売って外国通貨を買うわけであるから，為替の需給により為替レートは減価することになる。このような為替レートの減価はますます為替レートの予想減価率の幅を拡大させるため，資本流出を拡大させることになる。

開発途上国では，外貨は工業化のための資本財，中間投入財を購入するための希少な資源である。この希少な資源を有効に利用するために厳しい為替管理が施行されている。輸出によって獲得された外貨は中央銀行に対する売却義務が課され，輸入の場合には，用途別に割り当てられているのが一般的である。そのため，海外資産を獲得するために公式の為替市場で外国為替を購入することはほとんど不可能である。開発途上国ではかなり規模の大きな闇為替市場がみられるが，それが存在する理由もここにある。そしてこの闇市場を通じ

て高い収益を示す海外資産への投資，すなわち資本逃避が行われることになる。為替管理が施行されていることから公式市場と闇市場に外国為替市場が分断され，公定レートと自由レートの乖離が大きくなる。しかし，公定レートは固定されているために，インフレーションが進行しても為替レートの減価は生じない。このような為替レートの固定化が，将来の為替レート減価の予想を強化し，資本逃避を拡大させる。

上述したように為替管理の施行により，海外資産を購入するのに必要となる外国為替は主として闇市場で取引されることになる。そこでの外国為替の供給量は限られているため，恒常的に超過需要が発生する傾向がある。この超過需要は，闇市場での外国為替の取引価格である為替レートを上昇させる。この為替レートの上昇は，外国通貨1単位を取得するのに以前よりも多くの国内資源が必要になることを意味する。この闇市場の為替レートは，為替の需給関係を反映しているため，為替管理が存在しない場合に成立する為替レートに近似するものである。この為替レートの動向は，ある意味でその国の為替レートの実態を示す指標と考えられる。つまり，資本逃避が増大するにつれて自国通貨の為替レートは減価していくため，これがさらに資本逃避に拍車をかけることになる。

闇市場への外国為替の供給

前項では，外国為替の闇市場が資本逃避において重要な役割を果たしていることをみた。しかし，厳しい為替管理が施行されているもとで一体どのように外国為替が闇市場に供給されるのであろうか。この点を以下でみていくことにする。

為替管理とは，輸出によって取得した外国為替の売却義務および輸入に必要となる外国為替の割当を意味する。為替管理が実施されている状況では，外国為替を自由に匿名で購入することはできない。このような状況では，闇市場で取引される外国為替は貿易取引の不正申告を通じて供給されることになる。輸出業者は輸出額を過少申告することで，輸入業者は輸入額の過大申告を行うことで，闇市場に売却する外国為替が発生する。為替

管理下では，輸出業者は輸入代金として得た外国為替を全額中央銀行に売却することが義務づけられる。しかし，送り状に記載される輸出金額を実際の金額よりも低く抑え，その残りの金額を取引相手の協力をえて海外預金口座に振り込むことができる。この残高を闇市場で売却することにより，外国為替が供給される。

輸入額の過大申告もまた資本逃避の重要な手段である。外国為替の割当制が実施されている場合，輸入船積額を水増しすることで，輸入業者は外国為替を取得することができる。輸入代金の支払指示が管轄官庁から直接出される場合には，輸入業者は実際の輸入費用を上回る外国為替を直に手に入れることになる。また，輸入業者の裁量にまかせて海外口座に外国為替を預託させる場合には，請求額を水増ししその分を輸入業者の口座に振り込ませるために取引相手の協力が必要になる。しかし，いずれのケースでも輸入業者は，闇市場で売却できる外国為替を手に入れることになる。

このように貿易業者が入手した外国為替は，貿易業者自身によって海外資産で運用されることもあれば，闇市場で売却されることもある。そしていずれにしても，貿易業者は外国為替を獲得することで莫大な利益を手に入れる。このような輸出額の過少申告および輸入額の過大申告は，マクロ経済学的にみると国内貯蓄の海外への漏出となる。これは積極的に工業化を推し進めるうえでも，また債務返済能力の問題においても資源の浪費となる。

東アジアにおける資本逃避

これまでみてきたように，資本逃避は開発途上国の経済開発および対外債務問題にとっても重要な問題である。しかし，この資本逃避は外国為替管理法に抵触する不正行為のため，その規模は巨額であると推定されているが，正確には捕捉することができない。そこで近似的にではあるが，東アジアを例にとり資本逃避額がどの程度の規模で起きたかをみていくことにする。そしてここではWorld Bank（1985, p.63）で提示された資本逃避の概念を用いることにする。それによると，「資本逃避とは総資本流入額から経常収支赤字額と公

分　析

図3-12　韓国の資本逃避の規模（1976-1997年）

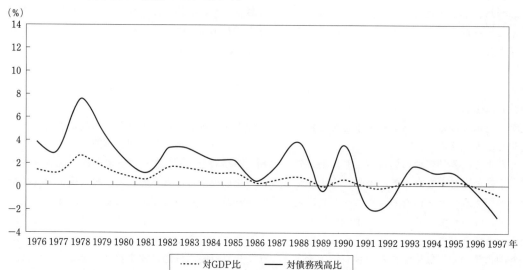

（出所）　IMF, *International Financial Statistics Yearbook*, Washington D.C., IMF, various years.

的外貨準備増加分を差し引いた額として定義する」としている。そこで，この定義にしたがい韓国とフィリピンの資本逃避額の推移を示したのが図3-12と図3-13である。両国に共通していることは，1970年代後半から1980年代前半にかけて資本逃避額が著しく増加していることである。この時期は，韓国とフィリピンに若干の時期的なズレがあるものの，深刻な債務・金融危機に直面していることである。しかし，その後の資本逃避額の推移には波がみられるものの，その水準は低下しつつある。ただし，フィリピンについては1990年代に入り再び資本逃避額が増加傾向にある。

図3-12の韓国をみると1970年代後半に資本逃避の金額が著しく増加している。この時期は韓国経済が加熱気味であるにもかかわらず，積極的な財政・金融政策の運営により重化学工業化路線が推し進められた時期である。1977-78年にかけて，マネーストック（M2）は年率30％を超える伸びを示した。この結果，消費者物価上昇率は1978年の14.7％，翌1979年には18.1％と，急速な物価上昇が生じていた。この物価上昇により，例えば1年物の定期預金の実質金利は3％の水準にまで低下することとなり，このような国内金融資産の収益率の低下が資本逃避の増加を招いたものと

みられる。また，この時期には累積債務残高比でみると約8％の規模にまで資本逃避額が拡大している。これだけの資金が債務返済に充当されていたならば，1980年代初頭の短期債務の返済困難による国際収支危機も緩和されたものと思われる。その後，第2次石油ショックによる経常収支赤字の拡大などにより資本逃避は対GDP比2％の水準で1980年代半ば頃まで続くことになる。1980年代に経常収支の黒字化により，韓国では資本逃避は終息する傾向をみせている。

図3-13はフィリピンの資本逃避規模を示したものであるが，1980年代前半に資本逃避がかなりの規模で行われたことが確認できる。特に1981年以降の資本逃避は，デューイ・ディー事件に端を発する信用不安が生じ，短期金融市場が急速に収縮していったことが大きく影響していると考えられる。同事件によりフィリピン中央銀行は16億ペソにのぼる特別融資を行ったが，投資会社や金融機関の倒産が生じ金融システム不安が高まった。これにより，資産保有者は資産を保全する目的で国内資産から海外資産への選好を強めたことを，資本逃避の動きが示していると考えられる。その後，構造調整期においては比較的安定的に推移してきたが1993年を境に再び資本逃避

図3-13 フィリピンの資本逃避の規模（1977-1997年）

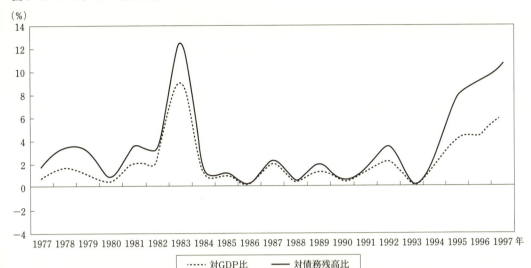

(出所) IMF, *International Financial Statistics Yearbook*, Washington D.C., IMF, various years.

額が拡大傾向にある。1990年前後から経常収支赤字が対GDP比で5％前後に拡大しており，危機再燃の懸念を反映しているものと考えられる。1980年代の金融環境とは異なり，構造調整期から着手してきた金融改革を通じて自由化が進み，海外資金の移動も徐々に自由になりつつある。フィリピンは1980年代の苦境を乗り越え，ようやくこの時期にきて他のASEANメンバー同様に経済状況が好転してきた。しかしその一方で，経常収支赤字の拡大，言い換えれば貯蓄・投資バランスにおける投資超過が続いている。しかも，対外債務残高は対GDP比でみて，依然として50％を上回る高水準にあり，経済危機の火種が燻ぶっていることが影響しているものと考えられる。

おわりに

開発途上国は工業化に必要となる資金が不足している。不足した資金を信用創造や対外借入などで調達することができる。しかし，その管理に失敗するならば，外貨不足による国際収支危機，対外債務の返済困難，高率のインフレーションなどの問題が発生する。そして，それらが深刻化すると資本逃避が発生することもある。このように事態が深刻化すると，銀行などの金融機関の経営基盤をも不安定化させ，それがマクロ経済政策の効果を削いでしまう。これらのことは，韓国やフィリピンの事例から検討してきたことである。

このような諸問題が発生する根本的な原因は，開発途上国のマクロ経済政策の運営にある。財政・金融政策を機動的に運営することで，物価，金利，為替レートなどの諸変数を安定化させることが求められる。このような環境が整ってこそ，持続的に経済開発を続けていくことができる。持続的な成長が可能になれば，そのプロセスで所得水準の向上を通じて貯蓄率の上昇も期待することができるようになる。貯蓄率が高まれば，高い投資率をファイナンスすることができるようになる。

開発途上国は，3つのギャップという開発上の制約に直面している。この制約を乗り越えるための手段が信用創造や外国貯蓄である。インフレ率の安定や対外債務管理を通じて，これらの手段を適切に利用していくことが，開発途上国には求められているといえよう。

第4章　金融・資本自由化の 東アジア経済へのインパクト

はじめに

　開発途上国の金融システムに自由化・国際化の波が本格的に押し寄せてきたのは，1980年代後半から1990年代初頭にかけてのことであった。1990年代に入り，開発途上国の金融システムは，対内的のみならず対外的にも急速に自由化が進められた。金融・資本の自由化を理論的に支持したのが，McKinnon（1973, 1976）およびShaw（1973）による古典的な研究であった。抑圧的な金融システムから脱却し，市場メカニズムを活用した金融システムを構築することで経済発展が促進される，という主張がなされた。1980年代に中南米で頻発した累積債務問題への対処の経験から導き出された政策パッケージである「ワシントン・コンセンサス」にもとづき，資本移動も自由化された。これにより，海外直接投資，ポートフォリオ投資（証券投資），多国籍商業銀行による融資，およびその他短期資本などの形態で巨額の資金が開発途上地域に流入した。このような状況を背景として，1990年代の中南米や東アジアの開発途上国の経済実績を振り返るならば，巨額の資本流入に支えられて高度経済成長を実現したことが確認できる。その一方で，急激な資本の流出入により，開発途上国が軒並み通貨・金融危機を経験し，経済的回復に苦しんでいることも同時に知ることができる。

　そこで，本章では，金融・資本自由化の経済成長に及ぼした効果を，東アジアの経験に照らして検証することにする。第1節では，McKinnonおよびShawの「金融自由化論」を中心に，その理論的枠組みのサーベイを行う。第2節では，「金融自由化論」における預金金利の自由化とその貯蓄動員力について貯蓄関数の推計から検証する。第3節では，貸出金利自由化の投資拡大効果を投資関数の推定から評価するとともに，またその効率性への影響についても分析する。第4節では，金融の国際化にともなう国際資金の流入が東アジアに及ぼした影響について述べることにする。

(1)金融自由化の理論的枠組み

　1970年代後半から1980年代にかけて，世界的規模で金融・資本の自由化が進められた[1]。アメリカやイギリスなどの先進国の産業構造がサービス業中心の構造に変化し始めたことが1つの契機であった。高度経済成長期から低成長期への移行により，先進国は軒並み国内投資率が低下してきた。そのため，運用先を失った資金を有利と目される投資機会に向ける必要に迫られた。それは，世界的規模で自由に資本を移動させることを意味する。そのような大きな流れのなかで開発途上国の金融の自由化・国際化も推進されてきたのである。この動きは，東アジアにおいても例外ではない。この地域において比較的早い時期に金融の自由化に着手したのは，香港とシンガポールであった。両国・地域が東アジアにおける国際金融センターの地歩を築いていたことが，各国の自由化を促進した。表4-1からも明らかなように，他の国・地域においても1980年代に自由化を開始して，1990年代にはその動きを本格化させている。このような金融自由化を理論的に支持してきたの

---

1)　アメリカ，イギリス，日本の金融自由化については，奥村（1999）を参照されたい。

表4-1　東アジアの金融自由化の開始時期

国　名	開始時期	本格的な金融部門の自由化
韓　　国	1983 年	―
台　　湾	1989 年	―
香　　港	1973 年	1973-1996 年
シンガポール	1973 年	1973-1996 年
タ　　イ	1980 年代半ば	1992-1996 年
マレーシア	1978 年	1992-1996 年
インドネシア	1983 年	1989-1996 年
フィリピン	1981 年	1994-1996 年

（出所）　Williamson and Mahar (1998), p. 12, Table 4 より。

が McKinnon（1973, 1976, 1993），Shaw（1973），Fry（1995）および Ghatak（1995）をはじめとする「金融自由化論」である[2]。

　マッキノン＝ショウ・モデルは概略すると以下の内容から構成される。第1に，貯蓄関数は実質預金金利と実質経済成長率の増加関数である。貯蓄者の利子所得である実質預金金利の上昇は貯蓄の増加をもたらす。また，経済発展による所得増加も貯蓄を増加させる。第2は，投資関数は実質実効貸出金利と実質経済成長率から影響を受ける。実質実効貸出金利の上昇は投資コストを引き上げるため，投資を抑制するように作用する。一方，経済成長は投資収益率を高めるので，投資を増加させる効果を有する。第3に，金利統制による低金利政策は実質金利を市場実勢水準よりも低位にとどめ，投資効率を悪化させる。これにより，人為的に名目金利を低水準に維持することによって，インフレ率が高い国では実質金利のマイナスを通じて投資効率が悪化することになる。第4は，融資可能な資金の非効率的な利用をもたらすような信用割当が行われていると想定し，収益率の低い投資プロジェクトにも融資がなされ，投資効率を悪化させると考えられている。

　マッキノン＝ショウ・モデルでは，取引費用や貸倒れリスクが発生する可能性の評価によって信用割当が行われていると考えている。そのため，信用割当は，銀行が評価する投資プロジェクトの予想収益率とは関係なく実施される。また，担保評価，政治的圧力，借り手の社会的名声，融資規模や融資係への賄賂も信用割当に大きな影響を及ぼすものとする。信用割当がランダムに行われていても，貸出上限金利の低下につれ，投資効率は低下する。金利の低下によって資金調達コストも低下するため，収益率の低い投資案件からも利益を手に入れることができるようになる。これにより銀行の融資先は拡大され，融資を受けるために市場に参加する企業数も増加する。しかし，金利の著しい低下，信用割当の恣意的決定は，社会的厚生の観点からみて望ましくない逆選択やモラル・ハザードなどの問題を生みだす可能性もあるとされている。

　金利上限規制は以下の点で経済を歪める可能性があると考えられている。第1に，低金利は将来消費よりも現在消費を拡大させる傾向があるので，貯蓄が低下することになる。第2に，潜在的な貸し手は，金利水準が低いために貯蓄よりも高い収益をもたらす実物資産投資を選好する可能性があり，これが貯蓄の低下を引き起こすことになる。第3に，借り手は低い金利で融資を受けられるので，投資収益率の低いプロジェクトに取り組む可能性がある。第4に，潜在的な借り手の中でも，収益率が低い投資プロジェクトに取り組もうとしている企業家は，市場金利が高い場合には借入を見送ることになるので，投資水準全体が低下する可能性がある。しかし，銀行による融資選別はある程度恣意的に行われる可能性もあるので，市場金利では収益性が見込めない低収益投資プロジェクトも融資対象とされる可能性がある。

　貸出上限金利を自由競争市場の水準にまで引き上げるならば，貯蓄と投資は増加する。実質金利の上昇により貯蓄関数はシフトする。貸出上限金利の引上げにより収益率の低い投資は抑制され，平均投資収益率は上昇する。その結果，投資効率も改善される。これにより経済成長の加速化を通じて貯蓄が拡大するという好循環がもたらされることになる。国内投資の増加とその効率性の改善は経済成長にプラスの効果をもつ。金融抑圧のもとでは，投資機会は豊富にあるが，貯蓄不足により経済成長は制約される[3]。マッキノン＝ショウ・

---

[2]　金融自由化論および，金融自由化に関する実証分析のサーベイ論文としては，Williamson and Mahar（1998）が参考になる。World Bank（1989）においても抑圧的な金融システムからの脱却が必要であることが議論されている。

図 4-1　金利の自由化と経済成長のメカニズム

モデルは，金融抑圧状態にある経済を成長させるためには，実質金利の引上げ，インフレ率の引下げ，あるいはその両者を同時並行して行う必要があるとした。また，金利上限規制の撤廃により，投資を最大限に拡大し，投資の平均効率性は高まるとしている。人為的低金利や選別的信用割当などの諸規制により，貯蓄と投資は低下し，経済成長も阻害される。したがって「金融自由化論」では，経済成長を促進するうえで金融部門を自由化することが重要であると主張される。上述したメカニズムの概要を示すと，図4-1のように示すことができる。

上記のような「国内金融自由化論」とともに，1990年代には金融の対外開放化も進められてきた。特に，資本移動の自由化は，その最も注目される点である。この資本移動の自由化は，1980年代に中南米で頻発した累積債務問題への対処の経験から導き出された政策パッケージから強い影響を受けている。この政策パッケージがワシントンを本拠地とするIMFや世界銀行などの政策サークルで合意をみたことにより，Williamson（1990）によって，「ワシントン・コンセンサス」と命名された。この政策パッケージは，以下の10項目からなっている[4]。(1) 財政赤字の削減，(2) 公共支出の再編成，(3) 租税改革，(4) 金融改革，(5) 単一為替レートの設定，(6) 数量規制から関税への移行，および関税率の段階的引下げ，(7) 海外直接投資の流入を阻止する障壁の撤廃，(8) 国有企業の民営化，(9) 新規参入および競争制限的な規制の撤廃，(10) 所有権の確立。この内容から，政府は健全なマクロ経済運営，および教育，健康，インフラ整備などを通じた所得分配の改善に責任をもち，それ以外の経済活動は原則的に市場メカニズムに委ねるという考え方が読み取れる。この市場ベースの政策パッケージは中南米の累積債務危機の経験から導き出されたものである。同地域では，規制などを通じて国家が経済に深く介入して経済原則を大きく歪めたことが危機をもたらした1つの要因であるとみなしたからである。グローバリズム反対派が指摘するような「市場原理主義」とは異にする点だけは指摘しておきたい[5]。

(2) 金利自由化の国内貯蓄に与えるインパクト

預金金利の上限規制を撤廃すると市場金利は上昇し，これが誘因となって貯蓄が増加する。そして，この貯蓄の増加は投資可能資金の増加となり，投資を通じて経済成長に寄与する。これが「金融自由化論」の意図するメカニズムである。本節では，徳原（2003a）にもとづき，台湾，タイ，マレーシアの金利自由化の国内貯蓄と投資に及ぼすインパクトを整理することによって，国内金融の自由化を評価することにする。

まず，金利自由化の貯蓄動員能力について考察する。具体的には，実質貯蓄関数を推計し，金利自由化の国内貯蓄動員効果を実証する。なお，他の東アジアの国・地域の貯蓄関数の結果については，徳原（1999c, 2000）がある。また，韓国，マレーシア，インドネシアの自由化の成果を定性的

---

3)「金融抑圧」については，McKinnon（1973）およびShaw（1973）を参照されたい。また，「金融抑制」については，Stiglitz and Greenwald（2003）が参考になる。
4) ワシントン・コンセンサスにおいて掲げられている改革10項目は，Harberger（1984）にもとづくものである。
5) ウィリアムソンの経済改革案は，その後，中南米やアジアで発生した通貨・金融危機も踏まえてKuczynski and Williamson（2003）において示されている。ウィリアムソンは従来から，貿易や直接投資などの自由化とは異なり，金融改革，資本勘定の交換性，為替レート・システムの選択などには慎重でなければならないとする立場にある。このような考え方は，例えばBhagwati（2004）においてもみられる。

な分析によって実証したものには，Caprio, Atiyas, and Hanson（1994）がある。

　金融自由化の実証分析の先行研究にはタイとフィリピンを扱った奥田（1993a）がある。アジア14ヵ国を一括して実証分析を試みたものとしてはFry（1995）がある。また，ASEAN4ヵ国を国ごとに実証分析を試みたものとしては徳原（1999c）がある。奥田（1993a），徳原（1999c）では，ASEANに関する限り，貯蓄増加に大きく寄与したのは所得増加であり，実質金利の上昇ではないという結果が得られている。Fry（1995）の実証分析では金利の貯蓄に与える影響はプラスという結果が得られている。これは，推計期間が1963-1982年と金利が統制下におかれているためと考えられる。台湾，タイ，フィリピンが本格的に金利の自由化を開始したのは1980年代後半から1990年代に入ってからのことであることを考えると，貯蓄関数を推定して評価してみることは意義があると考えられる。

　本節では上記3ヵ国の比較を容易にするために同一の推計式を用いて国内貯蓄関数を推計する。なお，推計期間は1970年から1997年とし，年次データを用いる。データはIMFの*International Financial Statistics Yearbook*を基本的に用い，欠損データについては一部各国中央銀行統計で補足した（次節の投資関数についても同様である）。また，人口データについてはWorld Bank, *World Development Indicators*を用いた。なお，台湾については，Department of Economic Research, The Central Bank of China, *Financial Statistics, Taiwan District, Republic of China,*（*Compiled in Accordance with IFS Format*）, Taipei, Department of Economic Research, The Central Bank of China, various issuesを用いた。

　ここでは，実質国内貯蓄関数の推計式を以下のように設定した。

$$\text{実質国内貯蓄} = \text{定数項} + \text{実質GDP} \quad (1)$$
$$+ \text{実質GDP成長率}$$
$$+ \text{実質金利}$$
$$+ \text{内外金利格差}$$
$$+ \text{従属人口比率}$$

　（1）式では，実質GDPは実質所得，実質GDP成長率は非恒常所得の増加速度，実質金利は国内金融資産の収益率，内外金利格差は海外資産の収益率の代理変数として用いる。実質所得と非恒常所得の増加は貯蓄を増加させる。貯蓄は金利の増加関数である。したがって，これら説明変数のパラメータの符号条件はプラスになると考えられる。内外金利格差の係数は，金利格差が拡大すると資本逃避が生じるためマイナスになると考えられる。資本流出規制が課されていても輸出入代金の不正申告により資本逃避は生じる。なお，ここで用いた金利指標は，ロンドン銀行間6ヵ月物定期預金金利である。従属人口比率の増加は貯蓄の切崩しの増加を意味するので，パラメータはマイナスになると予想される。

　図4-2から図4-4は（1）式をもとに最小二乗法を用いて推計した実質国内貯蓄関数の推計結果である。この推計結果で注目すべき点は実質金利のパラメータである。金融自由化論によれば，実質金利の上昇に刺激され貯蓄が増加することになる。これら3ヵ国では国ごとに時期が異なるものの推計期間内に金利の完全自由化，または段階的自由化が始まっている。したがって，毎年の実質金利のパラメータを追うことで，実質金利上昇の貯蓄に及ぼす影響を確認することができよう。

　ここで上記3ヵ国の預金金利自由化の足取りをみておくことはパラメータの変化を追う1つの目安となる。台湾では，1986年に預金金利の上限規制が簡素化され，1989年には預金金利が制限付きで完全自由化された。すなわち，民法上の規定により年率20%を超えてはならず，中央銀行が金利を調整する権限をもっている。タイでは，1989年に商業銀行の定期預金上限金利が廃止され，1990年の定期預金金利の完全自由化が行われた。フィリピンでは，1978年に2年以上の定

分　　析

図4-2　台湾の金利パラメータの推移（1980-1997年）

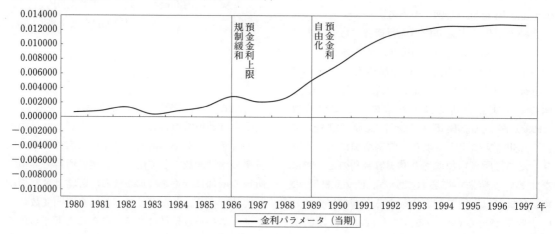

図4-3　タイの金利パラメータの推移（1980-1997年）

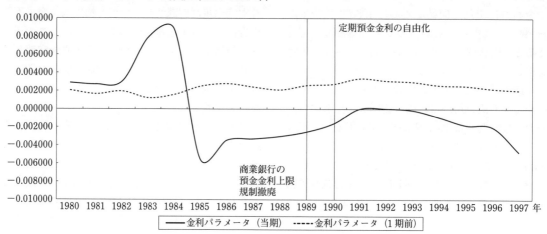

図4-4　フィリピンの金利パラメータの推移（1980-1997年）

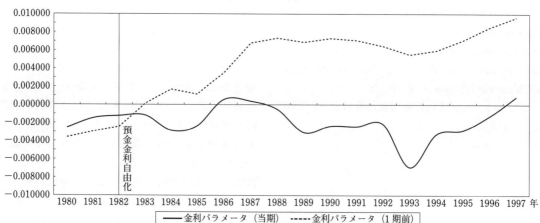

期預金の上限金利が撤廃された後, 1982年に預金金利の完全自由化が行われている。

上記3ヵ国の推計結果をみる限り, 実質預金金利の上昇が貯蓄増加をもたらしたのは台湾だけである。しかも, 1989年の預金金利の完全自由化と同時にパラメータも変化し, 実質預金金利の貯蓄増加効果が大きくなっている。また, t値からみても統計的に有意であり,「金融自由化論」の主張を支持する結果となっている。1989年の1.218から1993年3.196へと上昇し, 1997年3.033となっている。同期間における貯蓄関数の決定係数も0.99を超えており, 金利の貯蓄増加に及ぼす効果はそれほど大きな効果ではないと評価できよう。

しかし, タイとフィリピンについては図4-2と図4-3からも明らかなように, 金利パラメータはかなり跛行している。また, t値から判断する限り統計的にもかなり不安定である。そこで, タイとフィリピンについては, 1期前の実質金利を用いて再推計した。当期の実質金利はインフレ率が明らかとなる1年後になって明示的になる。そのため, 貯蓄者は当期よりも前期の実質金利を考慮して貯蓄を行うと考えられる。このように考えるならば, 1期前の実質金利を用いることも妥当であると考えられる。

まず, タイの1期前の実質金利を用いた推計結果をみると, 実質金利は貯蓄に対してプラスの効果をもつ結果となった。定期性預金金利が自由化された1990年の金利のパラメータは0.0027, t値0.997, 調整済み決定係数0.9877であった。翌年の1991年には金利のパラメータは0.0033, t値1.287, 調整済み決定係数0.9897となり, 金利の貯蓄形成に及ぼす効果は小さいものの, 統計的に有意な結果が得られた。しかし, 1991年以降, 金利パラメータは徐々に低下し, そしてt値から判断する限り不安定な結果となっている。直近の1997年の推計結果をみると, 金利パラメータ0.0020, t値0.8575, 調整済み決定係数0.9942という結果が得られた。この推計結果から, 推計式の説明力は高いが, 金利の貯蓄増強に対するインパクトは小さいことが明らかとなった。しかも,

統計的には不安定であることが確認された。

次に, フィリピンのケースであるが, 同国は台湾, タイに先立ち1982年にすでに預金金利が完全に自由化されている。1980年から1986年までの期間では, 金利のパラメータはマイナスか非常に小さく, しかもt値から判断する限り, 統計的に有意な結果を得ることはできなかった。この間の推計式の説明力を調整済み決定係数で判断すると, 0.97と比較的高い説明力を有している。このような動きに変化が生じたのは1987年からである。図4-4からも明らかなように, 金利パラメータは0.006と, 急激に金利の貯蓄形成力が高まっている。しかもt値も1.891と有意である。その後1992年まで同様のトレンドを辿るが, 1990年代前半の成長率低下を反映して, 1993年, 1994年には金利パラメータは0.005と若干低下し, しかもt値をみるとそれぞれ0.8367, 0.8712と統計的に不安定な結果となっている。その後, 再び金利パラメータは上昇し, 直近の1997年では0.0096となっており, t値も1.304となっている。このように, フィリピンでは経済の低迷により統計的に不安定な部分もあるが, 少なくとも金利の貯蓄形成力がプラスに働いており, しかもその効果が少しずつではあるが上昇していることが確認できよう。

(3) 金利自由化による投資拡大と投資効率の向上

「金融自由化論」によれば, 金利自由化は投資可能資金の形成を促し, 銀行貸出資金量の増加により, 投資が上昇することになる。そこで本節では上記3ヵ国の投資関数を推計することにする。実質投資関数を推計するために以下のように式を設定した。

実質国内投資＝実質GDP　　　　　　(2)
　　　　　　　＋実質GDP成長率
　　　　　　　＋実質貸出金利
　　　　　　　＋実質国内投資（1期前）

投資水準は投資から得られる将来の見込収益によって決定される。この将来の投資収益が現在の産

分　　析

図 4-5　台湾の投資関数における金利パラメータの推移（1980-1997 年）

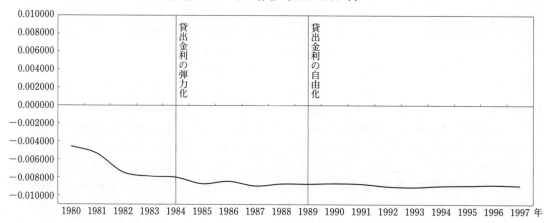

図 4-6　タイの投資関数における金利パラメータの推移（1980-1997 年）

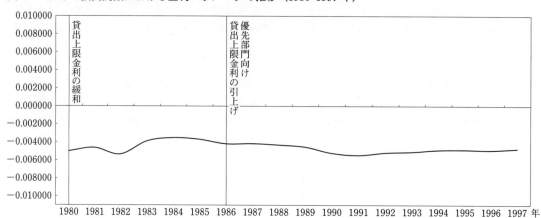

図 4-7　フィリピンの投資関数における金利パラメータの推移（1980-1997 年）

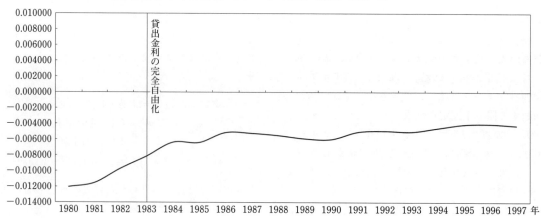

出量とその過去の増加率のトレンドから予想されるものとする。実質 GDP は現在の産出量，実質 GDP 増加率は過去の増加率のトレンドの代理変数とした。したがって，両変数の係数はプラスになるものと予想される。また，今期の投資水準は 1 期前の投資水準にも依存すると考えられる。前期の投資が過剰であった場合には今期の投資は抑制されることになる。「金融自由化論」との関係で注目されるのは，実質貸出金利の係数である。実質貸出金利の係数は，いくつかのケースが予想可能である。以下この点を簡単に考察する。

市場金利が成立し，投資資金の調達において銀行融資が重要な場合には，実質貸出金利の上昇は投資水準にマイナスの影響を及ぼすと考えられる。特定産業の育成を図るために低金利政策と信用割当が実施されている場合には，貯蓄の増加によって投資は増加するので，投資水準と金利水準との間には一定の関係がみられなくなると予想される。また，投資が貸出資金量の不足によって制約されているが，金利上昇による預金量の増加により投資が可能になるとしよう。このケースで預金・貸出金利が連動して変動するならば，貸出金利が上昇しても符号条件はプラスになると考えられる。ただし，これは，企業部門の資金調達にとって銀行部門が大きな役割を果たしていることが前提となる。企業部門の資金調達において直接金融の比重が高い場合には，このような効果は出現しにくいと考えられる。

上記の台湾，タイ，フィリピンでは，先の預金金利とともに貸出金利についても自由化が進められている。タイでは，貸出金利の上限規制は存続しているものの，1980 年に行われた金融機関の貸出上限金利の緩和に続き，1986 年には優先部門の貸出上限金利が非優先部門の上限に引き上げられるなど，漸次貸出金利規制の緩和が進んでいる。また，フィリピンでは他の ASEAN メンバーにさきがけて 1983 年に貸出金利が完全に自由化されている。

図 4-5 から図 4-7 は 1970 年から 1997 年までの年次データを用いて最小二乗法で推計した上記 3 ヵ国の投資関数における金利変数の推計結果である。「金融自由化論」とのかかわりで注目されるのは実質金利の投資に及ぼす影響である。投資関数の推計結果による限り，実質金利が上昇すると投資は減少する結果が出ている。しかも台湾では貸出金利の自由化措置がとられたとのほぼ同時期に，実質金利上昇の投資抑制力が徐々に強まっている。同様に，フィリピンでも貸出金利の自由化が 1983 年に行われているため，金利の投資抑制機能がみられる。一方，タイにおいても，依然として貸出上限金利に何らかの規制が存在するものの，金利上昇の投資抑制効果が係数から観察される。そのため，規制はあるものの金利メカニズムは何らかの形で機能しているものと考えられる。推計結果の他の要因についてみると，1980 年代後半から 1990 年代初頭において，これら 3 ヵ国に共通して投資は 1 期前の投資水準から影響を受けるようになっている。一般的には，金利が高い水準にあると投資は抑制される傾向にあるといわれる。しかし，イギリスの Radcliffe Committee (1959) や Croome and Johnson (1970) などでも指摘されているように，投資と金利の関係はそれほど密接な関係にはないとされている。金利よりも投資の予想収益率の方が高ければ，高い金利を支払っても十分に利益を確保できる。そのようなケースでは，高金利でも投資が行われるので，金利の効果は小さくなる。

次に，上記 3 ヵ国において金融自由化によって，その投資効率が改善されたのかどうかを検討してみることにする。「金融自由化論」によれば，貸出金利の自由化により収益性の低い投資は抑制される。また，信用割当が緩和されるにつれて効率的な資金配分が行われるようになり投資効率が上昇すると考えられている。

そこで，3 ヵ国の限界資本産出比率 (Incremental Capital Output Ratio: ICOR) から投資の効率化がどの程度改善されたのかを検討する[6]。図 4-8 は上記 3 ヵ国の限界資本産出比率の推移を示している。先述した 3 ヵ国の貸出金利自由化の動向を考慮しながら 1980 年代後半から 1990 年代をみると，限界資本産出比率は傾向的に悪化している。これをみる限り，実質金利の上昇によって投資効

分　析

図4-8　台湾，タイ，およびフィリピンの投資効率（1970-1997年）

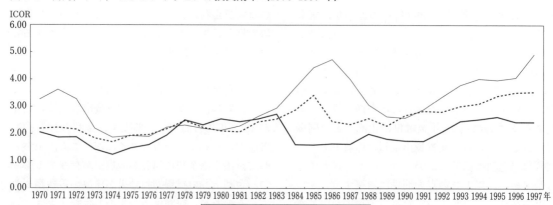

（出所）　IMF, *International Financial Statistics Yearbook*, Washington, D.C., IMF, various years.
　　　　なお，台湾については，Department of Econpmic Research, The Central Bank of China, *Financial Statistics, Taiwan District, Republic of China*, (*Compiled in Accordance with IFS Format*), Taipei, Department of Economic Research, The Central Bank of China, various issues を参照した。

率が改善されたと判断するのは困難である。このような限界資本産出比率の悪化は金融仲介機関の効率的な資金配分機能が低下していることを意味する。Stiglize and Weiss (1981) が指摘するように，貸し手と借り手の間に情報の非対称性が存在しており，収益率の低い投資プロジェクトにも融資が行われていると考えられる。この情報の非対称性を軽減するための制度的な仕組みや金融機関の情報生産能力が欠けていることが影響しているのである。したがって，実質金利上昇による資金配分の効率化という「金融自由化論」の主張は統計的に裏づけることが難しいように思われる。

第2節，および第3節の分析から導き出された結果にもとづくならば，東アジアの金融自由化は経済成長に大きな影響を及ぼしたと評価することは難しいように思われる。そこで，次節では自由化のもう1つの側面である対外面での自由化を取り上げることにする。東アジアは，為替管理自由化，特に資本勘定取引の完全自由化と，ドル・ペッグ制という為替レート・システムの採用により，経済成長の原資となる巨額の海外資金を引きつけた。この資金流入が高成長を支えた1つの要因として指摘することができる。そこで以下では，資本移動の自由化について検討していくことにする。

(4) 国際資本移動の経済成長に及ぼした効果

周知のように，1980年代後半から，東アジアは急速な経済発展を遂げた。年率10%に近い高率の経済成長を経験した。対GDP比で30%以上という貯蓄をもち，他の開発途上地域と比較して東アジアは高い貯蓄率を誇っている。この国内貯蓄をベースに積極的な投資を行っているが，投資需要が旺盛なため国内貯蓄だけでは資金需要を充分に満たせない。この場合，投資の速度を低下させるか，この国内貯蓄の不足分を流入する海外資金によって賄うことになる。急速な経済発展を実現しようとしている開発途上国にとっては，経済成長のテンポを鈍化させることは困難である。したがって，海外資金の流入を促進することによって投資資金需要を満たすしかない。東アジアが自国の金融システムの対外開放を積極的に進めたのは，海外資金の流入を促進しようとしたからである。

6) 限界資本産出比率で投資効率を評価する場合，次の点に注意する必要がある。例えば，懐妊期間の長い投資が行われたり，技術水準の高い設備への巨額な投資資金を必要とする投資が行われたりすると，一時的に限界資本産出比率が悪化することがある。したがって，長期的なトレンドをみて評価する必要がある。

第 4 章　金融・資本自由化の東アジア経済へのインパクト

表 4-2　東アジアの資本移動に関わる主な自由化措置と自由化進捗度

国　　名	時　　期	措　置　内　容	自由化進捗度	
			1973 年	1996 年
韓　国	1979 年 1982 年 1985 年 1998 年	満期 3 年以下で 20 万ドル以下の海外借入の管理緩和 100 万ドル以下の海外借入制限の緩和 海外投資，および外国人対内投資の段階的緩和の開始 同年まで外国人対内投資には大きな制限が加えられていた	抑圧	部分的抑圧
台　湾	1987 年	外国為替管理の撤廃。年 1 人当たりの資本の持込み，および持出し額を 500 万ドルに制限	抑圧	部分的抑圧
香　港		原則自由	自由	自由
シンガポール	1978 年	為替，および資本管理の撤廃（例外：オフショア銀行のシンガポール・ドル取引禁止）	大部分自由化	自由
タ　イ	1980 年代半ば 1990 年代 1997 年 5〜6 月 1997 年 10 月	対内長期投資規制の緩和 短期資金移動，および対外投資管理の緩和 対外短期借入の準備率を 7% とする。 通貨投機を阻止するための通貨管理導入 国内金融機関の外国人所有規制の緩和	部分的抑圧	大部分自由化
マレーシア	1970 年代 1980 年代	資本勘定取引の大部分自由化 外国人対内投資，およびポートフォリオ投資の規制緩和	大部分自由化	大部分自由化
インドネシア	1971 年 1982 年 1992 年	資本勘定取引の大部分の自由化 資本流入の一部に制限が残る 輸出業者への取得外貨の銀行への売却義務規則の廃止 海外直接投資規制のさらなる緩和	大部分自由化	大部分自由化
フィリピン	1992-95 年	経常勘定取引の完全自由化と資本勘定取引の大部分の自由化	部分的抑圧	大部分自由化

（出所）　Williamson and Mahar（1998），pp. 5-6 掲載の Table 1 および pp. 13-22 掲載の Table 5 より抜粋。

　海外資金を円滑に流入させるためには，特に為替取引の自由化が重要である。東アジアでは，貿易などの経常勘定にもとづく為替取引は自由化されていたが，資本勘定におけるそれは管理されていた。資本勘定取引にともなう為替管理が緩和・撤廃されるにしたがい，これら諸国に巨額の海外資金が流入した。直接投資，証券投資，銀行貸付やその他短期資本をはじめとする海外資金が，東アジアの高度経済成長を資金面から支えた。

　このように海外資金の流入が高成長の原動力となっていたが，資金流入はそれを可能にする制度改革がなされていなければ実現できないはずである。1980 年代後半から国内金融の自由化が各国で進められてきた。その動きと並行して国際資本移動に関連する措置の自由化も進められてきた。表 4-2 は，Williamson and Mahar（1998）から，各国の主だった自由化措置を抜粋したものである。

　表 4-2 からも明らかなように，国際資本移動関連の自由化には，3 つのグループの存在が東アジ

アでは観察できる。1 つ目は，資本移動の自由化に比較的慎重な姿勢を崩さない韓国と台湾である。2 つ目は，同地域の金融センターの役割を担う，香港とシンガポールである。香港とシンガポールは，国際金融取引の舞台であるため，国際資金取引を早い時期から自由化している。しかし，香港は内外一体型の金融市場であるのに対して，シンガポールは国内市場と国際市場を明確に区別し，国際資金移動の国内への影響を最小限にとどめようとする立場をとっている。そして，3 つ目のグループは，タイ，マレーシア，インドネシア，フィリピンの ASEAN から構成されている。他の開発途上国よりも早い時期から自由化に踏み切り，1990 年代にこの 4 ヵ国は揃って経常勘定のみならず，資本勘定取引も大部分の自由化を行っている。このような国際資本移動に関連する自由化措置が講じられてきたからこそ，巨額の海外資金を受け入れることができたのである。

　このような海外資金の流入を通じて東アジアは

分　析

表 4-3　東アジアの為替レート・システム
（1990-1996 年）

韓　　国	管理フロート制
台　　湾	単独変動為替レート制
香　　港	管理フロート制
シンガポール	管理フロート制
タ　　イ	通貨バスケットペッグ
マレーシア	通貨バスケットペッグ（-1991 年） →管理フロート制（1992-1996 年）
インドネシア	管理フロート制
フィリピン	単独変動為替レート制

（出所）　IMF, *Annual Report on Exchange Arrangements and Exchange Restrictions*, Washington, D.C., IMF, various years.
　　　なお、台湾については台湾中央銀行の公式声明による。
　　　〔https://www.cbc.gov.tw/ct.asp?xItem=856&CtNode=480&mp=2 より〕

高い経済成長を達成したのであるが、海外資金流入を支えた要因は資本取引規制の自由化だけではない。東アジア、特に ASEAN において自国通貨の対ドル・レートが安定的に維持されてきたこともその要因の 1 つである。表 4-3 は、東アジアにおける 1990 年代前半の為替レート・システムの概要を示している。表に示された制度は、台湾を除き、各国が IMF に公式に報告したものである[7]。公式発表においては、台湾およびフィリピンを除いて、為替レートを安定化させるためのコントロールを行っていることが確認できる。また、単独変動為替レート制を採用している台湾やフィリピンにおいても、為替レートの決定は外国為替市場の需給に委ねられているとはいえ、変動幅が大きくなれば介入することになっている。通貨当局が最も注目するのは、貿易・金融取引において最大のシェアをもつ対ドル・レートの安定である。

　例えば、通貨・金融危機の震源地であるタイの為替レート・システムは、危機以前は主要先進国通貨から構成される通貨バスケット制であった。しかし、その内実は、ドルに高いウエイトをおいた、事実上のドル・ペッグ制であった。これによりタイ・バーツは対ドル・レートを固定的に維持することができた。為替レートの安定は、投資家および資金の貸し手にとっては為替変動リスクの

軽減を意味する。そのため、為替リスクをヘッジする必要もなくなるため、投資家にとって非常に有利な資金運用の場となる。しかも、高度経済成長を遂げていることから投資収益が高いと期待されたため、東アジアに巨額の海外資金が流入したのである。

　また、資金移動の決定要因の 1 つである国際間の金利格差も、東アジアへの資本流入を促進する効果をもった。例えば、アメリカとこれら 5 ヵ国の貸出金利の差をみると、期間平均で韓国 1.4%、タイ 5.1%、マレーシア 0.4%、インドネシア 13.1%、フィリピン 10.1% となる。韓国、マレーシアを以外では、大きな金利格差がある。しかも、経済成長率も高く、為替レートは安定的に維持されており、他のファンダメンタルズ指標も良好であれば、投資家心理は楽観的になり、東アジアは魅力的な投資先と映るであろう。

　表 4-4 は、国際資本移動の自由化、為替レートの安定、そして国際間の金利格差において比較的大きな差があった時期の東アジア主要国への国際資金の流入額を示している。同表の値は、アジア通貨・金融危機においてダメージの大きかった国が多く含まれているが、直接投資の流入は比較的安定している。危機後においても大きな落ち込みはみられていない。ポートフォリオ投資については、1990 年代半ばまで上昇トレンドを示していたが、危機の影響で 1998 年にはマイナスに落ち込んでいる。最大の落込みを示したのは、その他投資による資金流入である。1997 年と 1998 年の 2 年間に約 730 億ドルも流出しており、総民間資本流出の最大項目となっている。流入額も大きいだけに、ひとたび資金の流れが反転すると、その流出額も大きくなる。まさに逃げ足の速い性格の資金であることを、データの動きからも確認することができる。

　図 4-9 は、東アジア 5 ヵ国の資本流入額の規模を示したものである。経常収支赤字額の絶対値を分母に、ネットの資本流入額を分子にとり、その

---

7)　IMF が刊行している *Annual Report on Exchange Arrangements and Exchange Restrictions* については、為替制度の報告において、公式（de jure）と現実（de facto）の制度に乖離があることが指摘されている。現実の制度に報告内容を近づけるべく、為替レート分類などの改訂も行われている。これらの点については井澤（2010）を参照されたい。

表4-4 東アジア主要国への民間資本の流れ　　　　　　　　　　　　　　　　　　　　　　（単位：10億ドル）

ASEAN4＊＋韓国	1990年	1991年	1992年	1993年	1994年	1995年	1996年	1997年	1998年
総民間資本流入	24.9	29.0	30.3	32.6	35.1	62.9	72.6	-10.9	-35.4
直接投資	6.2	7.2	8.6	8.6	7.4	9.5	12.0	9.6	10.8
ポートフォリオ投資	1.3	3.3	6.3	17.9	10.6	14.4	20.3	11.8	-5.3
その他投資	17.4	18.5	15.4	6.1	17.1	39.0	40.3	-32.3	-40.9
公的資金	0.3	4.4	2.0	0.8	0.7	1.0	4.6	25.6	7.9

（注）　ここでいうASEAN4とは，タイ，マレーシア，インドネシア，およびフィリピンの4ヵ国である。
（出所）　IMF, *International Financial Statistics Yearbook*, Washington, D.C., IMF, various years.

図4-9　東アジア5ヵ国の資本流入・経常収支赤字比率の推移（1990-1996年）

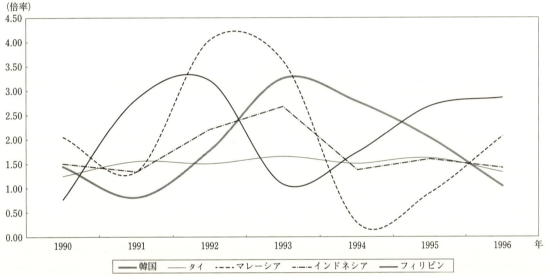

（出所）　IMF, *International Financial Statistics Yearbook*, Washington, D.C., IMF, various years.

比率を示したものである。その値が1であれば，経常収支赤字額と同額のネットの資本流入があることを示す。値が1を超えると，経常収支赤字をファイナンスする以上の資本流入があることになる。毎年，国ごとに大きく変動するものの，経常収支赤字額の1.5倍から4倍ほどの資本が5ヵ国にネットで流入していたことになる。しかも，いずれの国においても，同期間にわたり経常収支の赤字幅が拡大しているのである。5ヵ国の赤字拡大ペースを年率平均でみると，韓国22.6％，タイ6.0％，マレーシア14.9％，インドネシア8.1％，フィリピン3.2％となる。この拡大ペースを上回るスピードの資本流入を経験したのである。

経常収支は国内の貯蓄・投資バランスを反映していることから，経常収支赤字であれば，国内経済は投資超過状態にある。東アジアは，他の開発途上地域とは異なり，高貯蓄・高投資経済である。そこに資本移動が自由化され巨額の資金が流れ込み，その資金がさらに投資率を高める。この高い投資率を反映して，経常収支赤字も急速に拡大していったのである。まさに吉冨（2003）が指摘しているとおり，巨額の資本流入に牽引された経常収支赤字なのである。

この経常収支赤字をファイナンスしてあまりある海外資本は，各国の金融部門に流れ込み，投資の拡大を通じて経済成長率を高めていったのである。図4-10は，1980年から1996年までの銀行部門の国内信用供与と経済成長率の関係を示したものである。同図は，縦軸に国内信用の対GDP比をとり，横軸にはドル建て表示の1人当たり名

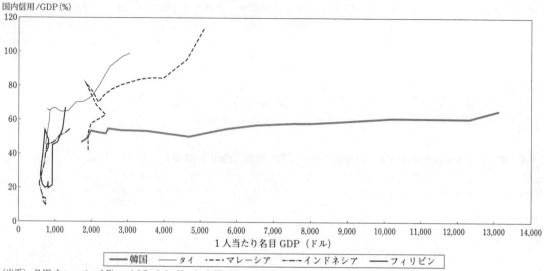

図4-10 東アジア5ヵ国の国内信用の増加と経済成長（1990-1996年）

（出所）IMF, *International Financial Statistics Yearbook*, Washington, D.C., IMF, various years.

目GDPが示されている。折れ線の傾きが急なほど，国内信用の増加を通じて経済成長のテンポが速くなることを示している。各国の折れ線の後半部分が巨額の資本流入を経験した時期に相当する。タイ，マレーシア，フィリピンの3ヵ国は後半になればなるほど，国内信用供与の増加率が上がり，経済成長のテンポも上昇していることが確認できる。インドネシアについては，国内信用供与の伸び率はそれほど大きくはないが，高い水準が維持されており，それが1人当たり所得の上昇速度を高めていることが確認できる。これら4ヵ国とは異なった動きをしているのが韓国である。1980年以降，緩やかに国内信用供与が増加しているのに対して，1人当たり名目GDPは速いテンポで拡大している。確かに，国内信用の増加率は他の国に比べて高くはないが，1990年代には国内信用供与額の対GDP比は60%前後の水準で推移しており，必ずしも国内信用供与が低調だというわけではない。また，他の4ヵ国と比較すると，非銀行金融機関や外国銀行も金融セクターにおいて重要なプレーヤーとなっていることも影響している。

このように，資本移動の自由化が進むにつれて，資金流入量が増加し，それが国内信用の増加を通じて，経済成長を加速化させるメカニズムが機能したのが，1990年代前半であった。そして経済成長が高まれば高まるほど，海外資金が流入するという好循環が形成されたのであった。東アジアの経済パフォーマンスが良好であったからこそ，世界の投資家は同地域への投資を拡大させたのである。投資資金の不足する東アジアにとっても，海外資金の流入はメリットがあったのである。資金余剰主体から資金不足主体への資金の融通は，金融の基本的な機能である。資本移動の自由化により資金が世界規模で効率的に利用できるようになったことは，資本勘定自由化の1つのメリットである。

しかし，資本移動といっても，その資金形態によって性格は大きく異なるため，資本移動のメリットをどの形態の資金からでも同じように享受できるわけではない[8]。先に掲げた表4-4からも明らかなように，東アジアに流入した資金の約半分

---

[8] 「漸進的自由化論」では，安定度の高い形態から自由化を進めるべきであるとする立場がとられている。この点については，高木(2013)を参照されたい。また，開発途上国における金融自由化，資本移動，マクロ経済政策環境については，Diaz-Alejandro (1985)，伊東・高阪・田近(1985)，伊東・山田(1993)，伊東(1995)，堀内(1991)，堀内・山田(1997)などを参照されたい。

は，その他投資であった。この種の資金は浮動性が高く，金利格差，為替レート，市場心理などの変化によって資金フローが反転する。ひとたび資金流出が始まると，金利上昇，為替レートの下落，外貨準備の枯渇へと至り，深刻な景気後退に見舞われる。とはいえ，金融技術の発達により，資金の長短を区別することも困難になっている。そのため，短期性資金だけを対象に規制するにも限界がある。短期資金の大規模な移動を回避するために，経済のファンダメンタルズを良好に維持することが最善の策であると考えられる。

ファンダメンタルズを良好に維持するためには，財政・金融政策の機動的な運営が欠かせない。マクロ経済政策の自由度を確保するには，資本移動や為替レート制度の選択とも関連することは，「国際金融のトリレンマ」論からも明らかである。資本移動の自由化，為替レートの安定，金融政策の独立性という3本の柱を同時には実現することはできない，という考え方である。

東アジアでは，資本移動の自由化が進み，巨額の海外資金が流入した。流入した海外資金は現地通貨に交換されるため，通貨当局は自国通貨と引換えに外貨を獲得する。これは，外貨準備の増加を意味する。外貨と引換えに自国通貨の供給量も増加する。この増加した自国通貨をベースにして，預金取扱銀行は積極的に与信を行うようになる。預金取扱銀行の貸出は，預金口座への振込みでなされるため，銀行預金は増加する。すなわち，融資活動により派生預金が増加するという信用創造プロセスが機能するのである。銀行預金はマネーストックの構成要素であることから，銀行の与信活動が活発化すれば，マネーストックも増加することになる。他の条件を一定とすれば，マネーストックの増加は，物価上昇圧力をもたらす。物価上昇を抑えるために金融政策は徐々に引き締めら

れていく。金融引締めは金利を引き上げるが，この金利引上げが海外資金の追加流入をもたらす可能性がある。実際に，海外資金の流入が増加すれば，外貨準備の増加を通じてマネーストックを増加させることになる。

海外資金の流入は，マネーストックだけでなく，為替レートにも影響を及ぼす。一般的には，資金流入国の通貨需要が増加するため，為替レートは増価する。表4-3でも確認したように，東アジアでは為替レートを安定化させるために管理されている。そのため，為替レートの増価圧力を緩和するために，通貨当局は外貨買いの自国通貨売りという形で外国為替市場に介入する。この介入操作によりマネーストックは増加する。マネーストックへの影響を抑えるために，不胎化介入を実施することもできる。この介入操作は，国債をはじめとする優良証券を中央銀行が市中売却を行うことで，流通する国内通貨を吸収できるからである。この操作を効果的に行うためには，多種多様な介入対象証券が存在し，その取引が活発に行われているような，広くて厚みのある証券流通市場の存在が不可欠である。また，マネーストックに影響を及ぼす介入であるため，銀行同士が十分に流動性を確保できるような発達した短期金融市場の存在も重要になる[9]。このような市場が存在しなければ，資金流入を通じてマネーストックを増加させるか，為替レートの増価を受け入れるしかない。また，不胎化介入を行える環境が用意されていたとしても，河合（1994）が指摘するように，短期国債などの売りオペレーションを行えば，国内金利，特に短期金利に上昇圧力がかかり，かえって資金流入を活発化させる可能性がある[10]。

資本移動が自由化されている世界では，為替レートを安定化させるために金融政策が割り当てられるので，金融政策運営は縛られることになる。

---

9) 東アジアの経済発展と金融・資本市場の関係，同市場の特徴，発展プロセスや改革の概要については，岸（1990），大蔵省財政金融研究所内金融・資本市場研究会編（1991），寺西（1991），河合（1992, 1996），高阪（1993），谷内（1997），奥田（2000）などを参照されたい。

10) 東アジアの場合，短期金融市場が十分に整備されてはいない。また，短期市場は，長期資金の資金調達の場として金融機関によって利用されているため，短期金利の上昇は，すぐに長期金利にも影響する。不胎化介入を実施する場合でも，通常，介入は短期市場で行われるため短期金利が上昇するが，長期金利にも即座に影響を及ぼす。当然，金利が上昇すれば，短期市場から資金調達をしている金融機関や融資を受けた企業に重い負担がかかることになる。

分　　析

表4-5　東アジア5ヵ国のファンダメンタルズ指標

(単位：%)

	実質経済成長率	消費者物価上昇率	財政収支/GDP	国内総貯蓄/GDP	経常収支/GDP
韓　　国	8.50	6.36	−0.21	35.88	−1.44
タ　　イ	8.52	5.10	2.88	35.68	−6.80
マレーシア	9.48	3.76	−0.24	37.42	−5.17
インドネシア	8.00	8.67	0.83	33.72	−2.15
フィリピン	2.81	10.41	−0.90	15.43	−3.59

(出所)　IMF, *International Financial Statistics Yearbook*, Washington, D.C., IMF, various years.

もちろん，3つの要素が成立する可能性は完全にないとはいえないが，基本的には，固定為替レート制，金融政策の独立性，資本移動の自由化のどれかを放棄しなければならない。1990年代の東アジアでは，資本移動の自由化を放棄することは難しい状況であったと考えられる。表4-5からも明らかなように，良好な経済ファンダメンタルズによって海外資金にアクセスする機会が開かれ，投資の拡大を通じてより高い経済成長を実現することができるからである。そして継続的な資金流入を維持するため，また輸出鈍化を回避するためにも，為替レートを安定化させることは重要な政策目標である。そのために，先にも述べたとおり，為替レートを管理する制度を選択したのであろう。自由な資本移動と為替レートの安定化を選択したことから，金融政策を裁量的に運営する余地は限定される。そのため，1990年から1996年までの5ヵ国のM2（現金＋要求払預金＋定期性預金）の年平均増加率は，韓国17.2%，タイ17.5%，マレーシア20.2%，インドネシア24.9%，フィリピン22.1%と高い値を示している。M2の高い伸びにもかかわらず，物価上昇率は比較的落ち着いている。このことから，急増する資金は，財・サービスにではなく，株式，不動産などの資産購入に向かったのであった。これら諸国では，資産価格の高騰がみられ，資産バブルと指摘されるほどである。その後，景気後退とともに資産価格は下落し，海外資金が流出に反転し，深刻な経済危機に陥ったのであった。短期資本の動きに景気が大きく左右される経験をしたことから，資本勘定の自由化は，プラスにもマイナスにも大きな効果をもつことが明らかになった。

おわりに

1980年代後半から1990年代にかけて，東アジアは金融システムの規制緩和に本格的に乗り出した。これまで国内での金融活動を統制してきた諸規制を緩和・撤廃し，市場メカニズムにもとづく金融環境の整備が行われた。これが金融の自由化と呼ばれるものであり，これにより資源配分の効率性を向上させようとしたのであった。このような国内市場の改革が行われる一方で，対外的な金融環境にも改革のメスが加えられ，経常・資本勘定における為替管理の撤廃が進められた。これにより，東アジア，特にASEANに巨額の海外資金が流入した。この海外資金を利用して，これら諸国はめざましい経済発展を遂げてきた。これは為替管理が撤廃されたことで，東アジアが資金調達において国際市場に参加することになる，文字どおりの金融の自由化を意味した。

東アジアは，このように自国の金融システムの対内・対外両面での自由化に乗り出したのであった。国内金融の自由化については，上記の推定結果からも明らかなように，「金融自由化論」が想定するような効果を確認することはできなかった。金利自由化の貯蓄動員能力もそれほど大きなものではなかったし，投資に関しては金利よりも，経済規模や期待収益に大きく左右され，金利の効果はネガティブであった。そして投資効率も目にみえた改善が起きているとは確認できなかった。

これに対して，資本移動の自由化のインパクトは大きいことが確認された。経常収支赤字をはるかに上回る資本が流入した。この流入資金は，従来から高い投資率を誇ってきた東アジアの投資をもう一段高めたのであった。この高率の国内投資

第 4 章　金融・資本自由化の東アジア経済へのインパクト

が経済成長を牽引したことは，1990 年代の同地域の成長パフォーマンスからも明らかである。これは，資本移動自由化のメリットである。しかし，流入資金の形態をみると，全体の約半分ほどがその他投資資金であった。内外金利格差，為替レート変化，および市場心理に影響を受けやすい資金だけに，逆流のリスクがあることには注意しなければならないであろう。そのようなデメリットがあるだけに，直接投資や長期証券投資などの長期安定的な資金の取引から段階的に移動の自由を認めていくことが重要である。段階的に自由化していくなかで，金融機関や金融制度全体のリスク管理能力の向上を図る必要がある。また，金融・資本市場の育成・強化を図ることで，銀行部門にリスクが集中するのを防ぐことも重要である。このような金融改革を通じてリスク耐性を向上させるならば，資本移動の自由化のメリットをさらに享受できるであろう。

第5章　国際通貨システムと　東アジアのマネーストック

はじめに

これまでの国際通貨システムの歴史を振り返ると，金属貨幣だけが流通している純粋な金本位制の場合を除けば，ある一国の国民通貨が国際取引において中心的に利用されてきた。例えば，金本位制（および金為替本位制）期におけるイギリス・ポンド，第2次世界大戦後のIMF体制でのアメリカ・ドル，そして統一通貨が出現するまでの欧州通貨システム（European Monetary System: EMS）では事実上ドイツ・マルクと，それぞれの国民通貨が基軸に据えられてきた。そして，国際通貨システムの機能としての国際収支の調整と国際流動性の供給，そしてその円滑な機能に裏打ちされた「信認」が実現されるよう，これらの基軸通貨国が主導的な役割を果たしてきた。その意味では，これらの国際通貨システムは基軸通貨システムと言い換えることもできよう。

基軸通貨システムのもとでは，基軸国の国民通貨をその他世界がさまざまな経済取引において使用する。そのため，周辺国は基軸通貨を準備資産として保有することになる。この準備資産の保有から，基軸国と周辺国において国際収支の調整負担やマネーストックの動きに非対称性が生じることになる。本章では，東アジアを事例として，自国通貨の為替レートをドルに釘付けしたドル・ペッグ制のもとで，同地域のマネーストックがどのような影響を受けたのかを検討していくことにする。

本章の構成は以下のとおりである。まず第1節では，基軸国の通貨が非基軸国の通貨と比較してどのような独自の機能を果たすのかを検討する。そしてこの議論において非対称性の内容を明らかにする。そこでは，戦後IMF体制期におけるドルの役割を事例として取り上げる。第2節では，基軸国と周辺国のマネーストックの非対称性を簡単な2国間モデルを用いて説明する。第3節では，タイ，マレーシア，インドネシアの3ヵ国を取り上げ，外貨準備の蓄積を通じた準備通貨ドルの増加が上記3ヵ国のマネーストックをどのように拡大させたのかをみていくことにする。

(1)基軸通貨ドルの役割と非対称性

本節では，IMF体制下における基軸通貨ドルが果たす独自の機能に着目しながら，非対称性の内容を明らかにする。すでにドルが果たす独自の機能との関連において非対称性論が，Kenen (1968)，Cooper (1972) らによって展開されているので，ここではそれら先行研究を参照しながら，非対称性の内容を明示していくことにする。

非対称性の内容を明らかにするには，基軸通貨が周辺国の通貨と比べてどのような点で独自の機能を果たすのか，ということをみておく必要がある。そこで，ここではKrugman (1984) の分類にならい，ドルの役割について検討を加えていく。表5-1はドルの役割を示したものである[1]。国際通貨は国内通貨と同様に，交換手段，計算単位，価値保蔵の3つの機能を果たす。そして，民間部門と公的部門は，これら3つの目的を満たすためにそれぞれ国際通貨を保有し，そして使用する。したがって，国際通貨には6つの機能が存在する

---

1)　Krugman (1984) でも指摘されているように，国際通貨の機能の分類は，Cohen (1971) のp. 18に掲げられているTable 1-1を参考に分類しなおされたものである。また，McKinnon (1969, 1979) も参照されたい。

表5-1　国際通貨の6つの機能

	民間部門	公的部門
交換手段	為替媒介通貨・決済通貨	介入通貨・公的決済通貨
計算単位	表示通貨・契約通貨	公的基準通貨
価値保蔵	資産通貨	準備通貨

（出所）Krugman（1984），p. 263, Table 8-1 より。

ことになる。次に，このような機能と照らして，非対称性の内容を明らかにしていくことにしよう[2]。

第1の非対称性は，ドルの基準通貨機能にともなって生じる。中西・岩野（1972）も指摘するように，IMF協定第4条第1項の平価表示規定[3]では，ドルとその他の通貨は平等に扱われており，どの通貨も国際的基準通貨機能を担うことができるようになっている。しかし，現実には，IMF加盟国はアメリカ・ドル（以下，単にドルと記述する）に対して平価を設定したのであった。その理由は，現実世界におけるアメリカの突出した政治的・経済的・軍事的な力に根差した，合理的なものである。まず，当時，限定的であれ金兌換が可能であった通貨はドルだけであった，という現実が大きな力となっている。金兌換が行われることによって通貨価値の安定が確保されるという認識が強く働いていた。そのような通貨に加盟各国通貨の平価表示をリンクさせることは当然の行動といえよう。このような実際的な理由によって，ドルが基準通貨の機能を果たすことになった。しかし，これによりドルの平価決定は受動的なものとなり，かつドルの平価変更を困難にするという非対称性をもたらしたのである。以下ではこの点を若干詳しくみていくことにする。

例えば，n個の通貨から構成される世界を考える。この場合，$(n-1)$個の通貨だけがその為替レートを能動的に設定することができる。残された1つの通貨の為替レートは残余のものとして決定されざるをえなくなる。基準通貨の地位に位置

づけられたドルがこの最後の通貨になるので，ドルの為替平価は他のすべての通貨の平価決定の結果として決まることになる。これにより，ドルの平価変更が必要となった場合でも，ドルはみずから平価変更を行うことは不可能になる。この点を根拠として，他の通貨の対ドル平価変更のみを通じて平価変更が可能になるという「ドル本位制論」がKindleberger（1970）などによって主張されたのであった。

しかし，IMF協定では，アメリカ以外の周辺国の平価は金ないしはドルによって表示されることになっている。そして，実際に，各国はドル平価を維持することによって，自国の平価を維持してきたのであった。このような事情にもとづいて，ドルの平価変更が困難であるという主張がなされたのであるが，この主張には妥当性が欠けている。例えば，金をn個の通貨に加えることも可能であるし，また「1944年7月1日現在の量目および純分を有する合衆国ドル」に対して実際のドルとは異なる位置を与えて，それを$(n+1)$番目の通貨として考えることも可能であろう。このように，金または現実のドルとは異なるドル通貨を設定し，それに対してドルの切下げを行うならば，ドルの平価調整を行うことは可能である。

このようにドルが基準通貨の機能を果たしていたため，加盟各国はIMF協定第4条第3項の為替安定義務を遵守して外国為替市場に介入する場合に，ドルを介入通貨として使用することになった。これが第2の非対称性である。IMF平価はドルで表示されているため，公的当局がドルで市場介入を行うことは，むしろ自然の動きといえよう。これによりドルの平価変更を実施するには，為替介入点の変更を周辺国に協力してもらわなければならない。というのは，周辺国は介入点を独力で変更し，自国通貨の平価変更を行うことが可能なのに対して，アメリカは自国通貨の平価変更

2）非対称性についての整理において優れたものとしては，千田（1974）および山本（1988）がある。本章においても両者の研究を参照した。

3）IMF協定第4条第1項は以下のとおりである。(a) 各加盟国の通貨の平価は，共通尺度たる金により，または1944年7月1日現在の量目および純分を有する合衆国ドルにより表示する。(b) この協定の規定の適用上，加盟国通貨に関するすべての計算は，その平価を基礎として行う。

を自力で行えないからである。

また，Cooper（1972）は，介入通貨としてドルを使用すると，ドルの平価変更のイニシアティブを誰がとるのかという複雑な問題が生じる，と指摘している。平価変更に対する事前協議は，情報漏洩の可能性，およびそれがもたらす投機の影響を考慮するならば，難しくなる。ドルの平価変更が宣言された場合でも，外国の当局者は事前協議や平価変更を十分議論する機会もないままに，介入点変更の是非を決定しなければならない。そして，どのようなイニシアティブをとるにせよ，当局者は公衆に対して責任をとる立場にある。周辺国通貨当局の反応にこのような不確実性があるため，アメリカ当局者のほうはドルの平価変更を好まなくなる。このように，ドルの平価変更，特に切下げは他の通貨のそれに比較して一般に困難であるといえる。

IMF体制のもとでは，各国通貨の為替レートの変動幅はドルで表示された平価の上下各1%（現実には0.75%）に抑えられていた。この制度のもとでは，各国通貨の対ドル・レートの変動幅は第三国通貨間変動幅の半分になる。その理由は，介入によって直接調整されるのは対ドル変動幅であり，第三国通貨間の為替レートは市場裁定によって決まるということである。このため，平価変更のない場合，アメリカと周辺国との間での為替レートの変化を通じた相対価格の調整が，周辺国間のそれと比較して制約を受けることになる。これにより国際収支の調整が阻害される場合もある。このような非対称性は，より広い許容変動幅をもつ制度が採用されると，より顕著になる。例えば，スミソニアン協定のもとでは，ドル・円，ドル・マルクなどの間の最大変動幅は4.45%であったが，マルクと円の第三国通貨の間では9%となるからである。

すでに指摘したように，IMF協定第4条第3項の為替安定義務の規定にもとづき各国は直物為替レートに介入したが，第4条第4項（b）には通貨当局が国際取引の決済のため事実上自由に金を売買しているときには，その加盟国は為替安定の義務を果たしているものとみなすという規定が

ある。アメリカにはこの規定が当てはまるので，為替市場への介入義務を回避することができた。アメリカが介入通貨として外国通貨を保有せず，同国の対外準備の大半が金から構成されていたことは，その証左といえよう。図5-1はアメリカの対外準備構成比を示したものである。この図からも確認できるように，アメリカは1949年から1960年まで対外準備としての外国為替をまったく保有していない。対外準備はほとんど金から構成されていたのである。このようにアメリカと周辺国との間には外国為替市場への介入においても非対称的な関係にあったのである。

第5の非対称性は，ドルが金とならんで主要な準備資産となったことからくるものである。周辺国は，対外決済および外国為替市場への介入のためにドルを準備として保有した。このため，ドル平価の変更，すなわち金価格の変更は，各国の外貨準備における金とドルの構成に応じて各国に異なった影響を与えることになる。これは，ある意味で強制的かつ一方的な国際的な資産再配分とみなすことができる。そのため，ドルの平価変更の妨げとなったのである。例えば，ドル平価の切下げ，言い換えれば金価格の引上げは，ドル防衛に協力し外貨準備に占めるドルの割合が高い国や金準備をほとんどもたない国に不利に作用する。一方，ドルを積極的に金に交換した国や産金国にとっては有利に作用する。このような事情により，ドル平価の変更が必要であったにもかかわらず，実施することが困難となった。

第6の非対称性は，ドルが国際的な準備通貨および取引通貨の役割を果たしていたことからくるものである。ドルがこのような機能を果たしていたことから，戦後世界貿易が拡大するにつれて，各国のドル需要は高まっていった。したがって，アメリカはドル需要がある限り，国際収支の赤字を自国通貨ドルで支払うことができた。つまり，アメリカは，周辺国から取得したドルの金交換を要求されない限り，国際収支制約に悩まされることはないといえる。それは，周辺国に比して，アメリカが拡張的な経済運営を行う余地を大きく与えることになる。基軸通貨国であるアメリカのみ

図5-1 アメリカの対外準備の構成（1950-1970年）

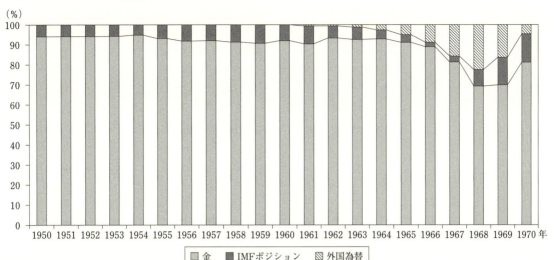

（出所）IMF, *International Financial Statistics Yearbook*, Washington, D.C., IMF, various years.

に許されているこの負債決済は，アメリカが国際的な通貨発行特権（Seigniorage）をもっていることを意味する。そして，この特権を行使することによって，アメリカは周辺国から財・サービスを購入することが可能になる。この点をRueff（1971）は，「国際的に威信のある通貨を発行する国は苦もなく国際収支の赤字をだすことができるという素晴らしい秘密をもっている」と指摘している。そして，ヨーロッパがアメリカに対して金融節度，または国際収支節度を執拗に求める根拠がここにあるのである。しかし，アメリカはこのような批判にもかかわらず，この特権を乱用し続け，それが世界的インフレーションとIMF体制の崩壊を招いたことは周知のとおりである。

第7の非対称性は，ドルが民間の貿易・資本取引における取引通貨および表示通貨の機能を果たしていたことに起因するものである。例えば，1970年代初頭には世界貿易の約8割がドル建てで取引されていたことから，ニューヨークは国際決済および金融の中心地であった。したがって，ドルの平価変更は貿易・資本取引，国際的債権・債務関係のほとんどに大きな影響を与え，世界経済を混乱させかねない。このようなことから，ドル平価の変更は困難視され，回避されたのである。

(2)基軸国と周辺国のマネーストックの非対称性

IMF協定の条文上は，ドルと周辺国の通貨は平等に扱われているが，アメリカ以外の国が平価を事実上ドルに対して設定していたため，ドルは介入通貨および準備通貨の役割を国際的に果たすようになった。そして，IMF体制における非対称性が，このようなドルの介入通貨と準備通貨の機能に起因していることは，これまでみてきたとおりである。このような非対称性を国際通貨システムの安定という観点から考える場合に重要なことは，対外不均衡の調整メカニズムがどのように機能するのかということである。

国際通貨システムの安定性を維持するためには，為替レートと国際収支の両面で「$n-1$問題」が整合的に解決される必要がある[4]。nヵ国すべてが独自の国際収支の目標を達成するために政策運営を行うことは論理的に不可能である。そのため「n番目の国」の役割を果たす国は，$n-1$ヵ国の

---

4) この点については，McKinnon（1969），Mundell（1969），およびF. B. De La Giroday（1974）などを参照されたい。

分　　析

図 5-2　A 国の金融拡張を示した 2 国間モデル

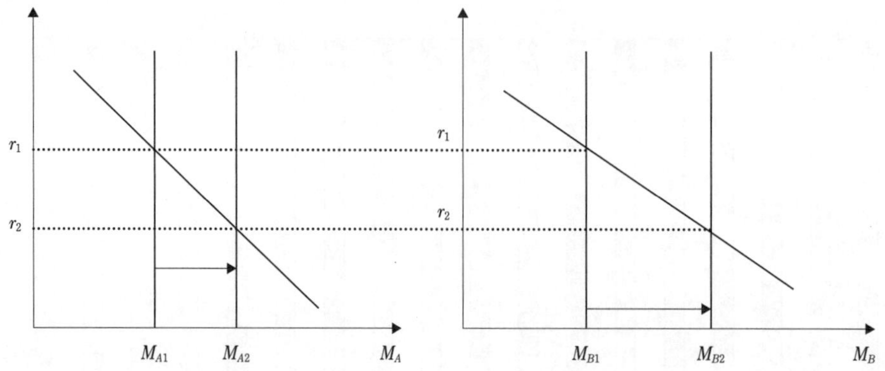

国際収支状況の結果を受動的に受け入れなければ
ならない。そこで以下では，このような非対称的
性格をもつ国際通貨システムにおける対外不均衡
の調整メカニズムについてみていくことにする。

　現行の「ドル本位制」下においても，対外不均
衡に対する調整において基軸国と周辺国との間に
は非対称的関係が存在する。特に，自国通貨の為
替レートをドルにペッグし，資本勘定取引を自由
化した周辺国においては，国際収支調整の非対称
的な関係が鮮明になる。周辺国では対外不均衡が
直接的に対外準備に反映されるため，金融・財政
政策を対外均衡に優先的に振り向けなければなら
ない。他方，アメリカは周辺国がドルを受領する
限りは，赤字を自国通貨でファイナンスすること
が可能である。そのため，周辺国に比べてアメリ
カの対外不均衡を積極的に是正していこうという
動機は弱い[5]。すなわち，IMF 体制と同様にドル
本位制のもとにおいても，n 番目の国の地位をア
メリカが担うことによって，「n−1 問題」が整合
的に解決されてきたのである。以下では，このよ
うな対外不均衡の調整メカニズムを，Swoboda
(1978)，および Grauwe (1991，1996) にならい 2
国間モデルを用いてみてみることにしよう。

　今，世界が A 国と B 国の 2 国から構成される

とする。前者をアメリカ，後者をその他世界と呼
ぶことにする。そして，A 国の通貨が国際準備
通貨であるとする。図 5-2 は，A 国のマネース
トックの変動が B 国にどのような影響を及ぼす
のかを示している。左の図は A 国のマネースト
ックの変動を，右の図は B 国のそれを示してい
る。そして，図の右下がりの曲線は，貨幣需要曲
線である。金利が低下するにつれて，貨幣の需要
は増加すると考えられるので，右下がりになる。
そして，縦軸には金利を，横軸にはマネーストッ
クをとっている。

　ここで，A 国が金融政策を緩和すると想定し
よう。図 5-2 は，A 国が金融拡張を実施した際
に，B 国のマネーストックの変化を示したもので
ある。A 国は，国内の景気動向などを勘案して
金融緩和に政策スタンスを変更すると仮定する。
そして，金融緩和の手段として公開市場で短期国
債の買いオペレーションを行ったとする。この公
開市場操作によって，A 国のマネーストックは
M_{A1} から M_{A2} に増加することになる。すると，A
国の金利も r_1 から r_2 へと低下することになる。
ここで，B 国が自国のマネーストックを M_{B1} に
固定するならば，次の事態が生じることになる。

　例えば，A 国と B 国の為替レートがペッグさ

---

5)　アメリカの国際収支赤字は，周辺国がドルを受け取っている間は，自国通貨で容易にファイナンスできる。また，国際収支が赤
字となり金融引締め政策を講じるならば相対的に高金利となるので，世界から資金が流入してファイナンスすることが可能である。
これはイギリス・ポンドが基軸通貨であった際にも，金利操作を通して資本流入を促し国際収支赤字をファイナンスしていたのと同
様である。「ゲームのルール」と呼ばれる正貨流出入機構の説明のように自動的に調整がなされていたわけではない。この点について
は，Bloomfield (1959) および西村 (1980) を参照されたい。

れており，資本移動が自由なケースでは，国際金利格差にもとづき，A国からB国への資本流入が発生する。この資本流入は，内外金利格差が解消されるまで続くことになる。つまり，両国の金利がそれぞれr_2の水準になるまで続くことになる。そして，B国の金利がr_2の水準にまで低下すると，同国のマネーストックもM_{B1}からM_{B2}へと増加していくことになる。すなわち，B国への資本流入は，外貨準備の蓄積を通じて，最終的にマネーストックを拡大させることになる。つまり，A国の金融緩和はB国へインフレ圧力をかけることになる。

このように資本流入が続けば，当然B国通貨に対して増価圧力がかかることになる。しかし，先にB国は自国のマネーストックをM_{B1}に固定するという仮定を設けたので，為替レートの増価圧力を回避しようとする。そのため，外国為替市場に介入して，自国通貨の売り介入を行うことになる。そして，為替当局は，自国通貨を売ったその対価として国際準備通貨であるA国通貨を蓄積していくことになる。そうなると，B国は，外貨準備の蓄積を通じて，マネタリーベースが拡大していくことになる。そして，このマネタリーベースの拡大は，その上位貨幣集計量である，M1，M2，M3を乗数的に拡大させることになり，マネーストックは拡大することになる。民間商業銀行の対民間部門向け融資を通じた信用創造が行われ，貨幣集計量は増加する。すなわち，B国はM_{B1}からM_{B2}へと増加させ，金利もr_1からr_2へと低下することになり，資本流入も止まる。

もちろん，B国はこのようなマネーストックの増加を抑えるために，不胎化介入政策を行うことができる。B国は，外国為替市場で自国通貨売りの介入を行う一方で，公開市場操作を行う。具体的には，短期国債市場などで，国債の売りオペレーションを実施して，増加したマネーストックを吸収することが可能である。しかし，この公開市場操作は，短期金利の上昇を引き起こす可能性がある。そして，この短期金利の上昇は，国内金利体系全体に上昇圧力を及ぼすことになろう。

このような国内金利の上昇は，他の事情を一定

とすれば，資本移動が自由な世界では，かえってB国への資本流入を増加させる可能性があるといえる。資本流入額が増加すれば，当然，中央銀行は外貨準備を蓄積させていくことになる。そうなれば，やがてB国のマネーストックは増加することになるといえる。しかも，その増加幅は，B国に流入した外貨準備の乗数倍になるのである。逆に，A国の金融政策運営が引締めに転換した場合には，今度は逆のことが起きる。A国の金融引締めは，B国のマネーストックの乗数倍の収縮をもたらすことになる。このように，B国のマネーストックの動きは，基本的にはA国のマネーストック，言い換えれば金融政策運営に大きく依存しているといえよう。周辺国Bは，A国に為替レートをペッグし，そしてA国通貨を準備資産としているため，上記でみたようなマネーストックの非対称性が生じることになる。

(3)ドル・ペッグ制とマネーストック：東アジアの事例

ドル・ペッグ制とマネーストック変動の背景

1980年代後半から1990年代後半期にかけて，東アジアは急速な経済発展を遂げた。同期間に年率約10%の経済成長を経験した。東アジアは，対GDP比で30〜40%程度の国内貯蓄をもっている。これは他の開発途上国と比較して高貯蓄率を誇っている。この豊富な国内貯蓄を背景に積極的な工業化投資を行っているが，投資資金需要が旺盛なため国内貯蓄だけでは充分に満たすことはできない。この場合，投資を抑制するか，国内貯蓄の不足分を海外資金の流入によって賄うことになる。急速な経済発展を実現しようとしている開発途上国にとっては，成長テンポを鈍化させることだけは回避したい。そのため，海外資金の流入を促進させることで投資資金需要を満たすしかない。東アジアは自国の金融システムの対外開放を積極的に進め，海外資金の流入を促進したのである。

海外資金を円滑に流入させるためには，為替取引の自由化が重要になる。東アジアでは，貿易などの経常勘定にもとづく為替取引は自由化されて

いたが，資本勘定におけるそれは管理されていた。資本勘定取引にともなう為替管理が緩和・撤廃されるにつれ，東アジアに巨額の海外資金が流入した。直接投資，証券投資，銀行貸付，およびその他短期資本をはじめとする海外資金が，東アジアの高度経済成長を資金面から支えたのである。

　海外資金の流入を通じて東アジアは高い経済成長を達成してきたわけであるが，資金流入を支えた要因は，為替管理の自由化だけではなかった。東アジア，特に ASEAN が自国通貨の対ドル・レートを安定的に維持してきたこともその要因の1つであった。例えば，通貨・金融危機の震源地であるタイの為替レート・システムは，危機以前は主要先進国通貨から構成される通貨バスケット制が採用されているとされていた。しかし，その内実はドルに高いウエイトをおいた事実上のドル・ペッグ制であった。これは，アメリカ連邦準備委員会の政策決定に，自国の金融政策を追随させることを意味した。固定為替レートを維持するために，アメリカとの内外金利格差を一定に保つような形で，東アジアでは金融政策運営が行われるため，政策運営の独立性は失われることになったのである[6]。

　金融政策の独立性の喪失というコストを払うことにより，為替レートの安定化が実現されたのである。この為替レートの安定は，投資家および資金の貸し手にとっては為替変動リスクの軽減を意味する。そのため，為替リスクをヘッジする必要もないので，投資家にとって非常に有利な資金運用の場となる。しかも，高度経済成長を反映して投資の期待収益率が高いことから，東アジアに国際資金が大挙して流入することになったのである。

　この国際資金の流入は，東アジアの外貨準備の急増をもたらした。海外投資家はドル資金で国際投資を行う。このドル資金は，投資先の国内通貨に転換されて投資プロジェクトや各種の資産に投下される。そのため，海外資金の流入の増加とともに，マネタリーベースも増加する。マネタリーベースの増加は，商業銀行の融資活動を活発化させる機会を生み出す。対民間部門向け融資の増加は，預金を増加させる。すなわち，積極的な信用創造が行われることになる。このようなメカニズムを通じたマネーストックの増加は国内物価の上昇圧力をもたらす。この物価上昇圧力を緩和させるために金融引締めが実施されるが，これは国内金利を上昇させることになる。そして，この高金利がさらなる海外資金の流入を促すことになる。この海外資金の流入は，再び上述したメカニズムを通じてマネーストックの増加要因となる。

　一方で，海外資金の流入により，当該国為替レートに増価圧力がかかる。外貨は国内通貨に転換されて，はじめて当該国で利用可能になるからである。このマネーストックの増加は，不胎化介入政策により一時的に緩和することができる。国債などの適格債券を中央銀行が市中に売却することで，国内通貨を吸収できるからである。しかし，このような操作を行うには，十分に発達した証券流通市場の存在や多種多様な介入対象証券の存在などが条件となる。また，十分に発達した短期金融市場の存在も重要である。これらの条件が整わなければ，外国資金の流入によってマネーストックは増加し，また為替レートも増価することになる。そしてマネーストックの増加による物価上昇圧力はますます高まることになる。また，不胎化介入の条件が整備されていたとしても，河合（1994）が指摘するように，短期国債などの売りオペレーションを行えば，国内金利，特に短期金利に上昇圧力が加わり，かえって資金流入を活発化させる可能性がある[7]。そして，これは，公的外貨準備の累増とマネーストックの増加をもたら

---

[6]「国際金融のトリレンマ」として認識されているように，自由な資本移動，固定為替レート，および金融政策の独立性の3つは，同時には成立しない。1990年代前半の東アジアでは，資本勘定取引の自由化とドル・ペッグによる固定為替レート制を採用していたため，金融政策の独立性を確保することができなかった。アメリカの金利動向によって世界の資本の流れが変化するため，自由な資本移動と固定為替レートを採用している開発途上国は，大きな経済変動にさらされている。現在のアメリカの量的緩和政策が正常化されていく過程で金利が上昇すると，アメリカへの資本移動が増加し，開発途上国経済に大きな影響が及ぶことが懸念されているのも，この「国際金融のトリレンマ」があるからである。なお，嘉治（2004）では，「不整合な三角形（inconsistent triangle）」と表現されている。

すという結果に終わる。このように物価上昇圧力を緩和するための金融引締め政策が採用されると，資金流入はかえって加速化され，為替レートにも増価圧力がかかることになる。

自由な資本移動が行われている世界で，固定為替レートを維持しながら，金融政策の独立性を維持することは困難になる。これは，「国際金融のトリレンマ」と呼ばれるものであるが，一時的にこれらすべての要件が成立する状況が起きる可能性もある。しかし，基本的には，固定為替レートを放棄するか，金融政策の独立性を断念するか，または資本移動を管理することになろう。1990年代の東アジアの状況をみるならば，資本移動を管理することは難しいことであるといえよう。積極的に海外資金の流入を促進することで，めざましい経済発展を遂げてきたからである。また，金融政策の独立性を断念することもできないことであろう。マクロ経済政策の重要な柱である金融政策を弾力的に運営できなければ，経済の安定成長は望むべくもないからである。東アジアに残された現実的な選択肢は為替レート政策の弾力的な運営であったと考えられる。為替レートをドルにペッグするのではなく，安定的に変動させることが重要であったように考えられる。為替レートの固定と弾力的な調整を行い安定的に維持することとは別のことである。もちろん，為替レートが小幅に動くことで，資本流入に影響を及ぼすこともあろうが，為替レートを安定的に推移させる必要性があったように思われる。そして，金融政策の独自性を維持して，マネーストックを管理し，「過剰流動性」の発生を防ぐことが肝要であったのである。以下では，1990年代におけるタイ，マレーシアおよびインドネシアの3ヵ国について外貨準備，マネーストック，および「過剰流動性」の状況を具体的にみていくことにする。

東アジアの事例

東アジアでは，1980年代後半から1990年代前半にかけて金融システムの自由化・国際化が本格的に進められた。これらの改革において資本勘定取引の自由化が進んだことにより，巨額の海外資金が東アジアに流入した。海外資金の流入により，東アジア，特にタイ，マレーシア，インドネシア，フィリピンのASEAN 4ヵ国は急速な経済発展を遂げることができた。国内貯蓄を大きく上回る国内投資の機会があり，資本流入によってその投資資金をファイナンスすることができたことで，高い経済成長を実現できたのである。

しかし，その一方で海外資金の流入により，外貨準備の蓄積が進むとともに，マネタリーベースも拡大していった。そして，このマネタリーベースの拡大は，M1，M2などのマネーストックを乗数的に拡大させたのである。具体的には，マネタリーベースの増加を通じて商業銀行が対非銀行民間部門向け貸出を活発化させたのである。この対民間部門向け貸出は，派生預金を増加させる。預金は通貨の最大の構成要素であるため，貸出が増加すれば，それに応じてマネーストックも拡大する。資本流入はこのようなプロセスを通じてマネーストックの拡大をもたらしたのである。

図5-3から図5-5は，タイ，マレーシア，インドネシアの3ヵ国の1989年から1999年までの外貨準備とマネーストック（M2）の数値を対数変換し，そしてそれを各国について線形回帰したフィット値を示したものである。この図からも明らかなように，外貨準備の増加とマネーストックの増加には比較的強い相関関係がある。特に，タイ，マレーシアではかなり強い関係がみられる。

外貨準備の蓄積を通じたマネーストックの増加は，経済活動の活発化をもたらした。その一方で，金融政策によって十分に管理することができなかったために，一種の「過剰流動性」をもたらすことになった。図5-6は，1980年から2003年にかけての上記3ヵ国のマネーストックの増加率を示したものである。同図は，マネーストック（M2）の増加率から実質GDPの成長率を差し引いた値

---

7) 東アジアでは，短期金融市場の発展は遅れている。また，同市場は，長期資金調達において金融機関によって利用されているため，短期金利の上昇は長期金利にも波及する。この短期金利から長期金利への波及効果は，不胎化介入の場合にも生じる。金利が上昇すれば，短期金融市場から資金を調達している金融機関や融資を受けた企業に追加の金利負担がかかることになる。

図5-3　タイのM2と外貨準備の関係（1989-1999年）

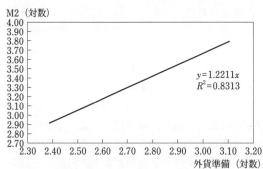

（出所）　IMF, *International Financial Statistics Yearbook*, Washington, D.C., IMF, various years.

図5-4　マレーシアのM2と外貨準備の関係（1989-1999年）

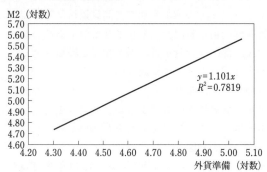

（出所）　IMF, *International Financial Statistics Yearbook*, Washington, D.C., IMF, various years.

図5-5　インドネシアのM2と外貨準備の関係（1989～1999年）

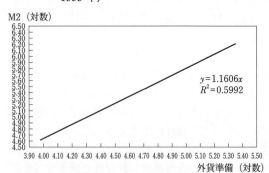

（出所）　IMF, *International Financial Statistics Yearbook*, Washington, D.C., IMF, various years.

を示している。ここでM2の伸び率から実質GDPの成長率を差し引いたのは，マネーストックの経済における過不足をみるためである。同図からも確認できるが，1990年代にはいり，GDP成長率よりもはるかに早いスピードでマネーストックが増加していたことがわかる。これは，貨幣の流通速度が大きく低下していることを意味する[8]。この図から観察されることは，各国の景気循環などの要因によって，毎年変動しているということはあるが，恒常的に10～20％程度マネーが過剰に供給されていたということである。この時期，これら3ヵ国のマネーストックは急速に上昇した。同期間の年平均増加率は，タイ16.9％，マレーシア18.1％，インドネシア24.4％と，GDP成長率をはるかに上回るものであった。図5-6と照らし合わせるならば，流通速度が緩慢に低下しているため，マネーストック増加分のかなりの部分が株や土地などの金融的流通に吸収されていったと考えられる。貨幣は実物取引と株式や土地などの資産取引にも使用される。資産市場の膨張により資産価格が上昇するため取引に必要とされる貨幣量も増加するからである。金融的流通を考慮しても流通速度は低下しており，流動性が過剰になる傾向にあったと考えられる。

このような過剰流動性から脱するために，金融引締め政策が採用されたが，金融システムの未整備という要因も加わり，これがかえって海外資金の流入を促進するという，逆効果をもたらすこととなった。以下では，1990年代のタイ，マレーシアおよびインドネシアのケースを具体的にみていくことにする。

タ　イ

図5-7は，1990年代のタイのマネタリーベースの推移とその源泉を示したものである。この図からも明らかなように，1990年代においてマネタリーベースの供給要因の中心を中央銀行保有外

---

[8]　流通速度は，マネーストックをGDPで除することによって求められる。分母のGDPに株式取引額（貨幣の金融流通部分の代理変数）を加えて上記の3ヵ国の流通速度を計測すると，さらに流通速度は低下する結果となる。そのため，特に1990年代にはいってから東アジアが「過剰流動性」の状態にあった可能性はますます濃厚である。

第5章　国際通貨システムと東アジアのマネーストック

図5-6　東アジア3ヵ国のマネーストック増加率（M2伸び率—実質GDP成長率，1980-2003年）

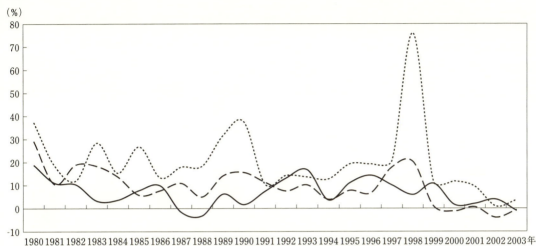

（出所）IMF, *International Financial Statistics Yearbook*, Washington, D.C., IMF, various years.

貨が担っている。タイでは，1970年代から1980年代にかけて公定歩合操作と預金・貸出金利の直接規制が金融政策の中心を担ってきた。しかし，1980年代後半以降の金融自由化・国際化により，このような政策が有効に機能する政策環境が徐々に崩れ始めたのである。商業銀行の中央銀行からの借入シェアが低下し，外国銀行からの借入が拡大したことがその原因である。1970年代から1980年代にかけては，商業銀行の総借入額に占める中央銀行からの借入シェアはほぼ30～50%のシェアを占めていた。しかし，1990年代に入りそのシェアは急速に低下し，1996年には約0.4%にまで低下している。このため，公定歩合操作の商業銀行に及ぼす影響力は大幅に低下してしまった。また，1989年以降，段階的な金利の自由化が進み，1992年に完全に自由化されたため，預金・貸出金利の直接統制効果も十分に機能しえなくなり始めた。

1990年代に入り，タイではこのような伝統的金融政策手段の機能低下が生じた。そこでタイは，「為替平衡基金」を利用して通貨の安定を図ったのである。中央銀行は，商業銀行からドルを買い上げ，国内通貨バーツを供給した。そして，商業銀行から買い上げたドルを用いて為替市場に介入し，バーツの対ドル・レートの維持につとめたのである。為替レートの安定化と国内金利を高い水準で維持することで，海外資金の流入を促進したのである。そして，この海外資金の流入により，国内の貯蓄・投資ギャップを埋めようとしたのであった。タイが対ドル・レートへのペッグに固執した理由は，この点にあるといえよう。これにより，海外資金の流入にともないマネーストックも拡大した。特に，バンコク・オフショア市場（Bangkok International Banking Facility: BIBF）が開設されてから，同市場からの海外資金の取込みが活発化した。本来，オフショア市場は第三国間同士の「外—外」取引を行う市場であるが，バンコク・オフショア市場では「外—内」取引のシェアが圧倒的に高い。同市場の貸付において「外—内」取引が6割以上のシェアを占めていた。そしてこの貸付は，主として地場銀行と新規参入外国銀行によって担われていたのである。このような貸付活動の活発化により，タイ国内では「過剰流動性」およびインフレ圧力が高まりだしたのである。しかし，先にも述べたように，公定歩合操作や預金・貸出金利の直接規制はもはや有効に機能する環境にはなかった。また，公開市場操作についても，1991年以降の新規国債発行停止により，

91

分　析

図5-7　タイのマネタリーベースの推移とその源泉（1990-1997年）

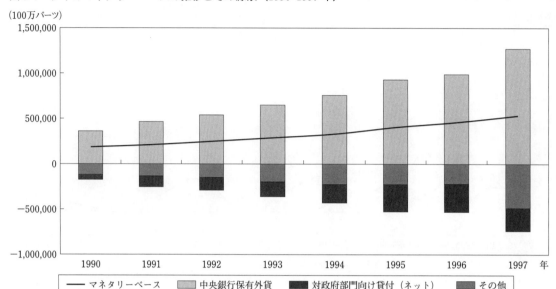

（出所）　IMF, *International Financial Statistics Yearbook*, Washington, D.C., IMF, various years.

その発行残高は小規模であった。そのため，急速に流入する海外資金の国内金融市場に及ぼす影響を緩和するための不胎化介入も十分に行いえなかったのである。

マレーシア

図5-8はマレーシアのマネタリーベースの推移とその源泉を示したものである。先のタイと同様に，マレーシアにおいても中央銀行保有外貨がマネタリーベース供給の大きな要因となっている。1993年以前は，中央銀行保有外貨とマネタリーベースの動きは連動しており，外貨準備の増加とともにマネタリーベース供給は増加している。しかし，1992年以降，海外短期資金の流入により，不動産市場が加熱し，不動産価格の急騰が著しくなると，海外短期資金の流入規制を行った。これは，1992年以降の一連の商業銀行によるスワップ取引制限の強化や海外短期資金流入規制の強化にみられることである。このような海外短期資金の流入規制により，1993年以降，中央銀行の外貨保有額は伸び悩みをみせた。しかし，依然としてマネタリーベースは急増していったのである。1993年以降のマネーストック（M2）をマネタリーベースで除した貨幣乗数をみてみると，1993年7.2，1994年5.7，1995年5.7，1996年5.2となっており，これは1990年から1992年の6.3よりも低くなっている。このことから，1993年以降，金融機関の信用創造を中央銀行は統制したことがうかがい知れる。その後1994年8月に短期資本流入規制が解除されると再び海外資金が流入して外貨準備が増加したため，マネタリーベースが拡大した。

このような資金流入を引き起こす原因は，マレーシアの金利構造の硬直性に求められよう。マレーシアでは，1978年以降段階的に預金金利は自由化されてきた。しかし，貸出金利は1991年まで基準貸出金利制度を通じて統制されてきた。その後，この制度は自由化され，商業銀行およびファイナンス・カンパニーは独自に貸出金利を決定できるようになった。しかし，基準金利に法定準備制度と必要流動性制度（中央銀行が指定する資産を，預金額に対するある一定額を商業銀行などに保有させる制度）のコストが貸出金利に上乗せされるため，国内短期金利にはほとんど反応せず高止まり傾向にある。しかも，1990年代全般にわたり，為替レートは安定的に推移しているため，

図5-8 マレーシアのマネタリーベースの推移とその源泉（1990-1997年）

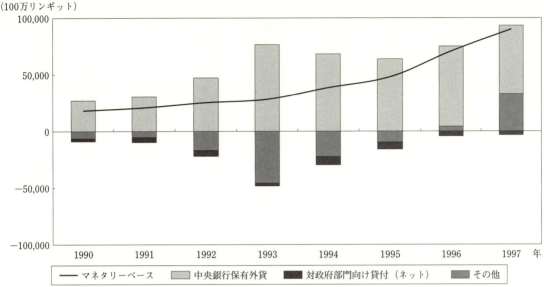

（出所）IMF, *International Financial Statistics Yearbook*, Washington, D.C., IMF, various years.

海外資金が流入しやすい状況にあったといえる。内外金利裁定が働かない金融構造と安定的な為替レートを維持する為替レート政策によって，マネタリーベースの急増が生み出されたのである。

インドネシア

図5-9はインドネシアのマネタリーベースの推移とその源泉を示したものである。インドネシアにおいても，中央銀行保有外貨がマネタリーベース供給の主要な源泉となっている。インドネシアでは，海外資金の流入にともないルピアに増価圧力がかかった。為替レートの増価は，輸出競争力の低下を通じて経常収支赤字を拡大させる。そのため，この為替レートの増価圧力を緩和するために，為替市場でドル買い介入を行った。この結果，外貨準備が増加し，マネーストックも増加の一途を辿った。

このマネーストックの増加圧力を緩和するために，インドネシアで主として用いられる金融政策手段は，中央銀行証券（Sertifikat Bank Indonesia: SBI）を操作対象とした公開市場操作である[9]。この中央銀行証券は政府証券であり，信頼度の最も高い債券である。また，この証券を売りオペレーションに使用するためには，高い金利を提供する必要がある。そうでなければ，投資家はこの債券を購入しないからである。信頼度が高く高金利の債券であることが，インドネシアで公開市場操作を可能にするための条件であった。このような中央銀行証券を市中売却することで国内通貨を吸収することが可能になる。

このような債券は投資対象としては格好の債券である。海外資金が流入するにつれて，マネーストックは増加し，金融引締め政策が実施される。これにより中央銀行証券の金利上昇と債券発行量が増加するので，海外資金が高金利の債券をめざして流入することになり，これがマネーストックの増加，さらにはもう一段の金利引上げという悪循環を生み出すことになったのである。

---

[9] その他の金融調節手段としては，銀行や金融会社が発行した約束手形，銀行や金融会社が引き受ける企業発行の為替手形などの短期証券を中央銀行が割引を行い，マネーストックの調節を行うことができる。これは，金融市場証券（Surat Berharga Pasar Uang: SBPU）といわれる。

図 5-9 インドネシアのマネタリーベースの推移とその源泉 (1990-1997 年)

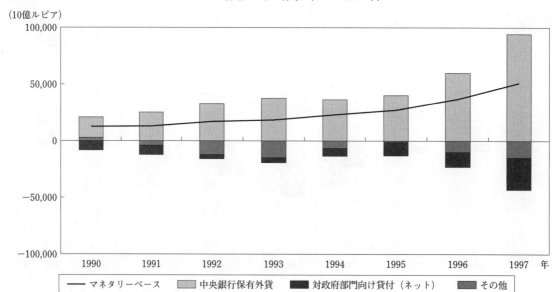

(出所) IMF, *International Financial Statistics Yearbook*, Washington, D.C., IMF, various years.

おわりに

　東アジアは，貿易および資本取引において主としてドルを用いてきた。また，為替レートをドルにペッグしてきたことから，介入手段および準備資産としてドルをもつことになる。その意味で，東アジアにとってドルは基軸通貨であるといえよう。東アジアは，1990 年代に巨額の民間資本を受け入れる経験をした。直接投資，証券投資，銀行貸付，およびその他短期資本という形で外資を受け入れてきた。この結果，東アジアは巨額の外貨準備を蓄積することになったのであった。この外貨準備の増加は，マネーストックのベースとなるマネタリーベースの拡大をもたらした。そして，より上位の貨幣集計量を乗数的に拡大させることになった。このマネーストックの増加が東アジアの高成長を支えてきたのである。しかし，その一方で，これら諸国の金融システムの未整備によって，マネーストックを十分にコントロールすることがますます困難になっていたのであった。

　東アジアがドルを取引，資産，介入，準備通貨とするのは，これら各国の経済構造と現在の国際金融構造を反映したものである。各国がドル・ペッグ制を選択した理由もここにある。しかし，ある国民通貨を準備資産とする通貨システムにおいて固定為替レート制を採用すると，東アジアのような周辺国はその金融政策の運営において独立性を失うことになる。東アジアは，自国の金融政策の独立性を確保するために，金融システムの整備を促進させることはいうまでもないが，対ドル・レートを弾力的に調整することができる為替レート・システムの選択が望まれる。

第6章　アジア通貨・金融危機

はじめに

　1997年7月のタイ・バーツの変動為替レート制への移行を契機に通貨・金融危機が発生した。この危機は瞬く間に周辺の ASEAN，そして香港，韓国へと伝播し，東アジア全体が通貨・金融危機に見舞われた。この経済危機により，東アジアは大きな経済的後退を余儀なくされた。金融部門のみならず，生産・貿易などの実物部門でも大きな落ち込みをみせた。まさに東アジアを襲った通貨・金融危機は，そのインパクトからして同地域にとって未曾有の経済危機であったといえよう。

　1980年代後半以降，東アジアはめざましい経済発展を遂げ，それは「東アジアの奇跡」や「世界の成長センター」と称されるほどであった。周知のように，東アジアのこの経済発展を資金的に支えたのは，直接投資，証券投資，銀行貸付，およびその他短期資本などの海外資金であった。海外資金の流入を促進するために，東アジアでは1980年代後半から自国の金融部門の対外開放に着手した。金融部門の対外開放化が進むにつれ，巨額の海外資金が東アジアに流入したのである。海外資金の中でも，とりわけ短期資金の流入が活発になった。この短期資金が民間部門に流入し，経済活況がもたらされた。しかし，この逃げ足の速い短期資本が一転して流出し始めたことにより，通貨・金融危機が発生したのである。東アジアの民間部門は巨額の短期債務を抱えることになった。ここに「21世紀型の通貨・金融危機」と呼ばれる所以がある[1]。これまでの危機は，政府部門の債務の膨張が原因であったが，今回のそれは民間部門の短期債務である。

　しかし，このような急激な資金流出を惹起するほど東アジアの経済のファンダメンタルズは悪化していたのであろうか。それとも，しばしば指摘されるように，クローニズム（縁故主義）のような不透明な取引が，資金流出を引き起こす原因になっていたのであろうか[2]。そして，これほどまでに大きな経済的後退をもたらした理由はどこにあるのであろうか。また，これまでの通貨・金融危機と，東アジアで生じた通貨・金融危機とではどのような点で異なるのか。以下では，実物・金融面の関係を浮き彫りにしながら，東アジアの通貨・金融危機の特徴を明らかにすることにする。

(1)開発途上国の通貨・金融危機

　通貨・金融危機はこれまでの国際金融の歴史を振り返ると，先進国であるか開発途上国であるかを問わず，いく度となく発生している[3]。危機の原因は，発生時期の経済環境や危機が発生した国の経済状況によって異なる。しかし，さまざまな危機に共通点を見出すこともできる。そこで，東アジアで発生した通貨・金融危機の特徴を浮き彫りにするために，これまでに発生した通貨・金融危機の主たるタイプがどのようなものであったのかについて，以下で検討していくことにする。

　一般的に，通貨・金融危機は経済発展の段階が低く，さまざまな制約下にある開発途上国で発生しやすい。特に，その制約は，貯蓄・投資ギャッ

---

1)　吉冨（2003）は，今回の危機を「資本収支危機」と呼んでいる。そして，その特徴を2つのミスマッチにあるとしている。本章においてもこの議論を参考にして分析を進めていくことにする。

2)　アジア通貨・金融危機の議論においてクローニズム（縁故主義）が危機の原因として指摘されることがあるが，ここではマクロ経済的な議論に焦点を当てる。もちろん，縁故主義が全く影響していないとはいえないが，そのような関係は危機よりもはるか以前から存在しているので，直接的な原因とはいえない。また吉冨（1998）においても，縁故主義に危機の原因を求めるのは説明に限界があることを指摘している。縁故主義については，Backman（2001）を参照されたい。

表6-1　東アジアの主要経済指標

(単位：%)

	インフレ率							失業率						
	1985	1990	1995	2000	2005	2010	2015	1985	1990	1995	2000	2005	2010	2015
日　本	2.0	3.0	−0.1	−0.7	−0.3	−0.7	0.8	2.6	2.1	3.2	4.7	4.4	5.1	3.4
韓　国	2.5	8.6	4.5	2.3	2.8	2.9	0.7	4.0	2.5	2.1	4.4	3.7	3.7	3.6
台　湾	−0.2	4.1	3.7	1.3	2.3	1.0	−0.3	2.9	1.7	1.8	3.0	4.1	5.2	3.8
香　港	3.6	10.3	9.0	−3.7	0.9	2.3	3.0	3.2	1.3	3.2	4.9	5.6	4.3	3.3
シンガポール	0.5	3.5	1.7	1.3	0.5	2.8	−0.5	4.6	1.8	1.8	2.7	3.1	2.2	1.9
中　国	9.3	3.1	17.1	0.4	1.8	3.3	1.4	1.8	2.5	2.9	3.1	4.2	4.1	4.1
タ　イ	2.3	5.9	5.8	1.6	4.5	3.3	−0.9	3.6	3.8	1.7	3.6	1.9	1.1	0.9
マレーシア	2.6	3.0	3.5	1.6	3.0	1.7	2.1	6.9	5.1	3.1	3.1	3.6	3.3	3.2
インドネシア	4.7	7.8	9.4	3.8	10.5	5.1	6.4	2.1	2.4	7.4	6.1	11.2	7.1	6.2
フィリピン	23.2	13.2	6.9	6.6	6.6	3.8	1.4	11.1	8.4	9.5	11.2	11.4	7.3	6.3

	財政収支（対GDP比）							経常収支（対GDP比）						
	1985	1990	1995	2000	2005	2010	2015	1985	1990	1995	2000	2005	2010	2015
日　本	−1.5	1.7	−4.7	−7.8	−4.8	−9.3	−5.2	3.6	1.4	2.1	2.8	3.7	4.0	3.3
韓　国	−1.1	−0.7	2.3	4.2	0.9	1.5	−0.2	−2.1	−0.9	−1.8	1.9	1.4	2.6	7.7
台　湾	−2.0	−4.0	−6.8	−5.3	−2.5	−5.1	−2.7	14.5	6.5	2.0	2.7	4.7	8.9	14.5
香　港	1.0	0.6	−0.3	−0.6	1.0	4.1	1.5	7.3	6.2	−6.3	4.4	11.9	7.0	3.0
シンガポール	1.5	11.2	11.7	8.9	7.8	6.6	1.1	0.3	8.0	16.4	10.6	21.9	23.7	19.7
中　国	0.9	−0.7	−0.9	−2.8	−1.4	0.6	−2.7	−3.8	3.1	0.2	1.7	5.8	4.0	2.7
タ　イ	−3.7	4.9	3.1	−1.8	1.4	−1.3	0.3	−3.8	−8.2	−8.0	7.4	−4.0	2.9	8.8
マレーシア	−5.7	−2.5	1.5	−6.1	−2.9	−4.5	−3.0	−1.8	−1.9	−9.1	8.4	14.0	10.1	2.9
インドネシア	−1.0	0.4	0.6	−1.9	0.4	−1.2	−2.5	−2.0	−2.3	−2.8	4.5	0.5	0.7	−2.1
フィリピン	−2.0	−1.6	0.0	−3.4	−1.7	−2.4	0.0	−0.1	−5.5	−2.4	−2.8	1.9	3.6	2.9

(出所)　IMF, *International Financial Statistics Yearbook*, Washington, D.C., IMF, various years. なお，台湾については，Department of Economic Research, The Central Bank of China, *Financial Statistics, Taiwan District, Republic of China*, (*Compiled in Accordance with IFS Format*), Taipei, Department of Economic Research, The Central Bank of Chaina, various issues による。

プ，貿易ギャップ，そして外貨ギャップとなって表面化する。このような制約条件のもとにある開発途上国で発生した通貨・金融危機をみてみると，一般的に危機に陥った国の経済ファンダメンタルズにかなり問題があったことがわかる。例えば，ハイパー・インフレーションを含んだ高率のインフレーション，巨額の財政赤字，経常収支赤字，為替レートの過大評価，対外債務残高の膨張など，多くの経済変数において悪化のシグナルが明確に表れてくる。

　開発途上段階では，開発資金の不足により，巨額の財政赤字をファイナンスするために，中央銀行信用に依存するという手段がとられる傾向にあ

る。これにより，マネタリーベースが急増することになる。マネタリーベースの急増は，商業銀行の流動性を拡大させ，貸出を通じて国内信用供与量の拡張へとつながる。マネーストックの増加テンポに合わせて，財・サービスの生産も拡大するならば，インフレ圧力は緩和される。しかし，財・サービスの生産に隘路がある開発途上国では，それがインフレーションへとつながる。つまり，これがインフレ率を高騰させる原因となる。このように金融情勢が緩和されると，国内で総需要が拡大するため，輸入も次第に増加して経常収支は悪化することになる。インフレ率の上昇に加え，輸入が急増すると当該国の為替レートに切下げ圧

---

3)　国際収支・対外債務・通貨・金融危機の歴史については，Friedman and Schwartz (1963)，吉冨 (1965)，Kindlebergere (1986)，Eichengreen and Lindert (1989)，Temin (1989)，Galbraith (1997)，Hall and Ferguson (1998)，Reinhart and Rogoff (2009)，Kindleberger and Aliber (2011)，Bernanke (2000) が参考になる。また，近年の金融危機の特徴の把握においては，Fischer (2004)，Allen and Gale (2007)，Rajan (2010)，Roubini and Mihm (2010)，Blanchard, Romer, Spence, and Stiglitz (2012) が役に立つ。本章においてもこれらの文献を参照した。

力がかかることになる。

　一方，経常収支が赤字であるということは，国内の貯蓄・投資バランスが投資超過状態になっていることを示している。一般的に，開発途上国は工業化を推進する過程にあるため，このような貯蓄・投資バランスの不均衡化はある程度否めない部分もある。この貯蓄不足の部分は海外資金によって賄われることになる。経常収支が悪化し外貨準備が減少していくと，その国の債務返済能力は低下していくことになる。これに為替レートの減価が加わり，国内通貨建てによる対外債務額は膨張することになる。債務返済を円滑に進めるためには，継続的に海外資金が流入しなければならないが，多くの経済変数において注意信号が出ているために資金流入が滞り，これらの国は国際収支危機に見舞われることになる。このような状況になると，追加資金の流入はおろか，貸出の回収や資本逃避などの形で資金流出が生じることになる。この過程でやがて外貨準備は底をつき，為替レートも急激に低下し，通貨・金融危機に見舞われることになる。

　このような特徴を反映して，通貨危機の第1世代モデルにおいては，開発資金を財政赤字でファイナンスしている国でどのように危機が発生するのかが示されている[4]。しかし，以下でアジアの状況を具体的に考察する際に明らかとなるが，第1モデルで危機の原因とされる財政は赤字を計上している国はあるものの，甚大な爪痕を残すほどの通貨・金融危機を引き起こすほどではなかった。このことからも今回のアジア危機は従来の危機とは様相を異にするといえよう。

　しかし，あれほどの深刻な危機をもたらすような問題が経常収支赤字を除けばファンダメンタル

ズにはなかったにもかかわらず，東アジアから巨額の国際資金が流出した（表6-1参照）。資金流出にともない，「ドル・ペッグ制」といわれる固定為替レート制が維持できなくなり，変動為替レート制へと移行した。そしてまた，資金流出にともない，国内信用の大規模な収縮が発生し，実物部門は大きく落ち込んだ。実物部門は国内金融機関から受けた融資の返済を求められたが，その一方で返済のための融資を受けることはできなかった。実物部門の返済能力の低下が金融機関の不良債権を拡大させ，国内金融不安を一層助長することになった。通貨危機と金融危機が同時に発生する状況に陥った。これこそが，Kaminsky and Reinhart（1999）が「ツイン・クライシス」と呼んだものである。このような2つの危機をもたらした主要因は，巨額かつ急激な国際資本移動である。そこで，このような資本移動がどのようにして可能になったのかを以下で検討する。

(2)国際資金流入の背景

　周知のように，1980年代後半から，東アジアは急速な経済成長を遂げた（図6-1参照）。例えば，1986年から危機の発生する前年の1996年までの期間の年平均成長率は，日本3.0%，韓国8.9%，台湾8.0%，香港6.2%，シンガポール8.5%，中国10.0%，タイ8.0%，マレーシア8.2%，インドネシア7.5%，フィリピン3.8%である。ところが，アジア通貨・金融危機の影響を受けて1998年には大きなマイナス成長となった。この大きな成長率の低下から辛うじて逃れられたのは中国である。短期資本移動を自由化しなかったことが功を奏した形となった。一方，短期資本移動を原動

4）　通貨危機の第1世代モデルは，Krugman（1979）やFlood and Garber（1984）が，その代表である。前者と後者のモデルの相違点は，通貨危機の発生時点を後者が示せる点にある。ちなみに，第2世代のモデルは，投機家の予測がその投機的行動により実現してしまうという，自己実現的モデルである。代表的な研究はObstfeld（1994, 1996）であるが，諸経済指標のどれかが悪化しており，固定為替レート制を維持できないと投機家が判断すれば，投機行動を通じて通貨危機が発生し，そうでなければ固定為替レート制は維持されるという複数均衡モデルである。しかし，これらのモデルでは，通貨危機と金融危機のつながりや，その2つの危機がほぼ同時に発生する理由を説明できない。これらを説明するためのモデルが第3世代モデルである。同モデルではファンダメンタルズの目立った悪化がなくとも，投機家の予測が悪化すれば投機を通じて通貨危機が生じることを示している。そして，資本流出が始まると国内金融システムが不安定化し，さらに資金流出が拡大することも明らかにしている。なお，第3世代のモデルにはさまざまなバリエーションがあるので，通貨・金融危機のモデルをサーベイしたJeanne（2000）や竹田（2007）を参照されたい。また，小川（1998），近藤・中島・林（1998），および櫻川・福田（2013）においても通貨危機モデルのサーベイがなされているので，参照されたい。

分　　析

図 6-1　東アジアの実質 GDP 成長率の推移（1985-2015 年）

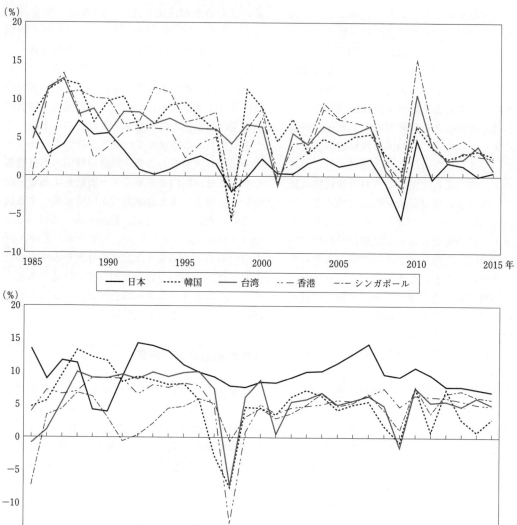

(出所)　IMF, *World Economic Outlook Database*, Washington, D.C., IMF, various years より。なお，台湾については，Department of Economic Research, The Central Bank of China, *Financial Statistics, Taiwan District, Republic of China*, (*Compiled in Accordance with IFS Format*), Taipei, Department of Economic Research, The Central Bank of Chaina, various issues による。

力にして高い成長率を実現してきた ASEAN 地域ほど，その落込みは激しくなった。その後 2000 年頃にかけて，為替レートの大幅な切下げなどを経験して，V 字回復を遂げていった。しかし，その後も，1980 年代後半から 1990 年代半ばにかけての高成長を回復することができず，一段低い成長軌道にある。

これだけの高成長を持続させることができたのは，まずアジアの旺盛な投資，そしてそれをファイナンスできるだけの貯蓄率の高さにある。表 6-2 は，東アジアの投資率と貯蓄率を示したものである。そして，表 6-3 は世界各地域の貯蓄率と投資率を示している。両表は，1985 年から危機発生時の 1997 年までの期間と危機後の 1998 年か

第6章　アジア通貨・金融危機

表6-2　東アジアの貯蓄率と投資率 （単位：%）

	1985-1997年平均		1998-2015年平均	
	投資率	貯蓄率	投資率	貯蓄率
日　本	30	32	22	25
韓　国	37	37	31	34
台　湾	26	33	24	32
香　港	28	34	24	31
シンガポール	36	45	27	46
中　国	38	39	41	45
タ　イ	36	32	25	29
マレーシア	37	31	24	35
インドネシア	37	23	29	27
フィリピン	25	20	20	22

（出所）　IMF, *World Economic Outlook Database* Washington, D.C., IMF, various years より。なお，台湾については，Department of Economic Research, The Central Bank of China, *Financial Statistics, Taiwan District, Republic of China,* (*Compiled in Accordance with IFS Format*), Taipei, Department of Economic Research, The Central Bank of Chaina, various issues による。

表6-3　世界各地域の貯蓄率と投資率 （単位：%）

	1985-1997年平均		1998-2015年平均	
	投資率	貯蓄率	投資率	貯蓄率
世　界	24	23	24	24
先進国	24	23	22	21
新興市場・開発途上経済	25	22	28	30
アジア	32	29	37	40
中南米・カリブ海諸国	20	18	21	19
中東・北アフリカ	24	20	26	33
サブサハラ・アフリカ	17	14	20	19

（出所）　IMF, *World Economic Outlook Database* Washington, D.C., IMF, various years より。

ら2015年までの間の貯蓄率と投資率を平均化したものである。前期においては，いくつかの国を除くと，貯蓄率は軒並み30%を超えており，また投資率も30%台後半となっている。まさに高貯蓄・高投資経済群である。地域別に集計した貯蓄率と投資率とを比較してみても，この東アジアは突出して高いレベルにある（表6-3参照）。表6-2から明らかなように，韓国，タイ，マレーシア，インドネシアなどの通貨・金融危機から大きな打撃を受けた国ほど，貯蓄率を上回る投資率となっている。投資需要が旺盛なため，国内貯蓄だけでは資金需要を満たすことができない事実がここに表れている。このような不均衡に直面した場合，投資の速度を低下させるか，この国内貯蓄の不足分を流入する海外資金によってファイナンスするしかない。急速な経済発展を実現しようとしている開発途上国にとっては，経済成長のテンポを落とすことだけは是非とも回避したい選択肢である。そのため，海外資金の流入を促進することで，投資資金需要を賄うしかない。ここに，東アジアが自国の金融部門の対外開放を積極的に推進し，海外資金の流入を促進しようとした1つの理由がある。

　海外資金を円滑に流入させるためには，特に為替取引の自由化が重要になる。東アジアでは，貿易などの経常勘定にもとづく為替取引は自由化されていたが，資本勘定における為替取引は依然として管理されていたのである。資本勘定取引にともなう為替管理が緩和・撤廃されるにしたがい，東アジアに巨額の海外資金が流入した。直接投資，証券投資，銀行貸付およびその他短期資本をはじめとする海外資金が，東アジアの高度経済成長を資金面から支えたのである（図6-2参照）。

　このように海外資金が流入し，東アジアは高い経済成長を達成してきたわけであるが，海外資金流入を支えた要因は，為替管理の自由化だけではなかった。東アジア，特にASEANが自国通貨の対ドル・レートを安定的に維持してきたこともその要因の1つであった。例えば，通貨・金融危機の震源地であるタイの為替レート・システムは，危機以前は主要先進国通貨から構成される通貨バスケット制であった。しかし，その内実は，ドルに高いウエイトをおいた，事実上の「ドル・ペッグ制」であったのである。これによりタイ・バーツは対ドル・レートを固定的に維持することができた。為替レートの安定は，投資家および資金の貸し手にとっては為替変動リスクの軽減を意味する。そのため，為替リスクをヘッジする必要もなくなるため，有利な資金運用の場となる。しかも，高度経済成長を遂げているため，マクロ経済的にみれば，投資収益率は実質GDP成長率に近い程度になるという予想は簡単に形成されるため，東アジアに海外資金が大挙して流入することになっ

図 6-2 東アジアへの民間資金の流れ（1990-2007 年）

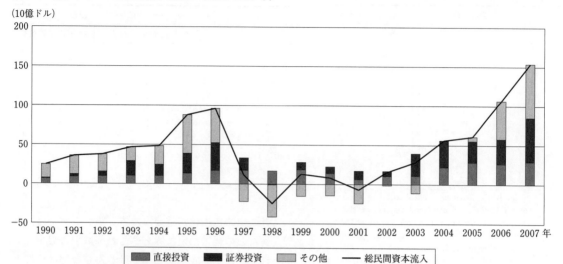

(注) ここでいう東アジアとは，通貨・金融危機の影響がとりわけ大きかった韓国，タイ，マレーシア，インドネシア，フィリピンの5ヵ国である。数値は，これら5ヵ国への資金流入額の合計である。
(出所) IMF, *Balance of Payment Statistics Yearbook*, Washington, D.C., IMF, various years.

図 6-3 アメリカと東アジアの短期金利の格差（1985-1997 年）

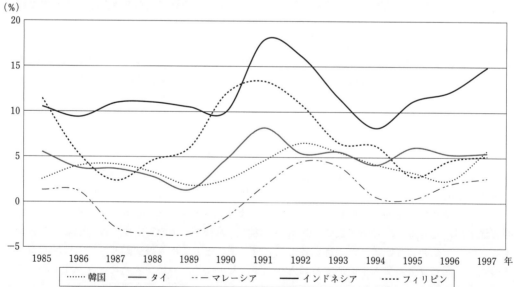

(注) アメリカの金利は3カ月物の財務省証券利回り，アジアについては統一を図るために，ここでは預金金利とした。
(出所) IMF, *International Financial Statistics Yearbook*, Washington, D.C., IMF, various years.

第6章　アジア通貨・金融危機

図6-4　名目為替レートの推移（1997-2009年，月次ベース）

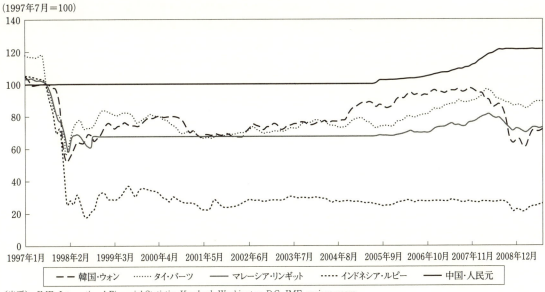

（出所）IMF, *International Financial Statistics Yearbook*, Washington, D.C., IMF, various years.

図6-5　東アジアの株式指数の推移（1988-1998年）

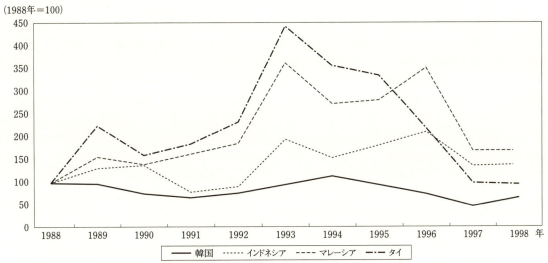

（出所）IFC, *Emerging Stock Markets Factbook*, Washington, D.C., IMF, various years

101

たのである。

　安定した為替レートに加え，短期資金の流入を促した要因がもう1つある。それは，内外金利格差である。他の条件を一定とすれば，資金は金利の低い国から高い国へと移動する傾向がある。世界の資金供給基地であるアメリカと東アジアの金利を比較してみると，危機の影響が大きかった国では，アメリカの金利を大きく上回っている（図6-3参照）。もともと投資が旺盛で資金需要が大きいことから，東アジアの金利は相対的に高くなる傾向にある。この高い金利を目当てに，先進国の投資家はアジアで資金運用をしようとするであろう。この大きな金利格差に加え，固定為替レート制によって為替レート減価のリスクが軽減されていたからこそ，東アジアへの巨額の短期資金の移動が促進されたのであった。

　しかし，この海外資金の流出が始まった途端に為替レートと株価が急激に低落し，深刻な経済後退に見舞われたのである。危機後の為替レートの推移を示した図6-4からも明らかなように，為替レートの急激な減価が，資本流出の進行とともに生じている。また，株式指数の推移を示した図6-5をみると，1990年代前半には短期資本の流入や国内景気の好調さにより，株式価格の急速な上昇がみられる。しかし，危機以降，急速に株価は低落している。この株価の下落は，もちろん景気後退の影響もあるが，株式市場へ流入していた海外資金の逃避による影響が大きいものと思われる。

(3)東アジアの通貨・金融危機

　上述したような要因により，東アジアに巨額の海外資金が流入した。この資金流入量は，これら諸国の経常収支赤字を賄う以上のものであった。このような巨額の資金流入は，外貨準備の蓄積を通じて資金流入国のマネタリーベースを拡大させる。そしてそれが銀行の貸出などを媒介してマネーストックの大幅な拡大をもたらすことになった。東アジアが比較的固定為替レート制に近い為替レート・システムを採用していたことは上述したとおりである。資金流入が増加すると為替レートに

増価圧力がかかる。為替レートを維持するためには，金融当局は為替介入を実施しなければならない。外貨買い・現地通貨売りのオペレーションがそれである。

　このようなオペレーションにより為替レートを維持することができる。しかし，外貨準備の増加によりマネタリーベースが拡大し，それがマネーストックの増加要因となる。他の条件に変化がないとするならば，マネーストックの増加はインフレ圧力をもたらす。このインフレ圧力を緩和するために，マネーストックの増加分を吸収する。このオペレーションは，短期の政府証券などを発行して国内通貨を吸収する形で行われ，これを不胎化介入と呼んでいる。この介入を通じてマネーストックの増加は抑制されるが，金利格差は解消されない。東アジアでは，巨額の資金需要が存在するために，先進国に比較して高金利となる傾向がある。そのため，この金利格差が解消されない以上，資金流入は続くことになる。また，資金流入が続く限り，介入証券の発行量も増大し，それにともない金利負担も増加するため，このような介入を長期間続けることは困難になる。固定為替レート制のもとでは，経常収支赤字を大幅に上回る資本流入が続く限り，それはマネタリーベースの増加を通じたマネーストックの拡大要因となる。

　このマネタリーベースの拡大は，国内金融機関の準備を豊富にするため貸出能力を高めることになる。この金融機関による貸出が増加すれば，国内需要は増加することになる。国内需要の増加はインフレ圧力となるが，東アジアのインフレ率をみると，大幅な上昇はみられない（表6-1参照）。国内生産は内需と外需との2つに分けることができるが，インフレ率の上昇がみられないことから国内生産は内需に向かい，輸出が減少したことになる。また，輸入も国内需要を満たすために拡大したのである。例えば，タイでは1996年に入り急速に輸出が鈍化し経常収支赤字が拡大しているが，このようなメカニズムが働いていたものと考えられる。そして，この時期にタイでは不動産バブルが崩壊し，景気の減速傾向が次第に鮮明になりつつあった。しかし，これだけのことでは，あ

第6章　アジア通貨・金融危機

れほどの大規模な通貨・金融危機には転化しえないように思われる。そこで，以下では，海外資金流入による国内投資のファイナンス構造をみてみることにする。

(4) 2つのミスマッチ

東アジアは，巨額の海外資金の流入により高い投資率を維持し，めざましい経済発展を遂げてきた。しかし，その国内投資のファイナンス構造には2つの特徴があり，それが1997年の通貨・金融危機にまで進展させたものと考えられる。吉冨（2003）が指摘しているように，その2つのファイナンス構造とは，「期間のミスマッチ」と「通貨のミスマッチ」と表現することができよう。

東アジアでは，一般的に金融機関の中核を占めているのが商業銀行である。商業銀行は預金を集め，それを準備として貸出を行う。一般的に預金は短期性のものが大部分を占めるという特徴をもつ。2年や3年物などの定期性預金というものもあるが，商業銀行の預金の大半は満期1年未満のもので占められている。その一方で，金融機関の資産となる貸出については，長期性の貸出が大半を占めている。特に，東アジアのような高度経済成長下にある経済では，工業化資金の需要が旺盛なために貸出量の拡大とともに，貸出期間も長期化する傾向にある。

このような金融機関のバランス・シート上の資産・負債構成における期間のミスマッチが国内金融危機の主要な原因になったものと考えられる。期間のミスマッチとは，短期性の資金を取り込み，それを長期で貸し出すということである。通常，商業銀行は，預金の引出しに備えて現金準備を積み上げている。しかし，急激に預金の引出しが進行すると，この準備では預金引出しに対応できなくなる。貸出先から資金を回収しようにも長期貸出であるため回収することは困難であり，金融機

関はたちまち流動性不足に陥ることになる。これこそが金融システムにおける流動性危機の発生であり，国内金融取引でも国際金融取引でも同様である。

東アジアでは，短期資金の流入している時期に，地場の企業や銀行は，外資系銀行などからの資金調達を拡大させていた。この時期に，短期債務を累積させていたのである。それが国内景気の悪化とともに外資系銀行が融資の回収に動いたことから，資金回収が海外への資金流出となって発生した。いわば「国際的な銀行取付け」が発生したといえよう。さらに，資金流出が始まる前に国内のバブルが崩壊し，商業銀行の貸出資産の資産劣化が急速に進行していた。そのため，銀行や企業のバランス・シートは悪化して，流動性の低下に悩まされることになったのである。

また，銀行よりも規制の緩いファイナンス・カンパニーなどの金融会社も，金融債や定期性預金で資金調達を行い，消費者金融や不動産部門への融資を積極化させていた[5]。また，タイなどでは外資系銀行が参入規制をかいくぐるためにファイナンス・カンパニーを設立するというケースもあった。このケースでは，ファイナンス・カンパニーが海外資金を流入させる窓口となる。規制監督機関による監視が緩いため，商業銀行よりも積極的に海外資金を受け入れて，融資活動を行っていた。しかし，国内景気が悪化しだすと，融資の返済延滞が生じたり，返済困難に陥ったりする企業が増加し，不良債権を抱え始めた。そこに資本流出が始まると，経営困難になるファイナンス・カンパニーが続出し，タイでは58社が処理された。

このように「期間のミスマッチ」は流動性危機を引き起こす要因になりやすい。流動性が低下しても，短期金融市場が十分に成長していれば，ある程度の流動性を確保することができる。もちろん，成熟した短期金融市場が存在しても十分とはいえないこともある。市場参加者である金融機関

---

5) 東アジアでは，ファイナンス・カンパニーといわれる金融機関が存在する。その業務内容は各国で異なるが，定期性預金や金融債により資金調達を行い，それを地場企業や民間個人に融資を行う金融機関である。アジア通貨・金融危機以前は，商業銀行よりも規制監督機関による監視が緩く，積極的に融資を行っていた。各国の業容については，大蔵省財政金融研究所内金融・資本市場研究会編（1991）などを参照されたい。

が取引相手の金融機関の経営状態に不安を抱けば，融資は行われないからである。いずれにせよ，それでも解消できなければ，Bagehot（1873）が指摘しているように，「最後の貸し手」としての中央銀行が流動性を供給して，事態を終息させようとする。

もう1つのミスマッチは，「通貨のミスマッチ」である。国際間を移動する資金は外貨で流入する。外貨のままでは資金流入国では使用できないため，それは国内通貨に転換されることになる。東アジアは資本取引の段階的な自由化を進めることで，海外資金の流入を促進し，高い経済成長を実現してきた。そのファイナンス構造は外貨建ての短期性資金を外国金融機関から借り入れ，国内通貨で長期の貸出を行うというように，期間のミスマッチに加え，通貨のミスマッチが生じていたのである。このようなファイナンス構造の問題は，為替レートが大きく変動し始めると，国内通貨建てでみた債務額も変化するということにある。特に，為替レートが減価し始めると，国内通貨建てでみた債務額が大きく膨らむことになる。つまり，債務者の債務負担が増大することになる。そして海外投資家が，資本流入国の対外債務支払能力に懸念を抱きだすと，金利の上昇やロール・オーバーが困難になることがある。そして，それでも懸念が払拭されなければ，資本流出が始まり，資本流入国の金融機関や企業は支払い困難に陥り，経営破綻が続出する。例えば，韓国では，財閥企業が短期資金を世界規模で調達していたため，外貨不足に陥り，破綻している。もちろん，政府・中央銀行も手持ちの外貨準備で対応したり，国際機関や先進国との外貨スワップなどを通じて外貨を確保したりする。しかし，流出規模が大きくなれば，そのような対応を講じても事態を終息させることは困難になる。

例えば，タイでは，対ドル・レートが固定的に維持されてきたため，為替リスクのヘッジが行われていなかった。そのため，為替レートの低下により急速に債務負担が増大し，危機を拡大させたといえる。また，このような外貨建て借入の返済は外貨で行われるが，国内に十分な外貨が準備さ

れている必要がある。十分な外貨準備が存在しなければ，それを借入によって賄うしかないが，危機が進行している場合には外貨借入を行うことは容易なことではない。海外金融機関が短期貸出のロール・オーバーを認めなければ，たちまち大規模な支払不能に陥ることになる。このようになると，貸し手は資産回収の手を早めるため，株価をはじめとする資産価格は暴落し，為替レートは急激に低下することになる。

東アジアは，海外資金の流入を背景に急速な経済発展を遂げてきたのであるが，そのファイナンス構造には上記のような2つのミスマッチが内包されていたのである。これが巨額の資金流出のプロセスで顕在化し，深刻な経済危機をもたらしたのである。そのため，金融機関のバランス・シートは毀損し，経営困難に陥り，急速に貸出の回収に動き出したのである。そして，これが実物部門の収縮をもたらしたものと考えられる。これにより内需は低迷することになるからである。

このように，東アジアの通貨・金融危機は，急激な資本移動が大きな原因となっているように思われる。逃げ足の早い民間の短期性資金の動きによってもたらされたものである。そのファイナンス構造には通貨と期間のミスマッチが内包されていたために，深刻な経済的後退をもたらしたのである。

東アジアで生じた通貨・金融危機は資本自由化と国内金融システムの不整合性が大きな原因であったように思われる。すなわち，金融市場が未成熟で金融メカニズムが十分に機能する段階に達する以前に，東アジアは資本取引の自由化を実施した。McKinnon and Pill（1996）などでも指摘されているように，今回の危機が，「不十分な規制（under-regulated）のもとでの，過剰な金融取引の容認（over-guaranteed）」の結果であったと評価している。したがって，経済実態と制度との不整合にアジア通貨・金融危機の問題があったとみるべきである。金融自由化論に好意的であるShow（1973）やMcKinnon（1993）においても，自由化の順序（sequence）についての指摘がなされていることに注目しなければならないであろう。

第6章　アジア通貨・金融危機

表6-4　国内貯蓄だけで実現可能な成長率（1991-1996年）

	貯蓄率 S （GDP比，％）	流入資本 F （GDP比，％）	投資率 I＝S＋F （GDP比，％）	経済成長率 G （％）	限界資本係数 ICOR＝I/G	国内貯蓄のみ の成長率 G＝S/ICOR （％）
ASEAN						
タ　イ	34.9	7.7	42.6	8.2	5.2	6.7
マレーシア	35.0	6.5	41.5	9.0	4.6	7.5
インドネシア	32.1	2.6	34.7	7.8	4.4	7.2
フィリピン	19.0	3.2	22.2	2.8	8.1	2.4
韓　国	35.4	1.5	36.9	7.4	5.0	7.1
中　国	40.1	−1.0	39.2	11.5	3.4	11.7

（出所）　高橋・関・佐野（1998, 30頁）より転載。

　東アジアは性急に金融の自由化・国際化を進めて，過大なまでに海外資金に依存した成長戦略を採用しなければならない状況にはなかったはずである。それは，これら諸国の貯蓄率の高さに表れている。また，高橋・関・佐野（1998）が指摘するように，アジアは国内貯蓄だけでもかなり高い経済成長を実現することができることを示している（表6-4参照）。同表によれば，フィリピンを除けば，6〜7％の成長率が見込めることになる。これは，危機後の成長率よりも高い。このことから，渡辺（2010）は，「身の丈」に応じた成長戦略へと移行していくことの重要性を指摘している。

　この点について，危機後の動向についても触れておくと，東アジアは開発途上段階であるにもかかわらず，韓国，台湾，中国，マレーシアでは経常収支の黒字を通じて対外純資産国に移行している。そして，対外資産の大半が外貨準備で構成されている。また，タイ，インドネシア，フィリピンなどは依然として対外純債務国ではあるが，経常収支は黒字化しており，外貨準備を累増させている。以下では，各国の国際収支の状況をみていくことにしよう[6]。

韓　国

　図6-6は韓国の国際収支の動向を示したものである。貿易・サービス収支は堅調に黒字で推移している。そして，近年になるほど，その黒字分は拡大してきている。一方，所得収支においては近年若干のプラスになってきたものの，それほど大きな規模ではないので，経常収支はほぼ貿易・サービス収支の動きを反映している。貿易・サービス収支の黒字により，経常収支も黒字となっている。そのため，金融収支も黒字となり，それが対外資産を拡大させる原動力となっている。その効果によるものと考えられるが，2014年にようやく対外純資産が黒字化している。このような動きを勘案するならば，韓国は成熟債務国から未成熟債権国への移行期にあたるものと考えられる。

台　湾

　図6-7は台湾の国際収支の推移を示したものである。韓国と同様に，貿易・サービス収支は黒字拡大基調で推移している。そして，近年になるほど，その黒字分は拡大してきている。また，所得収支においても恒常的に対GDP比3％ほどの黒字を計上している。恒常的な経常収支の黒字により，若干の変動こそあれ，金融収支も黒字傾向である。対外資産を拡大させる原動力となっている。このような動きをみると，台湾は韓国と同じような状況にあるようにみえる。しかし，1点大きな相違点がある。それが台湾の対外純資産の規模である。2002年の対GDP比83.7％から，2015年には同201.5％となっている。GDPの2倍に相当する対外純資産を保有するまでに至っている。

6)　以下の分析では各国の国際収支状況をキンドルバーガーの国際収支発展段階仮説の分類にもとづき表記している。詳しくは，Kindleberger（1963），黒坂（2009）を参照されたい。

105

分　析

図 6-6　韓国の国際収支動向（2000-2015 年）

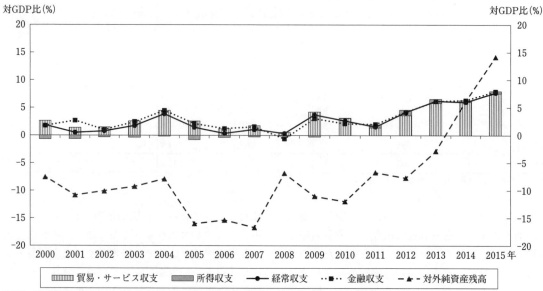

（出所）　IMF, *Balance of Payments Statistics*, Washington, D.C., IMF, CD-ROM Version, August, 2016.

図 6-7　台湾の国際収支動向（2002-2015 年）

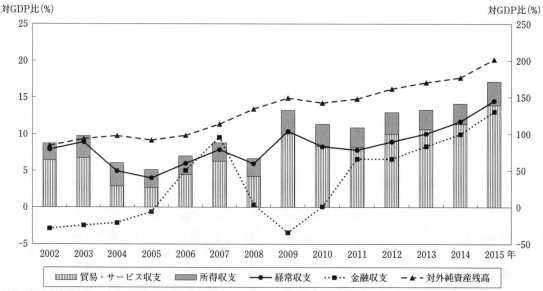

（注）　対外純資産残高については右目盛りを参照されたい。
（出所）　Central Bank of the Republic of China (Taiwan), Department of Economic Research, *Balance of Payments Quarterly*, Taipei, August, 2016.

図 6-8 中国の国際収支動向（2000-2015 年）

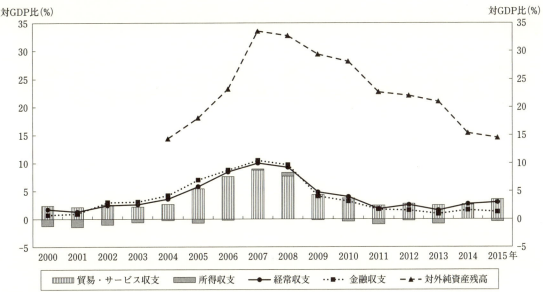

（注）対外純資産残高のデータは 2004 年からである。
（出所）IMF, *Balance of Payments Statistics*, Washington, D.C., IMF, CD-ROM Version, August, 2016.

小国ゆえに，グローバルな金融ショックに耐えるための準備資産を蓄積させておかねばならないという事情もある。それというのも，台湾の対外資産の4分の1は準備資産が占めているためである。このことは，所得収支の動向からもある程度うかがい知ることができる。これだけの対外純資産を累積しているにもかかわらず，所得収支はそれほど大きくない。運用目的であるならば，かなり効率の悪い運用をしていることになるからである。これらの点を勘案するならば，台湾は未成熟債権国と成年債権国との途上にあるといえよう。

中　国

図 6-8 は中国の国際収支の推移を示したものである。貿易・サービス収支の黒字が定着しており，経常収支も黒字を維持している。所得収支は赤字と黒字を行き来しているが，対 GDP 比でみるとゼロ近傍の水準である。そのため，経常収支は貿易・サービス収支の動向に左右される。経常収支黒字を計上しているため，金融収支もほぼ同額の黒字となっている。特徴的なのは，同国の対外純資産の動向である。2004 年から 2007 年に増加の一途を辿り，そこから一転して減少していき，2015 年には対 GDP 比で 14.5％ となっている。これは，2004 年の 14.4％ とほぼ同一の大きさである。大きな対外純資産をもつが，対外資産の中身をみると，突出して高いのが準備資産である。その割合は，資産の約半分である。そのため，所得収支も対外純資産の規模の割には，それほど大きくない。また，資産に占めるその他投資も大きな割合となっており，2015 年でみると直接投資を若干上回っているほどである。ここにも所得収支が不釣り合いな大きさであることの原因があるといえよう。このような事情はあるが，国際収支の動向を総合的に判断するならば，中国は成熟債務国段階から未成熟債権国段階への移行局面にあるということができよう。今後，対外資産の運用がより効率的なものに改善されていくならば，所得収支もさらに増加していくことが予想される。その時期が到来したときに，中国は成年債権国へと移行していくことになると考えられる。

タ　イ

タイの国際収支動向を示したのが図 6-9 である。

分　析

図 6-9　タイの国際収支動向（2000-2015 年）

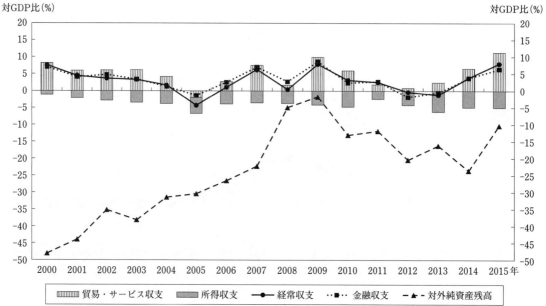

（出所）IMF, *Balance of Payments Statistics*, Washington, D.C., IMF, CD-ROM Version, August, 2016.

　貿易・サービス収支は対GDP比でみて，概ね5〜10%で堅調に黒字を計上している。その一方で，所得収支は5%前後で赤字となっている。双方を合わせた経常収支は1990年代ほどの勢いはないもののプラスを記録している。近年の途上国ではよくみられる事実であるが，開発資金がまだまだ必要な段階において経常収支の黒字，言い換えるならば貯蓄超過状態にある。そして，経常収支の黒字，それは金融収支の黒字ということであり，資本を輸出しているということになる。これはアジア通貨・金融危機後にしばしば観察される事実であるが，それがタイにも当てはまる。対外資産に占める準備資産の比率が高いことからも，急激な資本移動の変化に対応しようという行動が反映されている。急速な準備資産の蓄積が対外純資産の大きなマイナスを縮小させている。このような事情はまた，同国の所得収支が恒常的なマイナス状態にあることの1つの原因ともなる。このようなタイの国際収支状況から判断する限り，成年債務国から成熟債務国への移行が進んでいる状況であるといえる。韓国や台湾などの先発アジア工業国と比較すると，所得収支や対外純資産にプラスの動きがみえないことからも，1段階から2段階近く後塵を拝していると評価できる。

マレーシア

　図6-10はマレーシアの最近の国際収支動向を示したものである。近年，貿易・サービス収支は減少傾向にあるものの，依然として大きな黒字を計上し続けている。その一方で，規模はそれほど大きくはないが，所得収支は恒常的にマイナスとなっている。両者を総合した経常収支は黒字となり，それを反映して金融収支も黒字である。これはタイでも観察されたことであるが，その特徴が鮮明に表れている。そして対外純資産も純債務国から純債権国へと転換を遂げている。準備資産の拡大に加え，経常収支の黒字で手にした資金を直接投資やポートフォリオ投資に向けていることが，この動きを説明してくれる。これらの動きを総合的に評価するならば，韓国，台湾，中国に続く，国際収支段階にある。より具体的にいうならば，マレーシアは成熟債務国段階から未成熟債権国段階への移行局面にあるということができよう。

図 6-10 マレーシアの国際収支動向（2000-2015 年）

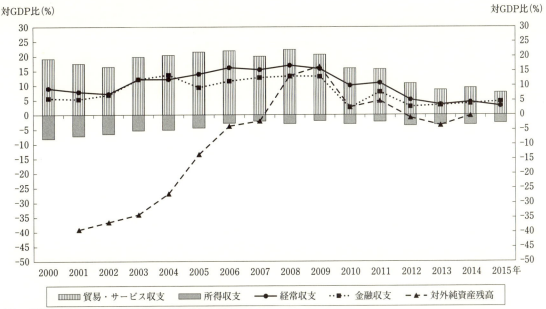

(注) 対外純資産残高のデータは 2001 年から 2014 年までである。
(出所) IMF, *Balance of Payments Statistics*, Washington, D.C., IMF, CD-ROM Version, August, 2016.

インドネシア

近年のインドネシアの国際収支動向を示したのが図 6-11 である。2000 年から 2011 年までは貿易・サービス収支において黒字を計上してきたが，その後は赤字に転じている。同期間の所得収支は一貫して赤字となっている。そのため，経常収支の動向は貿易・サービス収支の動きと同一であり，金融収支も軌を一にしている。2000 年代前半は経常収支が黒字であったため，対外純資産も大きくマイナスを縮小させてきたが，その後，経常収支の黒字幅が小さくなるにしたがい，対外負債が思うように減少しなくなった。対外純債務の大きさを対 GDP 比でみると，約 45％ で足踏みを続けている。主要輸出品目の石油・ガスの価格が世界景気の低迷により低下したことが大きな原因と考えられる。一次産品輸出に依存した途上国の典型的な形であるといえる。このようにみてくると，インドネシアの国際収支は未成熟債務国段階にあるといえよう。輸出が好調に推移していたとしても，なんとか成年債務国の仲間入りができるかどうかの瀬戸際にあると評価できよう。

フィリピン

図 6-12 はフィリピンの国際収支動向を示したものである。これまでみてきた諸国とは異なる構造を示している。貿易・サービス収支は一貫して赤字である。所得収支の大きさはそれほど大きくなく，赤字や黒字を繰り返している。それにもかかわらず，経常収支が黒字となっている。その理由は，官民の無償資金協力，寄付，贈与の受払などから構成される第 2 次所得収支で黒字を計上しているからである。そのため，金融収支はほぼ黒字で推移している。この点がフィリピンと他の諸国の国際収支構造で大きく異なる点である。対外純資産については，2000 年代初頭には対 GDP 比 50％ で純債務国であった。その後，10 年ほどの間にその比率を 10％ まで低下させてきた。他の諸国同様に，フィリピンにおいても対外資産に占める準備資産の割合が高い。これが対外純資産のマイナス幅を大きく低下させる要因となっている。このようにみてくると，国際収支構造においてインドネシアとは異なるものの，未成熟債務国段階にあるといえよう。

分　析

図 6-11　インドネシアの国際収支動向（2000-2014 年）

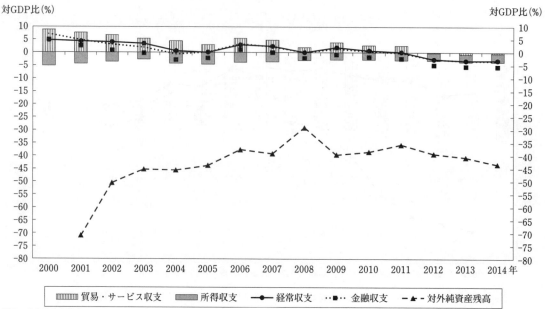

（注）　対外純資産残高のデータは 2001 年から 2014 年までである。
（出所）　IMF, *Balance of Payments Statistics*, Washington, D.C., IMF, CD-ROM Version, August, 2016.

図 6-12　フィリピンの国際収支動向（2000-2015 年）

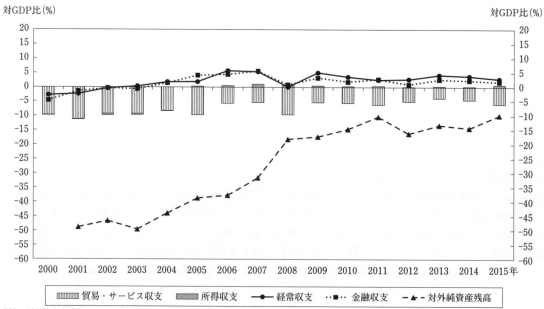

（注）　対外純資産残高のデータは 2001 年からである。
（出所）　IMF, *Balance of Payments Statistics*, Washington, D.C., IMF, CD-ROM Version, August, 2016.

第6章 アジア通貨・金融危機

東アジアは，経常収支を黒字化させ，対外純資産を累積させるか，対外純債務を縮小させる傾向にある。そして，対外資産において豊富な外貨準備を保有している。この外貨準備保有行動は，アジア通貨・金融危機において資本流出に対応できなかったことの教訓によるものであろう。しかし，このような巨額の外貨準備が必要なのであろうか。この外貨準備を国内投資に振り向けたならば，より高い経済成長が実現できるはずである。東アジアにはインフラ建設などの投資機会が豊富にある。そのような投資が実施され，社会基盤資本が充実すれば，それは持続的な経済成長につながるはずである。このように外貨準備で資金を保有しているということは，大きな機会費用である。この意味でも，経済危機を再発させないような金融システムを構築するする必要がある。それと同時に，経済の構造改革を行い，マクロ経済の安定化[7]を実現することが何よりも重要となる。

おわりに

1980年代後半以降，東アジアはめざましい経済発展を遂げた。同地域は他の開発途上国と比較して高い国内貯蓄率を誇っていた。しかし，その貯蓄率をはるかに上回る投資需要が存在し，これを支えたのがさまざまな形態で流入する海外資金であった。そのため，経常収支赤字をはるかに凌駕する資本収支の黒字が発生した。この海外資金の流入は，1980年代後半から進められてきた金融自由化の一環としての資本取引の自由化が大きな背景となっていた。しかし，資本取引の自由化が急速に進んだのに対して，国内金融システムの整備は十分でなかったのである。そのため，海外資金流入によるファイナンス構造に上記で述べたようなミスマッチが生じ，危機を深刻足らしめることになったのである。資金不足が大きな制約と

なる開発途上国は海外資金の流入に依存しながら経済発展を遂げていかざるをえないが，今回の東アジアに蔓延した通貨・金融危機からも明らかなように，海外資金流入に対応しうるような国内金融システムの構築がなされなければならない。そして，短期性資金の流入には細心の注意を要することも明らかとなった。また，短期性資金の流入を後押したドル・ペッグ制（固定為替レート制）という為替レート・システムが東アジアにとって望ましいものなのかどうか，という問題も提起している。東アジアが持続的な経済発展を遂げるためには海外資金の流入は欠かせないが，資金流出入に耐えうるような為替レート・システムの選択と国内金融システムの改革が望まれよう。

---

7) 通貨・金融危機が発生する前には，マクロ経済的にみて不安定要因となる経済指標がシグナルを発しているはずである。これらの研究については Goldstein, Kaminsky, and Reinhart（2000）がある。このマクロ経済的安定を実現するためには，一般的には「ワシントン・コンセンサス」と呼ばれている，経済の制度改革や構造調整が必要となる。債務危機から中南米を再起させるために，Williamson（1990）によって提唱されたものであり，具体的なプログラムは Harberger（1984）にならったものである。その内容を読めば明らかなとおり，単純に「自由化論」を提唱しているわけではない。むしろ，マクロ経済を安定化させるうえで必要な取組みである。この点については，Corbo, Goldstein, and Khan（1987），および Kuczynski and Williamson（2003）も参照されたい。

111

第7章　グローバル・ファイナンスと東アジア

はじめに

近年，日本や中国をはじめとする東アジアで急速に外貨準備が増加している。同地域はアメリカへの輸出に依存する輸出主導型経済であり，貿易を通じた経常収支黒字を拡大させている。経常収支黒字で手に入れたアメリカ・ドル（以下，ドルとする）をアメリカ財務省証券などに投資して，外貨準備を運用している。このため，アメリカ財務省証券の約半分が外国保有となるほどである。一方，アメリカからみれば，経常収支黒字国からの資金流入により，自国の経常収支赤字がファイナンスされることを意味する。このような黒字国からのアメリカへのドル資金の還流がなければ，アメリカの経常収支赤字や財政赤字は持続しえない。

このようなドル資金の還流というグローバル・ファイナンスの構造はとりたてて珍しいものではない。ドルを基軸通貨とする戦後のドル体制下において，経常収支黒字国は同様の役割を果たしてきた。これまでは西ドイツや日本などの先進工業国が担ってきた役割を，発展段階の低い開発途上国や新興国が担っている点に近年の特徴がある。

通常，開発途上国は高い経済成長を実現するために，国内投資を増加させようとする。そのため国内資金需要は急速に拡大する。この資金需要をファイナンスするための1つの手段が国内貯蓄である。経済成長の結果として所得が増加し，貯蓄も増加することが見込まれる。しかし，貯蓄を大きく上回る国内投資が存在し，資金不足に陥ってきたという歴史がある。資金需要の大きな開発途上国に外貨準備が蓄積されているということは，注目に値する経済現象である。

この外貨準備の蓄積は，グローバル・インバランス（世界的な不均衡）の原因であるとされている。例えば，Bernanke（2005）は，「過剰貯蓄（Global Saving Glut）」説を展開している。東アジアが貿易収支の黒字化を通じて，外貨準備を蓄積していることが世界的な不均衡の原因だとしている。この点をアメリカの対外債務のサステナビリティを左右する国際通貨システムの観点から検討したのが，Dooley, Folkerts-Landau, and Garber（2003）である。同論文では，東アジアをはじめとする貿易黒字を計上する新興国がブレトンウッズ体制を支えるという主張が展開されている。そして，1971年まで存続したブレトンウッズ体制とは，資本移動の自由や為替管理などの点で大きく異なるゆえに，現行システムをブレトンウッズⅡと称している。この見解によれば，ブレトンウッズ体制が存続する限り，グローバル・インバランスは持続するとみられている。Bernanke（2005）やDooley, Folkerts-Landau, and Garber（2003）の議論は，対外不均衡の原因が新興国の貯蓄率上昇にあり，輸出主導型成長を遂げる新興国が貿易黒字で得た外貨をアメリカへ資本輸出することで，アメリカの対外赤字がファイナンスされる点を指摘している。しかし，これらの議論では，新興国が外貨準備を累増させてきた理由を説明できない。

この点を補っているのが，Obstfeld and Rogoff（2009）である。彼らは，新興国の貯蓄・投資バランスに着目し，2003年頃から貯蓄率の増加ペースが速くなっていることを指摘している[1]。この点に加え，天然資源などの商品価格の高騰を通じた所得の増加が，新興国の貯蓄率を引き上げていることに着目している。また，Caballero et

---

1) 松林（2010a），および松林（2010b）に詳しい。

112

al.（2008b）は，新興国の資産市場の発展が遅れていることが，アメリカへの資本輸出を増加させる要因となっていることを指摘している。

上述のとおり世界規模での対外不均衡の拡大メカニズムは理論・実証の両面で詳細に展開されるようになってきている。そこで，本章においてもグローバルな不均衡問題について多角的に分析を加えていく。まず，Dooley, Folkerts-Landau, and Garber（2003）らが指摘するブレトンウッズIIについて検討を加え，国際通貨システムの観点から対外不均衡問題にアプローチする。

第2節では，対米貿易黒字と外貨準備の動向を検討する。東アジアは対米貿易黒字で獲得したドル資金をアメリカへ資金還流させるうえで，重要な役割を果たしている。とりわけ日本と中国がアメリカ財務証券の海外引受けにおいて高いシェアを示していることからも，この点を確認する。第3節では，対外不均衡問題で注目されている中国の状況について検討を加える。政策論争の場では人民元の切上げがテーマになっているが，この第3節では，貿易構造や実質為替レートの決定の観点から要約的な考察を加えることにする。

(1) 「ブレトンウッズII」論について

本節では，Dooley, Folkerts-Landau, and Garber（2003）らが指摘するブレトンウッズIIについて検討を加えていくことにする。

マイケル・ドゥーリーらの見方によれば，世界は3つの地域から構成される。第1地域には，このシステムの中心国としてアメリカが位置づけられている。第2地域は「貿易収支地域（trade account region）」と名称づけられ，アメリカへの財・サービスの輸出に強い関心をもつ国，例えば，日本をはじめとする東アジアで構成される。そして，第3地域は「資本収支地域（capital account region）」と呼ばれ，ヨーロッパ，カナダ，オーストラリア，および中南米が想定されている。この地域は，対米投資の収益率とリスクに関心をもち，収益率やリスクの変動次第では投資対象国を変えるグループである。その意味で，アメリカへ

の資金移動には，第2地域よりも不安定さがともなう。このような性格をもつ地域から構成された世界において，アメリカと，それをとりまく2つの地域からのアメリカへの資金還流で「ブレトンウッズII」体制が維持されると考えられている。

「貿易収支地域」はアメリカへの輸出に最大の関心をもつ国々であり，輸出主導型成長を遂げている。貿易黒字が増大すると黒字国の為替レートは増価する。その増価圧力を緩和するために，アメリカへの資本輸出が行われる。これによりアメリカの経常収支赤字はファイナンスされるとする。

「資本収支地域」は貿易よりも対外投資に関心をもつ国々である。アメリカの経常収支赤字が累増し，国際投資に対するリスクが高まればアメリカへの投資を減少させる。しかしそのようなリスクが小さければ，アメリカへの投資を行うとする。

アメリカは両地域からのドル資金の流入により経常収支赤字をファイナンスすることができる。しかし，「資本収支地域」からの資金流入は，経常収支赤字の拡大により先細りになる可能性がある。それに対し，「貿易収支地域」からの資金流入は持続可能性が高いとしている。先にも指摘したように，「貿易収支地域」の最大の関心事は対米輸出である。アメリカへの輸出で経済成長を実現するとともに，資本輸出を通じて自国通貨の増価圧力を緩和できるという利点がある。一方，アメリカは東アジアからの資本流入により経常収支赤字をファイナンスすることができる。言い換えれば，投資超過状態を維持することができ，経済成長の恩恵に与れる。

以上が，「ブレトンウッズII」論の骨格であるが，このようなシステムが存続可能であるためには，いくつかの前提条件がある。ドゥーリーらの議論では「貿易収支地域」に大きな期待を寄せているが，これら地域が今後も対米輸出に依存し続けていくことが大前提である。この前提をもとに，対米輸出を行うために対ドル・レートを安定的に維持する必要性もでてくる。そしてまた，貿易黒字の為替レート増価効果を緩和するための対米投資が行われ，その結果として，アメリカの経常収支赤字がファイナンスされることになる。

「ブレトンウッズⅡ」論を整理すると，高度経済成長期のアメリカと日欧の関係になぞらえることができる。当時も，日本，西ドイツをはじめとするヨーロッパ諸国が財・サービスの対米輸出を通じてドル準備を増加させていった。このドル残高がアメリカの保有する金の量を凌駕した。当時は，公的機関に限って金1オンス35ドルでの金交換が認められていた。そのため，ドル残高の累積は，金兌換への圧力を徐々に高めることになった。先進国は国際協調の名のもとに，金プール制などの枠組みを構築して金兌換を控えた。しかし，この努力もむなしく，戦後から維持されてきた固定為替レート制は，1971年のニクソン・ショックにより幕を閉じた。

この間の歴史的な流れを国際通貨システム論からみると，アメリカは国際流動性を国際収支の赤字を通じて供給してきた。このドルの供給で国際的な経済取引の拡大が可能になったことの意義は大きい。しかし，ドルの供給量の増加は，アメリカの国際収支赤字の拡大を意味する。アメリカが国際収支赤字を拡大させていく一方で，日本や西ドイツなどのヨーロッパ諸国は黒字を拡大させていくという構図が登場する。いわゆる対外不均衡の問題が登場するのである。国際通貨システムの視点からみれば，この不均衡を為替レートなどの調整を通じて解消していく必要がある。ドル残高の累積は，金兌換制を維持できなくなり，やがて国際通貨ドルの信認問題を引き起こすからである。

この問題は，トリフィン（Robert Triffin）らの多数派が指摘した「流動性ジレンマ論」である[2]。なお，これに対して少数派の意見としては，キンドルバーガー（Charles P. Kindleberger）らが，アメリカを「世界の銀行」とみたて，アメリカの「短期借り・長期貸し」を正当化する議論を展開している[3]。このような少数派の議論の背景には，ドル体制においてアメリカと周辺国の役割の間に非対称的な関係があることを前提にし，これを今後も維持するという認識があると考えられる。アメリカと周辺国の非対称的な関係は，ドルが世界の準備通貨であるという現実と大きくかかわっている。この点については，徳原（2011）で詳細に議論をしたので，ここでは触れないが，アメリカが抜本的に対外不均衡の調整に取り組まずにすんだ理由も，ここにある。そのため，戦後の固定為替レート制が崩壊していくことになる。

ドゥーリーらの主張する「ブレトンウッズⅡ」論は，戦後の高度経済成長期に日本や西ドイツが果たした役割を日本や中国などの東アジアに肩代わりさせようという意図が感じられなくもない。日本や中国が対米貿易黒字で獲得したドル資金を，財務省証券への投資という形でアメリカに還流させる。この資金還流によりアメリカの対外赤字はファイナンスされ，アメリカの対外赤字の調整は先延ばしにされる。彼らの議論がアメリカの対外赤字のサステナビリティ論で展開されていることを考えるならば，日本や中国がドルの資金還流機能を担えば，現行のドル体制は維持可能になる。そのメカニズムは，ブレトンウッズ体制時代のものとよく似た構図である。この点からみると「ブレトンウッズⅡ」論という名称もうなずけよう。

次節では，1990年代後半から，日本や中国をはじめとする，東アジアの対米貿易黒字国が外貨準備を積み上げてきた経緯をデータから確認する。そして，この外貨準備の運用手段として，アメリカ財務省証券に投資がなされていることをアメリカのデータから確認する。

(2)アメリカと東アジア主要国のインバランス

東アジアは，1980年代後半から1990年代後半期にかけて，海外直接投資を梃子とした輸出主導型の急速な経済発展を経験してきた。東アジアは

---

2) ロバート・トリフィンの「流動性ジレンマ」論については，Triffin（1960）を参照されたい。この議論に対して，McKinnon（1969）は，トリフィンの議論が国際通貨の公的機能に触れたものであり，私的機能を無視しているという議論を展開している。

3) アメリカを「世界の銀行」とみたて，「短期借り・長期貸し」を支持する議論については，Despres, Kindleberger, and Salant（1966）を参照されたい。その後のアメリカの政策展開をみるならば，理論的な成否はおくとして，この少数派意見を支持してきたように考えられる。

第7章　グローバル・ファイナンスと東アジア

図7-1　名目為替レートの推移（1997年1月-2009年8月，月次ベース）

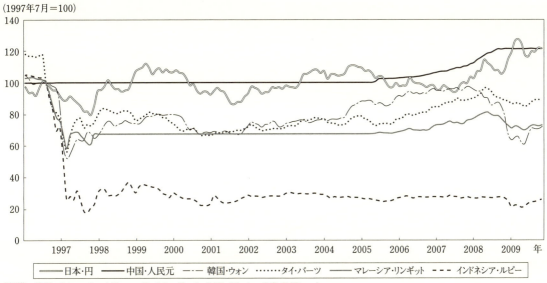

(出所) IMF, *International Finance Statistics Yearbook*, Washington, D.C., IMF, various years.

同期間に年率平均約10%の経済成長を経験し，世界経済の成長を牽引してきた。1997年のアジア通貨・金融危機により，このような高成長路線は持続不可能になったかにみえた。しかし，東アジアは，危機後の為替レートの調整を通じて，2000年頃から再び回復軌道にのり，比較的高い経済成長を持続させてきた。

　この成長を支えた主たる要因は，対米，および東アジア域内で活発化する輸出である。アジア通貨・金融危機により，それまで過大評価気味であった為替レートが調整され，大幅に為替レートが下落した（図7-1参照）。為替レートの減価により，東アジアは輸出の価格競争力を高めることができた。東アジアは，為替レートの減価を通じて輸出を拡大させ，それを通じて経済成長を回復させたのである。その結果として，日本，中国をはじめとした東アジアは巨額な貿易黒字を記録している。この東アジアの輸出を支えたのが，アメリカである。アメリカは東アジアの輸出のアブソーバー役を果たした。そのため，アメリカの対東アジア貿易は大幅な赤字となり，貿易摩擦問題が再燃している。

　これまでも，日本の対米貿易黒字は，アメリカとの貿易摩擦問題を生み出すなど，日米の政策論争においても中心的なテーマとして掲げられるほど，大きな規模であった。しかし，近年，日本を凌駕する規模で貿易黒字を拡大させているのが中国である。2005年に日本の貿易黒字を上回り，2008年にはアメリカの貿易赤字の半分に相当する3,489億ドルまで拡大している（図7-2参照）。中国は，アメリカやヨーロッパなどの対先進国貿易において大幅な黒字を計上しているため，政策対応において厳しい状況におかれている。その1つが元の切上げである。図7-1をみると2005年以降，名目為替レートは緩やかに上昇している様子がうかがえるが，貿易黒字の規模が大きいため，為替レートの増価による貿易黒字削減効果は乏しく，貿易黒字は増加傾向にある。

　東アジアが貿易黒字を累積させていく一方で，アメリカの貿易収支は赤字の一途を辿った。アメリカの貿易収支は恒常的に赤字であることに変化はないが，その赤字幅が2000年以降急速に拡大している点が最近の特徴である。2000年の貿易赤字額は3,795億ドル，対GDP比3.8%であった。2000年のITバブル崩壊後の回復過程で，アメリカは低金利政策などを通じて急速な景気回復を実

分　　析

図7-2　アメリカと東アジア主要国の貿易バランス（2000-2008年）

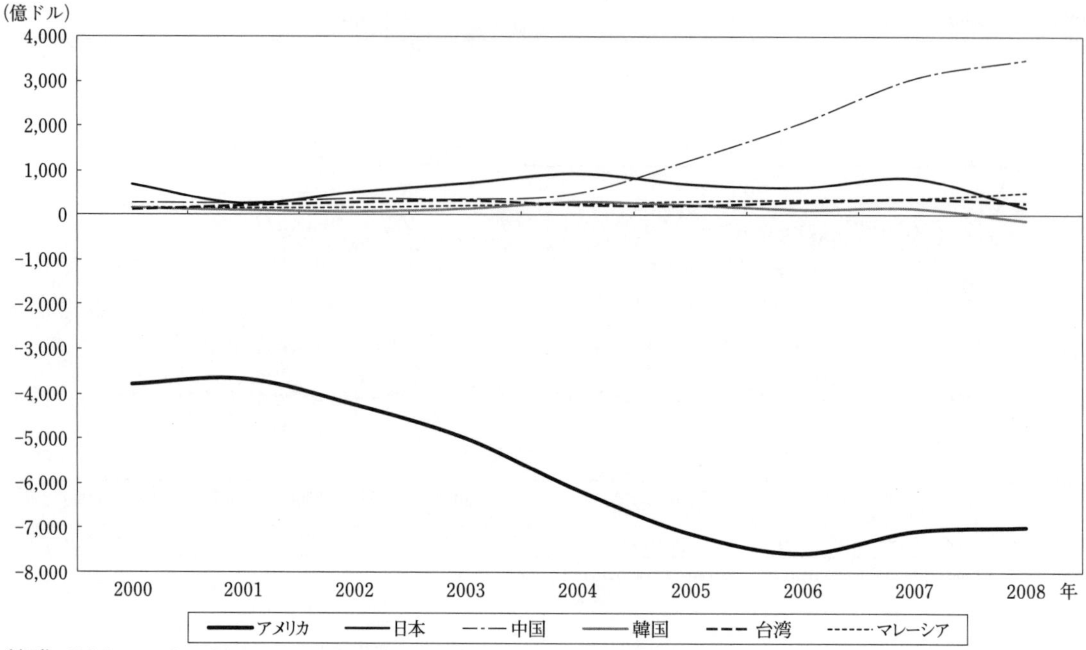

（億ドル）

（出所）U.S. Bureau of the Census, Foreign Trade Division, Data Dissemination Branch, Washington, D.C., U.S. Bureau of the Census, *no. 20233.*

現している時期である。この景気回復と同調する
ようにその後も貿易収支の赤字は拡大し，ピーク
時の2006年には7,573億ドル，対GDP比5.7%
となった。この間，貿易赤字は2倍に膨張してい
る。その後，2008年には6,988億ドル，対GDP
比4.9%となり，赤字額は若干縮小した。しかし，
アメリカの貿易赤字は依然として世界最大の規模
である。そして，この貿易赤字の大半を生み出し
ている相手は東アジアである。

　1997年のアジア通貨・金融危機以後，東アジ
アは大幅な為替レートの減価を通じて輸出を拡大
した。これにより急速な経済回復を遂げ，再び成
長軌道に復帰した。アメリカ経済は東アジアから
の輸出のアブソーバー役であった。2000年以降，
2国間でみた貿易赤字は東アジア地域で最大とな
った。このことを示しているのが，図7-3である。
同図は，アメリカの貿易赤字額に占める相手国別
の貿易赤字の比率を示している。ここで取り上げ
た東アジアとは，日本，中国，韓国，台湾，およ
びマレーシアである。この2国間貿易赤字の比率
をみると，東アジアだけでアメリカの貿易赤字の

50%前後を占めていることがわかる。上記の国
のほかにも東アジアでは対米貿易黒字を計上して
いる国があるため，アメリカの貿易赤字の相手国
は東アジア地域に集中しているといえよう。東ア
ジアの中でも特に中国の対米貿易黒字の拡大テン
ポは急速であり，2008年には対米貿易赤字に占
める中国のシェアは38.4%となっている。これ
に日本を加えると，ほぼ対米貿易赤字の50%を
日本・中国両国で占めていることになる。

　このように，アメリカと東アジアの間で大きな
貿易インバランスが存在する。このインバランス
の主因は，これら諸国の国内における貯蓄・投資
のインバランスにある。貿易収支は国内の貯蓄・
投資バランスを対外的に写しだしたものであるか
らである。東アジアは貿易黒字を計上しているの
で，貯蓄超過状態にある。逆に，貿易赤字を抱え
るアメリカは投資超過状態にある。これら諸国の
貯蓄・投資バランスについて以下で観察すること
にする。

　図7-4はアメリカの貯蓄・投資バランスの推移
を示している。同図から明らかなように，アメリ

116

図 7-3 アメリカの対東アジア貿易赤字のシェアの推移（2000-2008 年）

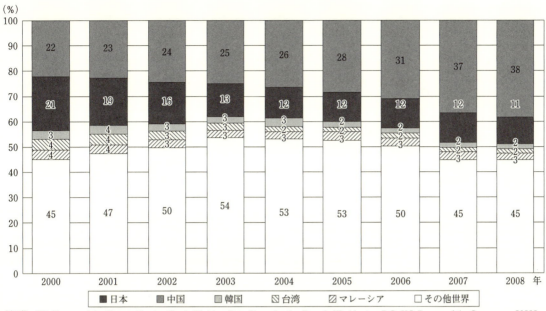

（出所）U.S. Bureau of the Census, Foreign Trade Division, Data Dissemination Branch, Washington, D.C., U.S. Bureau of the Census, *no. 20233*.

図 7-4 アメリカの貯蓄・投資バランスの推移（1990-2007 年）

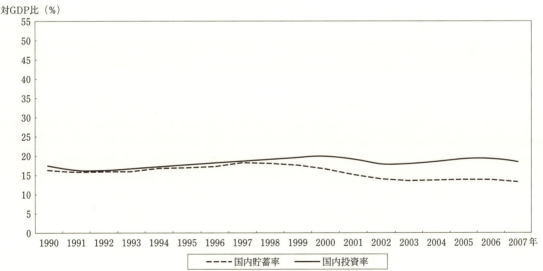

（出所）IMF, *International Financial Statistics Yearbook*, Washington, D.C., IMF, various years.

カの貯蓄・投資バランスは恒常的に貯蓄不足となっている。特に，1990 年代後半からその傾向は拡大している。投資の水準は 16〜17％ で安定しているのに対して，2000 年以降貯蓄が減少している。この時期，アメリカは IT バブルの崩壊や同時多発テロなどによる景気後退に見舞われた。この景気後退を回避するために，矢継ぎ早に FRB は金利を引き下げ，住宅投資を拡大させた。

分　析

図7-5　中国の貯蓄・投資バランスの推移（1990-2007年）

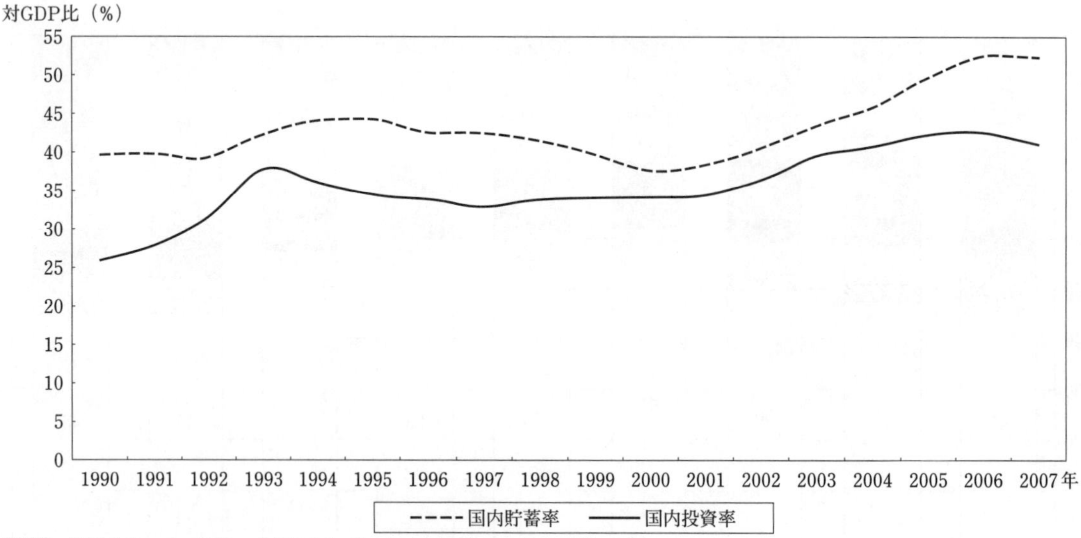

対GDP比（％）

（出所）　IMF, *International Financial Statistics Yearbook*, Washington, D.C., IMF, various years.

住宅投資の急増により，不動産および住宅価格が上昇した。資産価格の上昇はアメリカの消費を拡大させることで景気を回復させた。しかし，この景気回復の背後で国内貯蓄率は低下し，巨額の貿易赤字を計上したのである。

　これに対して，東アジアで最大の対米貿易黒字を計上している中国は，恒常的に貯蓄超過状態にある。2000年以降，貯蓄・投資の水準はともに上昇している（図7-5参照）。旺盛な投資にもかかわらず，それを上回る貯蓄水準である。2000年代半ばには，対GDP比50％を超えている。中国の国内消費は他の諸国と比べて10％ほど低い水準にあるといわれているが，まさにこのような事情を裏づける結果となっている。所得格差，失業問題や社会保障制度など多数の難題を抱えていることが，消費よりも貯蓄を拡大させる要因となっている。大幅な国内貯蓄超過状態の反映として，中国は対外面で膨大な貿易黒字を計上している。中国の貿易構造をみると，アメリカやヨーロッパなどの対先進国貿易において黒字を計上しているのが特徴である。逆に，東アジアや大洋州などの国との関係では中国は貿易赤字となっている。この構図は，製造業のグローバル・サプライ・チェーンの結果として表れたものといえる。

　中国にならぶ東アジアの貿易黒字国は日本である。日本は，長引く不況や少子高齢化などの影響により，内需が低迷し，2000年頃より対外依存度を高めている。また，1990年以降，貯蓄・投資の水準は徐々に低下し，直近の2007年では対GDP比で25％ほどである。この間，貯蓄と投資はほぼ10％低下している。しかし，このように水準自体は低下しているものの，貯蓄超過状態は依然として維持されている。そのため，貿易黒字の状態に変化はみられない（図7-6参照）。

　韓国は，1990年代半ば頃まで，投資が貯蓄を若干上回っていたが，大きなインバランスとまではいえない状況にあった（図7-7参照）。しかし，1997年末から1998年初頭に生じたアジア通貨・金融危機を境に，韓国の貯蓄・投資バランスに大きな変化が生じた。投資率は30％前後と比較的安定しているが，1990年代前半の高度経済成長期と比較すると，5％強投資率が低下している。このような投資率の低下とともに，貯蓄率も低下している。しかし，1990年代とは明らかに異なり，貯蓄率が投資率を恒常的に上回る状態が続いている。アジア通貨・金融危機以前には投資超過に陥りやすい状況にあり，このギャップを埋めるために，海外資金に依存していた。しかも満期の

118

第7章 グローバル・ファイナンスと東アジア

図7-6 日本の貯蓄・投資バランスの推移（1990-2007年）

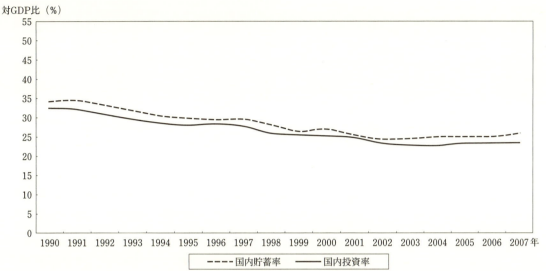

（出所）IMF, *International Financial Statistics Yearbook*, Washington, D.C., IMF, various years.

図7-7 韓国の貯蓄・投資バランスの推移（1990-2007年）

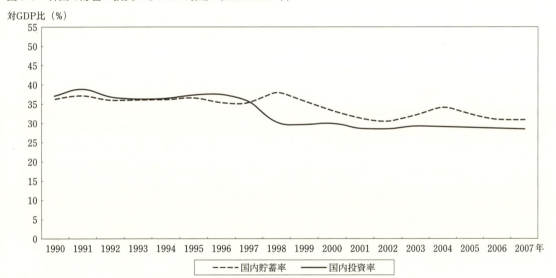

（出所）IMF, *International Financial Statistics Yearbook*, Washington, D.C., IMF, various years.

短い資金でファイナンスしていたことが危機の原因であった。そして，この短期資金の返済を行うための外貨準備も底をつき，韓国は事実上のデフォルト状態に陥った。危機以後の貯蓄・投資バランスは，投資を抑制しているようにさえみえるほど，安定的に推移している。貯蓄率は投資率を上回るように推移しており，韓国においても貿易黒字が常態化している。

台湾でも，日本や中国とならび貯蓄超過状態が常態化している（図7-8参照）。2000年以降，投資率が低下し，20％台前半で推移している。しかし，投資率の低下とは対照的に，貯蓄率は上昇傾向にある。2005年以降，貯蓄率は30％を超えて上昇し，貯蓄・投資のインバランスを拡大させ

分　　析

図 7-8　台湾の貯蓄・投資バランスの推移（1990-2007 年）

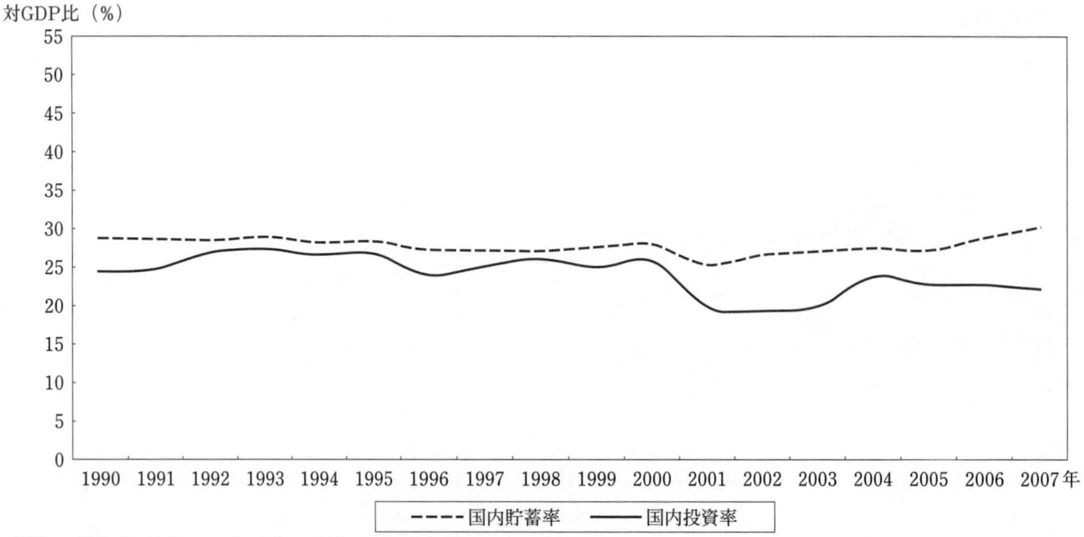

対GDP比（%）

（出所）　ADB, *Key Indicators for Asia and The Pacific*, Manila, ADB, various years.

ている。この動きを反映して，貿易黒字も拡大する傾向にある。

　マレーシアは，アジア通貨・金融危機以前は，1990 年代の高度経済成長期には投資が拡大し，貯蓄率を上回る年もあったが（図 7-9 参照），貯蓄・投資バランスはほぼ維持されてきた。しかし，アジア通貨・金融危機以降，投資率は急激に低下している。ピーク時には対 GDP 比 45% あったものが，最近においては 20% 台を推移している。これに対して，貯蓄率は 40% 台を維持しており，国内の貯蓄・投資インバランスは拡大している。そのため，東アジアの他の諸国と同様に，マレーシアも貿易黒字状態にある。

　このように，アメリカの投資超過状態とは異なり，東アジアでは貯蓄超過状態が続いている。特に，2000 年以降，その傾向は顕著になっている。アメリカの貿易赤字拡大と東アジアの貿易黒字拡大は表裏一体の関係にある。そして，このインバランスの背景には，アメリカの投資超過と東アジアの貯蓄超過という国内バランスの相違が反映されているのである。

　東アジアはアメリカに対して大幅な貿易黒字を記録している。アメリカと東アジアとの貿易取引通貨は基本的にはドル建てである。そのため，貿

易黒字に相当するドルを受け取ることになる。東アジアはこのドル資金を外貨準備として蓄積している。貿易黒字が拡大するにつれて，外貨準備も増加する傾向にある。この傾向を示したのが，図 7-10 である。2005 年までは日本が最大の外貨準備保有国であった。それ以降は中国が第 1 位の座につき，急速に外貨準備を増大させている。2008 年には中国は約 2 兆ドル，日本は 1 兆ドルとなっている。その他の東アジアの国々でも外貨準備を拡大させている。この外貨準備の大半は，東アジアでは貿易・金融取引の理由などにより，ドルで保有されているとみられる。そして外貨準備ドルの大半は，アメリカ短期財務省証券などで運用されているとみられる。

　図 7-11 は，アメリカ財務省証券の東アジア主要国の引受額の推移を示している。2000 年以降，アメリカの財務省証券の海外引受分が急増している。その中でも日本の引受額は突出しており，2000 年の 3,177 億ドルから 2004 年のピーク時には 6,899 億ドルとなっている。中国の引受額も近年急増している。2000 年の 603 億ドルから 2008 年の 7,274 億ドルまで増加した。この間，財務省証券の引受額を 10 倍強増加させており，一国ベースでは日本を抜き去り，第 1 位の座についた。

120

第7章　グローバル・ファイナンスと東アジア

図7-9　マレーシアの貯蓄・投資バランスの推移（1990-2007年）

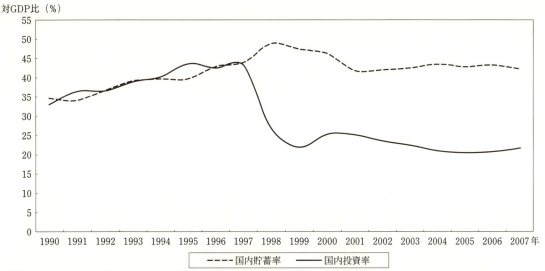

（出所）IMF, *International Financial Statistics Yearbook*, Washington, D.C., IMF, various years.

図7-10　東アジア主要国の外貨準備高の推移（2000-2008年）

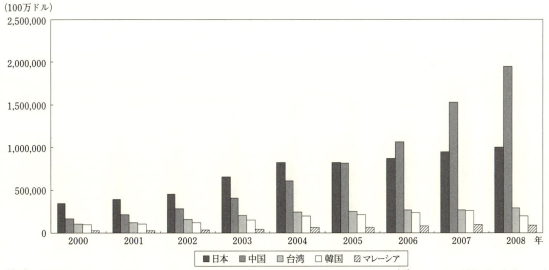

（出所）IMF, *International Financial Statistics Yearbook*, Washington, D.C., IMF, various years. なお，台湾については，ADB, *Key Indicators for Asia and The Pacific*, Manila, ADB, various years.

次の図7-12は，外国引受分に占める東アジアのシェアを示したものである。韓国，台湾では，5％以下でそれほど大きな動きはみられない。東アジア地域で突出した動きを示しているのは，日本と中国である。日本は2004年の37.3％をピークにそのシェアを落としてきており，2008年には20.3％となっている。一方，中国は2000年の5.9％から2008年の23.6％へと急増させている。日本と中国に加え，韓国や台湾を含めると，東アジア主要国で外国引受分の約50％を引き受けていることになる。

東アジアがアメリカ財務省証券を買うというこ

分　　析

図7-11　東アジア主要国のアメリカ財務省証券引受額の推移（2000-2008年）

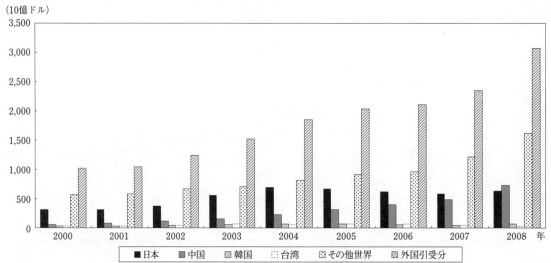

（出所）http://www.treasury.gov/resource-center/data-chart-center/tic/Documents/mfhhis01.txt より。

図7-12　東アジア主要国のアメリカ財務省証券の引受シェアの推移（2000-2008年）

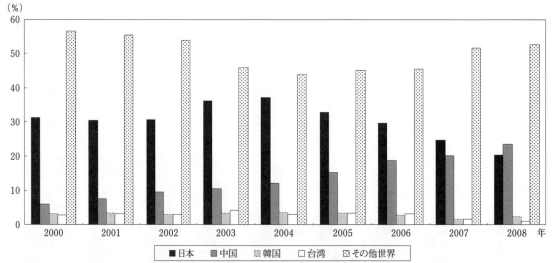

（出所）http://www.treasury.gov/resource-center/data-chart-center/tic/Documents/mfhhis01.txt より。

とは，東アジアからみれば外貨の運用であるが，アメリカにとってはドル資金の還流となる。還流したドル資金はアメリカの貿易赤字をファイナンスする重要な役割を果たす。このような資金還流メカニズムにより，貿易赤字をファイナンスできるのは，アメリカが準備通貨国という特殊な立場にあるためである。それは，ドルが基軸通貨とい

う役割を担っているためである。ドルは国際経済において多くの機能を果たしている[4]。これらの機能を果たしているがゆえに，周辺国はドルを準備として保有しておく必要がある。しかし，周辺国にとってドル資金を保有することは機会費用がともなう。そのため，財務省証券などの形での運用形態をとる。これが資金の還流の役割を果たし，

図7-13 東アジア主要国の名目為替レートの推移（2000年1月-2010年12月）

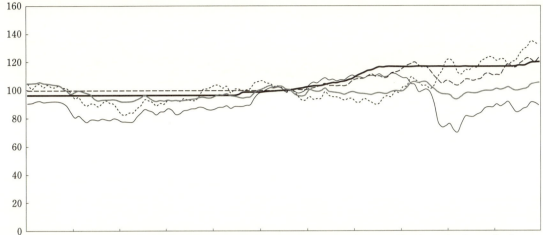

(2005年月中平均レート＝100)

凡例: 日本、中国、韓国、台湾、マレーシア

（注） IMF, *International Financial Statistics Yearbook*, Washington, D.C., IMF, various years.
（出所） 2005年の月中平均レートを100とした。100を超えると対ドルレートで自国通貨高となる。なお、台湾については、Department of Economic Research, The Central Bank of China, *Financial Statistics, Taiwan District, Republic of China*, (Compiled in Accordance with IFS Format), Taipei, Department of Economic Research, The Central Bank of China, various issues による。

アメリカの赤字ファイナンスを可能にしている。

このようなメカニズムは戦後のブレトンウッズ体制下で機能していたものである。当時は、日本、西ドイツなどの先進国がこの還流メカニズムを支えていたが、現在ではそれが東アジアや新興国などに変わっている。しかも、当時と異なり、資本移動の自由化により海外資金の移動が容易な環境になっている。そのため、ますます国際金融市場の一体化が進み、周辺国は海外資金の流れに影響を受けやすくなっている。そのため、独自の金融政策を実施することが困難になる。

周辺国にとって、外貨準備の増加はマネタリーベースの増加要因である。この増加は、銀行貸出などを通じて乗数倍のマネーストックを生み出す。これにより物価上昇圧力が高まると政策金利が引き上げられる。これにより各種金利も上昇する。周辺国とアメリカの金利格差が縮小すると、高金利の周辺国に向かって資金が移動するため、外貨準備が再び増加する。マネーストックの伸びを管理するための一般的な政策手段は、不胎化介入、公開市場操作や預金準備率の引上げなどの操作である。しかし、そのような操作手段の効果は、金融市場に厚みのない開発途上国では限定的にとどまる。このような事情から、アメリカとの金利格差に配慮しながら政策運営を行わざるをえなくなる。そのため、東アジアの政策金利は、相対的に

---

4) 国際通貨は以下のような機能を果たしている。

	民間部門	公的部門
交換手段	為替媒介通貨・決済通貨	介入通貨・公的決済通貨
計算単位	表示通貨・契約通貨	公的基準通貨
価値保蔵	資産通貨	準備通貨

（注） この表はCohen (1971) のp.18に掲げられているTable 1-1を参考に分類しなおされたものである。なお、McKinnon (1979) においても、国際通貨の機能についての議論がなされているので、そちらも参照されたい。
（出所） Krugman (1984), p.263, Table 8-1 より。

分析

図7-14 東アジア主要国の実質実効為替レートの推移（2000年1月-2010年12月）

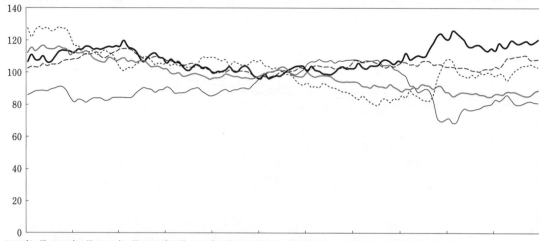

（注） 2005年の月中平均レートを100とした。100を超えると対ドル・レートで自国通貨高となる。
（出所） 国際決済銀行（BIS）データより。

アメリカよりも高い水準になる傾向にある。しかし，アメリカに比べ，東アジアの消費者物価上昇率も相対的に高い水準にある。そのため，実質金利でみればアメリカの金利が高くなる。このため，急激な資本流入を防ぐことができる。また，為替レートの上昇圧力を回避することも可能である。資本流入に加え，東アジアは巨額の貿易黒字を計上している。それゆえ，為替レートは増価しても不思議ではない。しかし，上記の図7-13からも確認できるように，2005年頃までは対ドル・レートで東アジアは通貨安状態が続いていたことになる。名目為替レートでみる限り，この期間において大きな増価圧力はかかっていないことになる。この動きを実質実効為替レートでみると（図7-14参照），2000年代前半においては，中国やマレーシアのような固定為替レート制，管理変動為替レート制に近い体制を採用する通貨は若干自国通貨高で推移している。しかし，2000年代半ばになると，自国通貨安の方向に動いている。

2005年以降の為替レートの動きをみると，名目為替レートと実質実効為替レートでほぼ同一の動きがみられるのは中国であり，いずれも元が増価している。その他の通貨においては，トレンドとして，ほぼ横ばいか自国通貨安で推移している。為替レートの顕著な増価傾向はみられない。

対米金利格差を維持する方向での金融政策運営と，対米資本輸出を通じて，東アジアは自国通貨高の圧力を結果的に緩和しているものとみられる。アメリカは自国のマクロ経済状況に応じて金融政策を運営することが可能であるが，東アジアの政策運営にはそのような大きな裁量の余地はない。少なくとも資本移動が自由な世界で，為替レートをある程度コントロールしながら，金融政策を自律的に運営することは困難である。変動為替レート制へ移行するならば，そのような金融政策の自律的運営の余地は開けよう。しかし，その代償として，為替レートは大きく増価し，輸出の価格競争力を損なうものとなろう。東アジアは輸出主導型の成長戦略を採用する限り，為替レートの増価は是非とも回避したいであろう。

このような状況のもとでは，アメリカは周辺国がドルを受領する限り，このような還流メカニズムを通じて貿易赤字をファイナンスすることが可能である。しかし，これをブレトンウッズ体制の復活としてとらえ，しかもこのシステムが今後も存続していくとは断言できないであろう。アメリ

カが引き続き巨額の貿易赤字を計上していけば，ドル不安が再燃する。それはドルの下落となって表れるので，外貨準備保有国は為替差損を被ることになる。それはドルから他の通貨への乗換えを促すことになろう。確かに，ドル準備を保有する国は損失を被るが，その一方でアメリカも大きな調整局面に立たされることになろう。

東アジアからの資金還流が先細りとなり，アメリカの金利は上昇することになろう。この金利上昇により，投資と消費はアメリカの国内貯蓄水準に見合うレベルまで引き下げられることになろう。それは厳しい景気後退局面となって顕在化してくる。現在のドル体制がゆらげば，このような調整局面にアメリカは立たされることになる。これまでそのような事態に至らなかったのは，ドルの準備通貨機能にある。周辺国は取引費用を削減するために，ドルを外貨準備という形で受け入れてきた。そして，ドル資金をアメリカに還流させ，アメリカの貿易赤字をファイナンスしてきたのである。

⑶アメリカと中国のインバランス

前節では，アメリカと東アジアのインバランスをデータに基づきながら観察してきた。確かに，ドゥーリーらが指摘するように，「ブレトンウッズⅡ」論で指摘されているようなファイナンス構造が確認できる。そして，最大の対米貿易黒字を出しているのが中国であり，対外不均衡問題についての政策論争において当事国として対応を求められている。しかし，果たして中国が簡単に対応策を打ち出せるだけの経済的な条件が整っているのであろうか。この点を中国の貿易構造と，為替レートの調整の観点から検討していくことにする。

まず，中国の貿易構造であるが，中国は東アジア・大洋州地域において輸入超過となっている。2010年のデータによれば[5]，東アジア350億ドル，大洋州地域180億ドル，とそれぞれの地域で貿易

赤字を計上している。特に，これらの地域で大幅な赤字を計上している国は，日本，韓国，台湾，オーストラリア，ニュージーランド，ASEAN 4ヵ国となっている。これは，現在中国で展開されている製造業のグローバル・サプライ・チェーンのネットワークとほぼ一致している。そして，中国で生産された財・サービスが販売される地域は，中国が大幅な貿易黒字を計上するアメリカ（1,433億ドル），ヨーロッパ（1,030億ドル）である。このようにみるならば，現在の国際的な生産構造が続く限り，米中の対外不均衡は容易に解消できない。したがって，貿易黒字を通じて中国の外貨準備は増加していくことになろう。これ以外にも，経常移転収支，また海外直接投資などを含んだ資本勘定においても国際収支上で資金流入を計上している。また，国際収支上，近年大きな動きを示している「誤差・脱漏」項目の動きも，外貨準備増減の要因になっている。これらの点を考慮するならば，中国の外貨準備の急増の原因が，すべて同国の貯蓄・投資バランスだけにあるわけではないといえよう。製造業の生産が集積し，それを通じて高成長を実現している国には，さまざまな形で海外資金も集まるのであり，中国が政策対応により対外不均衡を調整することは困難であると考えられる。

近年の中国の貿易黒字を削減するために，政策論争において中国の為替レート運営についても議論されている。確かに，中国の為替レート運営は管理されており，為替レートの不均衡調整能力を向上させるために，柔軟に変動させる余地はある。しかし，為替レートによる調整で，どれほどの対外不均衡を改善させる余地があるのであろうか。この点についてはMcKinnon（2005, 2006, 2013）やFan（2006）において検討されている。例えば，McKinnon（2006）は，1994年から2004年の間のデータを用いて，中国の製造業名目賃金は11.7％増加したのに対して，同産業の労働生産性は9.5％から12％とした[6]。労働生産性の伸びに対

5）これらのデータは中華人民共和国国家統計局編『中国統計年鑑2010』中国統計出版社，2010年による。
6）この値は，Zhang and Tan（2004）の推定値を使用している。同論文では同期間の中国の労働生産性の年平均伸び率を12.32％としており，世界銀行のデータを使った推定値は9.41％である。

125

して賃金上昇は追いついていないものの，労働生産性の動きに近い形で名目賃金が上昇していることを指摘している。実質為替レートの決定において，賃金上昇率と生産性上昇率がうまく調和している場合には，実質為替レートはほぼ一定になると考えられる。別の言い方をすれば，賃金上昇率が労働生産性の伸び率を下回る場合には，為替レートの増価（ないしは通貨切上げ）に迫られる。先の指摘にもあるように，賃金上昇率と労働生産性の伸び率にそれほど大きな乖離はみられない。Fan（2006）によれば，このかい離を考慮しても年平均1％程度の為替レートの過小評価と推定している。この程度の過小評価であるならば，対米貿易黒字を解消できるほど大きな効果はないとされている。その意味では，対外不均衡に中国が果たせる役割は限られたものになると考えられる。しかし，中国は為替レート運営において柔軟性を高め，実質為替レートを継続的に増価させる必要がある。これにより輸入を拡大しインフレ圧力を緩和する。それと同時に，内需を拡大していくようなマクロ経済運営を行い，失業を回避していくしかないであろう。その意味では，貧困解消と農村地域の開発が必要となろう。中国全体の所得水準が上昇すれば，内需を拡大しやすくなる。

おわりに

　世界経済の成長において，アメリカが世界中の国に対し輸出市場を提供していることの意義は非常に大きい。巨大なアメリカ市場が存在すればこそ，新興国は対米輸出を通じて経済成長を実現できる。その一方で，アメリカは輸入増加により，対外赤字を累積させている。現行の国際通貨システムのもとでは，この赤字を黒字国からの資本輸入という形でファイナンスすることができる。この点をRueff（1971）は，「国際的に威信のある通貨を発行する国は苦もなく国際収支の赤字をだすことができるという素晴らしい秘密をもっている」と指摘している。また，フランスのド・ゴー

ル大統領は，これを「法外な特権」と呼んだといわれている[7]。通常の国であれば巨額な貿易赤字を抱えると，緊縮的な財政・金融政策の運営を求められると同時に，さまざまな構造調整を課される。そのため，国民全体が大きな痛みを受け入れなければならなくなる。しかし，アメリカはそのような厳しい対応を求められない。

　1960年代後半において，ヨーロッパ各国がアメリカに対して金融節度，または国際収支節度を執拗に求めた根拠がここにある。しかし，このような批判にもかかわらず，世界的インフレーションとIMF体制の崩壊を招来した。アメリカの対外赤字の持続可能性は徐々に失われてきており，このままではやがてドル不安が生じ，大幅な減価を招きかねない。ドル不安が生じれば，国際的な貿易・金融取引は混乱し，世界経済は低迷してしまう。このようなシナリオは是非とも回避しなければならない。

　まず，アメリカは自国の過剰消費を改める必要がある。これに対し東アジアをはじめとする新興国は内需を拡大していく必要があろう。これにより貿易バランスは改善をしていくであろう。東アジアは貯蓄過剰経済である。その貯蓄を消費に向けることで，貯蓄率は落ちるが，消費需要の拡大で投資が誘発され，経済を成長させることができよう。

　さらに，為替レート調整も避けられないであろう。現状では，ドルが過大評価されている一方で，輸出主導国の通貨が過小評価されている。輸出主導国の為替レートの上昇により，輸出は抑制されるとともに，輸入は増加することが考えられる。確かに，輸出の減少は新興国の経済成長にマイナスのインパクトを及ぼす。しかし，東アジアでは高い貯蓄率を維持している。この貯蓄を有効に投資に振り向けることができれば，高い経済成長を実現することは困難なことではない。

　また，開発途上にある国が，貿易黒字で獲得した外貨を先進国のアメリカに資本輸出を行うという姿は奇妙である。開発途上段階であれば，潜在

7）　Eichengreen（2006）によれば，「法外な特権」という言葉は，ド・ゴール大統領の演説で用いられていないことを指摘している。なお，この指摘はGourinchas and Rey（2005）にもとづくものである。

第7章　グローバル・ファイナンスと東アジア

的な投資機会も十分に残されているのであり，そ
れらの資金を国内投資に振り向けることでも経済
成長は可能である。

　これまで，アメリカは基軸通貨ドルの特権を享
受してきた。確かに，ドルの準備通貨機能により，
周辺国がドルを受領する限り，アメリカは対外債
務をファイナンスすることができた。ドゥーリー
らが主張するように，ブレトンウッズ体制の資金
還流メカニズムが東アジアによって担われている。
しかし，今後も東アジアがその役割を担い続ける
保証はない。東アジアがドルにペッグし，アメリ
カ財務省証券への投資を今後も続けなければ，ブ
レトンウッズII体制は存立しえない。

　世界経済をより安定的に運営するには，アメリ
カと東アジアがグローバル・インバランスを縮小
させる方向での国際協力が黒字国・赤字国双方に
必要であることは，これまで検討してきたとおり
である。しかし，国際協力はこれらの経済調整だ
けに限られるものではない。国際通貨システム改
革でも，国際協力が必要であると考える。ブレト
ンウッズII体制はドルを準備通貨とするシステム
の存続である。準備通貨という役割をドルが担っ
ていることで，アメリカは不均衡の調整負担を軽
減することができた。しかし，この負担回避がド
ルの不安定性という形で世界経済に悪影響を及ぼ
している。対外不均衡の調整負担が黒字国・赤字
国のどちらか一方だけに大きくのしかからないよ
うな準備通貨の創設に協力していくことも重要で
ある。2009年にジョセフ・スティグリッツ（Jo-
seph E. Stiglitz）を委員長とする国連専門家委員
会による報告書は，これらの議論の出発点として
大いに検討されてしかるべきである[8]。準備通貨
をどのように位置づけるかという議論は，ブレト
ンウッズ体制の構想時にイギリス代表のジョン・
メイナード・ケインズ（John Maynard Keynes）
と，アメリカ代表のハリー・デクスター・ホワイ
ト（Harry Dexter White）によって激論が交わさ
れたテーマであるだけに，現在において「ブレト
ンウッズII」論が提示される一方で，準備通貨改

革案が提出されていることは，何とも歴史の皮肉
である。

---

8)　同報告書は2009年に発表されているが，あまり注目されていないだけに残念である。同報告書の評価については，今後の課題と
したい。

127

第8章　東アジアにおける通貨統合の可能性：
ユーロ危機からの教訓

はじめに

　ヨーロッパの通貨統合が実現し，東アジアにおいても経済統合の深化にともない，共通通貨導入の議論がなされるようになってきた。これまでにも，円の国際化による「円圏構想」，アジア通貨・金融危機後の東アジアでの「金融協力」，金融危機を回避するための為替レート・システムの選択肢の1つとして共通通貨が浮上してきた。そこで，現在，危機に直面するユーロの経験をもとに，東アジアでの共通通貨導入の成否を検討してみたい。

　ギリシャ危機に端を発するユーロ危機にみられるように，共通通貨を導入することの難しさが浮き彫りになった。ユーロ圏は，2009年10月4日に誕生した全ギリシャ社会主義運動党（PASOK）が旧政権の財政データ改竄を公表したことをきっかけとして，長期の経済低迷に見舞われている。このような改竄をTietmeyer（2005）は，「お化粧（Schönheitsoperationen）」と称している〔Kapitel 20, S. 248〕[1]。そして，長期不況により，ユーロ圏の周辺国が金融支援を要請するたびに，ユーロ存続を危ぶむ議論が噴出する。周辺国は金融支援を受ける条件として，財政再建や経済構造改革を求められている。経常収支と財政の「双子の赤字」を抱えているために，このような改革案が提示されたのである。これらの改革に文字どおり取り組むならば，金融支援を受けた国は，短期的には大きな景気後退を余儀なくされるだろう。そのため，ギリシャでは緊縮策の是非を問う国民投票が実施されることになった。そして9月末には解散総選挙を控えており，政治的にも不安定な状況が続いている。

　ユーロ圏の中でも小国のギリシャの動向がユーロの存続に大きな影響を及ぼしている。その背景には，2つの問題がある。その1つは，そもそもユーロ圏は最適通貨圏なのかどうか，ということである。そして，もう1つは，制度的枠組みにおいて，ユーロ導入国間において生じる経済的不均衡の調整メカニズムの有無である。以下で検討していくように，共通通貨圏を形成するための諸条件が満たされなければ，経済的不均衡が発生しやすくなる。そして，不均衡が発生した場合には，それをスムーズに是正する手段が求められるからである。例えば，ギリシャは，財政赤字と経常収支の「双子の赤字」を抱えている。これを解消するための緊縮策が実施されると，国内では失業や景気後退などの大きな問題が発生する。失業や景気後退の長期化によって，税収不足や失業者対策などでかえって財政規模が膨らむ傾向がある。所期の目標であった財政再建は，実現不可能になる。

　ここには2つの視点が欠けているといえよう。1つは，経済政策運営において，2つの均衡を同時に考慮しなければならないということである。言い換えるならば，「国内均衡」と「対外均衡」の2つを同時に実現できるような政策運営をしな

---

1)　ユーロ参加時と今回の財政データの改竄もさることながら，歴史的にみてもギリシャは統計や金属貨幣の改竄などをたびたび行っていた。ラテン通貨同盟（Latin Monetary Union）参加時においても鋳貨の改鋳で不正が判明し，同盟離脱を余儀なくされた。ラテン通貨同盟については，Willis（1901a），Willis（1901b）に詳しい。また，ラテン通貨同盟についての最近の評価については，Flandreau（1995）を参照されたい。

128

ければならいということである[2]。もう1つは，この政策目標を実現するための政策手段が目標の数だけ必要になることである。しかも，その政策手段がもたらす効果が発揮されるまでの期間も考慮する必要がある。効果が発揮されるまでに長期を要するのであれば，その間の苦痛や負担を軽減する短期的な方策が求められるからである。

本章では，このようなユーロの経験に鑑み，東アジアに共通通貨を導入するだけの条件が整っているのかどうかを検討したい。そして，ユーロ圏のように，十分に条件が整っていない場合には，危機によりどのような政策対応が求められるのかについて考察を加えていくことにする。

本章の構成は下記のとおりである。第1節では，最適通貨圏の理論的サーベイを通じて，最適通貨圏を構成するための諸条件を明らかにしたい。第2節では，経済的不均衡発生時の政策対応を，政策分析の枠組みの1つであるスワン・ダイアグラム（Swan Diagram）を用いて説明する。そして，第3節では，最適通貨圏の理論に照らして，東アジアで共通通貨圏が成立するか否かをいくつかのデータをもとに明らかにする。そして，条件整備が不十分なままに通貨統合が実施されるならば，どのような制度環境が必要になるのかをギリシャの教訓をもとに説明する。これらの分析を通じて，本章では，ユーロ危機の経験に照らして，東アジアでの共通通貨導入の可能性を明らかにする。

(1)最適通貨圏の理論と統合条件

単一通貨を導入し，それを持続的に維持することができるかどうかは重要な問題である。この持続可能性の問題に対する1つの基準を提供するのが最適通貨圏の理論である。多様な経済構造をもつ国々が単一通貨を導入して経済活動を行うためには，さまざまな点で調整が必要になる。最適通貨圏の理論は，経済条件に応じてどのような調整が必要とされるのかを明らかにしている。すなわ

ち，経済的な基準に照らして，単一通貨が用いられる通貨圏が成立可能かどうかを分析するための枠組みが最適通貨圏の理論である。

現在のユーロ圏に同理論を照らして分析した研究結果は，EMU成立以前から，単一通貨ユーロの導入に対して，アメリカを中心に消極論が多かった。最適通貨圏の理論に依拠すると，ユーロ圏は最適通貨圏たりえないということである。例えば，Feldstein（1992, 1993, 1997, 2011）は，ヨーロッパが経済通貨統合を推進してきたのは，同地域が最適通貨圏だからではなく，あくまでも政治的意志にもとづき推し進められてきたことを主張し続けてきた。Krugman（1990）も，ヨーロッパは最適通貨圏ではないという主張を展開している。ユーロ導入支持論が比較的多いヨーロッパにおいても，単一通貨圏の実現を目指す欧州委員会のメンバーが執筆者である Emerson, Gros, Italianer, Pisani-Ferry, and Reichenbach（1992）においてさえ，最適通貨圏ではないという指摘がなされている。

ユーロ危機の経験に照らすならば，ユーロ圏内の中心国と周辺国との間での経済調整メカニズムが適切に機能するかどうかに注目せざるをえない。しかし，経済調整メカニズムには，生産要素移動，貿易の対外開放度，資本移動の自由度など，さまざまな経路がある。本節では，そのさまざまな経路を理論的に示す，最適通貨圏の理論についてのサーベイを行うことにしたい[3]。この先行研究サーベイを通じて，EMUが最適通貨圏としての成立条件をどのような点で満たしているのかを明らかにする。もちろん，経済統合は，このような経済的要因だけで実現するわけではないことは記しておきたい[4]。

経済統合の理論については，1950年代から1960年代にかけて展開されてきた。しかし，通貨圏の成立という観点から議論した研究は初期にはみられなかった。Mundell（1961）は最適通貨圏の理論の先駆的研究と位置づけられている[5]。

---

2) 概念規定は明確ではないが，「基礎的不均衡（fundamental disequilibrium）」と呼ばれるものに概ね相当するものである。
3) 本章でも参照したが，最適通貨圏の理論のサーベイについては，小宮（1971），Corden（1972），Ishiyama（1975），Tower and Willett（1976），河合（1994），Frankel（1999），Mongelli（2002）などが有益である。

しかし，彼の研究はヨーロッパの経済統合を議論することが目的ではなかった。そのテーマは，当時の国際金融分野における重要な政策的課題であった変動為替レート制導入の可否について問うものであった。マンデルの主張は，変動為替レート制擁護論に対抗するために提出された。ミルトン・フリードマン（Milton Friedman）に代表される変動為替レート制擁護論に対して，固定為替レート制が成立する条件を示した[6]。

彼の議論で重要視された要因は，労働や資本などの生産要素の移動性である。固定為替レート制，ないしは単一通貨を導入すると，為替レートによる調整手段を失う。そのため，景気循環などの実物ショックが発生した場合や生産性格差などの供給サイドでの非対称的なショックが発生した場合には，すみやかに生産要素が移動すれば，対外不均衡が解消されるというものである。しかし，これまでの実証研究の結果から，生産要素の移動にもとづく調整は即効性がなく，しかも長期的においてもその効果は大きくないということが指摘されている。例えば，河合（1994）も指摘するように，経済環境の変化に対して労働の移動性は緩慢なため，短期的なショックにおいて十分な調整力を発揮することを期待できない。文化，社会，習慣，民族や宗教の違いなどが迅速な労働移動の制約要因となっている。また，労働受入国の政府は，治安，国民の雇用環境などを総合的に判断すると，移民労働の受入れを積極的に推進しにくいことも

大きな制約となっている[7]。Eichengreen（1990a, 1990b）の実証研究では，アメリカ諸州とユーロ圏各国の失業パターンが検討されている。同研究の分析結果は，ユーロ圏よりもアメリカで労働の移動性が高く，アメリカ諸州間での失業率格差のほうが小さいということである。この原因として労働者の移動性が指摘されている。ユーロ圏各国間よりもアメリカ諸州間のほうが労働の移動性が高いということである。

一方，資本移動については，段階的に自由化措置が講じられてきたため，ユーロ圏内では活発な資本移動が観察される。労働市場の統合が延々として進まない環境において，資本移動の自由化が進むならば，資本は経済状況の悪い国から良い国へと移動し，経済状況の悪い国の経済的落ち込みを増幅する可能性があることが指摘されている。そのため，生産要素の移動性を統合の条件とするならば，EMU は最適通貨圏ではない。

McKinnon（1963）は，マンデルの生産要素の移動性とは異なる基準を提示した。マッキノンの最適通貨圏の基準は，貿易の対外開放度である。貿易の対外開放度の高い国々が固定為替レート制や共通通貨を導入するならば，これらの国は大きなメリットを享受することができるとしている[8]。貿易財の総生産，あるいは総需要に占めるシェアが高い国では，為替レートの変動が各国の物価水準に大きな影響を及ぼす。そのため，為替レートを固定すれば，物価水準を安定的に維持しやすく

4）経済統合は，経済的要因だけで成立するものではない。ましてや通貨面からすべてを説明できるわけもない。例えば，Pollard（1974, 1981）は，経済・社会・歴史・文化的な視点にたち，ヨーロッパは統合へ向けて紆余曲折を経ながらも歩んでいる点を指摘している。Pollard（1974）によれば，「ギリシャ，トルコ，南イタリア，スペイン，ポルトガル，アイルランドなどの周辺諸国とヨーロッパの先進諸国との格差は 18 世紀とほとんど変わりなく，何らかの構造的持続性が働いている」，という指摘は興味深い（邦訳書，245 頁）。

5）ロバート・マンデルは最適通貨圏の理論についての論考を 1961 年と 1973 年に発表している。後者の研究では，資本市場の完全統合やリスク・シェアリングを保証するうえで，共通通貨でのみ実現可能な完全な固定為替レート制の重要性を強調している。Mundell（1961）と Mundell（1973a, 1973b）との間には主張の違いが生じている。この点については McKinnon（2004）を参照されたい。

6）フリードマンの変動為替レート制支持論については，Friedman（1953）を参照されたい。

7）リスボン条約（2007 年署名，2009 年発効）第 45 条に「労働者の自由移動の確保」が規定されている。自由な労働移動は法的にも認められているが，労働移動データをみると，実態としては労働移動が活発であるとはいえない。例えば，European Commission（2012）の報告によれば，2010 年の EU の労働人口（15-64 歳）のうち自国以外の EU 加盟国居住者の割合は 2.8% にしかすぎない（p. 15）。

8）貿易の対外開放度という基準は，初期の議論では統合前に高い水準であることが求められていた。しかし，近年では，統合後の対外開放度の上昇が注目されている。最適通貨圏の条件は内生的であるということを示す理論がそれである。例えば，Frankel and Rose（1998）を参照されたい。

第8章 東アジアにおける通貨統合の可能性：ユーロ危機からの教訓

図8-1 ユーロ圏主要国の域内輸出の対GDP比（1999-2011年）

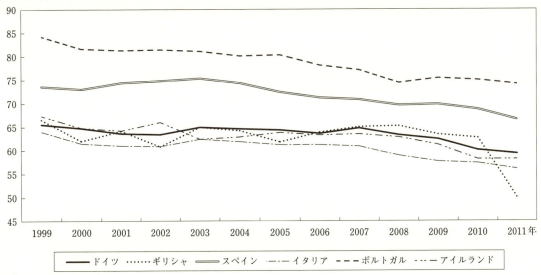

(出所) EUROSTAT Database.

なるというメリットがある。貿易の対外開放度という点からユーロ圏の状況を観察するならば，確かに対GDP比でみた域内貿易開放度は通貨統合後に高まる傾向を示す国はあるものの，全体的にみると，その比率はユーロ圏成立後に目立って拡大したとはいえない（図8-1と図8-2参照）。クルーグマンなどの指摘によれば，この程度の開放度では決して高い水準にあるとはいえない。

しかも，Krugman（1991）が指摘しているように，各国の貿易の対外開放度が高まっていくにつれ，規模の経済性が機能したり，収穫逓増産業などが登場したりすると，各国は特定分野に特化した産業構造をもつ可能性が生じる。特化した産業構造を各国が擁すると，何がしかの経済ショックによる非対称的影響が生じるため，通貨統合による金融政策の独自性を失うことのコストが大きくなる可能性がある。貿易の対外開放度の程度だけでなく，各国の産業構造の特性にも注目する必要があることを示している。

マッキノンと同様に，Kenen（1969）も貿易・産業構造に関連する基準を打ち出した。各国の産業構造の多様化を通じてより多くの種類の財が生産されるようになれば，何らかの経済的ショック

が発生しても，そのインパクトは産業ごとに異なる。そのため，各国は産業相互でショックの影響を相殺できるとしている。ショックのインパクトを国内産業間で相殺可能な国は，必ずしも為替レートを調整手段として使う必要がなくなるので，固定為替レート制や共通通貨を導入しやすいとした。

しかし，各国が多種多様な財を生産できるのであれば，そもそも域内対外開放度は高まらない。マッキノンの基準でも議論したが，為替レートの物価水準に与える影響も小さくなる。小宮（1971）や河合（1994）が指摘するように，対外開放度の低い国同士が固定為替レート制や共通通貨を導入しても，メリットは小さいであろう。このような議論に対して，産業構造の多様化が統合コストを軽減する可能性があることが指摘されている。産業構造が多様化されていれば，何らかの経済的ショックが発生しても，そのショックは対称的な形で生じるので，金融政策の独立性の喪失からくるコストを緩和できるというものである。この点は，先にも述べたとおりである。

Kenen（1969）は，貿易の多様化基準に加え，財政政策の問題についても取り上げている点は注

図 8-2 ユーロ圏主要国の域内輸入の対 GDP 比 (1999-2011 年)

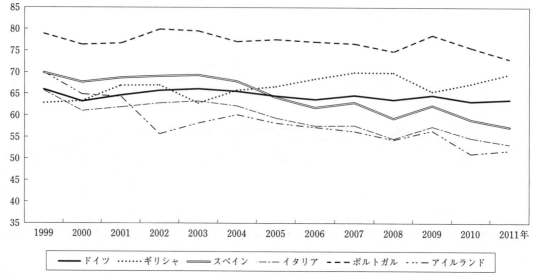

(出所) EUROSTAT Database.

目できる。ケネンは，最適通貨圏の理論の中で，財政政策の協調や財政統合の意義について議論している。固定為替レート制や共通通貨の導入により為替レートという調整手段を喪失するため，ショックにより打撃を受けた国に対しては財政移転という調整手段が必要になるとしている。この財政移転を可能にするためには，通貨圏加盟各国が協力して予算を集権化することも1つの方策である，として考えられている。同様の意見は，Commission of The European Communities (1977) でも表明されていた。Frankel (1999) は，資本移動に加え，財政移転の調整手段としての役割を評価している。そして，その効果は，労働の移動性と類似していることが指摘されている。このような指摘がなされていたにもかかわらず，ユーロ圏で財政面での対応が進まなかった。

現在のユーロ危機においてドイツなどの先進国は周辺国のギリシャなどへ財政緊縮を求めてい

る[9]。財政支出の削減は不況をさらに深刻化させる。不況により税収などが落ち込むことを通じて予算が減少する一方で，失業手当などの社会保障関連費は歳出を拡大させる。そのため，財政赤字は拡大し，債務返済は困難になる。今回のような深刻な景気後退に直面した場合には，財政移転は単一通貨を維持するための重要な対応策の1つである。また，共通通貨導入により，域内での金融政策が統一的に運営されている。そのため，各国の経済状況に応じた機動的な金融政策の運営は困難である。このような状況下では，Tower and Willett (1976) が指摘するような，マクロ経済政策の協調が求められる。ユーロ圏各国は金融政策の独立性を喪失しているため，経済を下支えするための手段として域内協力のもとで財政支出が効果的に運営される必要がある[10]。

Ingram (1959, 1962) は資金移動による調整に着目し，金融市場の統合が最適通貨圏の条件にな

---

9) ユーロ危機においてギリシャなどの経済危機国は緊縮策を求められている。緊縮財政によりさらに不況が深刻化することが指摘されている。しかし，ギリシャだけをとれば，緊縮政策の姿勢を示さなければ，国債償還の不能や金利暴騰の可能性も否定できない。
10) Krugman (2012), DeLong and Summers (2012), Stiglitz (2012) などで，ユーロ圏の不況脱出において拡張的な財政政策が必要であることが指摘されている。当然のことながら，債務の持続性は考慮するが，緊縮一本やりの政策運営では不況を回避できないことを指摘している。緊縮政策については，思想的な議論を踏まえた Blyth (2013) が興味深い。

るとしている。Ingram（1959）は，アメリカとノースカロライナ州，Ingram（1962）はアメリカとプエルト・リコを事例に取り上げ，自由な資金移動が可能な状況下における金融市場の統合について分析を加えている。金融市場が統合されているならば，赤字の国・州と黒字の国・州との間で資金移動が円滑に進むと考えている。この資金移動で赤字国・州の債務はファイナンスされるので，対外収支の「一時的」調整手段になる。ここで「一時的」としたのは，「債務の持続可能性」を考慮しなければならないからである。債務が累増して持続不可能な状態に陥れば，市場を通じた資金移動によるファイナンスは不可能になる。このような資金移動が可能な地域間では通貨統合が可能であることを示した。この点は，ユーロ圏での資金移動の自由化が進展したことで，比較的低い金利で周辺国は資金の調達ができるようになり，危機以前の高い経済成長を実現可能にした1つの要因であることをみれば，最適通貨圏の1つの基準として考慮できよう。しかし，先にも指摘したように，あくまでも一時的・短期的な要因という限定条件がつく。

上述したように，最適通貨圏の条件は，先行研究において多角的に分析されてきた。そして，これら諸条件の妥当性を問うために，さまざまな実証研究がなされてきた。その詳細については，Mongelli（2002）において詳細にサーベイされている。これら実証研究の結果からも，現在のユーロ圏が最適通貨圏であると断言できるだけの強い証拠は示されていない。むしろ，実際に生じたヨーロッパの経済危機から，将来的にユーロ圏を存続させるには，多くの課題があることが明らかになった。国民国家の枠組みを存続させたままで，もともと流通していた独自の国民通貨を共通通貨に置き換えることから，各国で経済的不均衡が発生した場合には，その調整が困難になりやすい。そのため，通貨圏を形成する国々には，厳しい諸条件が突きつけられるのである。そこで，次節では，「最適通貨圏」とは言い難い環境のもとで，

単一通貨ユーロを導入したことにより，経済的な不均衡の調整がいかに困難になるのかを検討していくことにする。

(2)スワン・ダイアグラムと調整問題

スワン・ダイアグラムは，オーストラリアの経済学者トレヴァー・ウインチェスター・スワン（Trevor Winchester Swan）が提唱したモデルである。同モデルは，国際マクロ経済学のテキストではほとんど登場しないため，なじみの薄いモデルである[11]。近年，Temin and Vines（2013, 2014）の世界経済の不均衡についての分析で用いられている。本節では，Swan（1963, 1968），Bird（1998），石黒（2012），および Temin and Vines（2013, 2014）を参考にしながら，以下でスワン・モデルについて説明する。

図8-3はスワン・ダイアグラムを示したものである。Swan（1963, 1968）では，縦軸に費用比率，横軸に実質支出がとられている。Bird（1998）は，縦軸に費用比率改善，横軸に実質需要をとり，スワンのものに近い。Temin and Vines（2013, 2014）では，縦軸に実質為替レート，横軸に国内需要がとられている。また，Krugman（1998）では，縦軸に相対コスト，横軸に財政赤字がとられている。さまざまな分析に応じて，スワン・ダイアグラムにはいくつかのパターンがある。本章では，Swan（1963, 1968）を用いることにする。同図では，縦軸に費用比率，横軸に実質支出がとられている。右下がりの曲線は国内均衡，右上がりの曲線は対外均衡を表している。そして，両曲線が交差する均衡点において国内均衡と対外均衡が同時に達成されることを示している。Temin and Vines（2014）において指摘されているように，「スワン・ダイアグラムの最も重要な教訓は，国内均衡と対外均衡は同時に考慮されなければならない」（邦訳書，141-142頁）ということである。

同図の右下がりの国内均衡曲線は国内均衡をもたらす費用比率と実質支出の組み合わせを示して

11）Bird（1998），および石黒（2012）がスワン・ダイアグラムを取り上げた数少ないテキストである。

図 8-3 スワン・ダイアグラム

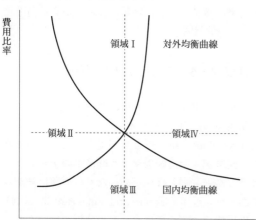

(出所) Swan (1963), p. 388, Figure 2 より。

いる。実質支出は，民間消費，投資，政府支出，純輸出（輸出－輸入）から構成されている。いうまでもないことであるが，実質支出は国内生産および国内所得と等しくなる。何らかの要因によって実質支出が増加したとする。生産は増加するものの，完全雇用状態のため，賃金が上昇し，国内での生産費用が増加する。この生産費の増加は，海外のそれを所与として比較するならば，費用比率の悪化となる。これにより輸出は減少する。完全雇用を維持するためには，実質支出を拡大しなければならなくなる。このため，国内均衡曲線は右下がりとなる。

同図の右上がりの曲線は対外均衡曲線である。同曲線についても，対外均衡をもたらす費用比率と実質支出との組み合わせが示されている。完全雇用状態のもとで，先と同様に何らかの要因によって実質支出が増加したとする。費用比率が上昇し，海外の費用が相対的に低くなるので，海外製品の価格が相対的に低下する。そのため輸入が増加して，対外赤字が増加する。対外均衡を維持するためには，費用比率を改善する必要がある。このために，同曲線は右上がりとなる。

同図では，国内均衡曲線と対外均衡曲線に区切られた4つの領域がある。この4領域は，それぞれ以下のような経済状態を示している。領域Ⅰは，対外黒字とインフレーション，領域Ⅱは対外黒字と失業，領域Ⅲは対外赤字と失業，領域Ⅳは対外赤字とインフレーション，である。それぞれの経済状態に応じて，対外均衡と国内均衡を同時に実現できるような経済対策を行う指針を示している。

ただし，Bird (1998) が指摘しているように，同一領域においても，同様な政策を実施すればよいのではない。彼の事例にならうならば，対外赤字と失業が生じている領域Ⅲの点線の垂直線を挟んで右側と左側では政策対応は違ったものになる。左側では，支出拡大と費用比率を改善する政策が求められる。右側では，支出を縮小させながら費用比率を改善する政策がもとめられる，ということでる[12]。

ここでは，対外均衡と国内均衡という2つの政策目標が存在する。ティンバーゲン定理（Tinbergens' theorem）に示されるように，複数の政策目標が存在する場合には，目標と同じ数だけの独立した政策手段が必要になる。また，政策効果が短期的に表れるものと，中・長期になるものがあるので，単純に政策運営の指針を与えてくれるものではない。しかし，国際収支赤字，失業などの1つひとつの経済現象だけに惑わされるのを回避することができる。以下でこのモデルを用いてギリシャの緊縮政策を評価してみたい。

ギリシャの経常収支については，図8-4からも明らかなように，1990年代後半から恒常的に赤字を計上している。そして，ユーロ導入後にはその赤字幅をさらに拡大させ，対GDP比10％前後の水準となっている。これだけの規模で，かつ長期間にわたり経常収支の赤字を経験するということは，ギリシャは対外不均衡に直面していたことの証であるといえよう。特筆すべき輸出競争力をもつ国内産業がないため，輸入に依存しがちになる。また，ギリシャにとってはユーロの為替レートは過大評価である。そのため，経常収支は赤字に陥りやすい。この赤字は，ユーロという通貨の信用力や，金融市場の一体化による金利の一本

---

12) この点は，Bird (1998) の邦訳書，103頁を参照した。

第8章　東アジアにおける通貨統合の可能性：ユーロ危機からの教訓

図8-4　経常収支動向の推移（1991-2015年第I四半期）

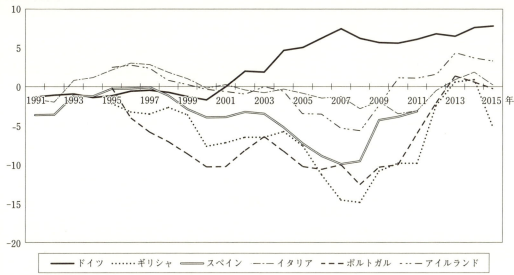

（出所）　EUROSTAT Database.

化などの要因にささえられ，海外資金で容易にファイナンスされてきたため，不均衡を是正する経済調整を先延ばしにすることができたのである。これにより，むしろ不均衡が増幅されたというのが実態である。

一方，国内均衡についてであるが，ここでは物価上昇のない完全雇用の達成を目標としよう。経済危機前の1990年代後半から2007年頃にかけて，ユーロ圏の後進国は失業率が低下する傾向にあった。しかし，アイルランドを除けば，5〜10%の高い水準にある。参考値として示したドイツにおいては，ユーロ危機以降，失業率の急速な低下を経験しているのとは対照的な動きとなっている。これは，南欧諸国の遅れた経済構造とは対照的に，各種の経済構造改革を実施してきた成果の表れといえる。そして，経済危機後も安定的に推移しているのに対して，ギリシャ，スペイン，アイルランド，ポルトガルなどでは急上昇している。緊縮政策などの影響で景気が急速に落ち込み，失業率が大幅に上昇したことを示している。失業率の推移をみる限り，ギリシャではユーロ危機以前から完全雇用を実現できずにきた。危機後には，失業率はさらに悪化し，国内不均衡は拡大したのであった。

このように，ギリシャがユーロ危機以前から，国内的にも対外的にも不均衡状態にあり，それを解消できずにいた。危機後においては，激しい景気後退による失業率の急上昇がみられ，国内不均衡は拡大した。対外均衡については，危機後，経常収支赤字が縮小したものの，最近においては，再び拡大基調にある。ギリシャは2つの大きな不均衡に常に直面してきたのである。この2つの不均衡を抱えたギリシャをスワン・ダイアグラムに位置づけるならば（図8-5参照），G点のような位置となる。ギリシャは2つの均衡が同時に達成される点Eに向かうような経済政策が実施されなければならない。

まず，完全雇用の実現という国内均衡を達成できるように，実質支出が拡大される政策が必要となる。実質支出を増加させるには，それを可能にするように生産が増加しなければならない。この生産の拡大により，雇用が増加して，失業率が減少していくからである。景気後退により，家計部門の自律的な実質消費支出の増加には多くを望めない状況にある。このような状況のもとでは，通常，実質支出を拡大するための財政政策ないしは

135

図 8-5 ギリシャの不均衡

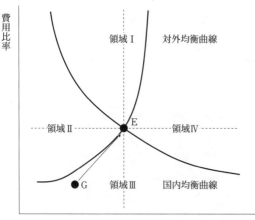

金融政策が採用される。しかし、ユーロ圏においては、金融政策はECBによって一元的に管理・運営されているという特殊事情がある。ユーロ圏ではギリシャが裁量的に政策を変更することは不可能である。しかも、自由な資本移動と共通通貨による為替レートの固定化により、金融政策は独自性を欠いている。いわゆる「国際金融のトリレンマ」[13]と呼ばれる状況下にある。そのため、もう1つの政策手段である財政政策に頼るしかない。

拡張的な財政政策運営を行って、財政支出の増加を通じた有効需要の創出により景気後退をくい止めなければならない。その支出規模は、十分に失業率を低下させるだけの規模が必要になるであろう。DeLong and Summers (2012)、Krugman (2012)、およびStiglitz (2012) などが財政出動による景気後退の緩和を唱えているのは、そのためである。財政支出の拡大により有効需要を創出し、生産・雇用の改善に働きかけることは望ましい対応である。

もっとも、このような財政政策運営を実施するならば、即座に次のような反論が寄せられるであろう。そもそも、ユーロ危機の原因はギリシャなどの財政赤字の拡大にあり、危機対応策としての財政出動はさらに赤字を拡大するものである、と。しかし、緊縮派が主張するような政策を実施し、歳出削減を行うならば、さらに景気は落ち込み、税などを通じた歳入はさらに減少するであろう。その一方で、景気悪化にともない失業も拡大するため、何らかの政策対応が求められよう。その結果として、歳出は拡大し、それに応じて財政赤字も拡大していくことになる。財政赤字を削減するための政策運営が、かえって赤字を拡大することになりかねない。好景気の時期においてさえ、大胆に財政赤字を削減することは容易ではないので、危機的な状況においてはさらなる経済の落ち込みをくい止めることに主眼をおくべきであろう。

---

13) 単一通貨の導入は、固定為替レート制の導入と同様に、金融政策を自由に運営する余地は大きく制限される。これは、下に図示したように「国際金融のトリレンマ」として知られている。ユーロが導入されたことにより、各国の為替レートはユーロ・レートに一本化された。これは各国が固定為替レート制を導入した環境と同じである。固定為替レート制下で資本移動を自由化するならば、各国は金融政策の独立性を確保することはできない。具体的なヨーロッパの金融政策運営を分析した河村 (2015) では、この点が詳述されている。また、ユーロ圏の対外不均衡について、国際通貨システム、ヨーロッパの即時決済システム (TARGET) の観点から分析したものとしては、奥田 (2002, 2007, 2012 2015)、嘉治 (2004)、髙屋 (2011)、竹森 (2015) が参考になる。ユーロ圏における資本移動、金利、国債との関係については、代田 (2012) を参照されたい。

図　国際金融のトリレンマ

（出所）Frankel (1999), p. 7, Figure 1.

次に，対外均衡についてみていくことにする。先述したように，経常収支の赤字が常態化しており，不均衡が継続している。ここで，経常収支の動向は貿易によって左右されるとするならば，財・サービスの輸出入に働きかける政策が必要になる。通常，経済危機からの回復過程で大きく貢献するのは名目為替レートの切下げである。しかし，ユーロ圏では統一通貨ユーロを用いているので，ギリシャの都合で名目為替レートを変更することはできない。名目為替レートの切下げによる輸出拡大と輸入抑制の効果を得ることはできない。

名目為替レートの切下げと同じ効果を得るためには，固定為替レート制のもとでは，実質為替レートを低下させることである。実質為替レートの低下により，国内製品の価格競争力が高まり，それが輸出の拡大に寄与するからである。以下の式は，名目為替レートと実質為替レートの関係を示したものである。

$$名目為替レート = 実質為替レート \times \frac{外国の物価指数}{国内の物価指数}$$

ここで，ユーロ圏では名目為替レートは固定されている。そして，この式から，実質為替レートは，自国と他国の物価の比率によってきまってくる。仮に，外国の物価を所与とするならば，実質為替レートを低下させるには，国内の物価を下げるしかないことがわかる。そのため，物価を下げるような施策が求められる。特に，財・サービスの生産費の改善を行う必要があるだろう。生産費を改善する主な方法は，当該財の生産性を上昇させるか，生産費用を削減するかのいずれかとなる。生産費を低下させることで，輸出財の価格競争力を改善することで，輸出を増加させ，対外均衡の回復を図ることになる。

(3)最適通貨圏の理論からみた東アジアの現状

前節では，スワン・ダイアグラムを用いてギリシャの不均衡からの脱却ルートを検討した。ギリシャのような経済的不均衡は，通貨統合下にある

だけに，非常に厳しいものがある。それだけに，ユーロ圏では通貨統合に参加する国に対しては，厳しい条件が課されてきた。4つの収斂基準と呼ばれるものが，それである。

①物価の安定：加盟国の中で最も消費者物価上昇率の低い3ヵ国の平均値の±1.5% 以内とする。

②財政赤字　：対 GDP 比でみた年間の財政赤字額を3% 以下とする。そして，政府債務残高は対 GDP 比60%を限度とすること。

③為替レート：加盟以前の2年間に，ERM で決められた変動幅を維持していること。また，他の ERM 加盟国通貨に対し切下げをしていないこと。

④金利　　　：長期国債の利回りが，EU 加盟国の中で最も低いインフレ率の3ヵ国の長期国債の利回りの平均から2% 以上乖離していないこと。

このような基準が設けられた理由は，通貨統合により経済的不均衡を是正するための政策手段が大きく制限されるからである。金融政策は通貨圏全体の景気，物価，為替レート，国際収支などの動きに対応して運営される。特に，共通通貨の安定性にとって重要な金利，物価，為替レートは相互に影響を及ぼし合う。通貨統合が行われれば，金利や為替レートが一本化されるので，物価動向が重要になる。しかし，各国の物価水準には相違があるので，必ずしも加盟各国の経済情勢にマッチした運営になるとは限らない。財政政策の運営においても，財政赤字や政府債務残高が悪化すれば，共通通貨の信認に悪影響を及ぼすため，厳しい運営姿勢が求められる。このことから，通貨統合を果たす前に，加盟各国の経済情勢を調整していくことが求められる。そこで以下では，ユーロ加盟国と東アジアのいくつかの指標を対比させながら，東アジアにおける通貨統合の可能性を探

分　　析

る[14]。

　まず，統一通貨ユーロを導入している 19 ヵ国と，東アジア 10 ヵ国・地域の経済発展段階を比較する。ここでは発展段階の 1 つの指標として，1 人当たり GDP を用いる。同指標で 10,000 ドルを超えると，いわゆる先進国と分類される。それ以下であると，開発途上国となる。一般的に，国民所得が高い国は産業構造も高度化されている。そのため，ここでは 1 つの指標として，1 人当たり GDP を用いた。

　図 8-6 と図 8-7 は両経済圏の 1 人当たり GDP の推移を示している。ユーロ圏ではエストニア，ラトビアなど数ヵ国が当初は 10,000 ドル以下であったが，2010 年にはユーロ圏には 10,000 ドル以下の国は存在しない。一方，東アジアはタイ，インドネシア，フィリピンが 5,000 ドル以下と，まだ発展段階が低い状態にある。しかし，1 人当たり GDP は全体としては上昇している。しかし，地域内でみると，両地域とも 1 人当たり GDP の開きは拡大傾向にある。両地域の 5 年ごとの 1 人当たり GDP の標準偏差を計測すると，ユーロ圏では 2000 年 11,378，2005 年 17,860，2010 年 21,259，2015 年 20,609 であった。一方，東アジアでは，2000 年 12,892，2005 年 13,242，2010 年 16,901，2015 年 17,696 である。ユーロ圏と比較すると，東アジアはバラツキこそ小さいものの，5,000 ドルに満たない国が複数含まれている。その意味では，所得よりも大きな経済構造という質的な開きが存在するということになる。換言するならば，開発途上段階と先進国段階に入った国々が入り混じっているということになる。高い 1 人当たり所得の国から構成されるユーロ圏でさえ，危機後の経済調整が困難を極めているだけに，東アジアではより難しい経済調整が求められそうである。

　次に，両経済圏の対外依存関係をみるために，各国の貿易依存度を計測した。通貨同盟加盟国が相互に貿易取引が行われていなければ，そもそも共通通貨を導入するメリットがないからである。為替取引のコストや為替レート変動のコスト軽減

というメリットは，相互に活発な貿易が行われなければ享受できないからである。以下で示す図 8-8 と図 8-9 が両地域の貿易依存度の推移である。

　貿易依存度の推移をみる限り，香港やシンガポールのような貿易のハブになる国・地域は依存度が突出しているので除くと，東アジアは域内の依存度においてユーロ圏に遜色ない水準である。その意味では，東アジアは通貨統合によるメリットを享受できる可能性がある。しかし，先にも指摘したが，クルーグマンによれば，この程度の貿易依存度では決して高いともいえないし，また貿易の背後にある産業構造も考慮しなければならない。東アジア，特に ASEAN 地域は海外直接投資を梃子にして産業発展を遂げてきたという特徴がある。海外直接投資は，受入国での一貫生産よりも，グローバル・サプライ・チェーンの一部を担う目的で行われることもある。近年，このグローバル・サプライ・チェーンによって，世界規模で生産拠点の配置が最適化されるようになってきている。そのため，動態的にみれば産業構造が大きく変わる可能性がある。産業構造が変化すれば，貿易構造も変化するので，現在の貿易依存度が今後も継続するとは限らない。ユーロ圏には工業国の長い経験をもつ国が含まれており，ヨーロッパ全体に生産拠点を配置してきたという意味では，東アジアとは異なる。このような観点からみるならば，東アジアに共通通貨を導入するインセンティブはそれほど大きくならないであろう。

　このように貿易取引を通じて域内各国が相互に関連性をもち始めている。この関連性は，規模でみれば貿易取引以上に広いものになる。というのは，工業生産には部品などを生産する裾野の企業や産業が多数存在しているからである。それら産業の投資や労働者の消費活動を通じて景気変動に影響を及ぼすことになる。貿易を媒介して各国の景気変動は連動性を高めていくことになる。そこで，実質 GDP 成長率の変動，言い換えれば景気変動が各国間でどの程度連動しているのかをみるために，相関係数を計測してみた。その結果が，

---

14)　ここでいう東アジア 10 ヵ国・地域とは，日本，韓国，台湾，香港，シンガポール，中国，タイ，マレーシア，インドネシア，フィリピンのことである。

第8章 東アジアにおける通貨統合の可能性：ユーロ危機からの教訓

図8-6 ユーロ圏の1人当たりGDPの推移（2000, 05, 10, 15年）

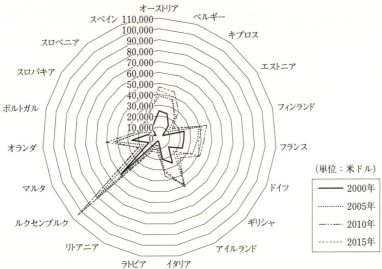

（出所）IMF, *International Financial Statistics Yearbook*, Washington, D.C., IMF, various years.

図8-7 東アジアの1人当たりGDPの推移（2000, 05, 10, 15年）

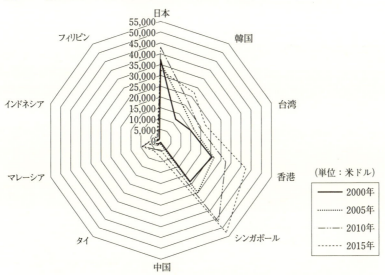

（出所）IMF, *International Financial Statistics Yearbook*, Washington, D.C., IMF, various years. なお、台湾については、Department of Economic Research, The Central Bank of China, *Financial Statistics, Taiwan District, Republic of China*, (*Compiled in Accordance with IFS Format*), Taipei, Department of Economic Research, The Central Bank of China, various issues による。

分　析

図8-8　ユーロ圏の貿易依存度の推移（1990-2015年）

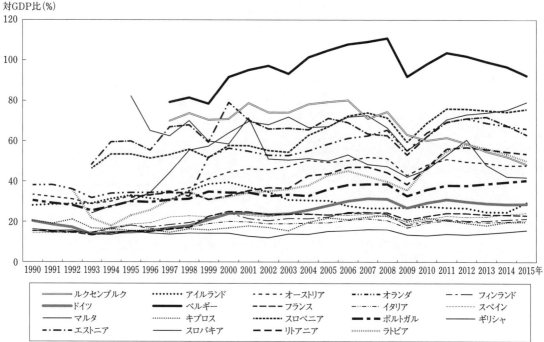

（出所）IMF, *Direction of Trade Statistics Yearbook*, Washington, D.C., IMF, various years.

図8-9　東アジアの貿易依存度の推移（1990-2015年）

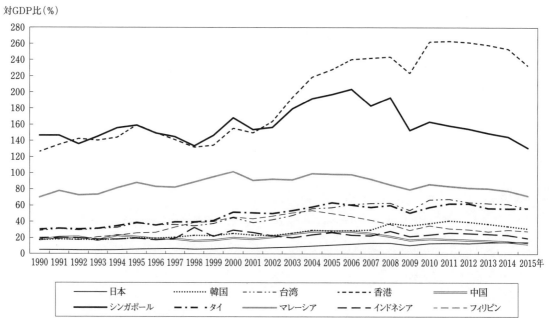

（出所）IMF, *Direction of Trade Statistics Yearbook*, Washington, D.C., IMF, various years. なお，台湾については，Directorate General of Customs Administration, Ministry of Finance, R.O.C., のデータベースより作成。

表8-1　ユーロ圏の実質経済成長率の相関関係（1990-2015年）

	オーストリア	ベルギー	キプロス	フィンランド	フランス	ドイツ	ギリシャ	アイルランド	イタリア	ルクセンブルク	オランダ	ポルトガル	スペイン
オーストリア	1.000												
ベルギー	0.839	1.000											
キプロス	0.612	0.587	1.000										
フィンランド	0.588	0.703	0.407	1.000									
フランス	0.891	0.891	0.611	0.757	1.000								
ドイツ	0.851	0.720	0.368	0.354	0.725	1.000							
ギリシャ	0.434	0.482	0.544	0.430	0.464	0.159	1.000						
アイルランド	0.645	0.704	0.517	0.710	0.763	0.428	0.614	1.000					
イタリア	0.858	0.862	0.670	0.693	0.895	0.762	0.580	0.775	1.000				
ルクセンブルク	0.733	0.711	0.224	0.464	0.718	0.699	0.417	0.588	0.724	1.000			
オランダ	0.880	0.811	0.609	0.686	0.861	0.704	0.561	0.807	0.871	0.735	1.000		
ポルトガル	0.721	0.699	0.627	0.358	0.708	0.615	0.676	0.697	0.759	0.633	0.829	1.000	
スペイン	0.708	0.750	0.678	0.651	0.771	0.491	0.841	0.825	0.837	0.601	0.807	0.750	1.000

（出所）　IMF, *International Financial Statistics Yearbook*, Washington, D.C., IMF, various years.

表8-2　東アジアの実質経済成長率の相関関係（1990-2015年）

	日本	韓国	台湾	香港	シンガポール	中国	タイ	マレーシア	インドネシア	フィリピン
日本	1.000									
韓国	0.559	1.000								
台湾	0.615	0.584	1.000							
香港	0.623	0.589	0.621	1.000						
シンガポール	0.695	0.648	0.818	0.838	1.000					
中国	-0.043	0.127	0.420	0.470	0.422	1.000				
タイ	0.641	0.713	0.467	0.575	0.613	0.252	1.000			
マレーシア	0.660	0.827	0.610	0.778	0.767	0.281	0.765	1.000		
インドネシア	0.435	0.629	0.173	0.639	0.527	0.235	0.713	0.810	1.000	
フィリピン	0.398	0.048	0.027	0.393	0.351	-0.013	0.131	0.301	0.327	1.000

（出所）　IMF, *International Financial Statistics Yearbook*, Washington, D.C., IMF, various years. なお，台湾については，Department of Economic Research, The Central Bank of China, *Financial Statistics, Taiwan District, Republic of China*, (*Compiled in Accordance with IFS Format*), Taipei, Department of Economic Research, The Central Bank of China, various issues による。.

表8-1と表8-2に示されている。ユーロ圏と東アジアの結果をみると，ユーロ圏の連動性が高いことが観察される。東アジアでは，相関係数がゼロに近いケースもみられるのに対して，ユーロ圏では，0.3以上となっており，統計的にも弱い相関があるというレベルである。多くの関係は0.5を超えており，強い相関を示している。それに比べると，東アジアでは，日本と韓国が他の国・地域に対して全般的に高い相関となっている。それと，フィリピンを除いたASEAN3ヵ国で相互に高い相関がみられるのも特徴的な点である。これは，海外直接投資を通じたグローバル・サプライ・チェーンが同地域に巡らされていることが影響していると考えられる。また，相関係数をみる限り，中国と他の東アジアとの連動性がそれほど高くないことも1つの特徴となっている。

このような景気変動の連動性は，経済関係が緊密になれば，高まっていくものである。もちろん，景気は各国固有の要因によっても変動することはいうまでもない。しかし，ここで注目したいのは，景気変動の連動性である。それは，何がしかの経済的ショックが発生した場合に，その影響が広範に広がるのか，それとも限定的なものにとどまるのか，という重要な問題とかかわるからである。とりわけ経済規模の小さな国は，大国に比べて増幅された形で影響を受けやすくなるからである。

分　析

図 8-10　ユーロ圏の消費者物価上昇率の収斂化（1990, 95, 2000, 05, 10, 15 年）

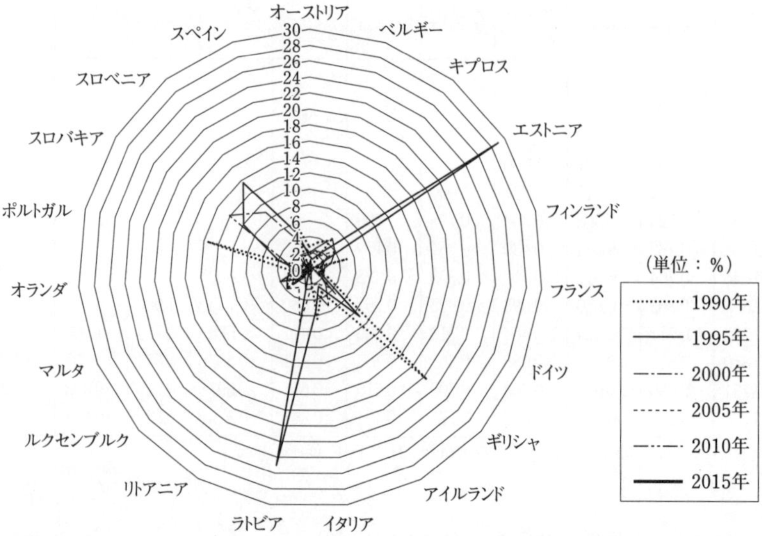

（出所）　IMF, *World Economic Outlook Database*, Washington, D.C., IMF, April 2016 より。

その影響を緩和するためには，景気変動の独自性がある程度確保されている必要がある。その意味では，東アジアはユーロ圏に比較してまだ連動性が低く，経済ショックを緩和させる余地があるといえよう。

　次に，ユーロ圏でも重要視されている物価の安定について，ユーロ圏と東アジアについて比較してみたい。物価の安定，および加盟国間での物価の収斂化が求められるのは，物価が金利，為替レート，そしてこれらを安定させる金融政策と相互に密接な関連性があるからである。通貨統合が実現すれば，域内の統一的な金融政策運営により，金利は収斂化するので，各国の経済情勢を反映した水準に金利を維持することは困難になる。そのため，物価を安定させる必要がある。また，物価は統一通貨の通貨価値にも影響を及ぼし，それが域外に対する為替レートにも影響する。統一通貨の価値が不安定になると，その信認が損なわれる可能性があるため，物価安定とその収斂化は重視されるのである。

　そこで，ユーロ圏と東アジアでの物価の安定と収斂化の程度をみてみることにする。これらの動きを示したものが，図 8-10 と図 8-11 である。1990 年から 2015 年までの期間の 5 年おきの各国

の消費者物価上昇率（2010 年基準）をプロットしたものである。ユーロ圏の動向を示した図 8-10 をみると，全体のインフレ率が収斂化していく様子がみてとれる。1990 年代でこそ，高いインフレーションで悪名高い南欧諸国で 5〜10％ であったが，通貨統一を果たした 2000 年以降は 2〜3％ と他の加盟国と遜色ない安定した物価を示している。グレート・モデレーション（大いなる安定）と呼ばれる，高成長，物価の安定，低金利という世界的な経済状況の恩恵にも与かっているが，ユーロ圏では統一通貨を維持するための各国の努力により，このような収斂化が進んだといえる。

　一方，東アジアの消費者物価の動向を示す図 8-11 をみると，アジアにおいても世界的な物価安定の動きと足並みを揃えるように，インフレ率の収斂化状況がみてとれる。2015 年の東アジアの平均消費者物価上昇率は 1％ であり，辛うじてプラスの上昇率を示している。ちなみにユーロ圏の 2015 年の平均消費者物価上昇率は 0％ である。世界的な景気減速の兆候が表れ始めていることで，このような低率のインフレーションが実現されている。確かに，このようなデータからみれば，消費者物価上昇率は低位で安定しており，地域内で収斂化が進んでいる。そして，その状態はユーロ

第8章 東アジアにおける通貨統合の可能性:ユーロ危機からの教訓

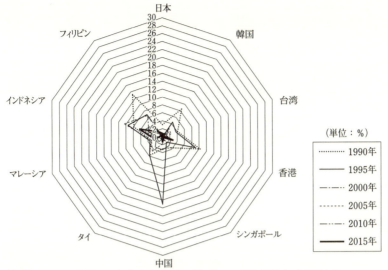

図8-11 東アジアの消費者物価上昇率の収斂化（1990, 95, 2000, 05, 10, 15年）

（出所）IMF, *World Economic Outlook Database*, Washington, D.C., IMF, April 2016 より。

圏と遜色のないものとなっている。しかし，先にもデータで示した発展段階の相違や景気の連動性を考慮するならば，統一通貨を導入できる条件をクリアしているとは評価できない。経済発展段階の途上にあり，景気が上向けばインフレ圧力が生じる。また，発展段階の相違や，ユーロ圏と比較した景気の連動性がまだ低いため，統一的な金融政策運営を行えるだけの環境が醸成されているとはいえないからである。

最後に，両地域における政府債務残高の推移をみておくことにする。ユーロ圏では通貨統合後も財政に関しては各国政府にその運営判断が任されている。そのため，財政の放漫運営を抑止するために，厳しい基準が設けられている。赤字財政を続け，政府債務残高が膨張するならば，その返済能力に疑問符がつく。返済リスクが高まると，資本移動が自由な世界では，資金流出が起こる。そして，それが同様な財政状況にある国でも発生し，ユーロの安定性が損なわれるからである。

ユーロ圏の対GDP比でみた政府債務残高の推移を示す図8-12をみると，1990年から2005年にかけて政府債務残高を縮小させてきたことがわかる。しかし，2010年，2015年には，政府債務残高が増加している。これは，ユーロ危機により生じた各国の大きな景気後退を財政出動で下支えしたことを示している。2010年以降，収斂条件の対GDP比60％を遵守することができない加盟国が増加している。

図8-13は，東アジアの政府債務残高の推移を示したものである。日本の債務残高が突出して高く，シンガポールも100％近い水準まで高まっている。それ以外の国・地域では，30〜50％の範囲にあり，ユーロ圏の条件を適用するならば，東アジアにおいては条件が満たされている。また，単年度の赤字のGDP比においても，日本を除けば，ほぼ3％程度でおさまっており，比較的健全な財政運営が行われている[15]。財政基準という観点からみるならば，東アジアは条件をみたしている。

このように財政条件をみたしているが，通貨統合に向けて財政権限を東アジアの各国が手放すとは考えにくい。ユーロ圏においてさえ，あれだけの危機を経験しながらも，財政権限を超国家機関に委譲する動きには消極的である。権限を委譲し，

---

15) Asian Development Bank (2015), p.346 を参考にした。

分　析

図8-12　ユーロ圏の政府債務残高の推移（1990, 95, 2000, 05, 10, 15年）

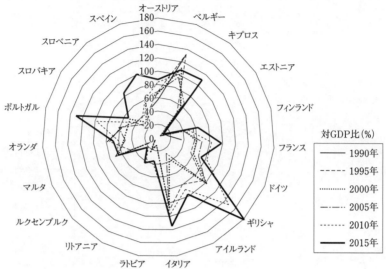

（出所）IMF, *World Economic Outlook Database*, Washington, D.C., IMF, April 2016 より。

図8-13　東アジアの政府債務残高の推移（1990, 95, 2000, 05, 10, 15年）

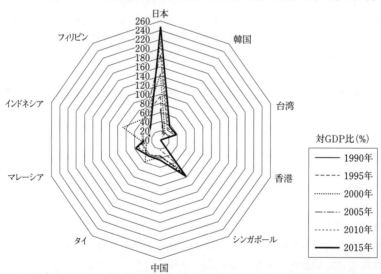

（出所）IMF, *World Economic Outlook Database*, Washington, D.C., IMF, April 2016 より。なお，台湾については，Department of Economic Research, The Central Bank of China, *Financial Statistics, Taiwan District, Republic of China*, (*Compiled in Accordance with IFS Format*), Taipei, Department of Economic Research, The Central Bank of China, various issues による。

域内において財政移転を容易に行うことができる
なら，経済的な不均衡に陥っても経済調整を行い
やすい。金融政策の裁量の余地が大きくないので，
財政政策を弾力的に運営できることは重要である。
そのことは認識していても，まだ経済発展の途上
にある国は，成長を後押しする1つの手段である
財政政策を委譲しようとは思わないであろう。

　このようにみてくると，東アジアに統一通貨を
導入する条件は整っているとはいえない。そして，
ユーロ圏のようにそのような事業を推進しようと
する政治的な機運も醸成されているとはいえない。

おわりに

　本章では，ユーロ圏との比較を通じて東アジア
の通貨統合の可能性を検討してきた。これらの分
析を通じて，現段階では東アジアでの通貨統合を
見通すことは困難である。確かに，ユーロ圏と遜
色ない条件が醸成されていることは確かである。
例えば，1人当たりGDPをみると域内の格差は
同程度である。貿易依存度もユーロ圏に比肩する
レベルである。インフレ率や政府債務残高もヨー
ロッパ基準を満たしている。

　しかし，大きな違いがないわけではない。例え
ば，ユーロ圏は1人当たりGDPでみて先進国レ
ベルである。それに対して東アジアでは，先進国，
中所得国，低所得国が混在している。データから
一歩掘り下げてみると，大きな違いがある。1人
当たり所得は，別の見方をすれば，発展段階の相
違を示している。このような大きな相違があるな
らば，利害も大きく異なり，通貨統合を実現しよ
うという政治的な意志も形成されないからである。
ヨーロッパの経験からも明らかなように，国家主
権にかかわる財政の委譲さえ求められる通貨統合
は，よほどの強い政治的な意志がなければ成し遂
げられないほどの大事業である[16]。その意味では，
通貨統合の可能性は現段階ではほぼゼロに等しい。

　むしろ，現状では生産，投資，貿易取引をより
活発にすることで，経済成長を実現できる環境を
形成することのほうに大きな関心があるといえよ
う。その意味では，東アジアの場合には，共通通
貨よりも為替レートの安定化を実現するような取
り組みのほうが魅力的な選択肢であると考えられ
る。為替レートの安定化を通じて，貿易・投資を
拡大し，そして不安定な資本移動により危機が生
じた場合には，金融協力を通じて外貨準備などを
相互に融通し合うメカニズムの構築のほうが実利
を得られるであろう。

---

16) 吉野（2006）は経済的な側面から「東アジア共同体」の可能性について論じている。そして，東アジアでは「協力」をさらに推
進することは可能であるが，それを「共同体」レベルまで引き上げるのは困難であるとしている。

終　章　東アジアにおける金融改革の課題

はじめに

　東アジアは1980年代後半以降，めざましい経済発展を遂げてきた。この過程で東アジアは金融部門の自由化・国際化という改革に着手してきた。この改革は，それまで政府・中央銀行に厳しく統制されていた金融システムから市場原理を活用したシステムへの移行を意味した。預金・貸出金利の自由化，金融機関間の競争促進，証券市場の育成・強化など，国内金融システムの自由化へ向けての措置が講じられてきた。

　これらの改革は国内金融面にとどまらなかった。資本移動が活発化している国際経済環境に適合できるよう，金融・資本市場の対外開放，外国金融機関の参入規制の緩和，為替管理の自由化などの対外開放措置も講じられてきた。

　このような金融システムの自由化・国際化の進展を背景にして，1990年代には巨額の海外資金が直接投資，銀行貸付，証券投資，および短期資本などの形態で流入した。この資本流入により，東アジアは国内貯蓄率を凌駕する投資水準を維持することができた。この高い投資率が高い経済成長率の原動力となっていた。そして，高い経済成長率が実現されるとさらに資本流入が増大するという，一種の好循環が形成されていた。しかし，この好循環が短期資本の流入に深く依存していたため，資本流出が生じた途端に，東アジアは未曾有の経済危機に見舞われることになった。これが1997年7月2日のタイ・バーツの変動為替レート制への移行を契機に東アジアに伝播した通貨・金融危機であった。

　この通貨・金融危機により，東アジアの金融システムの問題点が浮き彫りになった。急速な金融の自由化・国際化によって巨額の海外資金が流入し，実物部門での生産的投資を増加させただけでなく，各国の株式市場や不動産市場でブーム・アンド・バストを引き起こした。資産市場のバブル崩壊は，金融機関や企業のバランスシートを悪化させ，さらなる信用収縮を引き起こした。これにより経済活動は停滞し，それがさらにバランスシートを悪化させる，という悪循環に陥ったのである[1]。

　このように危機を深刻なものにした理由は，流入する短期資金をもとに融資を拡大していた金融機関の融資活動において2つの問題があったからである。吉冨（2003）が指摘した，融資期間と債務の建値の両面での2つのミスマッチが，それである。地場金融機関が「短期借り・長期貸し」を行っていたことと，ドル建て債務を積み上げていたことのリスクが，資金流出によって一気に顕在化したのである。これも十分な環境整備がなされないままに，金融の自由化・国際化が進められてきたことの証である。これまでの金融改革は，規制を緩和ないしは撤廃する方向に重きをおきすぎた嫌いがある。このような危機をなるべく軽微な被害で回避できるようにすることが求められている。そこで，以下では，東アジアにおいて望まれる金融改革について論点を絞って論じていくことにする。1つは，短期資金への対応，もう1つは，間接金融重視の金融システム，そして最後に「金融自由化・国際化」の取り組みの基礎は，規制の再編成であることを指摘したい。

(1)東アジア金融改革の概観

　東アジアで金融の自由化・国際化が本格化した

1）　バランスシート不況については，小林（2000），小林・加藤（2001），小林・寺澤・深尾（2001），Koo（2003, 2009）などを参照されたい。

のは，1980年代後半からであった。この金融の自由化・国際化への取り組みは，1960年代後半から1980年代前半にかけて生じた国際収支危機や対外債務危機への対応であった。東アジアは経済構造改革の一環として金融の自由化・国際化を推進したのであった。この金融改革の過程で，これまで東アジアの大きな特徴であった金融機関の政府所有，参入規制，金融業務規制，金利上限規制，信用割当などの諸規制が緩和・撤廃の方向に進み始めた。

一方，対外面では，海外資金の流入を促進するために為替管理規制の緩和が行われるなど，急激な金融の自由化・国際化政策が進められた。また，対ドル・レートを安定させるための為替レート政策，すなわちドル・ペッグ制が採用された結果，為替リスクが大きく軽減されることになった。これにより，直接投資，銀行貸付，証券投資およびその他短期資本などの形態で巨額の海外資金が東アジアに流入したのであった。マレーシアでは1990年にラブアン・オフショア市場，タイでは1993年にバンコク・オフショア市場が創設され，銀行間の資金取引が活発化した。オフショア金融市場の創設と銀行業務規制の緩和により，海外資金が急速に流入し始めたのであった。また，このオフショア金融市場の創設により外国金融機関の参入が活発化し，東アジアの金融部門はより競争的な環境へと変貌していったのである。

このように，東アジアは自国の金融部門の諸規制を緩和することにより海外資金を受け入れ，急速な経済発展を遂げてきた。海外資金の流入により国内貯蓄を上回る投資水準を維持することができた。この高水準の投資が1990年代前半の東アジアの高度成長を可能にしたのである。外資を梃子にした開発戦略といわれる所以もここにある。このように，東アジアにおける金融改革は，規制の緩和・撤廃を柱に経済発展という果実をもたら

した。しかし一方で，アジア通貨・金融危機以後に，短期金融・資本市場の発達の遅れ，銀行部門の健全な活動を促すための自己資本比率規制やプルーデンシャル規制の不徹底，情報公開や会計制度の遅れなどの問題も具体的に明らかになってきた[2]。以下この点をみていくことにする。

(2)内外金融システムの整合性

金融システム改革をめぐる第1の問題は，国内金融システムと国際金融環境の整合性がどのように確保されるのかということである。現在の国際金融経済環境の大きな特徴は，巨額の資金が世界的規模で瞬時に移動する点にある。東アジアは1980年代半ばから1990年代にかけて，外資を梃子にした工業化戦略の枠組みにおいて，資本取引の自由化を促進してきた。これにより，直接投資に続いて，銀行貸付，証券投資など短期の資本取引も急膨張を始めた。特に，証券投資などの逃げ足の速い資金が急速に流入した。現在，世界的にもこの短期資本の動きが問題となっており，国際金融システムの再構築が叫ばれている。1990年代にヨーロッパ，中南米，アジアで生じた通貨・金融危機の原因は，短期資本の投機的な動きである。この短期資金の動きを抑えるために，チリ型の資本流入規制やマレーシアで導入された資本流出規制も1つの対応策である[3]。また，トービン税（Tobin Tax）として知られているように，短期の資本取引に対して課税するという提案もなされている。しかし，有効な対応策が見出せないでいるのが現状である[4]。

東アジアは，このような環境に参入するためには，自国の金融システムを少なからず既存の国際金融システムに対応できるような形に改変する必要があった。例えば，巨額の資本流出入による影響をコントロールするための十分に発達した金

---

2) ASEANの金融改革と工業化についての分析は，奥田（2000），三重野（2015）を参照されたい。アジアの金融改革の有効性についての分析は，Sahay, Schiff, Lim, Sumi, and Walsh（2015）が参考になる。

3) チリ型の資本流入規制についての評価は，髙木（2013）を，マレーシアの資本流出規制については，Kawai and Takagi（2004）を参照されたい。

4) トービン税については，Tobin（1974），pp. 83-93（邦訳書，111-116頁）を参照されたい。なお，本書の内容は，1972年のプリンストン大学で開催されたThe Eliot Janeway Lectures on Historical Economics in Honor of Joseph Schumpeterで講義されたものである。

融・資本市場を構築することである。十分に発達した金融・資本市場が存在するならば，資本流出入にともなうマネーストックの大きな変動をある程度コントロールすることが可能になるからである。

海外資金が流入するとマネーストックは増加する。外貨を国内通貨に転換しなければ使えないからである。このマネーストックの増加を放置するならば，物価上昇を引き起こすか，株式や土地の取引に通貨が用いられ資産価格の上昇をもたらすことになる。この対応策として，政府は不胎化介入を実施する。これは，短期政府証券などを発行し，それを市中に売却することでマネーストックを吸収するというものである。この不胎化介入を成功させるためには，その手段となる短期政府証券が豊富に存在し，当該市場の規模が十分に大きくなければならない。しかし，これまで東アジアでは健全財政主義がとられており，政府証券の発行量は抑えられてきた。そのため市場規模も小さく，介入政策を効果的に行うことは困難であった。そのため，資本流入のマネーストックに与える影響を吸収することができず，いわゆる「バブル」を発生させてしまったのである。東アジアで十分に発達した金融・資本市場の構築が叫ばれる理由もここにあるのである。

しかし，このような短期資本が激しく移動する国際金融環境そのものが問題であることは，言をまたない。ヘッジファンドをはじめとする機関投資家が短期の利殖を追い求めて巨額の資金を動かしている。そして，この動きに東アジアは翻弄され，その経済・社会は深刻な打撃を受けたのである。このような状況に対して世界的に有効な処方箋を打ち出せずにおり，短期資本は野放しになっている。頑健な金融システムの構築が何にも増して重要ではあるが，これには時間がかかりすぎ対応策とはなりえない。とするならば，資金受入国はある程度の資金流出入規制を講じる必要がある。例えば，流入資金の持ち出しに関して3年以上の期間を設けるのも1つの対応であろう。そうする

ことで，短期資本の急激な流出入が抑制されよう。ともあれ，東アジアは短期資金が激しく移動する国際金融情勢に対して，何がしかの規制を設けることが必要であるといえる。

また，一概にすべての資本の流入を規制するのではなく，流入形態別に段階的に自由化を進めていくことも必要であろう。初期の「資本自由化論」では，資本移動は世界的規模で金融資源の効率的な配分が可能であるとの考えから推し進められた。しかし，資本自由化後の，メキシコや東アジアでの通貨・金融危機の経験から，資本移動の自由化についての考え方も漸進主義的なものに変わりつつある[5]。例えば，中国は直接投資に対して早い段階から積極的に受け入れてきたが，それ以外の形態の海外資金の流入については，慎重な姿勢を崩さなかった。逃げ足の速いその他短期資本を受け入れなかったため，アジア通貨・金融危機から大きな打撃を被らずにすんだのである。これを教訓にするならば，直接投資，株式投資，長期債券投資などの比較的安定した形態での資金流入から段階的に自由化を進めていくことが重要になると考えられる。

資本移動に対する規制措置に加え，為替レート・システムの選択も重要なことである。アジア経済危機からの教訓として，ドルに偏重した固定為替レート制，いわゆるドル・ペッグ制の危険性が指摘されている。為替レートの変動幅が小さくなるので，資本取引において大幅に為替リスクが軽減される。これが短期的な資本取引を加速させた要因として指摘されている。そして資本移動が活発化すると，国内金融政策運営の独立性が制限されることになるため，国内経済の変動が激しくなる。というのも，金融政策の目標が固定為替レートの維持に向けられてしまうからである。これは，国際金融のトリレンマとして知られている。

このことから，例えば，Eichengreen（1994）は，通貨同盟を含めた完全な固定為替レート制か，完全な変動為替レート制を採用するしかないと述べている。これに対して，ジョン・ウィリアムソ

5）「資本自由化論」については，Fischer, Cooper, Dornbusch, Garber, Massad, Polak, Rodrik, and Tarapore (1998)，Fischer (2004)，高木（2013）などを参照されたい。

ン（2005）では，基礎的均衡為替レート（Fundamental Equilibrium Exchange Rate: FEER）を算出し，それから為替レートが大きく外れるならば，介入を行うことを提案している。また，為替レート・システムにおけるバスケット，バンド，クローリングという3つの機能を取り入れたBBCシステム（Basket, Band, Crawlingの頭文字）なども提案しており，各国は自国に合わせた為替レートを安定化させる仕組みをとり入れるべきだとしている。アイケングリーンの両極論に対して，ウィリアムソンは中間的な制度を模索している[6]。その目的は，為替レートを安定化させることで，内外均衡を維持するためのマクロ経済政策の独立性を確保することにある。技術的な問題も含めて，東アジアは為替レート・システムを慎重に選択していくことが求められているといえよう。

　上述のとおり，国内外の経済環境に適した金融システムの構築は，各国の状況に応じて段階的に進めていかねばならない。McKinnon（1982, 1993）やHarwood and Smith（1997）でも指摘されているように，先進国であるか開発途上国であるかを問わず，いずれの金融の自由化・国際化においても当てはまる[7]。例えば，マッキノンの議論をまとめながら，高木（2013）は，(1)マクロ経済の安定化，(2)貿易の自由化，(3)金融の自由化，そして資本勘定の自由化，という順序を示している。まず，財政均衡を通じてマクロ経済を安定化させる。開発途上国の財政赤字はインフレーションの主たる原因となるためである。また，財政赤字が国内金融機関の貸出を通じてファイナンスされている場合にもインフレ要因になるので，財政均衡が手始めに行われる。次に，貿易の自由化であるが，財・サービスの輸出や輸入の取引には為替取引や貿易信用など実需にもとづく金融取引が

行われる。これらは比較的安定した資金取引となるので，資本勘定自由化の前段階となる。そしてこれらの安定した海外取引を行いながら，国内金融システムを政府介入型から市場取引型への制度改革を実施し，資本取引にも対応可能な制度環境を整備する。そこには，金融機関のリスク対応能力向上やそれを監視する規制の構築も含まれる。さらには，金融政策が有効に機能するように，債券市場の育成や為替レート・システムの選択などを行っていくことになる。

　資本勘定の自由化については，「漸進的自由化論」の説明において，資本の流入形態別に自由化を進め，資本流出の自由化を最終段階に位置づけている[8]。比較的資金移動の安定度が高い直接投資から流入規制を緩め，その後に長期の株式・債券投資，銀行借入，短期資金という順序で自由化を進めていく。それと同時にリスク管理能力の向上，海外資金に対する自己資本比率規制などのプルーデンシャル（健全性）規制を充実させていく必要がある。このように資本移動の自由化は，資本流出入に対応できる環境を整備して，段階的に進めていくものであるというコンセンサスもできつつある[9]。

(3)間接金融優位の問題

　東アジアにおける金融システムの1つの特徴は，間接金融優位である。間接金融とは，銀行が預金者から預金を受け入れ，それを元にして貸出を行うことである。このシステムは，工業化資金を政府が政策的にコントロールするうえで効果的であったといえる。優先部門に資金を集中的に向けることが可能になるからである。東アジアでは長い間，貸出金利規制や信用割当の形で金融部門は統

---

6)　中間的な選択肢の1つとして，Goldstein（2002）は，インフレ・ターゲットと通貨のミスマッチを防止する措置を含んだ管理変動為替レート制を提唱している。

7)　先進国の自由化のプロセスについては奥村（1999）を参照されたい。

8)　しかし，自由化が一定程度進んでいくと，資本流入形態の多様化やそれにともなうリスク管理もより複雑化してくる。そうなると各種の規制の効果も薄れてくるので，漸進主義とはいえ，ただ単にゆっくりと自由化を進めていけばいいというわけではないことも指摘している（高木（2013），172-173頁）。

9)　資本勘定の自由化を慎重に進めるという議論については，Masaad（1998）を参照されたい。そこでは資本勘定自由化の前提条件についても要約されている。

制されてきた。金融機関は十分な審査をすること
もなく政府の政策にしたがい融資活動を行ってき
た。そのため，融資先企業の活動に関する情報を
蓄積する余地がなかったのである。しかし，金融
自由化が進むにつれて，金融機関の貸出審査能力
の欠如が不良債権の累増という形で表れるように
なってきたのである。特に以下で述べるように，
金利規制と業容規制の緩和による金融機関間の競
争が激化するにつれ，金融機関の情報生産力の低
さが目につくようになってきた。この意味では，
金融機関間の競争促進は段階的に進められる必要
がある。

　というのは，地場金融機関を育成する必要があ
るからである。参入規制の緩和や外資規制の緩和
で，外国金融機関の参入がみられるが，その顧客
は主として外資系企業や地場大手企業である。ま
た，地場上位行も地場大手製造業が主な取引相手
となっており，大口の顧客が取引対象になってい
る。しかし，庶民や農村部を顧客にするリテール
金融機関の育成は工業化資金の動員の観点からも，
また地場中小企業の育成の観点からも決して無視
できない問題である。中小金融機関に対しては，
自己資本強化のための猶予などの一定の保護策が
一時的に必要になるように思われる。

　また，間接金融優位に関する問題としては，預
金と融資とのミスマッチ問題がある[10]。東アジア
では商業銀行が金融システムの中核を担っている。
商業銀行は預金を集め，それを準備に貸出を行う。
一般的に預金は短期であるが，融資は長期性のも
のが大半を占めている。特に，東アジアのような
高度経済成長下にある経済では，工業化資金の需
要が旺盛なために，貸出も長期化する傾向にある。
このような間接金融優位のシステムでは，常に金
融機関がミスマッチのリスクを請け負うことにな
る。銀行システムに対する政府の介入が強い時期
には，政府による暗黙の保護があるために，バラ
ンスシート上の期間のミスマッチは顕在化しにく
い。銀行危機に陥れば，政府が介入し公的資金が

注入されるため，いくら不良債権を抱えても最終
的には救済されるからである。いわゆるモラル・
ハザードである。しかし，金融の自由化が進み，
金融機関間の競争が促進されるような環境下では，
銀行部門が，このようなリスクを引き受けること
は困難になる。競争的な市場では，経営基盤の脆
弱な金融機関は遅かれ早かれ淘汰されることにな
るからである。また，自己責任のもとで経営して
いくのであるから，容易に政府・中央銀行から救
済を受けられなくもなる。

　このように，間接金融優位の状況下で金融自由
化が急速に進むと，商業銀行やノンバンクなどの
金融機関は工業化資金の仲介役を十分に果たすこ
とが困難になる。融資に際しての審査能力の問題
もあるが，その性格上，銀行システムが短期の預
金を獲得して長期資金を融資するには限界がある
からである。短期金融市場が十分に発展していな
い中で，銀行部門が長期資金の供給に中核的な役
割を担うということは，流動性の逼迫に陥る可能
性を高める。そして，それが金融システム全体を
メルトダウンさせるリスクに発展する可能性もあ
る。今後，東アジアが持続的な経済発展を図るた
めにも資本市場の育成・強化が急務の課題になる。
資本市場を育成・強化することにより，企業の資
金調達手段を多様化し，商業銀行，ノンバンク金
融機関の経営活動における棲み分けを確立する必
要があろう。そうでなければ，安定的に工業化資
金を供給することは困難になるであろう。また，
そのような棲み分けが進めば，危機後の急激な信
用収縮の発生も軽減できる。

　しかし，間接金融体制から直接金融を中心とし
たシステムへ移行することは，容易なことではな
い。青木・奥野編（1996）が指摘しているとおり，
制度には「歴史経路依存性」があるからである。
そこで，池尾・財務省財務総合政策研究所
（2006）が指摘するような市場型間接金融システ
ムも1つの選択肢であるといえよう。間接金融か
直接金融という二者択一の制度変更ではなく，そ

---

10)　吉冨（2003）が指摘したように，ミスマッチには「期間のミスマッチ」と「通貨のミスマッチ」がある。これらはアジア通貨・
金融危機の原因と考えられている。危機後，この2つのミスマッチを改善していくことが危機再発防止策になるとのことから，アジ
アでは債券市場の育成・強化などが図られてきた。2つのミスマッチの改善状況については，金木・鹿庭（2015）を参照されたい。

の中間的なシステムを構築しようとするものである。蟻山（2001）が指摘するように，銀行が企業向け融資の債権を証券化したり，長期資金を債券発行で調達したりする，などの方法が考えられる。このようなシステムでは，銀行部門に過度なリスクが集中することを防ぐことができるというメリットがある。直接金融というと，企業が株式市場や社債市場で資金調達をするということを考えがちであるが，企業が多様な方法で資金調達をできるようなサービスを金融部門が提供できるようにすることが改革の要になる。

(4)規制緩和・撤廃重視の金融改革

　東アジアでは，1980年代後半から国内金融規制の緩和が進められた。商業銀行の民営化，金利上限規制，金融機関の業容規制，参入規制などの諸規制の緩和がそれである。これにより，国内金融システムは市場原理に委ねられることになった。例えば，タイでは金利上限規制と業容規制の緩和が行われた結果，金融会社，リース会社，投資信託などのノンバンク金融機関が拡大することになった。ノンバンク金融機関の拡大により，商業銀行との競争が激化した。金融機関が多数存在するということは，高金利の金融商品を預金者に提供できなければ生き残れない。一方，融資活動においても他の金融機関よりも低利融資を借手に提供できなければならない。特に，これは中・下位の金融機関にとっては死活問題である。上位行であれば，経営体力の問題もあるが，専門的な金融活動に特化することも可能である。しかし，中・下位の金融機関は経営基盤が弱く，専門的な金融活動に特化するにも，人材，金融技術，設備などさまざまな面で障害が多い。

　このような中・下位金融機関は，この窮状を凌ぐためには高金利で預金を獲得せざるをえなくなる。また，融資活動においても，製造業などの生産的な分野よりも，不動産や消費者金融などの分野に活路を求めていくことになる。例えば，不動産担保融資は，不動産価格が上昇している間は，債務者が債務不履行に陥っても，担保の土地を高い価格で売却することが可能であるので問題はない。しかし，不動産価格が低下すると，債務者が債務不履行に陥っても売却が難しく，金融機関は不良債権を抱え込むことになる。実際に，タイではファイナンス・カンパニーなどのノンバンク金融機関がこのような金融活動を行っており，金融危機の際にこれら金融機関の倒産が多くみられた。これらノンバンク金融機関は十分な貸出審査能力もないままに，市場での生き残りを賭けて非生産的な部門への融資に傾斜していったのである。

　このように，急速な金利・業容規制は金融機関間の競争を加速化させたのであった。そして，急速に拡大したノンバンク金融機関には貸出を慎重に審査する能力が十分ではなかった。金融システムの安定化を維持するために，金融当局はこれら金融機関の経営活動を監視するシステムを構築することが必要になろう。金融機関に対する自己資本比率設定など健全性を維持するためのプルーデンシャル規制や，経理監査および情報公開の徹底，さらには預金者保護制度や破産手続きなどの危機対策の確立など金融取引の効率と安定性とを高める諸制度の整備・実効性の強化を進めていかなければならないであろう。この意味で，東アジアの今後の金融改革は，これまでの規制緩和重視から，グローバル経済に適合した規制の枠組みに段階的に変更していくことが求められていると思われる。

おわりに

　東アジアは，1960年代から1980年代前半までは統制的な金融システムを採用してきた。それは，優先部門に産業資金を効果的に供給するための制度的な工夫であった。確かに，このような金融体制は「金融自由化論」[11]などで指摘されているとおり，資金配分の非効率性などの問題はあるが，その短所をカバーし，東アジアは経済発展を遂げてきた。その間も，国際収支危機や対外債務危機

11）　金融自由化論の経済分析については，Fry（1995）およびGhatak and Sánchez-Fung（2007）が参考になる。また，開発途上国の金融自由化について国際機関がどのように考えていたのかについては，World Bank（1989）が役立つ。

などの困難に直面してきた。そして，この危機を契機に，金融改革が進められた。1980年代後半から本格的に金融部門の自由化・国際化に取り組んできたのが，それである。改革を通じて，膨大な海外資金が流入し，1980年代後半から1990年代にかけてめざましい経済発展を遂げた。しかし，その資金が流出したことで通貨・金融危機が生じ，深刻な経済的・社会的打撃を被ったことは記憶に新しい。これら諸国の金融規制の緩和・撤廃が急速に進んだことがその1つの原因であった。確かに，金融改革により東アジアは高度経済成長という果実を得たが，その代償も大きかった。

金融改革による規制の緩和・撤廃という側面が前面に打ち出され，金融秩序を維持するための諸政策が等閑にされていた。通貨・金融危機以後，上述した点以外にも，東アジアの国々は，自己資本比率規制，情報開示制度などの諸制度の充実を図っている。これら一連の改革は，めまぐるしく変化する国際経済環境に対して自国経済を適応させるための工夫である。その意味で，金融改革とは，単に規制の緩和・撤廃を意味するのではなく，規制の枠組みの転換であることを示しているといえよう。これまで国内金融市場と国際金融市場を遮断してきたシンガポールでさえ，自発的に金融開放への道を歩みだした。情報開示や会計制度などの金融インフラを強化することで，東アジアは頑健な金融システム構築に向けての道を進み始めたものと思われる。

統　　計

統　　計

アフガニスタン（1948-2000年）

	1948	1949	1950	1951	1952	1953	1954	1955
為替レート	対SDRレート							
プリンシパル・レート（期末）	・・・	・・・	・・・	・・・	・・・		・・・	16.93
	対ドル・レート							
プリンシパル・レート（期末）	・・・	・・・	・・・	・・・	・・・		・・・	16.93
プリンシパル・レート（期中平均）	・・・	・・・	・・・	・・・	・・・		・・・	13.04
IMFポジション	100万SDR（期末）							
クォータ	-	-	-	-	-	-	-	10.00
SDR	-	-	-	-	-	-	-	-
IMFリザーブポジション	-	-	-	-	-	-	-	-
IMFクレジット及び融資総残高	-	-	-	-	-	-	-	-
国際流動性	100万米ドル（他に断りのない限り，期末）							
総準備（金を除く）	-	-	-	-	-	12.00	12.00	17.00
SDR								
IMFリザーブポジション								
外国為替	-	-	-	-	-	12.00	12.00	17.00
金（100万ファイントロイオンス）	1.06	1.09	1.11	1.14	1.20	1.20	1.20	1.14
金（国内評価額）	・・・	38.15	38.85	39.90	42.00	42.00	42.00	40.00
通貨当局：その他負債	・・・	・・・	・・・	・・・	・・・	・・・	・・・	・・・
預金通貨銀行：資産	・・・	・・・	・・・	・・・	・・・	・・・	・・・	・・・
通貨当局	100万アフガニー（12月20日のデータ）							
対外資産	・・・	・・・	・・・	・・・	・・・	・・・	・・・	・・・
中央政府向け信用	・・・	・・・	・・・	・・・	・・・	・・・	・・・	・・・
地方政府向け信用	・・・	・・・	・・・	・・・	・・・	・・・	・・・	・・・
非金融公的企業向け信用	・・・	・・・	・・・	・・・	・・・	・・・	・・・	・・・
民間部門向け信用	・・・	・・・	・・・	・・・	・・・	・・・	・・・	・・・
預金通貨銀行向け信用	・・・	・・・	・・・	・・・	・・・	・・・	・・・	・・・
その他金融機関向け信用	・・・	・・・	・・・	・・・	・・・	・・・	・・・	・・・
準備貨幣	・・・	・・・	・・・	・・・	・・・	・・・	・・・	・・・
内：預金通貨銀行以外の現金通貨	・・・	・・・	・・・	・・・	・・・	・・・	・・・	・・・
民間部門預金	・・・	・・・	・・・	・・・	・・・	・・・	・・・	・・・
定期性預金，貯蓄性預金及び外貨預金	・・・	・・・	・・・	・・・	・・・	・・・	・・・	・・・
制限付き預金	・・・	・・・	・・・	・・・	・・・	・・・	・・・	・・・
対外負債	・・・	・・・	・・・	・・・	・・・	・・・	・・・	・・・
中央政府預金	・・・	・・・	・・・	・・・	・・・	・・・	・・・	・・・
資本勘定	・・・	・・・	・・・	・・・	・・・	・・・	・・・	・・・
その他（ネット）	・・・	・・・	・・・	・・・	・・・	・・・	・・・	・・・
預金通貨銀行	100万アフガニー（12月20日のデータ）							
準備	・・・	・・・	・・・	・・・	・・・	・・・	・・・	・・・
対外資産	・・・	・・・	・・・	・・・	・・・	・・・	・・・	・・・
非金融公的企業向け信用	・・・	・・・	・・・	・・・	・・・	・・・	・・・	・・・
民間部門向け信用	・・・	・・・	・・・	・・・	・・・	・・・	・・・	・・・
その他金融機関向け信用	・・・	・・・	・・・	・・・	・・・	・・・	・・・	・・・
要求払い預金	・・・	・・・	・・・	・・・	・・・	・・・	・・・	・・・
定期性預金，貯蓄性預金及び外貨預金	・・・	・・・	・・・	・・・	・・・	・・・	・・・	・・・
制限付き預金	・・・	・・・	・・・	・・・	・・・	・・・	・・・	・・・
対外負債	・・・	・・・	・・・	・・・	・・・	・・・	・・・	・・・
長期対外負債	・・・	・・・	・・・	・・・	・・・	・・・	・・・	・・・
中央政府預金	・・・	・・・	・・・	・・・	・・・	・・・	・・・	・・・
通貨当局からの信用	・・・	・・・	・・・	・・・	・・・	・・・	・・・	・・・
資本勘定	・・・	・・・	・・・	・・・	・・・	・・・	・・・	・・・
その他（ネット）	・・・	・・・	・・・	・・・	・・・	・・・	・・・	・・・
マネタリー・サーベイ	100万アフガニー（12月20日のデータ）							
対外資産（ネット）	・・・	・・・	・・・	・・・	・・・	・・・	・・・	・・・
国内信用	・・・	・・・	・・・	・・・	・・・	・・・	・・・	・・・
中央政府向け信用	・・・	・・・	・・・	・・・	・・・	・・・	・・・	・・・
地方政府向け信用	・・・	・・・	・・・	・・・	・・・	・・・	・・・	・・・
非金融公的企業向け信用	・・・	・・・	・・・	・・・	・・・	・・・	・・・	・・・
民間部門向け信用	・・・	・・・	・・・	・・・	・・・	・・・	・・・	・・・
その他金融機関向け信用	・・・	・・・	・・・	・・・	・・・	・・・	・・・	・・・
現金・預金通貨	・・・	・・・	・・・	・・・	・・・	・・・	・・・	・・・
準通貨	・・・	・・・	・・・	・・・	・・・	・・・	・・・	・・・
制限付き預金	・・・	・・・	・・・	・・・	・・・	・・・	・・・	・・・
長期対外負債	・・・	・・・	・・・	・・・	・・・	・・・	・・・	・・・
預金通貨銀行向け信用	・・・	・・・	・・・	・・・	・・・	・・・	・・・	・・・
現金・預金通貨＋準通貨	・・・	・・・	・・・	・・・	・・・	・・・	・・・	・・・
物価	指数（期中平均）							
消費者物価指数（1980年=100）	・・・	・・・	・・・	・・・	・・・	・・・	・・・	・・・
消費者物価指数（1990年=100）	・・・	・・・	・・・	・・・	・・・	・・・	・・・	・・・

アフガニスタン

1956	1957	1958	1959	1960	1961	1962	1963	1964	1965	1966
16.93	16.93	16.93	16.93	16.93	16.93	16.93	38.08	38.08	38.08	38.08
16.93	16.93	16.93	16.93	16.93	16.93	16.93	38.08	38.08	38.08	38.08
15.52	15.52	15.52	15.52	15.52	15.52	15.52	31.70	34.93	34.93	34.93
10.00	10.00	10.00	10.00	22.50	22.50	22.50	22.50	22.50	22.50	29.00
-	-	-	-	-	-	-	-	-	-	-
								5.62	7.30	10.38
19.00	25.00	20.00	15.00	10.00	6.24	4.47	9.24	8.13	8.98	12.10
-	-	-	-	-	-	-	-	-	-	-
19.00	25.00	20.00	15.00	10.00	6.24	4.47	9.24	8.13	8.98	12.10
1.14	1.14	1.14	1.14	1.14	1.03	1.03	1.04	1.04	1.04	1.00
40.00	40.00	40.00	40.00	40.00	36.05	36.05	36.23	36.35	36.23	34.82
...	...	...	...	...	9.50	15.50	7.84	7.09	2.74	6.09
...	...	0.65	1.80	1.45	0.90	1.80	1.98	2.04	2.07	2.80
...	...	...	...	...	989.00	956.00	2,165.00	2,128.00	2,240.00	2,256.00
...	...	1,110.00	744.00	1,729.00	2,581.00	3,911.00	4,596.00	6,039.00	5,476.00	5,736.00
...	...	342.00	424.00	348.00	477.00	499.00	365.00	482.00	119.00	88.00
...	...	642.00	1,118.00	1,130.00	1,017.00	613.00	550.00	524.00	485.00	628.00
...	...	88.00	40.00	84.00	122.00	70.00	70.00	71.00	70.00	130.00
...	...	2,374.00	2,388.00	3,210.00	3,342.00	3,738.00	4,588.00	5,520.00	5,996.00	6,032.00
...	...	1,849.00	1,881.00	2,155.00	2,607.00	2,771.00	3,608.00	4,302.00	4,797.00	4,722.00
...	...	356.00	340.00	759.00	507.00	691.00	749.00	870.00	992.00	1,158.00
...	...	236.00	417.00	160.00	204.00	396.00	164.00	224.00	297.00	253.00
...	...	...	...	...	190.00	310.00	353.00	572.00	452.00	741.00
...	...	387.00	498.00	328.00	93.00	722.00	705.00	810.00	774.00	1,309.00
...	...	435.00	403.00	500.00	733.00	733.00	644.00	680.00	813.00	841.00
...	...	...	...	...	624.00	150.00	1,292.00	1,438.00	58.00	-338.00
...	...	128.00	129.00	120.00	220.00	226.00	192.00	342.00	150.00	117.00
...	...	13.00	36.00	29.00	18.00	36.00	89.00	92.00	93.00	126.00
...	...	885.00	919.00	1,114.00	1,145.00	1,147.00	1,163.00	1,343.00	1,767.00	1,767.00
...	...	127.00	154.00	136.00	191.00	289.00	262.00	402.00	315.00	263.00
...	...	59.00	47.00	45.00	81.00	83.00	106.00	210.00	654.00	665.00
...	...	...	...	...	...	...	...	...	...	...
...	...	79.00	110.00	187.00	169.00	214.00	221.00	225.00	116.00	85.00
...	...	871.00	865.00	1,019.00	984.00	1,001.00	992.00	1,020.00	1,064.00	1,119.00
...	...	-110.00	-92.00	-118.00	-37.00	-178.00	-137.00	-80.00	-139.00	-122.00
...	...	...	...	...	817.00	682.00	1,901.00	1,648.00	1,881.00	1,641.00
...	...	2,513.00	2,597.00	3,806.00	4,958.00	5,234.00	5,748.00	7,353.00	6,957.00	6,825.00
...	...	644.00	136.00	1,214.00	2,319.00	2,975.00	3,670.00	5,004.00	4,586.00	4,342.00
...	...	342.00	424.00	348.00	477.00	499.00	365.00	482.00	119.00	88.00
...	...	1,527.00	2,037.00	2,244.00	2,162.00	1,760.00	1,713.00	1,867.00	2,252.00	2,359.00
...	...	2,332.00	2,375.00	3,050.00	3,305.00	3,751.00	4,619.00	5,574.00	6,104.00	6,143.00
...	...	295.00	464.00	205.00	285.00	479.00	270.00	434.00	951.00	918.00
...	...	...	...	...	...	...	...	...	...	...
...	...	...	...	...	2,185.00	1,686.00	2,760.00	2,993.00	1,783.00	1,405.00
...	...	2,627.00	2,839.00	3,255.00	3,590.00	4,230.00	4,889.00	6,008.00	7,055.00	7,061.00
16.93	...	...	...	...	...	...	...	...	...	...
...	...	...	...	...	...	...	...	...	...	...

統　　計

アフガニスタン（1948-2000年）

	1967	1968	1969	1970	1971	1972	1973	1974
為替レート	対SDRレート							
プリンシパル・レート（期末）	38.08	38.08	38.08	38.08	41.35	41.35	45.94	46.63
	対ドル・レート							
プリンシパル・レート（期末）	38.08	38.08	38.08	38.08	38.08	38.08	38.08	38.08
プリンシパル・レート（期中平均）	34.93	34.93	34.93	34.93	34.93	34.93	34.93	34.93
IMFポジション	100万SDR（期末）							
クォータ	29.00	29.00	29.00	37.00	37.00	37.00	37.00	37.00
SDR	-	-	-	1.91	3.16	1.20	4.28	4.45
IMFリザーブポジション	-	-	-	-	-	-	-	-
IMFクレジット及び融資総残高	11.22	12.28	17.10	14.53	10.13	5.73	7.23	4.74
国際流動性	100万米ドル（他に断りのない限り，期末）							
総準備（金を除く）	5.30	6.12	8.18	12.53	26.95	20.80	21.61	27.64
SDR	-	-	-	1.91	3.43	1.30	5.16	5.45
IMFリザーブポジション	-	-	-	-	-	-	-	-
外国為替	5.30	6.12	8.18	10.62	23.52	19.50	16.45	22.19
金（100万ファイントロイオンス）	0.94	0.94	0.94	0.99	0.93	0.93	0.93	0.93
金（国内評価額）	33.04	32.97	31.01	31.01	29.01	35.40	39.35	39.35
通貨当局：その他負債	1.47	4.98	3.08	2.16	6.16	4.91	0.93	1.19
預金通貨銀行：資産	3.00	3.66	4.92	1.33	7.52	5.13	6.26	8.44
通貨当局	100万アフガニー（12月20日のデータ）							
対外資産	1,934.00	1,689.00	1,830.00	2,148.00	2,722.00	2,821.00	3,185.00	3,550.00
中央政府向け信用	6,082.00	7,486.00	7,614.00	8,363.00	9,859.00	11,657.00	11,355.00	12,270.00
地方政府向け信用	142.00	260.00	177.00	287.00	129.00	9.00	11.00	770.00
非金融公的企業向け信用	・・・	・・・	・・・	・・・	・・・	・・・	・・・	・・・
民間部門向け信用	517.00	662.00	1,097.00	1,020.00	833.00	1,186.00	1,261.00	1,706.00
預金通貨銀行向け信用	174.00	109.00	130.00	658.00	266.00	367.00	408.00	1,153.00
その他金融機関向け信用	・・・	・・・	・・・	・・・	・・・	・・・	・・・	・・・
準備貨幣	6,035.00	7,180.00	7,803.00	8,759.00	9,512.00	10,335.00	10,886.00	12,409.00
内：預金通貨銀行以外の現金通貨	4,614.00	5,111.00	5,769.00	6,540.00	6,435.00	7,518.00	8,979.00	9,693.00
民間部門預金	1,128.00	1,792.00	1,630.00	1,419.00	2,297.00	2,134.00	1,616.00	2,019.00
定期性預金, 貯蓄性預金及び外貨預金	295.00	263.00	589.00	680.00	681.00	811.00	1,254.00	1,748.00
制限付き預金	・・・	・・・	291.00	522.00	611.00	552.00	585.00	1,043.00
対外負債	571.00	777.00	908.00	751.00	772.00	501.00	434.00	315.00
中央政府預金	1,070.00	1,121.00	1,105.00	1,436.00	1,397.00	1,987.00	1,589.00	2,469.00
資本勘定	689.00	692.00	787.00	985.00	1,325.00	1,510.00	1,579.00	1,512.00
その他（ネット）	190.00	174.00	-635.00	-657.00	-488.00	344.00	-109.00	-44.00
預金通貨銀行	100万アフガニー（12月20日のデータ）							
準備	212.00	229.00	321.00	509.00	519.00	604.00	308.00	539.00
対外資産	135.00	165.00	222.00	40.00	339.00	231.00	282.00	380.00
非金融公的企業向け信用	・・・	・・・	・・・	・・・	・・・	・・・	・・・	・・・
民間部門向け信用	1,932.00	1,826.00	1,992.00	2,563.00	2,326.00	2,795.00	3,020.00	3,509.00
その他金融機関向け信用	・・・	・・・	・・・	・・・	・・・	・・・	・・・	・・・
要求払い預金	359.00	381.00	772.00	719.00	936.00	911.00	723.00	810.00
定期性預金, 貯蓄性預金及び外貨預金	639.00	667.00	825.00	973.00	1,211.00	1,541.00	1,612.00	1,825.00
制限付き預金	・・・	・・・	・・・	・・・	・・・	・・・	・・・	・・・
対外負債	・・・	・・・	・・・	・・・	・・・	・・・	・・・	・・・
長期対外負債	・・・	・・・	・・・	・・・	・・・	・・・	・・・	・・・
中央政府預金	135.00	164.00	76.00	85.00	79.00	104.00	116.00	105.00
通貨当局からの信用	・・・	・・・	・・・	・・・	・・・	・・・	・・・	・・・
資本勘定	1,229.00	1,257.00	1,278.00	1,199.00	1,210.00	1,226.00	1,317.00	1,275.00
その他（ネット）	-82.00	-249.00	-416.00	136.00	-253.00	-152.00	-159.00	413.00
マネタリー・サーベイ	100万アフガニー（12月20日のデータ）							
対外資産（ネット）	1,498.00	1,077.00	1,143.00	1,437.00	2,288.00	2,550.00	3,032.00	3,615.00
国内信用	7,468.00	8,949.00	9,699.00	10,712.00	11,670.00	13,556.00	13,942.00	15,681.00
中央政府向け信用	4,877.00	6,201.00	6,433.00	6,842.00	8,383.00	9,565.00	9,651.00	9,697.00
地方政府向け信用	142.00	260.00	177.00	287.00	129.00	9.00	11.00	770.00
非金融公的企業向け信用	・・・	・・・	・・・	・・・	・・・	・・・	・・・	・・・
民間部門向け信用	2,449.00	2,488.00	3,089.00	3,583.00	3,159.00	3,982.00	4,280.00	5,215.00
その他金融機関向け信用	・・・	・・・	・・・	・・・	・・・	・・・	・・・	・・・
現金・預金通貨	6,101.00	7,284.00	8,171.00	8,678.00	9,668.00	10,563.00	11,318.00	12,522.00
準通貨	934.00	930.00	1,414.00	1,653.00	1,892.00	2,352.00	2,866.00	3,573.00
制限付き預金	・・・	・・・	291.00	522.00	611.00	552.00	585.00	1,043.00
長期対外負債	・・・	・・・	・・・	・・・	・・・	・・・	・・・	・・・
預金通貨銀行向け信用	1,931.00	1,813.00	965.00	1,295.00	1,790.00	2,640.00	2,204.00	2,160.00
現金・預金通貨＋準通貨	7,035.00	8,214.00	9,692.00	10,391.00	11,566.00	13,178.00	14,184.00	16,095.00
物価	指数（期中平均）							
消費者物価指数（1980年=100）	・・・	・・・	・・・	55.60	69.80	61.00	54.50	60.10
消費者物価指数（1990年=100）	・・・	・・・	・・・	・・・	・・・	・・・	・・・	・・・

アフガニスタン

1975	1976	1977	1978	1979	1980	1981	1982	1983	1984	1985
44.58	44.25	46.26	49.61	47.10	49.49	49.84	47.24	44.83	41.98	47.04
38.08	38.08	38.08	38.08	35.76	38.80	42.82	42.82	42.82	42.82	42.82
34.93	34.93	34.93	34.93	33.85	34.37	38.56	39.28	39.28	39.28	39.28
37.00	37.00	37.00	45.00	45.00	67.50	67.50	67.50	86.70	86.70	86.70
5.32	5.12	5.68	5.38	13.42	12.12	16.29	15.58	9.97	13.50	12.42
-	-	8.25	8.97	9.43	15.07	15.08	15.09	4.80	4.81	4.82
9.24	1.75	-	-	-	-	-	-	-	-	-
86.55	130.92	275.82	390.56	441.21	371.17	274.29	257.75	214.16	228.71	295.21
6.23	5.95	6.90	7.01	17.68	15.46	18.96	17.19	10.44	13.23	13.64
		10.02	11.69	12.42	19.22	17.55	16.65	5.03	4.71	5.29
80.32	124.97	258.90	371.86	411.11	336.49	237.78	223.92	198.70	210.76	276.27
0.93	0.93	0.94	0.95	0.96	0.97	0.97	0.97	0.97	0.97	0.97
39.35	39.35	39.69	40.02	42.97	270.32	245.04	245.04	245.04	245.05	245.06
2.34	3.16	2.70	27.47	42.29	3.08	7.92	3.69	3.23	72.17	223.00
10.92	10.37	20.55	40.81	54.51	61.34	146.32	75.26	136.84	131.63	138.96
6,848.00	9,350.00	15,864.00	19,506.00	21,399.00	36,682.00	39,802.00	36,879.00	32,834.00	24,031.00	27,419.00
13,204.00	15,466.00	16,486.00	21,716.00	23,900.00	17,065.00	22,779.00	21,400.00	35,131.00	48,080.00	63,813.00
1,313.00	400.00	11.00	11.00	188.00		1,839.00	225.00	651.00	406.00	482.00
· · ·	· · ·	· · ·	· · ·	· · ·	· · ·	· · ·	7,844.00	10,304.00	15,580.00	18,275.00
2,273.00	3,678.00	2,773.00	3,139.00	5,474.00	5,014.00	5,859.00	189.00	473.00	138.00	176.00
825.00	415.00	255.00	426.00	816.00	1,258.00	249.00	249.00	349.00	746.00	746.00
· · ·	· · ·	· · ·	· · ·	· · ·	· · ·	· · ·	811.00	885.00	1,140.00	1,121.00
14,545.00	17,765.00	23,725.00	27,528.00	33,476.00	39,356.00	45,071.00	52,245.00	60,613.00	66,109.00	73,124.00
11,427.00	14,225.00	17,784.00	21,667.00	26,641.00	32,316.00	38,750.00	46,674.00	53,782.00	58,716.00	64,390.00
2,494.00	3,002.00	4,544.00	5,551.00	5,758.00	5,676.00	4,786.00	3,628.00	4,534.00	5,561.00	7,212.00
1,445.00	2,306.00	2,647.00	2,500.00	2,941.00	3,405.00	4,709.00	6,221.00	6,794.00	6,138.00	7,126.00
2,179.00	4,020.00	2,728.00	4,961.00	4,215.00	4,540.00	7,974.00	3,779.00	4,811.00	4,868.00	6,047.00
592.00	234.00	121.00	1,236.00	1,787.00	141.00	401.00	187.00	164.00	3,652.00	11,284.00
3,863.00	3,623.00	3,582.00	5,523.00	4,661.00	5,943.00	6,496.00	2,169.00	4,639.00	4,433.00	8,101.00
1,627.00	1,702.00	2,151.00	2,438.00	2,983.00	4,154.00	5,990.00	8,077.00	9,288.00	10,565.00	10,709.00
214.00	-342.00	434.00	613.00	1,714.00	2,479.00	-113.00	-5,081.00	-5,680.00	-5,643.00	-4,356.00
462.00	520.00	1,319.00	430.00	887.00	1,455.00	1,396.00	2,292.00	· · ·	872.00	1,084.00
492.00	467.00	925.00	1,837.00	2,303.00	2,813.00	7,404.00	3,808.00	· · ·	6,661.00	7,031.00
· · ·	· · ·	· · ·	· · ·	· · ·	· · ·	· · ·	725.00	· · ·	1,150.00	682.00
2,743.00	2,565.00	2,720.00	3,632.00	4,315.00	4,589.00	4,194.00	3,996.00	· · ·	4,650.00	6,552.00
· · ·	· · ·	· · ·	· · ·	· · ·	· · ·	· · ·	89.00	· · ·	76.00	106.00
1,054.00	1,095.00	1,424.00	1,407.00	1,788.00	1,786.00	2,128.00	1,850.00	· · ·	2,946.00	3,705.00
1,679.00	1,851.00	2,372.00	2,326.00	2,533.00	3,161.00	4,059.00	5,217.00	· · ·	7,339.00	7,156.00
· · ·	· · ·	· · ·	· · ·	· · ·	· · ·	1,845.00	1,166.00	· · ·	1,150.00	2,091.00
· · ·	· · ·	· · ·	· · ·	· · ·	· · ·	624.00	173.00	· · ·	776.00	444.00
· · ·	· · ·	· · ·	· · ·	· · ·	· · ·		559.00	· · ·	463.00	439.00
120.00	6.00	19.00	16.00	41.00	55.00	92.00	146.00	· · ·	55.00	26.00
· · ·	· · ·	· · ·	· · ·	· · ·	· · ·		51.00	· · ·	466.00	1,061.00
1,237.00	1,274.00	1,375.00	1,587.00	1,862.00	2,097.00	2,250.00	2,472.00	· · ·	3,435.00	3,255.00
-393.00	-674.00	-226.00	561.00	1,281.00	1,775.00	1,997.00	-723.00	· · ·	-3,222.00	-2,721.00
6,748.00	9,583.00	16,667.00	20,107.00	21,915.00	39,353.00	44,960.00	40,328.00	· · ·	26,264.00	22,723.00
15,552.00	18,481.00	18,389.00	22,958.00	29,176.00	20,670.00	28,083.00	32,964.00	· · ·	66,732.00	83,082.00
9,222.00	11,873.00	12,885.00	16,177.00	19,198.00	11,067.00	16,191.00	19,085.00	· · ·	43,592.00	55,687.00
1,313.00	400.00	11.00	11.00	188.00		1,839.00	225.00	651.00	406.00	482.00
· · ·	· · ·	· · ·	· · ·	· · ·	· · ·	· · ·	8,569.00	· · ·	16,730.00	18,957.00
5,016.00	6,243.00	5,494.00	6,770.00	9,790.00	9,603.00	10,053.00	4,185.00	· · ·	4,788.00	6,728.00
· · ·	· · ·	· · ·	· · ·	· · ·	· · ·	· · ·	900.00	· · ·	1,216.00	1,227.00
14,975.00	18,322.00	23,752.00	28,625.00	34,187.00	39,779.00	45,664.00	52,973.00	· · ·	68,638.00	76,359.00
3,124.00	4,157.00	5,020.00	4,826.00	5,474.00	6,565.00	8,768.00	11,439.00	· · ·	13,476.00	14,282.00
2,179.00	4,020.00	2,728.00	4,961.00	4,215.00	4,540.00	7,974.00	4,944.00	· · ·	6,018.00	8,138.00
· · ·	· · ·	· · ·	· · ·	· · ·	· · ·	· · ·	624.00	559.00	463.00	439.00
2,022.00	1,564.00	3,557.00	4,653.00	7,214.00	9,139.00	10,014.00	3,377.00	· · ·	4,402.00	6,588.00
18,099.00	22,479.00	28,772.00	33,451.00	39,661.00	46,345.00	54,432.00	64,412.00	· · ·	82,114.00	90,641.00
67.20	67.60	72.80	78.80	99.10	100.00	104.90	111.00	107.70	116.00	126.60
· · ·	· · ·	· · ·	· · ·	11.70	11.80	12.40	13.10	12.70	13.70	29.00

統　　計

アフガニスタン（1948-2000年）

	1986	1987	1988	1989	1990	1991	1992	1993
為替レート	対SDRレート							
プリンシパル・レート（期末）	52.38	60.75	57.63	56.28	60.92	61.26	58.88	58.82
	対ドル・レート							
プリンシパル・レート（期末）	42.82	42.82	42.82	42.82	42.82	42.82	42.82	42.82
プリンシパル・レート（期中平均）	39.28	39.28	39.28	39.28	39.28	39.28	39.28	39.28
IMFポジション	100万SDR（期末）							
クォータ	86.70	86.70	86.70	86.70	86.70	86.70	86.70	120.40
SDR	11.44	10.51	9.51	8.09	6.34	4.66	3.18	2.01
IMFリザーブポジション	4.84	4.84	4.85	4.88	4.90	4.90	4.93	4.93
IMFクレジット及び融資総残高	-	-	-	-	-	-	-	-
国際流動性	100万米ドル（他に断りのない限り，期末）							
総準備（金を除く）	258.52	279.68	261.12	243.70	266.40	234.90	・・・	・・・
SDR	13.99	14.91	12.80	10.63	9.02	6.67	4.37	2.76
IMFリザーブポジション	5.92	6.87	6.53	6.41	6.97	7.01	6.78	6.77
外国為替	238.61	257.90	241.80	226.65	250.41	221.22	・・・	・・・
金（100万ファイントロイオンス）	0.97	0.97	0.97	0.97	0.97	0.97	・・・	・・・
金（国内評価額）	245.06	245.06	245.06	245.06	245.06	245.06	・・・	・・・
通貨当局：その他負債	291.80	163.74	120.25	216.43	592.30	1066.78	・・・	・・・
預金通貨銀行：資産	148.53	159.79	133.40	136.17	164.83		・・・	・・・
通貨当局	100万アフガニー（12月20日のデータ）							
対外資産	25,656.00	26,839.00	25,781.00	24,833.00	25,941.00	24,330.00	・・・	・・・
中央政府向け信用	77,255.00	141,662.00	202,463.00	287,513.00	440,191.00	651,358.00	・・・	・・・
地方政府向け信用	1,023.00	374.00	358.00	503.00	446.00	443.00	・・・	・・・
非金融公的企業向け信用	22,589.00	13,441.00	2,358.00	4,271.00	3,413.00	4,332.00	・・・	・・・
民間部門向け信用	517.00	616.00	134.00	424.00	575.00	322.00	・・・	・・・
預金通貨銀行向け信用	906.00	873.00	1,046.00	944.00	893.00	843.00	・・・	・・・
その他金融機関向け信用	1,213.00	1,597.00	1,407.00	1,164.00	1,306.00	1,494.00	・・・	・・・
準備貨幣	83,168.00	130,644.00	176,525.00	246,696.00	347,968.00	524,013.00	・・・	・・・
内：預金通貨銀行以外の現金通貨	71,402.00	112,488.00	152,330.00	222,720.00	311,929.00	454,750.00	・・・	・・・
民間部門預金	8,006.00	9,564.00	12,695.00	12,838.00	13,928.00	19,368.00	・・・	・・・
定期性預金，貯蓄性預金及び外貨預金	7,460.00	9,643.00	11,128.00	14,472.00	21,037.00	16,665.00	・・・	・・・
制限付き預金	6,381.00	9,258.00	10,433.00	11,393.00	10,978.00	14,954.00	・・・	・・・
対外負債	14,765.00	8,285.00	6,085.00	10,951.00	29,970.00	53,979.00	・・・	・・・
中央政府預金	7,788.00	15,344.00	14,981.00	12,814.00	25,169.00	31,227.00	・・・	・・・
資本勘定	13,091.00	12,532.00	12,094.00	13,563.00	14,271.00	13,516.00	・・・	・・・
その他（ネット）	-3,495.00	-303.00	2,301.00	9,759.00	23,369.00	28,769.00	・・・	・・・
預金通貨銀行	100万アフガニー（12月20日のデータ）							
準備	2,250.00	5,670.00	5,817.00	6,462.00	15,924.00	・・・	・・・	・・・
対外資産	7,516.00	8,086.00	6,750.00	6,890.00	8,340.00	・・・	・・・	・・・
非金融公的企業向け信用	830.00	695.00	658.00	680.00	701.00	・・・	・・・	・・・
民間部門向け信用	8,256.00	12,083.00	17,446.00	19,548.00	25,972.00	・・・	・・・	・・・
その他金融機関向け信用	92.00	239.00	230.00	245.00	223.00	・・・	・・・	・・・
要求払い預金	4,127.00	5,642.00	9,531.00	11,699.00	18,217.00	・・・	・・・	・・・
定期性預金，貯蓄性預金及び外貨預金	9,218.00	12,223.00	15,604.00	17,132.00	25,269.00	・・・	・・・	・・・
制限付き預金	3,020.00	3,836.00	3,573.00	3,420.00	4,847.00	・・・	・・・	・・・
対外負債	488.00	1,379.00	320.00	198.00	147.00	・・・	・・・	・・・
長期対外負債	-	-	298.00	239.00	182.00	・・・	・・・	・・・
中央政府預金	31.00	85.00	-	462.00	248.00	・・・	・・・	・・・
通貨当局からの信用	498.00	16.00	107.00	25.00	25.00	・・・	・・・	・・・
資本勘定	3,555.00	3,997.00	4,405.00	5,224.00	10,718.00	・・・	・・・	・・・
その他（ネット）	-1,994.00	-406.00	-2,936.00	-4,573.00	-8,492.00	・・・	・・・	・・・
マネタリー・サーベイ	100万アフガニー（12月20日のデータ）							
対外資産（ネット）	17,918.00	25,260.00	26,126.00	20,574.00	4,163.00	・・・	・・・	・・・
国内信用	103,956.00	155,278.00	210,073.00	301,072.00	447,411.00	・・・	・・・	・・・
中央政府向け信用	69,437.00	126,233.00	187,482.00	274,237.00	414,774.00	・・・	・・・	・・・
地方政府向け信用	1,023.00	374.00	358.00	503.00	446.00	443.00	・・・	・・・
非金融公的企業向け信用	23,419.00	14,136.00	3,016.00	4,951.00	4,114.00	・・・	・・・	・・・
民間部門向け信用	8,773.00	12,699.00	17,580.00	19,973.00	26,547.00	・・・	・・・	・・・
その他金融機関向け信用	1,305.00	1,836.00	1,637.00	1,409.00	1,529.00	・・・	・・・	・・・
現金・預金通貨	85,113.00	131,419.00	179,414.00	251,062.00	351,025.00	・・・	・・・	・・・
準通貨	16,678.00	21,866.00	26,732.00	31,604.00	46,305.00	・・・	・・・	・・・
制限付き預金	9,401.00	13,094.00	14,006.00	14,813.00	15,825.00	・・・	・・・	・・・
長期対外負債	-	-	298.00	239.00	182.00	・・・	・・・	・・・
預金通貨銀行向け信用	10,681.00	14,159.00	15,751.00	23,925.00	38,233.00	・・・	・・・	・・・
現金・預金通貨＋準通貨	101,791.00	153,285.00	206,146.00	282,666.00	397,330.00	・・・	・・・	・・・
物価	指数（期中平均）							
消費者物価指数（1980年=100）	・・・	・・・	・・・				・・・	・・・
消費者物価指数（1990年=100）	28.10	33.60	40.20	70.50	100.00	156.70	・・・	・・・

158

アフガニスタン

1994	1995	1996	1997	1998	1999	2000
72.99	70.61	68.30	64.09	66.88	64.22	･ ･ ･
50.00	47.50	47.50	47.50	47.50	46.79	･ ･ ･
38.82	36.57	47.50	47.50	47.50	46.62	47.36
120.40	120.40	120.40	120.40	120.40	120.40	120.40
0.96	-	-	-	-	-	-
4.93	4.93	4.93	4.93	4.93	4.93	4.93
-	-	-	-	-	-	-
･ ･ ･	･ ･ ･	･ ･ ･	･ ･ ･	･ ･ ･	･ ･ ･	･ ･ ･
1.40	-	-	-	-	-	-
7.19	7.33	7.09	6.65	6.94	6.76	6.42
･ ･ ･	･ ･ ･	･ ･ ･	･ ･ ･	･ ･ ･	･ ･ ･	･ ･ ･
･ ･ ･	･ ･ ･	･ ･ ･	･ ･ ･	･ ･ ･	･ ･ ･	･ ･ ･
･ ･ ･	･ ･ ･	･ ･ ･	･ ･ ･	･ ･ ･	･ ･ ･	･ ･ ･
･ ･ ･	･ ･ ･	･ ･ ･	･ ･ ･	･ ･ ･	･ ･ ･	･ ･ ･
･ ･ ･	･ ･ ･	･ ･ ･	･ ･ ･	･ ･ ･	･ ･ ･	･ ･ ･
･ ･ ･	･ ･ ･	･ ･ ･	･ ･ ･	･ ･ ･	･ ･ ･	･ ･ ･
･ ･ ･	･ ･ ･	･ ･ ･	･ ･ ･	･ ･ ･	･ ･ ･	･ ･ ･
･ ･ ･	･ ･ ･	･ ･ ･	･ ･ ･	･ ･ ･	･ ･ ･	･ ･ ･
･ ･ ･	･ ･ ･	･ ･ ･	･ ･ ･	･ ･ ･	･ ･ ･	･ ･ ･
･ ･ ･	･ ･ ･	･ ･ ･	･ ･ ･	･ ･ ･	･ ･ ･	･ ･ ･
･ ･ ･	･ ･ ･	･ ･ ･	･ ･ ･	･ ･ ･	･ ･ ･	･ ･ ･
･ ･ ･	･ ･ ･	･ ･ ･	･ ･ ･	･ ･ ･	･ ･ ･	･ ･ ･
･ ･ ･	･ ･ ･	･ ･ ･	･ ･ ･	･ ･ ･	･ ･ ･	･ ･ ･
･ ･ ･	･ ･ ･	･ ･ ･	･ ･ ･	･ ･ ･	･ ･ ･	･ ･ ･
･ ･ ･	･ ･ ･	･ ･ ･	･ ･ ･	･ ･ ･	･ ･ ･	･ ･ ･
･ ･ ･	･ ･ ･	･ ･ ･	･ ･ ･	･ ･ ･	･ ･ ･	･ ･ ･
･ ･ ･	･ ･ ･	･ ･ ･	･ ･ ･	･ ･ ･	･ ･ ･	･ ･ ･
･ ･ ･	･ ･ ･	･ ･ ･	･ ･ ･	･ ･ ･	･ ･ ･	･ ･ ･
･ ･ ･	･ ･ ･	･ ･ ･	･ ･ ･	･ ･ ･	･ ･ ･	･ ･ ･
･ ･ ･	･ ･ ･	･ ･ ･	･ ･ ･	･ ･ ･	･ ･ ･	･ ･ ･
･ ･ ･	･ ･ ･	･ ･ ･	･ ･ ･	･ ･ ･	･ ･ ･	･ ･ ･
･ ･ ･	･ ･ ･	･ ･ ･	･ ･ ･	･ ･ ･	･ ･ ･	･ ･ ･
･ ･ ･	･ ･ ･	･ ･ ･	･ ･ ･	･ ･ ･	･ ･ ･	･ ･ ･
･ ･ ･	･ ･ ･	･ ･ ･	･ ･ ･	･ ･ ･	･ ･ ･	･ ･ ･
･ ･ ･	･ ･ ･	･ ･ ･	･ ･ ･	･ ･ ･	･ ･ ･	･ ･ ･
･ ･ ･	･ ･ ･	･ ･ ･	･ ･ ･	･ ･ ･	･ ･ ･	･ ･ ･
･ ･ ･	･ ･ ･	･ ･ ･	･ ･ ･	･ ･ ･	･ ･ ･	･ ･ ･
･ ･ ･	･ ･ ･	･ ･ ･	･ ･ ･	･ ･ ･	･ ･ ･	･ ･ ･
･ ･ ･	･ ･ ･	･ ･ ･	･ ･ ･	･ ･ ･	･ ･ ･	･ ･ ･
･ ･ ･	･ ･ ･	･ ･ ･	･ ･ ･	･ ･ ･	･ ･ ･	･ ･ ･
･ ･ ･	･ ･ ･	･ ･ ･	･ ･ ･	･ ･ ･	･ ･ ･	･ ･ ･
･ ･ ･	･ ･ ･	･ ･ ･	･ ･ ･	･ ･ ･	･ ･ ･	･ ･ ･
･ ･ ･	･ ･ ･	･ ･ ･	･ ･ ･	･ ･ ･	･ ･ ･	･ ･ ･
･ ･ ･	･ ･ ･	･ ･ ･	･ ･ ･	･ ･ ･	･ ･ ･	･ ･ ･

統　　計

アフガニスタン（2001-2016年）

	2001	2002	2003	2004	2005	2006	2007	2008
為替レート	対SDRレート							
市場レート（期末）	59.39	64.26	72.61	74.89	72.05	74.99	78.57	80.31
	対ドル・レート							
市場レート（期末）	47.26	47.26	48.87	48.22	50.41	49.85	49.72	52.14
市場レート（期中平均）	47.50	47.26	48.76	47.85	49.49	49.93	49.96	50.25
IMFポジション	100万SDR（期末）							
クォータ	120.40	120.40	161.90	161.90	161.90	161.90	161.90	161.90
SDR			0.40	0.04	0.03	0.03	0.12	0.02
IMFリザーブポジション	4.93	4.93	･･･	･･･	･･･	･･･		
内：IMF借入残高	･･･	･･･	･･･	･･･	･･･	･･･		
IMFクレジット及び融資総残高							35.80	58.40
SDR配分額	26.70	26.70	26.70	26.70	26.70	26.70	26.70	26.70
国際流動性	100万米ドル（他に断りのない限り、期末）							
総準備（金を除く）	･･･	･･･	･･･	･･･	･･･	･･･	･･･	2,430.84
SDR			0.59	0.06	0.04	0.05	0.19	0.04
IMFリザーブポジション	6.19	6.70	-	-	-	-	-	-
外国為替								2,430.80
金（100万ファイントロイオンス）	･･･	･･･	･･･	･･･	･･･	･･･	･･･	0.70
金（国内評価額）	･･･	･･･	･･･	･･･	･･･	･･･	･･･	587.54
中央銀行：その他資産	･･･	･･･	･･･	･･･	･･･	･･･	･･･	
中央銀行：その他負債	･･･	･･･	･･･	･･･	･･･	22.48	16.78	0.34
中央銀行以外の預金取扱い機関：資産	･･･	･･･	･･･	･･･	･･･	183.83	465.32	591.46
中央銀行以外の預金取扱い機関：負債	･･･	･･･	･･･	･･･	･･･	50.16	72.55	248.12
中央銀行	100万アフガニー（期末）							
対外資産（ネット）	･･･	･･･	･･･	･･･	･･･	97,162.10	127,555.00	154,882.00
非居住者向け信用						100,286.00	133,299.00	161,734.00
非居住者に対する負債						3,123.73	5,743.93	6,852.29
その他預金取扱い機関向け信用								
中央政府向け信用（ネット）						-40,204.10	-33,895.10	-25,291.20
中央政府向け信用						2,003.88	16,706.60	19,227.00
中央政府に対する負債						42,208.00	50,601.70	44,518.20
その他部門向け信用								
その他金融機関向け信用								
地方自治体向け信用								
非金融公的企業向け信用								
民間部門向け信用								
マネタリーベース						53,789.40	67,761.10	92,641.10
流通通貨						47,418.10	58,546.90	72,825.50
その他預金取扱い機関に対する負債						3,798.04	6,623.78	18,188.10
その他部門に対する負債						2,573.29	2,590.34	1,627.55
その他預金取扱い機関に対するその他負債						902.28	1,756.53	8,377.29
預金及び証券（マネタリーベース除外分）								
預金（広義流動性に含む）								
証券（広義流動性に含まれる株式以外）								
預金（広義流動性から除外されたもの）								
証券（広義流動性から除外される株式以外）								
貸出								
金融派生商品								
株式及びその他持ち分	･･･	･･･	･･･	･･･	･･･	13,793.40	23,535.50	23,459.30
その他（ネット）	･･･	･･･	･･･	･･･	･･･	-11,527.10	607.08	5,113.14
注記事項：総資産	･･･	･･･	･･･	･･･	･･･	124,334.00	174,804.00	202,629.00
中央銀行以外の預金取扱い金融機関	100万アフガニー（期末）							
対外資産（ネット）	･･･	･･･	･･･	･･･	･･･	6,664.49	19,524.30	17,901.70
非居住者向け信用						9,165.55	23,130.80	30,838.90
非居住者に対する負債						2,501.06	3,606.45	12,937.20
中央銀行に対する債権						6,163.93	10,342.60	28,496.00
現金通貨						603.00	1,327.58	2,682.96
準備預金及び証券						5,461.51	7,553.19	14,487.00
その他債権						99.42	1,461.84	11,326.00
中央政府向け信用（ネット）						-222.23	-1,128.76	-3,319.75
中央政府向け信用								
中央政府に対する負債						222.23	1,128.76	3,319.75
その他部門向け信用						23,430.60	37,648.40	54,182.80
その他金融機関向け信用						5,823.99	1,764.32	1,105.31
地方自治体向け信用								
非金融公的企業向け信用						751.17	2,681.48	4,723.16
民間部門向け信用						16,855.50	33,202.60	48,354.30
中央銀行に対する負債								
通貨性預金（広義流動性に含む）						30,692.00	51,967.70	75,679.20
その他預金（広義流動性に含む）						1,167.52	3,915.81	4,552.86
証券（広義流動性に含まれる株式以外）								
預金（広義流動性から除外されたもの）								
証券（広義流動性から除外される株式以外）								
貸出						25.00	186.52	250.00
金融派生商品								
保険契約準備金								
株式及びその他持ち分	･･･	･･･	･･･	･･･	･･･	10,245.30	12,531.60	17,866.20
その他（ネット）	･･･	･･･	･･･	･･･	･･･	-6,092.99	-2,215.01	-1,087.43
注記事項：総資産	･･･	･･･	･･･	･･･	･･･	46,736.50	75,759.00	120,311.00

アフガニスタン

2009	2010	2011	2012	2013	2014	2015	2016
76.41	69.72	75.29	80.14	87.23	83.77	94.30	89.85
48.74	45.27	49.04	52.14	56.64	57.82	68.05	66.84
50.33	46.45	46.75	50.92	55.38	57.25	61.14	67.87
161.90	161.90	161.90	161.90	161.90	161.90	161.90	323.80
128.47	128.39	128.27	126.26	117.94	105.09	90.56	75.44
-	-	-	-	-	-	0.19	0.19
...	...	...	-	-	-	-	-
69.70	75.35	87.35	96.90	88.61	75.80	61.30	50.73
155.31	155.31	155.31	155.31	155.31	155.31	155.31	155.31
3,501.37	4,174.37	5,268.34	5,982.50	6,441.93	6,680.73	6,231.78	6,476.34
201.40	197.72	196.93	194.05	181.63	152.26	125.49	101.42
-	-	-	-	-	-	0.27	0.26
3,299.97	3,976.65	5,071.42	5,788.46	6,260.30	6,528.47	6,106.03	6,374.66
0.70	0.70	0.70	0.70	0.70	0.70	0.70	0.70
777.17	972.26	1,130.43	1,160.31	840.27	840.44	758.37	791.37
-	-	-	210.11	180.23	77.43	70.17	74.85
0.33	1.12	0.78	0.73	0.69	0.86	1.15	1.16
870.03	1,154.46	1,369.11	1,592.20	1,681.11	1,500.06	1,412.36	1,557.51
316.53	329.42	293.55	191.59	154.89	140.82	157.92	165.63
187,852.00	210,749.00	285,380.00	355,011.00	387,686.00	420,130.00	459,417.00	489,836.00
205,061.00	226,881.00	303,689.00	375,259.00	409,000.00	420,180.00	459,495.00	489,914.00
17,209.20	16,131.80	18,308.40	20,248.60	21,313.90	50.11	78.13	77.80
-	18,108.20	16,002.70	-	1,500.00	-	500.00	-
-34,508.30	-47,826.30	-63,254.90	-65,818.90	-72,454.80	-53,245.30	-49,954.60	-59,771.90
13,650.80	13,650.80	11,922.80	30,414.90	29,139.90	27,731.30	28,290.10	22,987.80
48,159.10	61,477.00	75,177.70	96,233.80	101,595.00	80,976.60	78,244.70	82,759.70
-	500.00	500.00	3,507.50	2,930.76	2,951.23	2,844.38	1,875.89
-	500.00	500.00	-	500.00	500.00	500.00	500.00
-	-	-	-3.31	0.21	0.21	0.52	-
-	-	-	3,010.82	2,430.55	2,451.02	2,343.87	1,375.89
117,359.00	159,294.00	200,264.00	207,408.00	239,808.00	271,379.00	277,747.00	310,637.00
89,843.80	122,866.00	148,381.00	150,009.00	168,797.00	196,980.00	202,169.00	223,611.00
24,801.80	32,928.80	43,160.30	48,330.00	58,933.60	64,260.90	67,175.50	80,479.20
2,713.78	3,499.36	8,722.33	9,068.89	12,077.80	10,137.60	8,401.67	6,546.00
11,678.30	10,900.70	25,709.80	34,862.10	29,577.60	35,892.40	30,942.00	41,932.30
-	-	-	1,227.92	857.49	926.63	837.37	822.46
-	-	-	838.20	328.46	365.63	479.82	426.10
-	-	-	389.72	529.03	561.00	357.55	396.36
-	-	-	-	-	-	-	-
28,184.50	17,009.60	20,833.70	71,615.00	73,013.40	74,757.90	116,728.00	93,595.50
-3,878.84	-5,673.28	-8,178.81	-22,413.40	-23,594.70	-13,119.90	-13,447.50	-15,047.10
226,269.00	269,412.00	343,287.00	416,838.00	450,168.00	468,881.00	509,531.00	533,535.00
26,977.30	37,349.60	52,745.90	73,028.10	83,392.50	78,931.30	85,364.60	93,032.70
42,405.10	52,262.30	67,141.40	83,017.50	91,855.60	87,108.80	96,111.20	104,103.00
15,427.80	14,912.60	14,395.50	9,989.44	8,463.10	8,177.47	10,746.60	11,070.40
40,231.40	47,250.90	73,771.80	82,843.00	83,352.10	96,772.80	100,765.00	125,033.00
3,922.16	5,913.07	7,135.56	7,247.38	6,852.23	8,529.21	6,035.69	7,303.30
25,828.20	30,559.30	47,209.50	45,444.80	49,990.90	57,155.30	66,164.80	78,072.20
10,481.00	10,778.60	19,426.80	30,150.90	26,509.00	31,088.30	28,565.00	39,657.60
-2,239.59	-2,020.31	-1,376.08	-1,127.01	-995.71	-958.68	-4,527.21	-4,172.76
1.86	6.27	5.51	4.60	17.79	22.43	25.64	32.78
2,241.45	2,026.58	1,381.59	1,131.60	1,013.50	981.11	4,552.85	4,205.54
66,278.40	84,069.70	42,215.30	43,032.20	46,922.30	44,085.40	46,861.50	45,984.80
1,528.14	-	-	-	100.60	50.31	120.90	154.49
7.98	8.14	8.14	8.14	8.14	91.66	94.35	94.41
64,742.30	84,061.60	42,207.20	43,024.00	46,813.50	43,943.40	46,646.30	45,735.90
-	-	18,108.20	599.90	-	-	500.00	-
103,541.00	120,329.00	141,607.00	167,891.00	177,916.00	186,206.00	185,475.00	200,452.00
10,054.50	15,945.20	19,858.20	19,051.10	19,985.20	17,322.30	24,894.00	31,484.70
-	-	950.00	1,450.00	1,950.00	1,950.00	2,099.19	1,909.19
21,582.70	-16,529.10	15,966.70	16,807.70	26,069.80	29,131.10	36,631.70	33,741.00
-3,931.09	28,796.30	-11,025.20	-8,023.71	-13,249.30	-15,779.10	-21,135.20	-7,708.96
164,246.00	237,944.00	202,748.00	230,920.00	251,165.00	263,702.00	293,280.00	308,432.00

統　　　計

アフガニスタン（2001-2016年）

		2001	2002	2003	2004	2005	2006	2007	2008
預金取扱い金融機関	100万アフガニー（期末）								
対外資産（ネット）		・・・	・・・	・・・	・・・	・・・	103,827.00	147,080.00	172,784.00
非居住者向け信用		・・・	・・・	・・・	・・・	・・・	109,451.00	156,430.00	192,573.00
非居住者に対する負債		・・・	・・・	・・・	・・・	・・・	5,624.79	9,350.38	19,789.50
国内信用		・・・	・・・	・・・	・・・	・・・	-16,995.70	2,624.54	25,571.80
中央政府向け信用（ネット）		・・・	・・・	・・・	・・・	・・・	-40,426.30	-35,023.80	-28,611.00
中央政府向け信用		・・・	・・・	・・・	・・・	・・・	2,003.88	16,706.60	19,227.00
中央政府に対する負債		・・・	・・・	・・・	・・・	・・・	42,430.20	51,730.50	47,838.00
その他部門向け信用		・・・	・・・	・・・	・・・	・・・	23,430.60	37,648.40	54,182.80
その他金融機関向け信用		・・・	・・・	・・・	・・・	・・・	5,823.99	1,764.32	1,105.31
地方自治体向け信用		・・・	・・・	・・・	・・・	・・・	-	-	-
非金融公的企業向け信用		・・・	・・・	・・・	・・・	・・・	751.17	2,681.48	4,723.16
民間部門向け信用		・・・	・・・	・・・	・・・	・・・	16,855.50	33,202.60	48,354.30
広義流動性負債		・・・	・・・	・・・	・・・	・・・	81,247.90	115,693.00	152,002.00
預金取扱い金融機関以外の通貨		・・・	・・・	・・・	・・・	・・・	46,815.10	57,219.30	70,142.50
通貨性預金		・・・	・・・	・・・	・・・	・・・	32,690.70	54,558.00	77,306.70
その他預金		・・・	・・・	・・・	・・・	・・・	1,742.14	3,915.81	4,552.86
証券（株式を除く）		・・・	・・・	・・・	・・・	・・・	-	-	-
預金（広義流動性から除外されたもの）		・・・	・・・	・・・	・・・	・・・			
証券（広義流動性に含まれる株式以外）		・・・	・・・	・・・	・・・	・・・			
貸出		・・・	・・・	・・・	・・・	・・・			
金融派生商品		・・・	・・・	・・・	・・・	・・・	25.00	186.52	250.00
保険契約準備金		・・・	・・・	・・・	・・・	・・・			
株式及びその他持ち分		・・・	・・・	・・・	・・・	・・・	24,038.70	36,067.10	41,325.50
その他（ネット）		・・・	・・・	・・・	・・・	・・・	-18,480.70	-2,242.65	4,778.08
広義流動性負債（季節調整値）		・・・	・・・	・・・	・・・	・・・	80,177.90	114,322.00	150,396.00
貨幣集計量	100万アフガニー（期末）								
広義流動性		・・・	・・・	・・・	・・・	・・・	81,247.90	115,693.00	152,002.00
中央政府発行通貨		・・・	・・・	・・・	・・・	・・・			
非金融会社の預金		・・・	・・・	・・・	・・・	・・・			
中央政府発行証券		・・・	・・・	・・・	・・・	・・・	-	-	-
貨幣集計量（国内定義）	100万アフガニー（期末）								
M1		・・・	・・・	・・・	・・・	・・・	79,505.80	111,777.00	147,449.00
M2		・・・	・・・	・・・	・・・	・・・	81,247.90	115,693.00	152,002.00
金利	年率（％）								
短期金融市場商品金利		・・・	・・・	・・・	・・・	・・・	2.50	5.65	・・・
短期金融市場商品金利（外貨）		・・・	・・・	・・・	・・・	・・・	5.23	5.19	3.29
中央銀行政策金利		・・・	・・・	・・・	・・・	・・・	・・・	・・・	・・・
貯蓄金利		・・・	・・・	・・・	・・・	・・・	5.02	5.37	7.44
貯蓄金利（外貨）		・・・	・・・	・・・	・・・	・・・	3.49	4.65	4.57
預金金利（外貨）		・・・	・・・	・・・	・・・	・・・	2.91	4.15	5.00
貸出金利		・・・	・・・	・・・	・・・	・・・	17.97	11.87	14.92
貸出金利（外貨）		・・・	・・・	・・・	・・・	・・・	17.48	13.45	13.25
物価	指数（2010年=100、期中平均）								
消費者物価指数		・・・	・・・	・・・	63.13	71.14	76.30	82.77	108.07

アフガニスタン

2009	2010	2011	2012	2013	2014	2015	2016
214,829.00	248,099.00	338,126.00	428,039.00	471,078.00	499,061.00	544,782.00	582,868.00
247,466.00	279,143.00	370,830.00	458,277.00	500,855.00	507,289.00	555,606.00	594,017.00
32,637.00	31,044.40	32,703.90	30,238.10	29,777.00	8,227.58	10,824.70	11,148.20
29,530.50	34,723.10	-21,915.70	-20,406.20	-23,597.50	-7,167.36	-4,775.95	-16,083.90
-36,747.90	-49,846.60	-64,631.00	-66,945.90	-73,450.50	-54,204.00	-54,481.80	-63,944.70
13,652.60	13,657.00	11,928.30	30,419.50	29,157.70	27,753.70	28,315.70	23,020.60
50,400.50	63,503.60	76,559.30	97,365.40	102,608.00	81,957.70	82,797.60	86,965.20
66,278.40	84,569.70	42,715.30	46,539.70	49,853.00	47,036.60	49,705.90	47,860.70
1,528.14	500.00	500.00	500.00	600.60	550.31	620.90	654.49
-	-	-	-	-	-	-	-
7.98	8.14	8.14	4.82	8.35	91.87	94.86	94.41
64,742.30	84,061.60	42,207.20	46,034.90	49,244.10	46,394.40	48,990.10	47,111.80
202,231.00	256,727.00	311,433.00	338,614.00	372,184.00	402,465.00	415,276.00	455,217.00
85,921.60	116,953.00	141,245.00	142,761.00	161,944.00	188,451.00	196,134.00	216,308.00
106,255.00	123,304.00	149,477.00	175,964.00	189,926.00	196,326.00	193,769.00	206,998.00
10,054.50	16,469.50	20,711.20	19,889.30	20,313.70	17,687.90	25,373.80	31,910.80
-	-	-	389.72	529.03	561.00	357.55	396.36
-	-	950.00	1,450.00	1,950.00	1,950.00	2,099.19	1,909.19
49,767.20	480.48	36,800.40	88,422.70	99,083.10	103,889.00	153,360.00	127,336.00
-7,639.03	25,614.70	-32,972.90	-21,244.20	-26,265.40	-16,971.80	-31,087.40	-18,074.30
200,356.00	254,439.00	308,509.00	332,126.00	362,652.00	389,964.00	400,831.00	438,621.00
202,231.00	256,727.00	311,433.00	338,614.00	372,184.00	402,465.00	415,276.00	455,217.00
-	-	-	-	-	-	-	-
-	-	-	-	-	-	-	-
192,177.00	240,257.00	290,722.00	319,721.00	351,938.00	384,795.00	389,591.00	423,306.00
202,231.00	256,727.00	311,433.00	339,611.00	372,251.00	402,483.00	414,965.00	455,217.00
・・・	2.78	1.46	・・・	2.90	3.36	・・・	・・・
0.64	0.39	0.35	0.53	0.60	0.68	0.76	1.20
・・・	・・・	・・・	・・・	・・・	・・・	1.80	1.82
7.08	5.48	4.67	3.78	2.87	3.41	2.71	2.43
4.27	3.49	4.13	3.33	2.40	1.86	1.94	1.87
4.06	3.04	2.95	2.01	1.53	・・・	3.56	2.80
15.00	15.69	15.15	15.00	15.08	15.00	15.00	15.00
14.00	11.66	10.92	7.24	7.37	15.92	・・・	13.94
99.12	100.00	110.20	118.16	127.20	133.06	131.02	133.86

統　計

イラン（1948-2016年）

		1948	1949	1950	1951	1952	1953	1954	1955
為替レート	対SDRレート								
公定レート（期末）		32.25	32.25	32.25	32.25	32.25	32.25	32.25	75.75
	対ドル・レート								
公定レート（期末）		32.25	32.25	32.25	32.25	32.25	32.25	32.25	75.75
公定レート（期中平均）		32.25	32.25	32.25	32.25	32.25	32.25	32.25	32.25
	指数（2010年=100, 期中平均）								
名目実効為替レート		・・・	・・・	・・・	・・・	・・・	・・・	・・・	・・・
実質実効為替レート（CPIベース）		・・・	・・・	・・・	・・・	・・・	・・・	・・・	・・・
IMFポジション	100万SDR（期末）								
クォータ		35.00	35.00	35.00	35.00	35.00	35.00	35.00	35.00
SDR		-	-	-	-	-	-	-	-
IMFリザーブポジション		8.77	8.77	8.77	2.20	0.02	0.02	0.02	-
内：IMF借入残高		-	-	-	-	-	-	-	-
IMFクレジット及び融資総残高		-	-	-	-	-	-	-	8.74
SDR配分額		-	-	-	-	-	-	-	-
国際流動性	100万米ドル（他に断りのない限り，期末）								
総準備（金を除く）		128.77	116.77	110.77	60.20	39.02	48.02	48.02	67.00
SDR		-	-	-	-	-	-	-	-
IMFリザーブポジション		8.77	8.77	8.77	2.20	0.02	0.02	0.02	-
外国為替		120.00	108.00	102.00	58.00	39.00	48.00	48.00	67.00
金（100万ファイントロイオンス）		4.00	4.00	3.97	3.94	3.94	3.91	3.94	3.94
金（国内評価額）		140.00	140.00	138.99	138.01	138.01	136.99	138.01	138.01
通貨当局：その他資産		・・・	・・・	・・・	・・・	・・・	・・・	・・・	・・・
通貨当局：その他負債		・・・	・・・	・・・	・・・	・・・	・・・	・・・	・・・
預金通貨銀行：資産		・・・	・・・	・・・	・・・	・・・	・・・	・・・	・・・
預金通貨銀行：負債		・・・	・・・	・・・	・・・	・・・	・・・	・・・	・・・
その他銀行業機関：資産		・・・	・・・	・・・	・・・	・・・	・・・	・・・	・・・
その他銀行業機関：負債		・・・	・・・	・・・	・・・	・・・	・・・	・・・	・・・
通貨当局	10億リアル（12月20日年末値）								
対外資産		9.07	8.08	8.37	6.38	5.69	7.12	6.76	7.11
中央政府向け信用		5.32	5.94	6.75	7.93	9.51	10.99	11.23	11.07
公的機関向け信用		0.80	1.00	1.36	1.44	2.73	5.02	5.82	6.24
預金通貨銀行向け信用		-	-	-	-	-	-	-	-
準備貨幣		12.10	12.67	14.21	13.75	14.02	17.84	18.38	19.86
内：預金通貨銀行以外の現金通貨		6.30	6.03	7.02	6.27	7.68	9.59	9.57	9.72
民間部門預金		4.84	5.33	5.95	6.29	5.23	6.92	7.27	7.99
制限付き預金		・・・	・・・	・・・	・・・	・・・	・・・	・・・	・・・
対外負債		・・・	・・・	・・・	・・・	・・・	・・・	・・・	・・・
中央政府預金		2.70	2.47	2.57	2.45	2.40	3.49	3.98	4.08
資本勘定		・・・	・・・	・・・	・・・	・・・	・・・	・・・	・・・
その他（ネット）		0.39	-0.12	-0.30	-0.45	1.51	1.80	1.45	0.48
預金通貨銀行	10億リアル（12月20日年末値）								
準備		0.96	1.31	1.24	1.20	1.11	1.34	1.54	2.15
対外資産		・・・	・・・	・・・	・・・	・・・	・・・	・・・	・・・
非金融公的企業向け信用		・・・	・・・	・・・	・・・	・・・	・・・	・・・	・・・
民間部門向け信用		1.62	1.70	1.91	1.87	1.90	2.99	3.57	3.99
要求払い預金		1.30	0.92	0.85	0.75	1.25	1.66	1.68	2.51
定期性預金，貯蓄性預金及び外貨預金		-	-	0.05	0.30	0.21	0.24	0.33	0.52
対外負債		・・・	・・・	・・・	・・・	・・・	・・・	・・・	・・・
通貨当局からの信用		・・・	・・・	・・・	・・・	・・・	・・・	・・・	・・・
資本勘定		・・・	・・・	・・・	・・・	・・・	・・・	・・・	・・・
その他（ネット）		1.28	1.70	2.25	2.01	1.55	2.43	3.10	3.11

イ ラ ン

1956	1957	1958	1959	1960	1961	1962	1963	1964	1965	1966
75.75	75.75	75.75	75.75	75.75	75.75	75.75	75.75	75.75	75.75	75.75
75.75	75.75	75.75	75.75	75.75	75.75	75.75	75.75	75.75	75.75	75.75
32.25	57.63	75.75	75.75	75.75	75.75	75.75	75.75	75.75	75.75	75.75
...	...	...	...	...	...	...	...	...	...	...
...	...	...	...	...	...	...	...	...	...	...
35.00	35.00	35.00	35.00	70.00	70.00	70.00	70.00	70.00	70.00	125.00
-	-	-	3.77	-	-	17.50	17.51	0.01	3.48	17.23
16.48	16.48	8.10	-	32.48	20.44	-	-	-	-	-
91.00	108.00	113.00	76.77	53.00	79.00	81.50	99.51	50.01	105.48	138.23
-	-	-	3.77	-	-	17.50	17.51	0.01	3.48	17.23
91.00	108.00	113.00	73.00	53.00	79.00	64.00	82.00	50.00	102.00	121.00
3.94	3.94	4.03	4.00	3.71	3.71	3.69	4.06	4.03	4.17	3.71
138.01	138.01	141.02	140.00	129.99	129.99	129.01	142.00	141.02	145.99	129.99
...	...	...	...	...	...	...	-			
...	...	...	...	...	...	...	...	17.56	14.13	13.99
...	...	...	...	...	54.92	38.81	27.33	31.68	59.54	39.60
...	...	...	...	...	16.11	10.56	8.32	10.83	23.50	22.05
...	...	...	...	...	...	0.26	2.77	3.83	5.54	0.26
...	...	...	...	...	...	2.24	2.64	3.43	5.54	12.67
8.44	18.57	19.13	16.41	13.86	12.94	15.88	18.24	14.43	19.03	20.32
12.46	13.81	14.73	13.33	16.64	15.17	20.35	22.35	29.36	34.82	42.23
6.88	9.09	12.27	15.60	15.71	12.71	7.94	6.89	7.18	5.20	6.23
			-		4.75	3.28	4.83	7.78	10.14	10.43
22.55	26.45	33.47	35.32	45.69	26.22	36.21	43.80	47.67	55.90	58.96
10.66	11.80	13.28	14.27	15.70	15.71	16.93	19.49	21.57	23.45	24.42
10.12	12.46	16.05	16.20	...	...	8.37	12.29	13.31	15.08	15.24
...	...	...	...	...	...			2.42	3.17	5.72
...	...	...	...	...	...		-	1.33	1.07	1.06
4.57	6.07	8.08	11.28	7.79	14.08	6.76	4.45	3.53	2.93	8.78
...	2.59	2.66	2.74	2.83	3.61	3.75	3.80	3.90	3.90	4.00
0.69	8.95	4.58	-1.26	-7.27	5.27	0.72	0.25	-0.04	2.26	0.75
1.76	2.19	4.14	4.84	5.14	9.20	10.91	12.02	14.79	17.36	19.30
...	...	...	...	...	4.16	2.95	2.06	2.40	4.51	3.00
...	...	...	...	...	...	1.02	0.20	1.30	1.40	2.50
3.36	5.61	9.88	16.37	...	47.68	46.14	55.38	67.10	74.96	88.50
2.81	3.44	7.00	9.49	...	22.97	24.75	25.71	29.71	35.60	42.77
0.94	0.30	1.05	2.28	...	15.22	21.76	28.21	34.85	40.18	48.18
...	...	...	...	...	1.22	0.80	0.63	0.82	1.78	1.67
...	...	...	...	...	4.80	3.28	4.83	7.78	10.14	10.43
...	...	...	...	...	15.50	8.60	8.43	7.64	8.05	8.50
1.38	4.06	5.97	9.44	4.05	1.33	0.81	1.89	4.79	2.53	1.77

統　　計

イラン（1948-2016年）

		1967	1968	1969	1970	1971	1972	1973	1974
為替レート	対SDRレート								
公定レート（期末）		75.25	75.09	76.38	76.38	82.93	82.93	81.58	82.80
公定レート（期末）	対ドル・レート	75.25	75.09	76.38	76.38	76.38	76.38	67.63	67.63
公定レート（期中平均）		75.75	75.75	75.75	75.75	75.75	75.75	68.89	67.64
名目実効為替レート	指数（2010年=100，期中平均）	・・・	7,003.21	6,976.44	6,848.87	7,363.77	6,299.71	6,354.58	6,637.44
実質実効為替レート（CPIベース）		・・・	・・・	・・・	・・・	・・・	・・・	・・・	・・・
IMFポジション	100万SDR（期末）								
クォータ		125.00	125.00	125.00	192.00	192.00	192.00	192.00	192.00
SDR					1.00	1.16	34.40	36.94	44.53
IMFリザーブポジション		31.25	-	0.01	-	0.01	19.26	48.01	422.00
内：IMF借入残高		-	-	-	-	-	-	-	373.99
IMFクレジット及び融資総残高		-	-	-	-	-	-	-	-
SDR配分額		-	-	-	21.00	41.54	61.90	61.90	61.90
国際流動性	100万米ドル（他に断りのない限り，期末）								
総準備（金を除く）		180.25	133.00	152.01	77.00	479.27	818.26	1,078.48	8,223.20
SDR		-	-	-	1.00	1.26	37.35	44.56	54.52
IMFリザーブポジション		31.25	-	0.01	-	0.01	20.91	57.92	516.68
外国為替		149.00	133.00	152.00	76.00	478.00	760.00	976.00	7,652.00
金（100万ファイントロイオンス）		4.11	4.51	4.51	3.74	3.74	3.74	3.74	3.74
金（国内評価額）		143.99	157.99	157.99	131.01	142.23	142.23	158.04	160.19
通貨当局：その他資産		-	-3.56	11.75	17.29	34.98	33.14	48.11	27.65
通貨当局：その他負債		36.96	113.66	243.96	434.59	542.44	263.76	32.56	178.78
預金通貨銀行：資産		38.28	56.77	60.86	108.25	99.93	182.84	233.22	457.82
預金通貨銀行：負債		32.08	39.47	37.62	71.16	101.91	161.06	320.50	639.26
その他銀行業機関：資産		0.92	0.40	0.26	0.13	0.26	36.70	1.91	9.17
その他銀行業機関：負債		23.23	33.93	42.51	54.79	82.90	205.81	305.25	382.85
通貨当局	10億リアル（12月20日年末値）								
対外資産		24.54	21.75	24.36	17.09	48.18	75.22	87.04	568.69
中央政府向け信用		53.99	63.52	80.49	117.95	140.57	149.15	208.20	123.80
公的機関向け信用		7.60	13.92	13.55	11.67	9.14	15.29	31.86	127.87
預金通貨銀行向け信用		8.64	10.49	11.34	16.54	14.59	19.76	38.08	37.31
準備貨幣		68.21	76.35	86.84	105.87	131.27	179.48	246.27	330.06
内：預金通貨銀行以外の現金通貨		27.49	30.70	32.08	36.51	41.85	56.49	70.29	101.84
民間部門預金		18.70	16.55	20.02	22.63	34.31	57.11	81.86	96.14
制限付き預金		7.60	5.91	6.17	10.72	15.14	25.44	46.12	147.06
対外負債		2.80	8.61	18.48	34.51	44.51	25.07	7.31	17.22
中央政府預金		9.59	13.27	9.83	8.49	16.84	21.84	47.80	295.60
資本勘定		4.10	4.20	4.40	4.60	4.90	6.50	7.20	8.50
その他（ネット）		2.43	1.33	3.99	-0.95	0.12	1.07	10.45	59.29
預金通貨銀行	10億リアル（12月20日年末値）								
準備		22.02	29.10	34.74	46.72	52.94	65.50	85.68	132.08
対外資産		2.90	4.30	4.61	8.20	7.57	13.85	15.89	30.96
非金融公的企業向け信用		3.40	3.20	9.20	5.30	11.00	18.40	32.40	83.40
民間部門向け信用		102.05	124.17	142.78	174.44	204.62	265.92	369.31	480.33
要求払い預金		50.69	57.89	59.83	69.19	78.78	100.73	125.94	183.47
定期性預金，貯蓄性預金及び外貨預金		58.74	74.63	99.73	121.35	154.68	204.44	267.53	397.69
対外負債		2.43	2.99	2.85	5.39	7.72	12.20	21.85	43.23
通貨当局からの信用		8.64	10.49	11.34	16.54	14.59	19.76	38.08	37.31
資本勘定		9.12	10.88	12.43	13.78	15.08	16.74	25.97	33.15
その他（ネット）		0.71	3.90	5.13	8.46	5.26	9.77	23.88	31.95

イ ラ ン

1975	1976	1977	1978	1979	1980	1981	1982	1983	1984	1985
81.10	82.05	85.61	91.81	92.84	92.30	92.30	92.30	92.30	92.30	92.30
69.28	70.63	70.48	70.48	70.48	72.32	79.45	83.43	88.16	93.99	84.23
67.66	70.24	70.63	70.49	70.49	70.63	78.35	83.62	86.38	90.05	91.07
8,007.75	8,304.83	8,079.12	7,249.74	6,980.60	7,168.06	7,565.98	8,076.70	7,423.51	7,356.84	4,976.12
・・・	・・・	・・・	203.48	198.38	216.54	257.75	301.61	311.20	326.82	218.66
192.00	192.00	192.00	660.00	660.00	660.00	660.00	660.00	660.00	660.00	660.00
55.66	64.32	69.60	96.27	167.26	240.45	291.15	299.78	309.15	320.25	328.24
958.81	998.01	985.62	725.22	325.13	234.62	141.35	75.71	70.76	70.76	70.76
910.80	930.00	918.98	651.58	254.37	163.86	70.59	4.95	-	-	-
61.90	61.90	61.90	61.90	130.54	199.18	244.06	244.06	244.06	244.06	244.06
8,743.60	8,681.25	12,105.80	11,977.20	15,209.60	10,222.90	1,605.41	5,701.21	・・・	・・・	・・・
65.16	74.73	84.54	125.42	220.34	306.67	338.89	330.69	323.67	313.91	360.55
1,122.44	1,159.52	1,197.24	944.81	428.30	299.24	164.53	83.52	74.08	69.36	77.72
7,556.00	7,447.00	10,824.00	10,907.00	14,561.00	9,617.00	1,102.00	5,287.00	・・・	・・・	・・・
3.74	3.74	3.78	3.82	3.90	4.34	4.34	4.34	4.34	4.34	4.34
153.16	152.01	160.67	174.20	179.93	193.86	176.92	167.67	159.14	148.99	166.96
27.14	50.97	58.18	・・・	208.73	203.41	185.02	176.19	1,143.36	・・・	・・・
161.82	164.81	172.97	・・・	205.04	727.36	704.85	312.83	1,045.81	・・・	・・・
637.17	582.66	617.52	969.00	1,409.01	2,218.04	1,823.79	3,089.90	2,191.45	1,625.65	2,004.08
1,069.22	1,418.90	1,830.29	1,500.00	652.86	692.79	742.61	798.25	730.48	622.39	・・・
8.66	11.33	17.17	20.00	3.97	2.77	91.88	99.48	96.41	79.79	41.55
577.84	1,191.93	1,913.44	2,200.00	2,132.67	1,778.31	1,472.62	1,362.77	1,196.67	-	-
627.75	660.21	902.68	・・・	1,108.60	837.33	479.20	1,231.96	719.67	・・・	・・・
155.80	100.70	175.80	・・・	479.90	1,636.10	3,002.70	4,003.20	3,758.40	・・・	・・・
268.29	445.28	473.37	・・・	723.26	720.20	891.50	953.80	1,005.30	・・・	・・・
82.38	101.16	80.29	・・・	79.50	99.90	126.90	110.20	119.60	116.20	・・・
411.90	573.44	732.99	・・・	1,443.98	1,833.46	2,420.80	3,408.40	3,822.70	・・・	・・・
147.98	205.71	252.49	・・・	768.82	1,108.20	1,248.30	1,465.40	1,756.90	・・・	・・・
76.94	102.36	138.84	・・・	220.45	168.96	166.50	329.10	335.00	28.70	32.60
131.33	123.55	150.54	・・・	162.99	200.50	184.50	201.20	335.30	・・・	・・・
16.23	16.72	17.49	・・・	26.57	70.97	78.57	48.56	114.73	・・・	・・・
423.00	407.80	513.20	・・・	528.10	588.00	796.00	836.20	1,004.80	・・・	・・・
34.30	49.30	56.00	・・・	94.00	94.00	94.00	155.50	195.80	・・・	・・・
117.50	136.65	162.04	・・・	135.68	506.66	926.47	1,649.27	129.67	・・・	・・・
186.98	265.37	341.66	・・・	454.71	556.30	1,006.00	1,613.90	1,730.80	2,056.30	2,909.40
44.14	41.15	43.52	・・・	99.30	160.40	144.90	257.80	193.20	152.80	168.80
147.90	228.70	349.20	・・・	479.10	495.50	543.00	763.30	942.50	1,178.80	1,193.60
738.32	1,040.93	1,222.51	・・・	1,639.39	2,005.60	2,104.00	2,198.50	2,703.20	2,729.90	3,044.50
233.32	359.97	430.69	・・・	699.67	980.88	1,222.10	1,498.60	1,830.10	2,296.10	・・・
591.64	842.71	1,082.85	・・・	1,497.47	1,766.74	2,046.30	2,590.80	3,061.10	2,986.30	・・・
74.07	100.21	128.99	・・・	46.01	50.10	59.00	66.60	64.40	58.50	・・・
82.38	101.16	80.29	・・・	79.50	99.90	126.90	110.20	119.60	116.20	・・・
72.81	95.57	129.48	・・・	161.93	-	-	-	-	84.60	99.50
63.15	76.48	104.62	・・・	187.90	320.33	343.50	567.30	494.50	576.10	・・・

統　　　計

イラン（1948-2016年）

	1986	1987	1988	1989	1990	1991	1992	1993
為替レート	対SDRレート							
公定レート（期末）	92.30	92.30	92.30	92.30	92.30	92.30	92.30	2,415.49
	対ドル・レート							
公定レート（期末）	75.64	65.62	68.59	70.24	65.31	64.59	67.04	1,758.56
公定レート（期中平均）	78.78	71.48	68.70	72.03	68.11	67.52	65.57	1,268.08
	指数（2010年=100，期中平均）							
名目実効為替レート	3,239.16	2,706.60	2,542.05	2,298.76	1,590.69	1,346.68	659.06	451.23
実質実効為替レート（CPIベース）	160.32	180.59	210.71	206.36	137.93	123.70	68.11	51.42
IMFポジション	100万SDR（期末）							
クォータ	660.00	660.00	660.00	660.00	660.00	660.00	1,078.50	1,078.50
SDR	335.47	342.30	115.71	304.73	310.41	215.83	7.37	104.85
IMFリザーブポジション	70.77	70.77	-	-	-	-	104.63	-
内：IMF借入残高	-	-	-	-	-	-	-	-
IMFクレジット及び融資総残高	-	-	-	-	-	-	-	-
SDR配分額	244.06	244.06	244.06	244.06	244.06	244.06	244.06	244.06
国際流動性	100万米ドル（他に断りのない限り，期末）							
総準備（金を除く）	･･･	･･･	･･･	･･･	･･･	･･･	･･･	･･･
SDR	410.34	485.61	155.71	400.46	441.61	308.73	10.13	144.01
IMFリザーブポジション	86.57	100.40	-	-	-	-	143.87	-
外国為替	･･･	･･･	･･･	･･･	･･･	･･･	･･･	･･･
金（100万ファイントロイオンス）	4.34	4.34	4.34	4.34	4.34	4.34	4.34	4.76
金（国内評価額）	185.93	215.64	204.55	199.75	216.24	217.43	209.00	229.05
通貨当局：その他資産	･･･	･･･	･･･	･･･	･･･	･･･	･･･	･･･
通貨当局：その他負債	670.25	390.11	414.06	908.38	2,267.75	1,989.44	2,474.68	1,662.55
預金通貨銀行：資産	2,083.44	1,517.78	1,447.75	2,028.90	3,109.93	2,912.17	3,069.85	1,458.98
預金通貨銀行：負債	996.77	1,066.72	1,077.43	1,241.55	1,860.44	2,261.93	4,052.86	3,396.52
その他銀行業機関：資産	31.73	33.53	10.21	31.32	18.37	108.37	17.90	91.27
その他銀行業機関：負債	-	-	-	9.97	3.06	4.64	226.73	70.91
通貨当局	10億リアル（12月20日年末値）							
対外資産	568.69	757.56	601.88	731.23	695.94	1,238.14	1,349.32	7,916.35
中央政府向け信用	6,289.90	8,095.40	10,155.80	11,953.70	12,818.30	14,266.70	14,651.10	16,001.80
公的機関向け信用	942.20	1,036.00	1,071.70	1,136.50	1,650.90	2,384.40	2,520.00	3,792.40
預金通貨銀行向け信用	82.10	99.30	127.50	162.40	194.10	378.70	742.20	3,751.20
準備貨幣	5,797.80	7,240.10	9,062.80	10,254.20	10,577.30	12,292.70	13,901.30	16,510.50
内：預金通貨銀行以外の現金通貨	2,354.10	2,712.20	3,068.00	3,225.10	3,517.90	3,861.80	4,088.00	4,924.80
民間部門預金	289.80	280.80	213.70	151.00	183.10	553.00	559.30	861.80
制限付き預金	241.20	364.10	289.30	376.60	611.10	567.60	352.40	1,157.80
対外負債	73.28	48.32	50.93	86.33	170.78	151.05	188.40	3,513.22
中央政府預金	1,164.30	1,269.00	1,515.00	1,787.90	2,426.10	2,778.70	3,076.80	4,964.60
資本勘定	221.60	238.90	238.90	242.90	252.50	258.00	271.40	279.50
その他（ネット）	384.71	827.83	799.95	1,235.90	1,321.46	2,219.89	1,472.33	5,036.13
預金通貨銀行	10億リアル（12月20日年末値）							
準備	3,068.40	4,207.30	5,714.80	6,797.00	6,779.50	7,764.20	9,134.30	10,585.50
対外資産	157.60	99.60	99.30	142.50	203.10	188.10	205.80	2,565.70
非金融公的企業向け信用	1,193.60	1,249.40	1,247.00	1,346.70	1,346.00	1,337.70	1,342.50	1,235.50
民間部門向け信用	3,646.50	4,184.00	4,671.50	6,184.00	8,728.80	12,058.90	16,665.30	22,130.90
要求払い預金	2,864.90	3,468.90	3,836.30	4,861.60	6,028.30	7,850.90	9,433.60	12,518.80
定期性預金, 貯蓄性預金及び外貨預金	4,339.20	5,283.30	6,987.90	9,045.40	10,662.70	13,341.60	17,769.90	23,180.70
対外負債	75.40	70.00	73.90	87.20	121.50	146.10	271.70	5,973.00
通貨当局からの信用	82.10	99.30	127.50	162.40	194.10	378.70	742.20	3,751.20
資本勘定	84.20	133.60	133.60	133.60	133.60	133.60	133.60	3,719.00
その他（ネット）	620.30	685.00	573.40	180.00	-82.80	-502.00	-1,003.10	-12,625.10

イ　ラ　ン

1994	1995	1996	1997	1998	1999	2000	2001	2002	2003	2004
2,534.26	2,597.64	2,515.19	2,366.94	2,465.36	2,405.04	2,948.39	2,200.47	10,810.90	12,292.10	13,655.60
1,735.97	1,747.50	1,749.14	1,754.26	1,750.93	1,752.29	2,262.93	1,750.95	7,951.98	8,272.11	8,793.00
1,749.18	1,748.35	1,751.19	1,753.35	1,752.29	1,753.36	1,764.86	1,753.99	6,907.03	8,193.89	8,613.99
387.52	374.21	397.78	440.37	486.32	521.41	562.01	598.04	234.59	140.42	125.30
51.49	69.30	89.96	111.95	138.47	168.05	199.45	226.59	96.52	66.37	66.00
1,078.50	1,078.50	1,078.50	1,078.50	1,078.50	1,497.20	1,497.20	1,497.20	1,497.20	1,497.20	1,497.20
97.91	89.88	239.76	244.62	1.12	101.26	267.49	267.40	267.96	268.41	273.91
-	-	-	-	-	-	-	-	-	-	-
244.06	244.06	244.06	244.06	244.06	244.06	244.06	244.06	244.06	244.06	244.06
...	...	...	...	...	...	...	...	...	...	...
142.94	133.60	344.76	330.05	1.58	138.98	348.51	336.05	364.30	398.85	425.38
...	...	...	...	...	...	...	...	...	...	...
4.74	4.84	...	...	...	...	...	...	...	...	...
242.20	251.92	...	...	...	...	...	...	...	...	...
...	...	...	...	...	...	...	...	...	...	...
1,660.86	1,533.22	1,981.26	2,882.41	4,575.69	3,744.75	3,134.65	7,990.69	10,479.10	9,318.86	9,356.83
3,321.26	3,353.65	4,318.99	4,402.93	4,647.88	2,258.18	3,112.29	6,297.96	7,244.15	8,903.18	27,670.20
5,589.50	4,014.88	2,668.11	2,128.24	2,770.53	3,409.82	3,752.18	7,100.09	9,075.64	14,397.60	27,926.10
84.97	130.01	113.77	182.41	177.62	213.09	...	...	...	...	...
52.54	118.28	109.83	65.90	135.93	249.96	266.00	403.00	409.00	...	...
9,680.63	14,412.70	19,453.50	15,669.10	9,826.97	11,413.30	24,477.90	28,151.40	154,928.00	188,442.00	263,305.00
28,169.00	32,648.20	42,460.50	42,624.00	55,709.90	61,731.30	60,207.30	64,673.20	101,692.00	111,341.00	107,594.00
5,549.10	10,703.60	18,826.00	15,617.90	18,841.60	19,794.30	13,831.10	15,634.70	17,175.10	17,487.00	18,948.20
1,966.60	10,461.70	2,056.30	11,161.90	9,564.80	13,392.10	26,924.60	19,241.20	19,756.20	28,232.40	35,424.00
22,164.80	32,805.00	41,707.70	51,298.30	60,533.30	70,911.30	82,725.80	88,014.80	111,487.00	127,554.00	145,985.00
6,198.70	7,948.70	9,598.10	11,270.70	14,050.30	16,651.90	19,851.30	21,606.90	25,635.40	30,369.90	33,637.70
1,603.70	2,019.60	2,639.20	2,642.40	4,662.10	5,304.10	7,859.10	4,552.00	5,401.00	6,799.80	8,610.70
4,004.40	7,085.30	8,763.90	6,788.50	3,810.20	4,066.40	3,351.10	4,132.90	1,182.40	1,415.20	1,215.90
3,501.70	3,313.27	4,079.35	5,634.17	8,613.39	7,148.86	7,813.07	14,528.30	85,968.00	80,086.60	85,607.30
6,752.00	9,738.10	13,034.70	13,837.40	13,813.90	18,274.80	28,645.30	37,312.30	57,194.30	60,138.70	92,881.50
306.40	331.10	380.20	420.60	428.00	510.40	509.50	680.80	683.30	1,165.40	1,681.30
8,636.03	14,953.40	14,830.50	7,093.93	6,744.48	5,419.27	2,396.08	-16,968.60	37,035.70	75,143.20	97,899.50
14,178.80	22,519.40	28,865.30	36,562.70	40,385.10	47,189.60	55,015.40	61,855.90	80,450.60	90,384.00	103,737.00
5,765.60	5,860.50	7,554.50	7,723.90	8,138.10	3,957.00	7,733.48	13,389.60	63,528.70	82,490.30	274,687.00
1,231.50	1,826.70	1,823.40	1,820.80	1,821.40	7,494.40	7,197.22	8,090.70	11,079.50	22,509.70	31,102.30
27,535.10	32,937.60	41,042.70	52,579.10	63,716.10	85,701.20	164,867.00	222,080.00	297,880.00	408,052.00	574,125.00
18,120.20	24,373.30	33,627.70	41,063.80	48,732.00	59,995.60	80,320.40	106,234.00	135,908.00	162,845.00	188,497.00
29,376.60	37,599.20	49,426.10	62,881.20	74,438.40	90,435.00	125,329.00	169,369.00	220,558.00	293,133.00	403,844.00
9,703.20	7,016.00	4,666.90	3,733.50	4,851.00	5,975.00	8,490.92	12,431.90	72,169.30	119,099.00	245,554.00
1,966.60	10,461.70	2,056.30	11,161.90	9,564.80	13,392.10	26,924.60	19,241.20	19,756.20	28,232.40	35,424.00
3,724.10	3,724.10	3,724.10	3,724.10	3,724.10	3,764.10	6,784.58	15,229.10	15,982.60	16,033.60	22,998.50
-14,179.70	-20,030.10	-14,215.20	-23,878.00	-27,249.60	-29,219.60	-13,036.60	-17,089.40	-11,435.00	-15,906.70	87,333.40

統　　計

イラン（1948-2016年）

	2005	2006	2007	2008	2009	2010	2011	2012
為替レート	対SDRレート							
公定レート（期末）	12,993.50	13,875.10	14,667.90	15,133.20	15,651.80	15,943.90	17,141.30	18,842.60
	対ドル・レート							
公定レート（期末）	9,091.00	9,223.00	9,282.00	9,825.00	9,984.00	10,353.00	11,165.00	12,260.00
公定レート（期中平均）	8,963.96	9,170.94	9,281.15	9,428.53	9,864.30	10,254.20	10,616.30	12,175.50
	指数（2010年=100，期中平均）							
名目実効為替レート	118.27	115.14	107.27	102.42	104.14	100.00	93.62	85.22
実質実効為替レート（CPIベース）	68.46	71.95	75.23	85.52	97.07	100.00	109.25	123.15
IMFポジション	100万SDR（期末）							
クォータ	1,497.20	1,497.20	1,497.20	1,497.20	1,497.20	1,497.20	1,497.20	1,497.20
SDR	274.66	275.76	282.19	283.32	1,535.53	1,535.81	1,536.27	1,540.79
IMFリザーブポジション	-	-	-	0.01	0.01	0.01	0.01	0.01
内：IMF借入残高	-	-	-	-	-	-	-	-
IMFクレジット及び融資総残高	-	-	-	-	-	-	-	-
SDR配分額	244.06	244.06	244.06	244.06	1,426.06	1,426.06	1,426.06	1,426.06
国際流動性	100万米ドル（他に断りのない限り，期末）							
総準備（金を除く）	・・・	・・・	・・・	・・・	・・・	・・・	・・・	・・・
SDR	392.56	414.85	445.93	436.39	2,407.23	2,365.20	2,358.59	2,368.07
IMFリザーブポジション	-	-	-	0.02	0.02	0.02	0.02	0.02
外国為替	・・・	・・・	・・・	・・・	・・・	・・・	・・・	・・・
金（100万ファイントロイオンス）	・・・	・・・	・・・	・・・	・・・	・・・	・・・	・・・
金（国内評価額）	・・・	・・・	・・・	・・・	・・・	・・・	・・・	・・・
通貨当局：その他資産	・・・	・・・	・・・	・・・	・・・	・・・	・・・	・・・
通貨当局：その他負債	18,926.80	22,039.20	24,966.10	34,417.70	14,220.40	16,164.40	33,151.70	38,223.10
預金通貨銀行：資産	34,670.90	38,198.20	44,925.20	48,294.00	55,081.60	70,623.10	77,838.30	80,050.20
預金通貨銀行：負債	31,182.60	31,895.40	40,698.00	48,675.80	44,730.90	65,874.70	72,287.00	71,562.20
その他銀行業機関：資産	・・・	・・・	・・・	・・・	・・・	・・・	・・・	・・・
その他銀行業機関：負債	・・・	・・・	・・・	・・・	・・・	・・・	・・・	・・・
通貨当局	10億リアル（12月20日年末値）							
対外資産	396,520.00	538,583.00	689,585.00	905,405.00	795,581.00	827,934.00	1,040,270.00	1,231,960.00
中央政府向け信用	103,416.00	109,627.00	107,118.00	101,418.00	91,861.30	162,647.00	154,510.00	178,116.00
公的機関向け信用	22,757.00	24,704.00	28,490.90	34,398.00	41,414.20	47,819.60	53,710.40	234,545.00
預金通貨銀行向け信用	33,017.10	52,272.90	135,117.00	216,276.00	188,042.00	284,286.00	472,220.00	478,959.00
準備貨幣	178,490.00	245,012.00	345,823.00	453,978.00	506,968.00	669,230.00	683,787.00	964,883.00
内：預金通貨銀行以外の現金通貨	38,479.30	48,412.60	59,539.70	117,920.00	141,556.00	176,192.00	201,491.00	254,192.00
民間部門預金	10,914.80	12,091.20	15,954.90	16,977.90	15,496.20	18,353.20	17,258.30	86,862.30
制限付き預金	879.10	1,077.50	1,344.30	612.00	560.10	558.90	305.50	286.70
対外負債	175,235.00	206,654.00	235,315.00	341,847.00	164,297.00	190,087.00	394,583.00	495,486.00
中央政府預金	108,358.00	161,002.00	213,296.00	282,446.00	254,741.00	248,321.00	354,504.00	282,474.00
資本勘定	3,324.90	5,173.20	13,692.70	19,436.40	27,029.20	34,554.60	34,554.60	40,750.50
その他（ネット）	89,423.30	106,269.00	150,840.00	159,178.00	163,304.00	179,936.00	252,973.00	339,700.00
預金通貨銀行	10億リアル（12月20日年末値）							
準備	129,096.00	184,508.00	270,328.00	319,080.00	349,915.00	474,684.00	465,037.00	623,829.00
対外資産	315,193.00	352,302.00	416,996.00	474,489.00	549,935.00	731,161.00	869,064.00	981,416.00
非金融公的企業向け信用	33,590.40	48,252.30	90,937.40	101,021.00	139,602.00	247,333.00	330,539.00	509,436.00
民間部門向け信用	778,432.00	1,093,980.00	1,527,770.00	1,761,720.00	2,021,380.00	2,619,780.00	3,396,110.00	3,917,620.00
要求払い預金	234,577.00	301,472.00	401,618.00	352,575.00	365,760.00	468,618.00	569,160.00	722,214.00
定期性預金，貯蓄性預金及び外貨預金	559,067.00	787,513.00	1,062,010.00	1,234,450.00	1,664,610.00	2,061,950.00	2,486,740.00	3,324,070.00
対外負債	283,481.00	294,172.00	377,759.00	478,240.00	446,593.00	682,001.00	807,084.00	877,353.00
通貨当局からの信用	33,017.10	52,272.90	135,117.00	216,276.00	188,042.00	284,286.00	472,220.00	478,959.00
資本勘定	86,025.80	108,404.00	140,813.00	147,732.00	165,932.00	195,732.00	236,175.00	303,082.00
その他（ネット）	60,144.00	135,213.00	188,714.00	227,042.00	229,894.00	380,370.00	489,373.00	326,629.00

イ　ラ　ン

2013	2014	2015	2016
38,152.00	39,317.80	41,752.00	43,524.00
24,774.00	27,138.00	30,130.00	32,376.00
18,414.40	25,941.70	29,011.50	30,914.90
63.39	40.76	41.36	39.71
122.35	91.92	103.79	106.43
1,497.20	1,497.20	1,497.20	3,567.10
1,551.87	1,551.98	1,536.63	1,536.82
0.01	0.01	0.01	517.49
-	-	-	-
		-	-
1,426.06	1,426.06	1,426.06	1,426.06
･ ･ ･	･ ･ ･	･ ･ ･	･ ･ ･
2,389.88	2,248.52	2,129.36	2,065.99
0.02	0.02	0.02	695.68
･ ･ ･	･ ･ ･	･ ･ ･	･ ･ ･
･ ･ ･	･ ･ ･	･ ･ ･	･ ･ ･
･ ･ ･	･ ･ ･	･ ･ ･	･ ･ ･
･ ･ ･	･ ･ ･	･ ･ ･	･ ･ ･
45,791.20	55,327.30	51,281.10	43,041.10
73,159.60	79,453.00	74,845.70	69,857.30
60,536.40	64,267.70	58,742.10	54,815.30
･ ･ ･	･ ･ ･	･ ･ ･	･ ･ ･
･ ･ ･	･ ･ ･	･ ･ ･	･ ･ ･
2,795,320.00	3,289,180.00	3,474,860.00	3,442,310.00
167,539.00	192,561.00	264,900.00	354,700.00
194,630.00	216,281.00	271,600.00	256,900.00
565,432.00	773,526.00	829,900.00	1,047,900.00
1,015,500.00	1,250,020.00	1,467,200.00	1,744,900.00
276,050.00	290,905.00	301,200.00	327,700.00
22,081.00	46,846.30	39,400.00	40,200.00
340.00	1,884.20	1,100.00	200.00
1,188,840.00	1,557,540.00	1,604,640.00	1,455,570.00
375,310.00	487,516.00	377,100.00	338,300.00
51,462.80	61,587.20	71,800.00	76,100.00
1,091,470.00	1,113,590.00	1,319,960.00	1,486,740.00
717,371.00	912,267.00	1,126,600.00	1,377,000.00
1,812,460.00	2,156,200.00	2,255,100.00	2,261,700.00
686,100.00	932,978.00	1,101,300.00	1,443,300.00
4,742,840.00	6,002,900.00	6,823,200.00	8,688,200.00
803,319.00	864,870.00	856,900.00	1,213,000.00
4,428,320.00	6,268,020.00	8,093,600.00	10,307,900.00
1,499,730.00	1,744,100.00	1,769,900.00	1,774,700.00
565,432.00	773,526.00	829,900.00	1,047,900.00
442,561.00	586,631.00	632,700.00	692,100.00
219,397.00	-232,800.00	-876,800.00	-1,265,400.00

統　　計

イラン（1948-2016年）

	1948	1949	1950	1951	1952	1953	1954	1955
マネタリー・サーベイ	10億リアル（12月20日年末値）							
対外資産（ネット）	9.07	8.08	8.37	6.38	5.69	7.12	6.76	6.83
国内信用	8.47	10.18	12.33	12.39	15.18	18.98	21.14	22.95
中央政府向け信用	3.42	4.27	5.54	6.92	9.83	12.52	13.08	13.23
公的機関向け信用	･･･	･･･	･･･	･･･	･･･	･･･	･･･	･･･
民間部門向け信用	5.05	5.91	6.79	5.47	5.35	6.46	8.06	9.72
現金・預金通貨	12.45	12.28	13.83	13.31	14.16	18.16	18.51	20.22
準通貨	0.57	0.51	0.54	0.57	2.45	3.26	3.68	4.12
制限付き預金	･･･	･･･	･･･	･･･	･･･	･･･	･･･	･･･
長期対外負債	4.52	5.47	6.33	4.89	4.26	4.67	5.71	5.44
現金・預金通貨（季節調整値）	9.32	12.06	13.60	13.07	13.94	17.89	18.31	20.04
現金・預金通貨＋準通貨	10.14	9.71	10.84	11.06	15.09	19.77	20.19	22.16
その他銀行業機関	10億リアル（12月20日年末値）							
現金	･･･	･･･	･･･	･･･	･･･	･･･	･･･	･･･
中央政府向け信用	･･･	･･･	･･･	･･･	･･･	･･･	･･･	･･･
公的機関向け信用	･･･	･･･	･･･	･･･	･･･	･･･	･･･	･･･
民間部門向け信用	･･･	･･･	･･･	･･･	･･･	･･･	･･･	･･･
要求払い預金	･･･	･･･	･･･	･･･	･･･	･･･	･･･	･･･
民間部門	･･･	･･･	･･･	･･･	･･･	･･･	･･･	･･･
公的機関	･･･	･･･	･･･	･･･	･･･	･･･	･･･	･･･
定期性預金及び貯蓄性預金	･･･	･･･	･･･	･･･	･･･	･･･	･･･	･･･
対外負債	･･･	･･･	･･･	･･･	･･･	･･･	･･･	･･･
中央政府預金	･･･	･･･	･･･	･･･	･･･	･･･	･･･	･･･
通貨当局からの信用	･･･	･･･	･･･	･･･	･･･	･･･	･･･	･･･
資本勘定	･･･	･･･	･･･	･･･	･･･	･･･	･･･	･･･
その他（ネット）	･･･	･･･	･･･	･･･	･･･	･･･	･･･	･･･
流動負債	･･･	･･･	･･･	･･･	･･･	･･･	･･･	･･･
金利	年率（%）							
ディスカウント・レート（12月20日：年末）	4.00	4.00	4.00	4.00	4.00	4.00	4.00	4.00
預金金利（期末）	･･･	･･･	･･･	･･･	･･･	･･･	･･･	･･･
貸出金利（期末）	･･･	･･･	･･･	･･･	･･･	･･･	･･･	･･･
物価	指数（期中平均）							
卸売物価指数（2005年=100）	0.20	0.19	0.16	0.18	0.19	0.23	0.27	0.26
生産者物価指数（2010年=100）	･･･	･･･	･･･	･･･	･･･	･･･	･･･	･･･
消費者物価指数（2010年=100）	0.08	0.08	0.07	0.07	0.08	0.09	0.10	0.10
輸出物価指数（2005年=100）	･･･	･･･	･･･	･･･	･･･	･･･	･･･	･･･
輸入物価指数（2000年=100）	･･･	･･･	･･･	･･･	･･･	･･･	･･･	･･･
GDPデフレーター（2010年=100）	･･･	･･･	･･･	･･･	･･･	･･･	･･･	･･･

イ　ラ　ン

1956	1957	1958	1959	1960	1961	1962	1963	1964	1965	1966
7.92	17.32	18.52	16.41	11.40	15.88	18.03	19.67	14.68	20.69	20.59
25.58	30.81	41.53	49.89	61.15	59.24	68.82	80.62	101.41	113.45	130.68
14.76	16.83	18.92	17.65	24.56	11.56	14.61	18.10	27.13	33.29	35.95
・・・	・・・	・・・	・・・	・・・	・・・	8.07	7.14	7.18	5.20	6.23
10.82	13.98	22.61	32.24	41.15	47.68	46.14	55.38	67.10	74.96	88.50
23.59	27.69	36.33	39.96	45.15	38.68	50.05	57.49	64.59	74.13	82.43
5.31	5.79	7.30	9.80	・・・	15.22	21.76	28.21	34.85	40.18	48.18
・・・	・・・	・・・	・・・	・・・	-	-	-	2.42	3.17	5.72
4.59	14.65	16.42	16.54	19.44	21.22	14.01	14.62	14.29	16.75	15.02
23.43	27.50	36.11	39.60	44.75	38.68	51.12	58.72	65.84	75.26	82.93
26.35	30.49	39.71	45.44	52.07	57.14	71.81	85.70	99.44	114.31	130.61
・・・	・・・	・・・	・・・	・・・	・・・	1.61	2.15	1.73	2.89	1.07
・・・	・・・	・・・	・・・	・・・	・・・	0.37	0.57	0.98	2.27	1.09
・・・	・・・	・・・	・・・	・・・	・・・	0.87	0.87	0.69	0.85	0.36
・・・	・・・	・・・	・・・	・・・	・・・	11.91	14.05	17.17	21.96	26.89
・・・	・・・	・・・	・・・	・・・	・・・	2.83	3.64	3.23	3.98	4.51
・・・	・・・	・・・	・・・	・・・	・・・	0.87	1.69	2.36	3.21	3.78
・・・	・・・	・・・	・・・	・・・	・・・	1.96	1.95	0.87	0.77	0.73
・・・	・・・	・・・	・・・	・・・	・・・	0.54	0.63	1.02	1.52	1.77
・・・	・・・	・・・	・・・	・・・	・・・	0.17	0.20	0.26	0.42	0.96
・・・	・・・	・・・	・・・	・・・	・・・	2.40	2.99	3.39	7.31	4.88
・・・	・・・	・・・	・・・	・・・	・・・	1.48	1.12	2.98	0.80	1.73
・・・	・・・	・・・	・・・	・・・	・・・	8.38	9.62	12.32	16.77	17.53
・・・	・・・	・・・	・・・	・・・	・・・	-1.04	-0.55	-2.69	-2.85	-1.99
・・・	・・・	・・・	・・・	・・・	・・・	73.57	87.82	101.96	116.92	135.82
4.00	4.00	4.00	4.00	6.00	6.00	6.00	4.00	4.00	4.00	5.00
・・・	・・・	・・・	・・・	・・・	・・・	・・・	・・・	・・・	・・・	・・・
0.28	0.28	0.27	0.28	0.29	0.30	0.30	0.30	0.32	0.33	0.32
・・・	・・・	・・・	・・・	・・・	・・・	・・・	・・・	・・・	・・・	・・・
0.11	0.11	0.11	0.13	0.14	0.14	0.14	0.14	0.15	0.15	0.15
・・・	・・・	・・・	・・・	・・・	・・・	・・・	・・・	・・・	・・・	・・・
・・・	・・・	・・・	0.08	0.08	0.08	0.08	0.08	0.08	0.08	0.07

統　計

イラン（1948-2016年）

	1967	1968	1969	1970	1971	1972	1973	1974
マネタリー・サーベイ	10億リアル（12月20日年末値）							
対外資産（ネット）	22.21	14.45	7.64	-14.62	3.52	51.80	73.77	539.20
国内信用	157.45	191.44	235.60	303.59	348.40	426.82	593.87	519.75
中央政府向け信用	47.80	53.35	79.27	114.67	134.64	145.61	192.70	-88.45
公的機関向け信用	7.60	13.92	13.55	14.48	9.14	15.29	31.86	127.87
民間部門向け信用	102.05	124.17	142.78	174.44	204.62	265.92	369.31	480.33
現金・預金通貨	96.88	105.14	111.93	128.33	154.94	214.33	278.09	381.45
準通貨	58.74	74.63	99.73	121.35	154.68	204.44	267.53	397.69
制限付き預金	7.60	5.91	6.17	10.72	15.14	25.44	46.12	147.06
長期対外負債	16.36	20.21	25.36	28.62	27.44	34.36	75.84	132.84
現金・預金通貨（季節調整値）	97.46	105.67	112.15	127.95	153.41	210.75	272.91	375.44
現金・預金通貨＋準通貨	155.62	179.77	211.66	249.68	309.62	418.77	545.62	779.14
その他銀行業機関	10億リアル（12月20日年末値）							
現金	2.13	1.31	1.80	1.97	3.21	4.26	4.92	7.48
中央政府向け信用	1.22	1.40	1.34	1.25	1.70	3.80	5.30	5.60
公的機関向け信用	0.37	1.39	2.00	2.37	7.57	13.29	17.33	19.93
民間部門向け信用	30.48	35.79	39.44	47.05	53.65	68.29	83.40	134.48
要求払い預金	4.14	5.00	6.54	8.90	9.67	10.62	13.54	34.66
民間部門	3.95	3.42	2.35	2.48	2.95	3.91	5.02	8.61
公的機関	0.19	1.58	4.19	6.42	6.72	6.71	8.52	26.05
定期性預金及び貯蓄性預金	2.83	3.59	4.06	4.61	6.15	10.72	14.71	19.59
対外負債	1.76	2.57	3.22	4.15	6.28	15.59	20.81	25.89
中央政府預金	4.73	4.49	3.68	4.93	13.61	20.09	25.50	31.42
通貨当局からの信用	1.10	2.72	3.45	2.67	1.84	1.19	2.36	10.97
資本勘定	20.32	21.54	22.27	25.81	27.11	32.83	39.20	53.36
その他（ネット）	-0.70	-0.05	1.40	1.59	1.46	-1.46	-5.22	-8.40
流動負債	160.46	187.05	220.46	261.22	322.23	435.85	568.95	825.91
金利	年率（%）							
ディスカウント・レート（12月20日：年末）	5.00	7.00	8.00	8.00	7.00	7.50	9.00	9.00
預金金利（期末）	・・・	・・・	・・・	・・・	・・・	・・・	・・・	・・・
貸出金利（期末）	・・・	・・・	・・・	・・・	・・・	・・・	・・・	・・・
物価	指数（期中平均）							
卸売物価指数（2005年=100）	0.32	0.32	0.33	0.34	0.36	0.38	0.43	0.50
生産者物価指数（2010年=100）	・・・	・・・	・・・	・・・	・・・	・・・	・・・	・・・
消費者物価指数（2010年=100）	0.16	0.16	0.16	0.17	0.17	0.18	0.20	0.23
輸出物価指数（2005年=100）	・・・	・・・	・・・	・・・	・・・	・・・	・・・	・・・
輸入物価指数（2000年=100）	・・・	・・・	・・・	・・・	・・・	・・・	・・・	・・・
GDPデフレーター（2010年=100）	0.07	0.08	0.08	0.08	0.08	0.09	0.12	0.19

イ ラ ン

1975	1976	1977	1978	1979	1980	1981	1982	1983	1984	1985
581.59	584.43	799.73	-	1,135.32	876.66	486.53	1,374.60	733.74	-	-
838.16	1,367.78	1,660.86	-	2,723.82	4,235.57	5,689.00	7,131.70	7,141.40	-	-
-168.45	-123.63	-43.74	-	352.14	1,503.68	2,687.50	3,916.00	3,414.10	-	-
268.29	450.48	482.09		732.29	726.29	897.50	1,017.20	1,024.10		
738.32	1,040.93	1,222.51	-	1,639.39	2,005.60	2,104.00	2,198.50	2,703.20	2,729.90	3,044.50
458.24	668.04	822.02	1,078.13	1,688.94	2,258.04	2,636.90	3,293.10	3,922.00		-
591.64	842.71	1,082.85	1,272.70	1,497.47	1,766.74	2,046.30	2,590.80	3,061.10	2,986.30	-
131.33	123.55	150.54	-	162.99	200.50	184.50	201.20	335.30		-
238.61	317.97	405.32	-	509.78	887.16	1,307.77	2,421.17	556.77	-	-
453.70	666.04	823.67	1,080.29	1,685.57	2,244.57	2,615.97	3,263.73	3,890.87		
1,049.88	1,510.75	1,904.87	2,350.83	3,186.41	4,024.78	4,683.20	5,883.90	6,983.10		
19.00	25.25	28.08	· · ·	26.30	15.80	22.30	28.80	33.40	32.70	36.60
13.70	12.50	13.40	· · ·	6.70	6.50	3.90	3.70	2.70	121.90	2.10
22.49	21.63	20.04	· · ·	18.32	17.36	16.80	14.00	11.80	18.60	13.30
233.39	360.19	497.13	· · ·	696.76	896.10	1,014.20	1,173.50	1,402.90	1,593.80	1,764.90
45.19	51.10	50.29	· · ·	49.83	53.81	73.50	82.90	110.90	103.30	142.80
13.50	18.11	20.62	· · ·	26.59	43.15	62.80	82.90	110.90	103.30	142.80
31.69	32.99	29.67	· · ·	23.24	10.66	10.70	-	·	·	·
30.06	47.80	66.68	· · ·	98.66	165.68	202.80	235.70	302.10	385.20	344.80
40.03	84.18	134.85	· · ·	150.30	128.60	117.00	113.70	105.50		
64.05	75.04	83.13	· · ·	77.87	109.16	139.10	83.10	138.60	269.20	159.70
23.19	42.08	95.07	· · ·	163.06	214.30	299.40	364.50	335.70	332.30	318.60
78.84	98.35	117.51	· · ·	171.03	199.51	153.10	· · ·	230.50	272.80	269.70
7.27	21.05	11.08	· · ·	37.37	64.67	72.30	340.10	227.50	403.90	582.10
1,106.13	1,584.40	1,993.76	· · ·	3,308.60	4,228.47	4,937.20	6,173.70	7,362.70	8,501.10	11,416.00
8.00	8.00	8.00	10.00	9.00	· · ·	· · ·	· · ·	· · ·	· · ·	· · ·
· · ·	· · ·	· · ·	· · ·	· · ·	· · ·	· · ·	· · ·	· · ·	· · ·	· · ·
· · ·	· · ·	· · ·	· · ·	· · ·	· · ·	· · ·	· · ·	· · ·	· · ·	· · ·
0.54	0.59	0.69	0.76	0.87	1.14	1.41	1.59	1.82	1.96	2.06
· · ·	· · ·	· · ·	· · ·	· · ·	· · ·	· · ·	· · ·	· · ·	· · ·	· · ·
0.26	0.29	0.37	0.41	0.45	0.55	0.68	0.81	0.96	1.09	1.13
· · ·	· · ·	· · ·	· · ·	· · ·	· · ·	· · ·	· · ·	· · ·	· · ·	· · ·
0.20	0.23	0.27	0.28	0.36	0.44	0.56	0.66	0.73	0.81	0.85

統　　計

イラン（1948-2016年）

	1986	1987	1988	1989	1990	1991	1992	1993
マネタリー・サーベイ	10億リアル（12月20日年末値）							
対外資産（ネット）	577.61	738.83	576.35	700.20	606.77	1,129.09	1,095.03	995.83
国内信用	10,873.90	13,413.60	15,806.90	19,198.50	22,750.80	28,030.00	33,915.10	43,385.10
中央政府向け信用	6,256.90	7,971.70	9,746.10	11,367.10	11,636.20	12,727.30	12,816.10	12,211.30
公的機関向け信用	970.50	1,257.90	1,389.30	1,647.40	2,385.80	3,243.80	4,433.70	9,042.90
民間部門向け信用	3,646.50	4,184.00	4,671.50	6,184.00	8,728.80	12,058.90	16,665.30	22,130.90
現金・預金通貨	5,508.80	6,461.90	7,118.00	8,237.70	9,729.30	12,265.70	14,080.90	18,305.40
準通貨	4,339.20	5,283.30	6,987.90	9,045.40	10,662.70	13,341.60	17,769.90	23,180.70
制限付き預金	241.20	364.10	289.30	376.60	611.10	567.60	352.40	1,157.80
長期対外負債	1,362.31	2,042.93	1,988.05	2,239.00	2,354.46	2,984.19	2,806.93	1,737.03
現金・預金通貨（季節調整値）	5,530.92	6,514.01	7,204.45	8,354.67	9,887.50	12,490.50	14,368.30	18,671.50
現金・預金通貨＋準通貨	9,848.00	11,745.20	14,105.90	17,283.10	20,392.00	25,607.30	31,850.80	41,486.10
その他銀行業機関	10億リアル（12月20日年末値）							
現金	39.90	46.20	75.20	93.00	109.40	132.00	147.30	165.60
中央政府向け信用	2.10	2.00	2.00	2.00	2.00	2.00	2.00	1.90
公的機関向け信用	15.80	16.60	16.30	20.80	67.10	75.20	58.30	112.50
民間部門向け信用	1,874.20	1,948.00	2,129.80	2,577.00	3,191.20	4,214.40	5,134.00	6,158.80
要求払い預金	183.60	157.40	155.20	212.90	280.50	408.20	475.80	767.00
民間部門	183.60	157.40	155.20	212.90	280.50	408.20	475.80	767.00
公的機関	-	-	-	-	-	-	-	-
定期性預金及び貯蓄性預金	335.50	341.50	408.20	484.20	548.90	681.70	728.90	914.20
対外負債	-	-	-	0.70	0.20	0.30	15.20	124.70
中央政府預金	118.20	177.40	147.60	144.10	65.20	94.80	138.10	139.20
通貨当局からの信用	248.20	270.40	257.40	274.80	306.80	306.90	509.10	215.30
資本勘定	211.70	259.10	259.80	259.80	279.80	299.90	567.30	869.50
その他（ネット）	834.90	807.00	995.10	1,315.70	1,888.30	2,631.80	2,907.20	3,408.90
流動負債	10,327.20	12,197.90	14,594.10	17,887.20	21,112.00	26,565.20	32,908.20	43,001.70
金利	年率（%）							
ディスカウント・レート（12月20日：年末）	・・・	・・・	・・・	・・・	・・・	・・・	・・・	・・・
預金金利（期末）	・・・	・・・	・・・	・・・	・・・	・・・	・・・	・・・
貸出金利（期末）	・・・	・・・	・・・	・・・	・・・	・・・	・・・	・・・
物価	指数（期中平均）							
卸売物価指数（2005年=100）	2.45	3.24	3.96	4.77	5.75	7.24	9.63	12.09
生産者物価指数（2010年=100）	・・・	・・・	・・・	・・・	・・・	・・・	・・・	・・・
消費者物価指数（2010年=100）	1.34	1.73	2.22	2.72	2.92	3.42	4.31	5.22
輸出物価指数（2005年=100）	・・・	・・・	・・・	・・・	・・・	・・・	・・・	・・・
輸入物価指数（2000年=100）	・・・	・・・	・・・	・・・	・・・	・・・	・・・	・・・
GDPデフレーター（2010年=100）	0.95	1.17	1.40	1.64	1.98	2.47	3.17	4.84

イ ラ ン

1994	1995	1996	1997	1998	1999	2000	2001	2002	2003	2004
2,241.33	9,943.90	18,261.80	14,025.30	4,500.68	2,246.47	15,907.30	14,580.80	60,319.00	71,746.90	206,830.00
59,484.00	74,425.50	101,566.00	115,511.00	151,740.00	187,227.00	255,276.00	315,655.00	412,755.00	533,176.00	681,054.00
22,555.60	24,674.10	31,025.50	30,369.50	43,463.00	48,056.90	35,822.80	32,887.80	42,550.90	49,233.90	21,249.80
9,393.30	16,813.80	29,498.10	32,562.40	44,561.10	53,469.30	54,586.20	60,687.30	72,324.10	75,890.20	85,679.10
27,535.10	32,937.60	41,042.70	52,579.10	63,716.10	85,701.20	164,867.00	222,080.00	297,880.00	408,052.00	574,125.00
25,922.60	34,341.60	45,865.00	54,976.90	67,444.40	81,951.60	108,031.00	132,393.00	166,945.00	200,014.00	230,746.00
29,376.60	37,599.20	49,426.10	62,881.20	74,438.40	90,435.00	125,329.00	169,369.00	220,558.00	293,133.00	403,844.00
4,004.40	7,085.30	8,763.90	6,788.50	3,810.20	4,066.40	3,351.10	4,132.90	1,182.40	1,415.20	1,215.90
2,421.73	5,343.30	15,773.10	4,889.73	10,547.90	13,020.90	34,472.30	24,340.70	84,389.50	110,360.00	252,079.00
26,427.30	34,966.40	46,618.40	55,764.60	68,248.80	82,741.50	108,840.00	133,177.00	167,766.00	201,213.00	232,753.00
55,299.20	71,940.80	95,291.10	117,858.00	141,883.00	172,387.00	233,360.00	301,762.00	387,503.00	493,148.00	634,589.00
218.30	361.40	670.60	911.60	1,549.00	1,901.20	3,417.00	3,094.00	7,449.00	7,667.00	8,724.00
1.60	1.60	1.60	1.80	1.50	940.50	1,249.00	1,755.00	1,846.00	3,522.00	4,470.00
141.20	89.90	162.60	590.80	1,001.90	195.00	208.00	222.00	909.00	885.00	1,340.00
7,504.40	9,831.30	13,505.50	18,611.00	25,812.40	36,411.00	51,503.00	66,108.00	88,257.00	105,605.00	131,732.00
869.90	1,286.50	2,129.30	3,325.10	4,002.40	4,001.00	6,023.00	6,948.00	11,435.00	14,784.00	16,095.00
869.90	1,286.50	2,129.30	3,325.10	4,002.40	4,001.00	6,023.00	6,948.00	11,435.00	14,784.00	16,095.00
-	-	-	-	-	-	-	-	-		
1,409.30	2,366.50	3,327.20	5,590.50	9,156.90	12,583.50	15,831.00	24,110.00	35,582.00	46,604.00	61,137.00
91.20	206.70	192.10	115.60	238.00	438.00	601.00	705.00	3,253.00	4,319.00	18,912.00
113.60	124.10	174.50	158.20	106.10	69.10	87.00	112.00	557.00	2,986.00	6,646.00
795.20	3,437.00	8,125.50	3,517.70	4,635.00	5,895.00	9,358.00	652.00	2,025.00	4,410.00	4,468.00
1,928.30	1,928.30	1,939.50	1,939.50	1,939.50	1,939.50	2,960.00	6,385.00	6,409.00	6,409.00	11,484.00
2,658.00	935.10	·1,547.80	5,468.60	8,286.90	14,521.60	21,517.00	32,267.00	39,201.00	38,170.00	21,523.00
57,360.10	75,232.40	100,077.00	125,862.00	153,493.00	187,070.00	229,491.00	297,320.00	383,061.00	472,432.00	589,621.00
· · ·	· · ·	· · ·	· · ·	· · ·	· · ·	· · ·	· · ·	· · ·	11.68	· · ·
· · ·	· · ·	· · ·	· · ·	· · ·	· · ·	· · ·	· · ·	· · ·	11.68	11.70
· · ·	· · ·	· · ·	· · ·	· · ·	· · ·	· · ·	· · ·	· · ·	· · ·	16.65
16.64	26.72	35.52	39.32	44.00	52.45	62.36	66.05	71.46	79.02	88.95
· · ·	· · ·	· · ·	16.06	19.06	23.43	27.24	30.21	34.27	39.63	46.30
6.86	10.27	13.24	15.54	18.32	21.99	25.18	28.01	32.03	37.30	42.81
· · ·	178.73	169.51	24.40	29.81	47.65	56.06	56.79	60.01	67.02	86.05
· · ·	102.48	118.81	107.26	145.05	114.12	100.00	102.22	105.35	· · ·	· · ·
6.34	8.80	10.98	12.51	13.70	17.82	22.54	25.16	31.97	36.47	44.38

統　　計

イラン（1948-2016年）

	2005	2006	2007	2008	2009	2010	2011	2012
マネタリー・サーベイ	10億リアル（12月20日年末値）							
対外資産（ネット）	252,998.00	390,060.00	493,508.00	559,807.00	734,626.00	687,008.00	707,663.00	840,537.00
国内信用	861,530.00	1,116,930.00	1,516,210.00	1,666,690.00	1,971,660.00	2,731,650.00	3,517,350.00	4,443,510.00
中央政府向け信用	-16,654.90	-71,127.10	-98,267.00	-178,427.00	-141,785.00	29,849.50	34,371.30	268,707.00
公的機関向け信用	99,753.10	94,072.70	86,705.20	83,392.80	92,073.00	82,025.60	86,868.60	257,179.00
民間部門向け信用	778,432.00	1,093,980.00	1,527,770.00	1,761,720.00	2,021,380.00	2,619,780.00	3,396,110.00	3,917,620.00
現金・預金通貨	283,971.00	361,976.00	477,112.00	487,473.00	522,812.00	663,163.00	787,910.00	1,063,270.00
準通貨	559,067.00	787,513.00	1,062,010.00	1,234,450.00	1,664,610.00	2,061,950.00	2,486,740.00	3,324,070.00
制限付き預金	879.10	1,077.50	1,344.30	612.00	560.10	558.90	305.50	286.70
長期対外負債	270,611.00	356,423.00	469,248.00	503,964.00	518,310.00	692,988.00	950,059.00	896,423.00
現金・預金通貨（季節調整値）	287,689.00	368,029.00	486,580.00	497,974.00	533,750.00	675,401.00	799,330.00	1,075,180.00
現金・預金通貨＋準通貨	843,038.00	1,149,490.00	1,539,120.00	1,721,920.00	2,187,420.00	2,725,110.00	3,274,650.00	4,387,340.00
その他銀行業機関	10億リアル（12月20日年末値）							
現金	10,772.00	14,900.00	41,575.00	36,137.00	29,041.00	42,710.00	39,401.00	50,419.00
中央政府向け信用	4,295.00	6,401.00	7,344.00	6,755.00	15,781.00	25,111.00	76,797.00	111,574.00
公的機関向け信用	1,183.00	1,214.00	706.00	2,186.00	4,694.00	2,307.00	6,089.00	5,954.00
民間部門向け信用	180,434.00	257,744.00	315,483.00	375,746.00	448,239.00	758,277.00	1,025,637.00	1,137,840.00
要求払い預金	19,362.00	25,947.00	31,317.00	30,716.00	31,156.00	45,223.00	65,349.00	・・・
民間部門	19,362.00	25,947.00	31,317.00	30,716.00	31,156.00	45,223.00	65,349.00	74,374.00
公的機関	-	-	-	-	-	-	-	・・・
定期性預金及び貯蓄性預金	102,529.00	142,483.00	173,235.00	171,142.00	228,426.00	287,675.00	307,353.00	385,622.00
対外負債	18,393.00	20,116.00	26,826.00	45,348.00	39,231.00	91,078.00	119,662.00	214,146.00
中央政府預金	13,220.00	17,138.00	22,623.00	27,595.00	30,962.00	36,041.00	39,158.00	71,441.00
通貨当局からの信用	4,744.00	10,208.00	37,790.00	62,165.00	72,218.00	175,442.00	298,118.00	393,611.00
資本勘定	21,946.00	21,938.00	51,010.00	52,229.00	67,229.00	72,229.00	・・・	・・・
その他（ネット）	16,488.00	42,428.00	22,306.00	31,630.00	28,534.00	120,717.00	239,048.00	70,697.00
流動負債	743,757.00	969,899.00	1,228,938.00	1,316,418.00	1,700,535.00	1,145,798.00	・・・	・・・
金利	年率（%）							
ディスカウント・レート（12月20日：年末）	・・・	・・・	・・・	・・・	・・・	・・・	・・・	・・・
預金金利（期末）	11.78	11.56	11.60	13.30	13.14	11.94	11.16	14.81
貸出金利（期末）	16.00	14.00	12.00	12.00	12.00	12.00	11.00	11.00
物価	指数（期中平均）							
卸売物価指数（2005年=100）	100.00	109.16	126.20	・・・	・・・	・・・	・・・	・・・
生産者物価指数（2010年=100）	50.68	56.85	69.04	78.01	85.20	94.09	129.71	161.73
消費者物価指数（2010年=100）	48.56	54.36	63.72	80.00	90.80	100.00	120.63	153.63
輸出物価指数（2005年=100）	100.00	117.37	129.91	158.20	・・・	・・・	・・・	・・・
輸入物価指数（2000年=100）	・・・	・・・	・・・	・・・	・・・	・・・	・・・	・・・
GDPデフレーター（2010年=100）	52.88	60.45	72.92	85.27	87.43	100.00	・・・	・・・

イ ラ ン

2013	2014	2015	2016
1,919,210.00	2,143,740.00	2,355,420.00	2,473,740.00
5,175,200.00	6,506,500.00	7,823,700.00	10,211,700.00
206,761.00	259,301.00	700,300.00	1,226,400.00
225,604.00	244,293.00	300,200.00	297,100.00
4,742,840.00	6,002,900.00	6,823,200.00	8,688,200.00
1,101,450.00	1,202,620.00	1,197,500.00	1,580,900.00
4,428,320.00	6,268,020.00	8,093,600.00	10,307,900.00
340.00	1,884.20	1,100.00	200.00
1,564,300.00	1,178,290.00	887,459.00	796,444.00
1,109,430.00	1,208,320.00	1,200,420.00	1,584,220.00
5,529,770.00	7,470,640.00	9,291,100.00	11,888,800.00
59,532.00	･･･	･･･	･･･
183,086.00	･･･	･･･	･･･
2,033.00	･･･	･･･	･･･
1,349,832.00	･･･	･･･	･･･
･･･	･･･	･･･	･･･
83,367.00	･･･	･･･	･･･
･･･	･･･	･･･	･･･
482,383.00	･･･	･･･	･･･
369,145.00	･･･	･･･	･･･
141,847.00	･･･	･･･	･･･
462,565.00	･･･	･･･	･･･
95,897.00	･･･	･･･	･･･
-40,722.00	･･･	･･･	･･･
･･･	･･･	･･･	･･･
･･･	･･･	･･･	･･･
14.76	16.94	16.30	12.80
11.00	14.00	14.21	18.00
･･･	･･･	･･･	･･･
222.03	260.29	278.47	288.33
213.95	250.83	285.21	309.65
･･･	･･･	･･･	･･･
･･･	･･･	･･･	･･･
･･･	･･･	･･･	･･･

統　計

インド（1948-2016年）

		1948	1949	1950	1951	1952	1953	1954	1955
為替レート	対SDRレート								
市場レート（期末）		3.32	4.78	4.78	4.81	4.77	4.77	4.81	4.78
	対ドル・レート								
市場レート（期末）		3.32	4.78	4.78	4.81	4.77	4.77	4.81	4.78
市場レート（期中平均）		3.31	3.67	4.76	4.76	4.76	4.76	4.76	4.76
IMFポジション	100万SDR（期末）								
クォータ		400.00	400.00	400.00	400.00	400.00	400.00	400.00	400.00
SDR		-	-	-	-	-	-	-	-
IMFリザーブポジション		-	-	-	-	-	-	-	15.00
内：IMF借入残高		...	...	...	...	...	...	...	-
IMFクレジット及び融資総残高		40.77	72.44	72.43	72.42	72.42	72.41	25.68	-
SDR配分額		-	-	-	-	-	-	-	-
国際流動性	100万米ドル（他に断りのない限り，期末）								
総準備（金を除く）		3,099.00	1,790.00	1,810.00	1,699.00	1,550.00	1,615.00	1,621.00	1,635.00
SDR		-	-	-	-	-	-	-	-
IMFリザーブポジション		-	-	-	-	-	-	-	15.00
外国為替		3,099.00	1,790.00	1,810.00	1,699.00	1,550.00	1,615.00	1,621.00	1,620.00
金（100万ファイントロイオンス）		7.31	7.07	7.07	7.07	7.07	7.07	7.07	7.07
金（国内評価額）		256.00	247.00	247.00	245.16	247.06	247.06	245.01	246.55
通貨当局	10億ルピー（年末最終金曜日）								
対外資産		10.67	8.66	8.74	8.21	7.46	7.63	7.71	7.82
中央政府向け信用		5.92	6.81	7.91	8.35	8.13	7.71	7.68	8.84
預金通貨銀行向け信用		0.19	0.09	0.05	0.18	0.13	0.12	0.22	0.45
その他金融機関向け信用		...	...	...	...	...	...	...	...
準備貨幣		14.11	13.24	13.85	13.57	12.83	13.18	14.08	15.63
内：預金通貨銀行以外の現金通貨		12.70	11.88	12.71	12.40	11.86	12.27	12.89	14.51
対外負債		0.13	0.34	0.34	0.34	0.34	0.34	0.12	
中央政府預金		2.32	1.77	1.85	2.27	1.82	1.35	0.77	0.70
資本勘定		0.10	0.10	0.10	0.10	0.10	0.10	0.10	0.10
その他（ネット）		0.11	0.10	0.57	0.47	0.63	0.48	0.52	0.69
注記事項：総資産		16.81	15.60	16.76	16.94	15.78	15.54	15.71	17.24
預金通貨銀行	10億ルピー（年末最終金曜日）								
準備		1.05	1.21	1.07	0.93	0.84	0.82	1.11	1.07
中央政府向け信用		4.37	3.50	3.67	3.24	3.50	3.59	3.79	4.22
民間部門向け信用		4.40	4.46	4.89	5.96	5.54	5.47	6.16	7.04
要求払い預金		5.79	5.56	5.68	5.32	5.09	5.05	5.61	6.06
定期性預金		2.87	2.90	3.12	3.17	3.54	3.69	4.08	4.61
通貨当局からの信用		0.18	0.08	0.02	0.19	0.13	0.11	0.21	0.43
その他（ネット）		0.99	0.64	0.81	1.43	1.03	1.03	1.16	1.23
注記事項：総資産		10.31	9.72	10.23	10.50	10.43	10.41	11.62	13.02
マネタリー・サーベイ	10億ルピー（年末最終金曜日）								
対外資産（ネット）		10.54	8.32	8.40	7.87	7.12	7.29	7.59	7.82
国内信用		12.37	13.00	14.62	15.28	15.35	15.42	16.86	19.40
中央政府向け信用		7.97	8.54	9.73	9.32	9.81	9.95	10.70	12.36
公的機関向け信用		4.40	4.46	4.89	5.96	5.54	5.47	6.16	7.04
民間部門向け信用		...	...	...	...	...	...	...	...
現金・預金通貨		18.78	17.62	18.52	17.90	17.06	17.40	18.58	20.65
準通貨		2.87	2.90	3.12	3.17	3.54	3.69	4.08	4.61
その他（ネット）		1.26	0.80	1.39	2.07	1.87	1.61	1.77	1.97
現金・預金通貨（季節調整値）		...	...	...	...	...	...	...	...
現金・預金通貨＋準通貨		21.65	20.52	21.64	21.07	20.60	21.09	22.66	25.26
貨幣集計量（国内定義）	10億ルピー（期末）								
M0		...	...	...	...	...	...	...	...
M1		...	...	...	...	...	...	...	...
M3		...	...	...	...	...	...	...	...
金利	年率（%）								
中央銀行政策金利		...	...	...	...	...	...	...	...
ディスカウント・レート（期末）		...	...	...	...	...	...	...	...
短期金融市場商品金利		0.51	0.67	0.60	0.93	2.09	2.19	2.49	2.72
貸出金利		...	...	...	...	...	...	...	...
政府債利回り		3.02	3.05	3.11	3.28	3.69	3.64	3.65	3.72
物価	指数（2010年＝100，期中平均）								
卸売物価指数		2.43	2.53	2.66	2.91	2.56	2.66	2.51	2.31
消費者物価指数		...	2.09	2.11	2.20	2.16	2.22	2.11	2.01
GDPデフレーター		...	...	2.08	2.14	2.05	2.10	1.89	1.86

イ ン ド

1956	1957	1958	1959	1960	1961	1962	1963	1964	1965	1966
4.81	4.77	4.78	4.78	4.77	4.77	4.78	4.79	4.80	4.78	7.58
4.81	4.77	4.78	4.78	4.77	4.77	4.78	4.79	4.80	4.78	7.58
4.76	4.76	4.76	4.76	4.76	4.76	4.76	4.76	4.76	4.76	6.36
400.00	400.00	400.00	600.00	600.00	600.00	600.00	600.00	600.00	600.00	750.00
27.51	-	-	-	-	-	-	-	-	-	-
...	172.57	177.06	131.78	62.67	188.32	217.42	197.75	153.72	286.96	360.93
-	-	-	-	-	-	-	-	-	-	-
1,216.51	695.00	475.00	567.00	423.00	418.00	265.00	360.00	251.00	319.00	365.00
27.51	-	-	-	-	-	-	-	-	-	-
1,189.00	695.00	475.00	567.00	423.00	418.00	265.00	360.00	251.00	319.00	365.00
7.07	7.07	7.07	7.07	7.07	7.07	7.07	7.07	7.07	8.03	6.95
245.16	246.96	246.44	246.29	246.81	247.22	246.70	246.19	245.67	280.21	240.89
6.61	4.15	3.07	3.31	2.70	2.68	2.15	2.23	2.13	2.19	3.20
11.49	15.78	18.02	18.88	20.67	22.28	24.31	27.02	28.80	31.89	34.97
1.06	0.60	0.65	0.92	1.60	1.48	1.72	1.52	2.08	2.04	1.98
...	...	...	...	...	...	...	...			
16.64	17.22	18.16	19.54	21.58	22.36	23.99	26.49	28.48	30.98	33.09
15.52	15.94	16.74	18.22	19.67	20.60	22.46	24.76	26.61	28.65	30.08
	0.82	0.84	0.63	0.30	0.90	1.04	0.94	0.73	1.37	2.71
0.73	0.72	0.79	0.90	0.85	0.85	0.64	0.69	0.65	0.59	0.66
0.26	...	...	...		...	...	...	...	...	...
1.53	1.77	1.95	2.04	2.24	2.33	2.51	2.65	3.15	3.18	3.69
19.30	20.70	21.85	23.23	25.14	26.71	28.50	31.06	33.32	36.55	40.53
0.98	1.14	1.25	1.20	1.68	1.61	1.39	1.46	1.66	2.10	2.58
4.07	4.59	6.65	8.17	6.63	6.08	6.82	7.43	8.02	8.67	9.89
8.84	10.16	10.39	11.64	13.83	15.91	18.03	21.00	22.96	26.29	30.55
6.41	6.89	6.82	7.04	7.53	7.69	8.54	10.41	12.22	14.14	16.34
5.10	6.91	9.21	11.58	11.52	11.75	12.91	13.28	14.22	16.06	18.88
1.01	0.59	0.65	0.90	1.59	1.47	1.71	1.49	2.04	2.02	1.91
1.37	1.50	1.64	1.49	1.51	2.70	3.07	4.72	4.15	4.83	5.90
14.57	16.80	19.18	22.13	23.52	24.28	27.12	30.99	33.57	38.01	44.19
6.61	3.33	2.23	2.68	2.40	1.78	1.11	1.29	1.40	0.82	0.49
23.67	29.81	34.27	37.79	40.28	43.42	48.52	54.76	59.13	66.26	74.75
14.83	19.65	23.88	26.15	26.45	27.51	30.49	33.76	36.17	39.97	44.20
8.84	10.16	10.39	11.64	13.83	15.91	18.03	21.00	22.96	26.29	30.55
...	...	...	...	...	...	...	...	...	...	...
22.02	22.96	23.69	25.36	27.40	28.42	31.12	35.41	39.05	43.01	46.81
5.10	6.91	9.21	11.58	11.52	11.75	12.91	13.28	14.22	16.06	18.88
3.16	3.27	3.61	3.54	3.77	5.05	5.59	7.41	7.23	7.99	9.54
...	23.57	24.32	26.01	28.07	29.06	31.76	35.99	39.56	43.49	47.28
27.12	29.87	32.90	36.94	38.92	40.17	44.03	48.69	53.27	59.07	65.69
...	...	...	...	...	...	...	...	...	...	...
...	...	...	...	...	...	...	...	...	...	...
...	...	...	...	...	...	...	...	...	...	...
...	...	...	...	...	...	...	4.50	5.00	6.00	6.00
3.17	3.20	2.57	2.73	3.67	4.35	3.70	3.76	4.00	6.28	4.37
...	...	...	...	...	...	...	...	...	...	...
3.92	4.13	4.17	4.05	4.07	4.11	4.36	4.68	4.73	5.32	5.54
2.59	2.74	2.80	2.91	3.10	3.17	3.29	3.41	3.76	4.07	4.55
2.20	2.32	2.43	2.54	2.59	2.63	2.73	2.81	3.18	3.48	3.86
2.10	2.17	2.74	2.31	2.41	2.46	2.57	2.78	3.01	3.26	3.70

統 計

インド（1948-2016年）

		1967	1968	1969	1970	1971	1972	1973	1974
為替レート	対SDRレート								
市場レート（期末）		7.55	7.63	7.56	7.58	7.90	8.77	9.90	9.98
市場レート（期末）	対ドル・レート	7.55	7.63	7.56	7.58	7.28	8.08	8.20	8.15
市場レート（期中平均）		7.50	7.50	7.50	7.50	7.49	7.59	7.74	8.10
IMFポジション	100万SDR（期末）								
クォータ		750.00	750.00	750.00	940.00	940.00	940.00	940.00	940.00
SDR		-	-	-	44.18	148.05	246.48	245.26	239.91
IMFリザーブポジション		-	-	-	21.14	76.17	76.18	76.20	-
内：IMF借入残高		・・・	・・・	・・・	・・・	・・・	・・・	・・・	-
IMFクレジット及び融資総残高		456.27	373.57	240.43	10.00	-	-	-	496.99
SDR配分額					126.00	226.58	326.22	326.22	326.22
国際流動性	100万米ドル（他に断りのない限り，期末）								
総準備（金を除く）		419.00	439.00	683.00	763.32	942.44	916.32	848.79	1,027.73
SDR		-	-	-	44.18	160.74	267.61	295.87	293.73
IMFリザーブポジション		-	-	-	21.14	82.70	82.71	91.92	-
外国為替		419.00	439.00	683.00	698.00	699.00	566.00	461.00	734.00
金（100万ファイントロイオンス）		6.95	6.95	6.95	6.95	6.95	6.95	6.95	6.95
金（国内評価額）		241.82	239.25	241.43	240.89	250.72	225.87	222.48	228.00
通貨当局	10億ルピー（年末最終金曜日）								
対外資産		3.76	4.03	6.74	6.54	7.67	10.27	10.99	12.96
中央政府向け信用		37.12	37.90	40.34	42.30	49.52	54.44	64.74	71.42
預金通貨銀行向け信用		2.41	3.25	4.08	6.20	5.34	3.61	6.70	7.48
その他金融機関向け信用		・・・	・・・	0.21	1.01	1.70	1.26	1.94	3.39
準備貨幣		35.43	37.37	41.61	45.98	51.13	55.57	68.05	70.44
内：預金通貨銀行以外の現金通貨		32.10	33.72	37.64	41.57	45.63	49.07	57.78	61.38
対外負債		3.42	2.80	1.80	1.02	1.79	2.86	3.23	8.21
中央政府預金		0.60	0.70	2.35	2.86	1.99	0.75	0.63	0.62
資本勘定		・・・	・・・	4.20	4.59	5.19	5.84	6.84	7.99
その他（ネット）		3.84	4.31	1.37	1.61	4.16	4.56	5.62	7.99
注記事項：総資産		43.85	45.65	51.71	56.44	64.67	70.28	85.11	96.81
預金通貨銀行	10億ルピー（年末最終金曜日）								
準備		2.86	2.82	3.29	3.63	4.49	5.27	9.38	8.87
中央政府向け信用		10.48	11.67	12.80	13.91	16.95	22.17	24.46	28.69
民間部門向け信用		34.28	39.10	45.59	52.61	62.62	71.39	88.04	102.51
要求払い預金		18.50	19.35	22.08	25.45	30.19	36.52	42.87	49.41
定期性預金		20.81	24.79	28.94	32.41	40.66	49.02	60.48	69.98
通貨当局からの信用		2.38	3.19	4.00	6.20	5.33	3.59	6.62	7.54
その他（ネット）		5.95	6.22	6.68	4.65	6.56	9.69	11.93	13.13
注記事項：総資産		49.20	55.96	64.31	72.61	86.76	102.40	125.49	144.59
マネタリー・サーベイ	10億ルピー（年末最終金曜日）								
対外資産（ネット）		0.34	1.23	4.93	5.52	5.88	7.41	7.76	4.74
国内信用		81.28	87.97	96.58	106.98	128.80	148.51	178.55	205.38
中央政府向け信用		47.00	48.87	50.79	53.36	64.48	75.86	88.57	99.48
公的機関向け信用		34.28	39.10	45.59	52.61	62.62	71.39	88.04	102.51
民間部門向け信用		・・・	・・・	0.21	1.01	1.70	1.26	1.94	3.39
現金・預金通貨		51.03	53.89	60.38	67.65	76.48	86.15	101.04	111.28
準通貨		20.81	24.79	28.94	32.41	40.66	49.02	60.48	69.98
その他（ネット）		9.82	10.49	12.19	11.00	16.24	20.74	24.80	28.86
現金・預金通貨（季節調整値）		51.60	54.60	61.24	68.75	77.72	87.55	102.48	112.63
現金・預金通貨＋準通貨		71.84	78.68	89.32	100.06	117.13	135.17	161.52	181.26
貨幣集計量（国内定義）	10億ルピー（期末）								
M0		・・・	・・・	・・・	・・・	・・・	・・・	・・・	・・・
M1		・・・	・・・	・・・	・・・	・・・	・・・	・・・	・・・
M3		・・・	・・・	・・・	・・・	・・・	・・・	・・・	・・・
金利	年率（%）								
中央銀行政策金利		・・・	・・・	・・・	・・・	・・・	・・・	・・・	・・・
ディスカウント・レート（期末）		6.00	5.00	5.00	5.00	6.00	6.00	7.00	9.00
短期金融市場商品金利		5.36	3.90	3.92	5.68	6.30	4.69	6.64	13.52
貸出金利		・・・	・・・	・・・	・・・	・・・	・・・	・・・	・・・
政府債利回り		5.52	5.07	5.00	5.00	5.64	5.65	5.65	6.04
物価	指数（2010年=100，期中平均）								
卸売物価指数		5.24	5.22	5.33	5.65	5.94	6.46	7.52	9.67
消費者物価指数		4.36	4.50	4.52	4.75	4.90	5.21	6.10	7.84
GDPデフレーター		4.02	4.11	4.25	4.31	4.54	5.04	5.95	6.94

イ ン ド

1975	1976	1977	1978	1979	1980	1981	1982	1983	1984	1985
10.46	10.32	9.97	10.67	10.42	10.11	10.59	10.63	10.99	12.21	13.36
8.94	8.88	8.21	8.19	7.91	7.93	9.10	9.63	10.49	12.45	12.17
8.38	8.96	8.74	8.19	8.13	7.86	8.66	9.46	10.10	11.36	12.37
940.00	940.00	940.00	1,145.00	1,145.00	1,717.50	1,717.50	1,717.50	2,207.70	2,207.70	2,207.70
211.96	189.10	149.02	225.81	370.97	376.67	468.32	339.35	104.63	337.64	306.20
-	-	-	69.21	161.53	329.66	329.72	364.25	486.87	486.98	487.08
・・・	・・・	・・・	・・・	・・・						
698.32	406.32	125.10	-	-	791.46	1,095.01	2,595.01	4,061.76	4,528.76	4,354.01
326.22	326.22	326.22	326.22	445.30	564.38	681.17	681.17	681.17	681.17	681.17
1,089.13	2,791.70	4,872.02	6,426.35	7,432.48	6,943.86	4,692.89	4,315.15	4,937.27	5,842.30	6,420.35
248.13	219.70	181.02	294.18	488.69	480.41	545.11	374.34	109.54	330.96	336.34
-		90.17	212.79	420.45	383.78	401.81		509.73	477.34	535.02
841.00	2,572.00	4,691.00	6,042.00	6,731.00	6,043.00	3,764.00	3,539.00	4,318.00	5,034.00	5,549.00
6.95	6.95	7.36	8.36	8.56	8.59	8.59	8.59	8.59	8.74	9.40
204.22	205.50	235.24	268.00	284.19	284.48	247.93	234.17	215.00	184.16	202.79
17.69	27.26	43.71	55.41	62.95	57.22	46.57	44.10	54.30	76.21	79.21
75.54	72.55	79.30	84.35	102.43	144.35	187.13	237.89	273.74	330.71	406.36
11.44	15.89	10.91	10.29	13.90	10.91	13.56	8.34	8.74	16.55	6.19
4.65	6.34	7.86	10.41	13.58	15.90	18.40	29.87	33.87	49.05	52.66
74.25	86.76	105.07	126.62	153.23	176.55	195.09	230.26	260.20	303.89	375.31
64.43	73.18	84.24	94.55	107.96	126.29	137.44	157.38	181.31	218.09	239.41
10.72	7.56	4.50	3.48	4.64	13.71	18.81	34.82	52.11	63.59	67.28
0.66	1.08	0.71	0.45	0.62	0.81	0.70	0.63	18.95	30.70	0.69
10.19	12.40	15.30	18.75	22.65	27.20	31.70	27.01	29.16	30.99	33.17
13.49	14.24	16.20	11.16	11.73	15.43	24.96	33.12	16.06	49.80	75.04
113.04	130.44	151.34	173.49	205.56	246.86	283.88	339.03	413.13	498.63	565.04
8.79	12.02	22.96	28.64	41.62	47.72	54.76	70.43	76.65	81.94	130.69
32.51	40.07	49.95	63.32	76.65	92.51	103.92	114.53	148.75	188.71	194.18
127.25	164.23	187.68	221.91	258.95	302.12	366.72	438.45	515.26	612.38	698.92
57.31	78.69	93.56	61.18	65.84	76.11	93.16	113.83	125.67	144.46	170.11
84.39	104.58	128.17	213.91	260.49	302.29	362.86	424.04	507.03	596.68	712.30
11.41	15.47	14.42	13.31	13.88	10.90	13.53	17.95	8.79	16.54	6.20
16.06	17.59	24.44	25.46	37.01	53.04	55.85	67.60	99.17	125.34	135.18
177.16	221.54	269.36	331.72	377.22	442.32	525.39	623.41	789.85	883.03	1,031.49
6.97	19.70	39.21	51.93	58.31	43.51	27.76	9.28	2.20	12.63	11.93
239.29	282.11	324.07	379.55	450.99	554.07	675.47	820.13	952.67	1,150.14	1,351.43
107.39	111.54	128.54	147.23	178.46	236.05	290.35	351.80	403.54	488.71	599.85
127.25	164.23	187.68	221.91	258.95	302.12	366.72	438.45	515.26	612.38	698.92
4.65	6.34	7.86	10.41	13.58	15.90	18.40	29.87	33.87	49.05	52.66
122.34	152.77	178.50	157.63	176.86	204.58	232.47	273.71	308.55	365.58	412.41
84.39	104.58	128.17	213.91	260.49	302.29	362.86	424.04	507.03	596.68	712.30
40.14	44.47	56.61	59.92	71.96	96.02	113.50	137.28	145.10	206.97	245.71
123.33	153.54	179.22	311.61	175.11	202.76	230.17	270.20	303.40	358.76	404.33
206.73	257.35	306.67	371.54	437.35	506.88	595.33	697.75	815.58	962.26	1,124.72
・・・	・・・	・・・	・・・	・・・	・・・	・・・	・・・	・・・	・・・	・・・
・・・	・・・	・・・	・・・	・・・	・・・	・・・	・・・	・・・	・・・	・・・
・・・	・・・	・・・	・・・	・・・	・・・	・・・	・・・	・・・	・・・	・・・
9.00	9.00	9.00	9.00	9.00	9.00	10.00	10.00	10.00	10.00	10.00
10.40	11.28	10.18	8.05	8.47	7.24	8.61	7.27	8.30	9.95	10.00
・・・	・・・	・・・	13.50	14.50	16.50	16.50	16.50	16.50	16.50	16.50
6.35	6.29	6.32	6.37	6.45	6.71	7.15	7.59	7.99	8.65	8.99
10.05	9.85	10.59	10.57	11.80	14.17	15.90	16.29	17.57	18.79	19.67
8.29	7.66	8.30	8.50	9.04	10.06	11.38	12.28	13.74	14.88	15.71
6.84	7.24	7.65	7.84	9.08	10.13	11.17	12.00	13.02	13.99	15.04

統　　　計

インド（1948-2016年）

	1986	1987	1988	1989	1990	1991	1992	1993
為替レート	対SDRレート							
市場レート（期末）	16.05	18.27	20.12	22.39	25.71	36.95	36.03	43.10
	対ドル・レート							
市場レート（期末）	13.12	12.88	14.95	17.04	18.07	25.83	26.20	31.38
市場レート（期中平均）	12.61	12.96	13.92	16.23	17.50	22.74	25.92	30.49
IMFポジション	100万SDR（期末）							
クォータ	2,207.70	2,207.70	2,207.70	2,207.70	2,207.70	2,207.70	3,055.50	3,055.50
SDR	290.92	112.37	71.10	86.17	222.10	32.33	2.80	72.85
IMFリザーブポジション	487.15	487.18	487.19	487.24	・・・	0.24	212.57	212.63
内：IMF借入残高	・・・	・・・	・・・	・・・	・・・	・・・	・・・	・・・
IMFクレジット及び融資総残高	3,917.67	3,175.07	2,282.48	1,439.89	803.55	2,426.41	3,260.41	3,584.91
SDR配分額	681.17	681.17	681.17	681.17	681.17	681.17	681.17	681.17
国際流動性	100万米ドル（他に断りのない限り，期末）							
総準備（金を除く）	6,395.73	6,453.56	4,899.29	3,858.55	1,520.97	3,626.59	5,757.13	10,199.10
SDR	355.85	159.42	95.68	113.24	315.97	46.25	3.85	100.06
IMFリザーブポジション	595.88	691.14	655.61	640.31	-	0.34	292.28	292.06
外国為替	5,444.00	5,603.00	4,148.00	3,105.00	1,205.00	3,580.00	5,461.00	9,807.00
金（100万ファイントロイオンス）	10.45	10.45	10.45	10.45	10.69	11.28	11.35	11.46
金（国内評価額）	209.04	213.01	183.49	161.02	3,666.98	3,167.56	2,907.52	3,325.08
通貨当局	10億ルピー（年末最終金曜日）							
対外資産	87.95	83.81	77.11	68.35	96.43	177.94	230.63	412.96
中央政府向け信用	480.66	552.20	649.22	758.71	896.47	1,055.98	1,020.63	1,155.68
預金通貨銀行向け信用	5.83	16.75	16.52	24.37	18.17	4.06	37.71	13.21
その他金融機関向け信用	56.52	65.41	76.44	86.38	91.63	97.75	105.43	103.85
準備貨幣	436.48	516.02	599.88	712.14	809.70	961.08	1,042.22	1,268.03
内：預金通貨銀行以外の現金通貨	268.00	315.57	356.42	434.54	501.86	591.30	645.85	783.30
対外負債	73.81	70.45	59.62	47.48	38.18	114.84	142.00	183.88
中央政府預金	0.65	0.64	1.63	0.80	2.06	1.11	0.65	0.68
資本勘定	35.85	38.80	43.30	48.55	117.80	123.55	123.55	123.57
その他（ネット）	91.17	98.08	119.16	131.26	135.03	135.14	85.99	109.54
注記事項：総資産	652.98	740.19	836.79	952.63	1,121.42	1,360.88	1,432.13	1,749.54
預金通貨銀行	10億ルピー（年末最終金曜日）							
準備	143.30	194.79	239.12	263.53	287.42	352.04	379.88	483.86
中央政府向け信用	245.04	308.39	366.14	422.30	507.97	617.13	761.18	922.06
民間部門向け信用	821.42	918.50	1,085.22	1,311.62	1,435.46	1,577.62	1,880.02	2,087.67
要求払い預金	207.81	224.14	272.66	306.99	337.44	445.78	466.43	530.59
定期性預金	847.68	999.61	1,192.21	1,365.14	1,576.69	1,829.29	2,239.36	2,601.51
通貨当局からの信用	7.71	16.50	16.46	25.75	18.11	4.01	37.44	16.19
その他（ネット）	146.55	181.43	209.15	299.56	298.60	267.71	277.85	345.30
注記事項：総資産	1,194.63	1,421.67	1,690.47	1,997.44	2,230.85	2,546.79	3,021.08	3,493.59
マネタリー・サーベイ	10億ルピー（年末最終金曜日）							
対外資産（ネット）	14.14	13.36	17.49	20.87	58.25	63.10	88.63	229.08
国内信用	1,602.98	1,843.85	2,175.38	2,578.20	2,929.47	3,347.37	3,766.61	4,268.58
中央政府向け信用	725.04	859.94	1,013.73	1,180.20	1,402.39	1,672.00	1,781.16	2,077.06
公的機関向け信用	821.42	918.50	1,085.22	1,311.62	1,435.46	1,577.62	1,880.02	2,087.67
民間部門向け信用	56.52	65.41	76.44	86.38	91.63	97.75	105.43	103.85
現金・預金通貨	478.67	543.17	632.75	746.89	853.56	1,046.10	1,120.90	1,330.25
準通貨	847.68	999.61	1,192.21	1,365.14	1,576.69	1,829.29	2,239.36	2,601.51
その他（ネット）	297.77	320.25	372.21	489.46	557.54	535.07	494.99	565.90
現金・預金通貨（季節調整値）	470.21	535.68	627.73	746.89	860.44	1,060.96	1,142.61	1,358.87
現金・預金通貨＋準通貨	1,326.35	1,542.78	1,824.96	2,112.03	2,430.25	2,875.39	3,360.26	3,931.76
貨幣集計量（国内定義）	10億ルピー（期末）							
M0	・・・	・・・	・・・	・・・	・・・	・・・	・・・	・・・
M1	・・・	・・・	・・・	・・・	・・・	・・・	・・・	・・・
M3	・・・	・・・	・・・	・・・	・・・	・・・	・・・	・・・
金利	年率（%）							
中央銀行政策金利	・・・	・・・	・・・	・・・	・・・	・・・	・・・	・・・
ディスカウント・レート（期末）	10.00	10.00	10.00	10.00	10.00	12.00	12.00	12.00
短期金融市場商品金利	9.97	9.83	9.73	11.39	15.57	19.35	15.23	8.64
貸出金利	16.50	16.50	16.50	16.50	16.50	17.88	18.92	16.25
政府債利回り	・・・	・・・	・・・	・・・	・・・	・・・	・・・	・・・
物価	指数（2010年=100, 期中平均）							
卸売物価指数	20.76	22.20	24.14	25.77	28.10	31.89	35.68	38.35
消費者物価指数	17.08	18.58	20.33	20.99	22.87	26.05	29.12	30.97
GDPデフレーター	16.02	17.39	21.42	23.29	25.74	29.29	31.85	34.90

イ ン ド

1994	1995	1996	1997	1998	1999	2000	2001	2002	2003	2004
45.81	52.29	51.67	53.00	59.81	59.69	60.91	60.55	65.30	67.77	67.69
31.38	35.18	35.93	39.28	42.48	43.49	46.75	48.18	48.03	45.61	43.59
31.37	32.43	35.43	36.31	41.26	43.06	44.94	47.19	48.61	46.58	45.32
3,055.50	3,055.50	3,055.50	3,055.50	3,055.50	4,158.20	4,158.20	4,158.20	4,158.20	4,158.20	4,158.20
1.41	93.33	85.12	57.38	59.02	3.04	1.22	4.15	5.03	1.91	3.24
212.63	212.63	212.63	212.63	212.79	488.57	488.64	488.78	488.88	887.01	917.09
. . .	. . .	. . .	. . .	. . .	. . .	. . .	. . .	. . .	. . .	. . .
2,763.18	1,966.63	1,085.25	589.79	284.92	38.50	-	-	-	-	-
681.17	681.17	681.17	681.17	681.17	681.17	681.17	681.17	681.17	681.17	681.17
19,698.50	17,921.80	20,170.20	24,688.30	27,340.70	32,666.70	37,902.20	45,870.50	67,665.50	98,937.90	126,593.00
2.06	138.74	122.41	77.42	83.11	4.17	1.59	5.21	6.84	2.84	5.03
310.41	316.07	305.75	286.89	299.62	670.57	636.66	614.26	664.64	1,318.07	1,424.26
19,386.00	17,467.00	19,742.00	24,324.00	26,958.00	31,992.00	37,264.00	45,251.00	66,994.00	97,617.00	125,164.00
11.80	12.78	12.78	12.74	11.49	11.50	11.50	11.50	11.50	11.50	11.50
3,354.56	3,669.44	3,613.58	2,879.96	2,492.18	2,402.64	2,252.34	2,329.08	2,711.56	3,322.82	3,808.05
721.34	749.04	847.80	1,058.07	1,256.38	1,525.17	1,876.78	2,325.98	3,379.57	4,612.50	5,706.68
1,034.94	1,127.99	1,360.62	1,373.75	1,571.35	1,630.99	1,538.46	1,552.97	1,190.26	565.35	857.31
25.23	60.10	7.88	12.74	31.88	26.81	67.95	70.78	0.69	0.05	6.71
120.74	125.18	123.95	134.88	146.17	158.58	210.35	194.93	107.45	67.69	82.61
1,543.79	1,737.82	1,903.23	2,116.13	2,378.74	2,649.31	2,854.18	3,145.10	3,438.28	3,911.49	4,549.62
948.48	1,136.18	1,295.17	1,443.04	1,624.44	1,925.05	2,038.49	2,296.86	2,609.77	3,004.85	3,418.43
157.79	138.47	91.26	67.36	57.78	42.96	41.49	41.24	44.48	46.16	46.11
0.68	0.68	0.62	0.63	0.61	1.42	1.41	1.41	1.41	1.41	751.95
123.59	123.61	123.63	130.65	126.67	123.69	120.21	116.23	67.01	67.03	67.05
76.41	61.74	221.52	264.66	441.97	524.17	676.25	840.68	1,126.79	1,219.51	1,238.57
1,960.57	2,122.04	2,400.32	2,645.20	3,060.41	3,406.15	3,756.10	4,198.77	4,740.91	5,337.63	6,765.41
628.83	646.91	568.72	604.30	783.69	661.67	747.42	769.81	733.56	799.46	1,182.70
1,223.31	1,291.13	1,545.85	1,896.43	2,237.68	2,768.07	3,333.78	4,082.50	5,097.36	6,358.88	6,949.99
2,429.93	2,713.86	3,264.21	3,639.99	4,196.40	5,054.73	6,064.34	6,626.09	8,052.76	8,831.53	11,531.90
710.76	686.22	808.46	933.05	1,039.06	1,203.41	1,435.51	1,523.93	1,688.99	1,984.20	2,602.01
3,033.98	3,366.20	4,084.44	4,914.71	5,963.27	6,991.86	8,197.54	9,522.01	11,283.70	12,617.00	14,527.40
77.59	138.37	18.06	7.74	63.10	25.53	66.92	69.91	0.68	0.34	1.52
459.71	461.11	467.82	285.22	152.34	263.59	445.57	362.55	910.32	1,388.51	2,533.64
4,282.04	4,651.90	5,378.78	6,140.72	7,217.77	8,484.39	10,145.50	11,478.40	13,883.70	15,990.10	19,664.60
563.56	610.58	756.54	990.71	1,198.59	1,482.22	1,835.29	2,284.74	3,335.09	4,566.34	5,660.57
4,808.24	5,257.48	6,294.02	7,044.42	8,150.99	9,610.95	11,145.50	12,455.10	14,446.40	15,822.20	18,669.90
2,257.57	2,418.44	2,905.86	3,269.56	3,808.42	4,397.64	4,870.83	5,634.06	6,286.21	6,922.82	7,055.34
2,429.93	2,713.86	3,264.21	3,639.99	4,196.40	5,054.73	6,064.34	6,626.09	8,052.76	8,831.73	11,531.90
120.74	125.18	123.95	134.88	146.17	158.58	210.35	194.93	107.45	67.69	82.61
1,695.05	1,883.55	2,148.91	2,419.25	2,703.49	3,161.18	3,495.89	3,845.99	4,324.94	5,025.98	6,067.65
3,033.98	3,366.20	4,084.44	4,914.71	5,963.27	6,991.86	8,197.54	9,522.01	11,283.70	12,617.00	14,527.40
642.74	618.31	817.21	701.16	682.82	940.04	1,287.38	1,371.82	2,172.88	2,745.58	3,735.35
1,729.55	1,917.68	2,181.30	2,445.92	2,722.65	3,174.87	3,507.72	3,855.55	4,329.11	5,017.56	6,039.63
4,729.03	5,249.75	6,233.35	7,333.96	8,666.76	10,153.00	11,693.40	13,368.00	15,608.60	17,643.00	20,595.10
. . .	. . .	. . .	. . .	. . .	. . .	. . .	. . .	. . .	. . .	. . .
. . .	. . .	. . .	. . .	. . .	. . .	. . .	. . .	. . .	. . .	. . .
. . .	. . .	. . .	. . .	. . .	. . .	. . .	. . .	. . .	. . .	. . .
12.00	12.00	12.00	9.00	9.00	8.00	8.00	6.50	6.25	6.00	6.00
7.14	15.57	11.04	5.29	. . .	. . .	. . .	. . .	. . .	. . .	. . .
14.75	15.46	15.96	13.83	13.54	12.54	12.29	12.08	11.92	11.46	10.92
. . .	. . .	. . .	. . .	. . .	. . .	. . .	. . .	. . .	. . .	. . .
42.39	46.35	48.42	50.62	53.59	55.44	59.07	61.92	63.48	66.92	71.32
34.13	37.62	41.00	43.94	49.75	52.07	54.16	56.16	58.62	60.85	63.15
38.19	42.03	45.30	48.30	52.18	54.20	55.96	59.72	61.95	64.29	68.11

統　計

インド（1948-2016年）

	2005	2006	2007	2008	2009	2010	2011	2012
為替レート 対SDRレート								
市場レート(期末)	64.41	66.56	62.29	74.63	73.18	69.01	81.77	84.19
対ドル・レート								
市場レート（期末）	45.07	44.25	39.42	48.46	46.68	44.81	53.26	54.78
市場レート（期中平均）	44.10	45.31	41.35	43.51	48.41	45.73	46.67	53.44
IMFポジション 100万SDR（期末）								
クォータ	4,158.20	4,158.20	4,158.20	4,158.20	4,158.20	4,158.20	5,821.50	5,821.50
SDR	3.15	0.64	2.07	1.78	3,297.14	3,297.07	2,884.84	2,886.38
IMFリザーブポジション	630.97	365.61	273.42	527.94	912.07	1,548.35	2,555.38	2,924.21
内：IMF借入残高	・・・	・・・	・・・	・・・	・・・	・・・	910.00	1,051.50
IMFクレジット及び融資総残高								
SDR配分額	681.17	681.17	681.17	681.17	3,978.26	3,978.26	3,978.26	3,978.26
国際流動性 100万米ドル（他に断りのない限り，期末）								
総準備（金を除く）	131,924.00	170,738.00	266,988.00	247,419.00	265,182.00	275,277.00	271,285.00	270,587.00
SDR	4.50	0.97	3.27	2.74	5,168.89	5,077.58	4,429.00	4,436.16
IMFリザーブポジション	901.83	550.03	432.07	813.17	1,429.83	2,384.51	3,923.19	4,494.28
外国為替	131,018.00	170,187.00	266,553.00	246,603.00	258,583.00	267,814.00	262,933.00	261,656.00
金（100万ファイントロイオンス）	11.50	11.50	11.50	11.50	17.93	17.93	17.93	17.93
金（国内評価額）	4,101.72	5,366.88	6,871.10	6,605.24	9,486.38	22,469.50	26,620.30	27,219.80
通貨当局 10億ルピー（年末最終金曜日）								
対外資産	6,467.19	7,806.06	10,731.80	11,908.70	12,889.70	12,873.90	15,214.60	15,697.60
中央政府向け信用	760.90	1,008.91	997.08	994.87	1,633.02	3,648.76	4,519.99	6,323.60
預金通貨銀行向け信用	4.84	36.22	8.42	116.34	1.63	50.78	59.10	245.37
その他金融機関向け信用	70.01	70.47	29.22	28.31	61.68	16.46	32.86	37.50
準備貨幣	5,228.14	6,193.90	8,079.15	8,864.84	10,171.00	12,418.30	13,942.60	14,580.00
内：預金通貨銀行以外の現金通貨	3,946.52	4,616.24	5,343.96	6,265.50	7,382.46	8,686.66	9,774.39	10,914.60
対外負債	43.87	45.34	42.43	50.84	291.13	274.54	325.30	334.92
中央政府預金	812.65	924.24	2,283.47	1,201.92	672.08	945.79	1.43	826.03
資本勘定	67.07	67.09	67.11	67.13	67.15	67.17	67.19	67.21
その他（ネット）	1,151.20	1,159.49	1,294.42	2,863.46	3,384.66	2,884.16	5,490.02	6,495.91
注記事項：総資産	7,410.26	9,014.74	11,865.40	13,251.80	15,135.40	17,115.50	20,556.70	23,075.10
預金通貨銀行 10億ルピー（年末最終金曜日）								
準備	1,298.01	1,692.20	2,796.40	2,460.55	2,761.10	3,503.18	3,926.93	3,453.20
中央政府向け信用	6,983.70	7,426.84	9,232.21	10,951.80	13,781.10	14,687.00	17,164.20	19,614.30
民間部門向け信用	14,553.20	18,562.00	22,351.50	27,327.80	30,638.00	38,596.40	44,808.00	51,598.00
要求払い預金	3,221.71	3,928.88	4,498.17	4,639.69	5,558.81	6,518.54	6,486.87	6,455.00
定期性預金	16,595.00	20,361.10	25,517.90	31,634.40	37,351.30	44,063.40	52,591.30	59,098.00
通貨当局からの信用	0.09	0.21	23.07	135.35		49.76	58.80	244.30
その他（ネット）	3,018.14	3,390.82	4,341.02	4,330.68	4,270.03	6,154.86	6,762.08	8,868.20
注記事項：総資産	22,834.90	27,681.00	34,380.10	40,740.10	47,180.20	56,786.60	65,899.10	74,665.50
マネタリー・サーベイ 10億ルピー（年末最終金曜日）								
対外資産（ネット）	6,423.32	7,760.72	10,689.40	11,857.80	12,598.60	12,599.40	14,889.30	15,362.70
国内信用	21,555.20	26,144.00	30,326.60	38,100.80	45,441.70	56,002.80	66,523.60	76,747.40
中央政府向け信用	6,931.95	7,511.51	7,945.83	10,744.70	14,742.00	17,390.00	21,682.80	25,111.90
公的機関向け信用	14,553.20	18,562.00	22,351.50	27,327.80	30,638.00	38,596.40	44,808.00	51,598.00
民間部門向け信用	70.01	70.47	29.22	28.31	61.68	16.46	32.86	37.50
現金・預金通貨	7,212.93	8,597.17	9,889.89	11,030.20	12,991.20	15,241.20	16,283.50	17,384.60
準備通貨	16,595.00	20,361.10	25,517.90	31,634.40	37,351.30	44,063.40	52,591.30	59,098.00
その他（ネット）	4,170.57	4,946.40	5,608.24	7,294.05	7,697.80	9,297.66	12,538.00	15,627.50
現金・預金通貨（季節調整値）	7,159.79	8,529.98	9,825.01	10,981.60	12,957.50	15,230.60	16,305.20	17,447.30
現金・預金通貨＋準通貨	23,807.90	28,958.30	35,407.70	42,664.60	50,342.50	59,304.50	68,874.90	76,482.60
貨幣集計量（国内定義） 10億ルピー（期末）								
M0	・・・	6,193.90	8,079.15	8,864.84	10,171.00	12,418.30	13,942.60	14,580.00
M1	・・・	8,663.60	10,223.30	11,287.10	13,309.90	15,918.00	16,987.10	18,122.60
M3	・・・	30,163.10	36,987.50	44,440.30	52,453.50	62,252.50	72,221.60	80,299.70
金利 年率（％）								
中央銀行政策金利	6.25	7.25	7.75	6.50	4.75	6.25	8.50	8.00
ディスカウント・レート（期末）	6.00	6.00	6.00	6.00	6.00	6.00	6.00	9.00
短期金融市場商品金利	・・・	・・・	15.29	11.55	4.49	6.51	8.80	9.34
貸出金利	10.75	11.19	13.02	13.31	12.19	8.33	10.17	10.60
政府債利回り	6.96	7.66	7.97	7.85	6.95	7.85	8.37	8.29
物価 指数（2010年=100，期中平均）								
卸売物価指数	74.69	78.23	82.05	89.17	91.27	100.00	108.89	117.67
消費者物価指数	65.83	69.87	74.32	80.53	89.29	100.00	108.86	119.00
GDPデフレーター	70.98	75.54	80.09	86.86	92.13	100.00	105.22	113.30

イ　ン　ド

2013	2014	2015	2016
95.32	91.76	91.91	91.35
61.90	63.33	66.33	67.95
58.60	61.03	64.15	67.20
5,821.50	5,821.50	5,821.50	13,114.40
2,887.50	2,888.77	2,889.00	1,065.39
2,820.66	2,293.38	1,780.67	2,328.62
1,114.80	1,045.01	844.09	618.70
-	-	-	-
3,978.26	3,978.26	3,978.26	3,978.26
276,493.00	303,455.00	334,311.00	341,145.00
4,446.75	4,185.28	4,003.37	1,432.24
4,343.82	3,322.67	2,467.53	3,130.44
267,703.00	295,947.00	327,840.00	336,583.00
17.93	17.93	17.93	17.93
19,724.50	19,377.90	17,240.10	18,584.10
17,948.00	20,004.60	23,049.30	24,097.50
6,776.91	5,377.97	5,550.00	8,085.24
429.29	920.85	1,932.71	126.45
73.59	57.66	64.76	54.57
16,136.90	17,659.80	20,182.30	14,207.40
12,136.60	13,264.60	14,997.50	7,843.12
379.21	365.03	365.64	363.43
509.73	1.43	3.26	5,351.80
67.23	67.25	67.27	67.29
8,134.71	8,267.56	9,978.31	12,373.90
26,095.10	27,023.00	31,311.00	33,080.50
3,750.40	4,055.90	4,758.60	・・・
22,339.70	24,521.30	27,087.80	・・・
58,847.60	64,686.50	71,431.30	・・・
6,948.30	7,722.70	8,580.00	・・・
68,716.30	76,055.90	83,716.10	・・・
427.50	920.70	1,932.80	・・・
8,845.60	8,564.40	9,048.80	・・・
84,937.70	93,263.70	103,278.00	・・・
17,568.80	19,639.60	22,683.70	23,734.10
87,528.10	94,642.00	104,131.00	・・・
28,606.90	29,897.80	32,634.50	・・・
58,847.60	64,686.50	71,431.30	・・・
73.59	57.66	64.76	54.57
19,109.80	21,068.70	23,720.90	・・・
68,716.30	76,055.90	83,716.10	・・・
17,270.70	17,157.00	19,377.30	・・・
19,232.80	21,260.50	23,975.10	・・・
87,826.10	97,124.60	107,437.00	・・・
16,136.90	17,659.80	20,182.30	14,207.40
19,896.70	21,885.70	24,581.90	20,004.60
92,229.80	102,107.00	113,045.00	120,506.00
7.50	8.00	6.75	6.25
8.75	9.00	7.75	6.75
8.58	8.64	8.14	7.43
10.29	10.25	10.01	9.67
8.15	8.56	7.77	7.17
125.07	129.96	126.38	128.90
131.98	140.75	147.66	154.95
120.13	124.30	125.14	129.55

統　　計

インドネシア（1948-2000年）

	1948	1949	1950	1951	1952	1953	1954	1955
為替レート								
市場レート（期末）	対SDRレート	・・・	・・・	・・・	・・・	・・・	・・・	・・・
市場レート（期末）	対ドル・レート	・・・	・・・	・・・	・・・	・・・	・・・	・・・
市場レート（期中平均）	・・・	・・・	・・・	・・・	・・・	・・・	・・・	・・・
IMFポジション	100万SDR（期末）							
クォータ	-	-	-	-	-	-	110.00	110.00
SDR	-	-	-	-	-	-	-	-
IMFリザーブポジション	-	-	-	-	-	-	0.50	0.50
IMFクレジット及び融資総残高	-	-	-	-	-	-	-	-
SDR配分額	-	-	-	-	-	-	-	-
国際流動性	100万米ドル（他に断りのない限り，期末）							
総準備（金を除く）	29.00	23.00	147.00	231.00	79.00	65.00	163.50	226.50
SDR								
IMFリザーブポジション							0.50	0.50
外国為替	29.00	23.00	147.00	231.00	79.00	65.00	163.00	226.00
金（100万ファイントロイオンス）	5.09	5.09	5.97	8.00	6.71	4.14	2.57	2.31
金（国内評価額）	178.01	178.01	208.99	280.00	234.99	145.01	89.99	80.99
通貨当局：その他負債	・・・	・・・	・・・	・・・	・・・	・・・	・・・	・・・
預金通貨銀行：資産	・・・	・・・	・・・	・・・	・・・	・・・	・・・	・・・
預金通貨銀行：負債	・・・	・・・	・・・	・・・	・・・	・・・	・・・	・・・
通貨当局	10億ルピア（期末）							
対外資産	・・・	・・・	・・・	・・・	・・・	・・・	・・・	・・・
中央政府向け信用	・・・	・・・	・・・	・・・	・・・	・・・	・・・	・・・
公的機関向け信用	・・・	・・・	・・・	・・・	・・・	・・・	・・・	・・・
民間部門向け信用	・・・	・・・	・・・	・・・	・・・	・・・	・・・	・・・
預金通貨銀行向け信用	・・・	・・・	・・・	・・・	・・・	・・・	・・・	・・・
ノンバンク金融機関向け信用	・・・	・・・	・・・	・・・	・・・	・・・	・・・	・・・
準備貨幣	・・・	・・・	・・・	・・・	・・・	・・・	・・・	・・・
内：預金通貨銀行以外の現金通貨	・・・	・・・	・・・	・・・	・・・	・・・	・・・	・・・
定期性預金及び外貨預金	・・・	・・・	・・・	・・・	・・・	・・・	・・・	・・・
短期金融市場商品	・・・	・・・	・・・	・・・	・・・	・・・	・・・	・・・
制限付き預金	・・・	・・・	・・・	・・・	・・・	・・・	・・・	・・・
対外負債	・・・	・・・	・・・	・・・	・・・	・・・	・・・	・・・
中央政府預金	・・・	・・・	・・・	・・・	・・・	・・・	・・・	・・・
資本勘定	・・・	・・・	・・・	・・・	・・・	・・・	・・・	・・・
その他（ネット）	・・・	・・・	・・・	・・・	・・・	・・・	・・・	・・・
預金通貨銀行	10億ルピア（期末）							
準備	・・・	・・・	・・・	・・・	・・・	・・・	・・・	・・・
通貨当局に対する債権：証券	・・・	・・・	・・・	・・・	・・・	・・・	・・・	・・・
対外資産	・・・	・・・	・・・	・・・	・・・	・・・	・・・	・・・
中央政府向け信用	・・・	・・・	・・・	・・・	・・・	・・・	・・・	・・・
地方政府向け信用	・・・	・・・	・・・	・・・	・・・	・・・	・・・	・・・
公的機関向け信用	・・・	・・・	・・・	・・・	・・・	・・・	・・・	・・・
非金融公的企業向け信用	・・・	・・・	・・・	・・・	・・・	・・・	・・・	・・・
民間部門向け信用	・・・	・・・	・・・	・・・	・・・	・・・	・・・	・・・
その他銀行業機関向け信用	・・・	・・・	・・・	・・・	・・・	・・・	・・・	・・・
ノンバンク金融機関向け信用	・・・	・・・	・・・	・・・	・・・	・・・	・・・	・・・
要求払い預金	・・・	・・・	・・・	・・・	・・・	・・・	・・・	・・・
定期性預金，貯蓄性預金及び外貨預金	・・・	・・・	・・・	・・・	・・・	・・・	・・・	・・・
短期金融市場商品	・・・	・・・	・・・	・・・	・・・	・・・	・・・	・・・
制限付き預金	・・・	・・・	・・・	・・・	・・・	・・・	・・・	・・・
対外負債	・・・	・・・	・・・	・・・	・・・	・・・	・・・	・・・
中央政府預金	・・・	・・・	・・・	・・・	・・・	・・・	・・・	・・・
中央政府融資資金	・・・	・・・	・・・	・・・	・・・	・・・	・・・	・・・
通貨当局からの信用	・・・	・・・	・・・	・・・	・・・	・・・	・・・	・・・
ノンバンク金融機関に対する負債	・・・	・・・	・・・	・・・	・・・	・・・	・・・	・・・
資本勘定	・・・	・・・	・・・	・・・	・・・	・・・	・・・	・・・
その他（ネット）	・・・	・・・	・・・	・・・	・・・	・・・	・・・	・・・
マネタリー・サーベイ	10億ルピア（期末）							
対外資産（ネット）	・・・	・・・	・・・	・・・	・・・	・・・	・・・	・・・
国内信用	・・・	・・・	・・・	・・・	・・・	・・・	・・・	・・・
中央政府向け信用（ネット）	・・・	・・・	・・・	・・・	・・・	・・・	・・・	・・・
地方政府向け信用	・・・	・・・	・・・	・・・	・・・	・・・	・・・	・・・
公的機関向け信用	・・・	・・・	・・・	・・・	・・・	・・・	・・・	・・・
非金融公的企業向け信用	・・・	・・・	・・・	・・・	・・・	・・・	・・・	・・・
民間部門向け信用	・・・	・・・	・・・	・・・	・・・	・・・	・・・	・・・
その他銀行業機関向け信用	・・・	・・・	・・・	・・・	・・・	・・・	・・・	・・・
ノンバンク金融機関向け信用	・・・	・・・	・・・	・・・	・・・	・・・	・・・	・・・
現金・預金通貨	・・・	・・・	・・・	・・・	・・・	・・・	・・・	・・・
準通貨	・・・	・・・	・・・	・・・	・・・	・・・	・・・	・・・
短期金融市場商品	・・・	・・・	・・・	・・・	・・・	・・・	・・・	・・・
制限付き預金	・・・	・・・	・・・	・・・	・・・	・・・	・・・	・・・
中央政府融資資金	・・・	・・・	・・・	・・・	・・・	・・・	・・・	・・・
ノンバンク金融機関に対する負債	・・・	・・・	・・・	・・・	・・・	・・・	・・・	・・・
資本勘定	・・・	・・・	・・・	・・・	・・・	・・・	・・・	・・・
その他（ネット）	・・・	・・・	・・・	・・・	・・・	・・・	・・・	・・・
現金・預金通貨（季節調整値）	・・・	・・・	・・・	・・・	・・・	・・・	・・・	・・・
現金・預金通貨＋準通貨	・・・	・・・	・・・	・・・	・・・	・・・	・・・	・・・
貨幣集計量（国内定義）	10億ルピア（期末）							
ベース・マネー	・・・	・・・	・・・	・・・	・・・	・・・	・・・	・・・
M1	・・・	・・・	・・・	・・・	・・・	・・・	・・・	・・・
M2	・・・	・・・	・・・	・・・	・・・	・・・	・・・	・・・
その他銀行業機関	10億ルピア（期末）							
現金	・・・	・・・	・・・	・・・	・・・	・・・	・・・	・・・
貯蓄性預金	・・・	・・・	・・・	・・・	・・・	・・・	・・・	・・・
通貨当局からの信用	・・・	・・・	・・・	・・・	・・・	・・・	・・・	・・・
その他（ネット）	・・・	・・・	・・・	・・・	・・・	・・・	・・・	・・・
流動負債	・・・	・・・	・・・	・・・	・・・	・・・	・・・	・・・
金利	年率（％）							
中央銀行政策金利	・・・	・・・	・・・	・・・	・・・	・・・	・・・	・・・
短期金融市場商品金利	・・・	・・・	・・・	・・・	・・・	・・・	・・・	・・・
預金金利	・・・	・・・	・・・	・・・	・・・	・・・	・・・	・・・
預金金利（外貨）	・・・	・・・	・・・	・・・	・・・	・・・	・・・	・・・
貸出金利	・・・	・・・	・・・	・・・	・・・	・・・	・・・	・・・
物価	指数（2010年=100，期中平均）							
卸売物価指数（石油を含む）	・・・	・・・	・・・	・・・	・・・	・・・	・・・	・・・
卸売物価指数（石油を含まない）	・・・	・・・	・・・	・・・	・・・	・・・	・・・	・・・
消費者物価指数	・・・	・・・	・・・	・・・	・・・	・・・	・・・	・・・
GDPデフレーター	・・・	・・・	・・・	・・・	・・・	・・・	・・・	・・・

インドネシア

1956	1957	1958	1959	1960	1961	1962	1963	1964	1965	1966
· · ·	· · ·	· · ·	· · ·	· · ·	· · ·	· · ·	· · ·	· · ·	· · ·	· · ·
· · ·	· · ·	· · ·	· · ·	· · ·	· · ·	· · ·	· · ·	· · ·	· · ·	· · ·
· · ·	· · ·	· · ·	· · ·	· · ·	· · ·	· · ·	· · ·	· · ·	· · ·	· · ·
110.00	110.00	110.00	165.00	165.00	165.00	165.00	165.00	165.00	-	-
-	-	-	-	13.75	-	-	-	-	-	-
27.50	27.50	27.50	4.75	-	20.00	41.25	61.25	61.72	63.45	63.45
210.00	185.00	180.00	267.00	293.75	89.00	63.00	21.00	21.00	17.00	19.00
-	-	-	-	13.75	-	-	-	-	-	-
210.00	185.00	180.00	267.00	280.00	89.00	63.00	21.00	21.00	17.00	19.00
1.29	1.11	1.06	0.94	1.66	1.26	1.29	1.06	0.11	0.11	0.11
45.01	38.99	37.00	33.01	58.00	44.00	45.01	37.00	3.99	3.99	3.99
· · ·	· · ·	· · ·	· · ·	· · ·	· · ·	· · ·	· · ·	· · ·	0.17	9.62
· · ·	· · ·	· · ·	· · ·	· · ·	· · ·	· · ·	· · ·	· · ·	· · ·	· · ·
· · ·	· · ·	· · ·	· · ·	· · ·	· · ·	· · ·	· · ·	· · ·	0.03	2.01
· · ·	· · ·	· · ·	· · ·	· · ·	· · ·	· · ·	· · ·	· · ·	17.10	33.74
· · ·	· · ·	· · ·	· · ·	· · ·	· · ·	· · ·	· · ·	· · ·	0.01	
· · ·	· · ·	· · ·	· · ·	· · ·	· · ·	· · ·	· · ·	· · ·	0.27	1.63
· · ·	· · ·	· · ·	· · ·	· · ·	· · ·	· · ·	· · ·	· · ·	0.30	1.50
· · ·	· · ·	· · ·	· · ·	· · ·	· · ·	· · ·	· · ·	· · ·	· · ·	· · ·
· · ·	· · ·	· · ·	· · ·	· · ·	· · ·	· · ·	· · ·	· · ·	2.45	17.75
· · ·	· · ·	· · ·	· · ·	· · ·	· · ·	· · ·	· · ·	· · ·	1.80	14.40
· · ·	· · ·	· · ·	· · ·	· · ·	· · ·	· · ·	· · ·	· · ·	· · ·	· · ·
· · ·	· · ·	· · ·	· · ·	· · ·	· · ·	· · ·	· · ·	· · ·	14.95	17.17
· · ·	· · ·	· · ·	· · ·	· · ·	· · ·	· · ·	· · ·	· · ·	0.34	3.64
· · ·	· · ·	· · ·	· · ·	· · ·	· · ·	· · ·	· · ·	· · ·	0.04	0.23
· · ·	· · ·	· · ·	· · ·	· · ·	· · ·	· · ·	· · ·	· · ·	-	0.10
· · ·	· · ·	· · ·	· · ·	· · ·	· · ·	· · ·	· · ·	· · ·	0.40	3.60
· · ·	· · ·	· · ·	· · ·	· · ·	· · ·	· · ·	· · ·	· · ·	· · ·	· · ·
· · ·	· · ·	· · ·	· · ·	· · ·	· · ·	· · ·	· · ·	· · ·	0.01	0.03
· · ·	· · ·	· · ·	· · ·	· · ·	· · ·	· · ·	· · ·	· · ·	· · ·	· · ·
· · ·	· · ·	· · ·	· · ·	· · ·	· · ·	· · ·	· · ·	· · ·	0.83	5.45
· · ·	· · ·	· · ·	· · ·	· · ·	· · ·	· · ·	· · ·	· · ·	0.70	6.70
· · ·	· · ·	· · ·	· · ·	· · ·	· · ·	· · ·	· · ·	· · ·	0.10	0.30
· · ·	· · ·	· · ·	· · ·	· · ·	· · ·	· · ·	· · ·	· · ·	0.07	0.23
· · ·	· · ·	· · ·	· · ·	· · ·	· · ·	· · ·	· · ·	· · ·	0.01	0.01
· · ·	· · ·	· · ·	· · ·	· · ·	· · ·	· · ·	· · ·	· · ·	0.10	0.90
· · ·	· · ·	· · ·	· · ·	· · ·	· · ·	· · ·	· · ·	· · ·	0.26	1.57
· · ·	· · ·	· · ·	· · ·	· · ·	· · ·	· · ·	· · ·	· · ·	0.10	0.60
· · ·	· · ·	· · ·	· · ·	· · ·	· · ·	· · ·	· · ·	· · ·	-	-1.30
· · ·	· · ·	· · ·	· · ·	· · ·	· · ·	· · ·	· · ·	· · ·	-14.92	-15.14
· · ·	· · ·	· · ·	· · ·	· · ·	· · ·	· · ·	· · ·	· · ·	17.77	36.28
· · ·	· · ·	· · ·	· · ·	· · ·	· · ·	· · ·	· · ·	· · ·	16.66	29.20
· · ·	· · ·	· · ·	· · ·	· · ·	· · ·	· · ·	· · ·	· · ·	0.01	· · ·
· · ·	· · ·	· · ·	· · ·	· · ·	· · ·	· · ·	· · ·	· · ·	1.10	7.08
· · ·	· · ·	· · ·	· · ·	· · ·	· · ·	· · ·	· · ·	· · ·	2.57	22.21
· · ·	· · ·	· · ·	· · ·	· · ·	· · ·	· · ·	· · ·	· · ·	0.10	0.30
· · ·	· · ·	· · ·	· · ·	· · ·	· · ·	· · ·	· · ·	· · ·	0.07	0.23
· · ·	· · ·	· · ·	· · ·	· · ·	· · ·	· · ·	· · ·	· · ·	0.38	-1.43
· · ·	· · ·	· · ·	· · ·	· · ·	· · ·	· · ·	· · ·	· · ·	2.67	22.51
· · ·	· · ·	· · ·	· · ·	· · ·	· · ·	· · ·	· · ·	· · ·	· · ·	· · ·
· · ·	· · ·	· · ·	· · ·	· · ·	· · ·	· · ·	· · ·	· · ·	· · ·	· · ·
· · ·	· · ·	· · ·	· · ·	· · ·	· · ·	· · ·	· · ·	· · ·	0.01	0.01
· · ·	· · ·	· · ·	· · ·	· · ·	· · ·	· · ·	· · ·	· · ·	0.01	0.02
· · ·	· · ·	· · ·	· · ·	· · ·	· · ·	· · ·	· · ·	· · ·	0.01	0.04
· · ·	· · ·	· · ·	· · ·	· · ·	· · ·	· · ·	· · ·	· · ·	-	-0.05
· · ·	· · ·	· · ·	· · ·	· · ·	· · ·	· · ·	· · ·	· · ·	2.68	22.53
· · ·	· · ·	· · ·	· · ·	· · ·	· · ·	· · ·	· · ·	· · ·	· · ·	· · ·
· · ·	· · ·	· · ·	· · ·	· · ·	· · ·	· · ·	· · ·	· · ·	· · ·	· · ·
· · ·	· · ·	· · ·	· · ·	· · ·	· · ·	· · ·	· · ·	· · ·	· · ·	· · ·
· · ·	· · ·	· · ·	· · ·	· · ·	· · ·	· · ·	· · ·	· · ·	· · ·	· · ·
· · ·	· · ·	· · ·	· · ·	· · ·	· · ·	· · ·	· · ·	· · ·	-	-
· · ·	· · ·	· · ·	· · ·	· · ·	· · ·	· · ·	· · ·	· · ·	0.02	0.19
· · ·	· · ·	· · ·	· · ·	· · ·	· · ·	· · ·	· · ·	· · ·	-	0.05

統　　計

インドネシア（1948-2000年）

	1967	1968	1969	1970	1971	1972	1973	1974
為替レート								
市場レート（期末）〔対SDRレート〕	235.00	326.00	326.00	378.00	450.57	450.57	500.64	508.11
市場レート（期末）〔対ドル・レート〕	235.00	326.00	326.00	378.00	415.00	415.00	415.00	415.00
市場レート（期中平均）	149.58	296.29	326.00	362.83	391.88	415.00	415.00	415.00
IMFポジション 〔100万SDR（期末）〕								
クォータ	207.00	207.00	207.00	260.00	260.00	260.00	260.00	260.00
SDR				0.02	0.03	35.83	43.30	55.66
IMFリザーブポジション								28.63
IMFクレジット及び融資総残高	48.98	63.97	112.10	138.46	125.36	107.12	19.16	
SDR配分額				34.78	62.60	90.16	90.16	90.16
国際流動性 〔100万米ドル（他に断りのない限り、期末）〕								
総準備（金を除く）	2.00	82.50	117.70	156.02	185.33	572.20	804.74	1,489.50
SDR				0.02	0.03	38.90	52.24	68.15
IMFリザーブポジション								35.05
外国為替	2.00	82.50	117.70	156.00	185.30	533.30	752.50	1,386.30
金（100万ファイントロイオンス）	0.11	0.11	0.11	0.11	0.06	0.12	0.06	0.06
金（国内評価額）	3.99	3.99	3.99	3.99	2.00	4.60	2.41	2.41
通貨当局：その他負債	357.79		14.28	16.57	0.22	0.10	0.17	0.17
預金通貨銀行：資産	1.30	66.90	192.00	227.00	262.70	377.23	520.55	721.64
預金通貨銀行：負債	1.30	65.60	174.20	221.20	285.10	322.72	609.88	622.00
通貨当局 〔10億ルピア（期末）〕								
対外資産	83.12	50.60	63.00	79.70	85.30	246.64	342.07	619.70
中央政府向け信用	53.15	65.40	120.10	121.20	155.90	120.67	129.37	116.06
公的機関向け信用		37.00	72.00	62.00	72.00	112.00	148.00	227.00
民間部門向け信用	12.31	29.40	14.30	29.40	17.40	4.88	7.44	8.64
預金通貨銀行向け信用	4.80	24.60	79.50	111.00	142.50	149.40	193.78	294.14
ノンバンク金融機関向け信用	...	5.51	9.32	1.01	0.98	0.98	0.98	
準備通貨	45.41	99.90	159.94	207.19	262.95	389.03	542.09	850.41
内：預金通貨銀行以外の現金通貨	34.10	76.60	115.70	154.60	199.40	269.01	374.97	496.92
定期性預金及び外貨預金		0.20	0.10	0.10	3.20	4.80	8.70	1.24
短期金融市場商品	...	...	...	...	...	...	...	...
制限付き預金	...	...	...	...	5.30	45.27	71.13	56.51
対外負債	95.59	18.90	41.20	58.60	62.50	48.31	9.66	0.07
中央政府預金	10.81	13.80	63.20	37.00	64.10	89.12	106.00	207.24
資本勘定（ネット）	1.60	3.90	6.90	20.40	44.00	59.30	103.37	166.00
その他（ネット）		33.80	32.70	44.70	3.10	600.13	-39.62	-100.76
預金通貨銀行 〔10億ルピア（期末）〕								
準備	8.20	18.80	35.40	42.70	48.81	101.40	145.51	339.90
通貨当局に対する債権：証券	...	...	...	...	...	...	...	...
対外資産	0.29	21.79	62.56	85.83	108.97	156.55	216.03	299.48
中央政府向け信用	...	...	...	...	...	...	...	...
地方政府向け信用				0.07	1.27	0.34	0.07	
公的機関向け信用	...	...	...	...	...	...	...	...
非金融公的企業向け信用			1.00	1.00	2.00	4.00	101.00	201.00
民間部門向け信用	19.42	59.69	158.72	286.88	404.10	591.79	946.60	1,376.83
その他銀行業機関向け信用	...	...	...	...	...	...	...	...
ノンバンク金融機関向け信用						0.52	0.44	4.05
要求払い預金	15.20	34.00	57.70	81.05	108.10	186.91	285.44	416.18
定期性預金、貯蓄性預金及び外貨預金	2.30	12.00	49.80	80.01	145.28	217.57	314.10	510.59
短期金融市場商品	...	...	...	...	...	...	...	...
制限付き預金	0.38	1.05	1.71	7.59	10.90	7.94	115.70	282.81
対外負債	0.27	21.45	56.78	83.56	118.27	133.93	253.10	258.13
中央政府融資資金	4.80	8.70	15.70	36.47	30.15	24.16	39.46	45.86
通貨当局からの信用	4.43	24.12	69.71	119.82	148.75	169.68	203.64	301.99
ノンバンク金融機関に対する負債	...	...	...	...	...	...	...	...
資本勘定	1.40	6.40	14.20	25.18	42.14	52.38	92.53	140.84
その他（ネット）	-0.90	-7.30	-8.90	-18.30	-39.60	16.75	6.83	62.04
マネタリー・サーベイ 〔10億ルピア（期末）〕								
対外資産（ネット）	-12.45		46.00	-43.00	-58.00	117.00	296.00	659.00
国内信用	69.27	135.00	244.00	378.00	517.00	633.00	1,086.00	1,388.00
中央政府向け信用（ネット）	37.54	41.00	35.00	29.00	37.00	-12.00	-32.00	-151.00
地方政府向け信用	...	...	...	...	...	...	...	...
公的機関向け信用		37.00	53.00	55.00	69.00	105.00	70.00	146.00
非金融公的企業向け信用	...	...	...	...	...	...	...	...
民間部門向け信用	31.73	71.00	156.00	294.00	411.00	540.00	1,048.00	1,394.00
その他銀行業機関向け信用	...	...	...	...	...	...	...	...
ノンバンク金融機関向け信用						1.50	1.42	4.05
現金・預金通貨	51.51	114.00	180.00	241.00	313.00	471.00	669.00	940.00
準通貨	2.40	12.00	50.00	80.00	145.00	190.00	319.00	515.00
短期金融市場商品	...	...	...	...	...	...	...	...
制限付き預金	0.38	1.05	1.71	7.59	16.20	3.21	186.83	339.32
中央政府融資資金	...	...	...	...	...	...	...	...
ノンバンク金融機関に対する負債	...	...	...	...	...	...	...	...
資本勘定	...	...	...	...	...	...	...	...
その他（ネット）	1.17	9.00	-28.00	15.00	2.00	90.00	394.00	592.00
現金・預金通貨（季節調整値）		115.04	182.37	245.67	320.04	483.57	686.15	964.10
現金・預金通貨＋準通貨	53.91	126.00	230.00	321.00	458.00	661.00	988.00	1,455.00
貨幣集計量（国内定義） 〔10億ルピア（期末）〕								
ベース・マネー	...	...	...	...	...	...	...	...
M1	...	...	...	...	...	...	...	...
M2	...	...	...	...	...	...	...	...
その他銀行業機関 〔10億ルピア（期末）〕								
現金	0.04	0.03	0.11	1.33	1.30	1.41	1.83	5.54
貯蓄性預金	0.11	0.12	0.26	0.91	1.01	1.26	1.96	2.95
通貨当局からの信用	0.11	0.05	0.18	1.00	1.00	1.03	1.03	
その他（ネット）	-0.17	-0.15	-0.33	-0.59	-0.70	-0.88	-1.16	2.58
流動負債	54.02	128.00	230.00	321.00	458.00	661.00	988.00	1,452.00
金利 〔年率（%）〕								
中央銀行政策金利	...	...	...	...	...	...	...	...
短期金融市場商品金利	...	...	...	...	...	...	...	11.42
預金金利				21.00	21.00	15.00	12.00	12.00
預金金利（外貨）	...	...	...	...	...	...	...	...
貸出金利	...	...	...	...	...	...	...	...
物価 〔指数（2010年=100，期中平均）〕								
卸売物価指数（石油を含む）	...	...	...	...	0.59	0.67	0.92	1.37
卸売物価指数（石油を含まない）	...	...	...	...	2.25	2.53	3.42	4.42
消費者物価指数	0.39	0.89	1.03	1.15	1.20	1.28	1.68	2.36
GDPデフレーター	0.14	0.31	0.38	0.44	0.45	0.51	0.68	1.00

インドネシア

1975	1976	1977	1978	1979	1980	1981	1982	1983	1984	1985
485.82	482.16	504.11	814.24	825.97	799.36	749.59	763.90	1.040.67	1.052.75	1.235.72
415.00	415.00	415.00	625.00	627.00	626.75	644.00	692.50	994.00	1.074.00	1.125.00
415.00	415.00	415.00	442.05	623.06	626.99	631.76	661.42	909.27	1.025.94	1.110.58
260.00	260.00	260.00	480.00	480.00	720.00	720.00	720.00	1.009.70	1.009.70	1.009.70
6.34	4.05	21.66	57.41	129.19	137.18	227.22	281.92	3.89	0.52	51.24
0.01	0.01	68.02	69.10	73.66	160.76	196.31	218.36	72.42	72.43	72.43
-	-	-	-	-	-	-	-	425.10	421.46	41.96
90.16	90.16	90.16	90.16	140.08	190.00	238.96	238.96	238.96	238.96	238.96
584.33	1.496.52	2.508.74	2.626.12	4.061.82	5.391.70	5.014.17	3.144.46	3.718.39	4.773.01	4.974.24
7.42	4.71	26.31	74.79	170.19	174.96	264.48	310.99	4.07	0.51	56.28
0.01	0.01	82.62	90.02	97.03	205.04	228.50	240.88	75.82	71.00	79.56
576.90	1.491.80	2.399.80	2.461.30	3.794.60	5.011.70	4.521.20	2.592.60	3.638.50	4.701.50	4.838.40
0.06	0.06	0.17	0.22	0.28	2.39	3.10	3.10	3.10	3.10	3.10
2.41	2.41	7.14	36.84	105.28	1.108.42	1.061.57	1.052.26	1.095.71	946.72	906.37
300.68	468.24	70.43	72.64	2.23	0.16	0.16	0.14	0.91	0.09	0.09
475.47	689.66	761.49	1.096.61	2.098.09	4.364.30	5.059.09	3.776.00	4.547.00	4.777.00	5.546.00
611.66	649.57	663.40	709.82	686.86	617.63	675.62	966.33	973.00	713.00	523.00
252.96	627.99	1.057.04	1.671.84	2.625.19	4.217.01	4.037.28	3.685.07	5.309.31	8.040.60	8.507.02
371.90	226.11	398.40	695.56	732.97	716.48	924.79	1.153.60	1.520.60	1.670.30	1.237.30
909.00	1.248.00	1.221.00	1.931.00	2.131.00	2.370.00	2.467.00	2.453.00	1.864.00	203.00	32.00
8.23	16.72	20.69	32.51	44.82	69.27	107.44	408.90	443.90	651.50	823.40
565.32	640.39	681.54	846.38	1.129.33	1.721.65	2.547.66	5.049.90	5.866.10	9.521.20	10.040.50
-	4.64	6.09	6.00	11.45	43.75	116.80	215.20	365.90	517.70	728.80
1.132.35	1.379.56	1.719.85	1.885.29	2.477.75	3.374.91	3.919.98	4.106.50	5.138.20	5.700.50	6.721.20
649.64	778.96	979.09	1.239.93	1.545.45	2.169.47	2.545.54	2.934.30	3.340.20	3.712.40	4.460.30
23.06	33.98	3.49	15.45	26.37	41.21	103.90	57.00	110.30	24.80	68.82
...	...	...	...	...	...	...	...	...	...	...
18.98	50.92	102.41	105.11	125.90	118.89	134.11	46.30	73.60	33.20	23.10
124.78	194.32	29.23	45.40	1.40	30.30	27.20	22.50	471.39	466.69	74.05
237.47	419.47	634.98	940.40	1.536.56	2.755.19	4.770.39	5.796.00	5.946.10	8.745.00	8.970.30
161.35	258.52	273.92	1.162.91	1.490.92	1.182.37	1.039.62	600.90	596.00	1.179.10	1.191.80
-157.95	-170.45	-161.28	-127.30	884.25	1.635.63	206.06	2.336.07	3.033.83	4.454.71	4.319.97
452.42	591.71	699.21	616.47	884.13	1.262.45	1.429.70	1.988.00	1.814.50	2.272.70	2.939.80
...	...	...	...	...	...	...	...	...	...	...
197.32	286.21	316.02	685.38	1.315.50	2.740.78	3.232.76	2.590.50	4.520.30	5.106.50	6.238.80
0.04	0.17	0.45	0.73	52.68	27.92	68.73	138.60	265.60	440.00	529.80
...	...	...	...	...	...	...	...	...	...	...
354.00	508.00	613.00	678.00	893.00	1.359.00	1.791.00	2.427.00	2.819.00	4.515.00	4.981.00
...	...	...	...	...	...	...	...	...	...	...
1.115.34	1.403.77	2.770.79	2.172.65	2.855.46	4.253.65	5.941.52	8.106.00	10.490.30	14.085.90	17.280.50
42.40	45.00	40.34	100.49	66.87	18.70	26.14	19.50	25.10	37.00	41.00
593.32	792.60	958.91	1.192.70	1.674.20	2.795.28	3.846.90	4.133.30	4.177.00	4.817.00	5.560.10
724.09	1.015.72	1.123.39	1.318.09	1.816.10	2.654.32	3.126.69	3.896.90	6.983.10	9.330.80	12.984.70
78.62	87.89	146.18	173.84	213.17	365.53	297.97	300.10	242.00	217.70	268.20
253.84	269.57	275.31	443.64	430.66	387.87	431.72	662.90	967.50	761.60	588.30
83.92	93.94	171.01	217.69	411.90	734.98	914.20	690.80	778.50	1.396.60	1.884.20
548.39	652.13	647.90	860.07	1.152.44	1.636.26	2.595.76	3.889.70	4.263.80	7.045.10	7.038.70
251.53	309.03	420.45	515.61	501.40	803.26	1.014.07	1.268.10	1.630.10	2.210.90	2.540.70
22.02	75.87	53.91	128.46	433.08	285.10	262.37	427.40	892.60	677.10	1.145.60
-345.00	525.00	1.061.00	1.844.00	3.483.00	6.539.62	6.811.12	5.590.17	8.390.73	11.918.80	14.083.00
2.803.00	3.283.00	3.299.00	4.522.00	4.616.00	5.368.99	5.758.94	8.434.20	11.069.20	11.978.20	14.799.10
18.00	-279.00	-613.00	-878.00	-1.711.00	-2.745.77	-4.691.07	-5.194.60	-4.938.40	-8.031.30	-9.087.40
125.00	84.00	84.00	140.00	133.00	3.729.00	4.258.00	4.879.00	4.682.00	4.717.00	5.013.00
2.660.00	3.477.00	3.828.00	5.260.00	6.194.00	4.322.92	6.048.96	8.514.90	10.934.20	14.737.40	18.103.90
42.40	49.64	46.43	106.49	78.32	62.45	142.94	234.70	391.00	554.70	769.80
1.250.00	1.601.00	2.006.00	2.488.00	3.379.00	5.011.29	6.474.27	7.119.70	7.576.20	8.581.40	10.123.80
747.00	1.019.00	1.125.00	1.320.00	1.837.00	2.695.53	3.230.59	3.953.90	7.093.40	9.355.60	13.053.50
97.60	138.81	248.59	278.95	339.07	484.42	432.08	346.40	315.60	250.90	291.30
...	...	...	...	...	...	...	...	...	...	...
460.00	1.188.00	1.228.00	2.557.00	2.883.00	3.717.42	2.433.13	2.604.37	4.474.73	5.709.11	5.413.97
1.282.05	1.643.74	2.053.22	2.536.19	3.426.98	5.056.80	6.500.27	7.112.59	7.523.54	8.471.27	9.915.57
1.997.00	2.620.00	3.131.00	3.808.00	5.216.00	7.706.82	9.704.86	11.073.60	14.669.60	17.937.00	23.177.30
...	...	...	...	...	...	...	...	...	...	...
...	...	...	...	...	...	...	...	...	...	...
8.36	10.10	16.09	22.34	30.00	42.00	61.00	75.00	101.00	130.00	74.00
5.01	8.18	12.52	16.65	20.00	36.00	46.00	54.00	75.00	98.00	134.00
2.94	4.64	6.09	6.00	11.00	44.00	122.00	222.00	389.00	523.00	734.00
0.47	-2.72	-2.52	-0.31	-2.00	-38.00	-107.00	-200.00	-362.00	-492.00	-793.00
1.994.00	2.618.00	3.127.00	3.802.00	5.206.00	7.701.00	9.690.00	11.052.00	14.643.00	17.905.00	23.237.00
...	...	...	...	...	...	...	...	...	...	...
13.41	14.17	7.23	7.29	13.23	12.87	16.26	17.24	13.17	18.63	10.33
12.00	12.00	9.00	6.00	6.00	6.00	6.00	6.00	6.00	16.00	18.00
...	...	...	...	...	...	...	...	...	...	...
1.45	1.67	1.90	2.08	3.17	4.13	4.58	4.92	5.80	6.53	6.45
4.89	5.76	6.58	7.23	9.70	11.92	13.53	13.66	16.35	18.49	19.29
2.81	3.37	3.74	4.05	4.71	5.55	6.23	6.83	7.63	8.43	8.83
1.12	1.28	1.45	1.61	2.13	2.75	3.26	3.43	4.09	4.43	4.73

統　　計

インドネシア（1948-2000年）

	1986	1987	1988	1989	1990	1991	1992	1993
為替レート	対SDRレート							
市場レート（期末）	2,007.25	2,340.79	2,329.41	2,361.55	2,704.48	2,849.42	2,835.25	2,898.21
	対ドル・レート							
市場レート（期末）	1,641.00	1,650.00	1,731.00	1,797.00	1,901.00	1,992.00	2,062.00	2,110.00
市場レート（期中平均）	1,282.56	1,643.85	1,685.70	1,770.06	1,842.81	1,950.32	2,029.92	2,087.10
IMFポジション	100万SDR（期末）							
クォータ	1,009.70	1,009.70	1,009.70	1,009.70	1,009.70	1,009.70	1,497.60	1,497.60
SDR	35.55	4.35	1.97	0.72	2.34	2.55	0.08	0.26
IMFリザーブポジション	72.42	72.43	72.43	72.43	72.42	72.42	194.40	199.70
IMFクレジット及び融資総残高	41.96	504.86	462.90	462.90	347.18	115.73	・・・	・・・
SDR配分額	238.96	238.96	238.96	238.96	238.96	238.96	238.96	238.96
国際流動性	100万米ドル（他に断りのない限り，期末）							
総準備（金を除く）	4,051.27	5,592.32	5,048.32	5,453.53	7,459.06	9,257.94	10,448.60	11,262.70
SDR	43.48	6.17	2.65	0.95	3.33	3.65	0.11	0.36
IMFリザーブポジション	88.58	102.75	97.47	95.18	103.03	103.59	267.30	274.30
外国為替	3,919.20	5,483.40	4,948.20	5,357.40	7,352.70	9,150.70	10,181.20	10,988.00
金（100万ファイントロイオンス）	3.10	3.10	3.10	3.11	3.11	3.11	3.10	3.10
金（国内評価額）	1,359.55	1,319.20	1,157.79	1,043.95	1,060.85	992.41	945.81	1,091.55
通貨当局：その他負債	0.12				28.41	24.10	26.19	21.80
預金通貨銀行：資産	4,993.00	4,731.00	4,815.00	5,985.00	6,223.00	5,589.00	6,336.58	5,374.41
預金通貨銀行：負債	329.00	456.00	664.00	1,781.00	6,737.00	6,025.00	7,893.81	9,691.00
通貨当局	10億ルピア（期末）							
対外資産	8,351.52	12,458.40	11,731.90	11,834.90	17,949.90	25,155.30	32,795.40	37,642.50
中央政府向け信用	3,105.80	3,517.60	4,426.50	4,588.50	5,221.10	6,258.00	7,528.00	8,591.00
公的機関向け信用	24.00	36.00	58.00	830.00	759.00	35.00	・・・	・・・
民間部門向け信用	1,132.80	1,676.40	1,723.70	1,307.00	1,731.60	953.00	・・・	・・・
預金通貨銀行向け信用	12,552.10	14,561.70	20,375.00	15,240.00	20,990.20	14,866.60	11,054.00	10,885.00
ノンバンク金融機関向け信用	877.20	977.90	950.00	987.90	991.80	1,011.50	6.00	・・・
準備貨幣	8,170.20	9,031.60	8,381.40	10,788.30	12,548.70	12,960.70	16,997.00	18,414.00
内：預金通貨銀行以外の現金通貨	5,338.20	5,801.70	6,245.40	7,907.70	9,094.20	9,346.40	11,465.00	14,430.00
定期性預金及び外貨預金	42.20	305.00	142.60	11.00	17.50	20.60	・・・	・・・
短期金融市場商品	・・・	・・・	・・・	・・・	・・・	・・・	20,595.00	23,339.00
制限付き預金	24.00	24.00	25.00	26.20	26.20	24.00	382.00	534.00
対外負債	111.42	3,307.87	5,219.28	6,804.06	6,326.64	7,013.16	54.00	46.00
中央政府預金	10,643.10	9,713.20	10,435.20	10,545.40	13,459.70	14,508.80	11,206.00	13,016.00
資本勘定	2,409.10	3,714.60	3,624.40	3,824.60	3,586.60	4,593.90	3,156.51	2,474.56
その他（ネット）	4,643.40	7,131.66	11,438.00	2,788.89	11,678.00	9,158.36	-1,008.11	-705.00
預金通貨銀行	10億ルピア（期末）							
準備	2,934.80	3,433.10	5,150.50	5,614.80	4,892.80	12,299.70	4,112.00	4,591.00
通貨当局に対する債権：証券	・・・	・・・	・・・	・・・	・・・	・・・	11,782.00	14,799.00
対外資産	8,192.90	7,806.80	8,396.90	10,730.60	11,681.30	11,076.40	13,009.00	11,340.00
中央政府向け信用	683.40	1,092.80	1,069.00	959.80	933.00	1,026.90	3,541.00	4,004.00
地方政府向け信用	・・・	・・・	・・・	・・・	・・・	・・・	1,032.00	256.00
公的機関向け信用	5,080.00	4,782.00	6,292.00	7,730.00	6,950.00	9,671.00	・・・	・・・
非金融公的企業向け信用	・・・	・・・	・・・	・・・	・・・	・・・	6,000.00	6,492.00
民間部門向け信用	21,730.70	28,033.90	38,808.50	58,403.60	97,145.20	114,453.00	128,521.00	161,273.00
その他銀行業機関向け信用	・・・	・・・	・・・	・・・	・・・	・・・	97.00	190.00
ノンバンク金融機関向け信用	24.60	114.90	170.20	245.90	245.90	589.90	1,934.00	1,276.00
要求払い預金	6,081.90	6,775.90	8,032.20	12,476.50	14,532.10	17,102.80	14,206.00	19,057.00
定期性預金、貯蓄性預金及び外貨預金	15,941.70	20,894.70	27,538.30	37,956.20	60,793.00	72,696.20	91,570.00	109,402.00
短期金融市場商品	・・・	・・・	・・・	・・・	・・・	・・・	1,730.00	2,435.00
制限付き預金	402.40	424.50	684.10	631.00	1,047.60	966.20	1,370.00	1,699.00
対外負債	540.60	751.60	1,158.60	3,193.20	12,645.40	11,935.30	16,206.00	20,448.00
中央政府預金	1,686.70	1,779.10	2,227.30	3,943.40	4,718.70	5,487.10	7,442.00	11,683.00
中央政府融資資金	・・・	・・・	・・・	・・・	・・・	・・・	・・・	3,307.00
通貨当局からの信用	7,747.30	8,100.00	11,711.30	12,935.70	11,143.90	11,692.30	10,554.00	16,237.00
ノンバンク金融機関に対する負債	・・・	・・・	・・・	・・・	・・・	・・・	10,974.00	1,153.00
資本勘定	3,049.00	3,649.70	4,464.10	7,376.20	11,255.40	9,075.40	15,196.00	21,973.00
その他（ネット）	3,196.90	2,888.00	4,071.50	5,171.40	5,811.40	20,161.10	780.00	-3,137.00
マネタリー・サーベイ	10億ルピア（期末）							
対外資産（ネット）	15,892.40	16,205.80	13,750.90	12,568.30	10,659.10	17,283.30	29,544.40	28,488.50
国内信用	20,328.80	28,739.30	40,835.30	60,563.80	95,898.00	114,002.00	130,030.00	157,396.00
中央政府向け信用（ネット）	-8,540.60	-6,881.90	-7,167.00	-8,940.50	-12,024.30	-12,711.00	-7,579.00	-12,104.00
地方政府向け信用	・・・	・・・	・・・	・・・	・・・	・・・	1,032.00	256.00
公的機関向け信用	5,104.00	4,818.00	6,350.00	8,560.00	7,709.00	9,706.00	・・・	・・・
非金融公的企業向け信用	・・・	・・・	・・・	・・・	・・・	・・・	6,019.00	6,505.00
民間部門向け信用	22,863.50	29,710.30	40,532.20	59,710.60	98,876.80	115,406.00	128,521.00	161,273.00
その他銀行業機関向け信用	・・・	・・・	・・・	・・・	・・・	・・・	97.00	190.00
ノンバンク金融機関向け信用	901.80	1,092.80	1,120.20	1,233.80	1,337.00	1,601.40	1,940.00	1,276.00
現金・預金通貨	11,630.90	12,704.70	14,391.60	20,558.50	23,819.00	26,693.00	27,485.00	33,739.00
準備通貨	15,983.90	21,199.70	27,680.90	37,967.20	60,810.50	72,716.80	91,570.00	109,402.00
短期金融市場商品	・・・	・・・	・・・	・・・	・・・	・・・	1,730.00	2,435.00
制限付き預金	426.40	448.60	709.10	658.10	1,073.70	990.20	1,752.00	2,233.00
中央政府融資資金	・・・	・・・	・・・	・・・	・・・	・・・	・・・	3,307.00
ノンバンク金融機関に対する負債	・・・	・・・	・・・	・・・	・・・	・・・	10,974.00	1,153.00
資本勘定	・・・	・・・	・・・	・・・	・・・	・・・	18,352.50	24,447.60
その他（ネット）	8,180.00	10,592.10	11,805.80	13,948.30	20,854.00	30,885.30	7,709.89	9,168.00
現金・預金通貨（季節調整値）	11,336.20	12,334.70	13,986.00	20,018.00	23,283.50	26,169.60	26,684.50	33,012.70
現金・預金通貨＋準備貨	27,614.80	33,904.40	42,072.50	58,525.70	84,629.50	99,409.80	119,055.00	143,141.00
貨幣集計量（国内定義）	10億ルピア（期末）							
ベース・マネー	・・・	・・・	・・・	・・・	・・・	・・・	・・・	・・・
M1	・・・	・・・	・・・	・・・	・・・	・・・	・・・	・・・
M2	・・・	・・・	・・・	・・・	・・・	・・・	・・・	・・・
その他銀行業機関	10億ルピア（期末）							
現金	63.00	72.00	76.00	65.00	162.00	99.00	・・・	・・・
貯蓄性預金	220.00	348.00	492.00	289.00	740.00	919.00	・・・	・・・
通貨当局からの信用	882.00	1,157.00	951.00	1,827.00	1,412.00	1,338.00	・・・	・・・
その他（ネット）	-1,038.00	-1,433.00	-1,368.00	-2,051.00	-1,990.00	-2,158.00	・・・	・・・
流動負債	27,772.00	34,181.00	42,489.00	58,750.00	85,208.00	100,230.00	・・・	・・・
金利	年率（%）							
中央銀行政策金利	・・・	・・・	・・・	・・・	18.83	18.47	13.50	8.82
短期金融市場商品金利	13.00	14.52	15.00	12.57	13.97	14.91	11.99	8.66
預金金利	15.39	16.78	17.72	18.63	17.53	23.32	19.60	14.55
預金金利（外貨）	・・・	・・・	・・・	・・・	・・・	・・・	・・・	・・・
貸出金利	21.49	21.67	22.10	21.70	20.83	25.53	24.03	20.59
物価	指数（2010年=100．期中平均）							
卸売物価指数（石油を含む）	6.60	7.81	8.38	8.96	9.86	10.37	10.91	11.35
卸売物価指数（石油を含まない）	20.92	24.63	26.55	28.62	30.57	32.83	34.82	37.27
消費者物価指数	9.34	10.21	11.03	11.74	12.65	13.84	14.89	16.33
GDPデフレーター	5.03	5.57	6.11	6.84	7.49	8.30	8.81	9.66

インドネシア

1994	1995	1996	1997	1998	1999	2000
3.211.67	3.430.82	3.426.66	6.274.01	11.299.40	9.724.23	12.501.40
2.200.00	2.308.00	2.383.00	4.650.00	8.025.00	7.085.00	9.595.00
2.160.75	2.248.61	2.342.30	2.909.38	10.013.60	7.855.15	8.421.78
1.497.60	1.497.60	1.497.60	1.497.60	1.497.60	2.079.30	2.079.30
0.27	0.87	1.53	369.98	221.52	0.27	24.50
213.99	270.00	298.00	-	0.05	145.47	145.48
-	-	-	2.201.47	6.455.82	7.466.82	8.317.97
238.96	238.96	238.96	238.96	238.96	238.96	238.96
12.132.70	13.708.20	18.251.10	16.586.90	22.713.40	26.445.00	28.501.90
0.39	1.30	2.19	499.19	311.91	0.37	31.91
312.39	401.35	428.51	-	0.07	199.66	189.55
11.819.90	13.305.60	17.820.40	16.087.70	22.401.40	26.245.00	28.280.40
3.10	3.10	3.10	3.10	3.10	3.10	3.10
1.066.74	1.079.15	1.029.53	809.36	803.16	812.46	765.95
19.55	21.23	20.98	419.14	3.356.01	3.517.00	2.142.00
5.851.82	7.407.28	8.736.89	10.066.70	14.412.10	16.967.00	10.649.00
11.311.40	11.677.60	12.481.70	15.147.10	12.192.10	14.167.00	9.659.00
36.444.10	40.163.30	59.886.40	94.202.20	179.439.00	183.866.00	286.157.00
6.632.00	3.726.00	3.775.00	4.996.00	34.895.00	247.289.00	233.629.00
...	...	...	...	...	...	-
13.607.00	16.456.00	15.182.00	67.313.00	125.759.00	21.310.00	25.670.00
				41.294.00	23.117.00	23.126.00
23.053.00	27.160.00	36.896.00	51.014.00	81.448.00	102.043.00	132.254.00
18.634.00	20.807.00	22.487.00	28.424.00	41.394.00	58.353.00	72.371.00
						192.00
15.051.00	11.851.00	18.553.00	14.885.00	49.590.00	63.049.00	60.076.00
497.00	461.00	436.00	267.00	660.00	244.00	290.00
43.00	49.00	50.00	15.761.10	99.879.20	97.526.00	124.541.00
13.536.00	15.558.00	16.856.00	33.472.00	35.438.00	83.990.00	72.266.00
2.575.46	2.890.83	3.407.83	4.397.24	9.693.11	17.794.00	142.713.00
1.928.00	2.375.00	2.644.54	46.715.00	104.678.00	110.936.00	36.251.00
5.051.00	7.371.00	14.896.00	24.172.00	48.090.00	59.290.00	66.536.00
7.619.00	5.152.00	11.225.00	6.318.00	47.103.00	72.238.00	58.700.00
12.874.00	17.096.00	20.820.00	46.810.00	115.657.00	120.209.00	102.177.00
2.843.00	4.165.00	5.727.00	8.571.00	10.230.00	274.551.00	433.266.00
113.00	276.00	290.00	292.00	319.00	214.00	376.00
...	...	...	...	...	...	...
6.866.00	8.423.00	9.248.00	11.036.00	15.128.00	11.854.00	10.343.00
198.311.00	243.067.00	295.195.00	381.741.00	508.558.00	225.236.00	270.303.00
236.00	312.00	370.00	364.00	277.00	100.00	101.00
2.329.00	2.785.00	4.897.00	6.353.00	5.763.00	1.998.00	2.554.00
22.710.00	26.202.00	28.883.00	40.232.00	45.717.00	55.327.00	78.102.00
130.280.00	171.257.00	226.097.00	279.073.00	481.350.00	525.227.00	584.847.00
2.437.00	4.162.00	3.353.00	4.306.00	3.223.00	2.986.00	2.253.00
1.541.00	1.779.00	2.099.00	1.419.00	2.417.00	1.659.00	4.783.00
24.885.00	26.952.00	29.744.00	70.434.00	97.842.00	100.375.00	92.674.00
10.344.00	11.844.00	13.858.00	16.929.00	23.169.00	23.336.00	47.245.00
3.801.00	3.871.00	5.029.00	1.653.00	1.416.00	4.508.00	9.178.00
11.432.00	10.394.00	11.622.00	23.008.00	112.947.00	33.360.00	16.547.00
1.326.00	1.564.00	2.533.00	7.536.00	39.332.00	14.725.00	14.690.00
26.775.00	36.506.00	42.523.00	53.408.00	-94.556.00	-17.346.00	52.327.00
711.00	-5.884.00	-3.073.00	-12.341.00	38.268.00	21.533.00	41.710.00
24.390.10	30.258.30	50.912.40	54.817.20	97.374.00	106.174.00	171.119.00
193.458.00	235.356.00	288.788.00	362.952.00	557.857.00	677.033.00	854.727.00
-14.405.00	-19.511.00	-21.212.00	-36.834.00	-13.482.00	414.514.00	547.384.00
113.00	276.00	290.00	292.00	319.00	214.00	376.00
...	...	...	...	...	...	...
6.874.00	8.427.00	9.248.00	11.036.00	15.128.00	11.854.00	10.883.00
198.311.00	243.067.00	295.195.00	381.741.00	508.558.00	225.236.00	270.303.00
236.00	312.00	370.00	364.00	277.00	100.00	101.00
2.329.00	2.785.00	4.897.00	6.353.00	47.057.00	25.115.00	25.680.00
41.462.00	47.135.00	51.652.00	68.785.00	87.301.00	114.562.00	156.785.00
130.280.00	171.257.00	226.097.00	279.073.00	481.350.00	525.227.00	585.039.00
2.437.00	4.162.00	3.353.00	4.306.00	3.223.00	2.986.00	2.253.00
2.038.00	2.240.00	2.535.00	1.686.00	3.077.00	1.903.00	5.073.00
3.801.00	3.871.00	5.029.00	1.653.00	1.416.00	4.508.00	9.178.00
1.326.00	1.564.00	2.533.00	7.536.00	39.332.00	14.725.00	14.690.00
29.350.50	39.396.80	45.930.80	57.805.20	-84.862.90	448.00	195.040.00
7.154.00	-4.012.00	2.570.54	-3.075.00	124.395.00	118.848.00	57.789.00
40.768.90	46.622.20	51.242.10	68.374.80	86.866.70		
171.742.00	218.392.00	277.749.00	347.858.00	568.651.00	639.789.00	741.824.00
...	25.852.00	34.405.00	46.085.90	75.120.30	101.790.00	125.615.00
...	52.677.00	64.089.00	78.343.00	101.197.00	124.633.00	162.186.00
...	222.638.00	288.632.00	355.643.00	577.381.00	646.205.00	747.028.00
...	...	...	...	...	...	...
...	...	...	...	...	...	...
...	...	...	...	...	...	...
...	...	...	...	...	...	...
...	...	...	...	...	...	...
12.44	13.99	12.80	20.00	38.44	12.51	14.53
9.74	13.64	13.96	27.82	62.79	23.58	10.32
12.53	16.72	17.26	20.01	39.07	25.74	12.50
...	...	...	...	...	7.45	5.56
17.76	18.85	19.22	21.82	32.15	27.66	18.46
11.92	13.28	14.32	15.61	31.54	34.75	39.09
42.05	46.97	49.90	53.71	96.91	114.29	120.81
17.72	19.39	20.94	22.24	35.22	42.44	44.02
10.41	11.44	12.43	13.99	24.52	27.99	33.72

インドネシア（2001-2016年）

		2001	2002	2003	2004	2005	2006	2007	2008
為替レート	対SDRレート								
市場レート（期末）		13,070.00	12,154.10	12,578.70	14,427.50	14,049.70	13,569.70	14,884.40	16,866.00
	対ドル・レート								
市場レート（期末）		10,400.00	8,940.00	8,465.00	9,290.00	9,830.00	9,020.00	9,419.00	10,950.00
市場レート（期中平均）		10,260.90	9,311.19	8,577.13	8,938.85	9,704.74	9,159.32	9,141.00	9,698.96
IMFポジション	100万SDR（期末）								
クォータ		2,079.30	2,079.30	2,079.30	2,079.30	2,079.30	2,079.30	2,079.30	2,079.30
SDR		12.64	13.66	2.49	1.58	4.91	12.13	5.85	21.88
IMFリザーブポジション		145.48	145.50	145.50	145.50	145.50	145.50	145.50	145.50
内：IMF借入残高		・・・	・・・	・・・	・・・	・・・	・・・	・・・	・・・
IMFクレジット及び融資総残高		7,251.70	6,518.10	6,915.08	6,237.01	5,462.20	-	-	-
SDR配分額		238.96	238.96	238.96	238.96	238.96	238.96	238.96	238.96
国際流動性	100万米ドル（他に断りのない限り、期末）								
総準備（金を除く）		27,246.20	30,970.70	34,962.30	34,952.50	33,140.50	41,103.10	54,976.40	49,596.70
SDR		15.88	18.57	3.70	2.45	7.01	18.26	9.25	33.70
IMFリザーブポジション		182.83	197.81	216.21	225.96	207.96	218.89	229.93	224.11
外国為替		27,047.50	30,754.30	34,742.40	34,724.10	32,925.50	40,866.00	54,737.30	49,338.90
金（100万ファイントロイオンス）		3.10	3.10	3.10	3.10	3.10	2.35	2.35	2.35
金（国内評価額）		772.15	1,076.67	1,290.95	1,350.80	1,590.30	1,485.20	1,948.15	2,043.91
中央銀行：その他資産		579.78	669.65	707.08	686.07	574.53	677.42	924.51	861.27
中央銀行：その他負債		2,150.88	2,136.14	2,145.76	1,918.49	1,369.63	768.95	729.88	1,465.30
中央銀行以外の預金取扱い機関：資産		10,555.20	10,083.60	9,136.49	7,413.78	12,182.30	10,548.40	7,724.36	13,543.50
中央銀行以外の預金取扱い機関：負債		6,577.47	5,804.80	3,716.19	6,479.56	6,926.53	7,846.92	9,863.27	10,348.60
その他金融機関：資産		・・・	・・・	・・・	・・・	・・・	・・・	・・・	・・・
その他金融機関：負債		・・・	・・・	・・・	・・・	・・・	・・・	・・・	・・・
中央銀行	10億ルピア（期末）								
対外資産（ネット）		184,710.00	192,579.00	205,432.00	232,871.00	252,379.00	377,616.00	530,510.00	549,336.00
非居住者向け信用		304,982.00	293,802.00	313,585.00	344,125.00	345,942.00	387,794.00	540,942.00	569,412.00
非居住者に対する負債		120,272.00	101,223.00	108,153.00	111,254.00	93,563.20	10,178.50	10,431.50	20,076.00
その他預金取扱い機関向け信用		17,906.60	16,861.30	15,065.10	10,111.20	9,388.58	9,602.92	7,907.98	8,771.07
中央政府向け信用（ネット）		176,585.00	191,942.00	190,149.00	226,620.00	249,486.00	274,249.00	264,527.00	191,159.00
中央政府向け信用		270,228.00	306,822.00	263,394.00	273,670.00	297,275.00	289,136.00	279,931.00	283,381.00
中央政府に対する負債		93,643.40	114,881.00	73,244.40	47,049.90	47,789.00	14,887.20	15,404.10	92,221.80
その他部門向け信用		36,278.40	36,730.40	37,148.60	39,844.90	26,122.70	26,092.40	13,030.10	14,311.10
その他金融機関向け信用		1,132.31	1,482.16	1,700.58	1,494.24	1,473.37	1,448.51	1,472.09	1,590.51
地方自治体向け信用		-	-	-	-	-	-	-	-
非金融公的企業向け信用		-	-	-	-	-	-	-	-
民間部門向け信用		35,146.10	35,248.20	35,448.00	38,350.70	24,649.40	24,643.90	11,558.00	12,720.60
マネタリーベース		181,508.00	179,896.00	202,870.00	206,180.00	269,971.00	346,492.00	438,460.00	425,847.00
流通通貨		91,275.70	98,390.90	112,742.00	126,895.00	144,869.00	178,572.00	220,785.00	264,391.00
その他預金取扱い機関に対する負債		89,210.80	80,713.90	89,443.30	78,788.90	124,720.00	167,829.00	217,330.00	160,806.00
その他部門に対する負債		1,021.57	791.30	684.41	496.38	381.19	91.06	344.75	649.81
その他預金取扱い機関に対するその他負債		55,741.50	77,654.50	107,025.00	130,652.00	85,305.30	176,417.00	201,748.00	161,469.00
預金及び証券（マネタリーベース除外分）		126.49	129.04	25.38	13,593.10	24,457.30	32,265.70	45,410.30	8,163.00
預金（広義流動性に含む）		126.49	129.04	25.38	0.15	0.09	0.08	0.08	0.10
証券（広義流動性に含まれる株式以外）		-	-	-	-	-	-	-	-
預金（広義流動性から除外されたもの）		-	-	-	11.65	10.21	10.03	10.03	10.03
証券（広義流動性から除外される株式以外）		-	-	-	13,581.30	24,447.00	32,255.60	45,400.20	8,152.87
貸出									
金融派生商品									
株式及びその他持ち分		124,555.00	121,039.00	94,011.70	116,950.00	115,727.00	97,081.60	111,596.00	150,786.00
その他（ネット）		53,549.60	59,394.20	43,862.70	42,071.60	41,916.40	35,302.50	18,760.90	17,311.60
注記項目：総資産		634,521.00	663,641.00	644,546.00	672,681.00	684,214.00	718,423.00	847,700.00	881,654.00

インドネシア

2009	2010	2011	2012	2013	2014	2015	2016
14,736.30	13,846.40	13,921.80	14,862.00	18,771.10	18,023.20	19,116.10	18,062.40
9,400.00	8,991.00	9,068.00	9,670.00	12,189.00	12,440.00	13,795.00	13,436.00
10,389.90	9,090.43	8,770.43	9,386.63	10,461.20	11,865.20	13,389.40	13,308.30
2,079.30	2,079.30	2,079.30	2,079.30	2,079.30	2,079.30	2,079.30	4,648.40
1,762.58	1,762.19	1,761.57	1,761.37	1,761.26	1,761.11	1,761.00	1,118.56
145.50	145.50	145.50	145.50	145.50	145.50	145.50	787.82
・・・	-	-	-	-	-	-	-
1,980.44	1,980.44	1,980.44	1,980.44	1,980.44	1,980.44	1,980.44	1,980.44
63,563.30	92,908.00	106,539.00	108,837.00	96,363.50	108,836.00	103,268.00	113,493.00
2,763.19	2,713.83	2,704.49	2,707.09	2,712.33	2,551.51	2,440.27	1,503.71
228.10	224.07	223.38	223.62	224.07	210.80	201.62	1,059.09
60,572.00	89,970.10	103,611.00	105,907.00	93,427.10	106,073.00	100,626.00	110,931.00
2.35	2.35	2.35	2.38	2.51	2.51	2.51	2.51
2,555.63	3,302.93	3,597.85	3,940.09	3,023.30	3,027.06	2,660.60	2,876.21
715.47	708.52	451.12	216.56	247.71	223.18	194.50	190.85
5,324.55	6,694.91	1,382.72	402.88	577.14	399.56	225.24	413.46
20,130.80	18,919.70	13,219.00	12,200.60	13,423.10	13,808.10	15,359.10	14,598.20
10,110.90	14,933.80	19,140.90	21,574.20	26,412.50	33,552.40	33,177.70	31,475.40
277.85	237.46	242.41	549.07	310.87	275.33	369.54	2,852.18
4,779.01	6,698.75	8,683.03	8,958.94	8,313.33	9,198.10	8,466.08	6,810.76
544,818.00	777,378.00	961,089.00	1,058,850.00	1,169,680.00	1,353,170.00	1,422,440.00	1,524,270.00
624,053.00	864,994.00	1,001,200.00	1,092,180.00	1,213,890.00	1,393,830.00	1,463,410.00	1,565,590.00
79,235.00	87,615.90	40,109.80	33,329.20	44,209.70	40,664.40	40,965.50	41,326.80
6,732.31	5,023.14	4,399.43	3,225.92	2,534.51	1,488.52	7,433.21	362.20
225,751.00	187,414.00	240,408.00	299,848.00	295,173.00	298,149.00	210,862.00	235,602.00
280,293.00	278,985.00	329,956.00	351,497.00	354,846.00	367,010.00	360,614.00	360,513.00
54,542.20	91,571.60	89,547.60	51,648.70	59,673.90	68,860.90	149,752.00	124,910.00
14,508.40	13,344.50	12,065.40	6,464.76	8,115.41	7,926.33	7,864.44	7,505.21
1,442.26	999.55	5,743.24	201.95	6.42	1.10	-	-
13,066.10	12,344.90	6,322.18	6,262.81	8,108.99	7,925.23	7,864.44	7,505.21
498,979.00	525,145.00	657,337.00	755,251.00	891,612.00	993,320.00	1,029,910.00	1,070,050.00
279,029.00	318,575.00	372,972.00	439,720.00	500,020.00	528,537.00	586,763.00	612,545.00
219,349.00	206,086.00	284,249.00	315,397.00	391,141.00	463,385.00	442,777.00	457,143.00
600.75	484.24	115.78	132.82	451.18	1,397.15	366.01	360.82
177,743.00	375,266.00	470,103.00	447,965.00	300,248.00	376,959.00	325,883.00	456,078.00
6,518.81	7,440.96	1,582.43	35.04	15.42	17.03	191.58	9.15
0.08	0.08	0.08	0.08	0.11	0.11	0.12	-
10.03	10.03	32.35	34.95	15.31	16.93	191.46	9.15
6,508.70	7,430.85	1,550.00	-	-	-	-	-
92,463.90	60,212.80	79,087.30	169,783.00	284,545.00	288,822.00	313,331.00	252,816.00
16,105.40	15,094.50	9,851.83	-4,643.84	-915.13	1,612.35	-20,707.40	-11,216.60
931,898.00	1,169,360.00	1,361,540.00	1,476,910.00	1,600,430.00	1,790,140.00	1,910,780.00	2,033,220.00

統　計

インドネシア（2001-2016年）

	2001	2002	2003	2004	2005	2006	2007	2008
中央銀行以外の預金取扱い金融機関	10億ルピア（期末）							
対外資産（ネット）	41,368.30	38,252.40	45,882.80	8,678.93	51,664.40	24,367.50	-20,146.30	34,984.10
非居住者向け信用	109,774.00	90,147.30	77,340.40	68,874.10	119,752.00	95,146.80	72,755.80	148,301.00
非居住者に対する負債	68,405.60	51,895.00	31,457.60	60,195.10	68,087.80	70,779.20	92,902.10	113,317.00
中央銀行に対する債権	149,098.00	171,491.00	207,910.00	240,889.00	255,351.00	372,111.00	456,941.00	375,020.00
現金通貨	14,933.50	17,731.80	18,203.80	17,866.90	20,878.60	27,918.00	37,818.50	54,643.60
準備預金及び証券	78,423.00	76,900.90	87,446.60	119,512.00	160,242.00	167,829.00	217,330.00	160,806.00
その他債権	55,741.50	76,858.70	102,259.00	103,509.00	74,230.90	176,363.00	201,793.00	159,570.00
中央政府向け信用（ネット）	369,722.00	351,611.00	315,790.00	273,698.00	256,718.00	241,418.00	258,051.00	215,236.00
中央政府向け信用	423,735.00	393,338.00	361,397.00	324,674.00	321,006.00	311,364.00	317,219.00	308,455.00
中央政府に対する負債	54,013.40	41,726.80	45,607.90	50,975.30	64,287.50	69,946.70	59,168.70	93,218.90
その他部門向け信用	314,121.00	374,236.00	447,724.00	599,100.00	749,527.00	849,338.00	1,067,670.00	1,398,940.00
その他金融機関向け信用	4,024.59	5,602.21	7,213.93	16,908.80	23,290.90	24,102.00	32,915.50	48,674.90
地方自治体向け信用	446.30	309.71	2,718.14	707.77	482.97	583.12	685.56	983.58
非金融公的企業向け信用	10,748.40	15,945.90	11,107.20	13,907.50	17,219.80	27,647.50	39,891.20	47,949.10
民間部門向け信用	298,901.00	352,378.00	426,685.00	567,576.00	708,534.00	797,005.00	994,181.00	1,301,330.00
中央銀行に対する負債	15,225.20	12,693.60	10,970.90	10,111.20	9,387.84	9,602.92	7,907.98	8,771.07
通貨性預金（広義流動性に含む）	153,647.00	161,170.00	180,819.00	204,204.00	227,571.00	276,196.00	355,272.00	359,291.00
その他預金（広義流動性に含む）	606,602.00	634,849.00	671,192.00	717,478.00	848,539.00	952,937.00	1,107,590.00	1,322,870.00
証券（広義流動性に含まれる株式以外）	1,846.77	1,962.11	6,272.81	2,669.90	2,279.62	2,614.98	3,487.15	3,279.45
預金（広義流動性から除外されたもの）	7,966.48	5,074.61	3,096.11	5,627.44	5,950.30	6,636.08	9,374.85	11,516.40
証券（広義流動性から除外される株式以外）				7,346.88	8,046.51	9,834.27	12,808.50	12,649.00
貸出	3,044.95	4,777.76	5,800.19	2,722.52	3,353.08	3,493.95	4,057.88	2,630.02
金融派生商品	-	-	-	3.72	-	0.01	37.20	190.62
保険契約準備金	-	-	-	-	-	-	-	-
株式及びその他持ち分	66,788.00	93,696.80	112,141.00	134,239.00	147,821.00	176,222.00	206,741.00	220,150.00
その他（ネット）	19,188.00	21,367.00	27,014.20	37,963.10	60,311.90	49,696.60	55,241.10	82,828.20
注記項目：総資産	1,126,830.00	1,155,570.00	1,266,420.00	1,334,830.00	1,541,470.00	1,774,790.00	2,075,710.00	2,413,420.00
預金取扱い金融機関	10億ルピア（期末）							
対外資産（ネット）	226,079.00	230,832.00	251,315.00	241,550.00	304,044.00	401,983.00	510,364.00	584,320.00
非居住者向け信用	414,756.00	383,950.00	390,925.00	412,999.00	465,695.00	482,941.00	613,698.00	717,713.00
非居住者に対する負債	188,678.00	153,118.00	139,610.00	171,450.00	161,651.00	80,957.70	103,334.00	133,393.00
国内信用	896,706.00	954,519.00	990,812.00	1,139,260.00	1,281,850.00	1,391,100.00	1,603,280.00	1,819,640.00
中央政府向け信用（ネット）	546,307.00	543,553.00	505,939.00	500,318.00	506,204.00	515,666.00	522,577.00	406,395.00
中央政府向け信用	693,963.00	700,161.00	624,791.00	598,344.00	618,281.00	600,500.00	597,150.00	591,836.00
中央政府に対する負債	147,657.00	156,608.00	118,852.00	98,025.20	112,076.00	84,834.00	74,572.80	185,441.00
その他部門向け信用	350,399.00	410,966.00	484,873.00	638,945.00	775,650.00	875,430.00	1,080,700.00	1,413,250.00
その他金融機関向け信用	5,156.89	7,084.37	8,914.51	18,403.10	24,764.20	25,550.50	34,387.60	50,265.40
地方自治体向け信用	446.30	309.71	2,718.14	707.77	482.97	583.12	685.56	983.58
非金融公的企業向け信用	10,748.40	15,945.90	11,107.20	13,907.50	17,219.80	27,647.50	39,891.20	47,949.10
民間部門向け信用	334,047.00	387,626.00	462,133.00	605,927.00	733,183.00	821,649.00	1,005,740.00	1,314,050.00
広義流動性負債	839,586.00	879,560.00	953,532.00	1,033,880.00	1,202,760.00	1,382,490.00	1,649,660.00	1,895,840.00
預金取扱い金融機関以外の通貨	76,342.20	80,659.00	94,538.60	109,028.00	123,991.00	150,654.00	182,967.00	209,747.00
通貨性預金	154,510.00	161,772.00	181,221.00	204,429.00	227,638.00	276,228.00	355,555.00	359,890.00
その他預金	606,887.00	635,167.00	671,500.00	717,749.00	848,854.00	952,996.00	1,107,650.00	1,322,920.00
証券（株式を除く）	1,846.77	1,962.11	6,272.81	2,669.90	2,279.62	2,614.98	3,487.15	3,279.45
預金（広義流動性から除外されたもの）	7,966.48	5,074.61	3,096.11	5,639.09	5,960.51	6,646.11	9,384.88	11,526.40
証券（広義流動性に含まれる株式以外）				20,928.20	32,493.50	42,089.80	58,208.70	20,801.90
貸出	3,044.95	4,777.76	5,800.19	2,722.52	3,353.08	3,493.95	4,057.88	2,630.02
金融派生商品	-	-	-	3.72	-	0.01	37.20	190.62
保険契約準備金	-	-	-	-	-	-	-	-
株式及びその他持ち分	191,343.00	214,736.00	206,153.00	251,189.00	263,548.00	273,303.00	318,337.00	370,936.00
その他（ネット）	80,843.90	81,202.30	73,545.40	66,453.40	77,780.60	85,053.00	73,957.00	102,038.00
広義流動性負債（季節調整値）	824,711.00	863,976.00	936,638.00	1,004,030.00	1,166,750.00	1,341,100.00	1,600,270.00	1,839,150.00

インドネシア

2009	2010	2011	2012	2013	2014	2015	2016
94,187.70	35,836.80	-53,699.20	-90,642.40	-158,328.00	-245,619.00	-245,807.00	-226,763.00
189,230.00	170,107.00	119,870.00	117,980.00	163,614.00	171,773.00	211,879.00	196,141.00
95,042.20	134,270.00	173,570.00	208,622.00	321,942.00	417,392.00	457,686.00	422,904.00
530,454.00	640,118.00	819,564.00	841,185.00	795,540.00	951,480.00	885,902.00	986,929.00
53,022.70	58,348.50	65,212.40	77,823.10	100,414.00	109,275.00	117,228.00	104,421.00
219,349.00	480,407.00	608,546.00	608,813.00	574,271.00	660,552.00	728,589.00	793,906.00
258,082.00	101,363.00	145,806.00	154,550.00	120,854.00	181,652.00	40,084.50	88,602.50
228,450.00	187,267.00	162,140.00	170,844.00	197,648.00	221,599.00	359,893.00	396,749.00
303,761.00	240,356.00	236,452.00	258,997.00	307,605.00	349,992.00	472,900.00	533,246.00
75,311.20	53,088.70	74,312.60	88,154.00	109,957.00	128,394.00	113,007.00	136,498.00
1,529,440.00	1,896,680.00	2,370,080.00	2,910,990.00	3,518,410.00	3,953,660.00	4,310,260.00	4,703,730.00
66,183.00	123,852.00	161,023.00	174,750.00	217,462.00	252,741.00	271,704.00	290,028.00
1,017.41	1,593.59	1,409.86	2,789.64	4,725.70	6,635.42	6,515.61	588.69
66,589.10	99,368.90	102,594.00	158,383.00	206,111.00	213,528.00	217,778.00	304,802.00
1,395,650.00	1,671,860.00	2,105,050.00	2,575,060.00	3,090,120.00	3,480,750.00	3,814,260.00	4,108,320.00
6,732.31	5,023.14	4,399.43	3,225.92	2,534.66	1,488.53	7,433.22	362.20
413,672.00	483,879.00	568,436.00	661,963.00	729,440.00	766,567.00	858,218.00	988,578.00
1,497,600.00	1,717,540.00	1,986,520.00	2,273,090.00	2,577,890.00	2,964,470.00	3,207,280.00	3,494,390.00
3,504.40	9,074.99	14,388.10	10,420.40	22,805.30	21,629.90	13,399.10	13,525.10
15,004.90	112,108.00	192,557.00	243,013.00	288,438.00	297,433.00	281,811.00	280,531.00
15,477.60	16,009.90	17,040.00	26,824.80	25,671.40	23,705.20	22,728.10	37,638.20
6,944.59	11,557.00	7,818.88	15,298.30	7,342.24	10,058.40	9,831.19	7,285.47
-	1,081.08	1,960.41	2,360.34	12,814.10	6,909.35	11,205.60	5,236.27
266,913.00	358,241.00	446,761.00	536,861.00	636,214.00	738,492.00	859,670.00	1,023,740.00
156,683.00	45,384.20	58,203.60	59,312.30	50,119.90	50,360.60	38,669.30	9,367.06
2,666,920.00	3,184,570.00	3,807,100.00	4,420,800.00	5,144,520.00	5,847,150.00	6,390,980.00	7,036,080.00
639,006.00	813,215.00	907,390.00	968,208.00	1,011,360.00	1,107,550.00	1,176,640.00	1,297,500.00
813,283.00	1,035,100.00	1,121,070.00	1,210,160.00	1,377,510.00	1,565,600.00	1,675,290.00	1,761,730.00
174,277.00	221,886.00	213,679.00	241,952.00	366,152.00	458,056.00	498,652.00	464,231.00
1,998,150.00	2,284,700.00	2,784,690.00	3,388,140.00	4,019,350.00	4,481,330.00	4,888,880.00	5,343,590.00
454,201.00	374,681.00	402,548.00	470,692.00	492,821.00	519,747.00	570,755.00	632,351.00
584,054.00	519,341.00	566,408.00	610,494.00	662,452.00	717,002.00	833,514.00	893,759.00
129,853.00	144,660.00	163,860.00	139,803.00	169,631.00	197,255.00	262,759.00	261,408.00
1,543,950.00	1,910,020.00	2,382,150.00	2,917,450.00	3,526,530.00	3,961,580.00	4,318,120.00	4,711,240.00
67,625.30	124,852.00	166,766.00	174,952.00	217,469.00	252,742.00	271,704.00	290,028.00
1,017.41	1,593.59	1,409.86	2,789.64	4,725.70	6,635.42	6,515.61	588.69
66,589.10	99,368.90	102,594.00	158,383.00	206,111.00	213,528.00	217,778.00	304,802.00
1,408,720.00	1,684,210.00	2,111,380.00	2,581,330.00	3,098,220.00	3,488,680.00	3,822,130.00	4,115,820.00
2,141,380.00	2,471,210.00	2,877,220.00	3,307,510.00	3,730,200.00	4,173,330.00	4,548,800.00	5,004,980.00
226,006.00	260,227.00	307,760.00	361,897.00	399,606.00	419,262.00	469,534.00	508,124.00
414,211.00	484,312.00	568,499.00	662,060.00	729,838.00	767,879.00	858,539.00	988,931.00
1,497,660.00	1,717,590.00	1,986,570.00	2,273,130.00	2,577,950.00	2,964,560.00	3,207,330.00	3,494,400.00
3,504.40	9,074.99	14,388.10	10,420.40	22,805.30	21,629.90	13,399.10	13,525.10
15,014.90	112,118.00	192,590.00	243,048.00	288,454.00	297,450.00	282,003.00	280,540.00
21,986.30	23,440.80	18,590.00	26,824.80	25,671.40	23,705.20	22,728.10	37,638.20
6,944.59	11,557.00	7,818.88	15,298.30	7,342.24	10,058.40	9,831.19	7,285.47
-	1,081.08	1,960.41	2,360.34	12,814.10	6,909.35	11,205.60	5,236.27
359,377.00	418,454.00	525,849.00	706,644.00	920,759.00	1,027,310.00	1,173,000.00	1,276,550.00
92,449.50	60,060.50	68,055.90	54,668.30	45,468.50	50,113.00	17,948.80	28,863.00
2,075,730.00	2,400,760.00	2,797,060.00	3,221,050.00	3,641,550.00	4,083,090.00	4,456,960.00	4,906,820.00

統　　計

インドネシア（2001-2016年）

	2001	2002	2003	2004	2005	2006	2007	2008
その他金融機関	10億ルピア（期末）							
対外資産（ネット）	・・・	・・・	・・・	・・・	・・・	・・・	・・・	・・・
非居住者向け信用	・・・	・・・	・・・	・・・	・・・	・・・	・・・	・・・
非居住者に対する負債	・・・	・・・	・・・	・・・	・・・	・・・	・・・	・・・
預金取扱い機関向け信用	・・・	・・・	・・・	・・・	・・・	・・・	・・・	・・・
中央政府向け信用（ネット）	・・・	・・・	・・・	・・・	・・・	・・・	・・・	・・・
中央政府向け信用	・・・	・・・	・・・	・・・	・・・	・・・	・・・	・・・
中央政府に対する負債	・・・	・・・	・・・	・・・	・・・	・・・	・・・	・・・
その他部門向け信用	・・・	・・・	・・・	・・・	・・・	・・・	・・・	・・・
地方自治体向け信用	・・・	・・・	・・・	・・・	・・・	・・・	・・・	・・・
非金融公的企業向け信用	・・・	・・・	・・・	・・・	・・・	・・・	・・・	・・・
民間部門向け信用	・・・	・・・	・・・	・・・	・・・	・・・	・・・	・・・
預金	・・・	・・・	・・・	・・・	・・・	・・・	・・・	・・・
証券（株式を除く）	・・・	・・・	・・・	・・・	・・・	・・・	・・・	・・・
貸出	・・・	・・・	・・・	・・・	・・・	・・・	・・・	・・・
金融派生商品	・・・	・・・	・・・	・・・	・・・	・・・	・・・	・・・
保険契約準備金	・・・	・・・	・・・	・・・	・・・	・・・	・・・	・・・
株式及びその他持ち分	・・・	・・・	・・・	・・・	・・・	・・・	・・・	・・・
その他（ネット）	・・・	・・・	・・・	・・・	・・・	・・・	・・・	・・・
注記項目：総資産	・・・	・・・	・・・	・・・	・・・	・・・	・・・	・・・
金融機関	10億ルピア（期末）							
対外資産（ネット）	・・・	・・・	・・・	・・・	・・・	・・・	・・・	・・・
非居住者向け信用	・・・	・・・	・・・	・・・	・・・	・・・	・・・	・・・
非居住者に対する負債	・・・	・・・	・・・	・・・	・・・	・・・	・・・	・・・
国内信用	・・・	・・・	・・・	・・・	・・・	・・・	・・・	・・・
中央政府向け信用（ネット）	・・・	・・・	・・・	・・・	・・・	・・・	・・・	・・・
中央政府向け信用	・・・	・・・	・・・	・・・	・・・	・・・	・・・	・・・
中央政府に対する負債	・・・	・・・	・・・	・・・	・・・	・・・	・・・	・・・
その他部門向け信用	・・・	・・・	・・・	・・・	・・・	・・・	・・・	・・・
地方自治体向け信用	・・・	・・・	・・・	・・・	・・・	・・・	・・・	・・・
非金融公的企業向け信用	・・・	・・・	・・・	・・・	・・・	・・・	・・・	・・・
民間部門向け信用	・・・	・・・	・・・	・・・	・・・	・・・	・・・	・・・
金融機関以外の通貨	・・・	・・・	・・・	・・・	・・・	・・・	・・・	・・・
預金	・・・	・・・	・・・	・・・	・・・	・・・	・・・	・・・
証券（株式を除く）	・・・	・・・	・・・	・・・	・・・	・・・	・・・	・・・
貸出	・・・	・・・	・・・	・・・	・・・	・・・	・・・	・・・
金融派生商品	・・・	・・・	・・・	・・・	・・・	・・・	・・・	・・・
保険契約準備金	・・・	・・・	・・・	・・・	・・・	・・・	・・・	・・・
株式及びその他持ち分	・・・	・・・	・・・	・・・	・・・	・・・	・・・	・・・
その他（ネット）	・・・	・・・	・・・	・・・	・・・	・・・	・・・	・・・
貨幣集計量	10億ルピア（期末）							
広義流動性	・・・	・・・	・・・	1,033,880.00	1,202,760.00	1,382,490.00	1,649,660.00	1,895,840.00
中央政府発行通貨	・・・	・・・	・・・	-	-	-	-	-
非金融会社の預金	・・・	・・・	・・・	-	-	-	-	-
中央政府発行証券	・・・	・・・	・・・	-	-	-	-	-
貨幣集計量（国内定義）	10億ルピア（期末）							
ベース・マネー	127,796.00	138,250.00	166,474.00	206,180.00	269,971.00	346,492.00	438,460.00	425,847.00
M1	177,731.00	191,939.00	223,799.00	245,946.00	271,166.00	347,013.00	450,055.00	456,787.00
M2	844,053.00	883,908.00	955,692.00	1,033,880.00	1,202,760.00	1,382,490.00	1,649,660.00	1,895,840.00
金利	年率（％）							
中央銀行政策金利	17.62	12.93	8.31	7.43	12.75	9.75	8.00	9.25
短期金融市場商品金利	15.03	13.54	7.76	5.38	6.78	9.18	6.02	8.48
預金金利	15.48	15.50	10.59	6.44	8.08	11.41	7.98	8.49
預金金利（外貨）	5.37	3.26	2.17	1.74	2.63	4.01	4.17	3.75
貸出金利	18.55	18.95	16.94	14.12	14.05	15.98	13.86	13.60
貸出金利（外貨）	8.95	7.38	6.52	5.70	6.36	7.57	7.21	6.41
物価	指数（2010年=100、期中平均）							
卸売物価指数（石油を含む）	44.62	45.88	46.83	50.83	59.29	66.66	76.48	97.12
卸売物価指数（石油を含まない）	141.46	150.04	152.45	159.89	100.00	・・・	・・・	・・・
消費者物価指数	49.08	54.91	58.53	62.18	68.68	77.69	82.67	90.75
GDPデフレーター	38.54	40.81	43.05	46.73	53.43	60.96	67.82	80.13

インドネシア

2009	2010	2011	2012	2013	2014	2015	2016
-42,310.90	-58,093.50	-76,539.60	-81,323.50	-97,542.00	-110,999.00	-111,692.00	-53,187.50
2,611.79	2,134.96	2,198.13	5,309.47	3,789.15	3,425.13	5,097.81	38,321.90
44,922.70	60,228.50	78,737.70	86,632.90	101,331.00	114,424.00	116,790.00	91,509.40
8,847.18	8,276.61	12,377.80	13,996.00	13,907.20	16,088.90	178,565.00	176,174.00
-	-	-	-	-	-	87,322.40	123,005.00
-	-	-	-	-	-	87,732.40	123,415.00
-	-	-	-	-	-	410.00	410.00
141,886.00	186,478.00	244,580.00	299,263.00	343,934.00	361,184.00	686,836.00	770,765.00
-	-	-	-	-	-	-	3.84
141,886.00	186,478.00	244,580.00	299,263.00	343,934.00	361,184.00	686,836.00	770,761.00
13,595.10	18,389.00	30,289.60	43,765.30	53,210.90	53,159.70	95,260.60	114,806.00
53,225.00	79,484.60	101,597.00	115,600.00	138,050.00	136,216.00	182,418.00	209,963.00
-	-	-	-	-	-	3.55	1,069.83
-	-	-	-	-	-	511,143.00	600,455.00
40,088.30	47,831.30	56,142.20	66,515.70	82,568.00	87,413.10	241,787.00	269,819.00
1,513.86	-9,044.17	-7,610.98	6,054.52	-13,530.40	-10,514.50	-189,582.00	-179,356.00
177,156.00	234,643.00	296,467.00	346,162.00	405,984.00	427,183.00	1,228,180.00	1,381,760.00
596,695.00	755,121.00	830,850.00	886,884.00	913,813.00	996,548.00	1,064,950.00	1,244,310.00
815,895.00	1,037,240.00	1,123,270.00	1,215,470.00	1,381,300.00	1,569,030.00	1,680,390.00	1,800,050.00
219,200.00	282,114.00	292,417.00	328,585.00	467,483.00	572,481.00	615,441.00	555,740.00
2,072,410.00	2,346,330.00	2,862,510.00	3,512,450.00	4,145,820.00	4,589,770.00	5,391,330.00	5,947,330.00
454,201.00	374,681.00	402,548.00	470,692.00	492,821.00	519,747.00	658,078.00	755,356.00
584,054.00	519,341.00	566,408.00	610,494.00	662,452.00	717,002.00	921,247.00	1,017,170.00
129,853.00	144,660.00	163,860.00	139,803.00	169,631.00	197,255.00	263,169.00	261,818.00
1,618,210.00	1,971,650.00	2,459,960.00	3,041,760.00	3,653,000.00	4,070,020.00	4,733,260.00	5,191,980.00
1,017.41	1,593.59	1,409.86	2,789.64	4,725.70	6,635.42	6,515.61	588.69
66,589.10	99,368.90	102,594.00	158,383.00	206,111.00	213,528.00	217,778.00	304,806.00
1,550,600.00	1,870,690.00	2,355,960.00	2,880,590.00	3,442,160.00	3,849,860.00	4,508,960.00	4,886,580.00
225,630.00	259,680.00	307,086.00	360,824.00	398,761.00	418,634.00	468,842.00	507,074.00
1,830,900.00	2,166,720.00	2,556,960.00	2,953,080.00	3,346,250.00	3,708,860.00	4,007,960.00	4,448,860.00
31,279.80	37,483.90	45,195.90	59,840.40	74,920.10	70,424.60	70,645.20	81,569.80
6,187.64	7,319.95	4,667.92	10,661.30	1,255.10	2,919.85	2,002.66	3,706.72
-	879.78	754.38	845.36	5,808.10	2,468.26	3,687.56	2,869.97
-	-	-	-	-	-	511,143.00	600,455.00
399,465.00	466,285.00	581,991.00	773,160.00	1,003,330.00	1,114,730.00	1,414,790.00	1,546,370.00
175,646.00	163,079.00	196,700.00	240,923.00	229,305.00	268,282.00	-22,792.20	735.44
2,141,380.00	2,471,210.00	2,877,220.00	3,307,510.00	3,730,200.00	4,173,330.00	4,548,800.00	5,004,980.00
-	-	-	-	-	-	-	-
466,393.00	525,145.00	657,337.00	755,251.00	890,552.00	993,320.00	1,029,910.00	1,070,050.00
515,824.00	483,879.00	722,938.00	841,652.00	887,081.00	942,221.00	1,055,440.00	1,237,640.00
2,141,380.00	2,471,210.00	2,877,220.00	3,307,510.00	3,730,200.00	4,173,330.00	4,548,800.00	5,004,980.00
6.50	6.50	6.00	5.75	7.50	7.75	7.50	4.75
7.16	6.01	5.62	4.01	4.83	5.85	5.83	4.80
9.28	7.02	6.93	5.95	6.26	8.75	8.34	7.17
3.30	2.30	1.48	1.96	1.93	2.20	1.61	1.02
14.50	13.25	12.40	11.80	11.66	12.61	12.66	11.89
6.34	4.97	3.93	4.04	3.95	4.24	4.00	4.01
95.36	100.00	107.43	112.93	120.14	137.27	143.72	155.05
95.31	100.00	105.33	110.30	121.45	134.54	・・・	・・・
95.12	100.00	105.36	109.86	116.91	124.39	132.30	136.97
86.76	100.00	107.47	111.50	117.04	123.41	128.38	131.53

統 計

オーストラリア（1948-2000年）

	1948	1949	1950	1951	1952	1953	1954	1955
為替レート	対SDRレート							
市場レート（期末）	0.62	0.89	0.89	0.90	0.89	0.89	0.90	0.89
	対ドル・レート							
市場レート（期末）	0.62	0.89	0.89	0.90	0.89	0.89	0.90	0.89
市場レート（期中平均）	0.62	0.67	0.89	0.89	0.89	0.89	0.89	0.89
	2010年=100（期中平均）							
市場レート	174.67	159.76	121.34	121.30	121.06	121.87	121.70	120.94
名目実効為替レート	・・・	・・・	・・・	・・・	・・・	・・・	・・・	・・・
実質実効為替レート（CPIベース）	・・・	・・・	・・・	・・・	・・・	・・・	・・・	・・・
実質実効為替レート（ユニット・レイバー・コスト・ベース）	・・・	・・・	・・・	・・・	・・・	・・・	・・・	・・・
IMFポジション	100万SDR（期末）							
クォータ	200.00	200.00	200.00	200.00	200.00	200.00	200.00	200.00
SDR	-	-	-	-	-	-	-	-
IMFリザーブポジション	8.41	-	-	-	-	-	-	8.44
内：IMF借入残高	-	-	-	-	-	-	-	-
IMFクレジット及び融資総残高	-	11.59	11.58	11.57	41.57	29.57	5.57	-
SDR配分額	-	-	-	-	-	-	-	-
国際流動性	100万米ドル（他に断りのない限り，期末）							
総準備（金を除く）	1,185.41	1,035.00	1,404.00	1,022.00	920.00	1,244.00	995.00	699.44
SDR	-	-	-	-	-	-	-	-
IMFリザーブポジション	8.41	-	-	-	-	-	-	8.44
外国為替	1,177.00	1,035.00	1,404.00	1,022.00	920.00	1,244.00	995.00	691.00
金（100万ファイントロイオンス）	・・・	1.74	2.55	2.84	3.26	3.23	3.65	4.00
金（国内評価額）	・・・	60.48	88.48	98.56	113.12	112.00	126.56	140.00
預金通貨銀行：資産	・・・	・・・	24.64	-220.64	168.00	127.68	80.64	98.56
預金通貨銀行：負債	・・・	・・・	・・・	・・・	・・・	・・・	・・・	・・・
通貨当局	100万オーストラリア・ドル（年最終月の週平均）							
対外資産	690.00	894.00	1,299.00	1,199.00	734.00	1,074.00	935.00	666.00
中央政府向け信用	745.28	686.95	603.94	889.63	857.12	845.10	884.17	1,086.16
準備貨幣	1,143.20	1,298.10	1,636.50	1,757.90	1,130.60	1,417.20	1,469.60	1,660.00
内：預金通貨銀行以外の現金通貨	410.00	449.00	488.00	573.00	632.00	668.00	706.00	748.00
対外負債	-	10.36	10.34	10.36	37.12	26.40	4.97	-
中央政府預金	・・・	・・・	・・・	・・・	・・・	・・・	・・・	・・・
その他（ネット）	292.40	271.90	256.20	320.10	423.40	475.60	344.70	91.70
預金通貨銀行	100万オーストラリア・ドル（年最終月の週平均）							
準備	887.00	996.00	1,293.00	1,340.00	679.00	938.00	948.00	904.00
対外資産	・・・	・・・	22.00	-197.00	150.00	114.00	72.00	88.00
中央政府向け信用	1,376.00	1,471.00	1,533.00	1,552.00	1,791.00	1,856.00	1,733.00	1,746.00
公的機関向け信用	88.00	110.00	147.00	187.00	225.00	263.00	294.00	324.00
民間部門向け信用	955.10	1,082.10	1,326.00	1,647.00	1,698.00	1,834.00	2,173.00	2,325.00
要求払い預金	1,293.00	1,558.00	1,958.00	2,255.00	2,128.00	2,432.00	2,477.00	2,508.00
定期預金及び貯蓄性預金	1,772.00	1,868.00	2,006.00	2,174.00	2,248.00	2,412.00	2,558.00	2,666.00
対外負債	・・・	・・・	・・・	・・・	・・・	・・・	・・・	・・・
中央政府預金	22.00	28.00	29.00	35.00	41.00	57.00	90.00	71.00
その他（ネット）	・・・	・・・	328.00	65.00	126.00	104.00	95.00	142.00
マネタリー・サーベイ	100万オーストラリア・ドル（年最終月の週平均）							
対外資産（ネット）	790.00	993.00	1,321.00	1,002.00	884.00	1,188.00	1,007.00	753.00
国内信用	3,143.98	3,330.15	3,589.74	4,249.03	4,552.52	4,762.60	5,077.07	5,510.86
中央政府向け信用（ネット）	2,099.28	2,129.95	2,107.94	2,406.63	2,607.12	2,644.10	2,527.17	2,761.16
公的機関向け信用	88.00	110.00	147.00	187.00	225.00	263.00	294.00	324.00
民間部門向け信用	956.70	1,090.20	1,334.80	1,655.40	1,720.40	1,855.50	2,255.90	2,425.70
現金・預金通貨	1,704.00	2,040.00	2,458.00	2,867.00	2,764.00	3,106.00	3,185.00	3,258.00
準通貨	1,772.00	1,868.00	2,006.00	2,174.00	2,248.00	2,412.00	2,558.00	2,666.00
その他（ネット）	457.98	415.15	446.74	210.03	424.52	432.60	341.07	339.86
現金・預金通貨（季節調整値）	・・・	・・・	・・・	・・・	・・・	・・・	・・・	・・・
現金・預金通貨＋準通貨	3,476.00	3,908.00	4,464.00	5,041.00	5,012.00	5,518.00	5,743.00	5,924.00
貨幣集計量（国内定義）	100万オーストラリア・ドル（期末）							
マネーベース	・・・	・・・	・・・	・・・	・・・	・・・	・・・	・・・
通貨	・・・	・・・	・・・	・・・	・・・	・・・	・・・	・・・
通貨（季節調整値）	・・・	・・・	・・・	・・・	・・・	・・・	・・・	・・・
M1	・・・	・・・	・・・	・・・	・・・	・・・	・・・	・・・
M1（季節調整値）	・・・	・・・	・・・	・・・	・・・	・・・	・・・	・・・
M3	・・・	・・・	・・・	・・・	・・・	・・・	・・・	・・・
M3（季節調整値）	・・・	・・・	・・・	・・・	・・・	・・・	・・・	・・・
広義流動性	・・・	・・・	・・・	・・・	・・・	・・・	・・・	・・・
広義流動性（季節調整値）	・・・	・・・	・・・	・・・	・・・	・・・	・・・	・・・
金利	年率（%）							
中央銀行政策金利	・・・	・・・	・・・	・・・	・・・	・・・	・・・	・・・
短期金融市場商品金利	・・・	・・・	・・・	・・・	・・・	・・・	・・・	・・・
財務省短期証券金利	・・・	・・・	・・・	・・・	・・・	・・・	・・・	・・・
預金金利	・・・	・・・	・・・	・・・	・・・	・・・	・・・	・・・
貸出金利	・・・	・・・	・・・	・・・	・・・	・・・	・・・	・・・
政府債利回り（短期）	2.25	1.99	1.95	2.01	2.49	3.07	3.34	3.79
政府債利回り（長期）	3.13	3.12	3.14	3.53	4.34	4.48	4.46	4.52
物価	指数（2010年=100，期中平均）							
工業製品価格指数	5.07	5.66	6.64	8.13	9.32	9.51	9.44	9.76
消費者物価指数		4.17	4.55	5.45	6.39	6.66	6.71	6.85
輸出物価指数	9.40	9.74	14.92	17.05	12.88	13.74	12.65	11.48
輸入物価指数	7.10	7.33	8.42	10.34	10.31	9.84	9.85	10.32
GDPデフレーター	・・・	・・・	・・・	・・・	・・・	・・・	・・・	・・・

オーストラリア

1956	1957	1958	1959	1960	1961	1962	1963	1964	1965	1966
0.90	0.89	0.89	0.89	0.89	0.89	0.89	0.90	0.90	0.89	0.90
0.90	0.89	0.89	0.89	0.89	0.89	0.89	0.90	0.90	0.89	0.90
0.89	0.89	0.89	0.89	0.89	0.89	0.89	0.89	0.89	0.89	0.89
121.13	121.04	121.74	121.70	121.65	121.42	121.66	121.32	120.98	121.15	121.02
...	81.31	83.55	84.63	85.42	87.12	88.12	88.70	90.73	92.19	92.53
...	...	...	...	...	...	...	...	...	...	...
200.00	200.00	200.00	300.00	400.00	400.00	400.00	400.00	400.00	400.00	500.00
8.44	8.45	8.45	47.54	72.55	-	74.18	100.00	100.02	135.03	170.04
-	-	-	-	-	102.43	-	-	-	-	-
853.44	1,203.45	944.45	1,095.54	742.55	1,158.00	1,168.18	1,634.00	1,680.02	1,317.03	1,344.04
8.44	8.45	8.45	47.54	72.55	-	74.18	100.00	100.02	135.03	170.04
845.00	1,195.00	936.00	1,048.00	670.00	1,158.00	1,094.00	1,534.00	1,580.00	1,182.00	1,174.00
4.67	3.30	4.19	4.38	4.22	4.61	5.44	5.95	6.46	7.07	6.40
162.40	115.36	162.40	153.44	147.84	161.28	190.40	208.32	226.24	247.52	224.00
169.12	108.64	108.64	104.16	32.48	81.76	68.32	127.68	92.96	59.36	80.64
...	...	...	...	...	...	...	...	...	...	...
707.00	1,048.00	889.00	1,007.00	799.00	1,068.00	1,149.00	1,504.00	1,648.00	1,288.00	1,336.00
1,090.56	967.46	1,033.46	1,026.35	1,192.02	983.76	1,040.97	776.71	875.10	1,011.14	892.78
1,678.10	1,833.00	1,715.70	1,844.70	1,870.70	1,764.50	1,933.80	1,984.90	2,266.40	2,128.80	2,093.60
761.00	768.00	787.00	813.00	848.00	838.00	852.00	849.00	866.00	828.00	909.00
					91.46					
...	...	...	...	...	...	...	...	...	...	...
119.50	182.30	206.40	188.70	119.80	195.50	255.70	295.60	257.10	170.30	135.50
893.00	1,057.50	923.00	1,023.80	1,013.50	921.20	1,061.00	1,125.00	1,375.20	1,292.70	1,207.20
151.00	97.00	97.00	93.00	29.00	73.00	61.00	114.00	83.00	53.00	72.00
1,960.00	2,055.40	2,080.50	2,251.80	2,133.70	2,485.90	2,591.40	3,011.20	3,269.40	3,294.80	3,582.80
384.00	432.60	479.70	544.90	611.00	670.10	805.40	920.10	1,045.30	1,170.10	1,294.20
2,300.00	2,360.70	2,572.60	2,727.90	3,106.40	3,031.60	3,295.80	3,684.80	4,230.10	4,778.30	5,363.40
2,496.00	2,650.00	2,548.00	2,761.20	2,700.30	2,610.90	2,667.60	2,930.30	3,119.60	3,074.90	3,290.80
2,890.00	3,115.00	3,294.00	3,573.00	3,849.80	4,296.10	4,842.10	5,459.20	6,322.00	6,938.20	7,483.40
...	...	...	...	...	...	...	...	...	...	...
69.00	72.50	84.60	115.60	129.20	119.10	126.70	184.00	213.40	244.90	238.10
233.00	165.00	226.00	192.00	227.00	228.00	228.00	234.00	282.00	347.00	507.00
858.00	1,187.00	988.00	1,115.00	794.00	1,087.00	1,213.00	1,645.00	1,703.00	1,368.00	1,399.00
5,741.96	5,780.36	6,105.86	6,490.55	6,983.32	7,118.86	7,628.07	8,232.61	9,250.30	10,131.00	10,988.60
2,981.56	2,950.36	3,029.36	3,162.55	3,196.52	3,350.56	3,505.67	3,603.91	3,931.10	4,061.04	4,237.48
384.00	432.60	479.70	544.90	611.00	670.10	805.40	920.10	1,045.30	1,170.10	1,294.20
2,376.40	2,397.40	2,596.80	2,783.10	3,175.80	3,098.20	3,317.00	3,708.60	4,273.90	4,899.90	5,456.90
3,259.00	3,420.00	3,338.00	3,577.00	3,551.00	3,457.00	3,525.00	3,783.00	3,991.00	3,907.00	4,203.00
2,890.00	3,115.00	3,294.00	3,573.00	3,849.80	4,296.10	4,842.10	5,459.20	6,322.00	6,938.20	7,483.40
450.96	432.36	461.86	455.55	376.52	452.76	473.97	635.41	640.30	653.84	701.18
...	3,326.85	3,250.24	3,493.16	3,471.16	3,375.98	3,439.02	3,687.13	3,878.52	3,789.52	4,064.80
6,149.00	6,535.00	6,632.00	7,150.00	7,400.80	7,753.10	8,367.10	9,242.20	10,313.00	10,845.20	11,686.40
...	...	...	813.00	848.00	...	852.00	...	866.00	828.00	909.00
...	...	...	781.91	815.50	...	818.77	...	828.54	792.11	869.25
...	...	...	...	...	...	...	...	...	...	...
...	...	...	7,149.00	741.00	7,753.00	8,367.00	9,242.00	1,313.00	1,845.00	11,686.00
...	...	...	...	...	...	...	...	...	10,586.00	11,385.00
...	...	...	...	...	...	...	...	...	10,586.00	11,385.00
...	...	...	...	...	...	...	...	...	...	...
...	...	...	...	...	...	...	...	...	...	...
...	...	...	...	...	...	...	...	...	...	...
...	...	...	5.00	5.00	5.50	5.50	5.13	5.07	5.31	5.38
4.71	4.57	4.29	3.99	4.39	4.99	4.29	3.82	4.12	4.85	4.92
5.03	5.02	4.97	4.91	4.99	5.27	4.92	4.58	4.72	5.21	5.25
10.12	10.19	9.97	10.09	10.69	10.30	10.01	10.20	10.43	10.79	11.24
7.27	7.45	7.55	7.69	7.98	8.18	8.16	8.20	8.40	8.73	8.99
11.59	12.69	10.01	10.58	10.48	10.51	10.55	11.87	12.25	11.26	11.85
10.53	10.73	10.88	10.83	11.01	11.14	11.02	11.13	11.30	11.51	11.69
...	...	...	7.81	7.31	7.34	7.39	7.60	7.84	8.04	8.39

統　　計

オーストラリア（1948-2000年）

	1967	1968	1969	1970	1971	1972	1973	1974
為替レート	対SDRレート							
市場レート（期末）	0.89	0.90	0.89	0.90	0.91	0.85	0.81	0.92
	対ドル・レート							
市場レート（期末）	0.89	0.90	0.89	0.90	0.84	0.78	0.67	0.75
市場レート（期中平均）	0.89	0.89	0.89	0.89	0.88	0.84	0.70	0.70
	2010年=100（期中平均）							
市場レート	120.99	120.99	120.83	121.12	123.56	129.67	202.84	156.36
名目実効為替レート	93.08	95.75	96.09	96.22	97.07	96.49	107.78	111.87
実質実効為替レート（CPIベース）	・・・	・・・	・・・	・・・	・・・	・・・	・・・	・・・
実質実効為替レート（ユニット・レイバー・コスト・ベース）	・・・	・・・	・・・	・・・	・・・	・・・	・・・	・・・
IMFポジション	100万SDR（期末）							
クォータ	500.00	500.00	500.00	665.00	665.00	665.00	665.00	665.00
SDR				90.49	164.01	234.61	234.72	99.89
IMFリザーブポジション	205.36	255.45	260.35	267.04	167.43	167.44	166.84	175.76
内：IMF借入残高								
IMFクレジット及び融資総残高	-	-	-	-	-	-	-	-
SDR配分額				84.00	155.16	225.64	225.64	225.64
国際流動性	100万米ドル（他に断りのない限り，期末）							
総準備（金を除く）	1,133.36	1,185.45	998.35	1,453.53	3,033.85	5,859.51	5,386.42	3,953.04
SDR				90.49	178.07	254.72	283.15	122.30
IMFリザーブポジション	205.36	255.45	260.35	267.04	181.78	181.79	201.27	215.19
外国為替	928.00	930.00	738.00	1,096.00	2,674.00	5,423.00	4,902.00	3,615.54
金（100万ファイントロイオンス）	6.60	7.34	7.51	6.83	7.43	7.40	7.37	7.38
金（国内評価額）	230.72	257.60	263.20	238.56	・・・	280.50	310.89	315.83
預金通貨銀行：資産	68.32	96.32	184.80	98.56	156.86	209.10	199.32	201.70
預金通貨銀行：負債				143.49	242.25	315.35	390.14	
通貨当局	100万オーストラリア・ドル（年最終月の週平均）							
対外資産	1,224.00	1,279.00	1,165.00	1,542.00	2,785.00	4,793.96	3,953.16	3,259.63
中央政府向け信用	970.44	1,182.92	1,348.64	1,137.87	629.11	288.52	584.09	1,058.24
準備貨幣	2,259.00	2,472.20	2,710.10	2,695.40	3,193.50	3,828.40	4,829.90	4,241.50
内：預金通貨銀行以外の現金通貨	992.00	1,069.00	1,194.00	1,330.00	1,477.00	1,665.00	1,965.00	2,355.00
対外負債								
中央政府預金								
その他（ネット）	-65.10	-10.00	-196.80	-15.30	220.80	1,253.98	-292.64	76.56
預金通貨銀行	100万オーストラリア・ドル（年最終月の週平均）							
準備	1,256.20	1,394.10	1,496.90	1,341.20	1,706.30	2,199.80	2,770.80	1,794.10
対外資産	61.00	86.00	165.00	88.00	129.00	164.00	134.00	152.00
中央政府向け信用	3,776.20	3,657.00	3,898.00	4,141.00	4,339.00	5,601.70	5,798.80	5,723.80
公的機関向け信用	1,458.50	1,604.60	1,776.10	1,916.00	2,121.70	2,379.90	2,769.50	3,118.40
民間部門向け信用	6,066.50	6,870.20	7,720.70	8,217.00	9,285.60	10,790.30	14,010.60	16,682.80
要求払い預金	3,500.00	3,678.10	4,005.70	4,110.50	4,265.50	5,227.10	6,075.90	5,619.90
定期性預金及び貯蓄性預金	8,243.90	8,883.00	9,729.00	10,252.00	11,316.50	13,525.20	16,725.90	19,054.90
対外負債	・・・	・・・	・・・	・・・	118.00	190.00	212.00	294.00
中央政府預金	286.20	307.30	340.80	395.90	499.10	535.70	755.80	604.30
その他（ネット）	589.00	744.00	981.00	945.00	1,383.00	1,658.00	1,715.00	1,898.00
マネタリー・サーベイ	100万オーストラリア・ドル（年最終月の週平均）							
対外資産（ネット）	1,279.00	1,375.00	1,291.00	1,599.00	2,796.00	4,767.96	3,875.16	3,117.63
国内信用	12,196.60	13,146.60	14,812.00	15,389.60	16,124.80	18,723.90	22,528.30	26,111.10
中央政府向け信用（ネット）	4,460.44	4,532.62	4,905.84	4,882.97	4,469.01	5,354.52	5,627.09	6,177.74
公的機関向け信用	1,458.50	1,604.60	1,776.10	1,916.00	2,121.70	2,379.90	2,769.50	3,118.40
民間部門向け信用	6,277.70	7,009.40	8,130.10	8,590.60	9,534.10	10,989.50	14,131.70	16,815.00
現金・預金通貨	4,495.00	4,752.00	5,205.00	5,446.00	5,749.00	6,899.00	8,050.00	7,990.00
準通貨	8,243.90	8,883.00	9,729.00	10,252.00	11,316.50	13,525.20	16,725.90	19,054.90
その他（ネット）	736.74	886.62	1,169.04	1,290.57	1,855.31	3,067.68	1,627.56	2,183.86
現金・預金通貨（季節調整値）	4,338.80	4,578.03	5,009.62	5,241.58	5,533.21	6,646.44	7,755.30	7,697.50
現金・預金通貨＋準通貨	12,738.90	13,635.00	14,934.00	15,698.00	17,065.50	20,424.20	24,775.90	27,044.90
貨幣集計量（国内定義）	100万オーストラリア・ドル（期末）							
マネーベース	・・・	・・・	・・・	・・・	・・・	・・・	・・・	・・・
通貨	992.00	1,069.00	1,194.00	1,330.00	1,477.00	1,665.00	1,965.00	2,355.00
通貨（季節調整値）	948.28	1,021.81	1,141.65	1,272.08	1,413.01	1,592.78	1,880.03	2,252.59
M1	・・・	・・・	・・・	・・・	・・・	・・・	・・・	・・・
M1（季節調整値）	・・・	・・・	・・・	・・・	・・・	・・・	・・・	・・・
M3	12,739.00	13,635.00	14,934.00	15,698.00	1,767.00	2,424.00	24,799.00	26,541.00
M3（季節調整値）	12,339.00	13,280.00	14,482.00	15,252.00	16,554.00	19,317.00	23,925.00	25,360.00
広義流動性	・・・	・・・	・・・	・・・	・・・	・・・	・・・	・・・
広義流動性（季節調整値）	12,339.00	13,280.00	14,482.00	15,252.00	16,554.00	19,317.00	23,925.00	25,360.00
金利	年率（％）							
中央銀行政策金利	・・・	・・・	5.50	6.03	6.08	4.89	6.13	10.22
短期金融市場商品金利	・・・	・・・	・・・	5.19	5.46	4.65	4.98	7.52
財務省短期証券金利	・・・	・・・	4.79	5.38	5.41	4.32	5.21	9.07
預金金利	・・・	・・・	・・・	6.29	6.60	6.29	6.91	10.06
貸出金利	5.38	5.58	5.88	6.91	7.25	7.02	7.34	9.38
政府債利回り（短期）	4.55	4.81	5.25	6.26	6.14	4.91	6.30	9.33
政府債利回り（長期）	5.25	5.21	5.71	6.65	6.71	5.83	6.93	9.04
物価	指数（2010年=100，期中平均）							
工業製品価格指数	11.48	11.55	11.72	12.22	12.83	13.44	14.60	16.84
消費者物価指数	9.28	9.52	9.80	10.18	10.80	11.44	12.52	14.41
輸出物価指数	11.11	10.99	11.22	10.88	11.00	12.58	16.19	19.00
輸入物価指数	11.73	11.57	11.93	12.34	13.10	13.62	13.63	19.02
GDPデフレーター	8.63	8.95	9.46	9.83	10.45	11.19	12.62	14.84

オーストラリア

1975	1976	1977	1978	1979	1980	1981	1982	1983	1984	1985
0.93	1.07	1.06	1.13	1.19	1.08	1.03	1.12	1.16	1.18	1.61
0.80	0.92	0.88	0.87	0.90	0.85	0.89	1.02	1.11	1.21	1.47
0.76	0.82	0.90	0.87	0.89	0.88	0.87	0.99	1.11	1.14	1.43
142.49	133.24	120.61	124.50	121.58	123.93	124.99	110.65	98.14	95.66	76.22
102.88	101.51	90.44	85.92	83.31	86.44	95.29	93.09	87.93	92.66	77.99
...	...	...	...	...	92.11	100.12	100.34	98.38	101.47	...
665.00	665.00	665.00	790.00	790.00	1,185.00	1,185.00	1,185.00	1,619.20	1,619.20	1,619.20
95.74	36.32	21.82	98.67	31.94	-	44.83	77.72	76.96	213.39	282.52
166.78	166.84	166.30	161.33	156.37	255.15	252.47	0.07	108.63	186.67	188.69
-	332.50	332.50	246.86	270.62	61.71	-	32.46	-	-	-
225.64	225.64	225.64	225.64	307.80	389.97	470.55	470.55	470.55	470.55	470.55
2,954.77	2,869.80	2,057.60	2,061.60	1,424.32	1,689.96	1,670.88	6,371.26	8,962.10	7,441.36	5,767.60
112.08	42.20	26.51	128.55	42.08	-	52.18	85.73	80.57	209.17	310.33
195.24	193.84	202.01	210.18	205.99	325.42	293.87	0.08	113.73	182.98	207.26
2,647.45	2,633.76	1,829.09	1,722.87	1,176.25	1,364.53	1,324.83	6,285.45	8,767.80	7,049.21	5,250.01
7.38	7.36	7.65	7.79	7.93	7.93	7.93	7.93	7.93	7.93	7.93
299.19	299.85	1,228.15	1,618.75	3,675.79	4,721.62	3,247.22	3,527.22	3,080.33	2,538.86	2,551.33
275.31	250.96	182.62	271.52	215.57	367.20	395.89	119.63	178.60	913.06	1,483.00
276.56	304.19	310.46	375.06	428.93	655.29	729.75	726.63	646.73	1,275.64	2,921.74
2,907.37	2,771.67	3,052.90	3,334.32	4,147.99	5,878.12	4,262.70	9,744.71	13,390.20	12,003.20	12,411.90
2,796.19	4,741.36	5,005.17	5,038.85	6,562.14	6,710.24	7,763.76	4,102.14	3,879.71	5,802.56	8,640.01
5,466.10	6,122.80	6,438.00	6,367.60	6,932.30	7,611.80	8,450.90	9,198.80	10,370.60	11,500.10	12,914.20
2,761.00	3,127.00	3,550.00	3,955.00	4,375.00	4,975.00	5,533.00	6,023.00	6,882.00	7,855.00	8,632.00
...	355.59	353.86	279.54	322.48	66.66	-	36.52	...	...	...
237.46	1,034.64	1,266.12	1,726.03	3,455.46	4,910.00	3,575.76	4,611.53	6,899.43	6,305.48	8,137.76
2,588.60	3,058.60	2,848.40	2,350.20	2,517.60	2,619.00	2,910.20	3,264.20	3,451.00	3,648.10	4,279.80
219.00	231.00	160.00	236.00	195.00	311.00	351.00	122.00	198.00	1,103.00	2,178.00
7,323.50	7,385.60	6,717.70	7,439.00	7,956.90	9,200.80	9,145.80	10,598.70	13,136.90	12,928.90	14,099.80
3,730.50	4,312.60	4,763.70	5,255.00	5,677.40	6,116.20	6,557.20	6,752.20	7,761.20	8,113.60	7,816.90
19,321.20	23,091.00	25,860.40	29,221.80	33,822.40	38,015.30	43,990.90	48,832.90	55,334.00	64,626.80	86,990.60
6,998.20	7,549.90	7,826.00	8,740.10	10,265.60	12,190.70	12,487.70	11,960.30	13,861.50	14,615.40	14,650.30
22,798.10	25,911.30	27,368.90	30,115.80	33,135.50	37,275.10	41,818.70	48,194.30	54,195.70	61,300.10	75,505.20
220.00	280.00	272.00	326.00	388.00	555.00	647.00	741.00	717.00	1,541.00	4,291.00
897.40	1,562.40	1,625.60	1,624.40	1,747.80	1,033.00	1,128.80	1,392.60	1,261.20	1,732.60	1,131.10
2,269.10	2,775.20	3,257.70	3,695.70	4,632.40	5,208.50	6,872.90	7,281.80	9,845.70	11,231.30	19,787.50
2,906.37	2,367.08	2,587.05	2,964.78	3,632.52	5,567.46	3,966.70	9,089.19	12,871.20	11,565.20	10,298.90
32,433.00	38,091.30	41,204.30	45,574.90	52,472.80	59,272.20	66,684.80	69,188.00	79,213.60	89,890.50	116,617.00
9,222.29	10,564.60	10,097.30	10,853.50	12,771.20	14,878.00	15,780.80	13,308.20	15,755.40	16,998.90	21,608.70
3,730.50	4,312.60	4,763.70	5,255.00	5,677.40	6,116.20	6,557.20	6,752.20	7,761.20	8,113.60	7,816.90
19,480.20	23,214.10	26,343.30	29,466.40	34,024.20	38,278.00	44,346.80	49,127.60	55,697.00	64,778.00	87,191.00
9,807.00	10,681.00	11,390.00	12,709.00	14,661.00	17,220.00	18,063.00	18,032.00	20,796.00	22,492.00	23,298.00
22,798.10	25,911.30	27,368.90	30,115.80	33,135.50	37,275.10	41,818.70	48,194.30	54,195.70	61,300.10	75,505.20
2,734.26	3,866.04	5,032.42	5,714.83	8,308.86	10,344.60	10,769.80	12,050.90	17,093.10	17,663.60	28,112.30
9,447.98	10,290.00	10,951.90	12,208.50	14,056.60	16,478.50	17,268.60	17,222.50	19,881.50	21,523.40	22,316.10
32,605.10	36,592.30	38,758.90	42,824.80	47,796.50	54,495.10	59,881.70	66,226.30	74,991.70	83,792.10	98,803.20
5,394.00	6,025.00	6,400.00	6,343.00	6,938.00	7,618.00	8,452.00	9,253.00	10,333.00	11,519.00	12,895.00
2,761.00	3,127.00	3,550.00	3,955.00	4,375.00	4,975.00	5,533.00	6,023.00	6,881.00	7,854.00	8,632.00
2,640.77	2,990.48	3,395.98	3,784.83	4,190.34	4,769.60	5,310.84	5,787.14	6,618.58	7,558.95	8,308.38
1,184.00	11,115.00	11,848.00	1,326.00	1,528.00	17,941.00	18,884.00	18,897.00	21,776.90	23,278.00	24,875.40
9,790.00	10,717.00	11,408.00	12,775.00	14,715.00	17,179.00	18,054.00	18,098.00	20,808.00	22,320.00	23,968.00
32,331.00	41,441.00	44,979.00	5,616.00	57,232.00	65,457.00	72,752.00	81,035.00	92,562.00	105,399.00	120,667.00
31,750.00	53,524.00	59,296.00	67,705.00	77,603.00	91,131.00	105,090.00	120,336.00	137,065.00	154,465.00	178,048.00
...	5,425.00	666.00	68,511.00	78,464.00	92,153.00	106,109.00	121,276.00	138,253.00	155,731.00	179,433.00
31,750.00	53,524.00	59,296.00	67,705.00	77,603.00	91,131.00	105,090.00	120,336.00	137,065.00	154,465.00	178,048.00
8.71	8.67	9.91	9.35	9.53	11.11	13.53	15.76	12.14	12.03	15.98
9.49	7.09	8.64	8.64	9.05	11.18	13.82	16.32	11.25	11.88	15.75
7.51	7.51	8.53	8.65	8.88	10.67	13.25	14.64	11.06	10.99	15.42
11.32	10.84	11.32	10.71	10.37	10.79	13.04	15.51	13.27	12.87	14.47
10.27	9.92	9.88	9.38	9.13	9.98	11.83	13.29	12.42	11.50	12.42
8.46	8.69	9.74	8.80	9.62	11.50	13.76	15.18	12.84	12.25	14.03
9.74	10.03	10.23	9.06	9.75	11.65	13.96	15.38	13.89	13.53	13.95
19.37	21.56	23.76	25.71	29.51	33.65	36.49	39.75	42.96	45.28	48.28
16.58	18.82	21.14	22.81	24.89	27.41	30.06	33.41	36.79	38.25	40.83
19.88	21.71	24.36	25.24	30.50	34.94	35.53	37.14	39.95	40.09	45.05
23.96	26.31	31.80	33.84	40.94	51.86	52.80	56.39	61.24	62.79	74.52
16.98	19.18	21.08	22.81	24.97	27.41	30.18	33.79	36.77	38.90	41.07

統　計

オーストラリア（1948-2000年）

	1986	1987	1988	1989	1990	1991	1992	1993
為替レート	対SDRレート							
市場レート（期末）	1.84	1.96	1.57	1.66	1.84	1.88	2.00	2.03
	対ドル・レート							
市場レート（期末）	1.50	1.38	1.17	1.26	1.29	1.32	1.45	1.48
市場レート（期中平均）	1.50	1.43	1.28	1.26	1.28	1.28	1.36	1.47
	2010年=100（期中平均）							
市場レート	72.96	76.22	85.29	86.19	84.97	84.73	79.97	73.97
名目実効為替レート	65.32	63.17	69.58	76.19	77.28	78.79	75.00	73.51
実質実効為替レート（CPIベース）	74.71	74.52	82.10	87.99	85.67	84.39	76.30	71.10
実質実効為替レート（ユニット・レイバー・コスト・ベース）	・・・	・・・	・・・	・・・	・・・	・・・	・・・	・・・
IMFポジション	100万SDR（期末）							
クォータ	1,619.20	1,619.20	1,619.20	1,619.20	1,619.20	1,619.20	2,333.20	2,333.20
SDR	271.02	260.09	248.29	233.98	218.27	202.41	69.63	59.66
IMFリザーブポジション	188.77	188.83	204.57	245.13	245.19	245.25	419.70	400.48
内：IMF借入残高	-	-	-	-	-	-	-	-
IMFクレジット及び融資総残高	-	-	-	-	-	-	-	-
SDR配分額	470.55	470.55	470.55	470.55	470.55	470.55	470.55	470.55
国際流動性	100万米ドル（他に断りのない限り，期末）							
総準備（金を除く）	7,246.11	8,743.75	13,598.50	13,780.10	16,264.50	16,534.60	11,208.40	11,102.00
SDR	331.51	368.98	334.12	307.49	310.52	289.53	95.74	81.95
IMFリザーブポジション	230.90	267.89	275.29	322.14	348.82	350.81	577.09	550.08
外国為替	6,683.70	8,106.88	12,989.10	13,150.50	15,605.20	15,894.30	10,535.60	10,470.00
金（100万ファイントロイオンス）	7.93	7.93	7.93	7.93	7.93	7.93	7.93	7.90
金（国内評価額）	3,100.43	3,855.26	3,319.34	3,248.48	3,063.81	2,803.66	2,638.72	3,085.54
預金通貨銀行：資産	3,631.14	5,399.24	6,408.55	7,184.24	10,601.90	8,273.77	8,218.45	9,062.15
預金通貨銀行：負債	8,966.82	12,070.10	13,666.60	22,074.30	33,997.40	37,435.90	37,769.70	41,840.20
通貨当局	100万オーストラリア・ドル（年最終月の週平均）							
対外資産	15,476.70	17,439.50	19,561.30	21,234.30	24,204.60	24,505.80	20,212.10	21,415.40
中央政府向け信用	9,189.18	8,031.42	5,256.71	4,199.62	4,280.13	5,499.55	14,303.10	14,265.70
準備貨幣	14,025.20	15,683.00	17,478.00	17,559.00	18,917.00	19,478.40	20,647.80	21,986.90
内：預金通貨銀行以外の現金通貨	9,538.00	10,841.00	12,267.00	13,018.00	14,342.00	15,328.00	16,326.00	17,279.00
対外負債	・・・	・・・	・・・	8.00	37.22	46.85	54.36	38.13
中央政府預金	・・・	・・・	1,576.00	1,350.00	1,937.00	2,719.00	2,634.00	
その他（ネット）	10,640.80	9,786.90	7,340.06	6,290.90	8,180.56	8,543.07	11,094.00	11,022.00
預金通貨銀行	100万オーストラリア・ドル（年最終月の週平均）							
準備	4,471.60	4,813.00	5,111.00	4,447.00	4,281.00	4,083.67	4,264.90	4,673.54
対外資産	5,462.00	7,473.00	7,491.00	9,456.00	14,827.00	12,412.60	14,968.50	16,281.20
中央政府向け信用	17,930.00	20,156.00	21,525.00	26,618.00	21,434.00	24,902.00	28,404.90	30,929.10
公的機関向け信用	7,015.50	6,513.00	7,064.00	5,477.00	6,196.00	5,395.35	6,195.40	4,418.52
民間部門向け信用	105,049.00	122,489.00	151,623.00	225,978.00	255,618.00	262,093.00	273,139.00	290,232.00
要求払い預金	16,391.30	20,352.00	23,889.00	30,478.00	32,335.00	34,851.50	43,928.80	53,719.40
定期性預金及び貯蓄性預金	82,305.00	94,385.00	111,923.00	150,499.00	172,064.00	171,102.00	177,390.00	180,265.00
対外負債	13,488.00	16,706.00	15,975.00	27,847.00	43,964.00	49,270.70	54,850.00	61,793.30
中央政府預金	916.60	595.00	438.00	1,759.00	1,923.00	2,693.80	3,566.08	3,636.70
その他（ネット）	26,827.60	29,406.00	40,589.00	61,393.00	52,070.00	50,968.20	47,238.50	47,120.30
マネタリー・サーベイ	100万オーストラリア・ドル（年最終月の週平均）							
対外資産（ネット）	7,450.68	8,206.47	11,077.30	2,835.28	-4,969.58	-12,399.10	-19,723.80	-24,134.80
国内信用	138,326.00	156,595.00	185,031.00	258,938.00	284,255.00	293,259.00	315,758.00	333,575.00
中央政府向け信用（ネット）	26,202.60	27,592.40	26,343.70	27,482.60	22,441.10	25,770.70	36,423.00	38,924.10
公的機関向け信用	7,015.50	6,513.00	7,064.00	5,477.00	6,196.00	5,395.35	6,195.40	4,418.52
民間部門向け信用	105,108.00	122,490.00	151,623.00	225,978.00	255,618.00	262,093.00	273,139.00	290,232.00
現金・預金通貨	25,947.00	31,218.00	40,470.00	43,518.00	46,698.00	50,228.50	60,293.80	71,026.40
準通貨	82,305.00	94,385.00	111,923.00	150,499.00	172,064.00	171,102.00	177,390.00	180,265.00
その他（ネット）	37,525.00	39,198.90	43,715.10	67,755.90	60,523.60	59,529.00	58,350.40	58,148.80
現金・預金通貨（季節調整値）	24,853.40	29,931.00	38,876.10	42,046.40	45,206.20	48,623.90	58,311.20	68,690.90
現金・預金通貨＋準通貨	108,252.00	125,603.00	152,393.00	194,017.00	218,762.00	221,330.50	237,683.80	251,291.40
貨幣集計量（国内定義）	100万オーストラリア・ドル（期末）							
マネーベース	13,940.00	15,659.00	17,267.00	17,486.00	18,643.00	19,461.00	20,636.00	21,980.00
通貨	9,537.00	10,840.00	12,266.00	13,018.00	14,342.00	15,328.00	16,326.00	17,278.00
通貨（季節調整値）	9,178.05	10,433.30	11,811.10	12,549.10	13,849.40	14,837.90	15,841.00	16,799.30
M1	28,097.90	33,927.80	40,088.40	43,515.20	46,696.70	50,228.30	60,299.90	71,025.70
M1（季節調整値）	27,035.00	32,727.00	38,757.00	42,142.00	45,317.00	48,338.00	58,098.00	68,507.00
M3	131,643.00	148,219.00	173,005.00	207,474.00	229,476.00	234,017.00	243,384.00	258,217.00
M3（季節調整値）	202,693.00	237,770.00	281,512.00	313,812.00	324,779.00	318,812.00	324,445.00	335,123.00
広義流動性	204,447.00	239,666.00	283,656.00	316,290.00	326,979.00	321,264.00	326,755.00	337,591.00
広義流動性（季節調整値）	202,693.00	237,770.00	281,512.00	313,812.00	324,779.00	318,812.00	324,445.00	335,123.00
金利	年率（%）							
中央銀行政策金利	16.93	14.95	13.20	17.23	12.00	8.50	5.75	4.75
短期金融市場商品金利	16.76	13.52	12.51	17.25	14.88	10.53	6.53	5.15
財務省短期証券金利	15.39	12.80	12.14	16.80	14.15	9.96	6.27	5.00
預金金利	16.75	15.37	13.80	18.95	16.35	11.41	7.36	5.95
貸出金利	15.00	15.08	14.08	16.46	16.35	13.42	10.58	9.42
政府債利回り（短期）	13.97	13.17	12.18	15.14	13.46	9.94	7.61	6.21
政府債利回り（長期）	13.42	13.19	12.10	13.41	13.18	10.69	9.22	7.28
物価	指数（2010年=100, 期中平均）							
工業製品価格指数	50.97	54.70	59.65	62.69	66.43	67.40	68.43	69.80
消費者物価指数	44.53	48.31	51.81	55.72	59.78	61.70	62.31	63.44
輸出物価指数	45.59	47.41	53.02	55.92	56.44	51.57	52.61	53.30
輸入物価指数	81.41	86.29	84.31	83.47	86.79	87.70	91.62	99.05
GDPデフレーター	43.81	46.79	51.04	54.83	57.59	58.48	59.15	59.88

204

オーストラリア

1994	1995	1996	1997	1998	1999	2000
1.88	2.00	1.81	2.07	2.29	2.10	2.35
1.29	1.34	1.26	1.53	1.63	1.53	1.81
1.37	1.35	1.28	1.35	1.59	1.55	1.72
79.57	80.64	85.15	80.92	68.45	70.18	63.33
81.48	78.91	86.28	87.53	81.45	81.59	76.17
74.63	72.91	79.76	79.33	72.58	72.88	69.74
・・・	53.45	59.22	62.66	56.10	58.50	58.19
2,333.20	2,333.20	2,333.20	2,333.20	2,333.20	3,236.00	3,236.00
49.93	36.77	25.39	13.81	12.59	53.00	72.00
346.86	337.62	334.90	538.98	892.26	1,189.00	954.00
-	-	-	-	74.67	-	-
470.55	470.55	470.55	470.55	470.55	470.55	470.55
11,285.10	11,896.20	14,484.70	16,845.30	14,641.00	21,212.00	18,118.00
72.89	54.66	36.50	18.63	18.00	72.00	94.00
506.36	501.87	481.57	727.22	1,256.33	1,633.00	1,243.00
10,705.90	11,339.60	13,966.60	16,099.50	13,366.00	19,507.00	16,782.00
7.90	7.90	7.90	2.56	2.56	2.56	2.56
3,022.53	3,054.50	2,917.58	740.16	736.68	743.00	699.00
10,601.10	12,049.20	14,830.50	15,734.70	13,064.50	18,752.00	18,560.00
39,354.90	49,238.10	63,520.90	64,258.40	73,409.30	88,291.00	90,027.00
18,343.70	20,080.00	22,581.40	28,324.70	27,632.40	38,596.00	39,820.00
13,446.00	17,700.40	30,607.90	18,373.50	23,703.00	14,684.00	18,834.00
23,776.80	24,969.10	40,261.50	32,081.30	33,780.00	31,943.00	31,930.00
18,208.00	19,092.20	19,628.20	21,098.10	22,784.00	24,604.00	26,928.00
49.10	90.00	63.00	43.42	107.70	84.00	114.00
999.00	3,131.00	4,197.00	2,782.00	4,431.00	9,801.00	12,165.00
6,964.84	9,590.37	8,667.83	11,791.50	13,015.90	11,452.00	14,446.00
5,497.83	5,830.35	13,377.50	8,788.90	9,052.42	5,052.00	4,228.00
17,210.10	22,561.70	27,892.80	35,887.20	37,705.90	45,742.00	51,810.00
28,456.90	28,071.50	25,635.10	19,991.40	20,182.00	23,153.00	13,371.00
3,232.62	3,590.94	3,909.36	4,659.41	6,549.98	11,104.00	10,593.00
320,032.00	355,318.00	388,126.00	427,280.00	477,178.00	532,435.00	591,739.00
60,495.60	64,771.50	75,801.00	86,964.70	91,864.20	101,179.00	110,660.00
197,542.00	215,949.00	236,124.00	247,668.00	271,109.00	305,051.00	309,634.00
50,662.90	66,091.40	79,750.00	98,450.10	119,579.00	135,043.00	162,504.00
2,988.47	3,522.91	3,291.27	3,577.90	5,721.29	5,497.00	5,197.00
62,741.50	65,038.00	63,974.50	59,946.90	62,395.00	70,717.00	83,746.00
-15,158.20	-23,539.80	-29,338.80	-34,281.60	-54,348.00	-50,789.00	-70,988.00
361,181.00	398,027.00	440,790.00	463,945.00	517,460.00	566,078.00	617,714.00
37,915.40	39,118.00	48,754.70	32,005.00	33,732.00	22,539.00	14,843.00
3,232.62	3,590.94	3,909.36	4,659.41	6,549.98	11,104.00	10,593.00
320,032.00	355,318.00	388,126.00	427,280.00	477,178.00	532,435.00	591,739.00
78,762.60	83,898.70	95,641.20	108,352.00	114,794.00	125,945.00	137,720.00
197,542.00	215,949.00	236,124.00	247,668.00	271,109.00	305,051.00	309,634.00
69,718.30	74,639.80	79,686.10	73,643.70	77,210.00	84,294.00	98,833.00
76,025.60	80,905.20	92,228.70	104,385.00	110,574.00	121,148.00	133,856.00
276,304.60	299,847.70	331,765.20	356,020.00	385,903.00	430,996.00	447,354.00
23,765.00	24,957.00	33,043.00	29,962.00	31,925.00	29,733.00	31,189.00
18,207.00	19,092.00	19,628.00	21,098.00	22,783.00	24,603.00	26,927.00
17,728.70	18,609.90	19,138.10	20,572.00	22,219.30	24,021.50	26,330.80
78,762.00	83,898.30	95,465.70	108,137.00	114,737.00	125,832.00	137,621.00
76,065.00	81,118.00	92,449.00	104,952.00	111,592.00	122,592.00	134,187.00
283,445.00	308,982.00	335,354.00	356,962.00	384,573.00	420,189.00	441,077.00
362,103.00	390,825.00	424,047.00	456,426.00	493,492.00	523,455.00	559,951.00
364,694.00	393,573.00	426,924.00	459,205.00	495,895.00	525,926.00	562,962.00
362,103.00	390,825.00	424,047.00	456,426.00	493,492.00	523,455.00	559,951.00
7.50	7.50	6.00	5.00	4.75	5.00	6.25
5.20	7.50	7.20	5.50	4.97	4.78	5.90
5.69	7.64	7.02	5.29	4.84	4.76	5.98
5.94	7.38	6.90	5.21	4.48	4.19	5.07
9.09	10.50	9.73	7.17	6.68	6.57	7.72
8.19	8.49	7.59	6.08	5.03	5.50	6.22
9.04	9.21	8.21	6.95	5.49	6.01	6.31
70.34	73.28	73.51	74.42	71.47	70.81	75.88
64.64	67.64	69.41	69.58	70.18	71.21	74.39
51.82	55.64	53.34	54.28	56.94	52.86	61.18
96.68	100.13	94.76	94.62	102.59	100.30	109.45
60.52	62.39	63.47	64.19	64.77	65.45	68.14

統　　計

オーストラリア（2001-2016年）

	2001	2002	2003	2004	2005	2006	2007	2008
為替レート	対SDRレート							
市場レート（期末）	2.46	2.40	1.98	1.99	1.95	1.90	1.79	2.22
	対ドル・レート							
市場レート（期末）	1.96	1.77	1.33	1.28	1.36	1.26	1.13	1.44
市場レート（期中平均）	1.93	1.84	1.54	1.36	1.31	1.33	1.20	1.19
	2010年=100（期中平均）							
市場レート	56.30	59.15	70.90	80.11	83.07	81.93	91.20	93.01
名目実効為替レート	71.27	73.51	81.42	87.46	89.93	88.12	93.49	91.85
実質実効為替レート（CPIベース）	66.85	70.13	78.50	84.49	87.14	86.32	91.32	89.80
実質実効為替レート（ユニット・レイバー・コスト・ベース）	54.73	57.61	64.02	71.17	76.73	79.33	88.08	86.96
IMFポジション	100万SDR（期末）							
クォータ	3,236.40	3,236.40	3,236.40	3,236.40	3,236.40	3,236.40	3,236.40	3,236.40
SDR	86.80	100.26	114.27	125.50	135.12	132.69	121.91	113.02
IMFリザーブポジション	1,123.59	1,422.89	1,381.33	1,098.71	543.00	284.28	214.46	421.66
内：IMF借入残高	-	-	-	-	-	-	-	-
IMFクレジット及び融資総残高	-	-	-	-	-	-	-	-
SDR配分額	470.55	470.55	470.55	470.55	470.55	470.55	470.55	470.55
国際流動性	100万米ドル（他に断りのない限り，期末）							
総準備（金を除く）	17,955.30	20,688.50	32,188.70	35,802.50	41,941.20	53,448.10	24,768.50	30,690.90
SDR	109.09	136.31	169.80	194.90	193.12	199.61	192.65	174.00
IMFリザーブポジション	1,412.05	1,934.44	2,052.62	1,706.31	776.10	427.68	338.89	649.48
外国為替	16,434.20	18,617.80	29,966.20	33,901.30	40,972.00	52,820.90	24,236.90	29,867.30
金（100万ファイントロイオンス）	2.56	2.56	2.56	2.56	2.57	2.57	2.57	2.57
金（国内評価額）	708.71	878.18	1,069.50	1,123.32	1,315.52	1,630.87	2,139.64	2,232.89
中央銀行：その他資産							224.46	1,068.02
中央銀行：その他負債	234.88	109.84	136.50	390.28	457.10	1,239.18	10,687.70	5,426.99
中央銀行以外の預金取扱い機関：資産	31,013.70	27,868.80	44,352.20	56,564.50	54,121.40	76,763.70	144,584.00	200,598.00
中央銀行以外の預金取扱い機関：負債	98,049.40	100,584.00	156,592.00	203,281.00	221,737.00	305,869.00	457,086.00	464,283.00
その他金融機関：資産	・・・	・・・	・・・	・・・	・・・	・・・	21,444.20	21,590.20
その他金融機関：負債	・・・	・・・	・・・	・・・	・・・	・・・	42,059.70	36,435.70
中央銀行	100万オーストラリア・ドル（期末）							
対外資産（ネット）	40,484.10	44,124.30	43,580.20	50,373.60	50,916.00	60,913.70	30,853.70	49,054.10
非居住者向け信用	40,944.10	44,318.30	43,762.20	50,874.60	51,539.00	62,479.70	42,976.70	56,887.50
非居住者に対する負債	460.00	194.00	182.00	501.00	623.00	1,566.00	12,123.00	7,833.41
その他預金取扱い機関向け信用	14,570.00	15,746.00	19,491.00	11,409.00	16,117.00	21,397.00	44,262.60	96,438.30
中央政府向け信用（ネット）	-8,852.00	-5,293.00	-7,117.00	-7,725.00	-9,917.00	-23,964.00	-13,171.00	-11,004.00
中央政府向け信用	225.00	15.00	738.00				1,702.01	129.01
中央政府に対する負債	9,077.00	5,308.00	7,855.00	7,725.00	9,917.00	23,964.00	14,873.00	11,133.00
その他部門向け信用							3,004.00	
その他金融機関向け信用								
地方自治体向け信用							3,004.00	5,002.00
非金融公的企業向け信用								
民間部門向け信用								
マネタリーベース	26,899.00	33,824.00	34,167.00	34,927.00	37,042.00	38,962.00	44,961.00	52,147.00
流通通貨	26,784.00	33,713.00	34,023.00	34,861.00	37,001.00	38,946.00	44,939.00	51,709.00
その他預金取扱い機関に対する負債								
その他部門に対する負債	115.00	111.00	144.00	66.00	41.00	16.00	22.00	438.00
その他預金取扱い機関に対するその他負債	718.00	739.00	746.00	768.00	769.00	795.00	8,022.25	26,758.10
預金及び証券（マネタリーベース除外分）	94.00	153.00	102.00	7.00	2.00	4.00		
預金（広義流動性に含む）								
証券（広義流動性に含まれる株式以外）								
預金（広義流動性から除外されたもの）	94.00	153.00	102.00	7.00	2.00	4.00		
証券（広義流動性から除外される株式以外）								
貸出								
金融派生商品								
株式及びその他持ち分	2,869.00	6,192.00	6,192.00	6,325.00	6,325.00	6,325.00	6,326.00	6,326.00
その他（ネット）	15,622.10	13,669.30	14,747.20	12,030.60	12,978.00	12,260.70	5,640.03	54,259.30
注記項目：総資産	53,734.00	57,238.00	61,976.00	62,234.00	67,320.00	84,248.00	93,232.00	158,843.00
中央銀行以外の預金取扱い金融機関	100万オーストラリア・ドル（期末）							
対外資産（ネット）	-131,288.00	-128,427.00	-149,653.00	-188,340.00	-228,452.00	-289,530.00	-354,472.00	-380,607.00
非居住者向け信用	60,739.70	49,220.70	59,136.30	72,611.70	73,765.00	97,009.60	164,001.00	289,547.00
非居住者に対する負債	192,028.00	177,648.00	208,789.00	260,952.00	302,217.00	386,540.00	518,473.00	670,154.00
中央銀行に対する債権	8,531.51	8,205.23	7,644.19	7,374.56	8,572.63	7,934.32	16,302.70	33,487.80
現金通貨	8,531.51	8,205.23	7,644.19	7,374.56	8,572.63	7,934.32	8,085.31	9,999.58
準備預金及び証券								
その他債権							8,217.43	23,488.20
中央政府向け信用（ネット）	7,356.95	6,576.30	-2,442.80	-465.24	-5,318.66	-3,910.22	-3,108.77	-7,491.45
中央政府向け信用	11,756.00	7,421.58	-1,568.88	354.26	-4,382.66	-2,824.22	5,330.79	8,979.46
中央政府に対する負債	4,399.08	845.28	873.92	819.51	936.00	1,086.00	8,439.57	16,470.90
その他部門向け信用	652,072.00	746,772.00	840,779.00	939,093.00	1,060,460.00	1,206,330.00	1,604,130.00	1,890,340.00
その他金融機関向け信用	27,018.40	52,141.50	37,818.60	46,921.70	51,896.60	64,510.10	286,266.00	437,134.00
地方自治体向け信用		2,668.42	4,749.27	4,905.78	4,199.60	4,813.73	2,993.50	11,072.90
非金融公的企業向け信用		1,949.11	2,052.10	610.21	880.01	1,466.47	2,465.75	6,365.93
民間部門向け信用	625,054.00	690,013.00	796,159.00	886,655.00	1,003,490.00	1,135,540.00	1,312,400.00	1,435,770.00
中央銀行に対する負債							44,725.40	96,447.00
通貨性預金（広義流動性に含む）	138,456.00	178,132.00	197,295.00	211,060.00	233,923.00	260,762.00	310,469.00	352,196.00
その他預金（広義流動性に含む）	256,809.00	327,522.00	375,263.00	428,873.00	461,836.00	541,530.00	421,202.00	546,322.00
証券（広義流動性に含まれる株式以外）	82,716.60						216,712.00	212,134.00
預金（広義流動性から除外されたもの）							33,764.40	42,602.50
証券（広義流動性から除外される株式以外）							113,060.00	113,024.00
貸出							7,858.60	5,859.63
金融派生商品							89,685.50	182,702.00
保険契約準備金								
株式及びその他持ち分		69,132.60	78,656.10	86,203.90	91,619.90	99,952.90	127,160.00	159,544.00
その他（ネット）	58,690.40	58,339.90	45,113.00	31,524.60	47,885.60	18,583.00	-101,788.00	-175,102.00
注記項目：総資産	816,831.00	934,121.00	1,085,040.00	1,237,810.00	1,384,820.00	1,656,320.00	2,229,840.00	2,750,860.00

オーストラリア

2009	2010	2011	2012	2013	2014	2015	2016
1.75	1.52	1.51	1.48	1.74	1.77	1.90	1.86
1.11	0.98	0.98	0.96	1.13	1.22	1.37	1.38
1.28	1.09	0.97	0.97	1.04	1.11	1.33	1.35
86.06	100.00	112.26	112.65	105.32	98.17	81.85	80.90
87.89	100.00	107.10	110.33	105.13	99.43	91.68	91.81
87.33	100.00	107.08	109.80	105.17	100.12	92.87	93.24
80.82	100.00	111.57	114.28	107.73	101.64	94.56	92.99
3,236.40	3,236.40	3,236.40	3,236.40	3,236.40	3,236.40	3,236.40	6,572.40
3,097.75	3,093.65	3,017.98	2,951.20	3,107.26	2,946.46	3,016.57	2,857.15
696.66	715.68	1,398.68	1,616.86	1,575.83	1,287.48	1,000.70	457.58
		300.60	515.70	568.82	522.35	425.57	388.61
3,083.17	3,083.17	3,083.17	3,083.17	3,083.17	3,083.17	3,083.17	3,083.17
38,950.20	38,659.30	42,783.40	44,866.00	49,744.60	50,814.10	46,539.80	52,092.90
4,856.31	4,764.31	4,633.41	4,535.76	4,785.19	4,268.86	4,180.15	3,840.95
1,092.15	1,102.17	2,147.35	2,484.98	2,426.78	1,865.31	1,386.70	615.14
33,001.70	32,792.80	36,002.60	37,845.30	42,532.70	44,679.90	40,972.90	47,636.80
2.57	2.57	2.57	2.57	2.57	2.57	2.57	2.57
2,792.03	3,608.46	4,042.35	4,280.77	3,056.10	3,078.94	2,727.20	2,975.86
263.58	291.67	310.79	337.48	348.97	306.76	303.21	294.50
1,130.06	3,564.02	1,908.39	907.56	1,655.38	2,463.91	2,416.16	1,125.18
171,644.00	227,162.00	269,572.00	313,774.00	324,661.00	394,783.00	427,588.00	443,146.00
555,389.00	612,521.00	640,090.00	708,797.00	678,486.00	722,816.00	715,381.00	728,230.00
12,589.60	12,555.90	10,459.10	11,872.50	8,623.97	27,927.10	26,405.30	11,245.50
20,687.30	23,474.10	24,025.70	29,272.00	26,715.00	42,321.60	40,034.40	28,183.00
48,546.60	41,895.60	47,712.30	49,053.10	61,285.90	67,081.80	68,370.40	77,684.30
49,806.50	45,402.60	49,591.30	49,927.10	63,135.90	70,085.80	71,677.40	79,239.30
1,259.96	3,507.00	1,879.00	874.00	1,850.00	3,004.00	3,307.00	1,555.00
32,210.00	24,336.00	30,554.00	31,119.00	59,066.00	73,755.00	73,435.00	79,560.00
-15,712.00	-8,237.00	-16,167.00	-14,310.00	-18,861.00	-25,028.00	-16,314.00	-25,131.00
298.02	1,540.00	1,987.00	7,019.00	5,641.00	4,294.00	7,886.00	11,614.00
16,010.00	9,777.00	18,154.00	21,329.00	24,502.00	29,322.00	24,200.00	36,745.00
3,887.00	3,928.00	6,941.00	5,877.00	2,933.00	2,840.00	2,419.00	2,517.00
3,887.00	3,928.00	6,941.00	5,877.00	2,933.00	2,840.00	2,419.00	2,517.00
51,635.00	53,139.00	55,856.00	59,083.00	63,200.00	67,063.00	72,187.00	76,150.60
51,615.00	53,082.00	55,817.00	58,982.00	63,018.00	66,854.00	71,924.00	75,839.60
20.00	57.00	39.00	101.00	182.00	209.00	263.00	311.00
5,683.79	2,529.00	4,247.00	3,453.00	25,070.00	24,418.00	26,459.00	26,995.00
6,903.00	6,223.00	6,067.00	6,533.00	11,952.00	21,597.00	24,039.00	23,083.00
4,709.85	31.61	2,870.34	2,670.12	4,201.86	5,570.79	5,225.35	8,401.76
86,147.00	74,946.00	87,703.00	92,948.00	128,943.00	149,562.00	154,421.00	173,126.00
-427,857.00	-379,193.00	-364,812.00	-380,415.00	-395,424.00	-399,938.00	-393,902.00	-393,986.00
191,375.00	223,528.00	265,421.00	302,170.00	362,830.00	481,319.00	585,240.00	612,428.00
619,232.00	602,720.00	630,233.00	682,585.00	758,254.00	881,257.00	979,142.00	1,006,410.00
14,381.10	11,297.60	11,819.30	11,847.20	33,288.10	32,744.80	34,217.90	34,167.20
9,122.10	8,851.19	8,686.25	9,060.14	9,176.51	8,863.80	8,499.77	8,801.05
5,259.04	2,446.41	3,133.05	2,787.04	24,111.60	23,881.00	25,718.20	25,366.20
8,862.73	14,690.00	14,593.00	17,334.30	20,597.60	36,779.00	40,555.60	76,630.30
28,529.90	28,121.50	26,367.60	32,756.30	37,313.70	54,058.80	55,906.60	92,087.80
19,667.10	13,431.50	11,774.50	15,422.00	16,716.10	17,279.90	15,350.90	15,457.40
1,903,150.00	1,990,760.00	2,136,020.00	2,238,660.00	2,381,020.00	2,613,830.00	2,826,640.00	2,979,280.00
339,796.00	338,470.00	391,538.00	404,670.00	447,057.00	541,302.00	594,089.00	596,946.00
11,975.60	12,922.30	4,971.40	6,841.85	9,574.10	11,749.40	11,811.10	10,581.20
6,022.20	6,403.92	6,483.74	8,552.11	7,354.01	6,555.10	6,125.01	6,513.32
1,545,360.00	1,632,960.00	1,733,020.00	1,818,600.00	1,917,040.00	2,054,220.00	2,214,610.00	2,365,240.00
32,211.00	24,343.50	30,703.50	31,119.00	59,066.00	73,956.30	73,592.90	79,566.90
367,711.00	398,902.00	405,012.00	450,779.00	523,551.00	591,207.00	666,625.00	722,814.00
602,092.00	694,005.00	782,226.00	842,245.00	872,995.00	889,057.00	906,856.00	969,821.00
177,461.00	173,115.00	180,305.00	175,617.00	170,560.00	196,680.00	201,807.00	201,616.00
41,743.70	59,305.40	70,543.90	75,799.30	88,631.60	106,094.00	120,576.00	148,456.00
113,799.00	102,069.00	107,903.00	96,153.10	79,214.10	85,417.10	99,565.70	120,891.00
6,947.31	6,597.25	6,457.81	3,740.33	4,774.79	7,040.64	12,797.90	6,587.15
89,734.30	106,271.00	110,856.00	80,147.00	72,345.90	103,413.00	100,060.00	102,263.00
184,115.00	189,784.00	193,471.00	201,659.00	211,872.00	224,265.00	256,017.00	254,093.00
-117,274.00	-116,837.00	-89,861.20	-69,829.10	-43,524.50	6,282.15	69,613.30	89,984.30
2,669,040.00	2,762,910.00	2,913,250.00	3,090,860.00	3,339,510.00	3,718,910.00	4,023,000.00	4,229,760.00

オーストラリア（2001-2016年）

	2001	2002	2003	2004	2005	2006	2007	2008
預金取扱い金融機関	100万オーストラリア・ドル（期末）							
対外資産（ネット）	-90,804.00	-84,302.80	-106,073.00	-137,967.00	-177,536.00	-228,616.00	-323,618.00	-331,553.00
非居住者向け信用	101,684.00	93,539.00	102,898.00	123,486.00	125,304.00	159,489.00	206,978.00	346,435.00
非居住者に対する負債	192,488.00	177,842.00	208,971.00	261,453.00	302,840.00	388,106.00	530,596.00	677,988.00
国内信用	650,577.00	748,055.00	831,219.00	930,903.00	1,045,230.00	1,178,460.00	1,590,850.00	1,876,850.00
中央政府向け信用（ネット）	-1,495.05	1,283.30	-9,559.80	-8,190.24	-15,235.70	-27,874.20	-16,279.80	-18,495.40
中央政府向け信用	11,981.00	7,436.58	-830.88	354.26	-4,382.66	-2,824.22	7,032.80	9,108.47
中央政府に対する負債	13,476.10	6,153.28	8,728.92	8,544.50	10,853.00	25,050.00	23,312.60	27,603.90
その他部門向け信用	652,072.00	746,772.00	840,779.00	939,093.00	1,060,460.00	1,206,330.00	1,607,130.00	1,895,340.00
その他金融機関向け信用	27,018.40	52,141.50	37,818.60	46,921.70	51,897.60	64,510.10	286,266.00	437,134.00
地方自治体向け信用		2,668.42	4,749.27	4,905.78	4,199.60	4,813.73	5,997.50	16,074.90
非金融公的企業向け信用		1,949.11	2,052.10	610.21	880.01	1,466.47	2,465.75	6,365.93
民間部門向け信用	625,054.00	690,013.00	796,159.00	886,655.00	1,003,490.00	1,135,540.00	1,312,400.00	1,435,770.00
広義流動性負債	496,350.00	531,272.00	599,081.00	667,486.00	724,228.00	833,320.00	985,259.00	1,152,800.00
預金取扱い金融機関以外の通貨	18,252.50	25,507.80	26,378.80	27,486.40	28,428.40	31,011.70	36,853.70	41,709.40
通貨性預金	138,571.00	178,243.00	197,439.00	211,126.00	233,964.00	260,778.00	310,491.00	352,634.00
その他預金	256,809.00	327,522.00	375,263.00	428,873.00	461,836.00	541,530.00	421,202.00	546,322.00
証券（株式を除く）	82,716.60						216,712.00	212,134.00
預金（広義流動性から除外されたもの）	94.00	153.00	102.00	7.00	2.00	4.00	33,764.40	42,602.50
証券（広義流動性に含まれる株式以外）							113,060.00	113,024.00
貸出							7,858.60	5,859.63
金融派生商品							89,685.50	182,702.00
保険契約準備金								
株式及びその他持ち分	2,869.00	75,324.60	84,848.10	92,528.90	97,944.90	106,278.00	133,486.00	165,870.00
その他（ネット）	60,460.60	57,002.10	41,115.20	32,914.20	45,515.60	10,241.70	-95,880.60	-117,564.00
広義流動性負債（季節調整値）	・・・	526,383.00	593,539.00	661,313.00	717,531.00	825,694.00	973,668.00	1,140,390.00
その他金融機関	100万オーストラリア・ドル（期末）							
対外資産（ネット）	・・・	・・・	・・・	・・・	・・・	・・・	-23,384.20	-21,428.30
非居住者向け信用	・・・	・・・	・・・	・・・	・・・	・・・	24,324.20	31,163.70
非居住者に対する負債	・・・	・・・	・・・	・・・	・・・	・・・	47,708.40	52,592.00
預金取扱い機関向け信用	・・・	・・・	・・・	・・・	・・・	・・・	30,595.30	34,573.50
中央政府向け信用（ネット）	・・・	・・・	・・・	・・・	・・・	・・・	855.03	1,677.38
中央政府向け信用	・・・	・・・	・・・	・・・	・・・	・・・	1,839.07	2,693.26
中央政府に対する負債	・・・	・・・	・・・	・・・	・・・	・・・	984.04	1,015.87
その他部門向け信用	・・・	・・・	・・・	・・・	・・・	・・・	146,160.00	144,806.00
地方自治体向け信用	・・・	・・・	・・・	・・・	・・・	・・・		
非金融公的企業向け信用	・・・	・・・	・・・	・・・	・・・	・・・	2,958.70	3,551.82
民間部門向け信用	・・・	・・・	・・・	・・・	・・・	・・・	143,201.00	141,255.00
預金	・・・	・・・	・・・	・・・	・・・	・・・	41,160.90	46,868.10
証券（株式を除く）	・・・	・・・	・・・	・・・	・・・	・・・	24,502.90	16,569.30
貸出	・・・	・・・	・・・	・・・	・・・	・・・	29,335.30	33,679.50
金融派生商品	・・・	・・・	・・・	・・・	・・・	・・・		
保険契約準備金	・・・	・・・	・・・	・・・	・・・	・・・		
株式及びその他持ち分	・・・	・・・	・・・	・・・	・・・	・・・	14,582.80	14,360.40
その他（ネット）	・・・	・・・	・・・	・・・	・・・	・・・	44,643.90	48,151.90
注記項目：総資産	・・・	・・・	・・・	・・・	・・・	・・・	224,841.00	245,898.00
貨幣集計量	100万オーストラリア・ドル（期末）							
広義流動性	496,350.00	531,272.00	599,081.00	667,486.00	724,228.00	833,320.00	985,259.00	1,152,800.00
中央政府発行通貨	-	-	-	-	-	-	-	-
非金融会社の預金	-	-	-	-	-	-	-	-
中央政府発行証券	-	-	-	-	-	-	-	-
貨幣集計量（国内定義）	100万オーストラリア・ドル（期末）							
マネーベース	37,016.00	37,512.00	38,844.00	40,108.00	43,022.00	45,462.00	51,822.90	73,595.70
通貨	28,471.00	29,702.00	31,470.00	32,803.00	34,901.00	37,792.00	39,988.20	45,063.10
通貨（季節調整値）	27,907.40	29,179.40	30,954.60	32,250.90	34,258.40	37,030.30	39,123.40	44,063.70
M1	166,942.00	149,156.00	160,944.00	168,856.00	182,770.00	206,796.00	231,373.00	232,135.00
M1（季節調整値）	162,908.00	145,681.00	157,315.00	165,061.00	178,654.00	202,064.00	225,976.00	226,536.00
M3	502,185.00	537,277.00	601,113.00	655,708.00	710,109.00	802,492.00	984,506.00	1,145,670.00
M3（季節調整値）	498,150.00	532,760.00	595,064.00	647,969.00	701,033.00	792,179.00	972,708.00	1,133,760.00
広義流動性	606,286.00	619,142.00	665,748.00	722,584.00	789,077.00	887,228.00	1,063,350.00	1,211,130.00
広義流動性（季節調整値）	609,851.00	623,308.00	671,376.00	729,265.00	795,702.00	893,250.00	1,057,750.00	1,204,480.00
金利	年率（%）							
中央銀行政策金利	4.25	4.75	5.25	5.25	5.50	6.25	6.75	4.25
短期金融市場商品金利	5.06	4.55	4.81	5.25	5.46	5.81	6.39	6.67
財務省短期証券金利	4.80	・・・	・・・	・・・	・・・	・・・	・・・	・・・
貯蓄金利	・・・	・・・	2.94	3.00	3.40	4.03	4.60	5.00
預金金利	3.86	3.70	3.51	3.85	3.89	4.06	4.53	4.73
貸出金利	6.84	6.36	6.61	7.05	7.26	7.61	8.20	8.91
政府債利回り（短期）	4.98	5.31	4.89	5.27	5.28	5.68	6.30	5.73
政府債利回り（長期）	5.62	5.84	5.37	5.59	5.34	5.59	5.99	5.82
物価	指数（2010年=100, 期中平均）							
工業製品価格指数	78.19	78.36	78.74	81.86	86.74	93.62	95.82	103.76
消費者物価指数	77.65	79.98	82.20	84.13	86.37	89.43	91.51	95.50
輸出物価指数	67.33	65.30	60.11	62.28	71.02	82.09	82.55	103.19
輸入物価指数	115.73	110.37	101.52	95.90	96.93	100.92	96.91	105.71
GDPデフレーター	70.63	72.76	75.06	77.65	81.12	85.22	88.96	94.66

オーストラリア

2009	2010	2011	2012	2013	2014	2015	2016
-379,311.00	-337,297.00	-317,100.00	-331,362.00	-334,138.00	-332,856.00	-325,532.00	-316,302.00
241,181.00	268,930.00	315,012.00	352,097.00	425,966.00	551,405.00	656,917.00	691,667.00
620,492.00	606,227.00	632,112.00	683,459.00	760,104.00	884,261.00	982,449.00	1,007,970.00
1,900,190.00	2,001,140.00	2,141,380.00	2,247,560.00	2,385,690.00	2,628,420.00	2,853,300.00	3,033,300.00
-6,849.25	6,453.00	-1,574.00	3,024.29	1,736.63	11,751.00	24,241.60	51,499.30
28,827.90	29,661.50	28,354.60	39,775.30	42,954.70	58,352.80	63,792.60	103,702.00
35,677.10	23,208.50	29,928.50	36,751.00	41,218.10	46,601.90	39,550.90	52,202.40
1,907,040.00	1,994,690.00	2,142,960.00	2,244,540.00	2,383,960.00	2,616,670.00	2,829,060.00	2,981,800.00
339,796.00	338,470.00	391,538.00	404,670.00	447,057.00	541,302.00	594,089.00	596,946.00
15,862.60	16,850.30	11,912.40	12,718.90	12,507.10	14,589.40	14,230.10	13,098.20
6,022.20	6,403.92	6,483.74	8,552.11	7,354.01	6,555.10	6,125.01	6,513.32
1,545,360.00	1,632,960.00	1,733,020.00	1,818,600.00	1,917,040.00	2,054,220.00	2,214,610.00	2,365,240.00
1,189,780.00	1,310,310.00	1,414,710.00	1,518,660.00	1,621,130.00	1,735,140.00	1,838,970.00	1,961,600.00
42,492.90	44,230.80	47,130.80	49,921.90	53,841.50	57,990.20	63,424.20	67,038.50
367,731.00	398,959.00	405,051.00	450,880.00	523,733.00	591,416.00	666,888.00	723,125.00
602,092.00	694,005.00	782,226.00	842,245.00	872,995.00	889,057.00	906,856.00	969,821.00
177,461.00	173,115.00	180,305.00	175,617.00	170,560.00	196,680.00	201,807.00	201,616.00
41,743.70	59,305.40	70,543.90	75,799.30	88,631.60	106,094.00	120,576.00	148,456.00
113,799.00	102,069.00	107,903.00	96,153.10	79,214.10	85,417.10	99,565.70	120,891.00
6,947.31	6,597.25	6,457.81	3,740.33	4,774.79	7,040.64	12,797.90	6,587.15
89,734.30	106,271.00	110,856.00	80,147.00	72,345.90	103,413.00	100,060.00	102,263.00
-	-	-	-	-	-	-	-
191,018.00	196,007.00	199,538.00	208,192.00	223,824.00	245,862.00	280,056.00	277,176.00
-112,138.00	-116,715.00	-85,727.40	-66,493.00	-38,364.30	12,591.20	75,737.40	100,022.00
1,179,300.00	1,300,940.00	1,406,480.00	1,510,580.00	1,613,470.00	1,727,890.00	1,831,990.00	1,958,440.00
-9,028.55	-10,743.40	-13,357.70	-16,756.10	-20,217.90	-17,549.80	-18,654.20	-23,407.80
14,036.80	12,355.00	10,298.00	11,433.50	9,637.87	34,048.70	36,141.00	15,541.20
23,065.40	23,098.50	23,655.70	28,189.60	29,855.80	51,598.50	54,795.10	38,949.00
26,622.70	27,523.10	26,278.50	16,136.60	17,401.80	18,202.40	20,215.20	19,565.70
2,320.65	1,867.53	1,788.98	934.39	542.57		307.30	747.91
3,337.65	2,530.95	2,560.32	1,783.33	1,395.04	1,485.43	1,542.95	1,613.37
1,017.00	663.42	771.34	848.94	852.47	1,146.09	1,235.65	865.46
117,777.00	116,832.00	112,443.00	108,343.00	106,349.00	105,763.00	104,778.00	112,409.00
2,727.15	1,515.42	1,563.17	1,745.63	1,570.14	1,008.08	836.48	770.49
115,050.00	115,317.00	110,880.00	106,597.00	104,778.00	104,755.00	103,942.00	111,639.00
33,998.90	40,701.50	39,024.30	27,331.00	22,191.70	23,103.30	20,164.20	20,548.00
10,823.10	13,586.70	16,437.60	17,933.40	17,595.10	18,203.50	20,998.50	19,532.10
34,424.80	33,547.70	31,705.90	30,156.20	35,815.20	40,206.10	38,205.00	43,239.90
-	-	-	-	-	-	-	-
13,863.60	12,896.20	13,332.60	16,249.60	14,455.40	15,617.10	15,941.30	14,159.10
44,581.90	34,747.40	26,652.40	16,987.20	14,017.70	9,624.77	11,337.60	11,835.90
176,197.00	172,141.00	163,753.00	149,587.00	145,294.00	170,265.00	173,714.00	157,910.00
1,189,780.00	1,310,310.00	1,414,710.00	1,518,660.00	1,621,130.00	1,735,140.00	1,838,970.00	1,961,600.00
-	-	-	-	-	-	-	-
57,095.80	58,115.90	60,560.10	63,532.70	88,513.30	92,310.70	100,595.00	103,534.00
46,056.30	47,901.60	50,804.90	53,743.50	57,636.80	61,894.20	67,431.70	71,122.80
45,045.50	46,907.50	49,806.60	52,739.50	56,609.20	60,814.40	66,092.90	69,665.00
242,016.00	262,648.00	263,163.00	271,558.00	298,110.00	290,967.00	321,551.00	342,570.00
235,922.00	255,650.00	255,765.00	263,547.00	288,960.00	281,914.00	313,270.00	336,080.00
1,191,380.00	1,313,270.00	1,416,980.00	1,516,300.00	1,620,780.00	1,738,350.00	1,841,240.00	1,963,880.00
1,180,760.00	1,303,780.00	1,408,860.00	1,508,880.00	1,612,870.00	1,730,440.00	1,833,810.00	1,957,360.00
1,235,670.00	1,340,890.00	1,440,610.00	1,533,570.00	1,625,950.00	1,743,430.00	1,848,620.00	1,970,320.00
1,230,900.00	1,334,750.00	1,435,020.00	1,527,680.00	1,618,390.00	1,735,230.00	1,841,300.00	1,964,370.00
3.75	4.75	4.25	3.00	2.50	2.50	2.00	1.50
3.28	4.35	4.69	3.70	2.74	2.50	2.11	1.73
3.15	4.44	4.56	3.49	···	···	···	···
2.39	3.94	5.11	5.03	4.37	3.79	2.89	2.33
3.08	4.21	4.34	3.92	3.25	2.90	2.30	2.14
6.02	7.28	7.74	6.98	6.18	5.95	5.58	5.42
4.22	4.89	4.37	2.83	2.81	2.75	1.95	1.73
5.04	5.37	4.88	3.38	3.70	3.66	2.71	2.33
98.12	100.00	103.39	102.89	104.01	107.24	107.52	106.90
97.23	100.00	103.30	105.13	107.70	110.38	112.05	113.48
96.25	100.00	112.64	103.80	103.27	99.47	90.27	86.47
105.66	100.00	100.54	102.04	104.38	107.80	108.90	105.33
94.86	100.00	104.45	104.25	105.59	105.81	105.15	106.29

統　　計

カンボジア（1948-2000年）

		1948	1949	1950	1951	1952	1953	1954	1955
為替レート	対SDRレート								
公定レート（期末）		・・・	・・・	・・・	・・・	・・・	・・・	35.00	35.00
	対ドル・レート								
公定レート（期末）		・・・	・・・	・・・	・・・	・・・	・・・	35.00	35.00
公定レート（期中平均）		・・・	・・・	・・・	・・・	・・・	・・・	35.00	35.00
IMFポジション	100万SDR（期末）								
クォータ		-		-	-	-	-	-	-
SDR		-		-	-	-	-	-	-
IMFリザーブポジション		-		-	-	-	-	-	-
IMFクレジット及び融資総残高		-		-	-	-	-	-	-
SDR配分額		-		-	-	-	-	-	-
国際流動性	100万米ドル（他に断りのない限り，期末）								
総準備（金を除く）		・・・	・・・	・・・	・・・	・・・	・・・	・・・	・・・
SDR		・・・	・・・	・・・	・・・	・・・	・・・	・・・	・・・
IMFリザーブポジション		・・・	・・・	・・・	・・・	・・・	・・・	・・・	・・・
外国為替		・・・	・・・	・・・	・・・	・・・	・・・	・・・	・・・
金（100万ファイントロイオンス）		・・・	・・・	・・・	・・・	・・・	・・・	・・・	・・・
金（国内評価額）		・・・	・・・	・・・	・・・	・・・	・・・	・・・	・・・
通貨当局	10億リエル（期末）								
対外資産		・・・	・・・	・・・	・・・	・・・	・・・	・・・	・・・
中央政府向け信用		・・・	・・・	・・・	・・・	・・・	・・・	・・・	・・・
民間部門向け信用		・・・	・・・	・・・	・・・	・・・	・・・	・・・	・・・
預金通貨銀行向け信用		・・・	・・・	・・・	・・・	・・・	・・・	・・・	・・・
準備貨幣		・・・	・・・	・・・	・・・	・・・	・・・	・・・	・・・
内：預金通貨銀行以外の現金通貨		・・・	・・・	・・・	・・・	・・・	・・・	・・・	・・・
制限付き預金		・・・	・・・	・・・	・・・	・・・	・・・	・・・	・・・
対外負債		・・・	・・・	・・・	・・・	・・・	・・・	・・・	・・・
中央政府預金		・・・	・・・	・・・	・・・	・・・	・・・	・・・	・・・
資本勘定		・・・	・・・	・・・	・・・	・・・	・・・	・・・	・・・
その他（ネット）		・・・	・・・	・・・	・・・	・・・	・・・	・・・	・・・
預金通貨銀行	10億リエル（期末）								
準備		・・・	・・・	・・・	・・・	・・・	・・・	・・・	・・・
対外資産		・・・	・・・	・・・	・・・	・・・	・・・	・・・	・・・
中央政府向け信用		・・・	・・・	・・・	・・・	・・・	・・・	・・・	・・・
非金融公的企業向け信用		・・・	・・・	・・・	・・・	・・・	・・・	・・・	・・・
民間部門向け信用		・・・	・・・	・・・	・・・	・・・	・・・	・・・	・・・
要求払い預金		・・・	・・・	・・・	・・・	・・・	・・・	・・・	・・・
定期性預金及び貯蓄性預金		・・・	・・・	・・・	・・・	・・・	・・・	・・・	・・・
外貨預金		・・・	・・・	・・・	・・・	・・・	・・・	・・・	・・・
制限付き預金		・・・	・・・	・・・	・・・	・・・	・・・	・・・	・・・
対外負債		・・・	・・・	・・・	・・・	・・・	・・・	・・・	・・・
中央政府預金		・・・	・・・	・・・	・・・	・・・	・・・	・・・	・・・
通貨当局からの信用		・・・	・・・	・・・	・・・	・・・	・・・	・・・	・・・
資本勘定		・・・	・・・	・・・	・・・	・・・	・・・	・・・	・・・
その他（ネット）		・・・	・・・	・・・	・・・	・・・	・・・	・・・	・・・
マネタリー・サーベイ	10億リエル（期末）								
対外資産（ネット）		・・・	・・・	・・・	・・・	・・・	・・・	・・・	・・・
国内信用		・・・	・・・	・・・	・・・	・・・	・・・	・・・	・・・
中央政府向け信用（ネット）		・・・	・・・	・・・	・・・	・・・	・・・	・・・	・・・
非金融公的企業向け信用		・・・	・・・	・・・	・・・	・・・	・・・	・・・	・・・
民間部門向け信用		・・・	・・・	・・・	・・・	・・・	・・・	・・・	・・・
現金・預金通貨		・・・	・・・	・・・	・・・	・・・	・・・	・・・	・・・
準通貨		・・・	・・・	・・・	・・・	・・・	・・・	・・・	・・・
資本勘定		・・・	・・・	・・・	・・・	・・・	・・・	・・・	・・・
その他（ネット）		・・・	・・・	・・・	・・・	・・・	・・・	・・・	・・・
現金・預金通貨＋準通貨		・・・	・・・	・・・	・・・	・・・	・・・	・・・	・・・
金利	年率（％）								
預金金利		・・・	・・・	・・・	・・・	・・・	・・・	・・・	・・・
貸出金利		・・・	・・・	・・・	・・・	・・・	・・・	・・・	・・・
物価	指数（2010年=100，期中平均）								
消費者物価指数		・・・	・・・	・・・	・・・	・・・	・・・	・・・	・・・
GDPデフレーター		・・・	・・・	・・・	・・・	・・・	・・・	・・・	・・・

カンボジア

1956	1957	1958	1959	1960	1961	1962	1963	1964	1965	1966
35.00	35.00	35.00	35.00	35.00	35.00	35.00	35.00	35.00	35.00	35.00
35.00	35.00	35.00	35.00	35.00	35.00	35.00	35.00	35.00	35.00	35.00
35.00	35.00	35.00	35.00	35.00	35.00	35.00	35.00	35.00	35.00	35.00
-	-	-	-	-	-	-	-	-	-	-
-	-	-	-	-	-	-	-	-	-	-
-	-	-	-	-	-	-	-	-	-	-
. . .	. . .	. . .	. . .	. . .	. . .	. . .	. . .	. . .	. . .	. . .
. . .	. . .	. . .	. . .	. . .	. . .	. . .	. . .	-	. . .	. . .
. . .	. . .	. . .	. . .	. . .	. . .	. . .	. . .	. . .	. . .	. . .
. . .	. . .	. . .	. . .	. . .	. . .	. . .	. . .	. . .	. . .	. . .
. . .	. . .	. . .	. . .	. . .	. . .	. . .	. . .	. . .	. . .	. . .
. . .	. . .	. . .	. . .	. . .	. . .	. . .	. . .	. . .	. . .	. . .
. . .	. . .	. . .	. . .	. . .	. . .	. . .	. . .	. . .	. . .	. . .
. . .	. . .	. . .	. . .	. . .	. . .	. . .	. . .	. . .	. . .	. . .
. . .	. . .	. . .	. . .	. . .	. . .	. . .	. . .	. . .	. . .	. . .
. . .	. . .	. . .	. . .	. . .	. . .	. . .	. . .	. . .	. . .	. . .
. . .	. . .	. . .	. . .	. . .	. . .	. . .	. . .	. . .	. . .	. . .
. . .	. . .	. . .	. . .	. . .	. . .	. . .	. . .	. . .	. . .	. . .
. . .	. . .	. . .	. . .	. . .	. . .	. . .	. . .	. . .	. . .	. . .
. . .	. . .	. . .	. . .	. . .	. . .	. . .	. . .	. . .	. . .	. . .
. . .	. . .	. . .	. . .	. . .	. . .	. . .	. . .	. . .	. . .	. . .
. . .	. . .	. . .	. . .	. . .	. . .	. . .	. . .	. . .	. . .	. . .
. . .	. . .	. . .	. . .	. . .	. . .	. . .	. . .	. . .	. . .	. . .
. . .	. . .	. . .	. . .	. . .	. . .	. . .	. . .	. . .	. . .	. . .
. . .	. . .	. . .	. . .	. . .	. . .	. . .	. . .	. . .	. . .	. . .
. . .	. . .	. . .	. . .	. . .	. . .	. . .	. . .	. . .	. . .	. . .
. . .	. . .	. . .	. . .	. . .	. . .	. . .	. . .	. . .	. . .	. . .
. . .	. . .	. . .	. . .	. . .	. . .	. . .	. . .	. . .	. . .	. . .
. . .	. . .	. . .	. . .	. . .	. . .	. . .	. . .	. . .	. . .	. . .
. . .	. . .	. . .	. . .	. . .	. . .	. . .	. . .	. . .	. . .	. . .
. . .	. . .	. . .	. . .	. . .	. . .	. . .	. . .	. . .	. . .	. . .
. . .	. . .	. . .	. . .	. . .	. . .	. . .	. . .	. . .	. . .	. . .
. . .	. . .	. . .	. . .	. . .	. . .	. . .	. . .	. . .	. . .	. . .
. . .	. . .	. . .	. . .	. . .	. . .	. . .	. . .	. . .	. . .	. . .

統　　計

カンボジア（1948-2000年）

		1967	1968	1969	1970	1971	1972	1973	1974
為替レート	対SDRレート								
公定レート（期末）		35.00	35.00	55.54	55.54	141.14	203.03	331.75	・・・
公定レート（期末）	対ドル・レート								
公定レート（期末）		35.00	35.00	55.54	55.54	130.00	187.00	275.00	・・・
公定レート（期中平均）		35.00	35.00	43.56	55.54	75.82	162.25	244.92	・・・
IMFポジション	100万SDR（期末）								
クォータ		-	-	19.00	25.00	25.00	25.00	25.00	25.00
SDR		-	-	-	1.59	1.73	4.24	0.48	1.08
IMFリザーブポジション		-	-	4.75	6.25	-	0.01	0.01	0.01
IMFクレジット及び融資総残高		-	-	-	-	-	6.25	12.50	12.50
SDR配分額		-	-	-	3.19	5.87	8.52	8.52	8.52
国際流動性	100万米ドル（他に断りのない限り，期末）								
総準備（金を除く）		・・・	・・・	・・・	・・・	・・・	・・・	・・・	・・・
SDR		-	-	-	1.59	1.88	4.60	0.58	1.32
IMFリザーブポジション		-	-	4.75	6.25	-	0.01	0.01	0.01
外国為替		・・・	・・・	・・・	・・・	・・・	・・・	・・・	・・・
金（100万ファイントロイオンス）		・・・	・・・	・・・	・・・	・・・	・・・	・・・	・・・
金（国内評価額）		・・・	・・・	・・・	・・・			・・・	・・・
通貨当局	10億リエル（期末）								
対外資産		・・・	・・・	・・・	・・・			・・・	・・・
中央政府向け信用		・・・	・・・	・・・	・・・			・・・	・・・
民間部門向け信用		・・・	・・・	・・・	・・・			・・・	・・・
預金通貨銀行向け信用		・・・	・・・	・・・	・・・			・・・	・・・
準備貨幣		・・・	・・・	・・・	・・・			・・・	・・・
内：預金通貨銀行以外の現金通貨		・・・	・・・	・・・	・・・			・・・	・・・
制限付き預金		・・・	・・・	・・・	・・・			・・・	・・・
対外負債		・・・	・・・	・・・	・・・			・・・	・・・
中央政府預金		・・・	・・・	・・・	・・・			・・・	・・・
資本勘定		・・・	・・・	・・・	・・・			・・・	・・・
その他（ネット）		・・・	・・・	・・・	・・・			・・・	・・・
預金通貨銀行	10億リエル（期末）								
準備		・・・	・・・	・・・	・・・			・・・	・・・
対外資産		・・・	・・・	・・・	・・・			・・・	・・・
中央政府向け信用		・・・	・・・	・・・	・・・			・・・	・・・
非金融公的企業向け信用		・・・	・・・	・・・	・・・			・・・	・・・
民間部門向け信用		・・・	・・・	・・・	・・・			・・・	・・・
要求払い預金		・・・	・・・	・・・	・・・			・・・	・・・
定期性預金及び貯蓄性預金		・・・	・・・	・・・	・・・			・・・	・・・
外貨預金		・・・	・・・	・・・	・・・			・・・	・・・
制限付き預金		・・・	・・・	・・・	・・・			・・・	・・・
対外負債		・・・	・・・	・・・	・・・			・・・	・・・
中央政府預金		・・・	・・・	・・・	・・・			・・・	・・・
通貨当局からの信用		・・・	・・・	・・・	・・・			・・・	・・・
資本勘定		・・・	・・・	・・・	・・・			・・・	・・・
その他（ネット）		・・・	・・・	・・・	・・・			・・・	・・・
マネタリー・サーベイ	10億リエル（期末）								
対外資産（ネット）		・・・	・・・	・・・	・・・		・・・	・・・	・・・
国内信用		・・・	・・・	・・・	・・・			・・・	・・・
中央政府向け信用（ネット）		・・・	・・・	・・・	・・・			・・・	・・・
非金融公的企業向け信用		・・・	・・・	・・・	・・・			・・・	・・・
民間部門向け信用		・・・	・・・	・・・	・・・			・・・	・・・
現金・預金通貨		・・・	・・・	・・・	・・・			・・・	・・・
準通貨		・・・	・・・	・・・	・・・			・・・	・・・
資本勘定		・・・	・・・	・・・	・・・			・・・	・・・
その他（ネット）		・・・	・・・	・・・	・・・			・・・	・・・
現金・預金通貨＋準通貨		・・・	・・・	・・・	・・・			・・・	・・・
金利	年率（%）								
預金金利		・・・	・・・	・・・	・・・			・・・	・・・
貸出金利		・・・	・・・	・・・	・・・			・・・	・・・
物価	指数（2010年=100，期中平均）								
消費者物価指数		・・・	・・・	・・・	・・・			・・・	・・・
GDPデフレーター		・・・	・・・	・・・	・・・			・・・	・・・

カンボジア

1975	1976	1977	1978	1979	1980	1981	1982	1983	1984	1985
...	...	...	...	...	...	...	...	...	...	...
...	...	...	...	...	...	...	...	...	...	...
...	...	...	...	...	...	...	...	...	...	...
25.00	25.00	25.00	25.00	25.00	25.00	25.00	25.00	25.00	25.00	25.00
0.64	0.33	0.01	-	1.90	3.78	4.54	3.12	1.58	-	-
0.01	0.01	0.01	0.01	0.01	0.01	0.01	0.01	0.01	0.01	0.01
12.50	12.50	12.50	12.50	12.50	12.50	12.50	12.50	12.50	12.50	12.50
8.52	8.52	8.52	8.52	11.12	13.72	15.42	15.42	15.42	15.42	15.42
...	...	...	...	...	...	...	...	...	...	...
0.75	0.38	0.01	-	2.50	4.82	5.28	3.44	1.65	-	-
0.01	0.01	0.01	0.01	0.01	0.01	0.01	0.01	0.01	0.01	0.01
...	...	...	...	...	...	...	...	...	...	...
...	...	...	...	...	...	...	...	...	...	...
...	...	...	...	...	...	...	...	...	...	...
...	...	...	...	...	...	...	...	...	...	...
...	...	...	...	...	...	...	...	...	...	...
...	...	...	...	...	...	...	...	...	...	...
...	...	...	...	...	...	...	...	...	...	...
...	...	...	...	...	...	...	...	...	...	...
...	...	...	...	...	...	...	...	...	...	...
...	...	...	...	...	...	...	...	...	...	...
...	...	...	...	...	...	...	...	...	...	...
...	...	...	...	...	...	...	...	...	...	...
...	...	...	...	...	...	...	...	...	...	...
...	...	...	...	...	...	...	...	...	...	...
...	...	...	...	...	...	...	...	...	...	...
...	...	...	...	...	...	...	...	...	...	...
...	...	...	...	...	...	...	...	...	...	...
...	...	...	...	...	...	...	...	...	...	...
...	...	...	...	...	...	...	...	...	...	...
...	...	...	...	...	...	...	...	...	...	...
...	...	...	...	...	...	...	...	...	...	...
...	...	...	...	...	...	...	...	...	...	...
...	...	...	...	...	...	...	...	...	...	...
...	...	...	...	...	...	...	...	...	...	...
...	...	...	...	...	...	...	...	...	...	...
...	...	...	...	...	...	...	...	...	...	...
...	...	...	...	...	...	...	...	...	...	...
...	...	...	...	...	...	...	...	...	...	...
...	...	...	...	...	...	...	...	...	...	...
...	...	...	...	...	...	...	...	...	...	...
...	...	...	...	...	...	...	...	...	...	...
...	...	...	...	...	...	...	...	...	...	...
...	...	...	...	...	...	...	...	...	...	...
...	...	...	...	...	...	...	...	...	...	...
...	...	...	...	...	...	...	...	...	...	...
...	...	...	...	...	...	...	...	...	...	...
...	...	...	...	...	...	...	...	...	...	...
...	...	...	...	...	...	...	...	...	...	...

統　　計

カンボジア（1948-2000年）

		1986	1987	1988	1989	1990	1991	1992	1993
為替レート	対SDRレート								
公定レート（期末）		・・・	・・・	・・・	283.86	853.60	743.82	2,750.00	3,166.06
公定レート（期末）	対ドル・レート								
公定レート（期末）		・・・	・・・	・・・	216.00	600.00	520.00	2,000.00	2,305.00
公定レート（期中平均）		・・・	・・・	・・・	・・・	426.25	718.33	1,266.58	2,689.00
IMFポジション	100万SDR（期末）								
クォータ		25.00	25.00	25.00	25.00	25.00	25.00	25.00	25.00
SDR		-	-	-	-	-	-	-	11.42
IMFリザーブポジション		0.01	0.01	0.01	0.01	0.01	0.01	0.93	-
IMFクレジット及び融資総残高		12.50	12.50	12.50	12.50	12.50	12.50	6.25	6.25
SDR配分額		15.42	15.42	15.42	15.42	15.42	15.42	15.42	15.42
国際流動性	100万米ドル（他に断りのない限り，期末）								
総準備（金を除く）		・・・	・・・	・・・	・・・	・・・	・・・	・・・	24.18
SDR		-	-	-	-	-	-	-	15.68
IMFリザーブポジション		0.01	0.01	0.01	0.01	0.01	0.01	1.28	-
外国為替		・・・	・・・	・・・	・・・	・・・	・・・	・・・	8.50
金（100万ファイントロイオンス）		・・・	・・・	・・・	・・・				-
金（国内評価額）		・・・	・・・	・・・	・・・				-
通貨当局	10億リエル（期末）								
対外資産		・・・	・・・	・・・	・・・	・・・	・・・	・・・	56.44
中央政府向け信用		・・・	・・・	・・・	・・・	・・・	・・・	・・・	206.26
民間部門向け信用		・・・	・・・	・・・	・・・	・・・	・・・	・・・	3.93
預金通貨銀行向け信用		・・・	・・・	・・・	・・・	・・・	・・・	・・・	32.49
準備貨幣		・・・	・・・	・・・	・・・	・・・	・・・	・・・	228.09
内：預金通貨銀行以外の現金通貨		・・・	・・・	・・・	・・・	・・・	・・・	・・・	189.72
制限付き預金		・・・	・・・	・・・	・・・	・・・	・・・	・・・	16.23
対外負債		・・・	・・・	・・・	・・・	・・・	・・・	・・・	19.79
中央政府預金		・・・	・・・	・・・	・・・	・・・	・・・	・・・	5.59
資本勘定		・・・	・・・	・・・	・・・	・・・	・・・	・・・	57.61
その他（ネット）		・・・	・・・	・・・	・・・	・・・	・・・	・・・	-28.17
預金通貨銀行	10億リエル（期末）								
準備		・・・	・・・	・・・	・・・	・・・	・・・	・・・	13.49
対外資産		・・・	・・・	・・・	・・・	・・・	・・・	・・・	239.62
中央政府向け信用		・・・	・・・	・・・	・・・	・・・	・・・	・・・	0.07
非金融公的企業向け信用		・・・	・・・	・・・	・・・	・・・	・・・	・・・	6.21
民間部門向け信用		・・・	・・・	・・・	・・・	・・・	・・・	・・・	157.67
要求払い預金		・・・	・・・	・・・	・・・	・・・	・・・	・・・	11.77
定期性預金及び貯蓄性預金		・・・	・・・	・・・	・・・	・・・	・・・	・・・	8.51
外貨預金		・・・	・・・	・・・	・・・	・・・	・・・	・・・	121.13
制限付き預金		・・・	・・・	・・・	・・・	・・・	・・・	・・・	10.30
対外負債		・・・	・・・	・・・	・・・	・・・	・・・	・・・	157.74
中央政府預金		・・・	・・・	・・・	・・・	・・・	・・・	・・・	25.43
通貨当局からの信用		・・・	・・・	・・・	・・・	・・・	・・・	・・・	3.03
資本勘定		・・・	・・・	・・・	・・・	・・・	・・・	・・・	121.81
その他（ネット）		・・・	・・・	・・・	・・・	・・・	・・・	・・・	-42.65
マネタリー・サーベイ	10億リエル（期末）								
対外資産（ネット）		・・・	・・・	・・・	・・・	・・・	・・・	・・・	118.54
国内信用		・・・	・・・	・・・	・・・	・・・	・・・	・・・	343.14
中央政府向け信用（ネット）		・・・	・・・	・・・	・・・	・・・	・・・	・・・	175.32
非金融公的企業向け信用		・・・	・・・	・・・	・・・	・・・	・・・	・・・	6.21
民間部門向け信用		・・・	・・・	・・・	・・・	・・・	・・・	・・・	161.61
現金・預金通貨		・・・	・・・	・・・	・・・	・・・	・・・	・・・	203.82
準通貨		・・・	・・・	・・・	・・・	・・・	・・・	・・・	129.65
資本勘定		・・・	・・・	・・・	・・・	・・・	・・・	・・・	179.42
その他（ネット）		・・・	・・・	・・・	・・・	・・・	・・・	・・・	-51.21
現金・預金通貨＋準通貨		・・・	・・・	・・・	・・・	・・・	・・・	・・・	333.47
金利	年率（%）								
預金金利		・・・	・・・	・・・	・・・	・・・	・・・	・・・	・・・
貸出金利		・・・	・・・	・・・	・・・	・・・	・・・	・・・	・・・
物価	指数（2010年=100，期中平均）								
消費者物価指数		・・・	・・・	・・・	・・・	・・・	・・・	・・・	・・・
GDPデフレーター		・・・	・・・	1.15	1.37	3.37	6.99	12.27	32.02

カンボジア

1994	1995	1996	1997	1998	1999	2000
3,759.11	3,754.87	3,901.19	4,657.61	5,308.27	5,174.36	5,087.86
2,575.00	2,526.00	2,713.00	3,452.00	3,770.00	3,770.00	3,905.00
2,545.25	2,450.83	2,624.08	2,946.25	3,744.42	3,807.83	3,840.75
65.00	65.00	65.00	65.00	65.00	87.50	87.50
10.89	10.21	9.51	8.77	6.95	3.78	0.14
-	-	-	-	-	-	-
20.25	48.25	48.25	48.25	47.21	53.12	56.24
15.42	15.42	15.42	15.42	15.42	15.42	15.42
118.50	191.98	265.78	298.63	324.38	393.19	501.68
15.90	15.18	13.68	11.83	9.78	5.19	0.18
102.60	176.80	252.10	286.80	314.60	388.00	501.50
				0.40	0.40	0.40
				114.85	116.27	109.21
305.09	484.88	720.91	1,033.02	1,675.22	1,923.51	2,388.61
215.02	217.11	213.58	211.28	288.55	283.04	271.83
2.70						-
34.20	10.09	9.48	6.19	8.10	4.94	15.81
285.91	314.53	449.83	545.33	802.61	929.87	1,161.01
176.30	250.92	299.84	356.06	509.11	489.86	494.60
26.17	24.55	70.93	42.94	68.67	75.52	84.40
76.12	181.17	188.23	224.73	250.60	274.88	286.14
70.12	62.36	81.86	153.49	106.11	176.26	268.08
127.43	115.88	200.72	391.56	839.01	870.19	1,000.17
-28.75	13.59	-47.62	-107.55	-95.12	-115.22	-123.55
88.75	88.15	178.43	199.61	346.00	503.74	737.13
326.39	412.41	507.22	563.63	528.07	582.19	653.43
0.01	0.31	0.31	0.31	0.31	0.31	0.31
6.00	5.11	5.22	5.93	5.86	10.14	2.65
234.39	293.40	434.55	636.79	654.60	763.23	898.46
20.94	27.29	29.09	28.70	34.21	42.09	45.04
17.80	5.07	7.85	13.21	19.77	31.71	45.89
232.57	365.55	574.84	664.90	667.03	878.84	1,244.97
3.22	4.04	11.45	4.23	3.97	4.04	1.87
164.61	166.15	161.56	200.32	225.43	214.45	172.23
1.75	7.14	4.38	4.26	4.20	4.15	0.71
2.96	4.81	3.51	7.02	5.87	7.52	6.04
356.49	356.11	454.98	602.77	689.78	767.43	791.25
-144.79	-136.78	-121.93	-119.15	-115.42	-90.62	-16.53
390.75	549.97	878.35	1,171.59	1,727.27	2,016.37	2,583.18
386.25	446.43	567.41	696.55	839.01	876.31	904.45
143.16	147.92	127.64	53.84	178.54	102.95	3.34
6.00	5.11	5.22	5.93	5.86	10.14	2.65
237.09	293.40	434.55	636.79	654.60	763.23	898.46
201.68	278.49	328.93	384.76	543.33	531.95	539.64
250.37	370.62	582.69	678.11	686.80	910.55	1,290.87
483.92	472.00	655.71	994.33	1,528.79	1,637.26	1,791.41
-158.96	-124.70	-121.57	-189.05	-192.64	-187.44	-134.30
452.05	649.11	911.62	1,062.87	1,230.12	1,442.50	1,830.51
・・・	8.71	8.80	8.03	7.80	7.30	6.80
・・・	18.70	18.80	18.40	18.33	17.60	17.30
43.43	43.08	46.16	49.84	57.22	59.51	59.04
51.22	55.32	57.00	60.42	66.68	67.52	64.21

統　　計

カンボジア（2001-2016年）

		2001	2002	2003	2004	2005	2006	2007	2008
為替レート	対SDRレート								
公定レート（期末）		4,894.96	5,342.91	5,920.10	6,253.97	5,877.16	6,103.35	6,319.42	6,279.68
	対ドル・レート								
公定レート（期末）		3,895.00	3,930.00	3,984.00	4,027.00	4,112.00	4,057.00	3,999.00	4,077.00
公定レート（期中平均）		3,916.33	3,912.08	3,973.33	4,016.25	4,092.50	4,103.25	4,056.17	4,054.17
IMFポジション	100万SDR（期末）								
クォータ		87.50	87.50	87.50	87.50	87.50	87.50	87.50	87.50
SDR		0.41	0.40	0.14	0.05	0.17	0.12	0.14	0.07
IMFリザーブポジション									
内：IMF借入残高		･･･	･･･	･･･	･･･	･･･	･･･	･･･	･･･
IMFクレジット及び融資総残高		63.51	70.78	69.70	62.70	56.83	-	-	-
SDR配分額		15.42	15.42	15.42	15.42	15.42	15.42	15.42	15.42
国際流動性	100万米ドル（他に断りのない限り，期末）								
総準備（金を除く）		586.81	776.15	815.53	943.21	952.98	1,157.25	1,806.91	2,291.55
SDR		0.51	0.55	0.20	0.08	0.24	0.19	0.22	0.11
IMFリザーブポジション									
外国為替		586.30	775.60	815.33	943.13	952.74	1,157.07	1,806.69	2,291.44
金（100万ファイントロイオンス）		0.40	0.40	0.40	0.40	0.40	0.40	0.40	0.40
金（国内評価額）		110.75	137.54	166.40	175.00	205.60	253.41	336.26	349.01
中央銀行：その他資産					0.53	0.17	0.08	0.07	0.08
中央銀行：その他負債									
その他預金通貨取扱い機関：資産		216.74	173.06	209.39	242.81	334.24	487.32	799.49	491.09
その他預金通貨取扱い機関：負債		50.27	41.56	75.71	66.67	77.21	97.63	284.91	624.03
中央銀行	10億リエル（期末）								
対外資産（ネット）		2,353.72	3,137.19	3,402.00	4,015.27	4,342.40	5,634.31	8,481.31	10,679.00
非居住者向け信用		2,740.07	3,598.34	3,906.16	4,506.44	4,767.72	5,728.72	8,579.12	10,776.20
非居住者に対する負債		386.35	461.15	504.15	491.17	425.32	94.41	97.81	97.24
その他預金取扱い機関向け信用		53.19	13.19	17.09	16.67	10.52	43.52	71.80	88.12
中央政府向け信用（ネット）		-72.46	-156.35	-209.18	-238.11	-404.79	-803.10	-1,625.03	-2,686.48
中央政府向け信用		271.14	269.05	269.39	269.78	270.41	286.45	296.76	270.25
中央政府に対する負債		343.61	425.40	478.57	507.89	675.20	1,089.55	1,921.79	2,956.73
その他部門向け信用					21.45	15.71	11.53	10.26	8.51
その他金融機関向け信用									
地方自治体向け信用									
非金融公的企業向け信用									
民間部門向け信用					21.45	15.71	11.53	10.26	8.51
マネタリーベース		1,362.16	1,984.35	2,159.43	2,681.06	2,639.44	3,387.28	5,025.84	6,109.75
流通通貨		615.91	802.80	977.28	1,158.50	1,310.96	1,633.10	2,043.89	2,393.76
その他預金取扱い機関に対する負債		746.25	1,181.54	1,182.15	1,516.77	1,321.51	1,736.09	2,968.37	3,687.67
その他部門に対する負債					5.79	6.97	18.09	13.58	28.33
その他預金取扱い機関に対するその他負債		128.97	88.61	91.72	90.49	96.03	111.10	150.54	246.76
預金及び証券（マネタリーベース除外分）		9.23	5.51	15.76					
預金（広義流動性に含む）									
証券（広義流動性に含まれる株式以外）									
預金（広義流動性から除外されたもの）		9.23	5.51	15.76					
証券（広義流動性から除外される株式以外）									
貸出									
金融派生商品									
株式及びその他持ち分		875.49	957.48	1,041.75	1,157.62	1,405.22	1,649.89	1,987.07	2,056.23
その他		-41.41	-41.92	-98.74	-113.90	-176.84	-262.02	-225.10	-323.60
注記項目：総資産		3,623.49	4,488.49	4,847.75	5,519.57	5,873.07	7,011.07	9,994.17	12,325.70
中央銀行以外の預金取扱い金融機関	10億リエル（期末）								
対外資産（ネット）		648.37	517.45	532.87	709.99	1,056.94	1,580.95	2,059.87	-542.56
非居住者向け信用		844.19	680.99	834.64	978.75	1,374.41	1,977.04	3,200.36	2,004.13
非居住者に対する負債		195.82	163.54	301.76	268.75	317.47	396.09	1,140.49	2,546.68
中央銀行に対する債権		917.82	1,280.87	1,338.86	1,557.07	1,413.44	1,847.00	3,112.54	4,036.15
現金通貨		35.80	33.14	59.58	26.05	27.17	29.99	46.72	88.76
準備預金及び証券		831.05	1,237.71	1,270.15	1,531.02	1,386.27	1,817.01	3,065.78	3,947.27
その他債権		50.97	10.02	9.13				0.04	0.12
中央政府向け信用（ネット）			40.91	90.74	1.41	-69.25	-155.66	-249.98	-374.76
中央政府向け信用		0.01	40.91	90.81	104.93	70.86	18.95	10.43	7.12
中央政府に対する負債		0.01		0.07	103.52	140.11	174.62	260.41	381.87
その他部門向け信用		942.66	1,060.94	1,336.63	1,925.86	2,318.72	3,593.13	6,385.93	9,863.13
その他金融機関向け信用					12.44	22.68	22.93	15.06	26.00
地方自治体向け信用					0.08				
非金融公的企業向け信用		6.55	2.03	0.01			2.09	1.18	0.18
民間部門向け信用		936.11	1,058.91	1,336.62	1,913.34	2,296.05	3,568.11	6,369.70	9,836.95
中央銀行に対する負債		8.11	8.74	67.39				40.00	
通貨預金（広義流動性に含む）		31.94	47.30	29.25	1,516.17	1,627.25	2,403.91	2,142.27	2,214.18
その他預金（広義流動性に含む）		1,594.15	2,075.14	2,391.49	1,630.41	2,044.54	2,949.54	7,134.51	7,354.75
証券（広義流動性に含まれる株式以外）									
預金（広義流動性から除外されたもの）					15.89	27.25	19.52	35.09	23.08
証券（広義流動性から除外される株式以外）					2.65			0.48	7.05
貸出							0.37	6.64	13.27
金融派生商品									
保険契約準備金									
株式及びその他持ち分		923.56	808.64	860.56	923.54	1,164.07	1,490.35	2,241.95	3,728.10
その他（ネット）		-48.91	-39.65	-49.58	105.66	-143.25	1.72	-292.59	-358.45
注記項目：総資産		2,929.77	3,358.19	3,877.69	4,823.36	5,703.54	7,962.97	13,514.90	17,241.40

216

カンボジア

2009	2010	2011	2012	2013	2014	2015	2016
6,529.43	6,238.66	6,200.96	6,140.00	6,152.30	5,903.90	5,614.29	5,437.14
4,165.00	4,051.00	4,039.00	3,995.00	3,995.00	4,075.00	4,051.50	4,044.50
4,139.33	4,184.92	4,058.50	4,033.00	4,027.25	4,037.50	4,067.75	4,058.69
87.50	87.50	87.50	87.50	87.50	87.50	87.50	175.00
68.51	68.46	68.39	68.37	68.36	68.35	88.34	88.34
· · ·	-	-	-	-	-	-	-
83.92	83.92	83.92	83.92	83.92	83.92	83.92	83.92
2,851.13	3,255.11	3,449.69	4,267.33	4,516.27	5,626.01	6,882.94	8,393.36
107.40	105.44	105.01	105.09	105.28	99.02	122.41	118.76
							29.41
2,743.74	3,149.68	3,344.69	4,162.24	4,410.99	5,526.99	6,760.53	8,245.19
0.40	0.40	0.40	0.40	0.40	0.40	0.40	0.40
437.32	547.01	619.32	670.66	479.11	479.62	493.40	728.99
0.07							
0.07	0.12	0.12	0.13	0.13	0.14	0.16	0.17
639.99	929.67	1,019.11	2,066.25	1,966.50	2,117.90	2,124.03	2,476.09
355.67	436.41	635.59	1,519.92	1,712.64	2,034.78	3,256.93	4,119.34
13,160.80	14,885.80	15,914.00	18,487.60	19,439.80	24,384.50	29,402.70	36,370.90
13,709.50	15,410.10	16,434.80	19,003.30	19,956.60	24,880.50	29,874.30	36,827.00
548.78	524.29	520.86	515.77	516.84	496.03	471.60	456.11
39.02	30.67	18.61	2.60	10.40	-	-	28.50
-1,968.81	-1,782.61	-1,777.63	-2,123.10	-2,340.42	-3,892.64	-5,802.31	-7,494.71
270.24	270.24	270.24	270.24	270.24	270.24	270.24	270.24
2,239.06	2,052.85	2,047.87	2,393.34	2,610.66	4,162.88	6,072.55	7,764.95
11.70	13.12	9.37	15.88	9.92	186.28	106.03	198.19
-	-	-	-	-	-	-	-
11.70	13.12	9.37	15.88	9.92	186.28	106.03	198.19
8,752.35	10,270.10	11,072.80	13,081.00	14,777.00	18,298.60	20,437.10	23,591.50
3,094.68	3,240.99	3,953.45	3,986.47	4,794.55	5,984.86	6,303.83	6,957.72
5,621.18	6,978.13	7,032.24	8,982.05	9,814.99	11,966.80	13,822.80	16,413.50
36.49	50.99	87.12	112.43	167.44	346.94	310.48	220.24
320.06	438.99	552.90	613.15	727.68	934.18	2,639.19	5,300.46
			1.12	1.04	0.96	45.56	67.35
-	-	-	-	-	-	-	-
			1.12	1.04	0.96	0.80	1.04
						44.76	66.31
2,605.36	2,879.14	3,036.97	3,207.84	2,174.10	2,112.94	1,548.88	1,278.53
-435.09	-441.23	-498.34	-520.11	-560.11	-668.56	-964.35	-1,134.90
15,294.10	17,029.50	18,134.90	20,700.40	21,693.60	26,918.30	32,105.90	39,785.30
1,185.34	1,999.18	1,549.07	2,182.60	1,014.15	338.70	-4,588.23	-6,633.79
2,668.11	3,767.95	4,116.20	8,254.67	7,856.15	8,630.44	8,602.32	9,995.99
1,482.78	1,768.77	2,567.13	6,072.07	6,842.01	8,291.73	13,190.50	16,629.80
6,070.12	7,385.72	6,612.63	9,531.27	10,697.50	12,437.90	16,141.50	20,824.80
86.11	137.44	171.18	208.84	306.61	339.41	361.98	484.43
5,983.52	7,247.69	6,441.32	9,321.80	10,388.60	12,098.10	15,779.30	20,339.80
0.49	0.59	0.12	0.64	2.26	0.40	0.27	0.59
-409.48	-531.09	-475.97	-687.37	-880.21	-969.01	-1,234.45	-1,603.83
8.49	5.81	8.02	12.93	11.48	17.44	24.97	27.24
417.97	536.90	483.99	700.30	891.69	986.45	1,259.42	1,631.07
10,609.50	12,997.10	14,823.70	21,974.30	27,914.90	36,631.50	46,539.10	56,695.60
31.98	42.98	121.98	26.23	85.48	166.02	309.68	296.64
						0.01	
	1.77		5.57	14.70	11.16	4.47	5.61
10,577.50	12,952.30	14,701.70	21,942.50	27,814.90	36,454.30	46,225.00	56,393.40
2,540.43	3,002.48	2,910.44	5,028.97	7,075.35	8,301.62	8,846.00	10,791.20
10,551.90	13,417.60	13,565.70	19,444.70	21,170.10	28,358.60	33,998.70	41,149.30
28.22	44.83	336.54	366.12	118.82	179.58	217.44	198.14
1.33	1.85	1.55	7.73	0.88	-	-	-
3.54	-	22.43	18.10	17.98	29.62	47.50	56.95
4,639.03	5,612.87	5,954.88	8,522.58	10,285.50	12,132.10	14,497.30	17,427.70
-308.99	-228.81	-282.10	-387.36	77.64	-562.41	-749.05	-340.42
21,343.60	26,214.30	28,702.10	44,371.30	51,959.10	66,320.10	80,962.00	98,297.80

統　　計

カンボジア（2001-2016年）

	2001	2002	2003	2004	2005	2006	2007	2008
預金取扱い金融機関	10億リエル（期末）							
対外資産（ネット）	3,002.09	3,654.63	3,934.87	4,725.26	5,399.34	7,215.26	10,541.20	10,136.40
非居住者向け信用	3,584.26	4,279.33	4,740.79	5,485.19	6,142.13	7,705.76	11,779.50	12,780.40
非居住者に対する負債	582.17	624.69	805.92	759.93	742.79	490.50	1,238.30	2,643.92
国内信用	870.20	945.50	1,218.19	1,710.60	1,860.40	2,645.89	4,521.18	6,810.41
中央政府向け信用（ネット）	-72.46	-115.44	-118.44	-236.71	-474.04	-958.77	-1,875.01	-3,061.23
中央政府向け信用	271.15	309.96	360.20	374.70	341.27	305.40	307.19	277.37
中央政府に対する負債	343.62	425.40	478.64	611.41	815.31	1,264.16	2,182.20	3,338.60
その他部門向け信用	942.66	1,060.94	1,336.63	1,947.31	2,334.44	3,604.65	6,396.19	9,871.64
その他金融機関向け信用	-	-	-	12.44	22.68	22.93	15.06	26.00
地方自治体向け信用	-	-	-	0.08	-	-	-	-
非金融公的企業向け信用	6.55	2.03	0.01	-	-	2.09	1.18	0.18
民間部門向け信用	936.11	1,058.91	1,336.62	1,934.79	2,311.76	3,579.64	6,379.96	9,845.45
広義流動性負債	2,206.21	2,892.11	3,338.43	4,284.83	4,962.54	6,974.65	11,287.50	11,902.30
預金取扱い金融機関以外の通貨	580.12	769.67	917.70	1,132.45	1,283.79	1,603.11	1,997.17	2,305.00
通貨性預金	31.94	47.30	29.25	1,521.18	1,633.42	2,421.05	2,155.05	2,241.74
その他預金	1,594.15	2,075.14	2,391.49	1,631.21	2,045.34	2,950.49	7,135.32	7,355.51
証券（株式を除く）	-	-	-	-	-	-	-	-
預金（広義流動性から除外されたもの）	9.23	5.51	15.76	15.89	27.25	19.52	35.09	23.08
証券（広義流動性に含まれる株式以外）	-	-	-	-	-	-	0.48	7.05
貸出	-	-	-	-	-	0.37	6.64	13.27
金融派生商品	-	-	-	-	-	-	-	-
保険契約準備金	-	-	-	-	-	-	-	-
株式及びその他持ち分	1,799.05	1,766.11	1,902.30	2,081.16	2,569.29	3,140.25	4,229.02	5,784.33
その他（ネット）	-142.21	-63.60	-103.43	51.33	-299.34	-273.64	-496.40	-783.14
広義流動性負債（季節調整値）	2,227.71	2,920.31	3,370.98	4,329.05	5,011.44	7,045.08	11,403.80	12,038.30
貨幣集計量	10億リエル（期末）							
広義流動性	2,206.21	2,892.11	3,338.43	4,284.83	4,962.54	6,974.65	11,287.50	11,902.30
中央政府発行通貨	-	-	-	-	-	-	-	-
非金融会社の預金	-	-	-	-	-	-	-	-
中央政府発行証券	-	-	-	-	-	-	-	-
貨幣集計量（国内定義）	10億リエル（期末）							
M1	612.06	816.97	946.95	1,153.39	1,308.41	1,653.47	2,043.22	2,387.87
M2	2,206.21	2,892.11	3,338.43	4,284.83	4,962.54	6,974.65	11,287.50	11,902.30
金利	年率（％）							
預金金利	4.36	2.49	2.02	1.79	1.92	1.84	1.90	1.91
貸出金利（外貨）	16.50	16.23	18.47	17.62	17.33	16.40	16.18	16.01
物価	指数（2010年=100，期中平均）							
消費者物価指数	58.68	60.58	61.31	63.72	67.76	71.92	77.44	96.80
GDPデフレーター	66.34	66.81	68.01	71.29	75.63	79.13	84.28	94.61

カンボジア

2009	2010	2011	2012	2013	2014	2015	2016
14,346.10	16,885.00	17,463.10	20,670.20	20,453.90	24,723.20	24,814.40	29,737.10
16,377.70	19,178.10	20,551.00	27,258.00	27,812.80	33,511.00	38,476.60	46,823.00
2,031.55	2,293.06	3,087.99	6,587.84	7,358.84	8,787.77	13,662.20	17,085.90
8,242.94	10,696.50	12,579.50	19,179.80	24,704.10	31,956.20	39,608.40	47,795.30
-2,378.29	-2,313.69	-2,253.60	-2,810.47	-3,220.63	-4,861.65	-7,036.76	-9,098.54
278.74	276.05	278.26	283.17	281.72	287.69	295.22	297.49
2,657.02	2,589.75	2,531.86	3,093.64	3,502.35	5,149.33	7,331.97	9,396.02
10,621.20	13,010.20	14,833.10	21,990.20	27,924.80	36,817.80	46,645.10	56,893.80
31.98	42.98	121.98	26.23	85.48	166.02	309.68	296.64
-	-	-	-	-	-	0.01	-
-	1.77	-	5.57	14.70	11.16	4.47	5.61
10,589.20	12,965.40	14,711.10	21,958.40	27,824.60	36,640.60	46,331.00	56,591.60
16,137.40	19,574.70	20,345.50	28,363.70	32,900.90	42,652.60	49,097.10	58,634.00
3,008.57	3,103.56	3,782.27	3,777.63	4,487.94	5,645.45	5,941.85	6,473.29
2,572.67	3,030.17	2,963.72	5,119.95	7,226.00	8,633.46	9,141.33	10,995.80
10,556.20	13,440.90	13,599.50	19,466.20	21,186.90	28,373.70	34,013.90	41,164.90
28.22	44.83	336.54	367.24	119.86	180.54	218.24	199.18
1.33	1.85	1.55	7.73	0.88	-	44.76	66.31
3.54	-	22.43	18.10	17.98	29.62	47.50	56.95
7,244.39	8,492.00	8,991.86	11,730.40	12,459.60	14,245.00	16,046.20	18,706.20
-825.86	-531.87	344.64	-637.31	-341.09	-428.43	-1,030.96	-130.25
16,333.70	19,819.90	20,577.30	28,605.00	33,076.80	42,750.70	49,142.40	58,672.40
16,137.40	19,574.70	20,345.50	28,363.70	32,900.90	42,652.60	49,097.10	58,634.00
-	-	-	-	-	-	-	-
-	-	-	-	-	-	-	-
3,093.07	3,199.79	3,900.85	3,975.26	4,768.94	6,038.22	6,488.57	7,070.62
16,137.40	19,574.70	20,345.50	28,363.70	32,900.90	42,652.60	49,097.10	58,634.00
1.66	1.26	1.34	1.33	1.34	1.42	1.42	1.44
15.81	15.63	15.22	12.97	12.80	12.31	11.71	11.36
96.16	100.00	105.48	108.57	111.77	116.08	117.49	121.04
96.98	100.00	103.37	104.86	105.68	108.46	・・・	・・・

サモア（1948-2000年）

	1948	1949	1950	1951	1952	1953	1954	1955
為替レート								
公定レート（期末）　対SDRレート	・・・	・・・	0.71	0.71	0.71	0.71	0.71	0.71
公定レート（期末）　対ドル・レート								
公定レート（期末）	・・・	・・・	0.71	0.71	0.71	0.71	0.71	0.71
公定レート（期中平均）	・・・	・・・	0.71	0.71	0.71	0.71	0.71	0.71
公定レート　指数（2010年=100，期中平均）	・・・	・・・	347.62	347.62	347.62	347.62	347.62	347.62
名目実効為替レート	・・・	・・・	・・・	・・・	・・・	・・・	・・・	・・・
実質実効為替レート（CPIベース）	・・・	・・・	・・・	・・・	・・・	・・・	・・・	・・・
IMFポジション　100万SDR（期末）								
クォータ	-	-	-	-	-	-	-	-
SDR	-	-	-	-	-	-	-	-
IMFリザーブポジション	-	-	-	-	-	-	-	-
内：IMF借入残高	・・・	・・・	・・・	・・・	・・・	・・・	・・・	・・・
IMFクレジット及び融資総残高	-	-	-	-	-	-	-	-
SDR配分額	-	-	-	-	-	-	-	-
国際流動性　100万米ドル（他に断りのない限り，期末）								
総準備（金を除く）	・・・	・・・	・・・	・・・	・・・	・・・	・・・	・・・
SDR	-	-	-	-	-	-	-	-
IMFリザーブポジション	-	-	-	-	-	-	-	-
外国為替	・・・	・・・	・・・	・・・	・・・	・・・	・・・	・・・
その他公的機関：資産	・・・	・・・	・・・	・・・	・・・	・・・	・・・	・・・
預金通貨銀行：資産	・・・	・・・	・・・	・・・	・・・	・・・	・・・	・・・
預金通貨銀行：負債	・・・	・・・	・・・	・・・	・・・	・・・	・・・	・・・
通貨当局　100万タラ（期末）								
対外資産	・・・	・・・	・・・	・・・	・・・	・・・	・・・	・・・
中央政府向け信用	・・・	・・・	・・・	・・・	・・・	・・・	・・・	・・・
預金通貨銀行向け信用	・・・	・・・	・・・	・・・	・・・	・・・	・・・	・・・
準備貨幣	・・・	・・・	・・・	・・・	・・・	・・・	・・・	・・・
内：預金通貨銀行以外の現金通貨	・・・	・・・	・・・	・・・	・・・	・・・	・・・	・・・
中央銀行負債：証券	・・・	・・・	・・・	・・・	・・・	・・・	・・・	・・・
対外負債	・・・	・・・	・・・	・・・	・・・	・・・	・・・	・・・
中央政府預金	・・・	・・・	・・・	・・・	・・・	・・・	・・・	・・・
資本勘定	・・・	・・・	・・・	・・・	・・・	・・・	・・・	・・・
その他（ネット）	・・・	・・・	・・・	・・・	・・・	・・・	・・・	・・・
預金通貨銀行　100万タラ（期末）								
準備	・・・	・・・	・・・	・・・	・・・	・・・	・・・	・・・
通貨当局に対する債権：証券	・・・	・・・	・・・	・・・	・・・	・・・	・・・	・・・
対外資産	・・・	・・・	・・・	・・・	・・・	・・・	・・・	・・・
中央政府向け信用	・・・	・・・	・・・	・・・	・・・	・・・	・・・	・・・
非金融的公的企業向け信用	・・・	・・・	・・・	・・・	・・・	・・・	・・・	・・・
民間部門向け信用	・・・	・・・	・・・	・・・	・・・	・・・	・・・	・・・
要求払い預金	・・・	・・・	・・・	・・・	・・・	・・・	・・・	・・・
定期性預金及び貯蓄性預金	・・・	・・・	・・・	・・・	・・・	・・・	・・・	・・・
対外負債	・・・	・・・	・・・	・・・	・・・	・・・	・・・	・・・
中央政府預金	・・・	・・・	・・・	・・・	・・・	・・・	・・・	・・・
通貨当局からの信用	・・・	・・・	・・・	・・・	・・・	・・・	・・・	・・・
資本勘定	・・・	・・・	・・・	・・・	・・・	・・・	・・・	・・・
その他（ネット）	・・・	・・・	・・・	・・・	・・・	・・・	・・・	・・・
マネタリー・サーベイ　100万タラ（期末）								
対外資産（ネット）	・・・	・・・	・・・	・・・	・・・	・・・	・・・	・・・
国内信用	・・・	・・・	・・・	・・・	・・・	・・・	・・・	・・・
中央政府向け信用（ネット）	・・・	・・・	・・・	・・・	・・・	・・・	・・・	・・・
非金融公的企業向け信用	・・・	・・・	・・・	・・・	・・・	・・・	・・・	・・・
民間部門向け信用	・・・	・・・	・・・	・・・	・・・	・・・	・・・	・・・
現金・預金通貨	・・・	・・・	・・・	・・・	・・・	・・・	・・・	・・・
準通貨	・・・	・・・	・・・	・・・	・・・	・・・	・・・	・・・
資本勘定	・・・	・・・	・・・	・・・	・・・	・・・	・・・	・・・
その他（ネット）	・・・	・・・	・・・	・・・	・・・	・・・	・・・	・・・
現金・預金通貨（季節調整値）	・・・	・・・	・・・	・・・	・・・	・・・	・・・	・・・
現金・預金通貨＋準通貨	・・・	・・・	・・・	・・・	・・・	・・・	・・・	・・・
その他銀行業機関　100万タラ（期末）								
預金	・・・	・・・	・・・	・・・	・・・	・・・	・・・	・・・
流動負債	・・・	・・・	・・・	・・・	・・・	・・・	・・・	・・・
金利　年率（％）								
中央銀行手形割引率	・・・	・・・	・・・	・・・	・・・	・・・	・・・	・・・
貯蓄金利	・・・	・・・	・・・	・・・	・・・	・・・	・・・	・・・
預金金利	・・・	・・・	・・・	・・・	・・・	・・・	・・・	・・・
貸出金利	・・・	・・・	・・・	・・・	・・・	・・・	・・・	・・・
政府債利回り	・・・	・・・	・・・	・・・	・・・	・・・	・・・	・・・
物価　指数（期中平均）								
消費者物価指数（2010年=100）	・・・	・・・	・・・	・・・	・・・	・・・	・・・	・・・
GDPデフレーター（2000年=100）	・・・	・・・	・・・	・・・	・・・	・・・	・・・	・・・

サ　モ　ア

1956	1957	1958	1959	1960	1961	1962	1963	1964	1965	1966
0.71	0.71	0.71	0.71	0.71	0.72	0.72	0.72	0.72	0.72	0.72
0.71	0.71	0.71	0.71	0.71	0.72	0.72	0.72	0.72	0.72	0.72
0.71	0.71	0.71	0.71	0.71	0.72	0.72	0.72	0.72	0.72	0.72
347.62	347.62	347.62	347.62	347.62	347.13	345.26	345.26	345.26	345.26	345.26
...	285.66	286.38	287.51	287.53	287.04	289.40	290.11	290.60	290.42	290.80
-	-	-	-	-	-	-	-	-	-	-
-	-	-	-	-	-	-	-	-	-	-
...	...	...	...	...	...	...	...	...	...	...
-	-	-	-	-	-	-	-	-	-	-
...	...	...	...	...	...	...	...	5.68	3.57	2.73
-	-	-	-	-	-	-	-	-	-	-
...	...	...	...	...	...	...	...	5.68	3.57	2.73
...	...	...	...	...	1.91	2.23	2.20	2.64	2.08	2.38
-	-	-	-	-	-	-	-	-	0.04	-
...	...	...	...	...	0.97	1.10	0.85	1.76	0.73	0.56
...	...	...	...	...	-0.97	-1.10	-0.85	-1.76	-0.73	-0.56
...	...	...	...	...	-	-	-	-	-	-
...	...	...	...	...	...	...	...	...	...	...
...	...	...	...	...	-	-	-	-	-	-
...	...	...	...	...	-	-	-	-	-	-
...	...	...	...	...	-	-	-	-	-	-
...	...	...	...	...	1.38	1.60	1.58	1.90	1.50	1.71
...	...	...	...	...	-	-	-	0.05	0.05	0.05
...	...	...	...	...	0.76	0.79	1.01	1.05	1.40	1.25
...	...	...	...	...	0.83	0.98	1.05	1.27	1.20	1.15
...	...	...	...	...	0.57	0.68	0.72	0.76	0.65	0.74
...	...	...	...	...	-	-	-	-	0.03	-
...	...	...	...	...	0.31	0.36	0.39	0.47	0.43	0.40
...	...	...	...	...	...	...	...	...	...	...
...	...	...	...	...	0.62	0.63	0.68	0.82	0.94	1.04
...	...	...	...	...	2.35	2.71	2.43	3.66	2.20	2.27
...	...	...	...	...	-0.52	-0.67	-0.23	-1.12	0.28	0.34
...	...	...	...	...	-1.28	-1.46	-1.24	-2.18	-1.11	-0.91
...	...	...	...	...	0.76	0.79	1.01	1.05	1.40	1.25
...	...	...	...	...	0.83	0.98	1.05	1.27	1.20	1.15
...	...	...	...	...	0.57	0.68	0.72	0.76	0.65	0.74
...	...	...	...	...	-0.13	0.63	0.68	0.82	0.94	1.04
...	...	...	...	...	...	...	...	...	...	1.16
...	...	...	...	...	1.40	1.65	1.76	2.02	1.85	1.89
...	...	0.55	0.73	0.75	0.61	0.68	0.71	0.60	0.60	0.56
...	...	...	...	...	...	2.33	2.48	2.62	2.45	2.46
...	...	...	...	...	...	...	...	...	...	...
...	...	...	...	...	...	...	...	...	...	...
...	...	...	...	...	...	...	...	...	...	...
...	...	...	...	...	3.63	3.72	3.75	3.95	4.03	4.15
...	...	...	...	...	...	...	...	...	...	...

統 計

サモア（1948-2000年）

		1967	1968	1969	1970	1971	1972	1973	1974
為替レート	対SDRレート								
公定レート（期末）		0.72	0.72	0.72	0.72	0.73	0.73	0.73	0.74
	対ドル・レート								
公定レート（期末）		0.72	0.72	0.72	0.72	0.68	0.67	0.61	0.61
公定レート（期中平均）		0.72	0.72	0.72	0.72	0.72	0.68	0.61	0.61
	指数（2010年=100，期中平均）								
公定レート									
名目実効為替レート		345.14	344.34	344.34	344.34	312.07	367.63	405.97	409.34
実質実効為替レート（CPIベース）		292.91	309.30	309.56	311.55	307.96	310.70	311.62	317.14
		・・・	・・・	・・・	・・・	・・・	・・・	・・・	・・・
IMFポジション	100万SDR（期末）								
クォータ		-	-	-	-	2.00	2.00	2.00	2.00
SDR		-	-	-	-	-	0.21	0.21	0.21
IMFリザーブポジション		-	-	-	-	0.36	0.36	0.36	0.36
内：IMF借入残高		・・・	・・・	・・・	・・・	-	-	-	・・・
IMFクレジット及び融資総残高		-	-	-	-	-	-	-	-
SDR配分額		-	-	-	-	-	0.21	0.21	0.21
国際流動性	100万米ドル（他に断りのない限り，期末）								
総準備（金を除く）		2.16	3.06	5.15	5.22	6.41	4.53	5.08	5.96
SDR		-	-	-	-	0.23	0.25	0.26	
IMFリザーブポジション		-	-	-	0.39	0.39	0.43	0.44	
外国為替		2.16	3.06	5.15	5.22	6.02	3.91	4.39	5.26
その他公的機関：資産		・・・	・・・	・・・	4.42	4.85	4.58	3.09	2.30
預金通貨銀行：資産		1.78	2.60	4.62	4.36	5.04	3.45	4.08	5.39
預金通貨銀行：負債		0.05	0.03	0.11			0.41	0.01	
通貨当局	100万タラ（期末）								
対外資産		0.26	0.34	0.56	0.69	0.91	0.71	0.60	0.77
中央政府向け信用		-0.21	-0.27	-0.48	-0.59	-0.80	0.13	0.15	0.18
預金通貨銀行向け信用		-	-	-	-	-	-	-	-
準備貨幣		0.06	0.07	0.09	0.10	0.12	0.13	0.15	0.18
内：預金通貨銀行以外の現金通貨		0.04	0.06	0.07	0.09	0.10	0.12	0.14	0.17
中央銀行負債：証券		-	-	-	-	-	-	-	-
対外負債		-	-	-	-	-	-	-	-
中央政府預金		-	-	-	-	-	0.56	0.44	0.61
資本勘定		・・・	・・・	・・・	-	-	0.15	0.15	0.16
その他（ネット）		-	-	-	-	-	-	-	-
預金通貨銀行	100万タラ（期末）								
準備		0.01	0.01	0.01	0.01	0.01	0.01	0.01	0.01
通貨当局に対する債権：証券		・・・	・・・	-	-	-	-	-	-
対外資産		1.29	1.88	3.33	3.15	3.35	2.29	2.43	3.27
中央政府向け信用		0.07	0.26	0.29	0.30	0.48	0.65	1.03	1.03
非金融公的企業向け信用		-	-	-	-	-	-	0.41	0.34
民間部門向け信用		1.18	1.15	1.27	1.58	1.99	3.17	2.85	4.06
要求払い預金		1.05	1.06	0.83	1.19	1.83	2.19	2.62	3.04
定期性預金及び貯蓄性預金		0.83	1.06	1.52	1.40	1.52	1.57	2.12	2.56
対外負債		0.04	0.02	0.08			0.27	0.01	
中央政府預金		0.23	0.34	1.52	1.07	0.94	0.59	0.28	0.42
通貨当局からの信用		・・・	・・・	0.85	1.06	1.21	1.17	1.72	1.95
資本勘定		・・・	・・・	-	-	-	0.50	0.50	0.75
その他（ネット）		0.72	1.20	0.10	0.31	0.33	-0.17	-0.50	0.01
マネタリー・サーベイ	100万タラ（期末）								
対外資産（ネット）		1.52	2.19	3.81	3.84	4.26	2.74	3.02	4.04
国内信用		0.82	0.80	-0.44	0.21	0.73	2.79	3.72	4.58
中央政府向け信用（ネット）		-0.36	-0.35	-1.71	-1.37	-1.25	-0.38	0.46	0.18
非金融公的企業向け信用		-	-	-	-	-	-	0.41	0.34
民間部門向け信用		1.18	1.15	1.27	1.58	1.99	3.17	2.85	4.06
現金・預金通貨		1.09	1.12	0.90	1.28	1.94	2.31	2.76	3.21
準通貨		0.83	1.06	1.52	1.40	1.52	1.57	2.12	2.56
資本勘定		・・・	・・・	-	-	-	0.65	0.65	0.91
その他（ネット）		0.72	1.20	0.95	1.37	1.53	1.00	1.22	1.95
現金・預金通貨（季節調整値）		1.11	1.14	0.93	1.32	2.00	2.38	2.87	3.36
現金・預金通貨＋準通貨		1.92	2.18	2.42	2.68	3.46	3.88	4.88	5.77
その他銀行業機関	100万タラ（期末）								
預金		0.53	0.50	0.53	0.56	0.59	0.66	0.70	0.87
流動負債		2.45	2.68	2.95	3.24	4.05	4.54	5.58	6.64
金利	年率（%）								
中央銀行手形割引率		・・・	・・・	・・・	・・・	・・・	・・・	・・・	・・・
貯蓄金利		・・・	・・・	・・・	・・・	・・・	・・・	・・・	・・・
預金金利		・・・	・・・	・・・	・・・	・・・	・・・	・・・	・・・
貸出金利		・・・	・・・	・・・	・・・	・・・	・・・	・・・	・・・
政府債利回り		・・・	・・・	・・・	・・・	・・・	・・・	・・・	・・・
物価	指数（期中平均）								
消費者物価指数（2010年=100）		4.13	4.20	4.37	4.49	4.71	5.06	5.65	7.07
GDPデフレーター（2000年=100）		・・・	・・・	・・・	・・・	・・・	・・・	・・・	・・・

サ　モ　ア

1975	1976	1977	1978	1979	1980	1981	1982	1983	1984	1985
0.90	0.93	0.91	0.93	1.20	1.19	1.28	1.36	1.70	2.14	2.53
0.77	0.80	0.75	0.71	0.91	0.93	1.10	1.24	1.62	2.18	2.31
0.63	0.80	0.79	0.74	0.83	0.92	1.03	1.21	1.55	1.86	2.25
395.29	311.55	315.49	337.35	303.04	270.05	239.58	206.01	161.29	135.09	110.68
317.66	272.85	276.64	274.49	243.34	218.24	207.26	195.16	162.14	145.79	129.56
139.83	114.85	121.84	114.50	102.48	108.92	112.64	115.37	105.85	101.35	92.14
2.00	2.00	2.00	3.00	3.00	4.50	4.50	4.50	6.00	6.00	6.00
0.04	-	0.03	0.04	-	-	0.01	0.01	0.41	0.15	0.01
...	...	...	...	...	...	...	...	...	...	...
1.26	1.92	1.84	3.49	4.75	4.51	6.41	5.70	7.56	9.97	9.95
0.21	0.21	0.21	0.21	0.52	0.84	1.14	1.14	1.14	1.14	1.14
6.39	5.24	9.13	4.78	4.82	2.77	3.28	3.48	7.23	10.56	14.02
0.05	-	0.04	0.05	-	-	0.01	0.01	0.43	0.15	0.01
6.34	5.24	9.09	4.73	4.82	2.77	3.27	3.47	6.80	10.41	14.01
0.91	0.69	0.74	1.34	0.84	0.56	0.51	0.50	0.34	0.22	0.27
5.42	4.72	7.35	3.89	4.16	2.31	3.01	3.14	6.02	6.89	2.03
-	-	-	0.05	0.65	3.07	0.81	1.13	0.23	0.24	0.29
0.74	0.42	1.18	0.64	0.61	0.43	0.29	0.52	2.01	8.00	27.66
2.39	2.75	3.94	4.85	6.48	9.16	21.46	6.75	6.77	6.66	6.87
					2.73	2.57	1.75	2.03	1.28	4.99
0.38	0.48	0.66	0.67	0.84	5.44	7.35	8.41	9.41	10.94	25.09
0.19	0.22	0.23	0.25	0.17	3.56	5.28	6.05	6.02	7.08	8.44
1.13	1.78	1.67	3.25	5.70	5.34	8.21	7.87	12.84	21.36	25.22
1.42	0.71	2.60	1.37	-	0.54	7.48				
0.19	0.20	0.19	0.20	0.62	1.01	1.46	1.57	1.93	2.70	5.41
-	-	-	-	-0.08	-0.01	-0.01	-8.83	-13.37	-19.06	-16.20
0.20	0.26	0.43	0.41	0.66	1.89	2.07	2.37	3.39	3.86	16.65
										-
4.16	3.78	5.50	2.78	3.79	2.14	3.31	3.88	9.76	15.05	4.68
1.20	1.35	2.67	3.39	4.59	6.08	10.86	15.17	8.30	4.42	1.39
0.36	0.58	0.55	1.93	4.78	6.65	10.51	12.77	10.57	10.11	12.08
3.91	5.91	7.15	9.78	10.73	11.33	11.99	14.17	15.94	19.04	22.39
3.29	3.83	4.52	4.97	5.60	5.58	8.83	11.37	10.91	12.28	11.52
2.80	3.59	4.53	5.11	9.01	10.46	18.67	26.89	21.95	24.15	32.44
		-	0.03	0.60	2.86	0.89	1.39	0.37	0.52	0.67
0.67	0.55	1.72	1.01	1.18	0.60	0.98	1.64	1.71	6.16	1.00
2.00	2.27	3.29	4.18	5.64	2.73	2.57	1.75	2.03	1.27	4.99
1.00	1.00	1.50	1.47	1.68	1.77	2.23	2.00	3.00	8.73	11.12
0.05	0.65	0.73	1.52	0.85	4.09	4.58	3.32	7.97	-0.64	-4.55
3.77	2.41	5.00	0.13	-1.89	-5.63	-5.49	-4.86	-1.45	1.17	6.45
5.75	9.34	9.98	17.57	25.40	32.08	46.53	47.22	39.87	34.07	41.73
1.49	2.85	2.29	5.86	9.89	14.10	24.03	20.28	13.36	4.91	7.26
0.36	0.58	0.55	1.93	4.78	6.65	10.51	12.77	10.57	10.11	12.08
3.91	5.91	7.15	9.78	10.73	11.33	11.99	14.17	15.94	19.04	22.39
3.48	4.04	4.76	5.23	5.77	9.14	14.11	17.42	16.93	19.36	19.96
2.80	3.59	4.53	5.11	9.01	10.46	18.67	26.89	21.95	24.15	32.44
1.19	1.20	1.69	1.67	2.30	2.78	3.69	3.57	4.93	11.43	16.53
2.05	2.93	4.01	5.71	6.41	4.08	4.58	-5.52	-5.40	-19.71	-20.75
3.64	4.19	4.83	5.19	5.58	8.64	13.13	16.03	15.43	17.55	18.08
6.28	7.64	9.28	10.33	14.78	19.60	32.77	44.31	38.88	43.51	52.40
0.83	0.88	0.85	0.81	0.85	0.88	0.81	1.01	1.15	1.27	1.54
7.11	8.52	10.13	11.14	15.63	20.48	33.58	45.32	40.03	44.78	53.94
...	...	...	...	...	...	...	...	...	...	...
...	...	...	...	...	...	...	...	7.83	8.00	7.08
...	...	...	...	6.50	6.50	6.50	9.00	11.75	12.00	12.00
...	...	...	...	...	...	...	...	20.00	20.00	19.00
...	...	...	...	8.00	8.00	11.50	12.30	14.90	17.50	15.00
7.69	8.06	9.24	9.43	10.48	13.95	16.80	19.88	23.15	25.90	28.25
...	...	...	...	...	...	...	33.17	39.11	45.31	47.33

統　　計

サモア（1948-2000年）

		1986	1987	1988	1989	1990	1991	1992	1993
為替レート	対SDRレート								
公定レート（期末）		2.69	2.85	2.89	3.01	3.32	3.50	3.52	3.58
	対ドル・レート								
公定レート（期末）		2.20	2.01	2.15	2.29	2.33	2.45	2.56	2.61
公定レート（期中平均）		2.24	2.12	2.08	2.27	2.31	2.40	2.47	2.57
	指数（2010年=100，期中平均）								
公定レート		111.09	117.10	119.44	109.44	107.52	103.56	100.70	96.68
名目実効為替レート		119.22	115.70	111.15	106.05	103.88	103.33	103.98	106.97
実質実効為替レート（CPIベース）		85.63	81.99	81.86	79.10	83.01	76.01	78.54	76.79
IMFポジション	100万SDR（期末）								
クォータ		6.00	6.00	6.00	6.00	6.00	6.00	8.50	8.50
SDR		0.79	1.31	2.44	0.69	2.94	2.59	1.89	1.95
IMFリザーブポジション		・・・	・・・	0.01	0.03	0.03	0.03	0.66	0.66
内：IMF借入残高		・・・	・・・	・・・	・・・	・・・	・・・	・・・	・・・
IMFクレジット及び融資総残高		8.28	5.79	2.85	1.23	0.59	0.16		
SDR配分額		1.14	1.14	1.14	1.14	1.14	1.14	1.14	1.14
国際流動性	100万米ドル（他に断りのない限り，期末）								
総準備（金を除く）		23.75	37.20	49.20	55.07	69.05	67.81	57.65	50.71
SDR		0.97	1.86	3.28	0.91	4.18	3.70	2.60	2.68
IMFリザーブポジション		-	-	0.01	0.04	0.04	0.04	0.91	0.91
外国為替		22.78	35.34	45.90	54.12	64.82	64.06	54.14	47.11
その他公的機関：資産		0.23	0.33						
預金通貨銀行：資産		3.49	5.14	5.40	5.03	5.50	2.79	3.76	3.11
預金通貨銀行：負債		0.02	0.66	0.85	0.43	0.57	1.21	0.22	0.50
通貨当局	100万タラ（期末）								
対外資産		44.68	64.47	86.51	117.15	148.25	159.24	135.99	112.38
中央政府向け信用		1.96	1.88	2.51	2.51	4.23	1.94	1.69	1.69
預金通貨銀行向け信用		5.05	11.05	5.35	7.81	29.34	16.89	5.85	6.00
準備貨幣		35.14	40.37	41.81	58.01	88.33	79.77	63.29	58.25
内：預金通貨銀行以外の現金通貨		9.18	10.53	10.72	12.48	12.94	13.96	12.31	13.95
中央銀行負債：証券									
対外負債		22.26	16.52	8.24	3.70	1.96	0.56		
中央政府預金			13.93	33.59	49.97	66.37	79.40	79.89	64.54
資本勘定		5.68	6.12	10.45	12.59	22.26	27.86	24.94	26.58
その他（ネット）		-11.39	0.46	0.29	3.19	2.90	-9.53	-24.59	-29.31
預金通貨銀行	100万タラ（期末）								
準備		25.96	29.84	31.09	45.53	75.39	65.80	50.98	44.30
通貨当局に対する債権：証券									
対外資産		7.67	10.33	11.60	11.52	12.83	6.84	9.61	8.10
中央政府向け信用		2.40	4.21	4.42	4.29	3.79	3.45	2.99	3.62
非金融公的企業向け信用		12.25	10.48	6.24	4.07	2.57	2.35	2.37	0.56
民間部門向け信用		26.61	32.63	39.95	42.32	58.81	63.19	70.91	81.29
要求払い預金		12.45	18.16	19.47	20.68	34.35	28.97	25.73	29.70
定期性預金及び貯蓄性預金		41.52	51.96	56.73	68.29	73.69	75.78	81.52	77.63
対外負債		0.04	1.32	1.83	0.98	1.34	2.97	0.57	1.30
中央政府預金		6.79	1.95	4.65	5.52	3.01	2.35	1.96	3.01
通貨当局からの信用		5.05	11.02	5.35	7.82	29.34	17.64	5.85	5.99
資本勘定		12.63	14.68	18.29	19.21	25.97	26.75	22.72	27.26
その他（ネット）		-3.59	-11.60	-13.02	-14.77	-14.31	-12.83	-1.49	-7.02
マネタリー・サーベイ	100万タラ（期末）								
対外資産（ネット）		30.05	56.96	88.04	123.99	157.78	162.55	145.03	119.18
国内信用		36.43	33.32	14.88	-2.30	0.02	-10.82	-3.89	19.61
中央政府向け信用（ネット）		-2.43	-9.79	-31.31	-48.69	-61.36	-76.36	-77.17	-62.24
非金融公的企業向け信用		12.25	10.48	6.24	4.07	2.57	2.35	2.37	0.56
民間部門向け信用		26.61	32.63	39.95	42.32	58.81	63.19	70.91	81.29
現金・預金通貨		21.63	28.69	30.19	33.16	47.29	42.93	38.04	43.65
準通貨		41.52	51.96	56.73	68.29	73.69	75.78	81.52	77.63
資本勘定		18.31	20.80	28.74	31.80	48.23	54.61	47.66	53.84
その他（ネット）		-14.98	-11.17	-12.73	-11.57	-11.41	-21.60	-26.08	-36.34
現金・預金通貨（季節調整値）		19.59	25.89	27.08	29.61	42.15	38.23	33.72	38.36
現金・預金通貨＋準通貨		63.15	80.65	86.92	101.45	120.98	118.71	119.56	121.28
その他銀行業機関	100万タラ（期末）								
預金		1.59	1.72	1.94	3.50	3.86	8.44	6.60	2.56
流動負債		64.76	82.37	88.86	104.95	124.84	127.15	126.16	123.84
金利	年率（％）								
中央銀行手形割引率		・・・	・・・	・・・	・・・	・・・	・・・	・・・	・・・
貯蓄金利		7.42	7.50	7.50	7.50	6.00	6.75	4.88	4.00
預金金利		13.50	12.00	12.00	12.00	8.25	8.25	6.38	5.50
貸出金利		18.83	17.50	17.50	17.00	13.25	14.75	12.88	12.00
政府債利回り		14.17	13.50	13.50	13.50	13.50	13.50	13.50	13.50
物価	指数（期中平均）								
消費者物価指数（2010年=100）		29.87	31.24	33.89	36.08	41.58	40.83	44.51	45.28
GDPデフレーター（2000年=100）		47.21	49.39	68.13	69.89	78.23	82.69	70.32	71.31

224

サ モ ア

1994	1995	1996	1997	1998	1999	2000
3.58	3.76	3.50	3.73	4.24	4.14	4.35
2.45	2.53	2.43	2.77	3.01	3.02	3.34
2.54	2.47	2.46	2.56	2.95	3.01	3.29
97.96	100.44	100.87	97.13	84.37	82.43	75.90
110.20	107.52	107.84	108.95	107.96	102.51	100.12
82.30	74.93	77.29	82.25	81.77	76.80	73.54
8.50	8.50	8.50	8.50	8.50	11.60	11.60
1.99	2.04	2.10	2.14	2.19	2.24	2.29
0.66	0.67	0.67	0.68	0.68	0.68	0.68
· · ·	· · ·	· · ·				
-						
1.14	1.14	1.14	1.14	1.14	1.14	1.14
50.80	55.31	60.80	64.21	61.42	68.20	63.66
2.91	3.03	3.02	2.89	3.09	3.07	2.99
0.97	1.00	0.97	0.92	0.96	0.94	0.89
46.92	51.28	56.82	60.39	57.37	64.19	59.78
				-		
6.26	4.66	5.38	6.98	8.00	11.41	14.61
2.86	0.30	0.94	2.36	1.40	6.80	6.62
109.39	119.13	134.91	158.30	166.00	171.41	163.89
0.07	0.07					-
6.23	0.06	0.03	0.06	0.09	0.06	0.83
60.11	62.73	75.57	90.03	48.86	59.31	64.52
16.82	21.60	20.96	30.39	24.82	29.09	28.87
				25.51	27.39	15.66
			0.03	0.14	0.10	1.66
49.07	48.36	56.78	69.60	90.21	83.37	78.12
28.30	27.61	27.52	28.47	30.30	30.30	30.26
-21.78	-19.44	-24.93	-29.78	-28.93	-29.00	-25.50
43.29	41.13	54.41	37.34	24.04	30.22	35.65
				25.51	27.39	15.66
15.34	11.78	13.09	19.30	24.09	34.45	48.83
3.67	1.30	0.66	-	-	9.41	1.59
3.16	3.70	4.08	3.24	3.26	13.61	18.79
75.49	97.38	115.15	137.69	163.84	192.91	231.17
30.38	39.34	39.86	44.14	41.71	51.23	64.41
90.88	110.77	121.68	135.62	148.84	168.92	196.65
7.00	0.76	2.30	6.52	4.20	20.53	22.13
2.32	3.36	8.31	16.56	14.09	23.79	19.10
6.23	0.06	0.03	0.10	0.09	0.05	0.77
21.72	22.48	34.61	31.97	37.34	56.52	54.50
-17.58	-21.48	-19.40	-15.04	-5.53	-13.05	-5.87
117.73	130.15	145.70	171.05	185.75	185.23	188.93
31.00	50.73	54.80	54.77	62.80	108.77	154.33
-47.65	-50.35	-64.43	-86.16	-104.30	-97.75	-95.63
3.16	3.70	4.08	3.24	3.26	13.61	18.79
75.49	97.38	115.15	137.69	163.84	192.91	231.17
47.20	60.94	60.82	74.53	66.53	80.32	93.28
90.88	110.77	121.68	135.62	148.84	168.92	196.65
50.02	50.09	62.13	60.44	67.64	86.82	84.76
-39.36	-40.92	-44.13	-44.78	-34.46	-42.06	-31.43
40.97	52.13	51.41	62.58	56.00	· · ·	· · ·
138.08	171.71	182.50	210.15	215.37	249.24	289.93
2.63	· · ·	· · ·	· · ·	· · ·	· · ·	· · ·
140.71	· · ·	· · ·	· · ·	· · ·	· · ·	· · ·
· · ·	· · ·	· · ·	· · ·	6.34	6.11	7.03
4.00	4.00	4.00	4.00	3.00	3.00	3.00
5.50	5.50	5.50	5.50	6.50	6.50	6.50
12.00	12.00	12.00	12.00	11.50	11.50	11.00
13.50	13.50	13.50	13.50	13.50	13.50	13.50
50.75	49.27	51.92	55.48	56.71	56.86	57.41
85.00	79.16	82.72	92.36	95.33	97.56	100.00

サモア（2001-2016年）

	2001	2002	2003	2004	2005	2006	2007	2008
為替レート								
公定レート（期末）　対SDRレート	4.46	4.37	4.13	4.15	3.95	4.04	4.04	4.47
公定レート（期末）　対ドル・レート	3.55	3.22	2.78	2.67	2.76	2.69	2.56	2.90
公定レート（期中平均）	3.48	3.38	2.97	2.78	2.71	2.78	2.62	2.64
指数（2010年=100，期中平均）								
公定レート	71.51	73.58	82.84	89.33	91.62	89.36	94.94	94.35
名目実効為替レート	102.16	101.78	101.68	101.17	101.71	100.77	99.14	96.65
実質実効為替レート（CPIベース）	75.64	79.82	78.16	88.48	88.26	88.05	89.23	93.30
IMFポジション　100万SDR（期末）								
クォータ	11.60	11.60	11.60	11.60	11.60	11.60	11.60	11.60
SDR	2.34	2.38	2.40	2.43	2.46	2.52	2.58	2.64
IMFリザーブポジション	0.68	0.69	0.69	0.69	0.69	0.69	0.69	0.69
内：IMF借入残高	・・・	・・・	・・・	・・・	・・・	・・・	・・・	・・・
IMFクレジット及び融資総残高								
SDR配分額	1.14	1.14	1.14	1.14	1.14	1.14	1.14	1.14
国際流動性　100万米ドル（他に断りのない限り，期末）								
総準備（金を除く）	56.64	62.49	83.91	86.13	77.26	75.91	90.26	81.95
SDR	2.95	3.23	3.57	3.77	3.52	3.78	4.08	4.07
IMFリザーブポジション	0.86	0.94	1.03	1.08	0.99	1.04	1.10	1.07
外国為替	52.83	58.32	79.31	81.29	72.75	71.08	85.09	76.81
その他公的機関：資産	・・・	・・・	・・・	・・・	・・・	・・・	・・・	・・・
中央銀行：その他資産	・・・	・・・	・・・	・・・	・・・	1.83	2.29	3.28
中央銀行：その他負債	0.05	0.23	0.09	0.09	1.08	0.65	0.73	0.69
その他預金通貨取扱い機関：資産	12.29	7.45	13.74	14.55	14.86	15.46	25.52	22.60
その他預金通貨取扱い機関：負債	6.77	5.04	9.30	12.13	9.91	9.38	23.64	27.66
その他金融機関：資産	・・・	・・・	・・・	・・・	・・・	・・・	2.33	1.93
その他金融機関：負債	・・・	・・・	・・・	・・・	・・・	・・・	17.34	16.56
中央銀行　100万タラ（期末）								
対外資産（ネット）	95.95	119.08	139.66	167.98	164.98	157.95	181.80	183.04
非居住者向け信用	96.13	119.81	139.90	168.21	167.96	159.70	183.65	185.04
非居住者に対する負債	0.18	0.73	0.24	0.23	2.98	1.75	1.86	2.00
その他預金取扱い機関向け信用	0.33	0.38	0.72	0.88	2.99	1.56	0.89	2.22
中央政府向け信用（ネット）	-29.33	-29.88	-24.62	-29.29	-45.23	-54.20	-35.84	-31.39
中央政府向け信用						0.03	0.15	0.48
中央政府に対する負債	29.33	29.88	24.62	29.29	45.23	54.22	35.99	31.87
その他部門向け信用	2.16	2.34	2.38	2.52	1.11	3.27	3.43	3.30
その他金融機関向け信用						0.14	0.20	0.16
地方自治体向け信用								
非金融公的企業向け信用								
民間部門向け信用	2.16	2.34	2.38	2.52	1.11	3.13	3.23	3.14
マネタリーベース	61.40	73.85	81.76	94.71	97.96	95.80	120.84	132.79
流通通貨	40.96	45.67	46.63	49.48	62.95	67.91	70.88	67.85
その他預金取扱い機関に対する負債	20.44	28.18	35.13	45.23	35.01	27.90	49.95	64.94
その他部門に対する負債								
その他預金取扱い機関に対するその他負債	7.74	15.96	33.54	41.19	21.86	0.99	13.96	19.93
預金及び証券（マネタリーベース除外分）								0.93
預金（広義流動性に含む）								
証券（広義流動性に含まれる株式以外）								
預金（広義流動性から除外されたもの）								
証券（広義流動性から除外される株式以外）								0.93
貸出								
金融派生商品								
株式及びその他持ち分	26.19	26.34	27.88	29.11	26.40	31.26	34.27	21.47
その他（ネット）	-26.22	-24.23	-25.04	-22.92	-22.37	-19.48	-18.78	-17.94
注記項目：総資産	126.67	147.61	168.59	196.10	196.83	196.56	220.48	224.06
中央銀行以外の預金取扱い金融機関　100万タラ（期末）								
対外資産（ネット）	19.61	7.74	12.35	6.48	13.66	16.33	5.06	-14.65
非居住者向け信用	43.66	23.96	38.17	38.90	41.06	41.51	68.65	65.55
非居住者に対する負債	24.05	16.22	25.82	32.42	27.40	25.18	63.59	80.20
中央銀行に対する債権	39.17	57.24	79.57	96.96	71.32	44.46	79.80	100.47
現金通貨	10.99	13.10	10.90	10.54	14.45	15.57	15.93	15.61
準備預金及び証券	20.44	28.18	35.13	45.23	35.01	27.91	49.95	64.94
その他債権	7.74	15.96	33.54	41.19	21.86	0.98	13.92	19.93
中央政府向け信用（ネット）	-8.08	-12.35	-2.62	-14.09	-9.35	1.63	8.11	-6.30
中央政府向け信用	9.68		8.52	3.25	10.33	34.56	33.17	36.79
中央政府に対する負債	17.76	12.35	11.14	17.34	19.68	32.93	25.06	43.09
その他部門向け信用	281.20	310.95	331.14	366.83	454.81	565.70	619.44	692.74
その他金融機関向け信用						20.96	28.94	28.34
地方自治体向け信用								
非金融公的企業向け信用	16.77	18.59	15.05	10.61	15.86	6.99	25.98	45.68
民間部門向け信用	264.43	292.36	316.09	356.22	438.95	537.75	564.52	618.72
中央銀行に対する負債	0.30	0.53	2.74	2.99	3.18	1.56	1.12	2.61
通貨性預金（広義流動性に含む）	76.86	77.15	98.09	95.75	129.15	135.31	137.35	136.53
その他預金（広義流動性に含む）	200.79	229.32	252.55	283.83	306.36	362.92	418.86	467.43
証券（広義流動性に含まれる株式以外）								
預金（広義流動性から除外されたもの）								
証券（広義流動性から除外される株式以外）								
貸出								
金融派生商品								
保険契約準備金								
株式及びその他持ち分	50.29	50.72	45.00	50.29	43.23	127.30	146.15	169.56
その他（ネット）	3.66	5.86	22.06	23.32	48.52	1.03	8.93	-3.87
注記項目：総資産	419.39	447.71	517.07	572.45	635.96	749.61	871.22	973.07

サ　モ　ア

2009	2010	2011	2012	2013	2014	2015	2016
3.91	3.60	3.62	3.51	3.61	3.51	3.60	3.47
2.49	2.34	2.36	2.28	2.34	2.42	2.60	2.58
2.73	2.48	2.32	2.29	2.31	2.33	2.56	2.56
91.45	100.00	107.19	108.33	107.48	106.53	97.04	96.83
99.53	100.00	99.12	100.90	103.97	106.47	111.62	111.81
101.02	100.00	100.93	102.93	104.67	104.69	109.37	109.74
11.60	11.60	11.60	11.60	11.60	11.60	11.60	16.20
12.60	12.60	12.61	12.65	12.65	12.65	11.49	9.18
0.69	0.69	0.69	0.69	0.69	0.69	0.69	1.84
· · ·	-	-	-	-	-	-	-
-	5.80	5.80	5.80	11.60	11.60	10.44	9.28
11.09	11.09	11.09	11.09	11.09	11.09	11.09	11.09
144.48	188.97	146.37	148.17	150.16	121.29	122.49	99.31
19.75	19.41	19.36	19.43	19.48	18.32	15.92	12.34
1.09	1.07	1.06	1.07	1.07	1.00	0.96	2.48
123.64	168.50	125.95	127.67	129.62	101.96	105.61	84.49
· · ·	· · ·	· · ·	· · ·	· · ·	· · ·	· · ·	· · ·
3.28	3.08	4.94	6.93	3.00	5.08	4.44	4.79
0.02	0.42	0.38	0.32	0.13	0.17	0.11	0.05
30.13	21.50	31.26	26.56	32.18	59.45	57.42	62.62
37.84	38.91	43.08	48.56	35.73	72.51	69.10	64.08
2.65	11.70	13.20	22.92	14.22	17.19	16.37	21.82
19.36	19.76	17.32	15.83	15.86	12.23	7.97	8.03
279.99	362.69	243.15	240.75	189.48	170.75	225.23	171.02
280.03	363.68	265.06	261.80	267.02	211.83	303.00	241.88
0.04	0.98	21.91	21.05	77.54	41.08	77.76	70.86
4.43	2.28	5.49	5.33	2.03	8.58	33.07	36.99
-45.79	-84.21	-83.05	-73.92	-78.08	-31.05	-68.63	-84.80
6.73	0.01	0.01	0.01	0.01	37.00	34.04	25.00
52.51	84.22	83.05	73.93	78.09	68.05	102.67	109.80
8.25	8.22	23.42	24.32	66.45	90.67	109.30	107.23
5.00	5.09	20.16	21.37	60.37	83.17	102.57	101.68
-	-	-	-	-	-	-	-
3.25	3.13	3.26	2.95	6.09	7.50	6.73	5.54
208.94	236.32	162.01	168.07	204.37	228.38	260.17	230.85
70.01	77.07	86.13	93.01	95.55	88.52	85.95	116.77
138.93	159.25	75.88	75.05	108.82	139.87	174.22	114.08
-	-	-	-	-	-	-	-
27.49	24.49	9.50	8.50	7.00	7.00	13.00	1.00
0.94	0.95	0.95	0.95	0.95	0.95	0.95	0.90
-	-	-	-	-	-	-	-
0.94	0.95	0.95	0.95	0.95	0.95	0.95	0.90
27.60	44.29	32.46	35.36	18.89	21.72	37.53	11.45
-18.09	-17.08	-15.91	-16.41	-51.33	-19.11	-12.69	-13.76
333.18	408.08	328.75	327.50	371.33	388.38	559.64	503.95
-19.20	-40.75	-27.88	-50.15	-8.29	-31.59	-30.35	-3.79
75.01	50.30	73.78	60.57	75.31	143.88	149.10	161.71
94.22	91.05	101.66	110.72	83.60	175.47	179.44	165.49
181.19	202.36	107.48	112.60	148.15	177.26	216.20	153.58
14.80	18.62	22.10	29.04	32.33	30.39	28.99	38.50
138.93	159.25	75.88	75.05	108.82	139.87	174.22	114.08
27.46	24.49	9.50	8.50	7.00	7.00	13.00	1.00
-21.64	-23.33	-22.43	-31.61	-24.89	-29.50	-31.60	-42.25
33.60	33.84	36.28	28.86	35.49	17.03	18.79	13.83
55.24	57.17	58.70	60.46	60.39	46.53	50.39	56.07
710.66	740.40	786.54	777.63	771.85	844.14	892.24	1,001.60
30.03	28.46	26.21	13.29	12.81	13.84	8.79	17.72
59.29	57.09	59.50	50.44	34.96	37.23	39.20	21.67
621.33	654.85	700.83	713.91	724.08	793.07	844.25	962.21
4.90	2.48	5.70	5.48	2.27	8.91	33.48	37.67
168.63	206.18	189.56	182.29	222.34	290.43	316.90	344.40
490.90	495.94	460.34	455.93	461.52	470.37	494.55	525.27
-	-	-	-	-	-	-	-
-	-	-	-	-	-	-	-
-	-	-	-	-	-	-	-
184.32	178.50	192.23	189.83	199.47	207.95	214.13	210.60
2.25	-4.42	-4.11	-25.06	1.22	-17.36	-12.57	-8.80
1,083.56	1,108.17	1,094.85	1,098.37	1,150.84	1,315.23	1,407.83	1,458.16

統　　計

サモア（2001-2016年）

	2001	2002	2003	2004	2005	2006	2007	2008
預金取扱い金融機関	100万タラ（期末）							
対外資産（ネット）	115.56	126.82	152.01	174.46	178.64	174.28	186.85	168.39
非居住者向け信用	139.79	143.77	178.07	207.11	209.02	201.21	252.30	250.60
非居住者に対する負債	24.23	16.95	26.06	32.65	30.38	26.93	65.45	82.21
国内信用	245.95	271.06	306.28	325.97	401.34	516.41	595.14	658.35
中央政府向け信用（ネット）	-37.41	-42.23	-27.24	-43.38	-54.58	-52.57	-27.73	-37.69
中央政府向け信用	9.68	-	8.52	3.25	10.33	34.59	33.32	37.27
中央政府に対する負債	47.09	42.23	35.76	46.63	64.91	87.15	61.05	74.96
その他部門向け信用	283.36	313.29	333.52	369.35	455.92	568.97	622.87	696.04
その他金融機関向け信用	-	-	-	-	-	21.10	29.14	28.50
地方自治体向け信用	-	-	-	-	-	-	-	-
非金融公的企業向け信用	16.77	18.59	15.05	10.61	15.86	6.99	25.98	45.68
民間部門向け信用	266.59	294.70	318.47	358.74	440.06	540.88	567.75	621.86
広義流動性負債	307.62	339.04	386.37	418.52	484.01	550.57	611.17	656.21
預金取扱い金融機関以外の通貨	29.97	32.57	35.73	38.94	48.50	52.34	54.95	52.25
通貨性預金	76.86	77.15	98.09	95.75	129.15	135.31	137.35	136.53
その他預金	200.79	229.32	252.55	283.83	306.36	362.92	418.86	467.43
証券（株式を除く）	-	-	-	-	-	-	-	-
預金（広義流動性から除外されたもの）	-	-	-	-	-	-	-	0.93
証券（広義流動性に含まれる株式以外）	-	-	-	-	-	-	-	-
貸出	-	-	-	-	-	-	-	-
金融派生商品	-	-	-	-	-	-	-	-
保険契約準備金	-	-	-	-	-	-	-	-
株式及びその他持ち分	76.48	77.06	72.88	79.40	69.63	158.56	180.42	191.02
その他（ネット）	-22.59	-18.22	-0.96	2.51	26.34	-18.44	-9.59	-21.42
広義流動性負債（季節調整値）	297.13	327.59	373.64	405.13	469.28	541.12	601.38	647.12
その他金融機関	100万タラ（期末）							
対外資産（ネット）	・・・	・・・	・・・	・・・	・・・	・・・	-38.39	-42.43
非居住者向け信用	・・・	・・・	・・・	・・・	・・・	・・・	5.95	5.60
非居住者に対する負債	・・・	・・・	・・・	・・・	・・・	・・・	44.35	48.02
預金取扱い機関向け信用	・・・	・・・	・・・	・・・	・・・	・・・	68.73	79.57
中央政府向け信用（ネット）	・・・	・・・	・・・	・・・	・・・	・・・	1.03	0.77
中央政府向け信用	・・・	・・・	・・・	・・・	・・・	・・・	1.03	0.77
中央政府に対する負債	・・・	・・・	・・・	・・・	・・・	・・・	-	-
その他部門向け信用	・・・	・・・	・・・	・・・	・・・	・・・	346.12	368.52
地方自治体向け信用	・・・	・・・	・・・	・・・	・・・	・・・	-	-
非金融公的企業向け信用	・・・	・・・	・・・	・・・	・・・	・・・	22.87	20.37
民間部門向け信用	・・・	・・・	・・・	・・・	・・・	・・・	323.26	348.15
預金	・・・	・・・	・・・	・・・	・・・	・・・	-	-
証券（株式を除く）	・・・	・・・	・・・	・・・	・・・	・・・	-	-
貸出	・・・	・・・	・・・	・・・	・・・	・・・	20.90	20.49
金融派生商品	・・・	・・・	・・・	・・・	・・・	・・・	-	-
保険契約準備金	・・・	・・・	・・・	・・・	・・・	・・・	336.29	363.65
株式及びその他持ち分	・・・	・・・	・・・	・・・	・・・	・・・	112.48	122.21
その他（ネット）	・・・	・・・	・・・	・・・	・・・	・・・	-92.18	-99.91
注記項目：総資産	・・・	・・・	・・・	・・・	・・・	・・・	563.01	602.61
金融機関	100万タラ（期末）							
対外資産（ネット）	・・・	・・・	・・・	・・・	・・・	・・・	148.46	125.97
非居住者向け信用	・・・	・・・	・・・	・・・	・・・	・・・	258.25	256.19
非居住者に対する負債	・・・	・・・	・・・	・・・	・・・	・・・	109.79	130.23
国内信用	・・・	・・・	・・・	・・・	・・・	・・・	913.15	999.15
中央政府向け信用（ネット）	・・・	・・・	・・・	・・・	・・・	・・・	-26.70	-36.92
中央政府向け信用	・・・	・・・	・・・	・・・	・・・	・・・	34.35	38.04
中央政府に対する負債	・・・	・・・	・・・	・・・	・・・	・・・	61.05	74.96
その他部門向け信用	・・・	・・・	・・・	・・・	・・・	・・・	939.86	1,036.07
地方自治体向け信用	・・・	・・・	・・・	・・・	・・・	・・・	-	-
非金融公的企業向け信用	・・・	・・・	・・・	・・・	・・・	・・・	48.85	66.05
民間部門向け信用	・・・	・・・	・・・	・・・	・・・	・・・	891.01	970.02
金融機関以外の通貨	・・・	・・・	・・・	・・・	・・・	・・・	54.95	52.25
預金	・・・	・・・	・・・	・・・	・・・	・・・	486.04	533.02
証券（株式を除く）	・・・	・・・	・・・	・・・	・・・	・・・	-	-
貸出	・・・	・・・	・・・	・・・	・・・	・・・	-	-
金融派生商品	・・・	・・・	・・・	・・・	・・・	・・・	-	-
保険契約準備金	・・・	・・・	・・・	・・・	・・・	・・・	336.29	363.65
株式及びその他持ち分	・・・	・・・	・・・	・・・	・・・	・・・	292.90	313.24
その他（ネット）	・・・	・・・	・・・	・・・	・・・	・・・	-108.57	-137.03
貨幣集計量	100万タラ（期末）							
広義流動性	・・・	・・・	・・・	・・・	・・・	550.57	611.17	656.21
中央政府発行通貨	・・・	・・・	・・・	・・・	・・・	-	-	-
非金融会社の預金	・・・	・・・	・・・	・・・	・・・	-	-	-
中央政府発行証券	・・・	・・・	・・・	・・・	・・・	-	-	-
貨幣集計量（国内定義）	100万タラ（期末）							
M1	86.84	95.61	118.21	124.93	160.74	170.13	179.22	174.38
準通貨	220.78	243.43	268.16	293.59	323.27	380.43	431.95	481.83
M2	307.62	339.04	386.37	418.52	484.01	550.56	611.17	656.21
金利	年率（％）							
中央銀行手形割引率	5.67	3.61	4.67	3.56	2.14	5.25	4.75	3.87
貯蓄金利	3.00	3.00	3.00	3.00	3.00	3.00	3.00	3.00
預金金利	5.53	4.51	4.52	4.39	4.35	4.87	6.44	6.06
貸出金利	9.93	11.45	11.28	11.23	11.43	11.72	12.65	12.66
政府債利回り	13.50	13.50	13.50	13.50	13.50	13.50	・・・	・・・
物価	指数（期中平均）							
消費者物価指数（2010年=100）	59.62	64.42	64.49	75.01	76.41	79.23	83.65	93.33
GDPデフレーター（2000年=100）	103.52	108.52	116.96	121.25	・・・	・・・	・・・	・・・

サ モ ア

2009	2010	2011	2012	2013	2014	2015	2016
260.79	321.95	215.27	190.59	181.19	139.16	194.89	167.23
355.05	413.98	338.84	322.36	342.33	355.70	452.09	403.59
94.26	92.03	123.57	131.77	161.14	216.55	257.21	236.36
651.48	641.08	704.49	696.42	735.33	874.27	901.29	981.78
-67.43	-107.54	-105.47	-105.53	-102.98	-60.55	-100.24	-127.05
40.32	33.85	36.28	28.87	35.50	54.03	52.83	38.83
107.75	141.39	141.76	134.39	138.48	114.58	153.06	165.87
718.90	748.62	809.96	801.95	838.30	934.82	1,001.53	1,108.82
35.03	33.56	46.37	34.66	73.18	97.02	111.35	119.40
-	-	-	-	-	-	-	-
59.29	57.09	59.50	50.44	34.96	37.23	39.20	21.67
624.58	657.98	704.09	716.86	730.16	800.57	850.98	967.75
714.74	760.58	713.92	702.19	747.08	818.92	868.41	947.94
55.21	58.45	64.04	63.97	63.22	58.12	56.97	78.27
168.63	206.18	189.55	182.29	222.33	290.43	316.90	344.40
490.90	495.94	460.34	455.93	461.52	470.37	494.55	525.27
0.94	0.95	0.95	0.95	0.95	0.95	0.95	0.90
-	-	-	-	-	-	-	-
-	-	-	-	-	-	-	-
-	-	-	-	-	-	-	-
211.92	222.79	224.69	225.19	218.35	229.67	251.66	222.05
-15.33	-21.29	-19.81	-41.32	-49.87	-36.12	-24.84	-21.88
706.85	753.57	708.13	696.40	740.89	815.71	865.21	945.10
-41.60	-18.85	-9.73	16.17	-3.84	12.01	21.83	35.62
6.60	27.39	31.15	52.26	33.27	41.60	42.51	56.35
48.20	46.23	40.87	36.10	37.11	29.59	20.68	20.73
90.77	102.76	101.70	76.42	85.78	88.59	115.47	103.84
0.66	1.52	4.35	2.48	11.19	22.29	21.89	29.30
0.66	1.52	4.35	2.50	21.73	32.83	36.48	42.62
-	-		0.01	10.53	10.53	14.59	13.32
370.82	426.10	433.32	448.02	549.39	596.81	636.10	732.51
17.11	13.99	8.31	6.28	43.46	49.22	46.17	55.16
353.71	412.11	425.01	441.74	505.93	547.60	589.93	677.35
-	-	-	-	-	-	-	-
24.95	5.54	20.89	22.78	91.35	115.46	139.36	138.43
382.67	450.66	477.41	507.68	504.60	537.63	568.98	630.89
120.20	151.79	146.11	142.88	178.72	189.89	201.10	236.06
-107.17	-96.46	-114.77	-130.25	-132.14	-123.26	-114.16	-104.11
622.56	731.26	764.90	796.72	918.65	985.73	1061.53	1171.16
219.19	303.10	205.54	206.76	177.35	151.17	216.71	202.85
361.65	441.37	369.98	374.63	375.60	397.31	494.60	459.94
142.46	138.27	164.44	167.87	198.26	246.14	277.89	257.09
987.92	1,035.14	1,095.79	1,112.27	1,222.73	1,396.36	1,447.92	1,624.19
-66.77	-106.02	-101.12	-103.04	-91.78	-38.26	-78.35	-97.75
40.98	35.37	40.64	31.36	57.23	86.86	89.30	81.44
107.75	141.39	141.76	134.40	149.01	125.11	167.65	179.19
1,054.69	1,141.16	1,196.91	1,215.32	1,314.51	1,434.61	1,526.27	1,721.93
76.41	71.08	67.82	56.72	78.42	86.44	85.36	76.83
978.29	1,070.09	1,129.10	1,158.60	1,236.09	1,348.17	1,440.91	1,645.10
55.21	58.45	64.04	63.97	62.91	58.12	56.97	78.27
563.19	627.57	565.82	568.32	608.06	652.94	689.17	750.43
				26.00	26.00	32.00	35.00
382.67	450.66	477.41	507.68	504.60	537.63	568.98	630.89
332.12	374.58	370.80	368.06	397.07	419.56	452.76	458.11
-126.08	-173.02	-176.74	-189.00	-198.56	-146.72	-135.24	-125.66
714.74	760.58	713.92	702.19	747.08	818.92	868.41	947.94
-	-	-	-	-	-	-	-
-	-	-	-	-	-	-	-
200.60	246.99	223.56	222.87	244.05	275.80	302.60	340.16
514.13	513.59	490.37	479.32	503.03	543.12	565.81	607.78
714.74	760.58	713.93	702.19	747.08	818.93	868.41	947.94
0.27	0.17	0.15	0.21	0.26	0.14	0.15	0.14
2.71	2.29	2.00	2.00	2.00	2.00	2.00	2.00
4.81	2.70	2.29	2.47	2.88	3.02	2.48	2.38
12.08	10.72	9.96	9.86	10.20	10.02	9.51	9.12
・・・	・・・	・・・	・・・	・・・	・・・	・・・	
99.23	100.00	105.20	107.35	108.01	107.57	108.34	109.75
・・・	・・・	・・・	・・・	・・・	・・・	・・・	・・・

シンガポール（1948-2016年）

	単位	1948	1949	1950	1951	1952	1953	1954	1955
為替レート									
市場レート（期末）	対SDRレート	2.13	3.06	3.06	3.08	3.05	3.05	3.08	3.06
市場レート（期末）	対ドル・レート	2.13	3.06	3.06	3.08	3.05	3.05	3.08	3.06
市場レート（期中平均）		2.13	2.36	3.06	3.06	3.06	3.06	3.06	3.06
市場レート	指数（2010年=100，期中平均）								
名目実効為替レート		64.05	54.10	44.50	44.23	44.67	44.67	44.23	44.52
実質実効為替レート（CPIベース）		···	···	···	···	···	···	···	···
実質実効為替レート（ユニット・レイバー・コスト・ベース）		···	···	···	···	···	···	···	···
IMFポジション	100万SDR（期末）								
クオータ		-	-	-	-	-	-	-	-
SDR		-	-	-	-	-	-	-	-
IMFリザーブポジション									
内：IMF借入残高		-	-	-	-	-	-	-	-
IMFクレジット及び融資総残高		-	-	-	-	-	-	-	-
SDR配分額		-	-	-	-	-	-	-	-
国際流動性	100万米ドル（他に断りのない限り，期末）								
総準備（金を除く）		79.00	80.00	88.00	78.00	73.00	78.00	65.00	114.00
SDR		-	-	-	-	-	-	-	-
IMFリザーブポジション		-	-	-	-	-	-	-	-
外国為替		79.00	80.00	88.00	78.00	73.00	78.00	65.00	114.00
金（100万ファイントロイオンス）		···	···	···	···	···	···	···	···
金（国内評価額）		···	···	···	···	···	···	···	···
通貨当局：その他負債		···	···	···	···	···	···	···	···
預金通貨銀行：資産		···	···	···	···	···	···	···	···
預金通貨銀行：負債		···	···	···	···	···	···	···	···
その他銀行業機関：資産		···	···	···	···	···	···	···	···
その他銀行業機関：負債		···	···	···	···	···	···	···	···
アジアン・カレンシー・ユニット：資産		···	···	···	···	···	···	···	···
アジアン・カレンシー・ユニット：負債		···	···	···	···	···	···	···	···
通貨当局	100万シンガポール・ドル（期末）								
対外資産		···	···	···	···	···	···	···	···
中央政府向け信用		···	···	···	···	···	···	···	···
準備貨幣		···	···	···	···	···	···	···	···
内：預金通貨銀行以外の現金通貨		···	···	···	···	···	···	···	···
対外負債		···	···	···	···	···	···	···	···
中央政府預金		···	···	···	···	···	···	···	···
その他（ネット）		···	···	···	···	···	···	···	···
預金通貨銀行	100万シンガポール・ドル（期末）								
準備		···	···	···	···	···	···	···	···
対外資産		···	···	···	···	···	···	···	···
中央政府向け信用		···	···	···	···	···	···	···	···
民間部門向け信用		···	···	···	···	···	···	···	···
要求払い預金		···	···	···	···	···	···	···	···
定期性預金及び貯蓄性預金		···	···	···	···	···	···	···	···
対外負債		···	···	···	···	···	···	···	···
中央政府預金		···	···	···	···	···	···	···	···
その他（ネット）		···	···	···	···	···	···	···	···
マネタリー・サーベイ	100万シンガポール・ドル（期末）								
対外資産（ネット）		···	···	···	···	···	···	···	···
国内信用		···	···	···	···	···	···	···	···
中央政府向け信用（ネット）		···	···	···	···	···	···	···	···
民間部門向け信用		···	···	···	···	···	···	···	···
現金・預金通貨		···	···	···	···	···	···	···	···
準通貨		···	···	···	···	···	···	···	···
その他（ネット）		···	···	···	···	···	···	···	···
現金・預金通貨（季節調整値）		···	···	···	···	···	···	···	···
現金・預金通貨＋準通貨		···	···	···	···	···	···	···	···
その他銀行業機関									
ファイナンス・カンパニー	100万シンガポール・ドル（期末）								
現金		···	···	···	···	···	···	···	···
対外資産		···	···	···	···	···	···	···	···
民間部門向け信用		···	···	···	···	···	···	···	···
定期性預金及び貯蓄性預金		···	···	···	···	···	···	···	···
対外負債		···	···	···	···	···	···	···	···
資本勘定		···	···	···	···	···	···	···	···
その他（ネット）		···	···	···	···	···	···	···	···
郵便貯蓄銀行：貯蓄性預金		···	···	···	···	···	···	···	···
ノンバンク金融機関	100万シンガポール・ドル（期末）								
現金		···	···	···	···	···	···	···	···
対外資産		···	···	···	···	···	···	···	···
中央政府向け信用		···	···	···	···	···	···	···	···
民間部門向け信用		···	···	···	···	···	···	···	···
固定資産		···	···	···	···	···	···	···	···
貨幣集計量（国内定義）	100万シンガポール・ドル（期末）								
M1		···	···	···	···	···	···	···	···
M2		···	···	···	···	···	···	···	···
M3		···	···	···	···	···	···	···	···
金利	年率（%）								
中央銀行政策金利		···	···	···	···	···	···	···	···
短期金融市場商品金利		···	···	···	···	···	···	···	···
短期金融市場商品金利（外貨）		···	···	···	···	···	···	···	···
財務省短期証券金利		···	···	···	···	···	···	···	···
貯蓄金利		···	···	···	···	···	···	···	···
預金金利		···	···	···	···	···	···	···	···
貸出金利		···	···	···	···	···	···	···	···
政府債利回り		···	···	···	···	···	···	···	···
物価	指数（2010年=100，期中平均）								
卸売物価指数		···	···	···	···	···	···	···	···
消費者物価指数		···	···	···	···	···	···	···	···
輸出物価指数		···	···	···	···	···	···	···	···
輸入物価指数		···	···	···	···	···	···	···	···
GDPデフレーター		···	···	···	···	···	···	···	···

シンガポール

1956	1957	1958	1959	1960	1961	1962	1963	1964	1965	1966
3.08	3.05	3.06	3.06	3.06	3.05	3.06	3.06	3.07	3.06	3.08
3.08	3.05	3.06	3.06	3.06	3.05	3.06	3.06	3.07	3.06	3.08
3.06	3.06	3.06	3.06	3.06	3.06	3.06	3.06	3.06	3.06	3.06
44.23	44.50	44.50	44.50	44.50	44.50	44.50	44.52	44.41	44.43	44.42
...	...	...	...	...	...	...	...	...	...	...
-	-	-	-	-	-	-	-		-	30.00
-	-	-	-	-	-	-	-		-	-
-	-	-	-	-	-	-	-		-	7.50
-	-	-	-	-	-	-	-		-	-
88.00	77.00	96.00	117.00	115.00	123.00	165.00	433.20	431.00	430.10	394.30
				-						-
										7.50
88.00	77.00	96.00	117.00	115.00	123.00	165.00	433.20	431.00	430.10	386.80
...	...	...	...	...	...	...	...	...	...	...
...	...	...	...	...	...	...	159.74	185.55	231.61	238.47
...	...	...	...	...	...	...	102.57	151.25	207.11	203.51
...	...	...	...	...	...	...	...	...	...	...
...	...	...	...	...	...	...	...	...	...	...
...	...	...	...	...	...	...	1.326.00	1.319.00	1.317.00	1.456.00
...	...	...	...	...	...	...		-13.00	34.00	43.00
...	...	...	...	...	...	...	454.00	469.00	555.00	624.00
...	...	...	...	...	...	...	404.00	439.00	469.00	508.00
...	...	...	...	...	...	...	797.00	756.00	695.00	758.00
...	...	...	...	...	...	...	75.00	94.00	67.00	74.00
...	...	...	...	...	...	...	49.00	31.00	86.00	116.00
...	...	...	...	...	...	...	489.00	568.00	709.00	730.00
...	...	...	...	...	...	...	76.00	80.00	77.00	104.00
...	...	...	...	...	...	...	946.00	1.038.00	1.112.00	1.258.00
...	...	...	...	...	...	...	437.00	415.00	413.00	498.00
...	...	...	...	...	...	...	643.00	704.00	767.00	886.00
...	...	...	...	...	...	...	314.00	463.00	634.00	623.00
...	...	...	...	...	...	...	24.00	33.00	34.00	35.00
...	...	...	...	...	...	...	142.00	102.00	136.00	168.00
...	...	...	...	...	...	...	1.501.00	1.424.00	1.392.00	1.563.00
...	...	...	...	...	...	...	201.00	316.00	494.00	612.00
...	...	...	...	...	...	...	-745.00	-722.00	-618.00	-646.00
...	...	...	...	...	...	...	946.00	1.038.00	1.112.00	1.258.00
...	...	...	...	...	...	...	841.00	854.00	882.00	1.006.00
...	...	...	...	...	...	...	643.00	704.00	767.00	886.00
...	...	...	...	...	...	...	217.00	183.00	237.00	285.00
...	...	...	...	...	...	...	816.51	829.93	857.14	979.55
...	...	...	...	...	...	...	1.484.00	1.558.00	1.649.00	1.892.00
...	...	...	...	...	...	...	...	...	...	...
...	...	...	...	...	...	...	...	...	...	...
...	...	...	...	...	...	...	...	...	...	...
...	...	...	...	...	...	...	...	...	...	...
...	...	...	...	...	...	...	...	...	...	...
...	...	...	...	43.50	42.70	43.10	43.30	40.70	38.80	37.40
...	...	...	...	...	...	...	...	...	...	...
...	...	...	...	...	...	...	...	...	...	...
...	...	...	...	...	...	...	...	...	...	...
...	...	...	...	...	...	...	...	...	...	...
...	...	...	...	...	...	...	...	...	...	...
...	...	...	...	...	...	...	...	...	...	...
...	...	...	...	...	...	...	...	...	...	...
...	...	...	...	...	...	...	...	...	...	...
...	...	...	...	27.54	27.65	27.76	28.38	28.87	28.92	29.50
...	...	...	...	...	...	...	...	...	...	...
...	...	...	...	28.34	28.43	28.68	28.96	29.30	29.68	30.12

統　　　計

シンガポール（1948-2016年）

		1967	1968	1969	1970	1971	1972	1973	1974
為替レート		対SDRレート							
市場レート（期末）		3.07	3.08	3.09	3.08	3.15	3.06	3.00	2.83
		対ドル・レート							
市場レート（期末）		3.07	3.08	3.09	3.08	2.90	2.82	2.49	2.31
市場レート（期中平均）		3.07	3.06	3.06	3.06	3.05	2.81	2.46	2.44
市場レート		指数（2010年=100，期中平均）							
名目実効為替レート		44.23	44.24	44.25	44.02	44.91	48.45	55.63	55.93
実質実効為替レート（CPIベース）		52.95	54.32	54.46	54.30	54.83	55.64	59.37	61.31
実質実効為替レート（ユニット・レイバー・コスト・ベース）		・・・	・・・	・・・	・・・	・・・	・・・	・・・	・・・
IMFポジション		100万SDR（期末）							
クォータ		30.00	30.00	30.00	30.00	37.00	37.00	37.00	37.00
SDR		-	-	-	-	-	-	-	-
IMFリザーブポジション		7.50	7.52	7.53	7.54	9.30	9.32	9.33	9.34
内：IMF借入残高		-	-	-	-	-	-	-	-
IMFクレジット及び融資総残高		-	-	-	-	-	-	-	-
SDR配分額		-	-	-	-	-	-	-	-
国際流動性		100万米ドル（他に断りのない限り，期末）							
総準備（金を除く）		495.60	712.42	826.63	1.012.04	1.452.30	1.748.42	2.285.76	2.811.94
SDR		-	-	-	-	-	-	-	-
IMFリザーブポジション		7.50	7.52	7.53	7.54	10.10	10.12	11.26	11.44
外国為替		488.10	704.90	819.20	1.004.50	1.442.20	1.738.30	2.274.50	2.800.50
金（100万ファイントロイオンス）		・・・	・・・	・・・	・・・	・・・	・・・	・・・	・・・
金（国内評価額）		・・・	・・・	・・・	・・・	1.06	0.71	1.58	1.73
通貨当局：その他負債		・・・	・・・	・・・	・・・	・・・	・・・	・・・	・・・
預金通貨銀行：資産		167.25	170.19	209.72	214.29	307.14	382.68	602.54	828.29
預金通貨銀行：負債		109.43	149.94	132.30	170.85	400.42	604.35	1.082.52	1.173.01
その他銀行業機関：資産		・・・	26.69	13.52	9.96	11.53	14.93	10.84	10.38
その他銀行業機関：負債		・・・	1.76	3.53	3.76	4.01	3.05	4.41	4.37
アジアン・カレンシー・ユニット：資産		・・・	30.00	121.00	315.00	888.00	2.229.00	4.202.00	7.721.00
アジアン・カレンシー・ユニット：負債		・・・	31.00	122.00	323.00	880.00	2.201.00	4.056.00	7.325.00
通貨当局		100万シンガポール・ドル（期末）							
対外資産		1.684.00	2.205.00	2.533.00	3.102.00	4.095.00	4.930.00	5.800.00	6.503.00
中央政府向け信用		41.00	75.00	77.00	96.00	13.00			
準備貨幣		560.00	647.00	765.00	891.00	996.00	1.296.00	1.779.00	1.850.00
内：預金通貨銀行以外の現金通貨		423.00	501.00	617.00	727.00	806.00	1.005.00	1.114.00	1.306.00
対外負債		・・・	・・・	・・・	・・・	3.00	2.00	4.00	4.00
中央政府預金		1.077.00	1.545.00	1.786.00	2.201.00	2.897.00	3.444.00	3.816.00	4.191.00
その他（ネット）		46.00	12.00	59.00	105.00	213.00	188.00	201.00	458.00
預金通貨銀行		100万シンガポール・ドル（期末）							
準備		137.00	146.00	150.00	168.00	190.00	291.00	664.00	541.00
対外資産		512.00	521.00	642.00	656.00	866.00	1.079.00	1.529.00	1.915.00
中央政府向け信用		356.00	714.00	609.00	686.00	971.00	1.202.00	967.00	1.021.00
民間部門向け信用		1.356.00	1.671.00	2.124.00	2.664.00	3.110.00	4.172.00	6.141.00	6.840.00
要求払い預金		562.00	695.00	800.00	904.00	954.00	1.380.00	1.518.00	1.552.00
定期預金及び貯蓄性預金		1.227.00	1.562.00	1.915.00	2.217.00	2.445.00	2.897.00	3.470.00	4.066.00
対外負債		335.00	459.00	405.00	523.00	1.129.00	1.704.00	2.747.00	2.712.00
中央政府預金		48.00	75.00	56.00	82.00	107.00	293.00	715.00	1.052.00
その他（ネット）		189.00	262.00	347.00	448.00	502.00	470.00	851.00	935.00
マネタリー・サーベイ		100万シンガポール・ドル（期末）							
対外資産（ネット）		1.861.00	2.267.00	2.770.00	3.235.00	3.829.00	4.303.00	4.578.00	5.702.00
国内信用		628.00	840.00	968.00	1.163.00	1.090.00	1.637.00	2.578.00	2.619.00
中央政府向け信用（ネット）		-728.00	-831.00	-1.156.00	-1.501.00	-2.020.00	-2.535.00	-3.564.00	-4.222.00
民間部門向け信用		1.356.00	1.671.00	2.124.00	2.664.00	3.110.00	4.172.00	6.142.00	6.841.00
現金・預金通貨		985.00	1.196.00	1.417.00	1.631.00	1.760.00	2.385.00	2.632.00	2.858.00
準通貨		1.227.00	1.562.00	1.915.00	2.217.00	2.445.00	2.897.00	3.470.00	4.066.00
その他（ネット）		276.00	349.00	406.00	553.00	715.00	658.00	1.054.00	1.397.00
現金・預金通貨（季節調整値）		959.10	1.163.42	1.375.73	1.580.43	1.708.88	2.318.86	2.564.65	2.792.28
現金・預金通貨＋準通貨		2.212.00	2.758.00	3.332.00	3.848.00	4.205.00	5.282.00	6.102.00	6.924.00
その他銀行業機関									
ファイナンス・カンパニー		100万シンガポール・ドル（期末）							
現金		・・・	108.20	118.30	183.90	239.50	279.10	318.40	394.50
対外資産		・・・	81.70	41.40	30.50	32.50	42.10	27.50	24.00
民間部門向け信用		・・・	216.80	218.10	278.30	372.10	479.10	737.60	887.70
定期性預金及び貯蓄性預金		・・・	274.20	294.70	388.50	542.00	674.60	842.50	1.021.10
対外負債		・・・	5.40	10.80	11.50	11.30	8.60	11.20	10.10
資本勘定		・・・	110.70	73.50	89.30	102.00	118.60	181.20	226.70
その他（ネット）：貯蓄性預金		・・・	16.40	-1.20	3.40	-11.20	-1.50	48.50	48.40
郵便貯蓄銀行：貯蓄性預金		37.80	42.80	57.70	72.70	91.20	125.40	170.90	268.50
ノンバンク金融機関		100万シンガポール・ドル（期末）							
現金		・・・	12.70	14.20	17.80	20.60	31.50	17.30	25.00
対外資産		・・・	20.50	21.50	23.40	24.90	22.70	22.00	20.20
中央政府向け信用		・・・	28.70	39.40	42.20	45.80	54.60	61.90	70.10
民間部門向け信用		・・・	53.80	54.70	58.90	69.20	79.50	119.10	128.70
固定資産		・・・	12.50	12.60	14.20	15.70	19.00	19.20	26.90
貨幣集計量（国内定義）		100万シンガポール・ドル（期末）							
M1		・・・	・・・	・・・	・・・	・・・	・・・	・・・	・・・
M2		・・・	・・・	・・・	・・・	・・・	・・・	・・・	・・・
M3		・・・	・・・	・・・	・・・	・・・	・・・	・・・	・・・
金利		年率（%）							
中央銀行政策金利		・・・	・・・	・・・	・・・	・・・	・・・	・・・	・・・
短期金融市場商品金利		・・・	・・・	・・・	・・・	・・・	3.57	11.69	8.90
短期金融市場商品金利（外貨）		・・・	・・・	・・・	・・・	・・・	・・・	・・・	・・・
財務省短期証券金利		・・・	・・・	・・・	・・・	・・・	・・・	3.68	4.31
貯蓄金利		・・・	・・・	・・・	・・・	・・・	・・・	・・・	・・・
預金金利		・・・	・・・	・・・	・・・	・・・	・・・	・・・	・・・
貸出金利		・・・	・・・	・・・	・・・	・・・	・・・	・・・	・・・
政府債利回り		・・・	・・・	・・・	・・・	・・・	・・・	・・・	・・・
物価		指数（2010年=100，期中平均）							
卸売物価指数		・・・	・・・	・・・	・・・	・・・	・・・	・・・	68.59
消費者物価指数		30.48	30.68	30.60	30.74	31.28	31.93	38.21	46.75
輸出物価指数		・・・	・・・	・・・	・・・	・・・	・・・	・・・	・・・
輸入物価指数		・・・	・・・	・・・	・・・	・・・	・・・	・・・	75.49
GDPデフレーター		30.29	30.70	31.43	31.93	33.57	35.43	39.92	46.27

シンガポール

1975	1976	1977	1978	1979	1980	1981	1982	1983	1984	1985
2.91	2.85	2.84	2.82	2.84	2.67	2.38	2.33	2.23	2.13	2.31
2.49	2.46	2.34	2.16	2.16	2.09	2.05	2.11	2.13	2.18	2.11
2.37	2.47	2.44	2.27	2.17	2.14	2.11	2.14	2.11	2.13	2.20
57.56	55.14	55.86	59.95	62.65	63.65	64.59	63.74	64.46	63.88	61.96
63.36	62.66	61.28	59.38	62.14	63.68	67.96	72.46	75.22	77.34	77.42
118.01	106.21	99.35	95.16	96.03	95.67	101.28	106.15	107.36	109.15	106.44
· · ·	· · ·	· · ·	· · ·	· · ·	· · ·	· · ·	· · ·	· · ·	· · ·	· · ·
37.00	37.00	37.00	49.00	49.00	92.40	92.40	92.40	92.40	92.40	92.40
-	-	-		12.24	15.12	27.52	49.36	59.68	58.04	65.99
9.34	9.35	9.36	13.10	21.45	44.30	63.41	67.74	68.53	69.14	80.63
-	-	-	-	5.10	10.19	16.48	16.48	16.48	16.48	16.48
3.006.63	3.363.76	3.857.67	5.302.67	5.818.48	6.566.78	7.549.24	8.479.77	9.264.23	10.416.00	12.846.60
				16.12	19.28	32.03	54.45	62.48	56.89	72.48
10.93	10.86	11.37	17.07	28.26	56.50	73.81	74.72	71.75	67.77	88.57
2.995.70	3.352.90	3.846.30	5.285.60	5.774.10	6.491.00	7.443.40	8.350.60	9.130.00	10.291.30	12.685.50
· · ·	· · ·	· · ·	· · ·	· · ·	· · ·	· · ·	· · ·	· · ·	· · ·	· · ·
2.01	2.44	2.99	4.62	6.95	79.77	55.67	41.74	41.84	40.40	162.00
955.61	1.317.04	1.681.42	2.190.43	3.232.52	3.705.76	5.630.43	5.073.27	5.823.70	7.869.15	9.594.77
1.190.60	1.695.78	2.185.59	3.053.39	3.866.14	4.513.02	6.942.08	6.686.27	8.751.29	11.462.80	12.829.50
8.48	9.12	8.42	6.06	7.09	8.45	9.38	38.18	57.55	103.40	114.87
2.13	3.50	4.45	3.24	4.26	7.26	2.69	4.13	10.30	6.70	5.08
9.590.00	13.292.00	16.381.00	21.621.00	29.478.00	40.914.00	64.608.00	76.218.00	82.350.00	93.400.00	110.763.00
9.406.00	13.273.00	16.142.00	20.425.00	27.315.00	38.942.00	62.685.00	76.130.00	83.878.00	96.901.00	116.881.00
7.486.00	8.262.00	9.023.00	11.474.00	12.562.00	13.758.00	15.491.00	17.918.00	19.755.00	22.748.00	27.080.00
2.197.00	2.563.00	2.904.00	3.369.00	3.838.00	4.340.00	4.809.00	5.690.00	6.220.00	6.656.00	6.944.00
1.638.00	1.947.00	2.243.00	2.583.00	2.941.00	3.137.00	3.382.00	3.996.00	4.335.00	4.619.00	4.739.00
5.00	6.00	7.00	10.00	29.51	194.21	153.28	126.33	125.70	123.18	379.11
4.676.00	4.755.00	5.423.00	6.123.00	7.019.00	7.026.00	2.442.00	6.771.00	3.943.00	2.806.00	6.159.00
608.00	938.00	690.00	1.971.00	1.674.50	2.197.79	8.086.72	5.330.67	9.466.30	13.161.80	13.598.90
560.00	616.00	661.00	787.00	898.00	1.192.00	1.428.00	1.720.00	1.900.00	2.060.00	2.219.00
2.379.00	3.234.00	3.932.00	4.739.00	6.979.00	7.758.00	11.530.00	10.697.00	12.387.00	17.139.00	20.197.00
1.179.00	1.477.00	1.640.00	1.761.00	1.803.00	2.214.00	2.587.00	2.946.00	3.505.00	3.753.00	4.020.00
7.688.00	8.601.00	9.511.00	11.035.00	13.652.00	17.823.00	22.867.00	27.222.00	32.578.00	35.602.00	35.790.00
1.834.00	2.053.00	2.169.00	2.343.00	2.765.00	2.998.00	3.860.00	4.161.00	4.272.00	4.247.00	4.046.00
2.964.00	4.164.00	5.111.00	6.606.00	8.347.00	9.448.00	14.216.00	14.098.00	18.614.00	24.966.00	27.006.00
1.144.00	1.119.00	1.092.00	1.209.00	1.488.00	2.360.00	2.818.00	3.212.00	3.354.00	3.526.00	3.525.00
1.172.00	1.390.00	1.978.00	2.228.00	3.539.00	4.251.00	5.089.00	6.467.00	7.212.00	7.561.00	8.286.00
6.896.00	7.326.00	7.837.00	9.597.00	11.164.50	11.873.80	12.651.70	14.390.70	13.402.30	14.797.80	19.891.90
3.048.00	4.206.00	4.638.00	5.467.00	6.951.00	10.654.00	20.195.00	20.189.00	28.789.00	33.029.00	30.134.00
-4.641.00	-4.397.00	-4.875.00	-5.571.00	-6.704.00	-7.172.00	-2.673.00	-7.037.00	-3.792.00	-2.579.00	-5.664.00
7.689.00	8.603.00	9.513.00	11.038.00	13.655.00	17.826.00	22.868.00	27.226.00	32.581.00	35.608.00	35.798.00
3.472.00	4.000.00	4.412.00	4.926.00	5.706.00	6.135.00	7.242.00	8.157.00	8.607.00	8.866.00	8.785.00
4.692.00	5.202.00	5.394.00	5.936.00	7.193.00	9.930.00	12.429.00	14.647.00	16.918.00	18.254.00	19.363.00
1.780.00	2.330.00	2.670.00	4.201.00	5.215.50	6.462.79	13.175.70	11.775.70	16.666.30	20.705.80	21.878.90
3.398.54	3.918.28	4.320.83	4.818.08	5.571.39	5.972.55	7.037.43	7.911.92	8.354.08	8.608.82	8.546.06
8.164.00	9.202.00	9.806.00	10.862.00	12.899.00	16.065.00	19.671.00	22.804.00	25.525.00	27.120.00	28.148.00
365.60	397.80	384.40	380.30	392.50	440.80	676.70	661.50	608.00	723.60	874.70
21.10	22.40	19.70	13.10	15.30	17.70	19.20	80.50	122.40	225.20	241.80
947.10	1.082.30	1.229.00	1.485.70	1.935.70	2.508.90	3.421.50	4.420.80	5.592.50	6.027.00	5.549.20
1.043.20	1.182.70	1.295.20	1.503.00	1.805.60	2.108.30	2.937.40	3.706.70	4.544.40	5.264.60	5.004.00
5.30	8.60	10.40	7.00	9.20	15.20	5.50	8.70	21.90	14.60	10.70
242.10	267.80	286.10	308.20	363.10	476.00	672.10	815.70	1.042.70	1.116.50	1.131.90
43.20	43.40	41.50	60.90	165.60	368.00	502.30	631.70	714.10	580.20	519.30
548.40	956.80	1.589.00	2.029.00	2.525.20	2.756.70	3.265.80	5.058.40	5.916.60	7.287.30	9.129.30
44.90	52.00	56.20	67.30	73.80	106.20	145.90	180.40	235.00	297.80	420.20
78.30	78.30	78.30	78.30	78.30	78.30	78.30	78.30	78.30	78.30	78.30
78.60	96.60	126.90	134.80	155.60	151.60	171.20	210.50	241.20	237.60	231.60
731.70	731.70	731.70	731.70	731.70	731.70	731.70	731.70	731.70	731.70	731.70
29.60	31.00	31.70	34.30	34.90	37.10	40.80	57.60	62.80	69.90	65.50
· · ·	· · ·	· · ·	· · ·	· · ·	· · ·	· · ·	· · ·	· · ·	· · ·	· · ·
· · ·	· · ·	· · ·	· · ·	· · ·	· · ·	· · ·	· · ·	· · ·	· · ·	· · ·
4.39	4.15	4.76	5.93	7.76	10.98	11.54	7.92	7.11	7.67	5.38
· · ·	· · ·	· · ·	· · ·	· · ·	· · ·	· · ·	· · ·	9.67	10.80	8.38
3.65	3.21	3.02	3.41	5.05	6.91	6.01	3.17	2.65	2.89	2.91
· · ·	· · ·	3.57	3.82	5.41	8.03	10.00	7.20	6.24	6.92	5.66
· · ·	· · ·	· · ·	4.06	4.75	6.20	9.37	10.71	7.22	6.31	6.98
· · ·	· · ·	· · ·	· · ·	7.17	8.50	11.72	13.65	10.23	9.05	9.72
67.56	72.11	75.34	76.54	87.55	104.70	108.75	104.18	100.38	99.75	97.52
47.94	47.05	48.54	50.91	52.98	57.50	62.21	64.64	65.42	67.12	67.44
· · ·	· · ·	· · ·	· · ·	144.83	178.65	185.28	179.58	171.09	164.42	161.22
74.22	80.93	85.01	88.28	99.68	116.43	118.28	113.09	110.18	109.39	106.48
47.36	48.17	48.85	50.39	53.09	59.04	62.59	65.37	67.44	67.96	66.99

統　　計

シンガポール（1948-2016年）

	1986	1987	1988	1989	1990	1991	1992	1993
為替レート	対SDRレート							
市場レート（期末）	2.66	2.84	2.62	2.49	2.48	2.33	2.26	2.21
	対ドル・レート							
市場レート（期末）	2.18	2.00	1.95	1.89	1.74	1.63	1.64	1.61
市場レート（期中平均）	2.18	2.11	2.01	1.95	1.81	1.73	1.63	1.62
市場レート	指数（2010年=100，期中平均）							
名目実効為替レート	62.58	64.73	67.71	69.86	75.26	78.90	83.60	84.33
実質実効為替レート（CPIベース）	68.15	65.19	64.89	69.25	74.46	77.82	80.27	81.38
実質実効為替レート（ユニット・レイバー・コスト・ベース）	・・・	・・・	・・・	・・・	・・・	・・・	・・・	・・・
IMFポジション	100万SDR（期末）							
クォータ	92.40	92.40	92.40	92.40	92.40	92.40	357.60	357.60
SDR	73.83	81.23	79.00	79.41	81.44	81.29	49.43	56.92
IMFリザーブポジション	79.93	79.07	77.88	80.12	68.90	60.10	113.41	157.44
内：IMF借入残高	-	-	-	-	-	-	-	-
IMFクレジット及び融資総残高	-	-	-	-	-	-	-	-
SDR配分額	16.48	16.48	16.48	16.48	16.48	16.48	16.48	16.48
国際流動性	100万米ドル（他に断りのない限り，期末）							
総準備（金を除く）	12,939.00	15,227.00	17,072.50	20,371.00	27,790.00	34,186.60	39,941.40	48,416.20
SDR	90.31	115.24	106.31	104.36	115.86	116.28	67.97	78.18
IMFリザーブポジション	97.77	112.17	104.80	105.29	98.02	85.97	155.94	216.26
外国為替	12,750.90	14,999.60	16,861.40	20,161.40	27,576.10	33,984.40	39,717.50	48,121.80
金（100万ファイントロイオンス）	・・・	・・・	・・・	・・・	・・・	・・・	・・・	・・・
金（国内評価額）	・・・	・・・	・・・	・・・	・・・	・・・	・・・	・・・
通貨当局：その他負債	62.07	47.04	42.13	40.65	56.75	69.92	359.90	299.13
預金通貨銀行：資産	12,052.40	14,760.60	17,762.80	25,743.80	25,141.90	25,813.60	31,396.40	31,344.50
預金通貨銀行：負債	13,441.40	15,366.50	17,360.00	23,947.40	24,936.70	24,569.20	29,450.40	32,084.60
その他銀行業機関：資産	101.47	112.74	88.74	96.55	139.01	119.90	128.58	124.38
その他銀行業機関：負債	1.84	4.95	11.10	6.39	3.50	3.50	5.78	10.32
アジアン・カレンシー・ユニット：資産	149,821.00	194,968.00	230,252.00	280,224.00	321,451.00	296,259.00	292,475.00	306,703.00
アジアン・カレンシー・ユニット：負債	157,710.00	201,466.00	235,012.00	284,414.00	329,919.00	304,431.00	298,497.00	321,390.00
通貨当局	100万シンガポール・ドル（期末）							
対外資産	28,158.00	30,442.00	33,277.00	38,607.00	48,521.00	55,803.00	65,788.00	77,867.00
中央政府向け信用	-	-	-	-	-	-	-	-
準備貨幣	7,319.00	7,910.00	8,932.00	10,316.00	11,056.00	12,232.00	13,531.00	14,669.00
内：預金通貨銀行以外の現金通貨	5,034.00	5,440.00	5,997.00	6,610.00	7,109.00	7,497.00	8,279.00	8,942.00
対外負債	178.84	140.72	125.16	118.03	139.90	152.44	629.27	517.40
中央政府預金	5,491.00	6,247.00	7,676.00	13,465.00	17,678.00	20,177.00	25,077.00	30,080.00
その他（ネット）	15,169.20	16,144.30	16,544.80	14,708.00	19,647.10	23,241.60	26,550.70	32,600.60
預金通貨銀行	100万シンガポール・ドル（期末）							
準備	2,318.00	2,476.00	2,932.00	3,709.00	3,951.00	4,750.00	5,301.00	5,770.00
対外資産	26,214.00	29,499.00	34,570.00	48,769.00	43,860.00	42,089.00	51,644.00	50,402.00
中央政府向け信用	3,976.00	5,287.00	5,412.00	6,826.00	7,923.00	9,765.00	11,587.00	12,758.00
民間部門向け信用	34,484.00	36,693.00	40,789.00	48,757.00	55,798.00	62,725.00	68,851.00	79,282.00
要求払い預金	4,788.00	5,591.00	5,961.00	7,135.00	8,152.00	8,933.00	10,236.00	13,940.00
定期性預金及び貯蓄性預金	21,134.00	26,059.00	30,130.00	37,801.00	46,584.00	53,112.00	57,213.00	59,248.00
対外負債	29,235.00	30,710.00	33,786.00	45,366.00	43,502.00	40,600.00	48,443.00	51,592.00
中央政府預金	2,507.00	2,212.00	3,560.00	5,344.00	4,733.00	5,268.00	5,744.00	6,385.00
その他（ネット）	9,328.00	9,383.00	10,266.00	12,415.00	8,561.00	11,956.00	15,747.00	17,047.00
マネタリー・サーベイ	100万シンガポール・ドル（期末）							
対外資産（ネット）	24,958.20	29,090.30	33,935.80	41,892.00	48,739.10	57,679.60	68,359.70	76,159.60
国内信用	30,471.00	33,530.00	34,973.00	36,782.00	41,317.00	47,053.00	49,624.00	55,583.00
中央政府向け信用（ネット）	-4,022.00	-3,172.00	-5,824.00	-11,983.00	-14,488.00	-15,680.00	-19,234.00	-23,707.00
民間部門向け信用	34,493.00	36,702.00	40,797.00	48,765.00	55,805.00	62,733.00	68,858.00	79,290.00
現金・預金通貨	9,822.00	11,031.00	11,958.00	13,745.00	15,261.00	16,430.00	18,515.00	22,882.00
準備通貨	21,134.00	26,059.00	30,130.00	37,801.00	46,584.00	53,112.00	57,213.00	59,248.00
その他（ネット）	24,473.20	25,530.30	26,821.80	27,128.00	28,211.10	35,190.60	42,255.70	49,612.60
現金・預金通貨（季節調整値）	9,536.54	10,663.60	11,473.40	13,125.10	14,535.30	15,707.80	17,833.50	22,294.70
現金・預金通貨＋準通貨	30,956.00	37,090.00	42,088.00	51,546.00	61,845.00	69,542.00	75,728.00	82,130.00
その他銀行業機関								
ファイナンス・カンパニー	100万シンガポール・ドル（期末）							
現金	1,084.70	1,135.80	1,009.50	1,116.70	1,557.10	1,995.70	1,953.20	1,788.20
対外資産	220.70	225.30	172.70	182.90	242.50	195.50	211.50	200.00
民間部門向け信用	5,338.40	5,759.40	6,684.40	8,195.70	8,957.80	9,554.70	10,250.90	12,046.90
定期性預金及び貯蓄性預金	4,885.50	5,372.30	5,821.20	7,422.40	8,520.20	9,096.50	9,551.60	10,557.50
対外負債	4.00	9.90	21.60	12.10	6.10	5.70	9.50	16.60
資本勘定	1,147.80	1,176.60	1,249.70	1,332.70	1,415.80	1,510.30	1,679.00	1,850.20
その他（ネット）	606.70	561.60	774.00	728.00	815.30	1,133.40	1,175.50	1,610.80
郵便貯蓄銀行：貯蓄性預金	10,558.60	11,165.30	12,139.80	13,049.70	13,239.70	15,531.00	18,007.00	20,085.40
ノンバンク金融機関	100万シンガポール・ドル（期末）							
現金	352.60	383.80	477.70	697.10	973.90	953.60	760.60	1,159.70
対外資産	171.20	249.90	174.60	200.30	204.60	245.80	829.50	1,159.70
中央政府向け信用	216.50	232.20	300.00	421.90	439.80	567.30	1,337.40	1,189.90
民間部門向け信用	979.90	1,214.70	1,523.70	1,765.60	2,198.00	2,854.30	2,918.60	4,270.40
固定資産	71.20	85.30	95.20	104.60	115.70	130.90	237.10	312.60
貨幣集計量（国内定義）	100万シンガポール・ドル（期末）							
M1	・・・	・・・	・・・	・・・	・・・	16,430.00	18,515.60	22,882.20
M2	・・・	・・・	・・・	・・・	・・・	69,542.30	75,728.50	82,130.30
M3	・・・	・・・	・・・	・・・	・・・	92,649.70	101,482.00	111,369.00
金利	年率（％）							
中央銀行政策金利	・・・	2.25	5.38	5.00	0.50	1.50	1.75	1.13
短期金融市場商品金利	4.27	3.89	4.36	5.36	6.61	4.80	2.79	2.57
短期金融市場商品金利（外貨）	6.87	7.19	8.10	9.28	8.33	5.91	3.89	3.35
財務省短期証券金利	2.39	2.79	3.69	4.15	3.29	3.19	1.75	0.91
貯蓄金利	4.25	3.04	2.73	2.93	3.50	3.69	2.14	1.62
預金金利	3.91	2.89	2.74	3.21	4.67	4.63	2.87	2.30
貸出金利	6.82	6.10	5.96	6.21	7.36	7.58	5.95	5.39
政府債利回り	・・・	・・・	・・・	・・・	・・・	・・・	・・・	・・・
物価	指数（2010年=100，期中平均）							
卸売物価指数	82.79	89.04	87.40	89.63	91.18	87.44	83.61	79.97
消費者物価指数	66.51	66.85	67.87	69.46	71.87	74.33	76.01	77.75
輸出物価指数	138.57	143.27	141.29	140.64	141.35	133.71	124.95	122.14
輸入物価指数	94.04	101.82	102.22	102.14	101.23	97.99	94.65	92.72
GDPデフレーター	66.16	66.53	70.21	73.12	76.52	79.91	80.70	83.45

シンガポール

1994	1995	1996	1997	1998	1999	2000	2001	2002	2003	2004
2.13	2.10	2.01	2.26	2.34	2.29	2.26	2.33	2.36	2.53	2.54
1.46	1.41	1.40	1.68	1.66	1.67	1.73	1.85	1.74	1.70	1.63
1.53	1.42	1.41	1.48	1.67	1.69	1.72	1.79	1.79	1.74	1.69
89.27	96.13	96.62	91.97	81.48	80.39	79.04	76.07	76.11	78.20	80.61
85.28	87.81	91.81	93.61	95.18	90.41	90.66	92.12	91.39	89.17	88.68
101.91	103.59	106.56	107.84	105.13	98.03	97.74	98.24	95.69	92.28	91.25
. . .	73.79	78.86	82.23	81.48	73.49	77.27	80.00	76.75	74.13	74.75
357.60	357.60	357.60	357.60	357.60	862.50	862.50	862.50	862.50	862.50	862.50
24.13	33.05	42.48	52.25	64.91	89.23	105.32	119.56	130.19	139.61	188.86
172.84	199.85	204.73	248.42	297.65	303.44	237.71	297.50	351.29	379.28	283.42
				31.34	-					
16.48	16.48	16.48	16.48	16.48	16.48	16.48	16.48	16.48	16.48	16.48
58,295.80	68,816.10	76,964.00	71,390.10	75,077.20	77,047.10	79,960.80	75,467.30	82,009.50	96,033.80	112,367.00
35.23	49.13	61.09	70.50	91.40	122.47	137.22	150.26	176.99	207.46	293.29
252.33	297.07	294.39	335.18	419.10	416.47	309.71	373.88	477.58	563.59	440.16
58,008.20	68,469.90	76,608.50	70,984.40	74,566.70	76,508.20	79,513.90	74,943.20	81,354.90	95,262.70	111,634.00
. . .	. . .	. . .	. . .	. . .	. . .	4.10	4.10	4.10	4.10	4.10
						209.50	209.70	211.70	211.70	211.70
297.80	262.32	247.18	163.53	149.96	791.72	833.96	730.96	713.97	741.36	272.62
38,992.30	39,115.50	43,079.00	46,963.30	44,433.60	52,702.90	47,567.40	52,975.70	53,501.30	52,826.90	61,848.50
40,976.20	46,753.20	55,327.20	62,783.60	49,747.10	50,414.20	54,193.50	56,062.10	58,286.80	59,840.10	67,003.30
163.14	167.79	153.59	124.20	107.50	79.65	75.08	51.05	42.90	15.99	16.95
26.84	18.67	11.57	10.74	5.36	8.22	3.52	1.94	1.55	1.23	1.29
326,698.00	373,774.00	396,655.00	425,242.00	394,550.00	364,733.00	360,440.00	339,255.00	346,865.00	359,009.00	403,436.00
340,295.00	391,907.00	419,343.00	447,032.00	417,127.00	384,962.00	386,812.00	375,951.00	387,285.00	404,383.00	464,025.00
85,166.00	97,337.00	107,751.00	119,617.00	124,584.00	128,457.00	139,260.00	139,942.00	142,721.00	163,190.00	183,844.00
						5,250.00	6,251.00	5,807.90	6,394.70	7,038.50
15,577.00	17,040.00	18,189.00	19,200.00	16,641.00	21,395.00	18,471.00	20,032.00	19,964.40	20,652.80	21,834.60
9,420.00	9,907.00	10,293.00	10,704.00	10,146.00	11,315.00	11,289.00	11,868.00	12,360.30	12,838.40	13,694.00
470.13	405.64	379.16	311.25	287.52	1,356.67	1,481.17	1,391.32	1,278.69	1,302.54	487.20
35,669.00	44,471.00	51,554.00	57,520.00	57,484.00	58,994.00	69,958.00	85,106.00	94,403.60	94,391.00	98,496.90
33,449.90	35,420.40	37,628.80	42,585.80	50,171.50	46,711.30	54,599.80	39,663.70	32,882.50	53,237.90	70,063.80
6,150.00	7,152.00	7,900.00	8,498.00	6,423.00	10,076.00	7,174.00	8,199.00	7,633.00	7,798.00	8,173.00
56,956.00	55,321.00	60,302.00	78,687.00	73,782.00	87,803.00	82,363.00	98,058.00	92,905.00	89,848.00	101,048.00
13,568.00	15,754.00	17,538.00	18,883.00	26,477.00	30,949.00	33,719.00	40,512.00	42,621.00	45,556.00	45,058.00
91,375.00	109,885.00	127,272.00	143,409.00	154,844.00	150,199.00	159,083.00	185,048.00	169,048.00	178,253.00	186,128.00
13,991.00	15,443.00	16,747.00	16,807.00	17,093.00	19,794.00	21,973.00	24,215.00	23,468.00	25,884.00	30,468.00
70,569.00	76,618.00	84,911.00	95,933.00	133,545.00	143,365.00	137,636.00	144,826.00	144,480.00	156,106.00	162,816.00
59,854.00	66,123.00	77,447.00	105,194.00	82,605.00	83,990.00	93,836.00	103,771.00	101,215.00	101,776.00	109,470.00
6,584.00	7,538.00	6,896.00	1,529.00	1,766.00	1,632.00	1,465.00	2,089.00	1,768.00	1,813.00	1,847.00
17,051.00	22,390.00	27,011.00	30,014.00	26,517.00	30,246.00	27,429.00	56,916.00	41,276.00	35,876.00	35,806.00
81,797.90	86,129.40	90,226.80	92,798.80	115,473.00	130,913.00	126,306.00	132,838.00	133,133.00	149,959.00	174,935.00
62,699.00	73,638.00	86,368.00	103,251.00	122,081.00	120,535.00	126,640.00	144,625.00	121,310.00	134,001.00	137,881.00
-28,685.00	-36,255.00	-40,912.00	-40,166.00	-32,773.00	-29,677.00	-32,454.00	-40,432.00	-47,742.70	-44,253.30	-48,247.40
91,384.00	109,893.00	127,280.00	143,417.00	154,854.00	150,212.00	159,094.00	185,057.00	169,052.00	178,254.00	186,129.00
23,411.00	25,350.00	27,040.00	27,511.00	27,239.00	31,109.00	33,262.00	36,083.00	35,828.30	38,722.40	44,162.00
70,569.00	76,618.00	84,911.00	95,933.00	133,545.00	143,365.00	137,636.00	144,826.00	144,480.00	156,106.00	162,816.00
50,516.90	57,799.40	64,643.80	72,605.80	76,770.50	76,974.30	82,047.80	96,553.70	74,133.80	89,131.60	105,838.00
23,017.50	25,091.20	26,813.70	27,301.50	26,968.40	30,747.60	32,852.20	35,715.00	35,584.40	38,606.60	44,257.80
93,980.00	101,968.00	111,951.00	123,444.00	160,784.00	174,474.00	170,898.00	180,909.00	180,308.00	194,828.00	206,978.00
2,573.90	2,848.10	2,561.00	2,512.70	2,822.40	3,045.60	2,017.10	1,514.20	1,608.10	474.50	621.80
238.30	237.30	215.00	208.10	178.50	132.70	130.00	94.50	74.50	27.20	27.70
15,109.70	16,717.30	17,073.40	18,033.60	16,891.40	15,750.70	15,879.50	11,919.20	10,752.10	6,632.40	6,854.30
13,752.90	15,434.70	15,057.90	15,733.90	15,420.80	14,386.60	13,652.60	10,637.90	9,853.00	5,528.10	5,665.50
39.20	26.40	16.20	18.00	8.90	13.70	6.10	3.60	2.70	2.10	2.10
2,202.90	2,620.90	3,014.70	3,268.50	3,371.20	3,408.10	3,164.90	2,425.50	2,111.20	1,406.20	1,444.00
1,926.90	1,720.70	1,760.60	1,734.00	1,091.40	1,120.60	1,203.00	460.90	467.80	197.70	392.20
20,127.10	22,187.90	24,733.60	25,130.20	. . .	. . .	. . .	. . .	. . .	. . .	. . .
1,771.80	2,268.70	2,657.40	3,041.40	3,809.00	4,036.40	3,796.40	4,057.10	4,081.00	4,049.10	4,375.00
1,090.00	1,545.70	2,082.30	2,055.10	2,696.10	3,574.00	7,254.20	10,925.60	12,879.50	16,809.00	17,778.60
918.30	901.20	745.80	814.70	933.10	2,417.40	3,169.00	6,100.00	8,279.90	10,246.80	13,068.30
5,488.20	6,715.40	8,260.90	10,095.40	10,391.70	16,332.90	18,554.70	24,525.20	25,591.90	29,353.90	33,887.80
334.50	657.00	1,172.60	1,377.30	1,861.30	1,868.10	1,891.20	2,341.50	2,343.50	1,772.20	
23,411.50	25,349.20	27,040.00	27,510.90	27,239.10	31,109.00	33,261.90	36,082.90	35,828.20	38,722.60	44,162.30
93,980.60	101,967.00	111,951.00	123,443.00	160,784.00	174,474.00	170,898.00	180,909.00	180,308.00	194,829.00	206,978.00
125,835.00	136,737.00	148,495.00	160,766.00	173,581.00	186,184.00	182,913.00	190,317.00	188,815.00	200,044.00	212,183.00
0.63	0.88	1.38	1.00	2.00	1.00	2.48	1.23	0.84	0.57	1.46
3.79	2.67	2.95	4.22	4.81	2.13	2.59	1.93	0.94	0.74	1.05
4.88	6.13	5.63	5.97	5.64	5.51	6.55	3.62	1.79	1.22	1.68
1.96	1.11	1.40	2.22	2.10	1.11	2.21	1.66	0.81	0.65	0.96
2.31	2.81	2.72	2.75	3.11	1.36	1.30	1.13	0.56	0.28	0.23
3.00	3.50	3.41	3.47	4.60	1.68	1.71	1.52	0.87	0.50	0.40
5.88	6.37	6.26	6.32	7.44	5.80	5.83	5.65	5.35	5.31	5.30
. . .	. . .	. . .	. . .	. . .	4.50	4.37	3.56	3.53	2.92	3.23
79.64	79.66	79.75	78.83	76.43	78.04	85.91	84.55	83.31	84.98	89.32
80.16	81.54	82.67	84.33	84.10	84.11	85.26	86.11	85.77	86.21	87.64
117.18	115.15	114.07	112.37	110.24	110.43	116.80	112.33	109.83	105.87	106.10
91.78	91.72	90.65	89.31	87.61	89.09	97.07	97.34	96.70	97.03	98.64
86.52	89.36	90.68	91.62	90.37	86.85	90.10	88.08	86.98	85.49	89.12

シンガポール（1948-2016年）

	2005	2006	2007	2008	2009	2010	2011	2012
為替レート								
市場レート（期末）　対SDRレート	2.38	2.31	2.28	2.22	2.20	1.98	2.00	1.88
市場レート（期末）　対ドル・レート	1.66	1.53	1.44	1.44	1.40	1.29	1.30	1.22
市場レート（期中平均）	1.66	1.59	1.51	1.44	1.45	1.36	1.26	1.25
市場レート　指数（2010年=100, 期中平均）								
名目実効為替レート	81.87	85.76	90.43	96.40	93.75	100.00	108.37	109.04
実質実効為替レート（CPIベース）	89.35	92.44	93.83	97.11	97.02	100.00	103.73	106.22
	89.86	91.16	91.73	96.66	96.67	100.00	105.54	110.41
実質実効為替レート（ユニット・レイバー・コスト・ベース）	76.12	80.98	85.13	91.08	88.80	100.00	108.24	115.05
IMFポジション　100万SDR（期末）								
クォータ	862.50	862.50	862.50	862.50	862.50	862.50	1,408.00	1,408.00
SDR	199.57	210.34	221.75	240.25	980.38	991.84	867.78	872.74
IMFリザーブポジション	121.84	86.45	56.72	112.99	166.93	193.08	542.53	593.41
内：IMF借入残高	-	-	-	-	-	-	87.80	137.00
IMFクレジット及び融資総残高	-	-	-	-	-	-	-	-
SDR配分額	16.48	16.48	16.48	16.48	744.21	744.21	744.21	744.21
国際流動性								
総準備（金を除く）100万米ドル（他に断りのない限り，期末）	115,960.00	136,049.00	162,746.00	173,981.00	187,592.00	225,503.00	237,527.00	259,094.00
SDR	285.24	316.44	350.42	370.05	1,536.93	1,527.47	1,332.28	1,341.33
IMFリザーブポジション	174.14	130.05	89.64	174.03	261.69	297.34	832.92	912.02
外国為替	115,501.00	135,602.00	162,305.00	173,437.00	185,793.00	223,678.00	235,362.00	256,841.00
金（100万ファイントロイオンス）	4.10	4.10	4.10	4.10	4.10	4.10	4.10	4.10
金（国内評価額）	211.70	211.70	211.70	211.70	211.70	211.70	211.70	211.70
通貨当局：その他負債	455.78	511.80	563.77	472.35	1,557.72	1,334.21	1,189.28	1,145.40
預金通貨銀行：資産	70,717.50	109,779.00	128,498.00	154,708.00	174,941.00	190,933.00	207,590.00	228,369.00
預金通貨銀行：負債	69,434.00	98,802.20	125,853.00	143,883.00	148,628.00	173,813.00	211,917.00	237,500.00
その他銀行業機関：資産	30.53	23.87	45.03	35.51	52.23	51.88	43.98	24.85
その他銀行業機関：負債	5.47	9.06	10.06	10.28	9.62	10.17	10.46	11.93
アジアン・カレンシー・ユニット：資産	440,483.00	478,485.00	610,489.00	594,291.00	557,721.00	623,496.00	674,892.00	716,944.00
アジアン・カレンシー・ユニット：負債	490,509.00	534,585.00	711,837.00	668,403.00	642,616.00	725,180.00	764,713.00	826,571.00
通貨当局　100万シンガポール・ドル（期末）								
対外資産	193,601.00	209,747.00	235,692.00	251,318.00	264,533.00	289,377.00	308,531.00	316,868.00
中央政府向け信用	7,009.60	6,608.20	6,501.70	6,860.10	7,381.60	7,480.70	6,813.70	7,006.10
準備通貨	23,395.80	25,756.50	28,061.00	34,122.70	36,344.00	40,529.70	45,431.80	48,708.70
内：預金通貨銀行以外の現金通貨	14,584.50	15,284.70	16,668.50	18,997.40	20,216.50	22,299.50	24,690.30	26,361.30
対外負債	797.69	822.91	850.02	716.32	3,823.44	3,193.42	3,033.04	2,800.83
中央政府預金	107,771.00	108,712.00	108,948.00	132,711.00	117,078.00	130,490.00	144,113.00	158,185.00
その他（ネット）	68,645.80	81,064.10	104,334.00	90,628.00	114,670.00	122,644.00	122,767.00	114,180.00
預金通貨銀行　100万シンガポール・ドル（期末）								
準備	8,813.00	10,463.00	11,298.00	15,202.00	16,022.00	18,095.00	20,606.00	22,255.00
対外資産	117,688.00	168,357.00	185,191.00	222,656.00	245,512.00	245,826.00	270,012.00	279,410.00
中央政府向け信用	43,750.00	50,738.00	59,934.00	66,696.00	81,319.00	84,853.00	91,414.00	98,415.00
民間部門向け信用	189,798.00	199,051.00	232,752.00	268,091.00	273,531.00	310,168.00	367,895.00	416,613.00
要求払い預金	31,501.00	36,958.00	47,270.00	56,706.00	73,256.00	90,188.00	105,902.00	114,348.00
定期性預金及び貯蓄性預金	173,712.00	210,127.00	233,620.00	257,707.00	277,736.00	290,609.00	312,766.00	334,683.00
対外負債	115,552.00	151,523.00	181,379.00	207,077.00	208,584.00	223,784.00	275,641.00	290,581.00
中央政府預金	3,080.00	3,122.00	4,164.00	2,099.00	3,324.00	11,698.00	16,130.00	19,937.00
その他（ネット）	36,204.00	26,879.00	22,742.00	49,055.00	53,484.00	42,663.00	39,488.00	57,145.00
マネタリー・サーベイ　100万シンガポール・ドル（期末）								
対外資産（ネット）	194,940.00	225,758.00	238,654.00	266,181.00	297,638.00	308,225.00	299,869.00	302,897.00
国内信用	129,707.00	144,564.00	186,076.00	206,837.00	241,830.00	260,314.00	305,880.00	343,912.00
中央政府向け信用（ネット）	-60,091.90	-54,487.30	-46,676.40	-61,254.20	-31,701.10	-49,854.50	-62,015.20	-72,700.90
民間部門向け信用	189,799.00	199,051.00	232,752.00	268,091.00	273,531.00	310,168.00	367,895.00	416,613.00
現金・預金通貨	46,085.20	52,242.70	63,938.50	75,703.40	93,472.50	112,488.00	130,592.00	140,709.00
準通貨	173,712.00	210,127.00	233,620.00	257,707.00	277,736.00	290,609.00	312,766.00	334,683.00
その他（ネット）	104,849.00	107,952.00	127,171.00	139,606.00	168,259.00	165,442.00	162,390.00	171,418.00
現金・預金通貨（季節調整値）	46,395.50	52,769.70	64,620.80	76,497.90	94,231.90	113,135.00	131,020.00	140,896.00
現金・預金通貨＋準通貨	219,798.00	262,370.00	297,559.00	333,410.00	371,209.00	403,097.00	443,358.00	475,392.00
その他銀行業機関								
ファイナンス・カンパニー　100万シンガポール・ドル（期末）								
現金	650.50	968.80	1,159.70	1,269.60	2,010.50	2,090.60	1,422.40	2,138.70
対外資産	50.80	76.60	64.90	51.10	73.30	66.80	57.20	30.40
民間部門向け信用	7,824.50	7,965.60	10,129.60	9,713.20	8,068.70	8,026.20	9,445.10	11,303.90
定期性預金及び貯蓄性預金	6,356.40	7,136.30	10,072.70	9,960.90	9,097.50	8,878.30	9,467.40	12,333.00
対外負債	9.10	13.90	14.50	14.80	13.50	13.10	13.60	14.60
資本勘定	1,658.30	1,693.10	1,683.30	1,713.00	1,824.90	1,926.20	1,999.20	2,104.70
その他（ネット）	502.00	127.70	-416.30	-654.70	-783.40	-634.00	-555.40	-979.40
郵便貯蓄銀行：貯蓄性預金	・・・	・・・	・・・	・・・	・・・	・・・	・・・	・・・
ノンバンク金融機関　100万シンガポール・ドル（期末）								
現金	4,533.10	5,020.60	4,412.70	6,139.30	4,909.40	5,372.40	8,153.60	6,766.40
対外資産	・・・	・・・	・・・	・・・	・・・	・・・	・・・	・・・
中央政府向け信用	・・・	・・・	・・・	・・・	・・・	・・・	・・・	・・・
民間部門向け信用	・・・	・・・	・・・	・・・	・・・	・・・	・・・	・・・
固定資産	2,080.50	2,366.20	3,451.30	3,168.90	2,819.00	3,042.70	3,203.90	3,280.80
貨幣集計量（国内定義）　100万シンガポール・ドル（期末）								
M1	46,085.90	52,242.60	63,938.60	75,703.80	93,472.10	112,487.00	130,592.00	140,709.00
M2	219,798.00	262,370.00	297,559.00	333,411.00	371,208.00	403,096.00	443,358.00	475,392.00
M3	225,700.00	268,749.00	306,755.00	342,387.00	378,526.00	410,109.00	451,666.00	485,915.00
金利　年率（％）								
中央銀行政策金利	3.19	3.32	0.98	0.44	0.31	0.20	0.18	0.18
短期金融市場商品金利	2.53	3.32	2.25	0.80	0.27	0.14	0.09	0.09
短期金融市場商品金利（外貨）	3.65	5.23	5.26	2.80	0.66	0.35	0.35	0.42
財務省短期証券金利	2.06	2.96	2.35	0.91	0.34	0.34	0.29	0.27
貯蓄金利	0.24	0.26	0.25	0.23	0.18	0.14	0.12	0.11
預金金利	0.44	0.57	0.53	0.42	0.29	0.21	0.17	0.14
貸出金利	5.30	5.31	5.33	5.38	5.38	5.38	5.38	5.38
政府債利回り	2.92	3.36	2.88	2.78	2.37	2.37	2.09	1.46
物価　指数（2010年=100, 期中平均）								
卸売物価指数	97.94	102.88	103.15	110.91	95.47	100.00	108.44	108.95
消費者物価指数	88.01	88.91	90.78	96.69	97.28	100.00	105.25	110.02
輸出物価指数	108.29	110.50	106.46	107.85	98.67	100.00	102.43	101.32
輸入物価指数	103.74	106.70	104.72	107.90	99.25	100.00	104.80	104.49
GDPデフレーター	91.11	92.67	98.11	96.64	100.05	100.00	101.23	101.60

シンガポール

2013	2014	2015	2016
1.95	1.91	1.96	1.94
1.27	1.32	1.41	1.45
1.25	1.27	1.37	1.38
108.88	107.55	99.14	98.66
108.98	109.99	109.64	110.60
113.38	112.91	110.56	109.46
118.96	119.43	118.05	114.24
1.408.00	1.408.00	1.408.00	3.891.90
873.27	873.99	874.26	744.55
672.37	562.37	433.95	742.28
165.60	153.30	123.29	114.29
-	-	-	-
744.21	744.21	744.21	744.21
272.864.00	256.643.00	247.534.00	246.365.00
1.344.84	1.266.24	1.211.49	1.000.92
1.035.44	814.77	601.33	997.86
270.484.00	254.562.00	245.721.00	244.366.00
4.10	4.10	4.10	4.10
211.70	211.70	211.70	211.70
2.847.94	1.294.18	3.255.25	3.146.30
228.823.00	251.859.00	225.887.00	250.555.00
268.345.00	291.290.00	260.434.00	276.470.00
21.65	19.15	17.12	14.04
27.42	48.89	47.03	34.09
796.137.00	782.162.00	735.104.00	718.035.00
896.521.00	893.823.00	845.804.00	837.094.00
344.737.00	345.214.00	357.118.00	357.147.00
6.998.00	7.000.00	7.915.30	8.880.20
63.993.60	55.207.10	60.735.70	64.638.70
28.851.60	31.506.90	34.042.30	38.525.00
5.053.65	3.134.66	6.060.72	5.997.48
141.508.00	113.568.00	127.754.00	87.196.60
141.180.00	180.304.00	170.483.00	208.195.00
34.910.00	23.224.00	26.608.00	25.951.00
289.530.00	332.781.00	319.381.00	362.377.00
98.214.00	107.853.00	112.648.00	114.336.00
477.493.00	511.171.00	518.386.00	545.309.00
125.746.00	128.711.00	126.404.00	134.229.00
341.311.00	352.213.00	359.794.00	389.334.00
339.537.00	384.881.00	368.228.00	399.858.00
21.272.00	19.864.00	24.013.00	26.932.00
72.281.00	89.360.00	98.585.00	97.620.00
289.677.00	289.979.00	302.210.00	313.669.00
419.925.00	492.592.00	487.182.00	554.397.00
-57.568.40	-18.578.80	-31.204.10	9.087.60
477.493.00	511.171.00	518.386.00	545.309.00
154.598.00	160.218.00	160.446.00	172.754.00
341.311.00	352.213.00	359.794.00	389.334.00
213.693.00	270.141.00	269.153.00	305.977.00
154.506.00	159.892.00	159.971.00	172.144.00
495.909.00	512.431.00	520.240.00	562.088.00
1.708.40	1.864.10	2.293.40	2.106.20
27.40	25.30	24.20	20.30
11.640.80	12.371.90	13.238.00	12.535.70
12.361.40	13.231.10	14.600.60	13.554.50
34.70	64.60	66.50	49.30
2.109.60	2.214.20	2.242.40	2.263.20
-1.129.20	-1.248.60	-1.353.90	-1.204.80
· · ·	· · ·	· · ·	· · ·
5.804.20	5.127.60	5.530.70	5.584.60
· · ·	· · ·	· · ·	· · ·
· · ·	· · ·	· · ·	· · ·
3.400.20	3.457.90	3.484.50	3.542.90
154.607.00	160.218.00	160.446.00	172.754.00
495.917.00	512.431.00	520.240.00	562.087.00
506.909.00	524.166.00	532.944.00	573.906.00
0.21	0.68	1.23	0.96
0.05	0.14	0.50	0.28
0.27	· · ·	· · ·	· · ·
· · ·	· · ·	· · ·	· · ·
0.10	0.11	0.12	0.14
0.14	0.14	0.17	0.19
5.38	5.35	5.35	5.35
2.06	2.36	2.44	2.05
106.01	102.52	86.83	80.84
112.64	113.77	113.21	112.64
98.58	96.25	89.67	84.80
101.56	98.74	86.20	81.71
101.36	100.94	103.50	102.02

統　　計

スリランカ（1948-2000年）

		1948	1949	1950	1951	1952	1953	1954	1955
為替レート	対SDRレート								
市場レート（期末）		3.31	4.76	4.77	4.78	4.75	4.75	4.78	4.76
	対ドル・レート								
市場レート（期末）		3.31	4.76	4.77	4.78	4.75	4.75	4.78	4.76
市場レート（期中平均）		3.31	3.57	4.76	4.76	4.76	4.76	4.76	4.76
IMFポジション	100万SDR（期末）								
クォータ				15.00	15.00	15.00	15.00	15.00	15.00
SDR				-	-	-	-	-	-
IMFリザーブポジション				-	-	0.75	0.76	0.76	0.93
内：IMF借入残高		・・・	・・・	・・・	・・・	-	-	-	-
IMFクレジット及び融資総残高		-	-	-	-	-	-	-	-
SDR配分額		-	-	-	-	-	-	-	-
国際流動性	100万米ドル（他に断りのない限り，期末）								
総準備（金を除く）		255.00	177.00	191.00	217.00	163.75	114.76	170.76	211.93
SDR		-	-	-	-	-	-	-	-
IMFリザーブポジション		-	-	-	-	0.75	0.76	0.76	0.93
外国為替		255.00	177.00	191.00	217.00	163.00	114.00	170.00	211.00
金（100万ファイントロイオンス）		・・・	・・・	・・・	・・・	・・・	・・・	・・・	・・・
金（国内評価額）		・・・	・・・	・・・	・・・	・・・	・・・	・・・	・・・
通貨当局：その他負債				2.73	2.73				-
預金通貨銀行：資産		52.60	26.46	47.25	38.01	20.16	20.37	27.72	47.25
預金通貨銀行：負債		12.39	7.14	7.77	7.56	11.55	6.09	4.41	5.88
外貨銀行勘定：資産		・・・	・・・	・・・	・・・	・・・	・・・	・・・	・・・
外貨銀行勘定：負債		・・・	・・・	・・・	・・・	・・・	・・・	・・・	・・・
通貨当局	100万ルピー（期末）								
対外資産		462.00	519.00	569.00	672.00	405.00	249.00	528.00	660.00
中央政府向け信用		-	-	15.00	14.00	156.00	219.00	23.00	13.00
預金通貨銀行向け信用							3.00		
準備貨幣		422.00	472.00	526.00	608.00	518.00	427.00	488.00	567.00
内：預金通貨銀行以外の現金通貨		241.00	244.00	325.00	377.00	357.00	335.00	342.00	384.00
対外負債		・・・	・・・	・・・	・・・	・・・	・・・	・・・	・・・
中央政府預金		・・・	・・・	・・・	・・・	・・・	・・・	・・・	・・・
資本勘定		・・・	・・・	・・・	・・・	・・・	・・・	・・・	・・・
その他（ネット）		40.00	47.00	44.00	64.00	43.00	45.00	62.00	106.00
預金通貨銀行	100万ルピー（期末）								
準備		181.00	228.00	199.00	226.00	155.00	91.00	132.00	170.00
対外資産		174.00	126.00	225.00	181.00	96.00	97.00	132.00	225.00
中央政府向け信用		184.00	204.00	271.00	235.00	302.00	284.00	310.00	284.00
非金融公的企業向け信用		・・・	・・・	・・・	・・・	・・・	・・・	・・・	・・・
協同組合向け信用		・・・	・・・	・・・	・・・	・・・	・・・	・・・	・・・
民間部門向け信用		82.00	107.00	137.00	213.00	195.00	207.00	247.00	256.00
要求払い預金		366.00	396.00	572.00	610.00	525.00	482.00	591.00	664.00
定期性預金及び貯蓄性預金		68.00	46.00	68.00	84.00	100.00	99.00	134.00	150.00
対外負債		41.00	34.00	37.00	36.00	55.00	29.00	21.00	28.00
中央政府預金		163.00	168.00	138.00	93.00	49.00	46.00	53.00	74.00
通貨当局からの信用		-	-	-	-	-	-	-	-
資本勘定		-	12.00	15.00	21.00	25.00	25.00	23.00	23.00
その他（ネット）		-17.00	9.00	2.00	11.00	-5.00	-5.00	-1.00	-5.00
マネタリー・サーベイ	100万ルピー（期末）								
対外資産（ネット）		595.00	611.00	744.00	804.00	446.00	317.00	639.00	857.00
国内信用		99.00	139.00	267.00	332.00	594.00	657.00	511.00	437.00
中央政府向け信用（ネット）		17.00	32.00	130.00	119.00	399.00	450.00	264.00	181.00
非金融公的企業向け信用		・・・	・・・	・・・	・・・	・・・	・・・	・・・	・・・
協同組合向け信用		・・・	・・・	・・・	・・・	・・・	・・・	・・・	・・・
民間部門向け信用		82.00	107.00	137.00	213.00	195.00	207.00	247.00	256.00
現金・預金通貨		607.00	640.00	897.00	991.00	884.00	817.00	947.00	1,061.00
準貨		68.00	46.00	68.00	84.00	100.00	99.00	134.00	150.00
その他（ネット）		19.00	64.00	45.00	60.00	57.00	59.00	68.00	82.00
現金・預金通貨（季節調整値）		・・・	・・・	・・・	・・・	・・・	・・・	・・・	1,048.42
現金・預金通貨＋準貨		675.00	686.00	965.00	1,075.00	984.00	916.00	1,081.00	1,211.00
流動負債		・・・	・・・	・・・	・・・	・・・	・・・	・・・	・・・
金利	年率（％）								
バンク・レート		・・・	・・・	2.50	2.50	2.50	3.00	2.50	2.50
短期金融市場商品金利		・・・	・・・	・・・	・・・	・・・	・・・	・・・	・・・
財務省短期証券金利		・・・	・・・	・・・	・・・	・・・	・・・	・・・	・・・
預金金利		・・・	・・・	・・・	・・・	・・・	・・・	・・・	・・・
貸出金利		・・・	・・・	・・・	・・・	・・・	・・・	・・・	・・・
政府債利回り		・・・	・・・	・・・	・・・	・・・	・・・	・・・	・・・
物価	指数（2010年=100，期中平均）								
卸売物価指数		・・・	・・・	・・・	・・・	・・・	・・・	・・・	・・・
消費者物価指数		1.33	1.35	1.39	1.45	1.44	1.46	1.45	1.44
GDPデフレーター		・・・	・・・	5.97	6.36	5.78	6.07	6.24	6.60

238

スリランカ

1956	1957	1958	1959	1960	1961	1962	1963	1964	1965	1966
4.79	4.76	4.75	4.76	4.75	4.76	4.76	4.76	4.78	4.78	4.78
4.79	4.76	4.75	4.76	4.75	4.76	4.76	4.76	4.78	4.78	4.78
4.76	4.76	4.76	4.76	4.76	4.76	4.76	4.76	4.76	4.76	4.76
15.00	15.00	15.00	45.00	45.00	45.00	45.00	45.00	45.00	62.00	78.00
-	-	-	-	-	-	-	-	-	-	-
1.76	3.75	3.76	11.26	11.26	-	-	-	-	-	-
...	...	...	...	...	-					
-	-	-	-	-	0.04	11.44	11.63	11.98	23.66	39.36
235.76	186.75	175.76	143.26	101.26	90.00	85.00	75.00	52.00	73.00	43.00
1.76	3.75	3.76	11.26	11.26	-	-	-	-	-	-
234.00	183.00	172.00	132.00	90.00	90.00	85.00	75.00	52.00	73.00	43.00
...	...	...	...	...	...	...	...	...	...	...
-	0.42	4.41	1.05	0.84	2.69	3.05	6.22	7.25	1.20	7.79
33.81	22.89	23.94	21.42	23.52	22.05	21.42	22.05	22.47	19.32	23.73
4.41	3.99	5.46	5.67	6.09	6.09	4.62	5.25	5.25	7.35	9.45
...	...	...	...	...	...	...	...	...	...	...
...	...	...	...	...	...	...	...	...	...	...
745.00	609.00	557.00	440.00	244.00	185.00	152.00	114.00	135.90	282.10	143.00
2.00	67.00	242.00	458.00	704.00	847.00	1,026.00	1,172.00	1,302.31	1,271.26	1,434.67
-	-	3.00	-	21.00	21.00	-	38.00	19.00	6.00	45.00
592.00	559.00	654.00	708.00	780.00	837.00	889.00	1,235.00	1,185.90	1,206.10	1,144.80
401.00	435.00	530.00	565.00	595.00	692.00	713.00	828.00	853.00	901.50	882.50
-	2.00	21.00	5.00	4.00	13.00	69.00	85.00	91.55	118.37	224.53
...	...	...	...	...	...	...	252.71	119.63	74.75	160.98
154.00	118.00	124.00	185.00	185.00	203.00	220.00	233.80	290.77	294.60	316.24
184.00	121.00	126.00	136.00	176.00	141.00	171.00	170.00	252.20	277.20	242.00
161.00	109.00	114.00	102.00	112.00	105.00	102.00	105.00	107.00	92.00	113.00
346.00	339.00	299.00	329.00	335.00	357.00	428.00	422.00	423.00	545.00	482.00
...	...	...	...	...	...	...	...	...	...	...
344.00	399.00	436.00	458.00	488.00	504.00	504.00	637.00	730.00	742.00	815.00
710.00	593.00	536.00	600.00	596.00	582.00	618.00	662.00	754.00	791.10	756.70
186.00	214.00	253.00	294.00	357.00	347.00	396.00	458.00	508.90	548.90	557.20
21.00	19.00	26.00	27.00	29.00	29.00	22.00	25.00	24.70	35.10	44.80
109.00	116.00	136.00	81.00	80.00	68.00	148.00	157.00	160.00	171.80	144.00
...	...	...	...	...	...	...	...	...	...	...
26.00	27.00	28.00	30.00	33.00	42.00	49.00	54.00	58.80	67.90	83.90
-16.00	-4.00	-4.00	-7.00	-4.00	18.00	-28.00	-59.00	-51.70	-10.40	-28.50
885.00	697.00	624.00	510.00	323.00	248.00	163.00	109.00	126.35	220.73	-13.53
515.00	677.00	813.00	1,146.00	1,435.00	1,626.00	1,799.00	2,064.00	2,285.31	2,378.26	2,488.67
171.00	278.00	377.00	688.00	947.00	1,122.00	1,295.00	1,427.00	1,555.31	1,636.26	1,673.67
...	...	...	...	...	...	...	...	...	...	...
344.00	399.00	436.00	458.00	488.00	504.00	504.00	637.00	730.00	742.00	815.00
1,118.00	1,032.00	1,067.00	1,169.00	1,197.00	1,275.00	1,333.00	1,494.00	1,610.30	1,703.30	1,644.70
186.00	214.00	253.00	294.00	357.00	347.00	396.00	688.60	619.70	608.00	619.90
96.00	128.00	117.00	193.00	193.00	205.00	252.00	233.00	220.80	346.60	274.24
1,104.74	1,013.75	1,048.13	1,147.20	1,175.83	1,252.46	1,310.72	1,471.92	1,597.52	1,691.46	1,634.89
1,304.00	1,246.00	1,320.00	1,463.00	1,554.00	1,622.00	1,729.00	2,182.60	2,230.00	2,311.30	2,264.60
...	...	...	...	...	...	...	...	...	...	...
2.50	2.50	2.50	2.50	4.00	4.00	4.00	4.00	4.00	5.00	5.00
...	...	...	...	...	...	...	...	...	...	...
...	...	...	...	...	...	...	...	...	...	...
...	...	...	...	...	...	...	...	...	...	...
...	...	...	...	...	...	...	...	...	...	...
1.44	1.48	1.51	1.51	1.49	1.50	1.53	1.56	1.61	1.62	1.61
6.70	6.56	6.63	6.75	6.72	6.61	6.77	6.70	6.66	1.01	1.01

統　　　計

スリランカ（1948-2000年）

		1967	1968	1969	1970	1971	1972	1973	1974
為替レート	対SDRレート								
市場レート（期末）		5.93	5.93	5.96	5.96	6.47	7.27	8.14	8.19
	対ドル・レート								
市場レート（期末）		5.93	5.93	5.96	5.96	5.96	6.70	6.75	6.69
市場レート（期中平均）		4.86	5.95	5.95	5.95	5.93	5.97	6.40	6.65
IMFポジション	100万SDR（期末）								
クォータ		78.00	78.00	78.00	98.00	98.00	98.00	98.00	98.00
SDR		-	-	-	0.04	0.03	12.77	13.43	14.45
IMFリザーブポジション		-	-	-	-	-	-	-	-
内：IMF借入残高		･･･	･･･	･･･	･･･	･･･	･･･	･･･	･･･
IMFクレジット及び融資総残高		62.25	91.52	92.98	78.52	71.54	74.56	74.10	101.69
SDR配分額					13.10	23.59	33.98	33.98	33.98
国際流動性	100万米ドル（他に断りのない限り，期末）								
総準備（金を除く）		55.00	52.00	40.00	42.74	50.33	59.46	86.60	77.59
SDR		-	-	-	0.04	0.03	13.86	16.20	17.69
IMFリザーブポジション		-	-	-	-	-	-	-	-
外国為替		55.00	52.00	40.00	42.70	50.30	45.60	70.40	59.90
金（100万ファイントロイオンス）		･･･	･･･	･･･	･･･	･･･	･･･	･･･	･･･
金（国内評価額）		･･･	･･･	･･･	･･･	･･･	･･･	･･･	･･･
通貨当局：その他負債		28.14	19.20	52.80	75.31	58.93	55.23	39.77	48.20
預金通貨銀行：資産		20.16	26.38	23.18	25.37	33.74	47.82	43.97	58.85
預金通貨銀行：負債		8.74	12.26	10.75	9.91	12.40	21.71	11.11	11.21
外貨銀行勘定：資産		･･･	･･･	･･･	･･･	･･･	･･･	･･･	･･･
外貨銀行勘定：負債		･･･	･･･	･･･	･･･	･･･	･･･	･･･	･･･
通貨当局	100万ルピー（期末）								
対外資産		260.40	235.50	165.20	194.04	238.18	302.27	509.93	452.51
中央政府向け信用		1,631.12	1,938.02	2,042.52	2,196.97	2,286.37	2,368.34	2,353.24	2,447.33
預金通貨銀行向け信用		107.00	99.00	190.00	204.00	229.00	124.90	238.70	678.70
準備貨幣		1,288.60	1,400.80	1,430.70	1,381.40	1,574.80	1,855.50	2,179.40	2,357.40
内：預金通貨銀行以外の現金通貨		980.00	1,066.20	1,084.00	935.10	1,115.40	1,202.40	1,436.70	1,539.30
対外負債		538.04	659.06	867.75	915.68	748.93	912.11	871.61	1,155.91
中央政府預金		126.31	175.74	108.60	145.29	103.77	91.40	93.98	120.35
資本勘定		･･･	･･･	･･･	･･･	･･･	･･･	･･･	･･･
その他（ネット）		243.18	292.05	184.26	365.03	511.31	112.79	73.25	168.24
預金通貨銀行	100万ルピー（期末）								
準備		272.40	287.80	288.90	405.50	403.50	606.20	801.60	788.70
対外資産		120.00	157.00	138.00	151.00	185.00	320.30	296.70	393.90
中央政府向け信用		556.00	441.00	446.00	639.00	692.00	745.30	499.20	386.20
非金融公的企業向け信用		･･･	･･･	･･･	･･･	･･･	･･･	･･･	･･･
協同組合向け信用		･･･	･･･	･･･	･･･	･･･	･･･	･･･	･･･
民間部門向け信用		935.00	1,211.00	1,445.00	1,599.00	1,736.00	2,117.30	2,133.50	3,188.20
要求払い預金		804.70	823.00	780.50	1,005.30	1,008.90	1,241.40	1,311.90	1,377.20
定期性預金及び貯蓄性預金		655.50	766.80	933.70	1,111.50	1,250.70	1,455.70	1,336.60	1,582.40
対外負債		52.00	72.60	63.70	59.50	68.30	145.40	75.00	75.00
中央政府預金		125.80	151.70	147.40	221.10	198.70	514.30	445.60	530.40
通貨当局からの信用		･･･	･･･	･･･	･･･	･･･	･･･	･･･	･･･
資本勘定		91.20	97.30	111.80	129.60	154.20	161.90	170.60	214.00
その他（ネット）		8.80	57.20	100.30	83.20	143.00	60.20	85.20	309.50
マネタリー・サーベイ	100万ルピー（期末）								
対外資産（ネット）		-209.64	-339.56	-628.55	-629.64	-393.75	-434.94	-139.98	-384.50
国内信用		2,935.12	3,333.02	3,749.52	4,125.97	4,473.37	4,696.24	4,519.24	5,435.23
中央政府向け信用（ネット）		2,000.12	2,122.02	2,304.52	2,526.97	2,737.37	2,578.94	2,385.74	2,247.03
非金融公的企業向け信用		･･･	･･･	･･･	･･･	･･･	･･･	･･･	･･･
協同組合向け信用		･･･	･･･	･･･	･･･	･･･	･･･	･･･	･･･
民間部門向け信用		935.00	1,211.00	1,445.00	1,599.00	1,736.00	2,117.30	2,133.50	3,188.20
現金・預金通貨		1,790.10	1,895.70	1,867.70	1,949.30	2,128.20	2,461.30	2,755.40	2,922.80
準通貨		727.10	846.00	1,018.50	1,178.60	1,332.50	1,540.70	1,360.50	1,685.40
その他（ネット）		280.18	332.05	320.26	435.03	701.31	344.79	285.76	545.64
現金・預金通貨（季節調整値）		1,784.75	1,895.70	1,869.57	1,949.30	2,130.33	2,466.23	2,766.47	2,946.37
現金・預金通貨＋準通貨		2,517.20	2,741.70	2,886.20	3,127.90	3,460.70	4,002.00	4,115.90	4,608.20
流動負債		･･･	･･･	2,887.00	3,129.00	3,462.00	4,969.00	5,263.00	5,950.00
金利	年率（%）								
バンク・レート		5.00	5.50	5.50	6.50	6.50	6.50	6.50	6.50
短期金融市場商品金利		･･･	･･･	･･･	･･･	･･･	･･･	･･･	･･･
財務省短期証券金利		･･･	･･･	･･･	･･･	･･･	･･･	･･･	･･･
預金金利		･･･	･･･	･･･	･･･	･･･	･･･	･･･	･･･
貸出金利		･･･	･･･	･･･	･･･	･･･	･･･	･･･	･･･
政府債利回り		･･･	･･･	･･･	･･･	･･･	･･･	･･･	･･･
物価	指数（2010年=100，期中平均）								
卸売物価指数		･･･	･･･	･･･	･･･	･･･	･･･	･･･	2.57
消費者物価指数		1.65	1.74	1.87	1.98	2.04	2.17	2.38	2.67
GDPデフレーター		1.04	1.14	1.18	1.32	1.35	1.42	1.66	2.07

240

スリランカ

1975	1976	1977	1978	1979	1980	1981	1982	1983	1984	1985
9.03	10.26	18.90	20.20	20.35	22.96	23.92	23.52	26.17	25.76	30.11
7.71	8.83	15.56	15.51	15.45	18.00	20.55	21.32	25.00	26.28	27.41
7.01	8.41	8.87	15.61	15.57	16.53	19.25	20.81	23.53	25.44	27.16
98.00	98.00	98.00	119.00	119.00	178.50	178.50	178.50	223.10	223.10	223.10
10.79	12.42	19.83	26.28	22.24	-	19.87	6.34	0.82	0.21	0.06
...	...	...	...	...	-	0.54	5.89	17.09	5.98	6.00
124.70	134.25	169.94	226.50	304.78	306.53	442.63	437.22	425.15	413.04	361.09
33.98	33.98	33.98	33.98	46.36	58.73	70.87	70.87	70.87	70.87	70.87
57.43	92.33	292.59	397.64	516.90	245.50	327.36	351.49	296.95	510.77	451.16
12.63	14.43	24.09	34.24	29.30	-	23.13	6.99	0.86	0.21	0.07
						0.63	6.50	17.89	5.86	6.59
44.80	77.90	268.50	363.40	487.60	245.50	303.60	338.00	278.20	504.70	444.50
...	...	...	-	0.04	0.06	0.06	0.06	0.06	0.06	0.06
...	...	...	9.00	18.00	16.00	14.00	13.00	11.00	11.00	10.00
44.81	62.88	44.02	20.43	39.41	41.83	8.38	89.12	75.88	1.46	10.46
51.21	64.86	79.88	84.89	108.85	130.39	113.96	167.99	205.00	199.00	209.00
11.20	11.66	8.69	14.43	21.82	26.23	29.81	75.31	114.00	120.00	149.00
...	...	...	...	29.34	114.04	204.99	379.48	545.00	463.00	458.00
...	...	...	...	14.27	130.54	231.47	427.83	640.00	498.00	489.00
442.13	829.29	4,533.50	6,169.95	7,972.00	4,705.60	6,928.61	7,494.00	7,759.97	13,724.60	12,649.80
2,536.93	3,759.65	4,977.71	5,868.34	7,767.85	16,080.70	19,333.80	23,141.90	25,331.10	20,732.00	29,523.60
594.30	401.00	894.40	1,090.50	692.80	1,070.20	1,277.50	1,158.70	2,662.20	2,041.40	1,824.10
2,202.40	2,768.70	4,027.60	4,535.10	5,538.20	6,628.70	7,822.10	9,678.80	12,240.20	14,296.00	18,083.70
1,609.80	2,080.50	2,791.70	3,015.60	3,774.10	4,180.90	4,822.90	5,987.80	7,200.10	8,560.90	9,815.50
1,471.55	1,932.05	3,896.92	4,891.95	6,809.80	7,790.13	10,759.70	12,182.80	13,024.70	10,678.20	11,157.40
15.17	30.70	...	1,048.75	740.01	1,364.40	1,450.02	1,286.07	1,772.40	2,337.03	3,161.26
...	...	...	...	...	5,763.10	7,140.30	8,256.30	8,475.30	8,450.00	10,612.10
-42.40	358.68	2,669.30	3,975.75	4,324.44	310.20	367.80	390.63	240.67	736.75	982.94
561.70	652.00	1,145.40	1,342.00	1,741.70	2,048.70	2,729.60	3,068.70	4,677.70	5,669.70	8,227.50
395.00	572.60	1,242.90	1,316.20	1,681.20	2,347.00	2,341.80	3,585.10	5,125.50	5,232.80	5,725.70
415.40	782.10	914.00	800.70	863.50	939.20	1,563.00	1,719.30	1,579.10	2,878.20	2,897.20
...	...	...	...	3,346.90	4,122.70	4,487.70	4,677.40	4,385.10	4,148.20	4,437.90
...	...	...	...	...	1,368.20	1,294.00	1,187.80	1,822.60	1,567.50	1,304.30
3,363.10	3,918.80	5,713.60	8,665.90	11,853.00	11,343.50	15,395.70	19,378.90	25,551.90	29,655.90	32,792.50
1,442.60	2,037.80	2,525.50	2,863.20	3,856.50	5,138.50	5,111.00	5,665.40	7,333.70	8,001.60	8,760.60
1,647.80	2,116.70	3,303.30	5,424.60	8,668.40	11,623.60	15,268.80	19,779.40	23,522.60	27,674.30	30,802.70
86.40	102.90	135.20	223.70	337.00	472.20	612.50	1,605.60	2,857.20	3,141.30	4,077.70
451.80	713.60	871.00	990.30	1,073.10	1,641.70	1,503.00	1,567.50	1,762.50	2,299.00	3,686.60
...	...	...	...	609.10	1,179.90	1,436.00	1,413.10	2,875.20	2,401.20	2,164.70
238.90	281.40	374.00	520.30	905.80	1,272.30	2,268.40	2,602.00	2,705.40	2,931.50	3,163.60
205.70	131.80	685.10	2,534.30	2,270.90	841.10	1,612.10	984.20	2,085.30	2,703.40	2,729.20
-720.83	-633.07	1,744.29	2,370.50	2,506.40	-1,209.73	-2,101.82	-2,709.27	-2,996.40	5,137.91	3,140.31
5,822.83	7,643.75	10,547.10	13,183.70	18,556.20	31,087.90	39,383.10	47,694.90	55,604.30	54,747.50	65,706.90
2,459.73	3,724.95	4,833.51	4,517.84	6,703.25	14,013.80	17,943.80	22,007.60	23,375.30	18,974.10	25,572.90
...	...	...	...	3,346.90	4,122.70	4,487.70	4,677.40	4,385.10	4,148.20	4,437.90
...	...	...	...	...	1,368.20	1,294.00	1,187.80	1,822.60	1,567.50	1,304.30
3,363.10	3,918.80	5,713.60	8,665.90	11,853.00	11,419.60	15,416.80	19,474.70	25,628.90	29,676.90	33,585.10
3,063.50	4,133.10	5,332.00	5,894.60	7,642.60	9,332.60	9,949.40	11,672.00	14,588.60	16,646.80	18,661.50
1,706.10	2,186.20	3,491.70	5,698.40	8,908.30	11,970.10	15,586.70	20,341.50	24,123.00	28,265.10	31,994.00
390.40	760.58	3,654.70	4,751.65	6,106.44	8,575.50	11,745.20	12,972.10	13,896.30	14,973.60	18,191.70
3,103.85	4,196.04	5,407.71	5,948.13	7,673.29	9,304.69	9,841.15	11,488.20	14,330.60	16,320.40	18,295.60
4,769.60	6,319.30	8,823.70	11,593.00	16,550.60	21,302.70	25,536.10	32,013.50	38,711.60	44,911.90	50,655.50
6,351.00	8,207.00	11,204.00	14,619.00	20,701.00	26,256.00	30,975.00	39,668.00	48,221.00	56,145.00	63,884.00
6.50	6.50	10.00	10.00	10.00	12.00	14.00	14.00	13.00	13.00	11.00
...	...	...	9.50	11.00	21.06	19.00	16.88	23.88	21.42	14.56
...	...	...	...	...	...	15.60	12.28	12.38	13.08	13.39
...	...	...	8.50	8.50	14.50	17.88	17.50	18.25	19.79	17.33
...	...	...	18.00	18.00	19.00	19.00	17.75	13.25	13.15	13.40
...	...	...	...	...	...	...	...	...	14.67	15.33
2.66	2.87	3.48	4.02	4.41	5.90	6.90	7.28	9.10	11.42	9.69
2.84	2.88	2.92	3.27	3.62	4.57	5.39	5.98	6.81	7.94	8.06
2.26	2.49	2.88	3.12	3.60	4.33	5.22	5.80	6.78	8.16	8.21

統　　計

スリランカ（1948-2000年）

		1986	1987	1988	1989	1990	1991	1992	1993
為替レート	対SDRレート								
市場レート（期末）		34.89	43.64	44.45	52.57	57.25	60.91	63.25	68.08
	対ドル・レート								
市場レート（期末）		28.52	30.76	33.03	40.00	40.24	42.58	46.00	49.56
市場レート（期中平均）		28.02	29.44	31.81	36.05	40.06	41.37	43.83	48.32
IMFポジション	100万SDR（期末）								
クォータ		223.10	223.10	223.10	223.10	223.10	223.10	303.60	303.60
SDR		-	0.09	0.06	10.25	0.31	0.18	0.05	0.28
IMFリザーブポジション		-	0.02	0.03	0.03	0.05	0.05	20.19	20.21
内：IMF借入残高		・・・	・・・	・・・	・・・	・・・	・・・	・・・	・・・
IMFクレジット及び融資総残高		283.55	195.11	267.10	278.31	288.10	280.17	337.77	375.71
SDR配分額		70.87	70.87	70.87	70.87	70.87	70.87	70.87	70.87
国際流動性	100万米ドル（他に断りのない限り，期末）								
総準備（金を除く）		352.60	279.06	221.92	244.21	422.91	685.13	926.53	1,629.33
SDR		-	0.13	0.08	13.47	0.44	0.26	0.07	0.38
IMFリザーブポジション		-	0.03	0.04	0.04	0.07	0.07	27.76	27.75
外国為替		352.60	278.90	221.80	230.70	422.40	684.80	898.70	1,601.20
金（100万ファイントロイオンス）		0.06	0.06	0.06	0.06	0.06	0.11	0.16	0.06
金（国内評価額）		10.00	10.00	10.00	10.00	10.00	10.00	37.31	6.00
通貨当局：その他負債		8.15	66.85	11.14	207.07	291.30	363.26	420.41	624.86
預金通貨銀行：資産		239.00	301.00	298.00	293.82	421.64	437.61	503.51	515.87
預金通貨銀行：負債		185.00	251.00	229.00	249.04	302.96	394.38	464.25	547.17
外貨銀行勘定：資産		430.00	382.00	422.00	492.00	524.00	432.00	539.00	456.00
外貨銀行勘定：負債		447.00	408.00	371.00	400.00	448.00	428.00	635.00	601.00
通貨当局	100万ルピー（期末）								
対外資産		10,341.40	8,871.06	7,620.40	10,055.70	17,303.70	30,581.40	41,868.50	78,289.80
中央政府向け信用		32,386.40	34,177.90	46,569.90	51,465.80	55,023.20	61,318.30	50,072.20	35,515.40
預金通貨銀行向け信用		2,810.90	3,136.00	3,480.00	4,312.40	5,570.30	5,344.00	5,505.80	4,900.10
準備貨幣		18,695.00	20,625.70	25,941.00	27,481.80	33,140.50	42,374.20	45,972.20	57,538.60
内：預金通貨銀行以外の現金通貨		11,569.90	13,495.30	18,484.10	19,644.20	22,119.90	24,852.20	27,280.20	32,133.10
対外負債		10,124.10	10,571.40	12,241.40	22,912.40	28,214.80	29,121.40	30,076.60	41,296.50
中央政府預金		2,513.51	1,586.66	3,528.10	2,776.00	3,604.40	9,026.60	2,665.60	1,801.30
資本勘定		11,654.20	13,334.10	14,674.80	14,852.90	13,324.30	14,549.80	18,156.00	17,251.40
その他（ネット）		2,551.90	67.10	1,285.00	12,244.00	9,152.00	2,171.63	574.94	817.43
預金通貨銀行	100万ルピー（期末）								
準備		8,040.00	5,728.00	6,802.30	7,610.60	9,406.30	15,420.90	16,289.20	20,561.80
対外資産		6,802.90	9,264.80	9,875.00	11,752.80	16,966.80	18,633.50	23,161.50	25,567.20
中央政府向け信用		2,753.40	5,361.60	7,862.20	8,381.70	14,700.70	13,861.20	13,886.10	18,782.40
非金融公的企業向け信用		4,738.50	7,365.70	10,786.50	6,327.00	5,142.00	7,143.00	9,010.00	3,966.00
協同組合向け信用		1,424.50	1,123.40	1,318.60	1,177.70	1,416.00	1,238.30	1,738.90	1,903.40
民間部門向け信用		35,399.70	39,652.70	48,321.50	50,781.10	63,051.60	32,761.00	38,470.00	49,052.00
要求払い預金		9,358.10	11,242.70	13,511.00	15,374.50	17,255.60	21,640.80	22,740.50	27,169.20
定期性預金及び貯蓄性預金		31,085.00	34,696.60	37,469.40	40,077.80	50,668.40	63,519.10	79,740.90	100,780.00
対外負債		5,289.90	7,713.90	9,122.00	9,961.50	12,191.00	16,792.80	21,355.70	27,118.70
中央政府預金		3,863.30	3,356.50	5,011.30	5,851.40	9,722.80	8,639.20	9,074.70	6,304.20
通貨当局からの信用		3,140.10	3,479.20	3,906.30	4,045.70	6,625.10	5,614.40	5,602.50	5,842.70
資本勘定		3,409.60	3,954.40	4,773.90	5,394.60	6,690.40	8,959.70	9,867.90	21,850.90
その他（ネット）		3,013.40	4,052.90	11,172.00	12,860.40	18,026.70	14,799.40	15,551.50	-932.30
マネタリー・サーベイ	100万ルピー（期末）								
対外資産（ネット）		1,730.26	-149.47	-3,868.16	-11,065.30	-6,135.26	3,300.64	13,597.50	35,441.80
国内信用		72,279.70	83,743.30	107,368.00	117,313.00	138,704.00	150,156.00	163,657.00	170,050.00
中央政府向け信用（ネット）		28,763.00	34,596.40	45,892.70	51,220.10	56,396.70	57,513.70	52,218.00	46,192.30
非金融公的企業向け信用		4,738.50	7,365.70	10,786.50	13,862.20	15,636.30	14,077.20	15,032.00	7,774.90
協同組合向け信用		1,424.50	1,123.40	1,318.60	1,177.70	1,416.00	1,238.30	1,738.90	1,903.00
民間部門向け信用		36,533.10	39,721.50	48,391.10	50,833.00	63,112.10	32,845.00	38,516.00	49,124.00
現金・預金通貨		21,050.70	24,901.10	32,154.70	35,087.50	39,596.20	46,600.10	50,056.60	59,354.80
準通貨		31,750.10	36,051.80	37,857.40	40,772.00	51,336.00	64,220.00	79,386.00	100,256.00
その他（ネット）		21,209.20	22,640.90	33,487.60	44,814.00	50,273.00	41,009.30	46,330.00	44,285.50
現金・預金通貨（季節調整値）		20,658.20	24,484.90	31,617.20	33,576.60	37,891.10	44,550.80	47,901.10	56,853.30
現金・預金通貨＋準通貨		52,800.80	60,952.90	70,012.10	75,859.50	90,932.20	110,820.10	129,442.60	159,610.80
流動負債		67,002.00	77,332.00	88,077.00	95,810.00	112,427.00	137,266.00	162,265.00	201,768.00
金利	年率（%）								
バンク・レート		11.00	10.00	10.00	14.00	15.00	17.00	17.00	17.00
短期金融市場商品金利		12.95	13.14	18.65	22.19	21.56	25.42	21.63	25.65
財務省短期証券金利		10.48	7.30	13.59	14.81	14.08	13.75	16.19	16.52
預金金利		12.21	11.50	13.23	16.43	19.42	13.83	13.74	13.77
貸出金利		11.57	9.80	12.42	13.17	13.00	19.39	19.68	20.20
政府債利回り		12.00	12.00	11.49	11.71	12.20	15.68	16.00	16.25
物価	指数（2010年=100，期中平均）								
卸売物価指数		9.40	10.66	12.55	13.69	16.72	18.26	19.86	21.37
消費者物価指数		8.70	9.38	10.69	11.92	14.49	16.25	18.10	20.23
GDPデフレーター		8.70	9.40	10.33	11.46	13.79	15.25	16.71	18.35

242

スリランカ

1994	1995	1996	1997	1998	1999	2000
72.96	80.34	81.54	82.69	96.16	99.05	107.59
49.98	54.05	56.71	61.29	68.30	72.17	82.58
49.42	51.25	55.27	58.99	64.45	70.64	77.01
303.60	303.60	303.60	303.60	303.60	413.40	413.40
0.24	0.62	1.34	0.31	0.89	0.70	0.31
20.25	20.25	20.25	20.25	20.25	47.71	47.74
...	...	...	...	...	...	...
422.78	400.47	369.24	321.21	260.83	188.12	123.20
70.87	70.87	70.87	70.87	70.87	70.87	70.87
2,045.71	2,087.72	1,961.55	2,024.14	1,979.77	1,635.55	1,039.00
0.35	0.92	1.93	0.42	1.25	0.96	0.40
29.56	30.10	29.12	27.32	28.51	65.48	62.20
2,015.80	2,056.70	1,930.50	1,996.40	1,950.00	1,569.10	976.40
0.06	0.06	0.06	0.06	0.06	0.06	0.34
6.00	6.00	5.00	4.50	4.10	3.80	107.83
713.45	753.92	690.95	624.16	530.02	515.00	419.00
638.61	507.93	503.47	792.95	871.09	941.00	1,050.00
615.16	651.55	713.77	803.46	989.42	764.00	909.00
540.00	574.00	504.00	682.00	479.00	439.00	429.00
665.00	682.00	615.00	702.00	438.00	306.00	429.00
96,806.70	106,838.00	104,541.00	120,189.00	132,560.00	113,521.00	78,560.00
38,275.40	45,276.20	53,190.70	39,664.40	39,840.00	57,447.00	101,681.00
3,376.20	2,811.50	2,259.20	1,691.80	1,121.50	748.00	520.00
68,517.90	79,535.30	85,823.60	84,037.40	92,900.00	97,673.00	101,906.00
38,906.10	42,198.00	42,564.50	45,679.90	51,767.30	58,481.00	62,647.00
46,076.40	50,426.70	46,457.10	43,047.90	38,928.00	38,038.00	34,577.00
2,812.80	3,039.90	3,510.00	6,475.60	3,108.00	2,463.00	3,152.00
19,872.90	25,344.30	25,564.10	32,306.40	42,738.00	40,589.00	50,008.00
1,178.41	-3,420.06	-1,363.81	-4,322.23	-4,153.00	-7,048.00	-8,882.00
25,388.80	35,448.80	41,187.90	36,500.00	39,667.40	40,110.00	39,542.00
31,917.80	45,338.00	44,212.00	67,596.00	62,560.00	67,946.00	86,682.00
21,038.60	23,808.00	29,579.00	42,469.00	53,514.00	60,618.00	69,336.00
3,118.00	13,305.00	15,491.00	14,658.00	10,836.00	13,175.00	38,254.00
2,541.00	3,939.20	1,464.90	1,661.10	1,811.50	1,608.00	1,668.00
62,676.00	206,783.00	228,992.00	261,359.00	291,969.00	323,374.00	362,435.00
31,414.50	32,970.40	35,515.70	40,107.80	44,470.00	50,059.00	55,786.00
121,210.00	184,224.00	210,454.00	247,817.00	281,743.00	319,765.00	364,944.00
30,745.90	54,256.00	54,678.00	67,030.00	58,656.00	55,141.00	75,101.00
9,290.00	9,483.20	12,947.00	13,765.00	11,645.50	13,122.00	13,292.00
4,053.50	3,625.10	4,049.80	4,774.56	4,813.20	5,171.00	5,886.00
28,278.40	33,459.80	39,237.70	44,368.40	50,219.70	51,571.00	51,808.00
1,877.00	10,603.00	4,045.00	6,380.00	9,081.00	12,543.00	31,098.00
51,902.20	47,493.00	47,617.00	77,707.00	97,536.00	88,287.00	55,564.00
197,073.00	281,821.00	313,468.00	340,885.00	384,200.00	441,945.00	557,706.00
47,211.20	56,561.00	66,313.00	61,892.00	78,600.00	102,480.00	154,573.00
5,163.30	13,305.00	15,491.00	14,658.00	10,836.00	13,715.00	38,254.00
2,541.00	3,939.20	1,464.90	1,661.10	1,811.50	1,608.00	1,668.00
63,453.00	207,456.00	229,640.00	262,113.00	292,392.00	323,580.00	362,634.00
70,462.20	75,217.30	78,201.90	85,851.40	96,268.50	108,554.00	118,478.00
120,539.00	185,174.00	210,769.00	248,119.00	281,507.00	316,993.00	361,687.00
56,838.70	68,924.00	72,115.00	84,621.00	103,960.00	104,684.00	133,105.00
67,557.20	72,047.20	74,834.40	81,841.20	91,597.10	...	...
191,001.20	260,391.30	288,970.90	333,970.40	377,775.50	425,547.00	480,165.00
244,328.00	318,147.00	355,806.00	411,835.00	462,055.00	518,831.00	585,209.00
17.00	17.00	17.00	17.00	17.00	16.00	25.00
18.54	41.87	24.33	18.42	15.74	16.69	17.30
12.68	16.81	17.40	...	12.59	12.51	14.02
13.10	12.13	12.36	11.25	9.56	9.12	9.17
18.13	18.04	18.26	14.69	15.03	14.72	16.16
...	...	...	...	...	...	...
22.43	24.41	29.41	31.45	33.41	33.27	33.83
21.94	23.62	27.39	30.01	32.82	34.36	36.48
20.14	22.02	24.41	26.62	29.06	30.26	32.46

統　　計

スリランカ（2001-2016年）

	2001	2002	2003	2004	2005	2006	2007	2008
為替レート	対SDRレート							
市場レート（期末）	117.08	131.50	143.75	162.45	145.95	162.03	171.80	174.27
	対ドル・レート							
市場レート（期末）	93.16	96.73	96.74	104.61	102.12	107.71	108.72	113.14
市場レート（期中平均）	89.38	95.66	96.52	101.19	100.50	103.91	110.62	108.33
IMFポジション	100万SDR（期末）							
クォータ	413.40	413.40	413.40	413.40	413.40	413.40	413.40	413.40
SDR	0.68	1.72	0.42	0.12	1.06	1.80	4.31	1.27
IMFリザーブポジション	47.79	47.82	47.86	47.86	47.86	47.86	47.86	47.86
内：IMF借入残高	…	…	…	…	…	…	…	…
IMFクレジット及び融資総残高	170.55	228.00	264.66	189.26	266.78	162.41	158.97	109.48
SDR配分額	70.87	70.87	70.87	70.87	70.87	70.87	70.87	70.87
国際流動性	100万米ドル（他に断りのない限り，期末）							
総準備（金を除く）	1,286.81	1,630.95	2,264.93	2,131.91	2,649.51	2,726.20	3,379.53	2,468.70
SDR	0.85	2.34	0.62	0.19	1.51	2.71	6.81	1.95
IMFリザーブポジション	60.05	65.01	71.11	74.32	68.40	71.99	75.62	73.71
外国為替	1,225.90	1,563.60	2,193.20	2,057.40	2,579.60	2,651.50	3,297.10	2,393.04
金（100万ファイントロイオンス）	0.26	0.22	0.17	0.17	0.17	0.17	0.17	0.17
金（国内評価額）	70.68	74.51	68.79	72.90	85.60	110.50	128.70	92.20
中央銀行：その他資産	-	-	-	-	-	-	-	-
中央銀行：その他負債	124.01	135.97	182.30	363.52	278.27	313.45	447.70	808.01
その他預金通貨取扱い機関：資産	899.68	795.22	889.10	1,242.59	1,465.47	1,168.58	1,448.26	1,238.06
その他預金通貨取扱い機関：負債	1,009.34	864.83	863.28	1,065.52	1,422.34	1,713.26	2,045.52	1,860.80
中央銀行	100万ルピー（期末）							
対外資産（ネット）	77,689.10	108,044.00	160,010.00	144,935.00	203,408.00	229,773.00	289,365.00	158,463.00
非居住者向け信用	117,507.00	160,500.00	225,878.00	225,223.00	281,106.00	301,334.00	377,525.00	281,310.00
非居住者に対する負債	39,817.70	52,455.40	65,868.70	80,288.50	77,698.10	71,561.30	88,159.90	122,847.00
その他預金取扱い機関向け信用	149.50	6,624.40	6,975.81	7,280.16	10,770.60	8,883.04	8,490.28	21,180.00
中央政府向け信用（ネット）	79,003.10	79,905.60	60,144.90	113,551.00	85,411.90	111,216.00	99,552.50	218,473.00
中央政府向け信用	91,213.30	85,792.90	66,246.90	119,376.00	92,663.30	118,765.00	107,292.00	226,104.00
中央政府に対する負債	12,210.20	5,887.30	6,102.08	5,824.96	7,251.47	7,548.99	7,739.87	7,631.07
その他部門向け信用	870.00	489.47	722.27	754.94	715.17	975.50	502.55	452.64
その他金融機関向け信用	-	-	-	-	-	-	-	-
地方自治体向け信用	-	-	-	-	-	-	-	-
非金融公的企業向け信用	502.90	-	-	-	-	-	-	-
民間部門向け信用	367.10	489.47	722.27	754.94	715.17	975.50	502.55	452.64
マネタリーベース	112,513.00	126,394.00	141,426.00	170,960.00	197,920.00	239,855.00	264,417.00	268,410.00
流通通貨	76,561.20	88,307.80	98,784.60	115,909.00	132,436.00	157,240.00	173,364.00	186,099.00
その他預金取扱い機関に対する負債	35,951.90	38,085.80	42,641.60	55,051.10	65,483.60	82,615.40	91,053.00	82,311.20
その他部門に対する負債	-	-	-	-	-	-	-	-
その他預金取扱い機関に対するその他負債		11,155.70	20,974.20	7,213.00	14,107.00	562.00	18.00	13,743.00
預金及び証券（マネタリーベース除外分）	-	-	-	-	-	-	-	-
預金（広義流動性に含む）	-	-	-	-	-	-	-	-
証券（広義流動性に含まれる株式以外）	-	-	-	-	-	-	-	-
預金（広義流動性から除外されたもの）	-	-	-	-	-	-	-	-
証券（広義流動性から除外される株式以外）	-	-	-	-	-	-	-	-
貸出	-	-	-	-	-	-	-	-
金融派生商品	-	-	-	-	-	-	-	-
株式及びその他持ち分	58,227.40	58,675.80	62,197.60	86,607.80	75,614.90	104,983.00	131,330.00	120,766.00
その他（ネット）	-13,028.70	-1,161.56	3,254.68	1,740.18	12,664.10	5,448.06	2,145.17	-4,350.30
中央銀行以外の預金取扱い金融機関	100万ルピー（期末）							
対外資産（ネット）	-10,215.80	-6,733.55	2,497.66	18,523.40	4,404.58	-58,667.60	-64,934.30	-70,457.00
非居住者向け信用	83,814.10	76,921.40	86,011.10	129,987.00	149,654.00	125,868.00	157,454.00	140,074.00
非居住者に対する負債	94,029.90	83,655.00	83,513.50	111,464.00	145,249.00	184,535.00	222,389.00	210,531.00
中央銀行に対する債権	74,469.80	66,918.80	62,361.50	81,476.80	99,059.50	120,225.00	134,639.00	128,306.00
現金通貨	11,025.20	13,016.00	13,183.70	16,239.60	18,366.30	26,181.00	31,076.00	-
準備預金及び証券	38,735.00	40,217.90	37,899.30	54,663.90	69,114.30	85,715.90	93,319.00	84,431.70
その他債権	24,709.60	13,684.90	11,278.50	10,573.30	11,578.90	12,288.80	15,138.50	12,798.60
中央政府向け信用（ネット）	97,457.20	114,364.00	127,746.00	107,764.00	170,723.00	238,609.00	266,635.00	364,729.00
中央政府向け信用	123,790.00	128,899.00	144,182.00	127,566.00	197,787.00	272,035.00	305,381.00	392,113.00
中央政府に対する負債	26,332.90	14,534.70	16,436.50	19,801.50	27,063.30	33,425.60	38,745.60	27,383.80
その他部門向け信用	432,214.00	490,446.00	559,673.00	676,432.00	810,631.00	1,018,160.00	1,224,930.00	1,302,620.00
その他金融機関向け信用	-	-	-	-	-	-	-	-
地方自治体向け信用	49.50	5.60	68.50	39.50	61.10	284.13	111.14	67.62
非金融公的企業向け信用	-	-	-	-	-	-	-	-
民間部門向け信用	432,164.00	490,440.00	559,604.00	676,392.00	810,570.00	1,017,880.00	1,224,820.00	1,302,550.00
中央銀行に対する負債	4,810.70	4,858.18	6,577.37	6,501.83	9,173.89	9,374.92	8,773.27	7,948.61
通貨性預金（広義流動性に含む）	56,665.30	64,052.40	76,014.20	88,776.90	116,620.00	124,657.00	119,407.00	122,285.00
その他預金（広義流動性に含む）	426,927.00	483,134.00	556,220.00	670,191.00	791,576.00	944,866.00	1,137,430.00	1,245,450.00
証券（広義流動性に含まれる株式以外）	-	-	-	-	-	-	-	-
預金（広義流動性から除外されたもの）	-	-	-	-	-	-	-	-
証券（広義流動性から除外される株式以外）	-	-	-	-	-	-	-	-
貸出	32,247.10	21,638.90	20,532.70	17,296.50	38,565.80	40,861.80	54,976.40	66,245.10
金融派生商品	-	-	-	-	-	-	-	-
保険契約準備金	-	-	-	-	-	-	-	-
株式及びその他持ち分	44,520.10	51,769.80	75,196.90	77,220.30	110,928.00	136,834.00	168,506.00	183,183.00
その他（ネット）	28,754.10	39,541.10	17,736.80	24,209.80	17,954.70	61,736.00	72,184.60	100,083.00
注記項目：総資産	855,126.00	902,965.00	1,003,230.00	1,168,420.00	1,446,220.00	1,771,620.00	2,077,170.00	2,225,810.00

244

スリランカ

2009	2010	2011	2012	2013	2014	2015	2016
179.32	170.87	174.87	195.44	201.36	189.87	199.63	201.38
114.38	110.95	113.90	127.16	130.75	131.05	144.06	149.80
114.95	113.06	110.57	127.60	129.07	130.57	135.86	145.58
413.40	413.40	413.40	413.40	413.40	413.40	413.40	578.80
12.80	1.60	2.87	2.52	10.09	6.32	4.86	1.50
47.86	47.86	47.86	47.86	47.86	47.86	47.86	47.86
· · ·							-
460.08	851.16	1,119.08	1,633.32	1,334.94	861.25	499.53	412.04
395.46	395.46	395.46	395.46	395.46	395.46	395.46	395.46
4,616.05	6,709.72	6,247.92	6,377.64	6,611.35	7,315.70	6,543.43	5,188.55
20.06	2.46	4.41	3.87	15.54	9.16	6.74	2.02
75.02	73.70	73.47	73.55	73.70	69.33	66.31	64.33
4,520.97	6,633.56	6,170.04	6,300.23	6,522.11	7,237.21	6,470.38	5,122.20
0.68	0.35	0.32	0.44	0.74	0.74	0.72	0.72
741.66	486.76	500.16	727.30	883.91	892.71	760.20	830.48
-	-	26.96	33.82	1.03	2.47	1.07	31.32
285.93	614.25	1,005.81	450.84	299.84	443.38	1,585.09	936.90
1,658.13	1,408.04	1,119.95	1,379.01	962.05	1,550.77	1,937.70	2,321.44
1,763.39	2,578.20	3,261.84	4,714.17	6,497.19	7,790.77	8,874.29	8,418.85
434,273.00	518,931.00	375,539.00	433,544.00	576,258.00	766,422.00	635,160.00	594,638.00
620,387.00	800,087.00	754,945.00	887,368.00	963,887.00	1,063,130.00	1,042,170.00	897,600.00
186,114.00	281,156.00	379,406.00	453,824.00	387,629.00	296,712.00	407,013.00	302,963.00
7,485.70	8,641.41	22,356.20	31,411.20	48,033.60	32,080.70	14,704.80	28,066.60
111,687.00	92,247.20	221,449.00	235,134.00	96,227.00	205,644.00	201,548.00	380,230.00
120,806.00	102,150.00	279,471.00	298,277.00	141,437.00	276,513.00	259,706.00	415,485.00
9,118.32	9,902.54	58,022.30	63,142.10	45,210.30	70,869.00	58,157.60	35,255.10
1,513.24	4,563.91	7,409.38	8,523.76	10,665.50	12,549.60	13,452.70	27,458.90
		477.94	153.38	103.91	129.89	397.70	9,534.95
1,513.24	4,563.91	6,931.43	8,370.38	10,561.60	12,419.70	13,055.00	17,924.00
303,516.00	360,506.00	438,934.00	483,776.00	488,006.00	577,327.00	672,844.00	855,443.00
217,430.00	255,652.00	292,665.00	317,488.00	339,196.00	416,318.00	491,118.00	552,191.00
86,085.90	104,853.00	146,264.00	166,253.00	148,806.00	161,004.00	181,721.00	293,896.00
		5.39	35.85	4.16	4.99	5.99	9,354.93
84,022.60	113,455.00	20,385.50	15,606.00	105,762.00	355,661.00	136,453.00	89,551.40
		77.07	208.86	1,116.92	957.43	110.79	441.55
		12.38	151.93	432.89	11.12	7.25	335.70
		64.68	56.93	684.03	946.31	103.54	105.85
		10.03	-	-	0.02	-	2,501.02
130,469.00	122,529.00	174,063.00	220,495.00	142,832.00	91,440.40	58,263.50	95,879.40
36,952.30	27,893.60	-6,715.73	-11,472.80	-6,532.06	-8,690.15	-2,805.39	-13,422.60
-12,038.80	-129,830.00	-243,961.00	-424,099.00	-723,719.00	-817,752.00	-999,285.00	-913,391.00
189,657.00	156,222.00	127,563.00	175,355.00	125,788.00	203,228.00	279,145.00	347,752.00
201,696.00	286,052.00	371,524.00	599,454.00	849,507.00	1,020,980.00	1,278,430.00	1,261,140.00
229,800.00	242,994.00	204,437.00	240,662.00	305,822.00	459,507.00	309,340.00	439,132.00
35,590.10	39,103.70	52,731.20	69,648.30	78,839.80	91,564.70	108,570.00	129,292.00
88,295.00	107,705.00	151,706.00	171,013.00	152,984.00	165,233.00	200,771.00	309,840.00
105,915.00	96,185.90			73,999.00	202,709.00		
529,457.00	549,487.00	912,552.00	1,131,050.00	1,699,040.00	1,893,710.00	2,144,710.00	2,185,420.00
556,916.00	598,945.00	970,211.00	1,205,340.00	1,738,870.00	1,940,420.00	2,194,730.00	2,215,980.00
27,458.80	49,458.00	57,659.30	74,295.30	39,836.30	46,719.30	50,019.90	30,558.20
1,243,110.00	1,632,220.00	2,730,730.00	3,358,180.00	3,713,150.00	4,199,880.00	5,119,610.00	5,963,000.00
		11,028.20	16,068.90	24,025.30	48,366.80	45,556.10	42,562.20
16.52	302.39	708.76	20.75	1,316.24	1,086.19	8,845.60	848.70
		198,500.00	292,477.00	365,098.00	446,047.00	522,966.00	495,114.00
1,243,090.00	1,631,920.00	2,520,490.00	3,049,610.00	3,322,710.00	3,704,380.00	4,542,240.00	5,424,470.00
7,577.93	10,215.70	13,300.60	13,560.60	15,532.40	16,765.10	16,422.90	18,592.70
154,849.00	190,637.00	260,038.00	291,736.00	322,310.00	410,356.00	486,677.00	509,758.00
1,469,460.00	1,684,220.00	2,601,350.00	3,108,030.00	3,670,480.00	4,145,440.00	4,848,220.00	5,703,730.00
		35,413.10	41,899.00	34,892.30	30,022.10	29,641.80	31,253.10
		22,984.20	21,233.50	27,323.30	28,688.80	31,774.30	33,433.40
57,937.00	77,821.30	65,230.10	103,086.00	114,274.00	162,891.00	185,027.00	195,143.00
191,017.00	237,814.00	425,028.00	524,745.00	595,932.00	702,669.00	774,159.00	900,157.00
109,489.00	94,169.60	180,415.00	201,503.00	213,551.00	238,503.00	202,445.00	282,088.00
2,456,530.00	2,890,830.00	4,691,780.00	5,705,540.00	6,697,820.00	7,764,870.00	9,147,020.00	10,460,500.00

スリランカ（2001-2016年）

	2001	2002	2003	2004	2005	2006	2007	2008
預金取扱い金融機関	100万ルピー （期末）							
対外資産（ネット）	67,473.30	101,311.00	162,507.00	163,458.00	207,813.00	171,106.00	224,431.00	88,005.70
非居住者向け信用	201,321.00	237,421.00	311,890.00	355,210.00	430,760.00	427,202.00	534,979.00	421,384.00
非居住者に対する負債	133,848.00	136,110.00	149,382.00	191,752.00	222,947.00	256,096.00	310,549.00	333,379.00
国内信用	609,544.00	685,205.00	748,286.00	898,502.00	1,067,480.00	1,368,960.00	1,591,620.00	1,886,270.00
中央政府向け信用（ネット）	176,460.00	194,270.00	187,890.00	221,315.00	256,135.00	349,825.00	366,188.00	583,203.00
中央政府向け信用	215,003.00	214,692.00	210,429.00	246,942.00	290,450.00	390,800.00	412,673.00	618,218.00
中央政府に対する負債	38,543.10	20,422.00	22,538.60	25,626.50	34,314.80	40,974.60	46,485.50	35,014.90
その他部門向け信用	433,084.00	490,935.00	560,395.00	677,187.00	811,346.00	1,019,140.00	1,225,440.00	1,303,070.00
その他金融機関向け信用	-	-	-	-	-	-	-	-
地方自治体向け信用	49.50	5.60	68.50	39.50	61.10	284.13	111.14	67.62
非金融公的企業向け信用	502.90	-	-	-	-	-	-	-
民間部門向け信用	432,531.00	490,930.00	560,327.00	677,147.00	811,285.00	1,018,850.00	1,225,330.00	1,303,000.00
広義流動性負債	549,129.00	622,479.00	717,835.00	858,637.00	1,022,270.00	1,204,540.00	1,404,020.00	1,522,760.00
預金取扱い金融機関以外の通貨	65,536.00	75,291.80	85,600.90	99,669.40	114,070.00	135,020.00	147,183.00	155,023.00
通貨性預金	56,665.30	64,052.40	76,014.20	88,776.90	116,620.00	124,657.00	119,407.00	122,285.00
その他預金	426,927.00	483,134.00	556,220.00	670,191.00	791,576.00	944,866.00	1,137,430.00	1,245,450.00
証券（株式を除く）	-	-	-	-	-	-	-	-
預金（広義流動性から除外されたもの）	-	-	-	-	-	-	-	-
証券（広義流動性に含まれる株式以外）	-	-	-	-	-	-	-	-
貸出	32,247.10	21,638.90	20,532.70	17,296.50	38,565.80	40,861.80	54,976.40	66,245.10
金融派生商品	-	-	-	-	-	-	-	-
保険契約準備金	-	-	-	-	-	-	-	-
株式及びその他持ち分	102,747.00	110,446.00	137,395.00	163,828.00	186,543.00	241,817.00	299,836.00	303,949.00
その他（ネット）	-7,106.13	31,952.10	35,031.00	22,198.60	27,919.30	52,848.60	57,226.30	81,324.90
広義流動性負債（季節調整値）	543,823.00	616,278.00	710,472.00	849,726.00	1,012,500.00	1,193,930.00	1,393,490.00	1,511,890.00
広義流動性	549,129.00	622,479.00	717,835.00	858,637.00	1,022,270.00	1,204,540.00	1,404,020.00	1,522,760.00
貨幣集計量（国内定義）	100万ルピー （期末）							
準備貨幣	112,522.00	126,411.00	141,447.00	170,967.00	197,932.00	239,863.00	264,419.00	268,425.00
M1	122,210.00	139,361.00	161,635.00	188,453.00	230,702.00	259,685.00	266,592.00	277,323.00
M2	450,726.00	510,395.00	580,747.00	687,964.00	822,932.00	993,265.00	1,147,740.00	1,282,190.00
M2B	549,138.00	622,495.00	717,855.00	858,644.00	1,022,280.00	1,204,550.00	1,404,020.00	1,522,780.00
M4	699,717.00	797,301.00	928,274.00	1,094,060.00	1,293,970.00	1,501,620.00	1,752,300.00	1,918,690.00
金利	年率（%）							
中央銀行手形割引率	・・・	18.00	15.00	15.00	15.00	15.00	15.00	15.00
売戻し条件付き取引金利	14.00	11.75	8.50	9.00	10.25	11.50	12.00	12.00
買戻し条件付き取引金利	12.00	9.50	7.00	7.50	8.75	10.00	10.50	10.50
翌日物預金金利	・・・	・・・	・・・	・・・	・・・	・・・	・・・	・・・
短期金融市場商品金利	12.65	10.39	7.59	9.73	10.73	14.47	24.99	14.66
財務省短期証券金利	13.70	9.90	7.20	7.65	10.37	12.96	19.96	19.12
貯蓄金利	12.00	11.00	7.25	7.75	10.25	10.50	16.50	16.50
預金金利	10.78	7.47	5.27	5.31	6.24	7.60	10.31	11.63
貸出金利	14.25	12.17	8.95	10.17	12.14	14.74	17.00	19.17
政府債利回り	・・・	・・・	・・・	・・・	・・・	・・・	・・・	・・・
物価	指数（2010年=100，期中平均）							
卸売物価指数	37.79	41.84	43.10	48.52	54.09	60.40	75.12	93.85
消費者物価指数	41.65	45.62	48.50	52.18	58.25	64.09	74.24	90.99
GDPデフレーター	36.89	41.25	43.37	47.19	52.11	57.98	66.12	76.91

スリランカ

2009	2010	2011	2012	2013	2014	2015	2016
422,234.00	389,101.00	131,578.00	9,444.62	-147,460.00	-51,330.50	-364,124.00	-318,753.00
810,045.00	956,309.00	882,508.00	1,062,720.00	1,089,680.00	1,266,360.00	1,321,320.00	1,245,350.00
387,810.00	567,208.00	750,930.00	1,053,280.00	1,237,140.00	1,317,690.00	1,685,440.00	1,564,110.00
1,885,770.00	2,278,520.00	3,872,140.00	4,732,890.00	5,519,080.00	6,311,780.00	7,479,320.00	8,556,110.00
641,144.00	641,735.00	1,134,000.00	1,366,180.00	1,795,260.00	2,099,350.00	2,346,260.00	2,565,650.00
677,722.00	701,095.00	1,249,680.00	1,503,620.00	1,880,310.00	2,216,940.00	2,454,430.00	2,631,470.00
36,577.10	59,360.60	115,682.00	137,437.00	85,046.60	117,588.00	108,177.00	65,813.30
1,244,620.00	1,636,790.00	2,738,140.00	3,366,700.00	3,723,820.00	4,212,430.00	5,133,060.00	5,990,460.00
		11,506.10	16,222.30	24,129.20	48,496.70	45,953.80	52,097.10
16.52	302.39	708.76	20.75	1,316.24	1,086.19	8,845.60	848.70
		198,500.00	292,477.00	365,098.00	446,047.00	522,966.00	495,114.00
1,244,610.00	1,636,480.00	2,527,430.00	3,057,980.00	3,333,270.00	3,716,800.00	4,555,290.00	5,442,400.00
1,806,150.00	2,091,400.00	3,136,750.00	3,689,690.00	4,288,470.00	4,910,590.00	5,747,100.00	6,677,340.00
181,840.00	216,549.00	239,934.00	247,840.00	260,357.00	324,753.00	382,548.00	422,900.00
154,849.00	190,637.00	260,055.00	291,923.00	322,747.00	410,372.00	486,690.00	519,449.00
1,469,460.00	1,684,220.00	2,601,350.00	3,108,030.00	3,670,480.00	4,145,440.00	4,848,220.00	5,703,730.00
		35,413.10	41,899.00	34,892.30	30,022.10	29,641.80	31,253.10
		23,048.80	21,290.40	28,007.40	29,635.20	31,877.80	33,539.20
57,937.00	77,821.30	65,240.20	103,086.00	114,274.00	162,891.00	185,027.00	197,644.00
321,485.00	360,344.00	599,091.00	745,240.00	738,763.00	794,110.00	832,423.00	996,037.00
122,432.00	138,055.00	179,587.00	183,024.00	202,102.00	363,221.00	318,761.00	332,799.00
1,796,170.00	2,084,770.00	3,138,840.00	3,698,030.00	4,292,610.00	4,895,670.00	5,712,790.00	6,628,290.00
1,806,150.00	2,091,400.00	3,136,750.00	3,689,690.00	4,288,470.00	4,910,590.00	5,747,100.00	6,677,340.00
303,537.00	360,511.00	439,504.00	484,362.00	488,586.00	577,912.00	673,432.00	856,144.00
336,710.00	407,192.00	438,707.00	450,049.00	484,578.00	612,155.00	714,988.00	776,622.00
1,536,760.00	1,813,000.00	2,192,600.00	2,593,180.00	3,058,790.00	3,460,560.00	4,057,210.00	4,823,560.00
1,806,170.00	2,091,410.00	2,491,740.00	2,929,070.00	3,417,850.00	3,875,850.00	4,565,920.00	5,405,600.00
2,279,980.00	2,636,030.00	3,135,820.00	3,685,040.00	4,283,270.00	4,897,700.00	5,720,260.00	6,630,260.00
15.00	15.00	15.00	15.00	15.00	15.00	15.00	15.00
9.75	9.00	8.50	9.50	8.50	8.00	7.50	8.50
7.50	7.25	7.00	7.50	6.50	・・・	・・・	・・・
・・・	・・・	・・・	・・・	・・・	6.50	6.00	7.00
9.07	8.03	8.97	9.83	7.66	6.21	6.40	8.42
9.33	7.55	9.31	11.69	8.29	6.01	7.30	10.17
10.50	9.50	8.50	10.50	9.14	8.00	8.00	9.00
8.01	6.23	7.24	10.10	9.37	6.20	6.20	8.17
11.12	9.27	10.49	14.29	9.96	6.35	7.40	11.73
・・・	・・・	・・・	・・・	・・・	・・・	9.79	
89.93	100.00	・・・	・・・	・・・	・・・	・・・	・・・
94.15	100.00	106.72	114.77	122.70	126.09	128.91	134.05
81.43	100.00	103.98	118.28	121.14	121.88	・・・	・・・

統 計

タイ（1948-2000年）

	1948	1949	1950	1951	1952	1953	1954	1955
為替レート	対SDRレート							
公定レート（期末）	16.00	22.94	21.49	22.28	16.84	20.24	21.18	21.23
	対ドル・レート							
公定レート（期末）	16.00	22.94	21.49	22.28	16.84	20.24	21.18	21.23
公定レート（期中平均）	20.05	21.62	22.34	21.56	18.87	18.23	21.13	21.64
IMFポジション	100万SDR（期末）							
クォータ	-	12.50	12.50	12.50	12.50	12.50	12.50	12.50
SDR	-	-	-	-	-	-	-	-
IMFリザーブポジション	-	3.13	3.13	3.13	3.13	3.13	3.13	3.13
内：IMF借入残高	-	-	-	-	-	-	-	-
IMFクレジット及び融資総残高	-	-	-	-	-	-	-	-
SDR配分額	-	-	-	-	-	-	-	-
国際流動性	100万米ドル（他に断りのない限り，期末）							
総準備（金を除く）	138.00	123.13	173.13	248.13	238.13	194.13	169.13	192.13
SDR	-	-	-	-	-	-	-	-
IMFリザーブポジション	-	3.13	3.13	3.13	3.13	3.13	3.13	3.13
外国為替	138.00	120.00	170.00	245.00	235.00	191.00	166.00	189.00
金（100万ファイントロイオンス）	2.20	2.80	3.37	3.26	3.26	3.26	3.23	3.21
金（国内評価額）	77.00	98.00	118.00	114.00	114.00	114.00	113.00	112.00
通貨当局：その他負債	・・・	・・・	・・・	・・・	・・・	・・・	・・・	・・・
預金通貨銀行：資産	10.63	10.46	10.24	8.98	11.88	9.88	11.33	19.78
預金通貨銀行：負債	11.25	8.28	8.84	8.53	10.69	6.92	7.08	15.07
その他銀行業機関：資産	・・・	・・・	・・・	・・・	・・・	・・・	・・・	・・・
その他銀行業機関：負債	・・・	・・・	・・・	・・・	・・・	・・・	・・・	・・・
通貨当局	10億バーツ（期末）							
対外資産	3.44	5.14	6.32	8.14	5.98	6.30	6.04	6.52
中央政府向け信用	1.13	1.04	1.36	1.79	2.64	4.71	5.84	4.27
非金融公的企業向け信用	・・・	・・・	・・・	・・・	・・・	・・・	・・・	・・・
預金通貨銀行向け信用	・・・	0.01	・・・	-	-	0.02	0.01	-
その他金融機関向け信用	・・・	・・・	・・・	・・・	・・・	・・・	・・・	・・・
準備貨幣	2.62	2.77	3.54	4.32	4.24	4.75	5.16	5.80
内：預金通貨銀行以外の現金通貨	2.21	2.36	3.04	3.76	3.68	4.02	4.55	5.18
短期金融市場商品	・・・	・・・	・・・	・・・	・・・	・・・	・・・	・・・
対外負債	・・・	・・・	・・・	・・・	・・・	・・・	・・・	・・・
中央政府預金	0.41	0.39	0.29	0.39	0.32	0.67	0.44	0.33
資本勘定	0.07	0.10	0.16	0.16	0.28	0.44	0.50	0.85
その他（ネット）	1.47	2.93	3.69	5.06	3.78	5.17	5.79	3.81
預金通貨銀行	10億バーツ（期末）							
準備	0.35	0.34	0.43	0.48	0.50	0.59	0.51	0.49
通貨当局に対するその他債権	・・・	・・・	・・・	・・・	・・・	・・・	・・・	・・・
対外資産	0.17	0.24	0.22	0.20	0.20	0.20	0.24	0.42
中央政府向け信用	0.31	0.24	0.22	0.22	0.22	0.27	0.19	0.28
非金融公的企業向け信用	・・・	・・・	・・・	・・・	・・・	・・・	・・・	・・・
民間部門向け信用	0.45	0.63	0.85	1.10	1.30	1.87	2.11	2.65
その他金融機関向け信用	・・・	・・・	・・・	・・・	・・・	・・・	・・・	・・・
要求払い預金	0.67	0.74	0.95	1.15	1.34	1.66	1.79	1.93
定期性預金，貯蓄性預金及び外貨預金	0.29	0.31	0.34	0.37	0.41	0.51	0.63	0.78
対外負債	0.18	0.19	0.19	0.19	0.18	0.14	0.15	0.32
中央政府預金			0.03	0.04	0.05	0.13	0.14	0.19
通貨当局からの信用	・・・	・・・	・・・	・・・	・・・	・・・	・・・	・・・
その他銀行業機関に対する負債	・・・	・・・	・・・	・・・	・・・	・・・	・・・	・・・
資本勘定	・・・	・・・	・・・	・・・	・・・	・・・	・・・	・・・
その他（ネット）	0.13	0.13	0.17	0.25	0.24	0.49	0.34	0.62
マネタリー・サーベイ	10億バーツ（期末）							
対外資産（ネット）	3.43	5.19	6.35	8.15	6.00	6.36	6.13	6.62
国内信用	1.48	1.52	2.11	2.68	3.79	6.05	7.56	6.68
中央政府向け信用（ネット）	1.03	0.89	1.26	1.58	2.49	4.18	5.45	4.03
非金融公的企業向け信用	・・・	・・・	・・・	・・・	・・・	・・・	・・・	・・・
民間部門向け信用	0.45	0.63	0.85	1.10	1.30	1.87	2.11	2.65
その他金融機関向け信用	・・・	・・・	・・・	・・・	・・・	・・・	・・・	・・・
現金・預金通貨	2.95	3.17	4.06	4.98	5.08	5.87	6.44	7.23
準通貨	0.29	0.31	0.34	0.37	0.41	0.51	0.63	0.78
短期金融市場商品	・・・	・・・	・・・	・・・	・・・	・・・	・・・	・・・
その他銀行業機関に対する負債	・・・	・・・	・・・	・・・	・・・	・・・	・・・	・・・
資本勘定	・・・	・・・	・・・	・・・	・・・	・・・	・・・	・・・
その他（ネット）	1.67	3.23	4.06	5.48	4.30	6.03	6.62	5.29
現金・預金通貨（季節調整値）	・・・	・・・	・・・	・・・	・・・	5.13	5.92	7.27
現金・預金通貨＋準通貨	3.24	3.48	4.40	5.35	5.49	6.38	7.07	8.01
貨幣集計量（国内定義）	10億バーツ（期末）							
狭義貨幣	・・・	・・・	・・・	・・・	・・・	・・・	・・・	・・・
広義流動性	・・・	・・・	・・・	・・・	・・・	・・・	・・・	・・・

タ　イ

1956	1957	1958	1959	1960	1961	1962	1963	1964	1965	1966
20.66	20.90	21.10	21.19	21.14	20.99	20.84	20.84	20.83	20.83	20.75
20.66	20.90	21.10	21.19	21.14	20.99	20.84	20.84	20.83	20.83	20.75
20.78	20.75	20.99	21.17	21.18	21.06	20.88	20.83	20.80	20.80	20.80
12.50	12.50	12.50	45.00	45.00	45.00	45.00	45.00	45.00	76.00	95.00
-	-	-	-	-	-	-	-	-	-	-
3.13	3.13	3.13	11.25	11.25	11.26	11.26	11.25	11.26	19.01	23.76
-	-	-	-	-	-	-	-	-	-	-
206.13	212.13	197.13	215.25	267.25	350.26	419.26	472.25	556.26	643.01	831.76
-	-	-	-	-	-	-	-	-	-	-
3.13	3.13	3.13	11.25	11.25	11.26	11.26	11.25	11.26	19.01	23.76
203.00	209.00	194.00	204.00	256.00	339.00	408.00	461.00	545.00	624.00	808.00
3.21	3.21	3.21	2.98	2.98	2.98	2.98	2.98	2.98	2.76	2.62
112.00	112.00	112.00	104.00	104.00	104.00	104.00	104.00	104.00	96.00	92.00
...	...	...	...	...	...	...	...	...	...	...
28.07	28.71	27.49	30.20	33.11	43.83	42.23	57.10	65.77	83.05	94.46
30.01	31.58	34.12	39.64	50.14	63.84	69.10	92.61	116.66	116.66	153.74
...	...	...	...	...	...	...	...	0.06	0.70	1.76
6.64	6.91	6.92	6.88	7.97	9.67	11.06	12.22	13.97	15.78	19.70
4.80	5.19	5.56	5.94	3.69	3.14	3.10	2.87	2.64	2.66	2.77
...	...	0.01	0.16	0.23	0.22	0.29	0.22	0.32	0.39	0.45
6.06	6.31	6.14	6.69	7.01	7.66	7.95	8.39	8.91	9.94	11.24
5.42	5.57	5.50	5.78	6.05	6.52	6.57	6.66	7.27	8.12	9.37
...	...	...	...	...	...	...	...	...	...	...
0.45	0.41	0.49	0.50	1.02	1.24	2.13	2.63	3.79	4.51	6.84
1.12	1.35	1.60	1.70	1.88	3.03	3.24	3.72	3.76	4.01	4.41
3.81	4.03	4.26	4.09	1.98	1.10	1.13	0.57	0.47	0.37	0.43
0.53	0.61	0.57	0.71	0.78	0.93	1.06	1.28	1.30	1.29	1.46
...	...	...	...	...	...	...	...	...	...	...
0.58	0.60	0.58	0.64	0.70	0.92	0.88	1.19	1.37	1.73	1.96
0.29	0.36	0.42	0.58	0.87	1.25	2.09	1.69	2.18	2.56	4.15
...	...	...	...	...	...	...	...	...	...	...
3.22	3.71	4.35	4.91	5.76	6.59	7.79	8.33	10.02	12.03	14.43
...	...	...	...	...	...	...	...	...	...	...
2.21	2.53	2.91	3.15	3.94	4.41	4.27	3.21	3.28	4.48	4.99
1.19	1.47	1.77	1.90	2.31	2.94	4.63	5.87	7.31	7.85	10.83
0.62	0.66	0.72	0.84	1.06	1.34	1.44	1.93	2.43	2.43	3.19
0.15	0.24	0.21	0.41	0.45	0.56	0.44	0.58	0.66	1.10	1.19
...	...	...	...	...	...	...	...	...	...	...
...	...	...	...	...	...	...	...	...	...	...
0.45	0.38	0.31	0.54	0.34	0.43	1.03	0.93	1.18	1.74	1.77
6.60	6.69	6.33	6.68	7.61	9.25	10.50	11.48	12.91	15.08	18.47
7.71	8.61	9.63	10.52	8.84	9.17	10.40	9.67	10.38	11.62	13.29
4.49	4.90	5.28	5.61	3.08	2.58	2.61	1.34	0.36	-0.41	-1.14
...	...	...	...	...	...	...	...	...	...	...
3.22	3.71	4.35	4.91	5.76	6.59	7.79	8.33	10.02	12.03	14.43
...	...	...	...	...	...	...	...	...	...	...
7.73	8.19	8.45	9.07	10.09	11.08	11.09	10.17	10.77	12.94	14.58
1.19	1.47	1.77	1.90	2.31	2.94	4.63	5.87	7.31	7.85	10.83
...	...	...	...	...	...	...	...	...	...	...
...	...	...	...	...	...	...	...	...	...	...
5.39	5.64	5.74	6.23	4.05	4.40	5.18	5.11	5.21	5.91	6.35
7.75	8.17	8.43	9.04	10.05	11.02	11.01	10.08	10.63	12.71	14.25
8.92	9.66	10.22	10.97	12.40	14.02	15.72	16.04	18.08	20.79	25.41
...	...	...	...	...	...	...	...	...	...	...
...	...	...	...	...	...	...	...	...	...	...

統　　計

タイ（1948-2000年）

		1967	1968	1969	1970	1971	1972	1973	1974
為替レート	対SDRレート								
公定レート（期末）		20.80	20.85	20.93	20.93	22.72	22.72	24.58	24.95
	対ドル・レート								
公定レート（期末）		20.80	20.85	20.93	20.93	20.93	20.93	20.38	20.38
公定レート（期中平均）		20.80	20.80	20.80	20.80	20.80	20.80	20.49	20.38
IMFポジション	100万SDR（期末）								
クォータ		95.00	95.00	95.00	134.00	134.00	134.00	134.00	134.00
SDR		-	-	-	-	14.34	28.54	28.53	29.53
IMFリザーブポジション		23.76	23.76	23.76	33.52	33.52	33.50	33.50	33.50
内：IMF借入残高		-	-	-	-	-	-	-	-
IMFクレジット及び融資総残高		-	-	-	-	-	-	-	-
SDR配分額						14.34	28.54	28.54	28.54
国際流動性	100万米ドル（他に断りのない限り，期末）								
総準備（金を除く）		916.76	928.76	892.76	823.52	787.96	963.36	1,206.83	1,758.17
SDR		-	-	-	-	15.57	30.99	34.42	36.16
IMFリザーブポジション		23.76	23.76	23.76	33.52	36.39	36.37	40.41	41.02
外国為替		893.00	905.00	869.00	790.00	736.00	896.00	1,132.00	1,681.00
金（100万ファイントロイオンス）		2.62	2.62	2.62	2.34	2.34	2.34	2.34	2.34
金（国内評価額）		92.00	92.00	92.00	82.00	82.00	89.00	99.00	100.00
通貨当局：その他負債		・・・	0.10	0.05	0.10	0.10	0.10	0.10	0.34
預金通貨銀行：資産		76.44	94.77	129.73	128.01	177.90	226.21	297.57	299.04
預金通貨銀行：負債		168.75	131.94	151.52	175.51	183.68	198.26	366.04	420.81
その他銀行業機関：資産		-	-	-	-	-	-	-	-
その他銀行業機関：負債		2.72	3.82	6.71	8.23	10.92	11.27	10.33	13.73
通貨当局	10億バーツ（期末）								
対外資産		21.47	21.72	20.97	19.54	19.18	23.30	27.64	39.37
中央政府向け信用		2.33	4.61	8.52	11.74	13.37	15.55	17.01	14.07
非金融公的企業向け信用		・・・	・・・						
預金通貨銀行向け信用		0.36	0.41	0.29	0.79	1.28	1.26	2.89	3.92
その他金融機関向け信用		・・・	0.05	0.16	0.16	0.07	0.33	0.44	0.70
準備貨幣		12.15	13.21	14.00	15.36	17.05	20.08	23.67	26.78
内：預金通貨銀行以外の現金通貨		9.81	10.68	11.00	11.92	13.10	15.34	18.71	20.51
短期金融市場商品		・・・							
対外負債		・・・							
中央政府預金		6.85	5.62	7.17	6.41	4.90	6.49	7.97	10.45
資本勘定		4.76	7.96	8.87	10.31	11.89	14.03	16.45	20.82
その他（ネット）		0.40	-	-0.10	0.14	0.06	-0.16	-0.11	-
預金通貨銀行	10億バーツ（期末）								
準備		1.69	1.95	2.34	2.44	2.96	3.42	3.62	5.23
通貨当局に対するその他債権		・・・							
対外資産		1.59	1.98	2.72	2.68	3.72	4.73	6.06	6.09
中央政府向け信用		4.89	5.60	5.50	5.93	8.32	13.80	14.99	15.80
非金融公的企業向け信用		・・・	0.29	0.28	0.34	0.54	0.54	0.88	1.20
民間部門向け信用		16.79	18.79	21.89	26.59	29.28	33.00	47.13	63.56
その他金融機関向け信用		・・・	1.31	1.49	1.91	1.93	1.61	1.99	3.68
要求払い預金		5.42	6.08	6.42	6.73	7.46	8.71	10.45	11.74
定期性預金，貯蓄性預金及び外貨預金		13.14	15.67	18.81	22.32	27.29	35.36	43.68	55.95
対外負債		3.51	2.75	3.17	3.67	3.84	4.15	7.46	8.57
中央政府預金		1.52	1.76	1.84	2.03	2.04	2.58	2.99	3.38
通貨当局からの信用		・・・	0.40	0.30	0.79	1.30	1.26	2.88	3.98
その他銀行業機関に対する負債		・・・	・・・						
資本勘定		・・・	2.46	2.88	3.44	3.95	4.42	5.71	8.04
その他（ネット）		1.34	0.75	0.76	0.88	0.84	0.61	1.40	3.88
マネタリー・サーベイ	10億バーツ（期末）								
対外資産（ネット）		19.55	20.94	20.52	18.54	19.06	23.88	26.24	36.88
国内信用		15.61	23.24	28.81	38.04	46.58	55.82	71.48	85.24
中央政府向け信用（ネット）		-1.18	2.79	4.97	9.00	14.70	20.28	20.94	16.01
非金融公的企業向け信用		・・・	0.29	0.28	0.34	0.54	0.54	0.88	1.20
民間部門向け信用		16.79	18.80	21.91	26.63	29.33	33.06	47.23	63.64
その他金融機関向け信用			1.36	1.65	2.07	2.01	1.95	2.43	4.38
現金・預金通貨		15.63	17.19	17.92	19.36	21.33	24.83	29.95	32.74
準通貨		13.14	15.67	18.81	22.32	27.29	35.36	43.68	55.95
短期金融市場商品		・・・	・・・						
その他銀行業機関に対する負債		・・・	・・・						
資本勘定		・・・	・・・	11.70	13.80	15.80	18.40	22.20	28.90
その他（ネット）		6.39	0.91	0.85	1.15	1.17	1.07	1.93	4.57
現金・預金通貨（季節調整値）		15.23	16.74	17.47	18.92	20.89	24.39	29.42	32.22
現金・預金通貨＋準通貨		28.77	32.86	36.73	41.68	48.62	60.19	73.63	88.69
貨幣集計量（国内定義）	10億バーツ（期末）								
狭義貨幣		・・・	・・・	・・・	・・・	・・・	・・・	・・・	・・・
広義流動性		・・・	・・・	・・・	・・・	・・・	・・・	・・・	・・・

タ　イ

1975	1976	1977	1978	1979	1980	1981	1982	1983	1984	1985
23.88	23.70	24.78	26.56	26.91	26.31	26.77	25.37	24.08	26.61	29.27
20.40	20.40	20.40	20.39	20.43	20.63	23.00	23.00	23.00	27.15	26.65
20.38	20.40	20.40	20.34	20.42	20.48	21.82	23.00	23.00	23.64	27.16
134.00	134.00	134.00	181.00	181.00	271.50	271.50	271.50	386.60	386.60	386.60
29.55	28.93	30.49	26.58	37.07	6.41	52.25	22.24	15.21	2.40	1.32
33.50	33.50	33.50					0.02	28.79	28.79	28.79
-	67.00	81.34	191.29	278.14	273.06	737.14	767.16	993.76	921.61	1,021.11
28.54	28.54	28.54	28.54	47.36	66.19	84.65	84.65	84.65	84.65	84.65
1,678.81	1,797.53	1,812.73	2,008.63	1,842.83	1,560.18	1,731.82	1,537.56	1,607.07	1,920.57	2,190.07
34.59	33.61	37.04	34.63	48.83	8.18	60.82	24.53	15.92	2.35	1.45
39.22	38.92	40.69	-	-	-	-	0.02	30.14	28.22	31.62
1,605.00	1,725.00	1,735.00	1,974.00	1,794.00	1,552.00	1,671.00	1,513.00	1,561.00	1,890.00	2,157.00
2.34	2.34	2.40	2.43	2.46	2.49	2.49	2.49	2.49	2.49	2.49
96.00	95.00	102.00	548.00	1,286.00	1,466.00	995.00	1,114.00	949.00	768.00	813.00
0.05	0.05	-0.31	0.03	0.11	0.04	0.10	0.16	0.18	0.41	0.05
289.85	353.00	431.00	541.00	734.00	757.00	1,086.00	1,147.00	1,068.83	1,134.14	1,262.89
466.08	542.00	891.00	1,488.00	1,877.00	1,378.57	1,461.70	1,275.70	1,864.52	1,875.40	1,722.03
27.96	180.98	234.51	288.97	377.72	394.14	472.74	457.91	570.61	802.65	776.32
37.73	37.89	38.33	51.82	63.90	62.41	62.71	60.99	58.77	72.93	79.97
13.81	19.57	26.11	35.29	43.99	59.89	71.31	87.75	100.65	95.99	106.91
-	0.10	0.10								
7.20	5.41	5.86	8.04	16.54	16.54	19.84	20.69	22.87	23.84	25.49
0.86	1.29	1.05	2.13	3.00	5.44	4.78	5.28	5.04	8.33	12.84
29.74	33.51	36.61	42.94	50.26	57.28	61.06	68.38	75.55	79.77	86.52
22.35	25.85	28.65	33.16	40.83	45.86	47.76	53.98	59.65	63.54	63.97
-	1.59	2.01	5.08	7.49	7.19	19.74	19.47	23.93	24.54	29.89
7.22	5.37	4.60	5.89	5.82	6.68	5.91	6.53	5.84	5.69	8.04
22.52	23.01	27.58	43.63	63.72	72.45	74.99	79.63	81.59	93.35	103.30
0.12	0.76	0.61	-0.21	0.17	0.70	-3.05	0.69	0.42	-2.26	-2.55
6.49	6.27	6.83	8.42	7.59	10.43	11.81	12.76	14.96	14.61	21.17
-	-	-	-	-	-	-	-	-	-	-
5.91	7.20	8.80	11.00	15.00	15.60	25.00	26.40	24.58	30.79	33.66
17.60	21.10	22.60	24.49	24.20	29.20	38.90	54.10	53.15	80.59	77.74
1.38	2.10	2.80	3.90	4.54	10.40	10.10	12.90	11.96	13.03	13.59
77.32	87.60	111.80	145.10	177.80	195.30	231.00	273.20	371.65	433.48	481.24
6.57	8.00	11.20	13.70	16.90	19.60	18.00	21.00	25.10	33.95	32.52
11.97	15.12	16.39	21.08	22.16	25.13	25.60	24.20	22.50	24.52	21.10
68.45	84.35	105.42	125.60	142.00	180.34	219.00	284.90	367.50	449.12	507.63
9.51	11.10	18.20	30.30	38.30	28.44	33.62	29.34	42.88	50.92	45.89
3.27	4.73	5.04	5.65	7.60	7.80	11.40	10.80	12.70	16.54	19.70
7.30	5.53	5.95	8.14	16.73	16.71	20.20	20.92	23.37	24.28	26.10
-	0.60	0.30	0.20	0.80	1.10	1.60	2.70	2.70	2.10	4.80
9.83	10.17	12.12	15.05	18.23	19.49	21.47	24.60	28.06	36.29	42.45
4.92	0.60	0.60	0.40	0.30	1.63	1.98	3.01	1.75	2.64	-7.73
34.13	32.40	26.90	27.40	33.10	42.40	34.30	38.60	16.53	28.27	37.84
107.14	129.70	166.20	213.30	257.50	305.80	357.30	437.50	549.70	643.85	697.85
20.91	30.51	39.10	48.20	54.80	74.70	92.90	124.50	135.30	154.36	156.91
1.38	2.10	2.90	3.90	4.60	10.40	10.10	12.90	11.96	13.03	13.59
77.43	87.70	112.00	145.40	178.10	195.70	231.40	273.80	372.29	434.19	482.00
7.43	9.30	12.20	15.80	19.90	25.00	22.80	26.30	30.14	42.28	45.35
34.73	41.37	45.41	54.51	63.54	71.44	73.90	78.90	83.00	88.77	85.85
68.45	84.35	105.42	125.60	142.00	180.34	219.00	284.90	367.50	449.12	507.63
-	0.60	0.30	0.20	-0.80	1.10	1.60	2.70	2.70	2.10	4.80
32.30	33.20	39.70	58.70	81.90	91.90	96.50	104.20	109.60	129.60	145.70
5.75	2.60	2.30	1.75	2.30	3.45	0.68	5.33	3.42	2.44	-8.30
34.22	40.05	43.72	52.15	60.27	68.48	72.65	77.55	80.92	87.46	84.41
103.18	125.72	150.83	180.11	205.54	251.78	292.90	363.80	450.50	537.89	593.47
· · · ·	· · · ·	· · · ·	· · · ·	· · · ·	· · · ·	· · · ·	· · · ·	· · · ·	· · · ·	· · · ·
· · · ·	· · · ·	· · · ·	· · · ·	· · · ·	· · · ·	· · · ·	· · · ·	· · · ·	· · · ·	· · · ·

統　　計

タイ（1948-2000年）

	1986	1987	1988	1989	1990	1991	1992	1993
為替レート	対SDRレート							
公定レート（期末）	31.96	35.57	33.97	33.76	35.98	36.16	35.09	35.08
	対ドル・レート							
公定レート（期末）	26.13	25.07	25.24	25.69	25.29	25.28	25.52	25.54
公定レート（期中平均）	26.30	25.72	25.29	25.70	25.59	25.52	25.40	25.32
IMFポジション	100万SDR（期末）							
クォータ	386.60	386.60	386.60	386.60	386.60	386.60	573.90	573.90
SDR	27.10	42.45	45.19	12.54	9.03	5.73	8.78	15.95
IMFリザーブポジション	28.79	28.80	28.80	28.80	31.78	155.19	243.31	271.52
内：IMF借入残高	-	-	-	-	-	-	-	-
IMFクレジット及び融資総残高	874.18	685.56	492.11	207.45	0.51	-	-	-
SDR配分額	84.65	84.65	84.65	84.65	84.65	84.65	84.65	84.65
国際流動性	100万米ドル（他に断りのない限り，期末）							
総準備（金を除く）	2,804.36	4,007.08	6,096.57	9,515.33	13,305.10	17,517.20	20,358.60	24,472.90
SDR	33.15	60.22	60.81	16.48	12.85	8.20	12.07	21.90
IMFリザーブポジション	35.22	40.86	38.76	37.85	45.21	221.99	334.55	372.95
外国為替	2,736.00	3,906.00	5,997.00	9,461.00	13,247.00	17,287.00	20,012.00	24,078.00
金（100万ファイントロイオンス）	2.49	2.48	2.48	2.48	2.48	2.48	2.47	2.47
金（国内評価額）	972.00	1,204.00	1,015.00	993.00	968.00	899.00	823.00	967.00
通貨当局：その他負債	0.19	0.80	0.15	4.26	3.47	4.19	4.90	6.19
預金通貨銀行：資産	1,605.51	1,537.85	1,782.45	2,733.05	2,228.83	2,871.87	3,045.77	6,165.31
預金通貨銀行：負債	1,215.08	1,482.09	2,443.54	3,319.27	4,339.94	4,901.82	6,567.36	13,799.30
その他銀行業機関：資産	-	-	-	-	-	-	-	-
その他銀行業機関：負債	860.39	856.60	868.74	1,020.71	1,556.78	1,893.59	2,517.69	3,322.55
通貨当局	10億バーツ（期末）							
対外資産	98.59	130.53	179.33	269.70	360.61	465.12	539.06	649.09
中央政府向け信用	98.90	92.49	47.17	36.19	57.94	54.85	60.61	50.66
非金融公的企業向け信用	-	-	-	-	-	-	-	-
預金通貨銀行向け信用	34.76	42.02	57.84	41.58	42.73	38.01	37.06	21.18
その他金融機関向け信用	14.10	13.63	15.05	16.11	17.41	18.61	22.40	25.18
準備通貨	95.33	116.65	133.99	156.67	185.79	210.45	248.04	288.07
内：預金通貨銀行以外の現金通貨	71.05	86.65	98.95	119.04	137.46	149.28	180.16	208.58
短期金融市場商品	-	-	-	-	-	-	-	-
対外負債	27.95	24.40	16.72	7.11	0.11	0.11	0.13	0.16
中央政府預金	10.34	9.02	15.02	58.19	115.49	173.94	201.62	213.71
資本勘定	117.30	135.99	138.41	148.62	172.01	202.20	231.83	263.09
その他（ネット）	-4.55	-7.41	-4.75	-7.01	5.31	-10.10	-22.49	-18.93
預金通貨銀行	10億バーツ（期末）							
準備	22.11	25.75	32.36	33.80	51.56	60.42	60.90	73.55
通貨当局に対するその他債権	-	-	-	-	-	-	-	-
対外資産	41.95	38.55	44.99	70.21	56.37	72.60	77.73	157.46
中央政府向け信用	104.78	115.60	124.29	123.28	110.67	82.88	69.68	50.28
非金融公的企業向け信用	14.60	14.89	14.48	15.91	18.15	44.70	53.15	76.46
民間部門向け信用	501.50	614.76	796.15	1,045.39	1,408.84	1,696.88	2,045.06	2,536.52
その他金融機関向け信用	36.30	51.66	52.85	60.45	68.99	94.20	113.12	126.58
要求払い預金	30.48	44.47	48.08	53.87	54.98	70.03	66.11	82.36
定期性預金，貯蓄性預金及び外貨預金	569.35	676.19	807.63	1,032.40	1,333.70	1,609.98	1,868.08	2,210.94
対外負債	31.75	37.16	61.68	85.27	109.76	123.92	167.60	352.43
中央政府預金	20.93	23.58	28.39	32.70	35.62	50.53	76.48	92.69
通貨当局からの信用	33.63	42.03	57.57	41.22	42.34	37.61	36.33	21.22
その他銀行業機関に対する負債	3.20	1.80	7.30	14.90	15.40	10.40	14.90	20.00
資本勘定	44.10	57.47	68.33	83.11	111.31	143.46	170.23	220.60
その他（ネット）	-12.15	-21.51	-13.87	5.58	11.49	5.74	19.89	20.60
マネタリー・サーベイ	10億バーツ（期末）							
対外資産（ネット）	80.85	107.52	145.92	247.53	307.12	413.70	449.06	453.96
国内信用	739.71	871.22	1,007.37	1,207.24	1,530.90	1,767.61	2,085.92	2,559.28
中央政府向け信用（ネット）	172.42	175.50	128.05	68.59	17.50	-86.74	-147.81	-205.46
非金融公的企業向け信用	14.60	14.89	14.48	15.91	18.15	44.70	53.15	76.46
民間部門向け信用	502.29	615.40	796.94	1,046.19	1,408.84	1,696.88	2,045.06	2,536.52
その他金融機関向け信用	50.41	65.29	67.90	76.56	86.41	112.80	135.52	151.76
現金・預金通貨	102.43	132.40	148.49	174.70	195.41	222.39	249.72	296.16
準通貨	569.35	676.19	807.63	1,032.40	1,333.70	1,609.98	1,868.08	2,210.94
短期金融市場商品	-	-	-	-	-	-	-	-
その他銀行業機関に対する負債	3.20	1.80	7.30	14.90	15.40	10.40	14.90	20.00
資本勘定	161.40	193.50	206.70	231.70	283.30	345.70	402.10	483.70
その他（ネット）	-15.78	-25.13	-16.87	1.04	10.20	-7.09	0.20	2.40
現金・預金通貨（季節調整値）	100.42	129.55	145.01	170.44	190.09	216.12	242.21	287.53
現金・預金通貨＋準通貨	671.77	808.58	956.12	1,207.10	1,529.11	1,832.37	2,117.80	2,507.10
貨幣集計量（国内定義）	10億バーツ（期末）							
狭義貨幣	・・・	・・・	・・・	・・・	・・・	・・・	・・・	・・・
広義流動性	・・・	・・・	・・・	・・・	・・・	・・・	・・・	・・・

タ　イ

1994	1995	1996	1997	1998	1999	2000
36.63	37.44	36.83	63.75	51.66	51.43	56.37
25.09	25.19	25.61	47.25	36.69	37.47	43.27
25.15	24.92	25.34	31.36	41.36	37.81	40.11
573.90	573.90	573.90	573.90	573.90	1,081.90	1,081.90
21.84	30.46	41.50	357.56	277.86	188.06	63.43
285.15	318.69	333.47	0.02	0.02	0.02	0.02
-	-	-	1,800.00	2,300.00	2,500.00	2,350.00
84.65	84.65	84.65	84.65	84.65	84.65	84.65
29,332.20	35,982.00	37,731.20	26,179.50	28,825.10	34,062.80	32,015.90
31.88	45.28	59.67	482.44	391.24	258.12	82.65
416.28	473.73	479.52	0.03	0.03	0.03	0.03
28,884.00	35,463.00	37,192.00	25,697.00	28,433.80	33,804.70	31,933.20
2.47	2.47	2.47	2.47	2.47	2.47	2.37
947.00	963.00	914.00	713.00	711.20	718.10	645.40
5.82	5.28	4.40	4,733.37	7,966.59	9,390.00	8,960.00
6,739.27	9,364.76	7,027.92	8,665.29	12,605.20	15,158.00	16,642.00
31,086.20	46,214.10	48,781.50	40,307.30	29,057.90	19,165.00	13,070.00
27.00	34.00	72.00	100.00	407.00	403.00	403.00
4,035.43	5,939.21	8,747.69	6,973.44	5,550.00	4,437.00	3,683.00
758.96	929.73	988.75	1,270.74	1,083.42	1,303.30	1,413.20
32.48	29.69	33.47	31.82	170.71	139.70	109.00
-	8.40	17.90	71.50	75.00	64.00	48.30
26.36	37.81	55.91	309.38	158.62	85.90	59.20
39.89	47.52	76.62	438.75	511.30	393.90	439.80
329.90	404.32	458.92	531.36	507.59	785.80	684.50
241.95	284.06	304.30	333.96	318.29	472.40	406.80
18.10	16.90	28.50	330.50	541.60	172.90	217.90
0.15	0.13	0.11	338.38	411.13	480.40	537.60
235.75	328.46	341.72	283.29	96.63	81.50	45.80
306.77	337.84	377.77	803.15	814.02	1,013.20	1,159.70
-32.99	-34.44	-34.37	-164.58	-371.93	-547.10	-576.00
79.72	117.83	165.81	203.60	145.74	143.00	112.80
5.50	5.90	17.50	262.20	356.40	94.80	155.00
169.09	235.90	179.99	409.41	462.50	568.00	720.10
41.75	40.66	20.22	15.57	154.69	249.20	306.30
94.17	108.39	112.71	99.89	108.47	135.10	123.90
3,304.08	4,089.20	4,688.33	5,729.59	5,299.62	5,014.50	4,211.60
158.04	213.44	213.92	331.31	173.10	233.80	512.20
96.45	94.27	106.07	86.58	93.88	94.90	114.00
2,482.95	2,922.28	3,302.97	3,910.56	4,311.63	4,279.10	4,505.80
779.95	1,164.13	1,249.29	1,904.40	1,066.16	718.10	565.80
122.54	135.53	178.07	190.53	229.80	242.30	239.60
24.89	36.20	53.79	313.10	154.54	48.30	25.50
55.90	86.30	85.70	118.20	56.90	152.80	142.90
369.84	471.31	600.17	690.78	1,067.68	1,162.30	716.70
-80.18	-98.71	-177.58	-162.58	-280.00	-259.50	-168.30
147.95	1.36	-80.67	-562.63	68.63	672.70	1,030.10
3,312.12	4,073.35	4,643.43	6,244.56	6,166.47	5,906.30	5,465.60
-284.06	-393.64	-466.09	-426.43	-1.03	65.10	130.00
94.17	116.83	130.65	171.35	183.48	199.10	172.10
3,304.08	4,089.20	4,688.33	5,729.59	5,299.62	5,014.50	4,211.60
197.93	260.97	290.54	770.05	684.40	627.60	951.90
346.43	388.28	423.69	430.12	451.02	739.70	684.30
2,482.95	2,922.28	3,302.97	3,910.56	4,311.63	4,279.10	4,505.80
12.70	11.00	11.10	68.40	185.20	78.10	62.90
55.90	86.30	85.70	118.20	56.90	152.80	142.90
676.60	809.10	977.90	1,493.90	1,881.70	2,175.50	1,876.40
-114.44	-142.26	-238.57	-339.22	-651.29	-846.10	-776.60
337.00	378.81	414.57	421.28	442.17	･ ･ ･	･ ･ ･
2,829.38	3,310.56	3,726.66	4,340.68	4,762.65	5,018.80	5,190.10
･ ･ ･	･ ･ ･	･ ･ ･	415.29	404.38	562.79	509.40
･ ･ ･	･ ･ ･	･ ･ ･	5,354.37	5,858.63	5,964.48	6,203.42

統　　計

タイ（1948-2000年）

	1948	1949	1950	1951	1952	1953	1954	1955
その他銀行業機関								
開発金融機関	10億バーツ（期末）							
現金	･･･	･･･	･･･	･･･	･･･	･･･	･･･	･･･
通貨当局に対するその他債権	･･･	･･･	･･･	･･･	･･･	･･･	･･･	･･･
対外資産	･･･	･･･	･･･	･･･	･･･	･･･	･･･	･･･
中央政府向け信用	･･･	･･･	･･･	･･･	･･･	･･･	･･･	･･･
非金融公的企業向け信用	･･･	･･･	･･･	･･･	･･･	･･･	･･･	･･･
民間部門向け信用	･･･	･･･	･･･	･･･	･･･	･･･	･･･	･･･
要求払い預金	･･･	･･･	･･･	･･･	･･･	･･･	･･･	･･･
定期性預金及び貯蓄性預金	･･･	･･･	･･･	･･･	･･･	･･･	･･･	･･･
債券	･･･	･･･	･･･	･･･	･･･	･･･	･･･	･･･
長期対外負債	･･･	･･･	･･･	･･･	･･･	･･･	･･･	･･･
中央政府融資資金	･･･	･･･	･･･	･･･	･･･	･･･	･･･	･･･
通貨当局からの信用	･･･	･･･	･･･	･･･	･･･	･･･	･･･	･･･
預金通貨銀行からの信用	･･･	･･･	･･･	･･･	･･･	･･･	･･･	･･･
資本勘定	･･･	･･･	･･･	･･･	･･･	･･･	･･･	･･･
その他（ネット）	･･･	･･･	･･･	･･･	･･･	･･･	･･･	･･･
ファイナンス・カンパニー及び証券会社	10億バーツ（期末）							
準備	･･･	･･･	･･･	･･･	･･･	･･･	･･･	･･･
通貨当局に対するその他債権	･･･	･･･	･･･	･･･	･･･	･･･	･･･	･･･
中央政府向け信用	･･･	･･･	･･･	･･･	･･･	･･･	･･･	･･･
非金融公的企業向け信用	･･･	･･･	･･･	･･･	･･･	･･･	･･･	･･･
民間部門向け信用	･･･	･･･	･･･	･･･	･･･	･･･	･･･	･･･
債券	･･･	･･･	･･･	･･･	･･･	･･･	･･･	･･･
対外負債	･･･	･･･	･･･	･･･	･･･	･･･	･･･	･･･
通貨当局からの信用	･･･	･･･	･･･	･･･	･･･	･･･	･･･	･･･
預金通貨銀行からの信用	･･･	･･･	･･･	･･･	･･･	･･･	･･･	･･･
資本勘定	･･･	･･･	･･･	･･･	･･･	･･･	･･･	･･･
その他（ネット）	･･･	･･･	･･･	･･･	･･･	･･･	･･･	･･･
政府系貯蓄銀行	10億バーツ（期末）							
現金	･･･	･･･	･･･					
通貨当局に対するその他債権	･･･	･･･	･･･	･･･	･･･	･･･	･･･	･･･
中央政府向け信用	･･･	･･･	･･･	0.12	0.10	0.08	0.05	-
非金融公的企業向け信用	･･･	･･･	･･･	0.14	0.17	0.25	0.35	0.52
民間部門向け信用	･･･	･･･	･･･	-	-	-	-	-
要求払い預金	･･･	･･･	･･･	-	-	-	-	-
定期性預金及び貯蓄性預金	･･･	･･･	･･･	0.31	0.32	0.39	0.49	0.61
債券	･･･	･･･	･･･	-	0.05	0.06	0.06	-
中央政府預金	･･･	･･･	･･･	-	-	-	-	-
資本勘定	･･･	･･･	･･･	-	-	-	-	-
その他（ネット）	･･･	･･･	･･･	-0.09	-0.08	-0.11	-0.17	-0.15
バンキング・サーベイ	10億バーツ（期末）							
対外資産（ネット）	3.43	5.19	6.35	8.15	6.00	6.36	6.13	6.62
国内信用	･･･	･･･	･･･	･･･	･･･	･･･	･･･	･･･
中央政府向け信用（ネット）	･･･	･･･	･･･	･･･	･･･	･･･	･･･	･･･
非金融公的企業向け信用	･･･	･･･	･･･	･･･	･･･	･･･	･･･	･･･
民間部門向け信用	･･･	･･･	･･･	･･･	･･･	･･･	･･･	･･･
流動負債	･･･	･･･	･･･	･･･	･･･	･･･	･･･	･･･
債券	･･･	･･･	･･･	･･･	･･･	･･･	･･･	･･･
長期対外負債	･･･	･･･	･･･	･･･	･･･	･･･	･･･	･･･
資本勘定	･･･	･･･	･･･	･･･	･･･	･･･	･･･	･･･
その他（ネット）	･･･	･･･	･･･	･･･	･･･	･･･	･･･	･･･
金利	年率（%）							
中央銀行政策金利	･･･	･･･	･･･	･･･	･･･	･･･	･･･	･･･
ディスカウント・レート	･･･	7.00	7.00	7.00	7.00	7.00	7.00	7.00
短期金融市場商品金利	･･･	･･･	･･･	･･･	･･･	･･･	･･･	･･･
財務省短期証券金利	･･･	･･･	･･･	･･･	･･･	･･･	･･･	･･･
貯蓄金利	･･･	･･･	･･･	･･･	･･･	･･･	･･･	･･･
預金金利	･･･	･･･	･･･	･･･	･･･	･･･	･･･	･･･
貸出金利	･･･	･･･	･･･	･･･	･･･	･･･	･･･	･･･
政府債利回り	･･･	･･･	･･･	･･･	･･･	･･･	･･･	･･･
物価	指数（2010年=100, 期中平均）							
生産者物価指数	･･･	･･･	7.20	7.79	8.18	7.76	7.51	8.76
消費者物価指数	･･･	･･･	･･･	･･･	･･･	8.67	8.69	9.10
GDPデフレーター	･･･	･･･	7.98	8.97	9.99	10.03	10.35	10.80

タ イ

1956	1957	1958	1959	1960	1961	1962	1963	1964	1965	1966
...	...	...	...	...	0.04	0.04	0.07	0.07	0.08	0.26
...	...	...	...	...	...	...	...	...	...	...
...	...	...	...	...	...	...	...	...	...	...
...	...	...	...	...	0.27	0.27	0.26	0.25	0.29	0.35
...	...	...	...	...	0.04	0.05	0.05	0.04	0.05	0.03
...	...	...	...	...	0.01	0.01	0.01	-	0.01	0.04
...	...	...	...	0.12	0.13	0.14	0.13	0.12	0.14	0.17
...	...	...	...	...	...	...	...	...	...	...
...	...	...	...	...	0.05	0.06	0.08	0.10	0.10	0.19
...	...	...	...	-0.21	0.01	0.01	0.01	-	0.01	0.01
...	...	...	...	...	...	...	...	...	...	...
...	...	...	...	...	...	...	...	...	...	...
...	...	...	...	...	...	...	...	...	...	...
...	...	...	...	...	...	...	...	...	...	...
...	...	...	...	...	...	...	...	...	...	...
...	...	...	...	...	...	...	...	...	...	...
...	...	...	...	...	...	...	...	...	...	...
...	...	...	...	...	...	...	...	...	...	...
...	...	...	...	...	...	...	...	...	...	...
...	...	...	...	...	...	...	...	...	...	...
...	...	...	...	...	...	...	...	...	...	...
-	0.05	-	0.14	0.15	0.15	0.16	0.09	0.08	0.09	0.10
...	...	...	...	...	...	...	...	...	...	...
0.06	0.13	0.17	0.27	0.44	0.65	0.95	1.33	1.76	2.41	3.46
0.45	0.50	0.53	0.52	0.56	0.55	0.52	0.51	0.45	0.35	0.15
0.14	0.14	0.17	0.20	0.16	0.16	0.22	0.17	0.14	0.14	0.14
0.06	0.07	0.10	0.15	0.19	0.19	0.16	0.18	0.18	0.17	0.18
0.66	0.78	0.84	0.89	1.06	1.23	1.39	1.54	1.70	2.06	2.60
0.08	0.09	0.11	0.14	0.18	0.22	0.31	0.44	0.61	0.73	0.87
-	-	-	0.05	0.07	0.08	0.10	0.11	0.14	0.17	0.21
-0.14	-0.16	-0.20	-0.11	-0.21	-0.22	-0.13	-0.20	-0.21	-0.17	-
6.60	6.69	6.33	6.68	7.61	9.25	10.50	11.48	12.91	15.08	18.47
...	...	...	...	...	...	11.90	11.50	12.50	14.50	17.20
...	...	...	...	...	3.25	3.60	2.69	2.13	2.00	2.31
...	...	...	...	...	...	...	...	...	...	...
...	...	...	...	...	7.02	8.28	8.75	10.42	12.46	14.92
...	...	...	...	...	15.48	17.33	17.81	20.01	23.08	28.23
...	...	...	...	...	0.23	0.32	0.45	0.61	0.73	0.87
...	...	...	...	...	...	...	...	...	...	...
...	...	...	...	...	...	4.80	4.70	4.80	5.80	6.60
...	...	...	...	...	...	...	...	...	...	...
7.00	7.00	7.00	5.00	5.00	5.00	8.00	8.00	8.00	7.00	7.00
...	...	...	...	...	...	...	...	...	...	...
...	...	...	...	...	...	...	...	...	...	...
...	...	...	...	...	...	...	...	...	...	...
...	...	...	...	...	...	...	...	...	...	...
...	...	...	...	...	...	...	...	...	...	...
9.02	9.07	9.49	8.89	8.76	9.48	10.07	9.44	8.87	9.15	10.45
9.64	10.21	10.81	10.29	10.21	10.97	11.37	11.37	11.28	11.30	11.76
10.83	11.31	11.30	11.13	11.44	11.87	11.88	11.70	12.03	12.59	13.49

タイ（1948-2000年）

	1967	1968	1969	1970	1971	1972	1973	1974
その他銀行業機関								
開発金融機関	10億バーツ（期末）							
現金	0.09	0.10	0.14	0.11	0.20	0.19	0.25	0.40
通貨当局に対するその他債権	・・・	・・・	・・・	・・・	・・・	・・・	・・・	・・・
対外資産	・・・	・・・	・・・	・・・	・・・	・・・	・・・	・・・
中央政府向け信用	・・・	・・・	-	-	-	-	-	-
非金融公的企業向け信用	・・・	・・・	-	-	-	-	-	-
民間部門向け信用	0.59	0.94	1.32	1.58	1.90	2.32	2.55	3.60
要求払い預金	-	-	-	-	-	-	-	-
定期性預金及び貯蓄性預金	0.05	0.10	0.13	0.17	0.21	0.29	0.36	0.70
債券	-	-	-	0.08	0.17	0.17	0.17	0.17
長期対外負債	0.06	0.08	0.14	0.17	0.22	0.23	0.21	0.28
中央政府融資資金	0.15	0.14	0.13	0.12	0.11	0.11	0.14	0.40
通貨当局からの信用	-	0.10	0.16	0.16	0.05	0.33	0.44	0.68
預金通貨銀行からの信用	0.01	0.06	0.14	0.12	0.02	0.02	0.03	0.22
資本勘定	0.37	0.54	0.63	0.88	1.29	1.35	1.45	1.50
その他（ネット）			-0.01	-0.02	-	-0.02	-0.03	-0.08
ファイナンス・カンパニー及び証券会社	10億バーツ（期末）							
準備	・・・	・・・	・・・	・・・	・・・	・・・	・・・	・・・
通貨当局に対するその他債権	・・・	・・・	・・・	・・・	・・・	・・・	・・・	・・・
中央政府向け信用	・・・	・・・	・・・	・・・	・・・	・・・	・・・	・・・
非金融公的企業向け信用	・・・	・・・	・・・	・・・	・・・	・・・	・・・	・・・
民間部門向け信用	・・・	・・・	・・・	・・・	・・・	・・・	・・・	・・・
債券	・・・	・・・	・・・	・・・	・・・	・・・	・・・	・・・
対外負債	・・・	・・・	・・・	・・・	・・・	・・・	・・・	・・・
通貨当局からの信用	・・・	・・・	・・・	・・・	・・・	・・・	・・・	・・・
預金通貨銀行からの信用	・・・	・・・	・・・	・・・	・・・	・・・	・・・	・・・
資本勘定	・・・	・・・	・・・	・・・	・・・	・・・	・・・	・・・
その他（ネット）	・・・	・・・	・・・	・・・	・・・	・・・	・・・	・・・
政府系貯蓄銀行	10億バーツ（期末）							
現金	0.09	0.29	0.08	0.21	0.12	0.14	0.21	0.74
通貨当局に対するその他債権	・・・	・・・	・・・	・・・	-	-	-	-
中央政府向け信用	4.30	4.86	5.47	5.91	6.78	8.44	10.77	11.85
非金融公的企業向け信用	0.14	0.14	0.14	0.18	0.12	0.10	0.07	0.07
民間部門向け信用	0.15	0.19	0.32	0.24	0.32	0.31	0.25	0.25
要求払い預金	0.19	0.22	0.16	0.19	0.22	0.15	0.13	0.30
定期性預金及び貯蓄性預金	3.20	3.64	4.08	4.40	4.96	6.40	8.29	9.46
債券	1.00	1.10	1.20	1.26	1.34	1.44	1.58	1.56
中央政府預金	-	-	-	-	-	-	-	-
資本勘定	0.26	0.32	0.42	0.50	0.65	0.74	0.88	1.08
その他（ネット）		0.17	0.13	0.16	0.14	0.24	0.38	0.49
バンキング・サーベイ	10億バーツ（期末）							
対外資産（ネット）	19.55	20.94	20.52	18.54	19.06	23.88	26.24	36.88
国内信用	20.60	27.97	34.36	43.86	53.67	65.02	82.66	96.56
中央政府向け信用（ネット）	3.09	7.61	10.40	14.89	21.45	28.69	31.69	27.83
非金融公的企業向け信用	・・・	0.43	0.42	0.52	0.67	0.64	0.95	1.27
民間部門向け信用	17.54	19.94	23.55	28.45	31.55	35.69	50.03	67.46
流動負債	32.21	36.83	41.11	46.45	54.02	66.70	82.00	98.00
債券	1.00	1.10	1.20	1.31	1.51	1.61	1.75	1.73
長期対外負債	・・・	・・・	0.10	0.20	0.20	0.20	0.20	0.30
資本勘定	・・・	・・・	12.40	14.60	17.10	20.50	24.50	31.40
その他（ネット）	6.90	-0.05	0.06	-0.16	-0.16	0.24	0.50	1.97
金利	年率（%）							
中央銀行政策金利	・・・	・・・	・・・	・・・	・・・	・・・	・・・	・・・
ディスカウント・レート	7.00	7.00	11.00	9.00	9.00	8.00	10.00	10.00
短期金融市場商品金利	・・・	・・・	・・・	・・・	・・・	・・・	・・・	・・・
財務省短期証券金利	・・・	・・・	・・・	・・・	・・・	・・・	・・・	・・・
貯蓄金利	・・・	・・・	・・・	・・・	・・・	・・・	・・・	・・・
預金金利	・・・	・・・	・・・	・・・	・・・	・・・	・・・	・・・
貸出金利	・・・	・・・	・・・	・・・	・・・	・・・	・・・	・・・
政府債利回り	・・・	・・・	・・・	・・・	・・・	・・・	・・・	・・・
物価	指数（2010年=100, 期中平均）							
生産者物価指数	11.24	10.73	11.08	11.03	11.06	11.93	14.66	18.89
消費者物価指数	12.26	12.48	12.79	12.78	12.84	13.46	15.55	19.33
GDPデフレーター	13.37	13.29	13.56	14.07	13.96	14.87	17.67	21.29

タ　イ

1975	1976	1977	1978	1979	1980	1981	1982	1983	1984	1985
0.40	1.87	2.74	4.44	4.56	4.09	5.56	3.37	2.89	4.27	4.87
···	-	-	-	-	-	-	-	-	-	-
				0.70	1.50	-	0.20	0.30		0.30
6.10	9.04	11.53	14.02	18.19	23.97	28.09	30.45	32.38	38.29	43.34
-	0.40	0.40	0.30	0.40	0.50	0.60	1.00	1.70	4.10	6.50
1.20	1.39	1.90	2.27	2.44	3.11	3.81	3.76	4.28	5.45	5.23
0.20	0.35	0.23	0.15	0.15	0.93	2.04	2.10	2.64	2.89	2.47
0.57	0.94	1.42	2.71	4.81	5.87	7.61	8.27	9.29	13.52	16.28
0.40	0.56	0.57	0.79	0.64	0.68	0.79	0.59	0.54	0.78	0.71
0.84	1.26	1.22	2.10	2.60	4.58	4.25	4.70	4.16	4.12	4.59
1.70	4.40	6.34	7.78	9.28	9.48	9.72	9.98	9.32	9.84	10.69
1.50	1.86	2.30	2.84	3.16	3.24	3.71	4.74	5.06	6.25	7.05
-0.20	-0.26	-0.14	-0.51	-0.02	1.12	1.14	-1.17	-1.44	-4.35	-4.97
···	1.20	1.24	1.41	1.98	1.98	3.92	5.80	4.07	3.62	4.81
···	-	-	-	-	-	3.53	5.47	5.32	9.45	14.71
···	0.94	1.46	2.28	2.60	3.03	0.20	0.55	0.66	0.54	0.93
···	22.48	30.66	43.96	45.00	50.29	59.12	71.54	83.26	87.97	90.08
···	15.34	21.28	32.12	33.76	41.28	53.16	66.64	70.11	66.31	76.88
···	2.75	3.36	3.19	2.90	2.26	3.27	2.26	3.83	8.28	4.41
···	-	-	-	0.27	1.06	0.23	0.20	0.65	3.91	7.79
···	3.12	4.05	5.00	5.27	5.19	4.13	5.99	10.03	15.14	15.17
···	2.80	4.17	6.34	8.16	7.85	8.03	8.82	10.27	9.03	8.96
···	0.61	0.49	1.00	-0.79	-2.34	-2.05	-0.55	-1.59	-1.07	-2.69
0.70	0.30	0.33	0.39	0.80	0.82	0.80	0.84	1.65	4.64	3.44
12.71	14.07	16.27	17.48	20.31	24.73	26.16	31.08	38.80	46.57	57.66
0.06	0.45	0.65	0.48	0.63	0.37	0.88	0.75	0.16	0.08	0.11
0.27	0.28	0.28	0.27	0.34	0.37	0.34	0.45	0.64	0.80	0.99
0.19	2.66	3.29	4.01	4.72	5.73	6.29	7.74	9.01	10.06	12.10
10.18	8.90	10.73	11.36	14.43	16.71	18.78	21.87	27.11	32.46	40.32
1.55	1.54	1.59	1.68	1.77	1.74	1.83	2.22	2.81	3.16	3.49
0.09	0.13	0.15	0.10	0.17	0.14	0.14	0.19	0.20	1.13	0.36
1.24	1.40	1.39	1.77	1.97	2.13	2.32	2.30	2.91	2.87	4.28
0.49	0.43	0.40	-0.30	-1.03	-0.26	-1.20	-1.19	-0.78	2.42	1.64
34.13	29.70	23.60	24.20	30.20	40.10	31.10	36.30	12.70	19.99	33.43
118.72	167.50	214.60	275.90	325.20	384.90	452.60	551.94	680.90	784.18	860.29
33.52	44.45	55.12	65.60	75.60	100.68	122.40	161.00	179.50	209.26	229.25
1.44	3.50	5.00	6.70	7.90	13.80	11.20	14.20	12.80	13.67	14.64
83.75	119.50	154.50	203.60	241.70	270.30	319.00	376.20	488.58	561.25	616.40
113.70	135.72	162.90	191.90	220.20	271.00	312.10	388.20	484.00	577.42	644.53
1.80	17.22	23.10	34.00	35.68	43.96	57.03	70.96	75.56	72.35	82.84
0.60	0.90	1.40	2.70	4.80	5.90	7.60	8.30	9.30	13.50	16.30
35.10	39.20	47.60	69.60	95.20	105.20	110.50	120.10	127.90	147.80	166.00
1.70	4.10	3.30	1.90	-0.60	-0.90	-3.50	0.20	-3.16	-6.90	-15.96
···	···	···	···	···	···	···	···	···	···	···
10.00	9.00	9.00	12.50	12.50	13.50	14.50	12.50	13.00	12.00	11.00
···	···	8.27	10.40	13.28	14.66	17.25	14.95	12.15	13.58	13.48
···	···	6.32	7.04	7.40	9.16	11.57	11.64	9.35	10.00	11.02
···	···	···	···	···	···	···	···	···	···	···
···	···	8.00	8.00	8.25	12.00	12.50	13.00	13.00	13.00	13.00
···	11.04	10.90	10.98	12.96	16.15	17.21	16.96	15.21	16.79	16.08
···	8.50	8.90	9.25	13.25	13.00	13.06	13.85	11.13	12.41	12.11
19.59	20.36	21.95	23.59	26.23	31.51	34.51	34.82	35.53	34.43	34.42
20.36	21.20	22.81	24.62	27.06	32.39	36.49	38.41	39.84	40.19	41.16
22.06	23.04	24.41	26.75	29.07	32.89	35.64	37.44	38.81	39.37	40.23

統　計

タイ（1948-2000年）

	1986	1987	1988	1989	1990	1991	1992	1993
その他銀行業機関								
開発金融機関	10億バーツ（期末）							
現金	4.20	5.00	6.13	13.87	15.69	16.00	8.10	12.54
通貨当局に対するその他債権	-	-	-	-	-	-	-	-
対外資産	-	-	-	-	-	-	-	-
中央政府向け信用	0.10	-	-	0.80	-	-0.10	0.10	-
非金融公的企業向け信用	0.10	-	-	-	-	-	-	-
民間部門向け信用	45.49	49.01	55.32	69.75	94.03	121.22	159.30	209.13
要求払い預金	8.00	8.60	12.40	20.70	26.70	36.70	43.80	46.40
定期性預金及び貯蓄性預金	6.06	6.57	8.13	11.65	16.71	21.86	27.95	44.86
債券	1.68	3.02	5.51	10.30	14.99	25.74	37.01	65.68
長期対外負債	18.19	19.13	19.28	19.86	21.74	20.20	23.06	26.04
中央政府融資資金	0.67	0.70	0.39	0.46	1.44	1.43	1.44	2.98
通貨当局からの信用	3.56	4.04	4.06	4.84	5.97	6.87	8.62	9.20
預金通貨銀行からの信用	11.12	12.34	14.12	14.49	15.28	17.09	12.46	7.56
資本勘定	6.72	7.26	7.68	11.83	12.27	15.44	17.04	25.74
その他（ネット）	-6.12	-7.57	-10.13	-9.66	-5.33	-8.00	-3.88	-6.77
ファイナンス・カンパニー及び証券会社	10億バーツ（期末）							
準備	3.85	4.92	6.10	9.70	9.18	12.32	22.70	31.21
通貨当局に対するその他債権	-	-	-	-	-	-	-	-
中央政府向け信用	16.69	20.18	20.28	22.99	26.23	30.76	28.25	40.02
非金融公的企業向け信用	1.10	0.92	1.27	1.37	3.84	6.93	4.43	10.63
民間部門向け信用	95.50	107.48	145.66	217.09	311.26	408.23	568.52	761.08
債券	79.97	85.01	116.95	173.21	230.28	301.21	415.39	558.99
対外負債	4.29	2.34	2.65	6.36	17.63	27.67	41.20	58.82
通貨当局からの信用	10.40	9.35	10.27	9.60	8.96	8.45	3.80	3.50
預金通貨銀行からの信用	17.21	31.22	25.13	28.38	27.70	39.24	52.71	68.45
資本勘定	9.71	10.89	15.64	21.01	31.61	44.81	76.60	100.98
その他（ネット）	-4.43	-5.30	2.67	12.59	34.33	36.87	34.21	52.20
政府系貯蓄銀行	10億バーツ（期末）							
現金	7.61	15.21	13.16	7.58	8.75	20.19	24.98	29.61
通貨当局に対するその他債権	-	-	-	-	-	-	-	-
中央政府向け信用	81.06	85.69	95.92	99.96	92.96	80.71	69.04	60.44
非金融公的企業向け信用	0.42	2.14	3.66	5.36	9.65	12.48	18.92	31.54
民間部門向け信用	1.22	1.60	2.05	2.92	6.26	6.98	14.70	18.10
要求払い預金	15.12	19.05	23.08	27.40	31.71	30.71	36.03	41.39
定期性預金及び貯蓄性預金	45.35	50.59	53.47	62.36	65.63	70.92	75.64	100.72
債券	20.37	26.85	28.80	16.66	13.72	16.58	16.37	-
中央政府預金	2.52	2.19	2.75	0.35	0.59	0.68	0.82	1.46
資本勘定	5.69	5.56	6.14	9.15	8.94	9.85	11.09	13.05
その他（ネット）	1.27	0.40	0.56	-0.11	-2.97	-8.40	-12.30	-16.92
バンキング・サーベイ	10億バーツ（期末）							
対外資産（ネット）	76.56	105.18	143.27	241.17	289.49	386.03	407.87	395.14
国内信用	928.45	1,070.81	1,260.91	1,550.63	1,988.19	2,321.50	2,812.83	3,537.00
中央政府向け信用（ネット）	267.76	279.19	241.51	192.02	136.12	24.12	-51.26	-106.46
非金融公的企業向け信用	16.20	18.10	19.43	22.66	31.67	64.10	76.50	118.63
民間部門向け信用	644.49	773.50	999.98	1,335.94	1,820.40	2,233.32	2,787.59	3,524.82
流動負債	730.63	868.24	1,027.87	1,298.07	1,636.20	1,944.00	2,245.41	2,667.08
債券	102.02	114.87	151.25	200.17	258.98	343.54	468.77	624.67
長期対外負債	18.20	19.10	19.30	19.90	21.70	20.20	23.10	26.00
資本勘定	183.50	217.20	236.20	273.70	336.10	415.80	506.80	623.50
その他（ネット）	-29.35	-43.41	-30.40	-	24.57	-15.90	-23.33	-9.10
金利	年率（%）							
中央銀行政策金利	...	...	...	...	...	...	...	...
ディスカウント・レート	8.00	8.00	8.00	8.00	12.00	11.00	11.00	9.00
短期金融市場商品金利	8.07	5.91	8.66	10.60	12.87	11.15	6.93	6.54
財務省短期証券金利	6.76	3.63	5.08	...	...	...	...	...
貯蓄金利	...	...	...	...	...	...	...	...
預金金利	9.75	9.50	9.50	9.50	12.25	13.67	8.88	8.63
貸出金利	13.38	11.54	11.58	12.25	14.42	15.40	12.17	11.17
政府債利回り	9.11	7.48	7.50	8.09	10.60	10.75	10.75	10.75
物価	指数（2010年=100, 期中平均）							
生産者物価指数	34.28	36.31	39.29	41.10	42.52	45.40	45.51	45.32
消費者物価指数	41.92	42.95	44.61	47.00	49.76	52.60	54.78	56.59
GDPデフレーター	40.89	42.82	45.36	48.13	50.91	53.84	56.26	58.10

タ　イ

1994	1995	1996	1997	1998	1999	2000
19.83	18.32	39.79	50.97	46.94	23.30	24.00
-	-	-	17.40	43.00	17.30	38.40
-	-	1.00	4.00	14.40	15.00	16.10
-	0.30	0.20	-	30.40	23.70	16.00
-	-	0.60	0.10	0.50	0.40	1.20
270.48	365.74	498.23	674.56	678.55	686.10	734.70
60.90	54.30	40.80	52.30	69.30	80.10	63.70
56.07	100.68	88.28	189.80	233.69	190.90	261.30
94.61	144.70	151.30	167.01	183.69	188.80	189.30
29.95	33.06	91.41	206.14	160.57	139.60	130.50
1.71	4.18	100.88	56.43	89.61	88.00	97.10
9.02	8.50	32.23	32.03	19.81	18.30	20.40
11.56	7.14	5.19	6.16	4.85	2.00	2.90
35.33	41.71	49.87	60.61	79.00	110.30	119.00
-8.82	-9.88	-20.16	-23.39	-26.69	-52.30	-53.70
40.25	51.82	51.50	37.45	79.57	195.10	210.20
2.90	3.20	7.60	35.00	65.20	39.30	8.50
9.66	5.57	3.95	1.56	29.71	23.20	23.30
36.34	32.79	44.98	26.51	8.00	2.70	3.20
1,035.07	1,363.09	1,554.74	1,373.81	1,165.53	347.60	301.30
763.22	931.77	1,081.06	549.78	499.80	388.00	343.70
71.30	116.55	132.62	123.33	43.06	26.60	28.90
8.51	9.06	30.14	449.34	561.90	439.80	364.30
98.59	146.64	148.09	144.21	103.67	98.40	191.30
145.59	196.74	226.19	197.44	158.60	-353.20	-418.70
36.95	55.75	44.69	10.23	-19.01	8.30	37.00
52.93	77.83	82.39	62.62	62.40	51.30	42.40
9.40	8.10	2.10	31.50	71.70	18.40	22.60
40.74	30.27	26.20	18.00	43.90	137.80	139.10
26.82	29.61	47.15	67.41	87.60	121.10	167.80
26.78	35.44	45.54	64.88	68.80	69.20	81.90
47.09	49.68	54.54	54.96	54.30	51.00	65.50
109.77	131.32	152.98	188.40	276.40	310.20	339.30
-	-	-	-	-	-	-
1.23	1.08	1.23	3.50	3.30	16.30	17.50
15.91	18.60	21.42	19.71	25.00	38.50	41.40
-17.32	-19.42	-26.82	-22.14	-24.50	-18.40	-10.00
77.33	-114.32	-211.44	-681.25	40.50	661.20	1,018.70
4,558.87	5,674.12	6,573.23	7,697.80	7,591.80	6,674.10	5,964.60
-234.87	-358.59	-436.99	-410.40	99.70	233.40	290.80
157.33	179.22	223.38	265.36	279.60	323.30	344.30
4,636.41	5,853.49	6,786.84	7,842.84	7,212.50	6,117.40	5,329.50
2,990.21	3,498.53	3,889.61	4,675.00	5,207.40	5,381.30	5,643.30
857.82	1,076.47	1,232.36	716.80	683.50	576.80	533.10
29.90	33.10	91.40	206.10	160.60	139.60	130.50
873.40	1,066.20	1,275.40	1,771.70	2,144.20	1,971.20	1,618.10
-115.23	-114.48	-126.98	-353.04	-563.40	-733.60	-941.60
...	...	...	...	...	...	1.50
9.50	10.50	10.50	12.50	12.50	4.00	3.00
7.25	10.96	9.23	15.69	13.02	1.77	1.95
...	...	...	...	...	...	...
...	...	...	...	...	3.98	2.67
8.46	11.58	10.33	10.52	10.65	4.77	3.29
10.90	13.25	13.40	13.65	14.42	8.98	7.83
10.75	10.75	10.75	10.75	10.25	6.69	6.59
47.12	50.97	51.91	54.53	61.18	58.29	60.58
59.45	62.91	66.56	70.30	75.92	76.14	77.35
61.13	64.55	67.14	69.86	76.32	73.24	74.22

統　　計

タイ（2001-2016年）

	2001	2002	2003	2004	2005	2006	2007	2008
為替レート								
公定レート（期末）［対SDRレート］	55.57	58.67	58.83	60.66	58.64	54.23	53.28	53.75
公定レート（期末）［対ドル・レート］	44.22	43.15	39.59	39.06	41.03	36.05	33.72	34.90
公定レート（期中平均）	44.43	42.96	41.48	40.22	40.22	37.88	34.52	33.31
IMFポジション［100万SDR（期末）］								
クォータ	1,081.90	1,081.90	1,081.90	1,081.90	1,081.90	1,081.90	1,081.90	1,081.90
SDR	4.19	3.09	0.24	0.66	0.43	0.57	0.12	85.23
IMFリザーブポジション			75.02	106.56	131.59	95.36	70.27	137.97
内：IMF借入残高								
IMFクレジット及び融資総高	1,337.50	287.50						
SDR配分額	84.65	84.65	84.65	84.65	84.65	84.65	84.65	84.65
国際流動性［100万米ドル（他に断りのない限り，期末）］								
総準備（金を除く）	32,354.80	38,046.40	41,076.90	48,664.00	50,690.70	65,291.40	85,221.30	108,661.00
SDR	5.26	4.20	0.35	1.02	0.61	0.85	0.19	131.27
IMFリザーブポジション			111.48	165.49	188.07	143.46	111.05	212.52
外国為替	32,349.50	38,042.20	40,965.10	48,497.50	50,502.00	65,147.10	85,110.10	108,317.00
金（100万ファイントロイオンス）	2.48	2.50	2.60	2.70	2.70	2.70	2.70	2.70
金（国内評価額）	685.90	869.00	1,070.80	1,166.80	1,374.20	1,693.30	2,233.90	2,347.10
中央銀行：その他資産	400.93	375.56	695.70	940.25	7,607.63	5,509.43	5,113.47	51.17
中央銀行：その他負債	8,260.49	4,891.60	804.07	1,044.41	8,102.49	6,624.47	6,245.44	525.33
その他預金通貨取扱い機関：資産	17,255.40	15,096.10	14,394.30	14,508.90	16,308.00	26,161.90	28,182.80	17,820.40
その他預金通貨取扱い機関：負債	13,244.30	11,256.90	9,833.55	10,441.30	9,715.60	10,320.00	9,104.39	10,367.30
その他金融機関：資産	…	…	…	…	…	…	11,364.90	10,519.00
その他金融機関：負債							293.46	497.78
中央銀行［10億バーツ（期末）］								
対外資産（ネット）	1,034.53	1,462.57	1,671.06	1,940.67	2,118.36	2,376.08	2,951.06	3,872.49
非居住者向け信用	1,478.86	1,695.48	1,707.85	1,986.61	2,455.77	2,619.45	3,166.16	3,895.38
非居住者に対する負債	444.33	232.91	36.79	45.93	337.41	243.37	215.09	22.88
その他預金取扱い機関向け信用	45.17	83.37	36.67	75.68	122.63	95.37	81.92	22.42
中央政府向け信用（ネット）	95.61	40.75	65.12	57.03	84.40	7.85	114.39	169.93
中央政府向け信用	124.41	107.78	116.16	113.29	111.62	142.12	220.62	268.00
中央政府に対する負債	28.80	67.03	51.04	56.26	27.22	134.28	106.23	98.07
その他部門向け信用	372.22	437.59	354.35	260.16	259.34	218.66	91.48	65.15
その他金融機関向け信用	338.86	414.63	338.29	254.32	257.54	218.59	91.47	65.14
地方自治体向け信用	-	-	-	-	-	-	-	-
非金融公的企業向け信用	33.36	22.96	16.05	5.68	1.66	-	-	-
民間部門向け信用	-	-	0.01	0.16	0.14	0.07	0.01	0.01
マネタリーベース	543.65	617.79	691.08	776.72	816.01	834.00	899.24	1,002.17
流通通貨	490.24	559.17	636.51	714.65	753.25	773.84	842.62	923.97
その他預金取扱い機関に対する負債	51.03	55.37	52.24	55.21	59.46	56.48	52.77	63.10
その他部門に対する負債	2.38	3.24	2.33	6.86	3.30	3.67	3.85	15.11
その他預金取扱い機関に対するその他負債	220.54	194.00	486.00	553.41	547.33	775.04	914.74	1,531.16
預金及び証券（マネタリーベース除外分）	112.00	112.00	52.43	51.56	310.80	375.39	703.57	681.86
預金（広義流動性に含む）	-	-	-	-	-	-	-	-
証券（広義流動性に含まれる株式以外）	-	-	-	-	-	-	-	-
預金（広義流動性から除外されたもの）	-	-	-	-	-	-	-	-
証券（広義流動性から除外される株式以外）	112.00	112.00	52.43	51.56	310.80	375.39	703.57	681.86
貸出	58.95	-	4.22	0.97	0.64	2.39	1.25	22.04
金融派生商品	-	-	-	-	-	-	-	-
株式及びその他持ち分	1,092.39	1,627.40	897.27	954.95	906.02	718.25	718.45	898.07
その他（ネット）	-480.01	-526.89	-3.78	-4.07	3.93	-7.12	1.59	-5.32
注記項目：総資産	2,521.73	2,853.89	2,282.89	2,504.14	3,015.46	3,140.59	3,627.22	4,320.10
中央銀行以外の預金取扱い金融機関［10億バーツ（期末）］								
対外資産（ネット）	177.38	165.67	180.42	158.88	270.49	571.03	643.29	260.10
非居住者向け信用	763.07	651.42	569.43	566.73	669.12	943.02	950.28	621.89
非居住者に対する負債	585.69	485.75	389.01	407.85	398.63	371.99	306.99	361.79
中央銀行に対する債権	478.60	408.00	652.11	752.05	761.44	983.90	1,162.64	1,815.63
現金通貨	66.57	84.40	106.50	143.64	149.94	152.35	157.10	209.14
準備預金及び証券	49.60	54.41	49.94	51.86	59.32	58.05	52.31	62.44
その他債権	362.43	269.19	495.68	556.55	552.18	773.50	953.22	1,544.06
中央政府向け信用（ネット）	148.73	200.24	247.65	205.74	138.35	90.06	18.89	35.08
中央政府向け信用	534.23	637.23	674.36	660.12	658.22	656.91	610.11	650.85
中央政府に対する負債	385.49	436.99	426.71	454.39	519.88	566.84	591.21	615.77
その他部門向け信用	5,983.57	6,286.31	7,069.77	7,558.36	7,971.28	8,231.05	8,660.19	9,298.86
その他金融機関向け信用	673.15	375.20	777.75	581.49	494.89	446.72	482.43	455.05
地方自治体向け信用	-	0.03	0.33	0.77	1.76	2.63	3.48	5.12
非金融公的企業向け信用	335.36	322.13	344.92	359.65	330.17	313.04	348.12	324.92
民間部門向け信用	4,975.06	5,588.96	5,946.76	6,616.45	7,144.46	7,468.66	7,826.16	8,513.78
中央銀行に対する負債	403.65	31.46	37.32	79.23	124.85	96.45	82.84	23.37
通貨性預金（広義流動性に含む）	127.20	152.74	208.94	225.84	256.21	254.90	276.00	273.79
その他預金（広義流動性に含む）	5,392.46	5,539.97	6,284.91	6,592.04	6,946.28	7,458.00	7,582.86	8,283.13
証券（広義流動性に含まれる株式以外）	-	-	27.20	49.51	90.42	203.91	526.71	619.97
預金（広義流動性から除外されたもの）	-	-	5.05	2.42	1.98	2.20	2.85	2.93
証券（広義流動性から除外される株式以外）	554.06	384.02	56.29	165.98	106.00	310.13	245.53	259.61
貸出	1.25	3.45	202.54	145.70	200.48	87.65	104.42	137.77
金融派生商品	-	-	-	-	-	-	-	-
保険契約準備金	-	-	-	-	-	-	-	-
株式及びその他持ち分	-25.66	595.07	1,025.31	1,165.35	1,359.16	1,431.03	1,541.78	1,703.91
その他（ネット）	335.33	353.51	302.37	248.95	56.16	31.78	122.05	105.31
注記項目：総資産	8,707.72	8,805.99	9,845.10	10,509.50	11,253.70	11,982.40	12,585.10	13,885.10

タ イ

2009	2010	2011	2012	2013	2014	2015	2016
52.24	46.43	48.65	47.08	50.53	47.76	50.01	48.17
33.32	30.15	31.69	30.63	32.81	32.96	36.09	35.83
34.29	31.69	30.49	31.08	30.73	32.48	34.25	35.30
1,081.90	1,081.90	1,440.50	1,440.50	1,440.50	1,440.50	1,440.50	3,211.90
971.48	972.00	973.32	973.82	974.14	974.59	974.78	974.98
230.07	245.07	452.83	471.71	523.18	536.41	450.51	519.27
-	-	23.40	40.20	44.13	40.93	33.01	58.91
970.27	970.27	970.27	970.27	970.27	970.27	970.27	970.27
135,483.00	167,530.00	167,389.00	173,328.00	161,328.00	151,253.00	151,266.00	166,157.00
1,522.99	1,496.91	1,494.31	1,496.69	1,500.18	1,411.99	1,350.78	1,310.70
360.68	377.42	695.22	724.98	805.70	777.16	624.28	698.07
133,599.00	165,656.00	165,200.00	171,106.00	159,022.00	149,064.00	149,291.00	164,148.00
2.70	3.20	4.90	4.90	4.90	4.90	4.90	4.90
2,934.70	4,598.60	7,734.70	8,281.70	5,960.80	5,854.20	5,248.00	5,696.00
59.97	69.91	90.07	688.85	789.08	780.35	861.66	696.87
964.36	2,311.75	3,674.88	6,918.09	3,382.66	1,769.73	474.86	2,268.14
14,710.70	16,239.60	23,349.20	24,660.60	31,025.30	32,944.70	38,964.60	38,525.50
13,371.00	22,829.10	23,807.50	38,242.50	44,353.40	41,169.00	35,870.40	35,485.80
20,982.20	18,407.60	17,861.50	31,388.40	30,983.20	38,879.50	37,732.90	46,952.90
744.50	3,452.96	4,033.16	7,068.06	10,019.40	11,984.70	11,062.80	11,096.80
4,525.36	5,082.33	5,440.90	5,359.04	5,447.06	5,262.14	5,764.65	6,028.20
4,608.18	5,196.89	5,604.57	5,616.64	5,607.09	5,366.82	5,830.29	6,156.17
82.81	114.57	163.67	257.59	160.03	104.67	65.64	127.97
17.77	12.47	0.01	203.08	198.29	165.62	134.96	109.23
78.70	-105.69	-117.56	-163.47	-237.62	-201.50	-380.93	-273.58
301.52	298.90	280.16	273.36	244.67	221.98	257.40	299.37
222.82	404.59	397.72	436.83	482.29	423.47	638.34	572.95
51.96	0.02	0.05	0.01	0.10	0.03	2.91	2.99
51.93	-	-	-	-	-	-	-
0.03	0.02	0.05	0.01	0.10	0.03	2.91	2.99
1,063.96	1,201.17	1,319.52	1,447.83	1,528.08	1,611.46	1,651.27	1,753.53
1,005.88	1,114.52	1,248.57	1,350.93	1,425.28	1,503.68	1,539.85	1,628.00
54.95	83.71	67.89	92.34	99.57	105.08	108.73	120.49
3.13	2.94	3.05	4.55	3.23	2.71	2.70	5.05
1,989.05	2,295.56	2,473.15	2,735.10	2,777.47	2,878.80	2,743.81	3,167.55
831.24	1,178.39	947.09	931.47	716.46	649.01	824.03	824.77
-	2.66	0.06	0.04	0.04	0.08	1.07	0.02
831.24	1,175.73	947.03	931.44	716.41	648.93	822.97	824.75
10.81	-	-	-	-	-	-	-
781.82	312.73	589.58	299.01	427.37	79.85	314.39	134.18
-3.08	1.28	-5.94	-14.74	-41.55	7.18	-11.92	-13.19
5,093.03	5,633.45	6,122.84	6,171.75	6,157.32	5,817.43	6,306.71	6,732.87
44.64	-198.36	-14.52	-416.04	-437.34	-271.10	111.66	108.92
490.16	488.85	739.96	755.39	1,018.05	1,085.96	1,406.18	1,380.40
445.52	687.21	754.49	1,171.43	1,455.39	1,357.05	1,294.51	1,271.48
2,249.00	2,609.32	2,808.52	3,100.15	3,176.04	3,351.22	3,207.46	3,654.07
201.30	219.41	258.52	264.64	289.60	358.72	347.72	354.92
54.70	220.57	100.71	106.19	116.96	140.44	139.33	172.36
1,993.00	2,169.34	2,449.29	2,729.32	2,769.49	2,852.06	2,720.42	3,126.79
214.42	262.20	319.44	516.46	473.62	602.01	802.20	640.00
825.33	896.44	909.98	1,220.10	1,244.67	1,469.01	1,702.21	1,548.97
610.91	634.24	590.54	703.63	771.05	867.00	900.01	908.98
9,670.39	10,859.90	12,577.60	14,366.90	15,653.80	16,377.40	17,135.30	17,813.10
572.86	668.36	698.51	845.93	891.80	902.86	954.84	1,011.51
5.56	18.26	18.35	22.30	24.79	22.05	18.92	17.67
366.24	372.16	392.24	353.90	334.21	322.00	290.60	286.96
8,725.74	9,801.11	11,468.50	13,144.80	14,403.00	15,130.50	15,870.90	16,496.90
17.93	12.60	0.02	204.52	199.91	166.90	135.85	109.81
327.46	362.30	375.23	457.41	469.19	479.43	524.43	523.16
8,726.79	9,486.41	10,570.30	13,001.70	14,227.90	14,835.00	15,576.60	16,213.60
715.67	989.97	1,575.24	366.78	173.03	291.73	197.08	211.68
5.11	2.85	5.89	8.99	9.63	7.19	7.24	8.07
250.24	247.29	271.15	478.00	545.19	571.27	590.11	593.99
196.95	172.05	256.01	98.63	81.94	82.70	81.75	91.40
1,889.37	2,153.37	2,316.41	2,593.67	2,873.17	3,162.46	3,459.35	3,785.17
48.93	106.21	320.72	357.76	286.15	462.91	684.24	679.17
14,954.00	17,124.20	19,327.80	21,938.20	24,078.20	25,032.30	26,269.20	27,467.20

統　計

タイ（2001-2016年）

	2001	2002	2003	2004	2005	2006	2007	2008
預金取扱い金融機関	10億バーツ（期末）							
対外資産（ネット）	1,211.91	1,628.24	1,851.49	2,099.56	2,388.85	2,947.11	3,594.36	4,132.59
非居住者向け信用	2,241.92	2,346.91	2,277.28	2,553.34	3,124.89	3,562.47	4,116.44	4,517.26
非居住者に対する負債	1,030.01	718.67	425.80	453.78	736.04	615.36	522.08	384.68
国内信用	6,600.13	6,964.89	7,736.89	8,081.29	8,453.36	8,547.62	8,884.95	9,569.02
中央政府向け信用（ネット）	244.34	240.99	312.77	262.77	222.74	97.91	133.28	205.01
中央政府向け信用	658.63	745.01	790.52	773.41	769.84	799.03	830.73	918.85
中央政府に対する負債	414.29	504.02	477.74	510.65	547.10	701.12	697.45	713.85
その他部門向け信用	6,355.78	6,723.90	7,424.11	7,818.52	8,230.61	8,449.71	8,751.67	9,364.01
その他金融機関向け信用	1,012.00	789.83	1,116.04	835.81	752.43	665.30	573.90	520.18
地方自治体向け信用		0.03	0.33	0.77	1.76	2.63	3.48	5.12
非金融公的企業向け信用	368.72	345.09	360.98	365.33	331.83	313.04	348.12	324.92
民間部門向け信用	4,975.06	5,588.96	5,946.77	6,616.61	7,144.59	7,468.73	7,826.17	8,513.79
広義流動性負債	5,945.71	6,170.73	7,053.40	7,445.26	7,899.52	8,541.97	9,074.94	9,906.83
預金取扱い金融機関以外の通貨	423.67	474.77	530.01	571.01	603.31	621.49	685.52	714.83
通貨性預金	129.58	155.99	211.27	232.71	259.51	258.57	279.85	288.90
その他預金	5,392.46	5,539.97	6,284.91	6,592.04	6,946.28	7,458.00	7,582.86	8,283.13
証券（株式を除く）			27.20	49.51	90.42	203.91	526.71	619.97
預金（広義流動性から除外されたもの）			5.05	2.42	1.98	2.20	2.85	2.93
証券（広義流動性に含まれる株式以外）	666.06	496.02	108.72	217.54	416.80	685.52	949.10	941.47
貸出	60.20	3.45	206.76	146.68	201.12	90.04	105.67	159.81
金融派生商品								
保険契約準備金								
株式及びその他持ち分	1,066.72	2,222.46	1,922.58	2,120.30	2,265.18	2,149.29	2,260.23	2,601.98
その他（ネット）	73.34	-299.52	291.86	248.64	57.60	25.71	86.53	88.58
広義流動性負債（季節調整値）	5,931.66	6,156.14	7,065.69	7,465.07	7,927.84	8,569.91	9,083.94	9,878.72
その他金融機関	10億バーツ（期末）							
対外資産（ネット）	・・・	・・・	・・・	・・・	・・・	・・・	373.31	349.72
非居住者向け信用	・・・	・・・	・・・	・・・	・・・	・・・	383.21	367.09
非居住者に対する負債	・・・	・・・	・・・	・・・	・・・	・・・	9.89	17.37
預金取扱い機関向け信用	・・・	・・・	・・・	・・・	・・・	・・・	1,289.46	1,358.04
中央政府向け信用（ネット）	・・・	・・・	・・・	・・・	・・・	・・・	630.93	693.29
中央政府向け信用	・・・	・・・	・・・	・・・	・・・	・・・	630.93	693.29
中央政府に対する負債	・・・	・・・	・・・	・・・	・・・	・・・		
その他部門向け信用	・・・	・・・	・・・	・・・	・・・	・・・	2,275.52	2,109.10
地方自治体向け信用	・・・	・・・	・・・	・・・	・・・	・・・		
非金融公的企業向け信用	・・・	・・・	・・・	・・・	・・・	・・・	447.91	356.86
民間部門向け信用	・・・	・・・	・・・	・・・	・・・	・・・	1,827.61	1,752.24
預金	・・・	・・・	・・・	・・・	・・・	・・・		
証券（株式を除く）	・・・	・・・	・・・	・・・	・・・	・・・	207.32	188.26
貸出	・・・	・・・	・・・	・・・	・・・	・・・	75.22	40.08
金融派生商品	・・・	・・・	・・・	・・・	・・・	・・・	0.19	6.36
保険契約準備金	・・・	・・・	・・・	・・・	・・・	・・・	1,468.31	1,578.25
株式及びその他持ち分	・・・	・・・	・・・	・・・	・・・	・・・	1,667.35	1,620.51
その他（ネット）	・・・	・・・	・・・	・・・	・・・	・・・	1,150.84	1,076.68
注記項目：総資産	・・・	・・・	・・・	・・・	・・・	・・・	5,733.55	5,574.72
金融機関	10億バーツ（期末）							
対外資産（ネット）	・・・	・・・	・・・	・・・	・・・	・・・	3,967.67	4,482.30
非居住者向け信用	・・・	・・・	・・・	・・・	・・・	・・・	4,499.64	4,884.35
非居住者に対する負債	・・・	・・・	・・・	・・・	・・・	・・・	531.98	402.05
国内信用	・・・	・・・	・・・	・・・	・・・	・・・	11,217.50	11,851.20
中央政府向け信用（ネット）	・・・	・・・	・・・	・・・	・・・	・・・	764.21	898.30
中央政府向け信用	・・・	・・・	・・・	・・・	・・・	・・・	1,461.66	1,612.15
中央政府に対する負債	・・・	・・・	・・・	・・・	・・・	・・・	697.45	713.85
その他部門向け信用	・・・	・・・	・・・	・・・	・・・	・・・	10,453.30	10,952.90
地方自治体向け信用	・・・	・・・	・・・	・・・	・・・	・・・	3.48	5.12
非金融公的企業向け信用	・・・	・・・	・・・	・・・	・・・	・・・	796.02	681.78
民間部門向け信用	・・・	・・・	・・・	・・・	・・・	・・・	9,653.79	10,266.00
金融機関以外の通貨	・・・	・・・	・・・	・・・	・・・	・・・	684.95	714.09
預金	・・・	・・・	・・・	・・・	・・・	・・・	7,646.62	8,282.99
証券（株式を除く）	・・・	・・・	・・・	・・・	・・・	・・・	837.60	955.78
貸出	・・・	・・・	・・・	・・・	・・・	・・・	44.57	69.34
金融派生商品	・・・	・・・	・・・	・・・	・・・	・・・		
保険契約準備金	・・・	・・・	・・・	・・・	・・・	・・・	1,468.31	1,578.25
株式及びその他持ち分	・・・	・・・	・・・	・・・	・・・	・・・	3,927.58	4,222.49
その他（ネット）	・・・	・・・	・・・	・・・	・・・	・・・	575.56	510.58
貨幣集計量	10億バーツ（期末）							
広義流動性	・・・	・・・	7,078.68	7,472.88	7,927.97	8,574.50	9,110.64	9,945.50
中央政府発行通貨	・・・	・・・	25.28	27.62	28.44	32.53	35.71	38.66
非金融会社の預金	・・・	・・・						
中央政府発行証券	・・・	・・・						
貨幣集計量（国内定義）	10億バーツ（期末）							
狭義貨幣	567.79	656.31	750.20	829.88	890.22	911.47	999.90	1,041.22
広義流動性	6,561.48	6,647.16	7,062.32	7,471.43	7,926.92	8,573.38	9,109.47	9,948.70
金利	年率（%）							
中央銀行政策金利	2.25	1.75	1.25	2.00	4.00	5.00	3.25	2.75
ディスカウント・レート	3.75	3.25	2.75	3.50	5.50	6.50	3.75	3.25
短期金融市場商品金利	2.00	1.76	1.31	1.23	2.62	4.64	3.75	3.28
財務省短期証券金利	・・・	1.92	1.35	1.30	2.67	4.66	3.48	3.19
貯蓄金利	2.02	1.69	1.08	0.75	0.94	4.15	1.54	0.75
預金金利	2.54	1.98	1.33	1.00	1.88	4.44	2.88	2.48
貸出金利	7.25	6.88	5.94	5.50	5.79	7.35	7.05	7.04
政府債利回り	5.46	4.80	3.45	4.86	5.00	5.39	4.60	4.56
物価	指数（2010年=100, 期中平均）							
生産者物価指数	62.09	63.12	65.65	70.06	76.46	81.87	84.52	95.00
消費者物価指数	78.61	79.16	80.59	82.81	86.57	90.59	92.62	97.68
GDPデフレーター	75.76	76.38	77.62	80.19	83.85	87.78	90.90	94.39

タ　イ

2009	2010	2011	2012	2013	2014	2015	2016
4,570.00	4,883.97	5,426.38	4,943.00	5,009.72	4,991.05	5,876.31	6,137.12
5,098.33	5,685.74	6,344.53	6,372.03	6,625.14	6,452.77	7,236.46	7,536.57
528.33	801.78	918.16	1,429.02	1,615.42	1,461.73	1,360.15	1,399.45
10,015.50	11,016.40	12,779.50	14,719.90	15,889.90	16,778.00	17,559.50	18,182.50
293.13	156.52	201.88	352.99	236.00	400.51	421.26	366.41
1,126.85	1,195.34	1,190.14	1,493.45	1,489.35	1,690.98	1,959.61	1,848.34
833.73	1,038.82	988.26	1,140.46	1,253.35	1,290.47	1,538.35	1,481.92
9,722.36	10,859.90	12,577.60	14,366.90	15,653.90	16,377.40	17,138.20	17,816.10
624.79	668.36	698.51	845.93	891.80	902.86	954.84	1,011.51
5.56	18.26	18.35	22.30	24.79	22.05	18.92	17.67
366.24	372.16	392.24	353.90	334.21	322.00	290.60	286.96
8,725.77	9,801.13	11,468.50	13,144.80	14,403.10	15,130.50	15,873.90	16,499.90
10,577.60	11,736.70	13,513.90	14,916.80	16,009.00	16,753.80	17,492.90	18,226.60
804.58	895.11	990.05	1,086.29	1,135.68	1,144.96	1,192.13	1,273.08
330.59	365.24	378.28	461.96	472.42	482.14	527.13	528.21
8,726.79	9,486.41	10,570.30	13,001.70	14,227.90	14,835.00	15,576.60	16,213.60
715.67	989.97	1,575.24	366.78	173.03	291.73	197.08	211.68
5.11	5.51	5.95	9.03	9.68	7.27	8.31	8.09
1,081.49	1,423.02	1,218.19	1,409.44	1,261.61	1,220.20	1,413.07	1,418.74
207.76	172.05	256.01	98.63	81.94	82.70	81.75	91.40
-	-	-	-	-	-	-	-
2,671.18	2,466.10	2,905.98	2,892.68	3,300.55	3,242.32	3,773.75	3,919.35
42.31	96.98	305.84	336.38	236.82	462.74	666.00	655.44
10,514.60	11,645.20	13,406.70	14,802.90	15,890.90	16,635.80	17,374.00	18,107.40
674.32	450.17	438.24	744.97	687.90	886.53	962.49	1,284.75
699.12	554.11	566.05	961.48	1,016.67	1,281.59	1,361.73	1,682.36
24.81	103.94	127.82	216.51	328.77	395.05	399.24	397.61
1,401.06	1,937.16	1,830.71	1,898.43	1,895.65	2,386.33	2,208.82	2,341.84
779.77	888.66	1,079.27	1,250.48	1,338.65	1,621.98	1,905.39	1,956.09
779.77	889.41	1,081.05	1,250.48	1,338.82	1,621.99	1,906.25	1,956.79
	0.75	1.78		0.18	0.01	0.86	0.71
2,217.73	3,180.65	3,594.83	4,132.47	4,293.77	4,665.49	4,963.86	5,197.87
			0.31				
417.17	474.37	290.92	445.06	312.96	491.34	360.35	532.76
1,800.57	2,706.27	3,303.91	3,687.10	3,980.82	4,174.15	4,603.51	4,665.12
125.18	140.42	101.52	141.03	146.94	191.31	146.01	168.07
41.85	442.88	497.07	636.24	755.32	666.64	717.40	698.10
50.80	58.41	9.29	1.32	38.52	12.71	36.59	27.23
1,780.78	2,021.73	2,654.61	2,734.16	2,785.81	3,117.93	3,358.47	3,464.07
1,948.17	2,521.60	2,791.45	3,536.81	3,822.79	4,938.47	5,337.72	6,012.62
1,126.10	1,271.59	889.11	976.80	666.59	633.28	444.38	410.47
6,022.71	7,664.00	8,408.44	9,689.61	10,167.30	11,638.30	12,144.30	12,947.70
5,244.32	5,334.14	5,864.62	5,687.97	5,697.62	5,877.58	6,838.80	7,421.87
5,797.46	6,239.85	6,910.59	7,333.50	7,641.81	7,734.36	8,598.19	9,218.92
553.14	905.72	1,045.97	1,645.53	1,944.20	1,856.78	1,759.39	1,797.05
12,388.20	14,417.40	16,755.10	19,256.90	20,630.50	22,162.60	23,473.90	24,324.90
1,072.89	1,045.17	1,281.15	1,603.47	1,574.65	2,022.49	2,326.65	2,322.50
1,906.62	2,084.74	2,271.18	2,743.93	2,828.17	3,312.98	3,865.85	3,805.13
833.73	1,039.57	990.03	1,140.46	1,253.52	1,290.48	1,539.20	1,482.63
11,315.30	13,372.20	15,474.00	17,653.50	19,055.90	20,140.10	21,147.20	22,002.40
5.56	18.26	18.35	22.61	24.79	22.05	18.92	17.67
783.40	846.53	683.16	798.96	647.17	813.34	650.94	819.71
10,526.30	12,507.40	14,772.40	16,831.90	18,383.90	19,304.70	20,477.40	21,165.00
804.00	890.46	971.81	1,082.53	1,131.90	1,136.38	1,183.82	1,269.44
8,733.05	9,432.84	10,497.90	12,743.40	13,854.00	14,328.00	15,228.50	16,001.80
1,129.79	1,419.41	1,532.88	811.22	536.63	610.47	507.17	592.63
121.98	119.79	159.44	68.44	82.19	80.27	122.42	93.51
				0.04		0.66	0.66
1,780.78	2,021.73	2,654.61	2,734.16	2,785.81	3,117.93	3,358.47	3,464.07
4,619.36	4,987.70	5,697.43	6,429.49	7,123.34	8,180.79	9,111.46	9,931.97
443.56	879.58	1,105.67	1,075.69	814.24	586.30	800.17	392.71
10,618.30	11,780.10	13,560.90	14,967.60	16,063.30	16,810.40	17,552.80	18,290.60
40.68	43.35	46.95	50.86	54.32	56.62	59.89	63.99
-	-	-	-	-	-	-	-
1,174.55	1,302.44	1,414.30	1,598.26	1,661.30	1,681.33	1,778.05	1,864.16
10,617.00	11,778.80	13,559.90	14,966.80	16,062.20	16,808.00	17,551.70	18,289.40
1.25	2.00	3.25	2.75	2.25	2.00	1.50	1.50
1.75	2.50	3.75	3.25	2.75	2.50	2.00	2.00
1.21	1.25	2.80	2.89	2.54	2.00	1.59	1.45
1.24	1.44	2.87	2.97	2.57	2.07	1.61	1.41
0.54	0.50	0.80	0.76	0.74	0.77	0.75	0.63
1.04	1.01	2.28	2.80	2.88	1.96	1.42	1.35
5.96	5.94	6.91	7.10	6.96	6.77	6.56	6.31
3.91	3.60	3.69	3.53	3.80	3.57	2.73	2.18
91.40	100.00	105.50	106.60	106.90	107.00	102.60	101.42
96.85	100.00	103.81	106.95	109.28	111.35	110.35	110.56
96.20	100.00	103.43	113.09	115.04	116.15	116.45	119.29

統　　　計

ニュージーランド（1948-2016年）

	1948	1949	1950	1951	1952	1953	1954	1955
為替レート	対SDRレート							
市場レート（期末）	0.50	0.71	0.71	0.72	0.72	0.72	0.72	0.72
	対ドル・レート							
市場レート（期末）	0.50	0.71	0.71	0.72	0.72	0.72	0.72	0.72
市場レート（期中平均）	0.57	0.55	0.71	0.71	0.71	0.71	0.71	0.71
	指数（2010年=100，期中平均）							
市場レート	242.95	251.67	192.21	192.14	191.67	193.04	192.78	191.57
名目実効為替レート	・・・	・・・	・・・	・・・	・・・	・・・	・・・	・・・
実質実効為替レート（CPIベース）	・・・	・・・	・・・	・・・	・・・	・・・	・・・	・・・
実質実効為替レート（ユニット・レイバー・コスト・ベース）	・・・	・・・	・・・	・・・	・・・	・・・	・・・	・・・
IMFポジション	100万SDR（期末）							
クォータ		-	-	-	-	-	-	-
SDR		-	-	-	-	-	-	-
IMFリザーブポジション		-	-	-	-	-	-	-
内：IMF借入残高	・・・	・・・	・・・	・・・	・・・	・・・	・・・	・・・
IMFクレジット及び融資総残高		-	-	-	-	-	-	-
SDR配分額		-	-	-	-	-	-	-
国際流動性	100万米ドル（他に断りのない限り，期末）							
総準備（金を除く）	214.00	125.00	143.00	185.00	150.00	238.00	205.00	144.00
SDR		-	-	-	-	-	-	-
IMFリザーブポジション		-	-	-	-	-	-	-
外国為替	214.00	125.00	143.00	185.00	150.00	238.00	205.00	144.00
通貨当局	・・・	・・・	・・・	・・・	・・・	・・・	・・・	・・・
政府	・・・	・・・	・・・	・・・	・・・	・・・	・・・	・・・
金（100万ファイントロイオンス）	0.66	0.77	0.83	0.91	0.94	0.94	0.94	0.94
金（国内評価額）	23.00	27.00	29.00	32.00	33.00	33.00	33.00	33.00
通貨当局：その他負債	0.20		0.14	0.14			0.28	0.28
銀行業機関：資産	79.79	64.12	83.44	79.80	64.68	69.44	58.80	59.08
銀行業機関：負債	26.60	21.28	21.84	35.84	14.00	14.84	18.76	22.68
通貨当局	100万ニュージーランド・ドル（期末）							
対外資産	118.00	106.60	122.80	155.40	131.00	193.80	168.80	125.40
中央政府向け信用	117.20	191.80	182.20	154.60	192.60	187.00	135.00	155.40
銀行業機関向け信用		-	-	-	-	-	11.00	16.40
準備貨幣	247.60	284.40	251.00	260.80	293.80	346.00	316.40	295.60
内：預金通貨銀行以外の現金通貨	96.40	104.40	109.20	117.60	120.40	132.40	142.60	145.80
銀行業機関に対するその他負債	・・・	・・・	・・・	・・・	・・・	・・・	・・・	・・・
中央銀行負債：証券	・・・	・・・	・・・	・・・	・・・	・・・	・・・	・・・
対外負債	0.10		0.10	0.10			0.20	0.20
中央政府預金	17.80	15.40	37.40	36.40	15.40	19.20	19.00	17.40
資本勘定		-	-	-	-	-	-	-
その他（ネット）	-30.30	-1.40	16.50	12.70	14.40	15.60	-20.80	-16.00
銀行業機関	100万ニュージーランド・ドル（期末）							
準備	150.00	179.00	140.60	141.80	172.60	209.80	167.40	147.00
通貨当局に対する債権：証券	・・・	・・・	・・・	・・・	・・・	・・・	・・・	・・・
中央銀行に対するその他債権	・・・	・・・	・・・	・・・	・・・	・・・	・・・	・・・
対外資産	39.60	45.80	59.60	57.00	46.20	49.60	42.00	42.20
中央政府向け信用	28.80	23.40	23.40	23.40	23.40	35.40	47.60	43.60
地方自治体向け信用	・・・	・・・	・・・	・・・	・・・	・・・	・・・	・・・
民間部門向け信用	164.00	163.40	221.40	311.80	286.40	279.20	336.60	356.60
ノンバンク金融機関向け信用	・・・	・・・	・・・	・・・	・・・	・・・	・・・	・・・
要求払い預金	283.40	318.40	370.40	373.00	368.00	435.60	467.20	466.00
定期性預金及び貯蓄性預金	79.80	79.40	79.00	144.40	127.60	111.20	104.40	78.40
内：外貨預金	・・・	・・・	・・・	・・・	・・・	・・・	・・・	・・・
制限付き預金	・・・	・・・	・・・	・・・	・・・	・・・	・・・	・・・
対外負債	13.20	15.20	15.60	25.60	10.00	10.60	13.40	16.20
中央政府預金	4.60	5.00	2.80	7.60	4.60	5.80	15.80	22.20
中央銀行に対する負債	・・・	・・・	・・・	・・・	・・・	・・・	・・・	・・・
資本勘定	・・・	・・・	・・・	・・・	・・・	・・・	・・・	・・・
その他（ネット）	1.40	-6.40	-22.80	-16.60	18.40	10.80	-7.20	6.60

ニュージーランド

1956	1957	1958	1959	1960	1961	1962	1963	1964	1965	1966
0.72	0.72	0.72	0.72	0.72	0.72	0.72	0.72	0.72	0.72	0.72
0.72	0.72	0.72	0.72	0.72	0.72	0.72	0.72	0.72	0.72	0.72
0.71	0.71	0.71	0.71	0.71	0.72	0.72	0.72	0.72	0.72	0.72
191.88	192.32	193.45	193.38	193.30	192.93	193.29	192.79	192.25	192.51	191.94
···	221.10	223.61	224.99	225.67	227.17	227.76	227.49	228.73	229.86	229.54
···	···	···	···	···	···	···	···	···	···	···
					125.00	125.00	125.00	125.00	125.00	157.00
					31.25	31.26	31.26	31.27		
···	···	···	···	···					30.72	30.71
166.00	119.00	226.00	282.00	252.00	180.25	250.26	212.26	257.27	173.00	179.00
					31.25	31.26	31.26	31.27		
166.00	119.00	226.00	282.00	252.00	149.00	219.00	181.00	226.00	173.00	179.00
···	119.00	153.00	183.00	154.00	105.00	140.00	111.00	134.00	97.00	95.00
···	···	73.00	99.00	98.00	44.00	79.00	70.00	92.00	76.00	84.00
0.94	0.94	0.94	0.97	1.00	0.02	0.02	0.02	0.02	0.01	0.01
33.00	33.00	33.00	34.00	35.00	0.55	0.55	0.55	0.55	0.30	0.19
0.70	0.14	0.14	0.14	0.14	0.70	0.56	0.14	0.56	0.58	34.14
64.40	52.08	46.48	86.24	52.92	50.89	53.12	80.37	69.52	60.90	44.08
17.64	33.88	24.92	23.80	21.84	22.25	19.74	23.64	25.58	18.49	16.27
141.00	99.80	174.50	214.10	192.70	130.60	180.60	153.10	185.90	124.60	128.90
166.00	175.00	138.00	201.00	251.60	231.60	246.80	246.60	263.20	241.39	255.07
3.00	12.40	10.60	2.60		18.80	9.20		4.60	22.62	3.25
287.80	294.40	287.60	337.80	390.20	346.80	359.60	349.20	378.60	334.08	308.34
142.60	144.60	143.40	151.60	164.20	167.40	162.40	154.40	158.20	160.72	159.69
···	···	···	···	···	···	···	···	···	···	···
···	···	···	···	···	···	···	···	···	···	···
0.50	0.10	0.10	0.10	0.10	0.50	0.40	0.10	0.40	22.51	46.64
23.40	28.40	71.70	89.50	93.50	90.60	116.20	103.50	125.50	106.66	124.83
									16.33	16.83
-1.70	-35.70	-36.30	-9.70	-39.50	-56.90	-39.60	-53.10	-50.80	-90.97	-109.42
142.40	146.20	142.60	184.40	223.80	171.00	191.80	192.40	215.40	162.78	137.81
···	···	···	···	···	···	···	···	···	···	···
46.00	37.20	33.20	61.60	37.80	36.60	38.20	57.80	50.00	43.80	31.70
43.60	43.60	43.60	43.80	43.80	43.80	43.80	43.80	43.80	58.60	68.60
···	···	···	···	···	···	···	···	···	···	···
330.00	357.60	342.00	326.00	376.80	412.80	392.60	405.80	421.00	460.30	479.20
···	···	···	···	···	···	···	···	···	···	···
473.40	472.40	443.20	505.40	582.60	557.60	562.20	594.80	637.60	616.90	642.80
68.60	72.40	82.60	91.60	104.00	102.20	104.80	103.80	112.40	126.30	140.20
···	···	···	···	···	···	···	···	···	···	···
···	···	···	···	···	···	···	···	···	···	···
12.60	24.20	17.80	17.00	15.60	16.00	14.20	17.00	18.40	10.40	8.90
11.00	11.00	6.20	12.40	18.60	11.00	10.80	8.20	9.20	9.60	13.00
···	···	···	···	···	···	···	···	···	···	···
-3.60	4.60	11.60	-10.60	-38.60	-22.60	-25.60	-24.00	-47.40	-37.72	-87.59

統　　計

ニュージーランド（1948-2016年）

		1967	1968	1969	1970	1971	1972	1973	1974
為替レート	対SDRレート								
市場レート（期末）		0.89	0.90	0.89	0.90	0.91	0.91	0.84	0.93
	対ドル・レート								
市場レート（期末）		0.89	0.90	0.89	0.90	0.84	0.84	0.70	0.76
市場レート（期中平均）		0.73	0.89	0.89	0.89	0.88	0.84	0.74	0.72
	指数（2010年=100, 期中平均）								
市場レート		187.92	154.86	154.61	155.18	158.27	165.70	188.76	194.15
名目実効為替レート		225.17	189.63	189.59	189.64	190.18	187.69	196.47	206.15
実質実効為替レート（CPIベース）		・・・	・・・	・・・	・・・	・・・	・・・	・・・	・・・
実質実効為替レート（ユニット・レイバー・コスト・ベース）		・・・	・・・	・・・	・・・	・・・	・・・	・・・	・・・
IMFポジション	100万SDR（期末）								
クォータ		157.00	157.00	157.00	202.00	202.00	202.00	202.00	202.00
SDR		-	-	-	0.37	27.73	58.31	58.13	0.52
IMFリザーブポジション					50.51	50.53	50.54	50.55	
内：IMF借入残高		・・・	・・・	・・・	・・・	・・・	・・・	・・・	・・・
IMFクレジット及び融資総残高		119.91	20.64	-	-	-	-	-	85.68
SDR配分額		-	-	-	26.38	47.99	69.40	69.40	69.40
国際流動性	100万米ドル（他に断りのない限り，期末）								
総準備（金を除く）		218.00	161.00	209.00	256.88	491.97	832.18	1,045.11	638.64
SDR		-	-	-	0.37	30.11	63.31	70.13	0.64
IMFリザーブポジション					50.51	54.86	54.87	60.98	-
外国為替		218.00	161.00	209.00	206.00	407.00	714.00	914.00	638.00
通貨当局		134.00	75.00	112.00	74.00	229.00	459.00	619.00	331.00
政府		84.00	86.00	97.00	132.00	178.00	255.00	295.00	307.00
金（100万ファイントロイオンス）		0.02	0.02	0.02	0.02	0.02	0.02	0.02	0.02
金（国内評価額）		0.55	0.59	0.84	0.79	0.86	0.86	0.95	0.97
通貨当局：その他負債		84.20	43.30	12.28	-16.84	-48.10	-74.80	-83.32	-34.44
銀行業機関：資産		40.99	63.06	80.64	82.88	85.12	116.74	117.55	163.12
銀行業機関：負債		15.01	15.46	23.41	17.58	26.39	74.05	80.39	139.84
通貨当局	100万ニュージーランド・ドル（期末）								
対外資産		194.95	144.35	186.82	229.50	405.00	685.09	740.23	488.35
中央政府向け信用		289.75	187.98	146.33	163.74	85.42	48.11	140.57	510.68
銀行業機関向け信用		0.21	10.06	17.09	30.10	8.47	0.01	-	14.96
準備貨幣		308.22	295.08	270.33	307.66	308.66	508.69	748.72	785.30
内：預金通貨銀行以外の現金通貨		153.22	156.84	168.04	195.46	212.03	241.55	289.87	336.21
銀行業機関に対するその他負債		・・・	・・・	・・・	・・・	・・・	・・・	・・・	・・・
中央銀行負債：証券		・・・	・・・	・・・	・・・	・・・	・・・	・・・	・・・
対外負債		182.24	57.09	10.96	8.52	3.29	0.45	0.30	118.15
中央政府預金		121.64	120.31	204.97	216.12	269.19	397.84	376.68	347.68
資本勘定		17.33	17.06	18.00	44.40	65.68	86.02	86.21	116.89
その他（ネット）		-144.52	-147.15	-154.02	-153.36	-147.93	-259.75	-331.10	-354.03
銀行業機関	100万ニュージーランド・ドル（期末）								
準備		144.73	124.40	88.47	96.48	81.38	228.26	334.82	286.36
通貨当局に対する債権：証券		・・・	・・・	・・・	・・・	・・・	・・・	・・・	・・・
中央銀行に対するその他債権		・・・	・・・	・・・	・・・	・・・	・・・	・・・	・・・
対外資産		36.60	56.30	72.00	74.00	70.00	96.00	87.00	124.00
中央政府向け信用		77.90	82.90	220.30	175.70	307.10	540.30	508.60	212.80
地方自治体向け信用		・・・	・・・	・・・	・・・	・・・	・・・	・・・	・・・
民間部門向け信用		455.35	528.31	581.57	687.65	725.85	788.82	1,227.38	1,554.56
ノンバンク金融機関向け信用		・・・	・・・	・・・	・・・	・・・	・・・	・・・	・・・
要求払い預金		620.80	612.86	622.49	653.74	724.09	955.93	1,150.75	1,114.60
定期性預金及び貯蓄性預金		144.20	172.20	269.30	306.60	409.50	630.40	929.50	1,021.70
内：外貨預金		・・・	・・・	・・・	・・・	・・・	・・・	・・・	・・・
制限付き預金		・・・	・・・	・・・	・・・	・・・	・・・	・・・	・・・
対外負債		10.40	10.70	16.10	10.80	13.30	37.30	29.10	62.00
中央政府預金		8.80	15.74	16.21	10.66	11.21	12.37	11.55	21.50
中央銀行に対する負債		・・・	・・・	・・・	・・・	・・・	・・・	・・・	・・・
資本勘定		・・・	・・・	・・・	・・・	・・・	・・・	・・・	・・・
その他（ネット）		-69.62	-19.59	38.24	52.03	26.23	17.38	36.90	-42.08

ニュージーランド

1975	1976	1977	1978	1979	1980	1981	1982	1983	1984	1985
1.12	1.22	1.19	1.22	1.34	1.33	1.41	1.51	1.60	2.05	2.20
0.96	1.05	0.98	0.94	1.01	1.04	1.21	1.37	1.53	2.09	2.01
0.83	1.00	1.03	0.96	0.98	1.03	1.15	1.33	1.50	1.76	2.02
168.54	138.12	134.60	143.87	141.81	135.06	120.61	104.24	92.73	80.20	69.10
181.50	158.71	154.40	151.06	146.18	138.06	133.03	127.07	120.16	109.82	101.05
...	...	...	...	...	85.22	86.53	89.13	85.94	79.89	81.33
...	...	...	...	...	...	...	...	...	...	...
202.00	202.00	202.00	232.00	232.00	348.00	348.00	348.00	461.60	461.60	461.60
0.77	8.43	34.19	46.05	8.90	-	19.60	1.69	2.71	6.80	6.01
-	-	-	23.03	0.01	27.51	27.55	0.04	28.47	0.01	0.11
242.23	390.17	388.06	361.23	270.00	132.33	33.66	2.90	-	-	-
69.40	69.40	69.40	69.40	93.53	117.66	141.32	141.32	141.32	141.32	141.32
426.90	490.79	442.53	451.00	450.74	352.09	673.88	635.91	777.64	1,786.68	1,595.72
0.90	9.79	41.53	59.99	11.72	-	22.81	1.86	2.84	6.67	6.60
-	-	-	30.00	0.01	35.09	32.07	0.04	29.81	0.01	0.12
426.00	481.00	401.00	361.00	439.00	317.00	619.00	634.00	745.00	1,780.00	1,589.00
193.00	212.00	121.00	172.00	134.00	68.00	367.00	178.00	128.00	1,304.00	984.00
233.00	269.00	280.00	189.00	305.00	249.00	252.00	456.00	617.00	476.00	605.00
0.02	0.02	0.04	0.07	0.05	0.02	0.02	0.02	0.02	0.02	0.02
0.92	0.92	1.88	2.99	2.09	1.00	0.91	0.86	0.82	0.77	0.86
117.62	197.51	260.85	282.34	257.32	423.17	847.49	914.84	717.87	637.97	458.69
182.65	185.06	262.98	321.37	348.72	434.67	414.26	402.44	457.43	337.57	473.73
141.53	105.93	136.64	140.26	152.37	181.97	158.78	207.59	345.76	318.18	446.86
426.11	555.08	431.27	378.01	572.58	380.75	817.36	872.72	1,239.53	3,761.89	2,935.55
621.31	897.09	1,101.71	1,041.17	1,091.35	1,057.03	1,412.63	1,453.71	1,368.80	2,435.29	1,066.48
0.01	3.37	5.05	185.85	21.80	31.14	34.03	54.49	50.55	12.48	5.07
636.88	668.75	728.80	879.75	955.68	851.74	971.73	1,047.78	1,171.90	1,262.91	1,408.82
352.24	418.26	459.90	536.32	589.98	577.21	682.70	713.80	739.46	866.60	940.04
...	...	...	...	...	...	...	...	...	...	...
462.24	769.95	800.75	790.70	746.51	771.08	1,275.06	1,466.12	1,322.68	1,625.83	1,231.54
303.77	342.52	359.22	365.82	483.80	418.69	636.92	1,081.06	1,326.35	4,990.48	2,143.26
101.89	112.58	118.38	131.76	178.81	214.71	266.56	287.35	322.55	401.57	483.35
-457.34	-438.26	-469.15	-562.96	-679.06	-787.32	-886.24	-1,501.38	-1,484.60	-2,071.13	-1,259.84
111.60	130.54	117.99	128.05	118.08	93.35	108.85	116.01	139.58	87.43	182.16
...	...	...	...	...	...	...	...	...	...	...
175.00	194.80	257.90	301.30	353.60	451.70	502.50	549.40	698.80	706.80	950.30
600.50	646.10	757.40	1,209.00	1,353.80	1,384.50	1,202.90	1,700.80	2,011.50	2,849.20	4,495.80
...	...	...	...	...	...	...	...	...	...	...
1,679.23	2,073.02	2,458.41	3,001.10	3,634.79	4,229.58	5,304.80	6,001.77	6,569.14	7,842.81	10,019.80
...	...	...	...	...	...	...	...	...	...	...
1,244.58	1,385.13	1,369.56	1,637.36	1,740.96	1,876.12	2,129.27	2,259.22	2,629.20	2,854.93	3,134.85
1,155.10	1,526.20	1,995.20	2,536.60	3,369.30	3,828.50	4,481.40	5,418.50	5,580.60	7,079.40	10,267.00
...	...	...	...	...	...	...	...	...	...	...
85.80	84.00	115.90	108.60	129.20	157.20	164.20	248.80	487.70	597.30	772.70
37.72	24.57	20.34	26.44	32.64	98.88	55.13	40.08	55.70	53.27	52.35
...	...	...	...	...	...	...	...	...	...	...
43.13	24.56	90.70	330.45	188.17	198.43	289.05	401.38	665.82	901.34	1,421.20

統　　計

ニュージーランド（1948-2016年）

		1986	1987	1988	1989	1990	1991	1992	1993
為替レート	対SDRレート								
市場レート（期末）		2.34	2.16	2.14	2.20	2.42	2.64	2.67	2.46
	対ドル・レート								
市場レート（期末）		1.91	1.52	1.59	1.67	1.70	1.85	1.94	1.79
市場レート（期中平均）		1.91	1.69	1.53	1.67	1.68	1.73	1.86	1.85
	指数（2010年=100，期中平均）								
市場レート		72.64	82.10	90.94	82.97	82.76	80.29	74.61	74.97
名目実効為替レート		93.36	96.27	100.38	94.80	91.42	88.77	81.19	85.30
実質実効為替レート（CPIベース）		82.23	94.98	101.27	96.10	93.38	89.15	79.89	82.64
実質実効為替レート（ユニット・レイバー・コスト・ベース）		・・・	・・・	・・・	・・・	・・・	・・・	・・・	・・・
IMFポジション	100万SDR（期末）								
クォータ		461.60	461.60	461.60	461.60	461.60	461.60	650.10	650.10
SDR		9.00	0.97	0.70	0.42	0.40	0.32	0.01	0.04
IMFリザーブポジション		0.13	0.16	8.18	39.79	40.22	54.04	109.08	103.62
内：IMF借入残高		・・・	・・・	・・・	・・・	・・・	・・・	・・・	・・・
IMFクレジット及び融資総残高		-	-	-					
SDR配分額		141.32	141.32	141.32	141.32	141.32	141.32	141.32	141.32
国際流動性	100万米ドル（他に断りのない限り，期末）								
総準備（金を除く）		3,771.17	3,259.60	2,835.95	3,026.84	4,128.79	2,949.76	3,079.00	3,337.38
SDR		11.01	1.38	0.94	0.55	0.57	0.46	0.01	0.05
IMFリザーブポジション		0.16	0.23	11.01	52.29	57.22	77.30	149.99	142.33
外国為替		3,760.00	3,258.00	2,824.00	2,974.00	4,071.00	2,872.00	2,929.00	3,195.00
通貨当局		2,834.00	1,369.00	908.00	2,422.00	2,473.00	2,522.00	2,366.00	2,378.00
政府		926.00	1,889.00	1,916.00	552.00	1,598.00	350.00	563.00	817.00
金（100万ファイントロイオンス）		0.02	0.02	0.02					
金（国内評価額）		0.96	1.11	1.05	0.07	0.07	0.07	0.07	
通貨当局：その他負債		2,565.31	958.37	82.31	59.72	8.82	20.02	99.77	96.11
銀行業機関：資産		579.46	915.04	1,785.19	932.65	1,821.36	1,304.65	1,189.94	1,159.06
銀行業機関：負債		832.57	1,294.22	6,962.73	5,791.59	7,563.52	6,944.26	8,837.53	9,249.31
通貨当局	100万ニュージーランド・ドル（期末）								
対外資産		7,374.57	4,998.52	4,544.52	5,082.88	6,978.61	5,454.10	5,966.66	5,973.80
中央政府向け信用		1,647.84	2,215.95	3,230.66	3,638.50	2,927.73	2,836.88	2,142.17	2,270.57
銀行業機関向け信用		3.69	2.02	26.00	28.00	313.00	236.00	789.00	796.00
準備貨幣		1,227.21	1,488.34	1,690.00	1,655.00	1,646.00	1,613.00	1,648.00	1,695.00
内：預金通貨銀行以外の現金通貨		1,006.45	1,058.53	968.70	1,109.70	1,007.20	1,118.00	1,172.90	1,198.60
銀行業機関に対するその他負債		・・・	・・・	・・・	・・・	・・・	・・・	・・・	・・・
中央銀行負債：証券		・・・	・・・	1,278.00	1,166.00	1,226.00	1,208.00	1,056.00	1,149.00
対外負債		5,230.50	1,762.51	433.48	410.98	357.04	410.59	571.82	519.37
中央政府預金		2,925.61	3,414.18	4,372.50	5,156.40	6,649.30	4,896.40	5,297.00	5,342.00
資本勘定		561.77	584.49	323.00	350.00	473.00	496.00	405.00	387.00
その他（ネット）		-918.94	-33.02	-296.00	11.00	-128.00	-97.00	-80.00	-52.00
銀行業機関	100万ニュージーランド・ドル（期末）								
準備		96.81	315.64	425.40	480.30	557.80	470.90	506.40	490.60
通貨当局に対する債権：証券		・・・	・・・	1,278.00	1,166.00	1,226.00	1,208.00	1,056.00	1,149.00
中央銀行に対するその他債権		・・・	・・・	・・・	・・・	・・・	・・・	・・・	・・・
対外資産		1,106.90	1,391.70	2,841.30	1,561.70	3,098.60	2,411.10	2,313.70	2,074.20
中央政府向け信用		4,564.90	4,940.70	6,876.05	5,703.01	7,123.11	7,203.32	8,447.80	7,078.90
地方自治体向け信用		・・・	・・・	・・・	・・・	・・・	・・・	・・・	・・・
民間部門向け信用		14,229.50	18,314.60	48,214.30	53,482.00	55,582.90	58,221.60	63,842.40	67,549.30
ノンバンク金融機関向け信用		・・・	・・・	・・・	・・・	・・・	・・・	・・・	・・・
要求払い預金		3,634.13	5,579.20	5,927.47	7,241.37	7,373.94	7,384.27	7,197.18	7,781.41
定期性預金及び貯蓄性預金		13,285.60	14,448.30	36,922.40	39,879.30	44,798.00	45,542.20	47,802.30	50,687.90
内：外貨預金		・・・	・・・	・・・	・・・	・・・	・・・	・・・	・・・
制限付き預金		・・・	・・・	1,499.40	1,798.40	3,100.30	2,659.50	1,970.20	2,535.20
対外負債		1,119.60	1,555.40	11,081.80	9,697.91	12,867.50	12,833.60	17,183.60	16,552.10
中央政府預金		63.57	59.00	・・・	・・・	33.70	・・・	12.00	・・・
中央銀行に対する負債		・・・	・・・	・・・	・・・	・・・	・・・	・・・	・・・
資本勘定		・・・	・・・	6,757.59	5,125.37	5,018.92	5,349.78	6,110.60	5,255.30
その他（ネット）		1,895.22	3,320.73	-2,553.72	-1,349.35	-5,603.99	-4,254.37	-4,109.60	-4,469.90

268

ニュージーランド

1994	1995	1996	1997	1998	1999	2000	2001	2002	2003	2004
2.27	2.28	2.04	2.32	2.67	2.64	2.96	3.02	2.58	2.29	2.16
1.56	1.53	1.42	1.72	1.90	1.92	2.27	2.41	1.90	1.54	1.39
1.69	1.52	1.45	1.51	1.87	1.89	2.20	2.38	2.16	1.72	1.51
82.31	91.01	95.33	91.92	74.40	73.42	63.41	58.32	64.36	80.73	92.06
91.70	96.31	102.75	105.43	92.33	89.41	80.95	79.17	85.48	97.12	103.60
88.04	93.17	99.29	101.30	88.56	84.77	76.88	75.45	82.36	93.46	99.89
・・・	80.61	87.05	92.03	80.90	78.16	69.86	70.76	75.35	85.64	94.19
650.10	650.10	650.10	650.10	650.10	894.60	894.60	894.60	894.60	894.60	894.60
0.23	0.57	0.27	0.24	1.23	4.97	10.03	12.82	15.89	18.95	21.99
100.82	110.33	126.63	131.92	252.82	308.57	245.68	308.25	337.91	433.08	305.45
・・・	・・・	・・・	・・・	・・・	・・・	・・・	・・・	・・・	・・・	・・・
141.32	141.32	141.32	141.32	141.32	141.32	141.32	141.32	141.32	141.32	141.32
3,708.51	4,409.84	5,953.47	4,451.32	4,203.71	4,455.34	3,952.08	3,564.65	4,962.82	6,085.43	6,947.36
0.33	0.84	0.39	0.32	1.74	6.82	13.06	16.11	21.60	28.15	34.15
147.18	164.00	182.08	178.00	355.97	423.51	320.10	387.39	459.40	643.54	474.36
3,561.00	4,245.00	5,771.00	4,273.00	3,846.00	4,025.00	3,618.92	3,161.16	4,481.82	5,413.74	6,438.84
2,351.00	2,575.00	2,714.00	2,751.00	2,461.00	2,804.00	2,327.57	2,077.50	2,940.17	3,515.14	3,394.89
1,210.00	1,670.00	3,057.00	1,522.00	1,385.00	1,221.00	1,291.35	1,083.66	1,541.65	1,898.61	3,043.95
-	178.35	299.34	461.29	382.53	378.84	604.75	303.31	503.81	480.86	1,279.04
1,559.28	1,955.26	3,551.67	1,914.78	2,828.73	4,786.21	6,952.73	10,252.30	12,991.10	14,664.00	16,101.30
12,319.30	14,438.70	17,197.40	17,024.30	20,030.70	25,260.90	25,553.90	25,391.00	32,174.10	39,648.10	51,437.60
5,771.58	7,024.32	8,856.46	8,543.54	8,798.90	9,076.99	10,330.30	9,319.12	11,256.60	10,392.60	11,900.10
2,917.52	3,065.24	3,654.84	3,734.80	3,797.65	2,718.18	3,225.75	3,334.26	3,589.73	3,709.96	4,714.30
301.00	476.00	1,305.00	1,079.00	451.00	2,177.70	1,802.17	2,247.23	2,083.84	2,597.79	363.18
1,891.00	2,026.00	1,972.00	2,068.00	2,198.00	3,870.10	2,925.47	3,176.70	3,402.69	3,524.17	3,744.62
1,367.00	1,488.80	1,497.10	1,632.70	1,723.90	2,077.11	2,069.21	2,206.75	2,450.66	2,596.93	2,736.64
・・・	・・・									
1,185.00	1,218.00	1,242.00	1,250.00	1,076.00						
321.10	594.56	711.84	1,120.80	1,103.65	1,100.28	1,792.10	1,157.44	1,321.83	1,062.86	2,085.91
5,219.00	6,319.00	9,217.46	8,177.54	8,252.90	8,577.59	10,220.10	10,100.60	11,669.80	11,618.10	9,621.66
427.00	447.00	457.00	473.00	475.00	470.30	474.74	486.55	502.72	514.91	1,551.86
·53.00	·39.00	216.00	268.00	·58.00	·45.40	·54.19	·20.62	33.15	·19.67	·26.49
466.70	605.50	532.40	409.30	448.10	1,592.29	817.96	944.18	944.18	908.83	1,009.30
1,185.00	1,218.00	1,242.00	1,164.30	1,056.80	-					
2,426.90	2,992.90	5,030.70	3,291.70	5,368.62	9,193.64	15,794.50	24,674.50	24,674.50	22,560.10	22,412.80
5,932.20	4,248.70	3,302.40	3,571.90	4,383.68	6,921.42	7,148.73	8,329.53	8,394.82	8,039.80	5,656.00
・・・	・・・	・・・	・・・	・・・	・・・	・・・	990.64	925.35	1,100.30	1,308.20
74,588.00	85,149.50	94,647.30	105,190.00	112,124.00	121,884.00	129,301.00	137,339.00	137,339.00	154,490.00	170,977.00
・・・	・・・	・・・	・・・	・・・	・・・	・・・	9,305.29	9,305.29	6,920.88	8,449.23
8,154.70	8,864.83	9,093.59	9,727.89	10,633.00	12,528.00	13,593.00	31,316.70	31,316.60	34,384.00	34,392.90
55,574.40	60,819.70	70,694.10	75,310.70	74,563.50	78,522.20	78,868.40	69,585.10	69,585.10	76,190.40	80,036.20
・・・	・・・	・・・	・・・	・・・	・・・	・・・	・・・	・・・	・・・	・・・
1,848.70	2,030.10	3,763.50	2,806.40	4,198.19	2,520.67	3,295.75	2,637.79	2,637.79	4,666.55	5,619.80
19,174.00	22,101.20	24,358.90	29,266.50	38,016.20	48,522.70	58,050.60	61,109.40	61,109.40	60,997.10	71,600.20
8.90	18.60	25.30	32.60	29.40	61.30	51.80	339.30	339.30	351.40	533.80
・・・	・・・	・・・	・・・	・・・	・・・	・・・	2,083.84	2,083.84	2,597.79	363.18
5,157.60	5,798.00	5,546.70	7,261.50	8,223.85	9,347.58	9,684.99	14,022.50	14,022.50	17,802.70	18,396.40
·5,319.50	·5,417.80	·8,727.30	·10,778.90	·12,282.60	·11,911.40	·10,482.70	488.59	488.51	·2,969.62	·1,130.29

統　計

ニュージーランド（1948-2016年）

	2005	2006	2007	2008	2009	2010	2011	2012
為替レート	対SDRレート							
市場レート（期末）	2.10	2.13	2.04	2.66	2.17	2.00	1.99	1.87
	対ドル・レート							
市場レート（期末）	1.47	1.42	1.29	1.73	1.39	1.30	1.30	1.22
市場レート（期中平均）	1.42	1.54	1.36	1.42	1.60	1.39	1.27	1.23
	指数（2010年=100，期中平均）							
市場レート	97.65	90.05	102.06	99.07	87.92	100.00	109.69	112.38
名目実効為替レート	108.35	99.50	106.09	98.85	91.48	100.00	103.14	107.93
実質実効為替レート（CPIベース）	105.25	97.58	104.01	96.96	91.30	100.00	104.08	107.84
実質実効為替レート（ユニット・レイバー・コスト・ベース）	103.50	99.63	106.48	99.02	88.81	100.00	103.73	107.17
IMFポジション	100万SDR（期末）							
クォータ	894.60	894.60	894.60	894.60	894.60	894.60	894.60	894.60
SDR	24.08	22.14	17.99	14.57	854.66	854.93	828.27	818.36
IMFリザーブポジション	115.26	79.18	59.88	113.74	173.84	177.26	324.82	355.83
内：IMF借入残高	・・・	・・・	・・・	・・・	・・・		42.90	73.70
IMFクレジット及び融資総残高	-	-	-	-	-	-	-	-
SDR配分額	141.32	141.32	141.32	141.32	853.76	853.76	853.76	853.76
国際流動性	100万米ドル（他に断りのない限り，期末）							
総準備（金を除く）	8,892.73	14,068.50	17,247.20	11,052.20	15,594.00	16,722.60	17,011.90	17,583.00
SDR	34.41	33.31	28.42	22.45	1,339.84	1,316.62	1,271.61	1,257.75
IMFリザーブポジション	164.74	119.13	94.62	175.20	272.53	272.99	498.68	546.88
外国為替	8,693.57	13,916.00	17,124.10	10,854.50	13,981.60	15,133.00	15,241.70	15,778.30
通貨当局	4,626.57	10,259.30	12,852.30	8,560.47	11,664.80	12,974.60	13,611.10	12,596.60
政府	4,067.00	3,656.70	4,271.78	2,294.04	2,316.87	2,158.45	1,630.53	3,181.75
金（100万ファイントロイオンス）	-	-	-	-	-	-	-	-
金（国内評価額）	-	-	-	-	-	-	-	-
通貨当局：その他負債	1,332.52	741.08	798.20	1,157.27	768.03	1,365.14	・・・	・・・
銀行業機関：資産	8,260.28	9,842.38	11,943.60	9,105.37	10,807.00	9,463.43	・・・	・・・
銀行業機関：負債	52,133.60	67,652.50	82,686.10	69,154.60	89,113.10	92,158.60	・・・	・・・
通貨当局	100万ニュージーランド・ドル（期末）							
対外資産	14,872.00	20,882.80	23,662.10	21,358.60	23,106.00	23,970.50	・・・	・・・
中央政府向け信用	4,973.64	5,028.65	4,528.66	5,196.10	5,233.86	5,411.62	・・・	・・・
銀行業機関向け信用	517.88	221.52	625.92	4,905.54	2,826.65		・・・	・・・
準備貨幣	4,240.66	12,843.20	12,231.40	13,378.90	13,551.80	12,378.70	・・・	・・・
内：預金通貨銀行以外の現金通貨	3,020.39	3,061.45	3,191.12	3,526.37	3,579.85	3,720.02	・・・	・・・
銀行業機関に対するその他負債	543.93	762.76	332.62	218.40	133.27	384.93	・・・	・・・
中央銀行負債：証券				3,689.85	1,078.97		・・・	・・・
対外負債	2,251.99	1,351.01	1,319.80	2,376.74	2,918.74	3,477.75	・・・	・・・
中央政府預金	11,442.00	9,484.76	13,240.40	8,223.11	10,898.60	10,595.10	・・・	・・・
資本勘定	1,709.50	1,591.10	1,670.01	3,570.36	2,573.58	2,532.51	・・・	・・・
その他（ネット）	175.49	100.13	22.49	2.87	11.53	13.10	・・・	・・・
銀行業機関	100万ニュージーランド・ドル（期末）							
準備	974.36	9,050.05	8,569.90	9,311.20	9,407.56	8,473.58	・・・	・・・
通貨当局に対する債権：証券	-			3,689.85	1,078.97		・・・	・・・
中央銀行に対するその他債権	245.40	762.76	332.62	218.40	133.27	384.93	・・・	・・・
対外資産	12,122.50	13,943.00	15,431.00	15,739.60	14,974.30	12,280.60	・・・	・・・
中央政府向け信用	5,227.89	2,444.36	2,238.61	3,007.53	10,305.50	13,867.10	・・・	・・・
地方自治体向け信用	1,396.07	1,395.64	1,698.15	2,361.45	2,706.10	2,888.90	・・・	・・・
民間部門向け信用	196,534.00	222,497.00	251,511.00	273,822.00	276,063.00	289,538.00	・・・	・・・
ノンバンク金融機関向け信用	9,538.16	9,464.67	11,443.40	8,717.71	6,474.30	6,182.60	・・・	・・・
要求払い預金	33,030.80	32,750.60	31,423.10	31,361.50	31,316.10	32,760.30	・・・	・・・
定期性預金及び貯蓄性預金	92,231.80	106,925.00	124,026.00	140,173.00	139,057.00	152,014.00	・・・	・・・
内：外貨預金	・・・	・・・	・・・	・・・	・・・	・・・	・・・	・・・
制限付き預金	7,768.80	8,010.81	9,876.14	9,130.34	7,567.50	7,239.90	・・・	・・・
対外負債	76,509.50	95,838.60	106,830.00	119,541.00	123,477.00	119,593.00	・・・	・・・
中央政府預金	352.80	497.90	355.20	368.90	360.20	757.10	・・・	・・・
中央銀行に対する負債	517.88	221.52	625.92	4,905.54	2,826.65		・・・	・・・
資本勘定	19,063.00	20,354.80	20,719.00	22,706.60	20,846.00	22,911.30	・・・	・・・
その他（ネット）	-3,436.65	-5,042.09	-2,630.10	-11,319.20	-4,307.65	-1,660.40	・・・	・・・

ニュージーランド

2013	2014	2015	2016
1.88	1.85	2.02	1.93
1.22	1.28	1.46	1.44
1.22	1.21	1.43	1.44
113.76	115.19	97.09	96.63
112.26	116.61	111.20	111.97
111.40	115.01	109.04	109.39
111.29	116.99	112.39	114.16
894.60	894.60	894.60	1,252.10
846.05	875.54	872.47	767.62
393.22	360.50	278.91	188.53
80.98	74.93	60.83	58.98
-	-	-	-
853.76	853.76	853.76	853.76
16,317.80	15,861.10	14,699.80	17,807.90
1,302.91	1,268.49	1,209.00	1,031.93
605.55	522.29	386.50	253.45
14,409.30	14,070.30	13,104.30	16,522.50
13,334.00	12,627.40	12,362.00	15,016.70
1,075.30	1,442.90	742.30	1,505.80
-	-	-	-
-	-	-	-
...	...	...	...
...	...	...	...
...	...	...	...
...	...	...	...
...	...	...	...
...	...	...	...
...	...	...	...
...	...	...	...
...	...	...	...
...	...	...	...
...	...	...	...
...	...	...	...
...	...	...	...
...	...	...	...
...	...	...	...
...	...	...	...
...	...	...	...
...	...	...	...
...	...	...	...
...	...	...	...
...	...	...	...
...	...	...	...
...	...	...	...
...	...	...	...
...	...	...	...

統　計

ニュージーランド（1948-2016年）

	1948	1949	1950	1951	1952	1953	1954	1955
バンキング・サーベイ	100万ニュージーランド・ドル（期末）							
対外資産（ネット）	144.30	137.20	166.70	186.70	167.20	232.80	197.20	151.20
国内信用	289.00	370.00	386.80	445.80	482.40	476.60	521.80	549.00
中央政府向け信用（ネット）	123.60	194.80	165.40	134.00	196.00	197.40	147.80	159.40
地方自治体向け信用	・・・	・・・	・・・	・・・	・・・	・・・	・・・	・・・
民間部門向け信用	165.40	175.20	221.40	311.80	286.40	279.20	374.00	389.60
ノンバンク金融機関向け信用	・・・	・・・	・・・	・・・	・・・	・・・	・・・	・・・
現金・預金通貨	381.00	423.80	480.60	491.60	488.80	571.80	615.20	614.00
準通貨	79.80	79.40	79.00	144.40	127.60	111.20	104.40	78.40
中央銀行負債：証券	・・・	・・・	・・・	・・・	・・・	・・・	・・・	・・・
制限付き預金	・・・	・・・	・・・	・・・	・・・	・・・	・・・	・・・
資本勘定		-		-		-		
その他（ネット）	-27.50	4.00	-6.10	-3.50	33.20	26.40	-0.60	7.80
現金・預金通貨（季節調整値）	・・・	・・・	・・・	・・・	・・・	・・・	・・・	・・・
現金・預金通貨＋準通貨	460.80	503.20	559.60	636.00	616.40	683.00	719.60	692.40
貨幣集計量（国内定義）	100万ニュージーランド・ドル（期末）							
M1	・・・	・・・	・・・	・・・	・・・	・・・	・・・	・・・
M2	・・・	・・・	・・・	・・・	・・・	・・・	・・・	・・・
M3R	・・・	・・・	・・・	・・・	・・・	・・・	・・・	・・・
M3（広義流動性）	・・・	・・・	・・・	・・・	・・・	・・・	・・・	・・・
その他銀行業機関	100万ニュージーランド・ドル（期末）							
中央政府向け信用	・・・	・・・	・・・	・・・	・・・	・・・	・・・	・・・
民間部門向け信用	・・・	・・・	・・・	・・・	・・・	・・・	・・・	・・・
定期性預金，社債及び小切手	・・・	・・・	・・・	・・・	・・・	・・・	・・・	・・・
対外負債	・・・	・・・	・・・	・・・	・・・	・・・	・・・	・・・
預金通貨銀行からの信用	・・・	・・・	・・・	・・・	・・・	・・・	・・・	・・・
資本勘定	・・・	・・・	・・・	・・・	・・・	・・・	・・・	・・・
その他（ネット）	・・・	・・・	・・・	・・・	・・・	・・・	・・・	・・・
郵便貯金：貯蓄性預金	・・・	・・・	・・・	・・・	・・・	・・・	・・・	・・・
信託貯蓄銀行：預金	・・・	・・・	・・・	・・・	・・・	・・・	・・・	・・・
ノンバンク金融機関	100万ニュージーランド・ドル（期末）							
中央政府向け信用	84.00	87.30	91.30	85.60	82.00	87.80	95.70	89.80
地方自治体向け信用	47.00	49.30	53.80	57.60	59.30	61.90	61.90	64.70
民間部門向け信用	42.60	49.40	58.80	77.60	96.60	113.80	137.20	167.80
不動産	4.40	4.80	5.40	6.00	6.00	6.90	7.50	9.10
金利	年率（%）							
中央銀行政策金利	・・・	・・・	・・・	・・・	・・・	・・・	・・・	・・・
ディスカウント・レート	1.50	1.50	1.50	1.50	1.50	1.50	4.00	7.00
短期金融市場商品金利	・・・	・・・	・・・	・・・	・・・	・・・	・・・	・・・
財務省短期証券金利	・・・	・・・	・・・	・・・	・・・	・・・	・・・	・・・
預金金利	・・・	・・・	・・・	・・・	・・・	・・・	・・・	・・・
貸出金利	・・・	・・・	・・・	・・・	・・・	・・・	・・・	・・・
政府債利回り	3.03	3.00	3.07	3.08	3.85	4.03	3.98	4.15
物価	指数（2010年＝100，期中平均）							
投入価格：全産業	3.47	3.44	3.75	4.37	4.85	4.81	4.76	4.82
消費者物価指数	3.00	3.05	3.22	3.58	3.86	4.04	4.23	4.33
輸出物価指数	6.52	6.31	8.91	9.96	8.33	9.32	9.46	9.74
輸入物価指数	8.07	7.34	8.08	9.35	10.28	9.74	9.60	9.77
GDPデフレーター	・・・	・・・	・・・	・・・	・・・	・・・	4.93	5.00

ニュージーランド

1956	1957	1958	1959	1960	1961	1962	1963	1964	1965	1966
173.90	112.70	189.80	258.60	214.80	150.70	204.20	193.80	217.10	135.49	105.06
527.00	591.20	514.90	496.70	619.30	661.80	613.00	650.70	656.70	731.76	770.76
175.20	179.20	103.70	142.90	183.30	173.80	163.60	178.70	172.30	183.73	185.84
・・・	・・・	・・・	・・・	・・・	・・・	・・・	・・・	・・・	・・・	・・・
351.80	412.00	411.20	353.80	436.00	488.00	449.40	472.00	484.40	548.03	584.92
・・・	・・・	・・・	・・・	・・・	・・・	・・・	・・・	・・・	・・・	・・・
618.60	620.20	588.00	658.60	748.80	732.60	729.80	751.20	800.40	783.58	810.45
68.60	72.40	82.60	91.60	104.00	102.20	104.80	103.80	112.40	126.30	140.20
・・・	・・・	・・・	・・・	・・・	・・・	・・・	・・・	・・・	・・・	・・・
									16.33	16.83
13.70	11.30	34.10	5.10	-18.70	-22.30	-17.40	-10.50	-39.00	-58.96	-91.66
・・・	607.44	574.78	626.64	712.46	697.05	694.39	715.43	763.01	746.98	773.33
687.20	692.60	670.60	750.20	852.80	834.80	834.60	855.00	912.80	909.88	950.65
・・・	・・・	・・・	・・・	・・・	・・・	・・・	・・・	・・・	・・・	・・・
・・・	・・・	・・・	・・・	・・・	・・・	・・・	・・・	・・・	・・・	・・・
・・・	・・・	・・・	・・・	・・・	・・・	・・・	・・・	・・・	・・・	・・・
・・・	・・・	・・・	・・・	・・・	・・・	・・・	・・・	・・・	0.60	2.80
・・・	・・・	・・・	・・・	・・・	・・・	・・・	・・・	・・・	55.40	71.70
・・・	・・・	・・・	・・・	・・・	・・・	・・・	・・・	・・・	35.40	52.40
・・・	・・・	・・・	・・・	・・・	・・・	・・・	・・・	・・・	2.90	2.80
・・・	・・・	・・・	・・・	・・・	・・・	・・・	・・・	・・・	3.50	4.20
・・・	・・・	・・・	・・・	・・・	・・・	・・・	・・・	・・・	13.60	16.60
・・・	・・・	・・・	・・・	・・・	・・・	・・・	・・・	・・・	0.60	-1.50
・・・	500.00	528.60	544.00	598.80	622.70	658.40	712.40	841.00	853.30	865.40
・・・	110.60	117.20	124.80	142.80	156.60	176.60	210.00	259.00	302.60	333.20
90.10	94.10	102.50	112.70	103.80	108.00	122.10	141.20	156.30	171.90	192.30
68.10	75.30	79.30	81.20	97.80	96.40	95.20	93.20	80.00	77.30	75.30
192.40	216.20	243.20	285.20	324.40	368.60	403.40	438.60	457.10	513.60	565.80
10.80	12.20	14.50	19.80	24.40	31.40	38.70	51.10	53.10	62.00	69.50
・・・	・・・	・・・	・・・	・・・	・・・	・・・	・・・	・・・	・・・	・・・
7.00	7.00	7.00	6.00	6.00	7.00	7.00	7.00	7.00	7.00	7.00
・・・	・・・	・・・	・・・	・・・	・・・	・・・	・・・	・・・	・・・	・・・
・・・	・・・	・・・	・・・	・・・	・・・	・・・	・・・	・・・	・・・	・・・
・・・	・・・	・・・	・・・	・・・	・・・	・・・	・・・	・・・	・・・	・・・
4.65	4.82	4.95	4.85	4.83	5.08	5.25	5.15	5.06	5.10	5.28
4.99	5.06	5.20	5.28	5.30	5.28	5.25	5.35	5.54	5.69	5.79
4.48	4.58	4.78	4.96	5.00	5.09	5.23	5.33	5.51	5.70	5.85
9.44	9.36	7.89	9.12	8.75	8.26	8.46	9.39	10.07	9.79	9.65
10.05	10.38	10.33	10.09	10.25	10.26	10.05	10.02	10.22	10.20	10.20
5.16	5.25	5.33	5.48	5.59	5.61	5.86	6.03	6.23	6.34	6.37

統　計

ニュージーランド（1948-2016年）

	1967	1968	1969	1970	1971	1972	1973	1974
バンキング・サーベイ	100万ニュージーランド・ドル（期末）							
対外資産（ネット）	38.91	132.86	231.76	284.18	458.41	743.34	797.83	432.20
国内信用	827.41	797.24	877.44	948.89	979.56	1,180.82	1,732.76	2,232.99
中央政府向け信用（ネット）	237.21	134.83	145.45	112.67	112.12	178.20	260.94	354.30
地方自治体向け信用	・・・	・・・	・・・	・・・	・・・	・・・	・・・	・・・
民間部門向け信用	590.20	662.41	731.99	836.22	867.44	1,002.62	1,471.82	1,878.69
ノンバンク金融機関向け信用	・・・	・・・	・・・	・・・	・・・	・・・	・・・	・・・
現金・預金通貨	780.84	779.69	800.88	860.83	949.06	1,219.11	1,544.90	1,600.96
準通貨	144.20	172.20	269.30	306.60	409.50	630.40	929.50	1,021.70
中央銀行負債：証券	・・・	・・・	・・・	・・・	・・・	・・・	・・・	・・・
制限付き預金	・・・	・・・	・・・	・・・	・・・	・・・	・・・	・・・
資本勘定	17.33	17.06	18.00	44.40	65.68	86.02	86.21	116.89
その他（ネット）	-76.05	-38.85	21.02	21.23	13.73	-11.33	-30.01	-74.36
現金・預金通貨（季節調整値）	745.79	745.40	765.66	822.97	905.59	1,162.16	1,467.14	1,517.50
現金・預金通貨＋準通貨	925.04	951.89	1,070.18	1,167.43	1,358.56	1,849.51	2,474.40	2,622.66
貨幣集計量（国内定義）	100万ニュージーランド・ドル（期末）							
M1	・・・	・・・	・・・	・・・	・・・	・・・	・・・	・・・
M2	・・・	・・・	・・・	・・・	・・・	・・・	・・・	・・・
M3R	・・・	・・・	・・・	・・・	・・・	・・・	・・・	・・・
M3（広義流動性）	・・・	・・・	・・・	・・・	・・・	・・・	・・・	・・・
その他銀行業機関	100万ニュージーランド・ドル（期末）							
中央政府向け信用	0.20	0.20	2.60	11.40	16.50	17.20	19.60	16.10
民間部門向け信用	76.50	84.10	105.30	144.80	192.00	249.80	334.50	317.40
定期性預金，社債及び小切手	53.90	61.70	82.90	122.00	169.90	204.90	240.20	203.80
対外負債	3.00	3.10	4.80	4.90	8.40	23.60	30.40	44.30
預金通貨銀行からの信用	3.50	4.50	4.40	8.80	7.80	10.60	33.50	26.40
資本勘定	18.60	19.60	21.80	27.00	37.50	47.80	65.00	67.10
その他（ネット）	-2.30	-4.60	-6.00	-6.50	-15.10	-19.90	-15.00	-8.10
郵便貯金：貯蓄性預金	866.20	876.30	898.00	936.80	947.30	1,015.40	1,118.30	1,170.80
信託貯蓄銀行：預金	368.40	404.60	439.40	476.10	510.20	590.20	707.50	758.30
ノンバンク金融機関	100万ニュージーランド・ドル（期末）							
中央政府向け信用	216.20	242.60	259.00	287.00	312.90	349.80	391.80	406.10
地方自治体向け信用	74.10	83.80	91.50	100.80	113.50	124.80	142.90	160.00
民間部門向け信用	630.60	682.60	743.80	800.70	850.90	918.80	989.00	1,080.70
不動産	80.70	91.30	111.90	147.90	186.00	219.40	263.10	324.10
金利	年率（%）							
中央銀行政策金利	・・・	・・・	・・・	・・・	・・・	・・・	・・・	・・・
ディスカウント・レート	7.00	7.00	7.00	7.00	7.00	6.00	6.00	7.00
短期金融市場商品金利	・・・	・・・	・・・	・・・	・・・	・・・	・・・	・・・
財務省短期証券金利	・・・	・・・	・・・	・・・	・・・	・・・	・・・	・・・
預金金利	・・・	・・・	・・・	・・・	・・・	・・・	・・・	・・・
貸出金利	・・・	・・・	・・・	・・・	・・・	・・・	・・・	・・・
政府債利回り	5.51	5.53	5.54	5.51	5.52	5.52	5.80	6.09
物価	指数（2010年=100，期中平均）							
投入価格：全産業	5.92	6.34	6.66	7.06	7.59	8.11	9.14	9.88
消費者物価指数	6.21	6.48	6.79	7.25	8.00	8.54	9.24	10.28
輸出物価指数	8.72	9.52	10.12	10.13	11.02	13.26	17.00	16.60
輸入物価指数	10.40	12.22	12.68	13.48	14.30	14.87	15.62	19.75
GDPデフレーター	6.65	6.90	7.61	8.33	9.58	10.54	11.45	12.08

ニュージーランド

1975	1976	1977	1978	1979	1980	1981	1982	1983	1984	1985
53.08	·104.07	-227.49	-219.99	50.48	-95.83	-119.40	-292.80	127.95	2,245.56	1,881.61
2,948.36	3,668.62	4,417.77	5,415.88	6,199.23	6,852.77	7,943.25	9,173.19	9,806.94	9,384.06	14,708.10
880.32	1,176.10	1,479.55	1,857.91	1,928.71	1,923.96	1,923.48	2,033.37	1,998.25	240.74	3,366.67
···	···	···	···	···	···	···	···	···	···	···
2,068.04	2,492.52	2,938.22	3,557.97	4,270.52	4,928.81	6,019.77	7,139.82	7,808.69	9,143.32	11,341.40
···	···	···	···	···	···	···	···	···	···	···
1,749.43	1,909.52	1,945.54	2,378.49	2,458.18	2,535.40	2,926.08	3,029.83	3,426.26	3,760.77	4,104.15
1,155.10	1,526.20	1,995.20	2,536.60	3,369.30	3,828.50	4,481.40	5,418.50	5,580.60	7,079.40	10,267.00
···	···	···	···	···	···	···	···	···	···	···
···	···	···	···	···	···	···	···	···	···	···
101.89	112.58	118.38	131.76	178.81	214.71	266.56	287.35	322.55	401.57	483.35
·4.98	16.26	131.14	149.08	243.42	178.31	149.82	144.72	605.48	387.88	1,735.26
1,650.41	1,791.29	1,813.18	2,210.49	2,284.55	2,360.71	2,732.10	2,834.27	3,208.11	3,518.03	3,842.84
2,904.53	3,435.72	3,940.74	4,915.09	5,827.48	6,363.90	7,407.48	8,448.33	9,006.86	10,840.20	14,371.10
···	···	···	···	···	···	···	···	···	···	···
···	···	···	···	···	···	···	···	···	···	···
···	···	···	···	···	···	···	···	···	···	···
···	···	···	···	···	···	16,009.00	18,066.00	20,669.00	25,020.00	31,397.00
24.50	36.20	54.80	62.10	90.30	130.00	145.60	168.10	318.10	591.90	458.80
378.80	546.90	826.70	954.50	1,187.50	1,497.70	1,974.70	2,591.20	3,135.70	3,995.40	5,389.90
270.20	466.80	693.50	812.60	1,048.90	1,332.00	1,762.40	2,326.00	2,974.90	3,974.40	5,088.30
49.80	27.50	18.10	22.90	25.30	31.90	28.40	34.60	40.50	68.90	123.70
25.80	26.50	28.40	27.70	34.80	27.20	34.00	40.10	30.50	38.80	48.10
70.70	88.20	131.20	150.50	158.20	206.90	241.50	292.30	352.40	425.50	492.00
·13.20	·25.90	10.30	2.90	10.60	29.70	54.00	66.30	55.50	79.70	96.60
1,242.30	1,308.70	1,417.00	1,567.90	1,686.00	1,792.40	1,948.90	2,050.40	2,347.90	2,592.70	2,827.30
850.00	944.90	1,075.70	1,357.10	1,567.60	1,872.50	2,242.10	2,493.30	2,989.50	3,399.40	3,750.30
445.70	485.20	504.20	549.90	616.80	687.40	776.20	860.60	988.90	1,303.20	1,626.40
184.70	215.90	255.70	284.60	316.00	344.80	378.10	467.20	511.40	575.60	562.30
1,153.10	1,251.20	1,359.50	1,462.30	1,584.90	1,776.90	1,997.60	2,240.00	2,517.10	2,789.60	3,007.60
371.10	422.20	479.00	545.40	608.10	674.20	727.80	797.30	880.40	958.10	1,113.00
···	···	···	···	···	···	···	···	···	···	···
7.00	8.50	10.00	10.50	13.00	14.00	13.00	13.00	7.50	13.50	19.80
···	···	···	···	···	···	···	···	···	···	24.74
···	···	···	8.25	10.75	11.25	11.25	11.25	10.13	9.23	···
···	···	···	···	···	···	11.00	10.79	9.75	10.46	14.71
6.33	8.34	9.23	9.97	12.04	13.29	12.83	12.91	12.18	12.57	17.71
11.19	13.70	15.95	17.79	20.94	25.72	30.05	34.58	36.47	39.06	45.06
11.78	13.75	15.76	17.63	20.05	23.48	27.08	31.46	33.77	35.87	41.39
16.45	21.70	24.95	26.52	32.18	37.15	42.01	46.34	48.97	55.57	60.40
26.19	32.26	35.49	36.78	41.50	53.75	61.16	68.25	73.92	84.06	93.02
13.73	16.57	18.09	19.96	22.71	26.10	30.18	35.14	36.85	39.55	45.62

統　　計

ニュージーランド（1948-2016年）

	1986	1987	1988	1989	1990	1991	1992	1993
バンキング・サーベイ	100万ニュージーランド・ドル（期末）							
対外資産（ネット）	2,131.37	3,072.31	-4,129.71	-3,464.31	-3,147.33	-5,378.98	-9,475.06	-9,023.47
国内信用	18,379.20	22,054.00	53,948.50	57,667.10	58,950.70	63,365.40	69,123.40	71,556.80
中央政府向け信用（ネット）	3,223.56	3,683.47	5,734.21	4,185.11	3,367.83	5,143.80	5,280.97	4,007.47
地方自治体向け信用	・・・	・・・	-	5.00	-	-	・・・	・・・
民間部門向け信用	15,155.70	18,370.50	48,214.30	53,482.00	55,582.90	58,221.60	63,842.40	67,549.30
ノンバンク金融機関向け信用	・・・	・・・	・・・	・・・				
現金・預金通貨	4,667.84	6,666.58	7,194.17	8,389.07	8,406.14	8,523.27	8,393.08	8,980.01
準通貨	13,285.60	14,448.30	36,922.40	39,879.30	44,798.00	45,542.20	47,802.30	50,687.90
中央銀行負債：証券	・・・	・・・						
制限付き預金	・・・	・・・	1,499.40	1,798.40	3,100.30	2,659.50	1,970.20	2,535.20
資本勘定	561.77	584.49	7,080.59	5,475.37	5,491.92	5,845.78	6,515.60	5,642.30
その他（ネット）	1,995.44	3,426.90	-2,877.82	-1,339.35	-6,003.99	-4,563.27	-5,009.90	-5,312.10
現金・預金通貨（季節調整値）	4,374.73	6,259.70	7,103.72	8,266.24	8,254.61	8,343.05	8,199.94	8,772.76
現金・預金通貨＋準通貨	17,953.40	21,114.90	44,116.60	48,268.40	53,204.10	54,065.40	56,195.40	59,667.90
貨幣集計量（国内定義）	100万ニュージーランド・ドル（期末）							
M1	・・・	・・・	・・・	・・・	・・・	・・・	・・・	・・・
M2	・・・	・・・	・・・	・・・	・・・	・・・	・・・	・・・
M3R	・・・	・・・	・・・	・・・	・・・	・・・	・・・	・・・
M3（広義流動性）	37,807.00	42,932.00	44,418.00	46,137.00	52,832.00	56,489.00	64,239.00	65,873.00
その他銀行業機関	100万ニュージーランド・ドル（期末）							
中央政府向け信用	432.40	・・・	・・・	・・・	・・・	・・・	・・・	・・・
民間部門向け信用	5,978.90	・・・	・・・	・・・	・・・	・・・	・・・	・・・
定期性預金，社債及び小切手	5,289.30	・・・	・・・	・・・	・・・	・・・	・・・	・・・
対外負債	470.80	413.00	・・・	・・・	・・・	・・・	・・・	・・・
預金通貨銀行からの信用	61.50	・・・	・・・	・・・	・・・	・・・	・・・	・・・
資本勘定	640.30	・・・	・・・	・・・	・・・	・・・	・・・	・・・
その他（ネット）	-50.60	・・・	・・・	・・・	・・・	・・・	・・・	・・・
郵便貯金：貯蓄性預金	3,084.60	・・・	・・・	・・・	・・・	・・・	・・・	・・・
信託貯蓄銀行：預金	4,202.60	・・・	・・・	・・・	・・・	・・・	・・・	・・・
ノンバンク金融機関	100万ニュージーランド・ドル（期末）							
中央政府向け信用	1,923.10	2,116.90	2,172.00	1,659.50	1,398.10	1,954.30	2,349.70	2,328.60
地方自治体向け信用	471.50	452.70	607.80	706.90	906.90	864.10	738.60	782.30
民間部門向け信用	4,566.10	3,602.80	3,301.10	4,412.70	3,427.80	3,848.10	4,545.80	5,369.70
不動産	1,745.60	2,725.30	2,746.40	3,091.80	2,580.00	2,061.40	1,740.60	1,488.70
金利	年率（％）							
中央銀行政策金利	・・・	・・・	・・・	・・・	・・・	・・・	・・・	・・・
ディスカウント・レート	24.60	18.55	15.10	15.00	13.25	8.30	9.15	5.70
短期金融市場商品金利	17.70	21.32	15.27	13.40	13.42	9.94	6.63	6.25
財務省短期証券金利	19.97	20.50	14.72	13.51	13.78	9.74	6.72	6.21
預金金利	16.32	・・・	13.41	10.92	11.65	8.93	6.58	6.24
貸出金利	・・・	・・・	・・・	・・・	・・・	・・・	・・・	・・・
政府債利回り	16.52	16.35	13.45	12.78	12.46	10.00	7.87	6.69
物価	指数（2010年=100，期中平均）							
投入価格：全産業	47.65	51.43	54.12	57.95	60.64	61.16	62.42	63.96
消費者物価指数	46.86	54.24	57.70	61.00	64.72	66.40	67.08	67.94
輸出物価指数	58.91	62.40	66.24	75.03	74.58	73.61	80.32	79.44
輸入物価指数	90.68	86.55	86.01	92.70	93.40	94.39	100.55	97.91
GDPデフレーター	54.47	58.60	62.26	65.46	66.36	67.31	68.51	69.36

ニュージーランド

1994	1995	1996	1997	1998	1999	2000	2001	2002	2003	2004
-11,296.60	-12,678.50	-11,183.60	-18,552.10	-24,952.30	-31,352.40	-33,717.90	-28,273.20	-26,500.10	-29,107.30	-39,373.20
78,209.80	86,125.80	92,361.80	104,286.00	112,023.00	122,884.00	129,403.00	148,859.00	147,545.00	162,292.00	180,949.00
3,621.82	976.34	-2,285.52	-903.45	-100.96	1,000.71	102.59	1,223.94	-24.55	-219.73	214.84
...	...	...	...	...	...	...	990.64	925.35	1,100.30	1,308.20
74,588.00	85,149.50	94,647.30	105,190.00	112,124.00	121,884.00	129,301.00	137,339.00	137,339.00	154,490.00	170,977.00
...	...	...	...	...	...	...	9,305.29	9,305.29	6,920.88	8,449.23
9,534.70	10,404.60	10,591.70	11,360.60	12,356.90	14,605.10	15,662.20	33,527.50	33,770.40	36,983.80	37,130.10
55,574.40	60,819.70	70,694.10	75,310.70	74,563.50	78,522.20	78,868.40	69,585.10	69,585.10	76,190.40	80,036.20
-	-	-	85.70	19.20	-	-	-	-	-	-
1,848.70	2,030.10	3,763.50	2,806.40	4,198.19	2,520.67	3,295.75	2,637.79	2,637.79	4,666.55	5,619.80
5,584.60	6,245.00	6,003.70	7,734.50	8,698.85	9,817.88	10,159.70	14,509.00	14,525.20	18,317.60	19,948.20
-5,616.20	-6,001.10	-9,901.80	-11,503.20	-12,767.40	-13,977.40	-12,339.10	330.14	529.30	-2,971.09	-1,158.34
9,328.40	10,205.50	10,403.80	11,150.50	12,090.10	14,244.50	15,236.70	32,605.10	32,914.40	36,226.40	36,555.90
65,109.10	71,224.30	81,285.80	86,671.30	86,920.40	93,127.30	94,530.60	103,113.00	103,355.00	113,174.00	117,166.00
10,947.70	10,334.00	10,565.50	11,327.40	12,887.50	14,879.70	15,932.40	19,094.00	20,311.60	22,135.00	22,833.60
27,840.10	31,989.80	32,835.50	33,336.20	37,873.40	40,963.60	41,318.50	47,412.00	51,192.90	53,292.60	54,707.90
58,385.10	65,514.70	73,468.50	78,651.70	78,786.20	84,669.10	86,643.90	92,732.10	103,352.00	113,171.00	117,167.00
67,948.20	77,853.60	87,719.10	91,411.10	92,383.10	98,747.70	105,179.00	117,213.00	131,820.00	139,575.00	148,395.00
...	...	...	...	...	...	...	...	...	...	...
...	...	...	...	...	...	...	...	...	...	...
...	...	...	...	...	...	...	...	...	...	...
...	...	...	...	...	...	...	...	...	...	...
...	...	...	...	...	...	...	...	...	...	...
...	...	...	...	...	...	...	...	...	...	...
...	...	...	...	...	...	...	...	...	...	...
2,435.40	...	...	...	...	...	...	...	...	...	...
546.40	526.90	624.70	551.30	...	...	...	...	...	...	...
4,507.90	986.80	934.20	636.50	...	...	...	...	...	...	...
1,590.90	...	...	...	...	...	...	...	...	...	...
...	...	...	...	...	5.00	6.50	4.75	5.75	5.00	6.50
9.75	9.80	8.80	9.70	5.60	5.00	6.50	4.75	5.75	...	...
6.13	8.91	9.38	7.38	6.86	4.33	6.12	5.76	5.40	5.33	5.77
6.69	8.82	9.09	7.53	7.10	4.58	6.39	5.56	5.52	5.21	5.85
6.38	8.49	8.49	7.26	6.78	4.56	6.36	5.35	5.33	5.10	5.77
...	...	...	...	...	7.05	7.81	7.60	7.18	7.00	7.10
7.48	7.94	8.04	7.21	6.47	6.13	6.85	6.12	6.28	5.51	5.98
64.82	65.34	65.72	65.98	66.42	67.96	73.60	77.05	76.35	75.97	78.18
69.08	71.67	73.31	74.18	75.10	75.31	77.58	79.52	81.64	82.56	84.45
77.76	75.46	72.37	72.11	74.58	77.58	93.29	96.47	83.58	76.70	79.52
96.15	95.49	92.19	92.96	96.37	100.44	116.06	114.85	105.39	93.18	91.31
70.50	71.80	72.96	73.44	74.07	74.66	77.28	79.92	79.90	81.72	84.66

統　　計

ニュージーランド（1948-2016年）

	2005	2006	2007	2008	2009	2010	2011	2012
バンキング・サーベイ	100万ニュージーランド・ドル（期末）							
対外資産（ネット）	-51,766.90	-62,363.80	-69,056.20	-84,819.70	-88,315.10	-86,820.00	・・・	・・・
国内信用	205,875.00	230,848.00	257,825.00	284,513.00	289,524.00	306,536.00	・・・	・・・
中央政府向け信用（ネット）	-1,593.26	-2,509.65	-6,828.29	-388.38	4,280.57	7,926.55	・・・	・・・
地方自治体向け信用	1,396.07	1,395.64	1,698.15	2,361.45	2,706.10	2,888.90	・・・	・・・
民間部門向け信用	196,534.00	222,497.00	251,511.00	273,822.00	276,063.00	289,538.00	・・・	・・・
ノンバンク金融機関向け信用	9,538.16	9,464.67	11,443.40	8,717.71	6,474.30	6,182.60	・・・	・・・
現金・預金通貨	36,051.20	35,812.10	34,614.20	34,887.80	34,896.00	36,480.30	・・・	・・・
準通貨	92,231.80	106,925.00	124,026.00	140,173.00	139,057.00	152,014.00	・・・	・・・
中央銀行負債：証券							・・・	・・・
制限付き預金	7,768.80	8,010.81	9,876.14	9,130.34	7,567.50	7,239.90	・・・	・・・
資本勘定	20,772.50	21,945.90	22,389.00	26,277.00	23,419.60	25,443.80	・・・	・・・
その他（ネット）	-2,716.72	-4,210.28	-2,137.20	-10,775.00	-3,731.73	-1,462.15	・・・	・・・
現金・預金通貨（季節調整値）	35,581.90	35,318.80	34,014.00	34,142.00	34,018.60	35,490.70	・・・	・・・
現金・預金通貨＋準通貨	128,283.00	142,737.00	158,641.00	175,061.00	173,953.00	188,494.00	・・・	・・・
貨幣集計量（国内定義）	100万ニュージーランド・ドル（期末）							
M1	22,426.50	23,265.40	23,537.30	24,239.40	24,550.70	31,521.00	34,044.20	36,420.20
M2	61,100.50	71,151.00	69,225.90	74,283.50	74,193.90	79,543.00	91,665.90	103,080.00
M3R	128,209.00	142,738.00	158,641.00	175,035.00	173,952.00	190,084.00	203,173.00	219,416.00
M3（広義流動性）	159,281.00	185,715.00	199,481.00	212,502.00	210,210.00	224,755.00	239,293.00	253,611.00
その他銀行業機関	100万ニュージーランド・ドル（期末）							
中央政府向け信用	・・・	・・・	・・・	・・・	・・・	・・・	・・・	・・・
民間部門向け信用	・・・	・・・	・・・	・・・	・・・	・・・	・・・	・・・
定期性預金，社債及び小切手	・・・	・・・	・・・	・・・	・・・	・・・	・・・	・・・
対外負債	・・・	・・・	・・・	・・・	・・・	・・・	・・・	・・・
預金通貨銀行からの信用	・・・	・・・	・・・	・・・	・・・	・・・	・・・	・・・
資本勘定	・・・	・・・	・・・	・・・	・・・	・・・	・・・	・・・
その他（ネット）	・・・	・・・	・・・	・・・	・・・	・・・	・・・	・・・
郵便貯金：貯蓄性預金	・・・	・・・	・・・	・・・	・・・	・・・	・・・	・・・
信託貯蓄銀行：預金	・・・	・・・	・・・	・・・	・・・	・・・	・・・	・・・
ノンバンク金融機関	100万ニュージーランド・ドル（期末）							
中央政府向け信用	・・・	・・・	・・・	・・・	・・・	・・・	・・・	・・・
地方自治体向け信用	・・・	・・・	・・・	・・・	・・・	・・・	・・・	・・・
民間部門向け信用	・・・	・・・	・・・	・・・	・・・	・・・	・・・	・・・
不動産	・・・	・・・	・・・	・・・	・・・	・・・	・・・	・・・
金利	年率（%）							
中央銀行政策金利	7.25	7.25	8.25	5.00	2.50	3.00	2.50	2.50
ディスカウント・レート	・・・	・・・	・・・	・・・	・・・	・・・	・・・	・・・
短期金融市場商品金利	6.76	7.30	7.93	7.55	2.82	2.61	2.50	2.46
財務省短期証券金利	6.52	7.05	7.55	7.01	2.83	2.78	2.55	2.46
預金金利	6.68	6.92	7.78	7.55	4.04	4.58	4.27	4.11
貸出金利	7.76	8.19	8.61	8.94	6.66	6.26	6.11	5.82
政府債利回り	5.98	6.01	6.81	6.17	4.66	4.86	4.02	3.11
物価	指数（2010年=100，期中平均）							
投入価格：全産業	82.38	86.62	89.71	98.69	96.28	100.00	103.96	104.41
消費者物価指数	87.01	89.94	92.08	95.72	97.75	100.00	104.43	105.36
輸出物価指数	80.32	87.64	90.20	106.00	89.41	100.00	103.71	94.35
輸入物価指数	92.96	99.56	95.05	108.69	100.22	100.00	101.32	99.23
GDPデフレーター	86.37	88.93	93.06	95.91	96.40	100.00	102.07	101.56

ニュージーランド

2013	2014	2015	2016
. . .	. . .	. . .	. . .
. . .	. . .	. . .	. . .
. . .	. . .	. . .	. . .
. . .	. . .	. . .	. . .
. . .	. . .	. . .	. . .
. . .	. . .	. . .	. . .
. . .	. . .	. . .	. . .
. . .	. . .	. . .	. . .
. . .	. . .	. . .	. . .
. . .	. . .	. . .	. . .
. . .	. . .	. . .	. . .
. . .	. . .	. . .	. . .
. . .	. . .	. . .	. . .
39,881.00	42,359.00	46,111.00	60,283.00
119,170.00	131,463.00	150,158.00	153,357.00
235,341.00	250,399.00	272,618.00	290,971.00
268,384.00	283,086.00	305,985.00	325,467.00
. . .	. . .	. . .	. . .
. . .	. . .	. . .	. . .
. . .	. . .	. . .	. . .
. . .	. . .	. . .	. . .
. . .	. . .	. . .	. . .
. . .	. . .	. . .	. . .
. . .	. . .	. . .	. . .
. . .	. . .	. . .	. . .
. . .	. . .	. . .	. . .
. . .	. . .	. . .	. . .
. . .	. . .	. . .	. . .
. . .	. . .	. . .	. . .
. . .	. . .	. . .	. . .
2.50	3.50	2.50	1.75
. . .	. . .	. . .	. . .
2.47	3.09	3.08	2.07
2.39	3.24	2.99	2.04
3.83	4.01	3.73	3.23
5.53	5.80	5.76	5.02
3.52	4.02	3.01	2.26
106.79	104.98	103.56	105.33
106.73	107.70	108.06	109.23
102.47	97.35	93.91	90.29
94.39	89.66	89.22	85.23
106.49	107.11	107.74	110.44

統　　計

ネパール（1948-2000年）

		1948	1949	1950	1951	1952	1953	1954	1955
為替レート	対SDRレート								
市場レート（期末）		・・・	・・・	・・・	・・・	6.10	6.10	7.10	8.31
	対ドル・レート								
市場レート（期末）		・・・	・・・	・・・	・・・	6.10	6.10	7.10	8.31
市場レート（期中平均）		・・・	・・・	・・・	・・・	6.10	6.10	7.10	8.31
IMFポジション	100万SDR（期末）								
クォータ		-		-			-	-	-
SDR		-		-			-		
IMFリザーブポジション		-		-			-		
内：IMF借入残高		-		-		・・・	・・・	・・・	・・・
IMFクレジット及び融資総残高		-		-					
SDR配分額									
国際流動性	100万米ドル（他に断りのない限り，12月央）								
総準備（金を除く）		・・・		-	・・・	・・・	・・・	・・・	・・・
SDR		-		-			-		
IMFリザーブポジション		-		-			-		
外国為替		・・・		・・・					
金（100万ファイントロイオンス）		・・・		・・・	・・・	・・・	・・・	・・・	・・・
金（国内評価額）		・・・		・・・	・・・	・・・	・・・	・・・	・・・
通貨当局：その他資産		・・・		・・・	・・・	・・・	・・・	・・・	・・・
通貨当局：その他負債		・・・		・・・	・・・	・・・	・・・	・・・	・・・
預金通貨銀行：資産		・・・		・・・	・・・	・・・	・・・	・・・	・・・
預金通貨銀行：負債		・・・		・・・	・・・	・・・	・・・	・・・	・・・
通貨当局	100万ルピー（12月央）								
対外資産		・・・	・・・	・・・	・・・	・・・	・・・	・・・	・・・
中央政府向け信用		・・・	・・・	・・・	・・・	・・・	・・・	・・・	・・・
民間部門向け信用		・・・	・・・	・・・	・・・	・・・	・・・	・・・	・・・
預金通貨銀行向け信用		・・・	・・・	・・・	・・・	・・・	・・・	・・・	・・・
その他金融機関向け信用		・・・	・・・	・・・	・・・	・・・	・・・	・・・	・・・
準備貨幣		・・・	・・・	・・・	・・・	・・・	・・・	・・・	・・・
内：預金通貨銀行以外の現金通貨		・・・	・・・	・・・	・・・	・・・	・・・	・・・	・・・
民間部門預金		・・・	・・・	・・・	・・・	・・・	・・・	・・・	・・・
対外負債		・・・	・・・	・・・	・・・	・・・	・・・	・・・	・・・
中央政府預金		・・・	・・・	・・・	・・・	・・・	・・・	・・・	・・・
資本勘定		・・・	・・・	・・・	・・・	・・・	・・・	・・・	・・・
その他（ネット）		・・・	・・・	・・・	・・・	・・・	・・・	・・・	・・・
預金通貨銀行	100万ルピー（12月央）								
準備		・・・	・・・	・・・	・・・	・・・	・・・	・・・	・・・
対外資産		・・・	・・・	・・・	・・・	・・・	・・・	・・・	・・・
中央政府向け信用		・・・	・・・	・・・	・・・	・・・	・・・	・・・	・・・
非金融公的企業向け信用		・・・	・・・	・・・	・・・	・・・	・・・	・・・	・・・
民間部門向け信用		・・・	・・・	・・・	・・・	・・・	・・・	・・・	・・・
その他金融機関向け信用		・・・	・・・	・・・	・・・	・・・	・・・	・・・	・・・
要求払い預金		・・・	・・・	・・・	・・・	・・・	・・・	・・・	・・・
定期性預金及び貯蓄性預金		・・・	・・・	・・・	・・・	・・・	・・・	・・・	・・・
対外負債		・・・	・・・	・・・	・・・	・・・	・・・	・・・	・・・
通貨当局からの信用		・・・	・・・	・・・	・・・	・・・	・・・	・・・	・・・
その他（ネット）		・・・	・・・	・・・	・・・	・・・	・・・	・・・	・・・
マネタリー・サーベイ	100万ルピー（12月央）								
対外資産（ネット）		・・・	・・・	・・・	・・・	・・・	・・・	・・・	・・・
国内信用		・・・	・・・	・・・	・・・	・・・	・・・	・・・	・・・
中央政府向け信用（ネット）		・・・	・・・	・・・	・・・	・・・	・・・	・・・	・・・
非金融公的企業向け信用		・・・	・・・	・・・	・・・	・・・	・・・	・・・	・・・
民間部門向け信用		・・・	・・・	・・・	・・・	・・・	・・・	・・・	・・・
その他金融機関向け信用		・・・	・・・	・・・	・・・	・・・	・・・	・・・	・・・
現金・預金通貨		・・・	・・・	・・・	・・・	・・・	・・・	・・・	・・・
準通貨		・・・	・・・	・・・	・・・	・・・	・・・	・・・	・・・
その他（ネット）		・・・	・・・	・・・	・・・	・・・	・・・	・・・	・・・
現金・預金通貨（季節調整値）		・・・	・・・	・・・	・・・	・・・	・・・	・・・	・・・
現金・預金通貨＋準通貨		・・・	・・・	・・・	・・・	・・・	・・・	・・・	・・・
金利	年率（％，12月央）								
中央銀行政策金利		・・・	・・・	・・・	・・・	・・・	・・・	・・・	・・・
ディスカウント・レート		・・・	・・・	・・・	・・・	・・・	・・・	・・・	・・・
財務省短期証券金利		・・・	・・・	・・・	・・・	・・・	・・・	・・・	・・・
預金金利		・・・	・・・	・・・	・・・	・・・	・・・	・・・	・・・
貸出金利		・・・	・・・	・・・	・・・	・・・	・・・	・・・	・・・
政府債利回り		・・・	・・・	・・・	・・・	・・・	・・・	・・・	・・・
物価	指数（2010年=100，期中平均）								
消費者物価指数		・・・	・・・	・・・	・・・	・・・	・・・	・・・	・・・
GDPデフレーター		・・・	・・・	・・・	・・・	・・・	・・・	・・・	・・・

ネパール

1956	1957	1958	1959	1960	1961	1962	1963	1964	1965	1966
6.69	6.21	7.17	7.17	7.62	7.62	7.62	7.62	7.62	7.62	7.62
6.69	6.21	7.17	7.17	7.62	7.62	7.62	7.62	7.62	7.62	7.62
6.69	6.26	6.60	7.14	7.50	7.62	7.62	7.62	7.62	7.62	7.62
-	-	-	-		7.50	7.50	7.50	7.50	7.50	10.00
-	-	-	-		-	-	-	0.26	0.26	0.88
...	...	...	...	...	...	...	...	...		-
...	...	10.00	13.50	17.40	22.30	22.20	33.20	46.06	56.46	41.68
								0.26	0.26	0.88
...	...	10.00	13.50	17.40	22.30	22.20	33.20	45.80	56.20	40.80
...	0.05	0.05	0.05	0.05	0.05	0.05	0.09	0.09	0.09	0.09
...	1.84	1.84	1.84	1.84	1.84	1.84	3.05	3.05	3.05	3.29
...	...	...	...	...	...	...	...	...	...	...
...	1.75	2.39	2.69	2.93	3.48	3.14	3.40	4.11	2.68	2.11
...	46.30	80.00	105.30	146.50	167.50	187.60	277.70	377.28	463.68	345.40
...	64.80	60.70	60.90	63.40	70.00	80.70	77.90	54.82	101.92	140.60
...	0.10	0.10	0.10	0.20	0.50	1.10	3.10	3.90	3.40	11.70
										3.30
...	...	...	...	...	-			3.80	17.80	24.30
...	80.90	91.80	107.40	154.40	193.80	198.50	261.50	293.20	418.50	439.50
...	69.50	84.80	96.90	119.90	142.30	149.10	194.30	217.90	310.30	337.20
...	0.10	0.30	3.10	16.70	29.70	32.60	40.80	56.60	83.70	75.70
...	...	...	...	...	...	...	...	...	...	...
...	46.90	65.80	74.10	63.40	71.30	82.30	96.20	124.30	146.70	147.90
...	10.00	10.20	10.70	11.30	13.50	15.80	17.70	20.00	29.00	37.50
...	-2.60	-3.00	-1.70	5.10	-0.80	10.60	22.10	37.60	43.90	-58.00
...	11.30	6.70	7.20	17.80	13.10	14.10	25.20	19.40	23.50	21.40
...	10.90	17.10	19.20	22.30	26.50	23.90	25.90	31.30	20.40	16.10
...	...	...	...	...	...	...	5.50	10.50	7.10	14.20
										8.90
...	27.40	27.50	34.40	40.30	49.20	53.70	53.90	71.40	102.70	111.90
...	...	...	...	...	...	...	...	...	...	...
...	28.00	30.90	33.10	45.60	43.40	42.00	58.90	74.20	87.40	93.30
...	13.90	14.30	19.70	27.40	32.70	38.80	41.10	39.90	44.00	49.60
...	...	...	...	...	...	...	...	...		3.30
...	7.70	6.10	8.00	7.20	12.70	10.90	10.50	18.50	22.20	26.20
...	57.20	97.10	124.50	168.80	212.80	210.10	305.20	408.20	483.70	361.50
...	45.40	22.50	21.30	40.60	44.50	54.00	40.70	34.90	83.50	160.70
...	17.90	-5.10	-13.20	0.10	-6.40	-1.70	-16.30	-40.50	-22.60	28.10
...	...	...	...	...	...	...	...	...		8.90
...	27.50	27.60	34.50	40.50	49.70	54.80	57.00	75.30	106.10	123.60
...	...	...	...	...	...	...	...	...	...	...
...	97.60	116.00	133.10	182.20	223.60	227.90	294.00	378.70	481.40	506.30
...	13.90	14.30	19.70	27.40	32.70	38.80	41.10	39.90	44.00	49.60
...	-9.00	-10.70	-6.90	-0.40	1.00	-2.50	51.50	75.40	96.10	10.90
...	98.89	117.65	134.85	185.16	227.93	233.98	298.48	384.47	488.24	513.49
...	111.50	130.30	152.80	209.60	256.30	266.70	335.10	418.60	525.40	555.90
...	...	...	...	...	...	...	...	...	...	...
...	...	...	...	...	...	...	...	...	...	...
...	...	...	...	...	...	...	...	...	...	...
...	...	...	...	...	...	...	...	...	...	...
...	...	...	...	...	...	...	...	2.87	3.12	3.56
...	...	...	...	1.82	1.84	1.94	2.07	2.21	2.40	2.76

統　　計

ネパール（1948-2000年）

	1967	1968	1969	1970	1971	1972	1973	1974
為替レート	対SDRレート							
市場レート（期末）	10.13	10.13	10.13	10.13	10.99	10.99	12.74	12.93
	対ドル・レート							
市場レート（期末）	10.13	10.13	10.13	10.13	10.13	10.13	10.56	10.56
市場レート（期中平均）	8.03	10.13	10.13	10.13	10.13	10.13	10.47	10.56
IMFポジション	100万SDR（期末）							
クォータ	10.00	10.00	10.00	10.00	10.80	11.60	12.40	12.40
SDR	-	-	-	-	1.07	2.21	2.21	2.21
IMFリザーブポジション	0.88	0.90	2.44	2.50	2.70	2.91	3.11	3.11
内：IMF借入残高	・・・	・・・	・・・	・・・	・・・	・・・	・・・	・・・
IMFクレジット及び融資総残高	-	-	-	-	-	-	-	-
SDR配分額					1.07	2.21	2.21	2.21
国際流動性	100万米ドル（他に断りのない限り，12月央）							
総準備（金を除く）	43.08	54.20	75.54	88.70	96.09	98.36	117.52	121.31
SDR	-	-	-	-	1.16	2.40	2.67	2.71
IMFリザーブポジション	0.88	0.90	2.44	2.50	2.93	3.16	3.75	3.81
外国為替	42.20	53.30	73.10	86.20	92.00	92.80	111.10	114.80
金（100万ファイントロイオンス）	0.09	0.27	0.23	0.15	0.14	0.14	0.13	0.13
金（国内評価額）	3.29	9.29	8.17	5.15	4.95	5.16	5.49	5.49
通貨当局：その他資産	・・・	・・・	・・・	・・・	・・・	・・・	・・・	・・・
通貨当局：その他負債	・・・	・・・	・・・	7.49	4.40	4.68	6.10	14.44
預金通貨銀行：資産	3.09	6.84	10.13	9.15	8.91	17.63	17.18	18.84
預金通貨銀行：負債	・・・	0.75	0.90	1.55	1.41	1.72	1.68	6.27
通貨当局	100万ルピー（12月央）							
対外資産	463.31	622.81	824.61	940.21	1,000.28	1,014.19	1,249.82	1,268.61
中央政府向け信用	114.89	89.49	66.50	109.69	143.02	173.41	388.88	528.59
民間部門向け信用	6.00	5.30	11.10	11.40	11.10	8.10	18.70	21.30
預金通貨銀行向け信用		1.40	0.20	3.80	0.20	3.40	3.30	61.20
その他金融機関向け信用	21.10	27.30	33.10	13.30	26.80	37.00	49.30	55.70
準備貨幣	467.60	556.10	678.80	644.60	696.50	791.60	1,020.30	1,063.10
内：預金通貨銀行以外の現金通貨	350.00	420.20	487.20	525.50	549.20	596.30	747.00	881.80
民間部門預金	83.10	89.00	129.00	42.40	68.50	43.70	76.60	82.00
対外負債	・・・	・・・	・・・	75.80	44.50	47.40	64.40	152.50
中央政府預金	120.80	179.70	145.50	180.50	230.40	194.10	408.60	478.70
資本勘定	46.00	53.00	63.70	81.90	107.46	189.19	229.65	249.77
その他（ネット）	-41.40	-48.60	-35.40	10.40	53.90	14.00	-13.00	-9.00
預金通貨銀行	100万ルピー（12月央）							
準備	29.20	41.40	65.40	75.00	130.90	135.30	206.70	119.90
対外資産	31.30	69.30	102.60	92.60	90.20	178.50	181.40	198.90
中央政府向け信用	22.90	10.30	10.00	17.00	35.50	69.60	99.90	100.30
非金融公的企業向け信用	9.60	7.20	10.80	21.20	10.30	22.60	41.20	221.60
民間部門向け信用	117.20	153.60	181.70	240.20	332.10	356.40	458.90	604.50
その他金融機関向け信用	・・・	・・・	・・・	・・・	・・・	・・・	・・・	・・・
要求払い預金	98.60	86.60	123.00	131.40	166.50	201.70	266.60	326.00
定期預金及び貯蓄性預金	69.90	122.20	183.00	231.90	324.20	451.40	573.20	658.40
対外負債	・・・	7.60	9.10	15.70	14.30	17.40	17.70	66.20
通貨当局からの信用		1.40	0.20	3.80	0.50	3.40	3.30	61.20
その他（ネット）	41.60	64.00	54.90	63.30	93.60	88.40	127.20	133.60
マネタリー・サーベイ	100万ルピー（12月央）							
対外資産（ネット）	498.30	688.40	922.60	941.31	1,031.68	1,127.89	1,349.12	1,248.81
国内信用	169.30	80.19	69.90	123.19	226.92	460.11	620.38	1,036.49
中央政府向け信用（ネット）	36.40	-104.11	-80.21	-79.01	-93.48	36.01	52.28	133.39
非金融公的企業向け信用	9.60	7.20	10.80	21.20	10.30	22.60	41.20	221.60
民間部門向け信用	123.20	158.90	192.80	251.60	343.20	364.50	477.60	625.80
その他金融機関向け信用	・・・	・・・	・・・	・・・	・・・	37.00	49.00	56.00
現金・預金通貨	531.70	595.80	739.40	699.30	784.20	841.70	1,090.20	1,289.80
準通貨	69.90	122.20	183.00	231.90	324.20	451.40	573.20	658.40
その他（ネット）	51.50	49.70	69.20	132.10	161.26	295.00	306.00	337.00
現金・預金通貨（季節調整値）	539.25	618.05	762.27	732.25	817.73	876.77	1,133.26	1,336.58
現金・預金通貨＋準通貨	601.60	718.00	922.40	931.20	1,108.40	1,293.10	1,663.40	1,948.20
金利	年率（％，12月央）							
中央銀行政策金利	・・・	・・・	・・・	・・・	・・・	・・・	・・・	・・・
ディスカウント・レート	・・・	・・・	・・・	・・・	・・・	・・・	・・・	・・・
財務省短期証券金利	・・・	・・・	・・・	・・・	・・・	・・・	・・・	・・・
預金金利	・・・	・・・	・・・	・・・	・・・	・・・	・・・	・・・
貸出金利	・・・	・・・	・・・	・・・	・・・	・・・	・・・	・・・
政府債利回り	・・・	・・・	・・・	・・・	・・・	・・・	・・・	・・・
物価	指数（2010年=100，期中平均）							
消費者物価指数	3.46	3.51	3.65	4.20	4.12	4.47	4.98	5.96
GDPデフレーター	2.61	2.90	3.09	3.30	3.41	3.84	3.71	4.48

ネパール

1975	1976	1977	1978	1979	1980	1981	1982	1983	1984	1985
14.63	14.52	15.18	15.63	15.81	15.30	15.36	15.77	15.91	17.64	22.74
12.50	12.50	12.50	12.00	12.00	12.00	13.20	14.30	15.20	18.00	20.70
11.00	12.50	12.50	12.11	12.00	12.00	12.34	13.24	14.55	16.46	18.25
12.40	12.40	12.40	19.00	19.00	28.50	28.50	28.50	37.30	37.30	37.30
2.21	2.11	1.90	1.19	1.72	0.10	·	0.79	0.18	0.08	0.03
3.11	·	·	2.41	2.33	5.19	5.69	5.69	5.69	5.69	5.70
...	...	...	...	...	...	...	...	...	...	...
-	4.49	5.99	15.31	18.56	32.63	32.48	27.66	22.40	15.80	19.83
2.21	2.21	2.21	2.21	4.19	6.17	8.10	8.10	8.10	8.10	8.10
95.73	127.51	139.49	145.08	159.16	182.76	201.92	199.25	133.35	81.96	55.99
2.59	2.45	2.31	1.55	2.27	0.13	·	0.87	0.19	0.08	0.03
3.64	·	·	3.14	3.07	6.62	6.62	6.28	5.96	5.58	6.26
89.50	125.06	137.18	140.39	153.83	176.01	195.30	192.10	127.20	76.30	49.70
0.13	0.13	0.13	0.15	0.15	0.15	0.15	0.15	0.15	0.15	0.15
5.49	5.49	5.60	6.16	6.28	6.39	6.39	6.39	6.39	6.39	6.39
...	1.80	2.70	2.30	4.90	6.40	3.20	2.30	1.40	0.40	·
12.58	4.01	6.00	5.58	10.40	11.49	15.79	15.13	3.05	3.68	10.84
26.58	34.06	45.33	52.15	55.46	59.30	71.83	57.85	81.53	71.83	83.49
5.06	16.30	22.51	16.41	11.83	6.33	8.72	7.42	12.58	16.09	24.40
1,239.81	1,678.20	1,839.10	1,826.78	2,026.83	2,363.63	2,772.72	2,743.26	2,113.05	2,224.49	1,299.40
724.49	891.71	1,105.08	1,454.34	1,707.89	1,896.18	2,611.35	3,311.64	4,625.75	5,695.71	7,039.80
21.00	16.80	17.90	19.60	33.50	41.40	53.20	54.80	63.50	112.80	254.10
164.40	2.60	1.60	133.80	86.50	130.50	264.20	113.00	9.90	225.50	364.20
133.90	122.80	210.50	313.70	352.90	373.10	398.10	428.00	501.00	556.50	705.50
1,161.70	1,497.00	1,627.40	1,912.70	2,156.10	2,379.00	2,722.20	3,393.50	3,927.40	4,554.70	5,151.90
882.40	996.20	1,212.20	1,378.80	1,627.10	1,814.10	2,146.60	2,407.90	2,783.00	3,301.60	3,796.70
98.20	127.00	141.60	164.40	184.30	229.40	154.40	270.30	305.50	351.40	332.20
157.30	115.31	165.98	306.32	418.23	637.31	707.47	652.63	402.89	344.94	675.36
514.20	570.60	744.00	734.90	857.50	925.70	1,471.10	1,490.80	1,662.50	1,897.50	2,250.20
404.64	410.80	496.66	571.65	681.04	738.23	890.25	919.07	1,154.40	2,307.51	2,489.47
46.00	118.00	140.00	223.03	95.00	125.00	309.00	194.70	166.01	-289.86	-903.93
163.10	352.70	347.80	324.80	405.70	369.40	517.80	610.50	613.90	649.60	913.60
332.20	425.80	566.60	625.80	665.50	711.60	948.10	827.30	1,239.30	1,293.00	1,728.30
100.50	320.20	639.90	417.80	347.30	386.70	354.80	796.30	1,421.50	1,654.10	2,073.00
379.50	307.00	269.90	604.20	715.40	780.20	945.50	874.20	1,074.70	940.00	1,295.80
710.20	613.90	809.50	1,105.90	1,392.70	1,960.70	2,456.40	2,620.00	2,669.70	3,229.80	4,335.70
...	...	...	...	...	...	...	86.10	129.50	156.90	154.50
352.90	512.60	578.70	657.00	722.90	820.90	903.70	1,026.60	1,277.50	1,289.30	1,487.00
846.60	1,174.90	1,468.40	1,869.80	2,177.80	2,661.40	3,375.20	4,282.60	5,228.40	5,898.90	7,398.20
63.20	203.80	281.40	196.90	142.00	76.00	115.10	106.10	191.20	289.70	505.10
164.40	2.60	1.60	133.80	86.50	130.50	264.20	113.00	9.90	225.50	364.20
258.30	125.50	303.70	221.10	397.40	519.80	564.40	286.10	441.60	220.00	746.40
1,351.51	1,784.89	1,958.32	1,949.36	2,132.11	2,361.92	2,898.25	2,811.83	2,758.26	2,882.85	1,847.25
1,513.79	1,647.71	2,182.68	3,024.04	3,692.19	4,512.58	5,348.25	6,685.24	8,828.15	10,453.30	13,613.20
269.19	587.21	874.88	980.64	1,197.69	1,357.18	1,495.05	2,617.14	4,384.75	5,452.31	6,862.60
379.50	307.00	269.90	604.20	715.40	780.20	945.50	879.20	1,079.70	945.00	1,300.80
731.20	630.70	827.40	1,125.50	1,426.20	2,002.10	2,509.60	2,674.80	2,733.20	3,342.60	4,589.80
134.00	123.00	211.00	314.00	353.00	373.00	398.00	514.10	630.50	713.40	860.00
1,333.50	1,635.80	1,932.50	2,200.20	2,534.30	2,864.40	3,204.70	3,704.80	4,366.00	4,942.30	5,615.90
846.60	1,174.90	1,468.40	1,869.80	2,177.80	2,661.40	3,375.20	4,282.60	5,228.40	5,898.90	7,398.20
685.00	622.00	740.00	903.88	1,112.00	1,349.00	1,667.00	1,509.67	1,992.01	2,494.76	2,446.34
1,376.16	1,681.19	1,984.09	2,261.25	2,612.68	2,962.15	3,320.93	3,839.17	4,524.35	5,116.25	5,807.55
2,180.10	2,810.70	3,400.90	4,070.00	4,712.10	5,525.80	6,579.90	7,987.40	9,594.40	10,841.20	13,014.10
...	12.00	12.00	12.00	12.00	12.00	12.00	15.00	15.00	15.00	15.00
...	12.00	12.00	12.00	12.00	12.00	12.00	13.00	13.00	13.00	13.00
...	...	...	...	...	...	5.00	5.00	5.00	5.00	5.00
13.63	14.58	12.17	12.00	12.00	12.00	12.00	12.29	12.50	12.50	12.50
12.00	13.00	14.00	14.00	14.00	14.00	14.00	15.50	17.00	17.00	17.00
...	...	...	...	...	...	10.50	10.50	10.50	10.50	13.00
6.41	6.21	6.83	7.33	7.59	8.71	9.68	10.81	12.15	12.49	13.50
5.71	5.74	5.54	6.06	6.66	7.17	7.73	8.46	9.50	10.10	11.26

統 計

ネパール（1948-2000年）

		1986	1987	1988	1989	1990	1991	1992	1993
為替レート	対SDRレート								
市場レート（期末）		26.91	30.64	33.91	37.59	43.25	61.08	59.40	67.63
	対ドル・レート								
市場レート（期末）		22.00	21.60	25.20	28.60	30.40	42.70	43.20	49.24
市場レート（期中平均）		21.23	21.82	23.29	27.19	29.37	37.26	42.72	48.61
IMFポジション	100万SDR（期末）								
クォータ		37.30	37.30	37.30	37.30	37.30	37.30	52.00	52.00
SDR		0.05	0.05	0.07	0.13	0.11	0.06	0.12	0.03
IMFリザーブポジション		5.71	5.71	5.71	5.71	5.71	5.71	5.71	5.73
内：IMF借入残高		・・・	・・・	・・・	・・・	・・・	・・・	・・・	・・・
IMFクレジット及び融資総残高		19.20	30.31	39.16	39.85	30.89	26.90	31.71	35.81
SDR配分額		8.10	8.10	8.10	8.10	8.10	8.10	8.10	8.10
国際流動性	100万米ドル（他に断りのない限り，12月央）								
総準備（金を除く）		86.75	178.17	220.28	211.58	295.28	396.95	467.42	640.21
SDR		0.06	0.07	0.09	0.17	0.16	0.09	0.17	0.04
IMFリザーブポジション		6.98	8.10	7.68	7.50	8.12	8.17	7.85	7.87
外国為替		79.70	170.00	212.50	203.90	287.00	388.70	459.40	632.30
金（100万ファイントロイオンス）		0.15	0.15	0.15	0.15	0.15	0.15	0.15	0.15
金（国内評価額）		6.39	6.39	6.44	6.45	6.45	6.45	6.45	6.45
通貨当局：その他資産		・	・・・	・・・	・・・	・・・	・・・	・・・	・・・
通貨当局：その他負債		8.71	31.40	18.00	38.29	39.69	32.20	51.61	55.31
預金通貨銀行：資産		65.32	90.11	96.81	97.15	128.88	123.09	151.03	129.91
預金通貨銀行：負債		24.80	25.95	29.43	30.71	32.78	35.80	57.82	68.65
通貨当局	100万ルピー（12月央）								
対外資産		1,839.36	3,830.07	5,816.14	7,491.81	10,328.70	17,893.70	21,320.20	32,720.50
中央政府向け信用		8,468.04	8,835.03	9,956.16	12,870.90	14,097.20	15,276.00	17,906.90	19,031.80
民間部門向け信用		184.70	193.70	167.00	205.20	349.20	494.30	501.00	543.70
預金通貨銀行向け信用		497.00	340.50	155.00	-	41.50	33.90	49.10	39.40
その他金融機関向け信用		748.50	876.00	915.90	818.20	761.10	837.10	689.80	498.50
準備貨幣		6,548.70	7,745.00	8,916.90	10,916.50	13,371.60	17,137.90	19,816.80	25,782.60
内：預金通貨銀行以外の現金通貨		4,787.00	5,826.50	6,670.60	7,904.80	9,818.30	12,464.60	14,200.60	17,390.00
民間部門預金		391.20	546.50	579.90	572.40	539.80	863.70	896.70	1,307.30
対外負債		708.24	1,607.09	1,781.60	2,592.92	2,542.59	3,018.03	3,780.33	4,388.62
中央政府預金		2,684.50	3,301.80	3,863.30	4,777.30	4,661.00	7,072.50	7,845.30	7,870.40
資本勘定		2,924.77	3,207.21	3,997.78	4,383.14	5,774.12	8,343.74	8,258.94	10,632.80
その他（ネット）		-1,128.61	-1,785.70	-1,549.39	-1,284.76	-772.61	-1,036.08	765.63	4,159.65
預金通貨銀行	100万ルピー（12月央）								
準備		1,046.90	1,364.30	1,363.60	2,450.70	2,943.00	2,998.70	3,943.20	5,836.60
対外資産		1,437.00	1,946.30	2,439.70	2,778.40	3,917.80	5,256.10	6,524.50	6,396.70
中央政府向け信用		2,001.10	3,024.20	3,819.10	4,045.90	4,395.10	8,238.20	9,677.30	10,733.50
非金融公的企業向け信用		1,661.60	1,859.40	1,920.70	1,644.20	2,004.90	1,309.90	1,144.00	1,953.90
民間部門向け信用		5,711.80	6,481.10	8,897.30	11,443.20	12,897.00	16,037.90	19,990.70	25,058.60
その他金融機関向け信用		115.80	104.50	28.80	28.00	28.00	28.50	28.70	28.90
要求払い預金		1,773.10	2,308.50	2,575.20	3,242.90	3,847.20	4,286.00	5,331.00	6,622.20
定期預金及び貯蓄預金		8,591.90	10,342.60	13,393.50	16,386.20	19,098.20	23,240.20	28,887.70	36,218.00
対外負債		545.60	560.60	741.70	878.40	996.60	1,528.50	2,497.90	3,380.10
通貨当局からの信用		497.00	340.50	155.00	-	41.50	33.90	49.10	39.40
その他（ネット）		566.60	1,227.70	1,603.80	1,883.10	2,202.30	4,780.70	4,542.70	3,748.80
マネタリー・サーベイ	100万ルピー（12月央）								
対外資産（ネット）		2,022.52	3,608.68	5,732.53	6,798.89	10,707.30	18,603.20	21,566.40	31,348.50
国内信用		16,212.00	18,077.10	21,849.20	26,285.80	29,879.00	35,156.90	42,100.60	49,986.00
中央政府向け信用（ネット）		7,784.64	8,557.43	9,911.96	12,139.00	13,831.30	16,441.70	19,738.90	21,894.90
非金融公的企業向け信用		1,666.60	1,864.40	1,928.20	1,651.70	2,012.40	1,317.40	1,151.50	1,961.40
民間部門向け信用		5,896.50	6,674.80	9,064.30	11,648.40	13,246.20	16,532.20	20,491.70	25,602.30
その他金融機関向け信用		864.30	980.50	944.70	846.20	789.10	865.60	718.50	527.40
現金・預金通貨		6,951.30	8,681.50	9,825.70	11,720.10	14,205.30	17,614.30	20,428.30	25,319.50
準通貨		8,591.90	10,342.60	13,393.50	16,386.20	19,098.20	23,240.20	28,887.70	36,218.00
その他（ネット）		2,691.36	2,661.91	4,362.00	4,977.58	7,281.81	12,906.80	14,351.10	19,797.50
現金・預金通貨（季節調整値）		7,173.68	8,940.78	10,077.60	11,996.00	14,495.20	17,955.50	20,802.70	25,809.90
現金・預金通貨＋準通貨		15,543.20	19,024.10	23,219.20	28,106.30	33,303.50	40,854.50	49,316.00	61,537.50
金利	年率（%，12月央）								
中央銀行政策金利		11.00	11.00	11.00	11.00	11.00	13.00	13.00	11.00
ディスカウント・レート		11.00	11.00	11.00	11.00	11.00	・・・	・・・	・・・
財務省短期証券金利		5.00	5.00	5.00	5.62	7.93	8.80	9.00	4.50
預金金利		12.50	12.50	12.50	12.50	11.92	・・・	・・・	・・・
貸出金利		15.67	15.00	15.00	15.00	14.42	・・・	・・・	・・・
政府債利回り		13.00	13.00	13.00	13.17	13.54	10.00	13.33	・・・
物価	指数（2010年=100，期中平均）								
消費者物価指数		16.06	17.79	19.39	21.10	22.84	26.40	30.92	33.24
GDPデフレーター		12.88	14.51	16.23	18.05	20.73	22.61	26.78	29.83

ネパール

1994	1995	1996	1997	1998	1999	2000
72.82	83.24	82.01	85.41	95.29	94.33	96.81
49.88	56.00	57.03	63.30	67.68	68.73	74.30
49.40	51.89	56.69	58.01	65.98	68.24	71.09
52.00	52.00	52.00	52.00	52.00	71.30	71.30
0.09	0.01	0.01	0.08	0.02	0.23	0.01
5.73	5.73	5.73	5.73	5.73	5.73	5.75
. . .	. . .	. . .	. . .	. . .	. . .	. . .
37.67	32.45	27.23	22.01	17.16	12.87	9.51
8.10	8.10	8.10	8.10	8.10	8.10	8.10
693.60	586.44	571.35	626.24	756.29	845.08	945.40
0.13	0.02	0.01	0.11	0.03	0.31	0.02
8.37	8.52	8.24	7.73	8.07	7.86	7.49
685.10	577.90	563.10	618.40	748.20	836.90	937.90
0.15	0.15	0.15	0.15	0.15	0.15	0.15
6.45	6.45	6.45	6.45	6.45	6.45	6.45
. . .	. . .	. . .	. . .	. . .	. . .	. . .
62.08	53.99	44.99	32.85	27.80	19.50	17.10
161.58	208.90	218.10	246.09	299.00	3453.30	459.90
66.10	67.42	87.73	111.34	149.70	174.90	206.80
35,626.50	33,959.90	33,882.90	39,767.00	52,331.00	59,155.00	71,427.00
19,439.30	24,000.80	24,714.30	27,151.00	29,805.00	30,539.00	34,366.00
503.10	546.90	894.55	1,145.00	1,356.00	1,460.00	1,478.00
21.30	12.10	646.30	6.00	6.00	6.00	6.00
483.90	843.60	1,122.30	1,477.00	1,631.00	1,613.00	1,560.00
28,792.40	31,266.40	34,368.30	39,477.00	50,203.00	55,371.00	66,062.00
21,004.80	23,229.90	25,427.90	27,905.00	32,244.00	36,929.00	44,526.00
1,097.40	1,396.10	1,357.60	1,601.00	2,287.00	4,346.00	3,160.00
4,617.31	4,327.39	3,421.98	2,525.00	2,024.00	1,338.00	1,246.00
7,782.00	7,458.80	7,446.80	9,255.00	10,474.00	11,473.00	13,081.00
12,076.20	15,982.00	16,127.50	18,580.00	21,545.00	22,953.00	25,752.00
2,806.17	328.00	-104.19	-293.00	883.00	1,639.00	2,696.00
7,321.20	8,488.40	7,583.00	9,972.00	15,673.00	14,096.00	18,376.00
8,059.70	11,698.40	12,438.00	15,577.00	20,238.00	23,729.00	34,174.00
8,775.70	6,497.40	7,610.04	8,620.88	8,957.00	13,330.00	15,471.00
1,620.90	1,721.40	1,712.89	1,458.73	993.00	1,438.00	1,909.00
36,462.10	49,493.90	56,848.00	65,541.00	84,875.00	97,306.00	114,913.00
28.90	210.70	4,023.00	4,668.00	530.00	5,915.00	7,419.00
8,421.90	8,927.00	8,758.00	9,090.10	10,979.00	13,832.00	15,343.00
42,171.90	50,489.70	58,743.80	70,554.90	89,850.00	109,521.00	132,550.00
3,297.00	3,775.60	5,003.27	7,048.09	10,134.00	12,020.00	15,367.00
21.30	12.10	646.27	5.72	5.50	6.00	45.00
8,356.40	14,905.60	17,063.00	19,138.00	20,297.00	20,435.00	28,958.00
35,771.90	37,555.30	37,895.70	45,770.10	60,411.00	69,527.00	88,988.00
59,539.40	75,863.40	89,485.50	100,814.00	117,680.00	140,135.00	164,043.00
20,433.00	23,039.40	24,877.00	26,517.40	28,287.10	32,396.00	36,757.00
1,628.40	1,728.90	1,720.39	1,466.23	1,000.00	1,446.00	1,917.00
36,965.20	50,040.80	57,742.00	66,685.00	86,231.00	98,766.00	116,391.00
512.80	1,054.30	5,145.00	6,145.00	2,161.00	7,528.00	8,978.00
30,524.10	33,553.00	35,544.00	38,595.90	45,509.00	55,107.00	63,028.00
42,171.90	50,489.70	58,743.80	70,554.90	89,850.00	109,521.00	132,550.00
22,615.30	29,375.80	33,093.40	37,432.90	42,732.90	45,034.00	57,453.00
31,115.30	34,237.80	36,269.40	39,423.80	. . .	. . .	. . .
72,696.00	84,042.70	94,287.80	109,150.80	135,359.00	164,628.00	195,578.00
11.00	11.00	11.00	9.00	9.00	9.00	7.50
. . .	. . .	. . .	. . .	. . .	. . .	6.50
6.50	9.90	11.51	2.52	3.70	4.30	5.30
8.75	. . .	9.63	9.79	8.92	7.31	5.96
. . .	. . .	12.88	14.54	14.00	11.33	9.46
9.00	9.00	9.00	9.00	9.00	8.75	8.50
36.02	38.77	42.34	44.04	48.99	52.64	53.94
32.02	34.30	36.85	39.55	41.05	44.64	46.68

統　計

ネパール（2001-2016年）

	2001	2002	2003	2004	2005	2006	2007	2008
為替レート	対SDRレート							
市場レート（期末）	96.11	106.45	110.02	111.51	105.84	106.96	100.43	119.60
	対ドル・レート							
市場レート（期末）	76.48	78.30	74.04	71.80	74.05	71.10	63.55	77.65
市場レート（期中平均）	74.95	77.88	76.14	73.67	71.37	72.76	66.42	69.76
IMFポジション	100万SDR（期末）							
クォータ	71.30	71.30	71.30	71.30	71.30	71.30	71.30	71.30
SDR	0.07	0.01	0.54	6.23	6.15	6.00	5.73	5.41
IMFリザーブポジション	5.75	5.75	5.77	-	-	-	-	-
内：IMF借入残高	･･･	･･･	･･･	･･･	･･･	･･･	･･･	･･･
IMFクレジット及び融資総残高	6.15	2.80	7.69	14.26	14.26	28.52	49.90	49.90
SDR配分額	8.10	8.10	8.10	8.10	8.10	8.10	8.10	8.10
国際流動性	100万米ドル（他に断りのない限り，12月央）							
総準備（金を除く）	1,037.71	1,017.63	1,222.48	1,462.17	1,498.98	1,935.49	2,014.03	2,457.91
SDR	0.09	0.02	0.80	9.67	8.78	9.02	9.06	8.33
IMFリザーブポジション	7.22	7.81	8.58	-	-	-	-	-
外国為替	1,030.40	1,009.80	1,213.10	1,452.50	1,490.20	1,926.47	2,004.97	2,449.58
金（100万ファイントロイオンス）	0.15	0.15	0.15	0.15	0.13	-	-	-
金（国内評価額）	6.45	6.45	6.45	6.45	5.45	-	-	-
中央銀行：その他資産	･･･	･･･	-	-	-	-	-	-
中央銀行：その他負債	1.03	3.64	3.53	4.56	1.15	0.05	0.98	0.05
中央銀行以外の預金取扱い機関：資産	335.78	312.26	263.73	322.19	386.49	466.47	581.31	702.76
中央銀行以外の預金取扱い機関：負債	102.15	85.17	120.96	112.78	88.32	86.20	81.32	181.33
中央銀行	100万ルピー（12月央）							
対外資産（ネット）	78,745.50	79,068.00	89,347.90	103,827.00	109,951.00	135,089.00	124,128.00	187,020.00
非居住者向け信用	80,194.40	80,513.70	91,347.10	106,648.00	112,403.00	139,010.00	130,015.00	193,961.00
非居住者に対する負債	1,448.84	1,445.71	1,999.21	2,821.38	2,452.20	3,921.22	5,887.62	6,941.03
その他預金取扱い機関向け信用	1,230.60	1,999.50	1,079.30	5,111.43	4,667.94	6,879.99	4,819.50	5,797.98
中央政府向け信用（ネット）	19,755.40	23,142.30	11,580.40	8,568.32	14,955.10	3,676.16	19,694.50	12,027.40
中央政府向け信用	19,755.40	23,142.30	11,580.40	11,326.40	16,022.80	14,000.20	24,161.40	20,602.80
中央政府に対する負債	-	-	-	2,758.05	1,067.65	10,324.10	4,466.95	8,575.38
その他部門向け信用	1,914.50	2,100.90	2,065.10	3,349.05	3,514.66	3,985.62	4,159.49	4,119.41
その他金融機関向け信用	440.70	440.70	433.70	424.11	493.23	463.23	436.99	398.99
地方自治体向け信用	-	-	-	-	-	-	-	-
非金融公的企業向け信用	7.50	7.50	7.50	8.50	8.50	8.50	8.50	11.00
民間部門向け信用	1,466.30	1,652.70	1,623.90	2,916.43	3,012.93	3,513.89	3,714.01	3,709.43
マネタリーベース	74,011.70	73,923.90	76,063.40	87,813.60	95,835.10	109,556.00	121,844.00	158,712.00
流通通貨	55,112.80	59,444.60	61,597.30	69,637.70	76,289.60	84,511.70	95,499.00	121,431.00
その他預金取扱い機関に対する負債	15,328.70	12,129.00	11,909.50	15,273.20	16,814.90	20,664.60	22,188.30	31,301.80
その他部門に対する負債	3,570.20	2,350.30	2,556.60	2,902.66	2,730.64	4,379.58	4,156.62	5,979.62
その他預金取扱い機関に対するその他負債	-	-	-	-	-	-	-	2.26
預金及び証券（マネタリーベース除外分）	-	-	-	-	-	-	-	-
預金（広義流動性に含む）	-	-	-	-	-	-	-	-
証券（広義流動性に含まれる株式以外）	-	-	-	-	-	-	-	-
預金（広義流動性から除外されたもの）	-	-	-	-	-	-	-	-
証券（広義流動性から除外される株式以外）	-	-	-	-	-	-	-	-
貸出	-	-	-	-	-	-	-	-
金融派生商品	-	-	-	-	-	-	-	-
株式及びその他持ち分	27,202.60	30,787.50	30,439.50	26,574.10	29,276.70	29,777.70	23,015.50	40,640.00
その他（ネット）	431.73	1,599.39	-2,430.10	6,467.62	7,976.76	10,297.40	7,941.50	9,610.13
注記項目：総資産	･･･	･･･	･･･	136,391.00	145,728.00	173,337.00	170,475.00	233,765.00
中央銀行以外の預金取扱い金融機関	100万ルピー（12月央）							
対外資産（ネット）	17,866.70	17,781.00	10,570.70	15,035.80	22,079.10	27,037.50	31,774.40	40,489.40
非居住者向け信用	25,678.80	24,449.90	19,526.80	23,133.30	28,619.40	33,166.00	36,942.20	54,569.20
非居住者に対する負債	7,812.10	6,668.88	8,956.06	8,097.45	6,540.33	6,128.50	5,167.74	14,079.90
中央銀行に対する債権	18,742.40	27,656.00	17,444.10	18,322.40	22,304.30	28,374.00	60,542.50	60,542.50
現金通貨	3,413.70	6,253.95	5,083.44	4,979.17	5,605.38	6,197.60	9,512.11	15,326.10
準備預金及び証券	15,328.70	21,402.10	12,360.70	13,343.30	16,699.00	22,176.40	29,460.60	44,931.40
その他債権	-	-	-	-	-	-	-	285.05
中央政府向け信用（ネット）	28,317.60	22,780.80	40,505.80	50,644.40	47,831.60	61,577.70	63,017.10	81,847.80
中央政府向け信用	28,317.60	43,576.10	54,018.60	51,810.60	53,565.50	66,891.80	63,725.10	86,512.20
中央政府に対する負債	-	20,795.40	13,512.80	1,166.22	5,733.83	5,314.16	708.07	4,664.38
その他部門向け信用	138,465.00	114,726.00	140,754.00	162,384.00	182,578.00	222,376.00	277,191.00	429,025.00
その他金融機関向け信用	8,144.20	9,622.18	12,300.10	14,540.90	12,083.00	5,944.63	6,513.22	8,052.01
地方自治体向け信用	-	3.76	-	0.72	-	-	7.20	2.49
非金融公的企業向け信用	1,910.60	1,683.37	1,395.92	5,313.90	4,192.27	3,107.24	3,039.58	3,371.36
民間部門向け信用	128,410.00	103,417.00	127,058.00	142,528.00	166,302.00	213,324.00	267,631.00	417,600.00
中央銀行に対する負債	5.50	1,800.95	616.01	1,495.14	3,792.11	3,618.08	1,942.77	2,224.89
通貨性預金（広義流動性に含む）	16,891.40	20,870.90	22,919.90	28,251.30	30,661.10	36,160.60	43,381.40	48,933.20
その他預金（広義流動性に含む）	155,336.00	157,134.00	175,419.00	195,279.00	215,378.00	254,859.00	309,432.00	453,989.00
証券（広義流動性に含まれる株式以外）	-	-	-	-	-	-	-	-
預金（広義流動性から除外されたもの）	-	-	-	-	-	-	-	-
証券（広義流動性から除外される株式以外）	-	-	-	-	-	-	-	146.97
貸出	-	0.63	-	900.80	1,252.50	4,011.63	4,220.49	7,388.06
金融派生商品	-	-	-	-	-	-	-	-
保険契約準備金	-	-	-	-	-	-	-	-
株式及びその他持ち分	5,918.68	-1,365.15	-22,817.40	-18,910.70	-12,145.30	-7,601.41	-1,219.38	32,478.50
その他（ネット）	25,240.40	4,502.36	33,137.50	39,371.30	35,854.50	48,317.20	53,197.80	66,744.30
注記項目：総資産	･･･	260,824.00	280,202.00	313,192.00	350,780.00	412,773.00	496,853.00	741,313.00

286

ネパール

2009	2010	2011	2012	2013	2014	2015	2016
116.70	110.34	131.28	134.90	152.63	143.97	148.27	144.78
74.44	71.65	85.51	87.77	99.11	99.37	107.00	107.70
77.57	73.26	74.02	85.20	92.99	97.55	102.41	107.38
71.30	71.30	71.30	71.30	71.30	71.30	71.30	156.90
63.71	60.84	57.96	51.17	41.17	32.59	22.59	0.07
-	0.02	0.02	0.02	0.02	0.02	0.02	15.98
...							-
48.47	74.14	71.29	64.52	54.54	45.98	71.65	58.82
68.10	68.10	68.10	68.10	68.10	68.10	68.10	68.10
2,768.56	2,936.93	3,630.83	4,306.56	5,293.48	6,027.14	7,936.84	8,497.52
99.88	93.70	88.98	78.64	63.41	47.22	31.31	0.09
0.01	0.03	0.03	0.03	0.03	0.03	0.03	21.49
2,668.67	2,843.20	3,541.82	4,227.89	5,230.04	5,979.89	7,905.50	8,475.94
0.05	0.05	0.05	0.07	0.12	0.16	0.20	0.21
1.98	1.98	1.98	2.82	4.93	6.62	8.31	8.73
-	-	-	-	-	-	-	-
0.04	0.73	0.04	2.07	0.25	0.17	0.40	0.58
744.82	831.40	754.74	926.07	1,041.50	986.39	1,294.31	1,357.26
139.32	236.59	288.17	604.12	530.77	350.33	415.17	432.60
195,804.00	198,890.00	298,581.00	366,018.00	520,146.00	601,440.00	851,063.00	921,301.00
209,411.00	214,637.00	316,884.00	383,850.00	538,889.00	617,881.00	871,827.00	939,740.00
13,607.20	15,747.50	18,302.80	17,832.20	18,742.70	16,441.10	20,763.90	18,438.90
16,801.50	15,321.60	14,048.50	16,382.60	20,646.00	19,215.90	20,121.10	34,151.10
24,829.80	29,805.40	30,902.30	-3,415.48	-28,327.60	-54,767.20	-65,872.90	-182,639.00
25,773.80	31,623.40	31,355.80	24,201.10	25,249.80	22,664.50	16,425.80	16,764.60
944.01	1,817.97	453.48	27,616.60	53,577.50	77,431.70	82,298.70	199,404.00
4,353.01	4,939.48	6,883.72	6,607.49	5,896.95	6,540.44	8,098.26	8,473.27
354.09	427.19	661.40	253.40	487.27	1,018.33	2,661.17	3,685.97
11.00	11.00	-	-	11.00	11.00	11.00	11.00
3,987.92	4,501.30	6,222.32	6,354.09	5,398.69	5,511.10	5,426.09	4,776.30
191,596.00	203,972.00	271,221.00	289,819.00	381,846.00	402,530.00	526,394.00	562,406.00
150,616.00	158,850.00	177,136.00	207,651.00	252,087.00	279,381.00	352,713.00	409,979.00
34,076.90	37,959.90	88,195.40	74,058.80	119,932.00	114,560.00	109,538.00	138,782.00
6,903.35	7,162.66	5,889.30	8,109.00	9,827.06	8,589.16	64,143.30	13,645.30
1.29	0.88	-	-	-	-	-	-
43,567.90	40,499.00	75,092.90	79,650.30	100,548.00	106,385.00	129,278.00	138,434.00
6,622.70	4,484.03	4,101.55	16,122.90	35,967.60	63,514.10	157,738.00	80,446.20
266,887.00	282,596.00	384,000.00	445,365.00	611,280.00	677,691.00	931,225.00	1,007,600.00
45,073.80	42,618.60	39,896.30	27,883.50	50,618.60	63,205.60	94,068.70	99,586.20
55,444.50	59,570.00	64,537.70	80,206.50	103,223.00	98,017.60	138,492.00	146,177.00
10,370.70	16,951.40	24,641.40	52,323.00	52,604.60	34,812.00	44,422.80	46,590.90
69,488.00	77,777.20	119,576.00	113,958.00	161,685.00	154,932.00	188,129.00	257,034.00
21,642.20	21,457.90	21,854.40	28,160.60	32,235.60	36,963.50	46,301.70	51,553.90
47,845.00	56,070.10	97,721.30	85,797.60	129,449.00	117,969.00	141,827.00	156,400.00
0.81	249.13	-	-	-	-	-	49,080.00
58,918.80	103,642.00	134,802.00	158,005.00	185,230.00	183,385.00	227,185.00	221,298.00
79,911.80	106,409.00	136,206.00	158,036.00	185,421.00	183,412.00	227,186.00	221,299.00
20,993.00	2,766.64	1,403.67	30.75	190.40	26.87	0.25	0.27
594,477.00	665,002.00	739,595.00	881,499.00	1,006,890.00	1,252,810.00	1,427,260.00	1,889,850.00
10,474.90	12,586.50	15,818.40	20,496.20	22,468.00	35,031.60	47,613.20	63,929.70
447.46	441.25	535.57	346.54	80.79	64.77	1.57	1.30
2,698.68	5,340.44	5,599.19	9,723.79	6,076.64	7,237.44	5,821.75	9,119.76
580,856.00	646,634.00	717,641.00	850,932.00	978,260.00	1,210,480.00	1,373,820.00	1,816,800.00
10,600.90	6,351.40	4,005.60	673.56	1,478.73	1,091.26	2,483.22	5,981.38
66,855.70	66,504.30	69,398.70	65,737.30	90,900.80	101,461.00	135,570.00	152,638.00
594,438.00	662,555.00	806,149.00	937,402.00	1,128,050.00	1,329,970.00	1,587,420.00	1,932,350.00
-	-	-	-	-	-	-	-
-	3,510.83	5,588.96	6,789.61	8,762.87	10,450.10	11,232.40	10,772.40
5,664.86	3,374.64	309.64	4,924.94	1,552.80	1,362.36	1,037.90	911.03
66,080.50	101,930.00	115,768.00	133,935.00	156,484.00	174,714.00	207,612.00	280,922.00
24,317.50	44,815.00	32,649.60	31,883.30	17,190.10	35,282.70	-8,715.00	84,190.90
936,914.00	1,055,650.00	1,221,470.00	1,424,790.00	1,686,910.00	1,946,540.00	2,291,970.00	2,772,970.00

統　　計

ネパール（2001-2016年）

	2001	2002	2003	2004	2005	2006	2007	2008
預金取扱い金融機関	100万ルピー（12月央）							
対外資産（ネット）	96,612.20	96,849.00	99,918.60	118,862.00	132,030.00	162,127.00	155,902.00	227,510.00
非居住者向け信用	105,873.00	104,964.00	110,874.00	129,781.00	141,023.00	172,176.00	166,957.00	248,530.00
非居住者に対する負債	9,260.94	8,114.59	10,955.30	10,918.80	8,992.53	10,049.70	11,055.40	21,020.90
国内信用	188,453.00	162,750.00	194,905.00	224,946.00	248,879.00	291,615.00	364,062.00	527,020.00
中央政府向け信用（ネット）	48,073.00	45,923.10	52,086.30	59,212.70	62,786.80	65,253.80	82,711.50	93,875.20
中央政府向け信用	48,073.00	66,718.40	65,599.00	63,137.00	69,588.30	80,892.00	87,886.50	107,115.00
中央政府に対する負債	-	20,795.40	13,512.80	3,924.27	6,801.47	15,638.20	5,175.02	13,239.80
その他部門向け信用	140,380.00	116,827.00	142,819.00	165,733.00	186,092.00	226,362.00	281,350.00	433,145.00
その他金融機関向け信用	8,584.90	10,062.90	12,733.60	14,965.00	12,576.20	6,407.85	6,950.21	8,451.00
地方自治体向け信用	-	3.76	-	0.72	-	-	7.20	2.49
非金融公的企業向け信用	1,918.10	1,690.87	1,403.42	5,322.40	4,200.77	3,115.74	3,048.08	3,382.36
民間部門向け信用	129,877.00	105,070.00	128,682.00	145,445.00	169,315.00	216,838.00	271,345.00	421,309.00
広義流動性負債	227,497.00	233,546.00	257,409.00	291,091.00	319,454.00	373,713.00	442,957.00	615,007.00
預金取扱い金融機関以外の通貨	51,699.10	53,190.60	56,513.80	64,658.50	70,684.20	78,314.00	85,986.80	106,105.00
通貨性預金	20,461.60	23,221.20	25,476.50	31,153.90	33,391.70	40,540.10	47,538.10	53,206.60
その他預金	155,336.00	157,134.00	175,419.00	195,279.00	215,378.00	254,859.00	309,432.00	455,695.00
証券（株式を除く）	-	-	-	-	-	-	-	-
預金（広義流動性から除外されたもの）	-	-	-	-	-	-	-	-
証券（広義流動性に含まれる株式以外）	-	-	-	-	-	-	-	146.97
貸出	-	0.63	-	900.80	1,252.50	4,011.63	4,220.49	7,388.06
金融派生商品	-	-	-	-	-	-	-	-
保険契約準備金	-	-	-	-	-	-	-	-
株式及びその他持ち分	33,121.30	29,422.30	7,622.07	7,663.44	17,131.50	22,176.30	21,796.20	73,118.50
その他（ネット）	24,447.00	-3,369.86	29,793.00	44,152.60	43,071.40	53,840.90	50,990.30	58,868.90
広義流動性負債（季節調整値）	229,531.00	234,499.00	258,459.00	293,206.00	321,768.00	376,337.00	445,982.00	618,271.00
貨幣集計量	100万ルピー（12月央）							
広義流動性	・・・	・・・	・・・	291,091.00	319,454.00	373,713.00	442,957.00	615,007.00
中央政府発行通貨	・・・	・・・	・・・	-	-	-	-	-
非金融会社の預金	・・・	・・・	・・・	-	-	-	-	-
中央政府発行証券	・・・	・・・	・・・	-	-	-	-	-
貨幣集計量（国内定義）	100万ルピー（12月央）							
準備貨幣	74,011.10	73,923.20	76,061.50	87,813.60	95,835.10	109,556.00	121,844.00	157,006.00
M1	72,160.10	76,587.90	81,236.10	93,079.60	102,233.00	116,162.00	132,833.00	161,647.00
M2	218,106.00	228,607.00	252,018.00	284,176.00	314,509.00	360,659.00	433,037.00	540,240.00
広義流動性	・・・	・・・	・・・	291,091.00	319,454.00	373,713.00	442,957.00	615,007.00
金利	年率（％、12月央）							
中央銀行政策金利	6.50	5.50	5.50	5.50	6.00	6.25	6.25	6.50
ディスカウント・レート	4.00	2.00	2.00	1.50	1.50	1.50	1.50	1.50
財務省短期証券金利	5.00	3.80	3.85	2.40	2.20	1.98	3.59	4.72
預金金利	4.75	3.63	3.00	2.65	2.25	2.25	2.25	2.40
貸出金利	7.67	6.77	7.42	8.50	8.13	8.00	8.00	8.00
政府債利回り	8.50	8.25	7.50	6.63	6.50	6.13	6.00	6.00
物価	指数（2010年=100、期中平均）							
消費者物価指数	55.39	57.07	60.33	62.04	66.29	70.87	74.95	82.35
GDPデフレーター	51.86	53.90	55.55	57.87	61.41	65.93	70.94	74.93

ネパール

2009	2010	2011	2012	2013	2014	2015	2016
240,877.00	241,508.00	338,477.00	393,901.00	570,765.00	664,646.00	945,132.00	1,020,890.00
264,855.00	274,207.00	381,421.00	464,056.00	642,112.00	715,899.00	1,010,320.00	1,085,920.00
23,977.90	32,698.90	42,944.20	70,155.20	71,347.20	51,253.10	65,186.70	65,029.80
682,579.00	803,389.00	912,183.00	1,042,700.00	1,169,680.00	1,387,970.00	1,596,670.00	1,936,980.00
83,748.60	133,448.00	165,705.00	154,589.00	156,903.00	128,618.00	161,312.00	38,659.40
105,686.00	138,032.00	167,562.00	182,237.00	210,671.00	206,077.00	243,611.00	238,063.00
21,937.00	4,584.61	1,857.15	27,647.30	53,767.90	77,458.60	82,298.90	199,404.00
598,830.00	669,942.00	746,478.00	888,106.00	1,012,780.00	1,259,350.00	1,435,360.00	1,898,320.00
10,829.00	13,013.70	16,479.80	20,749.60	22,955.20	36,049.90	50,274.40	67,615.60
447.46	441.25	535.57	346.54	80.79	64.77	1.57	1.30
2,709.68	5,351.44	5,599.19	9,723.79	6,087.64	7,248.44	5,832.75	9,130.76
584,844.00	651,135.00	723,864.00	857,286.00	983,658.00	1,215,990.00	1,379,250.00	1,821,580.00
797,171.00	873,613.00	1,036,720.00	1,190,740.00	1,448,630.00	1,682,440.00	2,093,550.00	2,457,060.00
128,974.00	137,392.00	155,282.00	179,491.00	219,852.00	242,418.00	306,411.00	358,425.00
72,075.10	70,106.70	75,288.00	73,846.40	100,728.00	110,051.00	199,713.00	166,283.00
596,122.00	666,115.00	806,149.00	937,402.00	1,128,050.00	1,329,970.00	1,587,420.00	1,932,350.00
-	-	-	-	-	-	-	-
	3,510.83	5,588.96	6,789.61	8,762.87	10,450.10	11,232.40	10,772.40
5,664.86	3,374.64	309.64	4,924.94	1,552.80	1,362.36	1,037.90	911.03
						-	-
109,648.00	142,429.00	190,860.00	213,585.00	257,032.00	281,099.00	336,889.00	419,356.00
10,972.00	21,970.40	17,182.30	20,558.40	24,472.90	77,263.50	99,095.60	69,769.00
800,342.00	875,229.00	1,036,720.00	1,187,710.00	1,442,780.00	1,673,520.00	2,081,180.00	2,441,450.00
797,171.00	873,613.00	1,036,720.00	1,190,740.00	1,448,630.00	1,682,440.00	2,093,550.00	2,457,060.00
-	-	-	-	-	-	-	-
189,914.00	200,759.00	273,027.00	292,186.00	380,294.00	402,530.00	526,394.00	562,406.00
202,443.00	210,841.00	232,820.00	272,466.00	332,150.00	354,489.00	509,543.00	524,578.00
669,497.00	719,252.00	865,928.00	1,027,510.00	1,242,120.00	1,625,300.00	2,031,570.00	2,389,500.00
797,171.00	873,613.00	1,036,720.00	1,190,740.00	1,448,630.00	1,682,440.00	2,093,550.00	2,457,060.00
6.50	7.00	7.00	8.00	8.00	8.00	7.00	7.00
1.50	1.50	1.50	1.50	1.00	1.00	1.00	1.00
6.35	6.82	0.80	0.74	0.08	0.13	0.48	2.34
2.50	3.63	・・・	・・・	・・・	・・・	・・・	・・・
8.00	8.00	・・・	・・・	・・・	・・・	・・・	・・・
6.00	6.00	6.00	6.00	6.00	6.00	6.00	6.00
91.47	100.00	109.27	119.60	130.42	141.33	152.45	165.85
86.85	100.00	110.81	118.16	125.94	137.71	144.70	152.60

統　　計

パキスタン（1948-2000年）

	1948	1949	1950	1951	1952	1953	1954	1955
為替レート								
市場レート（期末）　対SDRレート	3.32	3.32	3.32	3.33	3.32	3.32	3.34	4.78
市場レート（期末）　対ドル・レート	3.32	3.32	3.32	3.33	3.32	3.32	3.34	4.78
市場レート（期中平均）	3.31	3.31	3.31	3.31	3.31	3.31	3.31	3.91
名目実効為替レート　指数（2010年=100, 期中平均）	・・・	・・・	・・・	・・・	・・・	・・・	・・・	・・・
実質実効為替レート（CPIベース）	・・・	・・・	・・・	・・・	・・・	・・・	・・・	・・・
IMFポジション　100万SDR（期末）								
クォータ			100.00	100.00	100.00	100.00	100.00	100.00
SDR								
IMFリザーブポジション				3.50	3.50	3.50	3.51	3.52
内：IMF借入残高	・・・							
IMFクレジット及び融資総残高								
SDR配分額								
国際流動性　100万米ドル（他に断りのない限り，年最終木曜日）								
総準備（金を除く）	518.00	382.00	376.00	511.50	218.50	238.50	222.51	249.52
SDR								
IMFリザーブポジション				3.50	3.50	3.50	3.51	3.52
外国為替	518.00	382.00	376.00	508.00	215.00	235.00	219.00	246.00
金（100万ファイントロイオンス）		0.78	0.78	0.78	1.10	1.10	1.10	1.38
金（国内評価額）	5.00	9.00	9.00	9.00	13.00	13.00	13.00	23.00
通貨当局：その他負債	・・・	・・・	・・・	・・・	・・・	・・・	・・・	・・・
預金通貨銀行：資産	・・・	・・・	・・・	・・・	・・・	・・・	・・・	・・・
預金通貨銀行：負債	・・・	・・・	・・・	・・・	・・・	・・・	・・・	・・・
通貨当局　100万ルピー（年最終木曜日）								
対外資産	2,622.00	1,893.00	1,647.00	2,078.00	1,145.00	1,211.00	1,159.00	1,791.00
中央政府向け信用	321.00	721.00	956.00	1,037.00	1,489.00	1,514.00	1,696.00	1,588.00
内：地方自治体向け信用								
預金通貨銀行向け信用		22.00	92.00	136.00	73.00	40.00	186.00	183.00
準備貨幣	1,927.00	2,042.00	2,176.00	2,727.00	2,345.00	2,540.00	2,807.00	3,220.00
内：預金通貨銀行以外の現金通貨	1,708.00	1,739.00	1,992.00	2,467.00	2,148.00	2,369.00	2,571.00	2,986.00
制限付き預金								
対外負債	・・・	・・・	・・・	・・・	・・・	・・・	・・・	・・・
中央政府預金	986.00	593.00	673.00	636.00	385.00	237.00	222.00	163.00
見返り資金								90.00
その他（ネット）	30.00	1.00	-153.00	-111.00	-22.00	-10.00	11.00	89.00
預金通貨銀行　100万ルピー（年最終木曜日）								
準備	169.00	250.00	144.00	210.00	151.00	137.00	170.00	183.00
対外資産	・・・	・・・	・・・	・・・	・・・	・・・	・・・	・・・
中央政府向け信用	・・・	・・・	・・・	479.00	421.00	605.00	700.00	773.00
内：地方自治体向け信用	・・・	・・・	・・・	・・・	・・・	・・・	・・・	・・・
民間部門向け信用	410.00	445.00	770.00	919.00	792.00	802.00	984.00	1,183.00
要求払い預金	892.00	886.00	907.00	1,190.00	1,023.00	1,151.00	1,170.00	1,326.00
定期性預金	165.00	205.00	228.00	282.00	268.00	338.00	479.00	516.00
対外負債	・・・	・・・	・・・	・・・	・・・	・・・	・・・	・・・
長期対外負債	・・・	・・・	・・・	・・・	・・・	・・・	・・・	・・・
一般政府預金	・・・	・・・	・・・	・・・	・・・	・・・	・・・	・・・
見返り資金	・・・	・・・	・・・	・・・	・・・	・・・	・・・	・・・
中央政府融資資金	・・・	・・・	・・・	・・・	・・・	・・・	・・・	・・・
通貨当局からの信用	・・・	・・・	・・・	136.00	73.00	40.00	128.00	178.00
その他（ネット）	・・・	・・・	・・・	・・・	・・・	15.00	77.00	119.00
マネタリー・サーベイ　100万ルピー（年最終木曜日）								
対外資産（ネット）	2,622.00	1,893.00	1,648.00	2,079.00	1,146.00	1,212.00	1,159.00	1,791.00
国内信用	・・・	・・・	・・・	1,799.00	2,317.00	2,684.00	3,159.00	3,381.00
中央政府向け信用（ネット）	・・・	・・・	・・・	880.00	1,525.00	1,882.00	2,175.00	2,198.00
民間部門向け信用	410.00	445.00	770.00	919.00	792.00	802.00	984.00	1,183.00
現金・預金通貨	2,635.00	2,670.00	2,932.00	3,698.00	3,205.00	3,541.00	3,800.00	4,366.00
準通貨	165.00	205.00	228.00	282.00	268.00	338.00	479.00	516.00
制限付き預金	・・・	・・・	・・・	・・・	・・・	・・・	・・・	・・・
長期対外負債	・・・	・・・	・・・	・・・	・・・	・・・	・・・	・・・
見返り資金								90.00
その他（ネット）	・・・	・・・	・・・	-102.00	-10.00	17.00	40.00	200.00
現金・預金通貨（季節調整値）	2,629.74	2,664.67	2,923.23	3,686.94	3,189.05	3,523.38	3,773.58	4,331.35
現金・預金通貨＋準通貨	2,800.00	2,875.00	3,160.00	3,980.00	3,473.00	3,879.00	4,279.00	4,882.00
その他銀行業機関　100万ルピー（年最終木曜日）								
郵便貯金：貯蓄性預金				277.20	289.10	306.40	328.90	373.30
流動負債	・・・	・・・	・・・	・・・	・・・	4,185.00	4,608.00	5,255.00
金利　年率（%）								
ディスカウント・レート	3.00	3.00	3.00	3.00	3.00	3.00	3.00	3.00
短期金融市場商品金利		0.45	0.99	1.00	2.10	1.01	1.30	1.45
財務省短期証券金利	・・・	・・・	・・・	・・・	・・・	・・・	・・・	・・・
政府債利回り	・・・	2.99	2.99	2.99	3.00	3.14	3.15	3.15
物価　指数（2010年=100, 期中平均）								
卸売物価指数	・・・	・・・	・・・	・・・	・・・	・・・	・・・	・・・
消費者物価指数	・・・	・・・	・・・	・・・	・・・	・・・	・・・	・・・
GDPデフレーター	・・・	・・・	・・・	・・・	・・・	1.01	1.02	1.04

パキスタン

1956	1957	1958	1959	1960	1961	1962	1963	1964	1965	1966
4.81	4.78	4.79	4.79	4.78	4.78	4.78	4.79	4.81	4.78	4.81
4.81	4.78	4.79	4.79	4.78	4.78	4.78	4.79	4.81	4.78	4.81
4.76	4.76	4.76	4.76	4.76	4.76	4.76	4.76	4.76	4.76	4.76
...	1,120.42	1,150.19	1,168.99	1,189.88	1,218.50	1,230.57	1,237.67	1,272.53	1,295.49	1,306.67
...	...	...	...	...	...	...	...	...	...	...
100.00	100.00	100.00	100.00	150.00	150.00	150.00	150.00	150.00	150.00	188.00
3.51	3.51	3.52	3.52	3.52	3.53	3.53	16.03	16.04		
...	...	...	...	...	...	...	...	...	37.46	37.45
267.51	211.51	164.52	260.52	273.52	207.53	215.53	254.03	200.04	176.00	154.00
3.51	3.51	3.52	3.52	3.52	3.53	3.53	16.03	16.04		
264.00	208.00	161.00	257.00	270.00	204.00	212.00	238.00	184.00	176.00	154.00
1.39	1.39	1.42	1.51	1.51	1.53	1.53	1.53	1.54	1.55	1.55
23.00	24.19	48.85	50.17	52.21	52.77	52.90	52.90	53.24	53.38	53.38
...	...	...	...	...	5.75	4.07	4.18	3.86	4.60	4.66
...	...	...	...	...	44.46	45.95	59.79	78.56	76.65	86.02
...	...	...	...	...	45.68	59.01	68.31	136.12	191.21	145.57
1,871.00	1,611.00	1,502.00	1,925.00	1,995.00	1,806.11	1,819.31	1,952.33	1,651.68	1,534.50	1,269.40
2,111.00	2,903.00	3,193.00	3,039.00	3,219.00	3,194.89	3,468.59	3,761.07	3,832.12	4,610.88	5,599.23
...	...	...	...	...	30.80	26.30	35.00	16.70	228.80	219.30
217.00	151.00	188.00	106.00	457.00	498.00	501.80	508.80	1,375.80	1,628.30	1,882.10
3,715.00	3,906.00	4,029.00	4,113.00	4,498.00	4,356.30	4,485.80	5,004.60	5,618.70	6,398.40	7,304.80
3,463.00	3,580.00	3,739.00	3,841.00	4,179.00	4,024.00	4,077.00	4,478.90	5,024.90	5,497.60	6,202.10
...	...	...	...	...	27.40	19.40	19.90	18.40	200.28	200.53
61.00	69.00	65.00	200.00	113.00	147.60	368.90	213.40	218.70	155.30	44.20
379.00	695.00	762.00	708.00	660.00	968.00	793.70	887.10	888.20	1,000.50	953.50
44.00	-5.00	27.00	49.00	401.00		121.70	97.50	115.50	19.20	248.00
218.00	215.00	230.00	208.00	246.00	289.10	346.40	464.20	532.40	833.50	959.10
...	...	...	...	...	211.70	218.80	284.70	374.10	365.00	409.60
802.00	904.00	1,016.00	1,241.00	1,307.00	1,563.10	1,467.70	1,625.10	2,312.90	2,192.50	2,616.40
...	...	...	...	...	464.60	292.30	316.50	723.90	750.90	1,041.10
1,256.00	1,294.00	1,314.00	1,509.00	1,968.00	2,272.00	3,098.00	3,903.00	5,650.60	6,855.80	7,988.10
1,430.00	1,562.00	1,709.00	1,871.00	1,933.00	1,794.00	2,025.50	2,430.00	3,184.70	3,442.80	4,270.80
545.00	618.00	695.00	958.00	1,093.00	1,122.50	1,463.10	1,935.60	2,533.10	3,045.80	4,007.50
...	...	...	...	...	191.00	229.20	228.70	276.60	269.70	285.70
...	...	...	...	...	26.50	51.80	96.60	371.60	640.80	407.50
...	...	...	...	...	127.40	132.20	237.50	302.00	340.10	420.40
...	...	...	...	...	156.50	278.00	280.70	280.90	328.20	336.60
...	...	...	...	...	...	...	...	...	...	...
214.00	147.00	181.00	98.00	412.00	497.80	501.80	508.80	1,375.80	1,776.70	1,873.10
86.00	86.00	151.00	172.00	232.00	420.00	449.70	558.80	545.20	402.80	371.50
1,871.00	1,611.00	1,502.00	1,925.00	1,995.00	1,799.41	1,789.51	1,988.43	1,730.78	1,429.52	1,192.77
4,107.00	5,032.00	5,459.00	5,589.00	6,382.00	6,865.39	7,575.39	8,873.47	11,383.30	13,414.90	15,828.50
2,851.00	3,738.00	4,145.00	4,080.00	4,414.00	4,482.99	4,435.19	4,935.27	5,624.32	6,307.98	7,751.03
1,256.00	1,294.00	1,314.00	1,509.00	1,968.00	2,382.40	3,140.20	3,938.20	5,759.00	7,106.90	8,077.50
4,920.00	5,231.00	5,499.00	5,759.00	6,159.00	5,841.80	6,133.30	6,939.90	8,246.30	9,012.20	10,597.50
545.00	618.00	695.00	958.00	1,093.00	1,122.50	1,463.10	1,935.60	2,533.10	3,045.80	4,007.50
...	...	...	...	...	26.50	51.80	96.60	371.60	640.80	407.50
379.00	695.00	762.00	708.00	660.00	1,124.50	1,071.70	1,167.80	1,169.10	1,328.70	1,290.10
134.00	99.00	5.00	88.00	464.00	549.30	645.20	722.00	793.80	817.00	718.90
4,871.29	5,143.56	5,407.08	5,651.62	6,038.24	6,086.36	5,880.44	6,666.57	7,906.33	8,657.25	10,239.10
5,465.00	5,849.00	6,194.00	6,717.00	7,252.00	6,964.30	7,596.40	8,875.50	10,779.40	12,058.00	14,605.00
423.00	465.10	485.20	496.20	495.20	496.50	501.80	536.60	578.10	573.50	610.70
5,888.00	6,314.00	6,679.00	7,213.00	7,747.00	7,462.00	8,098.00	9,412.00	11,358.00	12,632.00	15,216.00
3.00	3.00	3.00	4.00	4.00	4.00	4.00	4.00	4.00	5.00	5.00
2.04	2.06	1.66	1.52	3.42	3.87	3.38	3.01	3.57	5.86	4.70
...	...	...	...	...	...	...	...	...	...	...
3.19	3.20	3.20	3.25	3.50	3.69	3.80	3.87	3.90	4.20	4.48
...	1.43	1.44	1.41	1.50	1.55	1.57	1.59	1.61	1.72	1.89
1.76	1.92	1.99	1.92	2.05	2.09	2.08	2.11	2.20	2.32	2.49
1.15	1.22	1.27	1.28	1.34	1.42	1.42	1.42	1.51	1.60	1.68

統　　　計

パキスタン（1948-2000年）

		1967	1968	1969	1970	1971	1972	1973	1974
為替レート	対SDRレート								
市場レート（期末）		4.77	4.81	4.79	4.80	5.20	11.98	11.94	12.12
	対ドル・レート								
市場レート（期末）		4.77	4.81	4.79	4.80	4.79	11.03	9.90	9.90
市場レート（期中平均）		4.76	4.76	4.76	4.76	4.76	8.68	9.99	9.90
	指数（2010年=100，期中平均）								
名目実効為替レート		1,319.23	1,348.49	1,355.09	1,357.65	1,352.76	806.69	566.40	587.09
実質実効為替レート（CPIベース）		・・・	・・・	・・・	・・・	・・・	・・・	・・・	・・・
IMFポジション	100万SDR（期末）								
クォータ		188.00	188.00	188.00	235.00	235.00	235.00	235.00	235.00
SDR		-	-	-	10.21	13.30	19.10	26.55	19.88
IMFリザーブポジション		-	-	-	-	-	-	-	-
内：IMF借入残高		・・・	・・・	・・・	・・・	・・・	・・・	・・・	・・・
IMFクレジット及び融資総残高		35.80	61.06	81.44	45.38	42.59	110.70	129.82	238.87
SDR配分額		-	-	-	31.58	56.73	81.64	81.64	81.64
国際流動性	100万米ドル（他に断りのない限り，年最終木曜日）								
総準備（金を除く）		111.00	193.00	278.00	136.21	129.44	220.74	412.03	392.34
SDR		-	-	-	10.21	14.44	20.74	32.03	24.34
IMFリザーブポジション		-	-	-	-	-	-	-	-
外国為替		111.00	193.00	278.00	126.00	115.00	200.00	380.00	368.00
金（100万ファイントロイオンス）		1.55	1.56	1.56	1.56	1.58	1.59	1.59	1.59
金（国内評価額）		53.40	53.84	53.84	53.84	54.62	60.35	67.05	67.05
通貨当局：その他負債		3.57	3.65	3.44	2.98	2.60	1.32	1.32	3.90
預金通貨銀行：資産		63.84	94.16	91.69	120.75	89.75	71.35	125.94	230.02
預金通貨銀行：負債		167.06	161.62	180.54	191.79	202.17	140.18	144.83	122.55
通貨当局	100万ルピー（年最終木曜日）								
対外資産		1,065.20	1,457.50	1,860.70	1,184.52	1,158.66	3,765.31	5,415.08	5,190.93
中央政府向け信用		5,722.88	5,671.36	7,000.61	7,984.90	9,660.79	10,769.80	9,958.11	9,087.00
内：地方自治体向け信用		475.40	438.20	232.70	240.70	502.50	386.50	419.20	415.20
預金通貨銀行向け信用		1,855.70	2,102.80	1,935.60	2,181.90	1,412.10	1,847.40	3,102.40	5,196.70
準備貨幣		7,321.70	7,733.60	8,534.70	9,511.80	10,544.20	12,380.20	13,861.00	13,955.60
内：預金通貨銀行以外の現金通貨		5,929.60	6,505.30	7,098.20	8,064.50	8,155.90	9,350.10	10,989.50	11,426.60
制限付き預金		・・・	・・・	・・・	・・・	・・・	・・・	・・・	・・・
対外負債		187.48	308.16	404.21	230.30	232.59	1,336.57	1,563.51	2,931.06
中央政府預金		79.40	44.80	1,010.50	485.20	491.70	627.50	596.50	281.70
見返り資金		920.50	1,003.50	681.70	820.10	925.70	1,029.50	1,277.70	1,502.10
その他（ネット）		134.80	142.30	165.60	303.32	37.16	1,008.61	1,176.98	811.23
預金通貨銀行	100万ルピー（年最終木曜日）								
準備		1,052.70	1,031.50	1,118.30	1,155.50	1,440.90	1,599.40	2,061.50	1,861.60
対外資産		304.00	448.40	436.60	575.00	427.40	784.80	1,246.80	2,277.20
中央政府向け信用		2,478.20	3,536.50	3,829.40	3,606.00	4,635.90	5,361.40	6,875.60	6,731.60
内：地方自治体向け信用		817.30	1,540.80	1,379.30	1,388.20	1,479.10	1,278.10	1,634.10	2,249.40
民間部門向け信用		9,000.10	9,662.40	10,360.20	11,947.80	12,272.90	14,658.20	17,074.40	17,289.30
要求払い預金		4,110.60	4,426.90	5,303.10	5,765.20	7,591.60	9,426.70	10,587.90	10,613.70
定期性預金		4,796.90	5,917.80	5,960.00	6,736.50	7,121.80	7,795.70	9,368.00	8,665.40
対外負債		328.50	255.20	293.70	307.60	314.70	405.30	371.40	452.10
長期対外負債		467.00	514.40	566.00	605.70	648.00	1,136.70	1,062.40	759.90
一般政府預金		460.30	568.50	586.10	722.20	748.00	979.50	1,338.90	1,410.00
見返り資金		354.80	364.60	382.50	394.80	409.10	420.30	398.50	409.60
中央政府融資資金		・・・	・・・	・・・	・・・	・・・	1,137.00	1,062.00	760.00
通貨当局からの信用		1,832.40	2,041.20	1,880.50	2,097.90	1,412.10	1,847.40	3,102.40	5,196.60
その他（ネット）		484.30	590.20	772.40	654.60	531.70	392.10	1,028.90	652.60
マネタリー・サーベイ	100万ルピー（年最終木曜日）								
対外資産（ネット）		853.22	1,342.54	1,599.39	1,221.62	1,038.77	2,808.24	4,726.97	4,085.21
国内信用		16,927.50	18,401.70	19,799.00	22,535.40	25,553.00	29,577.00	32,227.50	31,676.00
中央政府向け信用（ネット）		7,661.38	8,594.56	9,233.41	10,383.00	13,057.00	14,524.00	14,898.30	14,127.00
民間部門向け信用		9,266.10	9,807.10	10,565.60	12,151.90	12,496.00	15,053.50	17,329.20	17,548.70
現金・預金通貨		10,284.50	11,041.90	12,620.10	14,015.60	16,488.10	19,938.50	22,194.20	22,516.90
準通貨		4,796.90	5,917.80	5,960.00	6,736.50	7,121.80	7,795.70	9,368.00	8,665.40
制限付き預金		・・・	・・・	・・・	・・・	・・・	・・・	・・・	・・・
長期対外負債		467.00	514.40	566.00	605.70	648.00	1,136.70	1,062.40	759.90
見返り資金		1,275.30	1,368.10	1,064.20	1,214.90	1,334.80	1,449.80	1,676.20	1,911.70
その他（ネット）		956.90	902.70	1,187.70	1,183.92	998.76	2,065.01	2,653.88	1,913.93
現金・預金通貨（季節調整値）		9,975.27	10,730.70	12,240.60	13,607.40	16,007.90	19,414.30	21,610.70	21,903.60
現金・預金通貨＋準通貨		15,081.40	16,959.70	18,580.10	20,752.10	23,609.90	27,734.20	31,562.20	31,182.30
その他銀行業機関	100万ルピー（年最終木曜日）								
郵便貯金：貯蓄性預金		605.90	617.90	646.80	775.00	974.10	1,164.90	1,384.50	1,417.70
流動負債		15,687.00	17,578.00	19,227.00	21,527.00	24,584.00	28,899.00	32,947.00	32,600.00
金利	年率（%）								
ディスカウント・レート		5.00	5.00	5.00	5.00	5.00	6.00	8.00	9.00
短期金融市場商品金利		6.57	6.24	5.40	5.50	6.60	5.34	6.51	10.33
財務省短期証券金利		・・・	・・・	・・・	・・・	・・・	・・・	・・・	・・・
政府債利回り		4.47	4.76	5.21	5.50	5.76	5.76	5.76	5.77
物価	指数（2010年=100，期中平均）								
卸売物価指数		1.99	1.99	2.08	2.10	2.22	2.45	3.11	3.81
消費者物価指数		2.66	2.66	2.74	2.89	3.03	3.19	3.92	4.97
GDPデフレーター		1.88	1.97	2.02	2.07	2.18	2.32	2.68	3.30

パキスタン

1975	1976	1977	1978	1979	1980	1981	1982	1983	1984	1985
11.59	11.50	12.03	12.90	13.04	12.63	11.52	14.16	14.13	15.06	17.55
9.90	9.90	9.90	9.90	9.90	9.90	9.90	12.84	13.50	15.36	15.98
9.90	9.90	9.90	9.90	9.90	9.90	9.90	11.85	13.12	14.05	15.93
585.66	622.16	610.50	554.89	543.69	552.62	619.87	577.88	557.72	570.88	536.68
...	...	...	...	...	202.13	229.15	209.89	202.74	207.03	193.37
235.00	235.00	235.00	285.00	285.00	427.50	427.50	427.50	546.30	546.30	546.30
25.01	31.98	28.70	30.47	34.18	22.60	48.54	45.90	0.81	37.42	24.07
-	-	-	-	-	-	-	58.82	88.53	88.55	-
...	...	...	...	...	...	...	...	...	...	...
374.41	439.55	462.78	492.46	434.76	528.49	879.65	1,286.16	1,540.25	1,469.20	1,288.51
81.64	81.64	81.64	81.64	111.28	140.92	169.99	169.99	169.99	169.99	169.99
340.28	466.16	448.86	407.70	213.03	495.82	721.50	968.52	1,972.53	1,035.48	807.45
29.28	37.16	34.86	39.70	45.03	28.82	56.50	50.63	0.85	36.68	26.44
-	-	-	-	-	-	-	64.88	92.69	86.80	-
311.00	429.00	414.00	368.00	168.00	467.00	665.00	853.00	1,879.00	912.00	781.00
1.59	1.62	1.62	1.72	1.82	1.82	1.85	1.85	1.86	1.86	1.90
67.05	68.30	68.30	332.24	727.97	1,188.33	786.44	557.48	755.60	633.20	605.18
6.52	6.92	7.13	47.30	67.66	347.35	346.16	342.96	340.64	328.71	344.07
221.56	198.58	235.43	350.49	385.86	309.42	322.58	332.26	462.90	549.12	562.99
142.99	197.80	211.95	203.94	214.76	214.62	316.17	290.20	443.32	837.51	1,096.38
4,569.00	5,756.17	5,543.00	7,751.20	9,853.00	17,208.10	15,412.00	20,155.00	37,387.00	25,925.00	23,126.00
12,450.00	13,771.00	19,750.00	25,343.50	32,528.00	35,325.00	39,962.00	49,731.00	51,774.00	66,901.00	70,063.00
392.50	195.40	443.00	87.80	183.10	133.70	25.00	25.10	25.40	25.50	25.60
5,726.60	6,687.90	6,341.10	6,588.90	8,645.50	12,552.70	17,498.40	17,140.80	20,682.00	20,576.40	24,141.80
15,325.60	18,358.30	22,525.20	26,483.00	33,563.80	39,157.00	42,369.40	49,858.90	56,719.20	66,001.80	71,689.90
11,884.00	13,852.80	17,349.10	21,039.50	26,447.40	32,482.30	34,488.00	41,152.70	46,424.90	52,003.10	58,678.40
...	...	...	...	...	...	...	...	...	...	...
4,399.44	5,119.16	5,630.22	6,813.06	6,333.45	10,092.00	13,535.00	22,571.00	26,309.00	27,109.00	28,053.00
127.30	315.30	557.80	471.20	409.00	304.60	6,719.00	5,933.00	13,420.00	7,771.50	6,610.70
1,626.30	1,573.60	1,894.40	1,656.90	2,070.10	2,076.90	1,867.50	1,501.50	1,729.30	1,182.20	917.60
1,278.47	861.17	1,041.00	4,265.00	8,664.00	13,455.00	8,382.00	7,163.00	11,665.60	11,338.00	10,059.00
2,774.50	3,738.40	4,529.30	5,031.00	6,741.60	6,167.20	7,450.50	8,206.80	10,100.60	13,809.20	13,871.00
2,193.40	932.90	1,069.80	1,732.80	2,112.00	3,060.20	3,190.40	4,262.00	6,242.90	8,426.00	8,987.60
8,860.70	12,849.20	12,534.50	16,996.50	17,877.80	23,713.80	29,526.50	34,665.20	47,010.70	34,240.20	34,925.90
2,632.00	4,284.80	3,981.90	3,978.70	4,383.70	5,836.00	8,256.10	10,645.80	12,598.30	9,365.20	3,006.10
20,631.70	28,435.00	33,957.50	38,070.60	45,852.60	51,903.40	61,313.00	73,076.20	88,431.40	103,071.00	132,590.00
13,106.90	19,519.20	21,925.60	25,887.00	29,981.10	33,698.30	37,226.50	45,641.00	53,684.70	53,035.40	63,668.00
12,176.50	15,923.60	18,969.10	23,435.90	27,288.00	30,650.20	36,252.30	44,891.80	59,315.60	61,532.40	68,925.00
622.90	1,050.00	1,228.20	1,144.20	1,290.10	1,228.80	2,259.20	2,493.40	4,576.40	10,745.30	14,930.70
791.30	906.30	868.00	872.80	833.90	893.80	867.80	1,229.10	1,402.50	2,106.00	2,572.00
1,248.20	2,282.30	1,669.10	2,161.80	2,566.80	3,472.00	3,749.00	2,799.20	2,927.10	947.70	1,858.40
427.50	446.50	465.60	487.20	523.20	566.20	607.10	637.00	700.70	781.90	815.10
791.00	906.00	868.00	873.00	834.00	894.00	868.00	1,229.00	1,403.00	2,106.00	2,572.00
5,726.60	6,687.90	6,341.10	6,374.00	8,430.70	12,337.80	15,424.20	14,775.50	18,182.30	17,948.40	21,417.20
360.50	-860.30	624.20	1,467.80	1,670.00	1,997.40	5,094.40	7,743.20	10,996.20	12,449.60	16,188.00
1,741.22	520.00	-244.00	1,527.00	4,343.00	8,947.00	2,809.00	-647.00	12,744.00	-3,503.00	-10,870.00
41,163.00	53,756.00	65,891.00	80,219.00	96,526.00	111,483.00	126,945.00	157,046.00	179,863.00	206,596.00	242,712.00
19,935.00	24,022.00	30,058.00	39,698.00	47,430.00	55,262.00	59,021.00	75,663.00	82,437.00	92,422.00	96,520.00
21,227.60	29,733.30	35,922.90	40,521.70	49,096.50	56,220.10	67,924.20	81,382.50	97,425.90	114,174.00	146,193.00
25,621.10	34,043.70	39,966.10	47,193.50	56,829.50	66,671.40	72,285.30	87,340.70	100,566.00	105,780.00	123,060.00
12,176.50	15,923.60	18,969.10	23,435.90	27,288.00	30,650.20	36,252.30	44,891.80	59,315.60	61,532.40	68,925.00
...	...	...	...	...	...	...	...	...	...	...
791.30	906.30	868.00	872.80	833.90	893.80	867.80	1,229.10	1,402.50	2,106.00	2,572.00
2,053.80	2,020.10	2,360.00	2,144.10	2,593.30	2,643.10	2,474.60	2,138.50	2,430.00	1,964.10	1,732.70
2,271.00	1,394.10	3,586.49	8,115.30	13,337.00	19,571.00	17,874.00	20,799.00	28,893.90	31,711.60	35,552.00
24,899.00	33,084.30	38,915.40	46,132.50	55,715.20	65,621.50	71,287.30	86,305.00	99,471.80	104,629.00	121,842.00
37,797.60	49,967.30	58,935.20	70,629.40	84,117.50	97,321.60	108,537.60	132,232.50	159,881.60	167,312.40	191,985.00
1,404.60	1,317.20	1,359.80	1,317.50	1,234.60	1,193.70	1,037.80	1,347.20	1,560.20	1,634.10	1,838.00
39,202.00	51,285.00	60,295.00	71,947.00	85,352.00	98,515.00	109,575.00	133,580.00	161,442.00	168,946.00	193,823.00
9.00	9.00	10.00	10.00	10.00	10.00	10.00	10.00	10.00	10.00	10.00
9.87	9.37	10.87	10.41	8.83	8.63	9.27	9.51	8.15	8.97	8.13
...	...	...	...	...	...	...	...	...	...	...
5.77	9.04	9.27	9.48	9.75	11.20	9.40	9.36	9.31	9.25	9.19
4.68	5.05	5.52	5.85	6.42	7.28	8.08	8.42	9.27	10.14	10.43
6.00	6.43	7.09	7.52	8.14	9.11	10.20	10.80	11.49	12.18	12.87
4.04	4.53	5.02	5.47	5.77	6.38	7.08	7.75	8.16	8.94	9.35

統　　計

パキスタン (1948-2000年)

	1986	1987	1988	1989	1990	1991	1992	1993
為替レート	対SDRレート							
市場レート (期末)	21.10	24.76	25.10	28.15	31.16	35.36	35.34	41.37
	対ドル・レート							
市場レート (期末)	17.25	17.45	18.65	21.42	21.90	24.72	25.70	30.12
市場レート (期中平均)	16.65	17.40	18.00	20.54	21.71	23.80	25.08	28.11
	指数 (2010年=100, 期中平均)							
名目実効為替レート	445.04	393.73	377.07	360.44	348.37	326.75	311.59	300.20
実質実効為替レート (CPIベース)	159.58	141.11	136.79	128.15	121.19	118.69	116.63	115.20
IMFポジション	100万SDR (期末)							
クォータ	546.30	546.30	546.30	546.30	546.30	546.30	758.20	758.20
SDR	10.65	11.14	4.85	1.12	0.59	5.19	0.08	0.52
IMFリザーブポジション								
内：IMF借入残高	・・・	・・・	・・・	・・・	・・・	・・・	・・・	・・・
IMFクレジット及び融資総残高	973.24	647.20	411.43	709.66	587.26	746.37	819.86	816.50
SDR配分額	169.99	169.99	169.99	169.99	169.99	169.99	169.99	169.99
国際流動性	100万米ドル (他に断りのない限り, 年最終木曜日)							
総準備 (金を除く)	709.06	501.88	394.59	520.54	295.91	526.52	850.19	1,196.80
SDR	13.03	15.80	6.53	1.47	0.84	7.42	0.11	0.71
IMFリザーブポジション	-	-	-	-	-	-	-	-
外国為替	696.00	486.00	388.00	519.00	295.00	519.00	850.00	1,196.00
金 (100万ファイントロイオンス)	1.93	1.94	1.95	1.95	1.95	1.96	2.02	2.04
金 (国内評価額)	653.72	862.61	819.65	716.26	688.85	709.98	680.69	691.97
通貨当局：その他負債	303.00	224.76	353.77	417.43	371.72	321.31	690.39	552.84
預金通貨銀行：資産	687.54	797.54	826.06	935.02	1,456.80	1,578.19	1,385.16	1,405.98
預金通貨銀行：負債	1,461.46	1,810.21	1,999.88	2,351.61	2,730.71	3,569.73	4,435.46	2,926.59
通貨当局	100万ルピー (年最終木曜日)							
対外資産	24,081.30	24,295.00	23,200.60	27,047.90	20,406.10	30,366.10	39,544.20	56,923.10
中央政府向け信用	84,218.00	93,720.00	96,648.00	116,547.00	137,171.00	162,941.00	180,966.00	209,953.00
内：地方自治体向け信用	25.70	26.20	25.90	25.40	5,451.20	4,294.90	8,135.70	5,524.00
預金通貨銀行向け信用	29,368.10	38,425.70	43,054.60	48,826.20	52,858.40	62,321.60	71,592.50	78,137.00
準備貨幣	85,893.30	102,617.00	113,734.00	133,146.00	154,362.00	196,554.00	213,817.00	244,175.00
内：預金通貨銀行以外の現金通貨	71,578.10	81,765.20	92,167.80	105,225.00	125,806.00	144,530.00	162,316.00	177,856.00
制限付き預金	・・・	・・・	・・・	・・・	・・・	・・・	・・・	・・・
対外負債	25,707.00	19,900.00	16,981.00	28,859.00	26,384.00	34,261.00	46,625.00	50,331.00
中央政府預金	17,014.40	20,929.80	16,915.40	18,418.20	18,343.00	11,623.30	15,355.20	37,304.00
見返り資金	563.80	302.00	349.70	444.50	540.30	542.20	539.10	671.00
その他 (ネット)	8,488.00	12,692.00	15,012.00	11,552.60	10,807.30	12,648.00	15,766.30	12,532.00
預金通貨銀行	100万ルピー (年最終木曜日)							
準備	15,102.90	21,994.30	23,661.00	29,873.90	28,931.00	50,592.00	51,207.00	68,030.00
対外資産	11,848.20	13,903.20	15,390.60	20,008.20	31,872.00	38,974.00	35,563.00	42,306.00
中央政府向け信用	44,969.50	75,978.40	75,543.80	78,000.60	81,079.10	114,904.00	191,287.00	208,114.00
内：地方自治体向け信用	5,056.80	7,688.40	5,111.10	7,335.80	10,593.80	7,878.00	10,395.00	10,870.00
民間部門向け信用	155,298.00	160,908.00	181,571.00	195,274.00	210,491.00	232,651.00	290,851.00	337,082.00
要求払い預金	72,784.50	90,403.20	96,563.00	110,909.00	127,379.00	156,588.00	203,653.00	191,613.00
定期性預金	77,591.60	86,379.90	89,543.10	83,027.50	80,371.50	92,474.80	143,406.00	230,515.00
対外負債	21,827.10	26,756.00	30,345.80	42,041.70	50,873.00	78,114.60	101,680.00	74,987.00
長期対外負債	3,358.00	4,800.70	6,914.70	8,279.50	8,870.00	10,041.00	12,198.00	13,074.00
一般政府預金	1,636.20	970.60	965.90	1,022.10	1,748.30	6,612.50	4,377.70	19,224.00
見返り資金	836.90	1,329.30	130.90	-11.60	-23.60	-238.40	-19.60	-196.00
中央政府融資資金	3,358.00	4,801.00	6,915.00	8,280.00	8,870.00	10,041.00	12,198.00	13,074.00
通貨当局からの信用	26,284.00	31,358.80	35,667.00	40,483.30	44,313.00	52,856.00	61,263.00	66,564.00
その他 (ネット)	22,899.90	30,785.30	36,035.50	37,404.60	38,842.00	40,673.00	42,350.30	59,751.00
マネタリー・サーベイ	100万ルピー (年最終木曜日)							
対外資産 (ネット)	-11,605.00	-8,458.00	-8,646.00	-23,845.00	-24,979.00	-43,036.00	-73,197.00	-26,089.00
国内信用	282,857.00	328,778.00	357,681.00	394,726.00	435,355.00	520,294.00	673,872.00	731,696.00
中央政府向け信用 (ネット)	110,537.00	147,798.00	154,310.00	175,107.00	198,159.00	259,609.00	352,520.00	361,539.00
民間部門向け信用	172,321.00	180,980.00	203,370.00	219,619.00	237,196.00	260,645.00	321,352.00	370,157.00
現金・預金通貨	145,251.00	173,016.00	189,834.00	217,027.00	254,620.00	305,978.00	371,796.00	370,697.00
準通貨	77,591.60	86,379.90	89,543.10	83,027.50	80,371.50	92,474.80	143,406.00	230,515.00
制限付き預金	・・・	・・・	・・・	・・・	・・・	・・・	・・・	・・・
長期対外負債	3,358.00	4,800.70	6,914.70	8,279.50	8,870.00	10,041.00	12,198.00	13,074.00
見返り資金	1,400.70	1,631.30	480.60	432.90	516.70	303.80	519.50	475.00
その他 (ネット)	43,651.20	54,492.50	62,261.10	62,115.00	65,999.00	68,421.00	72,754.60	83,432.00
現金・預金通貨 (季節調整値)	143,813.00	171,473.00	187,955.00	214,665.00	251,352.00	301,160.00	365,222.00	370,697.00
現金・預金通貨＋準通貨	222,842.60	259,395.90	279,377.10	300,054.50	334,991.50	398,452.80	515,202.00	608,626.00
その他銀行業機関	100万ルピー (年最終木曜日)							
郵便貯金：貯蓄性預金	2,109.00	3,101.90	3,813.80	5,462.00	5,361.00	7,027.70	8,611.60	8,586.00
流動負債	224,951.00	262,498.00	283,191.00	305,516.00	340,352.00	405,481.00	523,814.00	617,212.00
金利	年率 (%)							
ディスカウント・レート	10.00	10.00	10.00	10.00	10.00	10.00	10.00	10.00
短期金融市場商品金利	6.59	6.25	6.32	6.30	7.29	7.64	7.51	11.00
財務省短期証券金利	・・・	・・・	・・・	・・・	・・・	・・・	12.47	13.03
政府債利回り	8.77	8.26	8.32	8.18	8.05	7.88	13.15	13.31
物価	指数 (2010年=100, 期中平均)							
卸売物価指数	10.95	11.85	13.01	14.10	15.32	17.16	18.40	20.29
消費者物価指数	13.32	13.94	15.18	16.37	17.85	19.95	21.85	24.03
GDPデフレーター	9.66	10.09	11.06	12.00	12.76	14.40	15.83	17.18

パキスタン

1994	1995	1996	1997	1998	1999	2000
44.96	50.91	57.69	59.43	64.61	71.07	75.61
30.80	34.25	40.12	44.05	45.89	51.78	58.03
30.57	31.64	36.08	41.11	45.05	49.50	53.65
286.23	263.07	238.96	222.77	218.18	196.76	188.88
114.39	113.65	110.64	112.16	113.74	105.25	103.26
758.20	758.20	758.20	758.20	758.20	1,033.70	1,033.70
0.21	9.90	9.18	7.98	0.65	-	10.92
-						
...	...	...	...	...	...	...
1,096.83	1,114.95	1,000.51	979.55	996.03	1,271.18	1,197.71
169.99	169.99	169.99	169.99	169.99	169.99	169.99
2,929.40	1,732.81	548.29	1,194.84	1,028.00	1,511.37	1,513.35
0.31	14.72	13.20	10.76	0.91	0.24	14.22
-						
2,929.00	1,718.00	535.00	1,184.00	1,027.00	1,511.00	1,499.00
2.05	2.05	2.06	2.07	2.08	2.09	2.09
791.75	720.53	689.28	634.98	617.58	543.12	542.97
271.51	226.47	690.17	616.05	854.35	890.00	973.00
1,583.43	1,606.22	1,547.46	1,407.53	1,278.26	1,365.00	1,440.00
2,779.72	3,356.57	3,670.09	2,596.26	2,491.39	1,614.00	1,331.00
115,577.00	86,700.80	61,804.50	93,158.20	77,768.10	104,870.00	115,554.00
202,151.00	254,211.00	303,209.00	274,647.00	347,900.00	502,118.00	551,497.00
2,258.00	5,184.00	67,864.00	12,700.00	12,657.00	8,050.00	3,388.00
89,110.00	98,220.00	67,864.00	119,962.00	171,286.00	192,862.00	195,646.00
282,541.00	333,207.00	321,058.00	367,082.00	414,627.00	468,491.00	458,843.00
195,827.00	234,011.00	252,069.00	272,052.00	301,146.00	341,024.00	410,469.00
...	...	...	...	...	8,115.00	11,124.00
48,479.00	54,104.00	73,602.00	66,453.00	75,892.00	103,921.00	115,481.00
37,682.00	34,365.00	28,502.00	30,603.00	63,742.00	138,006.00	199,021.00
614.00	644.00	686.00	644.00	585.00	660.00	532.00
37,524.00	16,812.00	9,029.00	22,984.00	42,110.00	80,659.00	77,694.00
93,268.00	109,689.00	80,122.00	100,518.00	119,696.00	145,480.00	81,205.00
48,721.00	54,958.00	62,022.00	61,940.00	58,800.00	70,682.00	83,534.00
251,172.00	263,013.00	333,162.00	396,083.00	395,218.00	321,548.00	355,499.00
11,488.00	13,387.00	11,657.00	13,081.00	16,355.00	19,846.00	44,262.00
385,463.00	464,913.00	538,370.00	613,944.00	686,932.00	761,793.00	868,069.00
235,265.00	253,189.00	269,947.00	420,823.00	423,091.00	447,919.00	457,773.00
278,960.00	322,037.00	448,144.00	470,719.00	530,230.00	521,619.00	600,662.00
73,295.00	102,995.00	135,309.00	102,617.00	95,936.00	83,579.00	77,248.00
12,235.00	11,853.00	11,788.00	11,634.00	11,676.00	...	...
41,168.00	47,719.00	47,800.00	47,799.00	66,536.00	96,763.00	84,259.00
-181.00	-8.00	-	-	-	-	-
12,235.00	11,853.00	11,788.00	11,634.00	11,676.00	11,493.00	11,244.00
77,758.00	86,766.00	57,795.00	108,583.00	126,448.00	148,604.00	144,839.00
60,123.00	68,023.00	42,896.00	10,310.00	6,729.00	-10,474.00	12,282.00
42,524.00	-15,440.00	-85,086.00	-13,973.00	-35,260.00	-11,948.00	6,358.00
797,049.00	941,642.00	1,140,656.00	1,246,673.00	1,349,909.00	1,411,041.00	1,560,180.00
374,473.00	435,140.00	560,069.00	592,328.00	612,840.00	588,897.00	623,716.00
422,576.00	506,502.00	580,587.00	654,345.00	737,069.00	822,144.00	936,464.00
435,388.00	490,961.00	528,011.00	699,806.00	732,291.00	795,370.00	876,014.00
278,960.00	322,037.00	448,144.00	470,719.00	530,230.00	521,619.00	600,662.00
...	...	...	...	...	8,155.00	11,124.00
12,235.00	11,853.00	11,788.00	11,634.00	11,676.00	11,493.00	11,244.00
433.00	636.00	686.00	644.00	585.00	660.00	532.00
112,558.00	100,716.00	66,945.00	49,897.00	39,869.00	61,838.00	66,961.00
426,433.00	480,392.00	516,645.00	684,742.00	716,527.00	...	...
714,348.00	812,998.00	976,155.00	1,170,525.00	1,262,521.00	1,316,989.00	1,476,676.00
9,891.00	12,370.00	14,189.00	18,622.00	22,473.00	27,603.00	36,022.00
724,239.00	825,368.00	990,344.00	1,189,147.00	1,284,994.00	1,344,592.00	1,512,698.00
15.00	17.00	20.00	18.00	16.50	13.00	13.00
8.36	11.52	11.40	12.10	10.76	9.04	8.57
11.26	12.49	13.61	15.74	...	...	8.38
13.01	13.00	13.00	13.05	4.79	4.16	...
24.28	27.38	30.42	33.83	34.61	37.15	38.63
27.00	30.33	33.48	37.29	39.61	41.25	43.05
19.37	22.02	23.83	27.32	29.38	31.10	38.84

統　　計

パキスタン（2001-2016年）

	2001	2002	2003	2004	2005	2006	2007	2008
為替レート	対SDRレート							
市場レート（期末）	76.49	79.58	85.02	91.82	85.51	91.65	96.74	121.83
	対ドル・レート							
市場レート（期末）	60.86	58.53	57.22	59.12	59.83	60.92	61.22	79.10
市場レート（期中平均）	61.93	59.72	57.75	58.26	59.51	60.27	60.74	70.41
	指数（2010年=100, 期中平均）							
名目実効為替レート	169.94	172.96	166.47	157.51	152.64	149.57	141.74	119.25
実質実効為替レート（CPIベース）	93.84	97.19	94.46	93.78	96.66	99.40	98.15	94.50
IMFポジション	100万SDR（期末）							
クォータ	1,033.70	1,033.70	1,033.70	1,033.70	1,033.70	1,033.70	1,033.70	1,033.70
SDR	3.09	1.57	166.87	157.76	151.02	143.28	136.06	118.55
IMFリザーブポジション	0.11	0.12	・・・	・・・	・・・	・・・	・・・	0.12
内：IMF借入残高	・・・	・・・	・・・	・・・	・・・	・・・	・・・	・・・
IMFクレジット及び融資総残高	1,455.76	1,506.35	1,418.63	1,207.93	1,044.03	972.00	874.12	2,825.36
SDR配分額	169.99	169.99	169.99	169.99	169.99	169.99	169.99	169.99
国際流動性	100万米ドル（他に断りのない限り, 年最終木曜日）							
総準備（金を除く）	3,640.03	8,078.29	10,941.00	9,799.03	10,032.80	11,543.10	14,044.00	7,194.23
SDR	3.88	2.13	247.96	245.01	215.86	215.56	215.02	182.60
IMFリザーブポジション	0.14	0.16						0.18
外国為替	3,636.00	8,076.00	10,693.00	9,554.02	9,816.97	11,327.60	13,829.00	7,011.45
金（100万ファイントロイオンス）	2.09	2.09	2.10	2.10	2.10	2.10	2.10	2.10
金（国内評価額）	594.75	683.71	732.83	817.01	915.03	1,273.14	1,645.45	1,708.79
中央銀行：その他資産	14.71	14.49	15.17	15.41	69.28	48.85	42.76	164.07
中央銀行：その他負債	949.86	704.76	712.61	707.92	702.59	700.46	706.77	1,300.09
中央銀行以外の預金取扱い機関：資産	1,770.99	1,574.42	1,582.36	3,174.87	2,166.72	2,956.59	3,245.91	3,781.78
中央銀行以外の預金取扱い機関：負債	898.10	584.79	477.67	646.49	525.19	514.53	751.79	659.59
中央銀行	100万ルピー（年最終木曜日）							
対外資産（ネット）	67.82	336.89	500.50	464.26	508.75	626.93	813.83	304.16
非居住者向け信用	249.99	511.54	676.34	632.63	654.60	774.26	958.11	771.93
非居住者に対する負債	182.17	174.65	175.84	168.38	145.85	147.33	144.28	467.77
その他預金取扱い機関向け信用	184.84	160.60	194.67	207.73	214.57	286.35	283.62	313.84
中央政府向け信用（ネット）	375.28	131.14	-5.73	328.52	426.38	497.66	545.48	1,325.69
中央政府向け信用	400.11	203.34	35.97	355.40	535.48	568.25	600.47	1,423.99
中央政府に対する負債	24.82	72.21	41.70	26.89	109.10	70.59	54.99	98.30
その他部門向け信用	41.87	33.72	63.04	26.02	29.92	31.77	41.87	50.19
その他金融機関向け信用	40.99	32.84	25.98	18.77	15.42	17.82	17.28	15.39
地方自治体向け信用	0.87	0.87	37.07	7.24	14.50	6.56	14.75	20.80
非金融公的企業向け信用	-	-	-	-	-	-	-	0.01
民間部門向け信用	-	-	-	-	-	7.39	9.83	14.00
マネタリーベース	586.77	638.40	743.88	892.79	980.69	1,186.96	1,362.67	1,447.89
流通通貨	449.92	511.12	595.16	690.95	769.62	917.81	1,070.96	1,205.29
その他預金取扱い機関に対する負債	125.72	125.15	145.22	196.35	207.75	264.36	286.56	240.01
その他部門に対する負債	11.13	2.13	3.50	5.50	3.33	4.80	5.15	2.59
その他預金取扱い機関に対するその他負債						1.83	1.22	3.09
預金及び証券（マネタリーベース除外分）	32.16	42.96	49.98	67.60	81.16	73.80	67.27	100.82
預金（広義流動性に含む）								
証券（広義流動性に含まれる株式以外）								
預金（広義流動性から除外されたもの）	32.16	42.96	49.98	67.60	81.16	73.80	67.27	100.82
証券（広義流動性から除外される株式以外）								
貸出								
金融派生商品								
株式及びその他持ち分	53.06	53.83	55.70	62.02	78.46	120.36	181.14	440.31
その他（ネット）	-2.17	-72.84	-97.07	4.10	39.31	59.75	72.50	1.77
注記項目：総資産	1,026.22	1,053.69	1,101.25	1,353.44	1,558.79	1,788.96	2,021.45	2,710.68
中央銀行以外の預金取扱い金融機関	10億ルピー（期末）							
対外資産（ネット）	53.13	57.93	63.21	149.49	98.21	148.77	152.69	246.96
非居住者向け信用	107.79	92.16	90.54	187.71	129.64	180.11	198.72	299.13
非居住者に対する負債	54.66	34.23	27.33	38.22	31.42	31.34	46.03	52.17
中央銀行に対する債権	205.92	180.35	201.05	270.92	298.13	306.68	345.69	323.19
現金通貨	22.47	25.51	30.27	38.84	42.27	48.03	68.02	77.70
準備預金及び証券	183.46	154.84	170.78	232.09	255.86	258.65	277.68	245.16
その他債権								0.33
中央政府向け信用（ネット）	213.52	478.25	551.75	413.60	439.08	446.21	693.47	632.00
中央政府向け信用	282.05	565.52	667.02	526.75	587.23	626.98	965.03	882.39
中央政府に対する負債	68.53	87.27	115.27	113.16	148.15	180.77	271.56	250.39
その他部門向け信用	972.68	1,013.98	1,238.04	1,658.37	2,125.91	2,491.28	2,920.02	3,442.31
その他金融機関向け信用					104.13	121.18	155.66	106.49
地方自治体向け信用	43.62	35.49	22.85	21.71	34.98	35.32	24.94	22.85
非金融公的企業向け信用	12.34	13.43	15.90	15.78	124.89	136.13	176.61	270.34
民間部門向け信用	916.72	965.07	1,199.28	1,620.88	1,861.90	2,198.65	2,562.82	3,042.64
中央性預金に対する負債	120.37	136.90	155.27	176.35	192.71	255.83	241.78	304.28
通貨性預金（広義流動性に含む）	524.43	628.53	816.59	1,026.57	1,739.24	1,975.40	2,390.32	2,190.51
その他預金（広義流動性に含む）	685.21	809.59	878.56	1,043.70	727.10	810.75	984.29	1,309.78
証券（広義流動性に含まれる株式以外）								1.82
預金（広義流動性から除外されたもの）	45.31	55.50	66.39	83.60	92.60	126.27	152.43	189.98
証券（広義流動性から除外される株式以外）								14.33
貸出				1.54	5.20	7.23	2.57	
金融派生商品								0.02
保険契約準備金								
株式及びその他持ち分					509.07	386.95	513.77	696.26
その他（ネット）	69.94	99.98	137.22	162.16	-300.94	-167.47	-177.96	-65.08
注記項目：総資産	1,604.22	1,878.63	2,221.69	2,676.50	4,089.78	4,513.54	5,486.26	5,783.55

パキスタン

2009	2010	2011	2012	2013	2014	2015	2016
132.10	132.00	138.13	149.29	162.74	145.55	145.32	140.90
84.26	85.71	89.97	97.14	105.68	100.46	104.87	104.81
81.71	85.19	86.34	93.40	101.63	101.10	102.77	104.77
105.83	100.00	94.98	90.09	83.78	85.45	92.12	91.97
95.13	100.00	102.82	104.39	102.31	109.74	119.81	122.51
1,033.70	1,033.70	1,033.70	1,033.70	1,033.70	1,033.70	1,033.70	2,031.00
880.60	798.90	686.22	599.26	552.11	520.16	485.52	471.68
0.12	0.12	0.12	0.12	0.12	0.12	0.12	0.12
...	0.18	-	-	-	-	-	-
4,780.94	5,672.34	5,500.05	4,010.87	2,331.27	2,463.04	3,600.00	4,393.00
988.56	988.56	988.56	988.56	988.56	988.56	988.56	988.56
11,318.20	14,345.90	14,528.00	10,241.50	5,155.99	11,807.10	17,829.70	19,650.40
1,380.51	1,230.33	1,053.53	921.01	850.25	753.61	672.80	634.10
0.19	0.18	0.18	0.18	0.17	0.17	0.17	0.16
9,937.55	13,115.40	13,474.30	9,320.31	4,305.56	11,053.30	17,156.80	19,016.20
2.10	2.07	2.07	2.07	2.07	2.07	2.07	2.07
2,452.36	2,864.42	3,566.16	3,555.29	2,665.54	2,486.30	2,215.37	2,399.65
108.83	123.23	134.17	148.47	123.44	130.39	126.75	135.66
1,308.18	1,222.03	1,135.43	1,048.70	2,066.47	1,941.79	2,499.96	2,507.33
4,016.76	4,159.93	3,897.65	4,661.88	4,274.87	4,269.57	4,570.10	4,095.60
912.57	1,003.97	1,496.89	1,795.79	1,930.43	2,433.80	3,215.47	3,570.88
415.47	564.23	599.64	480.72	28.83	757.01	1,119.22	1,301.37
1,287.85	1,548.19	1,598.03	1,328.99	787.51	1,464.10	2,048.16	2,322.45
872.38	983.96	998.39	848.27	758.68	707.09	928.95	1,021.08
469.78	390.13	539.40	926.35	648.58	908.26	1,573.55	1,329.46
1,134.47	1,364.58	1,452.56	1,599.99	2,881.95	2,364.19	1,961.34	2,743.94
1,305.57	1,544.28	1,543.81	1,689.00	2,965.42	2,723.54	2,317.54	2,984.36
171.10	179.69	91.25	89.01	83.47	359.35	356.19	240.42
140.70	72.15	34.70	33.72	34.02	37.00	33.94	46.23
14.44	14.54	14.43	14.01	11.76	11.76	11.82	12.45
112.80	39.11	3.09	-	-	-	-	-
0.01	0.01	0.01	0.01	0.01	0.01	0.01	0.01
13.46	18.49	17.18	19.71	22.25	25.23	22.12	33.77
1,650.64	1,924.90	2,068.95	2,415.68	2,708.67	2,763.51	3,455.64	4,212.59
1,368.14	1,595.12	1,694.83	1,958.44	2,212.09	2,431.97	3,035.00	3,577.62
280.18	325.36	369.24	452.29	491.97	327.16	416.61	631.55
2.32	4.42	4.88	4.95	4.61	4.38	4.04	3.42
1.22	1.93	1.81	1.38	0.76	95.37	96.76	46.26
84.18	74.98	87.81	118.05	181.53	300.10	395.85	338.41
84.18	74.98	87.81	118.05	181.53	300.10	395.85	338.41
-	-	-	-	-	-	-	-
521.82	530.15	618.51	641.34	774.31	849.28	639.22	739.41
-97.45	-140.88	-150.79	-135.67	-71.88	58.20	100.58	84.34
3,365.27	3,717.20	3,888.74	4,163.06	4,633.65	5,312.77	6,153.88	7,033.88
261.57	270.50	215.99	278.41	247.76	186.97	142.05	55.00
338.47	356.55	350.66	452.86	451.77	434.85	479.25	429.27
76.90	86.05	134.67	174.44	204.01	247.88	337.19	374.28
367.64	413.61	482.43	586.76	627.33	466.22	661.60	861.97
75.95	86.14	109.11	131.70	133.51	139.06	163.80	186.38
291.59	326.87	370.91	454.19	492.43	319.26	419.00	643.57
0.10	0.60	2.41	0.88	1.39	7.90	78.80	32.02
1,165.80	1,514.31	2,528.29	3,518.23	3,750.78	4,640.81	6,078.14	6,349.20
1,464.44	1,854.82	2,894.59	3,941.61	4,167.64	5,174.23	6,718.50	7,119.12
298.64	340.51	366.30	423.38	416.86	533.42	640.35	769.91
3,722.86	3,915.54	3,789.96	4,114.43	4,416.61	4,908.50	5,308.60	6,083.54
116.43	99.26	118.05	140.53	123.73	115.31	101.76	116.38
148.45	216.74	191.98	189.12	184.57	257.97	322.61	353.77
472.10	434.58	184.25	408.61	522.99	636.90	683.94	842.38
2,985.88	3,164.97	3,295.67	3,376.18	3,585.32	3,898.32	4,200.29	4,771.00
472.57	393.11	548.01	936.07	449.02	692.20	1,435.75	1,211.50
2,566.33	3,039.69	3,482.82	4,223.49	5,020.44	5,710.37	6,493.00	7,514.27
1,454.90	1,563.00	1,778.92	2,025.26	2,188.64	2,250.60	2,183.02	2,439.15
0.23	0.11	0.06	0.08	0.01	0.01	0.01	0.01
232.79	253.37	262.47	281.06	339.10	360.26	454.36	602.50
19.25	16.95	18.23	14.71	13.15	11.78	14.26	14.76
6.11	7.95	8.83	5.29	9.86	12.10	6.67	9.90
25.27	21.65	28.08	13.44	5.36	10.33	1.04	2.18
781.91	804.17	910.54	1,000.49	1,052.70	1,289.54	1,571.66	1,613.87
-41.49	13.97	-21.29	-2.06	-35.80	-134.69	30.59	-58.44
6,889.83	7,589.80	8,693.64	10,412.50	11,129.70	12,795.10	14,880.50	16,692.60

統　計

パキスタン（2001-2016年）

	2001	2002	2003	2004	2005	2006	2007	2008
預金取扱い金融機関	10億ルピー（期末）							
対外資産（ネット）	120.95	394.81	563.71	613.75	606.96	775.69	966.52	551.12
非居住者向け信用	357.78	603.70	766.87	820.34	784.24	954.37	1,156.83	1,071.06
非居住者に対する負債	236.83	208.88	203.17	206.60	177.27	178.67	190.31	519.94
国内信用	1,603.35	1,657.08	1,847.10	2,426.50	3,021.28	3,466.92	4,200.84	5,450.20
中央政府向け信用（ネット）	588.80	609.38	546.02	742.11	865.46	943.87	1,238.95	1,957.69
中央政府向け信用	682.16	768.86	702.99	882.15	1,122.71	1,195.23	1,565.50	2,306.38
中央政府に対する負債	93.36	159.48	156.97	140.04	257.25	251.36	326.55	348.69
その他部門向け信用	1,014.55	1,047.70	1,301.08	1,684.39	2,155.82	2,523.05	2,961.89	3,492.51
その他金融機関向け信用	40.99	32.84	25.98	18.77	119.55	139.00	172.94	121.88
地方自治体向け信用	44.49	36.36	59.92	28.95	49.49	41.88	39.69	43.65
非金融公的企業向け信用	12.34	13.43	15.90	15.78	124.89	136.13	176.61	270.34
民間部門向け信用	916.72	965.07	1,199.28	1,620.88	1,861.90	2,206.04	2,572.65	3,056.63
広義流動性負債	1,648.22	1,925.86	2,263.53	2,727.88	3,197.02	3,660.73	4,382.70	4,632.29
預金取扱い金融機関以外の通貨	427.45	485.61	564.89	652.11	727.35	869.78	1,002.94	1,127.59
通貨性預金	535.56	630.66	820.08	1,032.07	1,742.56	1,980.20	2,395.46	2,191.92
その他預金	685.21	809.59	878.56	1,043.70	727.10	810.75	984.29	1,310.96
証券（株式を除く）	-	-	-	-	-	-	-	1.82
預金（広義流動性から除外されたもの）	77.46	98.46	116.37	151.20	173.76	200.07	219.71	290.81
証券（広義流動性に含まれる株式以外）	-	-	-	-	-	-	-	14.33
貸出	-	-	-	-	1.54	5.20	7.23	2.57
金融派生商品	-	-	-	-	-	-	-	0.02
保険契約準備金								
株式及びその他持ち分	53.06	53.83	55.70	62.02	587.53	507.32	694.91	1,136.57
その他（ネット）	-54.45	-26.26	-24.80	99.15	-331.60	-130.70	-137.19	-75.27
広義流動性負債（季節調整値）	1,616.38	1,888.34	2,218.49	2,671.58	3,130.37	3,582.80	4,289.67	4,542.28
貨幣集計量	10億ルピー（期末）							
広義流動性	・・・	・・・	・・・	・・・	・・・	4,631.58	5,439.25	5,794.14
中央政府発行通貨	1.91	2.14	2.63	3.18	4.66	4.82	5.24	5.49
非金融会社の預金	39.64	59.45	76.19	53.90	39.26	966.04	1,051.31	1,156.36
中央政府発行証券								
貨幣集計量（国内定義）	10億ルピー（期末）							
準備貨幣	・・・	・・・	・・・	895.96	985.35	1,186.96	1,362.67	1,447.89
M1	・・・	・・・	・・・	2,385.05	2,474.57	2,849.98	3,398.41	3,319.51
M2	・・・	・・・	・・・	2,725.44	3,201.68	3,665.54	4,387.94	4,637.79
M3	・・・	・・・	・・・	・・・	・・・	4,631.58	5,439.25	5,794.14
金利	年率（%）							
ディスカウント・レート	10.00	7.50	7.50	7.50	9.00	9.50	10.00	15.00
短期金融市場商品金利	8.49	5.53	2.14	2.70	6.83	8.89	9.30	12.33
財務省短期証券金利	10.71	6.08	1.87	2.49	7.18	8.54	8.99	11.37
政府債利回り	10.49	7.93	3.41	4.63	6.19	8.47	9.50	11.66
物価	指数（2010年=100, 期中平均）							
卸売物価指数	40.39	41.59	44.29	48.03	52.22	56.65	61.31	76.84
消費者物価指数	44.41	45.87	47.21	50.72	55.32	59.70	64.24	77.27
GDPデフレーター	41.90	42.94	44.84	48.32	51.71	57.12	61.99	71.99

パキスタン

2009	2010	2011	2012	2013	2014	2015	2016
677.04	834.73	815.63	759.13	276.59	943.98	1,261.27	1,356.37
1,626.31	1,904.74	1,948.70	1,781.84	1,239.28	1,898.95	2,527.41	2,751.73
949.27	1,070.01	1,133.06	1,022.71	962.69	954.97	1,266.14	1,395.36
6,163.83	6,866.58	7,805.50	9,266.38	11,083.40	11,950.50	13,382.00	15,222.90
2,300.27	2,878.89	3,980.85	5,118.23	6,632.74	7,005.00	8,039.49	9,093.14
2,770.01	3,399.09	4,438.40	5,630.61	7,133.06	7,897.77	9,036.03	10,103.50
469.74	520.20	457.55	512.39	500.33	892.77	996.55	1,010.33
3,863.56	3,987.69	3,824.65	4,148.16	4,450.63	4,945.50	5,342.54	6,129.76
130.87	113.80	132.48	154.54	135.49	127.07	113.57	128.82
261.24	255.85	195.07	189.12	184.57	257.97	322.61	353.77
472.11	434.58	184.26	408.61	523.00	636.90	683.95	842.39
2,999.34	3,183.46	3,312.85	3,395.89	3,607.56	3,923.55	4,222.40	4,804.77
5,315.98	6,116.20	6,852.40	8,080.54	9,292.28	10,258.30	11,551.30	13,348.10
1,292.19	1,508.99	1,585.72	1,826.74	2,078.59	2,292.91	2,871.19	3,391.24
2,566.93	3,040.41	3,482.92	4,223.93	5,020.98	5,710.75	6,493.37	7,516.24
1,456.63	1,566.69	1,783.70	2,029.78	2,192.71	2,254.60	2,186.72	2,440.60
0.23	0.11	0.06	0.08	0.01	0.01	0.01	0.01
316.96	328.35	350.28	399.11	520.63	660.36	850.21	940.90
19.25	16.95	18.23	14.71	13.15	11.78	14.26	14.76
6.11	7.95	8.83	5.29	9.86	12.10	6.67	9.90
25.27	21.65	28.08	13.44	5.36	10.33	1.04	2.18
-	-	-	-	-	-	-	-
1,303.73	1,334.32	1,529.05	1,641.83	1,827.01	2,138.82	2,210.88	2,353.28
·146.44	·124.11	·165.73	·129.41	·308.34	·197.17	8.94	·89.84
5,214.33	6,000.70	6,724.38	7,930.79	9,122.12	10,102.00	11,379.00	13,152.60
6,814.50	7,807.08	8,790.98	10,320.20	11,694.40	13,044.30	14,633.30	16,625.70
5.75	5.70	6.31	7.03	8.17	7.40	7.56	8.51
1,492.77	1,681.54	1,928.65	2,228.96	2,393.72	2,778.47	3,074.21	3,268.94
-	3.65	3.63	3.65	0.20	0.20	0.20	0.20
1,650.64	1,924.90	2,068.83	2,415.68	2,708.67	2,763.51	3,455.64	4,212.59
3,859.12	4,549.40	5,068.64	6,000.99	7,026.51	7,936.56	9,312.81	10,844.40
5,321.73	6,121.90	6,858.71	8,037.89	9,227.04	10,198.60	11,506.60	13,292.20
6,814.50	7,807.08	8,790.98	10,320.20	11,694.40	13,044.30	14,633.30	16,625.70
12.50	14.00	12.00	9.50	10.00	9.50	6.50	6.25
11.96	11.69	12.47	10.45	8.81	9.24	6.98	5.85
12.52	12.55	13.12	11.00	9.32	9.89	7.12	5.99
12.73	13.05	13.36	11.73	10.49	11.87	7.72	6.32
82.42	100.00	118.83	127.27	137.18	143.73	140.11	142.45
87.81	100.00	111.92	122.76	132.20	141.70	145.30	150.75
90.21	100.00	119.65	126.79	135.62	145.67	151.96	154.71

統　　計

パプアニューギニア（1948-2000年）

	1948	1949	1950	1951	1952	1953	1954	1955
為替レート	対SDRレート							
市場レート（期末）	0.62	0.89	0.89	0.90	0.89	0.89	0.90	0.89
	対ドル・レート							
市場レート（期末）	0.62	0.89	0.89	0.90	0.89	0.89	0.90	0.89
市場レート（期中平均）	0.62	0.67	0.89	0.89	0.89	0.89	0.89	0.89
	指数（2010年=100，期中平均）							
市場レート								
名目実効為替レート	436.55	399.28	303.27	303.16	302.56	304.59	304.15	302.26
実質実効為替レート（CPIベース）	・・・	・・・	・・・	・・・	・・・	・・・	・・・	・・・
IMFポジション	100万SDR（期末）							
クォータ	-	-	-	-	-	-	-	-
SDR配分額	-	-	-	-	-	-	-	-
IMFリザーブポジション	-	-	-	-	-	-	-	-
内：IMF借入残高	・・・	・・・	・・・	・・・	・・・	・・・	・・・	・・・
IMFクレジット及び融資総残高	-	-	-	-	-	-	-	-
SDR配分額	-	-	-	-	-	-	-	-
国際流動性	100万米ドル（他に断りのない限り，期末）							
総準備（金を除く）	・・・	・・・	・・・	・・・	・・・	・・・	・・・	・・・
SDR	-	-	-	-	-	-	-	-
IMFリザーブポジション	-	-	-	-	-	-	-	-
外国為替	・・・	・・・	・・・	・・・	・・・	・・・	・・・	・・・
金（100万ファイントロイオンス）	・・・	・・・	・・・	・・・	・・・	・・・	・・・	・・・
金（国内評価額）	・・・	・・・	・・・	・・・	・・・	・・・	・・・	・・・
預金通貨銀行：資産	・・・	・・・	・・・	・・・	・・・	・・・	・・・	・・・
預金通貨銀行：負債	・・・	・・・	・・・	・・・	・・・	・・・	・・・	・・・
通貨当局	100万キナ（年最終水曜日）							
対外資産	・・・	・・・	・・・	・・・	・・・	・・・	・・・	・・・
中央政府向け信用	・・・	・・・	・・・	・・・	・・・	・・・	・・・	・・・
預金通貨銀行向け信用	・・・	・・・	・・・	・・・	・・・	・・・	・・・	・・・
準備貨幣	・・・	・・・	・・・	・・・	・・・	・・・	・・・	・・・
内：預金通貨銀行以外の現金通貨	・・・	・・・	・・・	・・・	・・・	・・・	・・・	・・・
定期性預金	・・・	・・・	・・・	・・・	・・・	・・・	・・・	・・・
対外負債	・・・	・・・	・・・	・・・	・・・	・・・	・・・	・・・
中央政府預金	・・・	・・・	・・・	・・・	・・・	・・・	・・・	・・・
資本勘定	・・・	・・・	・・・	・・・	・・・	・・・	・・・	・・・
その他（ネット）	・・・	・・・	・・・	・・・	・・・	・・・	・・・	・・・
預金通貨銀行	100万キナ（年最終水曜日）							
準備	・・・	・・・	・・・	・・・	・・・	・・・	・・・	・・・
対外資産	・・・	・・・	・・・	・・・	・・・	・・・	・・・	・・・
中央政府向け信用	・・・	・・・	・・・	・・・	・・・	・・・	・・・	・・・
地方自治体向け信用	・・・	・・・	・・・	・・・	・・・	・・・	・・・	・・・
非金融公的企業向け信用	・・・	・・・	・・・	・・・	・・・	・・・	・・・	・・・
民間部門向け信用	・・・	・・・	・・・	・・・	・・・	・・・	・・・	・・・
要求払い預金	・・・	・・・	・・・	・・・	・・・	・・・	・・・	・・・
定期性預金	・・・	・・・	・・・	・・・	・・・	・・・	・・・	・・・
対外負債	・・・	・・・	・・・	・・・	・・・	・・・	・・・	・・・
中央政府預金	・・・	・・・	・・・	・・・	・・・	・・・	・・・	・・・
通貨当局からの信用	・・・	・・・	・・・	・・・	・・・	・・・	・・・	・・・
資本勘定	・・・	・・・	・・・	・・・	・・・	・・・	・・・	・・・
その他（ネット）	・・・	・・・	・・・	・・・	・・・	・・・	・・・	・・・
マネタリー・サーベイ	100万キナ（年最終水曜日）							
対外資産（ネット）	・・・	・・・	・・・	・・・	・・・	・・・	・・・	・・・
国内信用	・・・	・・・	・・・	・・・	・・・	・・・	・・・	・・・
中央政府向け信用（ネット）	・・・	・・・	・・・	・・・	・・・	・・・	・・・	・・・
地方自治体向け信用	・・・	・・・	・・・	・・・	・・・	・・・	・・・	・・・
非金融公的企業向け信用	・・・	・・・	・・・	・・・	・・・	・・・	・・・	・・・
民間部門向け信用	・・・	・・・	・・・	・・・	・・・	・・・	・・・	・・・
その他金融機関向け信用	・・・	・・・	・・・	・・・	・・・	・・・	・・・	・・・
現金・預金通貨	・・・	・・・	・・・	・・・	・・・	・・・	・・・	・・・
準通貨	・・・	・・・	・・・	・・・	・・・	・・・	・・・	・・・
資本勘定	・・・	・・・	・・・	・・・	・・・	・・・	・・・	・・・
その他（ネット）	・・・	・・・	・・・	・・・	・・・	・・・	・・・	・・・
現金・預金通貨（季節調整値）	・・・	・・・	・・・	・・・	・・・	・・・	・・・	・・・
現金・預金通貨＋準通貨	・・・	・・・	・・・	・・・	・・・	・・・	・・・	・・・
貨幣集計量（国内定義）	100万キナ（年最終水曜日）							
準備貨幣	・・・	・・・	・・・	・・・	・・・	・・・	・・・	・・・
M1	・・・	・・・	・・・	・・・	・・・	・・・	・・・	・・・
M3	・・・	・・・	・・・	・・・	・・・	・・・	・・・	・・・
金利	年率（%）							
ディスカウント・レート	・・・	・・・	・・・	・・・	・・・	・・・	・・・	・・・
短期金融市場商品金利	・・・	・・・	・・・	・・・	・・・	・・・	・・・	・・・
財務省短期証券金利	・・・	・・・	・・・	・・・	・・・	・・・	・・・	・・・
貯蓄金利	・・・	・・・	・・・	・・・	・・・	・・・	・・・	・・・
預金金利	・・・	・・・	・・・	・・・	・・・	・・・	・・・	・・・
貸出金利	・・・	・・・	・・・	・・・	・・・	・・・	・・・	・・・
物価	指数（期中平均）							
消費者物価指数（2010年=100）	・・・	・・・	・・・	・・・	・・・	・・・	・・・	・・・
GDPデフレーター（2005年=100）	・・・	・・・	・・・	・・・	・・・	・・・	・・・	・・・

パプアニューギニア

1956	1957	1958	1959	1960	1961	1962	1963	1964	1965	1966
0.90	0.89	0.89	0.89	0.89	0.89	0.89	0.90	0.90	0.89	0.90
0.90	0.89	0.89	0.89	0.89	0.89	0.89	0.90	0.90	0.89	0.90
0.89	0.89	0.89	0.89	0.89	0.89	0.89	0.89	0.89	0.89	0.89
302.74	302.50	304.26	304.15	304.03	303.46	304.05	303.20	302.35	302.77	302.45
...	...	...	...	...	...	...	...	...	...	...
-	-	-	-	-	-	-	-	-	-	-
...	...	...	...	...	...	...	...	...	...	...
-	-	-	-	-	-	-	-	-	-	-
...	...	...	...	...	...	...	...	...	...	...
-	-	-	-	-	-	-	-	-	-	-
...	...	...	...	...	...	...	...	...	...	...
...	...	...	...	...	...	...	...	...	...	...
...	...	...	...	...	...	...	...	...	...	...
...	...	...	...	...	...	...	...	...	...	...
...	...	...	...	...	...	...	...	...	...	...
...	...	...	...	...	...	...	...	...	...	...
...	...	...	...	...	...	...	...	...	...	...
...	...	...	...	...	...	...	...	...	...	...
...	...	...	...	...	...	...	...	...	...	...
...	...	...	...	...	...	...	...	...	...	...
...	...	...	...	...	...	...	...	...	...	...
...	...	...	...	...	...	...	...	...	...	...
...	...	...	...	...	...	...	...	...	...	...
...	...	...	...	...	...	...	...	...	...	...
...	...	...	...	...	...	...	...	...	...	...
...	...	...	...	...	...	...	...	...	...	...
...	...	...	...	...	...	...	...	...	...	...
...	...	...	...	...	...	...	...	...	...	...
...	...	...	...	...	...	...	...	...	...	...
...	...	...	...	...	...	...	...	...	...	...
...	...	...	...	...	...	...	...	...	...	...
...	...	...	...	...	...	...	...	...	...	...
...	...	...	...	...	...	...	...	...	...	...
...	...	...	...	...	...	...	...	...	...	...
...	...	...	...	...	...	...	...	...	...	...
...	...	...	...	...	...	...	...	...	...	...
...	...	...	...	...	...	...	...	...	...	...
...	...	...	...	...	...	...	...	...	...	...
...	...	...	...	...	...	...	...	...	...	...
...	...	...	...	...	...	...	...	...	...	...
...	...	...	...	...	...	...	...	...	...	...
...	...	...	...	...	...	...	...	...	...	...
...	...	...	...	...	...	...	...	...	...	...
...	...	...	...	...	...	...	...	...	...	...
...	...	...	...	...	...	...	...	...	...	...
...	...	...	...	...	...	...	...	...	...	...
...	...	...	...	...	...	...	...	...	...	...
...	...	...	...	...	...	...	...	...	...	...
...	...	...	...	...	...	...	...	...	...	...
...	...	...	...	...	...	...	...	...	...	...
...	...	...	...	...	...	...	...	...	...	...
...	...	...	...	...	...	...	...	...	...	...
...	...	...	...	...	...	...	...	...	...	...
...	...	...	...	...	...	...	...	...	...	...
...	...	...	...	...	...	...	...	...	...	...
...	...	...	...	...	...	...	...	...	...	...

統　　　計

パプアニューギニア（1948-2000年）

		1967	1968	1969	1970	1971	1972	1973	1974
為替レート	対SDRレート								
市場レート（期末）		0.89	0.90	0.89	0.90	0.91	0.85	0.81	0.92
	対ドル・レート								
市場レート（期末）		0.89	0.90	0.89	0.90	0.84	0.78	0.67	0.75
市場レート（期中平均）		0.89	0.89	0.89	0.89	0.88	0.84	0.70	0.70
	指数（2010年=100，期中平均）								
市場レート		302.39	302.39	301.98	302.70	113.49	324.09	385.82	390.79
名目実効為替レート		132.38	137.72	138.95	142.59	144.42	144.56	159.08	169.71
実質実効為替レート（CPIベース）		・・・	・・・	・・・	・・・	・・・	・・・	・・・	・・・
IMFポジション	100万SDR（期末）								
クォータ		-	-	-	-	-	-	-	-
SDR配分額		-	-	-	-	-	-	-	-
IMFリザーブポジション		-	-	-	-	-	-	-	-
内：IMF借入残高		-	-	-	-	-	-	-	-
IMFクレジット及び融資総残高		-	-	-	-	-	-	-	-
SDR配分額		-	-	-	-	-	-	-	-
国際流動性	100万米ドル（他に断りのない限り，期末）								
総準備（金を除く）		・・・	・・・	・・・	・・・	・・・	・・・	31.26	32.45
SDR								-	-
IMFリザーブポジション								-	-
外国為替		・・・	・・・	・・・	・・・	・・・	・・・	31.26	32.45
金（100万ファイントロイオンス）		・・・	・・・	・・・	・・・	・・・	・・・	-	-
金（国内評価額）		・・・	・・・	・・・	・・・	・・・	・・・	-	-
預金通貨銀行：資産		・・・	・・・	・・・	・・・	・・・	・・・	72.06	162.74
預金通貨銀行：負債		・・・	・・・	・・・	・・・	・・・	・・・	0.05	1.59
通貨当局	100万キナ（年最終水曜日）								
対外資産		・・・	・・・	・・・	・・・	・・・	・・・	99.37	114.48
中央政府向け信用		・・・	・・・	・・・	・・・	・・・	・・・	3.24	3.24
預金通貨銀行向け信用		・・・	・・・	・・・	・・・	・・・	・・・	-	-
準備貨幣		・・・	・・・	・・・	・・・	・・・	・・・	64.13	81.62
内：預金通貨銀行以外の現金通貨		・・・	・・・	・・・	・・・	・・・	・・・	57.37	76.61
定期性預金		・・・	・・・	・・・	・・・	・・・	・・・	-	-
対外負債		・・・	・・・	・・・	・・・	・・・	・・・	4.18	4.36
中央政府預金		・・・	・・・	・・・	・・・	・・・	・・・	32.50	27.71
資本勘定		・・・	・・・	・・・	・・・	・・・	・・・	5.01	5.53
その他（ネット）		・・・	・・・	・・・	・・・	・・・	・・・	-3.20	-1.50
預金通貨銀行	100万キナ（年最終水曜日）								
準備		・・・	・・・	・・・	・・・	・・・	・・・	6.25	5.09
対外資産		・・・	・・・	・・・	・・・	・・・	・・・	48.44	122.64
中央政府向け信用		・・・	・・・	・・・	・・・	・・・	・・・	22.70	35.25
地方自治体向け信用		・・・	・・・	・・・	・・・	・・・	・・・	-	0.25
非金融公的企業向け信用		・・・	・・・	・・・	・・・	・・・	・・・	-	0.11
民間部門向け信用		・・・	・・・	・・・	・・・	・・・	・・・	137.16	152.04
要求払い預金		・・・	・・・	・・・	・・・	・・・	・・・	41.53	63.22
定期性預金		・・・	・・・	・・・	・・・	・・・	・・・	96.24	179.61
対外負債		・・・	・・・	・・・	・・・	・・・	・・・	0.03	1.20
中央政府預金		・・・	・・・	・・・	・・・	・・・	・・・	15.02	5.92
通貨当局からの信用		・・・	・・・	・・・	・・・	・・・	・・・	-	-
資本勘定		・・・	・・・	・・・	・・・	・・・	・・・	49.53	69.30
その他（ネット）		・・・	・・・	・・・	・・・	・・・	・・・	12.22	-3.86
マネタリー・サーベイ	100万キナ（年最終水曜日）								
対外資産（ネット）		・・・	・・・	・・・	・・・	・・・	・・・	143.60	231.56
国内信用		・・・	・・・	・・・	・・・	・・・	・・・	115.58	157.65
中央政府向け信用（ネット）		・・・	・・・	・・・	・・・	・・・	・・・	-21.58	4.86
地方自治体向け信用		・・・	・・・	・・・	・・・	・・・	・・・	-	0.25
非金融公的企業向け信用		・・・	・・・	・・・	・・・	・・・	・・・	-	0.11
民間部門向け信用		・・・	・・・	・・・	・・・	・・・	・・・	137.16	152.04
その他金融機関向け信用		・・・	・・・	・・・	・・・	・・・	・・・	-	0.39
現金・預金通貨		・・・	・・・	・・・	・・・	・・・	・・・	99.40	140.43
準通貨		・・・	・・・	・・・	・・・	・・・	・・・	96.24	179.61
資本勘定		・・・	・・・	・・・	・・・	・・・	・・・	54.53	74.82
その他（ネット）		・・・	・・・	・・・	・・・	・・・	・・・	9.01	-5.66
現金・預金通貨（季節調整値）		・・・	・・・	・・・	・・・	・・・	・・・	97.64	137.00
現金・預金通貨＋準通貨		・・・	・・・	・・・	・・・	・・・	・・・	195.64	320.04
貨幣集計量（国内定義）	100万キナ（年最終水曜日）								
準備貨幣		・・・	・・・	・・・	・・・	・・・	・・・	・・・	・・・
M1		・・・	・・・	・・・	・・・	・・・	・・・	・・・	・・・
M3		・・・	・・・	・・・	・・・	・・・	・・・	・・・	・・・
金利	年率（%）								
ディスカウント・レート		・・・	・・・	・・・	・・・	・・・	・・・	・・・	・・・
短期金融市場商品金利		・・・	・・・	・・・	・・・	・・・	・・・	・・・	・・・
財務省短期証券金利		・・・	・・・	・・・	・・・	・・・	・・・	・・・	8.18
貯蓄金利		・・・	・・・	・・・	・・・	・・・	・・・	・・・	・・・
預金金利		・・・	・・・	・・・	・・・	・・・	・・・	・・・	・・・
貸出金利		・・・	・・・	・・・	・・・	・・・	・・・	・・・	・・・
物価	指数（期中平均）								
消費者物価指数（2010年=100）		・・・	・・・	・・・	・・・	5.50	5.84	6.33	7.79
GDPデフレーター（2005年=100）		・・・	・・・	・・・	・・・	・・・	・・・	10.91	13.90

302

パプアニューギニア

1975	1976	1977	1978	1979	1980	1981	1982	1983	1984	1985
0.93	0.94	0.92	0.90	0.91	0.82	0.79	0.83	0.92	0.92	1.11
0.80	0.81	0.76	0.69	0.69	0.64	0.68	0.75	0.88	0.94	1.01
0.76	0.79	0.79	0.71	0.71	0.67	0.67	0.74	0.84	0.90	1.00
356.13	343.04	343.56	383.70	381.96	405.43	404.21	368.55	325.87	303.95	271.82
164.72	169.02	170.80	176.96	179.57	194.23	203.95	207.02	199.90	203.55	203.08
···	···	···	···	···	134.73	138.09	135.83	131.59	133.00	127.39
20.00	20.00	20.00	30.00	30.00	45.00	45.00	45.00	65.90	65.90	65.90
-	1.68	0.19	0.42	0.81	-	33.07	31.00	16.95	4.99	5.89
-			0.01	2.37	3.78	0.04	0.07	5.31	5.35	5.38
···	24.80	24.80	23.09	18.10	24.28	64.55	64.55	64.55	34.59	26.33
				3.12	6.24	9.30	9.30	9.30	9.30	9.30
179.67	257.20	426.63	404.72	503.55	423.43	396.17	452.88	440.07	435.23	442.57
-	1.95	0.23	0.55	1.07	-	38.49	34.20	17.75	4.89	6.47
-			0.01	3.12	4.82	0.05	0.08	5.56	5.24	5.91
179.67	255.25	426.40	404.16	499.36	418.61	357.63	418.61	416.76	425.09	430.19
		3.55	7.93	11.09	14.74	15.91	14.54	12.53	11.71	10.93
0.27	10.14	80.18	35.93	21.13	16.02	18.28	7.15	10.59	14.28	16.21
20.54	22.86	46.00	52.33	22.93	9.88	38.30	26.76	33.63	54.62	56.23
194.32	208.77	327.51	297.22	372.94	293.56	290.19	269.84	395.45	416.78	460.51
7.57	22.21	11.55	12.75	30.14	39.39	52.76	72.88	27.51	12.52	60.99
							8.61	17.85	22.51	26.90
142.19	168.13	203.51	194.10	235.72	99.46	88.82	90.46	138.04	128.25	130.53
85.21	47.51	56.66	61.55	67.89	70.49	73.39	72.41	79.95	88.90	94.26
		49.73	68.37	95.38	102.27	90.60	90.73	83.30	80.15	80.55
3.26	79.80	96.19	54.99	37.52	36.18	137.61	139.26	144.91	64.51	68.00
53.68	20.45	29.86	14.76	20.74	84.92	72.89	50.27	65.10	98.17	82.55
6.26	16.18	10.23	4.19	17.86	2.44	19.39	49.93	98.80	96.86	156.01
-3.51	-53.57	-50.44	-26.44	-4.13	7.68	-66.36	-69.32	-89.34	-16.12	30.77
54.95	116.81	141.57	126.99	160.26	26.09	18.35	16.07	56.02	35.67	22.57
0.22	8.24	60.74	24.73	14.59	10.32	12.44	5.34	9.27	13.44	16.41
28.27	32.54	44.78	37.75	58.47	88.13	92.29	78.74	91.92	108.72	80.79
0.39	0.72	0.97	0.73	1.44	2.00	2.07	1.89	2.35	1.43	3.66
0.92	7.46	13.76	6.88	20.07	23.70	18.48	17.20	28.44		-
163.31	156.62	169.00	173.74	204.39	277.61	330.31	361.22	417.89	502.98	563.78
63.55	83.87	107.44	111.87	119.94	128.18	120.71	114.25	124.42	156.12	146.22
94.66	142.80	209.35	201.67	280.92	249.32	269.77	288.49	360.78	418.88	495.42
16.34	18.56	34.85	36.02	15.83	6.36	26.06	20.02	29.44	51.41	56.93
12.86	12.00	18.33	18.62	30.30	22.71	26.05	8.61	17.01	19.30	16.90
71.14	76.14	77.41	29.93	30.07	41.54	48.68	45.36	56.46	47.00	49.35
-10.51	-11.00	-16.56	-27.30	-17.86	-20.27	-17.33	-23.47	-28.15	-54.72	-97.81
174.94	118.65	257.22	230.95	334.18	261.34	138.95	115.91	230.36	314.31	352.00
134.06	189.35	197.15	211.60	267.22	325.74	397.97	455.46	462.83	505.42	608.48
-30.71	22.29	8.15	17.12	37.57	19.89	46.12	74.14	8.40	-1.19	39.04
0.39	0.72	0.97	0.73	1.44	2.00	2.07	1.89	2.35	1.43	3.66
0.92	7.46	13.76	6.88	20.07	23.70	18.48	17.20	28.44		-
163.31	156.62	169.00	173.74	204.39	277.61	330.31	361.22	417.89	502.98	563.78
0.15	2.27	5.27	13.14	3.77	2.54	0.99	1.01	5.74	2.20	2.00
150.80	135.02	169.38	178.99	195.41	201.56	194.36	188.64	205.97	248.99	244.15
94.66	142.80	259.08	270.05	376.30	351.59	360.37	379.22	444.08	499.03	575.97
77.40	92.32	87.64	34.12	47.93	43.98	68.07	95.29	155.26	143.86	205.37
-13.87	-62.14	-61.73	-40.61	-18.23	-10.04	-85.59	-91.77	-112.11	-72.15	-65.01
147.41	132.24	166.87	176.69	192.71	197.80	189.44	182.08	197.28	237.36	232.09
245.46	277.82	428.46	449.03	571.71	553.15	554.74	567.85	650.04	748.02	820.12
···	···	···	···	···	···	···	187.60	205.20	248.60	239.20
···	···	···	···	···	···	···	434.50	567.40	669.20	733.50
···	···	···	···	···	···	···	···	8.75	8.75	9.75
8.27	7.73	6.38	5.78	6.03	7.16	11.56	13.80	10.92	9.28	10.40
···	···	···	···	···	6.90	10.00	8.00	9.54	8.13	9.49
···	···	···	···	···	11.15	14.40	12.25	11.58	10.64	11.54
8.61	9.27	9.69	10.25	10.84	12.15	13.13	13.85	14.95	16.06	16.65
13.30	14.39	18.27	17.90	20.55	22.25	21.66	22.34	26.50	28.46	28.93

統　計

パプアニューギニア（1948-2000年）

	1986	1987	1988	1989	1990	1991	1992	1993
為替レート	対SDRレート							
市場レート（期末）	1.18	1.25	1.11	1.13	1.36	1.36	1.36	1.35
	対ドル・レート							
市場レート（期末）	0.96	0.88	0.83	0.86	0.95	0.95	0.99	0.98
市場レート（期中平均）	0.97	0.91	0.87	0.86	0.96	0.95	0.96	0.98
	指数（2010年=100, 期中平均）							
市場レート	279.86	299.31	313.60	317.61	284.49	285.51	281.79	277.82
名目実効為替レート	193.13	196.88	201.49	221.51	213.48	224.97	235.09	259.52
実質実効為替レート（CPIベース）	120.42	118.85	117.55	121.12	108.32	111.84	111.78	116.65
IMFポジション	100万SDR（期末）							
クォータ	65.90	65.90	65.90	65.90	65.90	65.90	95.30	95.30
SDR配分額	2.61	3.31	3.04	2.67	･･･	0.02	0.10	0.03
IMFリザーブポジション	5.42	6.94	6.95	6.98	･･･	･･･	0.04	0.05
内：IMF借入残高	･･･	･･･	･･･	･･･	･･･	･･･	･･･	･･･
IMFクレジット及び融資総残高	12.34	8.44	4.55	2.31	42.91	42.84	42.84	32.13
SDR配分額	9.30	9.30	9.30	9.30	9.30	9.30	9.30	9.30
国際流動性	100万米ドル（他に断りのない限り，期末）							
総準備（金を除く）	425.46	436.83	393.49	384.38	403.04	323.05	238.58	141.45
SDR	3.19	4.70	4.09	3.51	-	0.03	0.14	0.05
IMFリザーブポジション	6.63	9.85	9.35	9.17	-	-	0.06	0.07
外国為替	415.64	422.29	380.05	371.70	403.04	323.02	238.39	141.34
金（100万ファイントロイオンス）	0.06	0.06	0.06	0.06	0.06	0.06	0.06	0.06
金（国内評価額）	11.52	12.61	13.41	12.90	11.63	11.64	11.23	11.30
預金通貨銀行：資産	10.06	24.27	29.92	22.32	20.65	39.72	61.61	160.59
預金通貨銀行：負債	43.55	68.21	109.35	143.31	113.17	150.27	118.34	88.07
通貨当局	100万キナ（年最終水曜日）							
対外資産	455.06	446.14	397.22	342.42	376.53	306.44	242.31	138.61
中央政府向け信用	53.22	78.53	107.24	174.14	227.01	251.35	284.20	421.02
預金通貨銀行向け信用	14.86	19.42	32.00	46.89	42.83	70.91	127.74	239.43
準備貨幣	125.56	134.16	141.91	152.24	176.04	164.64	168.93	199.20
内：預金通貨銀行以外の現金通貨	95.74	106.35	115.20	122.03	134.77	137.36	141.17	160.70
定期性預金	89.15	64.97	12.69	2.64	1.39	1.15	0.50	0.50
対外負債	37.21	22.29	5.14	4.72	173.20	166.05	171.99	129.04
中央政府預金	103.25	152.27	165.84	187.94	174.64	175.55	224.57	369.66
資本勘定	146.15	168.76	180.29	204.14	224.63	227.61	218.31	204.45
その他（ネット）	21.81	1.63	30.58	11.76	-103.53	-106.30	-130.04	-103.79
預金通貨銀行	100万キナ（年最終水曜日）							
準備	29.02	24.76	23.78	23.21	35.33	22.52	24.61	36.68
対外資産	9.67	21.32	24.73	19.19	19.68	37.84	60.84	157.59
中央政府向け信用	130.42	105.59	140.10	110.36	121.92	232.60	364.57	502.65
地方自治体向け信用	4.08	3.83	2.45	1.08	3.79	1.17	3.96	6.22
非金融公的企業向け信用	-	29.32	21.32	49.75	72.77	140.35	233.52	294.69
民間部門向け信用	668.22	709.26	802.21	887.95	878.38	940.98	890.55	820.27
要求払い預金	160.16	172.24	200.32	215.48	203.12	275.03	293.10	431.77
定期性預金	583.13	597.00	649.99	690.36	736.38	854.16	993.78	1,091.68
対外負債	41.86	59.92	90.37	123.19	107.85	143.14	116.85	86.43
中央政府預金	18.55	17.72	18.71	18.75	33.22	39.78	43.46	51.45
通貨当局からの信用	14.86	17.81	40.73	46.51	42.83	70.91	127.74	239.43
資本勘定	66.46	79.70	93.27	66.56	68.88	64.45	65.21	60.63
その他（ネット）	-43.59	-50.30	-78.81	-69.28	-60.42	-72.01	-62.10	-143.29
マネタリー・サーベイ	100万キナ（年最終水曜日）							
対外資産（ネット）	385.67	385.25	326.44	233.69	115.15	35.08	14.31	80.73
国内信用	736.08	761.17	891.95	1,020.78	1,098.26	1,353.47	1,517.69	1,630.57
中央政府向け信用（ネット）	61.83	14.14	62.79	77.82	141.07	268.63	380.74	502.55
地方自治体向け信用	4.08	3.83	2.45	1.08	3.79	1.17	3.96	6.22
非金融公的企業向け信用	-	29.32	21.32	49.75	72.77	140.35	233.52	294.69
民間部門向け信用	668.22	709.26	802.21	887.97	878.38	940.98	890.55	820.27
その他金融機関向け信用	1.95	4.63	3.20	4.17	2.25	2.35	8.91	6.84
現金・預金通貨	256.68	281.33	322.17	344.50	343.84	417.16	437.42	594.29
準通貨	672.28	661.96	662.68	693.00	737.77	855.31	994.28	1,092.18
資本勘定	212.60	248.46	273.56	270.70	293.51	292.06	283.52	265.09
その他（ネット）	-19.82	-45.34	-40.02	-53.73	-161.70	-175.97	-183.23	-240.24
現金・預金通貨（季節調整値）	243.07	265.41	302.79	323.17	322.25	392.80	414.23	565.45
現金・預金通貨＋準通貨	928.96	943.29	984.85	1,037.50	1,081.61	1,272.46	1,431.70	1,686.47
貨幣集計量（国内定義）	100万キナ（年最終水曜日）							
準備貨幣	･･･	･･･	･･･	･･･	･･･	･･･	･･･	･･･
M1	251.60	280.90	322.80	352.00	353.30	458.00	509.10	527.54
M3	840.00	877.80	971.90	1,034.90	1,079.60	1,271.10	1,431.10	1,625.35
金利	年率（%）							
ディスカウント・レート	11.40	8.80	10.80	9.55	9.30	9.30	7.12	6.30
短期金融市場商品金利	･･･	･･･	･･･	･･･	･･･	･･･	･･･	･･･
財務省短期証券金利	12.32	10.44	10.12	10.50	11.40	10.33	8.88	6.25
貯蓄金利	･･･	･･･	･･･	･･･	･･･	･･･	･･･	･･･
預金金利	11.49	9.60	9.28	8.23	8.67	9.06	7.85	5.03
貸出金利	12.33	11.94	12.68	14.62	15.52	14.17	14.53	11.29
物価	指数（期中平均）							
消費者物価指数（2010年=100）	17.56	18.15	19.14	19.99	21.38	22.87	23.86	25.05
GDPデフレーター（2005年=100）	29.32	31.66	34.16	33.30	34.67	37.09	38.17	37.22

パプアニューギニア

1994	1995	1996	1997	1998	1999	2000
1.72	1.98	1.94	2.36	2.95	3.70	4.00
1.18	1.34	1.35	1.75	2.10	2.70	3.07
1.01	1.28	1.32	1.44	2.07	2.57	2.78
270.45	212.97	206.23	189.58	132.08	107.05	98.31
269.12	204.88	202.20	199.57	161.06	130.91	126.84
110.85	94.16	100.90	101.22	88.92	80.88	88.47
95.30	95.30	95.30	95.30	95.30	131.60	131.60
0.07	0.47	0.04	0.06	0.04	0.53	9.34
0.05	0.05	0.05	0.05	0.05	0.05	0.18
...	...	...	...	...	...	...
10.71	33.34	35.34	35.34	32.35	15.68	29.89
9.30	9.30	9.30	9.30	9.30	9.30	9.30
96.06	261.35	583.89	362.68	192.88	205.14	286.87
0.11	0.69	0.06	0.08	0.05	0.72	12.17
0.08	0.08	0.08	0.07	0.07	0.07	0.23
95.88	260.58	583.75	362.53	192.76	204.35	274.46
0.06	0.01	0.06	0.06	0.06	0.06	0.06
2.39	2.11	21.02	16.17	13.31	10.35	9.08
175.61	100.11	119.12	117.38	136.34	103.23	95.83
120.46	41.39	23.07	7.99	54.53	37.44	18.13
112.51	357.55	789.20	666.07	391.06	552.92	909.24
776.65	592.62	587.28	880.81	1,284.96	599.66	163.60
282.50	233.80	228.94	216.27	121.10	53.63	53.27
221.65	255.66	488.98	321.12	387.47	671.55	561.51
179.00	194.21	216.40	234.85	278.09	357.49	306.93
0.50	0.50	0.50	0.50	0.50	0.50	0.50
147.57	282.07	211.79	231.49	224.00	76.61	281.34
663.01	623.10	840.32	977.77	916.71	100.24	30.76
140.20	122.57	122.13	245.05	254.78	261.74	329.89
-1.29	-99.93	-58.30	-12.77	13.65	95.56	-77.91
40.67	56.20	116.43	67.21	106.03	310.37	250.67
206.97	133.66	160.44	205.57	285.83	278.26	294.40
446.27	727.57	1,105.13	1,107.80	888.60	791.57	1,065.24
5.95	1.58	1.91	1.29	5.05	5.46	1.05
374.70	329.25	315.00	297.71	202.94	153.06	123.02
897.99	900.78	908.93	1,223.08	1,577.98	1,554.88	1,668.15
433.46	501.18	692.31	752.74	829.35	982.38	1,061.86
1,049.85	1,192.55	1,410.43	1,659.12	1,620.62	1,638.32	1,758.57
141.97	55.26	31.07	14.00	114.33	100.91	55.70
73.13	122.48	167.22	170.65	287.49	211.71	255.06
282.50	233.80	228.94	216.28	121.10	53.63	53.39
78.36	92.65	114.78	139.25	212.80	322.05	284.09
-86.72	-48.88	-36.92	-49.39	-119.26	-225.40	-66.14
29.94	153.88	706.78	626.15	338.56	653.65	866.60
1,765.41	1,806.21	1,910.71	2,362.27	2,755.32	2,792.67	2,735.20
486.77	574.60	684.87	840.19	969.35	1,079.27	943.01
5.95	1.58	1.91	1.29	5.05	5.46	1.05
374.70	329.25	315.00	297.71	202.94	153.06	123.02
897.99	900.78	908.93	1,223.08	1,577.84	1,554.88	1,668.15
						-
614.48	700.64	1,064.87	1,006.66	1,110.79	1,343.56	1,372.69
1,050.35	1,193.05	1,410.93	1,659.62	1,621.12	1,638.82	1,759.07
218.56	215.22	236.91	384.30	467.58	593.78	613.99
-88.05	-148.81	-95.22	-62.16	-105.61	-129.83	-143.92
585.22	666.64	1,012.23	955.99	1,057.35	-	
1,664.83	1,893.69	2,475.80	2,666.28	2,731.91	2,982.38	3,131.76
219.62	250.40	332.83	302.10	384.20	667.86	557.61
571.31	645.86	864.89	919.50	1,021.30	1,233.70	1,271.71
1,664.71	1,842.24	2,431.56	2,598.20	2,645.80	2,880.00	3,034.68
6.55	18.00	14.86	9.49	17.07	16.66	9.79
...	...	...	...	...	...	9.54
7.82	17.40	14.44	9.94	21.18	22.70	17.00
...	4.00	4.00	3.83	3.94	4.13	4.06
5.09	7.30	7.13	4.13	8.36	8.13	8.46
9.16	13.14	13.30	10.45	17.70	18.90	17.54
25.76	30.21	33.72	35.06	39.82	45.77	52.91
39.91	46.30	47.65	53.01	55.81	61.99	70.11

統　　計

パプアニューギニア （2001-2016 年）

		2001	2002	2003	2004	2005	2006	2007	2008
為替レート	対SDRレート								
市場レート（期末）		4.73	5.46	4.95	4.85	4.42	4.56	4.48	4.12
	対ドル・レート								
市場レート（期末）		3.76	4.02	3.33	3.13	3.10	3.03	2.84	2.68
市場レート（期中平均）		3.39	3.90	3.56	3.22	3.10	3.06	2.97	2.70
	指数（2010年=100，期中平均）								
市場レート		80.55	69.95	76.49	84.37	87.63	88.93	91.72	100.78
名目実効為替レート		112.06	95.87	94.89	97.92	99.32	99.96	96.41	103.48
実質実効為替レート（CPIベース）		82.75	77.31	85.61	88.12	88.45	88.43	83.78	95.17
IMFポジション	100万SDR（期末）								
クォータ		131.60	131.60	131.60	131.60	131.60	131.60	131.60	131.60
SDR		6.93	4.46	2.48	0.47	0.02	0.04	0.06	0.07
IMFリザーブポジション		0.30	0.36	0.40	0.43	0.44	0.44	0.44	0.44
内：IMF借入残高		・・・	・・・	・・・	・・・	-	-	-	-
IMFクレジット及び融資総残高		85.54	85.54	81.79	41.38	-	-	-	-
SDR配分額		9.30	9.30	9.30	9.30	9.30	9.30	9.30	9.30
国際流動性	100万米ドル（他に断りのない限り，期末）								
総準備（金を除く）		422.65	321.51	494.18	632.56	718.10	1,400.68	2,053.71	1,953.40
SDR		8.71	6.06	3.68	0.73	0.03	0.06	0.09	0.11
IMFリザーブポジション		0.38	0.49	0.59	0.66	0.63	0.66	0.69	0.67
外国為替		413.56	314.96	489.90	631.17	717.45	1,399.96	2,052.92	1,952.62
金（100万ファイントロイオンス）		0.06	0.06	0.06	0.06	0.06	0.06	0.06	0.06
金（国内評価額）		7.42	21.89	25.83	27.55	30.65	26.76	32.84	33.73
中央銀行：その他資産							0.04	0.05	0.04
中央銀行：その他負債		1.22	1.04	4.01	0.41	0.63	2.09	3.92	1.49
中央銀行以外の預金取扱い機関：資産		109.56	154.75	106.07	115.92	212.58	141.81	458.49	264.58
中央銀行以外の預金取扱い機関：負債		13.56	26.19	16.78	21.80	31.00	33.20	47.85	46.70
その他金融機関：資産		・・・	・・・	・・・	・・・	・・・	・・・	・・・	・・・
その他金融機関：負債		・・・	・・・	・・・	・・・	・・・	・・・	・・・	・・・
中央銀行（ネット）	100万キナ（期末）								
対外資産（ネット）		1,208.50	858.21	1,275.48	1,823.59	2,325.81	4,276.90	5,866.57	5,566.28
非居住者向け信用		1,671.95	1,376.51	1,742.65	2,072.30	2,368.05	4,325.64	5,919.40	5,608.45
非居住者に対する負債		463.45	518.29	467.17	248.71	42.24	48.74	52.82	42.17
その他預金取扱い機関向け信用		187.20	74.99	50.49	24.15	23.85	25.72	24.05	24.01
中央政府向け信用（ネット）		-112.69	549.83	243.47	-26.33	-538.18	-659.03	-1,134.11	-1,826.95
中央政府向け信用		128.15	663.39	349.57	78.54	108.29	143.96	202.82	107.50
中央政府に対する負債		240.84	113.56	106.10	104.87	646.47	802.99	1,336.93	1,934.45
その他部門向け信用		50.77	50.98	13.55	35.90	38.15	58.80	33.68	55.41
その他金融機関向け信用		0.94	0.94	6.45	1.05	1.26	0.92	0.56	0.30
地方自治体向け信用									
非金融公的企業向け信用					26.22	26.22	26.22	26.22	26.22
民間部門向け信用		49.83	50.04	7.10	8.63	10.67	31.66	6.90	28.89
マネタリーベース		589.98	669.33	668.71	870.76	935.39	1,138.20	1,841.61	1,620.09
流通通貨		385.14	472.23	511.61	531.04	605.87	692.87	822.51	850.41
その他預金取扱い機関に対する負債		203.13	191.67	153.37	332.03	321.54	442.50	1,016.40	766.97
その他部門に対する負債		1.70	5.43	3.74	7.70	7.97	2.83	2.71	2.71
その他預金取扱い機関に対するその他負債		100.96	29.20	128.81	270.28	344.23	1,846.78	2,199.40	2,137.89
預金及び証券（マネタリーベース除外分）		1.24	1.75	1.94	2.77	2.42	2.47	3.16	4.15
預金（広義流動性に含む）		1.05	1.54	1.73	2.57	2.21	2.30	3.06	4.05
証券（広義流動性に含まれる株式以外）									
預金（広義流動性から除外されたもの）		0.07	0.09	0.10	0.10	0.11	0.11	0.05	0.05
証券（広義流動性から除外される株式以外）		0.12	0.12	0.12	0.11	0.10	0.05	0.05	0.05
貸出									
金融派生商品									
株式及びその他持ち分		637.66	793.98	746.04	688.48	584.66	736.24	770.72	90.83
その他（ネット）		3.94	39.75	37.48	25.03	-17.07	-21.29	-24.70	-34.21
注記項目：総資産		2,154.39	2,189.07	2,189.52	2,243.52	2,574.36	4,598.53	6,228.82	5,867.30
中央銀行以外の預金取扱い金融機関	100万キナ（期末）								
対外資産（ネット）		369.49	512.64	299.30	295.86	561.72	329.11	1,164.95	581.03
非居住者向け信用		421.69	617.09	355.55	364.40	657.63	429.73	1,300.69	705.55
非居住者に対する負債		52.20	104.45	56.25	68.54	95.91	100.62	135.74	124.52
中央銀行に対する債権		410.05	327.80	397.06	729.36	823.45	2,460.35	3,429.57	3,173.53
現金通貨		118.04	109.62	123.71	131.49	160.40	173.05	214.98	174.48
準備預金及び証券		196.98	192.59	153.53	332.33	323.40	442.84	1,016.77	767.67
その他債権		95.04	25.58	119.82	265.53	339.65	1,844.46	2,197.82	2,231.38
中央政府向け信用（ネット）		749.83	816.12	1,009.50	1,319.78	1,652.27	1,621.43	1,305.26	1,426.98
中央政府向け信用		1,059.02	1,038.71	1,249.86	1,594.45	2,013.66	2,248.88	2,323.80	3,124.16
中央政府に対する負債		309.19	222.60	240.36	274.67	361.39	627.45	1,018.55	1,697.18
その他部門向け信用		1,820.28	1,860.41	1,779.20	1,763.00	2,202.93	2,977.69	4,015.64	5,224.71
その他金融機関向け信用									63.09
地方自治体向け信用		0.94	2.38	6.04	3.67	1.84	3.37	1.14	3.56
非金融公的企業向け信用		113.64	127.88	72.85	44.32	79.00	57.04	60.23	58.58
民間部門向け信用		1,705.71	1,730.15	1,700.31	1,715.01	2,122.09	2,917.28	3,954.27	5,099.48
中央銀行に対する負債		46.72	46.63	50.06	23.68	23.42	23.59	23.59	23.69
通貨性預金（広義流動性に含む）		1,042.19	1,230.39	1,314.49	1,823.86	2,563.41	3,267.32	4,312.65	4,840.67
その他預金（広義流動性に含む）		2,015.44	1,969.22	1,702.64	1,681.14	2,050.22	3,247.93	4,068.97	4,177.03
証券（広義流動性に含まれる株式以外）									
預金（広義流動性から除外されたもの）									14.38
証券（広義流動性から除外される株式以外）		12.87	37.02	10.00	10.00				
貸出		0.13	0.17	0.08		0.19			4.89
金融派生商品									
保険契約準備金									
株式及びその他持ち分		442.32	488.38	700.62	784.83	943.91	1,182.20	1,729.90	2,145.20
その他（ネット）		-210.02	-254.84	-292.83	-215.50	-340.78	-332.45	-219.69	-799.62
注記項目：総資産		4,207.68	4,403.21	4,419.75	4,960.35	6,351.12	8,872.40	11,821.50	14,350.70

306

パプアニューギニア

2009	2010	2011	2012	2013	2014	2015	2016
4.24	4.07	3.29	3.23	3.73	3.76	4.17	4.27
2.70	2.64	2.14	2.10	2.42	2.59	3.01	3.17
2.76	2.72	2.37	2.08	2.24	2.46	2.77	3.13
98.75	100.00	115.22	130.46	121.44	110.48	98.36	86.78
106.22	100.00	107.83	124.58	120.58	114.20	116.40	104.18
102.94	100.00	108.72	128.09	126.97	123.47	131.22	123.48
131.60	131.60	131.60	131.60	131.60	131.60	131.60	131.60
116.22	10.06	9.56	9.42	9.33	9.22	9.16	9.09
0.44	0.44	0.44	0.44	0.44	0.45	0.45	0.45
...	-	-	-	-	-	-	-
125.49	125.49	125.49	125.49	125.49	125.49	125.49	125.49
2,560.61	3,032.64	4,256.35	3,930.35	2,774.72	2,253.53	1,691.79	1,607.74
182.19	15.50	14.68	14.47	14.37	13.36	12.69	12.22
0.69	0.67	0.67	0.67	0.67	0.65	0.62	0.61
2,377.73	3,016.46	4,241.00	3,915.20	2,759.67	2,239.51	1,678.47	1,594.91
0.06	0.06	0.06	0.06	0.06	0.06	0.06	0.06
46.40	59.54	66.24	70.97	50.80	51.70	45.89	48.38
0.05	0.05	0.16	0.17	0.17	0.15	0.14	0.14
1.73	2.70	2.86	2.91	4.74	2.81	2.83	2.07
578.08	578.97	655.31	793.00	1,127.20	613.08	553.78	410.28
71.16	80.87	62.78	93.12	339.89	102.47	161.34	343.29
269.81	403.68	411.90	455.17	488.32	523.70	494.74	466.95
	1.88	6.36	7.16	4.51	3.30	4.39	3.50
6,554.13	7,651.83	8,847.25	8,003.56	6,362.85	5,501.23	4,694.95	4,715.88
7,090.53	8,169.57	9,266.39	8,415.31	6,842.27	5,980.18	5,226.47	5,258.02
536.40	517.74	419.13	411.75	479.42	478.94	531.53	542.15
4.84	2.59	68.01	21.93	35.95	40.17	310.28	97.59
-260.54	-652.26	-1,501.49	-486.72	-155.82	1,301.33	897.36	2,858.33
332.64	366.53	431.25	498.58	862.79	2,353.30	1,688.41	3,566.75
593.18	1,018.79	1,932.74	985.30	1,018.60	1,051.97	791.06	708.42
35.32	10.84	10.50	26.87	20.52	20.08	21.26	56.17
0.35	0.05	0.19	0.04	-	-	-	-
34.97	10.79	10.30	26.82	20.52	20.08	21.26	56.17
1,813.55	2,015.65	3,258.72	3,833.68	3,853.00	5,282.92	5,171.04	6,431.38
1,002.34	1,192.71	1,532.45	1,679.33	1,749.23	1,851.56	1,891.26	2,115.39
808.49	810.23	1,723.56	2,141.63	2,101.06	3,431.36	3,279.78	4,315.99
2.72	12.72	2.72	12.72	2.72	-	-	-
4,119.25	4,596.67	5,689.55	5,153.37	3,260.93	2,333.88	1,699.18	1,394.86
4.82	4.86	7.10	6.67	6.24	7.23	7.05	10.54
4.72	4.76	6.98	6.54	6.10	7.12	6.91	10.37
0.05	0.05	0.05	0.05	0.05	-	-	-
0.05	0.06	0.08	0.09	0.10	0.11	0.14	0.17
474.18	481.77	-1,395.58	-1,331.64	-679.21	-503.16	-233.09	406.65
-78.04	-85.95	-135.52	-96.44	-177.46	-258.04	-720.33	-515.46
7,564.67	8,670.44	9,948.21	9,150.47	8,001.46	8,727.18	8,328.58	9,561.75
1,370.06	1,315.99	1,270.15	1,471.89	1,906.31	1,324.53	1,181.25	212.35
1,562.37	1,529.65	1,404.73	1,667.72	2,729.29	1,590.35	1,666.87	1,300.59
192.32	213.66	134.58	195.83	822.97	265.82	485.62	1,088.24
5,125.09	5,622.53	7,768.22	7,906.79	5,686.55	6,307.62	5,435.99	6,262.68
213.39	237.80	344.12	465.34	448.94	459.56	447.92	534.95
809.31	810.69	1,724.17	2,141.95	2,098.36	3,388.62	3,278.10	4,295.52
4,102.39	4,574.04	5,699.94	5,299.51	3,139.25	2,459.44	1,709.97	1,432.21
834.61	450.32	424.82	783.70	2,911.29	2,862.48	4,446.46	6,150.35
2,806.88	2,693.91	3,317.52	3,564.98	5,844.79	6,148.85	7,145.02	8,234.77
1,972.27	2,243.59	2,892.70	2,781.28	2,933.49	3,286.37	2,698.56	2,084.42
6,055.91	7,183.97	7,696.52	8,806.72	10,086.20	11,704.00	13,033.40	13,864.20
50.88	43.39	28.69	33.16	69.34	84.31	108.72	277.39
4.27	0.33	0.30	0.06	0.10	0.06	-	0.09
133.99	180.17	155.59	365.99	123.79	1,375.86	2,334.07	2,263.76
5,866.78	6,960.09	7,511.94	8,407.52	9,892.99	10,243.80	10,590.70	11,322.90
23.99	4.85	5.28	5.10	6.17	7.91	179.84	4.89
5,440.44	6,675.21	8,427.70	9,920.57	10,743.10	12,047.30	13,401.10	14,450.60
5,533.08	5,319.41	5,605.69	5,750.57	5,989.26	5,208.26	5,305.12	6,313.51
52.66	66.91	61.98	62.44	62.41	61.57	62.16	62.18
13.29	17.10	8.45	6.00	3.23	35.44	0.14	1.64
	-	5.06	5.10	5.09	5.02	5.07	5.07
5.03	23.00	17.00	10.34	2.67	-	-	2.00
						0.02	0.02
2,585.39	3,072.66	3,550.98	4,223.94	5,015.69	5,565.56	5,766.55	6,225.69
-268.20	-606.33	-522.42	-1,014.94	-1,237.24	-732.44	-622.84	-576.05
17,057.40	18,703.00	22,213.60	24,717.90	27,279.30	28,341.90	30,036.50	32,249.60

パプアニューギニア（2001-2016 年）

	2001	2002	2003	2004	2005	2006	2007	2008
預金取扱い金融機関 100万キナ（期末）								
対外資産（ネット）	1,577.99	1,370.85	1,574.78	2,119.45	2,887.53	4,606.01	7,031.52	6,147.31
非居住者向け信用	2,093.65	1,993.59	2,098.20	2,436.70	3,025.68	4,755.37	7,220.09	6,314.00
非居住者に対する負債	515.65	622.74	523.42	317.25	138.16	149.36	188.57	166.69
国内信用	2,508.18	3,277.34	3,045.73	3,092.35	3,355.17	3,998.90	4,220.46	4,880.15
中央政府向け信用（ネット）	637.13	1,365.95	1,252.98	1,293.45	1,114.09	962.41	171.14	-399.97
中央政府向け信用	1,187.17	1,702.11	1,599.44	1,672.98	2,121.95	2,392.84	2,526.62	3,231.65
中央政府に対する負債	550.03	336.16	346.46	379.53	1,007.86	1,430.44	2,355.48	3,631.62
その他部門向け信用	1,871.05	1,911.39	1,792.76	1,798.90	2,241.08	3,036.49	4,049.32	5,280.12
その他金融機関向け信用	0.94	0.94	6.45	1.05	1.26	0.92	0.56	63.39
地方自治体向け信用	0.94	2.38	6.04	3.67	1.84	3.37	1.14	3.56
非金融公的企業向け信用	113.64	127.88	72.85	70.54	105.22	83.26	86.45	84.80
民間部門向け信用	1,755.53	1,780.19	1,707.42	1,723.63	2,132.76	2,948.94	3,961.17	5,128.37
広義流動性負債	3,327.48	3,569.19	3,410.50	3,914.80	5,069.28	7,040.20	8,994.90	9,700.39
預金取扱い金融機関以外の通貨	267.11	362.61	387.90	399.54	445.47	519.82	607.52	675.93
通貨性預金	1,044.02	1,236.06	1,318.62	1,832.24	2,571.88	3,270.53	4,315.77	4,843.68
その他預金	2,016.35	1,970.52	1,703.98	1,683.02	2,051.93	3,249.85	4,071.60	4,180.78
証券（株式を除く）	-	-	-	-	-	-	-	-
預金（広義流動性から除外されたもの）	0.07	0.09	0.10	0.10	0.11	0.11	0.05	14.42
証券（広義流動性に含まれる株式以外）	13.00	37.14	10.12	10.11	0.10	0.05	0.05	0.05
貸出	0.13	0.17	0.08	-	0.19	-	-	4.89
金融派生商品								
保険契約準備金								
株式及びその他持ち分	1,079.98	1,282.36	1,446.66	1,473.30	1,528.56	1,918.44	2,500.62	2,236.04
その他（ネット）	-334.49	-240.76	-246.95	-186.51	-355.54	-353.88	-243.64	-928.33
広義流動性負債（季節調整値）	3,258.86	3,492.80	3,329.59	3,815.61	4,938.76	6,880.57	8,820.93	9,661.78
その他金融機関 100万キナ（期末）								
対外資産（ネット）	・・・	・・・	・・・	・・・	・・・	・・・	・・・	・・・
非居住者向け信用	・・・	・・・	・・・	・・・	・・・	・・・	・・・	・・・
非居住者に対する負債	・・・	・・・	・・・	・・・	・・・	・・・	・・・	・・・
預金取扱い機関向け信用	・・・	・・・	・・・	・・・	・・・	・・・	・・・	・・・
中央政府向け信用（ネット）	・・・	・・・	・・・	・・・	・・・	・・・	・・・	・・・
中央政府向け信用	・・・	・・・	・・・	・・・	・・・	・・・	・・・	・・・
中央政府に対する負債	・・・	・・・	・・・	・・・	・・・	・・・	・・・	・・・
その他部門向け信用	・・・	・・・	・・・	・・・	・・・	・・・	・・・	・・・
地方自治体向け信用	・・・	・・・	・・・	・・・	・・・	・・・	・・・	・・・
非金融公的企業向け信用	・・・	・・・	・・・	・・・	・・・	・・・	・・・	・・・
民間部門向け信用	・・・	・・・	・・・	・・・	・・・	・・・	・・・	・・・
預金	・・・	・・・	・・・	・・・	・・・	・・・	・・・	・・・
証券（株式を除く）	・・・	・・・	・・・	・・・	・・・	・・・	・・・	・・・
貸出	・・・	・・・	・・・	・・・	・・・	・・・	・・・	・・・
金融派生商品	・・・	・・・	・・・	・・・	・・・	・・・	・・・	・・・
保険契約準備金	・・・	・・・	・・・	・・・	・・・	・・・	・・・	・・・
株式及びその他持ち分	・・・	・・・	・・・	・・・	・・・	・・・	・・・	・・・
その他（ネット）	・・・	・・・	・・・	・・・	・・・	・・・	・・・	・・・
注記項目：総資産	・・・	・・・	・・・	・・・	・・・	・・・	・・・	・・・
金融機関 100万キナ（期末）								
対外資産（ネット）	・・・	・・・	・・・	・・・	・・・	・・・	・・・	・・・
非居住者向け信用	・・・	・・・	・・・	・・・	・・・	・・・	・・・	・・・
非居住者に対する負債	・・・	・・・	・・・	・・・	・・・	・・・	・・・	・・・
国内信用	・・・	・・・	・・・	・・・	・・・	・・・	・・・	・・・
中央政府向け信用（ネット）	・・・	・・・	・・・	・・・	・・・	・・・	・・・	・・・
中央政府向け信用	・・・	・・・	・・・	・・・	・・・	・・・	・・・	・・・
中央政府に対する負債	・・・	・・・	・・・	・・・	・・・	・・・	・・・	・・・
その他部門向け信用	・・・	・・・	・・・	・・・	・・・	・・・	・・・	・・・
地方自治体向け信用	・・・	・・・	・・・	・・・	・・・	・・・	・・・	・・・
非金融公的企業向け信用	・・・	・・・	・・・	・・・	・・・	・・・	・・・	・・・
民間部門向け信用	・・・	・・・	・・・	・・・	・・・	・・・	・・・	・・・
金融機関以外の通貨	・・・	・・・	・・・	・・・	・・・	・・・	・・・	・・・
預金	・・・	・・・	・・・	・・・	・・・	・・・	・・・	・・・
証券（株式を除く）	・・・	・・・	・・・	・・・	・・・	・・・	・・・	・・・
貸出	・・・	・・・	・・・	・・・	・・・	・・・	・・・	・・・
金融派生商品	・・・	・・・	・・・	・・・	・・・	・・・	・・・	・・・
保険契約準備金	・・・	・・・	・・・	・・・	・・・	・・・	・・・	・・・
株式及びその他持ち分	・・・	・・・	・・・	・・・	・・・	・・・	・・・	・・・
その他（ネット）	・・・	・・・	・・・	・・・	・・・	・・・	・・・	・・・
貨幣集計量 100万キナ（期末）								
広義流動性	3,327.48	3,569.19	3,410.50	3,914.80	5,069.28	7,040.20	8,994.90	9,700.39
中央政府発行通貨	-	-	-	-	-	-	-	-
非金融会社の預金	-	-	-	-	-	-	-	-
中央政府発行証券	-	-	-	-	-	-	-	-
貨幣集計量（国内定義） 100万キナ（期末）								
準備貨幣	589.98	669.33	668.71	870.76	935.39	1,138.20	1,841.61	1,620.00
M1	1,311.12	1,598.68	1,706.52	2,231.78	3,017.35	3,790.35	4,923.30	5,519.61
M3	3,327.48	3,569.19	3,410.50	3,914.80	5,069.28	7,040.20	8,994.90	9,700.39
金利 年率（%）								
中央銀行政策金利	12.00	14.00	14.00	7.00	6.00	6.00	6.00	8.00
ディスカウント・レート	11.73	11.71	15.50	12.67	9.67	8.13	7.38	7.00
買戻し条件付き取引金利	13.00	13.46	16.25	12.67	9.67	8.13	7.38	7.50
売戻し条件付き取引金利	11.00	11.46	13.50	7.17	3.67	3.88	4.63	5.50
中央銀行証券金利	・・・	・・・	・・・	・・・	2.99	3.56	4.40	5.69
短期金融市場商品金利	11.05	9.11	13.58	7.79	4.36	3.29	3.00	5.50
財務省短期証券金利	12.36	10.93	18.69	8.85	3.81	4.01	4.67	6.19
貯蓄金利	3.88	2.44	2.40	1.63	1.64	1.63	0.83	0.83
預金金利	5.46	3.18	4.38	1.73	0.85	0.98	1.06	1.31
貸出金利	16.21	13.89	13.36	13.25	11.47	10.57	9.78	9.20
政府債利回り	・・・	・・・	・・・	-	8.00	8.17	8.42	9.24
物価 指数（期中平均）								
消費者物価指数（2010年=100）	57.82	64.65	74.16	75.76	77.11	78.93	79.65	88.22
GDPデフレーター(2005年=100)	74.96	85.74	92.93	91.80	100.00	・・・	・・・	・・・

パプアニューギニア

2009	2010	2011	2012	2013	2014	2015	2016
7,924.19	8,967.82	10,117.40	9,475.45	8,269.17	6,825.76	5,876.19	4,928.23
8,652.90	9,699.22	10,671.10	10,083.00	9,571.56	7,570.53	6,893.34	6,558.62
728.71	731.39	553.71	607.58	1,302.39	744.76	1,017.15	1,630.39
6,665.30	6,992.87	6,630.34	9,130.57	12,862.20	15,887.90	18,398.50	22,929.00
574.07	-201.94	-1,076.68	296.98	2,755.47	4,163.81	5,343.81	9,008.68
3,139.52	3,060.44	3,748.76	4,063.56	6,707.57	8,502.15	8,833.43	11,801.50
2,565.45	3,262.38	4,825.44	3,766.58	3,952.10	4,338.34	3,489.62	2,792.83
6,091.24	7,194.81	7,707.01	8,833.59	10,106.70	11,724.10	13,054.70	13,920.30
51.23	43.44	28.88	33.20	69.34	84.32	108.72	277.39
4.27	0.33	0.30	0.06	0.10	0.06	-	0.09
133.99	180.17	155.59	365.99	123.79	1,375.86	2,334.07	2,263.76
5,901.75	6,970.87	7,522.24	8,434.34	9,913.51	10,263.90	10,611.90	11,379.10
11,822.60	13,033.90	15,293.40	16,966.80	18,103.90	18,716.30	20,218.60	22,417.10
788.95	954.91	1,188.33	1,213.99	1,300.29	1,392.00	1,443.34	1,580.44
5,443.73	6,688.71	8,431.35	9,934.49	10,746.40	12,047.80	13,401.60	14,451.90
5,537.23	5,323.39	5,611.73	5,755.91	5,994.78	5,214.88	5,311.55	6,322.56
52.66	66.91	61.98	62.44	62.41	61.57	62.16	62.18
13.34	17.15	8.50	6.04	3.27	35.44	0.14	1.64
0.05	0.06	5.14	5.18	5.19	5.13	5.21	5.24
5.03	23.00	17.00	10.34	2.67	-	-	2.00
						0.02	0.02
3,059.57	3,554.43	2,155.39	2,892.30	4,336.48	5,062.40	5,533.46	6,632.34
-311.06	-667.86	-731.67	-1,274.67	-1,320.10	-1,105.57	-1,482.72	-1,201.09
11,762.50	12,942.90	15,142.00	16,760.80	17,837.70	18,416.70	19,873.40	22,035.60
729.22	1,061.55	869.32	942.19	1,171.47	1,349.94	1,474.74	1,471.26
729.22	1,066.51	882.97	957.25	1,182.38	1,358.50	1,487.94	1,482.37
	4.97	13.64	15.06	10.91	8.55	13.21	11.11
1,800.16	1,750.22	2,156.71	2,403.11	2,811.78	2,416.53	2,347.88	3,080.52
749.97	928.94	1,226.98	1,629.99	1,892.62	2,593.70	3,056.95	3,103.23
768.80	965.86	1,275.61	1,728.48	1,960.09	2,641.84	3,156.91	3,207.48
18.83	36.92	48.62	98.50	67.47	48.14	99.96	104.26
1,139.01	1,306.22	1,458.12	1,777.98	2,186.99	2,846.89	3,031.95	3,232.14
0.07	-	-	-	-	-	-	-
65.96	103.69	54.27	70.50	122.65	184.55	80.35	225.23
1,072.99	1,202.53	1,403.85	1,707.48	2,064.35	2,662.34	2,951.59	3,006.92
11.18	13.19	8.23	10.25	11.04	12.74	18.35	17.20
0.01		2.87	3.14	2.67	2.46	2.24	2.91
4,586.04	5,283.20	6,277.10	6,578.21	7,553.05	8,611.10	9,369.85	458.91
1,020.54	1,109.55	924.67	1,809.17	2,179.41	2,339.45	2,426.81	8,364.78
-1,199.41	-1,359.01	-1,501.72	-1,647.49	-1,683.31	-1,758.68	-1,905.74	2,043.35
5,765.12	6,565.24	7,503.59	8,777.81	10,189.50	11,415.80	12,246.20	13,294.00
8,653.41	10,029.40	10,986.70	10,417.60	9,440.63	8,175.71	7,350.93	6,399.49
9,382.12	10,765.70	11,554.10	11,040.30	10,753.90	8,929.02	8,381.29	8,040.98
728.71	736.36	567.35	622.64	1,313.30	753.31	1,030.36	1,641.49
8,503.06	9,184.58	9,286.56	12,505.30	16,872.50	21,244.20	24,378.70	28,987.00
1,324.04	726.99	150.31	1,926.97	4,648.10	6,757.51	8,400.76	12,111.90
3,908.32	4,026.30	5,024.37	5,792.05	8,667.66	11,144.00	11,990.30	15,009.00
2,584.28	3,299.30	4,874.06	3,865.07	4,019.57	4,386.48	3,589.58	2,897.09
7,179.02	8,457.59	9,136.25	10,578.40	12,224.40	14,486.70	15,977.90	16,875.10
4.33	0.33	0.30	0.06	0.10	0.06	-	0.09
199.95	283.86	209.86	436.49	246.44	1,560.42	2,414.42	2,488.98
6,974.74	8,173.40	8,926.09	10,141.80	11,977.90	12,926.20	13,563.50	14,386.00
788.92	954.90	1,188.30	1,213.95	1,300.17	1,391.91	1,443.22	1,580.32
9,674.56	10,673.40	12,711.70	14,055.90	14,882.10	15,732.80	17,197.40	18,987.60
39.22	61.87	62.01	62.48	62.45	61.63	62.25	62.30
-	18.00	12.00	5.58	2.67	-	-	2.00
4,586.04	5,283.20	6,277.10	6,578.21	7,553.05	8,611.10	9,369.87	458.93
4,080.11	4,663.97	3,080.07	4,701.47	6,515.89	7,401.85	7,960.28	14,997.10
-2,012.37	-2,441.41	-3,057.86	-3,694.56	-4,003.20	-3,779.34	-4,303.36	-701.78
11,822.60	13,033.90	15,293.40	16,966.80	18,103.90	18,716.30	20,218.60	22,417.10
-	-	-	-	-	-	-	-
-	-	-	-	-	-	-	-
1,813.55	2,015.65	3,258.72	3,833.68	3,853.00	5,282.92	5,171.04	6,431.38
6,232.68	7,643.62	9,619.68	11,148.50	12,046.70	13,439.80	14,844.90	16,032.40
11,822.60	13,033.90	15,293.40	16,966.80	18,103.90	18,716.30	20,218.60	22,417.10
7.00	7.00	7.75	6.75	6.25	6.25	6.25	6.25
6.92	6.00	6.35	6.42	23.56	36.50	36.50	36.50
8.92	8.00	8.35	8.42	6.17	5.25	5.25	5.25
6.92	6.00	6.35	6.42	6.50	7.25	7.25	7.25
6.42	3.45	2.79	2.15	1.77	1.90	1.49	1.15
7.67	7.00	6.98	7.67	6.75	6.75	6.75	6.75
7.08	4.64	4.14	2.74	2.15	3.97	5.27	4.55
0.87	0.90	0.86	0.93	0.83	0.83	0.83	0.83
2.32	1.38	0.92	0.49	0.33	0.33	0.43	0.65
10.09	10.45	10.81	10.82	10.13	9.38	8.73	8.37
11.66	10.86	8.95	9.06	8.13	10.15	10.79	・・・
94.33	100.00	104.44	109.18	114.60	120.56	127.81	136.34
・・・	・・・	・・・	・・・	・・・	・・・	・・・	・・・

統　　計

バングラデシュ（1948-2000年）

	1948	1949	1950	1951	1952	1953	1954	1955
為替レート								
公定レート（期末）	対SDRレート	...	...	...	...	...	...	...
	対ドル・レート							
公定レート（期末）	...	...	...	...	...	...	...	...
公定レート（期中平均）	...	...	...	...	...	...	...	...
IMFポジション	100万SDR（期末）							
クォータ	-	-	-	-	-	-	-	-
SDR配分額	-	-	-	-	-	-	-	-
IMFリザーブポジション	-	-	-	-	-	-	-	-
IMFクレジット及び融資総残高	-	-	-	-	-	-	-	-
SDR配分額	-	-	-	-	-	-	-	-
国際流動性	100万米ドル（他に断りのない限り，期末）							
総準備（金を除く）	...	...	...	...	...	...	...	...
SDR								
IMFリザーブポジション								
外国為替	...	...	...	...	...	...	...	...
金（100万ファイントロイオンス）	...	...	...	...	...	...	...	...
金（国内評価額）								
通貨当局：その他負債	...	...	...	...	...	...	...	...
預金通貨銀行：資産	...	...	...	...	...	...	...	...
預金通貨銀行：負債	...	...	...	...	...	...	...	...
通貨当局	100万タカ（期末）							
対外資産	...	...	...	...	...	...	...	...
中央政府向け信用	...	...	...	...	...	...	...	...
非金融公的企業向け信用	...	...	...	...	...	...	...	...
預金通貨銀行向け信用	...	...	...	...	...	...	...	...
その他金融機関向け信用	...	...	...	...	...	...	...	...
準備貨幣	...	...	...	...	...	...	...	...
内：預金通貨銀行以外の現金通貨	...	...	...	...	...	...	...	...
中央銀行負債：証券	...	...	...	...	...	...	...	...
対外負債	...	...	...	...	...	...	...	...
中央政府預金	...	...	...	...	...	...	...	...
中央政府融資資金	...	...	...	...	...	...	...	...
資本勘定	...	...	...	...	...	...	...	...
その他（ネット）	...	...	...	...	...	...	...	...
預金通貨銀行	100万タカ（期末）							
準備	...	...	...	...	...	...	...	...
通貨当局に対するその他債権	...	...	...	...	...	...	...	...
対外資産	...	...	...	...	...	...	...	...
中央政府向け信用	...	...	...	...	...	...	...	...
非金融公的企業向け信用	...	...	...	...	...	...	...	...
民間部門向け信用	...	...	...	...	...	...	...	...
その他金融機関向け信用	...	...	...	...	...	...	...	...
要求払い預金	...	...	...	...	...	...	...	...
定期性預金	...	...	...	...	...	...	...	...
対外負債	...	...	...	...	...	...	...	...
中央政府預金	...	...	...	...	...	...	...	...
中央政府融資資金	...	...	...	...	...	...	...	...
通貨当局からの信用	...	...	...	...	...	...	...	...
資本勘定	...	...	...	...	...	...	...	...
その他（ネット）	...	...	...	...	...	...	...	...
マネタリー・サーベイ	100万タカ（期末）							
対外資産（ネット）	...	...	...	...	...	...	...	...
国内信用	...	...	...	...	...	...	...	...
中央政府向け信用（ネット）	...	...	...	...	...	...	...	...
非金融公的企業向け信用	...	...	...	...	...	...	...	...
民間部門向け信用	...	...	...	...	...	...	...	...
その他金融機関向け信用	...	...	...	...	...	...	...	...
現金・預金通貨	...	...	...	...	...	...	...	...
準通貨	...	...	...	...	...	...	...	...
中央政府融資資金	...	...	...	...	...	...	...	...
資本勘定	...	...	...	...	...	...	...	...
その他（ネット）	...	...	...	...	...	...	...	...
現金・預金通貨＋準通貨	...	...	...	...	...	...	...	...
貨幣集計量（国内定義）	100万タカ（期末）							
準備貨幣	...	...	...	...	...	...	...	...
M1	...	...	...	...	...	...	...	...
M2	...	...	...	...	...	...	...	...
M3	...	...	...	...	...	...	...	...
金利	年率（%）							
中央銀行政策金利	...	...	...	...	...	...	...	...
買戻し条件付き取引金利	...	...	...	...	...	...	...	...
売戻し条件付き取引金利	...	...	...	...	...	...	...	...
中央銀行証券金利	...	...	...	...	...	...	...	...
短期金融市場商品金利	...	...	...	...	...	...	...	...
財務省短期証券金利	...	...	...	...	...	...	...	...
貯蓄金利	...	...	...	...	...	...	...	...
預金金利	...	...	...	...	...	...	...	...
貸出金利	...	...	...	...	...	...	...	...
政府債利回り	...	...	...	...	...	...	...	...
物価	指数（期中平均）							
消費者物価指数（1995年=100）	...	...	...	...	...	...	2.65	2.73
消費者物価指数（2010年=100）	...	...	...	...	...	...	...	...
GDPデフレーター（2010年=100）	...	...	...	...	...	...	...	...

バングラデシュ

1956	1957	1958	1959	1960	1961	1962	1963	1964	1965	1966
...	...	...	...	...	...	...	...	...	...	...
...	...	...	...	...	...	...	...	...	...	...
-	-	-	-	-	-	-	-	-	-	-
-	-	-	-	-	-	-	-	-	-	-
-	-	-	-	-	-	-	-	-	-	-
...	...	...	...	...	...	...	...	...	...	...
...	...	...	...	...	...	...	...	...	...	...
...	...	...	...	...	...	...	...	...	...	...
...	...	...	...	...	...	...	...	...	...	...
...	...	...	...	...	...	...	...	...	...	...
...	...	...	...	...	...	...	...	...	...	...
...	...	...	...	...	...	...	...	...	...	...
...	...	...	...	...	...	...	...	...	...	...
...	...	...	...	...	...	...	...	...	...	...
...	...	...	...	...	...	...	...	...	...	...
...	...	...	...	...	...	...	...	...	...	...
...	...	...	...	...	...	...	...	...	...	...
...	...	...	...	...	...	...	...	...	...	...
...	...	...	...	...	...	...	...	...	...	...
...	...	...	...	...	...	...	...	...	...	...
...	...	...	...	...	...	...	...	...	...	...
...	...	...	...	...	...	...	...	...	...	...
...	...	...	...	...	...	...	...	...	...	...
...	...	...	...	...	...	...	...	...	...	...
...	...	...	...	...	...	...	...	...	...	...
...	...	...	...	...	...	...	...	...	...	...
...	...	...	...	...	...	...	...	...	...	...
...	...	...	...	...	...	...	...	...	...	...
...	...	...	...	...	...	...	...	...	...	...
...	...	...	...	...	...	...	...	...	...	...
...	...	...	...	...	...	...	...	...	...	...
...	...	...	...	...	...	...	...	...	...	...
...	...	...	...	...	...	...	...	...	...	...
...	...	...	...	...	...	...	...	...	...	...
...	...	...	...	...	...	...	...	...	...	...
...	...	...	...	...	...	...	...	...	...	...
...	...	...	...	...	...	...	...	...	...	...
...	...	...	...	...	...	...	...	...	...	...
...	...	...	...	...	...	...	...	...	...	...
...	...	...	...	...	...	...	...	...	...	...
...	...	...	...	...	...	...	...	...	...	...
...	...	...	...	...	...	...	...	...	...	...
...	...	...	...	...	...	...	...	...	...	...
...	...	...	...	...	...	...	...	...	...	...
...	...	...	...	...	...	...	...	...	...	...
...	...	...	...	...	...	...	...	...	...	...
...	...	...	...	...	...	...	...	...	...	...
...	...	...	...	...	...	...	...	...	...	...
2.97	3.23	3.35	3.22	3.35	3.41	3.53	3.59	3.74	4.04	4.36
...	...	...	...	...	...	...	...	...	...	...

統　　計

バングラデシュ（1948-2000 年）

		1967	1968	1969	1970	1971	1972	1973	1974
為替レート	対SDRレート								
公定レート（期末）		・・・	・・・	・・・	・・・	8.07	8.78	9.86	9.90
	対ドル・レート								
公定レート（期末）		・・・	・・・	・・・	・・・	7.43	8.09	8.18	8.09
公定レート（期中平均）		・・・	・・・	・・・	・・・	7.87	7.70	7.85	8.23
IMFポジション	100万SDR（期末）								
クォータ		-	-	-	-	-	125.00	125.00	125.00
SDR配分額		-	-	-	-	-	-	-	-
IMFリザーブポジション		-	-	-	-	-	2.00	1.24	-
IMFクレジット及び融資総残高		-	-	-	-	-	62.50	62.50	133.31
SDR配分額		-	-	-	-	-	-	-	-
国際流動性	100万米ドル（他に断りのない限り，期末）								
総準備（金を除く）		・・・	・・・	・・・	・・・		270.47	143.20	138.20
SDR							-	-	-
IMFリザーブポジション							2.17	1.50	-
外国為替							268.30	141.70	138.20
金（100万ファイントロイオンス）		・・・	・・・	・・・	・・・		-	-	-
金（国内評価額）		・・・	・・・	・・・	・・・		-	-	-
通貨当局：その他負債		・・・	・・・	・・・	・・・		・・・	0.12	0.02
預金通貨銀行：資産		・・・	・・・	・・・	・・・		・・・	・・・	118.22
預金通貨銀行：負債		・・・	・・・	・・・	・・・		・・・	・・・	25.25
通貨当局	100万タカ（期末）								
対外資産		・・・	・・・	・・・	・・・		・・・	1,173.71	1,115.30
中央政府向け信用		・・・	・・・	・・・	・・・		・・・	3,353.00	4,239.80
非金融公的企業向け信用		・・・	・・・	・・・	・・・		・・・		160.00
預金通貨銀行向け信用		・・・	・・・	・・・	・・・		・・・	635.10	1,799.10
その他金融機関向け信用		・・・	・・・	・・・	・・・		・・・	269.70	222.60
準備貨幣		・・・	・・・	・・・	・・・		・・・	4,095.00	5,157.40
内：預金通貨銀行以外の現金通貨		・・・	・・・	・・・	・・・		・・・	3,212.10	4,102.70
中央銀行負債：証券		・・・	・・・	・・・	・・・		・・・	・・・	・・・
対外負債		・・・	・・・	・・・	・・・		・・・	616.58	1,318.43
中央政府預金		・・・	・・・	・・・	・・・		・・・	-	-
中央政府融資資金		・・・	・・・	・・・	・・・		・・・	-	-
資本勘定		・・・	・・・	・・・	・・・		・・・	102.50	132.50
その他（ネット）		・・・	・・・	・・・	・・・		・・・	617.42	928.47
預金通貨銀行	100万タカ（期末）								
準備		・・・	・・・	・・・	・・・		・・・	・・・	1,144.60
通貨当局に対するその他債権		・・・	・・・	・・・	・・・		・・・	・・・	-
対外資産		・・・	・・・	・・・	・・・		・・・	・・・	954.80
中央政府向け信用		・・・	・・・	・・・	・・・		・・・	・・・	2,401.30
非金融公的企業向け信用		・・・	・・・	・・・	・・・		・・・	・・・	5,194.30
民間部門向け信用		・・・	・・・	・・・	・・・		・・・	・・・	2,603.30
その他金融機関向け信用		・・・	・・・	・・・	・・・		・・・	・・・	690.00
要求払い預金		・・・	・・・	・・・	・・・		・・・	・・・	4,283.90
定期性預金		・・・	・・・	・・・	・・・		・・・	・・・	5,603.10
対外負債		・・・	・・・	・・・	・・・		・・・	・・・	155.00
中央政府預金		・・・	・・・	・・・	・・・		・・・	・・・	・・・
中央政府融資資金		・・・	・・・	・・・	・・・		・・・	・・・	480.00
通貨当局からの信用		・・・	・・・	・・・	・・・		・・・	・・・	1,769.00
資本勘定		・・・	・・・	・・・	・・・		・・・	・・・	430.70
その他（ネット）		・・・	・・・	・・・	・・・		・・・	・・・	266.40
マネタリー・サーベイ	100万タカ（期末）								
対外資産（ネット）		・・・	・・・	・・・	・・・		・・・	・・・	596.67
国内信用		・・・	・・・	・・・	・・・		・・・	・・・	15,511.30
中央政府向け信用（ネット）		・・・	・・・	・・・	・・・		・・・	・・・	6,641.10
非金融公的企業向け信用		・・・	・・・	・・・	・・・		・・・	・・・	5,354.30
民間部門向け信用		・・・	・・・	・・・	・・・		・・・	・・・	2,603.30
その他金融機関向け信用		・・・	・・・	・・・	・・・		・・・	・・・	912.60
現金・預金通貨		・・・	・・・	・・・	・・・		・・・	・・・	8,390.50
準通貨		・・・	・・・	・・・	・・・		・・・	・・・	5,603.10
中央政府融資資金		・・・	・・・	・・・	・・・		・・・	・・・	480.00
資本勘定		・・・	・・・	・・・	・・・		・・・	・・・	563.20
その他（ネット）		・・・	・・・	・・・	・・・		・・・	・・・	1,070.97
現金・預金通貨＋準通貨		・・・	・・・	・・・	・・・		・・・	・・・	13,993.60
貨幣集計量（国内定義）	100万タカ（期末）								
準備貨幣		・・・	・・・	・・・	・・・		・・・	・・・	・・・
M1		・・・	・・・	・・・	・・・		・・・	・・・	・・・
M2		・・・	・・・	・・・	・・・		・・・	・・・	・・・
M3		・・・	・・・	・・・	・・・		・・・	・・・	・・・
金利	年率（%）								
中央銀行政策金利		・・・	・・・	・・・	・・・		5.00	5.00	8.00
買戻し条件付き取引金利		・・・	・・・	・・・	・・・		・・・	・・・	・・・
売戻し条件付き取引金利		・・・	・・・	・・・	・・・		・・・	・・・	・・・
中央銀行証券金利		・・・	・・・	・・・	・・・		・・・	・・・	・・・
短期金融市場商品金利		・・・	・・・	・・・	・・・		・・・	・・・	・・・
財務省短期証券金利		・・・	・・・	・・・	・・・		・・・	・・・	・・・
貯蓄金利		・・・	・・・	・・・	・・・		・・・	・・・	・・・
預金金利		・・・	・・・	・・・	・・・		・・・	・・・	・・・
貸出金利		・・・	・・・	・・・	・・・		・・・	・・・	・・・
政府債利回り		・・・	・・・	・・・	・・・		・・・	・・・	・・・
物価	指数（期中平均）								
消費者物価指数（1995年=100）		4.60	4.72	4.96	5.11	5.08	7.15	10.66	16.49
消費者物価指数（2010年=100）		・・・	・・・	・・・	・・・		・・・	・・・	・・・
GDPデフレーター（2010年=100）		・・・	・・・	・・・	・・・		・・・	3.48	4.89

バングラデシュ

1975	1976	1977	1978	1979	1980	1981	1982	1983	1984	1985
17.38	17.37	17.49	19.46	20.61	20.73	23.10	26.56	26.17	25.49	34.05
14.85	14.95	14.40	14.93	15.64	16.25	19.85	24.07	25.00	26.00	31.00
12.19	15.40	15.38	15.02	15.55	15.45	17.99	22.12	24.62	25.35	27.99
125.00	125.00	125.00	152.00	152.00	228.00	228.00	228.00	287.50	287.50	287.50
15.43	16.11	3.93	0.10	9.15	0.35	0.10	0.75	12.92	0.26	11.94
-	-	-	-	-	-	-	7.52	22.40	22.40	22.40
171.60	235.81	207.76	229.43	262.26	332.58	398.94	496.22	539.99	471.61	473.29
-	-	-	-	15.81	31.62	47.12	47.12	47.12	47.12	47.12
148.26	288.92	232.67	315.23	386.25	299.65	138.42	182.62	524.08	389.91	336.52
18.06	18.72	4.77	0.13	12.05	0.45	0.12	0.83	13.53	0.25	13.12
-	-	-	-	-	-	-	8.30	23.45	21.96	24.60
130.20	270.20	227.90	315.10	374.20	299.20	138.30	173.50	487.10	367.70	298.80
-	-	0.05	0.03	0.05	0.05	0.05	0.06	0.06	0.06	0.06
-	-	2.30	1.18	15.73	21.51	16.88	24.50	17.46	15.81	12.90
0.05	21.25	42.19	35.54	80.56	143.08	179.01	197.63	213.59	130.05	95.28
121.36	104.19	111.04	127.70	176.06	272.20	228.28	153.00	188.00	221.00	289.00
21.78	26.37	61.23	67.71	77.86	171.04	115.45	94.70	54.00	96.00	127.00
2,084.20	4,317.90	3,384.70	4,728.40	6,332.00	5,252.30	3,052.30	5,710.02	16,444.20	13,348.50	13,360.30
5,200.30	5,543.60	5,695.80	5,945.90	5,320.10	8,782.30	13,593.60	10,349.90	9,833.10	9,384.00	10,658.00
160.00	160.00	160.00	160.00	510.50	460.00	500.00	800.00	750.00	580.00	580.00
2,219.90	831.80	2,625.30	3,751.50	5,704.70	8,554.40	9,841.10	15,074.20	10,595.70	18,808.00	22,681.00
156.40	168.60	171.60	305.30	923.60	1,674.50	2,137.50	2,695.00	3,605.40	5,644.00	7,261.00
5,033.10	5,157.70	6,678.70	8,541.40	9,913.80	11,766.70	12,912.20	14,274.70	19,139.60	25,870.00	29,439.00
3,618.40	3,817.40	4,902.20	6,328.90	7,113.60	8,267.40	9,142.90	9,744.20	13,444.10	17,250.00	17,672.00
2,978.98	4,414.39	4,240.30	4,994.45	6,664.65	9,218.22	12,768.70	19,976.80	20,872.00	17,721.20	21,826.00
-	-	-	-	-	10.00	5.10	13.00	5.00	411.00	10.00
...	...	...	...	...	...	...	12.00	907.00	1,806.00	2,418.00
182.50	222.50	262.50	302.50	681.60	1,244.70	1,862.40	2,172.40	2,487.40	2,867.00	3,247.00
1,626.22	1,227.31	855.90	1,052.75	1,530.85	2,483.88	1,576.11	-1,818.89	-2,182.41	-910.35	-2,399.42
1,276.20	1,377.70	1,736.40	2,051.20	2,644.80	3,377.80	3,798.30	4,226.80	5,641.90	7,867.00	9,312.00
...	1,558.00	1,077.30	1,362.80	1,919.20	3,497.90	4,105.60	5,702.20	5,938.60	6,179.00	8,945.00
1,942.00	2,462.00	3,185.00	2,961.00	4,153.00	5,423.00	4,616.00	5,054.00	10,362.00	13,004.00	11,927.00
6,502.30	6,622.90	7,622.00	10,013.00	12,014.80	14,774.20	17,179.00	22,978.00	22,567.00	23,160.00	26,021.00
3,309.40	4,455.20	7,449.70	9,105.30	12,649.50	16,204.60	22,422.90	26,565.50	37,799.30	59,386.00	75,530.00
136.60	270.30	318.30	645.10	793.90	1,224.80	1,242.50	1,335.50	1,760.60	1,823.00	1,844.00
4,661.60	5,398.50	6,764.10	8,306.20	11,239.90	11,902.60	13,570.40	13,589.00	18,191.00	25,016.00	28,280.00
6,457.80	8,254.60	9,943.00	12,666.50	15,048.50	20,213.00	24,443.40	29,442.00	42,262.00	58,315.00	68,322.00
128.20	180.70	564.30	539.80	611.80	1,582.10	2,291.30	2,279.30	1,345.90	2,306.00	3,949.00
...	...	...	...	...	...	...	1,682.00	2,634.00	3,055.00	3,800.00
622.00	411.00	432.00	571.00	700.70	1,291.90	1,740.80	2,284.00	3,393.00	4,383.00	5,615.00
1,961.50	845.30	2,445.90	3,385.20	5,707.10	8,994.90	9,971.00	15,012.00	9,985.00	16,432.00	20,358.00
422.70	793.00	920.00	959.00	1,039.00	1,131.70	1,255.30	1,523.00	2,641.00	3,223.00	3,534.00
712.30	862.60	318.80	-289.70	-172.20	-614.10	93.20	48.00	3,619.00	-1,313.00	-277.00
776.22	1,280.81	-342.60	556.95	974.75	-2,050.12	-7,902.09	-10,843.90	164.89	-499.70	-3,469.70
17,407.00	19,682.60	24,602.40	29,135.60	36,365.40	48,533.40	61,686.40	68,082.90	84,038.40	109,515.00	130,011.00
7,142.30	8,005.60	8,880.80	8,906.90	9,473.10	14,195.30	18,204.50	13,708.90	17,556.10	18,922.00	18,775.00
6,662.30	6,782.90	7,782.00	10,173.00	12,525.30	15,234.20	17,679.00	23,778.00	23,317.00	23,740.00	26,601.00
3,309.40	4,455.20	7,449.70	9,105.30	12,649.50	16,204.60	22,422.90	26,565.50	37,799.30	59,386.00	75,530.00
293.00	438.90	489.90	950.40	1,717.50	2,899.30	3,380.10	4,030.50	5,366.00	7,467.00	9,105.00
8,283.40	9,216.40	11,666.70	14,635.50	18,356.10	20,170.80	22,715.60	23,336.00	31,635.50	42,269.00	45,956.00
6,457.80	8,254.60	9,943.00	12,666.50	15,048.50	20,213.00	24,443.40	29,442.00	42,262.00	58,315.00	68,322.00
622.00	411.00	432.00	571.00	700.70	1,291.90	1,740.80	2,296.00	4,300.00	6,189.00	8,033.00
605.20	1,015.50	1,182.50	1,261.50	1,720.60	2,376.40	3,117.70	3,695.40	5,128.40	6,090.00	6,781.00
2,215.22	2,065.51	1,035.00	557.65	1,513.85	2,430.98	1,767.91	-1,532.19	879.09	-3,849.35	-2,548.42
14,741.20	17,471.00	21,609.70	27,302.00	33,404.60	40,383.80	47,159.00	52,778.00	73,897.50	100,584.00	114,278.00
...	...	...	...	...	...	...	...	...	...	...
...	...	...	...	...	...	...	...	...	...	...
...	...	...	...	...	...	...	...	...	...	...
...	...	...	...	...	...	...	...	...	...	...
8.00	8.00	8.00	8.00	8.00	10.50	10.50	10.50	10.50	10.50	11.25
...	...	...	...	...	...	...	...	...	...	...
...	...	...	...	...	...	...	...	...	...	...
...	...	...	...	...	...	...	...	...	...	...
...	...	...	...	...	...	...	...	...	...	...
...	...	...	...	...	8.50	8.50	8.50	8.50	8.50	...
...	6.75	7.00	7.00	7.00	8.25	12.00	12.00	12.00	12.00	12.00
...	11.00	11.00	11.00	11.00	11.33	12.00	12.00	12.00	12.00	12.00
...	...	...	...	...	...	...	...	...	...	...
20.10	20.56	21.55	22.69	26.02	29.51	34.28	38.57	42.19	46.64	51.63
...	...	...	...	...	...	...	...	...	...	...
8.37	6.37	6.16	8.04	9.08	14.55	15.64	17.42	18.98	21.84	24.16

統　　計

バングラデシュ（1948-2000 年）

		1986	1987	1988	1989	1990	1991	1992	1993
為替レート	対SDRレート								
公定レート（期末）		37.67	44.26	43.43	42.41	50.92	55.19	53.63	54.74
	対ドル・レート								
公定レート（期末）		30.80	31.20	32.27	32.27	35.79	38.58	39.00	39.85
公定レート（期中平均）		30.41	30.95	31.73	32.27	34.57	36.60	38.95	39.57
IMFポジション	100万SDR（期末）								
クォータ		287.50	287.50	287.50	287.50	287.50	287.50	392.50	392.50
SDR配分額		8.41	37.55	40.14	2.30	18.10	49.87	30.11	16.61
IMFリザーブポジション		22.40	22.40	22.40	22.40	-	-	-	0.06
IMFクレジット及び融資総残高		440.47	592.66	623.88	546.78	439.69	523.24	547.69	511.75
SDR配分額		47.12	47.12	47.12	47.12	47.12	47.12	47.12	47.12
国際流動性	100万米ドル（他に断りのない限り，期末）								
総準備（金を除く）		409.09	843.15	1,046.06	501.46	628.65	1,278.24	1,824.60	2,410.81
SDR		10.29	53.27	54.02	3.02	25.75	71.34	41.40	22.81
IMFリザーブポジション		27.40	31.78	30.14	29.44	-	-	-	0.08
外国為替		371.40	758.10	961.90	469.00	602.90	1,206.90	1,783.20	2,387.92
金（100万ファイントロイオンス）		0.07	0.07	0.07	0.08	0.08	0.08	0.09	0.09
金（国内評価額）		16.75	22.82	24.02	21.44	20.76	21.54	22.72	25.92
通貨当局：その他負債		74.60	120.74	127.77	83.92	68.40	92.64	38.59	100.23
預金通貨銀行：資産		273.00	275.83	306.60	391.32	431.69	436.70	356.49	402.48
預金通貨銀行：負債		119.00	160.71	211.34	212.67	237.55	269.00	241.97	241.66
通貨当局	100万タカ（期末）								
対外資産		14,413.70	29,136.50	37,414.80	19,717.50	27,579.60	54,175.10	76,771.60	101,190.00
中央政府向け信用		4,454.00	13,759.00	9,999.00	15,384.00	16,162.00	12,469.00	10,426.00	5,366.00
非金融公的企業向け信用		580.00	1,046.00	1,079.00	874.00	821.00	825.00	649.00	597.00
預金通貨銀行向け信用		23,117.00	23,371.00	25,389.00	36,600.00	37,122.00	34,292.00	27,399.00	24,409.00
その他金融機関向け信用		8,810.00	7,918.00	8,228.00	8,427.00	8,475.00	8,440.00	8,231.00	11,721.00
準備貨幣		31,536.00	45,994.00	51,021.00	56,878.00	59,440.00	58,531.00	70,950.00	87,967.00
内：預金通貨銀行以外の現金通貨		19,027.00	22,490.00	25,282.00	27,286.00	29,950.00	31,330.00	37,990.00	44,987.00
中央銀行負債：証券		・・・	・・・	-	-	62.00	900.00	900.00	1,450.00
対外負債		21,116.40	29,999.30	31,215.40	25,895.80	24,835.70	32,449.50	30,874.90	32,005.30
中央政府預金		10.00	557.00	980.00	977.00	2,180.00	2,179.00	3,670.00	9,717.00
中央政府融資資金		3,031.00	3,403.00	4,865.00	5,328.00	9,055.00	16,100.00	16,661.00	13,272.00
資本勘定		3,627.00	4,007.00	4,387.00	4,650.00	5,035.00	5,424.00	5,966.00	6,346.00
その他（ネット）		-7,945.56	-8,730.54	-10,358.30	-12,726.30	-10,447.90	-5,381.65	-5,545.23	-7,474.26
預金通貨銀行	100万タカ（期末）								
準備		10,387.00	24,298.00	27,181.00	31,140.00	31,368.00	29,570.00	35,787.00	46,874.00
通貨当局に対するその他債権		・・・	・・・	-	-	62.00	900.00	900.00	1,450.00
対外資産		8,415.00	8,606.00	9,894.00	12,628.00	15,450.00	16,848.00	13,903.00	16,039.00
中央政府向け信用		17,876.00	17,486.00	21,156.00	19,599.00	19,271.00	27,904.00	47,353.00	54,135.00
非金融公的企業向け信用		30,385.00	27,829.00	29,840.00	36,273.00	37,442.00	40,592.00	43,412.00	45,951.00
民間部門向け信用		83,242.00	99,537.00	119,538.00	147,546.00	167,104.00	175,944.00	173,881.00	191,744.00
その他金融機関向け信用		2,031.00	5,605.00	6,012.00	5,839.00	5,891.00	5,865.00	11,543.00	11,614.00
要求払い預金		30,968.00	28,510.00	27,883.00	32,718.00	35,785.00	39,474.00	42,452.00	48,294.00
定期性預金		82,794.00	106,644.00	125,955.00	152,535.00	168,854.00	195,821.00	218,159.00	236,578.00
対外負債		3,768.00	4,724.00	6,255.00	6,219.00	7,893.00	9,779.00	8,873.00	9,122.00
中央政府預金		5,296.00	12,419.00	15,686.00	12,565.00	13,355.00	18,279.00	23,726.00	26,845.00
中央政府融資資金		5,939.00	5,619.00	4,208.00	4,040.00	4,352.00	4,458.00	4,952.00	5,341.00
通貨当局からの信用		21,551.00	21,852.00	25,630.00	38,210.00	39,408.00	35,708.00	30,019.00	27,192.00
資本勘定		3,964.00	4,962.00	5,973.00	6,489.00	7,023.00	7,491.00	13,101.00	18,515.00
その他（ネット）		-1,944.00	-1,369.00	2,033.00	248.00	-86.00	-13,387.00	-14,499.00	-4,080.00
マネタリー・サーベイ	100万タカ（期末）								
対外資産（ネット）		-2,055.63	3,019.26	9,838.46	230.66	10,300.90	28,794.60	50,926.80	76,101.70
国内信用		142,072.00	160,204.00	179,186.00	220,400.00	239,631.00	251,581.00	268,099.00	284,566.00
中央政府向け信用（ネット）		17,024.00	18,269.00	14,489.00	21,441.00	19,898.00	19,915.00	30,383.00	22,939.00
非金融公的企業向け信用		30,965.00	28,875.00	30,919.00	37,147.00	38,263.00	41,417.00	44,061.00	46,548.00
民間部門向け信用		83,242.00	99,537.00	119,538.00	147,546.00	167,104.00	175,944.00	173,881.00	191,744.00
その他金融機関向け信用		10,841.00	13,523.00	14,240.00	14,266.00	14,366.00	14,305.00	19,774.00	23,335.00
現金・預金通貨		49,996.00	51,000.00	53,165.00	60,004.00	65,735.00	70,804.00	80,442.00	93,281.00
準通貨		82,794.00	106,644.00	125,955.00	152,535.00	168,854.00	195,821.00	218,159.00	236,578.00
中央政府融資資金		8,970.00	9,022.00	9,073.00	9,368.00	13,407.00	20,558.00	21,613.00	18,613.00
資本勘定		7,591.00	8,969.00	10,360.00	11,139.00	12,058.00	12,915.00	19,067.00	24,861.00
その他（ネット）		-9,334.56	-12,412.50	-9,526.35	-12,416.30	-10,125.90	-19,721.70	-20,251.20	-12,665.30
現金・預金通貨＋準通貨		132,790.00	157,644.00	179,120.00	212,539.00	234,589.00	266,625.00	298,601.00	329,859.00
貨幣集計量（国内定義）	100万タカ(期末)								
準備貨幣		・・・	・・・	・・・	・・・	・・・	・・・	・・・	・・・
M1		・・・	・・・	・・・	・・・	・・・	・・・	・・・	・・・
M2		・・・	・・・	・・・	・・・	・・・	・・・	・・・	・・・
M3		・・・	・・・	・・・	・・・	・・・	・・・	・・・	・・・
金利	年率（%）								
中央銀行政策金利		10.75	10.75	10.75	10.75	9.75	9.25	8.50	6.00
買戻し条件付き取引金利		・・・	・・・	・・・	・・・	・・・	・・・	・・・	・・・
売戻し条件付き取引金利		・・・	・・・	・・・	・・・	・・・	・・・	・・・	・・・
中央銀行証券金利		・・・	・・・	・・・	・・・	・・・	・・・	・・・	・・・
短期金融市場商品金利		・・・	・・・	・・・	・・・	・・・	・・・	・・・	・・・
財務省短期証券金利		・・・	・・・	・・・	・・・	・・・	・・・	・・・	・・・
貯蓄金利		・・・	11.50	11.50	11.50	11.50	11.75	10.75	9.04
預金金利		12.00	12.00	12.00	12.00	12.04	12.05	10.47	8.18
貸出金利		14.00	16.00	16.00	16.00	16.00	15.92	15.00	15.00
政府債利回り		・・・	・・・	・・・	・・・	・・・	・・・	・・・	・・・
物価	指数（期中平均）								
消費者物価指数（1995年=100）		57.33	62.78	68.64	75.53	81.62	87.52	91.27	91.24
消費者物価指数（2010年=100）		24.28	26.68	28.66	30.39	32.25	34.30	35.55	36.62
GDPデフレーター（2010年=100）		25.97	28.67	30.63	33.27	35.15	37.47	38.58	38.69

バングラデシュ

1994	1995	1996	1997	1998	1999	2000
58.76	60.57	61.04	61.32	68.29	70.00	70.36
40.25	40.75	42.45	45.45	48.50	51.00	54.00
40.21	40.28	41.79	43.89	46.91	49.09	52.14
392.50	392.50	392.50	392.50	392.50	533.30	533.30
24.64	107.28	76.19	21.65	9.14	0.66	0.33
0.07	0.09	0.11	0.11	0.16	0.19	0.19
473.37	433.12	374.18	287.93	308.43	237.56	168.56
47.12	47.12	47.12	47.12	47.12	47.12	47.12
3,138.70	2,339.67	1,834.62	1,581.46	1,905.41	1,603.64	1,485.96
35.97	159.47	109.56	29.21	12.86	0.91	0.43
0.11	0.13	0.15	0.14	0.22	0.26	0.24
3,102.63	2,180.06	1,724.91	1,552.11	1,892.33	1,602.47	1,485.29
0.09	0.09	0.09	0.10	0.11	0.11	0.11
27.16	26.90	28.01	25.26	22.29	19.65	29.63
124.03	171.80	160.87	127.55	257.40	137.60	151.90
703.43	730.55	771.57	827.90	794.93	917.00	1,203.40
283.68	326.99	399.74	510.72	437.32	463.70	571.40
130,167.00	97,949.00	80,687.30	73,397.90	93,361.00	82,779.00	81,907.00
5,697.00	22,783.00	38,576.00	36,371.00	47,968.00	72,915.00	81,529.00
594.00	591.00	590.00	590.00	2,140.00	2,140.00	1,570.00
26,275.00	29,139.00	34,551.00	36,220.00	40,993.00	41,282.00	43,852.00
13,153.00	11,555.00	11,521.00	11,493.00	11,724.00	12,617.00	12,507.00
114,017.00	103,458.00	112,457.00	122,988.00	139,489.00	157,166.00	180,023.00
57,248.00	64,523.00	68,195.00	76,074.00	80,756.00	93,870.00	116,877.00
4,000.00	2,755.00	7,361.00	-	-	-	-
32,806.70	33,236.90	29,669.50	23,453.90	33,546.60	23,647.00	20,063.00
4,868.00	3,986.00	9.00	13.00	14.00	10.00	11.00
18,977.00	14,128.00	11,263.00	8,452.00	18,209.00	22,120.00	10,516.00
6,726.00	6,665.00	7,345.00	8,025.00	8,705.00	9,385.00	12,454.00
-5,508.74	-2,211.97	-2,179.24	-4,860.01	-3,778.06	-595.00	-1,702.00
56,221.00	43,333.00	45,882.00	48,678.00	64,661.00	63,584.00	65,494.00
3,994.00	2,741.00	7,358.00	-	-	-	-
28,313.00	29,770.00	32,753.00	37,628.00	38,554.00	46,766.00	64,985.00
64,899.00	64,283.00	63,790.00	81,206.00	99,534.00	117,884.00	142,606.00
33,731.00	31,717.00	39,426.00	42,900.00	40,712.00	40,431.00	46,111.00
220,332.00	318,484.00	359,202.00	411,731.00	465,130.00	509,760.00	577,077.00
14,644.00	18,114.00	20,234.00	19,231.00	20,312.00	25,019.00	26,986.00
58,717.00	70,819.00	73,481.00	76,559.00	83,214.00	91,055.00	102,074.00
277,489.00	305,996.00	347,091.00	383,813.00	433,586.00	504,965.00	603,882.00
11,064.00	12,993.00	16,782.00	23,112.00	21,115.00	23,554.00	30,762.00
32,200.00	34,509.00	31,250.00	39,571.00	50,076.00	52,881.00	59,785.00
5,423.00	6,443.00	5,869.00	7,164.00	7,174.00	6,391.00	6,065.00
28,781.00	30,843.00	37,623.00	39,047.00	43,789.00	44,463.00	47,049.00
21,068.00	21,768.00	24,551.00	28,660.00	30,769.00	36,644.00	41,889.00
-12,610.00	25,071.00	31,998.00	43,448.00	59,180.00	43,491.00	31,753.00
114,609.00	81,489.00	66,988.80	64,460.00	77,252.90	82,344.00	96,067.00
315,982.00	429,032.00	502,080.00	563,938.00	637,430.00	735,469.00	836,297.00
33,528.00	48,571.00	71,107.00	77,993.00	97,412.00	137,908.00	164,339.00
34,325.00	32,308.00	40,016.00	43,490.00	42,852.00	42,571.00	47,681.00
220,332.00	318,484.00	359,202.00	411,731.00	465,130.00	517,354.00	584,784.00
27,797.00	29,669.00	31,755.00	30,724.00	32,036.00	37,636.00	39,493.00
115,965.00	135,342.00	141,676.00	152,633.00	163,970.00	184,925.00	218,951.00
277,489.00	305,996.00	347,091.00	383,813.00	433,586.00	504,965.00	603,882.00
24,400.00	20,571.00	17,132.00	15,616.00	25,383.00	28,511.00	16,581.00
27,794.00	28,433.00	31,896.00	36,685.00	39,474.00	46,029.00	54,343.00
-15,058.70	20,179.00	31,273.80	39,651.00	52,269.90	53,383.00	38,607.00
393,454.00	441,338.00	488,767.00	536,446.00	597,556.00	689,890.00	822,833.00
...	...	...	...	...	157,166.00	180,023.00
...	...	...	...	...	184,925.00	218,950.00
...	...	...	...	...	689,892.00	822,834.00
...	...	...	...	...	845,236.00	1,013,520.00
5.50	6.00	7.00	8.00	8.00	7.00	7.00
...	...	...	...	...	...	...
...	...	...	...	...	...	...
...	...	...	...	8.67	7.73	7.31
...	...	...	...	...	...	...
7.67	6.88	7.19	8.23	8.46	8.50	8.54
6.40	6.04	7.28	8.11	9.30	9.44	8.69
14.50	14.00	14.00	14.00	12.93	13.10	12.76
...	...	...	...	...	...	...
94.53	100.00	102.71	108.50	...	...	...
38.56	42.53	43.55	45.86	49.71	52.74	53.91
40.15	43.10	44.93	46.31	48.76	51.03	51.98

統　　計

バングラデシュ（2001-2016年）

	2001	2002	2003	2004	2005	2006	2007	2008
為替レート	対SDRレート							
公定レート（期末）	71.63	78.72	87.35	94.33	94.63	103.90	108.37	106.16
対ドル・レート	対ドル・レート							
公定レート（期末）	57.00	57.90	58.78	60.74	66.21	69.07	68.58	68.92
公定レート（期中平均）	55.81	57.89	58.15	59.51	64.33	68.93	68.87	68.60
IMFポジション	100万SDR（期末）							
クォータ	533.30	533.30	533.30	533.30	533.30	533.30	533.30	533.30
SDR	0.95	1.65	2.16	0.80	0.65	0.88	0.49	1.37
IMFリザーブポジション	0.19	0.19	0.19	0.21	0.23	0.25	0.28	0.30
内：IMF借入残高	・・・	・・・	・・・	・・・	・・・	・・・	・・・	・・・
IMFクレジット及び融資総残高	118.25	51.94	49.50	148.50	215.78	316.73	316.73	445.11
SDR配分額	47.12	47.12	47.12	47.12	47.12	47.12	47.12	47.12
国際流動性	100万米ドル（他に断りのない限り，期末）							
総準備（金を除く）	1,275.03	1,683.21	2,577.89	3,172.44	2,767.24	3,805.60	5,183.43	5,689.28
SDR	1.19	2.24	3.22	1.24	0.93	1.33	0.78	2.10
IMFリザーブポジション	0.23	0.25	0.28	0.33	0.38	0.38	0.44	0.46
外国為替	1,273.60	1,680.72	2,574.40	3,170.87	2,765.98	3,803.89	5,182.21	5,686.72
金（100万ファイントロイオンス）	0.11	0.11	0.11	0.11	0.11	0.11	0.11	0.11
金（国内評価額）	30.37	38.86	46.29	49.93	58.09	71.40	94.58	99.35
中央銀行：その他資産	5.11	5.03	4.95	5.86	6.09	6.08	7.04	7.12
中央銀行：その他負債	289.49	186.60	226.77	307.53	265.17	328.43	449.89	467.50
中央銀行以外の預金取扱い機関：資産	1,081.37	916.46	773.13	827.27	912.16	1,117.79	1,093.60	1,105.48
中央銀行以外の預金取扱い機関：負債	874.04	865.61	762.77	732.19	865.16	1,056.58	1,080.55	1,316.02
中央銀行	100万タカ（期末）							
対外資産（ネット）	45,716.20	80,557.20	132,774.00	158,957.00	145,032.00	207,697.00	292,146.00	314,971.00
非居住者向け信用	74,063.30	99,158.70	154,544.00	196,090.00	187,468.00	268,185.00	362,428.00	399,443.00
非居住者に対する負債	28,347.10	18,601.40	21,769.50	37,133.50	42,435.70	60,487.60	70,281.50	84,472.30
その他預金取扱い機関向け信用	53,000.00	55,590.00	56,739.00	59,970.00	66,840.00	66,043.00	89,176.00	111,205.00
中央政府向け信用（ネット）	115,861.00	94,428.00	72,713.00	77,881.00	163,443.00	253,094.00	228,193.00	226,611.00
中央政府向け信用	125,000.00	105,166.00	83,696.00	87,480.00	174,132.00	267,974.00	251,130.00	251,334.00
中央政府に対する負債	9,139.00	10,738.00	10,983.00	9,599.00	10,689.00	14,880.00	22,937.00	24,723.00
その他部門向け信用	22,047.00	22,999.00	21,658.00	24,690.00	23,462.00	23,515.00	23,132.00	22,670.00
その他金融機関向け信用	11,380.00	11,183.00	8,465.00	10,338.00	9,573.00	9,084.00	8,586.00	8,088.00
地方自治体向け信用	・	・	・	・	・	・	・	・
非金融公的企業向け信用	1,343.00	1,014.00	1,188.00	649.00	500.00	500.00	500.00	500.00
民間部門向け信用	9,324.00	10,802.00	12,005.00	13,703.00	13,389.00	13,931.00	14,046.00	14,082.00
マネタリーベース	220,536.00	227,666.00	243,339.00	262,394.00	328,942.00	453,614.00	505,225.00	594,710.00
流通通貨	138,209.00	144,148.00	154,628.00	182,820.00	219,784.00	314,356.00	349,972.00	403,675.00
その他預金取扱い機関に対する負債	82,327.00	83,518.00	88,711.00	79,485.00	109,040.00	139,074.00	155,225.00	190,993.00
その他部門に対する負債				89.00	118.00	184.00	28.00	42.00
その他預金取扱い機関に対するその他負債				2,903.00	9,855.00	10,260.00	3,678.00	1,223.00
預金及び証券（マネタリーベース除外分）	4,340.00	4,116.00	4,505.00	876.00	1,932.00	2,794.00	18,041.00	3,390.00
預金（広義流動性に含む）								
証券（広義流動性に含まれる株式以外）	4,340.00	4,116.00	4,505.00	876.00	852.00	1,200.00	1,437.00	2,720.00
証券（広義流動性から除外される株式以外）					1,080.00	1,594.00	16,604.00	670.00
貸出					・	・	・	・
金融派生商品								
株式及びその他持ち分	17,181.00	21,952.00	34,981.00	42,115.00	58,288.00	83,956.00	108,620.00	85,495.00
その他（ネット）	-5,432.78	-159.77	1,059.16	13,209.70	-240.09	-274.80	-2,916.93	-9,360.87
注記項目：総資産	324,256.00	330,452.00	369,437.00	420,938.00	511,763.00	693,199.00	794,147.00	854,746.00
中央銀行以外の預金取扱い金融機関	100万タカ（期末）							
対外資産（ネット）	11,818.00	2,944.00	609.00	5,775.00	3,112.00	4,227.00	895.00	-14,510.00
非居住者向け信用	61,638.00	53,063.00	45,446.00	50,250.00	60,394.00	77,200.00	74,995.00	76,190.00
非居住者に対する負債	49,820.00	50,119.00	44,837.00	44,475.00	57,282.00	72,973.00	74,100.00	90,700.00
中央銀行に対する債権	97,312.00	94,937.00	101,317.00	112,662.00	147,329.00	177,058.00	199,813.00	231,529.00
現金通貨	13,532.00	13,358.00	13,507.00	16,375.00	18,369.00	18,938.00	31,232.00	32,855.00
準備預金及び証券	83,780.00	81,579.00	87,810.00	88,287.00	122,515.00	148,898.00	165,902.00	198,674.00
その他債権				8,000.00	6,445.00	9,222.00	2,679.00	
中央政府向け信用（ネット）	304,233.00	366,783.00	418,569.00	475,040.00	457,890.00	498,393.00	629,809.00	730,835.00
中央政府向け信用	364,466.00	434,126.00	488,221.00	562,619.00	569,219.00	619,474.00	777,130.00	905,918.00
中央政府に対する負債	60,233.00	67,343.00	69,652.00	87,579.00	111,329.00	121,081.00	147,321.00	175,083.00
その他部門向け信用	769,194.00	893,794.00	979,529.00	1,149,130.00	1,390,750.00	1,641,730.00	1,869,220.00	2,260,860.00
その他金融機関向け信用	19,899.00	19,284.00	23,975.00	24,702.00	24,594.00	20,875.00	36,542.00	28,813.00
地方自治体向け信用	1,392.00	999.00	749.00	581.00	435.00	289.00	202.00	174.00
非金融公的企業向け信用	52,786.00	60,643.00	59,832.00	67,650.00	125,915.00	131,256.00	84,810.00	105,781.00
民間部門向け信用	695,117.00	812,868.00	894,973.00	1,056,200.00	1,239,810.00	1,489,310.00	1,747,670.00	2,126,090.00
中央銀行に対する負債	49,575.00	48,582.00	49,233.00	54,805.00	65,102.00	62,508.00	80,623.00	103,672.00
通貨性預金（広義流動性に含む）	114,118.00	120,480.00	128,830.00	151,439.00	173,896.00	200,237.00	260,326.00	269,689.00
その他預金（広義流動性に含む）	705,857.00	822,433.00	947,480.00	1,099,630.00	1,299,920.00	1,556,860.00	1,774,320.00	2,143,460.00
証券（広義流動性に含まれる株式以外）	225,539.00	266,439.00	311,364.00	327,563.00	346,057.00	377,865.00	406,513.00	429,396.00
預金（広義流動性から除外されたもの）	364.00	279.00	283.00	252.00	237.00	155.00	302.00	633.00
証券（広義流動性から除外される株式以外）	・	・	・	329.00	364.00	559.00	341.00	570.00
貸出	120.00	142.00	323.00	1,273.00	5,514.00	6,025.00	8,815.00	12,946.00
金融派生商品				・	・	・	・	・
保険契約準備金								
株式及びその他持ち分	66,678.00	72,814.00	84,577.00	104,005.00	124,515.00	156,837.00	230,359.00	296,961.00
その他（ネット）	20,306.00	27,289.00	-22,066.00	3,320.00	-16,522.00	-39,647.00	-61,862.00	-48,611.00
注記項目：総資産	1,563,190.00	1,768,580.00	1,916,470.00	2,199,260.00	2,539,670.00	2,944,240.00	3,437,920.00	4,112,400.00

バングラデシュ

2009	2010	2011	2012	2013	2014	2015	2016
108.59	108.96	125.67	122.72	119.74	112.93	108.78	105.80
69.27	70.75	81.85	79.85	77.75	77.95	78.50	78.70
69.04	69.65	74.15	81.86	78.10	77.64	77.95	78.47
533.30	533.30	533.30	533.30	533.30	533.30	533.30	1,066.60
458.33	428.30	477.99	414.57	638.99	682.03	881.30	968.09
0.31	0.41	0.41	0.49	0.49	0.57	0.57	133.99
...	-	-	-	-	-	-	-
430.26	400.56	317.34	278.75	461.30	504.22	653.42	639.96
510.41	510.41	510.41	510.41	510.41	510.41	510.41	510.41
10,218.90	10,564.30	8,509.53	12,031.20	17,564.40	21,785.40	27,023.40	31,776.10
718.52	659.59	733.84	637.15	984.04	988.13	1,221.24	1,301.43
0.48	0.63	0.63	0.75	0.75	0.83	0.79	180.13
9,499.90	9,904.06	7,775.06	11,393.30	16,579.60	20,796.40	25,801.30	30,294.50
0.11	0.43	0.43	0.43	0.43	0.44	0.44	0.44
124.40	613.25	682.54	719.89	527.65	525.32	469.69	502.76
10.28	20.45	18.91	18.97	55.02	71.37	101.16	183.31
485.37	910.42	747.81	590.68	769.71	904.32	948.32	978.13
1,087.98	1,731.72	1,733.49	2,257.80	2,342.01	3,951.01	4,144.85	4,022.16
1,355.04	1,539.91	1,575.01	1,615.02	1,855.45	3,995.08	4,379.87	4,830.23
581,342.00	628,632.00	588,721.00	875,677.00	1,234,740.00	1,559,590.00	1,965,110.00	2,356,150.00
717,107.00	792,299.00	753,951.00	1,019,690.00	1,410,930.00	1,744,670.00	2,166,160.00	2,554,840.00
135,765.00	163,667.00	165,230.00	144,014.00	176,192.00	185,077.00	201,044.00	198,692.00
89,598.00	140,925.00	180,406.00	178,370.00	88,135.00	105,397.00	74,317.00	63,371.00
108,811.00	177,036.00	392,107.00	309,958.00	135,132.00	-119,231.00	-82,636.00	-23,031.00
236,742.00	220,671.00	412,271.00	345,890.00	239,646.00	99,287.00	96,512.00	127,344.00
127,931.00	43,635.00	20,164.00	35,932.00	104,514.00	218,518.00	179,148.00	150,375.00
22,351.00	24,083.00	27,872.00	36,321.00	42,835.00	54,922.00	55,148.00	54,015.00
7,349.00	8,159.00	8,025.00	12,338.00	16,760.00	12,937.00	12,406.00	9,985.00
500.00	500.00	500.00	500.00	500.00	12,000.00	12,000.00	12,000.00
14,502.00	15,424.00	19,347.00	23,483.00	25,575.00	29,985.00	30,742.00	32,030.00
700,689.00	853,401.00	987,028.00	1,155,240.00	1,204,540.00	1,383,490.00	1,594,170.00	1,899,610.00
444,593.00	573,182.00	631,812.00	717,332.00	819,032.00	897,426.00	1,005,130.00	1,218,190.00
256,043.00	280,070.00	354,722.00	437,862.00	385,482.00	485,793.00	588,901.00	681,358.00
53.00	149.00	494.00	45.00	26.00	268.00	140.00	59.00
13,167.00	978.00	504.00	25,052.00	147,109.00	91,318.00	297,583.00	439,257.00
7,500.00	16,197.00	4,690.00	12,633.00	1,302.00	5,863.00	10,978.00	13,202.00
1,945.00	15,121.00	3,527.00	3,791.00	1,302.00	5,863.00	10,926.00	12,902.00
5,555.00	1,076.00	1,163.00	8,842.00	-	-	52.00	300.00
109,888.00	129,320.00	227,018.00	236,744.00	178,924.00	166,234.00	152,728.00	143,963.00
-29,142.20	-29,219.80	-30,133.70	-29,342.20	-31,030.90	-46,221.30	-43,519.50	-45,526.80
1,147,800.00	1,261,300.00	1,470,290.00	1,679,720.00	1,877,650.00	2,116,240.00	2,498,010.00	2,952,710.00
-18,498.00	13,571.00	12,972.00	51,326.00	37,830.00	-3,435.00	-18,449.00	-63,597.00
75,361.00	122,519.00	141,891.00	180,285.00	182,091.00	307,979.00	325,372.00	316,553.00
93,859.00	108,948.00	128,919.00	128,959.00	144,261.00	311,414.00	343,821.00	380,150.00
307,746.00	347,093.00	462,085.00	556,010.00	642,770.00	674,578.00	991,912.00	1,222,600.00
35,430.00	49,654.00	57,112.00	75,348.00	97,926.00	85,925.00	87,688.00	102,063.00
259,841.00	297,439.00	404,973.00	457,711.00	467,700.00	575,783.00	673,656.00	762,581.00
12,475.00	-	-	22,951.00	77,144.00	12,870.00	230,568.00	357,953.00
891,647.00	928,143.00	1,106,700.00	1,233,390.00	1,620,750.00	2,058,880.00	2,224,610.00	2,540,270.00
1,083,710.00	1,172,940.00	1,399,070.00	1,594,060.00	2,079,920.00	2,575,710.00	2,798,680.00	3,191,310.00
192,063.00	244,798.00	292,372.00	360,671.00	459,172.00	516,831.00	574,076.00	651,047.00
2,689,290.00	3,449,250.00	4,085,910.00	4,753,740.00	5,145,730.00	6,037,940.00	6,850,790.00	7,933,470.00
42,050.00	49,003.00	74,176.00	98,997.00	82,211.00	108,647.00	131,237.00	184,325.00
137.00	105.00	72.00	39.00	9.00	-	-	-
109,874.00	148,743.00	141,461.00	140,736.00	78,214.00	116,912.00	91,387.00	78,812.00
2,537,230.00	3,251,400.00	3,870,200.00	4,513,960.00	4,985,290.00	5,812,380.00	6,628,160.00	7,670,340.00
82,037.00	133,161.00	173,490.00	168,097.00	81,715.00	101,025.00	68,092.00	248,019.00
336,851.00	466,526.00	493,958.00	531,510.00	550,955.00	670,041.00	763,476.00	917,993.00
2,621,650.00	3,115,320.00	3,826,760.00	4,652,950.00	5,462,290.00	6,195,290.00	6,984,150.00	7,833,590.00
496,861.00	574,059.00	575,111.00	575,771.00	619,324.00	825,657.00	1,105,100.00	1,532,090.00
303.00	318.00	270.00	272.00	295.00	1,510.00	552.00	529.00
340.00	5,207.00	9,277.00	9,747.00	11,279.00	14,913.00	14,278.00	16,726.00
13,372.00	22,447.00	29,714.00	38,454.00	225.00	1,902.00	793.00	1,144.00
409,687.00	541,196.00	691,073.00	762,886.00	868,127.00	983,465.00	1,083,060.00	1,106,330.00
-90,921.00	-120,175.00	-131,985.00	-145,221.00	-147,132.00	-25,854.00	29,357.00	-23,681.00
4,901,210.00	6,012,540.00	7,205,240.00	8,299,300.00	9,543,400.00	11,342,600.00	12,769,900.00	14,666,800.00

統　　計

バングラデシュ（2001-2016年）

	2001	2002	2003	2004	2005	2006	2007	2008
預金取扱い金融機関	100万タカ（期末）							
対外資産（ネット）	57,534.20	83,501.20	133,383.00	164,732.00	148,144.00	211,924.00	293,041.00	300,461.00
非居住者向け信用	135,701.00	152,222.00	199,990.00	246,340.00	247,862.00	345,385.00	437,423.00	475,633.00
非居住者に対する負債	78,167.10	68,720.40	66,606.50	81,608.50	99,717.70	133,461.00	144,381.00	175,172.00
国内信用	1,211,340.00	1,378,000.00	1,492,470.00	1,726,750.00	2,035,550.00	2,416,730.00	2,750,360.00	3,240,970.00
中央政府向け信用（ネット）	420,094.00	461,211.00	491,282.00	552,921.00	621,333.00	751,487.00	858,002.00	957,446.00
中央政府向け信用	489,466.00	539,292.00	571,917.00	650,099.00	743,351.00	887,448.00	1,028,260.00	1,157,250.00
中央政府に対する負債	69,372.00	78,081.00	80,635.00	97,178.00	122,018.00	135,961.00	170,258.00	199,806.00
その他部門向け信用	791,241.00	916,793.00	1,001,190.00	1,173,820.00	1,414,220.00	1,665,240.00	1,892,350.00	2,283,530.00
その他金融機関向け信用	31,279.00	30,467.00	32,440.00	35,040.00	34,167.00	29,959.00	45,128.00	36,901.00
地方自治体向け信用	1,392.00	999.00	749.00	581.00	435.00	289.00	202.00	174.00
非金融公的企業向け信用	54,129.00	61,657.00	61,020.00	68,299.00	126,415.00	131,756.00	85,310.00	106,281.00
民間部門向け信用	704,441.00	823,670.00	906,978.00	1,069,900.00	1,253,200.00	1,503,240.00	1,761,710.00	2,140,170.00
広義流動性負債	1,170,190.00	1,340,140.00	1,528,790.00	1,745,160.00	2,021,410.00	2,430,570.00	2,759,930.00	3,213,400.00
預金取扱い金融機関以外の通貨	124,677.00	130,790.00	141,121.00	166,445.00	201,415.00	295,418.00	318,740.00	370,820.00
通貨性預金	114,118.00	120,480.00	128,830.00	151,439.00	173,896.00	200,237.00	260,326.00	269,689.00
その他預金	705,857.00	822,433.00	947,480.00	1,099,710.00	1,300,040.00	1,557,050.00	1,774,350.00	2,143,500.00
証券（株式を除く）	225,539.00	266,439.00	311,364.00	327,563.00	346,057.00	377,865.00	406,513.00	429,396.00
預金（広義流動性から除外されたもの）	4,704.00	4,395.00	4,788.00	1,128.00	1,089.00	1,355.00	1,739.00	3,353.00
証券（広義流動性に含まれる株式以外）	-	-	-	329.00	1,444.00	2,153.00	16,945.00	1,240.00
貸出	120.00	142.00	323.00	1,273.00	5,514.00	6,025.00	8,815.00	12,946.00
金融派生商品								
保険契約準備金								
株式及びその他持ち分	83,859.00	94,766.00	119,558.00	146,120.00	182,803.00	240,793.00	338,979.00	382,456.00
その他（ネット）	9,995.22	22,060.20	-27,611.80	-2,534.27	-28,565.10	-52,242.80	-83,009.90	-71,962.90
広義流動性負債（季節調整値）	1,153,480.00	1,321,500.00	1,508,650.00	1,723,840.00	1,998,600.00	2,405,120.00	2,733,360.00	3,184,800.00
貨幣集計量	100万タカ（期末）							
広義流動性	1,173,130.00	1,343,240.00	1,532,210.00	1,748,700.00	2,025,230.00	2,434,640.00	2,764,500.00	3,218,070.00
中央政府発行通貨	2,940.00	3,098.00	3,416.00	3,541.00	3,823.00	4,075.00	4,569.00	4,672.00
非金融会社の預金								
中央政府発行証券								
貨幣集計量（国内定義）	100万タカ（期末）							
準備貨幣	223,476.00	230,752.00	246,755.00	265,935.00	332,765.00	457,688.00	509,794.00	599,382.00
M1	242,444.00	254,716.00	274,021.00	322,376.00	380,170.00	501,274.00	585,526.00	647,125.00
M2	943,640.00	1,068,980.00	1,209,150.00	1,405,900.00	1,645,940.00	2,010,970.00	2,307,210.00	2,719,790.00
M3	1,173,130.00	1,343,240.00	1,532,210.00	1,748,700.00	2,025,240.00	2,434,640.00	2,764,500.00	3,218,070.00
金利	年率（%）							
中央銀行政策金利	6.00	6.00	5.00	5.00	5.00	5.00	5.00	5.00
買戻し条件付き取引金利	・・・	・・・	・・・	・・・	4.49	6.10	6.50	6.54
売戻し条件付き取引金利	・・・	・・・	・・・	・・・	8.11	8.33	9.00	8.58
中央銀行証券金利	・・・	・・・	・・・	・・・	・・・	7.34	7.37	・・・
短期金融市場商品金利	8.83	9.08	8.35	5.91	9.46	11.26	7.37	10.24
財務省短期証券金利	・・・	・・・	・・・	・・・	・・・	7.52	7.61	6.01
貯蓄金利	7.38	6.86	6.66	5.49	5.48	5.82	5.79	5.76
預金金利	9.15	7.91	7.11	5.80	5.53	5.99	6.99	7.55
貸出金利	12.82	12.61	12.04	10.40	10.62	11.66	12.64	12.89
政府債利回り	・・・	・・・	・・・	・・・	・・・	・・・	・・・	11.72
物価	指数（2010年=100, 期中平均）							
消費者物価指数	54.99	56.82	60.05	64.60	69.15	73.83	80.56	87.73
GDPデフレーター	52.80	54.49	56.95	59.37	62.38	76.12	81.05	87.42

バングラデシュ

2009	2010	2011	2012	2013	2014	2015	2016
562,844.00	642,203.00	601,693.00	927,003.00	1,272,570.00	1,556,160.00	1,946,660.00	2,292,550.00
792,468.00	914,818.00	895,842.00	1,199,980.00	1,593,020.00	2,052,650.00	2,491,530.00	2,871,400.00
229,624.00	272,615.00	294,149.00	272,973.00	320,453.00	496,491.00	544,865.00	578,842.00
3,712,100.00	4,578,510.00	5,612,590.00	6,333,410.00	6,944,450.00	8,032,500.00	9,047,910.00	10,504,700.00
1,000,460.00	1,105,180.00	1,498,810.00	1,543,350.00	1,755,880.00	1,939,640.00	2,141,970.00	2,517,240.00
1,320,450.00	1,393,610.00	1,811,340.00	1,939,950.00	2,319,570.00	2,674,990.00	2,895,200.00	3,318,660.00
319,994.00	288,433.00	312,536.00	396,603.00	563,686.00	735,349.00	753,224.00	801,422.00
2,711,640.00	3,473,330.00	4,113,780.00	4,790,060.00	5,188,560.00	6,092,860.00	6,905,940.00	7,987,490.00
49,399.00	57,162.00	82,201.00	111,335.00	98,971.00	121,584.00	143,643.00	194,310.00
137.00	105.00	72.00	39.00	9.00	-		-
110,374.00	149,243.00	141,961.00	141,236.00	78,714.00	128,912.00	103,387.00	90,812.00
2,551,730.00	3,266,820.00	3,889,550.00	4,537,450.00	5,010,870.00	5,842,360.00	6,658,910.00	7,702,370.00
3,864,580.00	4,679,580.00	5,471,020.00	6,402,260.00	7,353,700.00	8,502,760.00	9,770,310.00	11,399,900.00
409,163.00	523,528.00	574,700.00	641,984.00	721,106.00	811,501.00	917,443.00	1,116,130.00
336,851.00	466,526.00	493,958.00	531,510.00	550,955.00	670,041.00	763,476.00	917,993.00
2,621,700.00	3,115,470.00	3,827,250.00	4,652,990.00	5,462,320.00	6,195,560.00	6,984,290.00	7,833,650.00
496,861.00	574,059.00	575,111.00	575,771.00	619,324.00	825,657.00	1,105,100.00	1,532,090.00
2,248.00	15,439.00	3,797.00	4,063.00	1,597.00	7,373.00	11,478.00	13,431.00
5,895.00	6,283.00	10,440.00	18,589.00	11,279.00	14,913.00	14,330.00	17,026.00
13,372.00	22,447.00	29,714.00	38,454.00	225.00	1,902.00	793.00	1,144.00
-	-	-	-	-	-	-	-
519,575.00	670,516.00	918,091.00	999,630.00	1,047,050.00	1,149,700.00	1,235,790.00	1,250,290.00
-130,730.00	-173,550.00	-218,782.00	-202,584.00	-196,836.00	-87,989.30	-38,127.50	115,521.00
3,832,130.00	4,642,060.00	5,428,930.00	6,354,610.00	7,301,490.00	8,447,320.00	9,712,010.00	11,334,500.00
3,869,560.00	4,685,210.00	5,477,730.00	6,409,570.00	7,361,380.00	8,510,720.00	9,778,290.00	11,415,200.00
4,975.00	5,632.00	6,714.00	7,312.00	7,677.00	7,957.00	7,976.00	15,371.00
-	-	-	-	-	-	-	-
705,664.00	859,033.00	993,742.00	1,069,940.00	1,212,220.00	1,391,180.00	1,602,010.00	1,914,980.00
753,601.00	999,189.00	1,079,560.00	1,186,090.00	1,286,350.00	1,480,330.00	1,683,190.00	2,044,460.00
3,281,920.00	3,992,790.00	4,754,970.00	5,659,060.00	6,539,670.00	7,412,480.00	8,381,140.00	9,540,540.00
3,869,560.00	4,685,210.00	5,477,730.00	6,409,570.00	7,361,380.00	8,510,720.00	9,778,290.00	11,415,200.00
5.00	5.00	5.00	5.00	5.00	5.00	5.00	5.00
5.54	2.92	4.56	5.75	5.29	5.25	5.25	4.75
7.88	4.92	6.56	7.75	7.29	7.25	7.25	6.75
1.51	2.89	・・・	9.21	7.62	5.99	5.02	2.95
4.39	8.06	11.15	12.82	7.78	7.14	6.20	3.67
6.29	4.50	3.88	10.77	8.67	7.18	5.76	3.39
5.24	5.66	5.63	5.79	5.92	5.56	5.05	3.92
7.81	7.21	8.84	10.22	11.72	9.80	8.24	6.20
13.33	12.22	13.32	13.94	13.59	12.95	11.71	10.41
10.14	8.86	9.49	11.60	12.13	11.49	9.44	7.02
92.48	100.00	110.71	117.59	126.44	135.28	143.66	151.58
93.33	100.00	107.02	116.67	125.04	132.12	139.88	149.30

統　　計

フィジー（1948-2000年）

		1948	1949	1950	1951	1952	1953	1954	1955
為替レート									
公定レート（期末）	対SDRレート	・・・	0.79	0.79	0.80	0.79	0.79	0.80	0.79
公定レート（期末）	対ドル・レート	・・・	0.79	0.79	0.80	0.79	0.79	0.80	0.79
公定レート（期中平均）		・・・	0.61	0.79	0.79	0.79	0.79	0.79	0.79
公定レート	指数（2010年=100，期中平均）								
名目実効為替レート		・・・	318.39	241.84	241.75	241.14	242.88	242.53	241.03
実質実効為替レート（CPIベース）		・・・	・・・	・・・	・・・	・・・	・・・	・・・	・・・
IMFポジション	100万SDR（期末）								
クォータ				-				-	
SDR		-		-					-
IMFリザーブポジション		-		-					-
内：IMF借入残高									
IMFクレジット及び融資総残高		-		-					-
SDR配分額									
国際流動性	100万米ドル（他に断りのない限り，期末）								
総準備（金を除く）				-				・・・	・・・
SDR		-		-				・・・	・・・
IMFリザーブポジション		-		-				・・・	・・・
外国為替		・・・	・・・	・・・				・・・	・・・
金（100万ファイントロイオンス）		・・・	・・・	・・・				・・・	・・・
金（国内評価額）		・・・	・・・	・・・				・・・	・・・
預金通貨銀行：資産		・・・	・・・	・・・				・・・	・・・
預金通貨銀行：負債		・・・	・・・	・・・				・・・	・・・
通貨当局	100万フィジー・ドル（期末）								
対外資産		・・・	・・・	・・・	・・・	・・・	・・・	・・・	・・・
中央政府向け信用		・・・	・・・	・・・	・・・	・・・	・・・	・・・	・・・
公的機関向け信用		・・・	・・・	・・・	・・・	・・・	・・・	・・・	・・・
準備貨幣		・・・	・・・	・・・	・・・	・・・	・・・	・・・	・・・
内：預金通貨銀行以外の現金通貨		・・・	・・・	・・・	・・・	・・・	・・・	・・・	・・・
債券		・・・	・・・	・・・	・・・	・・・	・・・	・・・	・・・
中央政府預金		・・・	・・・	・・・	・・・	・・・	・・・	・・・	・・・
資本勘定		・・・	・・・	・・・	・・・	・・・	・・・	・・・	・・・
その他（ネット）		・・・	・・・	・・・	・・・	・・・	・・・	・・・	・・・
預金通貨銀行	100万フィジー・ドル（期末）								
準備		・・・	・・・	・・・	・・・	・・・	・・・	・・・	・・・
準備銀行債券		・・・	・・・	・・・	・・・	・・・	・・・	・・・	・・・
対外資産		・・・	・・・	・・・	・・・	・・・	・・・	・・・	・・・
中央政府向け信用		・・・	・・・	・・・	・・・	・・・	・・・	・・・	・・・
公的機関向け信用		・・・	・・・	・・・	・・・	・・・	・・・	・・・	・・・
民間部門向け信用		・・・	・・・	・・・	・・・	・・・	・・・	・・・	・・・
要求払い預金		・・・	・・・	・・・	・・・	・・・	・・・	・・・	・・・
定期性預金		・・・	・・・	・・・	・・・	・・・	・・・	・・・	・・・
対外負債		・・・	・・・	・・・	・・・	・・・	・・・	・・・	・・・
中央政府預金		・・・	・・・	・・・	・・・	・・・	・・・	・・・	・・・
その他（ネット）		・・・	・・・	・・・	・・・	・・・	・・・	・・・	・・・
マネタリー・サーベイ	100万フィジー・ドル（期末）								
対外資産（ネット）		・・・	・・・	・・・	・・・	・・・	・・・	・・・	・・・
国内信用		・・・	・・・	・・・	・・・	・・・	・・・	・・・	・・・
中央政府向け信用（ネット）		・・・	・・・	・・・	・・・	・・・	・・・	・・・	・・・
公的機関向け信用		・・・	・・・	・・・	・・・	・・・	・・・	・・・	・・・
民間部門向け信用		・・・	・・・	・・・	・・・	・・・	・・・	・・・	・・・
現金・預金通貨		・・・	・・・	・・・	・・・	・・・	・・・	・・・	・・・
準通貨		・・・	・・・	・・・	・・・	・・・	・・・	・・・	・・・
準備銀行債券		・・・	・・・	・・・	・・・	・・・	・・・	・・・	・・・
資本勘定		・・・	・・・	・・・	・・・	・・・	・・・	・・・	・・・
その他（ネット）		・・・	・・・	・・・	・・・	・・・	・・・	・・・	・・・
現金・預金通貨（季節調整値）		・・・	・・・	・・・	・・・	・・・	・・・	・・・	・・・
現金・預金通貨＋準通貨		・・・	・・・	・・・	・・・	・・・	・・・	・・・	・・・
貨幣集計量（国内定義）	100万フィジー・ドル（期末）								
狭義貨幣（M1）		・・・	・・・	・・・	・・・	・・・	・・・	・・・	・・・
準通貨		・・・	・・・	・・・	・・・	・・・	・・・	・・・	・・・
M2		・・・	・・・	・・・	・・・	・・・	・・・	・・・	・・・
ノンバンク金融機関	100万フィジー・ドル（期末）								
中央政府向け信用		・・・	・・・	・・・	・・・	・・・	・・・	・・・	・・・
地方公共団体向け信用		・・・	・・・	・・・	・・・	・・・	・・・	・・・	・・・
非金融公的企業向け信用		・・・	・・・	・・・	・・・	・・・	・・・	・・・	・・・
民間部門向け信用		・・・	・・・	・・・	・・・	・・・	・・・	・・・	・・・
金利	年率（%）								
中央銀行政策金利		・・・	・・・	・・・	・・・	・・・	・・・	・・・	・・・
ディスカウント・レート		・・・	・・・	・・・	・・・	・・・	・・・	・・・	・・・
短期金融市場商品金利		・・・	・・・	・・・	・・・	・・・	・・・	・・・	・・・
財務省短期証券金利		・・・	・・・	・・・	・・・	・・・	・・・	・・・	・・・
貯蓄金利		・・・	・・・	・・・	・・・	・・・	・・・	・・・	・・・
預金金利		・・・	・・・	・・・	・・・	・・・	・・・	・・・	・・・
貸出金利		・・・	・・・	・・・	・・・	・・・	・・・	・・・	・・・
政府債利回り		・・・	・・・	・・・	・・・	・・・	・・・	・・・	・・・
物価	指数（2010年=100，期中平均）								
消費者物価指数		・・・	・・・	・・・	・・・	・・・	・・・	・・・	・・・
GDPデフレーター		・・・	・・・	・・・	・・・	・・・	・・・	・・・	・・・

フィジー

1956	1957	1958	1959	1960	1961	1962	1963	1964	1965	1966
0.80	0.78	0.79	0.79	0.79	0.79	0.79	0.79	0.80	0.79	0.80
0.80	0.78	0.79	0.79	0.79	0.79	0.79	0.79	0.80	0.79	0.80
0.79	0.79	0.79	0.79	0.79	0.79	0.79	0.79	0.79	0.79	0.79
241.41	241.41	242.80	242.52	242.44	241.94	242.43	241.78	241.13	241.41	241.20
...	149.56	152.80	154.23	155.47	158.21	159.77	160.86	164.23	166.44	167.58
...	...	...	...	...	...	...	...	...	...	...
-	-	-	-	-	-	-	-	-	-	-
...	...	...	...	...	...	...	...	...	...	...
...	...	...	...	...	...	...	...	...	21.82	18.04
										-
...	...	...	...	...	...	...	...	...	21.82	18.04
...	...	...	...	...	...	...	...	...	...	...
...	...	...	...	...	4.18	6.95	11.96	13.66	11.62	12.72
...	...	...	...	...	1.10	0.91	1.29	1.24	0.86	0.76
...	...	...	...	...	13.91	13.71	18.20	23.28	21.15	17.84
...	...	...	...	...	0.14	0.09	0.18	0.28	0.09	0.24
...	...	...	...	...	11.49	10.71	12.88	16.29	12.94	12.72
...	...	...	...	...	7.49	7.13	8.25	8.74	8.92	9.11
...	...	...	...	...	...	...	...	...	...	...
...	...	...	...	...	2.30	2.40	4.40	6.30	7.10	4.40
...	...	...	...	...	0.26	0.74	1.06	0.98	1.18	0.96
...	...	...	...	...	2.35	1.77	1.72	3.89	1.87	1.49
...	...	...	...	...	...	...	...	...	...	...
...	...	...	...	...	3.31	5.51	9.48	10.83	9.21	10.08
...	...	...	...	...	1.61	1.63	2.44	3.64	4.30	4.60
...	...	...	...	...	0.79	0.81	0.76	0.53	0.59	0.90
...	...	...	...	...	10.46	9.45	9.39	10.06	11.56	12.27
...	...	...	...	...	8.73	8.56	11.14	12.68	11.73	12.85
...	...	...	...	...	9.59	10.21	12.69	16.66	15.48	16.72
...	...	...	...	...	0.87	0.72	1.03	0.98	0.68	0.61
...	...	...	...	...	0.97	0.98	1.27	1.45	1.68	1.50
...	...	...	...	...	-1.63	-1.30	-2.35	-2.81	-2.04	-2.34
...	...	...	...	...	16.36	18.50	26.66	33.12	29.68	27.31
...	...	...	...	...	9.73	8.59	7.09	6.77	7.76	12.10
...	...	...	...	...	-1.52	-1.67	-3.05	-3.83	-4.39	-1.06
...	...	...	...	...	0.79	0.81	0.76	0.53	0.59	0.90
...	...	...	...	...	10.46	9.45	9.39	10.06	11.56	12.27
...	...	...	...	...	17.87	17.50	22.31	25.08	22.80	24.07
...	...	...	...	...	9.59	10.21	12.69	16.66	15.48	16.72
...	...	...	...	...	...	...	...	...	...	...
...	...	...	...	...	-1.38	-0.56	-1.29	-1.83	-0.86	-1.38
...	...	...	...	...	...	...	...	...	...	22.21
...	...	...	...	...	27.45	27.70	35.00	41.74	38.28	40.79
...	...	...	...	...	...	...	...	...	...	...
...	...	...	...	...	...	...	...	...	...	...
...	...	...	...	...	...	...	...	...	...	...
...	...	...	...	...	...	...	...	...	...	...
...	...	...	...	...	...	...	...	...	...	...
...	...	...	...	...	...	...	...	...	...	...
...	...	...	...	...	...	...	...	...	...	...
...	...	...	...	...	...	...	...	...	...	...
...	...	...	...	...	...	...	...	...	...	...
...	...	...	...	...	...	...	...	...	...	...
...	...	...	...	...	...	...	...	...	...	...
...	...	...	...	...	...	...	...	...	...	...

統　計

フィジー（1948-2000年）

		1967	1968	1969	1970	1971	1972	1973	1974
為替レート	対SDRレート								
公定レート（期末）		0.87	0.88	0.87	0.87	0.89	0.92	0.98	0.98
	対ドル・レート								
公定レート（期末）		0.87	0.88	0.87	0.87	0.82	0.84	0.81	0.80
公定レート（期中平均）		0.81	0.87	0.87	0.87	0.86	0.83	0.79	0.81
公定レート	指数（2010年=100，期中平均）								
名目実効為替レート		238.54	219.51	219.25	219.76	224.18	232.48	241.51	238.02
実質実効為替レート（CPIベース）		167.47	161.06	161.76	162.35	163.49	160.97	152.48	152.44
		・・・	・・・	・・・			・・・	・・・	
IMFポジション	100万SDR（期末）								
クォータ			-			13.00	13.00	13.00	13.00
SDR			-				1.38	1.38	1.37
IMFリザーブポジション			-			2.30	2.30	2.30	-
内：IMF借入残高		・・・	・・・		・・・				・・・
IMFクレジット及び融資総残高									0.34
SDR配分額							1.38	1.38	1.38
国際流動性	100万米ドル（他に断りのない限り，期末）								
総準備（金を除く）		18.37	18.49	26.81	27.35	39.62	69.42	73.95	109.15
SDR			-				1.50	1.66	1.68
IMFリザーブポジション						2.50	2.50	2.77	
外国為替		18.37	18.49	26.81	27.35	37.12	65.42	69.51	107.47
金（100万ファイントロイオンス）		・・・	・・・	・・・			・・・	・・・	
金（国内評価額）		・・・	・・・	・・・			・・・	・・・	
預金通貨銀行：資産		12.81	12.29	16.78	20.06	23.64	18.31	8.61	9.55
預金通貨銀行：負債		0.82	0.10	1.17	1.17	2.81	7.27	14.47	20.77
通貨当局	100万フィジー・ドル（期末）								
対外資産		18.11	19.30	27.37	26.99	35.05	54.53	67.82	91.65
中央政府向け信用		0.43	1.50	3.78	3.46	3.50	3.62	2.65	2.78
公的機関向け信用								0.40	0.05
準備貨幣		13.64	13.52	15.60	17.26	20.41	24.89	37.62	48.54
内：預金通貨銀行以外の現金通貨		8.50	8.50	9.56	11.16	13.07	14.95	17.19	21.52
債券									
中央政府預金		5.30	5.70	11.90	8.40	12.30	12.70	21.99	13.67
資本勘定			0.27	0.62	2.35	2.01	9.11	10.75	
その他（ネット）		-0.41	1.57	3.40	4.13	3.50	19.81	2.15	21.51
預金通貨銀行	100万フィジー・ドル（期末）								
準備		2.07	1.92	2.34	2.35	2.96	12.63	16.68	18.61
準備銀行債券		・・・	・・・				・・・	・・・	
対外資産		11.15	10.71	14.61	17.47	18.96	13.91	6.97	7.64
中央政府向け信用		5.10	5.50	6.40	6.70	7.40	8.81	9.97	16.17
公的機関向け信用		1.06	1.34	1.61	2.31	2.94	6.81	7.10	7.52
民間部門向け信用		12.81	16.38	17.84	23.75	30.78	40.40	57.66	75.54
要求払い預金		12.85	14.66	18.51	22.42	25.29	31.45	35.38	39.42
定期性預金		18.62	21.06	23.63	28.14	35.23	43.12	50.57	65.89
対外負債		0.72	0.09	1.02	1.02	2.25	5.53	11.71	16.62
中央政府預金		2.72	2.47	3.00	5.33	4.20	3.74	3.98	5.32
その他（ネット）		-2.73	-2.43	-3.35	-4.32	-3.92	-1.28	-3.27	-1.77
マネタリー・サーベイ	100万フィジー・ドル（期末）								
対外資産（ネット）		28.55	29.92	40.97	43.45	51.76	62.91	63.08	82.21
国内信用		11.37	16.56	14.74	22.49	28.13	43.20	51.82	83.06
中央政府向け信用（ネット）		-2.49	-1.17	-4.72	-3.57	-5.59	-4.01	-13.35	-0.05
公的機関向け信用		1.06	1.34	1.61	2.31	2.94	6.81	7.50	7.57
民間部門向け信用		12.81	16.38	17.84	23.75	30.78	40.40	57.66	75.54
現金・預金通貨		24.42	26.26	31.77	37.34	42.74	52.32	56.55	69.06
準通貨		18.62	21.06	23.63	28.14	35.23	43.12	51.57	81.39
準備銀行債券		・・・	・・・	・・・			・・・	・・・	
資本勘定			0.27	0.62	2.35	2.01	9.11	10.75	
その他（ネット）		-3.14	-0.86	0.32	-0.33	1.93	11.94	-2.34	4.06
現金・預金通貨（季節調整値）		22.55	24.25	29.45	34.67	39.72	48.67	52.65	64.13
現金・預金通貨＋準通貨		43.04	47.32	55.40	65.47	77.96	95.44	108.11	150.46
貨幣集計量（国内定義）	100万フィジー・ドル（期末）								
狭義貨幣（M1）		・・・	・・・	・・・	・・・	・・・	・・・	・・・	66.31
準通貨		・・・	・・・	・・・	・・・	・・・	・・・	・・・	82.56
M2		・・・	・・・	・・・	・・・	・・・	・・・	・・・	148.87
ノンバンク金融機関	100万フィジー・ドル（期末）								
中央政府向け信用		・・・	・・・	7.47	8.06	8.62	9.25	9.64	10.93
地方公共団体向け信用		・・・	・・・	2.21	2.72	3.79	4.44	5.09	5.10
非金融公的企業向け信用		・・・	・・・					0.07	0.10
民間部門向け信用		・・・	・・・	2.30	2.94	3.09	3.29	4.66	5.67
		・・・	・・・	1.45	1.85	1.89	2.82	2.94	
金利	年率（%）								
中央銀行政策金利		・・・	・・・	・・・	・・・	・・・	・・・	・・・	・・・
ディスカウント・レート		・・・	・・・	・・・	・・・	・・・	・・・	・・・	6.38
短期金融市場商品金利		・・・	・・・	・・・	・・・	・・・	・・・	・・・	・・・
財務省短期証券金利		・・・	・・・	・・・	・・・	・・・	・・・	・・・	・・・
貯蓄金利		・・・	・・・	・・・	・・・	・・・	・・・	・・・	3.96
預金金利		・・・	・・・	・・・	・・・	・・・	・・・	・・・	・・・
貸出金利		・・・	・・・	・・・	・・・	8.00	10.00	10.00	10.00
政府債利回り		・・・	・・・	・・・	・・・	・・・	・・・	・・・	・・・
物価	指数（2010年=100，期中平均）								
消費者物価指数		・・・	・・・	8.31	8.65	9.45	11.52	12.80	14.65
GDPデフレーター		・・・	8.43	16.73	8.43	8.43	8.43	8.43	8.43

フィジー

1975	1976	1977	1978	1979	1980	1981	1982	1983	1984	1985
1.01	1.09	1.06	1.07	1.11	1.01	1.02	1.05	1.10	1.12	1.23
0.86	0.94	0.87	0.82	0.84	0.79	0.88	0.95	1.05	1.14	1.12
0.82	0.90	0.92	0.85	0.84	0.82	0.85	0.93	1.02	1.08	1.15
233.50	213.72	209.04	226.42	229.42	234.49	224.69	205.75	188.68	177.32	166.31
156.17	154.68	153.77	154.91	157.23	163.09	168.22	173.70	174.22	178.63	187.63
...	...	...	...	...	169.11	173.82	174.58	173.74	176.11	178.56
13.00	13.00	13.00	18.00	18.00	27.00	27.00	27.00	36.50	36.50	36.50
1.33	1.33	1.27	1.30	3.10	2.71	4.52	3.72	0.28	6.31	5.14
3.25	3.25	3.25	3.15	3.06	5.34	5.36	5.40	7.79	7.81	7.83
										-
-	-	6.50	6.50	6.50	-	-	-	13.50	13.50	13.19
1.38	1.38	1.38	1.38	3.25	5.12	6.96	6.96	6.96	6.96	6.96
148.59	116.32	147.13	134.70	136.49	167.51	135.08	126.92	115.82	117.42	130.84
1.56	1.55	1.54	1.69	4.08	3.46	5.26	4.10	0.29	6.19	5.65
3.80	3.78	3.95	4.10	4.03	6.81	6.24	5.96	8.16	7.66	8.60
143.23	111.00	141.64	128.90	128.37	157.24	123.58	116.86	107.37	103.58	116.59
...	...	0.01	0.01	0.01	0.01	0.01	0.01	0.01	0.01	0.01
	-	0.24	0.38	0.51	0.50	0.45	0.43	0.41	0.38	0.43
6.37	4.96	4.83	5.16	3.66	8.38	10.02	4.95	7.87	8.42	44.42
18.65	22.25	22.79	13.24	13.62	16.27	19.98	23.53	18.67	14.82	55.56
129.09	110.34	128.68	110.34	116.91	132.51	115.98	123.39	122.50	130.01	146.46
3.05	2.80	1.63	5.08	10.39	6.07	4.55	11.14	8.24	16.75	4.34
-	0.30	1.30	2.89	9.44	2.90	0.95	2.83	11.45	6.52	6.23
63.38	54.46	56.43	64.06	71.98	66.23	76.40	81.64	86.93	100.53	103.03
27.34	30.70	34.02	38.79	45.24	44.06	48.73	52.77	58.73	61.03	61.76
										-
27.49	20.57	21.27	15.14	16.12	29.31	16.95	13.08	13.32	10.58	7.39
10.79	20.38	18.15	19.35	24.72	16.17	23.43	28.42	34.04	36.31	47.70
30.46	18.04	35.75	19.76	23.92	29.77	4.71	14.24	7.90	5.85	-1.09
25.31	18.08	20.77	19.09	20.43	22.16	23.34	28.22	28.30	39.47	41.35
...	...	...	...	...	...	...	...	...	...	...
5.49	4.67	4.20	4.23	3.08	6.63	8.78	4.69	8.23	9.62	49.77
22.25	26.97	31.44	39.62	42.82	52.96	40.30	51.64	52.92	44.81	50.18
9.96	13.69	13.26	17.65	16.75	18.30	24.95	46.43	61.84	52.01	53.38
78.22	102.28	119.50	127.19	167.91	188.70	233.24	245.91	275.31	324.81	350.43
47.34	47.88	48.39	53.50	61.77	56.61	65.38	70.13	76.01	74.93	76.02
80.81	96.55	119.06	140.00	174.95	205.44	234.06	257.55	297.46	344.11	351.59
16.09	20.95	19.84	10.85	11.45	12.87	17.52	22.29	19.54	16.94	62.25
2.70	4.98	5.14	5.33	7.09	8.12	7.68	11.12	14.92	21.69	17.28
-5.71	-4.67	-3.26	-1.90	-4.28	5.71	5.99	15.78	18.68	13.05	37.97
118.44	94.06	106.17	96.78	101.34	126.27	107.25	91.68	96.41	107.57	117.74
83.28	120.50	140.71	171.97	224.09	231.50	279.38	333.75	381.52	412.63	439.89
-4.90	4.23	6.66	24.23	30.00	21.61	20.23	38.58	32.92	29.29	29.84
9.96	13.99	14.55	20.55	26.19	21.20	25.91	49.26	73.29	58.53	59.61
78.22	102.28	119.50	127.19	167.91	188.70	233.24	245.91	275.31	324.81	350.43
84.02	85.38	84.05	98.45	112.32	100.68	118.43	123.55	134.76	135.97	137.79
107.25	108.49	146.00	149.00	185.98	234.45	234.15	257.64	297.46	344.11	351.59
										-
10.79	20.38	18.15	19.35	24.72	16.17	23.43	28.42	34.04	36.31	47.70
-0.34	0.30	-1.32	1.94	2.41	6.47	10.61	15.81	11.67	3.81	20.56
78.23	79.95	79.14	93.41	106.66	95.89	112.58	117.45	127.86	129.37	131.60
191.27	193.88	230.05	247.45	298.30	335.13	352.59	381.20	432.22	480.07	489.38
84.69	88.10	87.42	103.19	116.60	105.31	125.60	130.50	141.64	142.31	146.36
108.66	111.44	148.73	152.22	189.30	237.50	238.70	264.82	302.08	347.67	356.13
193.35	199.54	236.15	255.41	305.90	342.81	364.30	395.32	443.72	489.98	502.49
9.33	9.60	13.66	18.35	23.11	26.82	30.76	34.26	39.19	44.10	46.60
5.17	5.21	5.46	5.64	6.38	6.29	8.86	8.61	10.65	11.12	12.65
0.20	0.42	0.84	1.69	2.40	4.56	5.18	5.55	6.66	7.76	9.26
6.68	7.61	8.02	9.41	10.70	12.13	14.15	19.36	21.76	24.20	28.11
2.34	4.20	8.30	6.06	7.27	7.66	9.48	11.44	12.06	13.50	15.17
...	...	...	...	...	...	...	...	...	...	...
6.25	5.50	5.50	5.58	6.50	7.50	8.83	9.50	10.17	11.00	11.00
...	...	...	...	...	...	...	5.07	6.20	8.74	6.61
4.34	4.34	4.34	4.50	5.32	5.36	5.72	5.96	6.17	7.09	7.03
4.00	4.00	4.00	4.04	4.50	4.50	6.00	6.00	6.00	6.00	6.00
...	...	...	...	...	...	...	...	...	...	...
10.00	10.00	10.00	10.50	10.50	12.00	13.50	13.50	13.50	13.50	13.50
...	...	...	...	...	...	...	...	...	...	...
16.57	18.46	19.76	20.96	22.60	25.87	28.77	30.79	32.86	34.59	36.12
8.43	8.43	8.43	8.49	27.28	32.07	32.03	34.65	36.48	37.57	40.47

統　　計

フィジー（1948-2000年）

	1986	1987	1988	1989	1990	1991	1992	1993
為替レート	対SDRレート							
公定レート（期末）	1.40	2.04	1.89	1.96	2.08	2.11	2.15	2.12
	対ドル・レート							
公定レート（期末）	1.15	1.44	1.40	1.49	1.46	1.47	1.56	1.54
公定レート（期中平均）	1.13	1.24	1.43	1.48	1.48	1.48	1.50	1.54
	指数（2010年=100，期中平均）							
公定レート	169.34	156.67	134.08	129.35	129.55	129.94	127.60	124.35
名目実効為替レート	177.09	153.83	126.63	132.09	135.40	136.22	133.92	135.05
実質実効為替レート（CPIベース）	160.56	136.52	115.93	115.88	116.77	120.15	120.54	124.86
IMFポジション	100万SDR（期末）							
クォータ	36.50	36.50	36.50	36.50	36.50	36.50	51.10	51.10
SDR	5.82	9.90	15.08	15.90	16.48	9.26	5.97	6.26
IMFリザーブポジション	7.85	7.87	7.87	7.89	7.12	6.76	10.43	9.95
内：IMF借入残高	・・・	・・・	・・・	・・・	・・・	・・・	・・・	・・・
IMFクレジット及び融資総残高	6.44	4.75	2.97	0.59	-	-	-	-
SDR配分額	6.96	6.96	6.96	6.96	6.96	6.96	6.96	6.96
国際流動性	100万米ドル（他に断りのない限り，期末）							
総準備（金を除く）	171.00	132.17	233.36	211.59	260.80	271.43	316.87	269.46
SDR	7.12	14.04	20.29	20.90	23.45	13.25	8.21	8.59
IMFリザーブポジション	9.60	11.16	10.59	10.37	10.13	9.67	14.34	13.67
外国為替	154.33	106.96	202.48	180.33	227.22	248.51	294.32	247.19
金（100万ファイントロイオンス）	0.01							
金（国内評価額）	0.47	0.41	0.41	0.30	0.32	0.29	0.28	0.33
預金通貨銀行：資産	111.97	26.29	38.35	51.99	77.88	49.90	44.47	58.69
預金通貨銀行：負債	120.11	25.05	41.56	54.40	83.02	66.05	67.17	64.30
通貨当局	100万フィジー・ドル（期末）							
対外資産	195.92	190.21	326.82	316.09	380.55	399.74	498.01	414.82
中央政府向け信用	1.76	26.91	1.51	8.96	0.13	0.13	0.01	6.66
公的機関向け信用	0.34	5.26		0.05	0.05	0.10	0.10	2.20
準備貨幣	116.67	111.59	199.27	152.14	169.31	189.10	226.41	219.91
内：預金通貨銀行以外の現金通貨	63.13	64.91	67.73	77.98	86.02	90.96	103.06	112.41
債券				56.91	96.17	95.44	163.92	108.92
中央政府預金	13.92	0.87	49.02	42.94	36.19	31.70	21.79	14.28
資本勘定	69.91	110.75	76.05	80.58	83.53	73.02	82.75	62.71
その他（ネット）	-2.49	-0.84	3.99	-7.47	-4.48	10.71	3.25	17.85
預金通貨銀行	100万フィジー・ドル（期末）							
準備	53.40	46.68	131.53	73.07	83.16	97.81	123.35	107.50
準備銀行債券	・・・	・・・	・・・	20.27	60.67	39.88	60.21	44.57
対外資産	128.24	37.87	53.88	77.67	113.65	73.49	69.56	90.44
中央政府向け信用	77.23	62.52	83.56	71.62	60.80	82.18	91.64	88.92
公的機関向け信用	56.06	60.95	70.42	67.91	75.19	97.50	118.37	141.86
民間部門向け信用	367.59	393.61	411.47	540.84	676.38	802.87	880.42	994.37
要求払い預金	108.83	103.40	205.17	184.51	179.19	183.14	211.02	251.36
定期性預金	402.88	429.87	448.40	525.62	722.89	855.36	977.44	1,013.75
対外負債	137.57	36.09	58.39	81.27	121.15	97.27	105.08	99.07
中央政府預金	17.73	7.51	26.35	18.22	13.64	15.13	6.83	21.51
その他（ネット）	15.51	24.76	12.54	41.76	32.97	42.81	43.18	81.93
マネタリー・サーベイ	100万フィジー・ドル（期末）							
対外資産（ネット）	177.57	182.29	316.70	311.33	373.05	375.95	462.50	406.19
国内信用	471.31	540.86	491.58	628.22	762.71	935.95	1,061.92	1,198.20
中央政府向け信用（ネット）	47.33	81.04	9.69	19.42	11.09	35.48	63.03	59.78
公的機関向け信用	56.40	66.21	70.43	67.96	75.24	97.60	118.47	144.06
民間部門向け信用	367.59	393.61	411.47	540.84	676.38	802.87	880.42	994.37
現金・預金通貨	172.10	168.31	272.92	263.58	265.35	274.43	314.08	363.80
準通貨	402.88	429.87	448.40	525.62	722.89	855.36	977.44	1,013.75
準備銀行債券	-	-	-	36.64	35.50	55.57	103.71	64.35
資本勘定	69.91	110.75	76.05	80.58	83.53	73.02	82.75	62.71
その他（ネット）	3.99	14.21	10.92	33.14	28.48	53.52	46.44	99.78
現金・預金通貨（季節調整値）	165.01	161.99	264.20	256.65	259.64	270.11	310.97	361.27
現金・預金通貨＋準通貨	574.98	598.18	721.32	789.20	988.24	1,129.79	1,291.52	1,377.55
貨幣集計量（国内定義）	100万フィジー・ドル（期末）							
狭義貨幣（M1）	178.65	173.21	279.47	275.67	273.77	292.77	337.11	385.95
準通貨	586.46	607.95	732.99	809.44	1,007.45	870.82	990.52	1,027.50
M2	765.11	781.16	1,012.46	1,085.11	1,281.22	1,163.59	1,327.63	1,413.45
ノンバンク金融機関	100万フィジー・ドル（期末）							
中央政府向け信用	54.72	58.12	63.87	67.16	61.73	54.43	55.64	55.32
地方公共団体向け信用	14.10	13.49	12.69	10.72	12.88	14.12	14.06	14.85
非金融公的企業向け信用	11.57	11.40	13.06	13.05	13.70	11.87	14.21	15.19
民間部門向け信用	32.52	37.19	32.83	36.10	29.09	33.00	37.57	42.58
	16.40	10.49	5.02	11.43	12.15	14.01	19.92	22.13
金利	年率（％）							
中央銀行政策金利	・・・	・・・	・・・	・・・	・・・	・・・	・・・	・・・
ディスカウント・レート	8.00	11.00	11.00	8.00	8.00	8.00	6.00	6.00
短期金融市場商品金利	6.55	9.02	1.49	2.34	2.92	4.23	3.05	2.91
財務省短期証券金利	6.36	9.76	1.78	2.75	4.40	5.86	3.68	2.79
貯蓄金利	6.00	6.00	4.88	4.00	4.00	4.06	4.10	3.69
預金金利	・・・	・・・	・・・	・・・	・・・	・・・	・・・	7.63
貸出金利	13.50	13.50	20.46	11.64	11.86	12.25	12.35	11.89
政府債利回り	・・・	・・・	・・・	・・・	・・・	・・・	・・・	・・・
物価	指数（2010年=100，期中平均）							
消費者物価指数	36.77	38.86	43.42	46.11	49.89	53.13	55.72	58.63
GDPデフレーター	42.16	45.17	47.69	45.84	49.55	52.77	55.35	58.23

324

フィジー

1994	1995	1996	1997	1998	1999	2000
2.06	2.12	1.99	2.09	2.80	2.70	2.85
1.41	1.43	1.38	1.55	1.99	1.97	2.19
1.46	1.41	1.40	1.44	1.99	1.97	2.13
131.00	136.33	136.62	132.88	96.50	97.33	90.23
138.44	137.36	137.90	140.95	116.76	116.88	115.50
125.17	122.79	123.25	127.05	108.07	108.32	104.87
51.10	51.10	51.10	51.10	51.10	70.30	70.30
7.39	7.67	7.99	8.29	8.62	4.10	4.47
9.99	10.00	10.05	10.08	10.12	14.94	14.98
・・・	・・・	・・・	・・・	・・・	・・・	・・・
6.96	6.96	6.96	6.96	6.96	6.96	6.96
273.14	349.03	427.24	360.29	385.42	428.69	409.68
10.79	11.41	11.49	11.18	12.14	5.63	5.82
14.58	14.87	14.45	13.60	14.25	20.50	19.52
247.77	322.76	401.30	335.51	359.04	402.55	384.34
0.32	0.32	0.31	0.24	0.24	0.24	0.23
62.91	50.13	78.07	89.31	136.34	200.07	81.06
65.66	73.89	124.33	123.48	108.04	159.49	114.08
384.87	498.90	591.19	558.15	765.49	842.70	900.10
					50.70	56.10
0.10	0.10					
223.59	243.35	247.88	260.37	276.82	434.20	352.20
115.59	117.80	125.43	134.01	159.77	189.90	163.30
126.56	220.53	253.33	210.68	252.86	255.80	415.70
14.81	6.83	47.22	40.03	22.26	42.60	22.50
45.80	49.29	42.32	50.51	197.15	169.00	136.50
-25.80	-21.01	0.44	-3.44	16.40	-8.30	29.20
107.91	125.53	120.24	126.37	111.54	237.30	174.20
44.04	104.09	106.01	60.37	44.45	54.50	43.70
88.64	71.66	108.05	138.36	270.78	393.30	177.20
80.68	65.35	78.79	86.98	106.96	117.80	95.30
144.39	137.71	145.80	164.51	154.39	137.10	138.70
1,080.85	1,112.15	1,164.99	1,013.93	963.79	997.00	1,145.90
228.96	268.33	328.67	311.31	328.65	497.60	415.70
1,069.75	1,089.55	1,032.06	913.21	859.90	851.60	920.10
92.51	105.62	172.06	191.30	214.57	313.50	249.30
40.55	40.14	21.03	37.82	78.56	122.50	54.60
114.75	112.85	170.05	136.87	170.24	151.80	135.10
380.99	464.95	527.18	505.21	821.70	922.50	827.90
1,250.66	1,268.34	1,321.33	1,187.56	1,124.33	1,137.50	1,358.80
25.32	18.38	10.54	9.13	6.15	3.30	74.20
144.49	137.81	145.80	164.51	154.39	137.10	138.70
1,080.85	1,112.15	1,164.99	1,013.93	963.79	997.00	1,145.90
344.64	386.16	456.30	445.32	493.93	694.50	593.70
1,069.75	1,089.55	1,032.06	913.21	859.90	851.60	920.10
82.51	116.45	147.32	150.31	208.42	201.30	372.00
45.80	49.29	42.32	50.51	197.15	169.00	136.50
88.95	91.84	170.50	133.42	186.64	143.50	164.30
342.24	383.47	454.48	443.99	492.95	・・・	・・・
1,414.39	1,475.71	1,488.36	1,358.54	1,353.83	1,546.10	1,513.80
367.50	412.53	456.30	445.32	493.93	694.46	593.74
1,088.00	1,111.85	1,032.06	913.22	859.90	851.65	920.12
1,455.50	1,524.38	1,488.36	1,358.54	1,353.83	1,546.11	1,513.86
58.13	58.22	77.43	127.70	127.00	134.80	146.80
20.62	26.85	26.90	-	-	-	-
26.70	36.23	54.40				
59.03	68.26	73.84	93.50	100.50	119.80	126.70
23.18	27.59	15.05	-14.40	14.80	28.70	25.90
・・・	・・・	・・・	2.00	2.00	2.00	3.00
6.00	6.00	6.00	1.88	2.50	2.50	8.00
4.10	3.95	2.42	1.91	1.27	1.27	2.58
2.67	3.10	2.96	2.59	1.99	2.00	3.54
3.15	3.18	3.38	3.08	2.17	1.26	0.90
7.15	6.77	6.21	5.56	4.53	3.36	3.12
11.44	11.24	11.14	11.03	9.64	8.77	8.40
・・・	・・・	・・・	6.51	・・・	6.03	5.59
59.10	60.38	62.23	64.32	68.00	69.34	70.09
58.58	59.15	61.37	62.61	67.17	72.29	70.37

統　　計

フィジー（2001-2016 年）

		2001	2002	2003	2004	2005	2006	2007	2008
為替レート	対SDRレート								
公定レート（期末）		2.90	2.81	2.56	2.55	2.49	2.50	2.45	2.72
	対ドル・レート								
公定レート（期末）		2.31	2.06	1.72	1.65	1.74	1.66	1.55	1.76
公定レート（期中平均）		2.28	2.19	1.90	1.73	1.69	1.73	1.61	1.59
	指数（2010年=100，期中平均）								
公定レート		84.23	87.76	101.32	110.69	113.39	110.75	119.14	120.96
名目実効為替レート		115.68	117.69	123.41	125.46	126.10	123.94	123.39	122.52
実質実効為替レート（CPIベース）		106.21	106.54	113.76	116.04	116.22	113.65	115.63	118.74
IMFポジション	100万SDR（期末）								
クォータ		70.30	70.30	70.30	70.30	70.30	70.30	70.30	70.30
SDR		4.81	5.02	5.18	5.35	5.59	5.94	6.39	6.86
IMFリザーブポジション		15.00	15.07	15.19	15.26	15.31	15.49	15.69	15.81
内：IMF借入残高		・・・	・・・	・・・	・・・	・・・	・・・	・・・	・・・
IMFクレジット及び融資総残高									
SDR配分額		6.96	6.96	6.96	6.96	6.96	6.96	6.96	6.96
国際流動性	100万米ドル（他に断りのない限り，期末）								
総準備（金を除く）		366.16	358.66	423.37	482.73	320.89	312.79	527.61	321.49
SDR		6.04	6.83	7.70	8.31	7.99	8.93	10.10	10.57
IMFリザーブポジション		18.85	20.49	22.57	23.70	21.89	23.30	24.79	24.36
外国為替		341.27	331.34	393.00	450.72	291.02	280.56	492.71	286.56
金（100万ファイントロイオンス）									
金（国内評価額）		0.23	0.29	0.35	0.38	0.43	0.53	0.70	0.70
中央銀行：その他資産		-	-	-	4.43	3.33	13.27	12.56	9.43
中央銀行：その他負債		0.44	1.26	1.38	1.42	1.44	1.44	4.09	1.26
中央銀行以外の預金取扱い機関：資産		153.27	192.29	258.68	125.20	137.27	78.84	99.37	131.86
中央銀行以外の預金取扱い機関：負債		77.80	118.65	124.42	57.32	105.70	70.89	82.01	119.71
その他金融機関：資産		94.02	70.23	153.97	130.69	146.82	53.16	54.94	41.77
その他金融機関：負債		0.64	5.18	5.38	5.45	4.10	3.35	3.25	4.96
中央銀行	100万フィジー・ドル（期末）								
対外資産（ネット）		824.75	718.62	708.80	781.61	546.62	527.25	815.33	563.86
非居住者向け信用		845.95	740.75	728.98	801.73	566.46	547.06	838.74	584.99
非居住者に対する負債		21.20	22.13	20.19	20.12	19.84	19.81	23.40	21.13
その他預金取扱い機関向け信用		0.25	0.77	0.25	0.71	3.62	3.67	3.51	0.70
中央政府向け信用（ネット）		-272.48	-136.75	17.98	32.77	111.68	174.47	151.27	124.80
中央政府向け信用		66.22	58.95	90.42	75.81	137.36	191.54	177.01	162.31
中央政府に対する負債		338.70	195.71	72.44	43.04	25.68	17.07	25.74	37.50
その他部門向け信用		-	-	-	4.17	6.13	5.41	1.31	1.40
その他金融機関向け信用		-	-	-	0.02	0.02	0.03	-	-
地方自治体向け信用		-	-	-	-	-	-	-	-
非金融公的企業向け信用		-	-	-	2.36	4.58	4.34	-	-
民間部門向け信用		-	-	-	1.79	1.52	1.04	1.31	1.40
マネタリーベース		414.99	446.54	598.44	519.62	531.18	660.16	921.91	634.45
流通通貨		214.39	238.84	269.55	303.54	339.77	354.19	381.54	390.35
その他預金取扱い機関に対する負債		200.61	207.70	328.89	216.08	191.41	305.96	540.37	244.10
その他部門に対する負債		-	-	-	-	-	-	-	-
その他預金取扱い機関に対するその他負債		17.15	29.78	54.16	96.56	35.22	6.33	-	0.18
預金及び証券（マネタリーベース除外分）		5.00	13.53	8.40	156.99	48.34	-	-	-
預金（広義流動性に含む株式以外）		5.00	13.53	8.40	-	-	-	-	-
証券（広義流動性に含まれる株式以外）		-	-	-	-	-	-	-	-
預金（広義流動性から除外されたもの）		-	-	-	-	-	-	-	-
証券（広義流動性から除外される株式以外）		-	-	-	156.99	48.34	-	-	-
貸出		-	-	-	-	-	-	-	-
金融派生商品		-	-	-	-	-	-	-	-
株式及びその他持ち分		95.15	83.55	72.84	57.35	63.54	55.61	62.25	76.60
その他（ネット）		20.23	9.24	-6.81	-11.25	-10.23	-11.28	-12.74	-20.45
注記項目：総資産		944.50	831.90	860.50	1,048.61	875.90	912.45	1,181.89	929.27
中央銀行以外の預金取扱い金融機関	100万フィジー・ドル（期末）								
対外資産（ネット）		174.25	152.05	231.21	111.66	55.09	13.23	26.93	21.43
非居住者向け信用		353.88	397.04	445.46	205.95	239.53	131.20	154.13	232.59
非居住者に対する負債		179.64	245.00	214.25	94.30	184.44	117.97	127.20	211.17
中央銀行に対する債権		250.35	280.69	434.54	364.43	288.50	366.35	632.23	320.20
現金通貨		32.62	36.20	43.38	51.45	59.91	60.29	91.91	76.17
準備預金及び証券		200.59	214.71	337.00	215.98	191.34	305.81	540.33	244.03
その他債権		17.15	29.78	54.16	97.00	37.25	0.25	-	-
中央政府向け信用（ネット）		67.03	95.20	152.75	108.98	169.91	179.54	144.15	43.91
中央政府向け信用		137.86	172.96	235.78	200.61	258.39	265.00	245.49	175.44
中央政府に対する負債		70.82	77.75	83.03	91.63	88.48	85.47	101.34	131.53
その他部門向け信用		1,161.96	1,673.90	1,891.36	2,336.18	2,865.35	3,461.15	3,521.31	3,802.28
その他金融機関向け信用		0.26	16.14	2.57	0.52	1.50	6.29	12.57	8.62
地方自治体向け信用		8.95	8.12	10.80	9.70	8.49	3.13	8.16	10.95
非金融公的企業向け信用		67.35	44.53	56.52	91.08	87.45	116.73	125.58	160.34
民間部門向け信用		1,085.40	1,605.12	1,821.48	2,234.88	2,767.91	3,334.99	3,375.01	3,622.37
中央銀行に対する負債		-	2.54	117.24	102.85	98.74	3.66	3.09	0.19
通貨性預金（広義流動性に含む）		431.76	466.97	634.16	737.22	925.23	856.04	1,331.80	1,043.12
その他預金（広義流動性に含む）		1,034.23	1,058.38	1,303.50	1,407.66	1,522.53	2,125.65	1,956.06	2,025.56
証券（広義流動性に含まれる株式以外）		20.04	283.70	182.76	180.87	241.21	354.33	353.29	293.72
預金（広義流動性から除外されたもの）		1.22	2.63	1.56	0.85	1.35	1.19	0.81	2.24
証券（広義流動性から除外される株式以外）		39.91	38.92	55.71	92.58	103.10	133.91	94.97	104.21
貸出		6.37	43.73	16.75	10.43	11.58	26.99	21.00	11.60
金融派生商品		-	-	-	-	-	-	-	-
保険契約準備金		-	-	-	-	-	-	-	-
株式及びその他持ち分		199.65	288.59	385.22	387.70	445.41	536.96	605.27	683.26
その他（ネット）		-79.60	16.39	12.96	1.09	29.70	-18.46	-41.67	23.90
注記項目：総資産		2,114.56	2,842.16	3,323.27	3,355.56	3,896.26	4,555.37	4,981.57	4,949.59

326

フィジー

2009	2010	2011	2012	2013	2014	2015	2016
3.02	2.80	2.79	2.75	2.92	2.88	2.95	2.86
1.93	1.82	1.82	1.79	1.90	1.99	2.13	2.13
1.96	1.92	1.79	1.79	1.84	1.89	2.10	2.09
98.28	100.00	106.94	107.12	104.17	101.63	91.45	91.54
106.08	100.00	99.69	101.50	101.63	102.07	105.38	106.52
104.78	100.00	103.40	106.58	107.59	106.57	110.44	114.80
70.30	70.30	70.30	70.30	70.30	70.30	70.30	98.40
67.06	51.10	51.09	51.09	51.08	51.08	51.08	44.05
16.01	16.25	16.39	16.46	16.54	16.61	16.68	23.77
. . .	-	-	-	-	-	-	-
67.09	67.09	67.09	67.09	67.09	67.09	67.09	67.09
569.14	719.40	832.23	919.98	940.86	915.20	917.90	907.68
105.13	78.69	78.44	78.51	78.67	74.00	70.78	59.21
25.09	25.02	25.16	25.30	25.47	24.06	23.11	31.96
438.91	615.69	728.63	816.16	836.73	817.14	824.01	816.51
0.91	1.17	1.28	1.39	1.00	1.01	0.88	0.95
9.46	9.66	8.26	14.25	12.50	13.61	15.75	3.60
0.24	0.27	0.53	0.39	0.43	0.52	0.20	0.76
118.51	95.28	113.88	136.73	212.15	140.16	353.18	294.94
153.05	116.30	98.43	142.18	128.48	155.47	337.47	234.86
43.05	34.14	123.81	193.07	245.29	186.39	221.98	294.93
7.60	9.72	14.80	24.65	20.74	17.36	14.45	17.68
914.06	1,140.05	1,343.88	1,482.34	1,614.56	1,653.54	1,789.71	1,749.14
1,117.39	1,328.54	1,532.38	1,667.34	1,811.48	1,847.79	1,987.90	1,942.87
203.33	188.49	188.50	185.00	196.92	194.25	198.19	193.73
4.11	5.90	26.74	45.84	78.92	97.51	92.17	96.74
200.01	150.47	107.50	98.45	39.24	58.48	58.22	76.47
202.72	162.13	149.28	129.61	105.78	99.00	94.22	90.32
2.71	11.66	41.78	31.16	66.54	40.52	36.01	13.84
27.36	25.17	24.88	24.62	24.29	1.67	1.26	1.51
-	-	-	-	-	-	-	-
25.65	23.52	23.24	22.97	22.69	-	-	-
1.71	1.65	1.63	1.65	1.59	1.67	1.26	1.51
955.05	1,164.83	1,392.65	1,551.67	1,667.36	1,737.91	1,883.40	1,893.24
430.98	479.46	496.30	558.38	572.07	640.61	732.04	780.92
524.07	685.38	896.35	993.29	1,095.29	1,097.30	1,151.37	1,112.32
-	0.19	0.30	0.19	0.19	-	0.09	0.06
0.22	0.23	0.23	0.36	0.38	0.39	0.40	0.57
-	-	-	-	-	-	-	-
0.22	0.23	0.23	0.36	0.38	0.39	0.40	0.57
-	-	-	-	-	-	-	-
213.28	176.77	130.88	115.29	103.65	90.65	95.06	80.60
-23.02	-20.42	-21.06	-16.26	-14.57	-17.77	-37.61	-50.61
1,550.60	1,709.50	1,921.21	2,053.98	2,216.49	2,244.65	2,389.64	2,411.50
-66.62	-38.24	28.12	-9.74	158.79	-30.45	33.42	127.95
228.56	173.36	207.31	244.38	402.64	278.59	751.28	628.18
295.18	211.60	179.19	254.12	243.84	309.03	717.86	500.24
600.09	780.29	988.03	1,118.69	1,225.76	1,247.62	1,335.53	1,293.25
76.05	95.55	91.80	121.45	130.51	150.36	184.21	181.07
524.04	684.74	896.23	997.25	1,095.25	1,097.26	1,151.32	1,112.18
120.07	63.19	16.25	-67.76	-29.26	-26.66	-29.09	-234.62
269.13	231.21	206.19	192.58	145.91	186.35	267.40	209.67
149.06	168.02	189.94	260.34	175.17	213.01	296.50	444.29
3,884.66	3,952.98	4,043.83	4,267.51	4,871.74	5,723.23	6,495.93	7,173.52
2.24	3.84	3.39	0.27	4.38	5.11	6.78	2.48
11.59	12.99	16.32	17.50	16.33	17.86	16.35	15.36
222.19	161.33	100.18	76.89	294.30	438.19	462.61	370.83
3,648.64	3,774.82	3,923.94	4,172.84	4,556.72	5,262.07	6,010.19	6,784.86
2.42	2.95	26.92	39.07	72.73	90.04	85.61	92.40
907.20	1,027.07	1,595.61	1,660.85	3,068.01	3,213.60	3,653.16	3,767.34
2,371.25	2,375.09	2,347.14	2,529.09	2,094.20	2,493.65	2,872.41	3,058.31
303.58	288.93	194.76	182.91	119.21	120.39	124.94	115.62
0.50	0.09	0.51	0.69	0.66	0.80	1.53	1.53
89.60	76.21	52.24	44.62	28.91	0.40	-	0.73
8.00	7.00	9.00	35.00	39.40	13.90	12.43	8.65
-	-	-	-	-	-	-	-
773.98	837.34	762.84	772.84	843.50	981.24	1,118.90	1,226.91
81.67	143.53	87.22	43.63	-39.58	-0.28	-33.19	88.61
5,412.38	5,526.92	5,904.42	6,379.96	7,277.73	8,076.04	9,545.84	10,003.80

統　　計

フィジー（2001-2016年）

	2001	2002	2003	2004	2005	2006	2007	2008
預金取扱い金融機関	100万フィジー・ドル（期末）							
対外資産（ネット）	998.99	870.66	940.00	893.27	601.71	540.49	842.26	585.29
非居住者向け信用	1,199.83	1,137.79	1,174.44	1,007.68	805.99	678.26	992.87	817.58
非居住者に対する負債	200.84	267.12	234.44	114.41	204.28	137.78	150.61	232.30
国内信用	956.52	1,632.35	2,062.10	2,482.10	3,153.07	3,820.57	3,818.05	3,972.39
中央政府向け信用（ネット）	-205.40	-41.55	170.74	141.75	281.59	354.01	295.42	168.71
中央政府向け信用	204.08	231.91	326.21	276.42	395.74	456.55	422.50	337.75
中央政府に対する負債	409.52	273.46	155.47	134.66	114.15	102.54	127.08	169.03
その他部門向け信用	1,161.96	1,673.90	1,891.36	2,340.35	2,871.48	3,466.56	3,522.63	3,803.67
その他金融機関向け信用	0.26	16.14	2.57	0.54	1.53	6.32	12.57	8.62
地方自治体向け信用	8.95	8.12	10.80	9.70	8.49	3.13	8.16	10.95
非金融公的企業向け信用	67.35	44.53	56.52	93.44	92.04	121.07	125.58	160.34
民間部門向け信用	1,085.40	1,605.12	1,821.48	2,236.67	2,769.43	3,336.03	3,376.32	3,623.77
広義流動性負債	1,672.80	2,025.22	2,355.00	2,577.83	2,968.83	3,629.92	3,930.79	3,676.58
預金取扱い金融機関以外の通貨	181.77	202.64	226.18	252.00	279.86	293.90	289.63	314.18
通貨性預金	436.76	480.50	642.56	737.22	925.23	856.04	1,331.80	1,043.12
その他（株式を除く）	1,034.23	1,058.38	1,303.50	1,407.66	1,522.53	2,125.65	1,956.06	2,025.56
証券（株式を除く）	20.04	283.70	182.76	180.87	241.21	354.33	353.29	293.72
預金（広義流動性から除外されたもの）	1.22	2.63	1.56	0.85	1.35	1.19	0.81	2.24
証券（広義流動性に含まれる株式以外）	39.91	38.92	55.71	249.57	151.44	133.91	94.97	104.21
貸出	6.37	43.73	16.75	10.43	11.58	26.99	21.00	11.60
金融派生商品								
保険契約準備金								
株式及びその他持ち分	294.80	372.14	458.06	445.05	508.94	592.57	667.52	759.86
その他（ネット）	-59.60	20.38	115.02	91.64	112.62	-23.52	-54.78	3.18
広義流動性負債（季節調整値）	1,635.52	1,980.09	2,302.52	2,547.97	2,935.50	3,592.09	3,891.04	3,641.41
その他金融機関	100万フィジー・ドル（期末）							
対外資産（ネット）	215.60	134.33	255.88	206.02	249.03	82.89	80.18	64.93
非居住者向け信用	217.09	145.02	265.15	214.98	256.18	88.47	85.21	73.69
非居住者に対する負債	1.49	10.69	9.27	8.96	7.15	5.58	5.04	8.75
預金取扱い機関向け信用	648.40	921.77	625.85	723.44	714.83	876.03	1,047.37	847.98
中央政府向け信用（ネット）	1,125.43	1,307.01	1,430.53	1,606.38	1,659.62	1,731.95	1,716.52	1,854.03
中央政府向け信用	1,281.09	1,449.53	1,572.83	1,747.25	1,800.33	1,869.89	1,854.07	1,992.41
中央政府に対する負債	155.66	142.52	142.28	140.87	140.71	137.94	137.55	138.39
その他部門向け信用	638.79	761.61	697.62	738.07	862.23	994.69	1,056.25	1,367.38
地方自治体向け信用		17.66	15.25	15.51	14.33	12.67	11.20	10.01
非金融公的企業向け信用	376.57	120.37	105.79	80.37	124.02	100.92	131.02	153.44
民間部門向け信用	262.22	623.58	576.58	642.18	723.88	881.11	914.04	1,203.92
預金	0.40	0.66						
証券（株式を除く）			0.18	0.04	0.04	0.04	0.04	0.04
貸出	0.43	332.02	1.76	3.94	0.38	0.03	0.16	9.77
金融派生商品								
保険契約準備金	2,061.10	2,226.27	2,396.20	2,554.27	2,748.40	2,923.92	3,083.09	3,238.01
株式及びその他持ち分	781.99	775.16	800.52	888.07	915.79	958.06	989.59	1,075.93
その他（ネット）	-215.59	-209.40	-188.77	-172.42	-178.90	-196.49	-172.56	-189.42
注記項目：総資産	3,056.09	3,538.80	3,395.91	3,635.57	3,853.08	4,077.30	4,279.17	4,533.31
金融機関	100万フィジー・ドル（期末）							
対外資産（ネット）	1,214.59	1,004.99	1,195.88	1,099.28	850.74	623.38	922.44	650.22
非居住者向け信用	1,416.91	1,282.80	1,439.59	1,222.66	1,062.17	766.73	1,078.08	891.27
非居住者に対する負債	202.32	277.81	243.71	123.38	211.43	143.36	155.64	241.05
国内信用	2,720.48	3,684.83	4,187.70	4,826.01	5,673.39	6,540.89	6,578.25	7,185.18
中央政府向け信用（ネット）	919.99	1,265.46	1,601.28	1,748.13	1,941.21	2,085.96	2,011.94	2,022.74
中央政府向け信用	1,485.17	1,681.44	1,899.03	2,023.67	2,196.08	2,326.43	2,276.57	2,330.16
中央政府に対する負債	565.18	415.98	297.75	275.54	254.87	240.47	264.63	307.42
その他部門向け信用	1,800.49	2,419.37	2,586.41	3,077.88	3,732.18	4,454.93	4,566.31	5,162.44
地方自治体向け信用	8.95	25.77	26.05	25.21	22.82	15.80	19.36	20.96
非金融公的企業向け信用	443.93	164.90	162.31	173.81	216.06	221.99	256.60	313.78
民間部門向け信用	1,347.62	2,228.70	2,398.05	2,878.86	3,493.31	4,217.14	4,290.36	4,827.69
金融機関以外の通貨	154.06	176.61	199.69	228.69	222.05	264.74	226.44	275.03
預金	1,294.70	1,336.85	1,601.34	1,915.05	2,244.35	2,628.39	2,653.92	2,600.12
証券（株式を除く）	34.64	42.42	41.61	47.39	45.51	72.99	68.95	46.91
貸出	0.43	0.73	1.76	3.94	0.37	0.02	0.15	9.76
金融派生商品								
保険契約準備金	2,061.10	2,226.27	2,396.20	2,554.27	2,748.40	2,923.92	3,083.09	3,238.01
株式及びその他持ち分	1,076.79	1,147.30	1,258.57	1,333.12	1,424.74	1,550.63	1,657.11	1,835.79
その他（ネット）	-686.64	-240.36	-115.60	-157.17	-161.28	-276.43	-188.97	-170.21
貨幣集計量	100万フィジー・ドル（期末）							
広義流動性	1,672.80	2,025.22	2,355.00	2,577.83	2,968.83	3,629.92	3,930.79	3,676.58
中央政府発行通貨								
非金融会社の預金								
中央政府発行証券								
貨幣集計量（国内定義）	100万フィジー・ドル（期末）							
狭義貨幣（M1）	599.50	662.26	842.25	961.91	1,156.47	1,111.01	1,572.56	1,273.17
準通貨	1,053.37	1,079.26	1,329.99	1,435.05	1,571.15	2,164.58	2,004.93	2,109.69
M2	1,652.50	1,741.53	2,172.23	2,396.97	2,727.62	3,275.59	3,577.49	3,382.86
広義流動性（M3）	1,672.80	2,025.22	2,355.00	2,577.83	2,968.83	3,629.92	3,930.79	3,676.58
金利	年率（%）							
中央銀行政策金利	1.25	1.25	1.25	1.75	2.25	4.25	・・・	・・・
ディスカウント・レート	1.75	1.75	1.75	2.25	2.75	5.25	9.25	6.32
短期金融市場商品金利	0.79	0.92	0.87	0.89	1.28	4.42	5.00	1.25
財務省短期証券金利	1.53	1.66	1.01	1.52	1.94	7.45	4.55	0.22
貯蓄金利	0.78	0.62	0.51	0.38	0.38	0.71	0.90	0.67
預金金利	2.69	2.29	1.91	1.72	1.83	5.56	7.04	2.75
貸出金利	8.34	8.05	7.60	7.17	6.78	7.35	9.01	8.00
政府債利回り	4.79	4.28	3.33	2.55	2.74	5.75	6.87	5.91
物価	指数（2010年=100、期中平均）							
消費者物価指数	73.09	73.64	76.72	78.89	80.75	82.76	86.74	93.45
GDPデフレーター	72.46	74.20	77.91	79.74	85.89	88.57	91.37	95.34

フィジー

2009	2010	2011	2012	2013	2014	2015	2016
847.43	1,101.81	1,372.00	1,472.60	1,773.35	1,623.10	1,823.13	1,877.09
1,345.95	1,501.90	1,739.69	1,911.72	2,214.11	2,126.38	2,739.19	2,571.05
498.51	400.09	367.69	439.12	440.76	503.28	916.05	693.96
4,232.10	4,191.81	4,192.46	4,322.82	4,906.01	5,756.71	6,526.30	7,016.89
320.08	213.65	123.75	30.69	9.98	31.81	29.12	-158.14
471.85	393.33	355.48	322.19	251.69	285.34	361.62	299.99
151.77	179.68	231.72	291.50	241.70	253.53	332.50	458.14
3,912.02	3,978.15	4,068.71	4,292.13	4,896.03	5,724.89	6,497.18	7,175.03
2.24	3.84	3.39	0.27	4.38	5.11	6.78	2.48
11.59	12.99	16.32	17.50	16.33	17.86	16.35	15.36
247.83	184.85	123.42	99.86	317.00	438.19	462.61	370.83
3,650.35	3,776.47	3,925.57	4,174.49	4,558.32	5,263.74	6,011.45	6,786.37
3,936.95	4,075.00	4,542.00	4,809.79	5,722.97	6,317.89	7,198.33	7,541.12
354.92	383.90	404.49	436.93	441.56	490.25	547.83	599.85
907.20	1,027.07	1,595.61	1,660.85	3,068.01	3,213.60	3,653.16	3,767.34
2,371.25	2,375.09	2,347.14	2,529.09	2,094.20	2,493.65	2,872.41	3,058.31
303.58	288.93	194.76	182.91	119.21	120.39	124.94	115.62
0.72	0.32	0.74	1.04	1.04	1.20	1.93	2.10
89.60	76.21	52.24	44.62	28.91	0.40	-	0.73
8.00	7.00	9.00	35.00	39.40	13.90	12.43	8.65
987.26	1,014.11	893.72	888.13	947.15	1,071.89	1,213.97	1,307.52
57.00	120.98	66.75	16.84	-60.11	-25.48	-77.22	33.86
3,918.34	4,052.39	4,516.81	4,783.11	5,691.69	6,277.62	7,154.77	7,491.79
68.38	44.42	198.44	301.01	426.17	335.98	441.47	590.51
83.02	62.12	225.39	345.07	465.53	370.49	472.20	628.17
14.65	17.69	26.94	44.06	39.36	34.51	30.73	37.65
797.61	784.84	992.51	1,007.92	1,203.41	1,454.78	1,494.06	1,248.11
2,023.46	2,296.75	2,277.22	2,354.89	2,385.56	2,371.98	2,479.16	2,681.30
2,161.64	2,435.00	2,415.88	2,493.37	2,525.89	2,512.60	2,618.68	2,820.78
138.18	138.25	138.66	138.48	140.33	140.61	139.52	139.48
1,613.11	1,485.34	1,357.19	1,469.36	1,355.99	1,547.35	1,947.41	2,150.56
8.38	6.86	6.56	4.94	4.35	1.66	1.35	0.35
223.46	225.93	171.46	178.72	131.74	154.44	214.88	217.86
1,381.26	1,252.55	1,179.17	1,285.70	1,219.90	1,391.25	1,731.19	1,932.34
0.04	0.03	0.03	0.03	0.03	0.03	0.03	0.03
9.80	9.29	0.55	0.62	0.58	0.58	0.64	0.62
3,403.53	3,563.08	3,804.14	4,162.76	4,478.91	4,777.54	5,196.16	5,500.24
1,214.84	943.98	1,054.37	1,011.21	956.91	1,075.71	1,360.90	1,437.15
-125.66	94.97	-33.73	-41.45	-65.31	-143.77	-195.62	-267.57
4,905.18	5,017.86	5,285.46	5,616.20	5,881.01	6,254.05	6,958.58	7,337.27
915.81	1,146.23	1,570.44	1,773.61	2,199.53	1,959.07	2,264.60	2,467.61
1,428.97	1,564.02	1,965.07	2,256.79	2,679.64	2,496.87	3,211.38	3,199.22
513.16	417.79	394.63	483.18	480.12	537.79	946.78	731.61
7,866.42	7,970.05	7,823.47	8,146.79	8,643.17	9,670.92	10,946.10	11,846.30
2,343.54	2,510.40	2,400.97	2,385.58	2,395.54	2,403.80	2,508.28	2,523.16
2,633.49	2,828.33	2,771.35	2,815.56	2,777.58	2,797.94	2,980.31	3,120.77
289.95	317.93	370.38	429.98	382.04	394.14	472.02	597.62
5,522.89	5,459.65	5,422.50	5,761.21	6,247.63	7,267.13	8,437.81	9,323.11
19.98	19.86	22.89	22.44	20.68	19.51	17.69	15.72
471.30	410.77	294.88	278.58	448.73	592.62	677.49	588.69
5,031.61	5,029.03	5,104.73	5,460.19	5,778.21	6,654.99	7,742.63	8,718.71
322.01	338.40	346.05	318.08	304.25	424.05	474.17	515.35
2,862.44	2,943.47	3,210.08	3,339.80	3,829.54	4,252.93	4,974.19	5,410.19
48.71	32.39	28.22	35.25	22.37	25.51	20.38	23.75
9.76	9.21	0.54	0.61	0.58	0.58	0.63	0.62
3,403.53	3,563.08	3,804.14	4,162.76	4,478.91	4,777.54	5,196.16	5,500.24
2,202.10	1,958.09	1,948.09	1,899.34	1,904.06	2,147.60	2,574.87	2,744.67
-66.32	271.63	56.79	164.56	302.98	1.77	-29.70	119.05
3,936.95	4,075.00	4,542.00	4,809.79	5,722.97	6,317.89	7,198.33	7,541.12
1,213.36	1,367.94	1,941.67	2,035.04	3,447.27	3,622.74	4,108.51	4,245.97
2,420.00	2,418.13	2,405.57	2,591.84	2,156.50	2,574.77	2,964.89	3,179.53
3,633.37	3,786.07	4,347.24	4,626.87	5,603.76	6,197.51	7,073.40	7,425.50
3,936.95	4,075.00	4,542.00	4,809.79	5,722.97	6,317.89	7,198.33	7,541.12
・・・	2.50	0.50	0.50	0.50	0.50	0.50	0.50
3.50	3.00	1.00	1.00	1.00	1.00	1.00	1.00
1.31	1.00	・・・	・・・	・・・	・・・	・・・	・・・
6.07	3.45	2.20	0.57	0.15	1.17	1.19	1.37
0.77	0.99	1.06	0.82	0.76	0.90	0.87	0.92
4.91	5.41	3.75	2.42	2.07	1.86	2.52	2.82
7.85	7.49	7.47	6.97	6.10	5.76	5.79	5.85
8.13	・・・	・・・	4.00	4.00	4.58	5.17	5.82
96.45	100.00	107.29	110.94	114.17	114.79	116.36	120.86
95.85	100.00	107.07	110.57	113.13	118.95	・・・	・・・

統　　計

フィリピン（1948-2000年）

	1948	1949	1950	1951	1952	1953	1954	1955
為替レート	対SDRレート							
市場レート（期末）	2.02	2.02	2.02	2.02	2.02	2.02	2.02	2.02
	対ドル・レート							
市場レート（期末）	2.02	2.02	2.02	2.02	2.02	2.02	2.02	2.02
市場レート（期中平均）	2.00	2.00	2.00	2.00	2.00	2.00	2.00	2.00
	指数（2010年=100，期中平均）							
市場レート								
名目実効為替レート	2,231.92	2,231.92	2,231.92	2,231.92	2,231.92	2,231.92	2,231.92	2,231.92
実質実効為替レート（CPIベース）	・・・	・・・	・・・			・・・	・・・	・・・
IMFポジション	100万SDR（期末）							
クォータ	15.00	15.00	15.00	15.00	15.00	15.00	15.00	15.00
SDR	-	-	-	-	-	-	-	-
IMFリザーブポジション	3.75	3.75	3.75	3.75	3.75	3.75	3.75	-
IMFクレジット及び融資総残高	-	-	-	-	-	-	-	6.25
SDR配分額	-	-	-	-	-	-	-	-
国際流動性	100万米ドル（他に断りのない限り，期末）							
総準備（金を除く）	402.75	232.75	295.75	240.75	230.75	234.75	201.75	139.00
SDR	-	-	-	-	-	-	-	-
IMFリザーブポジション	3.75	3.75	3.75	3.75	3.75	3.75	3.75	-
外国為替	399.00	229.00	292.00	237.00	227.00	231.00	198.00	139.00
金（100万ファイントロイオンス）	0.03	0.03	0.09	0.20	0.26	0.26	0.26	0.46
金（国内評価額）	1.00	1.00	3.00	7.00	9.00	9.00	9.00	16.00
通貨当局：その他負債								-0.25
預金通貨銀行：資産	63.50	53.50	74.00	72.50	81.00	67.00	74.50	68.50
預金通貨銀行：負債	43.00	24.00	14.00	13.00	11.00	11.00	9.50	14.50
その他銀行業機関：負債	・・・	・・・	・・・	・・・	・・・	・・・	・・・	・・・
オフショアバンキングユニット：対外資産	・・・	・・・	・・・	・・・	・・・	・・・	・・・	・・・
オフショアバンキングユニット：対外負債	・・・	・・・	・・・	・・・	・・・	・・・	・・・	・・・
通貨当局	10億ペソ（期末）							
対外資産	0.81	0.47	0.60	0.50	0.48	0.49	0.42	0.31
中央政府向け信用	0.07	0.22	0.31	0.35	0.34	0.33	0.30	0.36
地方公共団体向け信用							0.01	0.05
非金融公的企業向け信用	・・・	・・・	・・・	・・・	・・・	・・・	・・・	・・・
預金通貨銀行向け信用	-	0.04	0.01	0.04	0.05	0.02	0.06	0.01
その他金融機関向け信用		0.04	0.04	0.04	0.05	0.06	0.10	0.14
準備貨幣	0.88	0.74	0.93	0.75	0.78	0.80	0.83	0.84
内：預金通貨銀行以外の現金通貨	・・・	・・・	・・・	0.64	0.63	0.67	0.68	0.67
定期性預金	・・・	・・・	・・・	・・・	・・・	・・・	・・・	・・・
中央銀行負債：証券	・・・	・・・	・・・	・・・	・・・	・・・	・・・	・・・
制限付き預金	・・・	・・・	・・・	・・・	・・・	・・・	・・・	・・・
対外負債	・・・	・・・	・・・	・・・	・・・	・・・	・・・	・・・
内：中・長期対外負債	・・・	・・・	・・・	・・・	・・・	・・・	・・・	・・・
中央政府預金				0.16	0.11	0.06	0.04	0.06
資本勘定	-	0.02	0.02	0.03	0.03	0.03	0.03	0.03
その他（ネット）	-0.01		-0.01	0.04	0.04	0.05	0.04	0.11
預金通貨銀行	10億ペソ（期末）							
準備	0.31	0.17	0.26	0.10	0.15	0.14	0.15	0.17
準備銀行債券	・・・	・・・	・・・	・・・	・・・	・・・	・・・	・・・
対外資産	0.13	0.11	0.15	0.15	0.16	0.13	0.15	0.14
中央政府向け信用	0.09	0.02	0.04	0.04	0.06	0.06	0.08	0.19
地方公共団体向け信用		0.07	0.07	0.05	0.05	0.07	0.05	0.04
非金融公的企業向け信用	・・・	・・・	・・・	・・・	・・・	・・・	・・・	・・・
民間部門向け信用	0.55	0.52	0.49	0.60	0.61	0.67	0.75	0.87
その他金融機関向け信用	・・・	・・・	・・・	・・・	・・・	・・・	・・・	・・・
要求払い預金	0.57	0.41	0.48	0.42	0.47	0.44	0.44	0.51
定期性預金	0.26	0.33	0.34	0.27	0.26	0.35	0.47	0.60
短期金融市場商品	・・・	・・・	・・・	・・・	・・・	・・・	・・・	・・・
制限付き預金	・・・	・・・	・・・	・・・	・・・	・・・	・・・	・・・
対外負債	0.09	0.05	0.03	0.03	0.02	0.02	0.02	0.03
中央政府預金	0.02	0.03	0.08	0.05	0.06	0.10	0.10	0.13
通貨当局からの信用	-	0.04	0.01	0.04	0.05	0.02	0.06	0.01
資本勘定	0.07	0.07	0.09	0.11	0.12	0.11	0.14	0.16
その他（ネット）	0.07	-0.05	-0.03	0.09		-	0.07	0.10
マネタリー・サーベイ	10億ペソ（期末）							
対外資産（ネット）	0.85	0.53	0.72	0.62	0.62	0.60	0.55	0.41
国内信用	0.69	0.83	0.85	0.87	0.94	1.04	1.15	1.45
中央政府向け信用（ネット）	0.14	0.20	0.25	0.17	0.23	0.24	0.24	0.36
地方公共団体向け信用		0.07	0.07	0.05	0.05	0.07	0.06	0.09
非金融公的企業向け信用	・・・	・・・	・・・	・・・	・・・	・・・	・・・	・・・
民間部門向け信用	0.55	0.52	0.49	0.60	0.61	0.67	0.75	0.87
その他金融機関向け信用		0.04	0.04	0.04	0.05	0.06	0.10	0.14
現金・預金通貨	1.15	0.98	1.15	1.06	1.09	1.11	1.11	1.18
準通貨	0.26	0.33	0.34	0.27	0.26	0.35	0.47	0.60
短期金融市場商品	・・・	・・・	・・・	・・・	・・・	・・・	・・・	・・・
中央銀行負債：証券	・・・	・・・	・・・	・・・	・・・	・・・	・・・	・・・
制限付き預金	・・・	・・・	・・・	・・・	・・・	・・・	・・・	・・・
資本勘定	・・・	・・・	・・・	・・・	・・・	・・・	・・・	・・・
その他（ネット）	0.13	0.04	0.07	0.16	0.21	0.19	0.18	0.22
現金・預金通貨（季節調整値）	・・・	・・・	・・・	・・・	・・・	・・・	・・・	・・・
現金・預金通貨＋準通貨	1.41	1.31	1.49	1.33	1.36	1.45	1.58	1.78

フィリピン

1956	1957	1958	1959	1960	1961	1962	1963	1964	1965	1966
2.02	2.02	2.02	2.02	2.02	2.02	3.92	3.91	3.91	3.91	3.90
2.02	2.02	2.02	2.02	2.02	2.02	3.92	3.91	3.91	3.91	3.90
2.00	2.00	2.00	2.00	2.02	2.02	3.73	3.91	3.91	3.91	3.90
2,231.92	2,231.92	2,231.92	2,231.92	2,231.92	2,231.92	1,225.09	1,152.94	1,153.06	1,153.06	1,154.67
...	2,330.63	2,353.51	2,375.09	2,393.96	2,446.85	1,346.09	1,268.03	1,288.76	1,299.79	1,303.86
...	...	...	...	...	...	...	...	...	...	...
15.00	15.00	15.00	50.00	75.00	75.00	75.00	75.00	75.00	75.00	110.00
-	-	-	3.76	6.67	9.59	-	-	-	4.45	27.50
11.25	11.25	11.25	-	-	-	15.79	15.80	9.55	-	-
139.00	65.00	82.00	84.76	111.67	26.59	34.00	81.00	100.00	155.45	149.50
-	-	-	3.76	6.67	9.59	-	-	-	4.45	27.50
139.00	65.00	82.00	81.00	105.00	17.00	34.00	81.00	100.00	151.00	122.00
0.63	0.17	0.29	0.26	0.43	0.77	1.17	0.80	0.66	1.09	1.26
22.00	6.00	10.00	9.00	15.00	27.00	41.00	28.00	23.00	38.00	44.00
-5.25	39.75	41.25	7.50	12.38	93.07	37.27	11.89	30.43	109.95	128.46
80.00	79.50	59.50	81.00	75.25	95.54	77.30	93.76	87.03	123.62	168.59
16.00	10.00	6.00	8.00	23.76	29.70	17.60	71.28	117.60	113.05	99.72
...	...	...	...	...	...	...	...	...	...	...
...	...	...	...	...	...	...	...	...	...	...
...	...	...	...	...	...	...	...	...	...	...
0.32	0.14	0.18	0.19	0.34	0.24	0.18	0.33	0.43	0.75	0.75
0.40	0.66	0.79	0.86	0.78	0.80	0.84	0.81	0.84	0.81	0.89
0.06	0.18	0.23	0.29	0.30	0.34	0.38	0.41	0.39	0.42	0.42
0.10	0.08	0.10	0.14	0.08	0.33	0.19	0.22	0.42	0.51	0.63
0.14	0.14	0.18	0.17	0.19	0.32	0.33	0.34	0.35	0.33	0.45
0.94	1.01	1.16	1.22	1.14	1.27	1.47	1.69	1.56	1.73	1.87
0.72	0.78	0.82	0.89	0.95	1.05	1.17	1.36	1.32	1.48	1.54
...	...	...	...	...	...	...	...	...	...	...
...	...	...	...	...	...	...	...	...	...	...
...	...	...	...	...	...	...	0.11	0.16	0.43	0.50
0.12	0.07	0.15	0.21	0.25	0.31	0.18	0.06	0.22	0.08	0.19
0.04	0.05	0.06	0.14	0.10	0.13	0.20	0.23	0.22	0.22	0.23
0.16	-0.05	-0.02	0.13	0.53	1.24	0.09	0.02	0.28	0.37	0.35
0.22	0.23	0.34	0.33	0.19	0.22	0.30	0.32	0.23	0.25	0.33
...	...	...	...	...	...	...	...	...	...	...
0.16	0.16	0.12	0.16	0.15	0.19	0.30	0.37	0.34	0.48	0.66
0.28	0.10	0.10	0.09	0.11	0.40	0.33	0.42	0.42	0.45	0.54
0.07	0.06	0.07	0.08	0.07	0.13	0.13	0.19	0.30	0.65	0.59
...	...	...	...	...	...	...	...	...	...	...
0.98	1.21	1.27	1.44	1.62	2.27	2.72	3.55	4.20	4.35	4.89
...	...	...	...	...	...	...	...	...	...	...
0.59	0.62	0.71	0.73	0.74	0.93	1.15	1.06	1.07	1.11	1.20
0.66	0.72	0.78	0.92	1.03	1.40	1.72	2.16	2.35	2.45	3.08
...	...	...	...	...	...	...	...	...	...	...
0.03	0.02	0.01	0.02	0.05	0.06	0.07	0.28	0.46	0.44	0.39
0.17	0.11	0.07	0.07	0.08	0.22	0.45	0.54	0.37	0.67	0.49
0.09	0.08	0.08	0.13	0.06	0.25	0.09	0.22	0.42	0.51	0.63
0.18	0.20	0.22	0.25	0.29	0.39	0.48	0.63	0.77	0.86	0.98
0.11	0.03	0.01	0.01	-	-0.10	-0.33	-0.05	0.06	0.14	0.25
0.44	0.13	0.13	0.28	0.42	0.19	0.29	0.31	0.16	0.36	0.52
1.63	2.16	2.40	2.66	2.74	3.73	4.08	5.12	5.91	6.27	7.11
0.39	0.57	0.66	0.67	0.56	0.68	0.53	0.63	0.67	0.51	0.76
0.13	0.24	0.30	0.37	0.37	0.47	0.51	0.60	0.69	1.07	1.01
0.98	1.21	1.27	1.44	1.62	2.27	2.72	3.55	4.20	4.35	4.89
0.14	0.14	0.18	0.17	0.19	0.32	0.33	0.34	0.35	0.33	0.45
1.31	1.40	1.53	1.62	1.69	1.98	2.32	2.43	2.39	2.60	2.74
0.66	0.72	0.78	0.92	1.03	1.40	1.72	2.16	2.35	2.45	3.08
...	...	...	...	...	...	...	...	...	...	...
...	...	...	...	...	...	...	...	...	...	...
0.24	0.27	0.29	0.50	0.51	0.65	0.48	0.83	1.32	1.60	1.81
...	1.36	1.49	1.57	1.64	1.92	2.26	2.36	2.33	2.52	2.66
1.96	2.12	2.31	2.54	2.72	3.37	4.04	4.59	4.74	5.04	5.82

統　　計

フィリピン（1948-2000年）

	1967	1968	1969	1970	1971	1972	1973	1974
為替レート	対SDRレート							
市場レート（期末）	3.93	3.93	3.94	6.44	6.99	7.36	8.12	8.65
	対ドル・レート							
市場レート（期末）	3.93	3.93	3.94	6.44	6.44	6.78	6.73	7.07
市場レート（期中平均）	3.90	3.90	3.90	5.90	6.43	6.67	6.76	6.79
	指数（2010年=100，期中平均）							
市場レート	1,149.02	1,147.19	1,146.59	783.72	700.98	675.79	667.30	664.41
名目実効為替レート	1,298.19	1,305.97	1,305.61	890.94	787.28	714.47	658.30	671.17
実質実効為替レート（CPIベース）	・・・	・・・	・・・	・・・	・・・	・・・	・・・	・・・
IMFポジション	100万SDR（期末）							
クォータ	110.00	110.00	110.00	155.00	155.00	155.00	155.00	155.00
SDR	-	-	-	-	-	21.92	23.86	27.71
IMFリザーブポジション	-	-	-	-	-	-	-	-
IMFクレジット及び融資総残高	-	55.00	55.00	68.75	89.74	95.25	76.25	67.81
SDR配分額				18.48	35.06	51.50	51.50	51.50
国際流動性	100万米ドル（他に断りのない限り，期末）							
総準備（金を除く）	120.00	99.00	76.00	195.00	309.00	479.80	992.78	1,458.93
SDR						23.80	28.78	33.93
IMFリザーブポジション						-	-	-
外国為替	120.00	99.00	76.00	195.00	309.00	456.00	964.00	1,425.00
金（100万ファイントロイオンス）	1.71	1.77	1.29	1.60	1.91	1.86	1.06	1.06
金（国内評価額）	60.00	62.00	45.00	56.00	67.00	71.00	45.00	45.00
通貨当局：その他負債	236.21	206.21	273.36	211.89	232.60	156.70	186.88	282.18
預金通貨銀行：資産	173.15	197.36	171.31	162.02	187.35	355.01	675.19	1,004.47
預金通貨銀行：負債	92.51	131.18	126.80	155.12	260.26	484.01	716.42	1,087.40
その他銀行業機関：負債	・・・	・・・	・・・	・・・	・・・	・・・	・・・	・・・
オフショアバンキングユニット：対外資産	・・・	・・・	・・・	・・・	・・・	・・・	・・・	163.17
オフショアバンキングユニット：対外負債	・・・	・・・	・・・	・・・	・・・	・・・	・・・	・・・
通貨当局	10億ペソ（期末）							
対外資産	0.70	0.63	0.47	1.18	1.78	2.77	7.05	10.63
中央政府向け信用	1.05	1.18	1.70	2.03	2.14	2.91	3.36	4.47
地方公共団体向け信用	0.42	0.50	0.52	0.50	0.44	0.46	0.26	0.27
非金融公的企業向け信用	・・・	・・・	・・・	・・・	・・・	・・・	・・・	・・・
預金通貨銀行向け信用	1.15	1.35	1.44	1.15	1.03	1.24	1.04	2.23
その他金融機関向け信用	0.63	0.59	0.66	0.71	0.84	0.96	0.57	0.84
準備貨幣	2.42	2.59	2.95	3.24	3.57	4.47	5.03	6.27
内：預金通貨銀行以外の現金通貨	1.76	1.78	2.12	2.41	2.65	3.43	3.45	4.31
定期性預金	・・・	・・・	・・・	・・・	・・・	・・・	・・・	・・・
中央銀行負債：証券	・・・	・・・	・・・	・・・	・・・	・・・	-	-
制限付き預金	・・・	・・・	・・・	・・・	・・・	・・・	-	-
対外負債	0.92	1.02	1.28	1.81	2.12	1.76	1.98	3.39
内：中・長期対外負債	・・・	・・・	・・・	・・・	・・・	・・・	・・・	・・・
中央政府預金	0.19	0.17	0.13	0.22	0.29	0.74	1.91	3.40
資本勘定	0.29	0.29	0.27	0.27	0.29	0.34	0.31	0.33
その他（ネット）	0.12	0.19	0.16	0.02	-0.05	1.02	3.05	5.06
預金通貨銀行	10億ペソ（期末）							
準備	0.67	0.81	0.83	0.83	1.22	1.48	3.38	4.21
準備銀行債券	・・・	・・・	・・・	・・・	・・・	・・・	-	-
対外資産	0.68	0.77	0.67	1.04	1.21	2.41	4.54	7.10
中央政府向け信用	0.64	0.78	1.04	0.90	0.91	0.83	1.53	1.38
地方公共団体向け信用	1.01	1.10	1.46	1.58	1.47	1.36	1.09	1.70
非金融公的企業向け信用	・・・	・・・	・・・	・・・	・・・	・・・	・・・	・・・
民間部門向け信用	5.83	6.41	6.79	8.06	9.52	11.65	15.63	23.34
その他金融機関向け信用	・・・	・・・	・・・	・・・	・・・	・・・	・・・	・・・
要求払い預金	1.43	1.50	1.90	1.90	2.36	3.03	3.81	4.70
定期性預金	3.88	4.53	4.68	5.48	6.32	6.45	8.69	9.55
短期金融市場商品						1.29	4.04	7.47
制限付き預金	・・・	・・・	・・・	・・・	・・・	1.04	1.93	1.78
対外負債	0.36	0.51	0.49	1.00	1.67	3.28	4.82	7.68
中央政府預金	0.64	0.63	0.64	0.73	0.69	0.92	1.89	2.46
通貨当局からの信用	1.15	1.35	1.44	1.15	1.03	1.24	1.04	2.23
資本勘定	1.09	1.19	1.35	1.52	1.72	2.06	2.77	3.64
その他（ネット）	0.29	0.17	0.29	0.63	-0.46	-1.59	-2.81	-1.79
マネタリー・サーベイ	10億ペソ（期末）							
対外資産（ネット）	0.09	-0.13	-0.64	-0.58	-0.81	0.13	4.80	6.65
国内信用	8.76	9.77	11.39	12.81	14.34	16.50	18.65	26.15
中央政府向け信用（ネット）	0.86	1.16	1.97	1.97	2.07	2.08	1.09	-0.01
地方公共団体向け信用	1.43	1.60	1.97	2.08	1.91	1.82	1.35	1.97
非金融公的企業向け信用	・・・	・・・	・・・	・・・	・・・	・・・	・・・	・・・
民間部門向け信用	5.83	6.41	6.79	8.06	9.52	11.65	15.63	23.34
その他金融機関向け信用	0.63	0.59	0.66	0.71	0.84	0.96	0.57	0.84
現金・預金通貨	3.19	3.28	4.02	4.31	5.01	6.47	7.27	9.01
準通貨	3.88	4.53	4.68	5.48	6.32	6.45	8.69	9.55
短期金融市場商品						0.99	1.29	4.04	7.47
中央銀行負債：証券	・・・	・・・	・・・	・・・	・・・	・・・	-	-
制限付き預金	・・・	・・・	・・・	・・・	・・・	・・・	-	-
資本勘定	・・・	・・・	・・・	・・・	・・・	2.40	3.08	3.97
その他（ネット）	1.79	1.83	2.06	2.44	1.21	0.20	0.37	2.80
現金・預金通貨（季節調整値）	3.08	3.16	3.86	4.13	4.81	6.23	7.01	8.69
現金・預金通貨＋準通貨	7.06	7.81	8.70	9.79	11.33	12.92	15.95	18.55

332

フィリピン

1975	1976	1977	1978	1979	1980	1981	1982	1983	1984	1985
8.78	8.63	8.95	9.61	9.77	9.69	9.54	10.12	14.66	19.37	20.91
7.50	7.43	7.37	7.38	7.42	7.60	8.20	9.17	14.00	19.76	19.03
7.25	7.44	7.40	7.37	7.38	7.51	7.90	8.54	11.11	16.70	18.61
622.63	605.40	608.65	610.77	610.33	599.53	570.24	527.70	414.17	275.94	242.38
632.25	630.77	614.43	559.01	556.56	552.93	551.01	549.10	438.51	301.59	272.71
115.85	117.22	116.47	107.08	115.99	122.14	126.30	131.09	110.27	109.22	119.49
155.00	155.00	155.00	210.00	210.00	315.00	315.00	315.00	440.40	440.40	440.40
23.49	13.60	19.23	13.08	25.58	0.11	1.67	2.50	0.89	19.82	35.25
									8.83	23.83
164.68	348.41	435.01	505.53	617.99	819.65	974.50	905.92	1,045.55	903.24	1,048.75
51.50	51.50	51.50	51.50	73.34	95.18	116.60	116.60	116.60	116.60	116.60
1,314.50	1,596.80	1,479.36	1,763.04	2,249.70	2,846.14	2,198.94	887.76	746.93	602.08	614.90
27.50	15.80	23.36	17.04	33.70	0.14	1.94	2.76	0.93	19.43	38.72
									8.66	26.18
1,287.00	1,581.00	1,456.00	1,746.00	2,216.00	2,846.00	2,197.00	885.00	746.00	574.00	550.00
1.06	1.06	1.06	1.51	1.70	1.92	1.66	1.87	0.29	0.79	1.48
45.00	45.00	45.00	118.00	166.00	294.00	508.00	823.00	117.00	288.00	501.00
577.05	594.95	48.94	880.91	1,561.90	2,499.72	2,802.13	4,308.47	4,287.94	4,574.80	6,253.47
1,120.70	716.48	639.44	1,032.73	1,435.94	2,170.30	2,322.07	2,629.12	1,872.73	2,170.95	2,158.47
1,176.05	1,208.80	1,479.63	2,606.24	3,721.38	4,846.38	4,608.83	4,843.00	3,156.91	3,044.38	2,500.21
160.40	270.87	515.89	582.36	730.56	986.16	1,252.73	1,643.11	1,646.05	1,700.86	1,203.30
...	...	366.00	719.00	819.00	995.00	1,035.00	1,253.00	887.00	676.00	643.00
...	...	359.00	1,248.00	1,998.00	2,916.00	3,798.00	4,321.00	4,164.00	3,809.00	3,751.00
10.20	12.54	11.86	14.57	18.68	24.73	22.43	24.49	12.11	17.63	20.68
3.32	3.84	4.46	5.98	6.91	7.79	12.47	19.07	28.65	33.95	33.34
0.35	0.72	0.81	0.74	0.68	0.56	0.46	0.43	-		
-	-	-	-	-	-	0.01	0.08	0.81	0.42	4.49
6.27	4.28	2.90	5.86	9.74	14.09	16.88	18.50	18.06	19.86	27.78
1.52	2.27	2.66	3.83	5.11	6.88	10.17	12.53	19.83	27.52	27.79
7.12	8.01	9.90	12.30	15.08	16.95	18.64	19.67	48.67	77.23	88.91
4.75	5.65	6.73	8.14	9.18	10.18	11.63	12.71	19.59	21.76	24.03
-								0.23	1.09	5.31
-								0.62	2.00	1.45
-								0.93	1.29	1.98
6.99	8.65	5.67	9.62	15.81	25.22	29.98	43.21	73.22	105.35	138.72
...	...	...	...	...	...	...	...	36.95	53.79	85.16
1.26	0.97	1.49	2.63	2.30	2.33	2.46	2.41	6.17	13.00	8.70
0.34	0.37	0.42	0.41	0.68	0.50	0.53	0.52	1.99	2.63	3.08
5.95	5.64	5.21	6.02	7.24	9.03	10.81	9.29	-52.37	-103.20	-134.06
5.77	6.22	8.32	10.87	12.56	12.19	11.75	10.31	27.14	40.90	45.14
									2.00	1.45
8.40	5.32	4.71	7.62	10.65	16.49	19.04	24.11	26.22	42.90	41.08
1.25	1.68	3.27	3.93	4.45	4.98	6.13	9.62	13.03	15.44	13.65
4.58	5.87	6.05	6.43	7.38	8.68	7.39	10.02	0.22	0.21	0.26
-	-	-	-	-	-	-	-	15.37	21.59	25.99
26.98	32.36	38.61	49.23	63.32	76.64	92.50	106.00	136.23	128.35	115.03
...	...	...	...	...	...	...	...	2.38	4.45	3.51
5.57	6.42	8.21	8.81	9.66	12.36	11.90	10.82	13.07	11.69	11.70
10.80	14.96	19.82	26.24	29.71	36.02	45.24	57.95	90.87	111.49	123.27
9.63	10.87	11.40	11.49	11.95	12.37	16.45	16.57	17.11	11.28	8.61
1.86	2.01	2.22	2.84	3.14	3.13	3.12	2.74	2.90	3.31	2.42
8.82	8.98	10.90	19.22	27.59	36.83	37.79	53.28	44.20	60.16	47.58
2.39	2.23	2.11	2.55	4.17	4.13	4.50	4.29	11.53	12.29	15.25
6.12	4.41	3.13	4.02	7.00	10.09	12.98	13.67	16.33	19.73	29.19
5.05	5.67	6.73	7.76	8.90	10.47	13.79	16.16	22.43	27.41	24.77
-3.26	-4.09	-3.56	-4.85	-3.77	-6.43	-8.97	-15.42	2.16	-1.51	-16.67
2.80	0.23	-	-6.65	-14.09	-20.83	-26.30	-47.89	-79.10	-104.97	-124.55
34.34	43.55	52.26	64.96	81.38	99.05	122.16	151.06	198.83	206.64	200.12
0.91	2.32	4.13	4.74	4.89	6.30	11.63	22.00	23.98	24.11	23.05
4.93	6.59	6.85	7.17	8.06	9.24	7.87	10.53	0.22	0.21	0.26
...	...	...	...	...	...	...	...	16.19	22.00	30.48
26.98	32.36	38.61	49.23	63.32	76.64	92.50	106.00	136.23	128.35	115.03
1.52	2.27	2.66	3.83	5.11	6.88	10.17	12.53	22.21	31.97	31.31
10.31	12.07	14.94	16.95	18.84	22.54	23.52	23.52	33.55	34.44	36.76
10.80	14.96	19.82	26.24	29.71	36.02	45.24	57.95	91.10	112.58	128.58
9.63	10.87	11.40	11.49	11.95	12.37	16.45	16.57	17.11	11.28	8.61
								0.62		
...	...	...	...	...	...	...	...	3.82	4.60	4.39
5.39	6.04	7.15	8.17	9.58	10.98	14.32	16.69	24.42	30.04	27.85
1.01	-0.17	-1.05	-4.53	-2.79	-3.69	-3.68	-11.56	-50.89	-91.27	-130.62
9.95	11.60	14.24	16.02	17.64	20.91	21.62	21.48	29.95	30.81	32.91
21.11	27.04	34.75	43.18	48.55	58.56	68.76	81.48	124.65	147.02	165.34

統　計

フィリピン（1948-2000年）

		1986	1987	1988	1989	1990	1991	1992	1993
為替レート	対SDRレート								
市場レート（期末）		25.11	29.51	28.71	29.49	39.83	38.12	34.51	38.05
	対ドル・レート								
市場レート（期末）		20.53	20.80	21.34	22.44	28.00	26.65	25.10	27.70
市場レート（期中平均）		20.39	20.57	21.09	21.74	24.31	27.48	25.51	27.12
	指数（2010年=100，期中平均）								
市場レート		221.33	218.96	213.74	207.46	186.58	164.13	176.85	166.62
名目実効為替レート		214.84	195.00	179.79	179.41	163.87	148.16	162.66	163.14
実質実効為替レート（CPIベース）		93.61	86.35	87.91	94.34	89.63	89.78	99.32	97.81
IMFポジション	100万SDR（期末）								
クォータ		440.40	440.40	440.40	440.40	440.40	440.40	633.40	633.40
SDR		4.65	0.13	0.10	0.71	0.78	3.08	0.38	7.31
IMFリザーブポジション		38.83	38.83	38.83	38.83	38.83	38.83	87.08	87.10
IMFクレジット及び融資総残高		1,034.60	888.06	812.55	895.26	640.87	759.02	800.12	880.74
SDR配分額		116.60	116.60	116.60	116.60	116.60	116.60	116.60	116.60
国際流動性	100万米ドル（他に断りのない限り，期末）								
総準備（金を除く）		1,728.18	968.27	1,003.39	1,416.96	924.35	3,245.95	4,403.26	4,675.69
SDR		5.69	0.18	0.13	0.93	1.11	4.41	0.52	10.05
IMFリザーブポジション		47.50	55.09	52.25	51.03	55.24	55.54	119.74	119.64
外国為替		1,675.00	913.00	951.00	1,365.00	868.00	3,186.00	4,283.00	4,546.00
金（100万ファイントロイオンス）		2.26	2.78	2.84	2.45	2.89	3.37	2.80	3.22
金（国内評価額）		799.00	1,046.00	1,108.00	959.00	1,124.00	1,280.00	935.00	1,245.00
通貨当局：その他負債		7,825.09	7,177.97	6,744.10	6,027.38	6,162.03	6,062.68	4,531.12	2,653.34
預金通貨銀行：資産		2,158.30	2,640.43	3,259.43	3,539.35	3,910.25	3,946.53	4,691.27	4,778.19
預金通貨銀行：負債		1,827.33	1,939.57	2,098.52	2,024.02	2,378.36	2,059.06	2,995.18	2,913.39
その他銀行業機関：負債		4.62	4.90	6.41	16.12	66.88	213.47	479.68	910.78
オフショアバンキングユニット：対外資産		441.00	505.00	549.00	518.00	508.00	357.00	483.00	508.00
オフショアバンキングユニット：対外負債		3,473.00	2,946.00	2,513.00	2,265.00	1,950.00	1,524.00	1,418.00	1,055.00
通貨当局	10億ペソ（期末）								
対外資産		51.42	41.88	45.04	53.23	57.60	122.40	133.46	164.01
中央政府向け信用		58.67	45.72	40.92	40.03	39.80	32.14	76.24	293.48
地方公共団体向け信用		-	-	-	-	-	-	-	-
非金融公的企業向け信用		4.09	4.38	5.05	5.97	6.29	5.99	3.45	2.31
預金通貨銀行向け信用		16.00	19.01	20.54	22.49	28.00	29.14	15.38	7.27
その他金融機関向け信用		9.29	8.72	8.18	8.01	7.62	6.80	6.45	5.91
準備貨幣		93.24	84.58	95.01	119.79	143.07	171.43	178.15	210.25
内：預金通貨銀行以外の現金通貨		29.26	35.37	40.64	52.94	61.92	69.39	74.30	84.08
定期預金		5.28	3.17	1.37	2.04	2.07	3.91	2.24	8.12
中央銀行負債：証券		0.48	0.60	3.38	3.60	1.94	40.78	67.52	24.79
制限付き預金		2.11	1.47	0.43	0.13	0.16	0.16	0.18	6.51
対外負債		184.73	174.14	166.62	161.50	198.04	190.51	141.32	107.00
内：中・長期対外負債		116.96	120.00	113.58	111.81	142.41	127.26	53.38	42.84
中央政府預金		17.13	47.55	64.38	79.23	81.78	96.73	168.23	113.80
資本勘定		3.61	4.15	4.13	4.31	6.56	6.55	6.61	21.06
その他（ネット）		-167.11	-195.94	-215.59	-240.88	-294.30	-313.60	-329.25	-18.56
預金通貨銀行	10億ペソ（期末）								
準備		49.63	52.21	58.64	69.54	83.75	97.54	102.17	114.55
準備銀行債券		0.48	0.10	0.47	1.03	0.82	19.65	3.76	2.31
対外資産		44.31	54.92	69.54	79.42	109.49	105.18	117.73	132.35
中央政府向け信用		21.44	24.21	38.69	54.84	59.70	61.33	84.34	98.89
地方公共団体向け信用		0.25	0.20	0.17	0.17	0.16	0.16	0.36	0.80
非金融公的企業向け信用		18.13	13.29	13.15	14.83	19.27	19.87	21.50	22.84
民間部門向け信用		90.45	109.08	128.85	159.87	206.56	221.64	276.30	388.87
その他金融機関向け信用		2.74	3.52	3.62	3.23	5.45	7.91	10.17	11.50
要求払い預金		12.81	16.75	18.74	25.21	26.76	31.98	34.72	49.10
定期性預金		119.58	130.77	168.86	218.09	273.91	322.67	371.44	477.63
短期金融市場商品		4.85	3.55	2.49	2.83	3.23	3.02	3.51	4.61
制限付き預金		2.98	3.21	2.89	4.05	11.33	4.33	3.87	4.25
対外負債		37.52	40.34	44.77	45.42	66.59	54.87	75.17	80.70
中央政府預金		17.29	13.26	16.70	17.09	13.78	16.23	26.55	41.76
通貨当局からの信用		16.15	20.01	25.41	25.19	32.06	35.58	22.35	22.17
資本勘定		31.85	35.51	42.28	47.34	61.65	76.32	91.07	107.10
その他（ネット）		-15.69	-5.89	-9.18	-2.27	-4.13	-11.75	-12.34	-15.21
マネタリー・サーベイ	10億ペソ（期末）								
対外資産（ネット）		-126.51	-117.68	-96.81	-74.27	-97.55	-17.80	34.70	108.66
国内信用		170.65	148.32	157.55	191.42	250.27	243.86	286.82	669.63
中央政府向け信用（ネット）		45.69	9.13	-1.48	-1.45	3.94	-19.50	-34.20	236.81
地方公共団体向け信用		0.25	0.20	0.17	0.17	0.16	0.16	0.36	0.80
非金融公的企業向け信用		22.23	17.67	18.19	20.80	25.55	25.86	24.96	25.14
民間部門向け信用		90.46	109.08	128.85	160.65	207.54	222.63	279.08	389.47
その他金融機関向け信用		12.03	12.24	11.81	11.24	13.07	14.71	16.62	17.41
現金・預金通貨		43.17	53.80	61.20	81.28	92.94	107.69	117.54	143.71
準通貨		124.96	133.95	170.23	220.13	275.98	326.58	373.67	485.75
短期金融市場商品		4.85	3.55	2.49	2.83	3.23	3.02	3.51	4.61
中央銀行負債：証券			0.50	2.91	2.57	1.12	21.14	63.75	22.48
制限付き預金		5.09	4.68	3.32	4.18	11.49	4.49	4.05	10.76
資本勘定		35.46	39.67	46.41	51.65	68.21	82.87	97.67	128.16
その他（ネット）		-169.38	-205.51	-225.81	-245.48	-300.24	-319.73	-338.68	-17.18
現金・預金通貨（季節調整値）		38.71	48.47	55.13	73.16	83.73	97.28	106.66	131.12
現金・預金通貨＋準通貨		168.13	187.75	231.43	301.41	368.92	434.27	491.21	629.46

334

1994	1995	1996	1997	1998	1999	2000
35.65	38.97	37.80	53.94	55.00	55.33	65.14
24.42	26.21	26.29	39.98	39.06	40.31	50.00
26.42	25.71	26.22	29.47	40.89	39.09	44.19
171.06	175.27	171.98	155.49	110.50	115.42	102.60
175.62	173.41	177.01	169.84	132.81	133.46	119.10
106.05	107.59	114.86	113.29	94.46	99.35	90.54
633.40	633.40	633.40	633.40	633.40	879.90	879.90
16.65	5.36	1.67	1.28	1.36	5.11	1.48
87.10	87.10	87.10	87.10	87.10	87.10	87.10
728.56	489.48	281.94	633.82	1,113.96	1,327.73	1,559.22
116.60	116.60	116.60	116.60	116.60	116.60	116.60
6,038.01	6,396.31	10,058.20	7,297.48	9,274.15	13,269.70	13,090.20
24.31	7.96	2.41	1.73	1.91	7.01	1.93
127.16	129.48	125.25	117.53	122.65	119.55	113.49
5,886.54	6,258.87	9,930.57	7,178.22	9,149.59	13,143.20	12,974.80
2.89	3.58	4.65	4.99	5.43	6.20	7.23
1,104.00	1,403.00	1,715.00	1,472.00	1,555.00	1,782.20	1,972.65
2,294.82	2,523.46	2,489.42	2,578.46	3,272.43	4,423.00	4,826.00
6,035.59	6,402.42	8,184.57	8,877.97	9,975.17	10,114.00	8,181.00
4,639.65	6,419.81	14,363.50	15,406.00	13,262.80	11,978.00	10,302.00
962.75	1,080.00	49.15	62.34	64.32	46.00	45.00
485.00	283.00	174.00	203.00	123.00	121.00	137.00
1,674.00	1,545.00	1,647.00	1,826.00	1,296.00	1,167.00	928.00
173.78	203.60	308.76	349.29	422.13	605.18	751.29
233.87	227.85	240.26	226.57	194.18	237.91	165.80
					·	·
1.97	1.93	1.82	2.98	4.26	17.76	38.33
6.17	7.31	7.68	26.43	18.20	12.69	48.98
4.60	6.26	6.48	8.02	13.51	14.18	15.10
226.93	225.17	338.17	317.63	323.83	442.74	395.88
95.68	110.89	122.95	143.64	146.06	218.47	192.30
24.69	28.37	39.89	13.61	15.47	31.12	52.36
4.57	0.63	0.25	0.03	0.03	0.03	0.03
4.92	2.12	1.68	1.68	1.69	0.39	0.04
82.01	85.22	76.10	137.26	189.08	251.76	342.86
37.47	37.15	31.13	54.79	80.42	124.57	159.04
84.54	73.43	106.54	78.35	59.49	90.74	95.42
26.49	30.15	30.08	71.98	88.15	100.23	159.45
-33.76	-28.16	-27.71	-7.24	-25.44	-29.28	-26.54
123.30	123.93	142.84	161.06	168.17	190.99	178.09
0.94	0.08	0.08	0.03	0.03	0.03	0.03
147.38	167.83	215.16	354.90	357.52	407.73	409.03
147.56	177.21	237.53	304.31	300.34	332.42	432.55
2.37	4.68	6.95	9.07	10.34	12.20	15.52
17.07	14.87	16.37	25.65	40.56	47.68	59.18
491.98	715.32	1,063.80	1,370.07	1,279.19	1,249.58	1,316.59
24.61	27.09	60.26	76.61	117.98	130.68	175.13
55.08	72.04	96.41	111.92	134.09	172.87	192.98
613.16	765.20	949.71	1,225.32	1,332.79	1,483.42	1,622.30
4.61	6.24	6.64	12.07	6.11	7.19	4.21
3.42	3.55	2.99	3.28	7.05	4.03	5.16
113.29	168.29	377.59	615.86	498.05	482.86	515.10
26.62	39.41	51.73	38.90	32.43	39.86	33.97
17.06	16.67	15.26	15.02	10.38	8.47	38.09
132.36	184.71	243.17	327.28	376.53	440.89	467.48
-10.40	-25.10	-0.51	-47.95	-123.31	-268.28	-293.17
125.86	117.92	70.23	-48.93	92.51	278.29	302.37
813.42	1,062.38	1,475.20	1,906.05	1,868.45	1,911.82	2,088.82
270.27	292.21	319.53	413.64	402.61	439.74	468.97
2.37	4.68	6.95	9.07	10.34	12.20	15.52
19.04	16.80	18.19	28.63	44.82	65.44	97.51
492.53	715.34	1,063.80	1,370.08	1,279.19	1,249.59	1,316.59
29.21	33.35	66.73	84.63	131.49	144.86	190.22
159.90	194.63	233.12	266.33	285.95	395.56	390.55
637.85	793.58	989.60	1,238.93	1,348.25	1,514.53	1,674.66
4.61	6.24	6.64	12.07	6.11	7.19	4.21
3.63	0.55	0.17	·		·	
8.34	5.67	4.67	4.96	8.73	4.42	5.20
158.84	214.86	273.25	399.26	464.68	541.12	626.94
-33.90	-35.22	37.98	-64.42	-152.77	-272.71	-310.36
146.83	179.54	215.85	247.06	265.51	· · ·	· · ·
797.75	988.21	1,222.72	1,505.26	1,634.20	1,910.09	2,065.21

統　　計

フィリピン（1948-2000年）

		1948	1949	1950	1951	1952	1953	1954	1955
貨幣集計量（国内定義）	10億ペソ（期末）								
準備貨幣		...	...	...	...	...	...	...	...
狭義貨幣		...	...	...	...	...	...	...	...
準通貨		...	...	...	...	...	...	...	...
M3		...	...	...	...	...	...	...	...
M4		...	...	...	...	...	...	...	...
その他銀行業機関	10億ペソ（期末）								
準備		...	...	...	...	...	...	...	...
中央政府向け信用		...	...	...	...	...	...	...	...
民間部門向け信用		...	0.20	0.23	0.24	0.25	0.30	0.35	0.37
定期性預金及び貯蓄性預金		...	0.04	0.04	0.04	0.04	0.04	0.05	0.06
債券		0.05	0.06	0.06	0.06	0.06	0.11	0.17	0.18
対外負債		...	...	...	...	...	...	...	...
通貨当局からの信用		...	...	...	...	...	...	...	...
資本勘定		...	0.11	0.11	0.12	0.12	0.12	0.13	0.13
その他（ネット）		...	-	0.02	0.03	0.03	0.03	0.01	0.01
流動負債		...	...	...	...	...	1.50	1.56	1.69
金利	年率（%）								
ディスカウント・レート		...	2.00	2.00	2.00	2.00	2.00	1.50	1.50
短期金融市場商品金利		...	...	...	...	...	...	...	...
財務省短期証券金利		...	...	...	...	...	...	...	...
貯蓄金利		...	...	...	...	...	...	...	...
貯蓄金利（外貨）		...	...	...	...	...	...	...	...
預金金利		...	...	...	...	...	...	...	...
預金金利（外貨）		...	...	...	...	...	...	...	...
貸出金利		...	...	...	...	...	...	...	...
政府債利回り		...	...	...	...	...	...	...	...
物価	指数（期中平均）								
生産者物価指数（2010年=100）		...	...	...	...	...	...	...	...
消費者物価指数（2010年=100）		...	1.03	1.06	1.15	1.08	1.04	1.02	1.01
輸出物価指数（2005年=100）		...	...	...	...	...	...	...	...
輸入物価指数（2005年=100）		...	...	...	...	...	...	...	...
GDPデフレーター（2010年=100）		...	...	...	...	...	...	...	...

フィリピン（1948-2000年）

		1967	1968	1969	1970	1971	1972	1973	1974
貨幣集計量（国内定義）	10億ペソ（期末）								
準備貨幣		...	...	...	2.71	3.01	3.80	3.98	4.94
狭義貨幣		...	...	...	...	...	...	...	...
準通貨		...	...	...	...	...	...	...	...
M3		...	...	...	...	...	...	...	...
M4		...	...	...	...	...	...	...	...
その他銀行業機関	10億ペソ（期末）								
準備		...	...	...	...	...	0.22	0.23	0.51
中央政府向け信用		0.11	0.12	0.12	0.11	0.22	0.59	0.41	0.74
民間部門向け信用		1.83	2.22	2.69	3.26	4.03	4.49	5.26	5.55
定期性預金及び貯蓄性預金		0.58	0.67	0.80	0.94	1.15	1.24	1.63	2.21
債券		0.69	0.86	1.15	1.13	1.12	1.11	0.54	0.64
対外負債		...	...	...	...	...	-	...	1.15
通貨当局からの信用		...	...	...	...	...	0.28	0.21	0.04
資本勘定		0.67	0.73	0.75	0.78	0.82	0.87	2.21	2.31
その他（ネット）		-0.01	0.08	0.11	0.52	1.16	1.80	1.30	0.46
流動負債		7.60	8.50	9.50	10.73	12.48	14.16	17.58	20.76
金利	年率（%）								
ディスカウント・レート		6.00	7.50	10.00	10.00	10.00	10.00	10.00	6.00
短期金融市場商品金利		...	...	...	...	...	...	...	...
財務省短期証券金利		...	...	...	...	...	...	...	...
貯蓄金利		...	...	...	...	...	...	...	...
貯蓄金利（外貨）		...	...	...	...	...	...	...	...
預金金利		...	...	...	...	...	...	...	...
預金金利（外貨）		...	...	...	...	...	...	...	...
貸出金利		...	...	...	...	...	...	...	...
政府債利回り		...	...	...	...	...	...	...	...
物価	指数（期中平均）								
生産者物価指数（2010年=100）		...	...	...	...	...	...	...	...
消費者物価指数（2010年=100）		1.59	1.63	1.66	1.90	2.31	2.50	2.91	3.91
輸出物価指数（2005年=100）		...	...	...	...	...	...	...	...
輸入物価指数（2005年=100）		...	...	...	...	...	...	...	...
GDPデフレーター（2010年=100）		1.63	1.72	1.80	2.09	2.34	2.48	2.94	3.91

フィリピン

1956	1957	1958	1959	1960	1961	1962	1963	1964	1965	1966
...	...	...	...	...	...	...	...	...	...	...
...	...	...	...	...	...	...	...	...	...	...
...	...	...	...	...	...	...	...	...	...	...
...	...	...	...	...	...	...	...	...	...	...
...	...	...	...	...	...	...	0.08	0.08	0.13	0.12
0.40	0.42	0.44	0.48	0.54	0.79	0.92	1.03	1.19	1.30	1.43
0.07	0.08	0.09	0.10	0.11	0.10	0.14	0.17	0.21	0.27	0.40
0.19	0.20	0.21	0.21	0.23	0.37	0.37	0.33	0.33	0.38	0.41
...	...	...	...	...	...	...	...	...	...	...
0.14	0.14	0.14	0.15	0.17	0.18	0.19	0.36	0.40	0.42	0.64
0.01	0.01	0.01	0.02	0.04	0.14	0.21	0.24	0.32	0.36	0.10
1.90	2.10	2.32	2.54	2.80	3.40	4.00	4.80	5.00	5.30	6.20
1.50	4.50	4.50	6.50	5.00	3.00	6.00	6.00	6.00	6.00	4.75
...	...	...	...	...	...	...	...	...	...	...
...	...	...	...	...	...	...	...	...	...	...
...	...	...	...	...	...	...	...	...	...	...
...	...	...	...	...	...	...	...	...	...	...
...	...	...	...	...	...	...	...	...	...	...
...	...	...	...	...	...	...	...	...	...	...
1.04	1.06	1.09	1.08	1.13	1.15	1.21	1.28	1.39	1.42	1.50
...	...	...	...	...	...	...	...	...	...	...
...	...	1.04	1.06	1.12	1.15	1.23	1.33	1.40	1.45	1.53

1975	1976	1977	1978	1979	1980	1981	1982	1983	1984	1985
5.63	7.95	9.87	12.20	14.82	16.39	17.98	19.04	27.96	33.63	38.45
...	...	...	...	...	...	...	...	...	...	...
...	...	...	...	...	...	...	...	...	...	...
...	...	...	...	...	...	...	...	...	...	...
0.57	0.36	0.49	0.67	1.30	2.10	1.96	2.72	2.68	3.74	4.30
1.39	2.00	2.10	2.50	2.62	2.69	3.19	2.99	2.54	2.93	6.85
7.12	10.19	13.35	15.76	20.11	26.23	36.03	42.29	54.17	56.31	39.36
4.73	5.56	6.18	7.91	9.93	12.36	14.44	16.04	14.49	9.78	13.52
0.55	0.46	0.30	1.81	2.25	2.65	3.23	4.78	6.03	6.53	5.96
1.20	2.01	3.80	4.29	5.42	7.49	10.27	15.07	23.05	33.61	22.90
0.28	1.06	1.33	1.56	1.73	1.77	2.17	2.50	3.98	7.66	8.76
2.54	3.11	3.61	4.00	4.65	5.82	6.57	7.72	8.37	7.46	7.88
-0.23	0.36	0.73	-0.64	0.06	0.93	4.50	1.90	3.47	-2.06	-8.50
25.84	32.60	40.94	51.09	58.48	70.92	83.20	97.52	139.14	156.80	178.85
6.00	6.00	6.00	4.00	11.00	4.54	6.69	6.30	8.05	12.11	12.75
...	...	11.98	10.48	13.58	11.88	15.36	12.26	16.56	28.32	16.85
...	10.19	10.89	10.88	12.26	12.14	12.55	13.78	14.23	28.53	26.72
...	7.00	7.00	7.00	7.17	9.00	9.81	9.81	9.73	9.85	10.84
...	...	...	...	...	...	...	...	...	...	...
...	8.50	8.50	8.50	8.67	12.25	13.72	13.74	13.58	21.17	18.91
...	12.00	12.00	12.00	14.00	14.00	15.34	18.12	19.24	28.20	28.61
4.17	4.55	5.00	5.37	6.31	7.46	8.44	9.30	10.23	15.39	18.94
...	...	...	...	...	...	...	...	...	...	...
4.27	4.63	4.99	5.47	6.34	6.76	7.55	8.20	9.37	14.37	16.90

統　　計

フィリピン（1948-2000年）

	1986	1987	1988	1989	1990	1991	1992	1993
貨幣集計量（国内定義）	10億ペソ（期末）							
準備貨幣	51.03	57.74	67.28	92.88	108.72	129.36	144.84	171.75
狭義貨幣	42.69	52.42	59.72	78.53	89.01	101.37	112.09	133.88
準通貨	96.78	105.86	136.20	172.56	208.30	242.68	269.78	341.84
M3	144.33	161.82	198.41	253.92	300.54	347.08	385.39	480.33
M4	144.33	161.82	198.41	297.77	364.35	424.30	479.84	616.49
その他銀行業機関	10億ペソ（期末）							
準備	3.47	3.15	4.43	5.14	7.58	10.14	13.93	20.33
中央政府向け信用	2.78	5.06	5.28	3.65	5.95	7.92	11.41	10.82
民間部門向け信用	15.63	17.69	21.36	29.05	33.07	45.95	61.24	82.32
定期性預金及び貯蓄性預金	13.32	15.49	20.14	24.84	29.60	40.72	51.30	63.19
債券	1.45	1.09	0.48	0.33	0.19	-	-	0.15
対外負債	0.09	0.10	0.14	0.36	1.87	5.69	12.04	25.23
通貨当局からの信用	4.16	4.01	3.93	3.82	3.78	3.78	3.72	3.53
資本勘定	6.50	7.23	8.88	11.08	12.17	13.13	16.11	18.97
その他（ネット）	-3.65	-2.03	-2.49	-2.59	-1.01	0.68	3.41	2.41
流動負債	181.45	203.24	251.56	326.25	398.52	474.99	542.51	692.65
金利	年率（%）							
ディスカウント・レート	10.00	10.00	10.00	12.00	14.00	14.00	14.30	9.40
短期金融市場商品金利	12.18	11.84	14.16	15.06	14.93	15.66	16.58	13.77
財務省短期証券金利	16.08	11.51	14.67	18.65	23.67	21.48	16.02	12.45
貯蓄金利	8.62	4.53	4.10	4.37	5.06	8.92	10.14	8.28
貯蓄金利（外貨）	・・・	・・・	・・・	・・・	・・・	・・・	2.59	2.21
預金金利	11.25	8.20	11.32	14.13	19.54	18.80	14.27	9.61
預金金利（外貨）	・・・	・・・	・・・	・・・	・・・	・・・	3.39	3.21
貸出金利	17.53	13.34	15.92	19.27	24.12	23.07	19.48	14.68
政府債利回り	・・・	・・・	・・・	・・・	・・・	・・・	・・・	・・・
物価	指数（期中平均）							
生産者物価指数（2010年=100）	・・・	・・・	・・・	・・・	・・・	・・・	・・・	38.17
消費者物価指数（2010年=100）	19.16	19.94	22.70	25.48	28.58	34.09	37.04	39.53
輸出物価指数（2005年=100）	・・・	・・・	・・・	・・・	80.66	82.23	77.00	77.59
輸入物価指数（2005年=100）	・・・	・・・	・・・	・・・	81.73	78.24	87.07	88.61
GDPデフレーター（2010年=100）	17.40	18.71	20.51	22.36	25.26	29.44	31.78	33.95

フィリピン

1994	1995	1996	1997	1998	1999	2000
182.41	212.74	243.26	266.46	239.83	321.73	308.21
151.95	184.93	221.96	258.32	281.51	394.13	386.98
451.05	570.26	652.81	795.63	856.92	963.78	1,036.21
607.61	761.43	881.40	1,066.02	1,144.55	1,365.10	1,427.40
766.40	968.12	1,198.97	1,499.44	1,622.49	1,886.76	2,013.38
15.51	18.57	18.50	19.78	15.34	14.92	23.56
12.93	19.09	3.38	3.95	2.35	1.74	3.46
115.93	143.41	127.55	139.92	144.74	145.55	152.43
69.09	93.73	106.89	120.70	119.08	120.58	131.77
2.28	3.65	4.22	5.39	6.38	6.29	6.38
23.51	28.31	1.29	2.49	2.49	1.87	2.23
3.56	3.65	3.67	5.08	10.59	10.74	11.95
27.08	32.99	27.33	35.93	40.73	48.63	49.27
18.85	18.74	6.04	-5.95	-16.84	-25.89	-22.15
866.84	1,081.93	1,329.60	1,625.95	1,753.28	2,030.67	2,196.98
8.30	10.83	11.70	14.64	12.40	7.89	13.81
13.99	11.93	12.77	16.16	13.90	10.16	10.84
12.71	11.76	12.34	12.89	15.00	10.00	9.91
8.07	8.04	7.94	8.95	10.95	7.64	7.31
2.27	2.28	2.20	2.20	2.20	2.20	2.20
10.54	8.39	9.68	10.19	12.11	8.17	8.31
4.20	5.29	5.10	5.32	5.44	5.04	5.21
15.06	14.68	14.84	16.28	16.78	11.78	10.91
13.25	14.25	13.99	13.01	17.99	12.33	11.77
39.75	41.43	43.12	44.64	49.49	52.97	59.57
43.63	46.61	50.10	52.90	57.78	61.22	63.65
77.91	78.54	83.44	86.39	93.46	102.88	96.40
89.56	86.96	90.87	93.04	95.65	89.57	85.43
37.34	40.16	43.23	45.93	56.20	59.91	63.33

統　　　計

フィリピン（2001-2016年）

	2001	2002	2003	2004	2005	2006	2007	2008
為替レート	対SDRレート							
市場レート（期末）	64.60	72.19	82.57	87.38	75.85	73.91	65.42	73.14
	対ドル・レート							
市場レート（期末）	51.40	53.10	55.57	56.27	53.07	49.13	41.40	47.49
市場レート（期中平均）	50.99	51.60	54.20	56.04	55.09	51.31	46.15	44.32
	指数（2010年=100，期中平均）							
市場レート	88.48	87.43	83.20	80.45	81.86	87.90	97.90	102.12
名目実効為替レート	108.31	106.79	96.83	90.18	90.91	97.04	104.59	103.71
実質実効為替レート（CPIベース）	85.43	85.75	78.43	75.07	79.04	87.26	94.48	97.34
IMFポジション	100万SDR（期末）							
クォータ	879.90	879.90	879.90	879.90	879.90	879.90	879.90	879.90
SDR	11.15	7.48	1.19	0.65	0.59	1.55	0.47	6.91
IMFリザーブポジション	87.18	87.28	87.36	87.43	87.49	87.55	87.60	87.66
内：IMF借入残高	・・・	・・・	・・・	・・・	・・・	・・・	・・・	・・・
IMFクレジット及び融資総残高	1,553.14	1,240.16	805.77	486.94	272.06			
SDR配分額	116.60	116.60	116.60	116.60	116.60	116.60	116.60	116.60
国際流動性	100万米ドル（他に断りのない限り，期末）							
総準備（金を除く）	13,476.30	13,329.30	13,654.90	13,116.30	15,926.00	20,025.40	30,210.60	33,192.90
SDR	14.02	10.17	1.77	1.00	0.84	2.33	0.74	10.65
IMFリザーブポジション	109.56	118.65	129.81	135.78	125.04	131.70	138.43	135.02
外国為替	13,352.70	13,200.50	13,523.30	12,979.50	15,800.10	19,891.40	30,071.40	33,047.20
金（100万ファイントロイオンス）	7.98	8.73	8.22	7.12	4.97	4.62	4.23	4.95
金（国内評価額）	2,216.17	3,035.85	3,408.19	3,112.07	2,568.38	2,941.30	3,540.61	4,357.93
中央銀行：その他資産	8.69	8.67	67.20	73.83	64.20	67.25	82.91	69.26
中央銀行：その他負債	4,886.07	4,332.06	4,403.37	3,226.24	2,176.84	1,063.80	813.23	2,187.09
中央銀行以外の預金取扱い機関：資産	7,811.79	8,185.36	8,485.38	9,893.86	13,293.80	15,396.50	16,511.40	15,926.80
中央銀行以外の預金取扱い機関：負債	5,714.44	5,611.03	5,655.20	6,533.30	8,374.77	8,541.50	9,334.46	8,602.56
中央銀行	10億ペソ（期末）							
対外資産（ネット）	452.52	543.99	631.35	684.20	839.76	1,068.83	1,359.81	1,680.07
非居住者向け信用	811.55	871.95	952.20	918.47	984.76	1,129.72	1,401.10	1,792.45
非居住者に対する負債	359.03	327.95	320.85	234.27	145.00	60.88	41.30	112.38
その他預金取扱い機関向け信用	55.38	32.38	51.84	35.78	25.57	24.29	21.36	53.28
中央政府向け信用（ネット）	111.32	131.48	87.34	81.61	27.37	132.09	176.01	204.83
中央政府向け信用	198.04	210.42	191.69	142.68	115.21	240.64	343.39	346.75
中央政府に対する負債	86.72	78.94	104.35	61.07	87.84	108.55	167.38	141.92
その他部門向け信用	30.63	57.41	85.21	85.34	80.30	90.06	79.19	82.70
その他金融機関向け信用	30.58	57.36	85.17	85.33	80.28	90.05	79.18	82.69
地方自治体向け信用								
非金融公的企業向け信用	0.04	0.04	0.04	0.01	0.01	0.01	0.01	0.01
民間部門向け信用								
マネタリーベース	323.47	369.79	389.77	427.80	467.59	719.03	848.79	961.47
流通通貨	245.00	271.70	294.78	322.47	336.56	384.49	433.85	545.10
その他預金取扱い機関に対する負債	73.50	90.66	86.27	95.49	120.54	331.94	412.38	414.38
その他部門に対する負債	4.97	7.43	8.72	9.85	10.49	2.60	2.55	1.99
その他預金取扱い機関に対するその他負債	95.68	127.49	171.65	143.25	216.72	337.96	419.81	428.30
預金及び証券（マネタリーベース除外分）	16.21	28.13	9.62	5.46	1.60	1.75	314.71	251.63
預金（広義流動性に含む）	16.08	27.99	9.48	5.35	1.51	1.71	22.73	14.41
証券（広義流動性に含まれる株式以外）								
預金（広義流動性から除外されたもの）	0.14	0.14	0.14	0.11	0.09	0.04	291.98	237.22
証券（広義流動性から除外される株式以外）								
貸出								
金融派生商品								
株式及びその他持ち分	198.18	236.73	287.13	314.03	312.85	277.72	77.15	388.08
その他（ネット）	16.30	3.13	-2.43	-3.62	-25.78	-21.19	-24.08	-8.61
注記項目：総資産	1,157.22	1,242.20	1,368.12	1,278.06	1,310.71	1,590.62	1,952.53	2,364.86
中央銀行以外の預金取扱い金融機関	10億ペソ（期末）							
対外資産（ネット）	107.81	136.69	157.27	189.09	261.04	336.80	297.13	347.79
非居住者向け信用	401.56	434.61	471.52	556.70	705.46	756.46	683.59	756.28
非居住者に対する負債	293.75	297.92	314.25	367.61	444.42	419.66	386.46	408.49
中央銀行に対する債権	208.99	231.63	220.23	210.14	302.02	696.94	847.03	836.10
現金通貨	62.65	61.09	65.82	69.76	69.72	79.07	89.06	112.12
準備預金及び証券	108.36	124.61	92.58	100.46	122.95	382.04	498.62	490.70
その他債権	37.98	45.93	61.83	39.93	109.35	235.83	259.35	233.28
中央政府向け信用（ネット）	478.59	541.97	602.45	751.40	695.60	635.02	617.51	692.65
中央政府向け信用	520.98	581.84	636.35	802.68	764.62	740.95	767.11	881.53
中央政府に対する負債	42.39	39.87	33.91	51.28	69.02	105.93	149.59	188.88
その他部門向け信用	1,559.38	1,582.16	1,696.30	1,845.72	1,879.29	2,168.56	2,459.63	2,682.85
その他金融機関向け信用						176.40	258.64	223.47
地方自治体向け信用	17.15	18.41	20.27	24.42	26.23	33.27	37.94	50.20
非金融公的企業向け信用	82.78	99.18	168.77	170.41	202.34	159.41	173.52	165.11
民間部門向け信用	1,459.45	1,464.57	1,507.26	1,650.90	1,650.72	1,799.44	1,989.52	2,244.08
中央銀行に対する負債	26.73	16.31	19.63	10.32	9.98	40.54	29.14	42.28
通貨性預金（広義流動性に含む）	198.84	262.33	284.16	311.37	348.67	493.12	593.38	648.41
その他預金（広義流動性に含む）	1,857.11	1,984.36	2,062.50	2,291.15	2,441.22	2,982.86	3,186.48	3,379.65
証券（広義流動性に含まれる株式以外）	12.09	5.14	11.12	13.86	12.91	18.68	19.88	111.09
預金（広義流動性から除外されたもの）	4.76	3.86	3.68	5.46	1.33			
証券（広義流動性から除外される株式以外）						7.35	22.39	13.96
貸出	11.29	17.13	9.32	10.37	8.52	10.01	4.23	
金融派生商品								7.73
保険契約準備金								
株式及びその他持ち分	527.48	561.13	585.44	601.42	582.62	589.81	651.26	624.00
その他（ネット）	-283.52	-357.82	-299.62	-247.58	-267.31	-305.05	-285.48	-267.72
注記項目：総資産	3,353.39	3,559.38	3,747.51	4,120.41	4,396.06	5,162.25	5,595.00	6,093.91

340

フィリピン

2009	2010	2011	2012	2013	2014	2015	2016
72.67	67.58	67.44	63.31	68.40	64.64	65.36	66.97
46.36	43.89	43.93	41.19	44.41	44.62	47.17	49.81
47.68	45.11	43.31	42.23	42.45	44.40	45.50	47.49
94.57	100.00	104.10	106.80	106.32	101.57	99.14	94.98
97.53	100.00	98.96	102.59	105.40	102.74	108.78	104.57
95.65	100.00	100.67	105.55	109.77	109.41	116.56	112.93
879.90	879.90	1,019.30	1,019.30	1,019.30	1,019.30	1,019.30	2,042.90
727.93	727.78	728.13	838.26	845.98	846.30	846.43	846.55
87.71	162.79	307.51	347.76	385.70	393.85	316.54	328.45
・・・	-	-	40.20	44.10	40.90	33.00	58.92
-	-	-	-	-	-	-	-
837.97	837.97	837.97	837.97	837.97	837.97	837.97	837.97
38,782.90	55,362.80	67,289.70	73,478.40	75,688.60	72,057.00	73,963.90	73,432.70
1,141.17	1,120.80	1,117.87	1,288.34	1,302.81	1,226.12	1,172.92	1,138.04
137.51	250.70	472.11	534.48	593.98	570.61	438.64	441.55
37,504.20	53,991.30	65,699.70	71,655.60	73,791.80	70,260.30	72,352.40	71,853.10
4.99	4.95	5.12	6.20	6.22	6.28	6.30	6.31
5,459.75	7,010.28	8,012.75	10,353.00	7,498.43	7,483.59	6,702.92	7,259.09
70.36	68.89	70.26	204.15	595.86	645.22	771.80	158.19
571.67	496.79	454.97	407.92	420.03	419.28	417.71	423.86
16,870.70	16,093.90	13,536.70	14,174.00	15,671.80	23,055.10	21,707.40	24,327.60
7,037.76	11,359.40	13,337.60	17,423.20	17,220.80	17,726.90	16,705.10	17,049.60
1,969.72	2,657.28	3,233.79	3,382.38	3,643.85	3,514.36	3,762.87	3,946.65
2,057.11	2,735.73	3,310.29	3,452.24	3,719.82	3,587.24	3,837.34	4,023.88
87.40	78.44	76.50	69.85	75.97	72.87	74.47	77.23
71.54	33.61	32.06	32.77	11.05	7.76	6.93	6.39
139.17	162.25	237.67	-59.86	-114.98	-107.08	-109.83	244.73
282.93	272.39	297.77	281.01	297.31	308.12	317.02	381.60
143.76	110.14	60.10	340.87	412.29	415.20	426.85	136.87
84.33	85.73	80.43	81.81	79.97	73.40	74.59	72.10
84.32	85.72	80.42	81.80	79.96	73.39	74.56	72.07
0.01	0.01	0.01	0.01	0.01	0.01	0.03	0.03
-	-	-	-	-	-	-	-
1,047.93	1,120.55	1,323.00	1,475.63	1,926.20	2,323.91	2,467.06	2,757.77
582.53	601.28	648.91	692.66	797.45	929.50	1,005.19	1,124.19
464.97	518.76	673.51	782.65	1,128.30	1,386.75	1,456.21	1,631.64
0.43	0.52	0.58	0.33	0.45	7.66	5.65	1.94
358.08	740.18	642.20	624.89	1,294.73	803.31	767.49	791.40
520.53	831.87	1,321.02	1,323.17	379.38	353.02	383.86	289.63
31.77	33.58	2.14	20.54	4.83	0.77	2.70	1.88
488.76	798.29	1,318.88	1,302.63	374.55	352.26	381.16	287.76
-	-	-	-	-	-	-	-
323.24	233.20	287.25	1.76	3.82	5.94	112.83	356.73
14.99	13.08	10.48	11.66	15.76	2.27	3.32	74.33
2,586.59	3,213.77	3,806.19	3,930.33	4,189.21	4,066.80	4,330.77	4,579.41
455.82	207.80	8.75	-133.83	-68.80	237.73	235.94	362.54
782.06	706.36	594.67	583.83	696.05	1,028.65	1,023.85	1,211.83
326.24	498.56	585.92	717.66	764.84	790.92	787.91	849.29
917.18	1,369.99	1,432.00	1,541.37	2,580.06	2,409.11	2,441.04	2,630.25
121.04	122.85	133.98	133.88	157.11	215.35	213.76	203.03
539.00	958.25	999.85	1,125.80	2,125.23	1,888.80	1,912.46	2,118.43
257.14	288.89	298.18	281.70	297.72	304.97	314.81	308.79
842.52	966.16	923.89	1,012.78	1,065.83	1,242.82	1,371.52	1,362.77
1,083.61	1,175.34	1,135.31	1,262.30	1,341.52	1,571.26	1,675.55	1,719.90
241.09	209.18	211.42	249.53	275.70	328.44	304.03	357.13
2,843.91	3,218.45	3,804.42	4,340.71	4,957.88	5,847.94	6,524.75	7,514.02
291.75	311.83	348.06	460.33	479.10	557.45	605.93	699.43
57.89	68.63	72.40	71.21	74.71	71.50	76.63	82.85
153.62	174.89	290.08	280.25	266.41	269.25	277.94	256.77
2,340.65	2,663.10	3,093.88	3,528.92	4,137.66	4,949.75	5,564.25	6,474.98
58.94	27.67	21.73	22.90	6.22	4.35	3.82	0.67
773.29	898.21	1,009.72	1,085.07	1,441.00	1,639.20	1,917.03	2,196.15
3,604.04	3,915.58	4,074.06	4,343.62	5,736.12	6,380.74	6,809.25	7,725.36
113.87	201.78	220.02	219.32	231.47	313.43	362.66	360.04
6.33	6.49	6.53	6.20	-	-	-	-
0.30	5.65	0.19	0.19	0.64	0.60	1.98	1.29
8.60	12.69	10.88	17.79	12.95	11.15	12.67	15.56
720.78	847.55	971.51	1,111.85	1,200.07	1,457.15	1,570.79	1,727.74
-226.72	-153.22	-145.57	-45.91	-93.51	-69.03	-104.96	-157.22
6,590.39	7,420.64	7,886.07	8,651.59	10,609.80	11,959.80	12,810.00	14,319.60

統　　計

フィリピン（2001-2016年）

		2001	2002	2003	2004	2005	2006	2007	2008
預金取扱い金融機関	10億ペソ（期末）								
対外資産（ネット）		560.33	680.68	788.62	873.29	1,100.80	1,405.63	1,656.94	2,027.86
非居住者向け信用		1,213.11	1,306.56	1,423.72	1,475.16	1,690.22	1,886.18	2,084.69	2,548.73
非居住者に対する負債		652.78	625.88	635.11	601.88	589.42	480.55	427.75	520.87
国内信用		2,179.92	2,313.02	2,471.31	2,764.07	2,682.55	3,025.72	3,332.34	3,663.04
中央政府向け信用（ネット）		589.91	673.45	689.79	833.00	722.96	767.11	793.53	897.48
中央政府向け信用		719.02	792.26	828.04	945.36	879.83	981.58	1,110.50	1,228.28
中央政府に対する負債		129.11	118.81	138.26	112.36	156.87	214.47	316.97	330.80
その他部門向け信用		1,590.01	1,639.57	1,781.52	1,931.06	1,959.58	2,258.62	2,538.81	2,765.56
その他金融機関向け信用		30.58	57.36	85.17	85.33	80.28	266.49	337.82	306.16
地方自治体向け信用		17.15	18.41	20.27	24.42	26.23	33.27	37.94	50.20
非金融公的企業向け信用		82.82	99.23	168.82	170.42	202.35	159.42	173.53	165.12
民間部門向け信用		1,459.45	1,464.57	1,507.26	1,650.90	1,650.72	1,799.45	1,989.52	2,244.08
広義流動性負債		2,271.43	2,497.86	2,604.95	2,884.28	3,081.63	3,804.39	4,169.82	4,588.51
預金取扱い金融機関以外の通貨		182.35	210.61	228.96	252.70	266.83	305.42	344.80	432.98
通貨性預金		218.87	272.66	299.47	323.28	359.91	496.46	596.44	651.32
その他預金		1,858.12	2,009.45	2,065.40	2,294.44	2,441.98	2,983.83	3,208.70	3,393.13
証券（株式を除く）		12.09	5.14	11.12	13.86	12.91	18.68	19.88	111.09
預金（広義流動性から除外されたもの）		4.90	4.00	3.83	5.57	1.42	0.04	291.98	237.22
証券（広義流動性に含まれる株式以外）		-	-	-	-	-	7.35	22.39	13.96
貸出		11.29	17.13	9.32	10.37	8.52	10.01	4.23	-
金融派生商品		-	-	-	-	-	-	-	7.73
保険契約準備金		-	-	-	-	-	-	-	-
株式及びその他持ち分		725.66	797.86	872.58	915.44	895.47	867.53	728.41	1,012.09
その他（ネット）		-273.03	-323.15	-230.75	-178.30	-203.70	-257.96	-227.57	-168.63
広義流動性負債（季節調整値）		2,220.88	2,443.60	2,551.24	2,826.98	3,019.02	3,689.10	4,039.91	4,436.64
貨幣集計量	10億ペソ（期末）								
広義流動性		・・・	・・・	・・・	・・・	・・・	3,804.39	4,169.82	4,588.51
中央政府発行通貨		・・・	・・・	・・・	・・・	・・・			
非金融会社の預金		・・・	・・・	・・・	・・・	・・・			
中央政府発行証券		・・・	・・・	・・・	・・・	・・・			
貨幣集計量（国内定義）	10億ペソ（期末）								
準備貨幣		312.87	356.08	374.56	410.54	446.81	694.11	825.37	940.23
狭義貨幣		387.99	470.06	510.27	556.42	605.35	752.97	861.98	1,070.83
準通貨		1,133.07	1,196.24	1,211.24	1,326.26	1,446.16	1,748.74	1,902.90	2,541.08
M3		1,525.03	1,669.66	1,724.97	1,883.76	2,052.55	2,510.73	2,773.16	3,668.43
M4		2,111.12	2,298.11	2,401.45	2,649.30	2,814.33	3,328.60	3,463.68	4,610.40
金利	年率（%）								
中央銀行政策金利		8.08	7.20	6.98	6.84	7.14	7.59	6.83	5.56
ディスカウント・レート		8.30	4.67	4.91	6.64	6.63	5.40	3.73	4.80
短期金融市場商品金利		9.75	7.15	6.97	7.05	7.31	7.84	7.02	5.48
財務省短期証券金利		9.73	5.49	5.87	7.32	6.13	5.29	3.38	5.17
貯蓄金利		7.65	4.24	4.21	4.26	3.76	3.56	2.20	2.22
貯蓄金利（外貨）		2.00	1.29	0.88	0.84	0.94	1.08	1.10	0.85
預金金利		8.74	4.61	5.22	6.18	5.56	5.29	3.70	4.49
預金金利（外貨）		3.80	2.32	1.91	1.92	2.41	3.21	3.26	2.19
貸出金利		12.40	9.14	9.47	10.08	10.18	9.78	8.69	8.75
政府債利回り		13.40	8.69	8.72	10.27	8.66	7.38	5.34	・・・
物価	指数（期中平均）								
生産者物価指数（2010年=100）		68.59	69.93	76.02	85.15	92.88	101.64	102.50	106.70
消費者物価指数（2010年=100）		67.05	68.88	70.46	73.86	78.67	82.99	85.39	92.45
輸出物価指数（2005年=100）		92.28	86.65	92.93	90.97	100.00	97.38	・・・	・・・
輸入物価指数（2005年=100）		82.90	83.48	86.59	87.61	100.00	112.32	・・・	・・・
GDPデフレーター（2010年=100）		66.84	69.62	71.85	75.82	80.23	84.20	86.81	93.36

フィリピン

2009	2010	2011	2012	2013	2014	2015	2016
2,425.53	2,865.08	3,242.54	3,248.55	3,575.05	3,752.10	3,998.80	4,309.18
2,839.17	3,442.09	3,904.96	4,036.06	4,415.87	4,615.89	4,861.19	5,235.71
413.64	577.01	662.42	787.52	840.81	863.79	862.38	926.52
3,909.93	4,432.59	5,046.41	5,375.44	5,988.69	7,057.08	7,861.03	9,193.61
981.70	1,128.41	1,161.55	952.92	950.85	1,135.74	1,261.69	1,607.50
1,366.54	1,447.73	1,433.08	1,543.31	1,638.83	1,879.37	1,992.57	2,101.50
384.85	319.32	271.53	590.39	687.99	743.64	730.88	494.00
2,928.24	3,304.18	3,884.85	4,422.52	5,037.84	5,921.34	6,599.33	7,586.12
376.07	397.55	428.48	542.13	559.06	630.84	680.48	771.49
57.89	68.63	72.40	71.21	74.71	71.50	76.63	82.85
153.63	174.90	290.09	280.26	266.42	269.26	277.97	256.80
2,340.65	2,663.10	3,093.88	3,528.92	4,137.66	4,949.75	5,564.25	6,474.98
4,984.89	5,528.09	5,821.45	6,227.66	8,054.21	9,055.95	9,888.72	11,206.50
461.49	478.43	514.93	558.78	640.34	714.15	791.43	921.16
773.88	899.32	1,010.44	1,085.52	1,441.57	1,647.02	1,922.78	2,198.16
3,635.64	3,948.57	4,076.06	4,364.04	5,740.82	6,381.34	6,811.85	7,727.16
113.87	201.78	220.02	219.32	231.47	313.43	362.66	360.04
488.76	798.29	1,318.88	1,302.63	374.55	352.26	381.16	287.76
6.33	6.49	6.53	6.20	-	-	-	-
0.30	5.65	0.19	0.19	0.64	0.60	1.98	1.29
8.60	12.69	10.88	17.79	12.95	11.15	12.67	15.56
1,044.02	1,080.75	1,258.76	1,113.61	1,203.89	1,463.10	1,683.62	2,084.47
-197.43	-134.29	-127.74	-44.08	-82.50	-73.88	-108.32	-92.79
4,807.37	5,319.63	5,595.06	5,988.70	7,758.18	8,747.29	9,571.71	10,860.30
4,984.89	5,528.09	5,821.45	6,227.66	8,054.21	9,055.95	9,888.72	11,206.50
-	-	-	-	-	-	-	-
1,046.80	1,119.67	1,322.79	1,475.33	1,926.20	2,323.90	2,467.06	2,757.77
1,216.92	1,345.93	1,492.40	1,603.48	2,045.19	2,319.20	2,667.61	3,069.61
2,672.65	2,960.29	3,093.93	3,482.20	4,648.38	5,076.47	5,399.66	6,068.29
3,973.97	4,396.81	4,674.26	5,171.69	6,925.04	7,709.11	8,429.93	9,497.93
4,999.90	5,446.78	5,680.35	6,162.89	8,054.21	9,055.95	9,888.72	11,206.50
・・・	4.10	4.60	3.60	3.52	3.69	4.00	3.42
3.92	3.88	4.35	3.90	3.51	3.72	4.08	3.94
4.54	4.20	4.56	4.03	2.38	2.23	2.53	2.52
4.16	3.51	1.34	1.50	0.29	1.22	1.74	1.50
2.07	1.60	1.62	1.34	0.84	0.63	0.71	0.72
0.52	0.39	0.36	0.31	0.24	0.22	0.19	0.18
2.74	3.22	3.39	3.16	1.66	1.23	1.59	1.60
1.43	1.08	0.94	0.94	0.80	0.72	0.69	0.66
8.57	7.67	6.66	5.68	5.77	5.53	5.58	5.64
・・・	・・・	・・・	・・・	・・・	・・・	・・・	・・・
105.23	100.00	100.91	100.37	92.76	91.91	85.82	81.65
96.35	100.00	104.65	107.97	111.20	115.77	117.43	119.50
・・・	・・・	・・・	・・・	・・・	・・・	・・・	・・・
95.95	100.00	104.02	106.07	108.24	111.66	111.00	112.84

統　計

ブータン（1948-2000年）

		1948	1949	1950	1951	1952	1953	1954	1955
為替レート	対SDRレート								
公定レート（期末）		3.32	4.77	4.77	4.80	4.77	4.77	4.81	4.78
	対ドル・レート								
公定レート（期末）		3.32	4.77	4.77	4.80	4.77	4.77	4.81	4.78
公定レート（期中平均）		3.31	3.67	4.76	4.76	4.76	4.76	4.76	4.76
IMFポジション	100万SDR（期末）								
クォータ		-	-	-	-	-	-	-	-
SDR		-	-	-	-	-	-	-	-
IMFリザーブポジション		-	-	-	-	-	-	-	-
IMFクレジット及び融資総残高		-	-	-	-	-	-	-	-
SDR配分額		-	-	-	-	-	-	-	-
国際流動性	100万米ドル（他に断りのない限り，期末）								
総準備（金を除く）		・・・	・・・	・・・	・・・	・・・	・・・	・・・	・・・
SDR		-	-	-	-	-	-	-	-
IMFリザーブポジション		-	-	-	-	-	-	-	-
外国為替		・・・	・・・	・・・	・・・	・・・	・・・	・・・	・・・
内：交換可能通貨		・・・	・・・	・・・	・・・	・・・	・・・	・・・	・・・
預金通貨銀行：資産		・・・	・・・	・・・	・・・	・・・	・・・	・・・	・・・
預金通貨銀行：負債		・・・	・・・	・・・	・・・	・・・	・・・	・・・	・・・
通貨当局	100万ニュルタム（期末）								
対外資産		・・・	・・・	・・・	・・・	・・・	・・・	・・・	・・・
中央政府向け信用		・・・	・・・	・・・	・・・	・・・	・・・	・・・	・・・
預金通貨銀行向け信用		・・・	・・・	・・・	・・・	・・・	・・・	・・・	・・・
その他金融機関向け信用		・・・	・・・	・・・	・・・	・・・	・・・	・・・	・・・
準備貨幣		・・・	・・・	・・・	・・・	・・・	・・・	・・・	・・・
内：預金通貨銀行以外の現金通貨		・・・	・・・	・・・	・・・	・・・	・・・	・・・	・・・
債券		・・・	・・・	・・・	・・・	・・・	・・・	・・・	・・・
対外負債		・・・	・・・	・・・	・・・	・・・	・・・	・・・	・・・
中央政府預金		・・・	・・・	・・・	・・・	・・・	・・・	・・・	・・・
その他（ネット）		・・・	・・・	・・・	・・・	・・・	・・・	・・・	・・・
内：評価調整額		・・・	・・・	・・・	・・・	・・・	・・・	・・・	・・・
預金通貨銀行	100万ニュルタム（期末）								
準備		・・・	・・・	・・・	・・・	・・・	・・・	・・・	・・・
対外資産		・・・	・・・	・・・	・・・	・・・	・・・	・・・	・・・
中央政府向け信用		・・・	・・・	・・・	・・・	・・・	・・・	・・・	・・・
非金融公的企業向け信用		・・・	・・・	・・・	・・・	・・・	・・・	・・・	・・・
民間部門向け信用		・・・	・・・	・・・	・・・	・・・	・・・	・・・	・・・
要求払い預金		・・・	・・・	・・・	・・・	・・・	・・・	・・・	・・・
定期性預金及び外貨預金		・・・	・・・	・・・	・・・	・・・	・・・	・・・	・・・
対外負債		・・・	・・・	・・・	・・・	・・・	・・・	・・・	・・・
中央政府預金		・・・	・・・	・・・	・・・	・・・	・・・	・・・	・・・
資本勘定		・・・	・・・	・・・	・・・	・・・	・・・	・・・	・・・
その他（ネット）		・・・	・・・	・・・	・・・	・・・	・・・	・・・	・・・
マネタリー・サーベイ	100万ニュルタム（期末）								
対外資産（ネット）		・・・	・・・	・・・	・・・	・・・	・・・	・・・	・・・
国内信用		・・・	・・・	・・・	・・・	・・・	・・・	・・・	・・・
中央政府向け信用（ネット）		・・・	・・・	・・・	・・・	・・・	・・・	・・・	・・・
非金融公的企業向け信用		・・・	・・・	・・・	・・・	・・・	・・・	・・・	・・・
民間部門向け信用		・・・	・・・	・・・	・・・	・・・	・・・	・・・	・・・
その他金融機関向け信用		・・・	・・・	・・・	・・・	・・・	・・・	・・・	・・・
現金・預金通貨		・・・	・・・	・・・	・・・	・・・	・・・	・・・	・・・
準通貨		・・・	・・・	・・・	・・・	・・・	・・・	・・・	・・・
その他（ネット）		・・・	・・・	・・・	・・・	・・・	・・・	・・・	・・・
現金・預金通貨（季節調整値）		・・・	・・・	・・・	・・・	・・・	・・・	・・・	・・・
現金・預金通貨＋準通貨		・・・	・・・	・・・	・・・	・・・	・・・	・・・	・・・
金利	年率（％）								
預金金利		・・・	・・・	・・・	・・・	・・・	・・・	・・・	・・・
貸出金利		・・・	・・・	・・・	・・・	・・・	・・・	・・・	・・・
物価	指数（2010年=100，期中平均）								
消費者物価指数		・・・	・・・	・・・	・・・	・・・	・・・	・・・	・・・
GDPデフレーター		・・・	・・・	・・・	・・・	・・・	・・・	・・・	・・・

ブータン

1956	1957	1958	1959	1960	1961	1962	1963	1964	1965	1966
4.80	4.77	4.78	4.78	4.77	4.76	4.77	4.78	4.79	4.77	7.58
4.80	4.77	4.78	4.78	4.77	4.76	4.77	4.78	4.79	4.77	7.58
4.76	4.76	4.76	4.76	4.76	4.76	4.76	4.76	4.76	4.76	6.36
-	-	-	-	-	-	-	-	-	-	-
-	-	-	-	-	-	-	-	-	-	-
-	-	-	-	-	-	-	-	-	-	-
...	...	...	...	...	...	...	...	...	...	...
-	-	-	-	-	-	-	-	-		
...	...	...	...	...	...	...	...	...	...	...
...	...	...	...	...	...	...	...	...	...	...
...	...	...	...	...	...	...	...	...	...	...
...	...	...	...	...	...	...	...	...	...	...
...	...	...	...	...	...	...	...	...	...	...
...	...	...	...	...	...	...	...	...	...	...
...	...	...	...	...	...	...	...	...	...	...
...	...	...	...	...	...	...	...	...	...	...
...	...	...	...	...	...	...	...	...	...	...
...	...	...	...	...	...	...	...	...	...	...
...	...	...	...	...	...	...	...	...	...	...
...	...	...	...	...	...	...	...	...	...	...
...	...	...	...	...	...	...	...	...	...	...
...	...	...	...	...	...	...	...	...	...	...
...	...	...	...	...	...	...	...	...	...	...
...	...	...	...	...	...	...	...	...	...	...
...	...	...	...	...	...	...	...	...	...	...
...	...	...	...	...	...	...	...	...	...	...
...	...	...	...	...	...	...	...	...	...	...
...	...	...	...	...	...	...	...	...	...	...
...	...	...	...	...	...	...	...	...	...	...
...	...	...	...	...	...	...	...	...	...	...
...	...	...	...	...	...	...	...	...	...	...
...	...	...	...	...	...	...	...	...	...	...
...	...	...	...	...	...	...	...	...	...	...
...	...	...	...	...	...	...	...	...	...	...
...	...	...	...	...	...	...	...	...	...	...
...	...	...	...	...	...	...	...	...	...	...
...	...	...	...	...	...	...	...	...	...	...
...	...	...	...	...	...	...	...	...	...	...

統　　計

ブータン（1948-2000年）

	1967	1968	1969	1970	1971	1972	1973	1974
為替レート	対SDRレート							
公定レート（期末）	7.55	7.63	7.56	7.58	7.90	8.77	9.90	9.98
	対ドル・レート							
公定レート（期末）	7.55	7.63	7.56	7.58	7.28	8.08	8.20	8.15
公定レート（期中平均）	7.50	7.50	7.50	7.50	7.49	7.59	7.74	8.10
IMFポジション	100万SDR（期末）							
クォータ	-	-	-	-	-	-	-	-
SDR	-	-	-	-	-	-	-	-
IMFリザーブポジション	-	-	-	-	-	-	-	-
IMFクレジット及び融資総残高	-	-	-	-	-	-	-	-
SDR配分額	-	-	-	-	-	-	-	-
国際流動性	100万米ドル（他に断りのない限り，期末）							
総準備（金を除く）	...	...	...	...	...	...	...	...
SDR	-	-	-	-	-	-	-	-
IMFリザーブポジション	-	-	-	-	-	-	-	-
外国為替	...	...	...	...	...	...	...	...
内：交換可能通貨	...	...	...	...	...	...	...	...
預金通貨銀行：資産	...	...	...	...	...	...	...	...
預金通貨銀行：負債	...	...	...	...	...	...	...	...
通貨当局	100万ニュルタム（期末）							
対外資産	...	...	...	...	...	...	...	...
中央政府向け信用	...	...	...	...	...	...	...	...
預金通貨銀行向け信用	...	...	...	...	...	...	...	...
その他金融機関向け信用	...	...	...	...	...	...	...	...
準備貨幣	...	...	...	...	...	...	...	...
内：預金通貨銀行以外の現金通貨	...	...	...	...	...	...	...	...
債券	...	...	...	...	...	...	...	...
対外負債	...	...	...	...	...	...	...	...
中央政府預金	...	...	...	...	...	...	...	...
その他（ネット）	...	...	...	...	...	...	...	...
内：評価調整額	...	...	...	...	...	...	...	...
預金通貨銀行	100万ニュルタム（期末）							
準備	...	...	...	...	...	...	...	...
対外資産	...	...	...	...	...	...	...	...
中央政府向け信用	...	...	...	...	...	...	...	...
非金融公的企業向け信用	...	...	...	...	...	...	...	...
民間部門向け信用	...	...	...	...	...	...	...	...
要求払い預金	...	...	...	...	...	...	...	...
定期性預金及び外貨預金	...	...	...	...	...	...	...	...
対外負債	...	...	...	...	...	...	...	...
中央政府預金	...	...	...	...	...	...	...	...
資本勘定	...	...	...	...	...	...	...	...
その他（ネット）	...	...	...	...	...	...	...	...
マネタリー・サーベイ	100万ニュルタム（期末）							
対外資産（ネット）	...	...	...	...	...	...	...	...
国内信用	...	...	...	...	...	...	...	...
中央政府向け信用（ネット）	...	...	...	...	...	...	...	...
非金融公的企業向け信用	...	...	...	...	...	...	...	...
民間部門向け信用	...	...	...	...	...	...	...	...
その他金融機関向け信用	...	...	...	...	...	...	...	...
現金・預金通貨	...	...	...	...	...	...	...	...
準通貨	...	...	...	...	...	...	...	...
その他（ネット）	...	...	...	...	...	...	...	...
現金・預金通貨（季節調整値）	...	...	...	...	...	...	...	...
現金・預金通貨＋準通貨	...	...	...	...	...	...	...	...
金利	年率（%）							
預金金利	...	...	...	...	...	...	...	...
貸出金利	...	...	...	...	...	...	...	...
物価	指数（2010年=100，期中平均）							
消費者物価指数	...	...	...	...	...	...	...	...
GDPデフレーター	...	...	...	...	...	...	...	...

ブータン

1975	1976	1977	1978	1979	1980	1981	1982	1983	1984	1985
10.46	10.32	9.97	10.67	10.42	10.11	10.59	10.63	10.99	12.21	13.36
8.94	8.88	8.21	8.19	7.91	7.93	9.10	9.63	10.49	12.45	12.17
8.38	8.96	8.74	8.19	8.13	7.86	8.66	9.46	10.10	11.36	12.37
-	-	-	-	-	-	1.70	1.70	1.70	2.50	2.50
								0.02	0.05	0.08
-	-	-	-	-	-	-	0.37	0.37	0.57	0.57
-	-	-	-	-	-	-	-	-	-	-
・・・	・・・	・・・	・・・	・・・	・・・	・・・	・・・	35.48	43.05	53.32
-	-	-	-	-	-	-	-	0.02	0.05	0.09
・・・	・・・	・・・	・・・	・・・	・・・	・・・	0.41	0.39	0.56	0.63
・・・	・・・	・・・	・・・	・・・	・・・	31.11	35.10	39.81	44.21	49.59
・・・	・・・	・・・	・・・	・・・	・・・	・・・	・・・	4.22	7.12	17.42
・・・	・・・	・・・	・・・	・・・	・・・	・・・	・・・	30.58	34.78	34.60
・・・	・・・	・・・	・・・	・・・	・・・	・・・	・・・	2.53	3.68	4.38
・・・	・・・	・・・	・・・	・・・	・・・	・・・	・・・	51.40	102.90	227.80
・・・	・・・	・・・	・・・	・・・	・・・	・・・	・・・	・・・	・・・	・・・
・・・	・・・	・・・	・・・	・・・	・・・	・・・	・・・	-	14.00	16.20
・・・	・・・	・・・	・・・	・・・	・・・	・・・	・・・	39.20	85.20	203.70
・・・	・・・	・・・	・・・	・・・	・・・	・・・	・・・	22.10	46.20	70.40
・・・	・・・	・・・	・・・	・・・	・・・	・・・	・・・	・・・	・・・	・・・
・・・	・・・	・・・	・・・	・・・	・・・	・・・	・・・	13.00	23.90	22.20
・・・	・・・	・・・	・・・	・・・	・・・	・・・	・・・	-0.90	7.80	18.00
・・・	・・・	・・・	・・・	・・・	・・・	・・・	・・・	・・・	・・・	・・・
・・・	・・・	・・・	・・・	・・・	・・・	・・・	・・・	9.20	13.30	119.30
・・・	・・・	・・・	・・・	・・・	・・・	・・・	・・・	320.90	433.10	420.90
・・・	・・・	・・・	・・・	・・・	・・・	・・・	・・・	23.00	58.60	119.60
・・・	・・・	・・・	・・・	・・・	・・・	・・・	・・・	57.30	41.30	26.60
・・・	・・・	・・・	・・・	・・・	・・・	・・・	・・・	43.10	57.80	55.40
・・・	・・・	・・・	・・・	・・・	・・・	・・・	・・・	155.10	163.60	191.30
・・・	・・・	・・・	・・・	・・・	・・・	・・・	・・・	147.40	157.20	202.30
・・・	・・・	・・・	・・・	・・・	・・・	・・・	・・・	26.60	45.80	53.30
・・・	・・・	・・・	・・・	・・・	・・・	・・・	・・・	-	88.70	77.70
・・・	・・・	・・・	・・・	・・・	・・・	・・・	・・・	121.00	111.10	132.60
・・・	・・・	・・・	・・・	・・・	・・・	・・・	・・・	3.50	37.80	84.80
・・・	・・・	・・・	・・・	・・・	・・・	・・・	・・・	345.70	490.20	595.40
・・・	・・・	・・・	・・・	・・・	・・・	・・・	・・・	110.40	59.10	117.90
・・・	・・・	・・・	・・・	・・・	・・・	・・・	・・・	10.00	-54.00	19.70
・・・	・・・	・・・	・・・	・・・	・・・	・・・	・・・	57.30	41.30	26.60
・・・	・・・	・・・	・・・	・・・	・・・	・・・	・・・	43.10	57.80	55.40
・・・	・・・	・・・	・・・	・・・	・・・	・・・	・・・	-	14.00	16.20
・・・	・・・	・・・	・・・	・・・	・・・	・・・	・・・	177.20	209.80	261.70
・・・	・・・	・・・	・・・	・・・	・・・	・・・	・・・	147.40	157.20	202.30
・・・	・・・	・・・	・・・	・・・	・・・	・・・	・・・	131.50	182.40	249.40
・・・	・・・	・・・	・・・	・・・	・・・	・・・	・・・	157.51	187.66	237.05
・・・	・・・	・・・	・・・	・・・	・・・	・・・	・・・	324.60	367.00	464.00
・・・	・・・	・・・	・・・	・・・	・・・	・・・	・・・	5.50	5.50	6.08
・・・	・・・	・・・	・・・	・・・	・・・	・・・	・・・	15.00	15.00	15.00
・・・	・・・	・・・	・・・	・・・	13.94	15.33	16.84	19.88	21.28	21.68
・・・	・・・	・・・	・・・	・・・	15.63	16.61	18.44	20.08	22.09	24.20

統　　計

ブータン（1948-2000年）

	1986	1987	1988	1989	1990	1991	1992	1993
為替レート	対SDRレート							
公定レート（期末）	16.05	18.27	20.12	22.39	25.71	36.95	36.03	43.10
	対ドル・レート							
公定レート（期末）	13.12	12.88	14.95	17.04	18.07	25.83	26.20	31.38
公定レート（期中平均）	12.61	12.96	13.92	16.23	17.51	22.74	25.92	30.49
IMFポジション	100万SDR（期末）							
クォータ	2.50	2.50	2.50	2.50	2.50	2.50	4.50	4.50
SDR	0.11	0.14	0.16	0.20	0.25	0.30	0.34	0.38
IMFリザーブポジション	0.57	0.57	0.57	0.57	0.57	0.57	0.57	0.57
IMFクレジット及び融資総残高	-	-	-	-	-	-	-	-
SDR配分額	-	-	-	-	-	-	-	-
国際流動性	100万米ドル（他に断りのない限り，期末）							
総準備（金を除く）	61.00	86.95	95.68	90.03	88.83	101.30	85.12	97.96
SDR	0.13	0.20	0.22	0.26	0.36	0.43	0.47	0.52
IMFリザーブポジション	0.70	0.81	0.77	0.75	0.81	0.82	0.78	0.78
外国為替	60.17	83.54	91.69	85.31	84.85	97.68	76.62	96.66
内：交換可能通貨	21.59	35.26	44.57	46.39	61.29	85.44	75.29	94.77
預金通貨銀行：資産	33.06	49.46	49.09	40.67	25.50	13.50	8.11	13.84
預金通貨銀行：負債	2.84	3.32	3.08	5.13	6.53	5.30	13.63	18.09
通貨当局	100万ニュルタム（期末）							
対外資産	303.60	482.70	696.60	840.70	1,144.80	2,268.10	2,027.20	2,944.70
中央政府向け信用	・・・	・・・	・・・	・・・	・・・	・・・	・・・	73.70
預金通貨銀行向け信用	・・・	・・・	・・・	・・・	・・・	・・・	・・・	107.80
その他金融機関向け信用	16.80	23.80	23.90	29.90	38.60	47.70	43.70	
準備貨幣	259.20	432.60	384.30	691.20	1,259.60	1,592.70	1,256.50	1,931.20
内：預金通貨銀行以外の現金通貨	90.70	103.50	149.10	188.10	194.10	246.00	345.00	334.80
債券	・・・	・・・	・・・	・・・	・・・	・・・	・・・	・・・
対外負債	・・・	・・・	・・・	・・・	・・・	・・・	・・・	・・・
中央政府預金	19.40	9.40	180.30	77.50	64.90	116.40	20.20	25.40
その他（ネット）	41.62	64.55	155.82	101.82	-141.10	606.70	794.17	1,169.50
内：評価調整額	・・・	・・・	・・・	・・・	・・・	・・・	・・・	・・・
預金通貨銀行	100万ニュルタム（期末）							
準備	143.10	310.40	244.20	501.70	1,009.40	1,252.80	827.87	1,001.20
対外資産	433.80	636.90	733.80	692.90	460.80	348.80	212.60	434.30
中央政府向け信用	104.20	11.80	2.90	2.50	2.60	2.60	2.50	2.30
非金融公的企業向け信用	19.60	13.60	32.40	27.63	53.20	64.80	770.20	795.60
民間部門向け信用	67.30	82.30	115.90	192.20	215.90	306.10	425.70	488.80
要求払い預金	186.30	213.30	263.00	358.20	345.40	503.70	495.90	487.10
定期性預金及び外貨預金	221.60	235.70	311.60	430.20	539.30	648.20	746.10	1,120.10
対外負債	37.30	42.70	46.00	87.40	118.10	137.00	357.20	567.80
中央政府預金	117.80	307.10	221.40	201.80	299.10	314.50	200.30	311.30
資本勘定	150.10	175.90	176.90	229.20	240.10	236.03	533.90	329.60
その他（ネット）	54.78	80.26	110.34	109.94	199.80	135.70	-94.50	-89.50
マネタリー・サーベイ	100万ニュルタム（期末）							
対外資産（ネット）	700.10	1,076.90	1,384.40	1,446.20	1,487.50	2,479.90	1,882.60	2,811.20
国内信用	70.70	-185.00	-226.60	-27.07	-53.70	-9.70	1,021.60	1,023.70
中央政府向け信用（ネット）	-33.00	-304.70	-398.80	-276.80	-361.40	-428.30	-218.00	-260.70
非金融公的企業向け信用	19.60	13.60	32.40	27.63	53.20	64.80	770.20	795.60
民間部門向け信用	67.30	82.30	115.90	192.20	215.90	306.10	425.70	488.80
その他金融機関向け信用	16.80	23.80	23.90	29.90	38.60	47.70	43.70	
現金・預金通貨	277.00	316.80	412.10	546.30	539.50	749.70	840.90	821.90
準通貨	221.60	235.70	311.60	430.20	539.30	648.20	746.10	1,120.10
その他（ネット）	271.90	339.41	434.06	442.36	354.90	1,072.33	1,317.20	1,897.00
現金・預金通貨（季節調整値）	265.84	304.91	398.55	532.46	527.89	735.00	779.33	768.85
現金・預金通貨＋準通貨	498.60	552.50	723.70	976.50	1,078.80	1,397.90	1,587.00	1,942.00
金利	年率（％）							
預金金利	6.50	6.50	6.50	6.50	6.50	6.50	8.00	8.00
貸出金利	15.00	15.00	15.00	15.00	15.00	15.00	17.00	17.00
物価	指数（2010年=100，期中平均）							
消費者物価指数	23.84	25.35	27.91	30.36	33.40	37.50	43.49	48.36
GDPデフレーター	25.72	28.14	30.34	32.30	25.97	29.49	33.66	36.47

348

ブータン

	1994	1995	1996	1997	1998	1999	2000
	45.81	52.29	51.67	53.00	59.81	59.69	60.91
	31.38	35.18	35.93	39.28	42.48	43.49	46.75
	31.37	32.43	35.43	36.31	41.26	43.06	44.94
	4.50	4.50	4.50	4.50	4.50	6.30	6.30
	0.40	0.44	0.47	0.50	0.54	0.13	0.17
	0.57	0.57	0.57	0.57	0.57	1.02	1.02
	-	-	-	-	-	-	-
	121.40	130.46	190.07	188.72	256.80	292.29	317.63
	0.59	0.65	0.68	0.68	0.76	0.18	0.23
	0.83	0.85	0.82	0.77	0.80	1.40	1.33
	113.78	122.79	182.49	179.74	248.07	272.82	293.79
	110.39	121.00	144.87	147.73	182.38	195.56	213.32
	8.88	7.17	43.01	38.86	72.22	93.24	100.88
	3,533.20	4,337.10	5,283.88	6,064.50	8,022.00	8,841.00	10,357.00
		50.00		51.00			
	6.90	2.80	307.64	2.50	1,193.00	1,188.00	893.00
	55.00	5.00	5.00	5.00			
	1,286.60	2,149.40	2,328.47	2,544.60	3,954.00	4,971.00	6,022.00
	347.80	432.50	422.52	721.00	769.00	969.00	1,270.00
	600.00	550.00	1,000.00	681.10	560.00	487.00	410.00
	616.80	161.00	250.00	250.00			
	29.80	28.60	333.71	27.90	1,207.00	1,234.00	918.00
	1,062.10	1,506.00	1,685.22	2,618.90	3,244.00	3,335.00	3,901.00
	· · ·	1,451.10	1,652.50	2,012.50	1,905.00	1,610.00	1,780.00
	1,416.40	2,382.40	2,085.25	3,008.90	2,901.00	3,675.00	4,669.00
	278.50	252.40	1,545.38	1,526.30	3,068.00	4,055.00	4,716.00
	4.60	1.50	100.00	200.60	50.00	50.00	50.00
	560.80	534.60	483.70	449.10	411.00	372.00	333.00
	723.90	750.70	748.33	1,472.40	1,472.00	1,490.00	1,748.00
	696.50	889.90	1,651.61	1,447.20	1,860.00	2,755.00	2,669.00
	1,351.00	1,926.40	1,465.47	3,457.70	3,782.00	4,741.00	5,996.00
	139.50	344.00	458.75	209.10	322.00	914.00	631.00
	323.60	371.00	371.12	539.30	561.00	633.00	756.00
	473.40	390.30	1,015.51	1,006.60	1,365.00	599.00	1,463.00
	3,194.90	4,428.50	6,579.26	7,340.80	10,840.00	12,896.00	15,074.00
	1,175.00	969.20	544.57	1,941.10	404.00	-236.00	581.00
	-164.70	-321.10	-692.46	14.60	-1,480.00	-2,098.00	-1,499.00
	560.80	534.60	483.70	449.10	411.00	372.00	333.00
	723.90	750.70	748.33	1,472.40	1,472.00	1,490.00	1,748.00
	55.00	5.00	5.00	5.00			
	1,044.30	1,322.40	2,074.13	2,168.20	2,629.00	3,724.00	3,939.00
	1,351.00	1,926.40	1,465.47	3,457.70	3,782.00	4,741.00	5,996.00
	1,974.60	2,149.00	3,584.91	3,658.10	4,823.00	4,193.00	5,719.00
	976.89	1,160.00	1,819.41	1,901.93	· · ·	· · ·	· · ·
	2,395.30	3,248.80	3,539.60	5,625.90	6,411.00	8,465.00	9,935.00
	8.00	8.00	· · ·	· · ·	· · ·	· · ·	· · ·
	16.58	16.00	· · ·	· · ·	· · ·	· · ·	· · ·
	51.75	56.66	61.64	65.65	72.60	77.52	80.63
	40.47	43.87	47.86	50.01	55.54	55.95	60.92

統　　　計

ブータン（2001-2016年）

	2001	2002	2003	2004	2005	2006	2007	2008
為替レート	対SDRレート							
公定レート（期末）	60.55	65.30	67.77	67.69	64.41	66.56	62.29	74.63
	対ドル・レート							
公定レート（期末）	48.18	48.03	45.61	43.59	45.07	44.25	39.42	48.46
公定レート（期中平均）	47.19	48.61	46.58	45.32	44.10	45.31	41.35	43.51
IMFポジション	100万SDR（期末）							
クォータ	6.30	6.30	6.30	6.30	6.30	6.30	6.30	6.30
SDR	0.21	0.23	0.25	0.27	0.30	0.33	0.38	0.42
IMFリザーブポジション	1.02	1.02	1.02	1.02	1.02	1.02	1.02	1.02
内：IMF借入残高	・・・	・・・	・・・	・・・	・・・	・・・	・・・	・・・
IMFクレジット及び融資総残高	-	-	-	-	-	-	-	-
SDR配分額	-	-	-	-	-	-	-	-
国際流動性	100万米ドル（他に断りのない限り，期末）							
総準備（金を除く）	323.36	354.95	366.60	398.62	467.43	545.33	699.05	764.80
SDR	0.27	0.32	0.37	0.42	0.42	0.50	0.60	0.65
IMFリザーブポジション	1.28	1.39	1.52	1.58	1.46	1.54	1.61	1.57
外国為替	321.82	353.24	364.71	396.62	465.55	543.29	696.84	762.58
内：交換可能通貨	230.94	258.16	286.30	271.65	359.49	457.72	594.73	681.37
中央銀行：その他資産	34.61	36.13	42.25	50.36	2.83	4.38	4.65	7.51
中央銀行：その他負債	0.98	2.45	0.47	0.47	0.47	2.21	60.51	59.76
中央銀行以外の預金取扱い機関：資産	106.89	110.45	107.53	99.27	89.15	136.23	81.91	50.31
中央銀行以外の預金取扱い機関：負債	20.20							
その他金融機関：資産	・・・	・・・	0.11	0.08	0.21	0.24	0.19	0.64
その他金融機関：負債	-	-	-	-	-	-	-	-
中央銀行	100万ニュルタム（期末）							
対外資産（ネット）	10,465.50	11,647.40	11,833.00	12,944.10	16,937.80	17,911.70	21,916.70	30,352.30
非居住者向け信用	10,512.60	11,765.10	11,854.30	12,964.70	16,958.90	18,009.50	24,301.70	33,247.90
非居住者に対する負債	47.07	117.69	21.32	20.57	21.03	97.76	2,385.05	2,895.57
その他預金取扱い機関向け信用	293.17	194.26	303.48	895.38	768.29	103.06	157.43	114.62
中央政府向け信用（ネット）	-395.40	-89.85	-406.46	-1,051.59	-736.54	-1,495.69	-3,005.27	-7,662.26
中央政府向け信用		127.00	56.00	37.00	100.00			
中央政府に対する負債	395.40	216.85	462.46	1,088.59	836.54	1,495.69	3,005.27	7,662.26
その他部門向け信用	1.88	1.18	1.78	0.71	0.46	9.92	11.47	16.80
その他金融機関向け信用								
地方自治体向け信用								
非金融公的企業向け信用								
民間部門向け信用	1.88	1.18	1.78	0.71	0.46	9.92	11.47	16.80
マネタリーベース	6,073.67	6,809.66	8,280.96	9,222.48	12,732.50	12,284.80	14,517.60	15,785.00
流通通貨	1,664.41	1,705.31	1,865.03	2,142.73	2,518.87	2,908.34	4,070.04	4,816.25
その他預金取扱い機関に対する負債	4,409.26	5,104.35	6,415.93	7,079.75	10,213.70	9,376.47	10,445.60	10,968.70
その他部門に対する負債							2.00	
その他預金取扱い機関に対するその他負債	910.00	1,100.00		200.00	100.00	99.99	1,999.99	999.99
預金及び証券（マネタリーベース除外分）	-	-	-	-	-	-	-	-
預金（広義流動性に含む）	-	-	-	-	-	-	-	-
証券（広義流動性に含まれる株式以外）	-	-	-	-	-	-	-	-
預金（広義流動性から除外されたもの）	-	-	-	-	-	-	-	-
証券（広義流動性から除外される株式以外）	-	-	-	-	-	-	-	-
貸出	-	-	-	-	-	-	-	-
金融派生商品	-	-	-	-	-	-	-	-
株式及びその他持ち分	3,718.70	4,208.26	3,624.73	3,531.17	4,352.49	4,386.67	4,122.36	6,778.23
その他（ネット）	-337.21	-364.89	-173.94	-165.03	-215.00	-242.47	-1,559.86	-741.72
注記項目：総資産	11,146.90	12,453.60	12,390.50	14,063.90	18,393.30	18,716.30	26,361.00	34,466.00
中央銀行以外の預金取扱い金融機関	100万ニュルタム（期末）							
対外資産（ネット）	4,176.45	5,305.01	4,903.88	4,326.81	4,017.39	6,027.69	3,228.56	2,437.73
非居住者向け信用	5,149.85	5,305.01	4,903.88	4,326.81	4,017.39	6,027.69	3,228.56	2,437.73
非居住者に対する負債	973.40							
中央銀行に対する債権	4,923.61	5,384.78	6,342.42	6,409.87	9,324.68	9,792.34	11,500.10	14,631.50
現金通貨	54.57	57.05	62.73	70.51	114.46	145.47	840.91	719.03
準備預金及び証券	3,964.20	5,327.73	6,279.69	6,339.36	9,210.22	9,646.87	10,659.20	13,912.50
その他債権	904.84							
中央政府向け信用（ネット）	-967.81	1,862.63	371.92	2,192.03	469.12	116.07	284.66	59.29
中央政府向け信用	320.00	1,862.63	371.92	2,192.03	469.12	116.07	284.66	59.29
中央政府に対する負債	1,287.81							
その他部門向け信用	2,793.18	3,662.57	5,396.12	6,676.55	8,131.82	10,597.70	13,661.90	18,360.40
その他金融機関向け信用	322.72	185.28	306.23	196.31	269.24	487.90	518.03	555.22
地方自治体向け信用								
非金融公的企業向け信用	273.49	578.33	1,329.69	1,444.54	1,337.62	1,411.60	1,572.21	1,419.93
民間部門向け信用	2,196.97	2,898.96	3,760.21	5,035.71	6,524.96	8,698.18	11,571.70	16,385.30
中央銀行に対する負債	-	-	-	-	-	-	-	-
通貨性預金（広義流動性に含む）	3,447.43	6,383.96	5,943.42	6,827.72	7,837.06	9,798.61	14,254.90	12,407.30
その他預金（広義流動性に含む）	5,658.28	7,303.50	8,369.21	9,821.26	10,911.50	12,539.20	10,570.40	18,894.60
証券（広義流動性に含まれる株式以外）	-	-	-	-	-	-	-	-
預金（広義流動性から除外されたもの）	-	-	-	-	-	-	-	-
証券（広義流動性から除外される株式以外）	-	-	-	-	-	-	-	-
貸出	-	-	-	-	-	-	-	-
金融派生商品	-	-	-	-	-	-	-	-
保険契約準備金	-	-	-	-	-	-	-	-
株式及びその他持ち分	989.54	1,102.54	1,637.70	1,823.66	2,029.39	2,272.66	2,581.13	3,039.58
その他（ネット）	830.09	1,425.00	1,064.02	1,132.63	1,165.09	1,923.28	1,268.72	1,147.42
注記項目：総資産	13,629.50	16,797.50	17,640.30	20,316.70	22,520.20	27,328.20	30,441.30	38,051.60

ブータン

2009	2010	2011	2012	2013	2014	2015	2016
73.18	69.01	81.77	84.19	95.32	91.76	91.91	91.35
46.68	44.81	53.26	54.78	61.90	63.33	66.33	67.95
48.41	45.73	46.67	53.44	58.60	61.03	64.15	67.20
6.30	6.30	6.30	6.30	6.30	6.30	6.30	20.40
6.42	6.42	6.43	6.43	6.43	6.43	6.43	5.99
1.02	1.02	1.02	1.02	1.02	1.02	1.02	4.55
...	-	-	-	-	-	-	-
5.99	5.99	5.99	5.99	5.99	5.99	5.99	5.99
890.89	1,002.14	789.64	954.68	991.31	1,245.09	1,103.18	1,127.28
10.06	9.89	9.87	9.88	9.90	9.32	8.91	8.06
1.60	1.57	1.57	1.57	1.57	1.48	1.41	6.11
879.23	990.68	778.21	943.23	979.83	1,234.29	1,092.85	1,113.11
760.70	855.24	757.60	916.76	875.40	902.16	876.89	778.35
60.17	60.09	60.06	60.22	60.11	60.29	59.89	121.08
125.05	127.05	117.94	360.28	223.84	218.52	165.65	163.43
59.91	51.76	42.59	85.31	57.32	56.52	67.77	55.32
-	7.88	7.13	7.94	-	-	-	-
0.64	0.04	0.03	0.04	0.42	0.58	0.21	1.12
32,599.20	36,530.50	33,379.30	27,691.10	43,545.10	61,038.60	57,244.10	64,726.70
38,868.10	42,684.80	40,075.00	47,882.80	57,983.10	75,427.60	68,781.30	76,378.70
6,268.89	6,154.26	6,695.68	20,191.70	14,438.10	14,388.90	11,537.20	11,652.10
168.69	232.01	715.61	3,457.90	1,104.07	166.16	744.57	1,679.76
-158.03	-298.97	-283.63	-315.87	-456.13	-650.56	-268.02	-174.10
0.11	0.27	0.09	1,900.05	0.08	-	-	0.01
158.14	299.24	283.72	2,215.92	456.21	650.56	268.03	174.11
-	-	-	-	16.87	20.70	-	-
-	-	-	-	2.96	2.96	-	-
17.02	22.36	21.37	18.33	13.91	17.74	41.18	53.21
22,318.10	27,248.60	21,173.40	19,148.40	21,953.10	34,746.40	25,801.10	34,262.90
5,218.76	6,189.40	7,576.11	6,729.75	7,318.29	8,315.39	9,406.52	10,440.40
17,099.30	21,059.20	13,597.30	12,418.60	14,634.80	26,431.00	16,394.50	23,822.50
4,504.38	4,811.83	2,499.33	106.78	4,823.45	7,399.65	11,360.50	10,944.40
0.23	0.33	0.33	0.33	0.28	0.67	0.28	0.28
-	-	-	-	-	-	-	-
0.23	0.33	0.33	0.33	0.28	0.67	0.28	0.28
-	-	-	-	-	-	-	-
6,096.39	4,676.07	10,542.80	11,948.00	17,854.70	18,914.70	20,984.90	21,446.60
-292.16	-250.93	-383.18	-351.97	-421.59	-486.51	-384.98	-368.67
39,832.40	43,630.50	41,660.70	54,327.20	60,101.60	76,835.20	70,646.00	80,251.90
2,793.47	1,966.30	1,867.74	4,228.27	3,550.93	3,579.52	4,494.80	3,759.30
2,793.47	2,319.25	2,243.25	4,661.95	3,550.93	3,579.52	4,494.80	3,759.30
-	352.95	375.52	433.68	-	-	-	-
19,152.50	23,065.90	14,492.00	12,496.60	15,771.10	27,940.40	18,298.70	25,197.80
237.84	580.26	662.62	1,473.96	1,909.93	2,643.66	2,819.20	2,120.36
18,914.60	22,485.70	13,829.40	11,022.70	13,861.10	25,296.80	15,479.50	23,077.40
3,041.37	2,050.41	1,583.88	4,589.78	2,310.28	721.50	3,241.57	4,852.42
3,041.37	2,050.41	1,583.88	4,589.78	2,890.91	2,996.58	5,465.19	7,373.52
-	-	-	-	580.63	2,275.08	2,223.62	2,521.10
20,598.70	31,264.30	41,556.70	46,914.70	50,554.60	56,506.40	65,389.40	74,801.30
586.74	820.42	564.74	734.03	829.79	957.89	874.68	2,449.89
179.61	414.44	1,246.64	1,645.36	1,646.34	3,184.33	4,865.11	2,497.09
19,832.40	30,029.40	39,745.30	44,535.30	48,078.40	52,364.20	59,649.60	69,854.30
17,653.20	23,465.20	26,302.80	28,042.00	28,671.70	37,624.60	37,841.70	43,934.40
21,913.80	22,888.00	21,026.60	24,085.80	25,453.40	31,665.30	33,446.60	43,948.70
-	-	-	-	-	-	-	-
-	567.84	494.00	1,047.63	1,006.84	922.24	809.03	342.10
-	-	-	-	-	-	-	-
3,783.36	6,149.63	8,957.19	11,948.20	12,963.50	13,967.20	16,531.70	16,791.80
2,235.69	5,276.21	2,719.73	3,105.76	4,091.36	4,568.48	2,795.39	3,593.80
50,545.60	68,038.10	67,023.20	75,871.10	80,122.50	100,799.00	106,120.00	123,202.00

統　　計

ブータン（2001-2016年）

	2001	2002	2003	2004	2005	2006	2007	2008
預金取扱い金融機関	100万ニュルタム（期末）							
対外資産（ネット）	14,642.00	16,952.50	16,736.80	17,270.90	20,955.20	23,939.40	25,145.20	32,790.00
非居住者向け信用	15,662.40	17,070.10	16,758.20	17,291.50	20,976.20	24,037.20	27,530.30	35,685.60
非居住者に対する負債	1,020.46	117.69	21.32	20.57	21.03	97.76	2,385.05	2,895.57
国内信用	1,431.85	5,436.54	5,363.36	7,817.71	7,864.86	9,227.98	10,952.80	10,774.20
中央政府向け信用（ネット）	-1,363.21	1,772.79	-34.54	1,140.45	-267.42	-1,379.62	-2,720.62	-7,602.97
中央政府向け信用	320.00	1,989.63	427.92	2,229.03	569.12	116.07	284.66	59.29
中央政府に対する負債	1,683.21	216.85	462.46	1,088.59	836.54	1,495.69	3,005.27	7,662.26
その他部門向け信用	2,795.06	3,663.75	5,397.90	6,677.26	8,132.28	10,607.60	13,673.40	18,377.20
その他金融機関向け信用	322.72	185.28	306.23	196.31	269.24	487.90	518.03	555.22
地方自治体向け信用								
非金融公的企業向け信用	273.49	578.33	1,329.69	1,444.54	1,337.62	1,411.60	1,572.21	1,419.93
民間部門向け信用	2,198.85	2,900.14	3,761.99	5,036.41	6,525.42	8,708.09	11,583.20	16,402.10
広義流動性負債	10,715.60	15,335.70	16,114.90	18,721.20	21,152.90	25,100.70	28,056.50	35,399.20
預金取扱い金融機関以外の通貨	1,609.85	1,648.26	1,802.30	2,072.22	2,404.41	2,762.88	3,229.13	4,097.21
通貨性預金	3,447.43	6,383.96	5,943.42	6,827.72	7,837.06	9,798.61	14,256.90	12,407.30
その他預金	5,658.28	7,303.50	8,369.21	9,821.26	10,911.50	12,539.20	10,570.40	18,894.60
証券（株式を除く）	-	-	-	-	-	-	-	-
預金（広義流動性から除外されたもの）	-	-	-	-	-	-	-	-
証券（広義流動性に含まれる株式以外）	-	-	-	-	-	-	-	-
貸出	-	-	-	-	-	-	-	-
金融派生商品	-	-	-	-	-	-	-	-
保険契約準備金	-	-	-	-	-	-	-	-
株式及びその他持ち分	4,708.25	5,310.80	5,262.43	5,354.82	6,381.88	6,659.33	6,703.49	9,817.81
その他（ネット）	649.93	1,742.47	722.84	1,012.61	1,285.27	1,407.33	1,337.79	-1,652.69
広義流動性負債（季節調整値）	10,655.10	15,222.80	15,935.90	18,472.40	20,743.50	24,430.10	27,058.20	34,027.60
その他金融機関	100万ニュルタム（期末）							
対外資産（ネット）	・・・	・・・	4.86	3.63	9.60	10.65	7.51	31.14
非居住者向け信用	・・・	・・・	4.86	3.63	9.60	10.65	7.51	31.14
非居住者に対する負債	・・・	・・・						
預金取扱い機関向け信用	・・・	・・・	209.82	55.77	55.18	129.15	106.69	378.48
中央政府向け信用（ネット）	・・・	・・・	-	-	-	-	-	-
中央政府向け信用	・・・	・・・						
中央政府に対する負債	・・・	・・・						
その他部門向け信用	・・・	・・・	1,251.01	1,366.03	1,589.81	1,630.18	1,913.54	2,223.41
地方自治体向け信用	・・・	・・・						
非金融公的企業向け信用	・・・	・・・	25.18	20.84	14.90	18.24	37.29	46.14
民間部門向け信用	・・・	・・・	1,225.84	1,345.18	1,574.91	1,611.94	1,876.25	2,177.27
預金	・・・	・・・	-	-	-	-	-	-
証券（株式を除く）	・・・	・・・	-	-	-	-	-	-
貸出	・・・	・・・	186.29	94.52	170.50	172.38	-	-
金融派生商品	・・・	・・・	-	-	-	-	-	-
保険契約準備金	・・・	・・・	326.08	371.80	443.94	525.23	731.87	914.39
株式及びその他持ち分	・・・	・・・	251.21	306.45	372.96	445.06	531.54	646.05
その他（ネット）	・・・	・・・	702.11	652.65	667.19	627.31	764.34	1,072.59
注記項目：総資産	・・・	・・・	1,683.36	1,645.46	1,868.98	1,997.46	2,296.98	2,979.82
貨幣集計量	100万ニュルタム（期末）							
広義流動性	10,715.60	15,335.70	16,114.90	18,721.20	21,152.90	25,100.70	28,056.50	35,399.20
中央政府発行通貨	-	-	-	-	-	-	-	-
非金融会社の預金	-	-	-	-	-	-	-	-
中央政府発行証券	-	-	-	-	-	-	-	-
貨幣集計量（国内定義）	100万ニュルタム（期末）							
M1	5,057.28	8,032.22	7,745.72	8,899.94	10,241.50	12,561.50	17,484.10	16,504.60
M2	10,715.60	15,335.70	16,114.90	18,721.20	21,152.90	25,100.70	28,056.50	35,399.20
金利	年率（％）							
預金金利	7.50	7.00	5.00	4.50	4.50	4.50	4.50	2.00
貸出金利	15.75	15.25	15.00	15.00	14.00	14.00	14.00	13.75
物価	指数（2010年=100，期中平均）							
消費者物価指数	83.38	85.45	86.79	71.07	74.85	78.59	82.64	89.52
GDPデフレーター	68.81	67.15	75.13	75.09	73.36	85.77	80.63	95.20

ブータン

2009	2010	2011	2012	2013	2014	2015	2016
35,392.70	38,496.80	35,247.10	31,919.40	47,096.00	64,618.10	61,738.90	68,486.00
41,661.60	45,004.00	42,318.30	52,544.70	61,534.10	79,007.10	73,276.10	80,138.00
6,268.89	6,507.20	7,071.20	20,625.40	14,438.10	14,388.90	11,537.20	11,652.10
23,499.10	33,038.10	42,878.30	51,207.00	52,425.60	56,598.00	68,404.10	79,532.90
2,883.34	1,751.43	1,300.25	4,273.91	1,854.15	70.94	2,973.55	4,678.33
3,041.48	2,050.67	1,583.98	6,489.83	2,890.99	2,996.58	5,465.19	7,373.54
158.14	299.24	283.72	2,215.92	1,036.83	2,925.63	2,491.64	2,695.21
20,615.80	31,286.70	41,578.00	46,933.10	50,571.50	56,527.10	65,430.60	74,854.50
586.74	820.42	564.74	734.03	832.75	960.85	874.68	2,449.89
-	-	-	-	-	-	-	-
179.61	414.44	1,246.64	1,645.36	1,646.34	3,184.33	4,865.11	2,497.09
19,849.40	30,051.80	39,766.60	44,553.70	48,092.40	52,381.90	59,690.80	69,907.60
44,547.90	51,962.40	54,242.90	57,383.60	59,533.50	74,961.60	77,875.60	96,203.20
4,980.92	5,609.14	6,913.49	5,255.79	5,408.36	5,671.73	6,587.33	8,320.09
17,653.20	23,465.20	26,302.80	28,042.00	28,671.70	37,624.60	37,841.70	43,934.40
21,913.80	22,888.00	21,026.60	24,085.80	25,453.40	31,665.30	33,446.60	43,948.70
0.23	0.33	0.33	0.33	0.28	0.67	0.28	0.28
	-	-	-	-	-	-	-
	567.84	494.00	1,047.63	1,006.84	922.24	809.03	342.10
-	-	-	-	-	-	-	-
9,879.75	10,825.70	19,500.00	23,896.10	30,818.20	32,881.90	37,516.70	38,238.40
4,463.88	8,178.65	3,888.20	798.59	8,162.81	12,449.70	13,941.50	13,234.90
42,774.80	50,032.50	52,451.00	55,827.40	58,041.50	73,198.40	76,015.80	93,927.60
30.00	1.76	1.39	2.35	26.30	36.71	14.05	76.36
30.00	1.76	1.39	2.35	26.30	36.71	14.05	76.36
440.25	846.49	1,085.09	1,602.91	1,703.44	2,695.37	2,007.82	2,405.67
0.26	62.12		-	-	-	-	-
0.26	62.12		-	-	-	-	-
2,972.51	4,901.05	5,724.47	6,052.60	6,970.97	8,735.07	12,759.60	16,684.50
43.68	69.28	13.98	13.98	13.48	38.98	100.73	133.10
2,928.83	4,831.77	5,710.49	6,038.62	6,957.50	8,696.09	12,658.90	16,551.40
-		1,599.98	1,599.98	1,599.98	2,000.00	2,000.00	2,000.00
-	350.00	585.65	686.04	777.18	646.65	1,254.84	2,629.57
1,131.59	1,455.83	1,832.53	2,292.84	2,805.07	4,639.84	6,249.38	7,475.14
914.57	1,084.15	1,349.86	1,757.44	2,037.50	2,408.38	2,972.94	3,412.37
1,396.87	2,921.35	1,442.94	1,321.56	1,480.99	1,772.28	2,304.33	3,649.43
3,984.66	6,374.66	7,484.66	8,503.06	9,857.19	12,944.00	16,396.20	20,559.60
44,547.90	51,962.40	54,242.90	57,383.60	59,533.50	74,961.60	77,875.60	96,203.20
-	-	-	-				-
-	-		-				-
22,634.10	29,074.40	33,216.30	33,297.80	34,080.10	43,296.40	44,429.00	52,254.50
44,547.90	51,962.40	54,242.90	57,383.60	59,533.50	74,961.60	77,875.60	93,688.10
2.00	4.50	4.50	5.00	4.00	4.00	4.00	4.00
13.75	14.00	14.00	14.00	14.15	14.15	14.15	14.15
93.43	100.00	108.85	120.74	129.19	139.80	146.12	152.51
96.50	100.00	111.08	116.52	150.95	133.04	・・・	・・・

ブルネイ（1948-2016 年）

	1948	1949	1950	1951	1952	1953	1954	1955
為替レート	対SDRレート							
公定レート（期末）	2.13	3.06	3.06	3.08	3.05	3.05	3.08	3.06
	対ドル・レート							
公定レート（期末）	2.13	3.06	3.06	3.08	3.05	3.05	3.08	3.06
公定レート（期中平均）	2.13	2.36	3.06	3.06	3.06	3.06	3.06	3.06
IMFポジション	100万SDR（期末）							
クォータ	-	-	-	-	-	-	-	-
SDR	-	-	-	-	-	-	-	-
IMFリザーブポジション	-	-	-	-	-	-	-	-
内：IMF借入残高	・・・	・・・	・・・	・・・	・・・	・・・	・・・	・・・
IMFクレジット及び融資総残高	-	-	-	-	-	-	-	-
SDR配分額	-	-	-	-	-	-	-	-
国際流動性	100万米ドル（他に断りのない限り，期末）							
総準備（金を除く）	・・・	・・・	・・・	・・・	・・・	・・・	・・・	・・・
SDR	・・・	・・・	・・・	・・・	・・・	・・・	・・・	・・・
IMFリザーブポジション	・・・	・・・	・・・	・・・	・・・	・・・	・・・	・・・
外国為替	・・・	・・・	・・・	・・・	・・・	・・・	・・・	・・・
金（100万ファイントロイオンス）	・・・	・・・	・・・	・・・	・・・	・・・	・・・	・・・
金（国内評価額）	・・・	・・・	・・・	・・・	・・・	・・・	・・・	・・・
中央銀行：その他資産	・・・	・・・	・・・	・・・	・・・	・・・	・・・	・・・
中央銀行：その他負債	・・・	・・・	・・・	・・・	・・・	・・・	・・・	・・・
中央銀行以外の預金取扱い機関：資産	・・・	・・・	・・・	・・・	・・・	・・・	・・・	・・・
中央銀行以外の預金取扱い機関：負債	・・・	・・・	・・・	・・・	・・・	・・・	・・・	・・・
その他金融機関：資産	・・・	・・・	・・・	・・・	・・・	・・・	・・・	・・・
その他金融機関：負債	・・・	・・・	・・・	・・・	・・・	・・・	・・・	・・・
中央銀行	100万ブルネイ・ドル（期末）							
対外資産（ネット）	・・・	・・・	・・・	・・・	・・・	・・・	・・・	・・・
非居住者向け信用	・・・	・・・	・・・	・・・	・・・	・・・	・・・	・・・
非居住者に対する負債	・・・	・・・	・・・	・・・	・・・	・・・	・・・	・・・
その他預金取扱い機関向け信用	・・・	・・・	・・・	・・・	・・・	・・・	・・・	・・・
中央政府向け信用（ネット）	・・・	・・・	・・・	・・・	・・・	・・・	・・・	・・・
中央政府向け信用	・・・	・・・	・・・	・・・	・・・	・・・	・・・	・・・
中央政府に対する負債	・・・	・・・	・・・	・・・	・・・	・・・	・・・	・・・
その他部門向け信用	・・・	・・・	・・・	・・・	・・・	・・・	・・・	・・・
その他金融機関向け信用	・・・	・・・	・・・	・・・	・・・	・・・	・・・	・・・
地方自治体向け信用	・・・	・・・	・・・	・・・	・・・	・・・	・・・	・・・
非金融公的企業向け信用	・・・	・・・	・・・	・・・	・・・	・・・	・・・	・・・
民間部門向け信用	・・・	・・・	・・・	・・・	・・・	・・・	・・・	・・・
マネタリーベース	・・・	・・・	・・・	・・・	・・・	・・・	・・・	・・・
流通通貨	・・・	・・・	・・・	・・・	・・・	・・・	・・・	・・・
その他預金取扱い機関に対する負債	・・・	・・・	・・・	・・・	・・・	・・・	・・・	・・・
その他部門に対する負債	・・・	・・・	・・・	・・・	・・・	・・・	・・・	・・・
その他預金取扱い機関に対するその他負債	・・・	・・・	・・・	・・・	・・・	・・・	・・・	・・・
預金及び証券（マネタリーベース除外分）	・・・	・・・	・・・	・・・	・・・	・・・	・・・	・・・
預金（広義流動性に含む）	・・・	・・・	・・・	・・・	・・・	・・・	・・・	・・・
証券（広義流動性に含まれる株式以外）	・・・	・・・	・・・	・・・	・・・	・・・	・・・	・・・
預金（広義流動性から除外されたもの）	・・・	・・・	・・・	・・・	・・・	・・・	・・・	・・・
証券（広義流動性から除外される株式以外）	・・・	・・・	・・・	・・・	・・・	・・・	・・・	・・・
貸出	・・・	・・・	・・・	・・・	・・・	・・・	・・・	・・・
金融派生商品	・・・	・・・	・・・	・・・	・・・	・・・	・・・	・・・
株式及びその他持ち分	・・・	・・・	・・・	・・・	・・・	・・・	・・・	・・・
その他（ネット）	・・・	・・・	・・・	・・・	・・・	・・・	・・・	・・・
注記項目：総資産	・・・	・・・	・・・	・・・	・・・	・・・	・・・	・・・
中央銀行以外の預金取扱い金融機関	100万ブルネイ・ドル（期末）							
対外資産（ネット）	・・・	・・・	・・・	・・・	・・・	・・・	・・・	・・・
非居住者向け信用	・・・	・・・	・・・	・・・	・・・	・・・	・・・	・・・
非居住者に対する負債	・・・	・・・	・・・	・・・	・・・	・・・	・・・	・・・
中央銀行に対する債権	・・・	・・・	・・・	・・・	・・・	・・・	・・・	・・・
現金通貨	・・・	・・・	・・・	・・・	・・・	・・・	・・・	・・・
準備預金及び証券	・・・	・・・	・・・	・・・	・・・	・・・	・・・	・・・
その他債権	・・・	・・・	・・・	・・・	・・・	・・・	・・・	・・・
中央政府向け信用（ネット）	・・・	・・・	・・・	・・・	・・・	・・・	・・・	・・・
中央政府向け信用	・・・	・・・	・・・	・・・	・・・	・・・	・・・	・・・
中央政府に対する負債	・・・	・・・	・・・	・・・	・・・	・・・	・・・	・・・
その他部門向け信用	・・・	・・・	・・・	・・・	・・・	・・・	・・・	・・・
その他金融機関向け信用	・・・	・・・	・・・	・・・	・・・	・・・	・・・	・・・
地方自治体向け信用	・・・	・・・	・・・	・・・	・・・	・・・	・・・	・・・
非金融公的企業向け信用	・・・	・・・	・・・	・・・	・・・	・・・	・・・	・・・
民間部門向け信用	・・・	・・・	・・・	・・・	・・・	・・・	・・・	・・・
中央銀行に対する負債	・・・	・・・	・・・	・・・	・・・	・・・	・・・	・・・
通貨性預金（広義流動性に含む）	・・・	・・・	・・・	・・・	・・・	・・・	・・・	・・・
その他預金（広義流動性に含む）	・・・	・・・	・・・	・・・	・・・	・・・	・・・	・・・
証券（広義流動性に含まれる株式以外）	・・・	・・・	・・・	・・・	・・・	・・・	・・・	・・・
預金（広義流動性から除外されたもの）	・・・	・・・	・・・	・・・	・・・	・・・	・・・	・・・
証券（広義流動性から除外される株式以外）	・・・	・・・	・・・	・・・	・・・	・・・	・・・	・・・
貸出	・・・	・・・	・・・	・・・	・・・	・・・	・・・	・・・
金融派生商品	・・・	・・・	・・・	・・・	・・・	・・・	・・・	・・・
保険契約準備金	・・・	・・・	・・・	・・・	・・・	・・・	・・・	・・・
株式及びその他持ち分	・・・	・・・	・・・	・・・	・・・	・・・	・・・	・・・
その他（ネット）	・・・	・・・	・・・	・・・	・・・	・・・	・・・	・・・
注記項目；総資産	・・・	・・・	・・・	・・・	・・・	・・・	・・・	・・・

ブルネイ

1956	1957	1958	1959	1960	1961	1962	1963	1964	1965	1966
3.08	3.05	3.06	3.06	3.06	3.05	3.06	3.06	3.07	3.06	3.08
3.08	3.05	3.06	3.06	3.06	3.05	3.06	3.06	3.07	3.06	3.08
3.06	3.06	3.06	3.06	3.06	3.06	3.06	3.06	3.06	3.06	3.06
-	-	-	-	-	-	-	-	-	-	-
...	...	...	...	...	...	...	...	...	...	...
-	-	-	-	-	-	-	-	-	-	-
...	...	...	...	...	...	...	...	...	...	...
-	-	-	-	-	-	-	-	-	-	-
...	...	...	...	...	...	...	...	...	...	...
...	...	...	...	...	...	...	...	...	...	...
...	...	...	...	...	...	...	...	...	...	...
...	...	...	...	...	...	...	...	...	...	...
...	...	...	...	...	...	...	...	...	...	...
...	...	...	...	...	...	...	...	...	...	...

統　　計

ブルネイ（1948-2016 年）

	1967	1968	1969	1970	1971	1972	1973	1974
為替レート	対SDRレート							
公定レート（期末）	3.07	3.08	3.09	3.08	3.15	3.06	3.00	2.83
公定レート（期末）	対ドル・レート							
	3.07	3.08	3.09	3.08	2.90	2.82	2.49	2.31
公定レート（期中平均）	3.06	3.06	3.06	3.06	3.05	2.82	2.46	2.44
IMFポジション	100万SDR（期末）							
クォータ	-	-	-	-	-	-	-	-
SDR	-	-	-	-	-	-	-	-
IMFリザーブポジション	-	-	-	-	-	-	-	-
内：IMF借入残高	‥‥	‥‥	‥‥	‥‥			‥‥	‥‥
IMFクレジット及び融資総残高	-	-	-	-	-	-	-	-
SDR配分額	-	-	-	-	-	-	-	-
国際流動性	100万米ドル（他に断りのない限り，期末）							
総準備（金を除く）	‥‥	‥‥	‥‥	‥‥			‥‥	‥‥
SDR					-	-	-	-
IMFリザーブポジション					-	-	-	-
外国為替	‥‥	‥‥	‥‥	‥‥			‥‥	‥‥
金（100万ファイントロイオンス）	‥‥	‥‥	‥‥	‥‥			‥‥	‥‥
金（国内評価額）	‥‥	‥‥	‥‥	‥‥			‥‥	‥‥
中央銀行：その他資産	‥‥	‥‥	‥‥	‥‥			‥‥	‥‥
中央銀行：その他負債	‥‥	‥‥	‥‥	‥‥			‥‥	‥‥
中央銀行以外の預金取扱い機関：資産	‥‥	‥‥	‥‥	‥‥			‥‥	‥‥
中央銀行以外の預金取扱い機関：負債	‥‥	‥‥	‥‥	‥‥			‥‥	‥‥
その他金融機関：資産	‥‥	‥‥	‥‥	‥‥			‥‥	‥‥
その他金融機関：負債	‥‥	‥‥	‥‥	‥‥			‥‥	‥‥
中央銀行	100万ブルネイ・ドル（期末）							
対外資産（ネット）	‥‥	‥‥	‥‥	‥‥			‥‥	‥‥
非居住者向け信用	‥‥	‥‥	‥‥	‥‥			‥‥	‥‥
非居住者に対する負債	‥‥	‥‥	‥‥	‥‥			‥‥	‥‥
その他預金取扱い機関向け信用	‥‥	‥‥	‥‥	‥‥			‥‥	‥‥
中央政府向け信用（ネット）	‥‥	‥‥	‥‥	‥‥			‥‥	‥‥
中央政府向け信用	‥‥	‥‥	‥‥	‥‥			‥‥	‥‥
中央政府に対する負債	‥‥	‥‥	‥‥	‥‥			‥‥	‥‥
その他部門向け信用	‥‥	‥‥	‥‥	‥‥			‥‥	‥‥
その他金融機関向け信用	‥‥	‥‥	‥‥	‥‥			‥‥	‥‥
地方自治体向け信用	‥‥	‥‥	‥‥	‥‥			‥‥	‥‥
非金融公的企業向け信用	‥‥	‥‥	‥‥	‥‥			‥‥	‥‥
民間部門向け信用	‥‥	‥‥	‥‥	‥‥			‥‥	‥‥
マネタリーベース	‥‥	‥‥	‥‥	‥‥			‥‥	‥‥
流通通貨	‥‥	‥‥	‥‥	‥‥			‥‥	‥‥
その他預金取扱い機関に対する負債	‥‥	‥‥	‥‥	‥‥			‥‥	‥‥
その他部門に対する負債	‥‥	‥‥	‥‥	‥‥			‥‥	‥‥
その他預金取扱い機関に対するその他負債	‥‥	‥‥	‥‥	‥‥			‥‥	‥‥
預金及び証券（マネタリーベース除外分）	‥‥	‥‥	‥‥	‥‥			‥‥	‥‥
預金（広義流動性に含む）	‥‥	‥‥	‥‥	‥‥			‥‥	‥‥
証券（広義流動性に含まれる株式以外）	‥‥	‥‥	‥‥	‥‥			‥‥	‥‥
預金（広義流動性から除外されたもの）	‥‥	‥‥	‥‥	‥‥			‥‥	‥‥
証券（広義流動性から除外される株式以外）	‥‥	‥‥	‥‥	‥‥			‥‥	‥‥
貸出	‥‥	‥‥	‥‥	‥‥			‥‥	‥‥
金融派生商品	‥‥	‥‥	‥‥	‥‥			‥‥	‥‥
株式及びその他持ち分	‥‥	‥‥	‥‥	‥‥			‥‥	‥‥
その他（ネット）	‥‥	‥‥	‥‥	‥‥			‥‥	‥‥
注記項目：総資産	‥‥	‥‥	‥‥	‥‥			‥‥	‥‥
中央銀行以外の預金取扱い金融機関	100万ブルネイ・ドル（期末）							
対外資産（ネット）	‥‥	‥‥	‥‥	‥‥			‥‥	‥‥
非居住者向け信用	‥‥	‥‥	‥‥	‥‥			‥‥	‥‥
非居住者に対する負債	‥‥	‥‥	‥‥	‥‥			‥‥	‥‥
中央銀行に対する債権	‥‥	‥‥	‥‥	‥‥			‥‥	‥‥
現金通貨	‥‥	‥‥	‥‥	‥‥			‥‥	‥‥
準備預金及び証券	‥‥	‥‥	‥‥	‥‥			‥‥	‥‥
その他債権	‥‥	‥‥	‥‥	‥‥			‥‥	‥‥
中央政府向け信用（ネット）	‥‥	‥‥	‥‥	‥‥			‥‥	‥‥
中央政府向け信用	‥‥	‥‥	‥‥	‥‥			‥‥	‥‥
中央政府に対する負債	‥‥	‥‥	‥‥	‥‥			‥‥	‥‥
その他部門向け信用	‥‥	‥‥	‥‥	‥‥			‥‥	‥‥
その他金融機関向け信用	‥‥	‥‥	‥‥	‥‥			‥‥	‥‥
地方自治体向け信用	‥‥	‥‥	‥‥	‥‥			‥‥	‥‥
非金融公的企業向け信用	‥‥	‥‥	‥‥	‥‥			‥‥	‥‥
民間部門向け信用	‥‥	‥‥	‥‥	‥‥			‥‥	‥‥
中央銀行に対する負債	‥‥	‥‥	‥‥	‥‥			‥‥	‥‥
通貨性預金（広義流動性に含む）	‥‥	‥‥	‥‥	‥‥			‥‥	‥‥
その他預金（広義流動性に含む）	‥‥	‥‥	‥‥	‥‥			‥‥	‥‥
証券（広義流動性に含まれる株式以外）	‥‥	‥‥	‥‥	‥‥			‥‥	‥‥
預金（広義流動性から除外されたもの）	‥‥	‥‥	‥‥	‥‥			‥‥	‥‥
証券（広義流動性から除外される株式以外）	‥‥	‥‥	‥‥	‥‥			‥‥	‥‥
貸出	‥‥	‥‥	‥‥	‥‥			‥‥	‥‥
金融派生商品	‥‥	‥‥	‥‥	‥‥			‥‥	‥‥
保険契約準備金	‥‥	‥‥	‥‥	‥‥			‥‥	‥‥
株式及びその他持ち分	‥‥	‥‥	‥‥	‥‥			‥‥	‥‥
その他（ネット）	‥‥	‥‥	‥‥	‥‥			‥‥	‥‥
注記項目：総資産	‥‥	‥‥	‥‥	‥‥			‥‥	‥‥

ブルネイ

1975	1976	1977	1978	1979	1980	1981	1982	1983	1984	1985
2.91	2.85	2.84	2.82	2.84	2.67	2.38	2.33	2.23	2.14	2.31
2.49	2.46	2.34	2.16	2.16	2.09	2.05	2.11	2.13	2.18	2.11
2.37	2.47	2.44	2.27	2.17	2.14	2.11	2.14	2.11	2.13	2.20
-	-	-	-	-	-	-	-	-	-	-
-	-	-	-	-	-	-	-	-	-	-
...	...	...	...	...	...	...	...	...	...	...
-	-	-	-	-	-	-	-	-	-	-
...	...	...	...	...	...	...	...	...	...	...
-	-	-	-	-	-	-	-	-	-	-
...	...	...	...	...	...	...	...	...	...	...
...	...	...	...	...	...	...	...	...	...	...
...	...	...	...	...	...	...	...	...	...	...
...	...	...	...	...	...	...	...	...	...	...
...	...	...	...	...	...	...	...	...	...	...
...	...	...	...	...	...	...	...	...	...	...
...	...	...	...	...	...	...	...	...	...	...
...	...	...	...	...	...	...	...	...	...	...
2.49	2.46	2.34	2.16	2.16	2.09	2.05	2.11	2.13	2.18	2.11

統　　計

ブルネイ（1948-2016 年）

	1986	1987	1988	1989	1990	1991	1992	1993
為替レート	対SDRレート							
公定レート（期末）	2.66	2.84	2.62	2.49	2.48	2.33	2.26	2.21
	対ドル・レート							
公定レート（期末）	2.18	2.00	1.95	1.89	1.74	1.63	1.65	1.61
公定レート（期中平均）	2.18	2.11	2.01	1.95	1.81	1.73	1.63	1.62
IMFポジション	100万SDR（期末）							
クォータ	-	-	-	-	-	-	-	-
SDR	・・・	・・・	・・・	・・・	・・・	・・・	・・・	・・・
IMFリザーブポジション	-	-	-	-	-	-	-	-
内：IMF借入残高	・・・	・・・	・・・	・・・	・・・	・・・	・・・	・・・
IMFクレジット及び融資総残高	-	-	-	-	-	-	-	-
SDR配分額	-	-	-	-	-	-	-	-
国際流動性	100万米ドル（他に断りのない限り，期末）							
総準備（金を除く）	・・・	・・・	・・・	・・・	・・・	・・・	・・・	・・・
SDR	-	-	-	-	-	-	-	-
IMFリザーブポジション	-	-	-	-	-	-	-	-
外国為替	・・・	・・・	・・・	・・・	・・・	・・・	・・・	・・・
金（100万ファイントロイオンス）	・・・	・・・	・・・	・・・	・・・	・・・	・・・	・・・
金（国内評価額）	・・・	・・・	・・・	・・・	・・・	・・・	・・・	・・・
中央銀行：その他資産	・・・	・・・	・・・	・・・	・・・	・・・	・・・	・・・
中央銀行：その他負債	・・・	・・・	・・・	・・・	・・・	・・・	・・・	・・・
中央銀行以外の預金取扱い機関：資産	・・・	・・・	・・・	・・・	・・・	・・・	・・・	・・・
中央銀行以外の預金取扱い機関：負債	・・・	・・・	・・・	・・・	・・・	・・・	・・・	・・・
その他金融機関：資産	・・・	・・・	・・・	・・・	・・・	・・・	・・・	・・・
その他金融機関：負債	・・・	・・・	・・・	・・・	・・・	・・・	・・・	・・・
中央銀行	100万ブルネイ・ドル（期末）							
対外資産（ネット）	・・・	・・・	・・・	・・・	・・・	・・・	・・・	・・・
非居住者向け信用	・・・	・・・	・・・	・・・	・・・	・・・	・・・	・・・
非居住者に対する負債	・・・	・・・	・・・	・・・	・・・	・・・	・・・	・・・
その他預金取扱い機関向け信用	・・・	・・・	・・・	・・・	・・・	・・・	・・・	・・・
中央政府向け信用（ネット）	・・・	・・・	・・・	・・・	・・・	・・・	・・・	・・・
中央政府向け信用	・・・	・・・	・・・	・・・	・・・	・・・	・・・	・・・
中央政府に対する負債	・・・	・・・	・・・	・・・	・・・	・・・	・・・	・・・
その他部門向け信用	・・・	・・・	・・・	・・・	・・・	・・・	・・・	・・・
その他金融機関向け信用	・・・	・・・	・・・	・・・	・・・	・・・	・・・	・・・
地方自治体向け信用	・・・	・・・	・・・	・・・	・・・	・・・	・・・	・・・
非金融公的企業向け信用	・・・	・・・	・・・	・・・	・・・	・・・	・・・	・・・
民間部門向け信用	・・・	・・・	・・・	・・・	・・・	・・・	・・・	・・・
マネタリーベース	・・・	・・・	・・・	・・・	・・・	・・・	・・・	・・・
流通通貨	・・・	・・・	・・・	・・・	・・・	・・・	・・・	・・・
その他預金取扱い機関に対する負債	・・・	・・・	・・・	・・・	・・・	・・・	・・・	・・・
その他部門に対する負債	・・・	・・・	・・・	・・・	・・・	・・・	・・・	・・・
その他預金取扱い機関に対するその他負債	・・・	・・・	・・・	・・・	・・・	・・・	・・・	・・・
預金及び証券（マネタリーベース除外分）	・・・	・・・	・・・	・・・	・・・	・・・	・・・	・・・
預金（広義流動性に含む）	・・・	・・・	・・・	・・・	・・・	・・・	・・・	・・・
証券（広義流動性に含まれる株式以外）	・・・	・・・	・・・	・・・	・・・	・・・	・・・	・・・
預金（広義流動性から除外されたもの）	・・・	・・・	・・・	・・・	・・・	・・・	・・・	・・・
証券（広義流動性から除外される株式以外）	・・・	・・・	・・・	・・・	・・・	・・・	・・・	・・・
貸出	・・・	・・・	・・・	・・・	・・・	・・・	・・・	・・・
金融派生商品	・・・	・・・	・・・	・・・	・・・	・・・	・・・	・・・
株式及びその他持ち分	・・・	・・・	・・・	・・・	・・・	・・・	・・・	・・・
その他（ネット）	・・・	・・・	・・・	・・・	・・・	・・・	・・・	・・・
注記項目：総資産	・・・	・・・	・・・	・・・	・・・	・・・	・・・	・・・
中央銀行以外の預金取扱い金融機関	100万ブルネイ・ドル（期末）							
対外資産（ネット）	・・・	・・・	・・・	・・・	・・・	・・・	・・・	・・・
非居住者向け信用	・・・	・・・	・・・	・・・	・・・	・・・	・・・	・・・
非居住者に対する負債	・・・	・・・	・・・	・・・	・・・	・・・	・・・	・・・
中央銀行に対する債権	・・・	・・・	・・・	・・・	・・・	・・・	・・・	・・・
現金通貨	・・・	・・・	・・・	・・・	・・・	・・・	・・・	・・・
準備預金及び証券	・・・	・・・	・・・	・・・	・・・	・・・	・・・	・・・
その他債権	・・・	・・・	・・・	・・・	・・・	・・・	・・・	・・・
中央政府向け信用（ネット）	・・・	・・・	・・・	・・・	・・・	・・・	・・・	・・・
中央政府向け信用	・・・	・・・	・・・	・・・	・・・	・・・	・・・	・・・
中央政府に対する負債	・・・	・・・	・・・	・・・	・・・	・・・	・・・	・・・
その他部門向け信用	・・・	・・・	・・・	・・・	・・・	・・・	・・・	・・・
その他金融機関向け信用	・・・	・・・	・・・	・・・	・・・	・・・	・・・	・・・
地方自治体向け信用	・・・	・・・	・・・	・・・	・・・	・・・	・・・	・・・
非金融公的企業向け信用	・・・	・・・	・・・	・・・	・・・	・・・	・・・	・・・
民間部門向け信用	・・・	・・・	・・・	・・・	・・・	・・・	・・・	・・・
中央銀行に対する負債	・・・	・・・	・・・	・・・	・・・	・・・	・・・	・・・
通貨預金（広義流動性に含む）	・・・	・・・	・・・	・・・	・・・	・・・	・・・	・・・
その他預金（広義流動性に含む）	・・・	・・・	・・・	・・・	・・・	・・・	・・・	・・・
証券（広義流動性に含まれる株式以外）	・・・	・・・	・・・	・・・	・・・	・・・	・・・	・・・
預金（広義流動性から除外されたもの）	・・・	・・・	・・・	・・・	・・・	・・・	・・・	・・・
証券（広義流動性から除外される株式以外）	・・・	・・・	・・・	・・・	・・・	・・・	・・・	・・・
貸出	・・・	・・・	・・・	・・・	・・・	・・・	・・・	・・・
金融派生商品	・・・	・・・	・・・	・・・	・・・	・・・	・・・	・・・
保険契約準備金	・・・	・・・	・・・	・・・	・・・	・・・	・・・	・・・
株式及びその他持ち分	・・・	・・・	・・・	・・・	・・・	・・・	・・・	・・・
その他（ネット）	・・・	・・・	・・・	・・・	・・・	・・・	・・・	・・・
注記項目：総資産	・・・	・・・	・・・	・・・	・・・	・・・	・・・	・・・

ブルネイ

1994	1995	1996	1997	1998	1999	2000	2001	2002	2003	2004
2.13	2.10	2.01	2.26	2.34	2.29	2.26	2.33	2.36	2.53	2.54
1.46	1.41	1.40	1.68	1.66	1.67	1.73	1.85	1.74	1.70	1.63
1.53	1.42	1.41	1.48	1.67	1.69	1.72	1.79	1.79	1.74	1.69
-	150.00	150.00	150.00	150.00	150.00	150.00	150.00	215.20	215.20	215.20
-	-	0.54	1.58	2.75	3.75	5.04	6.24	6.99	7.85	8.81
-	-	35.26	35.26	35.26	35.28	35.28	35.28	51.79	58.29	58.29
...	...	...	...	...	...	...	-	-	-	-
...	...	...	...	...	516.85	408.34	381.82	448.99	474.74	488.89
-	-	0.77	2.13	3.87	5.15	6.57	7.85	9.50	11.67	13.69
-	-	50.70	47.57	49.64	48.43	45.97	44.34	70.41	86.61	90.52
...	...	...	...	...	463.27	355.80	329.63	369.09	376.46	384.68
...	...	...	...	...	...	...	-	-	-	-
...	...	...	...	...	...	...	21.96	18.41	19.81	13.99
...	...	...	...	...	...	...	30.12	37.40	14.56	17.17
...	...	...	...	...	...	...	2,764.72	2,694.04	3,229.78	4,433.91
...	...	...	...	...	...	...	187.28	180.14	108.77	90.48
...	...	...	...	...	...	...	...	...	...	...
...	...	...	...	...	...	...	691.64	746.70	816.37	793.56
...	...	...	...	...	...	...	747.39	811.65	841.14	821.61
...	...	...	...	...	...	...	55.75	64.95	24.77	28.05
...	...	...	...	...	...	...	562.73	584.53	717.91	836.61
...	...	...	...	...	...	...	-108.89	-169.41	-290.17	-303.56
...	...	...	...	...	...	...	90.28	90.24	0.26	0.33
...	...	...	...	...	...	...	199.18	259.65	290.43	303.89
...	...	...	...	...	...	...				
...	...	...	...	...	...	...				
...	...	...	...	...	...	...				
...	...	...	...	...	...	...	1,075.94	1,102.20	1,157.95	1,262.92
...	...	...	...	...	...	...	648.33	654.80	650.98	667.05
...	...	...	...	...	...	...	427.61	447.39	506.97	595.87
...	...	...	...	...	...	...				
...	...	...	...	...	...	...				
...	...	...	...	...	...	...				
...	...	...	...	...	...	...	100.03	86.76	110.29	86.21
...	...	...	...	...	...	...	-30.49	-27.14	-24.13	-22.52
...	...	...	...	...	...	...	1,709.37	1,914.06	1,996.00	2,096.93
...	...	...	...	...	...	...	4,770.84	4,365.38	5,308.21	7,096.31
...	...	...	...	...	...	...	5,117.49	4,678.20	5,493.21	7,244.13
...	...	...	...	...	...	...	346.65	312.82	185.00	147.82
...	...	...	...	...	...	...	515.94	525.14	583.48	684.80
...	...	...	...	...	...	...	76.11	80.26	87.11	91.47
...	...	...	...	...	...	...	439.83	444.88	496.37	593.33
...	...	...	...	...	...	...	-1,698.77	-1,506.16	-2,201.83	-3,225.99
...	...	...	...	...	...	...	202.39	114.84	112.05	53.79
...	...	...	...	...	...	...	1,901.16	1,621.00	2,313.88	3,279.78
...	...	...	...	...	...	...	5,382.93	5,622.12	5,854.77	6,260.57
...	...	...	...	...	...	...				
...	...	...	...	...	...	...	0.59	5.99	46.83	81.90
...	...	...	...	...	...	...	5,382.34	5,616.13	5,807.94	6,178.67
...	...	...	...	...	...	...	552.27	610.65	709.29	836.41
...	...	...	...	...	...	...	2,291.67	2,570.68	2,685.50	2,955.26
...	...	...	...	...	...	...	4,945.60	4,810.87	5,028.11	6,060.13
...	...	...	...	...	...	...	1.53	2.20	4.80	2.78
...	...	...	...	...	...	...				
...	...	...	...	...	...	...				
...	...	...	...	...	...	...	810.83	795.34	845.79	881.69
...	...	...	...	...	...	...	369.04	216.74	271.14	79.42
...	...	...	...	...	...	...	13,343.90	13,014.00	14,283.20	17,250.10

統　　計

ブルネイ（1948-2016 年）

		2005	2006	2007	2008	2009	2010	2011	2012
為替レート	対SDRレート								
公定レート（期末）		2.38	2.31	2.28	2.22	2.20	1.99	2.00	1.88
	対ドル・レート								
公定レート（期末）		1.66	1.53	1.44	1.44	1.40	1.29	1.30	1.22
公定レート（期中平均）		1.66	1.59	1.51	1.42	1.45	1.36	1.26	1.25
IMFポジション	100万SDR（期末）								
クォータ		215.20	215.20	215.20	215.20	215.20	215.20	215.20	215.20
SDR		10.17	11.20	12.04	12.73	216.33	216.38	216.46	216.48
IMFリザーブポジション		32.27	24.58	14.56	13.67	13.67	13.67	13.67	13.67
内：IMF借入残高		・・・	・・・	・・・	・・・	・・・	・・・	・・・	・・・
IMFクレジット及び融資総残高									
SDR配分額						203.50	203.50	203.50	203.50
国際流動性	100万米ドル（他に断りのない限り，期末）								
総準備（金を除く）		491.89	513.57	667.49	751.16	1,357.27	1,563.16	2,486.78	3,285.31
SDR		14.54	16.84	19.03	19.61	339.15	333.23	332.32	332.71
IMFリザーブポジション		46.12	36.97	23.00	21.06	21.44	21.06	20.99	21.01
外国為替		431.23	459.75	625.46	710.49	996.69	1,208.87	2,133.47	2,931.59
金（100万ファイントロイオンス）		-	-	-	-	-	-	0.06	0.10
金（国内評価額）		-	-	-	-	-	-	104.57	163.21
中央銀行：その他資産		21.50	21.14	24.79	23.52	23.67	22.76	15.77	16.17
中央銀行：その他負債		14.58	49.52	24.06	24.55	28.95	23.67	16.32	16.57
中央銀行以外の預金取扱い機関：資産		4,982.03	4,837.07	5,336.65	6,842.08	5,373.99	7,616.34	10,070.00	9,351.60
中央銀行以外の預金取扱い機関：負債		299.13	346.91	355.48	263.45	295.04	330.76	154.36	164.60
その他金融機関：資産		・・・	477.83	552.93	582.25	561.05	682.03	779.62	852.12
その他金融機関：負債		・・・	7.41	19.10	81.66	8.33	113.86	204.74	228.17
中央銀行									
対外資産（ネット）		830.11	744.09	963.04	1,079.60	1,449.66	1,552.02	2,695.66	3,632.26
非居住者向け信用		854.38	820.03	997.72	1,114.92	1,938.01	1,986.00	3,108.15	4,034.75
非居住者に対する負債		24.26	75.94	34.68	35.33	488.36	433.98	412.49	402.48
その他預金取扱い機関向け信用		888.28	944.03	800.62	941.79	536.90	570.61	850.22	423.46
中央政府向け信用（ネット）		-305.73	-292.97	-306.46	-270.56	-268.41	-269.63	138.18	-69.52
中央政府向け信用		0.33	0.60	0.51	0.65	0.86	0.82	300.77	0.80
中央政府に対する負債		306.07	293.57	306.97	271.21	269.26	270.45	162.59	70.32
その他部門向け信用		-	-	-	-	-	-	-	-
その他金融機関向け信用									
地方自治体向け信用									
非金融公的企業向け信用									
民間部門向け信用									
マネタリーベース		1,376.85	1,394.59	1,458.92	1,691.26	1,624.32	1,744.14	2,665.48	2,887.01
流通通貨		704.65	739.88	848.83	921.79	954.51	1,023.71	1,689.99	1,627.05
その他預金取扱い機関に対する負債		672.20	654.71	610.09	769.47	669.81	720.43	975.49	1,259.96
その他部門に対する負債									
その他預金取扱い機関に対するその他負債		-	-	-	-	-	-	-	1.13
預金及び証券（マネタリーベース除外分）									
預金（広義流動性に含む）		-	-	-	-	-	-	-	-
証券（広義流動性に含まれる株式以外）		-	-	-	-	-	-	-	-
預金（広義流動性から除外されたもの）		-	-	-	-	-	-	-	-
証券（広義流動性から除外される株式以外）		-	-	-	-	-	-	-	-
貸出		-	-	-	-	-	-	-	-
金融派生商品									
株式及びその他持ち分		122.45	68.68	88.04	79.18	114.25	126.65	1,045.44	1,159.49
その他（ネット）		-86.64	-68.11	-89.75	-19.62	-20.41	-17.80	-26.86	-61.42
注記項目：総資産		2,237.12	2,277.32	2,334.42	2,545.64	2,970.25	3,003.54	4,730.56	4,931.14
中央銀行以外の預金取扱い金融機関	100万ブルネイ・ドル（期末）								
対外資産（ネット）		7,793.28	6,886.11	7,178.86	9,467.96	7,127.79	9,380.18	12,897.30	11,227.40
非居住者向け信用		8,291.09	7,418.13	7,691.18	9,847.12	7,541.85	9,806.03	13,098.10	11,428.60
非居住者に対する負債		497.82	532.02	512.32	379.16	414.06	425.85	200.78	201.16
中央銀行に対する債権		774.09	793.64	761.33	954.90	841.62	922.51	1,833.58	1,960.87
現金通貨		103.90	98.50	151.40	182.61	170.95	199.26	858.93	701.03
準備預金及び証券		670.20	695.14	609.93	772.29	670.67	723.25	974.65	1,259.84
その他債権									
中央政府向け信用（ネット）		-4,509.80	-3,124.77	-3,270.17	-5,105.22	-1,713.00	-2,479.58	-5,120.40	-3,917.50
中央政府向け信用		50.14	180.17	129.19	202.82	288.21	208.64	495.66	499.68
中央政府に対する負債		4,559.94	3,304.94	3,399.35	5,308.05	2,001.20	2,688.22	5,616.06	4,417.18
その他部門向け信用		6,462.65	6,394.80	7,004.95	7,228.85	6,983.66	6,943.01	6,711.97	6,864.02
その他金融機関向け信用		-	-	-	0.05	0.10	19.86	108.73	59.98
地方自治体向け信用									
非金融公的企業向け信用		70.68	59.76	122.68	92.00	63.34	84.68	107.92	194.05
民間部門向け信用		6,391.97	6,335.04	6,882.28	7,136.80	6,920.22	6,838.47	6,495.33	6,609.99
中央銀行に対する負債		857.84	936.39	770.54	920.15	483.99	533.24	700.22	322.89
通貨性預金（広義流動性に含む）		2,974.83	3,321.19	3,153.81	3,646.94	4,606.97	2,992.63	3,402.43	3,367.36
その他預金（広義流動性に含む）		5,583.56	5,392.08	6,131.91	6,552.78	6,604.71	8,755.90	9,603.70	9,668.21
証券（広義流動性に含まれる株式以外）		3.14	1.59	0.52	1.09	1.08	-	-	-
預金（広義流動性から除外されたもの）		-	-	-	-	-	-	-	-
証券（広義流動性から除外される株式以外）		-	-	-	-	-	-	-	-
貸出		-	-	-	-	-	-	-	-
金融派生商品									
保険契約準備金									
株式及びその他持ち分		973.62	1,150.66	1,572.24	1,705.17	1,904.37	1,932.39	2,073.25	2,184.24
その他（ネット）		127.23	147.87	45.95	-279.65	-361.03	551.96	542.88	592.13
注記項目：総資産		18,222.70	16,977.30	17,759.30	21,110.80	18,313.50	19,510.30	23,716.20	22,372.70

ブルネイ

2013	2014	2015	2016
1.95	1.91	1.96	1.94
1.27	1.32	1.41	1.45
1.25	1.27	1.37	1.38
215.20	215.20	215.20	301.30
216.49	216.51	216.51	216.52
13.67	13.67	13.67	35.20
・・・	・・・	・・・	・・・
-	-	-	-
203.50	203.50	203.50	203.50
3,398.52	3,471.23	3,211.36	3,321.82
333.39	313.68	300.03	291.08
21.06	19.81	18.95	47.32
3,044.07	3,137.74	2,892.38	2,983.43
0.15	0.15	0.15	0.14
176.76	176.60	155.30	167.13
15.56	15.15	14.21	13.44
16.17	196.90	14.60	51.04
8,155.68	7,028.15	5,191.37	6,347.24
116.42	130.56	190.55	105.49
8,044.20	4,367.71	4,543.54	6,865.26
180.98	212.89	148.05	92.72
3,875.44	3,956.82	4,141.27	4,354.30
4,292.44	4,606.55	4,560.63	4,823.79
417.00	649.73	419.36	469.49
193.75	180.03	142.16	150.15
-56.96	-56.27	-55.67	-94.93
1.09	1.28	1.32	1.03
58.05	57.55	57.00	95.97
-	-	-	0.01
-	-	-	-
-	-	-	-
-	-	-	0.01
2,970.92	3,005.17	3,161.80	3,296.98
1,219.73	1,271.71	1,321.95	1,380.81
1,751.19	1,733.47	1,839.85	1,916.18
-	-	-	-
1.32	1.07	3.21	0.23
-	-	-	-
-	-	-	-
-	-	-	-
-	-	-	-
-	-	-	-
1,070.28	1,103.30	1,091.17	1,140.95
-30.29	-28.96	-28.42	-28.63
4,947.41	5,240.59	5,168.75	5,568.27
10,172.10	9,113.79	7,070.66	9,050.53
10,319.40	9,286.29	7,340.07	9,203.49
147.31	172.51	269.41	152.97
1,991.75	1,847.66	2,034.86	2,143.53
242.21	250.67	249.08	245.56
1,749.54	1,596.99	1,785.78	1,897.96
-	-	-	-
-3,101.46	-1,811.91	-629.75	-1,451.21
499.62	699.04	523.68	472.34
3,601.08	2,510.95	1,153.43	1,923.55
7,540.66	7,783.32	8,211.72	7,426.37
220.44	385.62	440.80	371.38
320.17	268.62	457.01	194.26
7,000.04	7,129.07	7,313.91	6,860.73
425.81	467.94	601.10	512.80
3,487.06	3,375.08	3,606.68	3,539.62
9,701.73	10,226.50	9,685.81	9,907.30
-	-	-	-
-	-	-	-
-	-	8.70	-
-	-	-	-
2,348.96	2,420.75	2,546.32	2,699.33
639.48	442.59	238.89	510.17
22,237.60	21,396.90	19,656.10	20,501.60

統　計

ブルネイ（1948-2016 年）

	1948	1949	1950	1951	1952	1953	1954	1955
預金取扱い金融機関	100万ブルネイ・ドル（期末）							
対外資産（ネット）	…	…	…	…	…	…	…	…
非居住者向け信用	…	…	…	…	…	…	…	…
非居住者に対する負債	…	…	…	…	…	…	…	…
国内信用	…	…	…	…	…	…	…	…
中央政府向け信用（ネット）	…	…	…	…	…	…	…	…
中央政府向け信用	…	…	…	…	…	…	…	…
中央政府に対する負債	…	…	…	…	…	…	…	…
その他部門向け信用	…	…	…	…	…	…	…	…
その他金融機関向け信用	…	…	…	…	…	…	…	…
地方自治体向け信用	…	…	…	…	…	…	…	…
非金融公的企業向け信用	…	…	…	…	…	…	…	…
民間部門向け信用	…	…	…	…	…	…	…	…
広義流動性負債	…	…	…	…	…	…	…	…
預金取扱い金融機関以外の通貨	…	…	…	…	…	…	…	…
通貨性預金	…	…	…	…	…	…	…	…
その他預金	…	…	…	…	…	…	…	…
証券（株式を除く）	…	…	…	…	…	…	…	…
預金（広義流動性から除外されたもの）	…	…	…	…	…	…	…	…
証券（広義流動性に含まれる株式以外）	…	…	…	…	…	…	…	…
貸出	…	…	…	…	…	…	…	…
金融派生商品	…	…	…	…	…	…	…	…
保険契約準備金	…	…	…	…	…	…	…	…
株式及びその他持ち分	…	…	…	…	…	…	…	…
その他（ネット）	…	…	…	…	…	…	…	…
広義流動性負債（季節調整値）	…	…	…	…	…	…	…	…
その他金融機関	100万ブルネイ・ドル（期末）							
対外資産（ネット）	…	…	…	…	…	…	…	…
非居住者向け信用	…	…	…	…	…	…	…	…
非居住者に対する負債	…	…	…	…	…	…	…	…
預金取扱い機関向け信用	…	…	…	…	…	…	…	…
中央政府向け信用（ネット）	…	…	…	…	…	…	…	…
中央政府向け信用	…	…	…	…	…	…	…	…
中央政府に対する負債	…	…	…	…	…	…	…	…
その他部門向け信用	…	…	…	…	…	…	…	…
地方自治体向け信用	…	…	…	…	…	…	…	…
非金融公的企業向け信用	…	…	…	…	…	…	…	…
民間部門向け信用	…	…	…	…	…	…	…	…
預金	…	…	…	…	…	…	…	…
証券（株式を除く）	…	…	…	…	…	…	…	…
貸出	…	…	…	…	…	…	…	…
金融派生商品	…	…	…	…	…	…	…	…
保険契約準備金	…	…	…	…	…	…	…	…
株式及びその他持ち分	…	…	…	…	…	…	…	…
その他（ネット）	…	…	…	…	…	…	…	…
注記項目：総資産	…	…	…	…	…	…	…	…
金融機関	100万ブルネイ・ドル（期末）							
対外資産（ネット）	…	…	…	…	…	…	…	…
非居住者向け信用	…	…	…	…	…	…	…	…
非居住者に対する負債	…	…	…	…	…	…	…	…
国内信用	…	…	…	…	…	…	…	…
中央政府向け信用（ネット）	…	…	…	…	…	…	…	…
中央政府向け信用	…	…	…	…	…	…	…	…
中央政府に対する負債	…	…	…	…	…	…	…	…
その他部門向け信用	…	…	…	…	…	…	…	…
地方自治体向け信用	…	…	…	…	…	…	…	…
非金融公的企業向け信用	…	…	…	…	…	…	…	…
民間部門向け信用	…	…	…	…	…	…	…	…
金融機関以外の通貨	…	…	…	…	…	…	…	…
預金	…	…	…	…	…	…	…	…
証券（株式を除く）	…	…	…	…	…	…	…	…
貸出	…	…	…	…	…	…	…	…
金融派生商品	…	…	…	…	…	…	…	…
保険契約準備金	…	…	…	…	…	…	…	…
株式及びその他持ち分	…	…	…	…	…	…	…	…
その他（ネット）	…	…	…	…	…	…	…	…
貨幣集計量	100万ブルネイ・ドル（期末）							
広義流動性	…	…	…	…	…	…	…	…
中央政府発行通貨	…	…	…	…	…	…	…	…
非金融会社の預金	…	…	…	…	…	…	…	…
中央政府発行証券	…	…	…	…	…	…	…	…
貨幣集計量（国内定義）	100万ブルネイ・ドル（期末）							
M0	…	…	…	…	…	…	…	…
現金・預金通貨	…	…	…	…	…	…	…	…
準通貨	…	…	…	…	…	…	…	…
広義流動性	…	…	…	…	…	…	…	…
金利	年率（%）							
預金金利	…	…	…	…	…	…	…	…
貸出金利	…	…	…	…	…	…	…	…
物価	指数（2010年=100，期中平均）							
消費者物価指数	…	…	…	…	…	…	…	…
GDPデフレーター	…	…	…	…	…	…	…	…

ブルネイ

1956	1957	1958	1959	1960	1961	1962	1963	1964	1965	1966
...	...	...	...	...	...	...	...	...	...	...
...	...	...	...	...	...	...	...	...	...	...
...	...	...	...	...	...	...	...	...	...	...
...	...	...	...	...	...	...	...	...	...	...
...	...	...	...	...	...	...	...	...	...	...
...	...	...	...	...	...	...	...	...	...	...
...	...	...	...	...	...	...	...	...	...	...
...	...	...	...	...	...	...	...	...	...	...
...	...	...	...	...	...	...	...	...	...	...
...	...	...	...	...	...	...	...	...	...	...
...	...	...	...	...	...	...	...	...	...	...
...	...	...	...	...	...	...	...	...	...	...
...	...	...	...	...	...	...	...	...	...	...
...	...	...	...	...	...	...	...	...	...	...
...	...	...	...	...	...	...	...	...	...	...
...	...	...	...	...	...	...	...	...	...	...
...	...	...	...	...	...	...	...	...	...	...
...	...	...	...	...	...	...	...	...	...	...
...	...	...	...	...	...	...	...	...	...	...
...	...	...	...	...	...	...	...	...	...	...
...	...	...	...	...	...	...	...	...	...	...
...	...	...	...	...	...	...	...	...	...	...
...	...	...	...	...	...	...	...	...	...	...
...	...	...	...	...	...	...	...	...	...	...
...	...	...	...	...	...	...	...	...	...	...
...	...	...	...	...	...	...	...	...	...	...
...	...	...	...	...	...	...	...	...	...	...
...	...	...	...	...	...	...	...	...	...	...
...	...	...	...	...	...	...	...	...	...	...
...	...	...	...	...	...	...	...	...	...	...
...	...	...	...	...	...	...	...	...	...	...
...	...	...	...	...	...	...	...	...	...	...
...	...	...	...	...	...	...	...	...	...	...
...	...	...	...	...	...	...	...	...	...	...
...	...	...	...	...	...	...	...	...	...	...
...	...	...	...	...	...	...	...	...	...	...
...	...	...	...	...	...	...	...	...	...	...
...	...	...	...	...	...	...	...	...	...	...
...	...	...	...	...	...	...	...	...	...	...
...	...	...	...	...	...	...	...	...	...	...
...	...	...	...	...	...	...	...	...	...	...
...	...	...	...	...	...	...	...	...	...	...
...	...	...	...	...	...	...	...	...	...	...
...	...	...	...	...	...	...	...	...	...	...
...	...	...	...	...	...	...	...	...	...	...
...	...	...	...	...	...	...	...	...	...	...
...	...	...	...	...	...	...	...	...	...	...
...	...	...	...	...	...	...	...	...	...	...
...	...	...	...	...	...	...	...	...	...	...
...	...	...	...	...	...	...	...	...	...	...
...	...	...	...	...	...	...	...	...	...	...
...	...	...	...	...	...	...	...	...	...	...
...	...	...	...	...	...	...	...	...	...	...
...	...	...	...	...	...	...	...	...	...	...
...	...	...	...	...	...	...	...	...	...	...
...	...	...	...	...	...	...	...	...	...	...
...	...	...	...	...	...	...	...	...	...	...
...	...	...	...	...	...	...	...	...	...	...
...	...	...	...	...	...	...	...	...	...	...
...	...	...	...	...	...	...	...	...	...	...
...	...	...	...	...	...	...	...	...	...	...
...	...	...	...	...	...	...	...	...	...	...
...	...	...	...	...	...	...	...	...	...	...
...	...	...	...	...	...	...	...	...	...	...

統　　計

ブルネイ（1948-2016 年）

	1967	1968	1969	1970	1971	1972	1973	1974
預金取扱い金融機関	100万ブルネイ・ドル（期末）							
対外資産（ネット）	...	...	...	...	...	...	...	...
非居住者向け信用	...	...	...	...	...	...	...	...
非居住者に対する負債	...	...	...	...	...	...	...	...
国内信用	...	...	...	...	...	...	...	...
中央政府向け信用（ネット）	...	...	...	...	...	...	...	...
中央政府向け信用	...	...	...	...	...	...	...	...
中央政府に対する負債	...	...	...	...	...	...	...	...
その他部門向け信用	...	...	...	...	...	...	...	...
その他金融機関向け信用	...	...	...	...	...	...	...	...
地方自治体向け信用	...	...	...	...	...	...	...	...
非金融公的企業向け信用	...	...	...	...	...	...	...	...
民間部門向け信用	...	...	...	...	...	...	...	...
広義流動性負債	...	...	...	...	...	...	...	...
預金取扱い金融機関以外の通貨	...	...	...	...	...	...	...	...
通貨性預金	...	...	...	...	...	...	...	...
その他預金	...	...	...	...	...	...	...	...
証券（株式を除く）	...	...	...	...	...	...	...	...
預金（広義流動性から除外されたもの）	...	...	...	...	...	...	...	...
証券（広義流動性に含まれる株式以外）	...	...	...	...	...	...	...	...
貸出	...	...	...	...	...	...	...	...
金融派生商品	...	...	...	...	...	...	...	...
保険契約準備金	...	...	...	...	...	...	...	...
株式及びその他持ち分	...	...	...	...	...	...	...	...
その他（ネット）	...	...	...	...	...	...	...	...
広義流動性負債（季節調整値）	...	...	...	...	...	...	...	...
その他金融機関	100万ブルネイ・ドル（期末）							
対外資産（ネット）	...	...	...	...	...	...	...	...
非居住者向け信用	...	...	...	...	...	...	...	...
非居住者に対する負債	...	...	...	...	...	...	...	...
預金取扱い機関向け信用	...	...	...	...	...	...	...	...
中央政府向け信用（ネット）	...	...	...	...	...	...	...	...
中央政府向け信用	...	...	...	...	...	...	...	...
中央政府に対する負債	...	...	...	...	...	...	...	...
その他部門向け信用	...	...	...	...	...	...	...	...
地方自治体向け信用	...	...	...	...	...	...	...	...
非金融公的企業向け信用	...	...	...	...	...	...	...	...
民間部門向け信用	...	...	...	...	...	...	...	...
預金	...	...	...	...	...	...	...	...
証券（株式を除く）	...	...	...	...	...	...	...	...
貸出	...	...	...	...	...	...	...	...
金融派生商品	...	...	...	...	...	...	...	...
保険契約準備金	...	...	...	...	...	...	...	...
株式及びその他持ち分	...	...	...	...	...	...	...	...
その他（ネット）	...	...	...	...	...	...	...	...
注記項目：総資産	...	...	...	...	...	...	...	...
金融機関	100万ブルネイ・ドル（期末）							
対外資産（ネット）	...	...	...	...	...	...	...	...
非居住者向け信用	...	...	...	...	...	...	...	...
非居住者に対する負債	...	...	...	...	...	...	...	...
国内信用	...	...	...	...	...	...	...	...
中央政府向け信用（ネット）	...	...	...	...	...	...	...	...
中央政府向け信用	...	...	...	...	...	...	...	...
中央政府に対する負債	...	...	...	...	...	...	...	...
その他部門向け信用	...	...	...	...	...	...	...	...
地方自治体向け信用	...	...	...	...	...	...	...	...
非金融公的企業向け信用	...	...	...	...	...	...	...	...
民間部門向け信用	...	...	...	...	...	...	...	...
金融機関以外の通貨	...	...	...	...	...	...	...	...
預金	...	...	...	...	...	...	...	...
証券（株式を除く）	...	...	...	...	...	...	...	...
貸出	...	...	...	...	...	...	...	...
金融派生商品	...	...	...	...	...	...	...	...
保険契約準備金	...	...	...	...	...	...	...	...
株式及びその他持ち分	...	...	...	...	...	...	...	...
その他（ネット）	...	...	...	...	...	...	...	...
貨幣集計量	100万ブルネイ・ドル（期末）							
広義流動性	...	...	...	...	...	...	...	...
中央政府発行通貨	...	...	...	...	...	...	...	...
非金融会社の預金	...	...	...	...	...	...	...	...
中央政府発行証券	...	...	...	...	...	...	...	...
貨幣集計量（国内定義）	100万ブルネイ・ドル（期末）							
M0	...	...	...	...	...	...	...	...
現金・預金通貨	...	...	...	...	...	...	...	...
準通貨	...	...	...	...	...	...	...	...
広義流動性	...	...	...	...	...	...	...	...
金利	年率（%）							
預金金利	...	...	...	...	...	...	...	...
貸出金利	...	...	...	...	...	...	...	...
物価	指数（2010年=100，期中平均）							
消費者物価指数	...	...	...	...	...	...	...	...
GDPデフレーター	...	...	...	...	...	...	...	28.18

364

ブルネイ

1975	1976	1977	1978	1979	1980	1981	1982	1983	1984	1985
...	...	...	...	...	...	...	...	...	...	...
...	...	...	...	...	...	...	...	...	...	...
...	...	...	...	...	...	...	...	...	...	...
...	...	...	...	...	...	...	...	...	...	...
...	...	...	...	...	...	...	...	...	...	...
...	...	...	...	...	...	...	...	...	...	...
...	...	...	...	...	...	...	...	...	...	...
...	...	...	...	...	...	...	...	...	...	...
...	...	...	...	...	...	...	...	...	...	...
...	...	...	...	...	...	...	...	...	...	...
...	...	...	...	...	...	...	...	...	...	...
...	...	...	...	...	...	...	...	...	...	...
...	...	...	...	...	...	...	...	...	...	...
...	...	...	...	...	...	...	...	...	...	...
...	...	...	...	...	...	...	...	...	...	...
...	...	...	...	...	...	...	...	...	...	...
...	...	...	...	...	...	...	...	...	...	...
...	...	...	...	...	...	...	...	...	...	...
...	...	...	...	...	...	...	...	...	...	...
...	...	...	...	...	...	...	...	...	...	...
...	...	...	...	...	...	...	...	...	...	...
...	...	...	...	...	...	...	...	...	...	...
...	...	...	...	...	...	...	...	...	...	...
...	...	...	...	...	...	...	...	...	...	...
...	...	...	...	...	...	...	...	...	...	...
...	...	...	...	...	...	...	...	...	...	...
...	...	...	...	...	...	...	...	...	...	...
...	...	...	...	...	...	...	...	...	...	...
...	...	...	...	...	...	...	...	...	...	...
...	...	...	...	...	...	...	...	...	...	...
...	...	...	...	...	...	...	...	...	...	...
...	...	...	...	...	...	...	...	...	...	...
...	...	...	...	...	...	...	...	...	...	...
...	...	...	...	...	...	...	...	...	...	...
...	...	...	...	...	...	...	...	...	...	...
...	...	...	...	...	...	...	...	...	...	...
...	...	...	...	...	...	...	...	...	...	...
...	...	...	...	...	...	...	...	...	...	...
...	...	...	...	...	...	...	...	...	...	...
...	...	...	...	...	...	...	...	...	...	...
...	...	...	...	...	...	...	...	...	...	...
...	...	...	...	...	...	...	...	...	...	...
...	...	...	...	...	...	...	...	...	...	...
...	...	...	...	...	...	...	...	...	...	...
...	...	...	...	...	...	...	...	...	...	...
...	...	...	...	...	...	...	...	...	...	...
...	...	...	...	...	...	...	...	...	...	...
...	...	...	...	...	...	...	...	...	...	...
...	...	49.40	...	...	58.39	63.72	67.77	68.56	70.67	72.34
29.74	31.41	34.05	33.31	37.53	69.84	76.14	72.46	64.19	63.37	61.81

統　計

ブルネイ（1948-2016 年）

	1986	1987	1988	1989	1990	1991	1992	1993
預金取扱い金融機関	100万ブルネイ・ドル（期末）							
対外資産（ネット）	・・・	・・・	・・・	・・・	・・・	・・・	・・・	・・・
非居住者向け信用	・・・	・・・	・・・	・・・	・・・	・・・	・・・	・・・
非居住者に対する負債	・・・	・・・	・・・	・・・	・・・	・・・	・・・	・・・
国内信用	・・・	・・・	・・・	・・・	・・・	・・・	・・・	・・・
中央政府向け信用（ネット）	・・・	・・・	・・・	・・・	・・・	・・・	・・・	・・・
中央政府向け信用	・・・	・・・	・・・	・・・	・・・	・・・	・・・	・・・
中央政府に対する負債	・・・	・・・	・・・	・・・	・・・	・・・	・・・	・・・
その他部門向け信用	・・・	・・・	・・・	・・・	・・・	・・・	・・・	・・・
その他金融機関向け信用	・・・	・・・	・・・	・・・	・・・	・・・	・・・	・・・
地方自治体向け信用	・・・	・・・	・・・	・・・	・・・	・・・	・・・	・・・
非金融公的企業向け信用	・・・	・・・	・・・	・・・	・・・	・・・	・・・	・・・
民間部門向け信用	・・・	・・・	・・・	・・・	・・・	・・・	・・・	・・・
広義流動性負債	・・・	・・・	・・・	・・・	・・・	・・・	・・・	・・・
預金取扱い金融機関以外の通貨	・・・	・・・	・・・	・・・	・・・	・・・	・・・	・・・
通貨性預金	・・・	・・・	・・・	・・・	・・・	・・・	・・・	・・・
その他預金	・・・	・・・	・・・	・・・	・・・	・・・	・・・	・・・
証券（株式を除く）	・・・	・・・	・・・	・・・	・・・	・・・	・・・	・・・
預金（広義流動性から除外されたもの）	・・・	・・・	・・・	・・・	・・・	・・・	・・・	・・・
証券（広義流動性に含まれる株式以外）	・・・	・・・	・・・	・・・	・・・	・・・	・・・	・・・
貸出	・・・	・・・	・・・	・・・	・・・	・・・	・・・	・・・
金融派生商品	・・・	・・・	・・・	・・・	・・・	・・・	・・・	・・・
保険契約準備金	・・・	・・・	・・・	・・・	・・・	・・・	・・・	・・・
株式及びその他持ち分	・・・	・・・	・・・	・・・	・・・	・・・	・・・	・・・
その他（ネット）	・・・	・・・	・・・	・・・	・・・	・・・	・・・	・・・
広義流動性負債（季節調整値）	・・・	・・・	・・・	・・・	・・・	・・・	・・・	・・・
その他金融機関	100万ブルネイ・ドル（期末）							
対外資産（ネット）	・・・	・・・	・・・	・・・	・・・	・・・	・・・	・・・
非居住者向け信用	・・・	・・・	・・・	・・・	・・・	・・・	・・・	・・・
非居住者に対する負債	・・・	・・・	・・・	・・・	・・・	・・・	・・・	・・・
預金取扱い機関向け信用	・・・	・・・	・・・	・・・	・・・	・・・	・・・	・・・
中央政府向け信用（ネット）	・・・	・・・	・・・	・・・	・・・	・・・	・・・	・・・
中央政府向け信用	・・・	・・・	・・・	・・・	・・・	・・・	・・・	・・・
中央政府に対する負債	・・・	・・・	・・・	・・・	・・・	・・・	・・・	・・・
その他部門向け信用	・・・	・・・	・・・	・・・	・・・	・・・	・・・	・・・
地方自治体向け信用	・・・	・・・	・・・	・・・	・・・	・・・	・・・	・・・
非金融公的企業向け信用	・・・	・・・	・・・	・・・	・・・	・・・	・・・	・・・
民間部門向け信用	・・・	・・・	・・・	・・・	・・・	・・・	・・・	・・・
預金	・・・	・・・	・・・	・・・	・・・	・・・	・・・	・・・
証券（株式を除く）	・・・	・・・	・・・	・・・	・・・	・・・	・・・	・・・
貸出	・・・	・・・	・・・	・・・	・・・	・・・	・・・	・・・
金融派生商品	・・・	・・・	・・・	・・・	・・・	・・・	・・・	・・・
保険契約準備金	・・・	・・・	・・・	・・・	・・・	・・・	・・・	・・・
株式及びその他持ち分	・・・	・・・	・・・	・・・	・・・	・・・	・・・	・・・
その他（ネット）	・・・	・・・	・・・	・・・	・・・	・・・	・・・	・・・
注記項目：総資産	・・・	・・・	・・・	・・・	・・・	・・・	・・・	・・・
金融機関	100万ブルネイ・ドル（期末）							
対外資産（ネット）	・・・	・・・	・・・	・・・	・・・	・・・	・・・	・・・
非居住者向け信用	・・・	・・・	・・・	・・・	・・・	・・・	・・・	・・・
非居住者に対する負債	・・・	・・・	・・・	・・・	・・・	・・・	・・・	・・・
国内信用	・・・	・・・	・・・	・・・	・・・	・・・	・・・	・・・
中央政府向け信用（ネット）	・・・	・・・	・・・	・・・	・・・	・・・	・・・	・・・
中央政府向け信用	・・・	・・・	・・・	・・・	・・・	・・・	・・・	・・・
中央政府に対する負債	・・・	・・・	・・・	・・・	・・・	・・・	・・・	・・・
その他部門向け信用	・・・	・・・	・・・	・・・	・・・	・・・	・・・	・・・
地方自治体向け信用	・・・	・・・	・・・	・・・	・・・	・・・	・・・	・・・
非金融公的企業向け信用	・・・	・・・	・・・	・・・	・・・	・・・	・・・	・・・
民間部門向け信用	・・・	・・・	・・・	・・・	・・・	・・・	・・・	・・・
金融機関以外の通貨	・・・	・・・	・・・	・・・	・・・	・・・	・・・	・・・
預金	・・・	・・・	・・・	・・・	・・・	・・・	・・・	・・・
証券（株式を除く）	・・・	・・・	・・・	・・・	・・・	・・・	・・・	・・・
貸出	・・・	・・・	・・・	・・・	・・・	・・・	・・・	・・・
金融派生商品	・・・	・・・	・・・	・・・	・・・	・・・	・・・	・・・
保険契約準備金	・・・	・・・	・・・	・・・	・・・	・・・	・・・	・・・
株式及びその他持ち分	・・・	・・・	・・・	・・・	・・・	・・・	・・・	・・・
その他（ネット）	・・・	・・・	・・・	・・・	・・・	・・・	・・・	・・・
貨幣集計量	100万ブルネイ・ドル（期末）							
広義流動性	・・・	・・・	・・・	・・・	・・・	・・・	・・・	・・・
中央政府発行通貨	・・・	・・・	・・・	・・・	・・・	・・・	・・・	・・・
非金融会社の預金	・・・	・・・	・・・	・・・	・・・	・・・	・・・	・・・
中央政府発行証券	・・・	・・・	・・・	・・・	・・・	・・・	・・・	・・・
貨幣集計量（国内定義）	100万ブルネイ・ドル（期末）							
M0	・・・	・・・	・・・	・・・	・・・	・・・	・・・	・・・
現金・預金通貨	・・・	・・・	・・・	・・・	・・・	・・・	・・・	・・・
準通貨	・・・	・・・	・・・	・・・	・・・	・・・	・・・	・・・
広義流動性	・・・	・・・	・・・	・・・	・・・	・・・	・・・	・・・
金利	年率（%）							
預金金利	・・・	・・・	・・・	・・・	・・・	・・・	・・・	・・・
貸出金利	・・・	・・・	・・・	・・・	・・・	・・・	・・・	・・・
物価	指数（2010年=100，期中平均）							
消費者物価指数	73.62	74.54	75.43	76.41	78.05	79.30	80.31	83.73
GDPデフレーター	42.09	46.60	43.03	46.95	50.88	49.75	49.88	49.79

ブルネイ

1994	1995	1996	1997	1998	1999	2000	2001	2002	2003	2004
...	...	...	...	...	...	...	5,462.48	5,112.08	6,124.58	7,889.87
...	...	...	...	...	...	...	5,864.88	5,489.85	6,334.35	8,065.74
...	...	...	...	...	...	...	402.40	377.77	209.77	175.87
...	...	...	...	...	...	...	3,575.27	3,946.55	3,362.77	2,731.02
...	...	...	...	...	...	...	-1,807.66	-1,675.57	-2,492.00	-3,529.55
...	...	...	...	...	...	...	292.67	205.08	112.31	54.12
...	...	...	...	...	...	...	2,100.33	1,880.65	2,604.31	3,583.67
...	...	...	...	...	...	...	5,382.93	5,622.12	5,854.77	6,260.57
...	...	...	...	...	...	...				
...	...	...	...	...	...	...	0.59	5.99	46.83	81.90
...	...	...	...	...	...	...	5,382.34	5,616.13	5,807.94	6,178.67
...	...	...	...	...	...	...	7,811.02	7,958.29	8,282.28	9,593.75
...	...	...	...	...	...	...	572.22	574.54	563.87	575.58
...	...	...	...	...	...	...	2,291.67	2,570.68	2,685.50	2,955.26
...	...	...	...	...	...	...	4,945.60	4,810.87	5,028.11	6,060.13
...	...	...	...	...	...	...	1.53	2.20	4.80	2.78
...	...	...	...	...	...	...	-	-	-	-
...	...	...	...	...	...	...	-	-	-	-
...	...	...	...	...	...	...	-	-	-	-
...	...	...	...	...	...	...	910.86	882.10	956.08	967.90
...	...	...	...	...	...	...	315.87	218.23	248.98	59.23
...	...	...	...	...	...	...	7,787.49	7,954.68	8,301.16	9,650.01
...	...	...	...	...	...	...	...	...	...	...
...	...	...	...	...	...	...	...	...	...	...
...	...	...	...	...	...	...	...	...	...	...
...	...	...	...	...	...	...	...	...	...	...
...	...	...	...	...	...	...	...	...	...	...
...	...	...	...	...	...	...	...	...	...	...
...	...	...	...	...	...	...	...	...	...	...
...	...	...	...	...	...	...	...	...	...	...
...	...	...	...	...	...	...	...	...	...	...
...	...	...	...	...	...	...	...	...	...	...
...	...	...	...	...	...	...	...	...	...	...
...	...	...	...	...	...	...	...	...	...	...
...	...	...	...	...	...	...	...	...	...	...
...	...	...	...	...	...	...	...	...	...	...
...	...	...	...	...	...	...	...	...	...	...
...	...	...	...	...	...	...	...	...	...	...
...	...	...	...	...	...	...	...	...	...	...
...	...	...	...	...	...	...	...	...	...	...
...	...	...	...	...	...	...	...	...	...	...
...	...	...	...	...	...	...	...	...	...	...
...	...	...	...	...	...	...	...	...	...	...
...	...	...	...	...	...	...	...	...	...	...
...	...	...	...	...	...	...	...	...	...	...
...	...	...	...	...	...	...	...	...	...	...
...	...	...	...	...	...	...	...	...	...	...
...	...	...	...	...	...	...	...	...	...	...
...	...	...	...	...	...	...	...	...	...	...
...	...	...	...	...	...	...	7,811.02	7,958.29	8,282.28	9,593.75
...	...	...	...	...	...	...	-	-	-	-
...	...	...	...	...	...	...	-	-	-	-
...	...	...	...	...	...	...	-	-	-	-
...	...	...	...	...	713.64	680.49	648.33	654.80	650.98	667.05
...	...	...	...	...	2,917.44	2,860.23	2,863.89	3,145.22	3,249.37	3,530.84
...	...	...	...	...	3,876.72	6,516.73	4,947.13	4,813.07	5,032.91	6,062.91
...	...	...	...	...	6,794.17	9,376.95	7,811.02	7,958.29	8,282.28	9,593.75
...	...	...	...	...	...	...	...	...	...	1.04
...	...	...	...	6.50	5.50	5.50	5.50	5.50	5.50	5.50
85.79	90.91	92.72	94.31	93.89	93.50	94.96	95.53	93.31	93.59	94.36
49.66	53.29	52.84	52.52	46.85	49.95	50.59	49.37	49.10	70.62	81.84

統　　計

ブルネイ（1948-2016 年）

	2005	2006	2007	2008	2009	2010	2011	2012
預金取扱い金融機関	100万ブルネイ（期末）							
対外資産（ネット）	8,623.39	7,630.20	8,141.90	10,547.60	8,577.45	10,932.20	15,593.00	14,859.70
非居住者向け信用	9,145.47	8,238.16	8,688.90	10,962.00	9,479.87	11,792.00	16,206.30	15,463.30
非居住者に対する負債	522.08	607.96	547.00	414.49	902.42	859.83	613.27	603.64
国内信用	1,647.12	2,977.06	3,428.33	1,853.07	5,002.26	4,193.81	1,729.75	2,877.00
中央政府向け信用（ネット）	-4,815.53	-3,417.74	-3,576.62	-5,375.79	-1,981.40	-2,749.21	-4,982.22	-3,987.02
中央政府向け信用	50.47	180.77	129.69	203.47	289.06	209.46	796.43	500.48
中央政府に対する負債	4,866.00	3,598.51	3,706.32	5,579.26	2,270.47	2,958.67	5,778.65	4,487.50
その他部門向け信用	6,462.65	6,394.80	7,004.95	7,228.85	6,983.66	6,943.01	6,711.97	6,864.02
その他金融機関向け信用	-	-	-	0.05	0.10	19.86	108.73	59.98
地方自治体向け信用	-	-	-	-	-	-	-	-
非金融公的企業向け信用	70.68	59.76	122.68	92.00	63.34	84.68	107.92	194.05
民間部門向け信用	6,391.97	6,335.04	6,882.28	7,136.80	6,920.22	6,838.47	6,495.33	6,609.99
広義流動性負債	9,162.28	9,356.24	9,983.68	10,940.00	11,996.30	12,573.00	13,837.20	13,961.60
預金取扱い金融機関以外の通貨	600.75	641.37	697.43	739.18	783.56	824.45	831.06	926.02
通貨性預金	2,974.83	3,321.19	3,153.81	3,646.94	4,606.97	2,992.63	3,402.43	3,367.38
その他預金	5,583.56	5,392.08	6,131.91	6,552.78	6,604.71	8,755.90	9,603.70	9,668.21
証券（株式を除く）	3.14	1.59	0.52	1.09	1.08			
預金（広義流動性から除外されたもの）	-	-	-	-	-	-	-	-
証券（広義流動性に含まれる株式以外）	-	-	-	-	-	-	-	-
貸出	-	-	-	-	-	-	-	-
金融派生商品	-	-	-	-	-	-	-	-
保険契約準備金	-	-	-	-	-	-	-	-
株式及びその他持ち分	1,096.07	1,219.33	1,660.28	1,784.35	2,018.61	2,059.04	3,118.69	3,343.73
その他（ネット）	12.16	31.69	-73.73	-323.73	-435.23	493.98	366.86	431.38
広義流動性負債（季節調整値）	9,227.51	9,434.59	10,051.20	11,006.00	12,055.00	12,732.10	14,022.40	14,159.60
その他金融機関	100万ブルネイ・ドル（期末）							
対外資産（ネット）	・・・	721.44	769.36	720.44	775.69	731.53	747.75	762.53
非居住者向け信用	・・・	732.80	796.89	837.97	787.38	878.12	1,014.05	1,041.37
非居住者に対する負債	・・・	11.37	27.53	117.53	11.69	146.59	266.31	278.84
預金取扱い機関向け信用	・・・	184.16	202.01	183.49	208.89	269.22	265.19	304.41
中央政府向け信用（ネット）	・・・	-1.25	1.10	0.37	-3.20	-1.52	-10.64	-10.92
中央政府向け信用	・・・		2.12	1.56	1.14	1.64	10.89	12.26
中央政府に対する負債	・・・	1.25	1.02	1.19	4.34	3.16	21.53	23.17
その他部門向け信用	・・・	35.03	42.26	36.50	30.58	63.65	58.44	54.97
地方自治体向け信用	・・・	-	-	-	-	-	-	-
非金融公的企業向け信用	・・・	0.17	1.21	3.00	1.90	4.05	0.86	2.18
民間部門向け信用	・・・	34.87	41.05	33.50	28.67	59.61	57.58	52.79
預金	・・・	14.99	7.07	6.52	6.46	8.62		
証券（株式を除く）	・・・	-	-	-	-	-	-	-
貸出	・・・	72.36	72.36	72.36	72.36	72.36	73.09	76.07
金融派生商品	・・・	-	-	-	-	-	-	-
保険契約準備金	・・・	510.87	527.45	584.51	594.38	614.06	558.94	598.66
株式及びその他持ち分	・・・	375.83	418.23	273.18	319.89	347.30	403.91	422.19
その他（ネット）	・・・	-34.68	-10.38	4.23	18.86	20.54	24.80	14.07
注記項目：総資産	・・・	1,044.57	1,132.73	1,139.32	1,115.98	1,307.48	1,459.59	1,528.62
金融機関	100万ブルネイ・ドル（期末）							
対外資産（ネット）	・・・	8,351.64	8,911.26	11,268.00	9,353.13	11,663.70	16,340.70	15,622.30
非居住者向け信用	・・・	8,970.96	9,485.79	11,800.00	10,267.20	12,670.10	17,220.30	16,504.70
非居住者に対する負債	・・・	619.33	574.52	532.02	914.11	1,006.42	879.58	882.48
国内信用	・・・	3,010.85	3,471.69	1,889.88	5,029.53	4,236.08	1,668.82	2,861.07
中央政府向け信用（ネット）	・・・	-3,418.98	-3,575.52	-5,375.41	-1,984.61	-2,750.73	-4,992.86	-3,997.93
中央政府向け信用	・・・	180.77	131.82	205.04	290.20	211.11	807.32	512.74
中央政府に対する負債	・・・	3,599.75	3,707.34	5,580.45	2,274.81	2,961.83	5,800.18	4,510.67
その他部門向け信用	・・・	6,429.83	7,047.21	7,265.30	7,014.13	6,986.80	6,661.68	6,859.01
地方自治体向け信用	・・・	-	-	-	-	-	-	-
非金融公的企業向け信用	・・・	59.93	123.88	95.00	65.24	88.73	108.78	196.23
民間部門向け信用	・・・	6,369.91	6,923.33	7,170.30	6,948.89	6,898.08	6,552.91	6,662.78
金融機関以外の通貨	・・・	620.75	682.66	709.86	750.72	789.74	828.87	919.58
預金	・・・	8,564.74	9,105.56	10,052.10	11,042.10	11,605.90	12,826.30	12,858.10
証券（株式を除く）	・・・	1.59	0.52	1.09	1.08			
貸出	・・・	72.36	72.36	72.36	72.36	72.36	72.37	75.56
金融派生商品	・・・	-	-	-	-	-	-	-
保険契約準備金	・・・	510.87	527.45	584.51	594.38	614.06	558.78	598.51
株式及びその他持ち分	・・・	1,595.17	2,078.51	2,057.53	2,338.50	2,406.34	3,522.59	3,765.92
その他（ネット）	・・・	-2.99	-84.11	-319.55	-416.47	411.37	200.64	265.66
貨幣集計量	100万ブルネイ・ドル（期末）							
広義流動性	9,162.28	9,356.24	9,983.68	10,940.00	11,996.30	12,573.00	13,837.20	13,961.60
中央政府発行通貨	-	-	-	-	-	-	-	-
非金融会社の預金	-	-	-	-	-	-	-	-
中央政府発行証券	-	-	-	-	-	-	-	-
貨幣集計量（国内定義）	100万ブルネイ・ドル（期末）							
M0	704.65	739.88	848.83	921.79	954.51	1,023.71	1,689.99	1,627.05
現金・預金通貨	3,575.58	3,962.57	3,851.25	4,386.12	5,390.54	3,817.08	4,233.49	4,293.38
準通貨	5,586.70	5,393.67	6,132.43	6,553.88	6,605.78	8,755.90	9,603.70	9,668.21
広義流動性	9,162.28	9,356.24	9,983.68	10,940.00	11,996.30	12,573.00	13,837.20	13,961.60
金利	年率（％）							
預金金利	1.01	1.04	1.17	0.88	0.70	0.47	0.40	0.23
貸出金利	5.50	5.50	5.50	5.50	5.50	5.50	5.50	5.50
物価	指数（2010年=100, 期中平均）							
消費者物価指数	95.53	95.68	96.61	98.62	99.64	100.00	102.02	102.49
GDPデフレーター	97.19	106.96	108.16	121.88	94.96	100.00	119.37	135.16

ブルネイ

2013	2014	2015	2016
14,047.50	13,070.60	11,211.90	13,404.80
14,611.80	13,892.80	11,900.70	14,027.30
564.31	822.23	688.77	622.45
4,382.24	5,915.14	7,526.29	5,880.24
-3,158.41	-1,868.18	-685.43	-1,546.14
500.71	700.32	525.00	473.37
3,659.13	2,568.50	1,210.43	2,019.52
7,540.66	7,783.32	8,211.72	7,426.38
220.44	385.62	440.80	371.38
-	-	-	-
320.17	268.62	457.01	194.26
7,000.04	7,129.07	7,313.91	6,860.74
14,166.30	14,622.60	14,365.40	14,582.20
977.52	1,021.04	1,072.87	1,135.25
3,487.06	3,375.08	3,606.68	3,539.62
9,701.73	10,226.50	9,685.81	9,907.30
-	-	-	-
-	-	8.70	-
-	-	-	-
3,419.24	3,524.05	3,637.49	3,840.27
844.22	839.08	726.68	862.62
14,372.00	14,734.90	14,428.40	14,622.60
9,949.33	5,489.77	6,214.78	9,795.12
10,178.30	5,771.06	6,424.11	9,929.22
228.99	281.29	209.32	134.10
1,117.66	1,186.93	1,043.18	1,486.93
-66.00	-68.53	-41.25	-37.83
17.48	5.92	5.64	-0.03
83.47	74.45	46.89	37.79
62.92	67.06	58.32	115.85
1.38	2.09	5.69	-
61.54	64.97	52.63	115.85
-	-	-	2.06
81.18	76.63	1.99	38.46
		0.12	-
3,221.08	3,689.04	4,025.93	4,217.32
7,742.08	2,902.42	3,218.17	6,984.80
19.56	7.14	28.83	117.42
11,504.70	7,163.21	7,593.34	11,600.90
23,996.90	18,560.40	17,426.70	23,200.00
24,790.10	19,663.90	18,324.80	23,956.50
793.30	1,103.52	898.09	756.56
4,158.73	5,528.05	7,102.57	5,586.87
-3,224.41	-1,936.71	-726.67	-1,583.97
518.19	706.24	530.65	473.34
3,742.60	2,642.95	1,257.32	2,057.31
7,383.14	7,464.76	7,829.24	7,170.85
321.55	270.72	462.70	194.26
7,061.58	7,194.04	7,366.54	6,976.58
797.43	906.70	1,025.46	1,079.58
12,965.70	13,324.10	12,909.00	13,058.80
-	-	-	-
81.18	75.58	8.74	0.07
3,220.84	3,688.71	4,025.31	4,216.41
11,161.30	6,426.47	6,855.66	10,825.10
-70.95	-333.14	-294.88	-393.13
14,166.30	14,622.60	14,365.40	14,582.20
-	-	-	-
-	-	-	-
1,219.73	1,271.71	1,321.95	1,380.81
4,464.58	4,396.12	4,679.55	4,674.86
9,701.73	10,226.50	9,685.81	9,907.30
14,166.30	14,622.60	14,365.40	14,582.20
0.28	0.30	0.34	0.33
5.50	5.50	5.50	5.50
102.88	102.68	102.25	101.50
130.84	128.21	105.82	96.10

ベトナム（1948-2016年）

		1948	1949	1950	1951	1952	1953	1954	1955
為替レート	対SDRレート								
市場レート（期末）		1.00	1.00	1.00	1.00	1.00	1.00	1.00	1.00
市場レート（期末）	対ドル・レート								
市場レート（期中平均）		...	...	...	...	...	...	...	...
IMFポジション	100万SDR（期末）								
クォータ		-	-				-		
SDR		-	-						
IMFリザーブポジション		-	-	...	...		-		
内：IMF借入残高		-	-	...	...		-		
IMFクレジット及び融資総残高		-	-						
SDR配分額		-	-						
国際流動性	100万米ドル（他に断りのない限り，期末）								
総準備（金を除く）		-	-				-		
SDR		-	-						
IMFリザーブポジション		-	-				-		
外国為替		...	...			...	...	...	...
金（市場評価額）		...	...	...	...	...	...	...	...
通貨当局：その他負債		...	...	...	...	...	...	...	...
預金通貨銀行：資産		...	...	...	...	...	...	...	...
預金通貨銀行：負債		...	...	...	...	...	...	...	...
通貨当局	10億ドン（期末）								
対外資産		...	...	...	...	...	...	...	...
中央政府向け信用		...	...	...	...	...	...	...	...
銀行業機関向け信用		...	...	...	...	...	...	...	...
準備貨幣		...	...	...	...	...	...	...	...
内：預金通貨銀行以外の現金通貨		...	...	...	...	...	...	...	...
中央銀行負債：証券		...	...	...	...	...	...	...	...
対外負債		...	...	...	...	...	...	...	...
中央政府預金		...	...	...	...	...	...	...	...
資本勘定		...	...	...	...	...	...	...	...
その他（ネット）		...	...	...	...	...	...	...	...
銀行業機関	10億ドン（期末）								
準備		...	...	...	...	...	...	...	...
準備銀行債券		...	...	...	...	...	...	...	...
対外資産		...	...	...	...	...	...	...	...
中央政府向け信用		...	...	...	...	...	...	...	...
公的機関向け信用		...	...	...	...	...	...	...	...
要求払い預金		...	...	...	...	...	...	...	...
定期性預金及び貯蓄性預金		...	...	...	...	...	...	...	...
外貨預金		...	...	...	...	...	...	...	...
債券及び短期金融市場商品		...	...	...	...	...	...	...	...
制限付き預金		...	...	...	...	...	...	...	...
対外負債		...	...	...	...	...	...	...	...
中央政府預金		...	...	...	...	...	...	...	...
中央銀行信用		...	...	...	...	...	...	...	...
資本勘定		...	...	...	...	...	...	...	...
その他（ネット）		...	...	...	...	...	...	...	...
バンキング・サーベイ	10億ドン（期末）								
対外資産（ネット）		...	...	...	...	...	...	...	...
国内信用		...	...	...	...	...	...	...	...
中央政府向け信用（ネット）		...	...	...	...	...	...	...	...
その他部門向け信用		...	...	...	...	...	...	...	...
現金・預金通貨		...	...	...	...	...	...	...	...
準通貨		...	...	...	...	...	...	...	...
債券及び短期金融市場商品		...	...	...	...	...	...	...	...
制限付き預金		...	...	...	...	...	...	...	...
資本勘定		...	...	...	...	...	...	...	...
その他（ネット）		...	...	...	...	...	...	...	...
現金・預金通貨（季節調整値）		...	...	...	...	...	...	...	...
現金・預金通貨＋準通貨		...	...	...	...	...	...	...	...
金利	年率（%）								
中央銀行政策金利		...	...	...	...	...	...	...	...
財務省短期証券金利		...	...	...	...	...	...	...	...
預金金利		...	...	...	...	...	...	...	...
貸出金利		...	...	...	...	...	...	...	...
物価	指数（2010年=100，期中平均）								
消費者物価指数		...	...	...	...	...	...	...	...
GDPデフレーター		...	...	...	...	...	...	...	...

ベトナム

1956	1957	1958	1959	1960	1961	1962	1963	1964	1965	1966
1.00	0.01	0.01	0.01	0.01	0.01	0.02	0.02	0.02	0.02	0.03
...	0.01	0.01	0.01	0.01	0.01	0.02	0.02	0.02	0.02	0.03
...	...	...	...	...	...	...	...	...	...	...
12.50	12.50	12.50	14.50	16.50	18.50	20.50	22.50	22.50	22.50	23.80
-	-	-	-	-	-	-	-	5.62	5.62	5.94
...	...	...	...	...	...	...	...	...	...	...
-	-	-	-	-	-	-	-	-	-	-
...	...	...	...	...	...	...	...	...	...	...
-	-	-	-	-	-	-	-	5.62	5.62	5.94
...	...	...	...	...	...	...	...	...	...	...
...	...	...	...	...	...	...	...	...	...	...
...	...	...	...	...	...	...	...	...	...	...
...	...	...	...	...	...	...	...	...	...	...
...	...	...	...	...	...	...	...	...	...	...
...	...	...	...	...	...	...	...	...	...	...
...	...	...	...	...	...	...	...	...	...	...
...	...	...	...	...	...	...	...	...	...	...
...	...	...	...	...	...	...	...	...	...	...
...	...	...	...	...	...	...	...	...	...	...
...	...	...	...	...	...	...	...	...	...	...
...	...	...	...	...	...	...	...	...	...	...
...	...	...	...	...	...	...	...	...	...	...
...	...	...	...	...	...	...	...	...	...	...
...	...	...	...	...	...	...	...	...	...	...
...	...	...	...	...	...	...	...	...	...	...
...	...	...	...	...	...	...	...	...	...	...
...	...	...	...	...	...	...	...	...	...	...
...	...	...	...	...	...	...	...	...	...	...
...	...	...	...	...	...	...	...	...	...	...
...	...	...	...	...	...	...	...	...	...	...
...	...	...	...	...	...	...	...	...	...	...
...	...	...	...	...	...	...	...	...	...	...
...	...	...	...	...	...	...	...	...	...	...
...	...	...	...	...	...	...	...	...	...	...
...	...	...	...	...	...	...	...	...	...	...
...	...	...	...	...	...	...	...	...	...	...
...	...	...	...	...	...	...	...	...	...	...
...	...	...	...	...	...	...	...	...	...	...
...	...	...	...	...	...	...	...	...	...	...
...	...	...	...	...	...	...	...	...	...	...

統　　計

ベトナム（1948-2016年）

		1967	1968	1969	1970	1971	1972	1973	1974
為替レート	対SDRレート								
市場レート（期末）		0.03	0.03	0.03	0.03	0.03	0.13	0.17	0.21
	対ドル・レート								
市場レート（期末）		0.03	0.03	0.03	0.03	0.03	0.12	0.14	0.17
市場レート（期中平均）		・・・	・・・	・・・	・・・	・・・	・・・	・・・	・・・
IMFポジション	100万SDR（期末）								
クォータ		39.00	39.00	39.00	62.00	62.00	62.00	62.00	62.00
SDR		-	-	-	6.55	13.18	19.75	19.75	19.75
IMFリザーブポジション		9.75	9.75	9.75	15.51	15.49	15.49	15.49	15.49
内：IMF借入残高		・・・	・・・	・・・	・・・	・・・	・・・	・・・	・・・
IMFクレジット及び融資総残高					-	-	-	-	
SDR配分額					6.55	13.19	19.76	19.76	19.76
国際流動性	100万米ドル（他に断りのない限り，期末）								
総準備（金を除く）		・・・	・・・	・・・	・・・	・・・	・・・	・・・	・・・
SDR		-	-	-	6.55	14.31	21.44	23.83	24.18
IMFリザーブポジション		9.75	9.75	9.75	15.51	16.82	16.82	18.69	18.97
外国為替		・・・	・・・	・・・	・・・	・・・	・・・	・・・	・・・
金（市場評価額）		・・・	・・・	・・・	・・・	・・・	・・・	・・・	・・・
通貨当局：その他負債		・・・	・・・	・・・	・・・	・・・	・・・	・・・	・・・
預金通貨銀行：資産		・・・	・・・	・・・	・・・	・・・	・・・	・・・	・・・
預金通貨銀行：負債		・・・	・・・	・・・	・・・	・・・	・・・	・・・	・・・
通貨当局	10億ドン（期末）								
対外資産		・・・	・・・	・・・	・・・	・・・	・・・	・・・	・・・
中央政府向け信用		・・・	・・・	・・・	・・・	・・・	・・・	・・・	・・・
銀行業機関向け信用		・・・	・・・	・・・	・・・	・・・	・・・	・・・	・・・
準備貨幣		・・・	・・・	・・・	・・・	・・・	・・・	・・・	・・・
内：預金通貨銀行以外の現金通貨		・・・	・・・	・・・	・・・	・・・	・・・	・・・	・・・
中央銀行負債：証券		・・・	・・・	・・・	・・・	・・・	・・・	・・・	・・・
対外負債		・・・	・・・	・・・	・・・	・・・	・・・	・・・	・・・
中央政府預金		・・・	・・・	・・・	・・・	・・・	・・・	・・・	・・・
資本勘定		・・・	・・・	・・・	・・・	・・・	・・・	・・・	・・・
その他（ネット）		・・・	・・・	・・・	・・・	・・・	・・・	・・・	・・・
銀行業機関	10億ドン（期末）								
準備		・・・	・・・	・・・	・・・	・・・	・・・	・・・	・・・
準備銀行債券		・・・	・・・	・・・	・・・	・・・	・・・	・・・	・・・
対外資産		・・・	・・・	・・・	・・・	・・・	・・・	・・・	・・・
中央政府向け信用		・・・	・・・	・・・	・・・	・・・	・・・	・・・	・・・
公的機関向け信用		・・・	・・・	・・・	・・・	・・・	・・・	・・・	・・・
要求払い預金		・・・	・・・	・・・	・・・	・・・	・・・	・・・	・・・
定期性預金及び貯蓄性預金		・・・	・・・	・・・	・・・	・・・	・・・	・・・	・・・
外貨預金		・・・	・・・	・・・	・・・	・・・	・・・	・・・	・・・
債券及び短期金融市場商品		・・・	・・・	・・・	・・・	・・・	・・・	・・・	・・・
制限付き預金		・・・	・・・	・・・	・・・	・・・	・・・	・・・	・・・
対外負債		・・・	・・・	・・・	・・・	・・・	・・・	・・・	・・・
中央政府預金		・・・	・・・	・・・	・・・	・・・	・・・	・・・	・・・
中央銀行信用		・・・	・・・	・・・	・・・	・・・	・・・	・・・	・・・
資本勘定		・・・	・・・	・・・	・・・	・・・	・・・	・・・	・・・
その他（ネット）		・・・	・・・	・・・	・・・	・・・	・・・	・・・	・・・
バンキング・サーベイ	10億ドン（期末）								
対外資産（ネット）		・・・	・・・	・・・	・・・	・・・	・・・	・・・	・・・
国内信用		・・・	・・・	・・・	・・・	・・・	・・・	・・・	・・・
中央政府向け信用（ネット）		・・・	・・・	・・・	・・・	・・・	・・・	・・・	・・・
その他部門向け信用		・・・	・・・	・・・	・・・	・・・	・・・	・・・	・・・
現金・預金通貨		・・・	・・・	・・・	・・・	・・・	・・・	・・・	・・・
準通貨		・・・	・・・	・・・	・・・	・・・	・・・	・・・	・・・
債券及び短期金融市場商品		・・・	・・・	・・・	・・・	・・・	・・・	・・・	・・・
制限付き預金		・・・	・・・	・・・	・・・	・・・	・・・	・・・	・・・
資本勘定		・・・	・・・	・・・	・・・	・・・	・・・	・・・	・・・
その他（ネット）		・・・	・・・	・・・	・・・	・・・	・・・	・・・	・・・
現金・預金通貨（季節調整値）		・・・	・・・	・・・	・・・	・・・	・・・	・・・	・・・
現金・預金通貨＋準通貨		・・・	・・・	・・・	・・・	・・・	・・・	・・・	・・・
金利	年率（％）								
中央銀行政策金利		・・・	・・・	・・・	・・・	・・・	・・・	・・・	・・・
財務省短期証券金利		・・・	・・・	・・・	・・・	・・・	・・・	・・・	・・・
預金金利		・・・	・・・	・・・	・・・	・・・	・・・	・・・	・・・
貸出金利		・・・	・・・	・・・	・・・	・・・	・・・	・・・	・・・
物価	指数（2010年＝100，期中平均）								
消費者物価指数		・・・	・・・	・・・	・・・	・・・	・・・	・・・	・・・
GDPデフレーター		・・・	・・・	・・・	・・・	・・・	・・・	・・・	・・・

ベトナム

1975	1976	1977	1978	1979	1980	1981	1982	1983	1984	1985
0.21	0.21	0.21	0.27	0.27	0.27	1.32	1.35	1.35	1.29	24.71
0.23	0.23	0.22	0.26	0.25	0.26	1.13	1.22	1.28	1.31	22.50
· · ·	· · ·	· · ·	· · ·	· · ·	· · ·	· · ·	· · ·	1.00	· · ·	· · ·
62.00	62.00	62.00	90.00	90.00	135.00	135.00	135.00	176.80	176.80	176.80
19.75	0.74	4.16	6.20	12.24	-	0.46	-	-	-	-
15.49	-	-	-	-	-		0.01	0.01	0.01	0.01
· · ·	· · ·	· · ·	· · ·	· · ·	· · ·	· · ·	· · ·	· · ·	· · ·	· · ·
-	-	31.00	79.20	80.13	57.38	111.80	90.30	88.99	88.99	88.99
19.76	19.76	19.76	19.76	29.12	38.48	47.66	47.66	47.66	47.66	47.66
· · ·	· · ·	· · ·	· · ·	· · ·	· · ·	· · ·	· · ·	· · ·	· · ·	· · ·
23.12	0.86	5.05	8.08	16.12	-	0.54	-	-	-	-
18.13	-	-	-	-	-	-	0.01	0.01	0.01	0.01
· · ·	· · ·	· · ·	· · ·	· · ·	· · ·	· · ·	· · ·	· · ·	· · ·	· · ·
· · ·	· · ·	· · ·	· · ·	· · ·	· · ·	· · ·	· · ·	· · ·	· · ·	· · ·
· · ·	· · ·	· · ·	· · ·	· · ·	· · ·	· · ·	· · ·	· · ·	· · ·	· · ·
· · ·	· · ·	· · ·	· · ·	· · ·		· · ·	· · ·	· · ·	· · ·	· · ·
· · ·	· · ·	· · ·	· · ·	· · ·		· · ·	· · ·	· · ·	· · ·	· · ·
· · ·	· · ·	· · ·	· · ·	· · ·		· · ·	· · ·	· · ·	· · ·	· · ·
· · ·	· · ·	· · ·	· · ·	· · ·		· · ·	· · ·	· · ·	· · ·	· · ·
· · ·	· · ·	· · ·	· · ·	· · ·		· · ·	· · ·	· · ·	· · ·	· · ·
· · ·	· · ·	· · ·	· · ·	· · ·		· · ·	· · ·	· · ·	· · ·	· · ·
· · ·	· · ·	· · ·	· · ·	· · ·		· · ·	· · ·	· · ·	· · ·	· · ·
· · ·	· · ·	· · ·	· · ·	· · ·		· · ·	· · ·	· · ·	· · ·	· · ·
· · ·	· · ·	· · ·	· · ·	· · ·		· · ·	· · ·	· · ·	· · ·	· · ·
· · ·	· · ·	· · ·	· · ·	· · ·		· · ·	· · ·	· · ·	· · ·	· · ·
· · ·	· · ·	· · ·	· · ·	· · ·		· · ·	· · ·	· · ·	· · ·	· · ·
· · ·	· · ·	· · ·	· · ·	· · ·		· · ·	· · ·	· · ·	· · ·	· · ·
· · ·	· · ·	· · ·	· · ·	· · ·		· · ·	· · ·	· · ·	· · ·	· · ·
· · ·	· · ·	· · ·	· · ·	· · ·		· · ·	· · ·	· · ·	· · ·	· · ·
· · ·	· · ·	· · ·	· · ·	· · ·		· · ·	· · ·	· · ·	· · ·	· · ·
· · ·	· · ·	· · ·	· · ·	· · ·		· · ·	· · ·	· · ·	· · ·	· · ·
· · ·	· · ·	· · ·	· · ·	· · ·		· · ·	· · ·	· · ·	· · ·	· · ·
· · ·	· · ·	· · ·	· · ·	· · ·		· · ·	· · ·	· · ·	· · ·	· · ·
· · ·	· · ·	· · ·	· · ·	· · ·		· · ·	· · ·	· · ·	· · ·	· · ·
· · ·	· · ·	· · ·	· · ·	· · ·		· · ·	· · ·	· · ·	· · ·	· · ·
· · ·	· · ·	· · ·	· · ·	· · ·		· · ·	· · ·	· · ·	· · ·	· · ·
· · ·	· · ·	· · ·	· · ·	· · ·		· · ·	· · ·	· · ·	· · ·	· · ·
· · ·	· · ·	· · ·	· · ·	· · ·		· · ·	· · ·	· · ·	· · ·	· · ·
· · ·	· · ·	· · ·	· · ·	· · ·		· · ·	· · ·	· · ·	· · ·	· · ·
· · ·	· · ·	· · ·	· · ·	· · ·		· · ·	· · ·	· · ·	· · ·	· · ·
· · ·	· · ·	· · ·	· · ·	· · ·		· · ·	· · ·	· · ·	· · ·	· · ·
· · ·	· · ·	· · ·	· · ·	· · ·		· · ·	· · ·	· · ·	· · ·	· · ·
· · ·	· · ·	· · ·	· · ·	· · ·		· · ·	· · ·	· · ·	· · ·	· · ·

統　計

ベトナム（1948-2016年）

	1986	1987	1988	1989	1990	1991	1992	1993
為替レート	対SDRレート							
市場レート（期末）	27.52	399.00	1,513.91	7,063.61	11,559.10	16,449.90	14,526.90	14,892.80
	対ドル・レート							
市場レート（期末）	22.50	281.25	1,125.00	5,375.00	8,125.00	11,500.00	10,565.00	10,842.50
市場レート（期中平均）	22.74	78.29	606.52	4,463.95	6,482.80	10,037.00	11,202.20	10,641.00
IMFポジション	100万SDR（期末）							
クォータ	176.80	176.80	176.80	176.80	176.80	176.80	176.80	241.60
SDR	-	-	-	-	-	-	-	4.92
IMFリザーブポジション	0.01	0.01	0.01	0.01	0.01	0.01	0.01	0.01
内：IMF借入残高	...	...	...	...	...	...	...	...
IMFクレジット及び融資総残高	88.99	88.99	88.99	82.01	78.52	71.54	71.54	72.48
SDR配分額	47.66	47.66	47.66	47.66	47.66	47.66	47.66	47.66
国際流動性	100万米ドル（他に断りのない限り，期末）							
総準備（金を除く）	...	...	...	...	...	...	...	...
SDR	...	...	...	...	-	...	-	6.76
IMFリザーブポジション	0.01	0.01	0.01	0.01	0.01	0.01	0.01	0.01
外国為替	...	...	...	...	...	...	...	...
金（市場評価額）	...	...	...	...	...	...	...	...
通貨当局：その他負債	...	...	...	...	...	...	-	3.86
預金通貨銀行：資産	...	...	...	...	...	...	874.27	534.38
預金通貨銀行：負債	...	...	...	...	...	...	201.46	321.44
通貨当局	10億ドン（期末）							
対外資産	...	...	...	...	...	...	4,896.65	4,454.00
中央政府向け信用	...	...	...	...	...	...	5,131.49	9,128.49
銀行業機関向け信用	...	...	...	...	...	...	5,004.07	6,791.99
準備貨幣	...	...	...	...	...	...	14,313.60	18,296.00
内：預金通貨銀行以外の現金通貨	...	...	...	...	...	...	10,579.20	14,218.00
中央銀行負債：証券	...	...	...	...	...	...	279.82	159.00
対外負債	...	...	...	...	...	...	692.35	751.59
中央政府預金	...	...	...	...	...	...	225.49	738.27
資本勘定	...	...	...	...	...	...	534.14	-52.76
その他（ネット）	...	...	...	...	...	...	-1,013.22	482.37
銀行業機関	10億ドン（期末）							
準備	...	...	...	...	...	...	3,451.31	3,708.85
準備銀行債券	...	...	...	...	...	...	143.62	24.20
対外資産	...	...	...	...	...	...	9,236.63	5,794.04
中央政府向け信用	...	...	...	...	...	...	1,633.99	1,717.58
公的機関向け信用	...	...	...	...	...	...	15,095.30	23,183.90
要求払い預金	...	...	...	...	...	...	3,971.40	4,795.83
定期性預金及び貯蓄性預金	...	...	...	...	...	...	3,821.93	3,250.30
外貨預金	...	...	...	...	...	...	6,505.51	5,892.07
債券及び短期金融市場商品	...	...	...	...	...	...	297.56	2,544.13
制限付き預金	...	...	...	...	...	...	1,707.69	1,513.75
対外負債	...	...	...	...	...	...	2,128.43	3,485.20
中央政府預金	...	...	...	...	...	...	4,268.38	1,785.58
中央銀行信用	...	...	...	...	...	...	4,752.28	6,621.18
資本勘定	...	...	...	...	...	...	2,784.07	3,272.55
その他（ネット）	...	...	...	...	...	...	-676.44	1,267.98
バンキング・サーベイ	10億ドン（期末）							
対外資産（ネット）	...	...	...	...	...	...	11,312.50	6,011.25
国内信用	...	...	...	...	...	...	17,366.90	31,506.10
中央政府向け信用（ネット）	...	...	...	...	...	...	2,271.61	8,322.22
その他部門向け信用	...	...	...	...	...	...	15,095.30	23,183.90
現金・預金通貨	...	...	...	...	...	...	14,550.60	19,013.80
準通貨	...	...	...	...	...	...	10,327.40	9,142.37
債券及び短期金融市場商品	...	...	...	...	...	...	297.56	2,544.13
制限付き預金	...	...	...	...	...	...	1,707.69	1,513.75
資本勘定	...	...	...	...	...	...	3,318.20	3,219.79
その他（ネット）	...	...	...	...	...	...	-1,522.11	2,083.53
現金・預金通貨（季節調整値）	...	...	...	...	...	...	...	...
現金・預金通貨＋準通貨	...	...	...	...	...	...	24,878.00	28,156.20
金利	年率（%）							
中央銀行政策金利	...	...	...	...	...	...	...	...
財務省短期証券金利	...	...	...	...	...	...	...	26.40
預金金利	...	...	...	...	...	...	...	22.04
貸出金利	...	...	...	...	...	...	...	32.18
物価	指数（2010年=100，期中平均）							
消費者物価指数	...	...	...	...	...	...	...	...
GDPデフレーター	...	...	...	...	7.87	13.59	18.02	21.15

ベトナム

1994	1995	1996	1997	1998	1999	2000	2001	2002	2003	2004
16,132.80	16,373.70	16,031.80	16,585.00	19,557.50	19,253.60	18,910.40	18,956.50	20,940.70	23,249.50	24,501.80
11,051.00	11,015.00	11,149.00	12,292.00	13,890.00	14,028.00	14,514.00	15,084.00	15,403.00	15,646.00	15,777.00
10,965.70	11,038.30	11,032.60	11,683.30	13,268.00	13,943.20	14,167.70	14,725.20	15,279.50	15,509.60	15,746.00
241.60	241.60	241.60	241.60	241.60	329.10	329.10	329.10	329.10	329.10	329.10
11.03	2.20	11.91	9.44	1.79	1.06	0.25	11.59	0.03	1.46	0.29
0.01	0.01	0.01	0.01	0.01	0.01	0.01	0.01	0.01	0.01	0.01
...	...	...	...	...	...	...	...	...	...	...
193.36	253.76	374.56	335.29	277.87	258.71	242.61	291.18	280.23	227.89	178.56
47.66	47.66	47.66	47.66	47.66	47.66	47.66	47.66	47.66	47.66	47.66
	1,323.68	1,735.90	1,985.85	2,002.26	3,326.15	3,416.51	3,674.57	4,121.05	6,224.18	7,041.46
16.11	3.26	17.13	12.74	2.52	1.45	0.33	14.56	0.04	2.17	0.45
0.01	0.01	0.01	0.01	0.01	0.01	0.01	0.01	0.01	0.01	0.01
...	1,320.41	1,718.76	1,973.11	1,999.73	3,324.69	3,416.18	3,660.00	4,121.00	6,222.00	7,041.00
...	55.41	77.88	112.27	98.25	97.29	93.12	90.56	110.77	134.95	144.61
...	377.11	537.33	507.76	505.52	513.50	487.58	535.87	557.35	537.75	486.00
...	864.57	998.58	989.89	1,341.17	2,113.67	4,212.50	5,251.39	4,576.47	3,218.92	3,678.70
...	864.96	985.46	868.68	679.05	664.69	682.64	679.57	640.14	684.84	1,197.85
...	15,189.30	20,221.90	25,790.10	29,182.10	48,024.10	50,938.70	56,805.30	65,178.10	99,493.60	113,375.00
...	4,853.42	7,836.43	8,643.22	11,919.10	11,289.30	11,731.70	12,421.40	15,130.00	15,222.50	21,005.00
...	6,779.11	7,692.59	6,775.85	6,520.57	10,312.30	14,234.00	17,776.20	19,182.10	13,565.20	14,400.40
...	26,342.60	31,633.00	35,599.20	38,686.70	58,219.80	72,759.20	84,945.10	95,502.00	121,633.00	141,165.00
...	19,370.00	22,639.30	25,101.20	26,965.30	41,254.00	52,208.00	66,319.80	74,262.80	90,584.30	109,097.00
	405.03					-				
...	4,934.19	6,754.71	7,031.79	7,953.75	8,120.99	7,977.93	8,986.43	9,582.89	9,521.72	8,835.31
...	2,271.59	3,125.84	4,638.99	5,601.33	11,089.40	7,410.00	4,390.40	4,004.90	4,552.70	9,728.93
...	1,002.89	1,183.47	3,129.22	7,853.10	8,567.90	10,014.70	12,008.30	12,735.70	15,918.80	18,584.40
...	-8,134.48	-6,946.10	-9,189.98	-12,473.10	-16,372.10	-21,257.00	-23,327.60	-22,335.20	-23,344.50	-29,533.60
...	7,409.26	9,323.16	9,451.43	9,920.04	16,881.10	20,390.50	18,426.20	20,165.70	30,777.80	31,646.30
					136.90		0.30	805.20	769.80	332.69
...	9,523.20	11,133.10	12,167.70	18,628.90	29,650.50	61,140.20	79,212.00	70,491.30	50,363.20	58,038.90
...	4,372.41	2,031.06	3,492.01	5,331.94	6,358.40	8,245.66	10,257.90	17,566.00	34,169.10	43,856.90
...	42,309.80	50,789.20	62,250.50	72,650.60	112,730.00	155,720.00	189,103.00	231,078.00	296,737.00	420,046.00
...	6,870.00	10,212.50	14,681.90	18,240.70	27,106.10	38,781.00	46,088.50	51,066.40	66,440.60	88,891.40
...	9,622.23	12,445.00	15,193.70	20,091.00	36,190.80	47,462.00	60,250.70	77,386.80	133,617.00	182,408.00
...	8,923.89	11,042.00	15,611.30	22,097.80	40,919.00	58,543.30	78,186.70	81,428.30	87,418.10	115,050.00
...	5,490.17	5,635.02	7,702.96	10,890.10	10,864.80	18,841.80	21,012.40	35,262.20	26,265.30	26,529.70
...	2,137.53	2,116.88	3,080.04	2,829.90	4,059.10	7,045.47	7,923.10	9,743.50	7,898.70	10,368.70
...	9,527.53	10,986.90	10,677.80	9,431.94	9,324.30	9,907.76	10,250.70	9,860.10	10,715.00	18,898.40
...	3,320.52	2,795.43	3,126.82	4,973.52	3,606.20	13,051.60	16,187.30	19,848.10	23,805.20	32,200.70
...	5,793.17	6,133.50	5,564.64	4,249.32	11,575.90	14,426.80	17,752.60	19,250.40	14,491.10	16,679.40
...	8,166.13	7,984.19	9,798.29	13,172.30	22,033.30	24,801.00	26,961.50	34,683.80	46,985.60	59,411.10
...	3,763.63	3,925.18	1,924.24	554.82	77.50	12,635.80	12,385.60	1,577.20	-4,819.40	3,481.90
...	10,250.80	13,613.50	20,248.30	30,425.30	60,229.30	94,193.20	116,780.00	116,226.00	129,620.00	143,680.00
...	45,943.70	54,735.40	66,619.90	79,326.80	115,682.00	155,236.00	191,204.00	239,921.00	317,771.00	442,978.00
...	3,633.72	3,946.21	4,369.42	6,676.24	2,952.10	-484.29	2,101.60	8,843.00	21,033.70	22,932.40
...	42,309.90	50,789.20	62,250.50	72,650.60	112,730.00	155,720.00	189,103.00	231,078.00	296,737.00	420,046.00
...	26,240.00	32,851.80	39,783.00	45,206.00	68,360.10	90,989.00	112,408.00	125,329.00	157,025.00	197,989.00
...	18,546.10	23,487.00	30,805.10	42,188.80	77,109.80	106,005.00	138,437.00	158,815.00	221,035.00	297,459.00
...	5,490.17	5,635.02	7,702.96	10,890.10	10,864.80	18,841.80	21,012.40	35,262.20	26,265.30	26,529.70
...	2,137.53	2,116.88	3,080.04	2,829.90	4,059.10	7,045.47	7,923.10	9,743.50	7,898.70	10,368.70
...	9,169.02	9,167.66	12,927.50	21,025.40	30,601.20	34,815.70	38,969.80	47,419.50	62,904.40	77,995.50
...	-5,388.41	-4,909.48	-7,430.41	-12,388.10	-15,083.20	-8,267.70	-10,766.80	-20,421.40	-27,737.40	-23,683.80
...	24,801.50	30,992.30	37,531.20	42,687.40	64,612.60	87,433.50	107,914.00	119,886.00	149,214.00	186,619.00
...	44,786.10	56,338.80	70,588.10	87,394.70	145,470.00	196,994.00	250,846.00	284,144.00	378,060.00	495,447.00
...	...	18.90	10.80	12.00	6.00	6.00	4.80	4.80	5.00	5.00
...	...	...	10.88	11.65	8.93	5.42	5.49	5.92	5.83	5.69
...	...	...	8.51	9.23	7.37	3.65	5.30	6.45	6.62	6.17
...	...	20.10	14.42	14.40	12.70	10.55	9.42	9.06	9.48	9.72
...	40.20	42.48	43.84	47.03	48.97	48.13	47.92	49.76	51.36	55.34
25.90	28.96	31.47	33.55	36.52	38.61	39.93	40.70	42.31	45.14	48.83

統　計

ベトナム（1948-2016年）

	2005	2006	2007	2008	2009	2010	2011	2012
為替レート	対SDRレート							
市場レート（期末）	22,748.30	24,151.60	25,464.10	26,149.20	28,125.90	29,155.80	31,976.60	32,011.00
	対ドル・レート							
市場レート（期末）	15,916.00	16,054.00	16,114.00	16,977.00	17,941.00	18,932.00	20,828.00	20,828.00
市場レート（期中平均）	15,858.90	15,994.30	16,105.10	16,302.30	17,065.10	18,612.90	20,509.80	20,828.00
IMFポジション								
クォータ	329.10	329.10	329.10	329.10	329.10	329.10	460.70	460.70
SDR	0.61	1.05	4.81	5.32	267.70	267.85	268.02	268.08
IMFリザーブポジション	0.01	0.01	0.01	0.01	0.01	0.01	0.01	0.01
内：IMF借入残高	・・・	・・・	・・・	・・・	・・・			
IMFクレジット及び融資総残高	142.32	120.06	103.50	78.66	53.82	28.98	8.28	
SDR配分額	47.66	47.66	47.66	47.66	314.79	314.79	314.79	314.79
国際流動性								
総準備（金を除く）	9,050.56	13,384.10	23,479.40	23,890.30	16,447.10	12,466.60	13,539.10	25,573.30
SDR	0.88	1.58	7.60	8.20	419.67	412.50	411.48	412.01
IMFリザーブポジション	0.01	0.01	0.01	0.01	0.01	0.01	0.01	0.01
外国為替	9,049.68	13,382.50	23,471.80	23,882.00	16,027.40	12,054.10	13,127.60	25,161.30
金（市場評価額）	165.91	206.92	268.34	285.66	356.05	459.57	506.44	539.53
通貨当局：その他負債	391.25	389.66	371.99	326.31	707.77	678.69	642.76	626.41
預金通貨銀行：資産	4,469.06	6,187.89	4,980.46	5,234.08	7,279.76	9,224.25	9,487.03	10,285.30
預金通貨銀行：負債	1,457.72	2,044.71	3,468.93	5,132.28	6,873.35	9,131.93	9,617.92	10,641.90
通貨当局	10億ドン（期末）							
対外資産	146,689.00	218,190.00	382,671.00	410,434.00	301,465.00	244,718.00	292,541.00	543,878.00
中央政府向け信用	16,952.30	21,507.30	12,915.30	12,707.90	76,068.40	82,223.70	55,180.20	43,111.10
銀行業機関向け信用	11,024.20	8,031.34	15,613.50	12,945.00	50,760.50	127,483.00	152,362.00	45,523.20
準備貨幣	174,505.00	230,756.00	315,712.00	378,989.00	422,253.00	439,622.00	522,809.00	655,511.00
内：預金通貨銀行以外の現金通貨	131,179.00	158,809.00	220,514.00	236,848.00	293,225.00	337,949.00	370,992.00	455,504.00
中央銀行負債：証券		1,500.00	68,200.00	24,135.80	2.00			59,404.40
対外負債	7,311.31	7,406.65	7,207.87	6,785.99	21,551.90	22,027.00	23,453.40	23,123.70
中央政府預金	9,078.94	28,495.10	42,745.50	36,288.60				
資本勘定	18,542.50	31,200.00	48,148.90	57,065.30	82,163.30	89,927.30	117,221.00	106,164.00
その他（ネット）	-34,771.90	-51,629.70	-70,814.30	-67,177.40	-97,675.90	-97,151.10	-163,400.00	-211,691.00
銀行業機関	10億ドン（期末）							
準備	42,961.00	71,281.90	94,052.00	139,814.00	127,826.00	99,222.40	151,541.00	199,955.00
準備銀行債券	499.02	1,500.00	58,914.20	26,883.40	548.58	2,015.06	-	60,857.10
対外資産	71,129.60	99,340.50	80,255.20	88,859.00	130,606.00	174,633.00	197,596.00	214,223.00
中央政府向け信用	70,830.90	83,722.30	109,270.00	152,519.00	158,080.00	201,743.00	258,866.00	364,822.00
公的機関向け信用	552,667.00	693,834.00	1,067,730.00	1,339,260.00	1,869,260.00	2,475,540.00	2,829,890.00	3,077,700.00
要求払い預金	110,823.00	133,405.00	214,653.00	196,470.00	271,988.00	287,503.00	315,128.00	384,630.00
定期性預金及び貯蓄性預金	261,269.00	382,396.00	597,162.00	791,066.00	1,004,770.00	1,466,950.00	1,683,540.00	2,211,870.00
外貨預金	145,303.00	166,400.00	221,668.00	289,159.00	340,604.00	385,909.00	404,621.00	403,214.00
債券及び短期金融市場商品	31,048.40	68,378.00	74,420.70	89,463.70	148,271.00	282,438.00	309,571.00	210,231.00
制限付き預金	10,781.70	13,283.70	19,825.50	19,122.20	33,589.40	28,436.00	42,108.00	37,414.80
対外負債	23,201.00	32,825.70	55,898.30	87,130.70	123,315.00	172,886.00	200,322.00	221,650.00
中央政府預金	33,656.00	36,177.10	47,084.40	64,447.80	63,354.80	69,534.20	80,068.20	80,741.20
中央銀行信用	20,943.20	25,436.00	24,570.70	17,560.30	98,822.20	189,640.00	215,921.00	67,140.90
資本勘定	71,920.10	99,827.10	175,697.00	239,779.00	320,162.00	430,718.00	539,384.00	575,321.00
その他（ネット）	29,142.70	-8,450.40	-20,759.40	-46,861.70	-118,560.00	-360,865.00	-352,770.00	-274,657.00
バンキング・サーベイ	10億ドン（期末）							
対外資産（ネット）	187,306.00	277,298.00	399,820.00	405,377.00	287,205.00	224,439.00	266,361.00	513,327.00
国内信用	597,715.00	734,391.00	1,100,080.00	1,403,750.00	2,040,050.00	2,689,970.00	3,063,870.00	3,404,890.00
中央政府向け信用（ネット）	45,048.20	40,557.30	32,355.50	64,490.70	170,793.00	214,432.00	233,978.00	327,192.00
その他部門向け信用	552,667.00	693,834.00	1,067,730.00	1,339,260.00	1,869,260.00	2,475,540.00	2,829,890.00	3,077,700.00
現金・預金通貨	242,002.00	292,215.00	435,168.00	433,318.00	565,213.00	625,451.00	686,120.00	840,134.00
準通貨	406,572.00	548,796.00	818,830.00	1,080,220.00	1,345,370.00	1,852,860.00	2,088,160.00	2,615,090.00
債券及び短期金融市場商品	31,048.40	68,378.00	74,420.70	89,463.70	148,271.00	282,438.00	309,571.00	210,231.00
制限付き預金	10,781.70	13,283.70	19,825.50	19,122.20	33,589.40	28,436.00	42,108.00	37,414.80
資本勘定	90,462.70	131,027.00	223,846.00	296,845.00	402,325.00	520,646.00	656,605.00	681,485.00
その他（ネット）	4,156.34	-42,010.50	-72,185.20	-109,844.00	-167,519.00	-395,423.00	-452,335.00	-466,131.00
現金・預金通貨（季節調整値）	226,417.00	272,072.00	404,655.00	403,533.00	527,304.00	584,132.00	641,540.00	787,422.00
現金・預金通貨＋準通貨	648,574.00	841,011.00	1,254,000.00	1,513,540.00	1,910,590.00	2,478,310.00	2,774,280.00	3,455,220.00
金利	年率（％）							
中央銀行政策金利	5.00	6.50	6.50	10.25	8.00	9.00	15.00	9.00
財務省短期証券金利	6.13	4.73	4.15	12.13	8.04	11.15	12.35	8.82
預金金利	7.15	7.63	7.49	12.73	7.91	11.19	13.99	10.50
貸出金利	11.03	11.18	11.18	15.78	10.07	13.14	16.95	13.47
物価	指数（2010年=100、期中平均）							
消費者物価指数	59.93	64.35	69.70	85.81	91.86	100.00	118.68	129.47
GDPデフレーター	57.53	62.46	68.48	84.01	89.23	100.00	121.26	134.51

ベトナム

	2013	2014	2015	2016
	32,395.40	30,781.40	30,333.60	29,789.00
	21,036.00	21,246.00	21,890.00	22,159.00
	20,933.40	21,148.00	21,697.60	21,935.00
	460.70	460.70	460.70	1,153.10
	268.04	267.99	267.97	267.93
	0.01	0.01	0.01	0.01
	-	-	-	-
	314.79	314.79	314.79	314.79
	25,893.50	34,189.40	28,250.30	36,527.30
	412.78	388.27	371.33	360.18
	0.01	0.01	0.01	0.01
	25,480.70	33,801.10	27,878.90	36,167.10
	393.69	385.80	365.63	378.29
	614.91	578.33	553.76	536.79
	14,675.20	14,673.00	19,313.20	17,096.10
	11,262.40	9,857.27	9,215.45	10,692.80
	561,660.00	742,831.00	634,099.00	825,772.00
	27,584.80	11,120.60	80,450.10	31,201.60
	28,574.40	40,872.80	75,765.70	59,280.10
	695,653.00	825,687.00	985,307.00	1,111,230.00
	506,739.00	624,832.00	726,559.00	851,441.00
	51,791.40	140,827.00	-	8,000.00
	23,133.00	21,976.90	21,670.60	21,272.00
	95.20	3,763.32	-2,416.55	149.20
	119,471.00	93,929.40	108,355.00	109,057.00
	-272,324.00	-291,359.00	-322,973.00	-333,815.00
	188,940.00	201,456.00	257,801.00	255,118.00
	50,952.90	138,737.00	-	8,000.00
	308,707.00	311,742.00	422,766.00	378,833.00
	480,536.00	608,125.00	674,839.00	813,427.00
	3,469,680.00	3,949,680.00	4,692,920.00	5,575,050.00
	482,582.00	574,568.00	688,264.00	819,436.00
	2,691,220.00	3,276,870.00	3,716,610.00	4,515,580.00
	514,079.00	546,371.00	640,001.00	616,933.00
	159,385.00	96,429.10	196,967.00	275,969.00
	46,687.00	60,148.00	51,205.10	46,442.00
	236,916.00	209,428.00	201,726.00	236,942.00
	98,553.80	85,189.00	69,190.10	112,914.00
	45,400.80	60,727.30	153,564.00	89,086.40
	632,536.00	651,877.00	701,726.00	769,466.00
	-408,541.00	-351,870.00	-370,933.00	-452,336.00
	610,318.00	823,168.00	833,468.00	946,391.00
	3,879,150.00	4,479,970.00	5,381,430.00	6,306,620.00
	409,472.00	530,293.00	688,516.00	731,566.00
	3,469,680.00	3,949,680.00	4,692,920.00	5,575,050.00
	989,321.00	1,199,400.00	1,414,820.00	1,670,880.00
	3,205,300.00	3,823,240.00	4,356,610.00	5,132,510.00
	159,385.00	96,429.10	196,967.00	275,969.00
	46,687.00	60,148.00	51,205.10	46,442.00
	752,006.00	745,807.00	810,081.00	878,523.00
	-663,226.00	-621,885.00	-615,160.00	-751,674.00
	930,544.00	1,133,420.00	1,343,530.00	1,591,080.00
	4,194,620.00	5,022,640.00	5,771,440.00	6,803,390.00
	7.00	6.50	6.50	6.50
	6.64	5.04	4.23	・・・
	7.14	5.76	4.75	5.04
	10.37	8.67	7.12	6.96
	138.01	143.64	144.91	149.61
	140.91	146.07	145.80	・・・

377

統　　計

マレーシア（1948-2000年）

		1948	1949	1950	1951	1952	1953	1954	1955
為替レート	対SDRレート								
公定レート（期末）		2.13	3.06	3.06	3.08	3.05	3.05	3.08	3.06
	対ドル・レート								
公定レート（期末）		2.13	3.06	3.06	3.08	3.05	3.05	3.08	3.06
公定レート（期中平均）		2.13	2.36	3.06	3.06	3.06	3.06	3.06	3.06
	指数（2010年=100，期中平均）								
公定レート		151.29	105.12	105.12	104.48	105.50	105.50	104.48	105.16
名目実効為替レート		・・・	・・・	・・・	・・・	・・・	・・・	・・・	・・・
実質実効為替レート（CPIベース）		・・・	・・・	・・・	・・・	・・・	・・・	・・・	・・・
IMFポジション	100万SDR（期末）								
クォータ		-	-	-	-	-	-	-	-
SDR		-	-	-	-	-	-	-	-
IMFリザーブポジション		-	-	-	-	-	-	-	-
内：IMF借入残高		-	-	-	-	-	-	-	-
IMFクレジット及び融資総残高		-	-	-	-	-	-	-	-
SDR配分額		-	-	-	-	-	-	-	-
国際流動性	100万米ドル（他に断りのない限り，期末）								
総準備（金を除く）		112.00	113.00	164.00	194.00	200.00	192.00	203.00	235.00
SDR		-	-	-	-	-	-	-	-
IMFリザーブポジション		-	-	-	-	-	-	-	-
外国為替		112.00	113.00	164.00	194.00	200.00	192.00	203.00	235.00
金（100万ファイントロイオンス）		-	-	-	-	-	-	-	-
金（国内評価額）		-	-	-	-	-	-	-	-
通貨当局：その他負債		・・・	・・・						
預金通貨銀行：資産		・・・	・・・	67.62	105.51	125.11	113.03	112.05	167.58
預金通貨銀行：負債		・・・	・・・	9.47	5.23	3.59	7.84	7.51	5.23
その他銀行業機関：資産		・・・	・・・	・・・	・・・	・・・	・・・	・・・	・・・
その他銀行業機関：負債		・・・	・・・	・・・	・・・	・・・	・・・	・・・	・・・
通貨当局	100万リンギット（期末）								
対外資産		・・・	・・・	891.00	1,204.00	1,281.00	1,150.00	1,294.00	1,477.00
中央政府向け信用		・・・	・・・	・・・	・・・	・・・	・・・	・・・	・・・
民間部門向け信用		・・・	・・・	・・・	・・・	・・・	・・・	・・・	・・・
預金通貨銀行向け信用		・・・	・・・	・・・	・・・	・・・	・・・	・・・	・・・
ノンバンク金融機関向け信用		・・・	・・・	・・・	・・・	・・・	・・・	・・・	・・・
準備貨幣		・・・	・・・	670.00	809.00	835.00	762.00	803.00	946.00
内：預金通貨銀行以外の現金通貨		・・・	・・・	554.00	702.00	681.00	646.00	710.00	862.00
定期性預金及び貯蓄性預金		・・・	・・・	・・・	・・・	・・・	・・・	・・・	・・・
中央銀行負債：証券		・・・	・・・	・・・	・・・	・・・	・・・	・・・	・・・
対外負債		-	-	-	-	-	-	-	-
中央政府預金		・・・	・・・	189.00	402.00	445.00	325.00	405.00	516.00
資本勘定		・・・	・・・	・・・	・・・	・・・	・・・	・・・	・・・
その他（ネット）		・・・	・・・	32.00	-7.00	1.00	63.00	86.00	15.00
預金通貨銀行	100万リンギット（期末）								
準備		・・・	・・・	70.00	64.00	59.00	49.00	50.00	47.00
準備銀行債券		・・・	・・・	・・・	・・・	・・・	・・・	・・・	・・・
対外資産		・・・	・・・	207.00	323.00	383.00	346.00	343.00	513.00
中央政府向け信用		・・・	・・・	9.00	22.00	60.00	56.00	60.00	50.00
地方公共団体向け信用		・・・	・・・	・・・	・・・	・・・	・・・	・・・	・・・
非金融公的企業向け信用		・・・	・・・	・・・	・・・	・・・	・・・	・・・	・・・
民間部門向け信用		・・・	・・・	168.00	125.00	132.00	129.00	162.00	194.00
その他銀行業機関向け信用		・・・	・・・	・・・	・・・	・・・	・・・	・・・	・・・
ノンバンク金融機関向け信用		・・・	・・・	・・・	・・・	・・・	・・・	・・・	・・・
要求払い預金		・・・	・・・	336.00	406.00	403.00	351.00	357.00	406.00
定期性預金，貯蓄性預金及び外貨預金		・・・	・・・	72.00	91.00	106.00	118.00	130.00	208.00
短期金融市場商品		・・・	・・・	・・・	・・・	・・・	・・・	・・・	・・・
債券		・・・	・・・	・・・	・・・	・・・	・・・	・・・	・・・
対外負債		・・・	・・・	29.00	16.00	11.00	24.00	23.00	16.00
中央政府預金		・・・	・・・	61.00	81.00	113.00	90.00	103.00	176.00
中央銀行からの信用		・・・	・・・	・・・	・・・	・・・	・・・	・・・	・・・
その他銀行業機関に対する負債		・・・	・・・	・・・	・・・	・・・	・・・	・・・	・・・
資本勘定		・・・	・・・	・・・	・・・	・・・	・・・	・・・	・・・
その他（ネット）		・・・	・・・	-44.00	-60.00	1.00	-3.00	2.00	-2.00
マネタリー・サーベイ	100万リンギット（期末）								
対外資産（ネット）		・・・	・・・	1,117.00	1,570.00	1,715.00	1,540.00	1,691.00	2,059.00
国内信用		・・・	・・・	-73.00	-336.00	-336.00	-196.00	-247.00	-404.00
中央政府向け信用（ネット）		・・・	・・・	-241.00	-461.00	-468.00	-325.00	-409.00	-598.00
地方公共団体向け信用		・・・	・・・	・・・	・・・	・・・	・・・	・・・	・・・
非金融公的企業向け信用		・・・	・・・	・・・	・・・	・・・	・・・	・・・	・・・
民間部門向け信用		・・・	・・・	168.00	125.00	132.00	129.00	162.00	194.00
その他銀行業機関向け信用		・・・	・・・	・・・	・・・	・・・	・・・	・・・	・・・
ノンバンク金融機関向け信用		・・・	・・・	・・・	・・・	・・・	・・・	・・・	・・・
現金・預金通貨		・・・	・・・	890.00	1,108.00	1,084.00	997.00	1,067.00	1,268.00
準通貨		・・・	・・・	129.00	172.00	198.00	220.00	243.00	338.00
短期金融市場商品		・・・	・・・	・・・	・・・	・・・	・・・	・・・	・・・
債券		・・・	・・・	・・・	・・・	・・・	・・・	・・・	・・・
中央銀行負債：証券		・・・	・・・	・・・	・・・	・・・	・・・	・・・	・・・
その他銀行業機関に対する負債		・・・	・・・	・・・	・・・	・・・	・・・	・・・	・・・
資本勘定		・・・	・・・	・・・	・・・	・・・	・・・	・・・	・・・
その他（ネット）		・・・	・・・	25.00	-46.00	97.00	127.00	134.00	50.00
現金・預金通貨（季節調整値）		・・・	・・・	890.89	1,110.22	1,085.09	999.00	1,068.07	1,266.73
現金・預金通貨＋準通貨		・・・	・・・	1,019.00	1,280.00	1,282.00	1,217.00	1,310.00	1,606.00

378

マレーシア

1956	1957	1958	1959	1960	1961	1962	1963	1964	1965	1966
3.08	3.05	3.06	3.06	3.06	3.05	3.06	3.06	3.07	3.06	3.07
3.08	3.05	3.06	3.06	3.06	3.05	3.06	3.06	3.07	3.06	3.07
3.06	3.06	3.06	3.06	3.06	3.06	3.06	3.06	3.06	3.06	3.06
104.48	105.12	105.12	105.12	105.12	105.12	105.12	105.15	104.71	104.96	104.86
...	...	...	...	...	...	...	...	...	...	...
-	-	25.00	27.50	30.00	32.50	35.00	37.50	37.50	58.33	84.17
-	-	-	-	-	-	3.39	7.20	7.40	13.75	20.23
245.00	251.00	257.00	333.00	356.00	349.00	376.39	386.20	417.40	467.75	493.23
						3.39	7.20	7.40	13.75	20.23
245.00	251.00	257.00	333.00	356.00	349.00	373.00	379.00	410.00	454.00	473.00
						0.09	0.23	0.20	0.06	1.05
						3.15	8.05	7.00	2.10	1.05
			0.10	0.07	0.03	0.03	0.52	11.56	21.20	23.65
138.51	105.51	112.05	131.65	140.79	119.89	130.99	123.48	156.64	161.80	169.54
10.13	10.45	14.05	20.25	26.13	30.71	52.27	65.66	104.21	77.32	90.13
...	...	...	...	...	...	...	...	...	...	...
...	...	...	...	...	...	...	...	...	...	...
1,598.00	1,534.00	1,540.00	1,020.00	1,089.00	1,068.40	1,159.78	1,205.34	1,300.75	1,439.39	1,512.13
...	...	...	2.50	8.40	11.50	13.20	35.10	37.60	65.70	83.10
979.00	983.00	992.00	756.10	804.50	825.50	859.00	906.10	944.90	1,300.60	1,119.30
892.00	890.00	892.00	646.00	682.00	691.00	716.00	749.00	797.50	1,136.30	934.70
-	-	-	0.30	0.20	0.10	0.10	1.60	35.40	64.90	72.40
610.00	534.00	460.00	78.10	97.50	50.50	103.50	112.90	137.90	202.00	208.90
...	...	...	21.80	24.90	27.60	30.20	32.40	35.20	42.20	49.30
9.00	17.00	89.00	1,048.70	1,094.20	1,107.30	1,154.88	1,185.54	1,235.85	-104.01	145.33
52.00	59.00	57.00	95.00	110.00	116.00	120.00	141.00	133.00	138.00	167.00
...	...	...	...	...	...	...	...	...	...	...
424.00	323.00	343.00	361.00	367.00	311.00	362.00	378.00	479.50	495.30	519.00
49.00	60.00	63.00	77.00	98.00	100.00	99.00	140.00	128.00	182.60	304.20
...	...	...	...	...	...	...	...	...	...	...
252.00	279.00	295.00	363.00	474.00	618.00	686.00	919.00	916.00	1,119.00	1,270.00
...	...	...	...	...	...	...	...	...	...	...
376.00	341.00	345.00	414.00	433.00	449.00	475.00	581.00	547.00	651.90	728.40
189.00	183.00	227.00	319.00	478.00	559.00	607.00	709.00	791.00	940.00	1,080.00
31.00	32.00	43.00	62.00	80.00	94.00	160.00	201.00	319.00	236.70	275.90
181.00	157.00	152.00	93.00	108.00	117.00	105.00	107.00	121.40	152.70	173.70
...	...	...	...	...	...	...	...	...	...	...
...	...	...	...	...	...	...	...	...	...	100.60
-	8.00	-9.00	-4.00	-7.00	-18.00	-20.00	-20.00	-50.00	-10.00	-98.40
2,074.00	1,905.00	1,923.00	1,360.70	1,439.80	1,341.30	1,400.68	1,380.74	1,425.85	1,633.09	1,682.83
-441.00	-308.00	-209.00	316.00	417.60	625.60	671.70	874.20	950.40	1,012.60	1,274.70
-693.00	-587.00	-504.00	-97.00	-105.50	-33.40	-102.30	-44.80	-93.70	-106.40	4.70
...	...	...	...	...	...	...	...	...	...	-
252.00	279.00	295.00	413.00	523.00	691.00	774.00	919.00	916.00	1,119.00	1,270.00
...	...	...	...	...	...	...	...	...	...	...
1,268.00	1,231.00	1,238.00	1,110.10	1,170.50	1,200.50	1,257.00	1,345.10	1,358.40	1,801.20	1,681.40
320.00	305.00	355.00	375.00	484.00	566.00	618.00	709.00	791.00	940.00	1,080.00
...	...	...	...	...	...	...	...	...	...	...
...	...	...	...	...	...	...	...	...	...	...
...	...	...	21.80	24.90	27.60	30.20	32.40	35.20	42.20	149.90
45.00	61.00	122.00	170.10	178.40	173.10	166.88	1,165.54	1,186.35	-100.71	46.23
1,261.69	1,220.02	1,224.53	1,409.27	1,480.31	1,498.04	1,570.17	1,330.46	1,342.29	1,758.98	1,641.99
1,588.00	1,536.00	1,593.00	1,485.10	1,654.50	1,766.50	1,875.00	2,054.10	2,149.40	2,741.20	2,761.40

統　計

マレーシア（1948-2000年）

	1967	1968	1969	1970	1971	1972	1973	1974
為替レート	対SDRレート							
公定レート（期末）	3.06	3.07	3.08	3.08	3.13	3.06	2.96	2.83
	対ドル・レート							
公定レート（期末）	3.06	3.07	3.08	3.08	2.89	2.82	2.45	2.31
公定レート（期中平均）	3.06	3.06	3.06	3.06	3.05	2.82	2.44	2.41
	指数（2010年=100，期中平均）							
公定レート	104.90	104.90	105.12	104.49	82.14	114.74	132.21	133.73
名目実効為替レート	107.20	114.20	115.37	115.78	117.14	119.20	127.16	131.59
実質実効為替レート（CPIベース）	・・・	・・・	・・・	・・・	・・・	・・・	・・・	・・・
IMFポジション	100万SDR（期末）							
クォータ	110.00	115.00	125.00	186.00	186.00	186.00	186.00	186.00
SDR	-	-	-	23.39	43.34	63.10	60.62	61.63
IMFリザーブポジション	31.69	33.01	35.62	50.87	39.24	39.25	46.50	49.51
内：IMF借入残高	-	-	-	-	-	-	-	-
IMFクレジット及び融資総残高	-	-	-	-	7.28	7.28	-	-
SDR配分額	-	-	-	21.00	40.90	60.62	60.62	60.62
国際流動性	100万米ドル（他に断りのない限り，期末）							
総準備（金を除く）	425.69	450.01	556.62	616.26	754.66	907.12	1,275.22	1,547.07
SDR	-	-	-	23.39	47.05	68.51	73.13	75.46
IMFリザーブポジション	31.69	33.01	35.62	50.87	42.60	42.61	56.10	60.62
外国為替	394.00	417.00	521.00	542.00	665.00	796.00	1,146.00	1,411.00
金（100万ファイントロイオンス）	0.89	1.89	1.80	1.37	1.66	1.66	1.66	1.66
金（国内評価額）	31.15	66.15	63.00	47.95	63.08	63.08	70.09	71.13
通貨当局：その他負債	0.07	0.88	3.27	5.32	9.11	1.45	4.57	2.51
預金通貨銀行：資産	86.21	95.88	131.84	120.64	128.00	163.96	235.26	250.48
預金通貨銀行：負債	69.06	116.03	110.77	93.79	123.10	153.64	325.55	377.85
その他銀行業機関：資産	・・・	・・・	14.70	11.43	8.16	6.03	1.97	15.18
その他銀行業機関：負債	・・・	・・・	0.33	0.33	0.71	0.35	-	11.46
通貨当局	100万リンギット（期末）							
対外資産	1,400.31	1,578.95	1,896.34	2,034.33	2,307.50	2,735.02	3,318.72	3,762.71
中央政府向け信用	141.10	102.50	122.60	123.90	128.40	171.20	277.20	253.20
民間部門向け信用	・・・	・・・	・・・	・・・	・・・	・・・	・・・	・・・
預金通貨銀行向け信用	・・・	・・・	・・・	・・・	・・・	・・・	・・・	・・・
ノンバンク金融機関向け信用	・・・	・・・	・・・	・・・	・・・	・・・	・・・	・・・
準備貨幣	982.70	1,046.70	1,232.90	1,349.30	1,455.70	1,903.30	2,581.60	2,930.90
内：預金通貨銀行以外の現金通貨	771.60	806.40	930.30	1,000.10	1,060.70	1,269.30	1,718.10	2,029.70
定期性預金及び貯蓄性預金	-	-	-	8.30	8.30	98.20	106.80	123.00
中央銀行負債：証券	・・・	・・・	・・・	・・・	・・・	・・・	・・・	・・・
対外負債	0.20	2.70	10.00	16.30	47.99	26.39	11.60	5.80
中央政府預金	417.40	497.60	645.10	552.50	692.00	648.90	646.60	528.50
資本勘定	40.90	51.90	74.60	164.79	251.20	311.57	339.17	372.66
その他（ネット）	100.21	82.55	56.34	67.04	-19.29	-82.14	-89.85	55.06
預金通貨銀行	100万リンギット（期末）							
準備	183.60	197.70	251.10	284.70	299.70	575.10	750.30	857.80
準備銀行債券	・・・	・・・	・・・	・・・	・・・	・・・	・・・	・・・
対外資産	263.90	293.50	405.50	370.30	361.30	462.30	597.00	579.30
中央政府向け信用	574.50	853.60	908.50	833.00	1,045.40	1,186.10	1,375.10	1,745.80
地方公共団体向け信用	・・・	・・・	・・・	・・・	・・・	・・・	・・・	・・・
非金融公的企業向け信用	・・・	・・・	・・・	・・・	・・・	・・・	・・・	・・・
民間部門向け信用	1,405.00	1,690.00	1,841.00	2,245.00	2,572.00	3,014.00	4,586.00	5,278.00
その他銀行業機関向け信用	・・・	・・・	・・・	・・・	・・・	・・・	・・・	・・・
ノンバンク金融機関向け信用	・・・	・・・	・・・	・・・	・・・	・・・	・・・	・・・
要求払い預金	731.80	869.30	931.40	1,006.50	1,018.00	1,393.20	1,927.60	1,982.30
定期性預金，貯蓄性預金及び外貨預金	1,297.00	1,549.00	1,811.00	2,050.00	2,485.00	2,957.00	3,731.00	4,551.00
短期金融市場商品	・・・	・・・	・・・	・・・	・・・	・・・	・・・	・・・
債券	・・・	・・・	・・・	・・・	・・・	・・・	・・・	・・・
対外負債	211.40	355.20	339.10	287.10	347.10	433.20	826.10	873.90
中央政府預金	216.90	252.30	292.60	342.70	340.00	271.00	440.20	512.00
中央銀行からの信用	・・・	・・・	・・・	・・・	・・・	・・・	・・・	・・・
その他銀行業機関に対する負債	・・・	・・・	・・・	・・・	・・・	・・・	・・・	・・・
資本勘定	107.20	129.40	134.00	141.20	192.10	208.90	251.80	254.50
その他（ネット）	-137.30	-120.40	-102.00	-94.50	-104.00	-25.80	131.70	287.20
マネタリー・サーベイ	100万リンギット（期末）							
対外資産（ネット）	1,452.61	1,514.55	1,952.74	2,101.23	2,273.71	2,737.73	3,078.02	3,462.31
国内信用	1,486.30	1,896.20	1,934.40	2,306.70	2,713.80	3,451.00	5,152.00	6,237.00
中央政府向け信用（ネット）	81.30	206.20	93.40	61.70	141.80	437.40	565.50	958.50
地方公共団体向け信用								
非金融公的企業向け信用								
民間部門向け信用	1,405.00	1,690.00	1,841.00	2,245.00	2,572.00	3,014.00	4,586.00	5,278.00
その他銀行業機関向け信用	・・・	・・・	・・・	・・・	・・・	・・・	・・・	・・・
ノンバンク金融機関向け信用	・・・	・・・	・・・	・・・	・・・	・・・	・・・	・・・
現金・預金通貨	1,528.60	1,717.20	1,912.80	2,071.30	2,173.00	2,715.40	3,735.20	4,055.30
準通貨	1,297.00	1,549.00	1,811.00	2,058.30	2,493.00	3,055.00	3,838.00	4,674.00
短期金融市場商品	・・・	・・・	・・・	・・・	・・・	・・・	・・・	・・・
債券	・・・	・・・	・・・	・・・	・・・	・・・	・・・	・・・
中央銀行負債：証券								
その他銀行業機関に対する負債	・・・	・・・	・・・	・・・	・・・	・・・	・・・	・・・
資本勘定	148.10	181.30	208.60	305.99	443.30	520.47	590.97	627.16
その他（ネット）	-34.79	-36.75	-45.26	-27.66	-121.69	-101.94	65.55	342.36
現金・預金通貨（季節調整値）	1,491.32	1,675.32	1,866.15	2,022.75	2,121.48	2,656.95	3,661.96	3,987.51
現金・預金通貨＋準通貨	2,825.60	3,266.20	3,723.80	4,129.60	4,666.00	5,770.40	7,573.20	8,729.30

380

マレーシア

1975	1976	1977	1978	1979	1980	1981	1982	1983	1984	1985
3.03	2.95	2.87	2.87	2.88	2.83	2.61	2.56	2.45	2.38	2.67
2.59	2.54	2.37	2.21	2.19	2.22	2.24	2.32	2.34	2.43	2.43
2.39	2.54	2.46	2.32	2.19	2.18	2.30	2.34	2.32	2.34	2.48
134.88	126.62	130.78	139.08	147.06	147.88	139.71	137.81	138.64	137.34	129.63
131.79	128.31	128.43	124.41	133.04	134.39	134.36	142.91	150.17	156.25	152.49
182.18	169.28	165.11	158.01	162.31	156.41	157.12	167.09	175.00	181.80	172.73
186.00	186.00	186.00	253.00	253.00	379.50	379.50	379.50	550.60	550.60	550.60
61.68	65.12	26.58	38.75	87.34	97.84	125.81	118.07	103.07	99.04	105.43
53.76	53.77	52.33	53.60	67.48	116.49	116.50	116.52	159.33	159.35	159.35
-	93.00	0.36	-	-	-	189.75	248.25	315.08	262.86	107.21
60.62	60.62	60.62	60.62	86.93	113.24	139.05	139.05	139.05	139.05	139.05
1,456.14	2,404.13	2,783.85	3,243.31	3,914.95	4,387.36	4,098.04	3,767.78	3,783.72	3,723.28	4,911.84
72.21	75.66	32.29	50.48	115.06	124.79	146.44	130.24	107.91	97.08	115.81
62.93	62.47	63.57	69.83	88.89	148.57	135.60	128.53	166.81	156.20	175.03
1,321.00	2,266.00	2,688.00	3,123.00	3,711.00	4,114.00	3,816.00	3,509.00	3,509.00	3,470.00	4,621.00
1.66	1.66	1.74	1.89	2.13	2.32	2.33	2.33	2.33	2.33	2.34
68.02	67.50	73.98	86.18	98.21	103.56	94.92	89.96	85.38	79.94	89.96
4.83	9.11	13.32	18.27	9.27	1.62	4.86	3.10	5.52	11.01	7.50
258.39	444.02	436.06	459.84	774.42	872.80	893.32	1,240.47	2,312.00	1,081.00	1,247.00
330.29	543.47	625.87	770.72	825.72	1,302.92	1,605.98	1,690.39	2,965.00	2,470.00	2,633.00
13.56	13.85	8.07	8.66	9.55	1.03	1.11	1.03	0.68	0.12	0.12
4.48	39.84	33.10	28.65	43.58	39.46	11.02	26.24	57.26	56.45	48.38
3,943.19	6,272.26	6,771.64	7,403.61	9,246.64	10,316.30	9,805.42	9,338.00	9,455.88	9,655.30	12,478.70
444.90	324.50	422.40	385.50	742.00	1,680.60	707.70	2,001.10	3,524.60	4,808.60	2,467.90
...	...	...	...	...	...	...	...	...	...	...
...	...	...	...	...	...	...	...	...	...	...
3,004.10	3,566.50	4,125.70	4,755.20	5,497.60	6,492.80	7,163.90	8,360.00	8,717.50	9,037.90	9,728.90
2,239.00	2,627.70	3,112.30	3,578.40	4,094.20	4,757.90	5,099.60	5,727.00	6,025.30	5,974.40	6,773.40
111.20	129.90	153.80	116.40	85.50	1,130.20	16.10	5.40	5.70	1.80	1.80
12.50	297.01	32.53	40.30	20.30	3.60	506.14	642.88	784.24	651.52	303.95
791.70	1,924.20	2,064.10	1,703.00	3,385.80	2,425.80	1,493.60	1,962.30	2,579.60	2,891.80	988.80
414.88	481.44	477.09	661.12	737.57	1,118.68	1,332.51	1,325.66	1,616.31	1,741.22	1,934.71
53.71	197.71	340.82	513.09	261.87	825.84	0.87	-957.14	-722.87	139.65	1,988.46
730.50	869.20	938.30	1,049.20	1,246.10	1,586.60	1,833.50	2,323.40	2,450.70	2,815.80	2,552.10
...	...	...	...	...	...	...	...	...	...	...
668.80	1,125.60	1,031.50	1,014.40	1,695.20	1,939.70	2,003.10	2,880.00	5,389.80	2,450.50	2,994.50
2,148.00	3,036.20	3,583.20	3,379.40	3,843.40	3,972.20	5,551.90	6,301.00	7,587.90	8,332.80	7,823.20
6,084.00	7,471.00	8,970.00	11,627.00	14,641.00	20,352.80	24,976.10	29,196.90	35,402.90	41,975.80	47,849.00
...	...	...	...	...	1,473.10	2,451.70	2,911.70	3,015.90	3,755.10	3,940.50
2,082.70	2,572.40	2,953.10	3,548.00	4,251.00	4,874.70	5,714.20	6,478.60	7,216.30	7,209.80	7,087.50
5,541.00	7,384.00	8,580.00	10,162.00	13,166.00	16,549.30	21,308.60	25,136.00	27,724.90	32,499.90	34,785.70
...	...	...	...	...	...	...	...	...	...	...
854.90	1,377.70	1,480.50	1,700.20	1,807.50	2,895.60	3,601.10	3,924.10	6,923.80	5,968.10	6,357.60
495.30	574.20	728.80	1,045.00	1,898.80	2,678.40	2,475.20	2,358.20	5,100.40	6,103.90	7,933.90
...	...	...	...	...	...	...	...	...	...	...
337.40	374.50	555.90	613.00	713.70	965.20	1,594.70	1,997.10	2,994.80	3,588.00	4,143.20
320.00	219.20	224.70	1.80	-411.00	1,361.20	2,122.50	3,719.00	3,887.00	3,960.30	4,851.40
3,744.59	5,723.15	6,290.11	6,677.51	9,114.04	9,356.81	7,701.28	7,651.02	7,137.63	5,486.17	8,811.67
7,390.40	8,333.30	10,183.70	12,644.00	13,941.80	22,374.50	29,718.60	36,090.20	41,851.30	49,876.60	53,157.90
1,305.90	862.30	1,212.70	1,016.90	-699.20	548.60	2,290.80	3,981.60	3,432.50	4,145.70	1,368.40
...	...	...	...	...	...	...	...	...	...	...
6,084.00	7,471.00	8,970.00	11,627.00	14,641.00	20,352.80	24,976.10	29,196.90	35,402.90	41,975.80	47,849.00
...	...	...	...	...	1,473.10	2,451.70	2,911.70	3,015.90	3,755.10	3,940.50
4,348.80	5,256.90	6,127.40	7,242.80	8,486.00	9,756.80	11,014.50	12,476.70	13,432.30	13,356.70	14,132.10
5,652.20	7,513.90	8,733.80	10,278.40	13,251.50	17,679.50	21,324.70	25,141.40	27,730.60	32,501.70	34,787.50
...	...	...	...	...	...	...	...	...	...	...
...	...	...	...	...	...	...	...	...	...	...
752.28	855.94	1,032.99	1,274.12	1,451.27	2,083.88	2,927.21	3,322.76	4,611.11	5,329.22	6,077.91
381.21	429.71	578.62	526.09	-132.73	2,211.14	2,153.47	2,800.36	3,214.93	4,175.15	6,972.06
4,288.76	5,204.85	6,078.77	7,192.45	8,419.74	9,669.77	10,894.70	12,316.60	13,233.80	13,146.40	13,909.50
10,001.00	12,770.80	14,861.20	17,521.20	21,737.50	27,436.30	32,339.20	37,618.10	41,162.90	45,858.40	48,919.60

統 計

マレーシア（1948-2000年）

	1986	1987	1988	1989	1990	1991	1992	1993
為替レート	対SDRレート							
公定レート（期末）	3.18	3.54	3.65	3.55	3.84	3.90	3.59	3.71
	対ドル・レート							
公定レート（期末）	2.60	2.49	2.72	2.70	2.70	2.72	2.61	2.70
公定レート（期中平均）	2.58	2.52	2.62	2.71	2.70	2.75	2.55	2.57
	指数（2010年=100, 期中平均）							
公定レート	124.72	127.73	122.92	118.80	118.97	117.02	126.38	125.02
名目実効為替レート	128.99	124.13	114.04	113.59	112.71	111.78	120.54	124.60
実質実効為替レート（CPIベース）	145.00	137.42	124.61	122.37	117.21	113.90	121.59	122.36
IMFポジション	100万SDR（期末）							
クォータ	550.60	550.60	550.60	550.60	550.60	550.60	832.70	832.70
SDR	110.72	115.14	119.68	127.09	136.30	145.02	82.31	87.78
IMFリザーブポジション	159.38	152.95	171.99	169.65	163.90	179.78	240.25	229.07
内：IMF借入残高	・	・	・	・	・	・	・	・
IMFクレジット及び融資総残高								
SDR配分額	139.05	139.05	139.05	139.05	139.05	139.05	139.05	139.05
国際流動性	100万米ドル（他に断りのない限り，期末）							
総準備（金を除く）	6,027.38	7,435.33	6,526.50	7,782.96	9,754.08	10,885.60	17,227.50	27,249.20
SDR	135.43	163.35	161.05	167.02	193.91	207.44	113.18	120.57
IMFリザーブポジション	194.95	216.98	231.45	222.95	233.17	257.16	330.34	314.64
外国為替	5,697.00	7,055.00	6,134.00	7,393.00	9,327.00	10,421.00	16,784.00	26,814.00
金（100万ファイントロイオンス）	2.34	2.35	2.35	2.37	2.35	2.35	2.39	2.39
金（国内評価額）	100.18	116.69	110.68	109.01	117.01	117.65	115.02	114.90
通貨当局：その他負債	12.91	33.54	3.79	8.66	7.29	5.62	8.54	14.55
預金通貨銀行：資産	1,487.00	2,009.00	2,802.00	2,938.00	2,804.00	2,366.00	2,008.61	3,893.00
預金通貨銀行：負債	2,371.00	1,999.00	1,874.00	2,783.00	3,500.00	4,957.00	7,153.10	13,956.00
その他銀行業機関：資産	0.73	0.76	0.70	0.70	・	0.73	49.46	50.82
その他銀行業機関：負債	37.73	10.15	30.05	・・・	・	・	・	・
通貨当局	100万リンギット（期末）							
対外資産	16,358.50	19,516.40	18,339.80	21,673.00	27,040.10	30,462.70	47,233.10	76,485.10
中央政府向け信用	2,057.80	1,961.00	2,164.20	1,529.10	2,681.20	1,611.00	560.80	454.40
民間部門向け信用	・・・	・・・	・・・	・・・	・・・	・・・	409.70	1,296.10
預金通貨銀行向け信用	・・・	・・・	・・・	・・・	・・・	・・・	3,860.00	3,596.90
ノンバンク金融機関向け信用	・・・	・・・	・・・	・・・	・・・	・・・	697.70	1,104.00
準備貨幣	10,133.50	10,663.90	11,894.30	14,783.20	18,145.00	20,770.60	28,253.30	28,253.30
内：預金通貨銀行以外の現金通貨	7,146.10	7,965.40	9,031.30	9,903.80	11,223.90	12,069.80	12,124.20	13,505.80
定期性預金及び貯蓄性預金	0.50	7.50	0.90	1.10	1.10	1.10	4.80	24.70
中央銀行負債：証券	・・・	・・・	・・・	・・・	・・・	・・・	・・・	・・・
対外負債	33.60	83.60	10.30	23.40	19.70	15.30	22.30	39.30
中央政府預金	601.30	1,053.30	1,112.30	1,067.90	5,233.40	5,988.80	5,678.90	2,911.90
資本勘定	2,177.23	3,248.04	3,415.89	3,578.38	3,892.41	4,100.01	4,155.50	4,172.07
その他（ネット）	5,470.16	6,421.04	4,070.27	3,748.10	2,429.65	1,197.87	2,167.98	47,535.30
預金通貨銀行	100万リンギット（期末）							
準備	2,440.00	2,472.10	2,598.20	4,204.20	6,204.70	7,806.60	23,850.00	51,493.00
準備銀行債券	・・・	・・・	・・・	・・・	・・・	・・・	・・・	・・・
対外資産	3,820.70	4,862.90	7,267.40	6,841.30	6,672.00	5,500.30	5,246.50	10,482.00
中央政府向け信用	7,644.30	10,543.90	10,383.70	11,810.90	11,850.70	12,376.00	11,323.60	10,683.40
地方公共団体向け信用	・・・	・・・	・・・	・・・	・・・	・・・	・・・	・・・
非金融公的企業向け信用	・・・	・・・	・・・	・・・	・・・	・・・	・・・	・・・
民間部門向け信用	51,275.20	51,308.20	55,763.30	68,219.20	82,657.30	99,668.20	110,418.00	122,344.00
その他銀行業機関向け信用	4,136.90	4,228.30	4,046.70	3,459.20	3,562.60	5,241.90	8,251.90	8,770.30
ノンバンク金融機関向け信用	・・・	・・・	・・・	・・・	・・・	・・・	・・・	・・・
要求払い預金	7,002.50	8,342.00	9,627.40	11,978.70	14,105.80	15,758.20	18,930.60	29,127.80
定期性預金, 貯蓄性預金及び外貨預金	39,778.60	39,969.60	41,404.40	47,314.10	51,254.60	61,669.70	73,682.10	90,183.80
短期金融市場商品	・・・	・・・	・・・	・・・	・・・	・・・	21,741.10	23,196.10
債券	・・・	・・・	・・・	・・・	・・・	・・・	・・・	・・・
対外負債	6,156.70	4,980.80	5,083.60	6,316.70	8,129.40	11,755.40	18,683.90	31,488.20
中央政府預金	6,300.30	6,491.10	7,552.00	7,575.70	5,415.10	6,137.30	1,495.40	1,903.20
中央銀行からの信用	・・・	・・・	・・・	・・・	・・・	・・・	2,304.00	2,171.00
その他銀行業機関に対する負債	・・・	・・・	・・・	・・・	・・・	・・・	434.90	742.20
資本勘定	4,431.40	5,343.80	5,713.40	6,163.30	6,915.80	7,670.40	14,842.70	16,884.40
その他（ネット）	5,647.60	8,287.90	10,678.50	15,186.30	25,126.60	27,602.00	6,976.10	8,075.70
マネタリー・サーベイ	100万リンギット（期末）							
対外資産（ネット）	13,988.90	19,314.70	20,513.30	22,174.20	25,563.00	24,192.30	33,773.40	55,439.60
国内信用	58,212.60	60,497.00	63,693.60	76,374.80	90,103.30	106,771.00	124,488.00	139,837.00
中央政府向け信用（ネット）	2,800.50	4,960.50	3,883.60	4,696.40	3,883.40	1,860.90	4,710.10	6,322.70
地方公共団体向け信用	・・・	・・・	・・・	・・・	・・・	・・・	・・・	・・・
非金融公的企業向け信用	・・・	・・・	・・・	・・・	・・・	・・・	・・・	・・・
民間部門向け信用	51,275.20	51,308.20	55,763.30	68,219.20	82,657.30	99,668.20	110,828.00	123,640.00
その他銀行業機関向け信用	4,136.90	4,228.30	4,046.70	3,459.20	3,562.60	5,241.90	8,251.90	8,770.30
ノンバンク金融機関向け信用	・・・	・・・	・・・	・・・	・・・	・・・	697.70	1,104.00
現金・預金通貨	14,522.70	16,374.60	18,730.30	21,978.30	25,405.20	27,928.30	35,544.20	48,077.10
準通貨	39,779.10	39,977.10	41,405.30	47,315.20	51,255.70	61,670.80	73,686.90	90,208.50
短期金融市場商品	・・・	・・・	・・・	・・・	・・・	・・・	21,741.10	23,196.10
債券	・・・	・・・	・・・	・・・	・・・	・・・	・・・	・・・
中央銀行負債：証券	・・・	・・・	・・・	・・・	・・・	・・・	・・・	・・・
その他銀行業機関に対する負債	・・・	・・・	・・・	・・・	・・・	・・・	434.90	742.20
資本勘定	6,608.63	8,591.84	9,129.29	9,741.68	10,808.20	11,770.40	18,998.20	21,056.50
その他（ネット）	11,291.10	14,868.10	14,942.00	19,513.80	28,197.20	29,593.80	7,855.58	11,996.10
現金・預金通貨（季節調整値）	14,308.10	16,164.50	18,508.20	21,739.20	25,104.00	27,542.70	34,779.10	47,134.40
現金・預金通貨＋準通貨	54,301.80	56,351.70	60,135.60	69,293.50	76,660.90	89,599.10	109,231.10	138,285.60

マレーシア

1994	1995	1996	1997	1998	1999	2000
3.74	3.78	3.64	5.25	5.35	5.22	4.95
2.56	2.54	2.53	3.89	3.80	3.80	3.80
2.62	2.50	2.52	2.81	3.92	3.80	3.80
122.71	128.53	127.91	116.71	82.22	84.68	84.68
124.54	124.70	128.37	124.02	96.54	96.31	97.83
118.48	118.66	123.10	118.91	94.88	95.82	96.92
832.70	832.70	832.70	832.70	832.70	1,486.60	1,486.60
92.71	101.64	115.28	129.88	145.77	60.80	80.81
273.70	456.34	478.20	444.68	444.68	608.16	608.16
-	-	-	-	-	-	-
139.05	139.05	139.05	139.05	139.05	139.05	139.05
25,422.90	23,774.40	27,009.40	20,788.20	25,559.40	30,588.20	29,523.00
135.34	151.08	165.77	175.24	205.25	83.45	105.29
399.56	678.34	687.63	599.99	626.12	834.70	792.37
24,888.00	22,945.00	26,156.00	20,013.00	24,728.00	29,670.00	28,625.00
2.39	2.39	2.39	2.35	2.35	1.18	1.17
122.12	124.35	120.29	110.98	115.81	56.68	53.00
11.68	10.46	6.29	0.75	0.84	0.50	1.30
4,168.00	4,178.00	4,357.30	6,003.24	5,517.30	6,519.00	7,470.40
8,161.00	8,242.00	11,240.90	12,339.40	9,160.30	7,296.30	6,722.20
65.35	82.10	146.98	274.63	266.95	245.40	382.60
11.91	24.31	345.99	445.74	348.56	244.60	201.00
68,200.10	63,790.20	70,737.30	60,368.60	99,426.70	117,255.00	113,247.00
980.40	2,155.40	7,112.60	7,153.00	3,926.00	2,377.00	1,838.00
601.10	566.20	8,269.50	9,842.90	16,018.00	22,517.00	29,476.00
3,442.70	3,249.80	3,675.50	27,450.50	2,512.10	2,135.00	1,616.00
2,717.90	3,505.30	634.40	507.50	2,114.30	2,282.00	2,157.00
38,482.10	47,969.90	70,595.70	89,926.30	55,192.00	91,827.00	84,881.00
15,883.70	17,433.40	18,978.70	21,359.70	18,161.80	24,757.00	22,263.00
15.60	4.80	5,789.50	2,320.00	9,079.30	2,043.00	9,171.00
		4,967.90	909.00	3.80	379.00	7,085.00
29.90	26.60	15.90	2.90	3.20	2.00	5.00
8,468.80	8,378.50	11,401.40	10,545.30	25,281.30	18,514.00	17,845.00
3,507.46	3,513.02	3,632.77	4,085.47	4,099.29	31,413.00	27,384.00
25,438.40	13,374.10	-5,973.91	-2,466.49	30,339.00	2,389.00	1,962.00
35,670.00	32,421.00	32,911.30	45,196.50	30,814.00	58,148.00	53,269.00
		3,095.80			9.00	4,822.00
10,541.50	10,319.70	11,019.60	23,364.00	20,966.00	24,772.00	28,387.00
11,127.00	10,182.40	10,269.50	12,605.10	17,718.70	15,292.00	19,108.00
		556.20	743.95	721.31	552.00	639.00
		863.80	4,008.38	4,416.39	4,839.00	4,951.00
141,965.00	185,472.00	234,484.00	289,853.00	298,162.00	303,657.00	322,206.00
14,462.70	18,631.10	29,358.20	43,219.50	25,383.40	12,887.00	15,393.00
...	...	8,920.60	16,051.40	23,671.90	21,227.00	2,519.00
31,723.80	36,191.40	40,406.40	41,970.20	36,031.90	46,841.00	54,520.00
99,775.70	124,935.00	154,338.00	189,878.00	203,465.00	239,207.00	258,524.00
35,730.60	48,266.30	39,026.00	50,120.70	50,468.30	28,565.00	30,487.00
...	...	560.90	1,877.80	1,267.30	1,704.00	1,594.00
16,999.90	15,873.10	28,428.30	48,023.60	34,810.00	27,726.00	25,734.00
2,795.00	4,149.10	5,887.40	7,182.10	10,068.50	12,238.00	11,819.00
1,781.00	1,722.00	1,709.90	18,054.50	12.00	4.00	82.00
2,116.30	2,813.10	6,723.10	15,147.70	8,474.14	9,386.00	8,218.00
23,813.40	29,478.10	35,932.50	52,930.20	63,061.00	64,329.00	65,172.00
-969.70	-6,451.70	18,467.00	9,856.00	14,198.00	11,384.00	15,144.00
61,711.80	58,210.20	53,312.70	35,706.10	85,579.00	114,299.00	11,895.00
160,590.00	207,985.00	283,180.00	366,257.00	356,783.00	354,878.00	388,623.00
843.60	-189.80	93.30	2,030.66	-13,705.10	-13,083.00	-8,719.00
		556.20	743.95	721.31	552.00	639.00
		863.80	4,008.38	4,416.39	4,839.00	4,951.00
142,566.00	186,038.00	242,754.00	299,695.00	314,181.00	326,174.00	351,682.00
14,462.70	18,631.10	29,358.20	43,219.50	25,383.40	12,887.00	15,393.00
2,717.90	3,505.30	9,555.00	16,558.90	25,786.20	23,509.00	24,676.00
56,174.80	63,593.90	74,182.10	82,839.60	58,521.70	75,602.00	80,656.00
99,791.30	124,939.00	160,127.00	192,198.00	212,544.00	241,249.00	267,695.00
35,730.60	48,266.30	39,026.00	50,120.70	50,465.00	28,565.00	30,487.00
...	...	560.90	1,877.80	1,267.30	1,704.00	1,594.00
		1,872.10	909.00	3.80	370.00	2,263.00
2,116.30	2,813.10	6,723.10	15,147.70	8,474.14	9,386.00	8,218.00
27,320.90	32,991.10	39,565.30	57,015.70	67,160.00	95,741.00	92,556.00
1,168.48	-6,409.03	14,436.00	1,854.00	43,925.00	16,559.00	21,049.00
55,181.50	62,654.10	73,375.00	82,100.70	58,057.20	...	...
155,966.10	188,532.90	234,309.10	275,037.60	271,065.70	316,851.00	348,351.00

統　　　計

マレーシア（1948-2000年）

	1948	1949	1950	1951	1952	1953	1954	1955
貨幣集計量（国内定義）	100万リンギット（期末）							
準備貨幣	・・・	・・・	・・・	・・・	・・・	・・・	・・・	・・・
M1	・・・	・・・	・・・	・・・	・・・	・・・	・・・	・・・
M2	・・・	・・・	・・・	・・・	・・・	・・・	・・・	・・・
M3	・・・	・・・	・・・	・・・	・・・	・・・	・・・	・・・
その他銀行業機関	100万リンギット（期末）							
準備	・・・	・・・						
通貨当局に対する債権：証券	・・・	・・・	・・・	・・・	・・・	・・・	・・・	・・・
対外資産	・・・	・・・	48.00	59.00	62.00	68.00	77.00	85.00
中央政府向け信用	・・・	・・・	13.00	21.00	30.00	34.00	39.00	45.00
地方公共団体向け信用	・・・	・・・						
非金融公的企業向け信用	・・・	・・・						
民間部門向け信用	・・・	・・・						
預金通貨銀行向け信用	・・・	・・・						
ノンバンク金融機関向け信用	・・・	・・・						
定期性預金，貯蓄性預金及び外貨預金	・・・	・・・	61.00	80.00	92.00	102.00	116.00	130.00
短期金融市場商品	・・・	・・・						
債券	・・・	・・・						
対外負債	・・・	・・・						
中央政府預金	・・・	・・・						
通貨当局からの信用	・・・	・・・						
預金通貨銀行からの信用	・・・	・・・						
資本勘定	・・・	・・・						
その他（ネット）	・・・	・・・						
バンキング・サーベイ	100万リンギット（期末）							
対外資産（ネット）	・・・	・・・	・・・	・・・	・・・	・・・	・・・	・・・
国内信用	・・・	・・・						
中央政府向け信用（ネット）	・・・	・・・						
地方公共団体向け信用	・・・	・・・						
非金融公的企業向け信用	・・・	・・・						
民間部門向け信用	・・・	・・・						
ノンバンク金融機関向け信用	・・・	・・・						
流動負債	・・・	・・・	1,080.00	1,360.00	1,374.00	1,319.00	1,426.00	1,736.00
短期金融市場商品	・・・	・・・	・・・	・・・	・・・	・・・	・・・	・・・
債券	・・・	・・・						
中央銀行負債：証券	・・・	・・・						
資本勘定	・・・	・・・						
その他（ネット）	・・・	・・・						
ノンバンク金融機関	100万リンギット（期末）							
中央政府向け信用	・・・	・・・	・・・	・・・	・・・	・・・	・・・	・・・
民間部門向け信用	・・・	・・・	・・・	・・・	・・・	・・・	・・・	・・・
不動産	・・・	・・・	・・・	・・・	・・・	・・・	・・・	・・・
金利	年率（%）							
ディスカウント・レート	・・・	・・・						
短期金融市場商品金利	・・・	・・・						
財務省短期証券金利	・・・	・・・						
貯蓄金利	・・・	・・・						
預金金利	・・・	・・・						
貸出金利	・・・	・・・						
政府債利回り	・・・	・・・						
物価	指数（2010年=100，期中平均）							
生産者物価指数	・・・	・・・						
消費者物価指数	・・・	16.80	18.51	23.31	23.65	22.97	21.59	20.91
GDPデフレーター	・・・	・・・						

マレーシア

1956	1957	1958	1959	1960	1961	1962	1963	1964	1965	1966
...	...	...	...	...	...	...	...	...	...	...
...	...	...	...	...	...	...	...	...	...	...
...	...	...	...	...	...	...	...	...	...	...
...	...	...	...	...	...	...	...	...	...	...
...	...	...	...	...	...	...	...	...	...	...
...	...	...	...	...	...	...	...	...	...	...
83.00	80.00	84.00	83.00	85.00	66.00	66.00	-	-	-	-
49.00	44.00	44.00	60.00	59.00	80.00	86.00	101.00	110.00	134.00	151.00
...	...	...	...	...	...	...	...	...	...	...
...	...	...	...	...	...	...	...	...	...	...
...	...	...	...	...	...	...	...	...	...	...
132.00	124.00	128.00	143.00	157.00	164.00	171.00	176.00	181.00	192.00	206.00
...	...	...	...	...	...	...	...	...	...	...
...	...	...	...	...	...	...	...	...	...	...
...	...	...	...	...	...	...	...	...	...	...
...	...	...	...	...	...	...	...	...	...	...
...	...	...	...	...	...	...	...	...	...	...
...	...	...	...	...	...	...	·75.00	·71.00	·58.00	·55.00
...	...	...	...	...	...	...	...	...	...	...
...	...	...	...	...	...	...	...	...	...	...
...	...	...	...	...	...	...	...	...	...	...
...	...	...	...	...	...	...	...	...	...	...
1,720.00	1,660.00	1,721.00	1,628.10	1,811.50	1,930.50	2,046.00	2,230.10	2,402.10	2,636.00	2,962.40
...	...	...	...	...	...	...	...	...	...	...
...	...	...	...	...	...	...	...	...	...	...
...	...	...	...	...	...	...	...	...	...	...
...	...	...	...	...	...	...	19.40	19.40	19.00	19.30
...	...	...	...	...	...	...	36.80	42.80	57.30	67.90
...	...	...	...	...	...	...	13.60	21.50	24.50	25.70
...	...	...	3.00	4.00	5.00	4.00	4.00	5.00	5.00	5.00
...	...	...	...	...	...	...	...	...	...	...
...	...	...	...	...	...	...	...	...	...	...
...	...	...	...	...	...	...	...	...	...	...
...	...	...	...	...	...	...	...	...	...	...
...	...	...	...	...	...	...	...	...	...	...
21.08	22.02	21.71	21.28	21.29	21.26	21.28	21.94	21.85	21.83	22.04
...	...	...	...	...	...	...	...	...	...	...

統　計

マレーシア（1948-2000年）

	1967	1968	1969	1970	1971	1972	1973	1974
貨幣集計量（国内定義）	100万リンギット（期末）							
準備貨幣	・・・	・・・	1,232.90	1,357.60	1,471.80	2,735.50	2,735.50	3,134.80
M1	・・・	・・・	1,882.30	2,032.50	2,120.40	3,735.20	3,735.20	4,055.30
M2	・・・	・・・	3,718.50	4,122.30	4,668.20	7,551.90	7,551.90	8,713.90
M3	・・・	・・・	・・・	・・・	・・・	8,313.40	8,313.40	9,791.00
その他銀行業機関	100万リンギット（期末）							
準備	・・・	・・・	111.20	185.90	271.90	228.30	367.80	670.90
通貨当局に対する債権：証券	・・・	・・・	・・・	・・・	・・・	・・・	・・・	・・・
対外資産	・・・	-	45.00	35.00	23.00	17.00	39.70	35.10
中央政府向け信用	173.00	213.00	246.00	273.00	304.00	416.00	512.00	4,085.70
地方公共団体向け信用	・・・	・・・	・・・	・・・	・・・	・・・	・・・	・・・
非金融公的企業向け信用	・・・	・・・	・・・	・・・	・・・	・・・	・・・	・・・
民間部門向け信用	・・・	・・・	220.00	273.00	351.00	433.00	617.00	1,176.30
預金通貨銀行向け信用	・・・	・・・	・・・	・・・	・・・	・・・	・・・	・・・
ノンバンク金融機関向け信用	・・・	・・・	・・・	・・・	・・・	・・・	・・・	・・・
定期性預金，貯蓄性預金及び外貨預金	223.00	239.00	566.00	709.00	867.30	1,020.80	1,400.50	4,951.20
短期金融市場商品	・・・	・・・	・・・	・・・	・・・	・・・	・・・	・・・
債券	・・・	・・・	・・・	・・・	・・・	・・・	・・・	・・・
対外負債	・・・	・・・	1.00	1.00	2.00	1.00	-	26.50
中央政府預金	・・・	・・・	・・・	・・・	・・・	・・・	・・・	53.20
通貨当局からの信用	・・・	・・・	・・・	・・・	・・・	・・・	・・・	・・・
預金通貨銀行からの信用	・・・	・・・	・・・	・・・	・・・	・・・	・・・	・・・
資本勘定	・・・	・・・	44.00	54.00	68.00	75.00	98.00	141.20
その他（ネット）	-50.00	-26.00	11.20	2.90	12.60	-2.50	3.30	795.90
バンキング・サーベイ	100万リンギット（期末）							
対外資産（ネット）	・・・	・・・	・・・	・・・	・・・	2,754.00	3,083.00	3,471.00
国内信用	・・・	・・・	・・・	・・・	・・・	4,300.00	6,281.00	11,499.00
中央政府向け信用（ネット）	・・・	・・・	・・・	・・・	・・・	853.00	1,078.00	5,044.00
地方公共団体向け信用	・・・	・・・	・・・	・・・	・・・	・・・	・・・	・・・
非金融公的企業向け信用	・・・	・・・	・・・	・・・	・・・	・・・	・・・	・・・
民間部門向け信用	・・・	・・・	・・・	・・・	・・・	3,447.00	5,203.00	6,454.00
ノンバンク金融機関向け信用	・・・	・・・	・・・	・・・	・・・	・・・	・・・	・・・
流動負債	3,040.60	3,499.20	4,179.60	4,653.70	5,261.30	6,563.10	8,605.70	13,010.00
短期金融市場商品	・・・	・・・	・・・	・・・	・・・	・・・	・・・	・・・
債券	・・・	・・・	・・・	・・・	・・・	・・・	・・・	・・・
中央銀行負債：証券	・・・	・・・	・・・	・・・	・・・	・・・	・・・	・・・
資本勘定	・・・	・・・	252.60	359.99	511.30	595.47	688.97	768.36
その他（ネット）	・・・	・・・	・・・	・・・	・・・	-104.00	69.00	1,191.00
ノンバンク金融機関	100万リンギット（期末）							
中央政府向け信用	22.30	23.70	26.20	48.90	69.40	104.60	123.60	136.60
民間部門向け信用	83.00	121.10	146.80	163.20	181.30	216.90	251.90	273.50
不動産	27.30	29.10	27.00	27.60	30.00	31.00	36.70	40.00
金利	年率（%）							
ディスカウント・レート	5.50	4.00	4.00	5.13	4.25	3.75	3.78	4.89
短期金融市場商品金利	・・・	3.31	3.63	3.81	3.30	3.20	2.80	2.70
財務省短期証券金利	・・・	・・・	・・・	・・・	・・・	・・・	・・・	4.56
貯蓄金利	3.00	3.33	3.50	3.50	3.50	3.50	4.33	6.25
預金金利	5.08	5.50	5.50	5.50	5.50	5.00	5.42	6.38
貸出金利	・・・	・・・	・・・	・・・	・・・	・・・	・・・	・・・
政府債利回り	・・・	・・・	・・・	・・・	・・・	・・・	・・・	・・・
物価	指数（2010年=100，期中平均）							
生産者物価指数	・・・	・・・	・・・	・・・	・・・	・・・	・・・	・・・
消費者物価指数	23.05	23.01	22.92	23.34	23.72	24.48	27.07	31.76
GDPデフレーター	・・・	・・・	17.74	17.66	17.72	20.89	23.54

マレーシア

1975	1976	1977	1978	1979	1980	1981	1982	1983	1984	1985
3,172.30	3,767.70	4,366.10	4,940.50	5,652.60	6,648.40	7,295.80	8,504.60	8,903.00	9,282.60	9,475.80
4,348.80	5,257.00	6,127.40	7,242.80	8,487.00	9,761.40	11,014.50	12,476.70	13,432.30	13,356.70	13,578.90
9,981.50	12,748.20	14,819.00	17,466.50	21,706.40	27,991.80	32,772.70	37,899.90	42,264.10	47,733.20	50,412.20
11,322.70	14,496.30	16,894.40	20,270.90	25,457.50	32,687.60	38,051.60	44,357.80	51,705.70	59,772.60	65,607.70
673.60	802.10	942.90	1,183.40	1,209.30	1,678.20	2,149.80	2,746.00	3,110.70	4,053.40	4,079.80
・・・	・・・	・・・	・・・	・・・	・・・	・・・	・・・	・・・	・・・	・・・
35.10	35.10	19.10	19.10	20.90	2.30	2.50	2.40	1.60	0.30	0.30
4,651.00	5,410.20	6,397.90	7,429.70	8,746.90	9,880.70	11,506.60	13,676.80	15,830.60	18,653.60	22,203.70
・・・	・・・	・・・	・・・	・・・	・・・	・・・	・・・	・・・	・・・	・・・
1,579.40	2,073.00	2,615.40	3,221.60	4,614.20	6,252.90	8,302.00	・・・	13,856.40	17,599.30	20,459.90
・・・	・・・	・・・	・・・	・・・	・・・	・・・	・・・	・・・	・・・	・・・
5,904.50	7,258.60	8,334.80	10,232.40	12,559.90	15,552.10	19,182.60	・・・	28,682.80	35,365.80	40,276.40
・・・	・・・	・・・	・・・	・・・	・・・	・・・	・・・	・・・	・・・	・・・
11.60	101.00	78.30	63.20	95.40	87.70	24.70	60.90	133.90	136.90	117.40
							-			
94.60	212.80	345.20	263.00	568.90	401.30	1,153.60	1,522.50	1,538.20	2,145.20	1,798.60
・・・	・・・	・・・	・・・	・・・	・・・	・・・	・・・	・・・	・・・	・・・
165.80	198.20	222.60	257.10	344.10	411.40	489.90	641.70	868.80	1,111.10	1,349.00
762.60	549.80	994.40	1,038.10	1,023.00	1,361.60	1,110.10	・・・	1,575.60	1,547.60	3,202.30
3,768.00	5,657.00	6,231.00	6,633.00	9,040.00	9,271.00	7,679.00	7,593.00	7,005.00	5,350.00	8,695.00
13,620.00	15,817.00	19,186.00	23,295.00	27,303.00	37,035.00	47,076.00	・・・	68,522.00	82,374.00	91,881.00
5,957.00	6,273.00	7,611.00	8,447.00	8,048.00	10,429.00	13,797.00	17,658.00	19,263.00	22,799.00	23,572.00
・・・	・・・	・・・	・・・	・・・	・・・	・・・	・・・	・・・	・・・	・・・
7,663.00	9,544.00	11,585.00	14,849.00	19,256.00	26,606.00	33,278.00	・・・	49,259.00	59,575.00	68,309.00
15,231.90	19,227.30	22,253.10	26,570.20	33,089.20	41,310.20	49,372.00	・・・	66,735.00	77,170.80	85,116.20
・・・	・・・	・・・	・・・	・・・	・・・	・・・	・・・	・・・	・・・	・・・
918.08	1,054.14	1,255.59	1,531.22	1,795.37	2,495.28	3,417.11	3,964.46	5,479.91	6,440.32	7,426.91
1,238.00	1,192.00	1,918.00	1,827.00	1,459.00	2,501.00	1,965.00	・・・	3,313.00	4,113.00	8,032.00
159.50	187.80	222.70	244.80	279.00	327.80	398.20	442.90	421.40	450.90	580.50
302.70	326.20	361.40	404.10	508.20	601.20	720.90	1,022.50	1,184.20	1,602.00	1,859.70
45.00	52.20	56.40	64.80	70.00	76.70	85.50	105.40	124.50	166.80	188.00
4.97	4.38	3.56	4.21	3.47	4.46	4.50	5.12	5.20	5.06	4.13
4.20	2.60	4.83	2.47	4.37	3.31	3.47	7.90	8.97	8.96	6.76
4.77	4.75	3.31	4.13	3.36	4.05	4.49	4.96	5.12	5.10	4.73
5.96	5.50	5.21	5.00	5.00	5.25	6.33	6.58	6.25	6.50	6.67
5.71	5.50	5.21	5.04	5.50	6.23	9.68	9.75	8.02	9.50	8.81
・・・	8.50	7.92	7.50	7.50	7.75	8.50	8.79	11.08	11.35	11.54
・・・	・・・	・・・	・・・	・・・	・・・	・・・	・・・	・・・	47.09	46.11
33.18	34.06	35.69	37.42	38.79	41.38	45.39	48.03	49.81	51.76	51.93
22.82	25.72	27.49	30.19	33.83	36.16	36.54	37.46	39.69	41.59	40.97

統　　　計

マレーシア（1948-2000年）

	1986	1987	1988	1989	1990	1991	1992	1993
貨幣集計量（国内定義）	100万リンギット（期末）							
準備貨幣	9,947.00	10,455.00	11,661.20	14,993.40	18,501.30	22,050.10	24,745.00	27,564.20
M1	13,957.00	15,768.20	17,839.80	21,248.70	24,240.50	26,903.00	30,395.10	41,792.30
M2	56,096.80	59,771.70	64,072.10	74,392.80	83,902.90	96,092.50	114,481.00	139,800.00
M3	71,399.90	74,891.70	80,987.40	97,668.30	115,420.00	133,121.00	159,178.00	196,611.00
その他銀行業機関	100万リンギット（期末）							
準備	4,334.60	3,636.50	2,815.90	・・・		5,646.90	4,435.50	8,420.50
通貨当局に対する債権：証券	・・・	・・・	・・・					
対外資産	1.90	1.90	1.90	1.90		2.00	129.20	137.30
中央政府向け信用	25,792.90	30,845.80	35,945.30	・・・		・・・	4,208.80	3,702.80
地方公共団体向け信用	・・・	・・・	・・・	・・・		・・・		
非金融公的企業向け信用	・・・	・・・	・・・	・・・		・・・		
民間部門向け信用	21,368.40	21,325.00	24,102.10	・・・		・・・	52,706.20	59,677.60
預金通貨銀行向け信用	・・・	・・・	・・・	・・・		・・・	5,482.10	7,020.10
ノンバンク金融機関向け信用	・・・	・・・	・・・	・・・		・・・		
定期性預金, 貯蓄性預金及び外貨預金	46,475.10	46,647.90	51,705.50	・・・		・・・	44,800.60	56,352.70
短期金融市場商品	・・・	・・・	・・・	・・・		・・・	7,684.80	7,343.10
債券	・・・	・・・	・・・	・・・		・・・		
対外負債	98.20	25.30	81.60	・・・		・・・	0.10	0.10
中央政府預金	12.70	36.90	64.10	73.00		38.40	452.50	721.90
通貨当局からの信用	1,592.90	2,753.30	2,808.60	1,546.30		1,611.50	-	-
預金通貨銀行からの信用	・・・	・・・	・・・	・・・		・・・	6,084.70	6,981.00
資本勘定	1,577.30	1,678.10	2,086.80	2,264.20		3,221.60	5,933.60	6,833.70
その他（ネット）	1,741.60	4,667.70	6,118.60	・・・		・・・	2,005.50	725.80
バンキング・サーベイ	100万リンギット（期末）							
対外資産（ネット）	13,893.00	19,291.00	20,434.00	・・・		24,194.00	33,902.50	55,576.80
国内信用	101,224.00	108,403.00	119,630.00	・・・		・・・	172,698.00	193,725.00
中央政府向け信用（ネット）	28,581.00	35,769.00	39,765.00	・・・		・・・	8,466.40	9,303.60
地方公共団体向け信用	・・・	・・・	・・・	・・・		・・・		
非金融公的企業向け信用	・・・	・・・	・・・	・・・		・・・		
民間部門向け信用	72,644.00	72,633.00	79,865.00	・・・		・・・	163,534.00	183,317.00
ノンバンク金融機関向け信用	・・・	・・・	・・・	・・・		・・・	697.70	1,104.00
流動負債	96,442.30	99,363.10	109,025.00	・・・		・・・	149,596.00	186,218.00
短期金融市場商品	・・・	・・・	・・・	・・・		・・・	29,425.90	30,539.20
債券	・・・	・・・	・・・	・・・		・・・		
中央銀行負債：証券								
資本勘定	8,185.93	10,269.90	11,216.10	12,005.90		14,992.00	24,931.80	27,890.20
その他（ネット）	10,489.00	18,061.00	19,822.00	・・・		・・・	2,646.68	4,654.66
ノンバンク金融機関	100万リンギット（期末）							
中央政府向け信用	541.60	1,293.90	949.90	1,816.30	2,041.50	3,438.10	3,170.20	4,546.60
民間部門向け信用	2,216.90	2,078.40	2,624.80	2,032.20	2,414.20	3,558.60	3,527.90	4,108.50
不動産	206.60	253.80	221.80	236.70	279.90	451.00	372.80	382.40
金利	年率（%）							
ディスカウント・レート	3.89	3.20	4.12	4.89	7.23	7.70	7.10	5.24
短期金融市場商品金利	4.19	3.12	4.11	4.72	6.81	7.83	8.01	6.53
財務省短期証券金利	4.12	2.68	3.49	5.29	6.12	7.27	7.66	6.48
貯蓄金利	6.00	4.04	3.50	3.47	3.42	3.30	3.35	4.21
預金金利	7.08	3.00	3.29	4.56	5.72	7.11	7.94	7.03
貸出金利	10.69	10.36	9.30	8.90	8.79	9.35	10.16	10.03
政府債利回り	・・・	・・・	・・・	・・・	・・・	・・・		6.35
物価	指数（2010年=100, 期中平均）							
生産者物価指数	43.25	44.85	48.14	49.98	50.41	52.45	53.03	53.80
消費者物価指数	52.32	52.47	53.81	55.32	56.77	59.25	62.07	64.27
GDPデフレーター	37.43	40.22	41.68	43.54	45.19	46.81	47.94	49.86

マレーシア

1994	1995	1996	1997	1998	1999	2000
39,445.20	47,330.80	64,559.40	82,896.10	36,177.70	45,674.70	41,372.20
46,470.90	51,923.90	60,585.30	63,365.10	54,134.70	73,447.20	78,216.40
160,366.00	198,873.00	238,209.00	292,217.00	296,472.00	337,138.00	354,702.00
222,330.00	271,948.00	329,708.00	390,809.00	401,459.00	434,590.00	456,496.00
10,393.80	12,258.80	14,977.80	19,713.30	6,403.22	9,716.00	9,209.00
-	-	538.50	-	-	-	1,503.00
167.30	208.70	371.70	1,068.82	1,014.39	933.00	1,454.00
3,009.80	2,996.90	4,238.50	3,003.49	5,746.71	6,437.00	5,830.00
-	-	36.40	54.99	41.73	17.00	9.00
-	-	78.70	593.30	827.65	660.00	320.00
70,910.70	90,749.80	116,616.00	146,626.00	134,775.00	122,425.00	129,459.00
9,135.50	9,148.50	5,599.20	10,739.60	9,680.52	10,231.00	8,351.00
· · ·	· · ·	3,819.50	3,698.27	3,102.42	2,024.00	1,647.00
61,071.80	68,711.80	85,518.20	93,802.30	98,002.60	101,224.00	103,873.00
10,883.20	16,165.70	2,625.30	5,548.47	5,890.13	226.00	-
· · ·	· · ·	212.40	1,022.22	892.19	820.00	787.00
30.50	61.80	875.00	1,734.79	1,324.53	929.00	764.00
707.00	1,212.90	2,364.50	1,710.73	2,274.20	2,167.00	2,621.00
-	-	509.80	11,787.80	988.68	553.00	-
13,267.20	19,094.10	31,980.70	43,719.80	22,469.90	19,126.00	15,347.00
8,587.60	10,746.00	14,721.40	19,571.50	20,446.00	20,523.00	21,638.00
-930.20	-629.60	7,469.00	6,600.00	9,303.00	6,876.00	12,752.00
61,848.60	58,357.10	52,809.40	35,040.10	85,269.00	114,303.00	116,585.00
219,341.00	281,887.00	376,247.00	475,302.00	473,619.00	471,387.00	507,873.00
3,146.40	1,594.20	1,967.30	3,323.42	-10,232.00	-8,812.00	-5,510.00
-	-	593.00	798.94	763.05	569.00	649.00
-	-	942.50	4,601.68	5,244.04	5,499.00	5,271.00
213,477.00	276,788.00	359,370.00	446,321.00	448,955.00	448,598.00	481,141.00
2,717.90	3,505.30	13,374.50	20,257.10	28,888.60	25,533.00	26,323.00
206,644.00	244,986.00	304,850.00	349,127.00	362,665.00	408,359.00	443,015.00
46,613.80	64,432.00	41,651.30	55,669.20	56,356.00	28,792.00	30,487.00
· · ·	· · ·	773.30	2,900.02	2,159.49	2,523.00	2,380.00
-	-	1,333.60	909.00	3.80	370.00	760.00
35,908.50	43,737.10	54,286.70	76,587.20	87,607.00	116,264.00	114,194.00
-7,976.42	-12,911.00	26,162.00	25,150.00	50,097.00	29,382.00	33,622.00
6,050.10	· · ·	· · ·	· · ·	· · ·	· · ·	· · ·
6,555.50	· · ·	· · ·	· · ·	· · ·	· · ·	· · ·
834.70	· · ·	· · ·	· · ·	· · ·	· · ·	· · ·
4.51	6.47	7.28	· · ·	· · ·	· · ·	· · ·
4.65	5.78	6.98	7.61	8.46	3.38	2.66
3.68	5.50	6.41	6.41	6.86	3.53	2.86
3.67	3.61	3.87	4.18	4.26	3.10	2.73
4.89	5.93	7.09	7.78	8.51	4.12	3.36
8.76	8.73	9.94	10.63	12.13	8.56	7.67
5.11	6.51	6.39	6.87	7.66	5.63	5.11
56.42	59.53	60.89	62.48	69.22	66.96	69.04
66.66	68.96	71.37	73.27	77.13	79.25	80.46
51.82	53.70	55.68	57.62	62.51	62.54	68.08

統　　計

マレーシア（2001-2016年）

	2001	2002	2003	2004	2005	2006	2007	2008
為替レート	対SDRレート							
公定レート（期末）	4.78	5.17	5.65	5.90	5.40	5.31	5.23	5.34
	対ドル・レート							
公定レート（期末）	3.80	3.80	3.80	3.80	3.78	3.53	3.31	3.46
公定レート（期中平均）	3.80	3.80	3.80	3.80	3.79	3.67	3.44	3.34
	指数（2010年=100, 期中平均）							
公定レート	84.68	84.68	84.68	84.68	84.97	87.74	93.63	96.65
名目実効為替レート	103.14	102.53	97.40	93.76	93.08	95.19	97.81	97.39
実質実効為替レート（CPIベース）	101.66	101.79	96.14	91.96	91.87	95.00	96.97	97.55
IMFポジション	100万SDR（期末）							
クォータ	1,486.60	1,486.60	1,486.60	1,486.60	1,486.60	1,486.60	1,486.60	1,486.60
SDR	99.58	111.36	119.96	128.18	137.16	142.13	145.21	147.02
IMFリザーブポジション	608.16	581.22	586.19	499.76	199.43	129.55	97.94	205.99
内：IMF借入残高	-	-	-	-	-	-	-	-
IMFクレジット及び融資総残高	-	-	-	-	-	-	-	-
SDR配分額	139.05	139.05	139.05	139.05	139.05	139.05	139.05	139.05
国際流動性	100万米ドル（他に断りのない限り、期末）							
総準備（金を除く）	29,522.30	33,360.70	43,821.70	65,881.10	69,858.00	82,132.30	101,019.00	91,148.80
SDR	125.15	151.39	178.25	199.06	196.04	213.82	229.47	226.45
IMFリザーブポジション	764.29	790.17	871.06	776.13	285.04	194.90	154.78	317.29
外国為替	28,632.90	32,419.10	42,772.40	64,905.90	69,376.90	81,723.60	100,635.00	90,605.10
金（100万ファイントロイオンス）	1.17	1.17	1.17	1.17	1.17	1.17	1.17	1.17
金（国内評価額）	294.70	295.20	294.50	294.50	294.50	293.50	293.50	379.00
中央銀行：その他資産		83.80	91.43	32.72	30.51	32.11	34.60	10.85
中央銀行：その他負債	0.75	514.31	816.38	2,988.15	2,435.32	4,368.35	16,461.40	7,725.82
中央銀行以外の預金取扱い機関：資産	7,519.85	7,039.93	5,701.78	10,686.60	8,653.57	14,320.60	28,289.70	16,491.50
中央銀行以外の預金取扱い機関：負債	6,287.82	9,296.08	10,923.40	16,843.60	18,370.80	17,469.20	25,415.60	25,781.10
中央銀行	100万リンギット（期末）							
対外資産（ネット）	116,255.00	128,739.00	166,587.00	241,328.00	256,337.00	274,238.00	280,567.00	289,342.00
非居住者向け信用	116,922.00	131,411.00	170,474.00	253,504.00	266,294.00	290,404.00	335,724.00	316,846.00
非居住者に対する負債	666.87	2,672.72	3,887.38	12,175.60	9,956.74	16,165.60	55,156.30	27,504.10
その他預金取扱い機関向け信用	3,412.42	6,296.57	7,232.60	9,188.75	10,096.30	12,172.30	70,306.20	11,969.20
中央政府向け信用（ネット）	-23,814.80	-6,853.79	-4,344.06	-20,183.70	-21,073.00	-7,914.18	-11,337.90	-8,627.10
中央政府向け信用	1,422.10	601.15	98.52	221.13	961.04	1,504.20	2,468.27	2,525.54
中央政府に対する負債	25,236.90	7,454.94	4,442.58	20,404.90	22,034.00	9,418.37	13,806.20	11,152.60
その他部門向け信用	27,402.70	23,849.30	22,151.00	21,223.70	16,942.80	17,838.90	15,289.80	12,291.80
その他金融機関向け信用		15,863.20	14,384.40	13,595.50	11,133.20	13,579.70	11,535.60	11,185.50
地方自治体向け信用	-	-	-	-	-	-	-	-
非金融公的企業向け信用	20,812.40	6,164.25	6,164.25	6,164.25	4,551.25	3,216.80	2,691.34	
民間部門向け信用	6,590.30	1,821.90	1,602.37	1,463.97	1,258.35	1,042.36	1,062.81	1,106.30
マネタリーベース	40,021.60	42,581.10	45,533.80	50,085.30	52,622.70	58,215.60	63,898.70	68,512.60
流通通貨	25,385.60	27,137.30	29,445.20	32,353.80	34,396.60	37,894.90	42,191.70	48,042.60
その他預金取扱い機関に対する負債	14,636.00	15,443.80	16,088.50	17,731.50	18,226.10	20,320.60	21,707.00	20,470.00
その他部門に対する負債	-	-	-	-	-	-	-	-
その他預金取扱い機関に対するその他負債	46,165.40	64,286.50	92,316.20	133,456.00	154,558.00	191,667.00	254,838.00	201,062.00
預金及び証券（マネタリーベース除外分）	10,637.10	12,632.00	7,454.66	12,406.40	13,261.90	11,601.20	3,839.51	2,425.08
預金（広義流動性に含む）	10,637.10	12,632.00	7,454.66	12,406.40	13,261.60	11,599.30	3,829.27	2,421.92
証券（広義流動性に含まれる株式以外）	-	-	-	-	-	-	-	-
預金（広義流動性から除外されたもの）	-	-	-	-	0.30	1.94	10.24	3.16
証券（広義流動性から除外される株式以外）	-	-	-	-	-	-	-	-
貸出	-	-	-	-	-	-	-	-
金融派生商品	-	-	-	-	-	-	-	-
株式及びその他持ち分	24,840.70	30,243.00	42,407.20	53,022.10	39,354.30	33,825.10	29,747.10	32,463.10
その他（ネット）	1,590.79	2,288.26	3,914.45	2,587.10	2,506.75	1,025.94	2,502.09	513.50
注記項目：総資産	149,678.00	162,208.00	200,005.00	284,189.00	294,343.00	321,965.00	423,833.00	343,685.00
中央銀行以外の預金取扱い金融機関	100万リンギット（期末）							
対外資産（ネット）	4,681.74	-8,573.38	-19,842.20	-23,396.60	-36,731.10	-11,119.00	9,503.11	-32,179.30
非居住者向け信用	28,575.40	26,751.70	21,666.80	40,609.10	32,710.50	50,573.40	93,539.80	57,126.50
非居住者に対する負債	23,893.70	35,325.10	41,509.00	64,005.70	69,441.60	61,692.40	84,036.70	89,305.80
中央銀行に対する債権	64,032.00	82,477.10	110,890.00	144,784.00	173,865.00	216,031.00	237,257.00	229,126.00
現金通貨	3,425.46	3,426.06	3,501.58	3,816.69	4,230.35	4,394.89	5,945.83	7,611.33
準備預金及び証券	14,688.50	15,573.60	16,249.30	17,789.40	18,327.70	20,336.30	22,168.60	20,636.20
その他債権	45,918.00	63,477.50	91,139.20	123,177.00	151,307.00	191,300.00	209,142.00	200,878.00
中央政府向け信用（ネット）	13,388.00	3,611.02	6,362.33	13,261.50	8,482.23	5,076.82	-1,470.91	27,861.20
中央政府向け信用	28,808.90	28,754.50	32,750.50	36,898.60	34,555.90	35,265.70	33,696.00	67,249.20
中央政府に対する負債	15,420.90	25,143.50	26,388.20	23,637.10	26,073.70	30,188.80	35,166.90	39,388.00
その他部門向け信用	499,663.00	529,845.00	561,471.00	590,032.00	635,198.00	668,772.00	725,587.00	821,951.00
その他金融機関向け信用	47,214.60	60,837.60	60,116.40	54,720.90	53,384.90	46,036.30	46,059.20	69,703.70
地方自治体向け信用	840.58	525.10	552.76	785.28	322.46	545.13	611.21	635.28
非金融公的企業向け信用	3,013.42	3,446.45	4,176.94	5,351.77	3,705.80	4,583.70	4,126.19	7,806.17
民間部門向け信用	448,594.00	465,036.00	496,624.00	529,174.00	577,785.00	617,607.00	674,790.00	743,806.00
中央銀行に対する負債	6,099.74	4,947.54	5,427.34	7,927.82	7,675.60	8,179.61	8,560.82	9,913.30
通貨性預金（広義流動性に含む）	56,414.20	67,860.30	80,276.50	90,303.20	101,388.00	113,803.00	137,022.00	150,765.00
その他預金（広義流動性に含む）	388,050.00	391,555.00	422,327.00	467,650.00	492,048.00	551,195.00	607,368.00	679,560.00
証券（広義流動性に含まれる株式以外）	11,121.90	14,314.80	18,077.30	25,478.50	42,413.60	61,772.80	48,555.90	47,606.30
預金（広義流動性から除外されたもの）	-	-	-	-	-	-	-	-
証券（広義流動性から除外される株式以外）	-	-	-	-	-	-	-	-
貸出	304.55	3,260.07	4,186.76	3,800.93	5,942.47	5,960.99	20,999.20	18,145.20
金融派生商品	-	-	-	-	-	-	-	-
保険契約準備金	-	-	-	-	-	-	-	-
株式及びその他持ち分	59,633.80	65,485.10	72,167.90	75,116.70	77,583.30	86,649.10	94,359.10	111,961.00
その他（ネット）	60,140.20	59,937.20	56,418.60	54,403.40	53,763.70	51,200.70	54,010.00	28,809.10
注記項目：総資産	715,495.00	746,235.00	829,603.00	891,365.00	972,279.00	1,082,410.00	1,209,410.00	1,323,320.00

マレーシア

2009	2010	2011	2012	2013	2014	2015	2016
5.37	4.75	4.88	4.70	5.05	5.06	5.95	6.03
3.42	3.08	3.18	3.06	3.28	3.50	4.29	4.49
3.52	3.22	3.06	3.09	3.15	3.27	3.91	4.15
91.35	100.00	105.20	104.20	102.20	98.37	82.87	77.68
94.31	100.00	100.50	100.95	101.35	99.48	90.47	85.69
94.79	100.00	100.36	100.11	100.60	99.88	91.93	87.96
1,486.60	1,486.60	1,773.90	1,773.90	1,773.90	1,773.90	1,773.90	3,633.80
1,355.00	1,355.66	1,285.31	1,285.83	1,286.16	1,286.64	1,286.83	821.86
282.19	305.89	549.33	564.43	631.05	650.50	553.20	574.98
-	-	23.40	36.50	44.12	40.82	33.02	51.82
1,346.14	1,346.14	1,346.14	1,346.14	1,346.14	1,346.14	1,346.14	1,346.14
95,431.70	104,884.00	131,780.00	137,784.00	133,444.00	114,572.00	93,978.50	93,071.80
2,124.22	2,087.76	1,973.90	1,976.22	1,980.69	1,864.09	1,783.20	1,104.85
442.39	471.09	843.37	867.48	971.81	942.45	766.58	772.96
92,865.10	102,325.00	128,964.00	134,940.00	130,492.00	111,765.00	91,428.80	91,194.00
1.17	1.17	1.17	1.17	1.17	1.15	1.23	1.23
1,280.90	1,641.19	1,837.54	1,940.00	1,409.58	1,365.39	1,308.93	1,429.16
4.16	5.12	5.36	2.92	3.42	3.37	2.29	2.86
4,596.11	16,278.40	19,761.70	26,557.40	24,010.40	17,626.00	5,586.02	1,890.31
19,068.30	29,869.80	37,049.60	43,476.80	40,975.50	49,720.30	42,802.00	35,782.00
24,971.00	25,921.10	36,155.30	40,924.00	46,753.20	52,908.00	46,858.30	46,092.20
308,384.00	272,014.00	354,127.00	339,574.00	356,316.00	337,115.00	377,150.00	407,452.00
331,350.00	328,601.00	423,476.00	427,120.00	441,909.00	405,534.00	409,132.00	424,050.00
22,966.20	56,586.80	69,348.80	87,546.40	85,593.00	68,419.30	31,981.50	16,598.10
16,496.90	48,244.70	36,031.00	34,446.60	21,518.10	9,202.59	20,566.60	13,671.10
-15,956.90	-11,940.00	-8,799.14	-12,524.00	-5,254.73	-2,809.24	-8,296.74	-5,028.64
2,683.23	2,285.67	2,016.97	2,182.81	1,852.12	2,454.72	1,916.79	4,264.75
18,640.20	14,225.70	10,816.10	14,706.80	7,106.86	5,263.96	10,213.50	9,293.40
12,534.80	10,441.90	11,028.90	11,929.50	8,685.88	8,232.33	6,520.87	6,367.87
11,397.20	9,741.16	10,382.10	11,247.20	7,598.24	7,679.46	6,068.35	5,813.10
1,137.56	700.77	646.83	682.25	1,087.64	552.86	452.52	554.76
54,813.90	61,261.30	96,339.20	105,832.00	115,825.00	124,760.00	137,325.00	141,295.00
51,137.70	55,787.40	61,874.00	67,124.30	73,030.80	77,734.60	88,157.30	97,751.30
3,676.24	5,473.89	34,465.20	38,707.90	42,794.50	47,025.20	49,168.10	43,544.10
209,021.00	226,620.00	244,820.00	231,593.00	205,592.00	154,640.00	126,969.00	136,434.00
5,267.08	7,602.08	15,567.30	4,260.04	3,040.43	2,181.88	736.33	480.04
4,357.29	4,475.74	3,244.52	4,130.75	2,916.50	2,022.38	639.21	406.76
909.79	3,126.34	12,322.80	129.29	123.93	159.50	97.12	73.28
50,744.80	20,135.00	34,004.10	28,563.00	54,472.00	69,404.40	129,134.00	144,837.00
1,612.38	3,142.74	1,657.49	3,177.39	2,335.43	754.47	1,776.83	-584.51
363,092.00	389,601.00	472,554.00	475,701.00	473,972.00	427,568.00	440,287.00	450,826.00
-20,214.00	12,175.90	2,841.37	7,807.18	-18,959.50	-11,140.80	-17,409.70	-46,251.40
65,299.30	92,103.50	117,707.00	132,963.00	134,461.00	173,773.00	183,706.00	160,518.00
85,513.30	79,927.60	114,865.00	125,156.00	153,421.00	184,913.00	201,116.00	206,769.00
218,555.00	216,035.00	266,579.00	258,167.00	241,766.00	210,634.00	189,716.00	184,847.00
7,699.60	8,102.85	8,385.83	10,326.20	10,320.80	9,705.31	11,514.50	12,291.00
4,199.81	6,552.11	34,604.30	38,710.10	42,894.20	47,196.00	49,422.10	44,406.50
206,656.00	201,380.00	223,589.00	209,131.00	188,551.00	153,733.00	128,779.00	128,150.00
65,363.60	59,154.10	60,005.80	61,011.40	77,581.40	103,771.00	113,301.00	130,339.00
105,639.00	107,041.00	111,993.00	112,307.00	128,382.00	160,077.00	162,679.00	179,351.00
40,275.50	47,887.30	51,987.00	51,295.10	50,800.70	56,305.80	49,378.50	49,012.50
872,283.00	955,100.00	1,072,040.00	1,200,730.00	1,328,340.00	1,445,480.00	1,564,010.00	1,655,140.00
71,365.00	66,307.00	71,465.50	71,612.40	87,498.70	91,710.30	98,789.00	114,660.00
618.44	647.87	862.92	1,595.27	1,596.62	1,429.82	1,230.48	977.26
5,839.78	8,903.55	11,800.40	19,766.20	19,022.10	18,755.70	15,590.20	15,853.40
794,460.00	879,242.00	987,908.00	1,107,750.00	1,220,230.00	1,333,580.00	1,448,400.00	1,523,650.00
12,086.30	21,472.10	14,024.60	11,997.30	9,305.29	9,004.42	21,762.00	12,892.50
170,428.00	192,075.00	219,397.00	252,114.00	284,799.00	306,352.00	322,313.00	334,003.00
745,200.00	794,527.00	916,537.00	989,783.00	1,050,470.00	1,109,670.00	1,141,460.00	1,160,580.00
28,627.80	26,182.80	28,058.20	25,885.10	26,101.40	30,886.70	22,078.10	24,617.30
-	-	-	-	310.44	1,953.00	722.35	1,166.28
18,269.00	26,921.50	35,666.80	34,598.80	30,473.20	32,843.40	32,800.90	32,189.10
131,969.00	144,429.00	157,459.00	178,915.00	196,026.00	223,551.00	246,081.00	268,844.00
29,407.10	36,858.20	30,321.00	34,421.50	31,244.50	34,483.00	62,408.80	89,786.50
1,411,980.00	1,533,740.00	1,767,890.00	1,898,390.00	2,057,190.00	2,241,540.00	2,379,590.00	2,471,100.00

統　計

マレーシア（2001-2016年）

	2001	2002	2003	2004	2005	2006	2007	2008
預金取扱い金融機関	100万リンギット（期末）							
対外資産（ネット）	120,937.00	120,165.00	146,745.00	217,932.00	219,606.00	263,119.00	290,070.00	257,163.00
非居住者向け信用	145,498.00	158,163.00	192,141.00	294,113.00	299,005.00	340,977.00	429,263.00	373,973.00
非居住者に対する負債	24,560.60	37,997.80	45,396.40	76,181.30	79,398.40	77,857.90	139,193.00	116,810.00
国内信用	516,639.00	550,452.00	585,640.00	604,333.00	639,550.00	683,773.00	728,068.00	853,477.00
中央政府向け信用（ネット）	-10,426.80	-3,242.77	2,018.27	-6,922.20	-12,590.70	-2,837.35	-12,808.80	19,234.10
中央政府向け信用	30,231.00	29,355.60	32,849.10	37,119.80	35,517.00	36,769.90	36,164.20	69,774.70
中央政府に対する負債	40,657.80	32,598.40	30,830.80	44,041.90	48,107.70	39,607.20	48,973.10	50,540.70
その他部門向け信用	527,065.00	553,695.00	583,622.00	611,256.00	652,141.00	686,611.00	740,876.00	834,243.00
その他金融機関向け信用	47,214.60	76,700.80	74,500.80	68,316.40	64,518.10	59,616.00	57,594.80	80,889.20
地方自治体向け信用	840.58	525.10	552.76	785.28	322.46	545.13	611.21	635.28
非金融公的企業向け信用	23,825.80	9,610.71	10,341.20	11,516.00	8,257.05	7,800.49	6,817.53	7,806.17
民間部門向け信用	455,184.00	466,858.00	498,227.00	530,638.00	579,043.00	618,649.00	675,853.00	744,912.00
広義流動性負債	488,183.00	510,074.00	554,079.00	624,375.00	679,277.00	771,870.00	833,022.00	920,784.00
預金取扱い金融機関以外の通貨	21,960.10	23,711.30	25,943.60	28,537.10	30,166.20	33,500.00	36,245.80	40,431.20
通貨性預金	67,051.20	77,215.60	83,649.10	97,696.80	108,362.00	121,632.00	138,059.00	150,840.00
その他預金	388,050.00	394,832.00	426,409.00	472,663.00	498,336.00	554,965.00	610,161.00	681,907.00
証券（株式を除く）	11,121.90	14,314.80	18,077.30	25,478.50	42,413.60	61,772.80	48,555.90	47,606.30
預金（広義流動性から除外されたもの）	-	-	-	-	0.30	1.94	10.24	3.16
証券（広義流動性に含まれる株式以外）	-	-	-	-	-	-	-	-
貸出	304.55	3,260.07	4,186.76	3,800.93	5,942.47	5,960.99	20,999.20	18,145.20
金融派生商品								
保険契約準備金								
株式及びその他持ち分	84,474.50	95,728.10	114,575.00	128,139.00	116,938.00	120,474.00	124,106.00	144,424.00
その他（ネット）	64,613.20	61,555.60	59,544.00	65,950.50	56,998.70	48,585.60	40,000.70	27,283.90
広義流動性負債（季節調整値）	489,598.00	512,511.00	556,323.00	626,037.00	679,618.00	770,465.00	829,890.00	916,399.00
貨幣集計量	100万リンギット（期末）							
広義流動性	・・・	510,074.00	554,079.00	624,375.00	679,277.00	771,870.00	833,022.00	920,784.00
中央政府発行通貨	・・・	-	-	-	-	-	-	-
非金融会社の預金	・・・	-	-	-	-	-	-	-
中央政府発行証券	・・・	-	-	-	-	-	-	-
貨幣集計量（国内定義）	100万リンギット（期末）							
準備貨幣	40,022.80	42,581.90	45,534.00	50,087.40	52,622.50	58,218.50	63,902.00	68,512.90
M1	80,728.20	89,072.10	102,104.00	114,268.00	124,023.00	141,124.00	169,007.00	182,839.00
M2	362,512.00	383,542.00	426,061.00	534,163.00	616,178.00	718,216.00	796,926.00	903,222.00
M3	469,519.00	501,125.00	549,649.00	617,639.00	667,326.00	749,691.00	832,788.00	931,656.00
金利	年率（%）							
中央銀行政策金利	・・・	・・・	・・・	2.70	3.00	3.50	3.50	3.25
ディスカウント・レート	・・・	・・・	・・・	・・・	・・・	・・・	・・・	・・・
短期金融市場商品金利	2.79	2.73	2.74	2.70	2.72	3.38	3.50	3.47
財務省短期証券金利	2.79	2.73	2.79	2.40	2.48	3.23	3.43	3.39
貯蓄金利	2.55	2.25	1.95	1.71	1.47	1.46	1.44	1.42
預金金利	3.37	3.21	3.07	3.00	3.00	3.15	3.17	3.13
貸出金利	7.13	6.53	6.30	6.05	5.95	6.49	6.41	6.08
政府債利回り	3.54	3.47	3.60	4.09	3.57	4.01	3.57	3.73
物価	指数（2010年=100，期中平均）							
生産者物価指数	69.40	68.88	72.05	77.07	82.36	87.86	92.72	102.17
消費者物価指数	81.60	83.08	83.90	85.18	87.70	90.86	92.70	97.75
GDPデフレーター	67.00	69.10	71.38	75.67	82.37	85.65	89.83	99.17

マレーシア

2009	2010	2011	2012	2013	2014	2015	2016
288,170.00	284,190.00	356,968.00	347,381.00	337,357.00	325,974.00	359,741.00	361,201.00
396,650.00	420,705.00	541,182.00	560,083.00	576,370.00	579,307.00	592,838.00	584,568.00
108,480.00	136,514.00	184,214.00	212,702.00	239,014.00	253,333.00	233,097.00	223,367.00
934,225.00	1,012,760.00	1,134,270.00	1,261,150.00	1,409,360.00	1,554,670.00	1,675,540.00	1,786,820.00
49,406.70	47,214.10	51,206.70	48,487.40	72,326.60	100,962.00	105,004.00	125,310.00
108,322.00	109,327.00	114,010.00	114,489.00	130,234.00	162,532.00	164,596.00	183,616.00
58,915.60	62,113.00	62,803.10	66,001.90	57,907.50	61,569.80	59,592.00	58,305.90
884,818.00	965,542.00	1,083,070.00	1,212,660.00	1,337,030.00	1,453,710.00	1,570,540.00	1,661,510.00
82,762.30	76,048.20	81,847.60	82,859.60	95,096.90	99,389.80	104,857.00	120,473.00
618.44	647.87	862.92	1,595.27	1,596.62	1,429.82	1,230.48	977.26
5,839.78	8,903.55	11,800.40	19,766.20	19,022.10	18,755.70	15,590.20	15,853.40
795,598.00	879,943.00	988,555.00	1,108,440.00	1,221,320.00	1,334,130.00	1,448,860.00	1,524,210.00
992,052.00	1,064,950.00	1,220,720.00	1,328,710.00	1,427,000.00	1,516,960.00	1,563,130.00	1,605,070.00
43,438.10	47,684.60	53,488.20	56,798.10	62,710.10	68,029.30	76,642.80	85,460.30
170,431.00	192,100.00	219,454.00	252,156.00	284,852.00	306,433.00	322,369.00	334,049.00
749,555.00	798,978.00	919,724.00	993,871.00	1,053,340.00	1,111,610.00	1,142,040.00	1,160,940.00
28,627.80	26,182.80	28,058.20	25,885.10	26,101.40	30,886.70	22,078.10	24,617.30
909.79	3,126.34	12,322.80	129.29	434.37	2,112.50	819.47	1,239.56
-	-	-	-	-	-	-	-
18,269.00	26,921.50	35,666.80	34,598.80	30,473.20	32,843.40	32,800.90	32,189.10
182,714.00	164,564.00	191,463.00	207,478.00	250,498.00	292,955.00	375,215.00	413,681.00
28,449.90	37,389.90	31,063.40	37,609.80	38,308.30	35,775.10	63,316.70	95,845.50
987,049.00	1,060,080.00	1,216,060.00	1,324,640.00	1,423,500.00	1,513,900.00	1,560,430.00	1,602,140.00
992,052.00	1,064,950.00	1,220,720.00	1,328,710.00	1,427,000.00	1,516,960.00	1,563,130.00	1,605,070.00
-	-	-	-	-	-	-	-
-	-	-	-	-	-	-	-
54,816.50	61,262.00	96,339.30	105,832.00	115,826.00	124,760.00	137,327.00	141,295.00
200,917.00	224,384.00	258,210.00	289,736.00	327,503.00	346,416.00	360,458.00	380,841.00
989,343.00	1,060,150.00	1,214,860.00	1,333,390.00	1,444,850.00	1,544,660.00	1,588,530.00	1,637,730.00
1,017,300.00	1,086,090.00	1,240,930.00	1,352,890.00	1,462,390.00	1,553,810.00	1,594,590.00	1,643,900.00
2.00	2.75	3.00	3.00	3.00	3.25	3.25	3.00
...	...	...	...	...	...	...	...
2.12	2.45	2.88	2.99	2.99	3.10	3.21	3.06
2.05	2.58	2.92	3.04	3.00	3.12	3.12	2.76
0.94	0.94	1.08	1.04	1.01	1.03	1.06	1.00
2.08	2.50	2.91	2.98	2.97	3.05	3.13	3.03
5.08	5.00	4.92	4.79	4.61	4.59	4.59	4.54
3.59	3.52	3.45	3.25	3.42	3.69	3.67	3.45
94.69	100.00	109.58	109.66	107.79	110.44	102.21	101.13
98.32	100.00	103.20	104.90	107.10	110.50	112.80	115.20
93.23	100.00	105.41	106.47	106.65	109.28	108.88	110.97

統　　計

ミャンマー（1948-2000年）

		1948	1949	1950	1951	1952	1953	1954	1955
為替レート	対SDRレート								
公定レート（期末）		3.32	4.78	4.76	4.80	4.77	4.78	4.81	4.78
	対ドル・レート								
公定レート（期末）		3.32	4.78	4.76	4.80	4.77	4.78	4.81	4.78
公定レート（期中平均）		3.32	4.78	4.76	4.76	4.76	4.76	4.76	4.76
IMFポジション	100万SDR（期末）								
クォータ					·	15.00	15.00	15.00	15.00
SDR					·				
IMFリザーブポジション		-			·	· · ·	0.50	0.50	3.76
内：IMF借入残高		-			·	· · ·	· · ·	· · ·	· · ·
IMFクレジット及び融資総残高		-			·				
SDR配分額		-			·				
国際流動性	100万米ドル（他に断りのない限り，期末）								
総準備（金を除く）		79.40	110.30	119.50	160.00	199.10	212.40	125.00	74.96
SDR		-							
IMFリザーブポジション		-					0.50	0.50	3.76
外国為替		79.40	110.30	119.50	160.00	199.10	211.90	124.50	71.20
金（100万ファイントロイオンス）		-							
金（国内評価額）		-							
通貨当局：その他負債		· · ·			· · ·	· · ·		· · ·	· · ·
預金通貨銀行：資産		14.47	8.80	8.61	6.93	10.29	14.07	18.48	26.04
預金通貨銀行：負債		· · ·			· · ·	· · ·		· · ·	· · ·
通貨当局	100万チャット（期末）								
対外資産		358.00	505.00	556.00	748.00	941.00	993.00	557.00	433.00
中央政府向け信用		139.00	134.00	144.00	156.00	160.00	148.00	385.00	633.00
預金通貨銀行向け信用		· · ·		· · ·	· · ·	· · ·		· · ·	· · ·
準備貨幣		410.00	504.00	412.00	450.00	488.00	576.00	670.00	848.00
内：預金通貨銀行以外の現金通貨		335.00	403.00	358.00	398.00	416.00	500.00	567.00	725.00
預金通貨銀行に対するその他負債		· · ·		· · ·	· · ·	· · ·		· · ·	· · ·
対外負債		· · ·		· · ·		· · ·		· · ·	· · ·
資本勘定		· · ·		· · ·		· · ·		· · ·	· · ·
その他（ネット）		· · ·		· · ·		· · ·		· · ·	· · ·
預金通貨銀行	100万チャット（期末）								
準備		· · ·	· · ·						
通貨当局に対するその他債権		· · ·	· · ·	· · ·	· · ·	· · ·		· · ·	· · ·
対外資産		48.00	42.00	41.00	33.00	49.00	67.00	88.00	124.00
中央政府向け信用（ネット）		8.00	19.00	27.00	31.00	22.00	62.00	155.00	289.00
地方公共団体向け信用		· · ·		· · ·		· · ·		· · ·	· · ·
非金融公的企業向け信用		· · ·		· · ·		· · ·		· · ·	· · ·
民間部門向け信用		72.00	59.00	130.00	159.00	178.00	161.00	212.00	216.00
要求払い預金		164.00	196.00	193.00	208.00	183.00	253.00	275.00	391.00
定期性預金，貯蓄性預金及び外貨預金		27.00	32.00	38.00	45.00	42.00	47.00	76.00	121.00
制限付き預金		· · ·		· · ·		· · ·		· · ·	· · ·
対外負債		· · ·		· · ·		· · ·		· · ·	· · ·
通貨当局からの信用		· · ·		· · ·		· · ·		· · ·	· · ·
資本勘定		· · ·		· · ·		· · ·		· · ·	· · ·
その他（ネット）		· · ·		· · ·		· · ·		· · ·	· · ·
マネタリー・サーベイ	100万チャット（期末）								
対外資産（ネット）		· · ·	547.00	597.00	781.00	990.00	1,060.00	645.00	557.00
国内信用		166.00	109.00	32.00	-76.00	-207.00	-127.00	452.00	886.00
中央政府向け信用（ネット）		94.00	50.00	-98.00	-235.00	-385.00	-288.00	240.00	670.00
地方公共団体向け信用		· · ·		· · ·		· · ·		· · ·	· · ·
非金融公的企業向け信用		· · ·		· · ·		· · ·		· · ·	· · ·
民間部門向け信用		72.00	59.00	130.00	159.00	178.00	161.00	212.00	216.00
現金・預金通貨		499.00	599.00	551.00	606.00	599.00	753.00	842.00	1,116.00
準通貨		27.00	32.00	38.00	45.00	42.00	47.00	76.00	121.00
制限付き預金		· · ·		· · ·		· · ·		· · ·	· · ·
資本勘定		· · ·		· · ·		· · ·		· · ·	· · ·
その他（ネット）		46.00	25.00	40.00	54.00	144.00	132.00	179.00	206.00
現金・預金通貨＋準通貨		526.00	631.00	589.00	651.00	641.00	800.00	918.00	1,237.00
金利	年率（%）								
ディスカウント・レート（期末）		· · ·	· · ·	· · ·	· · ·	· · ·	· · ·	· · ·	· · ·
預金金利		· · ·	· · ·	· · ·	· · ·	· · ·	· · ·	· · ·	· · ·
貸出金利		· · ·	· · ·	· · ·	· · ·	· · ·	· · ·	· · ·	· · ·
物価	指数（期中平均）								
消費者物価指数（2010年=100）		0.14	0.19	0.17	0.16	0.15	0.15	0.14	0.15
GDPデフレーター（2000年=100）		· · ·	· · ·	· · ·	· · ·	· · ·	· · ·	· · ·	· · ·

ミャンマー

1956	1957	1958	1959	1960	1961	1962	1963	1964	1965	1966
4.81	4.78	4.79	4.79	4.78	4.77	4.78	4.79	4.80	4.78	4.81
4.81	4.78	4.79	4.79	4.78	4.77	4.78	4.79	4.80	4.78	4.81
4.76	4.76	4.76	4.76	4.76	4.76	4.76	4.76	4.76	4.76	4.76
15.00	15.00	15.00	15.00	30.00	30.00	30.00	30.00	30.00	30.00	30.00
-	-	-	-	3.49	7.49	7.50	7.50	7.50	7.51	7.51
11.28	11.72	8.27	4.26	-	-	-	-	-	-	-
115.10	85.00	109.80	132.10	121.69	94.99	112.10	142.70	131.00	96.91	100.31
-	-	-	-	3.49	7.49	7.50	7.50	7.50	7.51	7.51
115.10	85.00	109.80	132.10	118.20	87.50	104.60	135.20	123.50	89.40	92.80
-	-	-	-	-	-	1.20	1.20	2.39	2.39	2.39
-	-	-	-	-	-	42.00	42.00	83.60	83.60	83.60
...	...	...	...	...	...	...	...	...	...	...
24.57	13.44	18.06	17.43	19.32	12.60	17.43	27.30	8.61	14.28	14.70
...	...	...	...	...	...	...	...	...	...	...
535.00	328.00	451.00	547.00	583.00	541.00	763.00	857.00	960.00	853.00	873.00
715.00	815.00	749.00	817.00	711.00	770.00	723.00	1,228.00	1,719.00	1,401.00	1,331.00
...	...	...	...	...	...	...	...	...	...	...
999.00	876.00	1,027.00	1,192.00	1,163.00	1,162.00	1,323.00	2,077.00	1,974.00	1,819.00	1,759.00
830.00	746.00	853.00	1,021.00	1,004.00	1,038.00	1,173.00	1,940.00	1,843.00	1,700.00	1,645.00
...	...	...	...	...	...	...	...	...	...	...
...	...	...	...	...	...	...	...	...	...	...
...	...	...	...	...	...	163.00	8.00	705.00	435.00	445.00
...	...	...	...	...	...	...	...	...	...	...
117.00	64.00	86.00	83.00	92.00	60.00	83.00	130.00	41.00	68.00	70.00
358.00	240.00	475.00	578.00	512.00	467.00	497.00	416.00	389.00	547.00	544.00
...	...	...	...	...	...	...	...	...	...	...
250.00	343.00	270.00	305.00	379.00	436.00	469.00	343.00	214.00	145.00	172.00
513.00	360.00	458.00	450.00	447.00	447.00	488.00	432.00	365.00	364.00	576.00
103.00	100.00	118.00	212.00	165.00	169.00	197.00	145.00	95.00	53.00	63.00
...	...	...	...	...	...	...	...	...	...	...
...	...	...	...	...	...	...	...	...	...	...
...	...	...	...	...	...	...	...	...	...	...
598.00	392.00	537.00	631.00	675.00	604.00	846.00	987.00	1,001.00	921.00	943.00
1,072.00	1,110.00	1,111.00	1,211.00	1,240.00	1,357.00	1,249.00	1,787.00	2,234.00	1,997.00	1,934.00
822.00	767.00	841.00	906.00	861.00	921.00	780.00	1,444.00	2,020.00	1,852.00	1,762.00
...	...	...	...	...	...	...	...	...	...	...
250.00	343.00	270.00	305.00	379.00	436.00	469.00	343.00	214.00	145.00	172.00
1,343.00	1,106.00	1,311.00	1,471.00	1,451.00	1,485.00	1,661.00	2,351.00	2,208.00	2,064.00	2,221.00
103.00	100.00	118.00	212.00	165.00	169.00	197.00	145.00	95.00	53.00	63.00
...	...	...	...	...	...	...	...	...	...	...
224.00	296.00	219.00	159.00	299.00	304.00	237.00	278.00	931.00	800.00	591.00
1,446.00	1,206.00	1,429.00	1,683.00	1,616.00	1,654.00	1,858.00	2,496.00	2,303.00	2,117.00	2,284.00
...	...	...	...	...	...	...	...	...	...	...
...	...	...	...	...	...	...	...	...	...	...
...	...	...	...	...	...	...	...	...	...	...
0.15	0.16	0.16	0.14	0.16	0.16	0.15	0.15	0.15	0.17	0.22
...	...	...	...	...	...	...	...	...	...	...

統　　計

ミャンマー（1948-2000年）

	1967	1968	1969	1970	1971	1972	1973	1974
為替レート	対SDRレート							
公定レート（期末）	4.80	4.81	4.79	4.80	5.94	5.87	5.87	5.89
	対ドル・レート							
公定レート（期末）	4.80	4.81	4.79	4.80	5.47	5.40	4.86	4.81
公定レート（期中平均）	4.76	4.76	4.76	4.76	4.76	5.46	4.93	4.86
IMFポジション	100万SDR（期末）							
クォータ	30.00	48.00	48.00	60.00	60.00	60.00	60.00	60.00
SDR	-	-	-	-	0.04	5.62	9.69	9.53
IMFリザーブポジション	0.02	0.02	0.02	-	-	-	-	-
内：IMF借入残高	・・・	・・・	・・・	・・・	・・・	・・・	・・・	・・・
IMFクレジット及び融資総残高	7.50	7.50	7.50	16.47	17.97	7.98	14.98	36.48
SDR配分額				8.06	14.48	20.84	20.84	20.84
国際流動性	100万米ドル（他に断りのない限り，期末）							
総準備（金を除く）	71.42	68.92	45.62	31.40	48.84	40.20	91.89	182.37
SDR	-	-	-	-	0.04	6.10	11.69	11.67
IMFリザーブポジション	0.02	0.02	0.02	-	-	-	-	-
外国為替	71.40	68.90	45.60	31.40	48.80	34.10	80.20	170.70
金（100万ファイントロイオンス）	2.39	2.39	2.39	1.79	0.62	0.32	0.20	0.20
金（国内評価額）	83.60	83.60	83.60	62.70	23.45	12.16	8.44	8.55
通貨当局：その他負債	・・・	・・・	・・・	5.27	2.32	6.67	7.01	10.10
預金通貨銀行：資産	35.28	28.56	11.55	-	-	-	-	-
預金通貨銀行：負債	3.57	31.50	35.91	68.73	62.82	91.50	138.83	157.65
通貨当局	100万チャット（期末）							
対外資産	734.00	720.00	610.00	477.20	441.89	365.86	541.34	1,065.83
中央政府向け信用	1,534.00	1,644.00	1,760.00	2,240.79	2,655.40	3,398.80	3,553.26	4,607.94
預金通貨銀行向け信用				242.20	117.00	162.10	309.10	105.60
準備貨幣	1,813.00	1,902.00	1,988.00	1,812.30	1,873.60	2,321.90	2,947.20	3,620.30
内：預金通貨銀行以外の現金通貨	1,719.00	1,742.00	1,844.00	1,742.00	1,786.00	2,222.00	2,840.00	3,647.00
預金通貨銀行に対するその他負債	・・・	・・・	・・・	-	-	-	-	-
対外負債	・・・	・・・	・・・	104.19	137.90	90.80	137.26	268.34
資本勘定	・・・	・・・	・・・	300.38	353.95	414.24	452.24	489.91
その他（ネット）	455.00	462.00	382.00	742.90	848.70	1,105.40	876.70	1,401.00
預金通貨銀行	100万チャット（期末）							
準備	・・・	・・・	・・・	-139.10	-161.50	817.40	1,271.90	1,173.20
通貨当局に対するその他債権	・・・	・・・	・・・	・・・	・・・	・・・	・・・	・・・
対外資産	168.00	136.00	55.00	・・・	・・・	・・・	・・・	・・・
中央政府向け信用（ネット）	463.00	589.00	654.00	490.60	402.20	482.20	360.00	581.70
地方公共団体向け信用	・・・	・・・	・・・	-	-	-	-	-
非金融公的企業向け信用	・・・	・・・	・・・	1.60	21.10	439.80	618.20	1,033.00
民間部門向け信用	155.00	179.00	217.00	482.40	487.60	684.80	772.50	579.80
要求払い預金	591.00	588.00	513.00	166.60	196.30	233.40	252.80	305.20
定期性預金，貯蓄性預金及び外貨預金	45.00	45.00	40.00	567.40	590.20	631.40	625.90	609.00
制限付き預金	・・・	・・・	・・・	-	-	-	-	-
対外負債	・・・	・・・	・・・	327.30	336.00	489.40	668.30	758.30
通貨当局からの信用	・・・	・・・	・・・	242.20	117.00	162.10	309.10	105.60
資本勘定	・・・	・・・	・・・	133.70	142.50	141.60	147.90	148.00
その他（ネット）	・・・	・・・	・・・	・・・	767.00	1,019.00	1,442.00	
マネタリー・サーベイ	100万チャット（期末）							
対外資産（ネット）	849.00	670.00	665.00	372.81	-32.01	-214.34	-264.22	39.20
国内信用	2,035.00	2,332.00	2,617.00	3,516.49	3,847.60	5,203.20	5,388.26	6,825.44
中央政府向け信用（ネット）	1,880.00	2,153.00	2,400.00	2,731.39	3,057.60	3,881.00	3,913.26	5,189.64
地方公共団体向け信用	・・・	・・・	・・・	-	-	-	-	-
非金融公的企業向け信用	・・・	・・・	・・・	302.70	302.40	637.40	702.50	1,056.00
民間部門向け信用	155.00	179.00	217.00	482.40	487.60	684.80	772.50	579.80
現金・預金通貨	2,310.00	2,330.00	2,357.00	1,936.90	2,029.90	2,493.60	3,142.90	3,997.00
準通貨	45.00	45.00	40.00	567.40	590.20	631.40	625.90	609.00
制限付き預金	・・・	・・・	・・・	-	-	-	-	-
資本勘定	・・・	・・・	・・・	434.08	496.45	555.84	600.14	637.91
その他（ネット）	529.00	627.00	741.00	950.92	699.04	1,308.02	755.11	1,620.73
現金・預金通貨＋準通貨	2,355.00	2,375.00	2,397.00	2,504.30	2,620.10	3,125.00	3,768.80	4,606.00
金利	年率（％）							
ディスカウント・レート（期末）	・・・	・・・	・・・	・・・	・・・	・・・	・・・	・・・
預金金利	0.75	0.75	0.75	0.75	0.75	0.75	0.75	・・・
貸出金利	・・・	・・・	・・・	・・・	・・・	・・・	・・・	・・・
物価	指数（期中平均）							
消費者物価指数（2010年=100）	0.22	0.23	0.22	0.21	0.21	0.23	0.28	0.36
GDPデフレーター（2000年=100）	・・・	・・・	・・・	・・・	・・・	・・・	・・・	・・・

ミャンマー

	1975	1976	1977	1978	1979	1980	1981	1982	1983	1984	1985
	7.74	7.74	8.51	8.51	8.51	8.51	8.51	8.51	8.51	8.51	8.51
	6.68	6.73	7.09	6.60	6.52	6.76	7.40	7.78	8.22	8.75	7.84
	6.38	6.71	7.07	6.80	6.59	6.54	7.22	7.71	7.96	8.30	8.47
	60.00	60.00	60.00	73.00	73.00	109.50	109.50	109.50	137.00	137.00	137.00
	8.03	7.60	7.48	2.88	4.68	5.39	2.36	1.09	0.15	0.07	0.02
							9.00	13.00	6.88	6.88	
	...	...	...	...	...	...					
	40.48	34.48	58.10	85.29	97.02	87.71	107.55	130.25	141.52	129.71	106.36
	20.84	20.84	20.84	20.84	28.43	36.03	43.47	43.47	43.47	43.47	43.47
	132.80	118.33	103.29	96.35	203.27	260.57	229.02	104.34	89.36	62.11	33.92
	9.40	8.83	9.09	3.75	6.17	6.87	2.75	1.20	0.16	0.07	0.02
							10.48	14.34	7.20	6.74	
	123.40	109.50	94.20	92.60	197.10	253.70	215.80	88.80	82.00	55.30	33.90
	0.20	0.20	0.23	0.24	0.25	0.25	0.25	0.25	0.25	0.25	0.25
	8.19	8.12	9.59	10.87	11.58	11.21	10.23	9.70	9.20	8.62	9.66
	9.34	9.56	16.96	57.14	50.56	53.17	48.38	43.82	46.10	42.68	68.37
		0.15	0.14	0.30	0.31	0.74	1.89	1.41	1.58	1.37	1.53
	135.23	151.80	167.34	158.57	309.58	393.80	515.61	514.69	605.00	604.95	795.59
	1,132.35	840.85	863.64	907.50	1,704.82	2,200.86	2,124.66	1,241.88	967.82	850.13	577.17
	5,378.00	5,500.40	5,083.04	3,882.77	2,845.54	1,122.68	-1,525.47	-3,549.33	-5,451.34	-7,877.57	-9,607.53
	190.60	181.00	621.00	3,165.00	4,933.00	7,012.00	12,273.00	13,554.00	17,887.00	21,846.00	28,533.00
	4,537.90	5,981.00	5,712.00	6,403.00	7,671.00	8,561.00	10,291.00	9,753.00	10,823.00	12,361.00	11,042.00
	4,448.00	4,945.00	5,146.00	5,783.00	6,448.00	7,289.00	8,410.00	9,045.00	10,165.00	11,768.00	10,504.00
	...	...	...	...	...	...	...	...	...	...	...
	378.43	667.95	1,318.97	1,108.08	1,984.20	1,266.30	1,200.15	1,295.29	1,540.48	1,428.91	1,439.05
	561.55	411.43	413.55	451.12	547.96	650.12	769.53	783.22	782.96	783.70	787.22
	1,564.20	-538.15	-876.36	-7.50	-720.18	-142.14	610.66	367.88	257.82	243.13	6,234.17
	923.00	1,466.00	1,029.00	1,097.00	2,334.00	2,419.00	2,740.00	1,290.00	1,196.00	1,055.00	879.00
	...	...	...	...	...	...	...	...	...	...	...
		10.00	10.00	11.00	11.00	14.00	14.00	11.00	13.00	12.00	12.00
	978.70	-298.00	2,406.00	2,796.00	2,421.00	1,496.00	2,539.00	3,020.00	2,906.00	3,530.00	2,322.00
				20.00	48.00	87.00	118.00	152.00	169.00	186.00	202.00
	1,150.70	117.00	758.00	2,855.00	5,274.00	8,489.00	13,025.00	17,843.00	22,798.00	28,241.00	32,903.00
	790.10	1,336.00	1,743.00	2,363.00	2,009.00	2,131.00	2,540.00	2,470.00	2,628.00	2,396.00	2,762.00
	387.80	442.00	439.00	515.00	555.00	611.00	696.00	751.00	894.00	1,002.00	1,040.00
	607.20	642.00	708.00	990.00	1,500.00	2,047.00	2,866.00	3,752.00	4,603.00	5,659.00	6,558.00
	...	...	...	...	...	...	...	...	...	...	...
	903.00	1,022.00	1,186.00	1,047.00	2,018.00	2,661.00	3,814.00	4,003.00	4,975.00	5,294.00	6,239.00
	190.60	181.00	621.00	3,165.00	4,933.00	7,012.00	12,273.00	13,554.00	17,887.00	21,846.00	28,533.00
	150.70	358.00	399.00	433.00	494.00	531.00	579.00	633.00	706.00	835.00	978.00
	1,603.00	-23.00	2,584.00	2,983.00	2,588.00	1,765.00	748.00	2,093.00	645.00	784.00	-4,268.00
	-149.08	-839.00	-1,631.00	-1,237.00	-2,286.00	-1,712.00	-2,875.00	-4,045.00	-5,535.00	-5,861.00	-7,089.00
	8,674.83	9,972.00	10,524.00	12,599.00	14,506.00	16,448.00	20,827.00	24,179.00	28,761.00	32,110.00	35,660.00
	6,698.23	6,108.40	7,685.04	7,452.77	5,421.54	4,070.68	2,965.53	535.67	229.00	-2,149.57	-3,230.00
	...	...	...	20.00	48.00	87.00	118.00	152.00	169.00	186.00	202.00
	1,186.50	127.00	765.00	2,860.00	5,276.00	8,490.00	13,026.00	17,844.00	22,799.00	28,241.00	32,903.00
	790.10	1,336.00	1,743.00	2,363.00	2,009.00	2,131.00	2,540.00	2,470.00	2,628.00	2,396.00	2,762.00
	4,858.50	5,397.00	5,592.00	6,298.00	7,003.00	7,900.00	9,112.00	9,803.00	11,067.00	12,777.00	11,551.00
	607.20	642.00	708.00	990.00	1,500.00	2,047.00	2,866.00	3,752.00	4,603.00	5,659.00	6,558.00
	...	...	...	...	...	...	...	...	...	...	...
	712.25	769.43	812.55	884.12	1,041.96	1,181.12	1,348.53	1,416.22	1,488.96	1,618.70	1,765.22
	2,347.80	2,325.00	1,780.00	3,190.00	2,674.00	3,607.00	4,625.00	5,162.00	6,067.00	6,195.00	8,697.00
	5,465.70	6,039.00	6,300.00	7,288.00	8,503.00	9,947.00	11,978.00	13,555.00	15,670.00	18,436.00	18,109.00
	...	...	...	...	...	...	...	...	...	...	...
	0.75	0.75	0.88	1.50	1.50	1.50	1.50	1.50	1.50	1.50	1.50
	...	6.00	6.33	8.00	8.00	8.00	8.00	8.00	8.00	8.00	8.00
	0.47	0.57	0.57	0.53	0.56	0.57	0.57	0.60	0.63	0.66	0.71
	...	2.87	2.74	2.97	3.16	3.20	3.34	3.46	3.53	3.62	3.67

統　　計

ミャンマー（1948-2000年）

	1986	1987	1988	1989	1990	1991	1992	1993
為替レート	対SDRレート							
公定レート（期末）	8.51	8.51	8.51	8.51	8.51	8.51	8.51	8.51
	対ドル・レート							
公定レート（期末）	7.04	6.11	6.41	6.49	6.08	6.01	6.24	6.25
公定レート（期中平均）	7.33	6.65	6.39	6.70	6.34	6.28	6.10	6.16
IMFポジション	100万SDR（期末）							
クォータ	137.00	137.00	137.00	137.00	137.00	137.00	184.90	184.90
SDR	-	0.10	0.10	0.44	0.56	0.13	0.01	0.21
IMFリザーブポジション	-	-	-	-	-	-	-	-
内：IMF借入残高	・・・	・・・	・・・	・・・	・・・	・・・	・・・	・・・
IMFクレジット及び融資総残高	67.97	28.90	7.97	2.03	0.20	-	-	-
SDR配分額	43.47	43.47	43.47	43.47	43.47	43.47	43.47	43.47
国際流動性	100万米ドル（他に断りのない限り，期末）							
総準備（金を除く）	33.10	27.24	77.43	263.38	312.80	258.39	280.11	302.92
SDR	-	0.14	0.13	0.58	0.80	0.19	0.01	0.28
IMFリザーブポジション	-	-	-	-	-	-	-	-
外国為替	33.10	27.10	77.30	262.80	312.00	258.20	280.10	302.64
金（100万ファイントロイオンス）	0.25	0.25	0.25	0.25	0.25	0.25	0.25	0.25
金（国内評価額）	10.75	12.47	11.83	11.55	12.51	12.58	12.09	12.08
通貨当局：その他負債	84.63	114.33	120.77	352.46	341.75	357.85	311.16	328.23
預金通貨銀行：資産	2.56	2.46	2.03	3.39	26.81	71.50	112.96	128.89
預金通貨銀行：負債	1,155.20	1,468.98	1,609.88	58.67	455.73	98.44	167.12	1,873.16
通貨当局	100万チャット（期末）							
対外資産	400.00	362.85	658.85	1,536.74	1,795.76	1,640.00	2,259.00	2,030.00
中央銀行向け信用	-5,949.24	-10,365.90	-10,650.50	42,740.30	51,811.00	60,870.00	74,710.00	91,399.00
預金通貨銀行向け信用	29,481.00	31,227.00	37,564.00	11,208.00	10,607.00	12,543.00	14,138.00	10,375.00
準備貨幣	15,627.00	8,718.00	15,319.00	42,281.00	51,387.00	50,358.00	65,698.00	79,275.00
内：預金通貨銀行以外の現金通貨	15,218.00	8,299.00	14,659.00	19,926.00	29,211.00	39,289.00	54,429.00	68,663.00
預金通貨銀行に対するその他負債	・・・	・・・	・・・	・・・	・・・	22,133.00	22,789.00	22,662.00
対外負債	1,182.96	1,004.00	841.00	2,416.27	2,079.70	2,148.00	1,942.00	2,050.00
資本勘定	786.02	787.54	786.59	786.64	635.96	634.00	666.00	787.00
その他（ネット）	6,336.00	10,712.90	10,624.90	10,000.70	10,110.80	-220.00	3.22	-969.12
預金通貨銀行	100万チャット（期末）							
準備	645.00	659.00	1,148.00	23,340.00	22,962.00	7,183.00	2,201.00	5,301.00
通貨当局に対するその他債権	・・・	・・・	・・・	・・・	・・・	22,133.00	22,798.00	22,662.00
対外資産	18.00	15.00	13.00	22.00	163.00			
中央政府向け信用（ネット）	1,951.00	-388.00	-365.00	-8,373.00	-10,240.00	5,605.00	3,367.00	2,751.00
地方公共団体向け信用	238.00	305.00	331.00	360.00	438.00	444.00	545.00	449.00
非金融公的企業向け信用	37,728.00	41,894.00	46,281.00	560.00	638.00	4,010.00	4,571.00	6,459.00
民間部門向け信用	3,009.00	2,998.00	2,801.00	3,262.00	7,208.00	12,406.00	19,173.00	23,076.00
要求払い預金	1,112.00	1,175.00	1,009.00	1,391.00	1,376.00	4,725.00	4,963.00	5,827.00
定期預金，貯蓄性預金及び外貨預金	7,447.00	8,446.00	7,615.00	9,467.00	11,789.00	13,939.00	18,120.00	24,024.00
制限付き預金	・・・	・・・	・・・	・・・	・・・	410.00	808.00	1,039.00
対外負債	8,132.00	8,975.00	10,320.00	10,538.00	12,472.00	10,234.00	10,355.00	10,759.00
通貨当局からの信用	29,481.00	31,227.00	37,564.00	11,208.00	10,607.00	24,506.00	22,327.00	27,281.00
資本勘定	1,152.00	1,347.00	1,638.00	2,000.00	2,106.00	1,830.00	2,074.00	2,402.00
その他（ネット）	-3,735.00	-5,687.00	-7,937.00	-15,394.00	-17,181.00	-3,865.00	-5,991.00	-10,657.00
マネタリー・サーベイ	100万チャット（期末）							
対外資産（ネット）	-8,897.00	-9,601.00	-10,489.00	-11,395.50	-12,592.90	-10,742.00	-10,038.00	-10,779.00
国内信用	46,552.00	46,481.00	52,606.00	38,549.00	49,855.00	83,335.00	102,366.00	124,134.00
中央政府向け信用（ネット）	1,365.76	-2,877.87	-1,639.47	34,367.30	41,571.00	66,475.00	78,077.00	94,150.00
地方公共団体向け信用	238.00	305.00	331.00	360.00	438.00	444.00	545.00	449.00
非金融公的企業向け信用	37,728.00	41,894.00	46,281.00	560.00	638.00	4,010.00	4,571.00	6,459.00
民間部門向け信用	3,009.00	2,998.00	2,801.00	3,262.00	7,208.00	12,406.00	19,173.00	23,076.00
現金・預金通貨	16,337.00	9,474.00	15,668.00	21,317.00	30,587.00	43,495.00	58,688.00	73,456.00
準通貨	7,447.00	8,446.00	7,615.00	9,467.00	11,789.00	13,939.00	18,120.00	24,024.00
制限付き預金	・・・	・・・	・・・	・・・	・・・	410.00	808.00	1,039.00
資本勘定	1,938.02	2,134.54	2,424.59	2,786.64	2,741.96	2,464.00	2,740.00	3,189.00
その他（ネット）	11,933.00	16,825.00	16,409.00	12,413.00	14,681.00	12,283.00	11,972.00	11,625.00
現金・預金通貨＋準通貨	23,784.00	17,920.00	23,283.00	30,784.00	42,376.00	57,434.00	76,808.00	97,480.00
金利	年率（％）							
ディスカウント・レート（期末）	・・・	・・・	・・・	・・・	・・・	11.00	11.00	11.00
預金金利	1.50	1.50	1.50	1.50	5.88	9.00	9.00	9.00
貸出金利	8.00	8.00	8.00	8.00	・・・	・・・	8.00	・・・
物価	指数（期中平均）							
消費者物価指数（2010年=100）	0.78	0.97	1.12	1.43	1.68	2.22	2.71	3.57
GDPデフレーター（2000年=100）	3.91	4.74	5.94	9.37	11.10	13.74	16.73	22.79

ミャンマー

1994	1995	1996	1997	1998	1999	2000
8.51	8.51	8.51	8.51	8.51	8.51	8.51
5.90	5.78	5.99	6.36	6.11	6.27	6.60
5.97	5.67	5.92	6.24	6.34	6.29	6.52
184.90	184.90	184.90	184.90	184.90	258.40	258.40
0.10	0.06	0.06	0.06	0.23	0.12	0.11
・・・	・・・	・・・	・・・	・・・	・・・	・・・
43.47	43.47	43.47	43.47	43.47	43.47	43.47
422.05	561.15	229.19	249.81	314.92	265.46	222.99
0.15	0.09	0.09	0.08	0.32	0.16	0.14
421.90	561.06	229.10	249.74	314.60	265.30	222.85
0.25	0.23	0.23	0.23	0.23	0.23	0.23
12.83	12.04	11.65	10.93	11.40	11.12	10.55
348.30	318.80	328.17	333.35	406.31	336.30	328.90
162.80	189.59	119.41	140.51	238.51	221.90	180.60
2,174.49	2,347.86	2,256.13	1,872.32	1,876.67	1,692.80	1,661.10
2,656.00	3,587.00	2,119.00	1,690.00	3,663.00	2,494.00	2,933.00
116,131.00	142,023.00	182,431.00	214,392.00	281,383.00	331,425.00	447,581.00
3,639.00	5,191.00	5,923.00	23,785.00	15,553.00	19,602.00	15,918.00
97,584.00	124,675.00	164,513.00	213,025.00	270,104.00	320,579.00	431,085.00
90,659.00	119,207.00	159,608.00	205,509.00	256,605.00	296,471.00	378,001.00
23,320.00	24,284.00	22,904.00	22,624.00	24,435.00	23,402.00	23,847.00
2,056.00	1,843.00	1,965.00	2,121.00	2,117.00	2,108.00	2,170.00
788.00	1,085.86	1,081.86	1,680.86	2,881.86	4,874.00	5,282.00
-1,317.00	-1,086.00	8.66	413.62	1,062.06	2,259.00	4,048.00
7,802.00	14,259.00	23,105.00	25,056.00	51,173.00	64,156.00	78,540.00
23,320.00	24,284.00	22,904.00	22,624.00	24,435.00	23,402.00	23,847.00
1.00	3.00	8.00	20.00	1.00	369.00	3.00
-727.00	-305.00	-2,402.00	2,314.00	-30,179.00	11,960.00	35,659.00
511.00	310.00	184.00	61.00	61.00		-
11,343.00	8,351.00	10,631.00	11,419.00	46,688.00	53,960.00	69,158.00
28,262.00	45,956.00	75,346.00	115,505.00	155,761.00	188,649.00	266,966.00
9,183.00	11,241.00	14,961.00	25,600.00	44,782.00	72,707.00	119,746.00
33,942.00	54,572.00	82,786.00	102,944.00	151,363.00	216,459.00	335,574.00
1,179.00	1,814.00	2,349.00	1,739.00	1,549.00	1,635.00	1,703.00
11,725.00	11,889.00	11,494.00	10,549.00	10,287.00	10,611.00	10,961.00
36,218.00	53,714.00	36,987.00	40,151.00	49,051.00	13,908.00	23,843.00
3,228.00	4,128.00	7,790.00	10,733.00	12,546.00	17,908.00	24,094.00
-24,961.00	-44,498.00	-26,592.00	-14,719.00	-21,643.00	9,268.00	-41,749.00
-11,124.00	-10,143.00	-11,332.00	-10,960.00	-8,740.00	-9,856.00	-10,195.00
155,520.00	196,335.00	266,191.00	343,689.00	453,714.00	585,994.00	819,364.00
115,404.00	141,718.00	180,029.00	216,704.00	251,204.00	343,385.00	483,240.00
511.00	310.00	184.00	61.00	61.00		-
11,343.00	8,351.00	10,631.00	11,419.00	46,688.00	53,960.00	69,158.00
28,262.00	45,956.00	75,346.00	115,505.00	155,761.00	188,649.00	266,966.00
98,288.00	125,957.00	167,971.00	219,983.00	282,087.00	345,765.00	464,968.00
33,942.00	54,572.00	82,786.00	102,944.00	151,363.00	216,459.00	335,574.00
1,179.00	1,814.00	2,349.00	1,739.00	1,549.00	1,635.00	1,703.00
4,016.00	5,213.00	8,871.00	12,413.00	15,428.00	22,782.00	29,376.00
6,977.00	-1,361.00	-7,120.00	-4,354.00	-5,457.00	-10,502.00	-22,453.00
132,230.00	180,529.00	250,757.00	322,927.00	433,450.00	562,224.00	800,542.00
11.00	12.50	15.00	15.00	15.00	12.00	10.00
9.00	9.75	12.50	12.50	12.50	11.00	9.75
16.50	16.50	16.50	16.50	16.50	16.13	15.25
4.43	5.55	6.45	8.37	12.68	15.01	14.99
27.82	33.28	40.94	54.73	74.40	91.27	100.00

統　計

ミャンマー（2001-2016年）

	2001	2002	2003	2004	2005	2006	2007	2008
為替レート	対SDRレート（期末）							
公定レート（期末）	8.51	8.51	8.51	8.51	8.51	8.51	8.51	8.51
	対ドル・レート							
公定レート（期末）	6.85	6.34	5.81	5.55	5.99	5.72	5.44	5.55
公定レート（期中平均）	6.75	6.64	6.14	5.81	5.82	5.84	5.62	5.44
IMFポジション	100万SDR（期末）							
クォータ	258.40	258.40	258.40	258.40	258.40	258.40	258.40	258.40
SDR	0.44	0.06	0.07	0.03	0.16	0.14	0.25	0.05
IMFリザーブポジション								
内：IMF借入残高	…	…	…	…	…	…	…	…
IMFクレジット及び融資総残高	-	-	-	-	-	-	-	-
SDR配分額	43.47	43.47	43.47	43.47	43.47	43.47	43.47	43.47
国際流動性	100万米ドル（他に断りのない限り，期末）							
総準備（金を除く）	400.46	469.99	550.22	672.13	770.73	1,235.61	3,088.88	3,717.46
SDR	0.56	0.08	0.10	0.05	0.23	0.21	0.39	0.08
IMFリザーブポジション								
外国為替	399.90	469.90	550.13	672.09	770.50	1,235.40	3,088.49	3,717.38
金（100万ファイントロイオンス）	0.23	0.23	0.23	0.23	0.23	0.23	0.23	0.23
金（国内評価額）	10.18	11.01	12.03	12.58	11.58	12.18	12.93	12.60
中央銀行：その他資産								
中央銀行：その他負債	221.41	251.98	265.81	268.68	575.51	590.55	540.47	540.55
中央銀行以外の預金取扱い機関：資産	401.31	603.83	548.22	503.04	852.84	1,543.56	2,658.87	3,557.90
中央銀行以外の預金取扱い機関：負債	1,660.03	1,784.64	2,097.50	2,164.02	2,143.61	2,342.22	2,611.14	2,713.78
中央銀行（ネット）	10億チャット（期末）							
対外資産（ネット）	-0.42	-0.58	-0.62	-0.80	-2.62	-2.56	-2.09	-2.23
非居住者向け信用	1.44	1.37	1.27	1.04	1.18	1.15	1.19	1.12
非居住者に対する負債	1.87	1.95	1.89	1.84	3.80	3.71	3.28	3.36
その他預金取扱い機関向け信用	21.58	38.73	93.95	55.28	11.17	7.21	10.90	23.93
中央政府向け信用（ネット）	675.04	892.58	1,262.59	1,686.34	2,165.15	2,762.63	3,534.69	3,880.76
中央政府向け信用	675.04	892.58	1,262.59	1,686.34	2,165.15	2,762.63	3,534.69	3,880.76
中央政府に対する負債								
その他部門向け信用								
その他金融機関向け信用								
地方自治体向け信用								
非金融公的企業向け信用								
民間部門向け信用								
マネタリーベース	653.72	882.04	1,289.02	1,666.06	2,074.45	2,655.17	3,393.76	3,708.08
流通通貨	551.76	793.62	1,164.21	1,457.42	1,834.04	2,278.13	2,852.87	3,137.67
その他預金取扱い機関に対する負債	101.96	88.42	124.80	208.64	240.41	377.04	540.89	570.42
その他部門に対する負債								
その他預金取扱い機関に対するその他負債	21.15	21.15	21.15	21.15	21.15	21.15	21.15	21.15
預金及び証券（マネタリーベース除外分）								
預金（広義流動性に含む）								
証券（広義流動性に含まれる株式以外）								
預金（広義流動性から除外されたもの）								
証券（広義流動性から除外される株式以外）								
貸出								
金融派生商品								
株式及びその他持ち分	24.36	31.47	50.22	59.00	86.09	99.85	139.16	185.35
その他（ネット）	-3.04	-3.93	-4.46	-5.38	-7.98	-8.90	-10.56	-12.12
注記項目：総資産	723.89	962.76	1,366.22	1,760.28	2,209.99	2,810.19	3,574.09	3,941.96
中央銀行以外の預金取扱い金融機関	10億チャット（期末）							
対外資産（ネット）	-8.52	-7.39	-8.87	-9.10	-7.68	-4.52	0.26	4.66
非居住者向け信用	2.72	3.78	3.14	2.76	5.08	8.73	14.32	19.65
非居住者に対する負債	11.24	11.17	12.01	11.86	12.76	13.25	14.06	14.99
中央銀行に対する債権	148.30	139.41	149.88	395.97	304.13	419.30	778.00	810.57
現金通貨	57.21	75.00	61.30	109.84	90.35	125.19	156.21	215.02
準備預金及び証券	69.95	43.26	67.44	264.98	192.67	272.96	600.64	574.41
その他債権	21.15	21.15	21.15	21.15	21.11	21.15	21.15	21.15
中央政府向け信用（ネット）	37.55	37.16	32.27	80.52	87.53	174.06	371.78	604.22
中央政府向け信用	113.55	112.02	93.81	119.23	82.84	117.39	183.80	506.34
中央政府に対する負債	76.00	74.86	61.54	38.71	-4.68	-56.67	-187.98	-97.87
その他部門向け信用	464.46	654.96	372.73	462.16	581.01	661.85	807.06	922.77
その他金融機関向け信用	1.72	3.88	0.99	2.27	4.55	4.06	3.75	5.50
地方自治体向け信用								
非金融公的企業向け信用	72.33	69.16	55.70	29.53	4.26	4.38	4.34	4.87
民間部門向け信用	390.41	581.92	316.05	430.36	572.20	653.41	798.97	912.40
中央銀行に対する負債	15.61	44.26	96.70	48.22	7.75	1.92	4.20	17.10
通貨預金（広義流動性に含む）	200.89	282.76	72.46	124.17	188.04	292.65	484.45	462.74
その他預金（広義流動性に含む）	458.51	563.23	400.71	610.11	718.65	928.64	1,202.73	1,651.31
証券（広義流動性に含まれる株式以外）								
預金（広義流動性から除外されたもの）	0.03	0.02	0.02	0.02	0.02	0.02	0.02	0.02
証券（広義流動性から除外される株式以外）								
貸出								
金融派生商品								
保険契約準備金								
株式及びその他持ち分	33.38	49.14	68.17	77.40	71.41	80.17	86.89	103.65
その他（ネット）	-66.63	-115.28	-92.05	69.63	-20.89	-52.71	178.80	107.40
注記項目：総資産	936.66	1,190.27	894.42	1,200.12	1,158.37	1,517.54	1,920.46	2,601.70

ミャンマー

2009	2010	2011	2012	2013	2014	2015	2016
8.51	8.51	8.51	1,314.07	1,521.52	1,494.45	1,806.99	1,824.93
5.50	5.58	5.62	855.00	988.00	1,031.50	1,304.00	1,357.50
5.58	5.63	5.44	640.65	933.57	984.35	1,162.62	1,234.87
258.40	258.40	258.40	258.40	258.40	258.40	258.40	516.80
72.27	1.68	0.62	0.31	1.13	1.90	1.77	1.63
...	-	-	-	-	-	-	-
245.76	245.76	245.76	245.76	245.76	245.76	245.76	245.76
5,251.69	5,716.86	7,003.91	6,964.02	8,554.06	2,011.73	3,805.94	4,618.59
113.29	2.59	0.96	0.48	1.74	2.75	2.46	2.19
5,138.40	5,714.27	7,002.95	6,963.54	8,552.32	2,008.98	3,803.48	4,616.40
0.23	0.23	0.23	0.23	0.23	0.23	0.23	0.23
12.82	12.60	12.56	12.57	12.60	11.85	11.33	11.00
-	-	-	-	-	-	7.36	7.06
481.07	533.94	452.87	722.61	468.35	326.44	1.23	0.79
4,457.20	4,873.78	8,428.55	5,947.85	5,765.25	6,236.31	6,281.30	4,561.74
3,100.94	3,266.50	3,774.58	881.30	3,214.97	2,986.15	2,756.12	2,376.44
-1.77	-2.16	-1.58	1,203.54	3,074.35	4,126.56	5,826.38	6,496.31
2.93	2.88	3.08	2,144.31	3,910.15	4,826.80	6,273.78	6,948.35
4.70	5.04	4.66	940.77	835.81	700.24	447.40	452.05
12.54	20.88	42.44	677.36	909.48	819.79	673.14	701.69
4,892.47	6,021.41	6,983.13	6,759.25	7,162.66	7,157.17	10,061.90	11,339.30
4,892.47	6,021.41	6,983.13	6,759.25	7,163.34	7,167.06	10,322.20	11,771.90
-	-	-	-	0.68	9.89	260.29	432.61
4,665.75	5,700.62	6,671.84	8,366.59	10,050.00	10,472.00	13,693.30	15,242.40
3,812.74	4,712.31	5,600.84	6,652.06	7,988.11	9,054.10	11,173.80	11,686.70
853.01	988.32	1,071.00	1,714.53	2,061.88	1,417.81	2,519.48	3,555.63
-	-	-	-	0.02	0.05	0.05	0.08
21.15	21.15	-	43.73	50.00	180.10	280.00	193.30
228.76	308.86	379.92	969.03	1,498.69	1,903.28	2,682.61	3,193.17
-12.41	9.50	-27.76	-739.21	-452.22	-451.81	-94.53	-91.56
4,923.74	6,068.14	7,071.19	10,014.70	12,082.50	12,924.70	17,398.10	19,558.40
7.36	8.88	26.13	4,331.90	2,517.13	3,334.67	4,614.45	2,982.94
24.19	26.93	47.33	5,085.41	5,690.31	6,398.46	8,222.22	6,226.77
16.83	18.05	21.20	753.51	3,173.17	3,063.79	3,607.77	3,243.84
950.05	1,188.89	1,430.47	15,510.80	18,941.90	19,641.80	4,982.83	5,566.97
244.18	433.38	468.23	795.30	1,038.93	1,431.32	1,781.36	2,084.93
684.72	734.37	962.23	14,493.50	16,869.50	16,216.60	3,042.26	3,405.84
21.15	21.15	-	222.01	1,033.52	1,993.84	159.21	76.20
1,095.86	2,105.65	2,671.37	-2,477.95	-591.00	-831.30	-1,115.03	706.05
988.60	1,716.78	2,103.32	4,247.15	9,208.23	12,964.90	13,587.30	15,772.70
-107.27	-388.87	-568.05	6,725.11	9,799.23	13,796.20	14,702.30	15,066.70
1,184.12	1,903.15	3,131.69	7,364.32	8,947.51	12,559.40	15,243.00	19,283.90
2.27	2.08	2.20	1.70	0.01	0.01	21.29	70.45
-	-	-	142.25	477.61	1,031.18	1,178.43	937.54
4.99	4.94	5.21	2,448.00	1,022.05	1,388.30	886.74	749.12
1,176.86	1,896.14	3,124.28	4,772.37	7,447.84	10,139.90	13,156.60	17,526.80
5.85	16.07	50.40	13,407.30	16,248.50	17,377.20	-	-
630.61	1,269.95	1,556.02	1,878.58	2,660.85	3,295.26	5,003.49	4,894.58
2,380.64	3,827.33	5,542.64	8,497.11	11,723.50	14,886.30	19,323.30	25,106.50
0.02	0.02	0.02	0.02	0.03	0.06	0.01	0.46
123.98	214.44	333.81	2,319.14	1,025.20	1,260.71	2,801.07	3,820.43
96.29	-121.24	-223.22	-1,373.13	-1,842.49	-2,114.93	-3,402.64	-5,282.15
3,589.89	5,708.52	7,910.99	35,182.80	48,106.90	58,501.60	53,018.70	65,416.80

統　計

ミャンマー（2001-2016年）

	2001	2002	2003	2004	2005	2006	2007	2008
預金取扱い金融機関	10億チャット（期末）							
対外資産（ネット）	-8.95	-7.97	-9.49	-9.90	-10.30	-7.08	-1.83	2.43
非居住者向け信用	4.16	5.14	4.41	3.80	6.25	9.88	15.51	20.78
非居住者に対する負債	13.11	13.12	13.90	13.70	16.56	16.96	17.34	18.35
国内信用	1,177.05	1,584.70	1,667.59	2,229.02	2,833.69	3,598.53	4,713.53	5,407.75
中央政府向け信用（ネット）	712.59	929.74	1,294.85	1,766.86	2,252.68	2,936.69	3,906.47	4,484.98
中央政府向け信用	788.59	1,004.60	1,356.39	1,805.57	2,248.00	2,880.02	3,718.48	4,387.11
中央政府に対する負債	76.00	74.86	61.54	38.71	-4.68	-56.67	-187.98	-97.87
その他部門向け信用	464.46	654.96	372.73	462.16	581.01	661.85	807.06	922.77
その他金融機関向け信用	1.72	3.88	0.99	2.27	4.55	4.06	3.75	5.50
地方自治体向け信用	-	-	-	-	-	-	-	-
非金融公的企業向け信用	72.33	69.16	55.70	29.53	4.26	4.38	4.34	4.87
民間部門向け信用	390.41	581.92	316.05	430.36	572.20	653.41	798.97	912.40
広義流動性負債	1,153.96	1,564.61	1,576.08	2,081.86	2,650.39	3,374.24	4,383.84	5,036.69
預金取扱い金融機関以外の通貨	494.56	718.62	1,102.92	1,347.58	1,743.69	2,152.94	2,696.66	2,922.65
通貨性預金	200.89	282.76	72.46	124.17	188.04	292.65	484.45	462.74
その他預金	458.51	563.23	400.71	610.11	718.65	928.64	1,202.73	1,651.31
証券（株式を除く）	-	-	-	-	-	-	-	-
預金（広義流動性から除外されたもの）	0.03	0.02	0.02	0.02	0.02	0.02	0.02	0.02
証券（広義流動性に含まれる株式以外）	-	-	-	-	-	-	-	-
貸出	-	-	-	-	-	-	-	-
金融派生商品	-	-	-	-	-	-	-	-
保険契約準備金	-	-	-	-	-	-	-	-
株式及びその他持ち分	57.74	80.62	118.39	136.40	157.50	180.02	226.05	289.00
その他（ネット）	-43.62	-68.52	-36.40	0.84	15.48	37.18	101.78	84.47
広義流動性負債（季節調整値）	1,151.37	1,562.50	1,575.95	2,083.82	2,654.39	3,376.65	4,378.01	5,019.79
広義流動性	1,153.96	1,564.61	1,576.08	2,081.86	2,650.39	3,374.24	4,383.84	5,036.69
貨幣集計量（国内定義）	10億チャット（期末）							
準備貨幣	653.72	882.04	1,289.02	1,666.06	2,074.45	2,655.17	3,393.76	3,708.08
狭義貨幣	・・・	・・・	・・・	・・・	・・・	・・・	・・・	・・・
広義流動性	1,153.96	1,564.61	1,576.08	2,081.86	2,650.39	3,374.24	4,383.84	5,036.69
金利	年率（%）							
ディスカウント・レート（期末）	10.00	10.00	10.00	10.00	10.00	12.00	12.00	12.00
預金金利	9.50	9.50	9.50	9.50	9.50	11.38	12.00	12.00
貸出金利	15.00	15.00	15.00	15.00	15.00	16.08	17.00	17.00
政府債利回り	・・・	・・・	・・・	・・・	・・・	・・・	・・・	・・・
物価	指数（期中平均）							
消費者物価指数（2010年=100）	18.15	28.52	38.95	40.72	44.53	53.44	72.15	91.49
GDPデフレーター（2000年=100）	126.48	176.63	213.87	・・・	・・・	・・・	・・・	・・・

402

ミャンマー

2009	2010	2011	2012	2013	2014	2015	2016
5.59	6.72	24.55	5,535.44	5,591.48	7,461.23	10,440.80	9,479.25
27.12	29.80	50.41	7,229.72	9,600.46	11,225.30	14,496.00	13,175.10
21.53	23.09	25.86	1,694.28	4,008.98	3,764.03	4,055.17	3,695.88
7,172.45	10,030.20	12,786.20	11,645.60	15,519.20	18,885.30	24,189.90	31,329.30
5,988.33	8,127.06	9,654.51	4,281.29	6,571.65	6,325.87	8,946.87	12,045.40
5,881.06	7,738.19	9,086.46	11,006.40	16,371.60	20,132.00	23,909.50	27,544.70
-107.27	-388.87	-568.05	6,725.11	9,799.91	13,806.10	14,962.60	15,499.30
1,184.12	1,903.15	3,131.69	7,364.32	8,947.51	12,559.40	15,243.00	19,283.90
2.27	2.08	2.20	1.70	0.01	0.01	21.29	70.45
-	-	-	142.25	477.61	1,031.18	1,178.43	937.54
4.99	4.94	5.21	2,448.00	1,022.05	1,388.30	886.74	749.12
1,176.86	1,896.14	3,124.28	4,772.37	7,447.84	10,139.90	13,156.60	17,526.80
6,579.81	9,376.21	12,231.30	16,232.50	21,333.50	25,804.40	33,719.30	39,603.00
3,568.55	4,278.93	5,132.60	5,856.76	6,949.18	7,622.78	9,392.45	9,601.78
630.61	1,269.95	1,556.02	1,878.59	2,660.87	3,295.30	5,003.53	4,894.66
2,380.64	3,827.33	5,542.64	8,497.11	11,723.50	14,886.30	19,323.30	25,106.50
0.02	0.02	0.02	0.02	0.03	0.06	0.01	0.46
-	-	-	-	-	-	-	-
-	-	-	-	-	-	-	-
352.74	523.30	713.73	3,288.17	2,523.89	3,163.99	5,483.68	7,013.60
245.48	137.40	-134.25	-2,339.59	-2,746.81	-2,621.90	-4,572.29	-5,808.51
6,552.72	9,348.10	12,221.50	16,268.20	21,430.50	25,973.50	33,955.80	39,882.50
6,579.81	9,376.21	12,231.30	16,232.50	21,333.50	25,804.40	33,719.30	39,603.00
4,665.75	5,700.62	6,671.84	8,366.59	10,050.00	10,472.00	13,693.30	15,242.40
・・・	・・・	・・・	7,735.35	9,610.04	10,918.10	14,396.00	14,496.40
6,579.81	9,376.21	12,231.30	16,232.50	21,333.50	25,804.40	33,719.30	39,603.00
12.00	12.00	12.00	10.00	10.00	10.00	10.00	10.00
12.00	12.00	11.33	8.00	8.00	8.00	8.00	8.00
17.00	17.00	16.33	13.00	13.00	13.00	13.00	13.00
・・・	11.50	11.50	9.50	9.50	9.50	9.50	9.50
92.83	100.00	105.02	106.56	112.45	118.61	129.86	138.90
・・・	・・・	・・・	・・・	・・・	・・・	・・・	・・・

統　　計

モンゴル（1948-2000年）

		1948	1949	1950	1951	1952	1953	1954	1955
為替レート	対SDRレート								
市場レート（期末）		…	…	…	…	…	…	…	…
	対ドル・レート								
市場レート（期末）		…	…	…	…	…	…	…	…
市場レート（期中平均）		…	…	…	…	…	…	…	…
IMFポジション	100万SDR（期末）								
クォータ		-	-	-	-	-	-	-	-
SDR		-	-	-	-	-	-	-	-
IMFリザーブポジション		-	-	-	-	-	-	-	-
内：IMF借入残高		-	-	-	-	-	-	-	-
IMFクレジット及び融資総残高		-	-	-	-	-	-	-	-
SDR配分額		-	-	-	-	-	-	-	-
国際流動性	100万米ドル（他に断りのない限り，期末）								
総準備（金を除く）		-	-	…	…	-	-	-	…
SDR		-	-	-	-	-	-	-	-
IMFリザーブポジション		-	-	-	-	-	-	-	-
外国為替		…	…	…	…	…	…	…	…
金（100万ファイントロイオンス）		…	…	…	…	…	…	…	…
金（国内評価額）		…	…	…	…	…	…	…	…
預金通貨銀行：資産		…	…	…	…	…	…	…	…
預金通貨銀行：負債		…	…	…	…	…	…	…	…
通貨当局	100万トグログ（期末）								
対外資産		…	…	…	…	…	…	…	…
中央政府向け信用		…	…	…	…	…	…	…	…
預金通貨銀行向け信用		…	…	…	…	…	…	…	…
準備貨幣		…	…	…	…	…	…	…	…
内：預金通貨銀行以外の現金通貨		…	…	…	…	…	…	…	…
中央銀行負債：証券		…	…	…	…	…	…	…	…
対外負債		…	…	…	…	…	…	…	…
中央政府預金		…	…	…	…	…	…	…	…
資本勘定		…	…	…	…	…	…	…	…
その他（ネット）		…	…	…	…	…	…	…	…
預金通貨銀行	100万トグログ（期末）								
準備		…	…	…	…	…	…	…	…
預金通貨銀行に対する債権		…	…	…	…	…	…	…	…
対外資産		…	…	…	…	…	…	…	…
中央政府向け信用		…	…	…	…	…	…	…	…
非金融公的企業向け信用		…	…	…	…	…	…	…	…
民間部門向け信用		…	…	…	…	…	…	…	…
要求払い預金		…	…	…	…	…	…	…	…
定期性預金，貯蓄性預金及び外貨預金		…	…	…	…	…	…	…	…
短期金融市場商品		…	…	…	…	…	…	…	…
制限付き預金		…	…	…	…	…	…	…	…
対外負債		…	…	…	…	…	…	…	…
中央政府預金		…	…	…	…	…	…	…	…
中央銀行からの信用		…	…	…	…	…	…	…	…
資本勘定		…	…	…	…	…	…	…	…
その他（ネット）		…	…	…	…	…	…	…	…
マネタリー・サーベイ	100万トグログ（期末）								
対外資産（ネット）		…	…	…	…	…	…	…	…
国内信用		…	…	…	…	…	…	…	…
中央政府向け信用（ネット）		…	…	…	…	…	…	…	…
非金融公的企業向け信用		…	…	…	…	…	…	…	…
民間部門向け信用		…	…	…	…	…	…	…	…
現金・預金通貨		…	…	…	…	…	…	…	…
準通貨		…	…	…	…	…	…	…	…
短期金融市場商品		…	…	…	…	…	…	…	…
中央銀行負債：証券		…	…	…	…	…	…	…	…
制限付き預金		…	…	…	…	…	…	…	…
資本勘定		…	…	…	…	…	…	…	…
その他（ネット）		…	…	…	…	…	…	…	…
現金・預金通貨（季節調整値）		…	…	…	…	…	…	…	…
現金・預金通貨＋準通貨		…	…	…	…	…	…	…	…
金利	年率（%）								
公定歩合		…	…	…	…	…	…	…	…
預金金利		…	…	…	…	…	…	…	…
貸出金利		…	…	…	…	…	…	…	…
物価	指数（2010年=100，期中平均）								
消費者物価指数		…	…	…	…	…	…	…	…
GDPデフレーター		…	…	…	…	…	…	…	…

モンゴル

1956	1957	1958	1959	1960	1961	1962	1963	1964	1965	1966

統　　計

モンゴル（1948-2000年）

	1967	1968	1969	1970	1971	1972	1973	1974
為替レート	対SDRレート							
市場レート（期末）		...	...	...	...	...	...	...
	対ドル・レート							
市場レート（期末）	...	...	...	...	...	...	...	...
市場レート（期中平均）	...	...	...	...	...	...	...	...
IMFポジション	100万SDR（期末）							
クォータ	-	-	-	-	-	-	-	-
SDR	-	-	-	-	-	-	-	-
IMFリザーブポジション	-	-	-	-	-	-	-	-
内：IMF借入残高	-	-	-	-	-	-	-	-
IMFクレジット及び融資総残高	-	-	-	-	-	-	-	-
SDR配分額	-	-	-	-	-	-	-	-
国際流動性	100万米ドル（他に断りのない限り，期末）							
総準備（金を除く）	-	-	-	...	-	-	-	...
SDR	-	-	-	-	-	-	-	-
IMFリザーブポジション	-	-	-	-	-	-	-	-
外国為替	...	...	...	...	...	...	...	...
金（100万ファイントロイオンス）	...	...	...	...	...	...	...	...
金（国内評価額）	...	...	...	...	...	...	...	...
預金通貨銀行：資産	...	...	...	...	...	...	...	...
預金通貨銀行：負債	...	...	...	...	...	...	...	...
通貨当局	100万トグログ（期末）							
対外資産	...	...	...	...	...	...	...	...
中央政府向け信用	...	...	...	...	...	...	...	...
預金通貨銀行向け信用	...	...	...	...	...	...	...	...
準備貨幣	...	...	...	...	...	...	...	...
内：預金通貨銀行以外の現金通貨	...	...	...	...	...	...	...	...
中央銀行負債：証券	...	...	...	...	...	...	...	...
対外負債	...	...	...	...	...	...	...	...
中央政府預金	...	...	...	...	...	...	...	...
資本勘定	...	...	...	...	...	...	...	...
その他（ネット）	...	...	...	...	...	...	...	...
預金通貨銀行	100万トグログ（期末）							
準備	...	...	...	...	...	...	...	...
預金通貨銀行に対する債権	...	...	...	...	...	...	...	...
対外資産	...	...	...	...	...	...	...	...
中央政府向け信用	...	...	...	...	...	...	...	...
非金融公的企業向け信用	...	...	...	...	...	...	...	...
民間部門向け信用	...	...	...	...	...	...	...	...
要求払い預金	...	...	...	...	...	...	...	...
定期性預金，貯蓄預金及び外貨預金	...	...	...	...	...	...	...	...
短期金融市場商品	...	...	...	...	...	...	...	...
制限付き預金	...	...	...	...	...	...	...	...
対外負債	...	...	...	...	...	...	...	...
中央政府預金	...	...	...	...	...	...	...	...
中央銀行からの信用	...	...	...	...	...	...	...	...
資本勘定	...	...	...	...	...	...	...	...
その他（ネット）	...	...	...	...	...	...	...	...
マネタリー・サーベイ	100万トグログ（期末）							
対外資産（ネット）	...	...	...	...	...	...	...	...
国内信用	...	...	...	...	...	...	...	...
中央政府向け信用（ネット）	...	...	...	...	...	...	...	...
非金融公的企業向け信用	...	...	...	...	...	...	...	...
民間部門向け信用	...	...	...	...	...	...	...	...
現金・預金通貨	...	...	...	...	...	...	...	...
準通貨	...	...	...	...	...	...	...	...
短期金融市場商品	...	...	...	...	...	...	...	...
中央銀行負債：証券	...	...	...	...	...	...	...	...
制限付き預金	...	...	...	...	...	...	...	...
資本勘定	...	...	...	...	...	...	...	...
その他（ネット）	...	...	...	...	...	...	...	...
現金・預金通貨（季節調整値）	...	...	...	...	...	...	...	...
現金・預金通貨＋準通貨	...	...	...	...	...	...	...	...
金利	年率（％）							
公定歩合	...	...	...	...	...	...	...	...
預金金利	...	...	...	...	...	...	...	...
貸出金利	...	...	...	...	...	...	...	...
物価	指数（2010年=100，期中平均）							
消費者物価指数	...	...	...	...	...	...	...	...
GDPデフレーター	...	...	...	...	...	...	...	...

モンゴル

1975	1976	1977	1978	1979	1980	1981	1982	1983	1984	1985
...	...	...	...	...	...	...	...	...	...	...
...	...	...	...	...	...	...	...	...	...	...
...	...	...	...	...	...	...	...	...	...	...
-	-	-	-	-	-		-		-	-
...	...	...	...	...	...	...	-	...	-	...
-		-		-	-					-
...		...	...	...	...	...	...	...	...	...
...		...		-	-		-	-		
...	...	...	...	...	0.04	0.05	0.04	0.04	0.04	0.05
...	...	...	...	...	11.00	12.60	13.10	13.50	12.90	18.00
...	...	...	...	...	...	...	...	...	...	...
...	...	...	...	...	...	...	...	...	...	...
...	...	...	...	...	...	...	...	...	...	...
...	...	...	...	...	...	...	...	...	...	...
...	...	...	...	...	...	...	...	...	...	...
...	...	...	...	...	...	...	...	...	...	...
...	...	...	...	...	...	...	...	...	...	...
...	...	...	...	...	...	...	...	...	...	...
...	...	...	...	...	...	...	...	...	...	...
...	...	...	...	...	...	...	...	...	...	...
...	...	...	...	...	...	...	...	...	...	...
...	...	...	...	...	...	...	...	...	...	...
...	...	...	...	...	...	...	...	...	...	...
...	...	...	...	...	...	...	...	...	...	...
...	...	...	...	...	...	...	...	...	...	...
...	...	...	...	...	...	...	...	...	...	...
...	...	...	...	...	...	...	...	...	...	...
...	...	...	...	...	...	...	...	...	...	...
...	...	...	...	...	...	...	...	...	...	...
...	...	...	...	...	...	...	...	...	...	...
...	...	...	...	...	...	...	...	...	...	...
...	...	...	...	...	...	...	...	...	...	...
...	...	...	...	...	...	...	...	...	...	...
...	...	...	...	...	...	...	...	...	...	...
...	...	...	...	...	...	...	...	...	...	...
...	...	...	...	...	...	...	...	...	...	...
...	...	...	...	...	...	...	...	...	...	...
...	...	...	...	...	...	...	...	...	...	...
...	...	...	...	...	...	...	...	...	...	...
...	...	...	...	...	...	...	...	...	...	...
...	...	...	...	...	...	...	...	...	...	...
...	...	...	...	...	...	...	...	...	...	...
...	...	...	...	...	...	...	...	...	...	...
...	...	...	...	...	...	...	...	...	...	...
...	...	...	...	...	...	...	...	...	...	...
...	...	...	...	...	...	...	...	...	...	...
...	...	...	...	...	...	...	...	...	...	...
...	...	...	...	...	0.43	0.47	0.48	0.45	0.44	0.44

モンゴル（1948-2000年）

	1986	1987	1988	1989	1990	1991	1992	1993
為替レート	対SDRレート							
市場レート（期末）	・・・	・・・	・・・	・・・	7.58	21.46	55.00	544.63
	対ドル・レート							
市場レート（期末）	・・・	・・・	・・・	・・・	5.33	15.00	40.00	396.51
市場レート（期中平均）	・・・	・・・	・・・	・・・		8.01	35.83	295.01
IMFポジション	100万SDR（期末）							
クォータ	-			-		25.00	37.10	37.10
SDR	-			-		0.03	0.01	0.02
IMFリザーブポジション	-			-			0.01	0.01
内：IMF借入残高	・・・	・・・		・・・		・・・	・・・	・・・
IMFクレジット及び融資総残高	-			-		11.25	13.75	23.03
SDR配分額	-			-				
国際流動性	100万米ドル（他に断りのない限り，期末）							
総準備（金を除く）	・・・	・・・		・・・		・・・	16.35	59.74
SDR	-			-		0.04	0.01	0.03
IMFリザーブポジション	-			-			0.01	0.01
外国為替	・・・	・・・		・・・		・・・	16.33	59.70
金（100万ファイントロイオンス）	0.03	0.03	0.03	0.03	0.04	0.14	0.02	0.02
金（国内評価額）	18.00	18.50	19.70	19.00	22.90	49.70	24.20	5.31
預金通貨銀行：資産	・・・	・・・		・・・		81.59	19.90	41.17
預金通貨銀行：負債	・・・	・・・		・・・		169.52	62.02	11.67
通貨当局	100万トグログ（期末）							
対外資産	・・・	・・・		・・・		1,990.53	1,033.00	25,630.00
中央政府向け信用	・・・	・・・		・・・		714.49	1,985.00	7,477.23
預金通貨銀行向け信用	・・・	・・・		・・・		1,528.50	6,152.72	6,637.30
準備貨幣	・・・	・・・		・・・		2,068.15	5,015.00	14,266.00
内：預金通貨銀行以外の現金通貨	・・・	・・・		・・・		1,694.00	1,839.00	8,751.00
中央銀行負債：証券	・・・	・・・		・・・				1,500.00
対外負債	・・・	・・・		・・・		644.76	2,000.28	22,899.10
中央政府預金	・・・	・・・		・・・		784.40	1,201.85	579.60
資本勘定	・・・	・・・		・・・		3,285.44	3,700.00	2,980.00
その他（ネット）	・・・	・・・		・・・		-2,548.00	-2,747.00	-2,481.00
預金通貨銀行	100万トグログ（期末）							
準備	・・・	・・・		・・・		345.46	3,023.47	5,690.28
預金通貨銀行に対する債権	・・・	・・・		・・・		-		1,500.00
対外資産	・・・	・・・		・・・		3,214.63	2,090.58	16,325.10
中央政府向け信用	・・・	・・・		・・・		1,358.19	2,793.20	512.98
非金融公的企業向け信用	・・・	・・・		・・・		9,501.12	11,789.00	16,938.30
民間部門向け信用	・・・	・・・		・・・		3,350.93	7,339.76	14,675.00
要求払い預金	・・・	・・・		・・・		5,592.08	5,789.78	9,756.23
定期性預金，貯蓄預金及び外貨預金	・・・	・・・		・・・		2,601.06	5,412.06	24,215.80
短期金融市場商品	・・・	・・・		・・・				-
制限付き預金								
対外負債	・・・	・・・		・・・		6,679.14	6,516.64	4,628.83
中央政府預金	・・・	・・・		・・・		1,186.31	1,949.79	7,497.71
中央銀行からの信用	・・・	・・・		・・・		1,522.60	6,287.63	5,390.86
資本勘定	・・・	・・・		・・・		2,139.05	3,782.28	11,459.60
その他（ネット）	・・・	・・・		・・・		-1,949.92	-2,702.18	-7,307.00
マネタリー・サーベイ	100万トグログ（期末）							
対外資産（ネット）	・・・	・・・		・・・		-2,118.74	-5,394.00	14,427.00
国内信用	・・・	・・・		・・・		12,956.80	20,756.60	31,535.40
中央政府向け信用（ネット）	・・・	・・・		・・・		101.96	1,626.53	-87.10
非金融公的企業向け信用	・・・	・・・		・・・		9,501.12	11,789.00	16,938.30
民間部門向け信用	・・・	・・・		・・・		3,353.74	7,341.06	14,684.20
現金・預金通貨	・・・	・・・		・・・		7,313.75	7,640.55	18,547.50
準通貨	・・・	・・・		・・・		2,601.06	5,412.06	24,215.80
短期金融市場商品	・・・	・・・		・・・				-
中央銀行負債：証券								
制限付き預金								
資本勘定	・・・	・・・		・・・		5,424.00	7,483.00	14,440.00
その他（ネット）	・・・	・・・		・・・		-4,501.00	-5,172.00	-11,241.00
現金・預金通貨（季節調整値）	・・・	・・・		・・・		8,387.33	8,722.09	19,340.40
現金・預金通貨＋準通貨	・・・	・・・		・・・		9,914.81	13,052.61	42,763.30
金利	年率（%）							
公定歩合	・・・	・・・		・・・		・・・	・・・	628.80
預金金利	300.00	300.00	300.00	300.00	300.00	400.00	362.50	280.20
貸出金利	・・・	・・・		・・・		・・・	・・・	300.00
物価	指数（2010年=100，期中平均）							
消費者物価指数	・・・	・・・		・・・		・・・	2.38	8.77
GDPデフレーター	0.40	0.39	0.38	0.35	0.37	0.77	1.84	7.52

モンゴル

1994	1995	1996	1997	1998	1999	2000
604.51	704.03	997.24	1,097.16	1,270.04	1,471.84	1,429.29
414.09	473.62	693.51	813.16	902.00	1,072.37	1,097.00
412.72	448.61	548.40	789.99	840.83	1,021.87	1,076.67
37.10	37.10	37.10	37.10	37.10	51.10	51.10
1.98	1.70	0.30	0.52	0.34	0.12	0.01
-	-	-	-	-	0.02	0.04
...	...	...	...	...	...	...
37.87	31.62	30.31	35.25	34.32	37.47	38.58
-	-	-	-	-	-	-
81.39	117.03	107.44	175.71	94.09	136.49	178.77
2.89	2.52	0.43	0.70	0.48	0.16	0.01
0.01	0.01	0.01	0.01	0.01	0.03	0.05
78.49	114.50	107.00	175.00	93.60	136.30	178.70
0.03	0.10	0.15	0.08	0.03	-	0.08
11.00	34.50	53.60	24.60	9.10	0.40	23.31
41.71	53.66	60.86	81.68	28.95	38.90	48.85
11.90	14.06	12.38	15.06	22.14	9.13	10.20
40,380.00	60,836.00	67,814.00	113,878.00	114,319.00	174,385.00	210,591.00
13,661.10	4,520.07	38,953.20	23,979.60	26,110.70	24,136.00	21,443.00
10,375.00	7,739.50	1,712.40	3,092.70	5,631.40	6,651.00	4,777.00
29,081.00	37,508.00	51,167.00	62,967.00	74,491.00	112,062.00	134,689.00
18,946.00	25,591.00	40,136.00	49,768.00	56,446.00	87,281.00	100,910.00
2,106.00	830.00	-	19,296.00	11,715.00	21,200.00	21,080.00
34,804.20	36,548.40	41,342.70	42,328.50	43,584.70	60,832.00	55,184.00
2,465.10	9,500.10	8,388.00	14,417.00	3,673.00	4,833.00	19,289.00
4,998.40	7,998.30	24,004.30	37,081.50	41,049.40	37,921.00	44,431.00
-9,039.00	-19,289.00	-16,422.00	-35,140.00	-28,452.00	-31,676.00	-37,826.00
10,319.00	12,531.20	17,847.90	13,456.80	17,920.60	24,171.00	33,858.00
2,106.00	830.00	-	19,055.00	11,697.00	21,200.00	21,080.00
17,271.50	25,412.10	42,206.60	66,415.60	26,115.70	41,711.00	53,591.00
737.30	642.50	10,471.90	35,450.80	38,328.40	39,269.00	43,371.00
12,193.40	10,883.40	8,660.10	7,962.80	10,151.30	4,661.00	5,929.00
40,763.40	51,837.60	59,763.20	44,255.60	77,292.50	75,821.00	83,959.00
14,104.10	17,045.30	20,701.60	26,340.70	26,136.20	27,544.00	29,842.00
43,905.90	59,408.20	58,757.00	93,956.50	84,667.60	105,341.00	128,068.00
-	-	287.00	29.00	26.00	24.00	-
-	-	15,821.00	6,430.00	6,938.00	3,604.00	5,814.00
4,926.40	6,659.80	8,585.40	12,246.40	19,973.40	9,794.00	11,193.00
8,450.80	16,654.60	21,767.50	33,258.20	20,081.20	24,126.00	26,732.00
10,151.80	7,401.90	18,574.20	762.50	4,459.00	1,900.00	1,647.00
15,892.40	18,725.00	4,789.20	28,517.70	34,166.60	41,568.00	50,527.00
-14,041.00	-23,758.00	-10,334.00	-14,944.00	-14,943.00	-7,070.00	-12,034.00
17,920.00	43,040.00	60,092.80	125,718.00	76,876.00	145,470.00	197,841.00
56,445.80	41,730.40	93,206.30	67,882.00	137,089.00	119,493.00	109,584.00
3,482.52	-20,992.10	19,269.60	11,755.00	40,685.00	34,446.00	18,793.00
12,193.40	10,883.40	8,660.10	7,962.80	10,151.30	4,661.00	5,929.00
40,769.90	51,839.10	65,276.60	48,164.00	86,252.60	80,386.00	84,862.00
33,049.90	42,636.50	60,837.50	76,109.00	82,582.00	114,826.00	130,751.00
43,905.90	59,408.20	58,757.00	93,956.50	84,667.60	105,341.00	128,068.00
-	-	287.00	29.00	26.00	24.00	-
-	-	241.00	18.00	-	-	-
-	-	15,821.00	6,430.00	6,938.00	3,604.00	5,814.00
20,891.00	26,723.00	28,794.00	65,599.00	75,216.00	79,489.00	94,958.00
-23,480.00	-43,998.00	-11,198.00	-48,764.00	-35,483.00	-38,322.00	-52,165.00
34,213.10	43,640.20	61,638.80	76,722.80	82,997.00	...	...
76,955.80	102,044.70	119,594.50	170,065.50	167,249.60	220,167.00	258,819.00
180.00	150.00	109.00	45.50	23.30	11.40	8.65
115.71	74.62	44.75	36.37	33.31	23.42	16.80
279.22	134.37	87.91	82.05	48.06	44.01	36.95
16.45	16.45	24.17	33.01	36.10	38.83	43.33
12.34	17.06	18.78	24.33	22.64	24.64	28.61

統　　計

モンゴル（2001-2016年）

	2001	2002	2003	2004	2005	2006	2007	2008
為替レート								
市場レート（期末）　対SDRレート	1,384.92	1,529.46	1,735.61	1,877.59	1,745.14	1,752.63	1,848.85	1,952.31
対ドル・レート								
市場レート（期末）	1,102.00	1,125.00	1,168.00	1,209.00	1,221.00	1,165.00	1,169.97	1,267.51
市場レート（期中平均）	1,097.70	1,110.31	1,146.54	1,185.30	1,205.25	1,179.70	1,170.40	1,165.80
IMFポジション　100万SDR（期末）								
クォータ	51.10	51.10	51.10	51.10	51.10	51.10	51.10	51.10
SDR	0.01	0.03	0.03	0.03	0.01	0.01	0.01	0.04
IMFリザーブポジション	0.06	0.08	0.10	0.12	0.14	0.14	0.14	0.14
内：IMF借入残高	・・・	・・・	・・・	・・・	・・・	・・・	・・・	・・・
IMFクレジット及び融資総残高	37.27	31.34	33.36	28.50	24.49	20.45	16.14	12.96
SDR配分額							-	-
国際流動性　100万米ドル（他に断りのない限り，期末）								
総準備（金を除く）	155.63	218.51	196.88	193.74	333.15	583.40	801.75	561.48
SDR	0.02	0.04	0.04	0.04	0.02	0.01	0.02	0.06
IMFリザーブポジション	0.08	0.12	0.14	0.19	0.19	0.20	0.21	0.21
外国為替	155.53	218.36	196.70	193.50	332.94	583.19	801.51	561.21
金（100万ファイントロイオンス）	0.18	0.14	0.02	0.03		0.21	0.24	0.11
金（国内評価額）	51.14	49.79	6.65	14.08		134.64	198.86	95.91
中央銀行：その他資産	0.18	0.96	12.63	0.91	6.57	1.80	2.13	2.30
中央銀行：その他負債			25.03	0.01	2.61	4.39	14.98	13.72
中央銀行以外の預金取扱い機関：資産	47.69	62.88	134.48	149.32	229.38	402.32	393.94	238.50
中央銀行以外の預金取扱い機関：負債	8.01	14.64	44.03	44.42	44.91	65.24	178.66	342.18
中央銀行　100万トグログ（期末）								
対外資産（ネット）	176,190.00	254,989.00	165,356.00	198,807.00	368,884.00	797,654.00	1,125,800.00	793,479.00
非居住者向け信用	227,812.00	302,920.00	252,482.00	252,328.00	414,804.00	838,604.00	1,173,180.00	836,167.00
非居住者に対する負債	51,622.10	47,931.00	87,126.20	53,520.10	45,919.60	40,950.50	47,380.30	42,688.00
その他預金取扱い機関向け信用	7,347.63	8,038.00	172,905.00	22,331.50	17,610.40	18,191.30	18,549.70	243,077.00
中央政府向け信用（ネット）	-3,660.00	-33,516.60	-87,919.50	29,895.60	34,703.70	-353,435.00	-579,529.00	-189,278.00
中央政府向け信用	13,570.50		4,000.00	105,300.00	142,275.00	70,458.90	33,205.60	25,563.50
中央政府に対する負債	17,230.50	33,516.60	91,919.50	75,404.40	107,571.00	423,894.00	612,735.00	214,841.00
その他部門向け信用	1,032.23	1,031.32	556.23					
その他金融機関向け信用	1,032.23	1,031.32	556.23					
地方自治体向け信用								
非金融公的企業向け信用								
民間部門向け信用								
マネタリーベース	143,780.00	175,292.00	200,789.00	234,858.00	281,188.00	381,792.00	535,048.00	633,682.00
流通通貨	119,201.00	134,637.00	152,820.00	168,474.00	191,640.00	245,059.00	364,021.00	407,156.00
その他預金取扱い機関に対する負債	24,579.60	40,654.70	47,968.80	66,384.30	89,548.00	136,733.00	171,026.00	226,526.00
その他部門に対する負債								
その他預金取扱い機関に対するその他負債	50,000.00	61,000.00	79,500.00	68,550.70	125,697.00	87,978.00	103,425.00	119,786.00
預金及び証券（マネタリーベース除外分）			36.10					
預金（広義流動に含む）								
証券（広義流動に含まれる株式以外）								
預金（広義流動性から除外されたもの）			36.10					
証券（広義流動性から除外される株式以外）								
貸出								
金融派生商品								
株式及びその他持ち分	41,991.90	33,159.90	41,084.30	31,984.90	46,115.30	36,788.60	86,000.00	92,446.80
その他（ネット）	-54,862.20	-38,909.60	-70,511.60	-84,359.00	-31,801.80	-44,148.80	-159,655.00	1,363.60
注記項目：総資産	388,379.00	455,479.00	608,614.00	564,417.00	701,086.00	1,082,260.00	1,515,070.00	1,284,840.00
中央銀行以外の預金取扱い金融機関　100万トグログ（期末）								
対外資産（ネット）	43,728.70	54,267.30	105,642.00	126,830.00	225,236.00	392,696.00	251,872.00	-131,415.00
非居住者向け信用	52,552.50	70,741.20	157,070.00	180,531.00	280,068.00	468,699.00	460,909.00	302,299.00
非居住者に対する負債	8,823.89	16,474.00	51,428.50	53,701.20	54,831.90	76,002.40	209,037.00	433,714.00
中央銀行に対する債権	84,281.10	115,270.00	145,058.00	157,037.00	251,711.00	278,344.00	354,511.00	478,117.00
現金通貨	10,040.00	13,853.30	21,323.00	24,961.10	39,270.70	59,931.80	80,695.90	78,431.50
準備預金及び証券	24,566.30	40,647.20	48,141.80	63,525.40	86,762.00	135,806.00	171,017.00	279,900.00
その他債権	49,674.90	60,769.90	75,592.80	68,550.70	125,678.00	82,606.40	102,798.00	119,786.00
中央政府向け信用（ネット）	1,533.61	3,603.78	27,932.20	-7,252.19	-96,897.10	-92,919.00	-113,026.00	-390,693.00
中央政府向け信用	32,457.80	30,742.60	46,905.00	31,225.80	3,167.09	4,898.19	24,102.20	2,503.86
中央政府に対する負債	30,924.10	27,138.90	18,972.80	38,478.00	100,064.00	97,817.20	137,128.00	393,197.00
その他部門向け信用	137,010.00	234,866.00	423,933.00	616,932.00	872,599.00	1,251,390.00	2,091,050.00	2,654,590.00
その他金融機関向け信用				461.89	502.31	1,600.25	2,915.97	3,993.87
地方自治体向け信用								
非金融公的企業向け信用	9,748.10	11,416.80	15,947.30	13,125.70	34,169.20	36,731.60	27,331.80	34,794.60
民間部門向け信用	127,261.00	223,449.00	407,986.00	603,345.00	837,928.00	1,213,060.00	2,060,800.00	2,615,800.00
中央銀行に対する負債	4,094.48	4,326.93	12,839.30	23,838.20	18,149.80	19,092.30	18,935.90	223,815.00
通貨性預金（広義流動性に含む）	87,296.20	130,982.00	208,302.00	186,109.00	316,061.00	355,962.00	628,009.00	601,736.00
その他預金（広義流動性に含む）	134,607.00	218,360.00	363,498.00	516,825.00	663,360.00	978,829.00	1,479,930.00	1,289,930.00
証券（広義流動性に含まれる株式以外）		173.12	35.76	585.21	8,368.92	16,672.90	9,988.92	47,020.90
預金（広義流動性から除外されたもの）	5,002.69	2,526.45	3,747.01	5,272.99	3,024.86	7,242.44	13,197.20	587.00
証券（広義流動性から除外される株式以外）				59.73	181.47	149.76	14,067.50	
貸出								
金融派生商品								
保険契約準備金				39,185.60	63,595.90	151,363.00	97,183.20	17,626.00
株式及びその他持ち分	47,173.00	61,289.30	110,393.00	167,101.00	207,076.00	294,780.00	376,386.00	340,566.00
その他（ネット）	-11,620.90	-9,650.37	3,750.11	-45,430.30	-27,168.80	5,424.04	-53,289.30	35,490.60
注記項目：総資産	344,668.00	508,159.00	849,652.00	1,152,650.00	1,639,440.00	2,378,290.00	3,452,570.00	3,924,070.00

モンゴル

2009	2010	2011	2012	2013	2014	2015	2016
2,261.93	1,935.00	2,143.80	2,139.55	2,547.31	2,731.88	2,765.89	3,346.75
1,442.84	1,256.47	1,396.37	1,392.10	1,654.10	1,885.60	1,995.98	2,489.53
1,437.80	1,357.06	1,265.52	1,357.58	1,523.93	1,817.94	1,970.31	2,140.29
51.10	51.10	51.10	51.10	51.10	51.10	51.10	72.30
48.75	47.23	45.46	44.11	43.22	42.93	42.91	42.91
0.14	0.14	0.14	0.14	0.14	0.14	0.14	5.44
...	-	-	-	-	-	-	-
116.04	128.34	125.90	103.19	42.16	1.92	-	-
48.76	48.76	48.76	48.76	48.76	48.76	48.76	48.76
1,294.47	2,196.70	2,275.16	3,930.30	2,095.81	1,540.36	1,246.50	1,240.06
76.42	72.73	69.80	67.79	66.55	62.20	59.47	57.69
0.21	0.21	0.21	0.21	0.21	0.20	0.19	7.31
1,217.84	2,123.76	2,205.16	3,862.30	2,029.05	1,477.96	1,186.85	1,175.07
0.03	0.06	0.11	0.12	0.13	0.09	0.07	0.06
32.83	91.56	175.86	195.32	152.01	109.81	76.70	63.87
1.68	0.33	0.45	0.25	0.56	0.18	0.25	0.37
13.12	13.36	11.30	348.76	1,007.40	1,522.62	1,906.83	1,747.46
289.79	522.68	509.99	590.09	540.02	508.72	611.11	835.36
310.24	373.13	512.53	1,018.40	1,188.48	1,648.63	2,068.12	2,185.48
1,525,810.00	2,516,090.00	3,032,690.00	4,933,010.00	1,821,150.00	102,392.00	-1,299,280.00	-1,266,450.00
1,917,500.00	2,875,550.00	3,422,890.00	5,743,620.00	3,719,080.00	3,111,890.00	2,641,580.00	3,247,090.00
391,696.00	359,461.00	390,207.00	810,610.00	1,897,930.00	3,009,490.00	3,940,860.00	4,513,540.00
198,448.00	131,316.00	341,506.00	400,643.00	4,297,030.00	2,607,820.00	1,686,410.00	1,471,280.00
-272,801.00	-497,529.00	-713,537.00	-2,780,070.00	-1,692,780.00	-577,460.00	-480,333.00	-331,863.00
432,755.00	311,387.00	436,310.00	165,614.00	-	204,828.00	206,718.00	658,459.00
705,556.00	808,916.00	1,149,850.00	2,945,680.00	-	782,288.00	687,051.00	990,322.00
-	-	-	-	204,912.00	1,491,240.00	2,511,250.00	2,861,010.00
-	-	-	-	204,912.00	1,130,340.00	2,158,770.00	2,177,000.00
-	-	-	-	-	360,903.00	352,475.00	684,005.00
913,416.00	1,160,380.00	1,661,600.00	2,168,390.00	3,337,850.00	3,504,990.00	2,521,800.00	3,489,720.00
371,778.00	519,647.00	713,305.00	828,393.00	841,077.00	809,617.00	706,605.00	823,583.00
541,638.00	640,730.00	948,292.00	1,340,000.00	2,496,780.00	2,695,370.00	1,815,190.00	2,666,140.00
392,512.00	1,101,000.00	882,113.00	754,151.00	1,643,410.00	863,172.00	1,028,580.00	577,297.00
-	-	70,769.60	38,701.90	10,814.00	115,895.00	10,418.50	16,149.30
-	-	70,769.60	38,701.90	10,814.00	115,895.00	10,418.50	16,149.30
125,598.00	-139,166.00	42,334.00	-122,348.00	-384,550.00	-920,907.00	-1,423,580.00	-2,973,840.00
19,930.30	27,672.00	3,843.93	-285,316.00	22,780.70	60,840.90	280,826.00	1,624,650.00
2,984,890.00	3,766,750.00	4,670,740.00	6,679,640.00	8,482,210.00	7,860,580.00	7,663,630.00	8,752,240.00
-29,513.30	187,900.00	-3,543.03	-596,257.00	-1,072,610.00	-2,149,410.00	-2,908,160.00	-3,361,160.00
418,114.00	656,727.00	712,141.00	821,458.00	893,248.00	959,240.00	1,219,770.00	2,079,650.00
447,627.00	468,827.00	715,684.00	1,417,710.00	1,965,860.00	3,108,650.00	4,127,930.00	5,440,810.00
1,020,940.00	1,873,290.00	2,097,030.00	2,553,170.00	4,896,620.00	4,227,030.00	3,316,770.00	4,317,230.00
86,783.70	131,444.00	195,810.00	225,028.00	259,042.00	310,359.00	247,938.00	260,707.00
541,642.00	640,851.00	951,294.00	1,341,990.00	2,513,170.00	2,704,760.00	1,819,190.00	2,666,140.00
392,512.00	1,101,000.00	949,928.00	986,155.00	2,124,410.00	1,211,920.00	1,249,640.00	1,390,380.00
-451,739.00	-343,218.00	-656,223.00	-266,107.00	636,550.00	676,336.00	1,156,900.00	2,218,040.00
9,185.95	79,024.90	275,270.00	667,374.00	1,822,720.00	2,140,840.00	2,610,760.00	3,591,940.00
460,925.00	422,243.00	931,493.00	933,481.00	1,186,170.00	1,464,510.00	1,453,860.00	1,373,900.00
2,681,160.00	3,363,790.00	5,843,540.00	7,345,350.00	12,011,200.00	13,191,500.00	12,875,400.00	13,482,900.00
4,720.82	14,321.40	17,641.50	9,883.28	129,902.00	160,602.00	319,856.00	91,659.60
20,429.40	17,073.90	100,646.00	41,959.80	80,546.40	128,551.00	223,268.00	55,178.80
2,656,010.00	3,332,390.00	5,725,260.00	7,293,510.00	11,800,800.00	12,902,400.00	12,332,300.00	13,336,100.00
190,711.00	131,326.00	413,291.00	634,740.00	4,775,160.00	2,898,530.00	1,767,190.00	1,480,240.00
738,245.00	1,535,550.00	2,004,420.00	2,090,630.00	2,485,410.00	2,756,510.00	2,208,520.00	2,965,230.00
1,809,760.00	2,728,500.00	3,836,570.00	4,783,050.00	6,182,160.00	7,190,360.00	7,214,010.00	8,426,280.00
46,432.10	27,650.50	53,277.20	135,369.00	203,706.00	188,531.00	167,823.00	122,120.00
-	-	-	-	-	-	-	14,785.00
-	3,537.52	2,197.61	53,140.50	349,309.00	519,212.00	671,202.00	1,073,600.00
-	-	4,049.47	119,787.00	638,698.00	193,140.00	156,971.00	-
230,212.00	393,541.00	688,911.00	1,002,110.00	1,400,240.00	2,153,090.00	2,447,320.00	2,958,810.00
205,485.00	261,655.00	278,092.00	217,332.00	437,124.00	46,140.00	-192,106.00	-384,040.00
4,846,780.00	6,689,860.00	9,810,810.00	12,407,600.00	21,534,700.00	23,196,600.00	22,351,700.00	26,311,000.00

統　計

モンゴル（2001-2016年）

	2001	2002	2003	2004	2005	2006	2007	2008
預金取扱い金融機関	100万トグログ（期末）							
対外資産（ネット）	219,919.00	309,257.00	270,998.00	325,637.00	594,120.00	1,190,350.00	1,377,670.00	662,064.00
非居住者向け信用	280,365.00	373,662.00	409,552.00	432,858.00	694,872.00	1,307,300.00	1,634,090.00	1,138,470.00
非居住者に対する負債	60,446.00	64,405.00	138,555.00	107,221.00	100,752.00	116,953.00	256,418.00	476,402.00
国内信用	135,915.00	205,984.00	364,502.00	639,576.00	810,406.00	805,039.00	1,398,490.00	2,074,620.00
中央政府向け信用（ネット）	-2,126.39	-29,912.80	-59,987.30	22,643.40	-62,193.40	-446,354.00	-692,555.00	-579,970.00
中央政府向け信用	46,028.20	30,742.60	50,905.00	136,526.00	145,442.00	75,357.10	57,307.80	28,067.40
中央政府に対する負債	48,154.60	60,655.50	110,892.00	113,882.00	207,635.00	521,711.00	749,863.00	608,038.00
その他部門向け信用	138,042.00	235,897.00	424,490.00	616,932.00	872,599.00	1,251,390.00	2,091,050.00	2,654,590.00
その他金融機関向け信用	1,032.23	1,031.32	556.23	461.89	502.31	1,600.25	2,915.97	3,993.87
地方自治体向け信用	-	-	-	-	-	-	-	-
非金融公的企業向け信用	9,748.10	11,416.80	15,947.30	13,125.70	34,169.20	36,731.60	27,331.80	34,794.60
民間部門向け信用	127,261.00	223,449.00	407,986.00	603,345.00	837,928.00	1,213,060.00	2,060,800.00	2,615,800.00
広義流動性負債	331,064.00	470,299.00	703,332.00	847,032.00	1,140,160.00	1,536,590.00	2,401,250.00	2,267,420.00
預金取扱い金融機関以外の通貨	109,161.00	120,784.00	131,497.00	143,513.00	152,370.00	185,127.00	283,325.00	328,724.00
通貨性預金	87,296.20	130,982.00	208,302.00	186,109.00	316,061.00	355,962.00	628,009.00	601,736.00
その他預金	134,607.00	218,360.00	363,498.00	516,825.00	663,360.00	978,829.00	1,479,930.00	1,289,930.00
証券（株式を除く）	-	173.12	35.76	585.21	8,368.92	16,672.90	9,988.92	47,020.90
預金（広義流動性から除外されたもの）	5,002.69	2,526.45	3,783.12	5,272.99	3,024.86	7,242.44	13,197.20	587.90
証券（広義流動性に含まれる株式以外）				59.73	181.47	149.76	14,067.50	
貸出	-	-	-	-	-	-	-	-
金融派生商品	-	-	-	39,185.60	63,595.90	151,363.00	97,183.20	17,626.00
保険契約準備金	-	-	-	-	-	-	-	-
株式及びその他持ち分	89,164.90	94,449.30	151,477.00	199,086.00	253,191.00	331,569.00	462,386.00	433,013.00
その他（ネット）	-69,397.80	-52,033.50	-223,093.00	-125,424.00	-55,626.30	-31,524.90	-211,922.00	-35,780.50
広義流動性負債（季節調整値）	331,354.00	471,300.00	706,764.00	852,697.00	1,149,900.00	1,548,120.00	2,411,360.00	2,261,630.00
貨幣集計量	100万トグログ（期末）							
広義流動性	331,064.00	470,299.00	703,332.00	847,032.00	1,140,160.00	1,536,590.00	2,401,250.00	2,267,420.00
中央政府発行通貨	-	-	-	-	-	-	-	-
非金融会社の預金	-	-	-	-	-	-	-	-
中央政府発行証券	-	-	-	-	-	-	-	-
貨幣集計量（国内定義）	100万トグログ（期末）							
M1	156,155.00	187,728.00	212,833.00	221,328.00	269,124.00	331,903.00	590,472.00	647,335.00
M2	331,064.00	470,126.00	703,332.00	847,032.00	1,140,140.00	1,536,490.00	2,401,250.00	2,267,420.00
金利	年率（％）							
中央銀行政策金利	・・・	・・・	・・・	・・・	・・・	・・・	8.40	9.75
ディスカウント・レート	・・・	・・・	・・・	・・・	・・・	・・・	・・・	・・・
中央銀行証券金利	8.61	9.90	11.47	15.75	4.75	6.42	9.85	14.78
短期金融市場資産金利	・・・	・・・	10.24	15.36	6.13	6.12	8.25	17.87
預金金利	14.30	13.22	14.02	14.15	13.00	13.01	13.46	11.39
預金金利（外貨）	7.16	7.03	6.88	6.27	5.73	6.26	6.36	7.28
貸出金利	37.35	35.52	31.91	31.47	30.57	26.93	21.83	20.58
貸出金利（外貨）	23.13	21.24	20.72	19.28	16.54	16.01	14.22	15.40
財務省短期証券金利	・・・	・・・	・・・	10.39	13.73	6.73	6.82	・・・
政府債利回り	・・・	・・・	・・・	・・・	・・・	・・・	・・・	・・・
物価	指数（2010年=100，期中平均）							
消費者物価指数	46.05	46.47	48.85	52.88	59.60	62.64	68.31	85.42
GDPデフレーター	30.65	32.11	35.48	41.28	49.21	60.52	68.17	82.42

モンゴル

2009	2010	2011	2012	2013	2014	2015	2016
1,496,290.00	2,703,990.00	3,029,140.00	4,336,750.00	748,538.00	-2,047,020.00	-4,207,440.00	-4,627,620.00
2,335,620.00	3,532,280.00	4,135,040.00	6,565,070.00	4,612,330.00	4,071,130.00	3,861,350.00	5,326,740.00
839,323.00	828,288.00	1,105,890.00	2,228,320.00	3,863,790.00	6,118,140.00	8,068,790.00	9,954,360.00
1,956,620.00	2,523,040.00	4,473,780.00	4,299,180.00	11,159,900.00	14,781,700.00	16,063,200.00	18,230,100.00
-724,540.00	-840,747.00	-1,369,760.00	-3,046,170.00	-1,056,230.00	98,876.10	676,568.00	1,886,170.00
441,941.00	390,412.00	711,580.00	832,988.00	1,822,720.00	2,345,670.00	2,817,480.00	4,250,400.00
1,166,480.00	1,231,160.00	2,081,340.00	3,879,160.00	2,878,950.00	2,246,800.00	2,140,910.00	2,364,220.00
2,681,160.00	3,363,790.00	5,843,540.00	7,345,350.00	12,216,200.00	14,682,800.00	15,386,700.00	16,343,900.00
4,720.82	14,321.40	17,641.50	9,883.28	334,814.00	1,290,940.00	2,478,630.00	2,268,660.00
20,429.40	17,073.90	100,646.00	41,959.80	80,546.40	128,551.00	223,268.00	55,178.80
2,656,010.00	3,332,390.00	5,725,260.00	7,293,510.00	11,800,800.00	13,263,300.00	12,684,800.00	14,020,100.00
2,879,430.00	4,679,900.00	6,411,760.00	7,612,420.00	9,453,310.00	10,634,700.00	10,049,000.00	12,076,500.00
284,994.00	388,203.00	517,494.00	603,365.00	582,034.00	499,258.00	458,667.00	562,876.00
738,245.00	1,535,550.00	2,004,420.00	2,090,630.00	2,485,410.00	2,756,510.00	2,208,520.00	2,965,230.00
1,809,760.00	2,728,500.00	3,836,570.00	4,783,050.00	6,182,160.00	7,190,360.00	7,214,010.00	8,426,280.00
46,432.10	27,650.50	53,277.20	135,369.00	203,706.00	188,531.00	167,823.00	122,120.00
-	-	70,769.60	38,701.90	10,814.00	115,895.00	10,418.50	16,149.30
							14,785.00
-	3,537.52	2,197.61	53,140.50	349,309.00	519,212.00	671,202.00	1,073,600.00
-	-	4,049.47	119,787.00	638,698.00	193,140.00	156,971.00	-
355,810.00	254,375.00	731,245.00	879,761.00	1,015,690.00	1,232,180.00	1,023,740.00	-15,034.20
217,674.00	289,216.00	282,904.00	-67,881.30	440,640.00	39,557.30	-55,557.10	436,487.00
2,849,100.00	4,590,600.00	6,238,770.00	7,369,020.00	9,139,560.00	10,303,400.00	9,758,650.00	11,745,200.00
2,879,430.00	4,679,900.00	6,411,760.00	7,612,420.00	9,453,310.00	10,634,700.00	10,049,000.00	12,076,500.00
-	-	-	-	-	-	-	-
-	-	-	-	-	-	-	-
651,247.00	1,157,620.00	1,741,080.00	1,834,890.00	2,093,200.00	1,816,720.00	1,685,440.00	2,090,120.00
2,879,430.00	4,679,900.00	6,411,760.00	7,612,420.00	9,453,310.00	10,634,700.00	10,049,000.00	12,076,500.00
10.00	11.00	12.25	13.25	10.50	12.00	13.00	14.00
・・・	・・・	・・・	・・・	・・・			
10.82	10.99	14.25	15.47	11.61	11.18	12.96	12.94
8.58	9.45	12.11	13.97	8.91	12.20	11.84	15.51
13.28	11.86	10.47	11.27	12.05	12.32	12.98	13.27
6.73	5.44	4.70	5.54	5.77	5.56	6.31	6.38
21.67	20.07	16.61	18.11	18.48	19.03	19.56	19.74
17.06	14.42	12.65	13.34	12.84	12.43	12.32	12.34
・・・	・・・	・・・	12.89	9.56	12.20	14.52	17.11
・・・	・・・	・・・	・・・	・・・	13.06	15.43	・・・
90.79	100.00	109.48	125.89	136.72	154.53	163.46	164.36
82.59	100.00	112.34	149.51	153.56	・・・	・・・	・・・

統　　　計

ラオス（1948-2016年）

	1948	1949	1950	1951	1952	1953	1954	1955
為替レート	対SDRレート							
公定レート（期末）	…	…	…	…	…	…	…	…
	対ドル・レート							
公定レート（期末）	…	…	…	…	…	…	…	…
公定レート（期中平均）	…	…	…	…	…	…	…	…
IMFポジション	100万SDR（期末）							
クォータ	-	-	-	-	-	-	-	-
SDR	-	-	-	-	-	-	-	-
IMFリザーブポジション	-	-	-	-	-	-	-	-
内：IMF借入残高	…	…	…	…	…	…	…	…
IMFクレジット及び融資総残高	-	-	-	-	-	-	-	-
SDR配分額	…	…	…	…	…	…	…	…
国際流動性	100万米ドル（他に断りのない限り，期末）							
総準備（金を除く）	…	…	…	…				
SDR	-	-	-	-	-	-	-	-
IMFリザーブポジション	-	-	-	-	-	-	-	-
外国為替	…	…	…	…	…	…	…	…
金（100万ファイントロイオンス）	…	…	…	…	…	…	…	…
金（国内評価額）	…	…	…	…	…	…	…	…
通貨当局：その他負債	…	…	…	…	…	…	…	…
預金通貨銀行：資産	…	…	…	…	…	…	…	…
預金通貨銀行：負債	…	…	…	…	…	…	…	…
通貨当局	10億キープ（期末）							
対外資産	…	…	…	…	…	…	…	…
中央政府向け信用	…	…	…	…	…	…	…	…
非金融公的企業向け信用	…	…	…	…	…	…	…	…
民間部門向け信用	…	…	…	…	…	…	…	…
預金通貨銀行向け信用	…	…	…	…	…	…	…	…
準備貨幣	…	…	…	…	…	…	…	…
内：預金通貨銀行以外の現金通貨	…	…	…	…	…	…	…	…
定期性預金，貯蓄性預金及び外貨預金	…	…	…	…	…	…	…	…
中央銀行負債：証券	…	…	…	…	…	…	…	…
制限付き預金	…	…	…	…	…	…	…	…
対外負債	…	…	…	…	…	…	…	…
中央政府預金	…	…	…	…	…	…	…	…
資本勘定	…	…	…	…	…	…	…	…
その他（ネット）	…	…	…	…	…	…	…	…
預金通貨銀行	10億キープ（期末）							
準備	…	…	…	…	…	…	…	…
通貨当局に対する債権：証券	…	…	…	…	…	…	…	…
対外資産	…	…	…	…	…	…	…	…
中央政府向け信用	…	…	…	…	…	…	…	…
非金融公的企業向け信用	…	…	…	…	…	…	…	…
民間部門向け信用	…	…	…	…	…	…	…	…
要求払い預金	…	…	…	…	…	…	…	…
定期性預金，貯蓄性預金及び外貨預金	…	…	…	…	…	…	…	…
制限付き預金	…	…	…	…	…	…	…	…
対外負債	…	…	…	…	…	…	…	…
中央政府預金	…	…	…	…	…	…	…	…
通貨当局からの信用	…	…	…	…	…	…	…	…
資本勘定	…	…	…	…	…	…	…	…
その他（ネット）	…	…	…	…	…	…	…	…
マネタリー・サーベイ	10億キープ（期末）							
対外資産（ネット）	…	…	…	…	…	…	…	…
国内信用	…	…	…	…	…	…	…	…
中央政府向け信用（ネット）	…	…	…	…	…	…	…	…
非金融公的企業向け信用	…	…	…	…	…	…	…	…
民間部門向け信用	…	…	…	…	…	…	…	…
現金・預金通貨	…	…	…	…	…	…	…	…
準通貨	…	…	…	…	…	…	…	…
中央銀行負債：証券	…	…	…	…	…	…	…	…
制限付き預金	…	…	…	…	…	…	…	…
資本勘定	…	…	…	…	…	…	…	…
その他（ネット）	…	…	…	…	…	…	…	…
現金・預金通貨（季節調整値）	…	…	…	…	…	…	…	…
現金・預金通貨＋準通貨						…	…	…
金利	年率（％）							
ディスカウント・レート	…	…	…	…	…	…	…	…
財務省短期証券金利	…	…	…	…	…	…	…	…
預金金利	…	…	…	…	…	…	…	…
貸出金利	…	…	…	…	…	…	…	…
物価	指数（2010年=100，期中平均）							
消費者物価指数	…	…	…	…	…	…	…	…
GDPデフレーター	…	…	…	…	…	…	…	…

414

ラオス

1956	1957	1958	1959	1960	1961	1962	1963	1964	1965	1966
・・・	35.00	80.00	80.00	80.00	80.00	80.00	80.00	240.00	240.00	240.00
・・・	35.00	80.00	80.00	80.00	80.00	80.00	80.00	240.00	240.00	240.00
・・・	35.00	46.25	80.00	80.00	80.00	80.00	80.00	240.00	240.00	240.00
-	-	-	-	-	7.50	7.50	7.50	7.50	7.50	7.50
-	-	-	-	-	-	-	-	1.88	1.88	1.88
・・・	・・・	・・・	・・・	・・・	・・・	・・・	・・・	・・・	・・・	・・・
-	-	-	-	-	-	-	-	-	-	-
・・・	・・・	・・・	・・・	・・・	・・・	・・・	・・・	・・・	・・・	・・・
-	-	-	-	-	-	-	-	1.88	1.88	1.88
・・・	・・・	・・・	・・・	・・・	・・・	・・・	・・・	・・・	・・・	・・・
・・・	・・・	・・・	・・・	・・・	・・・	・・・	・・・	・・・	・・・	・・・
・・・	・・・	・・・	・・・	・・・	・・・	・・・	・・・	・・・	・・・	・・・
・・・	・・・	・・・	・・・	・・・	・・・	・・・	・・・	・・・	・・・	・・・
・・・	・・・	・・・	・・・	・・・	・・・	・・・	・・・	・・・	・・・	・・・
・・・	・・・	・・・	・・・	・・・	・・・	・・・	・・・	・・・	・・・	・・・
・・・	・・・	・・・	・・・	・・・	・・・	・・・	・・・	・・・	・・・	・・・
・・・	・・・	・・・	・・・	・・・	・・・	・・・	・・・	・・・	・・・	・・・
・・・	・・・	・・・	・・・	・・・	・・・	・・・	・・・	・・・	・・・	・・・
・・・	・・・	・・・	・・・	・・・	・・・	・・・	・・・	・・・	・・・	・・・
・・・	・・・	・・・	・・・	・・・	・・・	・・・	・・・	・・・	・・・	・・・
・・・	・・・	・・・	・・・	・・・	・・・	・・・	・・・	・・・	・・・	・・・
・・・	・・・	・・・	・・・	・・・	・・・	・・・	・・・	・・・	・・・	・・・
・・・	・・・	・・・	・・・	・・・	・・・	・・・	・・・	・・・	・・・	・・・
・・・	・・・	・・・	・・・	・・・	・・・	・・・	・・・	・・・	・・・	・・・
・・・	・・・	・・・	・・・	・・・	・・・	・・・	・・・	・・・	・・・	・・・
・・・	・・・	・・・	・・・	・・・	・・・	・・・	・・・	・・・	・・・	・・・
・・・	・・・	・・・	・・・	・・・	・・・	・・・	・・・	・・・	・・・	・・・
・・・	・・・	・・・	・・・	・・・	・・・	・・・	・・・	・・・	・・・	・・・
・・・	・・・	・・・	・・・	・・・	・・・	・・・	・・・	・・・	・・・	・・・
・・・	・・・	・・・	・・・	・・・	・・・	・・・	・・・	・・・	・・・	・・・
・・・	・・・	・・・	・・・	・・・	・・・	・・・	・・・	・・・	・・・	・・・
・・・	・・・	・・・	・・・	・・・	・・・	・・・	・・・	・・・	・・・	・・・
・・・	・・・	・・・	・・・	・・・	・・・	・・・	・・・	・・・	・・・	・・・
・・・	・・・	・・・	・・・	・・・	・・・	・・・	・・・	・・・	・・・	・・・
・・・	・・・	・・・	・・・	・・・	・・・	・・・	・・・	・・・	・・・	・・・
・・・	・・・	・・・	・・・	・・・	・・・	・・・	・・・	・・・	・・・	・・・
・・・	・・・	・・・	・・・	・・・	・・・	・・・	・・・	・・・	・・・	・・・
・・・	・・・	・・・	・・・	・・・	・・・	・・・	・・・	・・・	・・・	・・・
・・・	・・・	・・・	・・・	・・・	・・・	・・・	・・・	・・・	・・・	・・・
・・・	・・・	・・・	・・・	・・・	・・・	・・・	・・・	・・・	・・・	・・・
・・・	・・・	・・・	・・・	・・・	・・・	・・・	・・・	・・・	・・・	・・・
・・・	・・・	・・・	・・・	・・・	・・・	・・・	・・・	・・・	・・・	・・・
・・・	・・・	・・・	・・・	・・・	・・・	・・・	・・・	・・・	・・・	・・・
・・・	・・・	・・・	・・・	・・・	・・・	・・・	・・・	・・・	・・・	・・・
・・・	・・・	・・・	・・・	・・・	・・・	・・・	・・・	・・・	・・・	・・・
・・・	・・・	・・・	・・・	・・・	・・・	・・・	・・・	・・・	・・・	・・・

統　　計

ラオス（1948-2016年）

	1967	1968	1969	1970	1971	1972	1973	1974
為替レート 対SDRレート								
公定レート（期末）	240.00	240.00	240.00	240.00	260.57	651.43	723.81	734.61
対ドル・レート								
公定レート（期末）	240.00	240.00	240.00	240.00	240.00	600.00	600.00	600.00
公定レート（期中平均）	240.00	240.00	240.00	240.00	240.00	510.00	600.00	600.00
IMFポジション 100万SDR（期末）								
クォータ	7.50	7.50	10.00	13.00	13.00	13.00	13.00	13.00
SDR	-	-	-	0.50	0.90	1.34	1.29	1.25
IMFリザーブポジション	1.88	1.88	2.50	2.80	2.80	2.80	2.80	3.25
内：IMF借入残高	・・・	・・・	・・・	・・・	・・・	・・・	・・・	・・・
IMFクレジット及び融資総残高	-	-	-	-	-	-	-	-
SDR配分額				1.68	3.07	4.45	4.45	4.45
国際流動性 100万米ドル（他に断りのない限り，期末）								
総準備（金を除く）	・・・	・・・	・・・	・・・	・・・	・・・	・・・	・・・
SDR	-	-	-	0.50	0.98	1.45	1.56	1.53
IMFリザーブポジション	1.88	1.88	2.50	2.80	3.04	3.04	3.38	3.98
外国為替	・・・	・・・	・・・	・・・	・・・	・・・	・・・	・・・
金（100万ファイントロイオンス）	・・・	・・・	・・・	・・・	・・・	・・・	・・・	・・・
金（国内評価額）	・・・	・・・	・・・	・・・	・・・	・・・	・・・	・・・
通貨当局：その他負債	・・・	・・・	・・・	・・・	・・・	・・・	・・・	・・・
預金通貨銀行：資産	・・・	・・・	・・・	・・・	・・・	・・・	・・・	・・・
預金通貨銀行：負債	・・・	・・・	・・・	・・・	・・・	・・・	・・・	・・・
通貨当局 10億キープ（期末）								
対外資産	・・・	・・・	・・・	・・・	・・・	・・・	・・・	・・・
中央政府向け信用	・・・	・・・	・・・	・・・	・・・	・・・	・・・	・・・
非金融公的企業向け信用	・・・	・・・	・・・	・・・	・・・	・・・	・・・	・・・
民間部門向け信用	・・・	・・・	・・・	・・・	・・・	・・・	・・・	・・・
預金通貨銀行向け信用	・・・	・・・	・・・	・・・	・・・	・・・	・・・	・・・
準備貨幣	・・・	・・・	・・・	・・・	・・・	・・・	・・・	・・・
内：預金通貨銀行以外の現金通貨	・・・	・・・	・・・	・・・	・・・	・・・	・・・	・・・
定期預金，貯蓄性預金及び外貨預金	・・・	・・・	・・・	・・・	・・・	・・・	・・・	・・・
中央銀行負債：証券	・・・	・・・	・・・	・・・	・・・	・・・	・・・	・・・
制限付き預金	・・・	・・・	・・・	・・・	・・・	・・・	・・・	・・・
対外負債	・・・	・・・	・・・	・・・	・・・	・・・	・・・	・・・
中央政府預金	・・・	・・・	・・・	・・・	・・・	・・・	・・・	・・・
資本勘定	・・・	・・・	・・・	・・・	・・・	・・・	・・・	・・・
その他（ネット）	・・・	・・・	・・・	・・・	・・・	・・・	・・・	・・・
預金通貨銀行 10億キープ（期末）								
準備	・・・	・・・	・・・	・・・	・・・	・・・	・・・	・・・
通貨当局に対する債権：証券	・・・	・・・	・・・	・・・	・・・	・・・	・・・	・・・
対外資産	・・・	・・・	・・・	・・・	・・・	・・・	・・・	・・・
中央政府向け信用	・・・	・・・	・・・	・・・	・・・	・・・	・・・	・・・
非金融公的企業向け信用	・・・	・・・	・・・	・・・	・・・	・・・	・・・	・・・
民間部門向け信用	・・・	・・・	・・・	・・・	・・・	・・・	・・・	・・・
要求払い預金	・・・	・・・	・・・	・・・	・・・	・・・	・・・	・・・
定期性預金，貯蓄性預金及び外貨預金	・・・	・・・	・・・	・・・	・・・	・・・	・・・	・・・
制限付き預金	・・・	・・・	・・・	・・・	・・・	・・・	・・・	・・・
対外負債	・・・	・・・	・・・	・・・	・・・	・・・	・・・	・・・
中央政府預金	・・・	・・・	・・・	・・・	・・・	・・・	・・・	・・・
通貨当局からの信用	・・・	・・・	・・・	・・・	・・・	・・・	・・・	・・・
資本勘定	・・・	・・・	・・・	・・・	・・・	・・・	・・・	・・・
その他（ネット）	・・・	・・・	・・・	・・・	・・・	・・・	・・・	・・・
マネタリー・サーベイ 10億キープ（期末）								
対外資産（ネット）	・・・	・・・	・・・	・・・	・・・	・・・	・・・	・・・
国内信用	・・・	・・・	・・・	・・・	・・・	・・・	・・・	・・・
中央政府向け信用（ネット）	・・・	・・・	・・・	・・・	・・・	・・・	・・・	・・・
非金融公的企業向け信用	・・・	・・・	・・・	・・・	・・・	・・・	・・・	・・・
民間部門向け信用	・・・	・・・	・・・	・・・	・・・	・・・	・・・	・・・
現金・預金通貨	・・・	・・・	・・・	・・・	・・・	・・・	・・・	・・・
準通貨	・・・	・・・	・・・	・・・	・・・	・・・	・・・	・・・
中央銀行負債：証券	・・・	・・・	・・・	・・・	・・・	・・・	・・・	・・・
制限付き預金	・・・	・・・	・・・	・・・	・・・	・・・	・・・	・・・
資本勘定	・・・	・・・	・・・	・・・	・・・	・・・	・・・	・・・
その他（ネット）	・・・	・・・	・・・	・・・	・・・	・・・	・・・	・・・
現金・預金通貨（季節調整値）	・・・	・・・	・・・	・・・	・・・	・・・	・・・	・・・
現金・預金通貨＋準通貨	・・・	・・・	・・・	・・・	・・・	・・・	・・・	・・・
金利 年率（％）								
ディスカウント・レート	・・・	・・・	・・・	・・・	・・・	・・・	・・・	・・・
財務省短期証券金利	・・・	・・・	・・・	・・・	・・・	・・・	・・・	・・・
預金金利	・・・	・・・	・・・	・・・	・・・	・・・	・・・	・・・
貸出金利	・・・	・・・	・・・	・・・	・・・	・・・	・・・	・・・
物価 指数（2010年=100，期中平均）								
消費者物価指数	・・・	・・・	・・・	・・・	・・・	・・・	・・・	・・・
GDPデフレーター	・・・	・・・	・・・	・・・	・・・	・・・	・・・	・・・

ラ　オ　ス

1975	1976	1977	1978	1979	1980	1981	1982	1983	1984	1985
878.00	232.37	242.94	521.12	13.17	12.75	34.92	38.61	36.64	34.31	104.35
750.00	200.00	200.00	400.00	10.00	10.00	30.00	35.00	35.00	35.00	95.00
725.00	429.17	200.00	333.33	367.50	10.00	21.67	35.00	35.00	35.00	55.00
13.00	13.00	13.00	16.00	16.00	24.00	24.00	24.00	24.00	29.30	29.30
1.63	1.46	1.54	1.02	0.78	0.01	0.56	0.04	0.14	0.02	0.01
·	·	·	·	·	·	·	·	·	·	·
· · ·	· · ·	· · ·	· · ·	· · ·	· · ·	· · ·	· · ·	· · ·	· · ·	· · ·
3.25	6.50	6.50	15.89	18.30	21.22	25.64	25.64	25.64	19.88	11.36
4.45	4.45	4.45	4.45	6.11	7.78	9.41	9.41	9.41	9.41	9.41
· · ·	· · ·	· · ·	· · ·	· · ·	· · ·	· · ·	· · ·	· · ·	· · ·	· · ·
1.91	1.70	1.87	1.33	1.03	0.01	0.65	0.04	0.15	0.02	0.01
·	·	·	·	·	·	·	·	·	·	·
· · ·	· · ·	· · ·	· · ·	· · ·	· · ·	· · ·	· · ·	· · ·	0.02	0.02
· · ·	· · ·	· · ·	· · ·	· · ·	· · ·	· · ·	· · ·	· · ·	0.02	· · ·
· · ·	· · ·	· · ·	· · ·	· · ·	· · ·	· · ·	· · ·	· · ·	· · ·	· · ·
· · ·	· · ·	· · ·	· · ·	· · ·	· · ·	· · ·	· · ·	· · ·	· · ·	· · ·
· · ·	· · ·	· · ·	· · ·	· · ·	· · ·	· · ·	· · ·	· · ·	· · ·	· · ·
· · ·	· · ·	· · ·	· · ·	· · ·	· · ·	· · ·	· · ·	· · ·	· · ·	· · ·
· · ·	· · ·	· · ·	· · ·	· · ·	· · ·	· · ·	· · ·	· · ·	· · ·	· · ·
· · ·	· · ·	· · ·	· · ·	· · ·	· · ·	· · ·	· · ·	· · ·	· · ·	· · ·
· · ·	· · ·	· · ·	· · ·	· · ·	· · ·	· · ·	· · ·	· · ·	· · ·	· · ·
· · ·	· · ·	· · ·	· · ·	· · ·	· · ·	· · ·	· · ·	· · ·	· · ·	· · ·
· · ·	· · ·	· · ·	· · ·	· · ·	· · ·	· · ·	· · ·	· · ·	· · ·	· · ·
· · ·	· · ·	· · ·	· · ·	· · ·	· · ·	· · ·	· · ·	· · ·	· · ·	· · ·
· · ·	· · ·	· · ·	· · ·	· · ·	· · ·	· · ·	· · ·	· · ·	· · ·	· · ·
· · ·	· · ·	· · ·	· · ·	· · ·	· · ·	· · ·	· · ·	· · ·	· · ·	· · ·
· · ·	· · ·	· · ·	· · ·	· · ·	· · ·	· · ·	· · ·	· · ·	· · ·	· · ·
· · ·	· · ·	· · ·	· · ·	· · ·	· · ·	· · ·	· · ·	· · ·	· · ·	· · ·
· · ·	· · ·	· · ·	· · ·	· · ·	· · ·	· · ·	· · ·	· · ·	· · ·	· · ·
· · ·	· · ·	· · ·	· · ·	· · ·	· · ·	· · ·	· · ·	· · ·	· · ·	· · ·
· · ·	· · ·	· · ·	· · ·	· · ·	· · ·	· · ·	· · ·	· · ·	· · ·	· · ·
· · ·	· · ·	· · ·	· · ·	· · ·	· · ·	· · ·	· · ·	· · ·	· · ·	· · ·
· · ·	· · ·	· · ·	· · ·	· · ·	· · ·	· · ·	· · ·	· · ·	· · ·	· · ·
· · ·	· · ·	· · ·	· · ·	· · ·	· · ·	· · ·	· · ·	· · ·	· · ·	· · ·
3.25	6.50	6.50	15.89	18.30	21.22	25.64	25.64	25.64	19.88	11.36
· · ·	· · ·	· · ·	· · ·	· · ·	· · ·	· · ·	· · ·	· · ·	· · ·	· · ·
· · ·	· · ·	· · ·	· · ·	· · ·	· · ·	· · ·	· · ·	· · ·	· · ·	· · ·
· · ·	· · ·	· · ·	· · ·	· · ·	· · ·	· · ·	· · ·	· · ·	· · ·	· · ·
· · ·	· · ·	· · ·	· · ·	· · ·	· · ·	· · ·	· · ·	· · ·	· · ·	· · ·
· · ·	· · ·	· · ·	· · ·	· · ·	· · ·	· · ·	· · ·	· · ·	· · ·	· · ·
· · ·	· · ·	· · ·	· · ·	· · ·	· · ·	· · ·	· · ·	· · ·	· · ·	· · ·
· · ·	· · ·	· · ·	· · ·	· · ·	· · ·	· · ·	· · ·	· · ·	· · ·	· · ·
· · ·	· · ·	· · ·	· · ·	· · ·	· · ·	· · ·	· · ·	· · ·	· · ·	· · ·
· · ·	· · ·	· · ·	· · ·	· · ·	· · ·	· · ·	· · ·	· · ·	· · ·	· · ·
· · ·	· · ·	· · ·	· · ·	· · ·	· · ·	· · ·	· · ·	· · ·	· · ·	· · ·
· · ·	· · ·	· · ·	· · ·	· · ·	· · ·	· · ·	· · ·	· · ·	· · ·	· · ·
· · ·	· · ·	· · ·	· · ·	· · ·	· · ·	· · ·	· · ·	· · ·	· · ·	· · ·
· · ·	· · ·	· · ·	· · ·	· · ·	· · ·	· · ·	· · ·	· · ·	· · ·	· · ·
· · ·	· · ·	· · ·	· · ·	· · ·	· · ·	· · ·	· · ·	· · ·	· · ·	· · ·
· · ·	· · ·	· · ·	· · ·	· · ·	· · ·	· · ·	· · ·	· · ·	· · ·	· · ·
· · ·	· · ·	· · ·	· · ·	· · ·	· · ·	· · ·	0.10	0.18	0.24	0.65

統　　　計

ラオス（1948-2016年）

	1986	1987	1988	1989	1990	1991	1992	1993
為替レート	対SDRレート							
公定レート（期末）	116.20	549.73	608.93	937.65	989.46	1,017.75	985.88	986.22
	対ドル・レート							
公定レート（期末）	95.00	387.50	452.50	713.50	695.50	711.50	717.00	718.00
公定レート（期中平均）	95.00	187.50	400.38	591.50	707.75	702.08	716.08	716.25
IMFポジション	100万SDR（期末）							
クォータ	29.30	29.30	29.30	29.30	29.30	29.30	39.10	39.10
SDR	0.17	-	-	0.01	0.01	0.34	0.57	1.90
IMFリザーブポジション								
内：IMF借入残高	・・・	・・・	-	・・・	・・・	・・・	・・・	・・・
IMFクレジット及び融資総残高	6.96	4.43	1.90	6.30	5.91	14.65	20.51	26.38
SDR配分額	9.41	9.41	9.41	9.41	9.41	9.41	9.41	9.41
国際流動性	100万米ドル（他に断りのない限り，期末）							
総準備（金を除く）	・・・	・・・	0.64	1.42	1.78	28.65	40.31	62.96
SDR	0.21	-	-	0.01	0.01	0.49	0.78	2.61
IMFリザーブポジション								
外国為替	・・・		0.64	1.41	1.76	28.16	39.52	60.34
金（100万ファイントロイオンス）	0.02	0.02	0.02	0.02	0.02	0.02	0.02	0.02
金（国内評価額）	・・・	・・・	・・・	0.60	0.60	0.60	0.60	0.60
通貨当局：その他負債	・・・	・・・	・・・	0.02				
預金通貨銀行：資産	・・・	28.24	28.62	58.09	62.53	28.25	44.31	87.47
預金通貨銀行：負債	・・・	27.51	25.97	23.81	26.52	4.34	5.53	12.92
通貨当局	10億キープ（期末）							
対外資産	・・・	・・・	・・・	1.20	1.59	20.54	29.06	45.36
中央政府向け信用	・・・	・・・	・・・	7.09	5.89	5.89	10.83	8.96
非金融公的企業向け信用	・・・	・・・	・・・	12.25	4.01	1.59	1.44	0.86
民間部門向け信用	・・・	・・・	・・・	3.01	1.72	0.41	1.15	3.01
預金通貨銀行向け信用	・・・	・・・	・・・	27.73	10.95	11.51	15.18	34.62
準備貨幣	・・・	・・・	・・・	20.15	21.95	26.26	36.90	60.70
内：預金通貨銀行以外の現金通貨	・・・	・・・	・・・	16.84	18.57	19.22	22.83	33.24
定期性預金，貯蓄性預金及び外貨預金	・・・	0.06	0.08	0.23	0.15			
中央銀行負債：証券	・・・	・・・	・・・			0.20	0.80	0.40
制限付き預金	・・・	0.05	0.44	-0.71	0.11	0.12		
対外負債	・・・	・・・	・・・	14.74	15.16	24.49	29.50	35.29
中央政府預金	・・・	・・・	・・・	1.62	1.43	8.83	17.12	26.93
資本勘定	・・・	・・・	・・・	2.25	5.09	5.23	5.10	4.57
その他（ネット）	・・・	-3.75	-6.94	12.98	-19.73	-25.19	-31.77	-35.08
預金通貨銀行	10億キープ（期末）							
準備	・・・	0.02	0.41	1.23	0.67	5.77	12.95	30.36
通貨当局に対する債権：証券	・・・	・・・	・・・	-		0.20	0.80	0.30
対外資産	・・・	・・・	・・・	41.45	43.49	20.10	31.77	62.81
中央政府向け信用	・・・	・・・	・・・	-0.55				
非金融公的企業向け信用	・・・	・・・	・・・	24.40	35.73	18.83	16.40	17.47
民間部門向け信用	・・・	・・・	・・・	1.40	4.18	20.89	36.54	62.90
要求払い預金	・・・	・・・	・・・	6.55	5.96	8.57	12.05	18.99
定期性預金，貯蓄性預金及び外貨預金	・・・	8.89	9.48	15.76	19.11	23.09	41.32	73.61
制限付き預金	・・・	1.60	1.97	1.29	1.49	1.20	1.32	1.55
対外負債	・・・	10.66		16.99	18.44	3.09	3.96	9.28
中央政府預金	・・・	・・・	・・・	19.56	19.47	6.62	9.32	9.79
通貨当局からの信用	・・・	・・・	・・・	27.72	10.56	6.28	10.84	29.57
資本勘定	・・・	2.71	6.92	3.58	6.16	7.78	14.80	33.83
その他（ネット）	・・・	0.01	1.25	-23.52	2.87	9.18	4.86	-2.79
マネタリー・サーベイ	10億キープ（期末）							
対外資産（ネット）	・・・	・・・	・・・	10.91	11.48	13.07	27.37	63.60
国内信用	・・・	・・・	・・・	26.41	30.62	32.17	39.91	56.48
中央政府向け信用（ネット）	・・・	・・・	・・・	-14.64	-15.01	-9.56	-15.61	-27.76
非金融公的企業向け信用	・・・	・・・	・・・	36.65	39.73	20.42	17.84	18.33
民間部門向け信用	・・・	・・・	・・・	4.40	5.90	21.30	37.68	65.91
現金・預金通貨	・・・	・・・	・・・	25.13	25.09	28.23	35.14	52.24
準通貨	・・・	8.95	9.56	15.99	19.25	23.09	41.32	73.61
中央銀行負債：証券	・・・	・・・	・・・					0.10
制限付き預金	・・・	1.66	2.41	0.58	1.60	1.33	1.32	1.55
資本勘定	・・・	・・・	・・・	5.83	11.26	13.02	19.90	38.40
その他（ネット）	・・・	・・・	・・・	-10.20	-15.09	-20.41	-30.39	-45.82
現金・預金通貨（季節調整値）	・・・	・・・	・・・	24.54	24.36	27.27	33.86	51.22
現金・預金通貨＋準通貨	・・・	・・・	・・・	41.11	44.34	51.32	76.46	125.85
金利	年率（%）							
ディスカウント・レート	・・・	・・・	・・・	・・・	・・・	・・・	23.67	25.00
財務省短期証券金利	・・・	・・・	・・・	・・・	・・・	・・・	・・・	・・・
預金金利	・・・	・・・	・・・	30.00	30.00	23.50	15.00	13.33
貸出金利	・・・	・・・	・・・	・・・	・・・	26.00	26.00	25.33
物価	指数（2010年=100，期中平均）							
消費者物価指数	・・・	・・・	1.68	2.71	3.67	4.16	4.57	4.86
GDPデフレーター	0.92	1.20	1.74	2.99	3.98	4.51	4.93	5.31

ラ オ ス

1994	1995	1996	1997	1998	1999	2000	2001	2002	2003	2004
1,049.63	1,372.03	1,344.49	3,554.60	6,017.92	10,431.10	10,707.30	11,926.40	14,519.70	15,553.60	16,114.80
719.00	923.00	935.00	2,634.50	4,274.00	7,600.00	8,218.00	9,490.00	10,680.00	10,467.00	10,376.50
717.67	804.69	921.02	1,259.98	3,298.33	7,102.02	7,887.64	8,954.58	10,056.30	10,569.00	10,585.40
39.10	39.10	39.10	39.10	39.10	39.10	39.10	52.90	52.90	52.90	52.90
7.46	9.49	7.17	9.31	4.32	0.05	0.07	2.72	4.47	12.87	9.90
. . .	. . .	. . .	. . .	. . .	. . .	. . .	. . .	. . .	. . .	. . .
32.24	42.80	46.61	48.96	44.27	38.41	32.55	29.75	31.77	29.85	24.57
9.41	9.41	9.41	9.41	9.41	9.41	9.41	9.41	9.41	9.41	9.41
60.93	92.11	169.50	112.18	112.21	101.19	138.97	130.93	191.59	208.59	223.25
10.89	14.10	10.31	12.56	6.09	0.07	0.10	3.42	6.07	19.13	15.37
-										
50.03	78.01	159.19	99.62	106.13	101.12	138.87	127.51	185.52	189.46	207.87
0.02	0.02	0.02	0.02	0.02	0.12	0.02	0.07	0.07	0.12	0.12
0.60	0.60	0.60	0.60	0.60	4.10	0.59	2.53	2.53	4.10	4.10
97.04	98.80	114.94	68.46	105.76	150.39	130.92	91.23	147.67	163.67	218.87
29.92	43.07	50.13	29.32	39.62	37.10	42.51	39.63	80.87	71.87	95.28
43.96	85.18	158.64	295.70	479.76	799.78	1,146.86	1,265.54	2,069.17	2,226.69	2,359.91
12.16	4.25	4.25	4.70	91.27	198.83	158.51	184.98	239.27	234.17	185.86
1.86	6.98	10.87	59.54	112.80	223.71	346.10	488.49	566.64	523.51	575.14
6.83	10.40	13.90	38.22	72.05	143.25	143.23	150.82	175.88	153.24	153.59
37.05	46.59	52.37	57.94	80.35	301.90	445.60	347.66	218.07	137.63	131.04
74.23	84.17	104.37	150.09	281.75	481.75	766.65	822.49	1,079.11	1,329.94	1,545.29
38.61	41.95	42.97	53.31	63.16	77.79	67.83	113.08	228.81	399.10	666.42
-	12.98	20.66	29.31	43.02	141.61	159.20	199.92	165.82	45.52	-
43.72	71.63	75.32	207.48	323.05	498.81	449.25	467.01	597.93	610.62	547.59
25.58	23.62	82.86	83.83	131.88	322.55	716.82	628.00	1,078.27	932.35	940.49
5.35	13.53	12.56	57.80	115.99	358.80	362.31	593.99	701.48	750.60	802.44
-47.02	-52.55	-55.74	-72.42	-59.45	-135.76	-213.63	-273.82	-353.59	-393.81	-430.27
36.45	44.16	59.24	77.70	212.42	402.96	688.57	714.39	938.92	1,108.89	982.05
-	-	-	-	-	0.01	0.20	0.07	0.36	0.12	-
69.77	91.19	107.47	180.35	452.00	1,142.98	1,075.88	865.78	1,577.12	1,713.16	2,271.14
26.81	19.38	39.18	40.78	37.86	11.35	7.64	29.74	69.16	324.36	355.84
15.57	20.69	26.06	60.88	110.75	221.69	296.54	528.24	566.40	402.59	423.46
92.02	118.46	141.79	247.35	460.77	728.69	1,074.91	1,354.49	1,329.22	1,318.96	1,528.05
22.73	25.22	32.59	26.62	105.82	141.19	272.23	256.88	358.15	437.29	537.54
104.69	126.09	169.37	326.07	696.95	1,325.52	1,911.25	2,193.15	2,942.40	3,401.38	3,947.56
1.77	1.73	1.56	2.12	4.43	1.29	0.07	0.18	24.07	20.95	23.63
21.51	39.76	46.87	77.24	169.34	281.96	349.38	376.08	863.70	752.28	988.65
12.69	15.41	21.60	36.34	103.46	247.16	79.93	51.42	37.20	80.71	114.94
35.04	41.93	49.12	51.46	81.67	314.49	489.84	383.78	252.38	165.62	98.39
47.45	23.47	66.51	126.78	215.97	457.31	519.89	574.10	487.44	201.02	60.18
-5.26	20.29	-13.87	-39.58	-103.84	-261.26	-478.86	-342.88	-484.16	-191.17	-210.35
48.51	64.98	143.92	191.32	439.37	1,161.98	1,424.11	1,288.22	2,184.66	2,576.95	3,094.81
116.98	141.13	131.59	331.30	650.16	957.80	1,230.17	2,057.34	1,831.10	1,943.77	2,166.51
0.70	-15.39	-61.03	-74.69	-106.21	-359.54	-630.61	-464.70	-807.04	-454.53	-513.73
17.43	27.67	36.93	120.42	223.55	445.39	642.63	1,016.73	1,133.04	926.10	998.60
98.85	128.86	155.69	285.58	532.82	871.94	1,218.14	1,505.31	1,505.10	1,472.20	1,681.64
61.34	67.18	75.56	79.94	168.98	218.98	344.35	371.84	587.00	836.54	1,207.29
104.69	126.09	169.37	326.07	696.95	1,325.52	1,911.25	2,193.15	2,942.40	3,401.38	3,947.56
-	12.98	20.66	29.31	43.02	141.61	159.00	199.85	165.46	45.40	-
1.78	1.73	1.56	2.12	4.43	1.29	0.07	0.18	24.07	20.95	23.63
52.80	37.00	79.07	184.59	331.96	816.11	882.20	1,168.09	1,188.92	951.62	862.62
-55.12	-38.86	-70.71	-99.40	-155.81	-383.42	-642.29	-587.44	-892.10	-735.19	-779.78
60.20	65.96	74.24	78.46	165.89	215.50	341.82	371.81	587.63	829.10	1,177.27
166.03	193.27	244.93	406.00	865.93	1,544.50	2,255.60	2,564.99	3,529.40	4,237.92	5,154.85
30.00	32.08	35.00	. . .	35.00	34.89	35.17	35.00	20.00	20.00	20.00
. . .	20.46	. . .	. . .	23.66	30.00	29.94	22.70	21.41	24.87	20.37
12.00	14.00	16.00	. . .	17.79	13.42	12.00	6.50	6.00	6.58	7.85
24.00	25.67	27.00	. . .	29.28	32.00	32.00	26.17	29.33	30.50	29.25
5.19	6.21	7.02	8.95	17.09	38.49	48.14	51.90	57.42	66.32	73.26
5.65	6.81	7.69	9.17	16.99	38.58	48.27	52.42	57.96	60.26	73.73

統　　計

ラオス（1948-2016年）

		2005	2006	2007	2008	2009	2010	2011	2012
為替レート	対SDRレート								
公定レート（期末）		15,354.60	14,587.40	14,769.00	13,058.20	13,300.70	12,410.80	12,317.80	12,276.10
	対ドル・レート								
公定レート（期末）		10,743.00	9,696.48	9,346.00	8,477.83	8,484.25	8,058.78	8,023.24	7,987.45
公定レート（期中平均）		10,655.20	10,159.90	9,603.16	8,744.22	8,516.05	8,258.77	8,030.06	8,007.76
IMFポジション	100万SDR（期末）								
クォータ		52.90	52.90	52.90	52.90	52.90	52.90	52.90	52.90
SDR		9.86	9.78	9.79	9.80	51.07	51.07	51.07	51.07
IMFリザーブポジション									
内：IMF借入残高		・・・	・・・	・・・	・・・	・・・			
IMFクレジット及び融資総残高		20.47	18.25	16.31	13.59	9.97	6.34	3.17	0.91
SDR配分額		9.41	9.41	9.41	9.41	50.68	50.68	50.68	50.68
国際流動性	100万米ドル（他に断りのない限り，期末）								
総準備（金を除く）		234.29	328.43	532.56	628.74	608.60	703.35	741.21	799.09
SDR		14.09	14.71	15.47	15.10	80.06	78.65	78.41	78.50
IMFリザーブポジション									
外国為替		220.21	313.73	517.09	613.64	528.54	624.70	662.80	720.59
金（100万ファイントロイオンス）		0.15	0.21	0.21	0.29	0.29	0.29	0.29	0.29
金（国内評価額）		5.10	7.35	7.35	9.99	9.99	9.99	16.00	19.05
通貨当局：その他負債		0.76	0.72	0.68	0.25	0.16	0.17	・・・	・・・
預金通貨銀行：資産		221.73	331.47	470.27	474.29	326.68	555.42	・・・	・・・
預金通貨銀行：負債		108.62	132.64	151.81	222.12	215.35	418.00	・・・	・・・
通貨当局	10億キープ（期末）								
対外資産		2,573.17	3,258.39	5,051.06	5,415.86	5,369.35	5,866.31	・・・	・・・
中央政府向け信用		260.85	619.93	907.00	972.85	925.09	925.63	・・・	・・・
非金融公的企業向け信用		228.40	176.11	160.73	685.07	2,312.23	3,367.06	・・・	・・・
民間部門向け信用		126.52	70.39					・・・	・・・
預金通貨銀行向け信用		221.94	143.38	192.06	537.92	1,173.34	1,966.67	・・・	・・・
準備貨幣		1,823.23	2,501.97	3,973.61	4,776.04	6,302.23	9,371.79	・・・	・・・
内：預金通貨銀行以外の現金通貨		948.55	1,230.59	1,837.92	2,223.23	3,085.78	3,790.53	・・・	・・・
定期預金，貯蓄性預金及び外貨預金						133.33	188.59	・・・	・・・
中央銀行負債：証券		-	-	-	222.52	660.18	1,023.30	・・・	・・・
制限付き預金								・・・	・・・
対外負債		466.93	410.51	386.22	302.40	807.97	709.00	・・・	・・・
中央政府預金		1,033.55	1,178.60	1,623.81	2,213.18	1,902.49	1,804.16	・・・	・・・
資本勘定		279.43	308.87	564.40	464.79	514.99	682.80	・・・	・・・
その他（ネット）		-192.26	-131.75	-237.12	-367.35	-541.26	-1,654.09	・・・	・・・
預金通貨銀行	10億キープ（期末）								
準備		962.67	1,265.06	2,162.37	2,357.59	3,414.80	5,691.00	・・・	・・・
通貨当局に対する債権：証券		-	-	-	210.28	645.70	835.90	・・・	・・・
対外資産		2,382.04	3,214.06	4,395.18	4,020.98	2,771.60	4,476.00	・・・	・・・
中央政府向け信用		464.04	549.14	838.19	681.26	742.30	1,052.00	・・・	・・・
非金融公的企業向け信用		508.08	380.15	352.15	605.67	266.30	588.60	・・・	・・・
民間部門向け信用		2,017.24	1,990.22	2,653.54	4,553.82	8,564.60	12,314.50	・・・	・・・
要求払い預金		610.26	767.66	1,226.74	1,491.68	1,704.00	2,555.30	・・・	・・・
定期性預金，貯蓄性預金及び外貨預金		4,001.43	5,047.80	6,709.51	7,848.62	10,387.60	14,764.20	・・・	・・・
制限付き預金		27.74	31.21	36.39	51.98	8.70	8.40	・・・	・・・
対外負債		1,166.92	1,286.18	1,418.77	1,883.10	1,827.10	3,368.60	・・・	・・・
中央政府預金		222.75	355.94	616.92	267.53	554.10	730.90	・・・	・・・
通貨当局からの信用		150.10	164.90	174.56	419.59	923.50	1,440.80	・・・	・・・
資本勘定		191.97	159.15	684.27	1,189.92	2,093.80	3,815.30	・・・	・・・
その他（ネット）		-37.10	-414.21	-465.71	-722.78	-1,093.20	-1,725.20	・・・	・・・
マネタリー・サーベイ	10億キープ（期末）								
対外資産（ネット）		3,321.36	4,775.76	7,641.26	7,251.33	5,505.88	6,264.71	・・・	・・・
国内信用		2,348.83	2,251.40	2,670.88	5,017.96	10,353.90	15,712.70	・・・	・・・
中央政府向け信用（ネット）		-531.41	-365.47	-495.54	-826.60	-789.20	-557.43	・・・	・・・
非金融公的企業向け信用		736.48	556.26	512.88	1,290.74	2,578.53	3,955.66	・・・	・・・
民間部門向け信用		2,143.76	2,060.61	2,653.54	4,553.82	8,564.60	12,314.50	・・・	・・・
現金・預金通貨		1,558.91	1,998.32	3,064.72	3,715.33	4,790.49	6,349.83	・・・	・・・
準通貨		4,001.43	5,047.80	6,709.51	7,848.62	10,520.90	14,952.80	・・・	・・・
中央銀行負債：証券		-	-	-	12.24	14.48	187.40	・・・	・・・
制限付き預金		27.74	31.21	36.39	51.98	8.70	8.40	・・・	・・・
資本勘定		471.40	468.02	1,248.67	1,654.71	2,608.79	4,498.10	・・・	・・・
その他（ネット）		-389.29	-518.19	-747.07	-1,013.66	-2,083.36	-4,018.90	・・・	・・・
現金・預金通貨（季節調整値）		1,489.20	1,871.60	2,830.37	3,413.25	4,397.57	5,831.47	・・・	・・・
現金・預金通貨＋準通貨		5,560.34	7,046.12	9,774.23	11,564.00	15,311.40	21,302.60	・・・	・・・
金利	年率（%）								
ディスカウント・レート		20.00	20.00	12.67	7.67	4.75	4.33	・・・	・・・
財務省短期証券金利		18.61	18.34	18.36	12.26	9.52	7.97	・・・	・・・
預金金利		4.75	5.00	5.00	4.67	3.25	3.00	・・・	・・・
貸出金利		26.83	30.00	28.50	24.00	24.78	22.61	・・・	・・・
物価	指数（2010年=100，期中平均）								
消費者物価指数		78.50	83.84	87.64	94.32	94.36	100.00	107.58	112.16
GDPデフレーター		75.18	86.00	90.54	95.04	90.99	100.00	106.00	114.18

420

ラ　オ　ス

2013	2014	2015	2016
12,362.80	11,732.10	11,325.00	11,208.80
8,027.76	8,097.77	8,172.60	8,337.81
7,860.14	8,048.96	8,147.91	8,179.27
52.90	52.90	52.90	105.80
51.07	51.07	51.07	37.84
-	-	0.02	13.23
-	-	-	-
50.68	50.68	50.68	50.68
721.63	875.10	1,043.07	847.06
78.65	74.00	70.77	50.88
-	-	0.03	17.78
642.98	801.10	972.27	778.41
0.29	0.29	0.01	0.03
18.92	14.60	14.53	36.49
・・・	・・・	・・・	・・・
・・・	・・・	・・・	・・・
・・・	・・・	・・・	・・・
・・・	・・・	・・・	・・・
・・・	・・・	・・・	・・・
・・・	・・・	・・・	・・・
・・・	・・・	・・・	・・・
・・・	・・・	・・・	・・・
・・・	・・・	・・・	・・・
・・・	・・・	・・・	・・・
・・・	・・・	・・・	・・・
・・・	・・・	・・・	・・・
・・・	・・・	・・・	・・・
・・・	・・・	・・・	・・・
・・・	・・・	・・・	・・・
・・・	・・・	・・・	・・・
・・・	・・・	・・・	・・・
・・・	・・・	・・・	・・・
・・・	・・・	・・・	・・・
・・・	・・・	・・・	・・・
・・・	・・・	・・・	・・・
・・・	・・・	・・・	・・・
・・・	・・・	・・・	・・・
・・・	・・・	・・・	・・・
・・・	・・・	・・・	・・・
・・・	・・・	・・・	・・・
・・・	・・・	・・・	・・・
・・・	・・・	・・・	・・・
・・・	・・・	・・・	・・・
・・・	・・・	・・・	・・・
・・・	・・・	・・・	・・・
・・・	・・・	・・・	・・・
119.30	124.23	125.81	127.71
118.88	124.68	・・・	・・・

421

統　　計

韓国 （1948-2000年）

		1948	1949	1950	1951	1952	1953	1954	1955
為替レート									
市場レート（期末）	対SDRレート 0.40		0.90	2.50	6.00	6.00	18.00	18.00	50.00
市場レート（期末）	対ドル・レート 0.40		0.90	2.50	6.00	6.00	18.00	18.00	50.00
市場レート（期中平均）	0.40		0.90	2.50	6.00	6.00	18.00	18.00	50.00
名目実効為替レート	指数（2010年=100, 期中平均）	・・・	・・・	・・・	・・・	・・・	・・・	・・・	・・・
実質実効為替レート（ユニット・レイバー・コスト・ベース）		・・・	・・・	・・・	・・・	・・・	・・・	・・・	・・・
IMFポジション	100万SDR（期末）								
クォータ		-	-	-	-	-	-	-	12.50
SDR									
IMFリザーブポジション		-	-	-	-	-	-	-	-
内：IMF借入残高		-	-	-	-	-	-	-	-
IMFクレジット及び融資総残高		-	-	-	-	-	-	-	-
SDR配分額		-	-	-	-	-	-	-	-
国際流動性	100万米ドル（他に断りのない限り，期末）								
総準備（金を除く）		20.00	22.10	25.30	36.80	81.40	107.30	105.50	94.80
SDR									
IMFリザーブポジション									
外国為替		20.00	22.10	25.30	36.80	81.40	107.30	105.50	94.80
金（100万ファイントロイオンス）		0.02	0.02	0.04	0.04	0.04	0.04	0.04	0.04
金（国内評価額）		0.70	0.90	1.20	1.20	1.30	1.40	2.30	1.20
通貨当局：その他負債		・・・	・・・	・・・	・・・	・・・	・・・	・・・	・・・
預金通貨銀行：資産		・・・	・・・	・・・	・・・	・・・	・・・	・・・	・・・
預金通貨銀行：負債		・・・	・・・	・・・	・・・	・・・	・・・	・・・	・・・
その他銀行業機関：資産		・・・	・・・	・・・	・・・	・・・	・・・	・・・	・・・
その他銀行業機関：負債		・・・	・・・	・・・	・・・	・・・	・・・	・・・	・・・
通貨当局	10億ウォン（期末）								
対外資産		・・・	・・・	・・・	0.20	0.50	1.90	2.00	4.80
中央政府向け信用		・・・	・・・	・・・	0.80	1.20	2.40	6.70	10.80
公的機関向け信用					-				
預金通貨銀行向け信用		・・・	・・・	・・・	0.10	0.40	1.20	1.00	1.60
準備貨幣		・・・	・・・	・・・	0.50	1.10	2.60	4.80	7.80
内：預金通貨銀行以外の現金通貨		・・・	・・・	・・・	0.50	1.00	2.20	4.00	5.90
債券									
対外負債		・・・	・・・	・・・	-	-	0.50	1.00	3.60
中央政府預金		・・・	・・・	・・・	0.40	0.90	1.60	1.40	2.60
その他（ネット）		・・・	・・・	・・・	0.20	-	0.70	2.50	3.20
預金通貨銀行	10億ウォン（期末）								
準備		・・・	・・・	・・・	0.10	0.20	0.40	0.70	1.50
中央銀行債券		・・・	・・・						
対外資産		・・・	・・・						
中央政府向け信用		・・・	・・・		-	-	0.10	0.10	0.20
民間部門向け信用		・・・	・・・		0.20	0.70	1.80	2.30	3.80
要求払い預金		・・・	・・・		0.20	0.50	0.90	1.80	3.30
定期性預金，貯蓄性預金及び外貨預金		・・・	・・・				0.20	0.40	0.70
債券		・・・	・・・						
制限付き預金		・・・	・・・						
対外負債		・・・	・・・						
中央政府預金		・・・	・・・						
中央政府融資資金		・・・	・・・						
通貨当局からの信用		・・・	・・・		0.10	0.50	1.30	1.10	1.60
資本勘定		・・・	・・・						
その他（ネット）		・・・	・・・		-	-0.10	-0.10	-0.20	-0.10
マネタリー・サーベイ	10億ウォン（期末）								
対外資産（ネット）		・・・	・・・	0.10	0.20	0.50	1.40	1.00	1.30
国内信用		・・・	・・・	0.20	0.70	1.20	3.40	8.00	13.00
中央政府向け信用（ネット）		・・・	・・・	0.10	0.40	0.30	0.90	5.40	8.40
公的機関向け信用		・・・	・・・	-					
民間部門向け信用		・・・	・・・	0.10	0.30	0.90	2.50	2.60	4.60
現金・預金通貨		・・・	・・・	0.30	0.70	1.40	3.00	5.80	9.50
準通貨		・・・	・・・				0.50	0.50	1.00
債券		・・・	・・・						
制限付き預金		・・・	・・・						
中央政府融資資金		・・・	・・・						0.10
その他（ネット）		・・・	・・・		0.20	0.40	1.40	2.60	3.70
現金・預金通貨（季節調整値）		・・・	・・・						
現金・預金通貨＋準通貨		・・・	・・・				3.50	6.30	10.50
その他銀行業機関									
開発金融機関	10億ウォン（期末）								
民間部門向け信用		・・・	・・・	・・・	・・・	・・・	・・・	0.70	2.80
債券		・・・	・・・	・・・	・・・	・・・	・・・		0.20
見返り資金		・・・	・・・	・・・	・・・	・・・	・・・		
中央政府融資資金		・・・	・・・	・・・	・・・	・・・	・・・	0.72	2.66
預金通貨銀行からの信用		・・・	・・・	・・・	・・・	・・・	・・・		
資本勘定		・・・	・・・	・・・	・・・	・・・	・・・		
その他（ネット）		・・・	・・・	・・・	・・・	・・・	・・・		-0.10
商業銀行の信託勘定	10億ウォン（期末）								
民間部門向け信用		・・・	・・・	・・・	・・・	・・・	・・・	・・・	・・・
預金通貨銀行向け信用		・・・	・・・	・・・	・・・	・・・	・・・	・・・	・・・
準通貨性負債		・・・	・・・	・・・	・・・	・・・	・・・	・・・	・・・
その他（ネット）		・・・	・・・	・・・	・・・	・・・	・・・	・・・	・・・
郵便貯蓄預金									
ノンバンク金融機関	10億ウォン（期末）								
現金		・・・	・・・	・・・	・・・	・・・	・・・	・・・	・・・
中央政府向け信用		・・・	・・・	・・・	・・・	・・・	・・・	・・・	・・・
民間部門向け信用		・・・	・・・	・・・	・・・	・・・	・・・	・・・	・・・
不動産		・・・	・・・	・・・	・・・	・・・	・・・	・・・	・・・
流動負債		・・・	・・・	・・・	・・・	・・・	・・・	・・・	・・・
金利	年率（%）								
中央銀行政策金利		3.70	・・・	・・・	・・・	・・・	・・・	・・・	・・・
ディスカウント・レート			4.38	5.84	5.84	5.84	6.57	・・・	6.57
短期金融市場商品金利		・・・	・・・	・・・	・・・	・・・	・・・	・・・	・・・
社債金利		・・・	・・・	・・・	・・・	・・・	・・・	・・・	・・・
預金金利		・・・	・・・	・・・	・・・	・・・	・・・	・・・	・・・
貸出金利		・・・	・・・	・・・	・・・	・・・	・・・	・・・	・・・
政府債利回り		・・・	・・・	・・・	・・・	・・・	・・・	・・・	・・・
物価	指数（2010年=100, 期中平均）								
生産者物価指数		・・・	・・・	・・・	・・・	0.50	0.62	0.80	1.45
消費者物価指数		・・・	・・・	・・・	・・・	・・・	・・・	・・・	・・・
輸出物価指数		・・・	・・・	・・・	・・・	・・・	・・・	・・・	・・・
輸入物価指数		・・・	・・・	・・・	・・・	・・・	・・・	・・・	・・・
GDPデフレーター		・・・	・・・	・・・	・・・	・・・	0.25	0.32	0.53

韓　国

1956	1957	1958	1959	1960	1961	1962	1963	1964	1965	1966
50.00	50.00	50.00	50.00	65.00	130.00	130.00	130.00	255.77	271.78	271.18
50.00	50.00	50.00	50.00	65.00	130.00	130.00	130.00	255.77	271.78	271.18
50.00	50.00	50.00	50.00	63.13	124.79	130.00	130.00	213.85	266.40	271.34
···	···	···	···	···	···	···	···	···	···	···
···	···	···	···	···	···	···	···	···	···	···
12.50	12.50	12.50	12.50	18.75	18.75	18.75	18.75	18.75	18.75	24.00
-	-	-	-	-	-	-	-	4.68	4.69	6.01
97.20	114.10	144.90	145.50	155.20	205.20	166.80	129.60	133.58	142.99	241.81
								4.68	4.69	6.01
97.20	114.10	144.90	145.50	155.20	205.20	166.80	129.60	128.90	138.30	235.80
0.04	0.04	0.05	0.05	0.05	0.05	0.05	0.05	0.08	0.09	0.10
1.30	1.50	1.60	1.80	1.80	1.80	1.80	1.90	2.80	3.30	3.40
···	···	···	···	···	···	5.40	3.10	2.00	4.80	8.50
								0.01	0.01	0.02
···	···	···	···	···	···	···	···	···	···	···
4.90	5.70	7.30	7.30	9.65	25.79	19.94	15.64	31.95	35.13	59.93
20.80	29.90	30.20	29.40	28.51	33.93	40.77	40.42	42.08	45.10	42.31
					0.20		2.64	2.10	12.30	18.50
3.50	4.80	2.80	1.90	5.90	3.00	1.80	4.40	7.60	6.90	6.10
10.50	11.60	14.20	16.10	16.85	25.42	29.84	27.88	32.67	48.35	80.18
7.40	8.60	11.20	12.40	14.25	16.67	17.56	18.28	24.94	31.63	42.90
3.80	4.50	4.20	3.70	3.96	8.67	11.21	13.63	22.11	21.38	15.83
4.10	5.70	6.20	4.80	21.03	20.47	17.03	14.79	19.65	24.70	26.24
10.90	18.50	15.80	14.80	2.92	9.78	7.32	8.57	10.75	8.59	5.42
2.10	1.50	2.10	2.80	2.14	5.43	11.00	8.06	6.49	14.56	31.67
					0.34					4.57
				0.01	0.01	0.67	0.45	0.50	1.32	2.32
0.40	0.50	0.50	0.50	0.30	0.40	0.38	0.55	0.70	1.62	0.16
7.30	11.00	16.10	18.80	12.15	33.61	45.82	53.98	61.70	82.18	113.81
4.50	5.50	7.80	8.20	10.87	16.91	21.38	23.20	24.52	34.93	43.49
1.40	1.50	1.80	5.10	2.40	5.40	12.20	12.90	14.50	30.90	70.20
				0.02	0.03	3.36	3.56	9.39	7.64	7.49
										0.01
0.20						0.01	0.11	0.10	0.66	0.27
0.10	1.10	6.10	7.50	0.95	11.29	15.93	17.74	19.05	18.75	22.77
3.50	4.90	2.80	1.90	2.67	3.05	1.49	4.37	7.62	6.93	6.13
		1.00	1.40	1.50	2.28	7.08	7.34	8.44	9.70	14.83
0.10		-0.80	-2.00	-3.90	0.78	-3.55	-6.12	-14.23	-9.84	-12.62
1.20	1.40	3.10	3.60	5.71	17.13	9.40	2.46	10.33	15.07	46.42
25.20	37.10	42.70	46.10	22.13	50.36	71.14	83.41	90.42	118.74	153.27
16.90	24.70	24.50	25.10	7.78	13.85	24.12	26.08	23.02	21.36	15.96
					0.20	0.50	2.64	2.10	12.30	18.50
8.30	12.40	18.20	21.00	14.35	36.31	46.52	54.68	65.30	85.08	118.81
12.50	15.50	19.60	21.10	25.34	35.77	39.36	41.92	48.91	65.62	85.08
1.60	1.70	2.30	5.80	2.91	5.46	12.29	13.51	14.72	31.49	71.90
					-0.34	-0.02				-4.57
0.10	1.10	6.40	7.80	1.52	11.72	16.34	17.74	19.05	18.75	22.77
12.20	19.90	17.50	15.00	-1.30	16.25	11.59	10.97	10.15	13.89	17.87
	15.35	19.35	20.77	25.02	36.53	40.13	42.21	48.66	65.03	82.92
14.10	17.20	21.90	26.90	28.25	41.22	51.66	55.43	63.63	97.11	156.98
5.40	9.20	10.50	14.10	15.85	20.26	24.94	28.79	33.14	38.60	49.28
0.40	0.80	1.60	1.60	2.04	2.04	0.40	0.38	0.33	0.27	0.21
				9.86	12.31	13.29	16.09	18.55	18.38	18.39
5.40	9.25	9.02	11.96	3.64	6.68	1.47	2.04	3.26	5.91	12.43
				0.03						
0.10	0.10	0.20	0.30	0.28	0.39	9.37	11.10	12.06	14.17	17.58
0.40	0.10	-0.30	0.20	0.03	-1.15	0.40	-0.79	-1.05	-0.13	0.67
					0.04	1.41	4.33	4.94	6.24	10.75
					0.05	0.56	0.12	0.18	1.25	5.43
			0.01	0.01	0.12	2.30	4.97	5.59	7.60	15.52
					-0.05	-0.33	-0.52	-0.48	-0.10	0.66
	0.12	0.19	0.29	0.33	0.62	0.96	0.98	1.32	2.01	3.52
				0.02	0.01	0.05	0.19	0.13	0.29	0.27
				0.12	0.08	0.23	0.06	0.09	0.07	0.02
				0.09	0.08	0.09	0.66	1.32	1.40	2.37
				0.24	0.35	0.44	0.85	1.16	1.43	1.80
						54.86	61.19	70.40	106.42	176.00
···	···	···	···	···	···	···	···	···	···	···
6.57	6.57	6.57	7.30	10.22	10.22	10.22	10.22	10.50	28.00	28.00
···	···	···	···	···	···	···	···	···	···	···
···	···	···	···	···	···	···	···	···	···	···
···	···	···	···	···	···	···	···	···	···	···
···	···	···	···	···	···	···	···	···	···	···
1.91	2.22	2.08	2.13	2.35	2.67	2.92	3.52	4.74	5.21	5.68
···	···									3.36
···	···	···	···	···	···	···	···	···	···	···
0.70	0.83	0.82	0.83	0.91	1.03	1.21	1.57	2.04	2.14	2.45

統　　計

韓国（1948-2000年）

	1967	1968	1969	1970	1971	1972	1973	1974
為替レート								
市場レート（期末）対SDRレート	274.60	281.50	304.45	316.65	405.30	433.09	479.52	592.59
市場レート（期末）対ドル・レート	274.60	281.50	304.45	316.65	373.30	398.90	397.50	484.00
市場レート（期中平均）	270.52	276.65	288.16	310.56	347.15	392.89	398.32	404.47
名目実効為替レート　指数（2010年=100, 期中平均）	...	...	...	...	...	...	...	...
実質実効為替レート（ユニット・レイバー・コスト・ベース）	...	...	...	...	...	...	...	...
IMFポジション　100万SDR（期末）								
クォータ	24.00	50.00	50.00	50.00	80.00	80.00	80.00	80.00
SDR	-	-	-	10.31	17.63	26.09	26.11	1.38
IMFリザーブポジション	6.02	0.02	0.02	12.50	12.50	12.50	19.99	-
内：IMF借入残高	-	-	-	-	-	-	-	-
IMFクレジット及び融資総残高	-	-	-	-	-	-	-	110.00
SDR配分額	-	-	-	8.40	13.75	22.23	22.23	22.23
国際流動性　100万米ドル（他に断りのない限り、期末）								
総準備（金を除く）	353.22	387.72	549.52	606.31	433.51	523.00	884.81	277.19
SDR	-	-	-	10.31	19.14	28.33	31.50	1.69
IMFリザーブポジション	6.02	0.02	0.02	12.50	13.57	13.57	24.11	-
外国為替	347.20	387.70	549.50	583.50	400.80	481.10	829.20	275.50
金（100万ファイントロイオンス）	0.10	0.10	0.10	0.10	0.10	0.11	0.11	0.11
金（国内評価額）	3.30	3.40	3.40	3.40	3.50	4.00	4.60	4.70
通貨当局：その他負債	...	...	34.80	29.10	11.10	11.40	11.40	114.50
預金通貨銀行：資産	99.90	7.50	60.40	79.90	133.70	212.70	204.90	773.80
預金通貨銀行：負債	46.98	66.06	159.91	233.14	387.09	447.02	376.37	1.073.14
その他銀行業機関：資産	...	...	...	...	...	...	...	...
その他銀行業機関：負債	...	...	...	...	...	...	...	...
通貨当局　10億ウォン（期末）								
対外資産	69.13	104.48	148.83	171.41	150.08	134.71	268.38	102.42
中央政府向け信用	48.47	39.69	46.45	51.28	46.81	188.54	207.57	408.74
公的機関向け信用	20.10	27.90	32.00	30.00	32.00	34.00	43.00	20.00
預金通貨銀行向け信用	12.00	18.90	35.20	89.80	111.60	179.30	280.00	666.50
準備貨幣	110.93	157.24	216.01	299.72	288.22	427.52	624.08	775.04
内：預金通貨銀行以外の現金通貨	57.61	82.94	111.32	133.69	162.07	217.74	311.40	410.53
債券	-	-	5.64	3.75	1.46	8.30	18.08	1.29
対外負債	3.11	2.46	10.58	9.20	4.14	4.56	4.55	120.60
中央政府預金	31.20	32.50	35.86	41.96	37.88	87.93	103.68	154.05
その他（ネット）	-10.26	-16.10	-22.78	-10.64	-17.87	-33.62	2.03	146.64
預金通貨銀行　10億ウォン（期末）								
準備	44.93	64.41	79.77	162.47	101.74	166.00	276.00	351.91
中央銀行債券	14.62	15.05	27.32	5.17	26.07	44.00	61.00	1.00
対外資産	27.44	2.06	18.38	25.30	44.13	162.56	195.04	483.48
中央政府向け信用	4.40	2.65	3.62	5.12	2.61	3.98	27.89	47.17
民間部門向け信用	220.96	431.74	706.27	919.36	1.201.16	1.452.99	1.889.88	2.789.24
要求払い預金	65.72	98.05	152.39	185.32	219.55	331.98	440.46	532.71
定期性預金, 貯蓄性預金及び外貨預金	130.90	258.80	452.50	589.10	724.70	928.60	1.244.70	1.505.70
債券	-	2.02	3.77	7.12	9.91	11.33	23.62	35.79
制限付き預金	27.68	24.10	28.42	34.58	51.90	77.08	168.46	172.72
対外負債	12.90	18.60	48.68	73.82	144.50	178.32	149.61	519.40
中央政府預金	2.25	0.75	1.36	1.39	5.04	1.54	0.87	13.04
中央政府融資資金	28.06	37.80	65.05	93.35	102.21	116.46	127.11	168.48
通貨当局からの信用	11.98	18.88	35.17	90.23	111.56	179.34	280.04	666.48
資本勘定	34.17	46.39	64.95	70.54	95.03	126.05	173.12	215.38
その他（ネット）	-1.25	10.53	-16.96	-28.04	-88.69	-120.82	-158.51	-157.00
マネタリー・サーベイ　10億ウォン（期末）								
対外資産（ネット）	80.56	85.47	107.94	113.69	45.57	114.40	309.26	-54.11
国内信用	260.49	468.72	751.11	962.40	1.239.65	1.600.04	2.073.79	3.171.39
中央政府向け信用（ネット）	19.43	9.08	12.84	13.04	6.49	103.05	130.91	288.82
公的機関向け信用	20.10	27.90	32.00	30.00	32.00	34.00	43.00	20.00
民間部門向け信用	220.96	431.74	706.27	919.36	1.201.16	1.462.99	1.899.88	2.862.57
現金・預金通貨	123.00	178.86	252.02	307.61	357.98	519.39	730.30	945.71
準通貨	130.90	258.80	452.55	590.18	726.94	932.39	1.250.16	1.510.79
債券	-14.62	-13.03	-12.31	9.50	-13.20	-24.48	-19.36	35.79
制限付き預金	27.68	24.10	28.42	34.58	51.90	77.08	168.46	172.72
中央政府融資資金	28.06	39.00	67.11	95.79	105.15	120.85	133.30	178.10
その他（ネット）	31.36	51.50	54.09	39.93	29.79	47.35	73.59	274.13
現金・預金通貨（季節調整値）	117.93	169.86	241.17	294.36	341.91	495.61	694.86	898.11
現金・預金通貨＋準通貨	253.90	437.66	704.57	897.78	1.084.92	1.451.79	1.980.46	2.456.50
その他銀行業機関								
開発金融機関　10億ウォン（期末）								
民間部門向け信用	58.17	85.08	130.58	184.66	215.12	311.22	385.98	501.65
債券	0.15	0.09	16.36	28.11	26.37	51.39	81.69	87.76
見返り資金	14.66	16.46	16.75	17.14	17.14	16.82	16.32	15.74
中央政府融資資金	20.61	25.27	42.04	51.86	69.10	84.73	100.01	161.52
預金通貨銀行からの信用	0.08	15.37	21.05	25.12	37.83	39.65	40.24	34.39
資本勘定	21.95	27.99	37.18	61.46	66.91	125.44	129.45	142.64
その他（ネット）	0.80	9.63	12.14	20.57	15.32	2.33	27.41	62.16
商業銀行の信託勘定　10億ウォン（期末）								
民間部門向け信用	14.77	25.41	51.25	73.06	115.35	131.23	167.04	149.41
預金通貨銀行向け信用	16.41	28.81	19.22	10.19	5.11	18.35	5.45	21.14
準通貨性負債	30.01	51.64	67.19	79.27	124.83	158.44	182.81	190.65
その他（ネット）	1.16	2.56	3.28	3.98	-4.37	-8.86	-10.32	-20.10
郵便貯蓄預金	5.66	8.44	12.29	15.05	16.12	24.71	32.06	39.96
ノンバンク金融機関　10億ウォン（期末）								
現金	0.78	0.75	1.80	1.97	2.10	3.34	4.00	4.83
中央政府向け信用	0.01	0.31	0.51	0.49	0.58	0.68	1.17	4.95
民間部門向け信用	3.30	4.85	6.05	8.36	11.97	15.81	29.25	39.06
不動産	2.89	3.56	7.21	10.28	13.08	14.81	17.33	21.18
流動負債	289.00	497.00	782.00	990.00	1.224.00	1.632.00	2.191.00	2.682.00
金利　年率（%）								
中央銀行政策金利	...	...	...	...	...	...	...	...
ディスカウント・レート	28.00	23.00	22.00	19.00	16.00	11.00	11.00	11.00
短期金融市場商品金利	...	...	...	...	...	...	...	...
社債金利	...	...	...	...	...	...	...	...
預金金利	...	...	22.80	22.80	20.40	12.00	12.00	15.00
貸出金利	...	...	...	...	...	...	...	...
政府債利回り	...	...	...	...	...	...	...	20.97
物価　指数（2010年=100, 期中平均）								
生産者物価指数	6.06	6.52	6.97	7.63	8.27	9.43	10.09	14.34
消費者物価指数	3.72	4.12	4.64	5.38	6.11	6.82	7.04	8.75
輸出物価指数	...	...	...	...	17.07	19.09	21.88	23.55
輸入物価指数	...	...	...	...	5.07	6.13	7.81	11.03
GDPデフレーター	2.77	3.15	3.60	4.13	4.59	5.32	6.00	7.83

韓　国

1975	1976	1977	1978	1979	1980	1981	1982	1983	1984	1985
566.60	562.33	587.92	630.55	637.59	841.64	815.35	826.01	832.85	811.03	977.81
484.00	484.00	484.00	484.00	484.00	659.90	700.50	748.80	795.50	827.40	890.20
484.00	484.00	484.00	484.00	484.00	607.43	681.03	731.08	775.75	805.98	870.02
...	...	...	...	...	...	...	...	...	...	...
...	...	...	...	...	...	...	...	...	...	...
80.00	80.00	80.00	160.00	160.00	255.90	255.90	255.90	462.80	462.80	462.80
3.35	6.81	10.04	11.40	18.89	9.85	54.12	57.76	60.22	30.92	36.21
			10.41	18.81	-	-	-	51.72	-	0.68
217.28	301.68	280.37	201.84	104.41	535.43	1.070.64	1.141.68	1.292.83	1.598.85	1.373.03
22.23	22.23	22.23	22.23	38.87	55.51	72.91	72.91	72.91	72.91	72.91
781.32	1.970.01	2.967.10	2.763.91	2.959.16	2.924.86	2.681.69	2.807.32	2.346.70	2.753.61	2.869.32
3.92	7.91	12.20	14.85	24.88	12.56	62.99	63.72	63.05	30.31	39.77
			13.56	24.78	-	-	-	54.15	-	0.75
777.40	1.962.10	2.954.90	2.735.50	2.909.50	2.912.30	2.618.70	2.743.60	2.229.50	2.723.30	2.828.80
0.11	0.11	0.15	0.27	0.30	0.30	0.30	0.30	0.30	0.31	0.31
4.70	4.70	6.20	29.70	30.60	30.80	32.20	30.90	31.00	31.10	31.40
218.40	247.40	182.80	49.70	54.20	52.10	52.90	59.70	59.80	62.50	71.50
764.20	986.00	1.333.40	2.143.80	2.718.60	3.615.80	4.176.20	4.146.90	4.531.00	4.865.00	4.848.00
1.514.09	1.740.68	2.295.70	3.217.09	5.106.80	7.145.90	9.288.87	11.976.00	10.751.00	14.187.90	15.866.60
...	...	...	111.00	232.00	144.00	210.00	402.00	306.00	389.00	385.00
			1.255.00	2.375.00	2.821.00	3.636.00	4.628.00	5.353.00	6.322.00	8.396.00
367.45	927.30	1.513.85	1.320.45	1.446.84	1.939.07	1.897.26	2.162.06	1.869.04	2.287.69	2.481.29
681.73	818.12	925.23	1.191.24	1.177.05	1.176.08	1.711.83	1.922.18	2.217.36	2.175.51	2.188.31
110.00	110.00	210.00	240.00	240.00	270.00	370.00	470.00	570.01	570.02	570.02
686.10	686.40	848.54	1.493.33	2.339.48	2.916.56	3.626.62	4.192.86	5.244.39	7.095.48	9.077.69
1.077.01	1.437.73	2.071.60	2.802.03	3.468.03	3.243.94	2.801.64	3.825.26	4.095.25	4.248.39	4.319.03
507.19	676.81	953.39	1.364.40	1.603.96	1.856.36	2.025.39	2.573.71	3.736.91	3.109.38	8.417.92
93.88	150.15	428.60	426.42	532.18	579.69	1.934.07	910.03	1.124.32	5.650.85	3.285.51
228.82	289.38	253.32	151.34	92.81	485.05	910.03	987.71	1.348.40	1.348.40	1.406.20
217.25	387.54	710.51	914.37	902.23	780.27	543.69	626.51	764.46	1.120.74	1.187.25
228.39	277.03	33.62	-49.13	208.14	1.212.77	1.416.30	769.49	179.93	-239.65	-1.013.11
557.10	754.79	1.109.95	1.400.70	1.814.87	1.323.91	737.62	1.196.44	1.128.62	856.05	1.016.29
68.00	68.00	381.00	339.00	319.00	555.00	1.566.00	2.386.00	2.831.00	4.125.55	5.557.76
697.66	766.50	1.312.76	1.427.15	1.657.47	3.073.75	3.600.62	3.659.44	4.335.90	4.861.10	5.139.30
103.76	228.29	370.88	517.78	631.83	1.029.69	1.407.45	2.229.38	2.395.16	2.896.79	2.968.29
3.481.34	4.373.56	5.465.30	8.081.74	11.302.70	15.787.50	19.923.10	25.049.80	29.428.80	33.649.00	39.990.80
667.61	865.98	1.232.68	1.324.97	1.648.03	1.919.91	1.968.60	3.305.70	3.871.87	3.776.93	4.301.83
1.964.80	2.659.90	3.698.80	5.210.50	6.603.11	8.727.37	11.688.40	14.104.70	16.154.30	17.884.70	21.000.80
52.16	81.97	150.79	176.10	235.06	315.86	44.33	90.38	180.29	199.70	217.91
258.37	327.25	297.94	329.16	370.24	617.24	592.45	280.74	305.71	287.17	358.64
732.82	842.49	1.111.12	1.557.07	2.471.69	4.715.58	6.506.85	8.967.60	9.955.53	11.739.10	14.124.50
30.73	57.29	-	-	32.67	22.71	3.63	321.36	568.62	520.61	240.04
209.31	299.46	393.69	531.40	737.89	881.69	1.129.99	1.434.36	1.741.62	1.927.57	2.172.36
672.74	686.20	848.77	1.496.39	2.339.68	2.917.77	3.626.62	4.197.08	5.244.71	7.097.67	9.111.90
348.43	444.52	545.44	829.31	1.133.98	1.403.52	1.689.12	1.906.66	2.383.48	2.706.39	3.031.14
-29.00	-74.00	360.00	311.00	154.00	248.00	-15.00	-88.00	-286.00	248.00	113.42
103.47	561.93	1.462.18	1.039.19	539.81	-187.81	-1.919.00	-4.133.81	-4.874.91	-5.938.70	-7.910.08
4.201.42	5.165.31	6.394.71	9.294.59	12.605.40	17.719.30	23.215.40	29.044.30	33.683.10	38.087.30	44.847.30
537.51	601.58	585.60	794.65	873.98	1.402.79	2.571.96	3.203.69	3.279.44	3.430.95	3.729.31
110.00	110.00	210.00	240.00	240.00	270.00	370.00	470.00	570.01	570.02	570.02
3.553.91	4.453.73	5.599.11	8.259.94	11.491.40	16.046.50	20.273.40	25.370.60	29.833.60	34.086.30	40.548.00
1.181.75	1.544.04	2.172.57	2.713.81	3.274.54	3.806.99	3.982.41	5.799.32	6.783.39	6.820.71	7.557.85
1.968.26	2.660.74	3.701.75	5.214.82	6.603.30	8.727.46	11.688.80	14.104.90	16.154.70	17.884.90	21.007.50
78.24	164.22	198.76	263.72	447.94	340.78	412.44	242.69	1.085.75	1.725.15	3.078.07
258.37	327.25	297.94	329.16	370.24	617.24	592.45	280.74	305.71	287.17	358.64
219.28	310.27	401.68	533.77	738.16	881.91	1.130.17	1.434.54	1.741.81	1.927.77	2.172.78
599.10	720.77	1.084.22	1.278.55	1.711.09	3.157.14	3.490.22	3.048.36	2.736.83	3.502.93	2.762.52
1.116.97	1.451.17	2.030.44	2.524.47	3.037.61	3.524.99	3.694.26	5.374.72	6.263.52	6.240.36	6.839.68
3.150.01	4.204.78	5.874.32	7.928.63	9.877.84	12.534.45	15.671.21	19.904.22	22.938.09	24.705.61	28.565.35
722.94	917.66	1.248.50	1.743.38	2.470.22	3.620.47	4.449.17	5.310.87	6.048.50	6.699.44	7.739.64
67.27	114.62	175.68	235.00	299.37	510.36	610.38	786.10	899.88	1.159.60	1.710.48
15.20	14.64	14.04	13.72	12.77	12.14	11.51	3.42	2.47	2.04	1.79
250.72	361.15	486.42	785.96	1.108.29	1.468.10	1.925.26	2.332.52	2.728.21	2.778.53	2.948.22
35.80	22.57	34.88	28.98	31.85	31.09	38.91	11.83	19.92	9.03	36.42
236.50	329.72	365.13	448.67	480.36	617.89	666.05	684.54	781.13	767.96	786.45
117.44	74.96	172.35	231.04	537.58	980.90	1.197.07	1.492.89	1.616.92	1.982.31	2.256.29
159.67	256.14	507.43	765.40	1.062.36	1.826.10	2.872.75	4.043.92	5.189.72	6.492.72	9.424.64
26.51	46.40	22.54	7.38	23.73	35.84	28.37	117.35	120.17	99.53	375.31
186.45	251.05	354.78	428.95	587.76	1.042.67	1.448.08	1.581.32	1.721.27	2.236.08	3.927.99
-0.27	51.49	175.20	343.83	498.34	819.28	1.453.05	2.579.94	3.588.62	4.356.17	5.871.96
46.99	61.93	34.96	30.08	40.71	85.06	92.84	281.61	439.31	586.01	474.61
4.58	7.07	8.45	13.99	22.48	39.68	59.34	86.71	126.70	207.71	327.58
13.04	20.50	25.40	43.81	51.75	71.77	112.73	151.52	172.31	251.62	286.05
49.57	69.52	136.57	227.00	494.40	727.93	1.060.62	1.518.87	2.355.55	3.446.71	4.575.16
22.62	34.95	28.27	48.41	70.64	110.82	176.16	331.50	484.42	644.31	748.49
3.379.00	4.511.00	6.256.00	8.374.00	10.484.00	13.622.00	17.153.00	21.680.00	24.972.00	27.320.00	32.640.00
...	...	...	...	...	...	...	...	...	...	...
14.00	14.00	14.00	15.00	15.00	16.00	11.00	5.00	5.00	5.00	5.00
...	...	18.09	19.32	18.86	22.85	18.14	14.18	13.00	11.39	9.35
...	...	...	...	...	...	17.39	19.25	14.40	13.55	13.37
15.00	16.20	14.40	18.60	...	19.50	16.20	8.00	8.00	9.17	10.00
...	...	...	...	18.60	18.00	17.38	11.79	10.00	10.00	10.00
21.10	21.62	21.47	21.60	25.18	28.76	23.62	17.42	13.08	14.32	13.58
18.14	20.33	22.18	24.76	29.39	40.85	49.18	51.48	51.57	51.95	52.41
10.96	12.64	13.93	15.94	18.85	24.27	29.44	31.56	32.64	33.39	34.22
28.12	31.75	33.78	38.60	45.32	59.11	68.81	71.08	73.38	77.66	81.70
12.79	13.17	13.32	13.90	17.58	27.90	32.71	33.34	33.81	35.21	36.44
9.68	11.74	13.43	16.39	19.42	24.21	28.22	30.05	31.51	32.90	34.21

統　　　計

韓国（1948-2000年）

	1986	1987	1988	1989	1990	1991	1992	1993
為替レート	対SDRレート							
市場レート（期末）	1,053.66	1,124.00	920.59	893.10	1,019.19	1,088.27	1,084.05	1,109.97
市場レート（期末）	対ドル・レート							
	861.40	792.30	684.10	679.60	716.40	760.80	788.40	808.10
市場レート（期中平均）	881.45	822.57	731.47	671.46	707.76	733.35	780.65	802.67
名目実効為替レート	指数（2010年=100, 期中平均）							
	・・・	・・・	・・・	・・・	・・・	・・・	・・・	・・・
実質実効為替レート（ユニット・レイバー・コスト・ベース）	・・・	・・・	・・・	・・・	・・・	・・・	・・・	・・・
IMFポジション	100万SDR（期末）							
クォータ	462.80	462.80	462.80	462.80	462.80	462.80	799.60	799.60
SDR	14.43	11.57	4.22	1.22	10.12	20.86	30.56	42.29
IMFリザーブポジション	0.68	0.68	0.68	178.19	224.51	255.35	319.05	339.17
内：IMF借入残高	-	-	-	-	-	-	-	-
IMFクレジット及び融資総残高	1,266.25	369.78	-	-	-	-	-	-
SDR配分額	72.91	72.91	72.91	72.91	72.91	72.91	72.91	72.91
国際流動性	100万米ドル（他に断りのない限り，期末）							
総準備（金を除く）	3,319.58	3,583.68	12,346.70	15,213.60	14,793.00	13,701.10	17,120.60	20,228.20
SDR	17.65	16.41	5.68	1.60	14.40	29.84	42.02	58.09
IMFリザーブポジション	0.83	0.96	0.92	234.17	319.40	365.26	438.69	465.87
外国為替	3,301.10	3,566.30	12,340.10	14,977.80	14,459.20	13,306.00	16,639.90	19,704.20
金（100万ファイントロイオンス）	0.32	0.32	0.32	0.32	0.32	0.32	0.32	0.32
金（国内評価額）	31.50	31.60	31.60	31.60	31.60	32.20	32.60	33.30
通貨当局：その他負債	83.10	122.35	143.50	·76.96	166.11	178.63	46.40	95.41
預金通貨銀行：資産	4,692.00	5,578.00	8,513.00	7,868.00	9,532.00	10,705.00	12,905.00	16,211.00
預金通貨銀行：負債	14,535.50	11,591.10	10,246.00	9,686.00	10,181.00	13,896.00	14,665.00	14,795.00
その他銀行業機関：資産	179.00	150.00	357.00	659.00	1,064.00	1,788.00	1,963.00	5,365.00
その他銀行業機関：負債	8,606.00	5,204.00	3,803.00	3,368.00	4,653.00	7,609.00	9,780.00	15,834.00
通貨当局	10億ウォン（期末）							
対外資産	2,805.62	2,802.28	8,458.10	10,360.00	10,819.90	10,712.10	13,683.80	16,672.20
中央政府向け信用	2,192.88	2,311.61	2,840.63	2,738.10	2,237.10	2,497.60	2,332.60	2,659.10
公的機関向け信用	571.54	571.56	570.04	570.03	570.00	570.00	570.00	570.00
預金通貨銀行向け信用	10,848.70	14,890.30	15,958.20	16,144.00	19,553.10	21,122.40	25,571.30	29,169.00
準備貨幣	5,016.73	7,469.18	9,728.41	12,818.60	13,811.20	16,321.60	18,107.30	23,079.80
内：預金通貨銀行以外の現金通貨	3,678.68	4,442.70	5,133.40	6,139.60	7,011.10	7,913.10	8,580.60	12,109.10
債券	9,677.36	13,635.20	20,470.20	19,370.70	18,402.50	17,650.90	23,613.90	27,147.60
対外負債	1,405.73	504.33	98.20	·52.30	119.00	135.90	·38.10	77.10
中央政府預金	1,446.87	3,408.20	5,766.20	7,275.80	7,424.20	5,769.80	4,524.30	5,058.80
その他（ネット）	-1,127.95	-4,441.23	-8,235.93	-9,600.68	-6,576.77	-4,976.11	-4,049.51	-6,293.11
預金通貨銀行	10億ウォン（期末）							
準備	1,307.29	3,016.61	4,534.54	6,612.69	6,716.90	8,303.50	9,399.40	10,835.90
中央銀行債券	5,023.44	4,474.15	4,606.08	3,295.63	2,761.00	4,051.60	7,068.30	8,865.20
対外資産	4,928.19	5,206.43	5,823.59	5,399.66	6,828.90	8,144.60	10,174.20	13,100.10
中央政府向け信用	3,594.64	4,425.59	5,120.40	4,927.40	5,131.20	5,393.60	4,920.80	4,911.80
民間部門向け信用	46,013.70	52,424.80	59,018.20	74,383.20	94,331.80	113,936.00	128,230.00	144,828.00
要求払い預金	5,222.53	5,828.90	7,112.00	8,419.00	9,218.10	14,009.40	16,181.90	17,344.10
定期性預金，貯蓄性預金及び外貨預金	25,023.30	30,171.70	36,786.40	44,308.30	52,799.80	61,984.30	71,660.20	83,177.60
債券	95.90	24.15	70.23	793.92	1,532.90	1,380.70	1,896.20	2,270.40
制限付き預金	725.30	1,305.13	1,693.50	1,286.40	1,052.20	1,722.60	1,693.30	634.90
対外負債	12,520.90	9,183.59	7,009.01	6,647.45	7,293.80	10,494.80	11,552.10	11,956.50
中央政府預金	187.37	67.15	355.90	22.70	305.00	122.60	40.10	423.50
中央政府融資資金	2,553.71	3,132.30	3,925.00	4,552.50	5,299.80	6,904.30	7,707.70	9,234.30
通貨当局からの信用	10,860.00	14,858.20	15,948.10	16,103.40	19,663.80	21,206.60	25,874.40	29,419.90
資本勘定	3,461.99	4,068.61	6,204.93	11,803.50	12,939.40	14,503.70	15,641.20	17,109.90
その他（ネット）	216.32	907.77	-2.15	680.44	5,665.00	7,500.30	7,185.90	10,970.10
マネタリー・サーベイ	10億ウォン（期末）							
対外資産（ネット）	-6,192.80	-1,679.22	7,174.48	9,164.52	10,236.00	8,225.99	12,269.00	17,738.70
国内信用	51,383.80	59,767.30	66,685.30	81,731.60	102,194.00	125,074.00	139,463.00	157,358.00
中央政府向け信用（ネット）	4,153.28	3,261.85	1,838.93	367.00	-360.90	1,998.80	2,329.00	2,088.60
公的機関向け信用	571.54	571.56	570.04	570.03	570.00	570.00	570.00	570.00
民間部門向け信用	46,659.00	55,933.90	64,276.30	80,794.50	101,985.00	122,505.00	136,564.00	154,699.00
現金・預金通貨	8,808.88	10,107.30	12,151.70	14,328.00	15,905.20	21,752.30	24,586.40	29,041.30
準通貨	25,024.20	30,172.20	36,787.40	44,309.00	52,802.30	61,993.50	71,672.30	83,177.80
債券	4,749.82	9,185.22	15,934.30	16,869.00	17,174.40	14,980.00	18,441.80	20,552.80
制限付き預金	725.30	1,305.13	1,693.50	1,286.40	1,052.20	1,722.60	1,693.30	634.90
中央政府融資資金	2,554.05	3,132.76	3,925.10	4,553.08	5,300.40	6,906.30	7,712.80	9,234.30
その他（ネット）	3,328.86	4,185.27	3,367.95	9,549.61	20,195.70	25,945.00	27,625.00	32,455.20
現金・預金通貨（季節調整値）	7,858.06	8,928.73	10,668.70	12,601.60	14,087.90	19,526.30	22,351.30	26,692.40
現金・預金通貨＋準通貨	33,833.08	40,279.50	48,939.10	58,637.00	68,707.50	83,745.80	96,258.70	112,219.10
その他銀行業機関								
開発金融機関	10億ウォン（期末）							
民間部門向け信用	8,314.65	9,760.10	10,446.50	12,403.30	15,186.50	18,664.80	21,101.50	23,874.40
債券	2,228.86	2,688.20	2,895.90	3,403.90	4,611.50	7,973.80	10,411.60	13,921.40
見返り資金	1.61	1.50	1.40	1.31	1.22	1.13	1.05	1.00
中央政府融資資金	2,649.59	2,661.42	2,828.50	2,927.30	3,085.40	3,116.70	3,121.20	3,045.40
預金通貨銀行からの信用	55.36	2,327.73	3,640.00	4,663.00	5,182.80	5,480.30	4,910.20	5,110.00
資本勘定	824.79	945.90	1,022.50	1,059.40	1,241.90	1,386.60	1,284.80	1,382.00
その他（ネット）	2,554.48	1,135.32	58.24	348.33	1,063.70	706.34	1,372.12	414.10
商業銀行の信託勘定	10億ウォン（期末）							
民間部門向け信用	13,357.70	18,007.70	27,343.80	38,990.50	47,578.40	56,963.90	79,724.00	112,416.00
預金通貨銀行向け信用	259.31	355.62	355.88	878.95	853.60	833.11	1,259.10	999.60
準備性負債	5,095.49	8,741.10	13,453.30	22,119.00	29,174.60	36,619.40	53,022.40	71,319.00
その他（ネット）	8,521.53	9,622.25	14,246.40	17,750.40	19,257.40	21,177.60	27,960.70	42,096.40
郵便貯蓄預金	511.58	1,051.50	1,565.80	1,710.30	1,972.50	2,346.40	3,578.40	4,077.60
ノンバンク金融機関	10億ウォン（期末）							
現金	548.56	869.89	1,324.38	1,849.98	2,303.80	3,247.07	4,495.50	3,186.00
中央政府向け信用	213.36	137.49	21.61	63.47	108.00	324.49	400.90	451.60
民間部門向け信用	5,653.31	7,936.80	10,608.40	14,411.40	19,279.00	24,336.70	28,656.10	33,090.80
不動産	838.58	917.00	1,147.00	1,488.70	2,209.60	2,797.90	3,332.90	3,842.30
流動負債	38,892.00	49,202.00	62,634.00	80,616.00	97,551.00	119,465.00	148,364.00	184,430.00
金利	年率（%）							
中央銀行政策金利	・・・	・・・	・・・	・・・	・・・	・・・	・・・	・・・
ディスカウント・レート	7.00	7.00	8.00	7.00	7.00	7.00	7.00	5.00
短期金融市場商品金利	9.70	8.93	9.62	13.28	14.03	17.03	14.32	12.12
社債金利	13.25	12.88	12.80	15.73	13.32	13.43	16.22	12.63
預金金利	10.00	10.00	10.00	10.00	10.00	10.00	10.00	8.58
貸出金利	10.00	10.00	10.13	11.25	10.00	10.00	10.00	8.58
政府債利回り	11.57	12.43	13.04	14.74	15.03	16.46	15.08	12.08
物価	指数（2010年=100, 期中平均）							
生産者物価指数	51.64	51.87	53.30	54.07	56.33	58.99	60.26	61.18
消費者物価指数	35.16	35.87	38.82	41.03	44.55	48.69	51.76	54.22
輸出物価指数	83.72	87.38	91.23	89.69	91.96	95.50	98.10	100.50
輸入物価指数	34.86	37.37	39.53	38.13	37.76	41.06	41.68	43.15
GDPデフレーター	35.91	37.69	40.36	42.80	47.13	51.60	55.59	59.04

韓　　国

1994	1995	1996	1997	1998	1999	2000
1.151.38	1.151.58	1.213.93	2.286.98	1.695.27	1.561.92	1.647.53
788.70	774.70	844.20	1.695.00	1.204.00	1.138.00	1.264.50
803.45	771.27	804.45	951.29	1.401.44	1.188.82	1.130.96
・・・	153.06	153.30	141.82	99.74	114.31	124.23
・・・	155.38	165.86	149.41	100.58	102.97	110.76
799.60	799.60	799.60	799.60	799.60	1.633.60	1.633.60
52.30	65.74	82.34	43.60	8.12	0.50	2.70
363.61	438.49	474.30	443.72	0.06	208.60	208.64
-	-	-	8.200.00	12.000.00	4.462.50	4.462.50
72.91	72.91	72.91	72.91	72.91	72.91	72.91
25.639.30	32.677.70	34.037.10	20.367.90	51.974.50	73.987.30	96.130.50
76.35	97.72	118.41	58.82	11.44	0.69	3.52
530.81	651.82	682.02	598.69	0.08	286.30	271.84
25.032.10	31.928.20	33.236.70	19.710.40	51.963.00	73.700.30	95.855.10
0.33	0.33	0.33	0.33	0.43	0.44	0.44
33.60	34.40	36.00	36.94	66.30	67.10	67.60
442.37	158.64	381.07	140.10	1.670.70	1.588.50	1.426.00
20.938.00	27.806.00	33.136.00	32.749.00	34.310.00	34.748.00	34.562.00
21.170.00	31.446.00	42.197.00	27.975.00	29.455.00	27.547.00	24.805.00
7.897.00	4.136.00	7.144.00	10.761.00	10.027.00	8.975.00	11.926.00
21.692.00	21.816.00	26.857.00	29.661.00	22.466.00	18.033.00	15.222.00
20.879.60	25.390.10	28.172.70	29.226.70	64.832.30	85.342.00	121.558.00
2.628.40	1.950.70	2.234.80	5.562.20	5.960.60	6.382.00	4.614.00
570.30	570.30	370.00	2.370.00	8.640.00	2.370.00	2.370.00
28.970.70	28.076.00	24.378.10	62.441.50	37.830.00	26.003.00	15.563.00
25.204.10	29.305.50	25.722.50	22.519.30	20.703.00	28.487.00	28.238.00
13.127.20	15.060.50	15.453.20	15.447.70	13.670.40	19.475.00	17.636.00
29.113.70	29.598.30	29.067.90	26.700.80	53.579.90	61.389.00	79.142.00
348.90	122.90	321.70	18.990.60	22.355.00	8.778.00	9.155.00
6.476.60	6.917.00	6.683.90	5.409.70	5.916.70	9.126.00	10.608.00
-8.094.69	-9.956.39	-6.640.25	25.980.00	14.708.00	12.318.00	16.961.00
11.947.30	14.091.60	10.181.00	6.797.60	6.610.00	8.958.00	10.434.00
12.699.50	15.774.90	18.418.60	20.995.90	29.559.40	27.375.00	33.073.00
16.513.70	21.541.70	28.626.50	55.509.10	41.308.70	39.543.00	43.704.00
5.195.80	5.373.40	4.897.40	6.340.90	13.563.50	21.372.00	23.677.00
173.903.00	200.769.00	240.936.00	293.812.00	318.667.00	383.884.00	457.258.00
19.592.80	23.672.00	24.220.80	19.330.80	21.569.40	25.139.00	29.193.00
100.668.00	115.072.00	138.769.00	168.482.00	222.926.00	284.916.00	366.041.00
2.923.40	4.782.40	6.167.20	5.953.80	17.071.80	11.287.00	14.699.00
792.20	904.00	988.00	1.214.00	771.60	803.00	1.030.00
16.697.00	24.361.20	36.453.80	47.418.20	35.464.20	31.348.00	31.366.00
286.30	947.70	1.631.60	3.289.50	4.499.40	5.493.00	9.442.00
11.032.40	13.493.30	14.828.40	23.192.80	26.703.00	29.946.00	29.182.00
29.256.20	28.429.20	24.459.90	63.076.00	38.737.70	26.242.00	17.191.00
20.406.00	22.523.20	24.877.30	22.672.80	21.891.20	28.152.00	29.883.00
18.604.70	23.365.80	30.663.10	28.824.80	20.074.70	37.807.00	40.120.00
20.347.40	22.447.70	20.023.70	18.327.00	48.322.00	84.759.00	124.741.00
186.520.00	213.688.00	255.240.00	314.581.00	351.179.00	412.126.00	479.436.00
1.061.30	-540.60	-1.183.30	3.203.50	9.108.00	13.135.00	8.242.00
570.30	570.30	370.00	2.370.00	8.640.00	2.370.00	2.370.00
184.888.00	213.658.00	256.054.00	309.008.00	333.431.00	396.621.00	468.825.00
32.510.60	38.872.80	39.542.10	35.036.10	35.582.50	44.375.00	46.997.00
100.668.00	115.073.00	138.770.00	168.495.00	222.956.00	284.943.00	366.052.00
19.337.60	18.605.80	16.816.50	11.658.70	41.092.30	45.301.00	60.767.00
792.20	904.00	988.00	1.214.00	771.60	803.00	1.030.00
11.032.40	13.493.30	14.828.40	23.192.80	26.703.00	29.946.00	29.182.00
42.525.70	49.186.90	64.319.60	93.310.60	72.396.00	91.518.00	100.149.00
30.074.60	36.127.10	36.817.60	32.622.10	33.130.80	・・・	・・・
133.178.60	153.945.80	178.312.10	203.531.10	258.538.50	329.318.00	413.049.00
26.771.10	30.615.80	35.599.50	48.096.60	55.361.20	55.283.00	58.351.00
16.617.30	19.639.20	23.764.30	34.781.70	36.096.00	34.666.00	35.251.00
0.87	0.79	0.71	0.64	0.57	1.00	-
2.966.70	3.017.80	3.336.10	3.821.50	14.549.20	15.380.00	16.889.00
5.450.30	5.710.20	5.563.70	2.129.80	2.397.00	1.358.00	704.00
1.615.20	1.613.50	1.813.50	2.908.80	4.486.10	6.247.00	3.773.00
121.04	634.31	1.121.52	4.454.10	-2.168.17	-2.367.00	1.734.00
143.539.00	182.319.00	216.569.00	253.305.00	307.920.00	273.872.00	178.537.00
1.117.60	1.475.10	1.981.96	2.797.37	8.569.60	9.366.00	6.787.00
93.414.50	124.891.00	151.093.00	171.456.00	138.941.00	115.360.00	77.594.00
51.241.80	58.903.10	67.457.50	84.646.30	177.549.00	167.878.00	107.730.00
5.948.40	5.321.40	6.421.00	7.280.40	11.490.90	14.980.00	22.150.00
3.632.80	5.983.50	8.310.40	12.070.80	7.906.30	5.836.00	6.638.00
268.70	107.10	122.70	162.80	509.60	1.677.00	2.571.00
38.930.70	43.206.70	51.210.40	55.509.50	43.442.10	42.937.00	53.578.00
4.503.60	5.124.40	6.173.30	7.332.80	8.702.90	9.752.00	10.113.00
228.909.00	278.174.00	327.515.00	370.197.00	401.064.00	453.822.00	506.155.00
・・・	・・・	・・・	・・・	・・・	4.75	5.25
5.00	5.00	5.00	5.00	3.00	3.00	3.00
12.45	12.57	12.44	13.24	14.98	5.01	5.16
12.88	13.81	11.75	13.39	15.10	8.86	9.35
8.50	8.83	7.50	10.81	13.29	7.95	7.94
8.50	9.00	8.84	11.88	15.28	9.40	8.55
12.30	12.40	10.90	11.70	12.80	8.72	8.50
62.83	65.79	67.92	70.55	79.15	77.50	79.07
57.61	60.19	63.16	65.96	70.92	71.49	73.11
103.43	104.82	96.36	102.73	134.88	109.43	108.32
44.85	47.44	46.36	50.75	65.08	57.18	61.55
63.82	68.25	71.16	74.05	77.47	76.55	77.38

統　　計

韓国（2001-2016年）

	2001	2002	2003	2004	2005	2006	2007	2008
為替レート	対SDRレート							
市場レート（期末）	1650.71	1612.66	1772.17	1607.52	1445.85	1398.79	1479.27	1939.97
	対ドル・レート							
市場レート（期末）	1,313.50	1,186.20	1,192.60	1,035.10	1,011.60	929.80	936.10	1,259.50
市場レート（期中平均）	1,290.99	1,251.09	1,191.61	1,145.32	1,024.12	954.79	929.26	1,102.05
市場レート	指数（2010年=100，期中平均）							
名目実効為替レート	114.64	117.13	112.76	110.69	123.39	133.43	132.58	107.43
実質実効為替レート（ユニット・レイバー・コスト・ベース）	104.30	109.37	105.79	108.51	127.83	136.33	136.13	107.27
IMFポジション	100万SDR（期末）							
クォータ	1,633.60	1,633.60	1,633.60	1,633.60	1,633.60	2,927.30	2,927.30	2,927.30
SDR	2.66	8.68	14.18	21.14	30.54	35.93	43.45	55.58
IMFリザーブポジション	208.83	383.99	507.66	507.68	213.97	292.71	196.67	376.41
内：IMF借入残高	-	-	-	-	-	-	-	-
IMFクレジット及び融資総残高	-	-	-	-	-	-	-	-
SDR配分額	72.91	72.91	72.91	72.91	72.91	72.91	72.91	72.91
国際流動性	100万米ドル（他に断りのない限り，期末）							
総準備（金を除く）	102,753.00	121,345.00	155,284.00	198,997.00	210,317.00	238,882.00	262,150.00	201,144.00
SDR	3.34	11.81	21.08	32.84	43.65	54.06	68.66	85.60
IMFリザーブポジション	262.45	522.04	754.36	788.43	305.82	440.35	310.79	579.78
外国為替	102,487.00	120,811.00	154,509.00	198,175.00	209,968.00	238,388.00	261,771.00	200,479.00
金（100万ファイントロイオンス）	0.44	0.44	0.45	0.45	0.46	0.42	0.46	0.46
金（国内評価額）	68.30	69.20	70.90	72.30	73.60	74.20	74.30	75.70
中央銀行：その他資産	2.30	2.28	2.15	2.51	3.04	4.98	5.25	4.33
中央銀行：その他負債	5.27	8.77	7.49	21.01	18.42	33.60	45.72	35.37
中央銀行以外の預金取扱い機関：資産	47.77	43.99	49.67	65.03	61.01	88.29	169.25	157.82
中央銀行以外の預金取扱い機関：負債	48.91	63.43	74.60	86.62	86.69	133.93	189.59	220.93
その他銀行業機関：資産	1,718.46	4,072.58	3,916.32	3,739.64	3,282.62	・・・	・・・	・・・
その他銀行業機関：負債	1,718.46	4,072.58	3,916.32	3,739.64	3,282.62	・・・	・・・	・・・
	13,387.00	16,521.00	・・・				・・・	・・・
中央銀行	10億ウォン（期末）							
対外資産（ネット）	138,834.00	148,095.00	188,377.00	209,578.00	213,607.00	218,336.00	233,493.00	214,004.00
非居住者向け信用	145,871.00	158,617.00	197,436.00	231,439.00	232,347.00	249,682.00	276,400.00	258,698.00
非居住者に対する負債	7,036.38	10,522.10	9,058.74	21,861.40	18,740.30	31,345.70	42,906.40	44,694.20
その他預金取扱い機関向け信用	15,155.30	9,764.31	11,393.90	10,775.40	11,077.60	11,059.50	8,100.92	30,731.10
中央政府向け信用（ネット）	-14,620.20	-21,945.40	-28,037.70	-35,082.40	-42,279.80	-46,696.20	-64,219.90	-13,849.90
中央政府向け信用	6,388.03	6,429.95	7,566.86	3,589.14	6,083.87	8,905.70	12,946.90	12,369.10
中央政府に対する負債	21,008.30	28,375.40	35,604.60	38,671.60	48,363.70	55,601.90	77,166.80	26,218.90
その他部門向け信用	2,013.93	2,000.00	1,000.00	310.00	452.81	452.81	452.81	452.81
その他金融機関向け信用	-	-	-	-	-	-	-	-
地方自治体向け信用	-	-	-	-	-	-	-	-
非金融公的企業向け信用	2,013.93	2,000.00	1,000.00	310.00	452.81	452.81	452.81	452.81
民間部門向け信用	-	-	-	-	-	-	-	-
マネタリーベース	32,826.80	37,987.40	40,749.00	38,791.80	43,249.00	51,869.50	56,399.00	64,846.30
流通通貨	22,245.20	24,080.40	24,397.20	24,788.60	26,037.40	27,741.80	29,218.90	30,652.30
その他預金取扱い機関に対する負債	10,581.60	13,905.00	16,351.80	14,003.20	17,211.60	24,127.70	27,180.10	34,194.10
その他部門に対する負債	0.03	1.99						
その他預金取扱い機関に対するその他負債	71,864.20	60,337.30	71,412.50	89,290.90	95,618.80	103,125.00	87,202.60	93,696.10
預金及び証券（マネタリーベース除外分）	13,413.00	24,958.50	39,388.30	56,068.70	58,454.60	54,233.90	53,060.20	37,081.20
預金（広義流動性に含む）	-	-	-	-	-	-	-	-
証券（広義流動性に含まれる株式以外）	4,053.89	5,081.41	8,215.10	14,464.20	14,038.80	12,006.30	10,682.90	7,747.30
預金（広義流動性から除外されたもの）	-	-	-	-	-	-	-	-
証券（広義流動性から除外される株式以外）	9,359.12	19,877.10	31,173.20	41,604.50	44,415.90	42,227.60	42,377.20	29,333.90
貸出	-	-	-	-	-	-	-	-
金融派生商品	-	-	-	-	-	-	-	-
株式及びその他持ち分	9,249.37	8,393.28	7,925.14	5,817.42	3,830.27	2,015.08	1,552.62	4,895.53
その他（ネット）	14,030.00	6,237.48	13,258.10	-4,388.14	-18,295.60	-28,091.50	-20,387.30	30,819.00
注記項目：総資産	172,442.00	179,543.00	219,721.00	253,034.00	271,259.00	303,005.00	323,460.00	312,340.00
中央銀行以外の預金取扱い金融機関	10億ウォン（期末）							
対外資産（ネット）	-1,508.97	-23,062.20	-29,729.10	-22,351.80	-25,976.80	-42,434.10	-19,037.50	-79,488.90
非居住者向け信用	62,740.00	52,178.70	59,234.80	67,313.30	61,717.20	82,091.60	158,433.00	198,771.00
非居住者に対する負債	64,248.90	75,240.90	88,964.00	89,665.10	87,694.00	124,526.00	177,471.00	278,260.00
中央銀行に対する債権	89,489.50	86,592.80	106,665.00	122,058.00	130,694.00	144,325.00	138,037.00	162,624.00
現金通貨	5,166.71	5,852.29	7,049.39	5,581.82	5,625.06	6,105.65	7,179.38	7,215.09
準備預金及び証券	16,083.00	13,908.80	20,103.50	16,511.00	17,240.70	26,932.30	27,172.10	46,897.20
その他債権	68,239.70	66,831.70	79,512.00	99,965.20	107,828.00	111,287.00	103,686.00	108,512.00
中央政府向け信用（ネット）	-11,565.60	-11,278.80	-9,357.05	13,509.30	16,779.90	13,577.50	-9,022.63	-62,157.60
中央政府向け信用	53,655.90	52,738.60	59,072.40	73,893.20	78,969.80	85,816.60	74,997.40	75,686.30
中央政府に対する負債	65,221.50	64,017.40	68,429.50	60,383.90	62,189.80	72,239.10	84,020.00	137,844.00
その他部門向け信用	905,478.00	1,053,430.00	1,077,910.00	1,085,050.00	1,178,950.00	1,370,770.00	1,570,690.00	1,828,890.00
その他金融機関向け信用	158,285.00	155,772.00	137,682.00	115,270.00	113,982.00	128,564.00	145,150.00	168,779.00
地方自治体向け信用	6,156.06	4,368.14	3,870.40	2,721.97	2,769.28	4,851.66	6,458.20	6,616.89
非金融公的企業向け信用	11,184.70	9,272.71	5,914.51	5,384.55	6,097.25	8,330.43	11,755.10	15,081.40
民間部門向け信用	729,853.00	884,020.00	930,446.00	961,673.00	1,056,100.00	1,229,030.00	1,407,150.00	1,638,410.00
中央銀行に対する負債	15,391.50	10,814.80	12,903.20	9,215.43	9,521.86	9,506.01	6,551.44	22,580.70
通貨性預金（広義流動性に含む）	200,963.00	225,164.00	246,923.00	247,953.00	281,338.00	308,683.00	294,343.00	307,187.00
その他預金（広義流動性に含む）	520,625.00	588,081.00	578,503.00	619,801.00	633,532.00	717,958.00	821,514.00	936,267.00
証券（広義流動性に含まれる株式以外）	22,259.00	35,519.00	47,080.70	53,297.00	72,127.70	88,979.30	125,033.00	151,249.00
預金（広義流動性から除外されたもの）	119,518.00	115,721.00	116,073.00	120,832.00	128,195.00	131,405.00	129,314.00	150,099.00
証券（広義流動性から除外される株式以外）	15,283.50	20,650.60	30,019.00	34,461.10	43,555.00	60,727.70	94,523.20	106,216.00
貸出	13,709.10	14,886.40	16,990.00	16,973.70	18,845.30	19,903.00	19,441.30	22,417.30
金融派生商品	2,997.13	3,766.64	4,935.68	14,021.00	7,551.70	9,130.21	9,694.30	49,130.90
保険契約準備金	-	-	-	-	-	-	-	-
株式及びその他持ち分	53,983.50	57,817.60	62,487.10	70,836.80	93,492.90	108,687.00	122,367.00	129,564.00
その他（ネット）	17,163.80	33,263.90	29,577.30	10,872.40	12,286.70	31,264.00	57,887.50	-24,847.00
注記項目：総資産	1,362,820.00	1,541,200.00	1,647,330.00	1,718,220.00	1,830,330.00	2,125,280.00	2,458,420.00	2,992,330.00

韓　　国

2009	2010	2011	2012	2013	2014	2015	2016
1825.58	1747.63	1768.32	1645.43	1625.32	1592.68	1624.77	1623.55
1,164.50	1,134.80	1,151.80	1,070.60	1,055.40	1,099.30	1,172.50	1,207.70
1,276.93	1,156.06	1,108.29	1,126.47	1,094.85	1,052.96	1,131.16	1,160.43
92.35	100.00	98.86	99.63	106.94	113.96	117.90	112.86
91.73	100.00	97.85	106.61	120.89	137.24	147.00	144.17
2,927.30	2,927.30	3,366.40	3,366.40	3,366.40	3,366.40	3,366.40	8,582.70
2,389.16	2,298.65	2,252.17	2,293.99	2,266.18	2,264.89	2,337.19	2,147.60
628.41	665.41	1,670.29	1,811.20	1,631.37	1,313.57	1,007.97	1,279.05
-	-	452.80	776.96	855.76	787.05	641.55	585.55
2,404.45	2,404.45	2,404.45	2,404.45	2,404.45	2,404.45	2,404.45	2,404.45
269,933.00	291,491.00	304,255.00	323,207.00	341,650.00	358,785.00	363,149.00	366,308.00
3,745.46	3,539.99	3,457.68	3,525.68	3,489.92	3,281.40	3,238.71	2,887.08
985.16	1,024.76	2,564.34	2,783.67	2,512.32	1,903.11	1,396.78	1,719.46
265,202.00	286,926.00	298,233.00	316,898.00	335,647.00	353,600.00	358,514.00	361,701.00
0.46	0.46	1.75	2.71	3.36	3.36	3.36	3.36
79.00	79.60	2,166.60	3,761.40	4,794.50	4,794.70	4,794.80	4,794.80
5.19	4.68	4.01	4.40	4.79	1.48	1.86	1.85
34.66	33.53	78.81	87.10	89.84	81.90	66.31	39.63
149.19	143.66	149.58	155.98	171.58	209.80	228.53	234.15
194.94	184.28	194.67	188.00	176.89	209.71	197.57	190.99
...	...	...	...	...	...	...	...
...	...	...	...	...	...	...	...
279,072.00	300,584.00	267,202.00	258,526.00	265,195.00	284,209.00	318,228.00	346,890.00
323,823.00	342,837.00	362,231.00	355,727.00	363,906.00	378,065.00	399,844.00	398,692.00
44,751.70	42,253.10	95,028.20	97,200.90	98,711.10	93,856.10	81,615.80	51,802.20
16,682.00	14,207.80	9,198.14	9,033.44	9,953.06	15,406.30	19,970.30	18,496.70
-62,881.60	-70,808.70	-78,764.60	-68,472.60	-65,731.50	-54,471.20	-52,947.00	-46,788.00
15,216.10	16,062.00	15,211.40	20,716.10	18,876.40	21,364.70	17,712.80	15,557.90
78,097.60	86,870.70	93,976.00	89,188.70	84,607.90	75,835.90	70,659.80	62,345.90
310.00	310.00	1,920.80	2,055.80	2,055.80	1,562.20	1,925.10	1,934.80
-	-	-	-	-	-	-	-
310.00	310.00	1,920.80	2,055.80	2,055.80	1,562.20	1,925.10	1,934.80
67,779.10	74,545.70	80,055.90	88,342.00	104,262.00	116,794.00	131,439.00	143,435.00
37,239.00	43,197.00	48,543.20	54,215.90	63,242.30	74,814.90	86,618.20	97,240.00
30,540.10	31,348.70	31,512.70	34,126.10	41,019.70	41,978.80	44,820.60	46,195.30
86,880.60	91,477.10	101,125.00	91,415.40	83,293.30	99,449.80	108,546.00	124,112.00
49,857.20	58,920.90	55,826.40	63,426.60	72,533.20	82,511.20	78,479.20	66,960.90
12,734.10	12,222.00	13,594.20	16,595.70	18,503.40	23,578.50	22,189.30	12,811.60
37,123.10	46,698.90	42,232.20	46,830.80	54,029.80	58,932.70	56,289.90	54,149.40
6,207.78	8,557.94	9,629.68	11,578.30	10,081.60	10,619.30	11,945.80	13,422.70
22,457.40	10,791.60	-47,079.90	-53,619.20	-58,698.00	-62,667.60	-43,233.50	-27,397.50
364,033.00	383,188.00	456,341.00	446,491.00	458,481.00	485,799.00	488,897.00	480,320.00
-53,271.60	-46,087.70	-51,934.70	-34,283.00	-5,599.40	93.46	36,280.30	52,150.70
173,734.00	163,028.00	172,288.00	166,986.00	181,071.00	230,610.00	267,834.00	282,966.00
227,005.00	209,116.00	224,223.00	201,269.00	186,671.00	230,516.00	231,553.00	230,815.00
158,044.00	156,856.00	162,789.00	168,624.00	172,608.00	186,546.00	196,798.00	196,936.00
8,033.16	8,248.17	8,934.08	10,042.10	9,926.10	10,376.40	10,274.80	10,410.50
41,586.20	40,239.80	43,885.40	57,275.20	67,545.70	75,624.80	80,097.00	83,453.80
108,425.00	108,368.00	109,970.00	101,307.00	95,136.10	100,544.00	106,426.00	103,071.00
5,786.84	19,590.30	16,476.70	31,404.10	42,473.30	46,632.80	45,157.60	42,398.70
91,011.00	96,113.60	87,312.60	93,961.10	106,017.00	113,225.00	121,779.00	126,007.00
85,224.20	76,523.20	70,835.90	62,557.00	63,544.20	66,592.20	76,621.60	83,608.40
1,869,000.00	1,962,040.00	2,101,570.00	2,181,710.00	2,248,330.00	2,418,100.00	2,601,640.00	2,787,420.00
180,528.00	218,679.00	231,877.00	270,875.00	290,331.00	329,761.00	373,750.00	404,513.00
6,792.90	7,254.20	8,747.73	12,513.40	13,925.10	19,065.60	24,224.40	24,320.50
17,158.90	16,201.40	20,072.10	15,435.10	15,636.50	13,160.40	12,745.60	11,569.20
1,664,520.00	1,719,910.00	1,840,880.00	1,882,890.00	1,928,430.00	2,056,110.00	2,190,920.00	2,347,020.00
11,665.20	10,106.90	8,561.60	8,499.05	11,828.40	15,772.60	19,633.50	18,964.20
360,189.00	392,843.00	402,468.00	425,837.00	462,327.00	521,384.00	632,110.00	708,702.00
1,015,460.00	1,121,960.00	1,213,120.00	1,276,590.00	1,305,670.00	1,383,080.00	1,428,200.00	1,500,550.00
149,260.00	98,554.30	82,668.10	72,444.80	80,977.20	84,756.60	88,535.90	98,566.70
158,395.00	181,817.00	199,581.00	218,577.00	238,591.00	273,101.00	308,359.00	351,760.00
86,589.20	73,567.30	77,868.90	80,211.00	84,122.60	114,086.00	120,234.00	113,932.00
20,705.10	23,225.40	29,174.20	31,041.90	34,819.00	30,960.40	28,487.10	29,481.30
23,989.30	17,244.70	13,299.50	16,229.20	13,465.90	13,381.90	14,928.20	14,683.20
144,415.00	152,512.00	162,800.00	184,549.00	189,460.00	201,541.00	215,752.00	221,629.00
8,894.30	20,565.50	39,364.30	33,476.60	36,545.00	13,310.70	23,639.90	20,640.00
2,952,120.00	3,036,900.00	3,162,550.00	3,323,160.00	3,450,630.00	3,786,250.00	4,100,550.00	4,358,630.00

韓国（2001-2016年）

	2001	2002	2003	2004	2005	2006	2007	2008
預金取扱い金融機関	10億ウォン（期末）							
対外資産（ネット）	137,325.00	125,033.00	158,648.00	187,226.00	187,630.00	175,902.00	214,456.00	134,515.00
非居住者向け信用	208,611.00	210,796.00	256,670.00	298,752.00	294,064.00	331,774.00	434,833.00	457,469.00
非居住者に対する負債	71,285.30	85,763.00	98,022.70	111,527.00	106,434.00	155,871.00	220,377.00	322,954.00
国内信用	881,306.00	1,022,210.00	1,041,520.00	1,063,790.00	1,153,900.00	1,338,110.00	1,497,900.00	1,753,330.00
中央政府向け信用（ネット）	-26,185.80	-33,224.20	-37,394.80	-21,573.20	-25,499.90	-33,118.70	-73,242.50	-76,007.50
中央政府向け信用	60,043.90	59,168.60	66,639.30	77,482.30	85,053.60	94,722.30	87,944.20	88,055.40
中央政府に対する負債	86,229.80	92,392.80	104,034.00	99,055.50	110,554.00	127,841.00	161,187.00	164,063.00
その他部門向け信用	907,492.00	1,055,430.00	1,078,910.00	1,085,360.00	1,179,400.00	1,371,230.00	1,571,140.00	1,829,340.00
その他金融機関向け信用	158,285.00	155,772.00	137,682.00	115,270.00	113,982.00	128,564.00	145,332.00	168,779.00
地方自治体向け信用	6,156.06	4,368.14	3,870.40	2,721.97	2,769.28	4,851.66	6,458.20	6,616.89
非金融公的企業向け信用	13,198.70	11,272.70	6,914.51	5,694.55	6,550.05	8,783.23	12,207.90	15,534.20
民間部門向け信用	729,853.00	884,020.00	930,446.00	961,673.00	1,056,100.00	1,229,030.00	1,407,150.00	1,638,410.00
広義流動性負債	764,979.00	872,076.00	898,069.00	954,723.00	1,021,450.00	1,149,260.00	1,273,610.00	1,425,890.00
預金取扱い金融機関以外の通貨	17,078.50	18,228.10	17,347.80	19,206.80	20,412.30	21,636.10	22,039.50	23,437.20
通貨性預金	200,963.00	225,166.00	246,923.00	247,953.00	281,338.00	308,683.00	294,343.00	307,187.00
その他預金	520,625.00	588,081.00	578,503.00	619,801.00	633,532.00	717,958.00	821,514.00	936,267.00
証券（株式を除く）	26,312.90	40,600.40	55,295.80	67,761.20	86,166.50	100,986.00	135,716.00	158,996.00
預金（広義流動性から除外されたもの）	119,518.00	115,721.00	116,073.00	120,832.00	128,195.00	131,405.00	129,314.00	150,099.00
証券（広義流動性に含まれる株式以外）	24,642.70	40,527.70	61,192.30	76,065.60	87,970.90	102,955.00	136,900.00	135,550.00
貸出	13,709.10	14,886.40	16,990.00	16,973.70	18,845.30	19,903.00	19,441.30	22,417.30
金融派生商品	2,997.13	3,766.64	4,935.68	14,021.00	7,551.70	9,130.21	9,694.30	49,130.90
保険契約準備金	-	-	-	-	-	-	-	-
株式及びその他持ち分	63,232.80	66,210.90	70,412.30	76,654.20	97,323.10	110,702.00	123,919.00	134,460.00
その他（ネット）	29,553.10	34,053.60	32,493.30	-8,257.85	-19,803.10	-9,347.45	19,475.70	-29,697.60
広義流動性負債（季節調整値）	764,994.00	871,969.00	897,875.00	954,597.00	1,021,820.00	1,150,600.00	1,276,500.00	1,430,200.00
貨幣集計量	10億ウォン（期末）							
広義流動性	764,979.00	872,076.00	898,069.00	954,723.00	1,021,450.00	1,149,260.00	1,273,610.00	1,425,890.00
中央政府発行通貨	-		-		-		-	
非金融会社の預金	-		-		-		-	
中央政府発行証券	-		-		-		-	
貨幣集計量（国内定義）	10億ウォン（期末）							
M1	246,721.00	283,581.00	298,953.00	321,728.00	332,345.00	371,088.00	316,383.00	330,624.00
M2	764,979.00	872,076.00	898,069.00	954,723.00	1,021,450.00	1,149,260.00	1,273,610.00	1,425,890.00
Lf（金融機関の流動性）	1,017,720.00	1,155,740.00	1,209,750.00	1,295,820.00	1,391,560.00	1,538,300.00	1,691,570.00	1,845,200.00
L（最広義の流動性）	1,178,180.00	1,336,290.00	1,411,100.00	1,517,010.00	1,654,010.00	1,830,670.00	2,037,170.00	2,243,280.00
金利	年率（%）							
中央銀行政策金利	4.00	4.25	3.75	3.25	3.75	4.50	5.00	3.00
ディスカウント・レート	2.50	2.50	2.50	2.00	2.00	2.75	3.25	1.75
短期金融市場商品金利	4.69	4.21	4.00	3.65	3.33	4.19	4.77	4.78
社債金利	7.05	6.56	5.43	4.73	4.68	5.17	5.70	7.02
預金金利	5.79	4.95	4.25	3.87	3.72	4.50	5.17	5.87
貸出金利	7.71	6.77	6.24	5.90	5.59	5.99	6.55	7.17
政府債利回り	6.66	6.47	4.93	4.45	4.66	5.07	5.43	5.79
物価	指数（2010年=100、期中平均）							
生産者物価指数	78.72	78.49	80.20	85.07	86.88	87.67	88.93	96.53
消費者物価指数	76.09	78.19	80.94	83.84	86.15	88.08	90.32	94.54
輸出物価指数	104.19	96.92	94.79	100.66	93.96	86.24	84.40	102.84
輸入物価指数	63.73	59.78	60.85	67.03	68.96	69.60	72.73	99.06
GDPデフレーター	80.21	82.66	85.47	88.02	88.93	88.80	90.93	93.62

韓　　国

2009	2010	2011	2012	2013	2014	2015	2016
225,800.00	254,496.00	215,268.00	224,243.00	259,595.00	284,302.00	354,508.00	399,041.00
497,557.00	505,865.00	534,519.00	522,714.00	544,977.00	608,675.00	667,677.00	681,658.00
271,757.00	251,369.00	319,251.00	298,470.00	285,382.00	324,372.00	313,169.00	282,617.00
1,812,220.00	1,911,130.00	2,041,210.00	2,146,700.00	2,227,120.00	2,411,820.00	2,595,780.00	2,784,970.00
-57,094.70	-51,218.40	-62,287.90	-37,068.50	-23,258.30	-7,838.38	-7,789.45	-4,389.26
106,227.00	112,176.00	102,524.00	114,677.00	124,894.00	134,590.00	139,492.00	141,565.00
163,322.00	163,394.00	164,812.00	151,746.00	148,152.00	142,428.00	147,281.00	145,954.00
1,869,310.00	1,962,350.00	2,103,490.00	2,183,770.00	2,250,380.00	2,419,660.00	2,603,560.00	2,789,360.00
180,528.00	218,679.00	231,877.00	270,875.00	290,331.00	329,761.00	373,750.00	404,513.00
6,792.90	7,254.20	8,747.73	12,513.40	13,925.10	19,065.60	24,224.40	24,320.50
17,468.90	16,511.40	21,992.90	17,490.90	17,692.30	14,722.60	14,670.70	13,504.00
1,664,520.00	1,719,910.00	1,840,880.00	1,882,890.00	1,928,430.00	2,056,110.00	2,190,920.00	2,347,020.00
1,566,850.00	1,660,530.00	1,751,460.00	1,835,640.00	1,920,800.00	2,077,230.00	2,247,380.00	2,407,460.00
29,205.90	34,948.80	39,609.10	44,173.80	53,316.20	64,438.50	76,343.40	86,829.50
360,189.00	392,843.00	402,468.00	425,837.00	462,327.00	521,384.00	632,110.00	708,702.00
1,015,460.00	1,121,960.00	1,213,120.00	1,276,590.00	1,305,670.00	1,383,080.00	1,428,200.00	1,500,550.00
161,994.00	110,776.00	96,262.30	89,040.50	99,480.70	108,335.00	110,725.00	111,378.00
158,395.00	181,817.00	199,581.00	218,577.00	238,591.00	273,101.00	308,359.00	351,760.00
123,712.00	120,266.00	120,101.00	127,042.00	138,152.00	173,019.00	176,524.00	168,081.00
20,705.10	23,225.40	29,174.20	31,041.90	34,819.00	30,960.40	28,487.10	29,481.30
23,989.30	17,244.70	13,299.50	16,229.20	13,465.90	13,381.90	14,928.20	14,683.20
150,623.00	161,070.00	172,429.00	196,127.00	199,542.00	212,161.00	227,698.00	235,052.00
-6,255.22	1,474.28	-29,569.90	-53,717.70	-58,646.50	-83,731.20	-53,086.70	-22,507.80
1,572,000.00	1,665,790.00	1,756,990.00	1,841,420.00	1,927,210.00	2,084,310.00	2,258,010.00	2,419,300.00
1,566,850.00	1,660,530.00	1,751,460.00	1,835,640.00	1,920,800.00	2,077,230.00	2,247,380.00	2,407,460.00
389,395.00	427,792.00	442,078.00	470,011.00	515,643.00	585,823.00	708,453.00	795,531.00
1,566,850.00	1,660,530.00	1,751,460.00	1,835,640.00	1,920,800.00	2,077,230.00	2,247,370.00	2,407,460.00
2,018,780.00	2,137,200.00	2,277,680.00	2,456,120.00	2,615,090.00	2,841,790.00	3,098,950.00	3,344,920.00
2,486,670.00	2,665,000.00	2,889,660.00	3,121,880.00	3,350,480.00	3,635,490.00	3,946,830.00	4,253,340.00
2.00	2.50	3.25	2.75	2.50	2.00	1.50	1.25
1.25	1.25	1.50	1.25	1.00	1.00	0.75	0.50
1.98	2.16	3.09	3.08	2.59	2.34	1.65	1.34
5.81	4.66	4.41	3.77	3.19	2.99	2.09	1.86
3.48	3.86	4.15	3.70	2.89	2.54	1.81	1.56
5.65	5.51	5.76	5.40	4.64	4.26	3.53	3.37
5.10	4.59	4.11	3.43	3.16	2.98	2.11	1.66
96.33	100.00	106.71	107.45	105.73	105.17	100.95	99.11
97.14	100.00	104.03	106.30	107.69	109.06	109.83	110.89
102.63	100.00	100.24	97.87	93.69	88.10	83.51	80.75
94.96	100.00	111.60	110.79	102.66	94.92	80.36	76.96
96.94	100.00	101.59	102.65	103.52	104.14	106.64	108.56

統　　計

香港（1948-2016年）

		1948	1949	1950	1951	1952	1953	1954	1955
為替レート	対SDRレート								
市場レート（期末）		3.97	5.72	5.72	5.75	5.70	5.69	5.75	5.71
	対ドル・レート								
市場レート（期末）		3.97	5.72	5.72	5.75	5.70	5.69	5.75	5.71
市場レート（期中平均）		3.97	4.41	5.71	5.71	5.71	5.71	5.71	5.71
	指数（2010年=100，期中平均）								
名目実効為替レート		...	...	...	...	...	...	...	...
実質実効為替レート（ユニット・レイバー・コスト・ベース）		...	...	...	...	...	...	...	...
IMFポジション	100万SDR（期末）								
IMFリザーブポジション		-	-					-	-
内：IMF借入残高		-	-					-	-
国際流動性	100万米ドル（他に断りのない限り，期末）								
総準備（金を除く）		...	...	...	...	...	...	...	...
IMFリザーブポジション		...	...	...	...	...	...	...	...
外国為替		...	...	...	...	...	...	...	...
金（100万ファイントロイオンス）		...	...	...	...	...	...	...	...
金（国内評価額）		...	...	...	...	...	...	...	...
通貨当局：その他負債		...	...	...	...	...	...	...	...
銀行業機関：資産		...	...	...	...	...	...	...	...
銀行業機関：負債		...	...	...	...	...	...	...	...
通貨当局	10億香港ドル（期末）								
対外資産		...	...	...	...	...	...	...	...
準備貨幣		...	...	...	...	...	...	...	...
内：預金通貨銀行以外の現金通貨		...	...	...	...	...	...	...	...
対外負債		...	...	...	...	...	...	...	...
中央政府預金		...	...	...	...	...	...	...	...
資本勘定		...	...	...	...	...	...	...	...
その他（ネット）		...	...	...	...	...	...	...	...
銀行業機関	10億香港ドル（期末）								
準備		...	...	...	...	...	...	...	...
対外資産		...	...	...	...	...	...	...	...
政府向け信用		...	...	...	...	...	...	...	...
その他部門向け信用		...	...	...	...	...	...	...	...
要求払い預金		...	...	...	...	...	...	...	...
定期性預金，貯蓄性預金及び外貨預金		...	...	...	...	...	...	...	...
短期金融市場商品		...	...	...	...	...	...	...	...
対外負債		...	...	...	...	...	...	...	...
政府預金		...	...	...	...	...	...	...	...
資本勘定		...	...	...	...	...	...	...	...
その他（ネット）		...	...	...	...	...	...	...	...
バンキング・サーベイ	10億香港ドル（期末）								
対外資産（ネット）		...	...	...	...	...	...	...	...
国内信用		...	...	...	...	...	...	...	...
政府向け信用（ネット）		...	...	...	...	...	...	...	...
その他部門向け信用		...	...	...	...	...	...	...	...
現金・預金通貨		...	...	...	...	...	...	...	...
準通貨		...	...	...	...	...	...	...	...
短期金融市場商品		...	...	...	...	...	...	...	...
資本勘定		...	...	...	...	...	...	...	...
その他（ネット）		...	...	...	...	...	...	...	...
現金・預金通貨＋準通貨		...	...	...	...	...	...	...	...
貨幣集計量（国内定義）	10億香港ドル（期末）								
ベース・マネー		...	...	...	...	...	...	...	...
M1		...	...	...	...	...	...	...	...
M2		...	...	...	...	...	...	...	...
M3		...	...	...	...	...	...	...	...
金利	年率（%）								
ディスカウント・レート		...	...	...	...	...	...	...	...
短期金融市場商品金利		...	...	...	...	...	...	...	...
財務省短期証券金利		...	...	...	...	...	...	...	...
預金金利		...	...	...	...	...	...	...	...
貸出金利		...	...	...	...	...	...	...	...
物価	指数（2010年=100，期中平均）								
生産者物価指数		...	...	...	...	...	...	...	...
消費者物価指数		...	...	...	...	...	...	...	...
GDPデフレーター		...	...	...	...	...	...	...	...

香　　港

1956	1957	1958	1959	1960	1961	1962	1963	1964	1965	1966
5.75	5.60	5.71	5.72	5.71	5.70	5.71	5.72	5.74	5.71	5.74
5.75	5.60	5.71	5.72	5.71	5.70	5.71	5.72	5.74	5.71	5.74
5.71	5.71	5.71	5.71	5.71	5.71	5.71	5.71	5.71	5.71	5.71
...	138.26	141.16	143.18	144.97	150.03	150.77	150.49	153.94	156.34	156.47
...	...	...	...	...	...	...	...	...	...	...
-	-	-	-	-	-	-	-	-	-	-
...	...	...	...	...	...	...	...	...	...	...
...	...	...	...	...	...	...	...	...	...	...
...	...	...	...	...	...	...	...	...	...	...
...	...	...	...	...	254.00	303.00	368.00	307.00	512.00	669.00
...	...	...	...	...	64.75	53.03	71.75	101.50	146.30	173.95
...	...	...	...	...	...	...	...	...	...	...
...	...	...	...	...	...	...	...	...	...	...
...	...	...	...	...	...	...	...	...	...	...
...	...	...	...	...	...	...	...	...	...	...
...	...	...	...	...	...	...	...	...	...	...
...	...	...	...	...	...	...	...	...	...	...
...	...	...	...	...	...	...	...	...	...	...
...	...	...	...	...	...	...	...	...	...	...
...	...	...	...	...	...	...	...	...	...	...
...	...	...	...	...	...	...	...	...	...	...
...	...	...	...	...	...	...	...	...	...	...
...	...	...	...	...	...	...	...	...	...	...
...	...	...	...	...	...	...	...	...	...	...
...	...	...	...	...	...	...	...	...	...	...
...	...	...	...	...	...	...	...	...	...	...
...	...	...	...	...	...	...	...	...	...	...
...	...	...	...	...	...	...	...	...	...	...
...	...	...	...	...	...	...	...	...	...	...
...	...	...	...	...	...	...	...	...	...	...
...	...	...	...	...	...	...	...	...	...	...
...	...	...	...	...	...	...	...	...	...	...
...	...	...	...	...	...	...	...	...	...	...
...	...	...	...	...	...	...	...	...	...	...
...	...	...	...	...	...	...	...	...	...	...
...	...	...	...	...	...	...	...	...	...	...
...	...	...	...	...	...	...	...	...	...	...
...	...	...	...	...	...	...	...	...	...	...
...	...	...	...	...	...	...	...	...	...	...
...	...	...	...	...	...	...	...	...	...	...
...	...	...	...	...	...	...	...	...	...	...
...	...	...	...	...	...	...	...	...	...	...
...	...	...	...	...	...	...	...	...	...	...
...	...	...	...	...	...	...	...	...	...	...
...	...	...	...	...	...	...	...	...	...	...
...	...	...	...	...	...	...	...	...	...	...
...	...	...	...	...	...	...	8.96	9.13	9.47	9.94	10.18	10.23

統　　計

香港（1948-2016年）

		1967	1968	1969	1970	1971	1972	1973	1974
為替レート	対SDRレート								
市場レート（期末）		6.05	6.10	6.06	6.08	6.19	6.18	6.14	6.01
	対ドル・レート								
市場レート（期末）		6.05	6.10	6.06	6.08	5.70	5.69	5.09	4.91
市場レート（期中平均）		5.74	6.06	6.06	6.06	5.98	5.64	5.15	5.03
	指数（2010年=100，期中平均）								
名目実効為替レート		156.42	149.46	149.48	149.82	151.52	151.25	154.61	161.49
実質実効為替レート（ユニット・レイバー・コスト・ベース）		･･･	･･･	･･･	･･･	･･･	･･･	･･･	･･･
IMFポジション	100万SDR（期末）								
IMFリザーブポジション		-	-	-	-	-	-	-	-
内：IMF借入残高		-	-	-	-	-	-	-	-
国際流動性	100万米ドル（他に断りのない限り，期末）								
総準備（金を除く）					･･･	･･･	･･･	･･･	･･･
IMFリザーブポジション					･･･	･･･	･･･	･･･	･･･
外国為替		･･･	･･･	･･･	･･･	･･･	･･･	･･･	･･･
金（100万ファイントロイオンス）		･･･	･･･	･･･	･･･	･･･	･･･	･･･	･･･
金（国内評価額）		･･･	･･･	･･･	･･･	･･･	･･･	･･･	･･･
通貨当局：その他負債		･･･	･･･	･･･	･･･	･･･	･･･	･･･	･･･
銀行業機関：資産		584.00	866.00	979.00	1,240.00	1,764.00	2,399.29	2,830.10	5,149.29
銀行業機関：負債		197.83	233.47	304.42	364.98	525.39	960.71	2,552.42	4,935.90
通貨当局	10億香港ドル（期末）								
対外資産		･･･	･･･	･･･	･･･	･･･	･･･	･･･	･･･
準備貨幣		･･･	･･･	･･･	･･･	･･･	･･･	･･･	･･･
内：預金通貨銀行以外の現金通貨		･･･	･･･	･･･	･･･	･･･	･･･	･･･	･･･
対外負債		･･･	･･･	･･･	･･･	･･･	･･･	･･･	･･･
中央政府預金		･･･	･･･	･･･	･･･	･･･	･･･	･･･	･･･
資本勘定		･･･	･･･	･･･	･･･	･･･	･･･	･･･	･･･
その他（ネット）		･･･	･･･	･･･	･･･	･･･	･･･	･･･	･･･
銀行業機関	10億香港ドル（期末）								
準備		･･･	･･･	･･･	･･･	･･･	･･･	･･･	･･･
対外資産		･･･	･･･	･･･	･･･	･･･	･･･	･･･	･･･
政府向け信用		･･･	･･･	･･･	･･･	･･･	･･･	･･･	･･･
その他部門向け信用		･･･	･･･	･･･	･･･	･･･	･･･	･･･	･･･
要求払い預金		･･･	･･･	･･･	･･･	･･･	･･･	･･･	･･･
定期性預金，貯蓄性預金及び外貨預金		･･･	･･･	･･･	･･･	･･･	･･･	･･･	･･･
短期金融市場商品		･･･	･･･	･･･	･･･	･･･	･･･	･･･	･･･
対外負債		･･･	･･･	･･･	･･･	･･･	･･･	･･･	･･･
政府預金		･･･	･･･	･･･	･･･	･･･	･･･	･･･	･･･
資本勘定		･･･	･･･	･･･	･･･	･･･	･･･	･･･	･･･
その他（ネット）		･･･	･･･	･･･	･･･	･･･	･･･	･･･	･･･
バンキング・サーベイ	10億香港ドル（期末）								
対外資産（ネット）		･･･	･･･	･･･	･･･	･･･	･･･	･･･	･･･
国内信用		･･･	･･･	･･･	･･･	･･･	･･･	･･･	･･･
政府向け信用（ネット）		･･･	･･･	･･･	･･･	･･･	･･･	･･･	･･･
その他部門向け信用		･･･	･･･	･･･	･･･	･･･	･･･	･･･	･･･
現金・預金通貨		･･･	･･･	･･･	･･･	･･･	･･･	･･･	･･･
準通貨		･･･	･･･	･･･	･･･	･･･	･･･	･･･	･･･
短期金融市場商品		･･･	･･･	･･･	･･･	･･･	･･･	･･･	･･･
資本勘定		･･･	･･･	･･･	･･･	･･･	･･･	･･･	･･･
その他（ネット）		･･･	･･･	･･･	･･･	･･･	･･･	･･･	･･･
現金・預金通貨＋準通貨		･･･	･･･	･･･	･･･	･･･	･･･	･･･	･･･
貨幣集計量（国内定義）	10億香港ドル（期末）								
ベース・マネー		･･･	･･･	･･･	･･･	･･･	･･･	･･･	･･･
M1		･･･	･･･	･･･	･･･	･･･	･･･	･･･	･･･
M2		･･･	･･･	･･･	･･･	･･･	･･･	･･･	･･･
M3		･･･	･･･	･･･	･･･	･･･	･･･	･･･	･･･
金利	年率（%）								
ディスカウント・レート		･･･	･･･	･･･	･･･	･･･	･･･	･･･	･･･
短期金融市場商品金利		･･･	･･･	･･･	･･･	･･･	･･･	･･･	･･･
財務省短期証券金利		･･･	･･･	･･･	･･･	･･･	･･･	･･･	･･･
預金金利		･･･	･･･	･･･	･･･	･･･	･･･	･･･	･･･
貸出金利		･･･	･･･	･･･	･･･	･･･	･･･	･･･	･･･
物価	指数（2010年=100，期中平均）								
生産者物価指数		･･･	･･･	･･･	･･･	･･･	･･･	･･･	･･･
消費者物価指数		･･･	･･･	･･･	･･･	･･･	･･･	･･･	･･･
GDPデフレーター		10.91	11.28	11.91	12.96	13.95	15.23	17.40	19.42

434

香　　港

1975	1976	1977	1978	1979	1980	1981	1982	1983	1984	1985
5.89	5.43	5.61	6.26	6.52	6.54	6.61	7.16	8.15	7.67	8.58
5.03	4.67	4.62	4.80	4.95	5.13	5.68	6.50	7.78	7.82	7.81
4.94	4.90	4.66	4.68	5.00	4.98	5.59	6.07	7.27	7.82	7.79
164.67	171.83	175.56	157.62	143.91	145.68	139.69	140.13	120.72	118.08	124.19
...	...	...	...	...	...	...	...	...	...	...
-	-	-	-	-	-	-	-	-	-	-
...	...	...	...	...	...	...	...	...	...	...
...	...	...	...	...	...	...	...	...	...	...
...	...	...	...	...	...	...	...	...	...	...
...	...	...	...	...	...	...	...	...	...	...
6,637.79	9,117.70	11,816.30	14,064.50	24,989.00	34,518.00	46,193.00	58,225.00	67,557.00	78,750.00	101,171.00
6,614.88	9,200.79	13,074.20	16,379.00	21,118.00	32,594.00	45,235.00	54,122.00	59,627.00	65,939.00	83,325.00
...	...	...	...	...	...	...	...	...	...	...
...	...	...	...	...	...	...	...	...	...	...
...	...	...	...	...	...	...	...	...	...	...
...	...	...	...	...	...	...	...	...	...	...
...	...	...	...	...	...	...	...	...	...	...
...	...	...	...	...	...	...	...	...	...	...
...	...	...	...	...	...	...	...	...	...	...
...	...	...	...	...	...	...	...	...	...	...
...	...	...	...	...	...	...	...	...	...	...
...	...	...	...	...	...	...	...	...	...	...
...	...	...	...	...	...	...	...	...	...	...
...	...	...	...	...	...	...	...	...	...	...
...	...	...	...	...	...	...	...	...	...	...
...	...	...	...	...	...	...	...	...	...	...
...	...	...	...	...	...	...	...	...	...	...
...	...	...	...	...	...	...	...	...	...	...
...	...	...	...	...	...	...	...	...	...	...
...	...	...	...	...	...	...	...	...	...	...
...	...	...	...	...	...	...	...	...	...	...
...	...	...	...	...	...	...	...	...	...	...
...	...	...	...	...	...	...	...	...	...	...
...	...	...	...	...	...	...	...	...	...	...
...	...	...	...	...	...	...	...	...	...	...
...	...	...	...	...	...	...	...	...	...	...
...	...	...	...	...	...	...	...	...	...	...
...	...	...	...	...	...	...	...	...	...	...
...	...	...	...	...	...	...	...	...	...	...
						...	...	...	...	...
...	...	...	...	...	...	28.97	32.15	35.33	38.39	39.73
20.28	22.24	23.09	24.97	29.41	34.04	37.65	41.29	43.20	47.36	49.90

統　　計

香港（1948-2016年）

		1986	1987	1988	1989	1990	1991	1992	1993
為替レート	対SDRレート								
市場レート（期末）		9.53	11.01	10.51	10.26	11.10	11.13	10.65	10.61
	対ドル・レート								
市場レート（期末）		7.80	7.76	7.81	7.81	7.80	7.78	7.74	7.73
市場レート（期中平均）		7.80	7.80	7.81	7.80	7.79	7.77	7.74	7.74
	指数（2010年=100，期中平均）								
名目実効為替レート		109.26	100.32	94.83	97.36	98.86	100.94	100.10	102.00
実質実効為替レート（ユニット・レイバー・コスト・ベース）		・・・	・・・	・・・	・・・	・・・	・・・	・・・	・・・
IMFポジション	100万SDR（期末）								
IMFリザーブポジション		-	-	-	-	-	-	-	-
内：IMF借入残高		-	-	-	-	-	-	-	-
国際流動性	100万米ドル（他に断りのない限り，期末）								
総準備（金を除く）		・・・	・・・	・・・	・・・	24,568.00	28,808.00	35,174.00	42,986.00
IMFリザーブポジション									
外国為替		・・・	・・・	・・・	・・・	24,568.00	28,808.00	35,174.00	42,986.00
金（100万ファイントロイオンス）						0.23	0.23	0.23	0.07
金（国内評価額）						89.13	80.59	75.82	26.41
通貨当局：その他負債						1.04	2.16	2.44	3.30
銀行業機関：資産		155,233.00	266,053.00	309,741.00	355,636.00	464,087.00	503,197.00	507,318.00	518,782.00
銀行業機関：負債		125,775.00	229,427.00	269,581.00	310,127.00	402,694.00	461,894.00	463,874.00	477,576.00
通貨当局	10億香港ドル（期末）								
対外資産		・・・	・・・	・・・	・・・	123.50	161.40	199.10	290.52
準備貨幣		・・・	・・・	・・・	・・・	43.27	49.21	62.17	72.79
内：預金通貨銀行以外の現金通貨		・・・	・・・	・・・	・・・	37.22	42.14	51.70	62.89
対外負債		・・・	・・・	・・・	・・・	0.01	0.02	0.02	0.03
中央政府預金		・・・	・・・	・・・	・・・	63.23	69.80	96.15	115.68
資本勘定		・・・	・・・	・・・	・・・	82.64	98.65	106.64	127.54
その他（ネット）		・・・	・・・	・・・	・・・	-65.64	-56.27	-65.88	-25.52
銀行業機関	10億香港ドル（期末）								
準備		・・・	・・・	・・・	・・・	6.05	7.07	10.47	9.91
対外資産		・・・	・・・	・・・	・・・	3,620.34	3,915.38	3,928.17	4,008.11
政府向け信用		・・・	・・・	・・・	・・・	17.78	17.89	29.72	56.77
その他部門向け信用		・・・	・・・	・・・	・・・	962.04	948.88	1,045.40	1,256.02
要求払い預金		・・・	・・・	・・・	・・・	57.56	72.85	87.71	
定期性預金，貯蓄性預金及び外貨預金		・・・	・・・	・・・	・・・	1,115.20	1,193.40	1,357.87	
短期金融市場商品		・・・	・・・	・・・	・・・	45.86	38.51	46.83	
対外負債		・・・	・・・	・・・	・・・	3,594.00	3,591.78	3,689.75	
政府預金		・・・	・・・	・・・	・・・	6.13	13.69	11.30	26.60
資本勘定		・・・	・・・	・・・	・・・	63.55	90.86	104.85	
その他（ネット）		・・・	・・・	・・・	-171.19	-23.35	-0.64	15.04	17.20
バンキング・サーベイ	10億香港ドル（期末）								
対外資産（ネット）		・・・	・・・	・・・	・・・	・・・	482.77	535.47	608.86
国内信用		・・・	・・・	・・・	・・・	910.46	883.27	967.68	1,170.50
政府向け信用（ネット）		・・・	・・・	・・・	・・・	-51.57	-65.60	-77.73	-85.51
その他部門向け信用		・・・	・・・	・・・	・・・	962.04	948.88	1,045.40	1,256.02
現金・預金通貨		・・・	・・・	・・・	・・・	・・・	99.70	124.55	150.60
準通貨		・・・	・・・	・・・	・・・	・・・	1,115.20	1,193.40	1,357.87
短期金融市場商品		・・・	・・・	・・・	・・・	・・・	45.86	38.51	46.83
資本勘定		・・・	・・・	・・・	・・・	・・・	162.20	197.50	232.39
その他（ネット）		・・・	・・・	・・・	・・・	-88.99	-56.91	-50.83	-8.32
現金・預金通貨＋準通貨		・・・	・・・	・・・	・・・	・・・	1,214.89	1,317.95	1,508.46
貨幣集計量（国内定義）	10億香港ドル（期末）								
ベース・マネー		・・・	・・・	・・・	・・・	・・・	・・・	・・・	・・・
M1		・・・	・・・	・・・	・・・	・・・	・・・	・・・	・・・
M2		・・・	・・・	・・・	・・・	・・・	・・・	・・・	・・・
M3		・・・	・・・	・・・	・・・	・・・	・・・	・・・	・・・
金利	年率（%）								
ディスカウント・レート		・・・	・・・	・・・	・・・	・・・	・・・	4.00	4.00
短期金融市場商品金利		・・・	・・・	・・・	・・・	11.50	4.63	3.81	4.00
財務省短期証券金利		・・・	・・・	・・・	・・・	・・・	・・・	3.83	3.17
預金金利		・・・	・・・	・・・	・・・	6.67	5.46	3.07	2.25
貸出金利		・・・	・・・	・・・	・・・	10.00	8.50	6.50	6.50
物価	指数（2010年=100，期中平均）								
生産者物価指数		・・・	・・・	・・・	・・・	89.47	92.52	94.22	94.86
消費者物価指数		41.08	43.40	46.82	51.59	56.97	63.33	69.44	75.55
GDPデフレーター		51.78	56.24	61.19	68.88	74.09	80.86	88.86	96.52

香　港

1994	1995	1996	1997	1998	1999	2000	2001	2002	2003	2004
11.30	11.49	11.12	10.45	10.91	10.67	10.16	9.80	10.60	11.54	12.07
7.74	7.73	7.74	7.75	7.75	7.77	7.80	7.80	7.80	7.76	7.77
7.73	7.74	7.73	7.74	7.75	7.76	7.79	7.80	7.80	7.79	7.79
111.28	106.10	109.38	114.27	120.51	118.92	121.57	126.06	124.75	118.46	113.84
・・・	103.74	116.60	131.84	152.42	145.85	143.61	148.89	144.41	129.27	116.77
-	-	-	-	-	-	-	-	-	-	-
-	-	-	-	-	-	-	-	-	-	-
49,251.00	55,398.00	63,808.00	92,804.00	89,650.10	96,236.00	107,542.00	111,155.00	111,896.00	118,360.00	123,540.00
				44.13						
49,251.00	55,398.00	63,808.00	92,804.00	89,606.00	96,236.00	107,542.00	111,155.00	111,896.00	118,360.00	123,540.00
0.07	0.07	0.07	0.07	0.07	0.07	0.07	0.07	0.07	0.07	0.07
25.84	26.02	25.10	19.49	19.23	19.46	18.24	18.61	22.94	27.92	29.26
199.02	4.06	41.75	5.42	35.37	4.89	2,541.82	5,396.82	214.16	129.46	13.38
614,798.00	655,578.00	608,623.00	600,631.00	501,171.00	475,783.00	450,481.00	405,221.00	394,415.00	440,284.00	508,073.00
582,331.00	620,403.00	579,852.00	597,324.00	447,348.00	371,867.00	319,154.00	264,386.00	244,739.00	267,027.00	308,545.00
297.27	376.59	463.89	549.97	672.68	691.27	803.69	822.50	832.87	868.65	904.91
79.88	82.96	87.12	92.71	94.77	234.39	215.40	229.74	246.11	292.67	294.87
67.31	70.87	76.05	80.34	80.92	99.27	91.51	101.38	112.98	127.61	140.55
1.54	0.03	0.32	0.04	0.27	0.04	19.82	42.08	1.67	1.01	0.10
131.24	125.92	145.90	237.63	424.56	392.21	417.16	380.60	301.67	252.30	280.09
125.77	160.13	172.86	190.21	242.22	290.86	307.10	302.59	327.17	384.88	423.59
・41.17	7.56	57.69	29.38	・89.15	・226.22	・155.79	・132.51	・43.75	・62.21	・93.75
12.57	12.09	11.07	12.37	13.85	32.67	14.34	12.53	11.91	41.18	28.36
4,757.31	5,068.93	4,708.31	4,652.49	3,882.07	3,697.31	3,511.95	3,159.51	3,075.65	3,417.93	3,949.50
106.77	57.25	104.74	143.61	140.34	166.64	201.19	212.75	234.12	220.67	272.53
1,506.39	1,671.93	1,935.32	2,324.36	2,181.93	1,964.83	2,010.95	1,968.19	1,890.33	1,837.65	1,906.44
83.38	80.32	98.33	87.44	79.07	85.35	93.05	109.51	127.39	196.45	231.83
1,534.82	1,713.81	1,923.57	2,113.05	2,374.65	2,560.47	2,816.59	2,781.96	2,768.92	2,874.11	3,060.47
71.26	82.62	107.13	118.16	116.51	110.77	103.79	107.79	143.08	170.67	190.98
4,506.08	4,796.95	4,485.74	4,626.87	3,465.16	2,889.78	2,488.13	2,061.42	1,908.47	2,072.93	2,398.47
18.87	14.43	19.09	5.16	6.15	3.78	2.93	1.46	2.51	2.38	4.16
113.04	132.61	153.91	170.34	153.67	154.03	164.10	204.27	207.72	188.87	214.60
55.58	・10.56	・28.33	11.78	22.98	57.27	69.84	86.58	53.91	12.01	56.33
546.96	648.53	686.14	575.54	1,089.32	1,498.76	1,807.70	1,878.52	1,998.37	2,212.64	2,455.84
1,463.04	1,588.84	1,875.07	2,225.17	1,891.55	1,735.49	1,792.05	1,798.88	1,820.27	1,803.64	1,894.73
・43.34	・83.10	・60.25	・99.18	・290.38	・229.34	・218.90	・169.31	・70.06	・34.00	・11.71
1,506.39	1,671.93	1,935.32	2,324.36	2,181.93	1,964.83	2,010.95	1,968.19	1,890.33	1,837.65	1,906.44
150.70	151.19	174.38	167.78	159.99	184.62	184.56	210.88	240.37	324.06	372.38
1,534.82	1,713.81	1,923.57	2,113.05	2,374.65	2,560.47	2,816.59	2,781.96	2,768.92	2,874.11	3,060.47
71.26	82.62	107.13	118.16	116.51	110.77	103.79	107.79	143.08	170.67	190.98
238.81	292.75	326.77	360.55	395.89	444.89	471.20	506.86	534.90	573.75	638.19
14.40	・3.00	29.36	41.16	・66.17	・66.49	23.61	69.90	131.37	73.69	88.54
1,685.52	1,865.00	2,097.95	2,280.84	2,534.64	2,745.08	3,001.15	2,992.84	3,009.29	3,198.17	3,432.85
・・・	・・・	・・・	・・・	・・・	・・・	・・・	229.98	246.56	293.03	295.43
・・・	・・・	・・・	・・・	・・・	・・・	・・・	258.06	295.65	413.42	484.49
・・・	・・・	・・・	・・・	・・・	・・・	・・・	3,550.06	3,518.33	3,813.44	4,166.71
・・・	・・・	・・・	・・・	・・・	・・・	・・・	3,594.13	3,561.85	3,858.04	4,189.54
5.75	6.25	6.00	7.00	6.25	7.00	8.00	3.25	2.75	2.50	3.75
5.44	6.00	5.13	4.50	5.50	5.75	7.13	2.69	1.50	0.07	0.13
5.66	5.55	4.45	7.50	5.04	4.94	5.69	1.69	1.35	-0.08	0.07
3.54	5.63	4.64	5.98	6.62	4.50	4.80	2.38	0.35	0.07	0.03
8.50	8.75	8.50	9.50	9.00	8.50	9.50	5.13	5.00	5.00	5.00
96.83	99.52	99.42	99.14	97.31	95.78	95.97	94.43	91.84	91.55	93.67
82.15	89.61	95.23	100.73	103.67	99.51	95.84	94.25	91.44	89.00	88.75
102.62	106.86	113.15	119.67	121.13	116.17	112.23	110.23	106.48	100.09	96.49

統　計

香港（1948-2016年）

	2005	2006	2007	2008	2009	2010	2011	2012
為替レート	対SDRレート							
市場レート（期末）	11.08	11.70	12.33	11.94	12.16	11.97	11.92	11.91
	対ドル・レート							
市場レート（期末）	7.75	7.77	7.80	7.75	7.76	7.77	7.77	7.75
市場レート（期中平均）	7.78	7.77	7.80	7.79	7.75	7.77	7.78	7.76
名目実効為替レート	112.05	110.77	106.20	101.00	102.53	100.00	95.23	95.68
実質実効為替レート（ユニット・レイバー・コスト・ベース）	112.34	109.68	105.37	100.95	101.96	100.00	99.36	106.68
IMFポジション	100万SDR（期末）							
IMFリザーブポジション	-	-	-	-	-	-	-	-
内：IMF借入残高	-	-	-	-	-	-	-	-
国際流動性	100万米ドル（他に断りのない限り，期末）							
総準備（金を除く）	124,244.00	133,168.00	152,637.00	182,469.00	255,768.00	268,649.00	285,296.00	317,251.00
IMFリザーブポジション							35.93	61.78
外国為替	124,244.00	133,168.00	152,637.00	182,469.00	255,768.00	268,649.00	285,260.00	317,189.00
金（100万ファイントロイオンス）	0.07	0.07	0.07	0.07	0.07	0.07	0.07	0.07
金（国内評価額）	34.27	42.46	55.88	57.78	73.74	94.20	105.17	111.15
通貨当局：その他負債	153.24	25.34	43.07	57.29	51.45	37.43	26.01	24.77
銀行業機関：資産	512,640.00	621,337.00	798,274.00	788,521.00	747,786.00	829,768.00	919,451.00	984,571.00
銀行業機関：負債	305,686.00	352,789.00	476,488.00	504,374.00	497,991.00	604,804.00	688,033.00	724,516.00
通貨当局	10億香港ドル（期末）							
対外資産	884.91	985.00	1,087.86	1,272.53	1,907.19	2,035.78	2,177.96	2,431.65
準備貨幣	283.98	297.95	320.24	506.58	1,010.69	1,039.53	1,075.98	1,217.30
内：預金通貨銀行以外の現金通貨	142.05	149.98	157.76	170.23	194.07	218.55	248.05	281.61
対外負債	1.19	0.20	0.34	0.44	0.40	0.29	0.20	0.19
中央政府預金	297.09	324.53	464.59	531.37	504.12	592.28	663.51	717.54
資本勘定	443.15	507.71	616.98	480.49	553.46	591.50	567.91	623.88
その他（ネット）	-140.48	-145.39	-314.28	-246.35	-161.48	-187.83	-129.65	-127.26
銀行業機関	10億香港ドル（期末）							
準備	15.51	16.30	23.86	173.36	279.16	165.78	170.38	275.91
対外資産	3,974.24	4,830.59	6,227.73	6,111.43	5,799.45	6,451.03	7,140.00	7,630.92
政府向け信用	255.26	257.59	239.62	232.84	651.84	768.95	762.79	775.24
その他部門向け信用	2,021.14	2,056.59	2,256.25	2,395.36	2,578.90	3,296.55	3,913.21	4,044.20
要求払い預金	173.65	197.19	242.00	265.07	391.15	420.37	444.26	510.47
定期預金, 貯蓄性預金及び外貨預金	3,238.82	3,784.07	4,508.91	4,680.41	4,798.00	5,141.65	5,657.13	6,053.80
短期金融市場商品	207.60	205.80	174.63	116.17	60.79	95.77	229.88	369.47
対外負債	2,369.83	2,742.76	3,717.32	3,909.15	3,862.17	4,702.05	5,342.92	5,615.36
政府預金	5.61	5.24	5.81	7.84	4.51	3.01	5.51	5.27
資本勘定	234.59	249.23	262.47	224.60	274.36	323.01	350.92	410.06
その他（ネット）	36.06	-23.22	-163.67	-290.25	-81.61	-3.55	-44.24	-238.16
バンキング・サーベイ	10億香港ドル（期末）							
対外資産（ネット）	2,488.14	3,072.63	3,597.94	3,474.37	3,844.07	3,784.47	3,974.83	4,447.01
国内信用	1,973.71	1,984.41	2,025.47	2,089.00	2,722.11	3,470.21	4,006.98	4,096.63
政府向け信用（ネット）	-47.44	-72.18	-230.78	-306.37	143.21	173.66	93.77	52.43
その他部門向け信用	2,021.14	2,056.59	2,256.25	2,395.36	2,578.90	3,296.55	3,913.21	4,044.20
現金・預金通貨	315.70	347.17	399.76	435.30	585.21	638.92	692.31	792.08
準通貨	3,238.82	3,784.07	4,508.91	4,680.41	4,798.00	5,141.65	5,657.13	6,053.80
短期金融市場商品	207.60	205.80	174.63	116.17	60.79	95.77	229.88	369.47
資本勘定	677.74	756.94	879.45	705.08	827.81	914.52	918.83	1,033.95
その他（ネット）	21.98	-36.94	-339.33	-373.60	294.37	463.82	483.66	294.36
現金・預金通貨＋準通貨	3,554.52	4,131.24	4,908.67	5,115.71	5,383.21	5,780.57	6,349.43	6,845.88
貨幣集計量（国内定義）	10億香港ドル（期末）							
ベース・マネー	284.23	296.25	320.56	507.46	1,010.96	1,039.81	1,073.30	1,219.14
M1	434.68	491.66	616.71	645.83	901.82	1,017.23	1,127.32	1,377.36
M2	4,379.06	5,054.48	6,106.35	6,268.06	6,602.31	7,136.27	8,057.53	8,950.00
M3	4,407.19	5,089.88	6,139.76	6,300.75	6,626.84	7,156.26	8,081.08	8,970.40
金利	年率（%）							
ディスカウント・レート	5.75	6.75	5.75	0.50	0.50	0.50	0.50	0.50
短期金融市場商品金利	4.25	3.94	1.88	0.23	0.13	0.13	0.13	0.06
財務省短期証券金利	3.65	3.29	1.96	0.05	0.07	0.28	0.22	0.05
預金金利	1.26	2.70	2.42	0.45	0.01	0.01	0.01	0.01
貸出金利	7.75	7.75	6.75	5.00	5.00	5.00	5.00	5.00
物価	指数（2010年=100，期中平均）							
生産者物価指数	86.28	88.20	90.88	95.97	94.34	100.00	108.35	108.45
消費者物価指数	89.49	91.32	93.15	97.19	97.80	100.00	105.26	109.54
GDPデフレーター	96.35	95.83	98.84	100.11	99.73	100.00	103.90	107.58

香　　港

2013	2014	2015	2016
11.94	11.24	10.74	10.42
7.75	7.76	7.75	7.75
7.76	7.75	7.75	7.76
96.85	97.68	103.36	105.78
112.12	115.54	127.83	127.11
⋯	⋯	⋯	⋯
311,129.00	328,436.00	358,702.00	386,217.00
67.96	59.15	45.77	69.68
311,061.00	328,377.00	358,656.00	386,147.00
0.07	0.07	0.07	0.07
80.26	80.11	70.96	77.43
40.76	50.80	37.93	50.43
1,132,880.00	1,220,680.00	1,254,840.00	1,351,450.00
838,240.00	927,741.00	1,004,550.00	1,070,420.00
2,581.83	2,792.77	3,051.73	3,114.29
1,255.87	1,345.43	1,591.72	1,641.86
313.63	329.83	349.09	390.22
0.32	0.39	0.29	0.39
773.86	788.68	833.55	914.60
637.51	635.45	544.86	546.51
-85.73	22.82	81.31	10.93
190.43	262.61	413.83	289.17
8,783.81	9,466.97	9,725.63	10,479.20
876.09	858.09	935.20	1,091.78
4,664.93	5,270.58	4,986.01	5,076.26
544.77	619.69	711.58	808.75
6,637.83	7,216.80	7,642.26	8,179.41
547.36	626.94	381.97	310.11
6,499.29	7,195.09	7,785.77	8,300.05
7.35	6.52	6.50	7.45
484.08	520.40	385.94	412.30
-205.42	-327.19	-853.36	-1,081.68
4,866.03	5,064.25	4,991.30	5,293.03
4,759.81	5,333.47	5,081.16	5,246.00
94.87	62.89	95.15	169.74
4,664.93	5,270.58	4,986.01	5,076.26
858.39	949.53	1,060.67	1,198.97
6,637.83	7,216.80	7,642.26	8,179.41
547.36	626.94	381.97	310.11
1,121.59	1,155.85	930.80	958.82
460.67	448.61	56.76	-108.28
7,496.22	8,166.32	8,702.93	9,378.38
1,255.77	1,346.06	1,592.78	1,636.06
1,510.90	1,708.72	1,971.15	2,213.97
10,056.40	11,011.40	11,618.40	12,508.10
10,085.20	11,048.90	11,655.00	12,551.30
0.50	0.50	0.75	1.00
0.06	0.13	0.08	0.23
0.11	0.04	0.04	0.67
0.01	0.01	0.01	0.01
5.00	5.00	5.00	5.00
105.09	103.26	100.48	101.82
114.30	119.44	122.98	125.92
109.53	112.65	116.76	118.83

台湾 （1948-2000年）

	1948	1949	1950	1951	1952	1953	1954	1955
為替レート								
市場レート（期末） 対SDRレート	・・・	・・・	10.29	15.63	15.63	18.76	18.76	32.24
対ドル・レート								
市場レート（期末）	・・・	・・・	10.29	15.63	15.63	18.76	18.76	32.24
市場レート（期中平均）	・・・	・・・	10.29	15.63	15.63	18.76	18.76	32.24
名目実効為替レート 指数（2010年=100，期中平均）	・・・	・・・	・・・	・・・	・・・	・・・	・・・	・・・
実質実効為替レート（生産者物価ベース）	・・・	・・・	・・・	・・・	・・・	・・・	・・・	・・・
国際流動性 100万米ドル（他に断りのないかぎり，期末）								
総準備（金を除く）	・・・	・・・	2.00	35.00	34.00	45.00	20.00	46.00
IMFリザーブポジション								
外国為替	・・・	・・・	2.00	35.00	34.00	45.00	20.00	46.00
金（100万ファイントロイオンス）	・・・	・・・	1.29	1.14	1.11	1.09	1.14	1.17
金（国内評価額）								
IMFポジション								
クォータ	-	550.00	550.00	550.00	550.00	550.00	550.00	550.00
IMFリザーブポジション	-							
IMF引出残高	-							
預金通貨銀行：資産	・・・	・・・	・・・	・・・	1.00	1.00	1.00	1.00
預金通貨銀行：負債								
オフショア・バンキング・ユニット：対外資産	・・・	・・・	・・・	・・・	・・・	・・・	・・・	・・・
オフショア・バンキング・ユニット：対外負債	・・・	・・・	・・・	・・・	・・・	・・・	・・・	・・・
中央銀行 10億新台湾ドル（期末）								
対外資産	・・・	・・・	・・・	・・・	0.80	1.19	0.83	1.22
政府向け信用	・・・	・・・	・・・	・・・	0.93	1.11	1.60	1.86
預金通貨銀行向け信用	・・・	・・・	・・・	・・・	0.01	0.05	0.12	0.07
準備貨幣	・・・	・・・	・・・	・・・	1.25	1.40	1.71	2.00
内：預金通貨銀行以外の現金通貨	・・・	・・・	・・・	・・・	0.91	0.92	1.14	1.37
定期性預金	・・・	・・・	・・・	・・・	0.08	0.17	0.20	0.20
財務省証券，譲渡性預金及び貯蓄性債券	・・・	・・・	・・・	・・・	・・・	・・・	・・・	・・・
政府預金	・・・	・・・	・・・	・・・	0.43	0.55	0.75	0.84
見返り資金	・・・	・・・	・・・	・・・	0.35	0.64	0.63	1.40
その他（ネット）	・・・	・・・	・・・	・・・	-0.38	-0.40	-0.73	-1.26
預金通貨銀行 10億新台湾ドル（期末）								
準備	・・・	・・・	・・・	・・・	0.35	0.34	0.37	0.42
財務省証券，譲渡性預金及び貯蓄性債券（中央銀行発行分）	・・・	・・・	・・・	・・・	…	…	…	…
対外資産	・・・	・・・	・・・	・・・	0.01	0.01	0.02	0.02
政府向け信用	・・・	・・・	・・・	・・・	0.03	0.01	0.02	0.02
公的機関向け信用	・・・	・・・	・・・	・・・		0.10	0.10	0.12
民間部門向け信用	・・・	・・・	・・・	・・・	0.45	0.72	1.11	1.62
要求払い預金	・・・	・・・	・・・	・・・	0.39	0.61	0.79	0.97
定期性預金及び外貨預金	・・・	・・・	・・・	・・・	0.43	0.52	0.68	0.83
対外負債								
政府預金	・・・	・・・	・・・	・・・	0.03	0.05	0.08	0.19
中央銀行からの信用	・・・	・・・	・・・	・・・	0.01	0.05	0.12	0.07
その他（ネット）	・・・	・・・	・・・	・・・	-0.02	-0.05	-0.05	0.14
郵便貯金システム 10億新台湾ドル（期末）								
現金	・・・	・・・	・・・	・・・	・・・	・・・	・・・	・・・
中央銀行預金	・・・	・・・	・・・	・・・	・・・	・・・	・・・	・・・
政府向け信用	・・・	・・・	・・・	・・・	・・・	・・・	・・・	・・・
公的機関向け信用	・・・	・・・	・・・	・・・	・・・	・・・	・・・	・・・
民間部門向け信用	・・・	・・・	・・・	・・・	・・・	・・・	・・・	・・・
定期性預金及び貯蓄性預金	・・・	・・・	・・・	・・・	・・・	・・・	・・・	・・・
その他（ネット）	・・・	・・・	・・・	・・・	・・・	・・・	・・・	・・・
バンキング・サーベイ 10億新台湾ドル（期末）								
対外資産（ネット）	・・・	・・・	・・・	・・・	0.57	0.84	0.51	0.87
国内信用	・・・	・・・	・・・	・・・	2.23	2.69	3.67	4.89
政府向け信用（ネット）	・・・	・・・	・・・	・・・	0.50	0.52	0.79	0.85
公的機関向け信用	・・・	・・・	・・・	・・・	1.28	1.43	1.71	2.11
民間部門向け信用	・・・	・・・	・・・	・・・	0.45	0.74	1.17	1.93
その他金融機関向け信用	・・・	・・・	・・・	・・・	・・・	・・・	・・・	・・・
現金・預金通貨（M1B）	・・・	・・・	・・・	・・・	1.29	1.68	2.13	2.56
準通貨	・・・	・・・	・・・	・・・	0.51	0.69	0.88	1.03
その他（ネット）	・・・	・・・	・・・	・・・	0.99	1.17	1.18	2.20
現金・預金通貨＋準通貨	・・・	・・・	・・・	・・・	1.80	2.37	3.01	3.59
信託投資公司 10億新台湾ドル（期末）								
現金	・・・	・・・	・・・	・・・	・・・	・・・	・・・	・・・
政府向け信用	・・・	・・・	・・・	・・・	・・・	・・・	・・・	・・・
公的機関向け信用	・・・	・・・	・・・	・・・	・・・	・・・	・・・	・・・
民間部門向け信用	・・・	・・・	・・・	・・・	・・・	・・・	・・・	・・・
信託基金	・・・	・・・	・・・	・・・	・・・	・・・	・・・	・・・
その他（ネット）	・・・	・・・	・・・	・・・	・・・	・・・	・・・	・・・
生命保険会社 10億新台湾ドル（期末）								
現金	・・・	・・・	・・・	・・・	・・・	・・・	・・・	・・・
民間部門向け信用	・・・	・・・	・・・	・・・	・・・	・・・	・・・	・・・
不動産	・・・	・・・	・・・	・・・	・・・	・・・	・・・	・・・
金利 年率（％）								
ディスカウント・レート	・・・	・・・	・・・	・・・	・・・	・・・	・・・	・・・
コールローン・レート	・・・	・・・	41.40	41.40	36.00	27.00	23.40	21.60
銀行間コールローン・レート（翌日物）	・・・	・・・	・・・	・・・	・・・	・・・	・・・	・・・
政府債利回り（10年物）	・・・	・・・	・・・	・・・	・・・	・・・	・・・	・・・
物価 指数（2011年=100，期中平均）								
卸売物価指数	・・・	・・・	・・・	・・・	12.67	13.79	14.09	16.13
消費者物価指数	・・・	・・・	・・・	・・・	・・・	・・・	・・・	・・・
輸出物価指数	・・・	・・・	・・・	・・・	・・・	・・・	・・・	・・・
輸入物価指数	・・・	・・・	・・・	・・・	・・・	・・・	・・・	・・・
GDPデフレーター	・・・	・・・	・・・	・・・	10.59	12.90	12.93	14.30

台　　湾

1956	1957	1958	1959	1960	1961	1962	1963	1964	1965	1966
32.24	32.24	36.34	39.65	39.80	39.98	39.98	40.05	40.05	40.05	40.05
32.24	32.24	36.34	39.65	39.80	39.98	39.98	40.05	40.05	40.05	40.05
32.24	30.84	35.08	39.47	39.73	40.00	40.00	40.00	40.00	40.00	40.00
...	...	...	...	...	...	...	119.18	119.74	120.76	120.96
...	...	...	...	...	...	...	130.59	127.70	123.60	121.42
63.00	92.00	78.00	82.00	76.00	93.00	71.00	177.00	242.00	245.00	275.00
-	-	-	-	-	-	-	-	-	-	-
63.00	92.00	78.00	82.00	76.00	93.00	71.00	177.00	242.00	245.00	275.00
1.20	1.20	1.23	1.17	1.17	1.25	1.23	1.44	1.56	1.57	1.78
550.00	550.00	550.00	550.00	550.00	550.00	550.00	550.00	550.00	550.00	550.00
-	-	-	-	-	-	-	-	-	-	-
1.00	1.00	1.00	1.00	11.00	90.00	54.00	155.00	163.00	178.00	229.00
				1.00	20.00	6.00	19.00	18.00	30.00	31.00
...	...	...	...	...	...	...	...	...	...	...
...	...	...	...	...	...	...	...	...	...	...
1.53	1.99	4.63	4.73	4.73	2.76	3.11	4.37	7.41	6.82	7.39
2.13	2.46	2.38	2.40	3.00	3.27	3.15	3.53	3.73	3.53	4.20
0.08	0.06		0.29	0.37	2.79	3.86	4.92	6.89	10.17	11.37
2.55	2.92	3.97	4.15	4.47	6.29	6.75	7.82	10.09	11.53	12.99
1.54	1.90	2.35	2.57	2.67	3.02	3.33	4.06	5.12	5.69	6.49
0.19	0.18	0.34	0.57	1.14	...	...	...	1.73	1.65	1.87
1.18	1.58	1.60	1.81	1.92	0.78	1.19	1.18	1.13	1.51	2.92
1.48	1.65	1.55	1.84	2.62	0.70	1.19	2.66	4.05	5.15	4.31
-1.68	-1.83	-0.45	-0.95	-2.04	1.03	0.99	1.17	1.03	0.66	0.87
0.63	0.69	1.09	0.98	1.24	3.27	3.42	3.67	5.68	6.15	6.90
...	...	...	...	...						
0.02	0.02	0.04	0.02	0.45	3.61	2.15	6.20	6.53	7.12	9.16
0.03	0.01	0.02	0.20	0.19	1.18	1.35	1.96	2.58	3.65	4.26
0.09	0.08	0.14	0.14	0.36	5.52	7.14	6.11	6.60	6.76	7.26
1.82	2.42	3.40	4.61	5.54	10.21	13.29	16.26	20.71	26.30	31.26
1.31	1.59	2.27	2.41	2.85	6.57	6.93	8.35	10.44	10.87	11.80
0.88	1.22	2.12	2.72	3.40	9.61	11.41	14.93	17.57	20.10	25.24
				0.05	0.80	0.26	0.74	0.72	1.20	1.25
0.16	0.17	0.19	0.24	0.22	-0.25	-0.47	0.35	1.20	4.12	5.35
0.08	0.06		0.29	0.37	2.79	3.86	4.92	6.89	10.17	11.37
0.17	0.18	0.09	0.31	0.89	4.26	5.37	4.91	5.30	3.53	3.84
...	...	...	...	...	0.16	0.32	0.26	0.01	0.06	0.08
						-	0.09	1.02	1.34	1.47
...	...	...	...	...	-	-	...	...	...	...
...	...	...	...	...	0.06	0.06	0.04	0.04	0.20	0.30
...	...	...	...	...	0.64	0.92	1.28	1.79	2.46	3.37
...	...	...	...	...	-0.43	-0.55	-0.89	-0.72	-0.86	-1.51
0.90	1.02	4.67	4.75	5.13	5.57	5.00	9.83	13.22	12.74	15.30
5.73	6.91	8.36	10.23	12.27	19.66	24.21	26.34	31.30	34.93	39.00
0.82	0.72	0.61	0.55	1.05	3.92	3.78	3.96	3.98	1.55	0.19
2.72	3.13	3.62	3.98	4.54	5.52	7.14	6.11	6.60	7.05	7.55
2.19	3.06	4.13	5.70	6.68	10.22	13.29	16.27	20.72	26.33	31.26
...	...	...	...	...						
3.23	3.81	5.13	5.57	6.12	9.59	10.26	12.50	15.65	16.65	18.39
1.07	1.40	2.46	3.29	4.54	9.61	11.41	14.93	19.30	21.75	27.11
2.32	2.71	5.42	6.14	6.76	6.03	7.54	8.74	9.57	9.27	8.81
4.30	5.21	7.59	8.86	10.66	19.20	21.67	27.43	34.95	38.40	45.50
...	...	...	...	...	0.07	0.07	0.09	0.05	0.15	0.24
						-	0.09	0.13	0.14	0.12
...	...	...	...	...						
...	...	...	...	...	0.28	0.45	0.49	0.70	0.87	1.15
...	...	...	...	...						
...	...	...	...	...	0.35	0.52	0.67	0.88	1.15	1.52
...	...	...	...	...	0.05	0.06	0.09	0.07	0.05	0.09
					-	0.01	0.08	0.30	0.42	0.48
						-		0.06	0.09	0.09
...	...	...	...	...	14.40	12.96	11.52	11.52	11.52	11.52
21.60	19.80	19.80	18.00	18.00	16.20	15.80	14.00	14.00	14.00	14.00
...	...	...	...	...	...	...	...	...	...	...
18.14	19.44	19.71	21.74	24.82	25.62	26.39	28.10	28.79	27.45	27.86
...	...	...	11.59	13.73	14.81	15.16	15.49	15.47	15.45	15.77
...	...	...	...	...	...	...	...	...	...	...
15.49	16.80	17.50	18.57	20.91	21.92	22.18	22.67	23.51	23.26	23.72

統　　　計

台湾（1948-2000年）

	1967	1968	1969	1970	1971	1972	1973	1974
為替レート	対SDRレート							
市場レート（期末）	40.05	40.05	40.05	40.05	43.48	43.48	45.84	46.53
	対ドル・レート							
市場レート（期末）	40.05	40.05	40.05	40.05	40.05	40.05	38.00	38.00
市場レート（期中平均）	40.00	40.00	40.00	40.00	40.00	40.03	38.26	38.00
	指数（2010年=100，期中平均）							
名目実効為替レート	121.08	122.28	122.31	122.10	120.60	113.89	111.62	115.63
実質実効為替レート（生産者物価ベース）	121.25	126.63	126.96	123.67	118.91	110.23	107.03	141.11
国際流動性	100万米ドル（他に断りのない限り，期末）							
総準備（金を除く）	335.00	302.00	361.00	540.00	617.00	952.00	1,026.00	1,092.00
IMFリザーブポジション				60.00				37.00
外国為替	335.00	302.00	361.00	480.00	617.00	952.00	1,026.00	1,055.00
金（100万ファイントロイオンス）	2.32	2.31	2.34	2.34	2.29	2.30	2.30	2.30
金（国内評価額）	・・・	・・・	・・・	・・・	・・・	・・・	・・・	・・・
IMFポジション								
クォータ	550.00	550.00	550.00	550.00	597.00	597.00	663.00	673.00
IMFリザーブポジション				60.00				37.00
IMF引出残高					65.00	65.00	72.00	37.00
預金通貨銀行：資産	283.00	257.00	234.00	259.00	327.00	471.00	1,094.00	973.00
預金通貨銀行：負債	48.00	72.00	131.00	163.00	257.00	386.00	377.00	845.00
オフショア・バンキング・ユニット：対外資産	・・・	・・・	・・・	・・・	・・・	・・・	・・・	・・・
オフショア・バンキング・ユニット：対外負債	・・・	・・・	・・・	・・・	・・・	・・・	・・・	・・・
中央銀行	10億新台湾ドル（期末）							
対外資産	8.94	9.62	15.51	24.35	31.07	55.00	52.51	53.26
政府向け信用	4.55	5.59	5.19	5.52	3.09	2.94	4.80	10.08
預金通貨銀行向け信用	13.41	15.69	13.97	13.78	15.66	16.17	42.47	66.11
準備貨幣	16.76	20.83	20.52	24.12	29.52	45.63	55.85	70.17
内：預金通貨銀行以外の現金通貨	8.26	9.28	10.91	13.39	16.55	20.18	28.81	32.62
定期性預金	2.16	2.18	3.70	7.39	10.79	15.57	19.05	27.58
財務省証券，譲渡性預金及び貯蓄性債券	・・・	・・・	・・・	・・・	・・・	・・・	・・・	・・・
政府預金	4.12	5.62	7.08	8.57	8.38	10.89	22.01	26.53
見返り資金	3.33	1.84	1.68	1.36	1.16	1.73	1.73	0.92
その他（ネット）	0.54	0.41	1.70	2.22	-0.03	0.29	1.14	4.25
預金通貨銀行	10億新台湾ドル（期末）							
準備	8.92	11.80	9.76	10.87	13.13	26.21	27.80	38.91
財務省証券，譲渡性預金及び貯蓄性債券（中央銀行発行分）	・・・	・・・	・・・	・・・	・・・	・・・	・・・	・・・
対外資産	11.32	10.27	9.37	10.38	13.07	18.83	41.56	36.99
政府向け信用	5.30	5.77	5.87	6.22	6.66	6.70	8.10	8.08
公的機関向け信用	8.46	9.17	11.19	14.00	18.24	20.58	25.37	44.63
民間部門向け信用	38.29	49.05	61.25	72.79	90.32	111.86	168.15	230.76
要求払い預金	15.38	16.62	17.86	18.65	23.40	34.94	53.51	55.46
定期性預金及び外貨預金	29.83	34.14	43.24	53.62	69.07	88.82	105.22	142.34
対外負債	1.91	2.86	5.25	6.53	10.27	15.44	14.33	32.12
政府預金	5.55	8.07	9.49	10.60	9.65	12.34	22.59	22.84
中央銀行からの信用	13.41	15.69	13.97	13.81	15.66	16.17	42.47	66.12
その他（ネット）	6.20	8.65	7.63	11.07	13.36	16.46	32.87	40.29
郵便貯金システム	10億新台湾ドル（期末）							
現金	0.08	0.26	0.46	0.25	0.27	0.47	0.60	0.46
中央銀行預金	1.74	1.93	3.55	7.25	10.63	14.81	18.29	26.22
政府向け信用	・・・	・・・	・・・	・・・	・・・	・・・	・・・	0.17
公的機関向け信用	・・・	・・・	・・・	・・・	・・・	・・・	・・・	・・・
民間部門向け信用	0.38	0.44	0.41	0.46	0.48	0.45	0.44	0.25
定期性預金及び貯蓄性預金	4.36	4.97	6.13	8.69	11.81	14.98	17.75	25.34
その他（ネット）	-2.17	-2.34	-1.71	-0.73	-0.44	0.75	1.59	1.76
バンキング・サーベイ	10億新台湾ドル（期末）							
対外資産（ネット）	18.35	17.03	19.63	28.20	33.87	58.39	79.74	58.13
国内信用	47.73	56.70	67.63	79.93	101.02	120.40	163.30	246.95
政府向け信用（ネット）	0.18	-2.33	-5.51	-7.43	-8.28	-13.59	-31.70	-31.22
公的機関向け信用	9.25	9.96	11.87	14.57	18.71	20.94	25.62	44.88
民間部門向け信用	38.30	49.07	61.27	72.79	90.59	113.05	169.38	230.76
その他金融機関向け信用	・・・	・・・	・・・	・・・	・・・	・・・	・・・	2.53
現金・預金通貨（M1B）	23.72	25.95	28.82	32.10	39.99	55.16	82.36	88.12
準通貨	31.99	36.32	46.94	61.01	79.86	104.39	124.27	169.92
その他（ネット）	10.37	11.41	11.51	15.05	15.03	19.23	36.42	47.04
現金・預金通貨＋準通貨	55.71	62.27	75.76	93.11	119.85	159.55	206.63	258.04
信託投資公司	10億新台湾ドル（期末）							
現金	0.07	0.07	0.04	0.03	0.04	0.09	0.07	0.08
政府向け信用	0.16	0.15	0.09	0.04	0.25	0.47	1.07	1.02
公的機関向け信用	-	-	-	-	-	-	-	0.26
民間部門向け信用	1.20	1.47	1.68	1.89	3.50	7.13	17.40	20.80
信託基金	-	-	-	-	0.77	5.04	14.91	15.81
その他（ネット）	1.43	1.68	1.81	1.96	3.02	2.65	3.63	6.35
生命保険会社	10億新台湾ドル（期末）							
現金	0.17	0.14	0.13	0.10	0.14	0.32	0.53	0.54
民間部門向け信用	0.65	0.71	0.76	0.94	1.08	1.23	1.75	2.04
不動産	0.07	0.16	0.18	0.26	0.53	0.71	0.58	1.88
金利	年率（%）							
ディスカウント・レート	10.80	11.88	10.80	9.80	9.25	8.50	10.75	12.00
コールローン・レート	13.30	13.30	13.30	12.60	12.00	11.30	13.30	14.80
銀行間コールローン・レート（翌日物）	・・・	・・・	・・・	・・・	・・・	・・・	・・・	・・・
政府債利回り（10年物）	・・・	・・・	・・・	・・・	・・・	・・・	・・・	・・・
物価	指数（2011年=100，期中平均）							
卸売物価指数	28.56	29.41	29.34	30.13	30.14	31.49	38.68	54.38
消費者物価指数	16.30	17.58	18.47	19.14	19.67	20.25	21.91	32.31
輸出物価指数	・・・	・・・	・・・	・・・	・・・	・・・	・・・	・・・
輸入物価指数	・・・	・・・	・・・	・・・	・・・	・・・	・・・	・・・
GDPデフレーター	24.68	26.23	27.77	28.71	29.44	30.98	35.63	46.45

台　　湾

1975	1976	1977	1978	1979	1980	1981	1982	1983	1984	1985
44.49	44.15	46.16	46.90	47.56	45.96	44.04	44.05	42.16	38.69	43.77
38.00	38.00	38.00	36.00	36.10	36.01	37.84	39.91	40.27	39.47	39.85
38.00	38.00	38.00	37.05	36.05	36.02	36.85	39.12	40.07	39.60	39.85
116.20	119.53	115.99	107.77	110.14	111.36	114.40	116.13	116.80	121.87	123.49
134.38	131.06	125.95	115.90	119.84	128.93	140.80	138.63	135.64	135.55	132.47
1,074.00	1,516.00	1,345.00	1,406.00	1,467.00	2,205.00	7,235.00	8,532.00	11,859.00	15,664.00	22,556.00
					· · ·	· · ·	· · ·	· · ·	· · ·	· · ·
1,074.00	1,516.00	1,345.00	1,406.00	1,467.00	2,205.00	7,235.00	8,532.00	11,859.00	15,664.00	22,556.00
2.30	2.23	2.41	2.41	2.41	3.19	3.26	3.75	4.11	4.46	5.01
· · ·	· · ·	· · ·	· · ·	· · ·	369.30	459.20	529.90	682.00	816.10	964.40
664.00	639.00	668.00	717.00	· · ·	· · ·	· · ·	· · ·	· · ·	· · ·	· · ·
70.00	70.00	73.00	78.00	· · ·	· · ·	· · ·	· · ·	· · ·	· · ·	· · ·
1,109.00	2,087.00	4,046.00	6,620.00	7,342.00	6,753.00	3,729.00	4,670.00	5,486.00	6,539.00	9,195.00
1,426.00	1,896.00	2,523.00	3,125.00	3,734.00	4,540.00	5,227.00	4,805.00	4,286.00	3,448.00	3,357.00
· · ·	· · ·	· · ·	· · ·	· · ·	· · ·	· · ·	· · ·	· · ·	3,219.00	5,745.00
· · ·	· · ·	· · ·	· · ·	· · ·	· · ·	· · ·	· · ·	· · ·	1,201.00	1,284.00
63.30	82.44	76.41	77.19	77.23	115.40	302.40	361.20	504.40	649.60	936.10
8.07	11.17	9.16	7.77	7.37	8.00	10.80	10.00	6.00	4.80	3.50
78.30	100.73	160.94	239.48	282.62	287.60	191.00	226.30	181.30	122.10	57.30
79.93	105.54	129.58	173.28	177.20	205.40	248.10	271.50	309.50	350.40	400.40
38.87	47.67	60.57	78.55	88.33	110.40	128.30	138.20	159.70	186.10	182.80
36.31	49.04	72.09	93.18	109.72	135.20	171.50	186.90	200.90	227.30	285.30
· · ·	· · ·	· · ·	· · ·	· · ·	1.50	1.30	1.70	14.10	23.40	104.40
27.45	29.41	30.48	48.36	62.85	44.20	20.40	26.90	31.00	28.30	31.10
0.91	1.31	1.41	1.51	1.72	1.70	2.80	2.90	3.80	4.90	5.00
5.07	9.04	12.14	8.11	10.73	23.00	60.10	107.60	132.40	142.20	170.70
41.63	58.43	69.55	95.29	88.82	95.10	119.80	133.40	150.10	182.30	217.50
· · ·	· · ·	· · ·	· · ·	· · ·	1.30	1.30	1.70	13.80	21.40	101.10
42.14	79.31	153.77	238.31	265.05	243.10	141.00	186.30	223.00	258.00	366.40
10.86	15.83	19.15	30.33	29.38	27.90	38.20	67.20	76.80	65.60	75.90
62.87	73.84	87.26	101.49	129.85	194.10	235.70	281.70	281.30	284.40	278.40
299.90	343.85	425.79	548.80	646.45	798.40	913.10	1,065.40	1,295.80	1,507.00	1,625.40
72.91	89.89	117.00	159.33	166.37	286.40	323.20	379.20	453.20	501.40	568.60
182.24	231.17	301.18	391.71	423.31	425.30	515.90	718.20	982.90	1,270.40	1,626.70
54.19	72.05	95.86	112.48	134.79	163.40	197.70	191.70	172.50	136.00	133.70
31.31	39.74	39.85	56.20	70.36	81.70	85.40	87.60	106.30	128.50	139.40
78.30	100.72	160.94	239.48	282.61	287.60	191.00	226.30	181.30	122.10	57.30
38.45	37.69	40.69	54.82	82.11	115.50	135.90	132.70	144.60	160.30	139.00
1.04	1.87	2.82	4.48	4.97	4.70	9.30	70.90	138.40	198.00	276.20
35.74	48.48	72.33	92.61	109.76	135.20	171.50	186.90	200.90	227.30	285.30
0.16	0.20	0.20	0.24	0.19	0.10	0.10	0.50	1.60	1.40	1.20
· · ·	· · ·	· · ·	· · ·	· · ·	· · ·	· · ·	· · ·	· · ·	· · ·	· · ·
0.42	0.88	1.15	1.08	1.37	1.70	1.70	1.70	1.70	2.30	3.50
34.09	46.21	67.94	86.77	100.74	125.00	165.70	240.00	316.00	392.50	509.90
3.27	5.22	8.56	11.64	15.55	16.70	16.90	20.00	26.60	36.50	56.30
51.25	89.70	134.31	203.02	202.50	195.10	245.70	355.80	554.80	771.60	1,168.70
327.91	383.95	486.21	613.27	717.08	925.80	1,115.30	1,339.40	1,537.90	1,721.00	1,856.80
-39.83	-42.14	-42.02	-66.46	-96.45	-90.20	-56.70	-37.20	-54.50	-86.50	-91.10
63.12	74.09	88.27	102.99	136.43	204.40	247.90	292.20	288.60	288.20	279.90
299.90	343.85	425.78	548.80	649.89	802.10	917.70	1,072.10	1,296.20	1,507.20	1,625.50
4.72	8.15	14.18	27.94	27.12	9.50	6.40	12.30	7.60	12.10	42.50
111.81	137.60	177.62	238.12	254.75	396.90	451.60	517.50	612.90	669.60	751.50
217.95	279.61	373.48	484.29	533.04	563.30	692.90	910.50	1,186.80	1,499.60	1,917.00
49.40	56.44	69.42	93.88	131.79	160.70	216.50	267.20	293.00	323.40	357.00
329.76	417.21	551.10	722.41	787.79	960.20	1,144.50	1,428.00	1,799.70	2,169.20	2,668.50
0.79	2.04	2.71	4.59	2.63	1.40	3.30	5.40	9.80	21.00	16.20
1.31	1.70	2.62	3.51	2.66	2.00	2.00	2.00	3.30	4.10	10.10
0.90	1.34	2.15	4.84	5.51	5.20	6.90	9.90	9.30	9.90	7.30
22.78	24.12	32.67	50.79	51.02	56.60	59.90	64.00	71.60	86.50	83.80
19.19	22.60	33.89	59.63	53.08	62.40	74.80	83.30	105.20	136.80	108.20
6.59	6.60	6.26	4.37	8.74	2.80	-2.70	-2.00	-11.20	-15.30	9.20
0.93	1.07	1.56	1.02	1.31	1.20	1.60	1.40	1.50	3.30	7.70
2.87	3.74	4.64	6.65	8.08	11.10	15.10	20.90	30.90	41.40	45.80
1.56	1.52	1.91	3.70	5.19	6.50	9.10	12.40	14.40	17.20	23.20
10.75	9.50	8.25	8.25	11.00	11.00	11.75	7.75	7.25	6.75	5.25
13.30	12.00	10.80	10.80	· · ·	· · ·	· · ·	· · ·	· · ·	· · ·	· · ·
· · ·	· · ·	· · ·	· · ·	· · ·	· · ·	· · ·	· · ·	· · ·	· · ·	· · ·
· · ·	· · ·	· · ·	· · ·	· · ·	· · ·	· · ·	· · ·	· · ·	· · ·	· · ·
51.62	53.05	54.52	56.44	64.25	78.09	84.04	83.89	82.90	83.30	81.13
34.00	34.85	37.31	39.46	43.31	51.54	59.96	61.73	62.57	62.55	62.45
· · ·	81.84	83.97	89.65	100.37	108.64	114.72	115.91	114.87	115.10	114.94
· · ·	51.58	53.29	54.00	62.82	76.79	82.78	81.86	79.83	79.13	77.96
47.00	49.31	51.87	54.64	60.53	69.95	77.42	79.33	81.44	82.50	82.52

統　　計

台湾（1948-2000年）

	1986	1987	1988	1989	1990	1991	1992	1993
為替レート	対SDRレート							
市場レート（期末）	43.42	40.50	37.91	34.38	38.31	36.79	34.98	36.57
	対ドル・レート							
市場レート（期末）	35.50	28.55	28.17	26.16	27.11	25.75	25.40	26.63
市場レート（期中平均）	37.84	31.74	28.59	26.41	26.89	26.82	25.16	26.39
	指数（2010年=100，期中平均）							
名目実効為替レート	110.77	120.85	127.28	143.08	137.63	135.79	141.26	133.63
実質実効為替レート（生産者物価ベース）	117.65	126.01	130.31	146.81	140.28	137.28	144.77	137.29
国際流動性	100万米ドル（他に断りのない限り，期末）							
総準備（金を除く）	46,310.00	76,748.00	73,897.00	73,224.00	72,441.00	82,405.00	82,306.00	83,573.00
IMFリザーブポジション	・・・	・・・	・・・	・・・	・・・	・・・	・・・	・・・
外国為替	46,310.00	76,748.00	73,897.00	73,224.00	72,441.00	82,405.00	82,306.00	83,573.00
金（100万ファイントロイオンス）	5.57	7.67	13.49	13.54	13.54	13.54	13.54	13.56
金（国内評価額）	1,313.30	2,693.20	5,395.30	5,827.90	5,623.10	5,920.20	6,001.90	5,724.90
IMFポジション								
クォータ	・・・	・・・	・・・	・・・	・・・	・・・	・・・	・・・
IMFリザーブポジション	・・・	・・・	・・・	・・・	・・・	・・・	・・・	・・・
IMF引出残高	・・・	・・・	・・・	・・・	・・・	・・・	・・・	・・・
預金通貨銀行：資産	6,877.00	5,177.00	6,796.00	9,721.00	13,080.00	14,279.00	12,799.00	12,604.00
預金通貨銀行：負債	7,980.00	15,063.00	12,860.00	12,140.00	11,124.00	15,047.00	15,181.00	15,835.00
オフショア・バンキング・ユニット：対外資産	3,414.00	2,939.00	4,488.00	7,249.00	11,732.00	10,779.00	9,196.00	10,750.00
オフショア・バンキング・ユニット：対外負債	3,789.00	10,093.00	10,608.00	11,370.00	13,189.00	13,932.00	14,775.00	17,851.00
中央銀行	10億新台湾ドル（期末）							
対外資産	1,688.20	2,264.20	2,233.70	2,068.90	2,116.60	2,274.60	2,244.10	2,381.60
政府向け信用	3.00	2.50	4.40	4.40	3.80	4.20	12.20	2.80
預金通貨銀行向け信用	53.80	57.70	9.20	123.30	191.70	243.10	219.70	254.60
準備貨幣	516.80	659.00	828.80	1,106.40	1,206.80	1,330.10	1,425.80	1,535.10
内：預金通貨銀行以外の現金通貨	231.00	285.00	320.60	348.40	354.70	387.70	436.10	461.10
定期性預金	548.30	662.20	727.70	790.90	1,029.90	1,108.00	1,177.90	1,052.60
財務省証券，譲渡性預金及び貯蓄性債券	543.00	1,187.10	754.80	414.90	87.80	299.10	181.70	103.00
政府預金	55.60	94.30	214.30	277.00	265.70	154.20	129.90	102.30
見返り資金	5.50	4.40	3.30	2.40	-	-	-	-
その他（ネット）	75.80	-282.80	-281.60	-387.10	-177.70	-246.20	-343.60	-154.00
預金通貨銀行	10億新台湾ドル（期末）							
準備	425.80	518.20	637.50	803.90	930.50	881.70	932.60	1,127.30
財務省証券，譲渡性預金及び貯蓄性債券（中央銀行発行分）	489.10	991.30	607.10	395.00	82.20	293.70	98.60	93.80
対外資産	244.10	147.80	191.40	254.30	354.60	367.70	325.10	335.60
政府向け信用	84.00	112.30	172.70	413.10	419.00	541.10	711.20	905.30
公的機関向け信用	277.90	214.70	217.00	249.70	302.00	370.00	424.90	441.10
民間部門向け信用	1,732.20	2,110.20	2,982.90	3,723.20	4,324.50	5,243.40	6,743.40	8,034.30
要求払い預金	906.80	1,283.30	1,629.80	1,720.30	1,577.20	1,777.60	1,998.30	2,336.00
定期性預金及び外貨預金	1,735.70	1,939.40	2,301.60	2,959.20	3,605.60	4,394.80	5,395.40	6,403.70
対外負債	283.30	430.00	362.30	317.60	301.50	387.40	385.60	421.60
政府預金	154.00	219.90	256.60	341.00	352.30	400.10	557.70	643.10
中央銀行からの信用	53.80	57.70	9.20	123.30	191.70	243.10	219.70	131.70
その他（ネット）	119.50	164.20	249.10	377.80	384.50	494.60	679.10	1,001.30
郵便貯金システム	10億新台湾ドル（期末）							
現金	322.60	351.90	317.70	197.30	198.10	204.20	345.90	476.50
中央銀行預金	408.40	518.10	598.40	737.10	851.10	1,045.50	1,139.30	1,139.60
政府向け信用	3.10	9.20	10.90	10.00	6.10	23.30	64.60	99.60
公的機関向け信用	・・・	・・・	・・・	・・・	・・・	・・・	・・・	0.40
民間部門向け信用	4.10	5.10	6.10	7.10	4.20	1.60	2.90	27.30
定期性預金及び貯蓄性預金	660.70	791.60	839.00	857.90	1,002.00	1,242.90	1,514.30	1,607.30
その他（ネット）	77.50	92.70	94.10	93.60	57.50	31.70	38.40	136.10
バンキング・サーベイ	10億新台湾ドル（期末）							
対外資産（ネット）	1,649.10	1,982.00	2,062.80	2,005.70	2,169.60	2,254.80	2,183.60	2,295.60
国内信用	1,919.40	2,148.70	2,931.90	3,808.70	4,456.80	5,630.50	7,235.00	8,797.80
政府向け信用（ネット）	-122.60	-199.50	-293.80	-200.50	-195.20	-9.10	35.90	262.20
公的機関向け信用	278.30	215.00	217.30	250.00	302.30	370.30	425.20	441.80
民間部門向け信用	1,732.20	2,110.20	2,982.90	3,723.20	4,324.50	5,243.40	6,748.50	8,061.60
その他金融機関向け信用	31.50	23.00	25.50	36.00	25.20	25.90	25.40	32.20
現金・預金通貨（M1B）	1,137.90	1,568.20	1,950.50	2,068.80	1,931.90	2,165.30	2,434.50	2,797.10
準通貨	2,189.70	2,639.80	3,036.10	3,719.60	4,461.40	5,485.50	6,715.30	7,373.10
その他（ネット）	240.90	-77.30	8.10	26.00	233.10	234.50	268.80	923.20
現金・預金通貨＋準通貨	3,327.60	4,208.00	4,986.60	5,788.40	6,393.30	7,650.80	9,149.80	10,170.20
信託投資公司	10億新台湾ドル（期末）							
現金	5.90	7.00	15.60	44.30	65.20	74.80	33.20	39.80
政府向け信用	13.40	15.10	20.40	33.90	28.20	49.00	48.20	50.50
公的機関向け信用	6.90	4.30	3.60	3.40	9.20	9.50	8.30	6.50
民間部門向け信用	73.10	89.30	121.80	166.70	248.70	337.60	270.80	316.50
信託基金	117.30	137.00	168.10	232.50	362.40	481.60	325.00	361.10
その他（ネット）	-18.00	-21.30	-6.70	15.80	-11.10	-10.70	35.50	52.20
生命保険会社	10億新台湾ドル（期末）							
現金	14.40	15.10	32.60	41.10	55.30	103.40	133.90	154.40
民間部門向け信用	52.50	78.90	83.40	124.50	174.60	186.10	252.40	319.80
不動産	28.80	42.80	57.90	60.80	86.50	89.20	90.60	98.20
金利	年率（%）							
ディスカウント・レート	4.50	4.50	4.50	7.75	7.75	6.25	5.63	5.50
コールローン・レート	・・・	・・・	・・・	・・・	・・・	・・・	・・・	・・・
銀行間コールローン・レート（翌日物）	・・・	・・・	・・・	・・・	・・・	・・・	6.33	6.83
政府債利回り（10年物）	・・・	・・・	・・・	・・・	・・・	・・・	・・・	6.41
物価	指数（2011年=100，期中平均）							
卸売物価指数	78.42	75.87	74.68	74.40	73.96	74.08	71.36	73.15
消費者物価指数	62.89	63.21	64.02	66.85	69.61	72.57	75.67	77.93
輸出物価指数	110.08	101.97	99.26	95.57	97.93	98.45	93.16	97.99
輸入物価指数	67.80	62.82	62.20	58.87	60.25	58.56	54.51	57.04
GDPデフレーター	86.57	86.61	86.66	88.89	93.47	96.73	99.82	103.30

444

台　　湾

	1994	1995	1996	1997	1998	1999	2000
	38.31	40.55	39.45	44.04	45.36	43.04	42.99
	26.24	27.27	27.94	32.64	32.22	31.40	32.99
	26.46	26.49	27.46	28.66	33.45	32.27	31.23
	128.98	122.20	123.90	126.46	114.28	114.37	119.86
	134.96	130.45	133.46	134.35	121.68	120.83	126.11
	92,454.00	90,310.00	88,038.00	83,502.00	90,341.00	106,200.00	106,742.00
	･ ･ ･	･ ･ ･	･ ･ ･	･ ･ ･	･ ･ ･	･ ･ ･	･ ･ ･
	92,454.00	90,310.00	88,038.00	83,502.00	90,341.00	106,200.00	106,742.00
	13.57	13.57	13.57	13.57	13.57	13.56	13.56
	5,819.20	5,600.50	5,555.90	4,684.10	4,473.30	4,861.30	4,627.60
	･ ･ ･	･ ･ ･	･ ･ ･	･ ･ ･	･ ･ ･	･ ･ ･	･ ･ ･
	･ ･ ･	･ ･ ･	･ ･ ･	･ ･ ･	･ ･ ･	･ ･ ･	･ ･ ･
	15,601.00	18,687.00	20,102.00	18,239.00	20,534.00	26,112.00	36,648.00
	19,395.00	20,564.00	17,590.00	14,985.00	14,853.00	14,724.00	13,880.00
	11,912.00	14,424.00	19,860.00	22,737.00	26,293.00	27,066.00	35,136.00
	18,267.00	19,428.00	20,842.00	22,091.00	23,005.00	20,116.00	17,560.00
	2,579.70	2,617.10	2,573.20	2,875.80	3,063.10	3,490.90	3,674.30
	2.50	2.30	2.00	25.60	21.60	2.00	23.60
	353.80	416.70	438.90	367.00	442.30	507.50	287.50
	1,689.40	1,652.50	1,667.80	1,655.60	1,678.70	1,692.20	1,620.20
	497.70	506.70	498.50	510.40	513.70	611.20	527.70
	1,083.30	1,028.20	962.50	984.30	989.30	1,148.30	1,147.90
	90.60	45.00	125.00	5.00	190.70	617.20	561.80
	125.50	155.80	137.60	138.90	127.70	181.00	141.20
	-52.80	154.60	121.20	484.60	540.60	361.70	514.30
	1,249.70	1,197.90	1,202.30	1,164.40	1,207.10	1,177.50	1,183.40
	90.60	45.00	89.60	3.80	175.70	592.30	521.40
	409.40	509.50	552.60	595.30	661.50	819.80	1,209.10
	1,120.30	1,299.30	1,571.90	1,744.20	1,896.70	2,259.30	2,527.20
	424.90	437.00	427.50	441.10	436.00	415.70	438.40
	9,363.80	10,258.70	10,772.50	11,707.80	12,666.50	12,900.90	12,980.90
	2,641.50	2,656.40	2,927.50	3,204.90	3,341.00	3,896.00	3,964.30
	7,535.40	8,605.60	9,374.90	10,244.40	11,463.40	12,089.50	12,969.30
	508.90	560.70	483.60	489.10	478.50	462.30	457.90
	700.80	676.40	647.90	694.80	691.40	744.20	790.80
	204.70	222.00	274.50	320.00	335.40	310.70	282.30
	1,067.40	1,026.30	908.00	703.40	733.80	662.80	395.80
	585.20	772.30	895.10	1,066.80	1,173.10	1,445.00	1,557.80
	1,183.70	1,116.70	1,055.00	1,028.30	997.30	1,084.70	1,122.70
	41.30	58.70	128.80	84.80	109.40	69.40	44.40
	-	-	-	-	2.80	0.20	0.70
	2.50	44.00	148.70	80.90	43.20	27.20	160.10
	1,757.40	1,962.40	2,227.90	2,235.80	2,268.00	2,553.40	2,829.70
	55.30	29.30	-0.30	25.00	57.80	73.10	56.00
	2,480.10	2,566.00	2,642.20	2,982.00	3,247.60	3,848.00	4,424.70
	10,151.50	11,290.90	12,291.90	13,277.80	14,385.30	14,769.60	15,286.30
	337.80	528.10	917.20	1,017.30	1,203.80	1,400.40	1,656.70
	425.20	437.30	427.80	441.40	439.20	416.30	439.40
	9,366.20	10,302.70	10,921.20	11,788.70	12,709.70	12,928.00	13,141.00
	22.30	22.80	25.70	30.40	32.60	24.90	49.20
	3,139.30	3,163.10	3,426.10	3,715.30	3,854.80	4,507.20	4,492.10
	8,563.50	9,642.30	10,547.80	11,379.10	12,531.90	13,237.80	14,405.70
	928.80	1,051.50	960.20	1,165.40	1,246.20	872.60	813.20
	11,702.80	12,805.40	13,973.90	15,094.40	16,386.70	17,745.00	18,897.80
	50.40	33.10	27.80	29.10	23.20	11.50	8.30
	46.00	38.60	36.90	33.80	23.00	16.50	20.10
	5.00	4.30	4.70	9.70	4.50	1.60	0.90
	259.50	255.70	269.70	316.30	279.60	149.90	104.40
	276.60	260.70	266.40	264.50	205.00	156.30	104.90
	84.30	71.00	72.70	124.40	125.30	23.20	28.80
	276.90	334.20	442.80	423.50	459.50	424.10	389.30
	435.20	530.70	647.90	822.80	995.20	1,159.70	1,368.50
	105.60	106.80	120.00	121.60	136.80	159.00	186.40
	5.50	5.50	5.00	5.25	4.75	4.50	4.63
	･ ･ ･	･ ･ ･	･ ･ ･	･ ･ ･	･ ･ ･	･ ･ ･	･ ･ ･
	6.13	6.19	5.44	6.85	6.56	4.77	4.73
	7.24	6.79	6.04	6.14	5.99	5.80	5.63
	74.74	80.25	79.45	79.08	79.55	75.94	77.32
	80.89	84.07	86.50	87.27	88.56	88.89	89.94
	98.55	105.34	107.10	109.29	115.39	105.54	104.62
	59.96	66.04	64.40	63.50	63.96	61.35	64.18
	105.07	107.55	110.06	112.51	116.18	113.91	112.88

統 計

台湾（2001-2016年）

	2001	2002	2003	2004	2005	2006	2007	2008
為替レート								
市場レート（期末）	対SDRレート							
	43.98	47.25	50.49	49.57	46.95	49.04	51.27	50.61
市場レート（期末）	対ドル・レート							
市場レート（期末）	35.00	34.75	33.98	31.92	32.85	32.60	32.44	32.86
市場レート（期中平均）	33.81	34.58	34.42	33.43	32.18	32.53	32.84	31.52
	指数（2010年=100，期中平均）							
名目実効為替レート	117.21	113.66	106.02	103.54	106.76	105.95	102.21	102.41
実質実効為替レート（生産者物価ベース）	121.23	116.34	107.01	104.60	108.49	106.38	102.73	103.38
国際流動性	100万米ドル（他に断りのない限り，期末）							
総準備（金を除く）	122,211.00	161,656.00	206,632.00	241,738.00	253,290.00	266,148.00	270,311.00	291,707.00
外国為替	122,211.00	161,656.00	206,632.00	241,738.00	253,290.00	266,148.00	270,311.00	291,707.00
金（100万ファイントロイオンス）	13.56	13.56	13.62	13.61	13.61	13.61	13.61	13.62
金（国内評価額）	4,361.20	4,390.40	4,507.50	4,822.30	4,662.10	4,692.00	4,716.00	4,681.90
中央銀行以外の預金取扱い機関：資産	44,919.97	44,447.53	49,222.03	47,998.90	65,072.72	73,153.64	84,124.03	107,641.17
中央銀行以外の預金取扱い機関：負債	15,431.76	20,266.02	33,539.08	39,081.90	46,812.79	48,284.91	58,423.05	65,453.71
オフショア・バンキング・ユニット：対外資産	37,629.00	32,371.00	36,690.00	42,948.00	44,956.00	53,013.00	67,879.00	74,917.00
オフショア・バンキング・ユニット：対外負債	18,339.00	22,577.00	28,854.00	38,495.00	33,873.00	33,112.00	43,053.00	45,023.00
中央銀行	10億新台湾ドル（期末）							
対外資産（ネット）	4,430.90	5,775.10	7,178.30	7,690.50	8,025.20	8,502.80	8,832.80	9,713.80
非居住者向け信用	4,430.90	5,775.10	7,178.30	7,832.70	8,476.30	8,842.90	8,934.00	9,713.80
非居住者に対する負債				142.20	451.10	340.10	101.20	-
その他預金取扱い機関向け信用	454.90	672.00	807.90	490.30	425.60	439.70	329.40	405.30
中央政府向け信用（ネット）	-111.60	-138.10	-156.50	-177.60	-202.80	-185.50	-186.10	-153.40
中央政府向け信用	2.00	2.00	-	-	-	-	-	-
中央政府に対する負債	113.60	140.10	156.50	177.60	202.80	185.50	186.10	153.40
その他部門向け信用	0.30	0.30	0.30	0.30	0.30	0.30	2.40	0.30
その他金融機関向け信用	-	0.30	-	-	-	-	2.10	-
地方自治体向け信用	-	-	-	-	-	-	-	-
非金融公的企業向け信用	0.30	0.30	0.30	0.30	0.30	0.30	0.30	0.30
民間部門向け信用	-	-	-	-	-	-	-	-
マネタリーベース	1,456.00	1,568.80	1,619.40	1,717.70	1,758.50	1,883.30	1,947.50	2,125.50
流通通貨	692.60	698.20	784.80	856.80	922.60	959.60	961.40	1,054.10
その他預金取扱い機関に対する負債	763.40	870.60	834.60	860.90	835.90	923.70	986.10	1,071.40
その他部門に対する負債	-	-	-	-	-	-	-	-
その他預金取扱い機関に対するその他負債	1,605.70	1,840.70	2,056.20	1,878.70	2,004.30	1,950.60	2,056.60	2,076.90
預金及び証券（マネタリーベース除外分）	1,001.80	1,975.70	3,019.40	3,587.00	3,543.30	3,777.90	3,556.20	4,357.10
預金（広義流動性に含む）	-							
証券（広義流動性に含まれる株式以外）	-							
預金（広義流動性から除外されたもの）	48.70	27.70	27.00	24.10	22.50	22.00	95.90	22.20
証券（広義流動性から除外される株式以外）	953.10	1,948.00	2,992.40	3,562.90	3,520.80	3,755.90	3,460.30	4,334.90
貸出	-							
金融派生商品	-							
株式及びその他持ち分	729.10	972.50	1,201.20	827.40	882.50	1,087.70	1,361.60	1,373.60
その他（ネット）	-18.10	-48.40	-66.20	-7.30	59.70	57.80	56.60	32.90
中央銀行以外の預金取扱い金融機関	10億新台湾ドル（期末）							
対外資産（ネット）	1,032.10	840.40	532.90	284.60	599.80	810.60	833.80	1,386.30
非居住者向け信用	1,572.20	1,544.70	1,672.50	1,532.00	2,137.60	2,384.50	2,729.20	3,537.10
非居住者に対する負債	540.10	704.30	1,139.60	1,247.40	1,537.80	1,573.90	1,895.40	2,150.80
中央銀行に対する債権	3,509.70	4,838.70	6,038.40	6,491.20	6,520.10	6,801.90	6,789.20	7,702.40
現金通貨	167.00	170.90	176.60	186.90	192.20	200.80	198.80	220.50
準備預金及び証券	781.40	871.70	835.90	862.70	837.60	926.30	1,064.30	1,075.20
その他債権	2,561.30	3,796.10	5,025.90	5,441.60	5,490.30	5,674.80	5,526.10	6,406.70
中央政府向け信用（ネット）	2,077.40	2,075.90	2,052.70	2,006.00	1,960.70	2,038.50	1,812.80	1,911.40
中央政府向け信用	2,566.00	2,575.30	2,534.50	2,470.20	2,416.10	2,498.30	2,293.90	2,429.40
中央政府に対する負債	488.60	499.40	481.80	464.20	455.40	459.80	481.10	518.00
その他部門向け信用	13,980.60	13,550.80	14,035.40	15,528.20	16,949.80	17,795.90	18,430.40	18,902.00
その他金融機関向け信用	59.70	50.40	35.20	34.80	5.90	1.70	8.70	-
地方自治体向け信用	578.40	525.60	613.90	560.20	549.00	555.90	627.20	636.00
非金融公的企業向け信用	519.00	536.90	491.70	544.30	661.40	648.40	717.70	999.30
民間部門向け信用	12,823.50	12,437.90	12,894.60	14,388.90	15,733.50	16,589.90	17,076.80	17,266.70
中央銀行に対する負債	285.10	282.40	277.10	207.90	122.00	151.10	81.20	57.90
通貨性預金（広義流動性に含む）	5,833.80	6,435.50	7,595.80	8,511.30	9,044.70	9,378.20	9,431.20	9,413.80
その他預金（広義流動性に含む）	13,258.70	13,141.80	12,996.40	13,534.50	14,438.50	15,306.60	15,381.40	17,311.30
証券（広義流動性に含まれる株式以外）	-							
預金（広義流動性から除外されたもの）	687.20	488.10	455.00	454.00	482.30	493.00	640.00	867.80
証券（広義流動性から除外される株式以外）	202.60	377.30	541.20	709.10	811.20	925.90	900.30	878.00
貸出	57.40	42.40	37.50	32.40	29.70	37.20	33.90	32.20
金融派生商品	-							
保険契約準備金	-							
株式及びその他持ち分	1,760.90	1,580.60	1,616.20	1,755.40	1,893.40	1,923.70	2,016.60	2,013.30
その他（ネット）	-1,485.90	-1,042.30	-859.80	-894.60	-791.40	-768.80	-618.40	-672.20

台　　湾

2009	2010	2011	2012	2013	2014	2015	2016
50.21	46.77	46.50	44.78	46.12	45.95	45.82	43.39
32.03	30.37	30.29	29.14	29.95	31.72	33.07	32.28
33.05	31.64	29.46	29.61	29.77	30.37	31.90	32.32
98.36	100.00	101.44	102.80	107.60	107.64	113.61	109.44
98.69	100.00	100.67	102.29	106.41	106.00	111.23	108.51
348,198.00	382,005.00	385,547.00	403,169.00	416,811.00	418,980.00	426,031.00	434,204.00
348,198.00	382,005.00	385,547.00	403,169.00	416,811.00	418,980.00	426,031.00	434,204.00
13.62	13.62	13.58	13.62	13.62	13.62	13.62	13.62
4,768.90	5,201.49	5,043.29	5,282.54	5,130.40	4,870.63	4,679.88	4,780.12
108,391.35	104,320.34	116,661.14	124,256.86	152,338.56	182,337.25	195,184.33	209,089.32
54,055.95	63,174.76	72,533.05	79,821.05	81,961.27	87,904.12	72,139.51	74,183.83
72,585.00	84,112.00	108,233.00	129,286.00	149,591.00	158,475.00	153,909.00	163,027.00
41,706.00	58,347.00	72,157.00	85,492.00	93,224.00	101,244.00	104,907.00	110,074.00
11,357.10	11,422.60	11,838.80	11,900.70	12,658.20	13,393.70	14,165.20	14,137.00
11,357.10	11,422.60	11,838.80	11,900.70	12,658.20	13,393.70	14,165.20	14,137.00
619.40	383.20	566.30	344.90	557.90	793.70	1,222.30	1,107.20
-233.70	-213.30	-181.70	-167.30	-147.80	-126.10	-191.20	-200.70
233.70	213.30	181.70	167.30	147.80	126.10	191.20	200.70
0.30	0.30	0.30	0.30	-	-	-	-
0.30	0.30	0.30	0.30				
2,304.00	2,501.80	2,720.90	2,902.10	3,120.80	3,263.40	3,452.40	3,630.30
1,122.50	1,204.60	1,320.40	1,437.30	1,555.80	1,706.50	1,804.40	1,937.90
1,181.50	1,297.20	1,400.50	1,464.80	1,565.00	1,556.90	1,648.00	1,692.40
2,155.10	2,170.10	2,169.20	2,186.20	2,184.10	2,184.10	2,172.70	2,172.70
5,944.80	6,726.80	6,697.20	6,657.30	6,861.00	7,122.70	7,564.10	7,606.40
16.30	14.20	15.00	14.70	17.80	16.40	19.40	19.10
5,928.50	6,712.60	6,682.20	6,642.60	6,843.20	7,106.30	7,544.70	7,587.30
1,223.40	731.60	778.60	823.90	864.20	882.10	927.10	972.90
115.80	-537.50	-142.20	-490.90	38.20	609.00	1,080.00	661.20
1,740.40	1,249.50	1,336.70	1,294.60	2,107.80	2,995.30	4,068.60	4,354.60
3,471.80	3,168.00	3,533.70	3,620.30	4,562.50	5,783.40	6,454.00	6,749.20
1,731.40	1,918.50	2,197.00	2,325.70	2,454.70	2,788.10	2,385.40	2,394.60
9,370.60	10,232.40	10,360.80	10,429.40	10,751.60	11,109.80	11,562.70	11,664.90
209.90	208.80	213.00	234.10	226.10	245.60	239.00	257.50
1,185.50	1,301.10	1,404.80	1,469.00	1,570.40	1,563.60	1,656.00	1,700.50
7,975.20	8,722.50	8,743.00	8,726.30	8,955.10	9,300.60	9,667.70	9,706.90
2,316.60	2,355.00	2,502.40	2,843.00	2,854.70	2,945.60	3,110.00	3,254.10
2,816.20	2,889.60	3,018.20	3,341.60	3,341.50	3,478.00	3,671.70	3,869.70
499.60	534.60	515.80	498.60	486.80	532.40	561.70	615.60
18,760.70	20,007.90	21,201.90	22,280.10	23,468.70	24,729.60	25,830.30	26,757.60
		0.30	-	-	-	13.50	
667.30	703.30	734.60	774.40	837.10	923.20	960.50	991.50
918.30	978.60	1,043.50	1,063.70	1,105.70	1,052.90	1,072.50	968.70
17,175.10	18,326.00	19,423.50	20,442.00	21,525.90	22,753.50	23,783.80	24,797.40
190.80	58.10	168.20	150.70	357.70	585.60	896.10	812.40
12,213.80	13,480.90	13,807.40	14,629.00	15,741.40	16,828.30	18,135.50	19,084.40
16,031.80	16,254.80	17,324.10	17,543.00	18,257.80	19,213.10	20,005.30	20,373.30
1,087.60	1,210.50	1,102.30	1,242.90	1,210.70	1,009.00	799.70	910.40
798.00	800.80	884.90	1,013.40	1,020.90	1,210.50	1,253.50	1,206.60
29.30	28.10	29.10	25.20	29.80	33.90	26.30	22.90
2,183.40	2,320.30	2,405.80	2,576.60	2,780.20	3,022.50	3,373.10	3,608.60
-346.40	-308.70	-320.00	-333.70	-215.70	-122.60	82.10	12.60

統　　　計

台湾（2001-2016年）

	2001	2002	2003	2004	2005	2006	2007	2008
預金取扱い金融機関	10億新台湾ドル（期末）							
対外資産（ネット）	5,463.00	6,615.50	7,711.20	7,975.10	8,625.10	9,313.40	9,666.60	11,100.10
非居住者向け信用	6,003.10	7,319.80	8,850.80	9,364.70	10,614.00	11,227.40	11,663.20	13,250.90
非居住者に対する負債	540.10	704.30	1,139.60	1,389.60	1,988.90	1,914.00	1,996.60	2,150.80
国内信用	15,946.70	15,488.90	15,931.90	17,356.80	18,708.00	19,649.20	20,059.50	20,660.30
中央政府向け信用（ネット）	1,965.80	1,937.80	1,896.20	1,828.30	1,757.90	1,853.00	1,626.70	1,758.00
中央政府向け信用	2,568.00	2,577.30	2,534.50	2,470.20	2,416.10	2,498.30	2,293.90	2,429.40
中央政府に対する負債	602.20	639.50	638.30	641.90	658.20	645.30	667.20	671.40
その他部門向け信用	13,980.90	13,551.10	14,035.70	15,528.50	16,950.10	17,796.20	18,432.80	18,902.30
その他金融機関向け信用	59.70	50.40	35.20	34.80	6.50	1.70	10.80	
地方自治体向け信用	578.40	525.60	613.90	560.20	549.00	555.90	627.20	636.00
非金融公的企業向け信用	519.30	537.20	492.00	544.60	661.70	648.70	718.00	999.60
民間部門向け信用	12,823.50	12,437.90	12,894.60	14,388.90	15,733.50	16,589.90	17,076.80	17,266.70
広義流動性負債	19,618.10	20,104.60	21,200.40	22,715.70	24,213.60	25,443.50	25,575.20	27,558.60
預金取扱い金融機関以外の通貨	525.60	527.30	608.20	669.90	730.40	758.70	762.60	833.50
通貨性預金	5,833.80	6,435.50	7,595.80	8,511.30	9,044.70	9,378.20	9,431.20	9,413.80
その他預金	13,258.70	13,141.80	12,996.40	13,534.50	14,438.50	15,306.60	15,381.40	17,311.30
証券（株式を除く）								
預金（広義流動性から除外されたもの）	687.20	488.10	455.10	454.10	482.30	493.00	640.00	867.80
証券（広義流動性に含まれる株式以外）	202.60	377.30	541.20	709.10	811.20	925.90	900.30	878.00
貸出	57.40	42.40	37.50	32.40	29.70	37.20	33.90	32.20
金融派生商品								
保険契約準備金								
株式及びその他持ち分	2,490.00	2,553.10	2,817.50	2,582.80	2,775.90	3,011.40	3,378.20	3,386.90
その他（ネット）	-1,645.60	-1,461.10	-1,408.60	-1,162.20	-979.60	-948.40	-801.50	-963.10
その他金融機関	10億新台湾ドル（期末）							
対外資産（ネット）	349.30	551.70	1,116.10	1,348.30	1,768.60	2,051.40	2,264.50	2,344.70
非居住者向け信用	349.30	551.70	1,116.10	1,348.30	1,768.60	2,051.40	2,264.50	2,344.70
非居住者に対する負債								
預金取扱い機関向け信用	474.50	357.50	301.70	465.20	640.90	848.60	950.60	1,073.50
中央政府向け信用（ネット）	560.90	918.60	1,050.10	1,336.10	1,469.90	1,606.00	1,628.40	1,824.60
中央政府向け信用	560.90	918.60	1,050.10	1,336.10	1,469.90	1,606.00	1,628.40	1,824.60
中央政府に対する負債								
その他部門向け信用	1,551.90	1,651.00	1,635.40	1,690.50	1,796.00	2,130.90	2,263.00	2,332.80
地方自治体向け信用								
非金融公的企業向け信用	46.20	47.00	29.60	33.00	25.50	50.30	67.40	69.70
民間部門向け信用	1,505.70	1,604.00	1,605.80	1,657.50	1,770.50	2,080.60	2,195.60	2,263.10
預金	125.30	116.40	118.80	121.20	115.60	110.40	13.60	
証券（株式を除く）								
貸出	58.10	48.80	39.90	30.10	2.60	2.00	2.50	
金融派生商品								
保険契約準備金	2,919.50	3,494.40	4,148.00	4,873.50	5,704.50	6,434.20	7,140.10	7,842.00
株式及びその他持ち分	191.40	168.80	237.90	262.50	282.60	504.70	440.30	207.60
その他（ネット）	-357.70	-349.60	-441.30	-447.20	-429.90	-414.40	-490.00	-474.00
金融機関	10億新台湾ドル（期末）							
対外資産（ネット）	5,812.30	7,167.20	8,827.30	9,323.30	10,393.60	11,364.80	11,931.10	13,444.80
非居住者向け信用	6,352.40	7,871.50	9,966.90	10,712.90	12,382.50	13,278.80	13,927.70	15,595.60
非居住者に対する負債	540.10	704.30	1,139.60	1,389.60	1,988.90	1,914.00	1,996.60	2,150.80
国内信用	17,999.80	18,008.30	18,582.10	20,348.80	21,968.20	23,384.50	23,940.30	24,817.60
中央政府向け信用（ネット）	2,526.70	2,856.40	2,946.20	3,164.50	3,227.80	3,459.00	3,255.20	3,582.60
中央政府向け信用	3,128.90	3,495.90	3,584.50	3,806.40	3,886.00	4,104.30	3,922.40	4,254.00
中央政府に対する負債	602.20	639.50	638.30	641.90	658.20	645.30	667.20	671.40
その他部門向け信用	15,473.10	15,151.90	15,635.90	17,184.30	18,740.40	19,925.50	20,685.10	21,235.00
地方自治体向け信用	578.40	525.60	613.90	560.20	549.00	555.90	627.20	636.00
非金融公的企業向け信用	565.50	584.30	521.60	577.60	687.30	699.10	785.40	1,069.20
民間部門向け信用	14,329.20	14,042.00	14,500.40	16,046.50	17,504.10	18,670.50	19,272.50	19,529.80
金融機関以外の通貨	524.10	523.20	607.00	668.50	729.80	758.10	761.90	832.80
預金	19,565.00	19,944.40	21,002.40	22,450.40	23,872.50	25,051.90	25,091.00	27,001.90
証券（株式を除く）	202.60	377.30	541.20	709.10	811.20	925.90	900.30	878.00
貸出	115.50	91.20	77.40	62.50	32.30	39.20	36.40	32.20
金融派生商品								
保険契約準備金	2,919.50	3,494.40	4,148.00	4,873.50	5,704.50	6,434.20	7,140.10	7,842.00
株式及びその他持ち分	2,681.30	2,721.90	3,055.50	2,845.40	3,058.60	3,516.00	3,818.50	3,594.50
その他（ネット）	-2,195.90	-1,976.90	-2,022.10	-1,937.30	-1,847.10	-1,976.00	-1,876.80	-1,919.00
貨幣集計量	10億新台湾ドル（期末）							
広義流動性	19,712.50	20,210.50	21,358.20	22,893.10	24,410.10	25,668.20	25,883.10	27,755.50
中央政府発行通貨	525.70	527.30	608.20	669.80	730.40	758.70	762.60	833.50
非金融会社の預金	19,186.80	19,683.20	20,750.00	22,223.30	23,679.70	24,909.50	25,120.50	26,922.00
貨幣集計量（国内定義）	10億新台湾ドル（期末）							
マネタリーベース	1,539.10	1,417.40	1,492.30	1,662.20	1,792.50	1,888.10	1,977.10	2,084.10
M1A	1,713.00	1,860.00	2,069.90	2,506.60	2,698.30	2,852.70	3,046.60	3,076.20
M1B	4,435.80	5,190.40	5,803.90	6,905.40	7,395.80	7,787.50	8,289.20	8,045.80
M2	19,221.80	19,886.40	20,618.60	22,117.10	23,488.50	24,939.00	25,975.90	26,679.30
金利	年率（％）							
ディスカウント・レート	2.13	1.63	1.38	1.75	2.25	2.75	3.38	2.00
コールローン・レート（翌日物）	3.69	2.05	1.10	1.06	1.31	1.55	2.00	2.01
コマーシャルペーパー金利	3.69	2.03	1.05	0.99	1.27	1.54	1.90	1.92
預金金利（1年物）	2.41	1.86	1.40	1.52	1.99	2.20	2.62	1.42
貸出金利（プライムレート）	7.38	7.10	3.43	3.52	3.85	4.12	4.31	4.21
政府債利回り（10年物）	4.03	3.46	2.16	2.66	2.05	1.98	2.32	2.29
物価	指数（2011年=100，期中平均）							
卸売物価指数	76.28	76.32	78.21	83.71	84.22	88.96	94.72	99.59
消費者物価指数	89.77	89.59	89.42	90.89	92.58	93.45	95.15	97.96
輸出物価指数	104.95	103.39	101.84	103.49	100.94	103.46	107.14	104.84
輸入物価指数	63.38	63.63	66.90	72.64	74.40	80.96	88.20	96.00
GDPデフレーター	112.19	111.73	110.17	109.89	108.21	107.1	106.64	103.87

台　　湾

2009	2010	2011	2012	2013	2014	2015	2016
13,097.40	12,672.10	13,175.40	13,195.30	14,766.10	16,389.00	18,233.80	18,491.60
14,828.80	14,590.60	15,372.40	15,521.00	17,220.80	19,177.10	20,619.20	20,886.20
1,731.40	1,918.50	2,197.00	2,325.70	2,454.70	2,788.10	2,385.40	2,394.60
20,843.90	22,149.90	23,523.00	24,956.10	26,175.60	27,549.10	28,749.10	29,811.00
2,082.90	2,141.70	2,320.70	2,675.70	2,706.90	2,819.50	2,918.80	3,053.40
2,816.20	2,889.60	3,018.20	3,341.60	3,341.50	3,478.00	3,671.70	3,869.70
733.30	747.90	697.50	665.90	634.60	658.50	752.90	816.30
18,761.00	20,008.20	21,202.30	22,280.40	23,468.70	24,729.60	25,830.30	26,757.60
		0.30				13.50	-
667.30	703.30	734.60	774.40	837.10	923.20	960.50	991.50
918.60	978.90	1,043.90	1,064.00	1,105.70	1,052.90	1,072.50	968.70
17,175.10	18,326.00	19,423.50	20,442.00	21,525.90	22,753.50	23,783.80	24,797.40
29,158.30	30,731.50	32,238.80	33,375.20	35,328.90	37,502.30	39,706.20	41,138.10
912.70	995.80	1,107.30	1,203.20	1,329.70	1,460.90	1,565.40	1,680.40
12,213.80	13,480.90	13,807.40	14,629.00	15,741.40	16,828.30	18,135.50	19,084.40
16,031.80	16,254.80	17,324.10	17,543.00	18,257.80	19,213.10	20,005.30	20,373.30
-	-	-	-	-	-	-	-
1,087.60	1,210.50	1,102.30	1,242.90	1,210.70	1,009.00	799.70	910.40
798.00	800.80	884.90	1,013.40	1,020.90	1,210.50	1,253.50	1,206.60
29.30	28.10	29.10	25.20	29.80	33.90	26.30	22.90
-	-	-	-	-	-	-	-
3,406.80	3,051.90	3,184.40	3,400.50	3,644.50	3,904.60	4,300.30	4,581.50
-538.70	-1,000.80	-741.10	-905.80	-293.10	277.80	896.90	443.10
2,884.40	3,474.10	4,247.60	5,128.80	6,200.20	7,938.40	10,026.20	12,076.80
2,884.40	3,474.10	4,247.60	5,128.80	6,200.20	7,938.40	10,026.20	12,076.80
1,378.40	1,611.80	1,564.50	1,774.60	1,697.10	1,640.40	1,319.30	1,444.70
1,964.40	2,170.60	2,387.60	2,428.10	2,444.40	2,280.80	2,065.90	1,754.20
1,964.40	2,170.60	2,387.60	2,428.10	2,444.40	2,280.80	2,065.90	1,754.20
2,497.70	2,673.60	2,736.40	2,983.40	3,501.40	3,665.40	3,436.20	3,429.70
108.40	185.40	215.10	235.80	227.30	218.90	164.20	147.00
2,389.30	2,488.20	2,521.30	2,747.60	3,274.10	3,446.50	3,272.00	3,282.70
-	-	-	-	-	-	-	-
-	-	-	-	-	-	-	-
8,973.00	10,224.30	11,182.20	12,547.30	14,129.60	15,557.50	17,178.50	18,944.60
438.10	488.90	431.00	591.00	644.60	978.90	1,019.70	1,113.20
-686.20	-783.10	-677.10	-823.40	-931.10	-1,011.40	-1,350.60	-1,352.40
15,981.80	16,146.20	17,423.00	18,324.10	20,966.30	24,327.40	28,260.00	30,568.40
17,713.20	18,064.70	19,620.00	20,649.80	23,421.00	27,115.50	30,645.40	32,963.00
1,731.40	1,918.50	2,197.00	2,325.70	2,454.70	2,788.10	2,385.40	2,394.60
25,306.10	26,994.00	28,646.60	30,367.70	32,121.40	33,495.40	34,237.80	34,995.00
4,047.30	4,312.20	4,708.40	5,103.80	5,151.30	5,100.30	4,984.70	4,807.60
4,780.60	5,060.10	5,405.90	5,769.70	5,785.90	5,758.80	5,737.60	5,623.90
733.30	747.90	697.50	665.90	634.60	658.50	752.90	816.30
21,258.80	22,681.80	23,938.20	25,263.90	26,970.10	28,395.10	29,253.10	30,187.40
667.30	703.30	734.60	774.40	837.10	923.20	960.50	991.50
1,027.10	1,164.30	1,258.90	1,299.80	1,333.00	1,271.90	1,236.70	1,115.70
19,564.40	20,814.20	21,944.70	23,189.70	24,800.00	26,200.00	27,055.90	28,080.20
912.10	995.40	1,106.90	1,202.80	1,329.30	1,460.50	1,565.10	1,680.00
28,517.90	30,035.60	31,391.60	32,435.30	34,237.80	36,280.80	38,425.10	39,737.40
798.00	800.80	884.90	1,013.40	1,020.90	1,210.50	1,253.50	1,206.60
29.30	28.10	29.10	25.20	29.80	33.90	26.30	22.90
-	-	-	-	-	-	-	-
8,973.00	10,224.30	11,182.20	12,547.30	14,129.60	15,557.50	17,178.50	18,944.60
3,844.90	3,540.80	3,615.40	3,991.50	4,289.10	4,883.50	5,319.90	5,694.60
-1,787.30	-2,484.80	-2,140.50	-2,523.70	-1,948.80	-1,603.90	-1,270.60	-1,722.70
29,355.60	30,954.50	32,451.90	33,574.40	35,518.90	37,696.90	39,884.00	41,301.80
912.60	995.90	1,107.30	1,203.20	1,329.70	1,460.90	1,565.40	1,680.40
28,443.00	29,958.60	31,344.60	32,371.20	34,189.20	36,236.00	38,318.60	39,621.40
2,298.40	2,421.70	2,632.30	2,761.60	2,959.90	3,165.40	3,348.80	3,547.20
3,487.70	3,993.60	4,316.20	4,469.20	4,878.00	5,329.80	5,678.00	6,081.70
9,376.50	10,776.60	11,547.80	11,946.70	12,815.80	13,836.10	14,680.00	15,609.80
28,667.10	29,966.10	31,713.90	33,037.60	34,616.70	36,576.70	38,894.10	40,646.90
1.25	1.63	1.88	1.88	1.88	1.88	1.63	1.38
0.11	0.19	0.34	0.43	0.39	0.39	0.35	0.19
0.24	0.38	0.70	0.79	0.69	0.62	0.58	0.39
0.89	1.13	1.36	1.36	1.36	1.36	1.21	1.04
2.56	2.68	2.88	2.88	2.88	2.88	2.83	2.63
1.51	1.37	1.38	1.21	1.46	1.60	1.39	0.82
90.90	95.86	100.00	98.84	96.44	95.89	87.41	84.80
97.55	98.66	100.00	101.62	102.66	104.05	103.42	104.47
97.93	99.91	100.00	98.38	96.35	96.45	91.95	89.46
86.78	92.89	100.00	98.72	94.33	92.35	80.40	77.92
104.00	102.40	100.00	100.54	102.02	103.75	107.15	107.85

統　計

中国（1948-2016年）

	1948	1949	1950	1951	1952	1953	1954	1955
為替レート								
市場レート（期末）　対SDRレート	・・・	・・・	・・・	・・・	・・・	・・・	・・・	・・・
市場レート（期末）　対ドル・レート		・・・	・・・	・・・	・・・	・・・	・・・	・・・
市場レート（期中平均）		・・・	・・・	・・・	・・・	・・・	・・・	・・・
名目実効為替レート　指数（2010年=100, 期中平均）	・・・	・・・	・・・	・・・	・・・	・・・	・・・	・・・
実質実効為替レート（CPIベース）	・・・	・・・	・・・	・・・	・・・	・・・	・・・	・・・
IMFポジション　100万SDR（期末）								
クォータ	-	-	-	-	-	-	-	-
SDR	-	-	-	-	-	-	-	-
IMFリザーブポジション	-	-	-	-	-	-	-	-
内：IMF借入残高	-	-	-	-	-	-	-	-
IMFクレジット及び融資総残高	-	-	-	-	-	-	-	-
SDR配分額	-	-	-	-	-	-	-	-
国際流動性　100万米ドル（他に断りのない限り, 期末）								
総準備（金を除く）	・・・	・・・	・・・	・・・	・・・	・・・	・・・	・・・
SDR	-	-	-	-	-	-	-	-
IMFリザーブポジション	-	-	-	-	-	-	-	-
外国為替	・・・	・・・	・・・	・・・	・・・	・・・	・・・	・・・
金（100万ファイントロイオンス）	・・・	・・・	・・・	・・・	・・・	・・・	・・・	・・・
金（国内評価額）	・・・	・・・	・・・	・・・	・・・	・・・	・・・	・・・
通貨当局：その他資産	・・・	・・・	・・・	・・・	・・・	・・・	・・・	・・・
通貨当局：その他負債	・・・	・・・	・・・	・・・	・・・	・・・	・・・	・・・
預金通貨銀行：資産	・・・	・・・	・・・	・・・	・・・	・・・	・・・	・・・
預金通貨銀行：負債	・・・	・・・	・・・	・・・	・・・	・・・	・・・	・・・
通貨当局　10億元（期末）								
対外資産	・・・	・・・	・・・	・・・	・・・	・・・	・・・	・・・
一般政府向け信用	・・・	・・・	・・・	・・・	・・・	・・・	・・・	・・・
その他部門向け信用	・・・	・・・	・・・	・・・	・・・	・・・	・・・	・・・
預金通貨銀行向け信用	・・・	・・・	・・・	・・・	・・・	・・・	・・・	・・・
その他銀行業機関向け信用	・・・	・・・	・・・	・・・	・・・	・・・	・・・	・・・
ノンバンク金融機関向け信用	・・・	・・・	・・・	・・・	・・・	・・・	・・・	・・・
準備貨幣	・・・	・・・	・・・	・・・	・・・	・・・	・・・	・・・
内：預金通貨銀行以外の現金通貨	・・・	・・・	・・・	・・・	・・・	・・・	・・・	・・・
債券	・・・	・・・	・・・	・・・	・・・	・・・	・・・	・・・
制限付き預金	・・・	・・・	・・・	・・・	・・・	・・・	・・・	・・・
対外負債	・・・	・・・	・・・	・・・	・・・	・・・	・・・	・・・
一般政府預金	・・・	・・・	・・・	・・・	・・・	・・・	・・・	・・・
資本勘定	・・・	・・・	・・・	・・・	・・・	・・・	・・・	・・・
その他（ネット）	・・・	・・・	・・・	・・・	・・・	・・・	・・・	・・・
注記項目：総資産	・・・	・・・	・・・	・・・	・・・	・・・	・・・	・・・
銀行業機関　10億元（期末）								
準備	・・・	・・・	・・・	・・・	・・・	・・・	・・・	・・・
対外資産	・・・	・・・	・・・	・・・	・・・	・・・	・・・	・・・
一般政府向け信用	・・・	・・・	・・・	・・・	・・・	・・・	・・・	・・・
その他部門向け信用	・・・	・・・	・・・	・・・	・・・	・・・	・・・	・・・
ノンバンク金融機関向け信用	・・・	・・・	・・・	・・・	・・・	・・・	・・・	・・・
要求払い預金	・・・	・・・	・・・	・・・	・・・	・・・	・・・	・・・
貯蓄性預金	・・・	・・・	・・・	・・・	・・・	・・・	・・・	・・・
定期性預金	・・・	・・・	・・・	・・・	・・・	・・・	・・・	・・・
外貨預金	・・・	・・・	・・・	・・・	・・・	・・・	・・・	・・・
債券	・・・	・・・	・・・	・・・	・・・	・・・	・・・	・・・
制限付き預金	・・・	・・・	・・・	・・・	・・・	・・・	・・・	・・・
対外負債	・・・	・・・	・・・	・・・	・・・	・・・	・・・	・・・
通貨当局からの信用	・・・	・・・	・・・	・・・	・・・	・・・	・・・	・・・
ノンバンク金融機関に対する負債	・・・	・・・	・・・	・・・	・・・	・・・	・・・	・・・
資本勘定	・・・	・・・	・・・	・・・	・・・	・・・	・・・	・・・
その他（ネット）	・・・	・・・	・・・	・・・	・・・	・・・	・・・	・・・
注記項目：総資産	・・・	・・・	・・・	・・・	・・・	・・・	・・・	・・・
バンキング・サーベイ　10億元（期末）								
対外資産（ネット）	・・・	・・・	・・・	・・・	・・・	・・・	・・・	・・・
国内信用	・・・	・・・	・・・	・・・	・・・	・・・	・・・	・・・
一般政府向け信用（ネット）	・・・	・・・	・・・	・・・	・・・	・・・	・・・	・・・
その他部門向け信用	・・・	・・・	・・・	・・・	・・・	・・・	・・・	・・・
ノンバンク金融機関向け信用	・・・	・・・	・・・	・・・	・・・	・・・	・・・	・・・
現金・預金通貨	・・・	・・・	・・・	・・・	・・・	・・・	・・・	・・・
準通貨	・・・	・・・	・・・	・・・	・・・	・・・	・・・	・・・
外貨預金	・・・	・・・	・・・	・・・	・・・	・・・	・・・	・・・
債券	・・・	・・・	・・・	・・・	・・・	・・・	・・・	・・・
制限付き預金	・・・	・・・	・・・	・・・	・・・	・・・	・・・	・・・
資本勘定	・・・	・・・	・・・	・・・	・・・	・・・	・・・	・・・
その他（ネット）	・・・	・・・	・・・	・・・	・・・	・・・	・・・	・・・
現金・預金通貨（季節調整値）	・・・	・・・	・・・	・・・	・・・	・・・	・・・	・・・
現金・預金通貨＋準通貨	・・・	・・・	・・・	・・・	・・・	・・・	・・・	・・・
貨幣集計量（国内定義）　10億元（期末）								
M0	・・・	・・・	・・・	・・・	・・・	・・・	・・・	・・・
M1	・・・	・・・	・・・	・・・	・・・	・・・	・・・	・・・
M2	・・・	・・・	・・・	・・・	・・・	・・・	・・・	・・・
金利　年率（%）								
中央銀行政策金利	・・・	・・・	・・・	・・・	・・・	・・・	・・・	・・・
ディスカウント・レート	・・・	・・・	・・・	・・・	・・・	・・・	・・・	・・・
財務省短期証券金利	・・・	・・・	・・・	・・・	・・・	・・・	・・・	・・・
預金金利	・・・	・・・	・・・	・・・	・・・	・・・	・・・	・・・
貸出金利	・・・	・・・	・・・	・・・	・・・	・・・	・・・	・・・
物価　指数（期中平均）, 年率（%）								
消費者物価指数（2015年=100）	・・・	・・・	・・・	・・・	・・・	・・・	・・・	・・・
生産者物価上昇率（対前年同期）	・・・	・・・	・・・	・・・	・・・	・・・	・・・	・・・
消費者物価上昇率（対前年同期）	・・・	・・・	・・・	・・・	・・・	・・・	・・・	・・・
GDPデフレーター（2010年=100）	・・・	・・・	・・・	・・・	・・・	・・・	・・・	・・・

中　　国

1956	1957	1958	1959	1960	1961	1962	1963	1964	1965	1966
・・・	2.46	2.46	2.46	2.46	2.46	2.46	2.46	2.46	2.46	2.46
・・・	2.46	2.46	2.46	2.46	2.46	2.46	2.46	2.46	2.46	2.46
・・・	2.46	2.46	2.46	2.46	2.46	2.46	2.46	2.46	2.46	2.46
・・・	・・・	179.30	167.52	169.96	174.31	176.63	178.89	184.42	188.08	189.65
・・・	・・・	・・・	・・・	・・・	・・・	・・・	・・・	・・・	・・・	・・・

451

中国（1948-2016年）

	1967	1968	1969	1970	1971	1972	1973	1974
為替レート								
市場レート（期末）	対SDRレート							
	2.46	2.46	2.46	2.46	2.67	2.43	2.44	2.25
	対ドル・レート							
市場レート（期末）	2.46	2.46	2.46	2.46	2.46	2.24	2.02	1.84
市場レート（期中平均）	2.46	2.46	2.46	2.46	2.46	2.25	1.99	1.96
	指数（2010年=100，期中平均）							
名目実効為替レート	191.90	196.45	197.48	197.79	196.48	201.01	209.03	217.52
実質実効為替レート（CPIベース）	・・・	・・・	・・・	・・・	・・・	・・・	・・・	・・・
IMFポジション	100万SDR（期末）							
クォータ	-	-	-	-	-	-	-	-
SDR	-	-	-	-	-	-	-	-
IMFリザーブポジション	-	-	-	-	-	-	-	-
内：IMF借入残高	-	-	-	-	-	-	-	-
IMFクレジット及び融資総残高	-	-	-	-	-	-	-	-
SDR配分額	-	-	-	-	-	-	-	-
国際流動性	100万米ドル（他に断りのない限り，期末）							
総準備（金を除く）	・・・	・・・	・・・	・・・	・・・	・・・	・・・	・・・
SDR	-	-	-	-	-	-	-	-
IMFリザーブポジション	-	-	-	-	-	-	-	-
外国為替	・・・	・・・	・・・	・・・	・・・	・・・	・・・	・・・
金（100万ファイントロイオンス）	・・・	・・・	・・・	・・・	・・・	・・・	・・・	・・・
金（国内評価額）	・・・	・・・	・・・	・・・	・・・	・・・	・・・	・・・
通貨当局：その他資産	・・・	・・・	・・・	・・・	・・・	・・・	・・・	・・・
通貨当局：その他負債	・・・	・・・	・・・	・・・	・・・	・・・	・・・	・・・
預金通貨銀行：資産	・・・	・・・	・・・	・・・	・・・	・・・	・・・	・・・
預金通貨銀行：負債	・・・	・・・	・・・	・・・	・・・	・・・	・・・	・・・
通貨当局	10億元（期末）							
対外資産	・・・	・・・	・・・	・・・	・・・	・・・	・・・	・・・
一般政府向け信用	・・・	・・・	・・・	・・・	・・・	・・・	・・・	・・・
その他部門向け信用	・・・	・・・	・・・	・・・	・・・	・・・	・・・	・・・
預金通貨銀行向け信用	・・・	・・・	・・・	・・・	・・・	・・・	・・・	・・・
その他銀行業機関向け信用	・・・	・・・	・・・	・・・	・・・	・・・	・・・	・・・
ノンバンク金融機関向け信用	・・・	・・・	・・・	・・・	・・・	・・・	・・・	・・・
準備貨幣	・・・	・・・	・・・	・・・	・・・	・・・	・・・	・・・
内：預金通貨銀行以外の現金通貨	・・・	・・・	・・・	・・・	・・・	・・・	・・・	・・・
債券	・・・	・・・	・・・	・・・	・・・	・・・	・・・	・・・
制限付き預金	・・・	・・・	・・・	・・・	・・・	・・・	・・・	・・・
対外負債	-	-	-	-	-	-	-	-
一般政府預金	・・・	・・・	・・・	・・・	・・・	・・・	・・・	・・・
資本勘定	・・・	・・・	・・・	・・・	・・・	・・・	・・・	・・・
その他（ネット）	・・・	・・・	・・・	・・・	・・・	・・・	・・・	・・・
注記項目：総資産	・・・	・・・	・・・	・・・	・・・	・・・	・・・	・・・
銀行業機関	10億元（期末）							
準備	・・・	・・・	・・・	・・・	・・・	・・・	・・・	・・・
対外資産	・・・	・・・	・・・	・・・	・・・	・・・	・・・	・・・
一般政府向け信用	・・・	・・・	・・・	・・・	・・・	・・・	・・・	・・・
その他部門向け信用	・・・	・・・	・・・	・・・	・・・	・・・	・・・	・・・
ノンバンク金融機関向け信用	・・・	・・・	・・・	・・・	・・・	・・・	・・・	・・・
要求払い預金	・・・	・・・	・・・	・・・	・・・	・・・	・・・	・・・
貯蓄性預金	・・・	・・・	・・・	・・・	・・・	・・・	・・・	・・・
定期性預金	・・・	・・・	・・・	・・・	・・・	・・・	・・・	・・・
外貨預金	・・・	・・・	・・・	・・・	・・・	・・・	・・・	・・・
債券	・・・	・・・	・・・	・・・	・・・	・・・	・・・	・・・
制限付き預金	-	-	-	-	-	-	-	-
対外負債	・・・	・・・	・・・	・・・	・・・	・・・	・・・	・・・
通貨当局からの信用	・・・	・・・	・・・	・・・	・・・	・・・	・・・	・・・
ノンバンク金融機関に対する負債	・・・	・・・	・・・	・・・	・・・	・・・	・・・	・・・
資本勘定	・・・	・・・	・・・	・・・	・・・	・・・	・・・	・・・
その他（ネット）	・・・	・・・	・・・	・・・	・・・	・・・	・・・	・・・
注記項目：総資産	・・・	・・・	・・・	・・・	・・・	・・・	・・・	・・・
バンキング・サーベイ	10億元（期末）							
対外資産（ネット）	・・・	・・・	・・・	・・・	・・・	・・・	・・・	・・・
国内信用	・・・	・・・	・・・	・・・	・・・	・・・	・・・	・・・
一般政府向け信用（ネット）	・・・	・・・	・・・	・・・	・・・	・・・	・・・	・・・
その他部門向け信用	・・・	・・・	・・・	・・・	・・・	・・・	・・・	・・・
ノンバンク金融機関向け信用	・・・	・・・	・・・	・・・	・・・	・・・	・・・	・・・
現金・預金通貨	・・・	・・・	・・・	・・・	・・・	・・・	・・・	・・・
準通貨	・・・	・・・	・・・	・・・	・・・	・・・	・・・	・・・
外貨預金	・・・	・・・	・・・	・・・	・・・	・・・	・・・	・・・
債券	・・・	・・・	・・・	・・・	・・・	・・・	・・・	・・・
制限付き預金	・・・	・・・	・・・	・・・	・・・	・・・	・・・	・・・
資本勘定	・・・	・・・	・・・	・・・	・・・	・・・	・・・	・・・
その他（ネット）	・・・	・・・	・・・	・・・	・・・	・・・	・・・	・・・
現金・預金通貨（季節調整値）	・・・	・・・	・・・	・・・	・・・	・・・	・・・	・・・
現金・預金通貨＋準通貨	・・・	・・・	・・・	・・・	・・・	・・・	・・・	・・・
貨幣集計量（国内定義）	10億元（期末）							
M0	・・・	・・・	・・・	・・・	・・・	・・・	・・・	・・・
M1	・・・	・・・	・・・	・・・	・・・	・・・	・・・	・・・
M2	・・・	・・・	・・・	・・・	・・・	・・・	・・・	・・・
金利	年率（%）							
中央銀行政策金利	・・・	・・・	・・・	・・・	・・・	・・・	・・・	・・・
ディスカウント・レート	・・・	・・・	・・・	・・・	・・・	・・・	・・・	・・・
財務省短期証券金利	・・・	・・・	・・・	・・・	・・・	・・・	・・・	・・・
預金金利	・・・	・・・	・・・	・・・	・・・	・・・	・・・	・・・
貸出金利	・・・	・・・	・・・	・・・	・・・	・・・	・・・	・・・
物価	指数（期中平均），年率（%）							
消費者物価指数（2015年=100）	・・・	・・・	・・・	・・・	・・・	・・・	・・・	・・・
生産者物価上昇率（対前年同期）	・・・	・・・	・・・	・・・	・・・	・・・	・・・	・・・
消費者物価上昇率（対前年同期）	・・・	・・・	・・・	・・・	・・・	・・・	・・・	・・・
GDPデフレーター（2010年=100）	・・・	・・・	・・・	・・・	・・・	・・・	・・・	・・・

中　国

1975	1976	1977	1978	1979	1980	1981	1982	1983	1984	1985
2.30	2.18	2.10	2.05	1.97	1.95	2.03	2.12	2.07	2.74	3.52
1.97	1.88	1.73	1.58	1.50	1.53	1.75	1.92	1.98	2.80	3.20
1.86	1.94	1.86	1.68	1.56	1.50	1.70	1.89	1.98	2.32	2.94
233.79	240.97	248.65	250.26	273.92	293.84	286.89	294.88	309.64	294.40	251.92
...	...	...	...	...	267.31	239.64	228.71	224.82	200.38	170.03
-	-	-	-		1,800.00	1,800.00	1,800.00	2,390.90	2,390.90	2,390.90
-	-	-	-		72.03	236.34	193.88	320.02	413.81	439.52
-	-	-	-		150.00			167.73	260.57	302.59
-	-	-	-				-			
						759.53	759.53	309.53	309.53	309.53
					114.40	236.80	236.80	236.80	236.80	236.80
...	...	2,345.00	1,557.00	2,154.00	2,545.18	5,058.09	11,348.90	14,986.60	17,366.00	12,728.10
					91.87	275.09	213.87	335.05	405.62	482.78
					191.31			175.61	255.41	332.37
...	...	2,345.00	1,557.00	2,154.00	2,262.00	4,783.00	11,135.00	14,476.00	16,705.00	11,913.00
...	...	12.80	12.80	12.80	12.80	12.70	12.70	12.70	12.70	12.70
...	...	544.00	584.00	590.00	571.00	516.00	491.00	464.00	435.00	486.00
...	...	322.00	701.00	828.00	908.00	798.00	742.00	829.00	897.00	943.00
...	...	...	...	...	...	...	...	...	...	9,267.53
...	...	...	...	...	...	...	...	...	...	14.57
...	...	...	...	...	...	...	...	...	...	27.51
...	...	...	...	...	...	...	...	...	...	7.84
...	...	...	...	...	...	...	...	...	...	224.86
...	...	...	...	...	...	...	...	...	...	...
...	...	...	...	...	...	...	...	...	...	228.41
...	...	...	...	...	...	...	...	...	...	98.78
...	...	...	...	...	...	...	...	...	...	...
-		-		-	0.22	2.02	2.11	1.13	1.50	1.92
...	...	...	...	...	...	...	...	...	...	36.84
...	...	...	...	...	...	...	...	...	...	22.53
...	...	...	...	...	...	...	...	...	...	-16.01
...	...	...	...	...	...	...	...	...	...	288.68
...	...	...	...	...	...	...	...	...	...	96.07
...	...	...	...	...	...	...	...	...	...	29.67
...	...	...	...	...	...	...	...	...	...	594.44
...	...	...	...	...	...	...	...	...	...	169.69
...	...	...	...	...	...	...	...	...	...	163.99
...	...	...	...	...	...	...	...	...	...	21.61
...	...	...	...	...	...	...	...	...	...	...
...	...	...	...	...	...	...	...	...	...	...
...	...	...	...	...	...	...	...	...	...	...
...	...	...	...	...	...	...	...	...	...	224.86
...	...	...	...	...	...	...	...	...	...	...
...	...	...	...	...	...	...	...	...	...	65.34
...	...	...	...	...	...	...	...	...	...	74.65
...	...	...	...	...	...	...	...	...	...	...
...	...	2.41	0.54	-1.64	-2.78	2.67	16.14	23.95	27.03	42.32
...	...	126.24	139.31	198.11	242.25	273.99	304.67	343.70	451.45	592.95
...	...	-40.09	-45.69	-5.85	0.82	-2.48	-0.56	0.59	9.49	-9.33
...	...	166.33	185.00	203.96	241.43	276.47	305.23	343.11	441.96	602.28
...	...	...	...	...	...	...	...	...	...	...
...	...	58.01	58.04	92.15	114.88	134.52	148.84	174.89	244.94	301.73
...	...	27.83	30.93	40.63	52.23	63.25	77.73	96.39	114.91	185.76
...	...	...	...	...	...	...	...	...	...	...
...	...	...	...	13.13	17.17	22.92	28.48	29.98	33.34	28.15
...	...	...	...	...	...	...	...	...	...	87.87
...	...	42.81	50.88	63.69	72.36	78.89	94.24	96.37	118.63	58.78
...	...	54.78	54.81	86.93	108.28	126.55	139.63	164.06	229.56	288.74
...	...	85.84	88.97	132.78	167.11	197.77	226.57	271.28	359.85	487.49
...	...	...	...	...	...	...	...	...	...	...
...	...	...	...	...	...	...	...	...	...	...
...	...	...	...	...	...	...	...	...	...	...
...	...	...	...	...	...	...	...	...	...	...
...	...	...	...	...	5.40	5.40	5.76	5.76	5.76	7.20
...	...	...	...	...	5.04	5.04	7.20	7.20	7.20	7.92
...	...	...	...	...	...	...	...	...	...	...
...	...	...	...	...	...	...	...	...	...	...
...	...	...	18.46	19.13	19.85	20.31	20.29	20.52	21.54	23.74

統　　計

中国（1948-2016年）

	1986	1987	1988	1989	1990	1991	1992	1993
為替レート	対SDRレート							
市場レート（期末）	4.55	5.28	5.01	6.21	7.43	7.77	7.91	7.97
	対ドル・レート							
市場レート（期末）	3.72	3.72	3.72	4.72	5.22	5.43	5.75	5.80
市場レート（期中平均）	3.45	3.72	3.72	3.77	4.78	5.32	5.51	5.76
	指数（2010年=100，期中平均）							
名目実効為替レート	183.76	157.19	157.86	178.10	145.48	130.63	123.12	119.05
実質実効為替レート（CPIベース）	123.78	107.21	116.91	135.28	99.12	87.09	83.52	88.91
IMFポジション	100万SDR（期末）							
クォータ	2,390.90	2,390.90	2,390.90	2,390.90	2,390.90	2,390.90	3,385.20	3,385.20
SDR	465.05	450.88	435.55	411.05	394.80	403.69	305.08	352.03
IMFリザーブポジション	302.61	302.61	302.61	302.61	302.60	302.60	551.18	512.77
内：IMF借入残高								
IMFクレジット及び融資総残高	876.30	814.40	752.49	690.59	329.82	-	-	-
SDR配分額	236.80	236.80	236.80	236.80	236.80	236.80	236.80	236.80
国際流動性	100万米ドル（他に断りのない限り，期末）							
総準備（金を除く）	11,453.00	16,304.90	18,541.30	17,959.90	29,586.20	43,674.30	20,620.40	22,386.90
SDR	568.85	639.65	586.12	540.19	561.67	577.45	419.49	483.53
IMFリザーブポジション	370.15	429.30	407.22	397.68	430.50	432.85	757.87	704.32
外国為替	10,514.00	15,236.00	17,548.00	17,022.00	28,594.00	42,664.00	19,443.00	21,199.00
金（100万ファイントロイオンス）	12.70	12.70	12.70	12.70	12.70	12.70	12.70	12.70
金（国内評価額）	541.00	629.00	594.00	587.00	623.00	634.00	610.00	612.44
通貨当局：その他資産	1,108.00	1,450.00	1,399.00	1,127.00	2,006.00	1,575.00	1,786.00	1,822.41
通貨当局：その他負債								
預金通貨銀行：資産	8,436.10	12,312.90	14,174.80	11,471.60	17,500.60	20,952.50	25,565.90	50,840.00
預金通貨銀行：負債								39,230.00
通貨当局	10億元（期末）							
対外資産	14.40	25.47	28.22	40.50	82.05	139.96	133.04	154.95
一般政府向け信用	37.01	51.50	57.65	68.46	80.11	106.78	124.11	158.27
その他部門向け信用	12.82	22.68	30.56	34.53	40.67	44.91	53.39	68.23
預金通貨銀行向け信用	268.16	275.64	336.44	420.95	509.07	591.81	678.02	960.95
その他銀行業機関向け信用	1.23	1.74	2.36	3.65	5.70	7.37	20.11	25.17
ノンバンク金融機関向け信用	・・・	・・・	・・・	・・・	・・・	・・・	・・・	・・・
準備貨幣	281.86	318.17	398.36	491.12	638.73	793.14	922.80	1,314.70
内：預金通貨銀行以外の現金通貨	121.84	145.45	213.26	234.21	264.12	317.40	432.94	577.65
債券	・・・	・・・	・・・	・・・	・・・	・・・	・・・	・・・
制限付き預金	・・・	・・・	・・・	・・・	・・・	・・・	・・・	・・・
対外負債	5.07	5.55	4.96	5.76	4.21	1.84	1.87	1.89
一般政府預金	31.15	30.70	27.11	43.80	38.04	48.58	23.06	47.34
資本勘定	22.15	25.13	25.21	29.15	34.53	50.86	66.40	31.03
その他（ネット）	-7.88	-3.66	-1.17	-2.32	1.86	-3.59	-5.47	-27.39
注記項目：総資産	344.86	396.10	462.90	574.59	722.92	901.46	1,017.52	1,339.63
銀行業機関	10億元（期末）							
準備	111.56	113.99	128.86	178.15	263.81	359.32	367.80	594.32
対外資産	31.40	45.83	52.76	54.17	91.39	113.86	147.05	294.87
一般政府向け信用								7.45
その他部門向け信用	775.50	927.39	1,092.54	1,290.60	1,586.18	1,899.56	2,295.48	3,388.60
ノンバンク金融機関向け信用	・・・	・・・	・・・	・・・	・・・	・・・	・・・	・・・
要求払い預金	224.12	266.64	295.76	300.45	374.88	505.62	669.14	969.29
貯蓄性預金	220.15	293.25	344.59	483.93	672.29	827.34	1,058.19	1,458.29
定期性預金	27.96	41.01	59.72	61.37	76.43	101.70	154.83	218.88
外貨預金	・・・	・・・	・・・	・・・	・・・	・・・	・・・	・・・
債券								24.79
制限付き預金								214.80
対外負債								227.53
通貨当局からの信用	268.39	274.99	336.10	420.15	508.29	590.56	670.99	971.56
ノンバンク金融機関に対する負債	・・・	・・・	・・・	・・・	・・・	・・・	・・・	・・・
資本勘定	74.13	81.46	91.42	99.32	111.49	131.30	131.30	283.72
その他（ネット）	103.74	129.86	146.57	157.70	198.01	216.22	125.88	-83.62
注記項目：総資産	・・・	・・・	・・・	・・・	・・・	・・・	・・・	・・・
バンキング・サーベイ	10億元（期末）							
対外資産（ネット）	40.74	65.75	76.03	88.91	169.23	251.98	278.22	220.40
国内信用	794.18	970.87	1,153.64	1,349.79	1,668.92	2,002.67	2,449.92	3,575.21
一般政府向け信用（ネット）	5.86	20.80	30.54	24.66	42.07	58.20	101.05	118.38
その他部門向け信用	788.32	950.07	1,123.10	1,325.13	1,626.85	1,944.47	2,348.87	3,456.83
ノンバンク金融機関向け信用	・・・	・・・	・・・	・・・	・・・	・・・	・・・	・・・
現金・通貨通貨	385.90	457.40	548.74	583.42	700.95	898.78	1,171.43	1,546.94
準通貨	248.96	338.34	411.47	555.89	767.24	961.11	1,261.30	1,806.34
外貨預金	・・・	・・・	・・・	・・・	・・・	・・・	・・・	・・・
債券								24.79
制限付き預金								214.80
資本勘定	96.28	106.59	116.63	128.47	146.02	182.16	197.70	314.75
その他（ネット）	102.53	133.15	152.06	170.34	223.72	212.60	97.70	-112.01
現金・預金通貨（季節調整値）	369.28	438.12	526.12	560.98	674.64	866.71	1,128.55	1,512.16
現金・預金通貨＋準通貨	634.86	795.74	960.21	1,139.31	1,468.19	1,859.89	2,432.73	3,568.08
貨幣集計量（国内定義）	10億元（期末）							
M0	・・・	・・・	・・・	・・・	・・・	・・・	・・・	・・・
M1	・・・	・・・	・・・	・・・	・・・	・・・	・・・	・・・
M2	・・・	・・・	・・・	・・・	・・・	・・・	・・・	・・・
金利	年率（%）							
中央銀行政策金利	・・・	・・・	・・・	・・・	・・・	・・・	・・・	・・・
ディスカウント・レート	・・・	・・・	・・・	・・・	7.92	7.20	7.20	10.08
財務省短期証券金利	・・・	・・・	・・・	・・・				
預金金利	7.20	7.20	8.64	11.34	8.64	7.56	7.56	10.98
貸出金利	7.92	7.92	9.00	11.34	9.36	8.64	8.64	10.98
物価	指数（期中平均），年率（%）							
消費者物価指数（2015年=100）	22.71	24.35	28.93	34.21	35.25	36.51	38.83	44.50
生産者物価上昇率（対前年同期）	・・・	・・・	・・・	・・・	・・・	・・・	・・・	・・・
消費者物価上昇率（対前年同期）	・・・	7.23	18.81	18.25	3.05	3.56	6.35	14.61
GDPデフレーター（2010年=100）	24.85	26.10	29.26	31.78	33.60	35.85	38.79	44.68

中　　国

1994	1995	1996	1997	1998	1999	2000	2001	2002	2003	2004
12.33	12.36	11.93	11.17	11.66	11.36	10.78	10.40	11.25	12.30	12.85
8.45	8.32	8.30	8.28	8.28	8.28	8.28	8.28	8.28	8.28	8.28
8.62	8.35	8.31	8.29	8.28	8.28	8.28	8.28	8.28	8.28	8.28
77.94	77.00	80.41	86.54	94.03	92.08	93.51	98.69	98.26	92.21	88.01
69.68	77.62	85.28	91.82	96.70	91.53	91.48	95.42	93.21	87.11	84.76
3,385.20	3,385.20	3,385.20	3,385.20	3,385.20	4,687.20	4,687.20	6,369.20	6,369.20	6,369.20	6,369.20
369.13	391.58	427.15	446.53	480.10	539.58	612.71	676.82	734.19	741.33	803.01
517.31	817.78	970.97	1,682.40	2,523.33	1,684.72	1,462.33	2,060.54	2,738.22	2,555.95	2,138.08
-	-	-	-	-	-	-	-	-	-	-
236.80	236.80	236.80	236.80	236.80	236.80	236.80	236.80	236.80	236.80	236.80
52,914.10	75,376.70	107,039.00	142,762.00	149,188.00	157,728.00	168,278.00	215,605.00	291,128.00	408,151.00	614,500.00
538.87	582.08	614.22	602.48	675.99	740.58	798.31	850.58	998.15	1,101.59	1,247.08
755.19	1,215.63	1,396.21	2,269.98	3,552.92	2,312.29	1,905.28	2,589.55	3,722.67	3,798.07	3,320.46
51,620.00	73,579.00	105,029.00	139,890.00	144,959.00	154,675.00	165,574.00	212,165.00	286,407.00	403,251.00	609,932.00
12.70	12.70	12.70	12.70	12.70	12.70	12.70	16.10	19.29	19.29	19.29
645.57	659.57	636.63	600.94	623.83	607.95	577.78	3,093.00	4,074.00	4,074.00	4,074.00
2,076.67	1,756.56	2,653.59	9,551.32	7,993.89	9,470.26	9,136.69	9,112.34	9,643.48	11,632.80	8,251.00
			2,692.09	2,432.87	4,819.25	4,758.26	6,151.17	5,111.09	5,830.58	6,793.69
52,150.00	46,950.00	51,659.60	64,246.20	72,583.40	78,094.10	109,161.00	122,939.00	155,161.00	138,686.00	172,751.00
44,890.00	50,370.00	55,989.70	59,034.90	54,685.30	47,057.10	49,536.00	37,476.90	47,317.10	53,221.30	64,588.30
445.13	666.95	956.22	1,345.21	1,376.17	1,485.75	1,558.28	1,986.04	2,324.29	3,114.18	4,696.01
168.77	158.28	158.28	158.28	158.28	158.28	158.28	282.13	286.38	290.10	296.96
72.83	68.01	65.87	17.10	10.38	10.15	11.02	19.55	20.67	20.63	13.63
1,045.10	1,151.03	1,451.84	1,435.79	1,305.75	1,537.39	1,351.92	1,131.16	998.26	1,061.95	937.64
26.99	18.16	11.77	207.23	296.28	383.31	860.04	854.73	230.51	136.33	104.79
...	...	...	...	...	...	...	...	724.03	725.60	886.51
1,722.17	2,076.27	2,689.16	3,063.58	3,133.88	3,362.34	3,649.43	3,985.33	4,513.86	5,284.16	5,885.63
728.44	788.19	879.89	1,017.46	1,120.07	1,345.21	1,464.99	1,568.73	1,727.80	1,974.60	2,131.29
...	19.71	-	11.89	11.89	11.89	...	...	148.75	303.16	1,107.90
2.92	2.93	2.83	24.94	22.90	42.59	41.94	53.38	44.97	51.17	59.27
83.33	97.34	122.54	148.59	172.61	178.55	310.04	285.05	308.54	495.47	583.22
26.57	37.11	36.68	36.62	36.68	36.68	35.68	35.52	21.98	21.98	21.98
-75.78	-170.64	-206.92	-121.70	-230.76	-56.82	-97.26	-85.50	-453.93	-807.12	-722.45
...	...	...	3,521.73	3,582.11	4,186.54	4,324.23	4,729.63	5,110.76	6,200.41	7,865.53
768.59	1,006.41	1,387.00	1,645.68	1,511.15	1,610.78	1,619.32	1,817.14	2,041.32	2,428.93	3,739.81
440.47	390.50	428.68	531.95	600.90	646.58	903.57	1,017.54	1,284.31	1,147.86	1,429.77
47.82	105.73	182.30	151.98	498.79	607.94	739.31	1,104.51	1,355.36	1,523.22	1,849.78
4,104.28	5,097.18	6,358.26	7,693.40	8,951.61	9,986.66	11,132.40	12,180.30	14,281.00	17,249.40	19,186.50
...	...	...	...	...	...	...	...	903.62	1,314.89	791.80
1,238.99	1,520.16	1,876.49	2,381.03	2,648.57	3,235.62	3,846.88	4,414.01	5,356.21	6,431.42	7,442.32
2,051.60	2,804.55	3,637.34	4,363.52	5,020.57	5,580.51	5,975.44	6,785.08	7,954.16	9,463.32	11,955.50
194.31	332.42	504.19	673.85	830.19	947.68	1,126.11	1,418.01	1,643.38	2,094.04	2,538.22
...	...	...	...	...	...	...	...	1,215.91	1,188.43	1,212.86
21.30	18.91	29.98	354.18	520.38	635.46	742.89	844.80	1,010.23	1,165.40	1,520.35
292.13	377.70	401.74	315.07	383.55	496.20	586.97	679.86	804.18	1,021.00	1,062.62
379.15	418.95	464.61	488.80	452.72	389.61	410.03	310.19	391.66	440.50	534.57
1,034.44	1,119.78	1,423.29	1,403.85	1,206.98	828.92	913.44	964.67	1,243.39	1,086.14	980.29
...	...	...	...	...	...	...	...	856.73	995.55	951.54
334.89	315.66	367.19	438.06	731.73	742.62	739.67	765.98	877.22	1,072.93	1,179.14
-194.01	-344.23	-392.77	-395.36	-232.25	-4.66	53.18	-63.07	-1,487.51	-1,294.42	-2,379.83
...	...	...	10,781.30	12,415.10	14,728.30	15,721.00	17,394.80	21,532.90	25,441.30	29,959.70
503.53	635.58	917.46	1,363.43	1,501.44	1,700.13	2,009.88	2,640.02	3,171.97	3,770.38	5,531.95
4,310.37	5,331.86	6,642.17	7,954.34	9,546.87	10,701.30	11,873.20	13,487.60	17,262.50	20,628.40	22,441.90
133.26	166.67	218.04	161.67	484.47	587.67	587.55	1,101.59	1,333.19	1,317.85	1,563.52
4,177.11	5,165.19	6,424.13	7,710.50	8,961.99	9,996.81	11,143.40	12,199.90	14,301.60	17,270.00	19,200.10
...	...	...	...	...	...	...	...	1,627.64	2,040.49	1,678.30
1,967.43	2,308.35	2,756.38	3,480.65	3,869.05	4,697.64	5,454.10	6,168.85	7,088.18	8,411.86	9,581.54
2,432.47	3,388.30	4,451.41	5,391.06	6,303.42	6,910.37	7,554.96	8,792.48	10,608.30	12,689.40	14,661.10
...	...	...	...	...	...	...	...	1,215.91	1,188.43	1,212.86
13.03	18.91	29.98	356.31	526.40	642.69	742.12	844.23	1,079.66	1,173.93	1,678.71
292.13	377.70	401.74	315.07	383.55	496.20	586.97	679.86	804.18	1,021.00	1,062.62
361.46	352.77	403.87	474.68	768.42	779.30	775.35	801.50	899.20	1,094.91	1,201.11
-260.98	-514.52	-527.93	-700.01	-802.52	-1,124.76	-1,230.39	-1,159.30	-1,261.02	-1,180.80	-1,424.06
1,923.20	2,256.45	2,694.41	3,402.40	3,782.06	4,573.65	5,310.68	6,006.60	6,897.75	8,182.16	9,319.81
4,692.03	6,074.35	7,609.53	9,186.78	10,556.00	12,104.20	13,596.00	15,641.20	17,696.50	21,101.30	24,242.60
...	...	...	...	1,120.42	1,345.55	1,465.27	1,568.88	1,727.80	1,974.60	2,146.83
...	...	...	...	3,895.37	4,583.72	5,314.72	5,987.16	7,088.21	8,411.86	9,597.08
...	...	...	...	10,449.90	11,989.80	13,461.00	15,830.20	18,500.70	22,122.30	25,320.80
...	...	...	...	...	...	...	...	...	...	...
10.08	10.44	9.00	8.55	4.59	3.24	3.24	3.24	2.70	2.70	3.33
...	...	...	...	...	...	...	...	...	...	...
10.98	10.98	7.47	5.67	3.78	2.25	2.25	2.25	1.98	1.98	2.25
10.98	12.06	10.08	8.64	6.39	5.85	5.85	5.85	5.31	5.31	5.58
55.30	64.58	69.95	71.90	71.29	70.32	70.50	71.01	70.46	71.28	74.05
...	...	...	...	...	...	2.80	-4.00	0.40	3.00	7.10
24.26	16.79	8.31	2.79	-0.85	-1.36	0.26	0.72	-0.77	1.16	3.89
53.89	61.26	65.24	66.30	65.71	64.87	65.88	67.65	68.03	69.56	74.43

統　　計

中国（1948-2016年）

	2005	2006	2007	2008	2009	2010	2011	2012
為替レート	対SDRレート							
市場レート（期末）	11.53	11.75	11.54	10.53	10.70	10.20	9.67	9.67
	対ドル・レート							
市場レート（期末）	8.07	7.81	7.30	6.83	6.83	6.62	6.30	6.29
市場レート（期中平均）	8.19	7.97	7.61	6.95	6.83	6.77	6.46	6.31
	指数（2010年=100, 期中平均）							
名目実効為替レート	87.85	89.87	91.14	97.16	101.99	100.00	100.13	105.12
実質実効為替レート（CPIベース）	84.25	85.57	88.93	97.10	100.41	100.00	102.69	108.44
IMFポジション	100万SDR（期末）							
クォータ	6,369.20	8,090.10	8,090.10	8,090.10	8,090.10	8,090.10	9,525.90	9,525.90
SDR	875.38	710.00	754.39	778.59	7,979.64	8,015.75	7,722.15	7,388.76
IMFリザーブポジション	973.02	718.50	531.81	1,318.41	2,795.06	4,153.59	6,373.44	5,318.99
内：IMF借入残高	-	-	-	-	1,220.00	-	3,700.00	3,703.00
IMFクレジット及び融資総残高	-	-	-	-	-	-	-	-
SDR配分額	236.80	236.80	236.80	236.80	6,989.67	6,989.67	6,989.67	6,989.67
国際流動性	100万米ドル（他に断りのない限り，期末）							
総準備（金を除く）	821,514.00	1,068,490.00	1,530,280.00	1,949,260.00	2,416,040.00	2,866,080.00	3,202,790.00	3,331,120.00
SDR	1,251.15	1,068.12	1,192.12	1,199.24	12,509.60	12,344.50	11,855.60	11,355.90
IMFリザーブポジション	1,390.71	1,080.91	840.39	2,030.71	4,381.78	6,396.65	9,784.95	8,174.86
外国為替	818,872.00	1,066,340.00	1,528,250.00	1,946,030.00	2,399,150.00	2,847,340.00	3,181,150.00	3,311,590.00
金（100万ファイントロイオンス）	19.29	19.29	19.29	19.29	33.89	33.89	33.89	33.89
金（国内評価額）	4,074.00	4,074.00	4,074.00	4,074.00	9,815.00	9,815.00	9,815.00	9,815.00
通貨当局：その他資産	11,929.30	13,761.40	127,580.00	184,093.00	139,254.00	120,537.00	76,806.40	64,823.30
通貨当局：その他負債	7,949.86	11,862.80	12,968.30	10,718.80	11,155.60	10,872.60	42,842.10	23,280.30
預金通貨銀行：資産	222,694.00	273,227.00	272,598.00	326,326.00	260,790.00	279,708.00	384,258.00	457,875.00
預金通貨銀行：負債	62,868.10	68,093.80	82,676.00	75,255.00	88,145.50	108,402.00	123,251.00	157,407.00
通貨当局	10億元（期末）							
対外資産	6,343.99	8,577.26	12,482.50	16,254.40	18,533.30	21,542.00	23,789.80	24,141.70
一般政府向け信用	289.24	285.64	1,631.77	1,619.60	1,566.20	1,542.11	1,539.97	1,531.37
その他部門向け信用	6.67	6.63	6.36	4.41	4.40	2.50	2.50	2.50
預金通貨銀行向け信用	781.77	651.67	786.28	843.25	716.19	948.57	1,024.75	1,670.11
その他銀行業機関向け信用	487.43							
ノンバンク金融機関向け信用	1,322.61	2,194.97	1,297.23	1,185.27	1,153.01	1,132.58	1,064.40	1,003.86
準備貨幣	6,434.43	7,775.78	10,154.50	12,922.20	14,398.50	18,531.10	22,464.20	25,234.50
内：預金通貨銀行以外の現金通貨	2,365.61	2,707.26	3,037.52	3,421.90	3,824.70	4,462.82	5,074.85	5,465.98
債券	2,029.60	2,974.06	3,446.91	4,577.98	4,206.42	4,049.72	2,333.67	1,388.00
制限付き預金				59.12	62.48	65.72	90.84	134.89
対外負債	66.89	95.41	97.46	75.75	150.99	143.30	337.56	213.99
一般政府預金	752.72	1,021.06	1,712.11	1,696.38	2,122.64	2,427.73	2,273.37	2,075.33
資本勘定	21.98	21.98	21.98	21.98	21.98	21.98	21.98	21.98
その他（ネット）	-73.78	-172.11	771.16	553.43	1,010.10	-71.84	-100.15	-719.17
注記項目：総資産	10,367.60	12,857.50	16,914.00	20,709.60	22,753.00	25,927.50	28,097.80	29,453.70
銀行業機関	10億元（期末）							
準備	4,028.35	5,023.09	7,050.35	9,391.53	10,457.60	13,683.50	17,300.40	19,713.30
対外資産	1,797.19	2,133.55	1,991.22	2,230.31	1,780.72	1,852.48	2,421.17	2,879.85
一般政府向け信用	1,983.21	2,270.46	2,901.12	3,020.24	3,805.28	4,346.05	4,969.78	5,612.33
その他部門向け信用	20,943.60	23,946.90	28,566.00	32,559.70	43,354.00	52,163.30	60,061.00	69,432.70
ノンバンク金融機関向け信用	1,044.08	1,190.22	1,275.52	1,245.05	1,697.77	1,973.55	3,432.92	5,051.99
要求払い預金	8,314.92	9,880.26	12,202.70	13,199.80	18,319.90	22,199.30	23,909.90	25,400.50
貯蓄性預金	14,105.10	16,158.70	17,261.60	21,780.10	26,023.70	30,309.30	35,279.80	41,136.30
定期性預金	3,310.00	5,276.71	6,411.73	8,233.99	11,343.10	14,323.20	16,661.60	19,594.00
外貨預金	1,235.86	1,174.32	1,047.79	1,121.09	1,178.95	1,356.61	1,680.91	2,445.41
債券	2,037.88	2,587.26	3,356.46	4,233.53	5,192.45	5,910.52	7,540.97	9,231.83
制限付き預金	1,536.78	48.79	366.69	390.32	240.68	297.32	472.21	566.66
対外負債	507.36	531.72	603.92	514.34	601.88	717.94	776.59	990.03
通貨当局からの信用	784.48	620.20	715.96	461.00	558.45	562.90	676.39	1,390.31
ノンバンク金融機関に対する負債	1,012.70	1,875.98	3,705.42	3,202.98	4,216.16	4,425.52	5,221.09	6,299.92
資本勘定	1,403.24	1,310.12	1,842.48	2,175.11	2,313.08	2,650.68	2,864.20	3,072.53
その他（ネット）	-4,451.87	-4,899.85	-5,730.51	-6,865.49	-8,892.94	-8,734.41	-6,898.38	-7,437.34
注記項目：総資産	35,528.20	44,130.30	54,120.30	64,150.20	80,981.80	96,160.90	113,787.00	133,686.00
バンキング・サーベイ	10億元（期末）							
対外資産（ネット）	7,566.93	10,083.70	13,772.40	17,894.60	19,561.20	22,533.20	25,096.80	25,817.50
国内信用	24,836.70	28,873.80	33,965.90	37,937.90	49,458.00	58,732.40	68,797.20	80,559.40
一般政府向け信用（ネット）	1,519.73	1,535.03	2,820.78	2,943.46	3,248.84	3,460.43	4,236.39	5,068.37
その他部門向け信用	20,950.30	23,953.50	28,572.40	32,564.10	43,358.40	52,165.80	60,063.40	69,435.10
ノンバンク金融機関向け信用	2,366.69	3,385.20	2,572.75	2,430.32	2,850.79	3,106.13	4,497.32	6,055.85
現金・預金通貨	10,690.30	12,603.50	15,256.00	16,621.70	22,144.60	26,662.20	28,984.80	30,866.40
準通貨	17,610.90	21,956.80	25,088.20	30,894.90	38,877.90	45,923.00	56,174.30	66,548.50
外貨預金	1,235.86	1,174.32	1,047.79	1,121.09	1,178.95	1,356.61	1,680.91	2,445.41
債券	2,388.23	2,386.38	2,940.04	4,543.22	3,935.64	5,932.83	7,642.24	9,348.93
制限付き預金	1,536.78	48.79	366.69	449.44	303.16	363.04	563.05	701.55
資本勘定	1,425.21	1,332.10	1,864.45	2,197.08	2,335.06	2,672.65	2,886.18	3,094.51
その他（ネット）	-2,483.67	-544.49	1,175.09	4.95	243.92	-1,644.70	-4,037.45	-6,628.38
現金・預金通貨（季節調整値）	10,403.90	12,279.80	14,878.90	16,224.20	21,605.00	25,989.90	28,206.30	30,004.10
現金・預金通貨＋準通貨	28,301.20	34,560.40	40,344.20	47,516.70	61,022.50	72,585.20	85,159.10	97,414.90
貨幣集計量（国内定義）	10億元（期末）							
M0	2,403.17	2,707.26	3,033.43	3,421.90	3,824.60	4,462.82	5,074.85	5,465.98
M1	10,727.90	12,602.80	15,251.90	16,621.70	22,000.20	26,662.20	28,984.80	30,866.40
M2	29,875.60	34,557.80	40,340.10	47,516.70	60,622.50	72,585.20	85,159.10	97,414.90
金利	年率（%）							
中央銀行政策金利	・・・	・・・	・・・	・・・	・・・	・・・	・・・	・・・
ディスカウント・レート	3.33	3.33	3.33	2.79	2.79	3.25	3.25	3.25
財務省短期証券金利		2.00	3.29	0.95	1.23	3.07	2.75	2.78
預金金利	2.25	2.52	4.14	2.25	2.25	2.75	3.50	3.00
貸出金利	5.58	6.12	7.47	5.31	5.31	5.81	6.56	6.00
物価	指数（期中平均），年率（%）							
消費者物価指数（2015年=100）	75.40	76.50	80.15	84.83	84.24	87.04	91.75	94.18
生産者物価上昇率（対前年同期）	3.20	3.10	3.10	6.90	-5.40	5.50	6.00	-1.72
消費者物価上昇率（対前年同期）	1.81	1.47	4.77	5.84	-0.70	3.33	5.41	2.64
GDPデフレーター（2010年=100）	77.93	81.23	87.13	93.65	93.46	100.00	107.42	108.28

中　　　国

2013	2014	2015	2016
9.40	8.87	9.00	9.34
6.10	6.12	6.49	6.95
6.20	6.14	6.23	6.64
110.68	114.10	124.96	116.85
115.30	118.99	131.63	124.26
9,525.90	9,525.90	9,525.90	30,482.90
7,255.35	7,215.95	7,421.57	7,186.74
4,584.11	3,931.18	3,281.64	7,138.82
4,070.17	3,733.86	3,019.97	2,417.16
		.	.
6,989.67	6,989.67	6,989.67	6,989.67
3,839,550.00	3,859,170.00	3,345,190.00	3,029,780.00
11,173.20	10,454.50	10,284.30	9,661.35
7,059.53	5,695.53	4,547.46	9,596.93
3,821,310.00	3,843,020.00	3,330,360.00	3,010,520.00
33.89	33.89	56.66	59.24
9,815.00	9,815.00	60,191.00	67,878.00
119,521.00	118,838.00	45,652.70	112,651.00
34,220.50	29,969.40	27,840.70	45,973.60
472,176.00	599,591.00	640,753.00	719,727.00
294,524.00	409,995.00	199,929.00	182,347.00
27,223.40	27,862.30	25,383.10	22,979.60
1,531.27	1,531.27	1,531.27	1,527.41
2.50	1.16	7.17	8.10
1,314.79	2,498.53	2,662.64	8,473.90
.			.
890.74	784.88	665.66	632.44
27,102.30	29,409.30	27,637.70	30,898.00
5,857.45	6,025.96	6,321.66	6,830.39
776.20	652.20	657.20	50.00
133.03	155.84	282.64	648.50
274.51	245.35	243.60	384.81
2,861.06	3,127.53	2,717.90	2,506.27
21.98	21.98	21.98	21.98
-206.43	-934.06	-1,311.26	-888.09
31,727.90	33,824.90	31,783.70	34,371.20
21,177.60	23,348.90	21,933.00	24,644.70
2,881.41	3,668.90	4,159.45	5,001.96
6,234.15	7,100.96	11,016.30	17,214.00
79,643.90	90,250.10	105,109.00	116,601.00
7,259.23	11,155.30	17,657.90	26,529.90
27,871.70	28,779.70	33,773.70	41,825.30
46,703.10	50,887.80	55,207.30	60,350.40
23,269.70	26,405.60	28,824.10	30,799.00
2,594.03	3,113.58	3,643.99	4,487.45
10,367.20	12,311.90	16,000.40	20,111.10
839.42	1,033.60	3,525.19	4,605.70
1,797.30	2,508.76	1,297.84	1,267.27
1,166.32	2,661.67	3,363.81	8,787.97
7,480.47	11,240.10	15,591.50	15,727.50
3,254.58	3,641.04	4,299.47	4,694.68
-8,147.55	-7,059.55	-5,651.71	-2,664.66
152,475.00	172,203.00	199,156.00	230,376.00
28,032.90	28,777.10	28,001.10	26,329.40
92,700.70	107,696.00	133,269.00	160,007.00
4,904.36	5,504.70	9,829.70	16,235.20
79,646.40	90,251.30	105,116.00	116,609.00
8,149.96	11,940.20	18,323.60	27,162.30
33,729.10	34,805.60	40,095.30	48,655.70
76,923.40	88,031.80	99,132.50	106,351.00
2,594.03	3,113.58	3,643.99	4,487.45
10,113.30	12,307.70	16,034.60	20,108.60
972.45	1,189.43	3,807.83	5,254.20
3,276.56	3,663.02	4,321.44	4,716.66
-6,875.15	-6,637.98	-5,765.36	-3,237.37
32,757.80	33,803.40	38,936.70	47,244.30
110,653.00	122,837.00	139,228.00	155,007.00
5,857.44	6,025.95	6,321.66	6,830.39
33,729.10	34,805.60	40,095.30	48,655.70
110,652.00	122,837.00	139,228.00	155,007.00
. . .	. . .	. . .	2.25
3.25	3.25	2.90	2.90
4.61	3.33	2.25	2.85
3.00	2.75	1.50	1.50
6.00	5.60	4.35	4.35
96.65	98.58	100.00	102.00
-1.91	-1.89	-5.21	-1.28
2.63	2.00	1.44	2.00
110.49	103.49	103.62	104.82

統　計

日本（1948-2000年）

	1948	1949	1950	1951	1952	1953	1954	1955
為替レート	対SDRレート							
市場レート（期末）	・・・	360.00	361.10	361.10	361.10	360.80	360.80	360.80
	対ドル・レート							
市場レート（期末）		360.00	361.10	361.10	361.10	360.80	360.80	360.80
市場レート（期中平均）	201.61	314.47	361.10	361.10	361.10	360.00	360.00	360.00
	指数（2010年=100，期中平均）							
市場レート	43.45	27.86	24.26	24.26	24.26	24.28	24.28	24.28
名目実効為替レート	・・・	・・・	・・・	・・・	・・・	・・・	・・・	・・・
実質実効為替レート（CPIベース）	・・・	・・・	・・・	・・・	・・・	・・・	・・・	・・・
実質実効為替レート（ユニット・レイバー・コスト・ベース）	・・・	・・・	・・・	・・・	・・・	・・・	・・・	・・・
IMFポジション	100万SDR（期末）							
クォータ	-	-	-	-	-	250.00	250.00	250.00
SDR	-	-	-	-	-	-	-	-
IMFリザーブポジション	-	-	-	-	-	0.06	0.06	62.50
内：IMF借入残高	-	-	-	-	-	-	-	-
IMFクレジット及び融資総残高	-	-	-	-	-	-	-	-
SDR配分額	-	-	-	-	-	-	-	-
国際流動性	100万米ドル（他に断りのない限り，期末）							
総準備（金を除く）	81.00	222.00	598.00	1,034.00	1,085.00	874.06	909.06	1,053.50
SDR	-	-	-	-	-	-	-	-
IMFリザーブポジション	-	-	-	-	-	0.06	0.06	62.50
外国為替	81.00	222.00	598.00	1,034.00	1,085.00	874.00	909.00	991.00
金（100万ファイントロイオンス）	0.09	0.11	0.20	0.30	0.46	0.52	0.60	0.64
金（国内評価額）	3.01	3.99	7.07	10.36	15.96	18.31	20.97	22.51
預金通貨銀行：資産	・・・	・・・	・・・	・・・	・・・	・・・	・・・	・・・
預金通貨銀行：負債	・・・	・・・	・・・	・・・	・・・	・・・	・・・	・・・
通貨当局	1兆円（期末）							
対外資産（ネット）	・・・	・・・	・・・	・・・	・・・	0.32	0.36	0.50
中央政府向け信用	・・・	・・・	・・・	・・・	・・・	0.32	0.38	0.45
非金融公的企業向け信用	・・・	・・・	・・・	・・・	・・・	・・・	・・・	・・・
預金通貨銀行向け信用	・・・	・・・	・・・	・・・	・・・	0.47	0.33	0.14
準備貨幣	・・・	・・・	・・・	・・・	・・・	0.65	0.64	0.70
内：預金通貨銀行以外の現金通貨	・・・	・・・	・・・	・・・	・・・	0.59	0.59	0.63
中央政府預金	・・・	・・・	・・・	・・・	・・・	0.06	0.07	0.06
その他（ネット）	・・・	・・・	・・・	・・・	・・・	0.39	0.36	0.33
預金通貨銀行	1兆円（期末）							
準備	・・・	・・・	・・・	・・・	・・・	0.04	0.03	0.05
対外資産	・・・	・・・	・・・	・・・	・・・	0.04	0.04	0.05
中央政府向け信用	・・・	・・・	・・・	・・・	・・・	0.06	0.07	0.11
地方自治体向け信用	・・・	・・・	・・・	・・・	・・・	・・・	・・・	・・・
非金融公的企業向け信用	・・・	・・・	・・・	・・・	・・・	・・・	・・・	・・・
民間部門向け信用	・・・	・・・	・・・	・・・	・・・	2.88	3.09	3.42
要求払い預金	・・・	・・・	・・・	・・・	・・・	1.05	1.12	1.63
定期性預金	・・・	・・・	・・・	・・・	・・・	1.07	1.33	2.05
譲渡性預金	・・・	・・・	・・・	・・・	・・・	・・・	・・・	・・・
債券	・・・	・・・	・・・	・・・	・・・	-	-	-
対外負債	・・・	・・・	・・・	・・・	・・・	-	0.03	0.06
通貨当局からの信用	・・・	・・・	・・・	・・・	・・・	0.47	0.33	0.14
その他（ネット）	・・・	・・・	・・・	・・・	・・・	0.44	0.43	0.51
マネタリー・サーベイ	1兆円（期末）							
対外資産（ネット）	・・・	・・・	・・・	・・・	・・・	0.32	0.32	0.47
国内信用	・・・	・・・	・・・	・・・	・・・	3.83	4.52	5.27
中央政府向け信用（ネット）	・・・	・・・	・・・	・・・	・・・	0.07	0.35	0.59
公的機関向け信用	・・・	・・・	・・・	・・・	・・・	・・・	・・・	・・・
非金融公的企業向け信用	・・・	・・・	・・・	・・・	・・・	・・・	・・・	・・・
民間部門向け信用	・・・	・・・	・・・	・・・	・・・	3.76	4.16	4.68
現金・預金通貨	・・・	・・・	・・・	・・・	・・・	1.94	2.01	2.33
準通貨	・・・	・・・	・・・	・・・	・・・	2.02	2.54	2.05
譲渡性預金	・・・	・・・	・・・	・・・	・・・	・・・	・・・	・・・
債券	・・・	・・・	・・・	・・・	・・・	-	-	-
その他（ネット）	・・・	・・・	・・・	・・・	・・・	0.20	0.28	0.34
現金・預金通貨（季節調整値）	・・・	・・・	・・・	・・・	・・・	1.72	1.78	2.06
現金・預金通貨＋準通貨	・・・	・・・	・・・	・・・	・・・	3.95	4.56	4.38
貨幣集計量（国内定義）	1兆円（期末）							
M1	・・・	・・・	・・・	・・・	・・・	・・・	・・・	2.26
M1（季節調整値）	・・・	・・・	・・・	・・・	・・・	・・・	・・・	2.03
M2（期中平均）	・・・	・・・	・・・	・・・	・・・	・・・	・・・	・・・
M2（季節調整値，期中平均）	・・・	・・・	・・・	・・・	・・・	・・・	・・・	3.80
M3	・・・	・・・	・・・	・・・	・・・	・・・	・・・	・・・
M3（季節調整値）	・・・	・・・	・・・	・・・	・・・	・・・	・・・	・・・
広義流動性（期中平均）	・・・	・・・	・・・	・・・	・・・	・・・	・・・	・・・
広義流動性（季節調整値，期中平均）	・・・	・・・	・・・	・・・	・・・	・・・	・・・	・・・
その他銀行業機関	1兆円（期末）							
現金	・・・	・・・	・・・	・・・	・・・	・・・	・・・	・・・
中央政府向け信用	・・・	・・・	・・・	・・・	・・・	・・・	・・・	・・・
地方自治体向け信用	・・・	・・・	・・・	・・・	・・・	・・・	・・・	・・・
非金融公的企業向け信用	・・・	・・・	・・・	・・・	・・・	・・・	・・・	・・・
民間部門向け信用	・・・	・・・	・・・	・・・	・・・	・・・	・・・	・・・
要求払い預金及び定期性預金	・・・	・・・	・・・	・・・	・・・	・・・	・・・	・・・
信託基金	・・・	・・・	・・・	・・・	・・・	・・・	・・・	・・・
保険契約準備金	・・・	・・・	・・・	・・・	・・・	・・・	・・・	・・・
その他（ネット）	・・・	・・・	・・・	・・・	・・・	・・・	・・・	・・・

日　本

1956	1957	1958	1959	1960	1961	1962	1963	1964	1965	1966
360.80	359.66	359.70	359.20	358.22	361.77	358.20	361.95	358.30	360.90	362.47
360.80	359.66	359.70	359.20	358.22	361.77	358.20	361.95	358.30	360.90	362.47
360.00	360.00	360.00	360.00	360.00	360.00	360.00	360.00	360.00	360.00	360.00
24.35	24.35	24.35	24.34	24.34	24.26	24.28	24.24	24.20	24.23	24.18
...	...	...	...	...	...	...	...	...	...	...
...	...	...	...	...	...	...	...	...	...	...
250.00	250.00	250.00	500.00	500.00	500.00	500.00	500.00	500.00	500.00	725.00
-										
62.50		62.50	125.00	125.00	180.00	180.01	180.01	220.08	255.29	321.10
								20.00	45.00	45.00
-	62.50	-								
1,247.50	805.00	1,008.50	1,202.00	1,702.00	1,379.00	1,732.01	1,769.01	1,715.08	1,824.29	1,790.10
62.50	-	62.50	125.00	125.00	180.00	180.01	180.01	220.08	255.29	321.10
1,185.00	805.00	946.00	1,077.00	1,577.00	1,199.00	1,552.00	1,589.00	1,495.00	1,569.00	1,469.00
0.66	0.67	1.54	6.98	7.06	8.20	8.25	8.27	8.70	9.38	9.42
22.96	23.42	53.83	244.27	247.14	286.90	288.75	289.35	304.50	328.20	329.63
...	...	...	...	850.00	1,076.00	1,366.00	1,580.00	2,177.00	2,549.00	2,661.00
...	...	...	...	1,194.00	1,916.00	2,165.00	2,700.00	3,362.00	3,452.00	3,179.00
0.56	0.34	0.45	0.66	0.66	0.54	0.66	0.68	0.73	0.78	0.76
0.45	0.36	0.42	0.46	0.44	0.32	0.44	0.54	0.62	0.91	0.74
...	...	...	...	...	...	...	...	0.15	0.06	0.38
0.18	0.59	0.39	0.33	0.45	1.25	1.21	1.38	1.17	1.27	1.65
0.82	0.87	0.93	1.12	1.33	1.72	1.87	2.25	2.55	2.79	3.16
0.73	0.76	0.80	0.93	1.11	1.33	1.51	1.73	1.99	2.26	2.59
0.07	0.05	0.05	0.05	0.26	0.30	0.36	0.28	0.20	0.27	0.17
0.31	0.37	0.28	0.28	-0.04	0.09	0.09	0.06	-0.08	-0.04	0.21
0.07	0.09	0.10	0.16	0.22	0.39	0.36	0.52	0.56	0.52	0.57
0.05	0.07	0.08	0.11	0.31	0.39	0.49	0.57	0.78	0.92	0.96
0.12	0.15	0.17	0.21	0.29	0.34	0.30	0.04	0.04	0.03	0.63
...	...	...	...	...	...	...	...	0.47	0.59	0.69
...	...	...	...	...	...	...	...	0.45	0.74	0.73
4.38	5.36	6.18	7.37	11.03	13.60	16.25	20.44	23.18	26.79	31.23
1.80	1.88	2.16	2.56	3.14	3.83	4.58	5.97	6.72	8.02	9.13
2.73	3.39	4.21	5.12	6.18	7.37	8.97	10.97	12.82	15.11	17.81
...							0.98	1.17	1.39	1.69
0.10	0.07	0.08	0.18	0.43	0.69	0.78	0.97	1.21	1.24	1.14
0.18	0.59	0.39	0.33	0.45	1.25	1.21	1.38	1.17	1.27	1.65
0.74	0.89	1.09	1.44	1.74	1.83	2.23	1.64	2.39	2.55	3.37
0.48	0.25	0.42	0.51	0.53	0.23	0.38	0.27	0.30	0.45	0.57
6.53	7.88	9.30	7.99	11.50	13.96	16.63	21.07	24.57	28.77	33.84
0.61	0.63	0.80	0.62	0.47	0.36	0.38	0.30	0.46	0.66	1.20
...	...	...	...	...	...	...	...	0.47	0.59	0.69
...	...	...	...	...	...	...	...	0.45	0.74	0.73
5.92	7.25	8.50	7.37	11.03	13.60	16.25	20.44	23.18	26.79	31.23
2.71	2.82	3.19	3.52	4.24	5.16	6.09	7.70	8.70	10.29	11.72
2.73	3.39	4.21	5.12	6.18	7.37	8.97	10.97	12.82	15.11	17.81
...							0.98	1.17	1.39	1.69
0.46	0.54	0.67	1.70	1.70	1.91	2.31	1.70	2.17	2.44	3.20
2.40	2.50	2.83	3.30	3.95	4.72	5.55	7.01	7.95	9.43	10.79
5.44	6.22	7.40	8.63	10.42	12.52	15.06	18.67	21.52	25.39	29.52
2.53	2.64	2.96	3.49	4.24	5.16	6.09	7.70	8.70	10.29	11.72
2.28	2.38	2.67	3.16	3.83	4.59	5.54	7.03	7.95	9.43	10.71
...	...	...	...	...	...	...	...	...	...	...
4.55	5.44	6.31	7.57	9.13	11.14	13.18	16.33	19.40	22.61	26.57
...	...	...	...	...	...	...	...	...	...	...
...	...	...	...	...	...	...	...	...	...	...
...	...	...	...	...	...	...	...	...	...	...
...	...	...	...	...	...	...	...	...	...	...
...	...	...	...	...	...	...	...	...	...	...
...	...	...	...	...	...	...	...	...	...	...
...	...	...	...	...	...	...	...	...	...	...
...	...	...	...	...	...	...	...	...	...	...
...	...	...	...	...	...	...	...	...	...	...
...	...	...	...	...	...	...	...	...	...	...
...	...	...	...	...	...	...	...	...	...	...

統　　　計

日本（1948-2000年）

	1967	1968	1969	1970	1971	1972	1973	1974
為替レート	対SDRレート							
市場レート（期末）	361.91	357.70	357.80	357.65	341.78	327.88	337.78	368.47
	対ドル・レート							
市場レート（期末）	361.91	357.70	357.80	357.65	314.80	302.00	280.00	300.95
市場レート（期中平均）	360.00	360.00	360.00	360.00	350.68	303.17	271.70	292.08
	指数（2010年=100, 期中平均）							
市場レート	24.19	24.30	24.45	24.47	67.87	28.90	32.29	30.02
名目実効為替レート	14.42	14.90	15.12	15.15	15.48	17.29	18.21	17.02
実質実効為替レート（CPIベース）	・・・	・・・	・・・	・・・	・・・	・・・	・・・	・・・
実質実効為替レート（ユニット・レイバー・コスト・ベース）	・・・	・・・	・・・	・・・	・・・	・・・	・・・	・・・
IMFポジション	100万SDR（期末）							
クォータ	725.00	725.00	725.00	1,200.00	1,200.00	1,200.00	1,200.00	1,200.00
SDR	-	-	-	146.29	282.81	424.46	425.14	431.81
IMFリザーブポジション	238.63	289.04	626.69	973.24	489.86	570.84	529.44	603.26
内：IMF借入残高	25.00	15.00	158.00	440.00	-	-	-	-
IMFクレジット及び融資総残高	-	-	-	-	-	-	-	-
SDR配分額	-	-	-	121.80	250.20	377.40	377.40	377.40
国際流動性	100万米ドル（他に断りのない限り，期末）							
総準備（金を除く）	1,691.63	2,550.04	3,240.69	4,307.53	14,621.90	17,563.60	11,354.60	12,614.30
SDR				146.29	307.05	460.84	512.87	528.69
IMFリザーブポジション	238.63	289.04	626.69	973.24	531.85	619.77	638.69	738.60
外国為替	1,453.00	2,261.00	2,614.00	3,188.00	13,783.00	16,483.00	10,203.00	11,347.00
金（100万ファイントロイオンス）	9.68	10.17	11.81	15.22	19.42	21.10	21.11	21.11
金（国内評価額）	338.87	356.02	413.18	532.53	680.00	801.61	891.23	904.60
預金通貨銀行：資産	3,105.00	3,829.00	5,224.00	6,599.00	6,020.00	8,864.00	17,110.00	20,610.00
預金通貨銀行：負債	4,133.00	4,618.00	4,530.00	5,539.00	7,491.00	8,356.00	13,620.00	24,950.00
通貨当局	1兆円（期末）							
対外資産（ネット）	0.73	1.05	1.32	1.68	4.58	5.43	3.55	3.97
中央政府向け信用	1.24	1.57	2.03	2.57	1.82	1.22	1.74	4.05
非金融公的企業向け信用	0.61	0.77	0.64	0.42	0.02	0.08	0.02	0.20
預金通貨銀行向け信用	1.48	1.60	1.92	2.25	0.62	2.79	6.24	5.80
準備貨幣	3.74	4.44	5.31	6.20	7.10	9.15	12.29	14.28
内：預金通貨銀行以外の現金通貨	3.11	3.60	4.32	5.10	5.96	7.71	9.11	10.73
中央政府預金	0.16	0.16	0.14	0.23	0.31	0.68	1.27	0.93
その他（ネット）	0.17	0.38	0.45	0.08	-0.38	-0.40	-2.03	-1.38
預金通貨銀行	1兆円（期末）							
準備	0.62	0.85	1.00	1.10	1.14	1.45	3.18	3.55
対外資産	1.12	1.38	1.88	2.38	1.85	2.73	3.08	4.03
中央政府向け信用	0.67	0.76	0.82	0.63	1.11	2.61	1.99	1.50
地方自治体向け信用	0.76	0.95	1.11	1.31	1.65	2.16	2.78	3.99
非金融公的企業向け信用	0.82	1.01	1.10	1.38	1.86	1.99	2.33	2.59
民間部門向け信用	36.31	41.22	48.39	56.83	69.40	87.24	103.25	116.12
要求払い預金	10.26	11.56	13.96	16.26	21.74	26.82	31.20	34.22
定期性預金	20.73	24.00	28.12	32.88	39.71	49.51	57.88	64.54
譲渡性預金	-	-	-	-	-	-	-	-
債券	2.25	2.72	3.29	3.93	4.45	6.12	7.22	8.45
対外負債	1.49	1.66	1.63	1.99	2.31	2.57	4.15	7.60
通貨当局からの信用	1.48	1.60	1.92	2.25	0.62	2.79	6.24	5.80
その他（ネット）	4.09	4.62	5.37	6.31	8.19	10.37	9.92	11.18
マネタリー・サーベイ	1兆円（期末）							
対外資産（ネット）	0.36	0.76	1.56	2.06	4.13	5.59	2.49	0.40
国内信用	39.64	45.34	53.30	62.50	75.53	94.54	110.82	127.33
中央政府向け信用（ネット）	1.75	2.17	2.70	2.98	2.62	3.15	2.46	4.62
公的機関向け信用	0.76	0.95	1.11	1.31	1.65	2.16	2.78	3.99
非金融公的企業向け信用	0.82	1.01	1.10	1.38	1.86	1.99	2.33	2.59
民間部門向け信用	36.31	41.22	48.39	56.83	69.40	87.24	103.25	116.12
現金・預金通貨	13.37	15.16	18.28	21.36	27.69	34.53	40.31	44.95
準通貨	20.73	24.00	28.12	32.88	39.71	49.51	57.88	64.54
譲渡性預金	-	-	-	-	-	-	-	-
債券	2.25	2.72	3.29	3.93	4.45	6.12	7.22	8.45
その他（ネット）	3.64	4.23	5.17	6.39	7.82	9.98	7.89	9.79
現金・預金通貨（季節調整値）	12.39	14.08	16.99	19.87	25.76	32.21	37.71	42.13
現金・預金通貨＋準通貨	34.10	39.15	46.40	54.24	67.40	84.04	98.19	109.49
貨幣集計量（国内定義）	1兆円（期末）							
M1	13.37	15.16	18.28	21.36	27.69	34.53	40.31	44.95
M1（季節調整値）	12.07	14.07	16.98	19.91	25.91	31.66	37.87	42.38
M2（期中平均）	29.80	34.45	40.39	47.77	57.51	72.81	89.34	99.98
M2（季節調整値，期中平均）	29.79	34.44	40.38	47.76	57.53	72.81	89.34	99.99
M3	・・・	・・・	・・・	・・・	93.01	116.25	138.14	157.03
M3（季節調整値）	・・・	・・・	・・・	・・・	・・・	・・・	・・・	・・・
広義流動性（期中平均）	・・・	・・・	・・・	・・・	・・・	・・・	・・・	・・・
広義流動性（季節調整値，期中平均）	・・・	・・・	・・・	・・・	・・・	・・・	・・・	・・・
その他銀行業機関	1兆円（期末）							
現金	・・・	・・・	・・・	3.73	4.32	5.43	5.35	6.93
中央政府向け信用	・・・	・・・	・・・	2.42	3.46	5.59	5.72	5.68
地方自治体向け信用	・・・	・・・	・・・	3.93	4.61	5.59	7.31	9.23
非金融公的企業向け信用	・・・	・・・	・・・	3.66	4.63	5.78	7.81	10.14
民間部門向け信用	・・・	・・・	・・・	20.27	24.31	28.82	36.72	43.52
要求払い預金及び定期性預金	・・・	・・・	・・・	23.42	29.04	36.47	45.16	54.01
信託基金	・・・	・・・	・・・	5.39	6.59	8.42	9.99	11.65
保険契約準備金	・・・	・・・	・・・	2.41	2.88	3.50	4.29	5.22
その他（ネット）	・・・	・・・	・・・	2.80	2.81	2.83	3.47	4.62

日　　本

1975	1976	1977	1978	1979	1980	1981	1982	1983	1984	1985
357.23	340.18	291.53	253.52	315.76	258.91	255.96	259.23	243.10	246.13	220.23
305.15	292.80	240.00	194.60	239.70	203.00	219.90	235.00	232.20	251.10	200.50
296.79	296.55	268.51	210.44	219.14	226.74	220.54	249.08	237.51	237.52	238.54
29.53	29.55	32.73	42.02	40.13	38.79	39.82	35.29	36.90	36.93	37.00
16.73	17.48	19.38	23.88	22.47	22.03	25.04	23.98	27.07	29.32	31.20
. . .	. . .	. . .	. . .	. . .	72.64	77.63	70.39	76.18	79.55	81.55
1,200.00	1,200.00	1,200.00	1,659.00	1,659.00	2,488.50	2,488.50	2,488.50	4,223.30	4,223.30	4,223.30
443.88	460.24	494.15	1,053.47	1,281.28	1,362.71	1,661.67	1,895.43	1,848.24	1,966.04	1,926.16
686.43	1,143.48	1,329.30	1,641.70	1,120.94	1,043.93	1,338.79	1,877.51	2,199.30	2,263.82	2,071.08
-	-	338.96	369.18	236.44	380.94	640.52	825.19	839.39	793.31	662.83
377.40	377.40	377.40	377.40	549.94	722.47	891.69	891.69	891.69	891.69	891.69
11,950.20	15,746.30	22,341.00	32,407.20	19,521.50	24,636.50	28,208.40	23,334.00	24,601.60	26,429.20	26,718.70
519.63	534.72	600.25	1,372.45	1,687.87	1,738.01	1,934.12	2,090.87	1,935.01	1,927.13	2,115.73
803.58	1,328.53	1,614.71	2,138.79	1,476.65	1,331.44	1,558.30	2,071.10	2,302.56	2,219.02	2,274.92
10,627.00	13,883.00	20,126.00	28,896.00	16,357.00	21,567.00	24,716.00	19,172.00	20,364.00	22,283.00	22,328.00
21.11	21.11	21.62	23.97	24.23	24.23	24.23	24.23	24.23	24.23	24.23
864.93	858.41	919.31	1,093.03	1,117.07	1,081.52	987.01	935.41	887.79	831.20	931.44
20,360.00	21,647.00	21,694.00	33,691.00	45,435.00	65,666.00	84,607.00	90,949.00	109,063.00	126,921.00	194,620.00
26,690.00	29,037.00	28,581.00	39,013.00	50,485.00	80,209.00	100,391.00	100,018.00	106,645.00	127,046.00	179,306.00
3.73	4.82	6.69	6.96	3.45	5.27	5.32	4.76	5.17	5.47	5.87
7.49	7.29	6.90	8.73	9.09	10.25	13.35	14.72	14.57	14.50	12.83
0.31	0.18	0.11	0.05	0.04	0.04	0.03	0.02			
4.03	4.38	5.15	5.42	5.46	5.25	2.24	3.43	5.97	5.35	9.01
14.86	16.13	17.48	20.08	21.58	22.96	23.57	25.03	26.39	28.63	29.71
11.58	12.86	14.12	16.26	17.05	17.48	18.58	19.78	20.58	22.11	23.41
0.66	0.76	1.01	1.42	1.88	0.95	1.49	1.37	3.48	1.33	2.52
-0.27	-0.40	0.24	-0.40	-5.46	-3.14	-4.15	-3.50	-4.16	-4.63	-4.52
3.28	3.28	3.36	3.82	4.53	5.48	4.99	5.26	5.81	6.51	6.30
3.99	4.40	4.45	5.00	6.17	10.93	12.83	14.24	17.09	17.92	25.33
3.84	8.53	12.50	18.49	20.08	20.24	21.27	22.05	25.08	26.12	27.91
4.79	5.27	6.59	8.20	9.65	10.33	11.22	10.89	10.56	10.45	10.51
2.99	3.70	4.26	4.94	6.12	7.08	8.71	9.55	10.46	11.24	11.71
130.04	145.04	157.78	173.74	187.49	203.02	221.84	241.72	262.70	287.37	318.50
38.37	43.32	46.66	52.67	53.97	52.10	57.93	61.12	60.23	64.26	65.57
75.38	86.07	97.25	109.79	122.70	137.42	152.70	165.68	182.78	195.43	217.82
-	-	-	-	1.29	2.00	2.84	3.88	5.11	7.91	8.14
10.89	13.51	15.26	17.28	18.69	20.19	22.03	24.40	27.72	31.26	33.69
8.14	8.74	8.27	8.60	10.34	18.87	21.13	23.32	25.43	30.05	40.89
4.03	4.38	5.15	5.42	5.46	5.25	2.24	3.43	5.97	5.35	9.01
12.12	14.20	16.35	20.42	21.58	21.26	21.99	21.85	24.45	25.33	25.14
-0.42	0.48	2.86	3.36	-0.72	-2.67	-2.99	-4.32	-3.18	-6.67	-9.70
148.49	169.07	187.02	212.67	230.55	249.97	274.90	297.55	319.88	348.34	378.94
10.67	15.06	18.39	25.80	27.28	29.54	33.13	35.39	36.16	39.29	38.22
4.79	5.27	6.59	8.20	9.65	10.33	11.22	10.89	10.56	10.45	10.51
2.99	3.70	4.26	4.94	6.12	7.08	8.71	9.55	10.46	11.24	11.71
130.04	145.04	157.78	173.74	187.49	203.02	221.84	241.72	262.70	287.37	318.50
49.95	56.18	60.79	68.93	71.02	69.57	76.51	80.90	80.80	86.38	88.98
75.38	86.07	97.25	109.79	122.70	137.42	152.70	165.68	182.78	195.43	217.82
-	-	-	-	1.29	2.00	2.84	3.88	5.11	7.91	8.14
10.89	13.51	15.26	17.28	18.69	20.19	22.03	24.40	27.72	31.26	33.69
11.85	13.80	16.59	20.03	16.13	18.12	17.84	18.36	20.28	20.70	20.61
46.86	52.70	57.02	64.72	66.75	65.51	72.04	76.18	76.01	81.33	84.18
125.33	142.25	158.03	178.72	193.72	206.99	229.21	246.58	263.59	281.81	306.80
49.95	56.18	60.79	68.93	71.02	69.57	76.51	80.90	80.80	86.37	88.98
47.02	52.99	57.02	63.70	67.17	65.82	72.44	76.51	75.87	81.46	84.36
113.08	130.17	144.99	162.02	181.22	197.87	215.53	235.34	252.64	272.36	295.18
113.08	130.16	144.97	162.00	181.21	197.86	215.52	235.33	252.65	272.37	295.19
182.87	211.10	239.48	273.10	302.56	331.22	368.32	401.82	435.09	470.31	510.85
. . .	. . .	. . .	. . .	. . .	. . .	. . .	. . .	. . .	. . .	. . .
. . .	. . .	. . .	. . .	. . .	. . .	. . .	. . .	. . .	. . .	. . .
. . .	. . .	. . .	. . .	. . .	. . .	. . .	. . .	. . .	. . .	. . .
8.40	9.66	12.06	15.17	16.60	16.46	18.20	20.40	24.06	28.32	31.82
7.24	10.05	15.55	20.73	25.52	32.09	36.51	44.59	53.03	60.71	71.90
11.44	14.39	16.90	19.78	23.54	27.44	31.15	35.65	39.59	43.55	46.78
12.99	15.90	18.52	21.98	24.63	28.09	31.09	34.58	37.11	39.83	40.20
50.90	59.02	65.64	71.19	80.99	91.32	100.67	110.84	118.62	125.01	132.22
65.92	78.68	93.24	108.75	124.52	141.38	159.59	177.56	195.66	211.15	229.72
13.59	16.09	18.76	21.58	24.43	26.96	30.91	36.00	40.32	46.12	54.06
6.37	7.73	9.23	10.86	12.68	14.70	16.96	19.50	22.22	25.00	27.98
5.10	6.52	7.46	7.65	9.65	12.35	10.16	13.00	14.20	15.09	11.16

統　計

日本（1948-2000年）

	1986	1987	1988	1989	1990	1991	1992	1993
為替レート	対SDRレート							
市場レート（期末）	194.61	175.21	169.36	188.52	191.21	179.09	171.53	153.63
	対ドル・レート							
市場レート（期末）	159.10	123.50	125.85	143.45	134.40	125.20	124.75	111.85
市場レート（期中平均）	168.52	144.64	128.15	137.96	144.79	134.71	126.65	111.20
	指数（2010年=100，期中平均）							
市場レート	52.31	60.74	68.43	63.65	60.79	65.17	69.24	79.03
名目実効為替レート	41.30	45.65	51.48	50.56	48.90	54.49	59.00	73.54
実質実効為替レート（CPIベース）	104.54	110.11	116.36	106.54	95.20	101.86	104.76	122.75
実質実効為替レート（ユニット・レイバー・コスト・ベース）	・・・	・・・	・・・	・・・	・・・	・・・	・・・	・・・
IMFポジション	100万SDR（期末）							
クォータ	4,223.30	4,223.30	4,223.30	4,223.30	4,223.30	4,223.30	8,241.50	8,241.50
SDR	1,813.04	1,736.34	2,182.03	1,862.27	2,138.41	1,803.00	795.45	1,123.39
IMFリザーブポジション	1,947.29	2,010.77	2,435.78	2,677.02	4,197.32	5,398.22	6,284.31	6,014.52
内：IMF借入残高	487.17	294.47	154.12	134.48	1,865.72	3,000.00	2,985.00	2,985.00
IMFクレジット及び融資総残高								
SDR配分額	891.69	891.69	891.69	891.69	891.69	891.69	891.69	891.69
国際流動性	100万米ドル（他に断りのない限り，期末）							
総準備（金を除く）	42,256.60	80,972.90	96,728.20	83,957.40	78,500.60	72,058.80	71,622.70	98,524.30
SDR	2,217.69	2,463.28	2,936.36	2,447.32	3,042.23	2,579.07	1,093.74	1,543.04
IMFリザーブポジション	2,381.91	2,852.60	3,277.83	3,518.03	5,971.36	7,721.78	8,640.93	8,261.30
外国為替	37,657.00	75,657.00	90,514.00	77,992.00	69,487.00	61,758.00	61,888.00	88,720.00
金（100万ファイントロイオンス）	24.23	24.23	24.23	24.23	24.23	24.23	24.23	24.23
金（国内評価額）	1,037.24	1,202.99	1,141.13	1,114.38	1,206.39	1,212.98	1,165.97	1,164.75
預金通貨銀行：資産	345,327.00	576,828.00	733,688.00	842,055.00	950,578.00	942,431.00	879,191.00	918,559.00
預金通貨銀行：負債	345,987.00	592,027.00	772,423.00	879,721.00	958,478.00	845,674.00	708,623.00	688,436.00
通貨当局	1兆円（期末）							
対外資産（ネット）	6.70	11.82	11.78	8.86	7.63	4.11	3.40	6.73
中央政府向け信用	11.30	12.28	12.12	13.27	21.33	15.27	19.13	21.40
非金融公的企業向け信用	・	・	・	・	・	・	・・・	・・・
預金通貨銀行向け信用	10.62	10.82	11.68	15.68	12.89	20.76	20.01	14.13
準備貨幣	32.12	34.92	39.46	44.57	47.86	47.19	45.40	48.03
内：預金通貨銀行以外の現金通貨	26.20	28.58	31.52	36.68	37.25	37.97	38.10	40.85
中央政府預金	1.41	6.07	5.03	2.25	2.02	3.14	5.61	1.97
その他（ネット）	-4.90	-6.07	-8.92	-9.01	-8.03	-10.21	-8.47	-7.73
預金通貨銀行	1兆円（期末）							
準備	5.92	6.34	7.94	7.89	10.61	9.22	7.29	7.18
対外資産	36.02	48.35	63.79	81.62	96.68	86.51	77.99	102.29
中央政府向け信用	31.12	34.26	38.71	41.48	40.02	36.76	40.25	42.89
地方自治体向け信用	10.47	10.54	10.26	10.75	10.73	10.98	12.01	14.95
非金融公的企業向け信用	13.09	13.69	13.95	13.88	14.12	14.04	13.58	13.47
民間部門向け信用	348.73	387.70	430.13	480.17	524.38	552.11	564.98	558.67
要求払い預金	72.02	74.39	80.32	77.79	82.37	93.07	98.04	104.77
定期性預金	237.09	269.72	297.53	343.15	375.38	376.48	370.66	372.57
譲渡性預金	8.58	8.17	10.36	12.40	9.96	8.82	8.69	8.65
債券	37.82	39.94	44.14	47.43	55.30	61.86	65.89	64.39
対外負債	59.60	80.04	97.18	116.31	134.83	108.48	89.01	77.24
通貨当局からの信用	10.62	10.82	11.68	15.68	12.89	20.76	20.01	14.13
その他（ネット）	19.63	17.79	23.56	23.02	25.81	40.15	63.81	97.69
マネタリー・サーベイ	1兆円（期末）							
対外資産（ネット）	-16.88	-19.88	-21.61	-25.83	-30.52	-17.86	-7.62	31.78
国内信用	413.31	452.40	500.13	557.29	608.57	626.01	644.34	649.41
中央政府向け信用（ネット）	41.02	40.48	45.80	52.50	59.34	48.88	53.77	62.32
公的機関向け信用	10.47	10.54	10.26	10.75	10.73	10.98	12.01	14.95
非金融公的企業向け信用	13.09	13.69	13.95	13.88	14.12	14.04	13.58	13.47
民間部門向け信用	348.73	387.70	430.13	480.17	524.38	552.11	564.98	558.67
現金・預金通貨	98.21	102.97	111.84	114.47	119.63	131.04	136.14	145.61
準通貨	237.09	269.72	297.53	343.15	375.38	376.48	370.66	372.57
譲渡性預金	8.58	8.17	10.36	12.40	9.96	8.82	8.69	8.65
債券	37.82	39.94	44.14	47.43	55.30	61.86	65.89	64.39
その他（ネット）	14.72	11.72	14.65	14.01	17.78	29.94	55.34	89.96
現金・預金通貨（季節調整値）	93.36	98.16	106.72	109.02	113.39	123.28	127.35	135.83
現金・預金通貨＋準通貨	335.31	372.70	409.38	457.62	495.01	507.53	506.79	518.19
貨幣集計量（国内定義）	1兆円（期末）							
M1	98.21	102.97	111.84	114.47	119.63	131.04	136.14	145.62
M1（季節調整値）	93.42	98.84	106.70	107.17	113.60	124.07	128.05	136.57
M2（期中平均）	320.73	354.04	393.67	432.67	483.12	500.68	503.62	508.98
M2（季節調整値，期中平均）	320.74	354.05	393.67	432.65	483.09	500.66	503.63	509.02
M3	555.97	611.71	669.23	743.79	796.23	838.12	866.24	900.61
M3（季節調整値）	・・・	・・・	・・・	・・・	・・・	・・・	・・・	・・・
広義流動性（期中平均）	・・・	・・・	・・・	・・・	・・・	・・・	・・・	・・・
広義流動性（季節調整値，期中平均）	・・・	・・・	・・・	・・・	・・・	・・・	・・・	・・・
その他銀行業機関	1兆円（期末）							
現金	40.35	46.95	53.30	55.14	56.73	65.19	76.47	82.85
中央政府向け信用	83.82	90.68	94.40	97.70	93.59	103.51	111.09	117.65
地方自治体向け信用	49.80	53.19	57.44	60.41	62.97	66.01	69.31	74.34
非金融公的企業向け信用	42.25	29.35	29.79	31.52	33.43	36.62	39.17	43.44
民間部門向け信用	143.79	177.81	204.74	226.60	249.06	265.12	289.22	307.76
要求払い預金及び定期性預金	250.76	269.78	289.98	317.64	336.54	371.75	401.74	430.84
信託基金	67.21	84.22	98.50	116.38	124.10	129.05	138.86	147.58
保険契約準備金	31.29	35.31	39.93	44.78	49.94	55.56	62.81	71.34
その他（ネット）	10.75	8.68	11.26	-7.43	-14.79	-19.91	-18.16	-23.73

日　本

1994	1995	1996	1997	1998	1999	2000
145.61	152.86	166.80	175.34	162.77	140.27	149.70
99.74	102.83	116.00	129.95	115.60	102.20	114.90
102.21	94.06	108.78	120.99	130.91	113.91	107.77
85.84	93.71	80.59	72.51	67.23	76.88	81.31
84.09	89.75	78.26	74.43	76.20	86.11	94.00
130.47	132.58	111.37	104.79	104.77	115.93	122.80
・・・	137.22	113.32	110.70	112.02	126.05	131.47
8,241.50	8,241.50	8,241.50	8,241.50	8,241.50	13,312.80	13,312.80
1,426.99	1,821.07	1,837.31	1,955.05	1,891.04	1,935.45	1,870.15
5,912.26	5,448.95	4,639.25	6,777.41	6,813.09	4,773.53	4,032.09
2,913.45	1,137.28	-	-	508.35	-	-
891.69	891.69	891.69	891.69	891.69	891.69	891.69
125,860.00	183,250.00	216,648.00	219,648.00	215,471.00	286,916.00	354,902.00
2,083.20	2,707.00	2,641.98	2,637.86	2,662.63	2,656.43	2,436.64
8,631.01	8,099.81	6,671.06	9,144.42	9,593.04	6,551.71	5,253.45
115,146.00	172,443.00	207,335.00	207,866.00	203,215.00	277,708.00	347,212.00
24.23	24.23	24.23	24.23	24.23	24.23	24.55
1,237.92	1,260.48	1,219.33	1,144.11	1,193.95	1,163.83	1,119.00
1,007,600.00	1,217,870.00	1,123,530.00	・・・	・・・	・・・	・・・
723,697.00	738,324.00	695,848.00	・・・	・・・	・・・	・・・
7.25	11.54	17.49	16.86	14.47	21.56	33.01
21.98	25.08	31.30	32.87	37.93	50.06	44.42
・・・	・・・	・・・	・・・	・・・	・・・	・・・
12.92	11.62	9.91	13.80	15.28	14.60	8.11
49.44	53.32	57.84	62.09	64.34	89.62	73.27
42.35	46.23	49.08	52.73	54.31	59.40	61.95
5.03	5.85	7.64	3.79	7.65	8.08	14.29
-12.31	-10.93	-6.77	-2.35	-4.31	-11.48	-2.03
7.09	7.09	8.75	9.36	10.03	30.22	11.33
98.89	110.01	104.51	128.73	109.07	77.75	84.90
40.14	38.50	37.04	37.68	44.39	67.07	102.47
17.38	19.78	20.72	21.39	23.75	24.79	24.33
12.55	11.57	10.06	9.01	8.34	8.06	8.99
559.81	569.20	575.88	578.79	583.35	570.91	559.44
109.31	125.31	139.06	151.55	160.09	180.13	185.91
382.44	377.04	373.00	374.11	387.86	383.27	381.76
7.32	10.22	14.16	19.10	19.23	15.21	20.24
63.90	62.22	62.10	53.56	43.31	43.13	38.28
71.58	75.53	80.07	92.26	80.18	54.54	61.29
12.92	11.62	9.91	13.80	15.28	14.60	8.11
88.38	94.19	78.67	80.58	76.65	89.14	103.36
34.56	46.01	41.94	53.33	43.36	44.77	56.61
646.82	658.28	667.36	675.96	690.11	712.82	725.37
57.09	57.73	60.70	66.76	74.67	109.06	132.60
17.38	19.78	20.72	21.39	23.75	24.79	24.33
12.55	11.57	10.06	9.01	8.34	8.06	8.99
559.81	569.20	575.88	578.79	583.35	570.91	559.44
151.67	171.54	188.15	204.28	214.40	239.54	247.86
382.44	377.04	373.00	374.11	387.86	383.27	381.76
7.32	10.22	14.16	19.10	19.23	15.21	20.24
63.90	62.22	62.10	53.56	43.31	43.13	38.28
76.07	83.27	71.90	78.23	72.34	77.66	101.33
141.22	159.58	175.35	190.56	199.42	・・・	・・・
534.10	548.59	561.14	578.39	602.26	622.81	629.62
151.67	171.54	188.15	204.28	214.40	239.54	247.86
141.13	157.38	177.39	192.93	203.93	229.41	234.83
519.42	535.14	552.57	569.49	611.60	616.27	629.28
519.47	535.20	552.64	569.56	606.47	616.30	629.29
936.28	969.73	1,000.09	1,032.36	979.76	1,004.87	1,013.67
・・・	・・・	・・・	・・・	・・・	・・・	・・・
・・・	・・・	1,108.33	1,148.25	1,220.77	1,236.97	1,274.80
・・・	・・・	・・・	・・・	1,216.04	1,237.02	1,274.81
76.56	82.47	87.21	84.43	・・・	・・・	・・・
126.45	142.11	151.55	170.24	・・・	・・・	・・・
82.91	89.40	100.50	110.58	・・・	・・・	・・・
47.27	50.76	54.46	57.78	・・・	・・・	・・・
324.62	327.79	339.87	332.09	・・・	・・・	・・・
456.40	479.69	502.71	531.44	・・・	・・・	・・・
153.18	150.65	155.69	153.94	・・・	・・・	・・・
79.86	88.88	88.16	95.68	・・・	・・・	・・・
-31.64	-26.70	-12.97	-25.93	・・・	・・・	・・・

統　　計

日本（1948-2000年）

		1948	1949	1950	1951	1952	1953	1954	1955
ノンバンク金融機関	1兆円（期末）								
現金		・・・	・・・	・・・	・・・	・・・	・・・	・・・	・・・
中央政府向け信用		・・・	・・・	・・・	・・・	・・・	・・・	・・・	・・・
地方自治体向け信用		・・・	・・・	・・・	・・・	・・・	・・・	・・・	・・・
非金融公的企業向け信用		・・・	・・・	・・・	・・・	・・・	・・・	・・・	・・・
民間部門向け信用		0.01	0.02	・・・	・・・	・・・	・・・	・・・	・・・
保険契約準備金		・・・	・・・	・・・	・・・	・・・	・・・	・・・	・・・
その他（ネット）		・・・	・・・	・・・	・・・	・・・	・・・	・・・	・・・
フィナンシャル・サーベイ	1兆円（期末）								
対外資産（ネット）		・・・	・・・	・・・	・・・	・・・	・・・	・・・	・・・
国内信用									
中央政府向け信用（ネット）		・・・	・・・	・・・	・・・	・・・	・・・	・・・	・・・
公的機関向け信用		・・・	・・・	・・・	・・・	・・・	・・・	・・・	・・・
非金融公的企業向け信用		・・・	・・・	・・・	・・・	・・・	・・・	・・・	・・・
民間部門向け信用		・・・	・・・	・・・	・・・	・・・	・・・	・・・	・・・
流動負債		・・・	・・・	・・・	・・・	・・・	・・・	・・・	・・・
債券及び信託基金		・・・	・・・	・・・	・・・	・・・	・・・	・・・	・・・
財政投融資預金		・・・	・・・	・・・	・・・	・・・	・・・	・・・	・・・
保険契約準備金		・・・	・・・	・・・	・・・	・・・	・・・	・・・	・・・
その他（ネット）		・・・	・・・	・・・	・・・	・・・	・・・	・・・	・・・
金利	年率（%）								
ディスカウント・レート		4.56	5.11	5.11	5.84	5.84	5.84	5.84	7.30
短期金融市場商品金利		・・・	・・・	・・・	・・・	・・・	・・・	・・・	・・・
新規発行30日物譲渡性預金金利		・・・	・・・	・・・	・・・	・・・	・・・	・・・	・・・
財務省短期証券金利		・・・	・・・	・・・	・・・	・・・	・・・	・・・	5.52
預金金利		・・・	・・・	・・・	・・・	・・・	4.00	4.00	4.00
譲渡性預金金利		・・・	・・・	・・・	・・・	・・・	・・・	・・・	・・・
貸出金利		・・・	・・・	・・・	・・・	・・・	9.08	9.09	8.98
政府債利回り		・・・	・・・	・・・	・・・	・・・	・・・	・・・	・・・
物価	指数（2010年=100, 期中平均）								
卸売物価指数		・・・	・・・	・・・	・・・	・・・	・・・	・・・	・・・
消費者物価指数		・・・	・・・	・・・	・・・	・・・	・・・	・・・	・・・
輸出物価指数		・・・	・・・	127.28	182.39	148.69	140.95	135.66	136.22
輸入物価指数		・・・	・・・	57.47	72.65	65.08	58.73	56.41	56.72
GDPデフレーター		・・・	・・・	・・・	・・・	・・・	・・・	・・・	17.90

日本（1948-2000年）

		1967	1968	1969	1970	1971	1972	1973	1974
ノンバンク金融機関	1兆円（期末）								
現金		・・・	・・・	・・・	0.74	0.85	1.11	1.22	1.56
中央政府向け信用		・・・	・・・	・・・	0.02	0.03	0.05	0.05	0.03
地方自治体向け信用		・・・	・・・	・・・	0.06	0.06	0.07	0.08	0.13
非金融公的企業向け信用		・・・	・・・	・・・	0.52	0.54	0.60	0.64	0.72
民間部門向け信用		・・・	・・・	・・・	5.76	7.25	8.63	10.41	12.05
保険契約準備金		・・・	・・・	・・・	6.64	7.97	9.44	10.96	12.82
その他（ネット）		・・・	・・・	・・・	0.46	0.75	1.01	1.43	1.67
フィナンシャル・サーベイ	1兆円（期末）								
対外資産（ネット）		0.36	0.76	1.56	2.06	4.13	5.59	2.49	0.40
国内信用		55.97	65.03	77.28	99.14	120.41	149.67	179.55	208.83
中央政府向け信用（ネット）		1.87	2.45	2.95	5.42	6.11	8.79	8.23	10.33
公的機関向け信用		・・・	・・・	・・・	5.29	6.32	7.82	10.17	13.36
非金融公的企業向け信用		・・・	・・・	・・・	5.56	7.03	8.37	10.77	13.46
民間部門向け信用		54.10	62.58	74.33	82.87	100.95	124.69	150.37	171.69
流動負債		42.00	48.70	58.19	74.89	92.74	115.73	139.02	158.67
債券及び信託基金		6.44	7.46	8.92	9.32	11.04	6.12	7.22	8.45
財政投融資預金		・・・	・・・	・・・	・・・	・・・	8.42	9.99	11.65
保険契約準備金		・・・	・・・	・・・	9.05	10.85	12.93	15.25	18.04
その他（ネット）		7.88	9.63	11.74	7.94	9.91	12.06	10.55	12.44
金利	年率（%）								
ディスカウント・レート		5.84	5.84	6.25	6.00	4.75	4.25	9.00	9.00
短期金融市場商品金利		6.39	7.88	7.70	8.28	6.41	4.72	7.16	12.54
新規発行30日物譲渡性預金金利		・・・	・・・	・・・	・・・	・・・	・・・	・・・	・・・
財務省短期証券金利		5.71	5.71	5.93	5.80	5.17	4.15	5.80	6.83
預金金利		4.00	4.00	4.00	4.00	4.00	3.75	4.25	5.50
譲渡性預金金利		・・・	・・・	・・・	・・・	・・・	・・・	・・・	・・・
貸出金利		7.31	7.46	7.41	7.66	7.59	7.05	7.19	9.11
政府債利回り		6.91	7.03	7.09	7.19	7.28	6.70	7.26	9.26
物価	指数（2010年=100, 期中平均）								
卸売物価指数		53.03	53.54	54.51	56.35	55.88	56.81	65.75	83.81
消費者物価指数		27.36	28.83	30.34	32.66	34.74	36.42	40.65	50.08
輸出物価指数		125.30	125.40	128.91	134.58	132.66	128.39	141.47	189.38
輸入物価指数		48.07	48.25	49.28	50.93	50.89	48.72	59.11	99.03
GDPデフレーター		36.96	38.88	40.75	43.90	46.34	48.95	55.25	66.74

日　本

1956	1957	1958	1959	1960	1961	1962	1963	1964	1965	1966
・・・	・・・	・・・	・・・	・・・	・・・	・・・	・・・	・・・	・・・	・・・
・・・	・・・	・・・	・・・	・・・	・・・	・・・	・・・	・・・	・・・	・・・
・・・	・・・	・・・	・・・	・・・	・・・	・・・	・・・	・・・	・・・	・・・
・・・	・・・	・・・	・・・	・・・	・・・	・・・	・・・	・・・	・・・	・・・
・・・	・・・	・・・	・・・	・・・	・・・	・・・	・・・	・・・	・・・	・・・
・・・	・・・	・・・	・・・	・・・	・・・	・・・	・・・	・・・	・・・	・・・
・・・	・・・	・・・	・・・	・・・	・・・	・・・	・・・	・・・	・・・	・・・
・・・	・・・	・・・	0.51	0.53	0.23	0.38	0.27	0.30	0.45	0.57
・・・	・・・	・・・	・・・	・・・	・・・	・・・	・・・	・・・	・・・	・・・
・・・	・・・	・・・	・・・	・・・	・・・	・・・	・・・	・・・	・・・	・・・
・・・	・・・	・・・	・・・	・・・	・・・	・・・	・・・	・・・	・・・	・・・
・・・	・・・	・・・	・・・	・・・	・・・	・・・	・・・	・・・	・・・	・・・
・・・	・・・	・・・	・・・	・・・	・・・	・・・	・・・	・・・	・・・	・・・
・・・	・・・	・・・	・・・	・・・	・・・	・・・	・・・	・・・	・・・	・・・
7.30	8.40	7.30	7.30	6.94	7.30	6.57	5.84	6.57	5.48	5.48
・・・	11.77	9.69	8.35	8.40	8.29	8.84	7.54	10.02	6.97	5.84
5.34	5.71	6.08	6.08	6.08	6.08	6.08	5.71	5.71	5.71	5.71
4.00	4.30	4.30	4.30	4.30	4.00	4.00	4.00	4.00	4.00	4.00
・・・	・・・	・・・	・・・	・・・	・・・	・・・	・・・	・・・	・・・	・・・
8.44	8.41	8.51	8.12	8.17	8.00	8.21	7.79	7.90	7.80	7.48
・・・	・・・	・・・	・・・	・・・	・・・	・・・	・・・	・・・	・・・	6.86
・・・	・・・	・・・	・・・	49.33	49.94	49.08	49.88	49.93	50.48	51.67
・・・	17.91	17.83	18.02	18.67	19.68	21.01	22.62	23.49	25.04	26.31
142.08	137.57	125.20	130.32	130.93	125.51	121.74	124.45	126.19	125.42	125.10
56.72	56.95	50.24	48.61	48.05	48.18	46.77	48.14	48.83	47.61	48.63
18.75	20.08	19.99	20.93	22.47	24.31	25.34	26.76	28.24	33.11	34.81

1975	1976	1977	1978	1979	1980	1981	1982	1983	1984	1985
1.73	2.07	2.69	3.48	3.94	4.33	4.75	5.57	6.62	8.61	11.34
0.19	0.44	0.50	0.88	1.02	1.00	1.34	1.76	2.64	3.09	3.86
0.20	0.30	0.49	0.74	1.11	1.41	1.49	1.72	1.75	1.80	1.79
0.83	0.95	1.20	1.46	1.65	1.75	1.93	2.37	2.79	3.17	3.46
13.97	15.95	17.72	19.01	20.99	24.50	27.60	30.03	32.11	34.30	37.04
15.01	17.52	20.13	23.04	26.57	30.56	35.04	40.13	45.67	52.22	60.69
1.92	2.17	2.47	2.53	2.14	2.43	2.06	1.31	0.24	-1.24	-3.20
-0.42	0.48	2.86	3.36	-0.72	-2.67	-2.99	-4.32	-3.18	-6.67	-9.70
246.25	286.06	323.54	368.43	409.99	457.56	506.68	559.08	607.51	659.80	716.19
18.10	25.55	34.44	47.41	53.82	62.63	70.98	81.74	91.82	103.10	113.98
16.43	19.96	23.98	28.71	34.29	39.18	43.87	48.25	51.90	55.80	59.08
16.81	20.55	23.98	28.37	32.40	36.92	41.73	46.50	50.36	54.23	55.37
194.91	220.01	241.14	263.94	289.48	318.83	350.10	382.59	413.43	446.67	487.77
185.19	213.63	242.07	275.57	306.50	337.43	376.89	411.56	443.74	477.58	519.33
10.89	13.51	15.26	17.28	18.69	20.19	22.03	24.40	27.72	31.26	33.69
13.59	16.09	18.76	21.58	24.43	26.96	30.91	36.00	40.32	46.12	54.06
21.38	25.24	29.35	33.90	39.25	45.26	52.00	59.63	67.89	77.22	88.66
14.79	18.07	20.97	23.46	20.41	25.06	21.86	23.16	24.65	20.91	10.75
6.50	6.50	4.25	3.50	6.25	7.25	5.50	5.50	5.00	5.00	5.00
10.67	6.98	5.68	4.36	5.86	10.93	7.43	6.94	6.39	6.10	7.31
・・・	・・・	・・・	・・・	・・・	・・・	7.69	7.12	6.72	6.32	6.70
5.68	5.68	4.15	3.39	5.68	5.93	5.42	5.42	4.91	4.91	2.89
4.50	4.50	3.25	2.50	4.00	5.00	4.25	3.75	3.75	3.50	3.50
・・・	・・・	・・・	・・・	8.22	9.58	6.78	7.08	6.57	6.42	7.67
9.10	8.26	7.56	6.42	6.37	8.35	7.86	7.31	7.13	6.75	6.60
9.20	8.72	7.33	6.09	7.69	9.22	8.66	8.06	7.42	6.81	6.34
86.13	90.91	93.91	93.46	98.14	112.83	114.36	114.89	114.15	114.25	113.39
55.97	61.23	66.21	69.00	71.55	77.14	80.93	83.13	84.69	86.63	88.40
181.70	180.45	171.92	160.51	177.96	193.33	195.62	203.18	191.06	192.23	189.46
106.36	111.88	106.72	88.10	113.32	164.11	166.79	179.86	165.83	160.20	156.29
71.88	77.03	81.53	85.42	88.02	93.10	96.03	97.51	98.42	100.02	101.15

統　　計

日本（1948-2000年）

	1986	1987	1988	1989	1990	1991	1992	1993
ノンバンク金融機関	1兆円（期末）							
現金	10.29	11.03	11.95	12.36	19.45	22.14	24.62	27.30
中央政府向け信用	5.20	5.60	7.13	6.86	5.36	6.14	10.39	14.86
地方自治体向け信用	2.07	2.35	2.02	1.89	2.08	2.09	2.19	2.98
非金融公的企業向け信用	4.07	3.38	2.56	2.78	3.30	3.42	4.38	3.62
民間部門向け信用	39.77	48.89	60.06	73.60	89.13	100.04	105.59	111.33
保険契約準備金	73.50	87.58	106.50	126.94	144.16	157.62	171.50	186.38
その他（ネット）	-12.11	-16.34	-22.78	-29.45	-24.85	-23.79	-24.34	-26.30
フィナンシャル・サーベイ	1兆円（期末）							
対外資産（ネット）	-16.88	-19.88	-21.61	-25.83	-30.52	-17.86	-7.62	31.78
国内信用	784.07	863.64	958.27	1,058.65	1,147.48	1,208.95	1,275.67	1,325.38
中央政府向け信用（ネット）	130.04	136.75	147.33	157.06	158.29	158.53	175.25	194.82
公的機関向け信用	62.34	66.08	69.73	73.04	75.78	79.08	83.51	92.27
非金融公的企業向け信用	59.41	46.41	46.29	48.18	50.85	54.08	57.12	60.53
民間部門向け信用	532.28	614.40	694.93	780.37	862.57	917.27	959.79	977.75
流動負債	567.36	619.43	675.85	756.28	806.12	847.89	868.82	900.42
債券及び信託基金	37.82	39.94	44.14	47.43	55.30	61.86	65.89	64.39
財政投融資預金	67.21	84.22	98.50	116.38	124.10	129.05	138.86	147.58
保険契約準備金	104.79	122.89	146.43	171.72	194.10	213.18	234.31	257.73
その他（ネット）	-9.99	-22.70	-28.26	-58.99	-62.65	-60.89	-39.84	-12.96
金利	年率（%）							
ディスカウント・レート	3.00	2.50	2.50	4.25	6.00	4.50	3.25	1.75
短期金融市場商品金利	4.96	3.67	3.83	5.12	7.40	7.53	4.66	3.06
新規発行30日物譲渡性預金金利	4.99	3.88	4.08	5.37	7.67	7.31	4.40	2.97
財務省短期証券金利	2.89	2.38	2.38	3.65	5.55	4.91	3.14	1.63
預金金利	1.76	1.76	1.76	2.32	4.08	5.07	3.35	2.14
譲渡性預金金利	4.52	4.48	4.47	6.72	8.30	6.42	3.75	-
貸出金利	6.02	5.21	5.03	5.29	6.86	7.53	6.15	4.86
政府債利回り	4.94	4.21	4.27	5.05	7.36	6.53	4.94	3.69
物価	指数（2010年=100, 期中平均）							
卸売物価指数	108.07	104.70	104.15	106.09	107.67	108.79	107.84	106.14
消費者物価指数	88.93	89.06	89.65	91.69	94.47	97.59	99.25	100.51
輸出物価指数	160.87	152.76	149.25	155.86	159.21	150.57	145.11	133.54
輸入物価指数	100.29	92.12	87.86	94.50	102.69	94.29	88.49	79.32
GDPデフレーター	102.91	102.87	103.10	105.46	107.80	110.62	112.28	112.84

日　本

1994	1995	1996	1997	1998	1999	2000
30.88	33.05	27.86	33.77	･･･	･･･	･･･
20.86	29.58	29.72	31.36	･･･	･･･	･･･
4.44	6.78	7.90	8.79	･･･	･･･	･･･
4.42	4.44	4.83	5.20	･･･	･･･	･･･
114.86	112.66	120.58	108.74	･･･	･･･	･･･
199.49	210.48	226.01	230.02	･･･	･･･	･･･
-24.04	-23.99	-35.12	-42.17	･･･	･･･	･･･
34.56	46.01	41.94	90.22	109.48	103.15	110.55
1,372.64	1,421.78	1,476.78	1,525.56	1,553.71	1,634.71	1,619.82
204.40	229.42	241.97	289.14	321.51	367.44	399.01
104.72	115.95	129.13	100.84	108.20	115.24	119.46
64.24	66.77	69.35	134.05	116.74	119.13	121.86
999.29	1,009.65	1,036.33	1,001.53	1,007.26	1,032.90	979.49
945.09	976.19	1,019.37	920.38	954.89	983.93	990.60
63.90	62.22	62.10	121.60	117.64	123.10	118.63
153.18	150.65	155.69	147.35	152.85	156.60	159.19
279.35	299.37	314.17	360.26	372.72	385.72	398.25
-34.33	-20.64	-32.62	66.19	65.10	88.51	63.70
1.75	0.50	0.50	0.50	0.50	0.50	0.50
2.20	1.21	0.47	0.48	0.37	0.06	0.11
2.24	1.22	0.59	0.62	0.72	0.15	0.23
1.63	0.37	0.37	0.37	0.18	0.41	0.75
1.70	0.90	0.30	0.30	0.27	0.12	0.07
-	-	0.50	0.87	0.59	0.26	0.53
4.13	3.51	2.66	2.45	2.32	2.16	2.07
3.71	2.53	2.23	1.69	1.10	1.77	1.75
104.41	103.53	101.79	102.48	100.89	99.50	99.51
101.20	101.08	101.21	102.99	103.68	103.33	102.66
129.83	127.00	133.08	135.58	137.34	123.51	117.71
74.99	74.85	82.12	88.24	83.94	76.16	79.74
115.95	115.34	114.76	115.34	115.29	113.78	112.20

日本（2001-2016年）

		2001	2002	2003	2004	2005	2006	2007	2008
為替レート									
市場レート（期末）	対SDRレート	165.64	163.01	159.15	161.70	168.61	178.95	180.15	139.78
市場レート（期末）	対ドル・レート								
市場レート（期末）		131.80	119.90	107.10	104.12	117.97	118.95	114.00	90.75
市場レート（期中平均）		121.53	125.39	115.93	108.19	110.22	116.30	117.75	103.36
	指数（2010年=100, 期中平均）								
市場レート		72.15	69.99	75.70	81.02	79.64	75.35	74.47	84.98
名目実効為替レート		86.42	82.51	85.10	88.32	85.39	79.13	74.92	83.72
実質実効為替レート（CPIベース）		109.37	101.89	102.74	103.80	97.36	88.20	81.03	87.74
実質実効為替レート（ユニット・レイバー・コスト・ベース）		121.39	112.71	102.70	99.41	91.10	82.93	74.54	81.67
IMFポジション	100万SDR（期末）								
クォータ		13,312.80	13,312.80	13,312.80	13,312.80	13,312.80	13,312.80	13,312.80	13,312.80
SDR配分額		1,891.67	1,856.76	1,861.31	1,827.75	1,808.24	1,869.06	1,919.61	1,968.71
IMFリザーブポジション		4,018.95	5,298.43	5,204.18	4,371.38	2,013.20	1,285.35	882.77	1,725.95
内：IMF借入残高									
IMFクレジット及び融資総残高									
SDR配分額		891.69	891.69	891.69	891.69	891.69	891.69	891.69	891.69
国際流動性	100万米ドル（他に断りのない限り，期末）								
総準備（金を除く）		395,155.00	461,186.00	663,289.00	833,891.00	834,275.00	879,682.00	952,784.00	1,009,360.00
SDR		2,377.32	2,524.30	2,765.84	2,838.52	2,584.46	2,811.82	3,033.46	3,032.35
IMFリザーブポジション		5,050.73	7,203.32	7,733.25	6,788.80	2,877.41	1,933.68	1,395.00	2,658.43
外国為替		387,727.00	451,458.00	652,790.00	824,264.00	828,813.00	874,936.00	948,356.00	1,003,670.00
金（100万ファイントロイオンス）		24.60	24.60	24.60	24.60	24.60	24.60	24.60	24.60
金（国内評価額）		6,803.00	8,542.00	10,241.00	10,776.00	12,621.00	15,639.00	20,580.00	21,281.00
中央銀行：その他資産		32,800.50	36,736.40	40,178.30	43,803.30	42,640.50	45,991.60	50,017.50	52,413.20
中央銀行：その他負債		7,052.35	11,472.90	18,739.50	20,721.30	36,679.70	10,844.10	13,171.10	147,759.00
中央銀行以外の預金取扱い機関：資産		918,353.00	1,027,510.00	1,021,590.00	1,149,740.00	1,258,430.00	1,259,450.00	1,546,250.00	2,036,640.00
中央銀行以外の預金取扱い機関：負債		640,700.00	744,260.00	739,923.00	782,001.00	729,487.00	705,903.00	743,629.00	1,158,190.00
その他金融機関：資産		697,069.00	787,362.00	946,401.00	1,129,160.00	1,220,280.00	1,420,810.00	1,663,110.00	1,615,280.00
その他金融機関：負債		36,793.60	55,171.80	109,947.00	171,065.00	304,661.00	237,262.00	270,707.00	266,306.00
中央銀行	1兆円（期末）								
対外資産（ネット）		4.25	4.00	3.34	3.47	2.12	5.96	6.42	-6.82
非居住者向け信用		5.18	5.38	5.35	5.63	6.45	7.25	7.92	6.59
非居住者に対する負債		0.93	1.38	2.01	2.16	4.33	1.29	1.50	13.41
その他預金取扱い機関向け信用		16.47	22.56	18.08	24.37	32.45	11.38	12.76	21.55
中央政府向け信用（ネット）		65.75	72.89	84.85	79.19	79.19	65.38	62.69	59.42
中央政府向け信用		78.19	84.30	91.42	94.34	96.66	77.96	69.21	63.18
中央政府に対する負債		12.44	11.41	6.57	15.15	17.47	12.59	6.52	3.76
その他部門向け信用		21.54	17.81	19.02	25.60	26.91	25.92	29.84	37.72
その他金融機関向け信用		21.54	17.66	16.78	23.02	23.32	22.55	27.00	36.37
地方自治体向け信用									
非金融公的企業向け信用									
民間部門向け信用			0.15	2.25	2.58	3.58	3.38	2.84	1.35
マネタリーベース		88.91	99.40	111.36	115.63	116.64	94.78	95.98	101.26
流通通貨		73.30	79.84	81.33	82.45	83.77	84.37	85.86	86.07
その他預金取扱い機関に対する負債		12.72	18.10	28.18	31.51	30.38	9.78	9.71	13.99
その他部門に対する負債		2.90	1.47	1.85	1.67	2.49	0.63	0.41	1.20
その他預金取扱い機関に対するその他負債		0.25	1.53						
預金及び証券（マネタリーベース除外分）									
預金（広義流動性に含む）									
証券（広義流動性に含まれる株式以外）									
預金（広義流動性から除外されたもの）									
証券（広義流動性から除外される株式以外）									
貸出		11.60	8.50	9.58	9.96	11.92	5.33	5.35	2.22
金融派生商品									
株式及びその他持ち分		9.00	9.39	5.58	7.99	8.99	8.97	10.78	8.79
その他（ネット）		-1.76	-1.55	-1.22	-0.96	-0.55	-0.45	-0.39	-0.40
注記項目：総資産		123.18	131.63	135.13	150.90	163.02	122.97	120.14	129.46
中央銀行以外の預金取扱い金融機関	1兆円（期末）								
対外資産（ネット）		36.59	33.96	30.17	38.29	62.40	65.84	91.50	79.72
非居住者向け信用		121.04	123.20	109.41	119.71	148.46	149.81	176.27	184.83
非居住者に対する負債		84.44	89.24	79.25	81.42	86.06	83.97	84.77	105.11
中央銀行に対する債権		19.99	28.57	37.51	41.11	42.96	17.99	18.15	23.46
現金通貨		7.02	8.95	9.32	9.60	8.91	8.21	8.44	9.47
準備預金及び証券		12.72	18.10	28.18	31.51	30.38	9.78	9.71	13.99
その他債権		0.25	1.53			3.66			
中央政府向け信用（ネット）		138.70	156.03	191.64	206.64	212.48	217.65	216.50	247.45
中央政府向け信用		158.43	174.24	215.86	229.91	236.93	243.89	241.35	268.02
中央政府に対する負債		19.74	18.20	24.22	23.27	24.46	26.24	24.85	20.57
その他部門向け信用		968.43	917.79	878.11	852.33	846.64	826.49	800.91	781.55
その他金融機関向け信用		351.44	343.43	326.15	310.31	283.11	262.08	238.13	211.41
地方自治体向け信用		36.01	36.21	36.06	37.21	42.17	42.95	45.06	47.78
非金融公的企業向け信用		19.11	20.28	19.67	18.32	15.97	14.12	12.95	12.06
民間部門向け信用		561.87	517.86	496.23	486.49	505.40	507.34	504.77	510.31
中央銀行に対する負債		16.47	22.56	18.08	24.37	32.45	11.38	12.76	21.55
通貨性預金（広義流動性に含む）		241.97	307.28	376.80	395.03	417.45	418.69	418.93	412.71
その他預金（広義流動性に含む）		703.93	644.81	579.33	566.85	546.75	538.37	543.62	557.40
証券（広義流動性に含まれる株式以外）									
預金（広義流動性から除外されたもの）		19.02	15.52	12.27	11.33	11.67	10.90	12.16	12.72
証券（広義流動性から除外される株式以外）		58.01	45.47	41.54	38.01	32.75	28.79	27.01	24.46
貸出		100.41	90.71	91.19	80.72	76.46	68.55	61.85	58.56
金融派生商品									
保険契約準備金									
株式及びその他持ち分		40.09	29.22	31.95	45.84	55.89	54.76	57.25	22.24
その他（ネット）		-16.21	-19.22	-13.75	-23.78	-8.94	-3.47	-6.52	22.55
注記項目：総資産		1,523.89	1,499.13	1,473.69	1,480.71	1,481.77	1,447.09	1,456.03	1,489.67

日　　本

2009	2010	2011	2012	2013	2014	2015	2016
144.32	125.44	119.32	133.02	162.16	174.78	166.98	157.02
92.06	81.45	77.72	86.55	105.30	120.64	120.50	116.80
93.57	87.78	79.81	79.79	97.60	105.95	121.04	108.79
93.74	100.00	109.87	109.85	89.89	82.91	72.39	80.73
95.78	100.00	105.79	107.15	86.98	80.55	75.22	86.41
98.85	100.00	101.74	100.55	80.32	75.12	70.12	79.49
98.53	100.00	108.49	108.05	87.35	78.98	76.14	85.37
13,312.80	13,312.80	15,628.50	15,628.50	15,628.50	15,628.50	15,628.50	30,820.50
13,375.00	13,393.00	12,861.00	12,954.60	13,071.30	13,042.40	13,023.80	13,454.30
2,751.25	2,992.34	11,189.20	8,887.15	9,197.40	8,253.64	6,834.47	8,895.70
1,699.20	-	7,070.37	7,889.94	8,592.27	7,864.75	6,383.38	5,279.56
12,285.00	12,285.00	12,285.00	12,285.00	12,285.00	12,285.00	12,285.00	12,285.00
1,022,240.00	1,061,490.00	1,258,170.00	1,227,150.00	1,237,220.00	1,231,010.00	1,207,020.00	1,188,330.00
20,967.90	20,625.60	19,745.10	19,910.20	20,129.80	18,895.90	18,047.50	18,087.00
4,313.10	4,608.30	17,178.40	13,658.80	14,164.00	11,958.00	9,470.73	11,958.80
996,955.00	1,036,260.00	1,221,250.00	1,193,580.00	1,202,920.00	1,200,160.00	1,179,500.00	1,158,280.00
24.60	24.60	24.60	24.60	24.60	24.60	24.60	24.60
27,161.00	34,695.00	37,666.00	40,939.00	29,560.00	29,504.00	26,134.00	28,516.00
54,636.10	55,389.80	58,199.90	57,080.30	52,459.60	47,001.00	46,878.80	41,212.30
32,993.70	24,259.10	43,247.60	23,379.50	33,367.50	42,599.50	53,039.80	101,882.00
1,835,220.00	2,201,050.00	2,407,390.00	2,509,040.00	2,234,930.00	2,104,710.00	2,231,120.00	2,460,800.00
1,188,960.00	1,374,470.00	1,446,950.00	1,581,850.00	1,291,400.00	1,306,060.00	1,177,460.00	1,456,220.00
1,683,900.00	1,946,450.00	2,146,500.00	1,981,310.00	1,906,270.00	1,984,630.00	2,116,890.00	2,566,660.00
248,712.00	329,387.00	448,055.00	457,797.00	583,654.00	597,073.00	591,654.00	706,921.00
4.38	5.24	3.95	6.29	4.98	3.91	2.26	-3.90
7.42	7.21	7.31	8.31	8.50	9.04	8.65	8.00
3.04	1.98	3.36	2.02	3.51	5.14	6.39	11.90
15.86	18.33	25.68	19.64	23.91	29.22	33.43	36.56
64.88	64.77	77.04	96.09	159.20	222.03	288.52	365.31
72.32	76.40	89.25	109.00	172.50	238.24	305.57	387.19
7.44	11.63	12.21	12.91	13.29	16.21	17.04	21.88
33.91	33.50	27.90	30.74	31.07	40.27	52.68	65.87
31.98	31.47	22.06	22.22	19.33	26.35	34.92	43.65
-	-	-	-	-	-	-	-
1.93	2.03	5.84	8.52	11.75	13.92	17.76	22.23
105.85	109.51	125.08	138.48	201.85	275.87	356.13	437.43
85.51	86.86	88.55	91.23	94.77	97.74	103.12	107.20
18.34	20.21	33.06	44.45	102.62	172.05	244.71	313.82
2.00	2.44	3.47	2.79	4.46	6.09	8.30	16.41
-	-	-	-	-	-	-	-
-	-	-	-	-	-	-	-
4.09	3.50	0.19	3.00	3.39	0.21	-	0.61
9.53	9.37	9.81	11.81	14.43	19.89	21.33	26.37
-0.44	-0.53	-0.51	-0.52	-0.50	-0.55	-0.57	-0.57
129.97	135.99	150.67	168.22	236.49	317.33	400.92	498.22
59.50	67.33	74.65	80.25	99.35	96.35	126.97	117.34
168.95	179.28	187.10	217.16	235.34	253.91	268.85	287.42
109.46	111.95	112.46	136.91	135.98	157.56	141.88	170.09
27.12	28.67	41.64	52.62	112.11	181.63	254.27	323.70
8.79	8.46	8.58	8.16	9.49	9.58	9.56	9.89
18.34	20.21	33.06	44.45	102.62	172.05	244.71	313.82
279.81	309.30	320.08	316.39	295.43	266.41	204.71	171.44
296.59	322.36	334.22	328.64	307.82	284.90	231.91	205.73
16.79	13.05	14.14	12.25	12.40	18.49	27.20	34.29
763.28	747.65	736.98	758.97	772.99	781.02	782.94	796.65
192.00	174.70	167.40	173.86	166.72	167.62	161.41	170.16
51.51	56.60	59.88	63.05	64.51	65.51	66.56	69.03
12.11	10.39	10.06	9.31	8.64	8.55	8.07	7.18
507.66	505.97	499.64	512.74	533.11	539.36	546.90	550.29
15.86	18.33	25.68	19.64	23.91	29.22	33.43	36.56
418.44	431.02	456.39	473.53	500.21	524.59	544.76	590.20
572.39	576.37	579.86	584.75	594.23	600.85	609.24	601.17
14.11	14.96	14.39	14.25	18.66	19.65	20.19	32.15
26.45	25.32	23.18	22.21	22.56	22.10	23.81	28.23
40.55	39.84	39.37	40.75	55.27	59.16	75.45	73.45
-	-	-	-	-	-	-	-
22.43	25.92	14.20	29.14	55.31	70.05	88.16	90.95
19.48	21.20	20.26	23.96	9.72	-0.21	-26.15	-43.57
1,482.32	1,503.10	1,536.38	1,599.92	1,669.85	1,764.97	1,810.16	1,955.83

統　　計

日本（2001-2016 年）

	2001	2002	2003	2004	2005	2006	2007	2008
預金取扱い金融機関	1兆円 （期末）							
対外資産（ネット）	40.84	37.96	33.51	41.76	64.52	71.80	97.92	72.90
非居住者向け信用	126.22	128.58	114.76	125.34	154.90	157.06	184.20	191.42
非居住者に対する負債	85.37	90.61	81.25	83.58	90.38	85.26	86.28	118.52
国内信用	1,194.41	1,164.52	1,173.63	1,163.75	1,165.22	1,135.44	1,109.95	1,126.14
中央政府向け信用（ネット）	204.44	228.93	276.49	285.83	291.67	283.03	279.19	306.87
中央政府向け信用	236.62	258.53	307.28	324.25	333.60	321.85	310.56	331.20
中央政府に対する負債	32.18	29.61	30.79	38.42	41.92	38.82	31.37	24.33
その他部門向け信用	989.96	935.59	897.14	877.92	873.55	852.41	830.75	819.27
その他金融機関向け信用	372.98	361.09	342.93	333.33	306.43	284.63	265.14	247.78
地方自治体向け信用	36.01	36.21	36.06	37.21	42.17	42.95	45.06	47.78
非金融公的企業向け信用	19.11	20.28	19.67	18.32	15.97	14.12	12.95	12.06
民間部門向け信用	561.87	518.01	498.48	489.07	508.99	510.72	507.61	511.66
広義流動性負債	1,015.08	1,024.45	1,029.99	1,036.39	1,041.55	1,033.85	1,040.38	1,047.91
預金取扱い金融機関以外の通貨	66.28	70.89	72.01	72.85	74.86	76.16	77.42	76.60
通貨性預金	244.87	308.75	378.64	396.70	419.94	419.33	419.34	413.91
その他預金	703.93	644.81	579.33	566.85	546.75	538.37	543.62	557.40
証券（株式を除く）								
預金（広義流動性から除外されたもの）	19.02	15.52	12.27	11.33	11.67	10.90	12.16	12.72
証券（広義流動性に含まれる株式以外）	58.01	45.47	41.54	38.01	32.75	28.79	27.01	24.46
貸出	112.01	99.20	100.77	90.68	88.38	73.88	67.20	60.78
金融派生商品								
保険契約準備金								
株式及びその他持ち分	49.10	38.61	37.53	53.83	64.88	63.73	68.03	31.03
その他（ネット）	-17.97	-20.76	-14.97	-24.74	-9.49	-3.92	-6.91	22.15
広義流動性負債（季節調整値）	1,010.18	1,019.75	1,025.51	1,032.13	1,037.37	1,030.02	1,036.92	1,045.09
その他金融機関	1兆円 （期末）							
対外資産（ネット）	87.02	87.79	89.58	99.76	108.02	140.78	158.73	122.42
非居住者向け信用	91.87	94.40	101.36	117.57	143.96	169.01	189.60	146.59
非居住者に対する負債	4.85	6.62	11.78	17.81	35.94	28.22	30.86	24.17
預金取扱い機関向け信用（ネット）	170.89	152.84	151.64	140.50	179.89	157.26	140.39	121.05
中央政府向け信用（ネット）	77.75	96.46	101.41	120.74	116.27	112.66	118.07	126.76
中央政府向け信用	247.71	257.51	245.08	256.27	240.11	221.22	211.36	203.84
中央政府に対する負債	169.96	161.05	143.66	135.53	123.84	108.55	93.29	77.07
その他部門向け信用	592.27	612.74	624.96	603.21	639.05	621.30	581.08	533.87
地方自治体向け信用	120.42	122.44	123.99	124.05	118.35	112.84	109.04	104.07
非金融公的企業向け信用	75.67	75.17	69.21	64.16	38.05	37.28	38.58	35.71
民間部門向け信用	396.18	415.13	431.76	415.00	482.64	471.18	433.46	394.09
預金								
証券（株式を除く）	51.00	77.25	91.97	113.23	137.40	139.65	137.35	134.08
貸出	127.72	125.53	126.04	127.94	109.50	108.77	114.55	120.81
金融派生商品								
保険契約準備金	378.01	416.86	423.81	415.87	482.97	484.51	479.24	469.25
株式及びその他持ち分	101.44	89.48	110.00	128.11	224.38	243.64	238.13	160.49
その他（ネット）	269.77	240.72	215.78	179.05	88.97	55.43	29.02	19.47
注記項目：総資産	1,318.07	1,333.67	1,351.26	1,348.40	1,481.21	1,441.38	1,396.47	1,235.60
金融機関	1兆円 （期末）							
対外資産（ネット）	127.87	125.75	123.09	141.52	172.53	212.58	256.66	195.32
非居住者向け信用	218.09	222.98	216.12	242.91	298.86	326.06	373.79	338.00
非居住者に対する負債	90.22	97.23	93.03	101.39	126.33	113.48	117.14	142.68
国内信用	1,491.45	1,512.63	1,557.07	1,554.37	1,614.11	1,584.77	1,543.97	1,539.00
中央政府向け信用（ネット）	282.20	325.38	377.90	406.57	407.94	395.69	397.27	433.64
中央政府向け信用	484.34	516.04	552.36	580.52	573.70	543.07	521.92	535.03
中央政府に対する負債	202.14	190.66	174.45	173.95	165.76	147.38	124.66	101.40
その他部門向け信用	1,209.25	1,187.24	1,179.17	1,147.80	1,206.17	1,189.08	1,146.70	1,105.36
地方自治体向け信用	156.43	158.65	160.05	161.26	160.52	155.79	154.10	151.85
非金融公的企業向け信用	94.78	95.45	88.88	82.48	54.02	51.40	51.53	47.77
民間部門向け信用	958.05	933.14	930.24	904.07	991.63	981.90	941.07	905.75
金融機関以外の通貨	65.97	70.32	71.13	71.80	73.56	74.19	75.44	75.09
預金	931.54	936.36	939.72	944.87	949.03	942.73	947.23	955.12
証券（株式を除く）	46.20	37.66	36.01	35.96	37.56	29.75	22.01	19.00
貸出	18.74	20.02	26.00	24.96	18.45	16.43	18.33	16.11
金融派生商品								
保険契約準備金	378.01	416.86	423.81	415.87	482.97	484.51	479.24	469.25
株式及びその他持ち分	150.54	128.09	147.53	181.94	289.27	307.37	306.16	191.53
その他（ネット）	28.34	29.07	35.97	20.48	-64.20	-57.62	-47.79	8.22
貨幣集計量	1兆円 （期末）							
広義流動性	1,015.08	1,024.45	1,029.99	1,036.39	1,041.55	1,033.85	1,040.38	1,047.91
中央政府発行通貨	-	-	-	-	-	-	-	-
非金融会社の預金	-	-	-	-	-	-	-	-
中央政府発行証券	-	-	-	-	-	-	-	-
貨幣集計量（国内定義）	1兆円 （期末）							
M1	281.80	347.98	451.83	470.91	495.14	495.29	498.68	493.92
M1（季節調整値）	274.83	342.35	444.37	464.56	486.22	480.13	492.68	488.70
M2（期中平均）	646.80	668.20	682.58	688.93	701.37	708.43	719.58	734.60
M2（季節調整値，期中平均）	646.79	668.16	680.26	688.91	701.39	708.46	719.61	734.60
M3	1,022.16	1,031.20	1,029.21	1,037.71	1,041.61	1,037.20	1,045.19	1,053.15
M3（季節調整値）	・・・	・・・	1,021.35	1,030.83	1,031.21	1,026.91	1,038.76	1,047.72
広義流動性（期中平均）	1,306.25	1,313.31	1,271.75	1,273.11	1,303.13	1,344.01	1,382.08	1,399.25
広義流動性（季節調整値，期中平均）	1,306.19	1,313.24	1,270.88	1,273.11	1,303.15	1,344.04	1,382.12	1,399.27
金利	年率 （%）							
ディスカウント・レート	0.10	0.10	0.10	0.10	0.10	0.40	0.75	0.30
短期金融市場商品金利	0.06	0.01	-	-	-	0.12	0.47	0.46
財務省短期証券金利	0.03	0.01	-	-	-	0.42	0.55	0.36
預金金利	0.06	0.04	0.04	0.08	0.27	0.68	0.81	0.59
譲渡性預金金利	0.02	0.01	0.01	0.01	0.01	0.41	0.69	0.72
貸出金利	1.97	1.86	1.82	1.77	1.68	1.66	1.88	1.91
政府債利回り	1.33	1.25	1.01	1.50	1.36	1.73	1.65	1.45
物価	指数 （2010年=100，期中平均）							
卸売物価指数	97.21	95.23	94.39	95.62	97.16	99.31	101.03	105.65
消費者物価指数	101.90	100.96	100.70	100.69	100.41	100.66	100.72	102.11
輸出物価指数	121.30	119.99	115.08	113.58	115.70	119.30	121.95	114.53
輸入物価指数	81.70	80.55	79.84	83.17	94.07	107.14	115.21	125.12
GDPデフレーター	110.97	109.35	107.58	106.39	105.29	104.33	103.58	102.58

日　本

2009	2010	2011	2012	2013	2014	2015	2016
63.88	72.56	78.60	86.54	104.34	100.26	129.23	113.44
176.37	186.49	194.42	225.47	243.84	262.96	277.50	295.42
112.49	113.93	115.82	138.93	139.50	162.70	148.28	181.99
1,141.88	1,155.23	1,162.00	1,202.18	1,258.70	1,309.74	1,328.85	1,399.28
344.68	374.07	397.11	412.48	454.63	488.44	493.24	536.76
368.91	398.75	423.46	437.64	480.32	523.14	537.48	592.93
24.23	24.68	26.35	25.16	25.69	34.70	44.24	56.17
797.20	781.16	764.88	789.70	804.07	821.30	835.62	862.53
223.98	206.17	189.46	196.08	186.05	193.96	196.33	213.80
51.51	56.60	59.88	63.05	64.51	65.51	66.56	69.03
12.11	10.39	10.06	9.31	8.64	8.55	8.07	7.18
509.60	508.00	505.49	521.26	544.86	553.28	564.66	572.51
1,069.56	1,088.23	1,119.69	1,144.13	1,184.18	1,219.69	1,255.86	1,305.09
76.72	78.40	79.97	83.07	85.28	88.16	93.56	97.32
420.44	433.46	459.85	476.32	504.67	530.68	553.06	606.61
572.39	576.37	579.86	584.75	594.23	600.85	609.24	601.17
14.11	14.96	14.39	14.25	18.66	19.65	20.19	32.15
26.45	25.32	23.18	22.21	22.56	22.10	23.81	28.23
44.64	43.34	39.57	43.75	58.66	59.37	75.45	74.07
31.96	35.29	24.01	40.94	69.75	89.93	109.49	117.32
19.03	20.66	19.75	23.44	9.22	-0.76	-26.72	-44.14
1,067.32	1,086.58	1,118.19	1,142.46	1,182.12	1,217.40	1,253.46	1,302.61
132.12	131.71	132.00	131.86	139.27	167.40	183.79	217.22
155.02	158.54	166.83	171.48	200.73	239.43	255.09	299.79
22.90	26.83	34.82	39.62	61.46	72.03	71.29	82.57
110.68	107.17	102.31	108.84	140.55	140.96	162.42	186.78
143.67	161.27	170.15	192.91	201.33	221.38	218.09	205.67
210.89	224.66	224.19	243.36	247.97	261.06	252.74	233.81
67.22	63.38	54.04	50.45	46.64	39.68	34.65	28.14
508.16	491.99	473.93	473.01	487.52	498.39	519.69	528.63
101.35	99.13	98.35	97.28	96.28	94.27	92.96	92.40
34.19	32.62	31.42	30.42	29.31	29.94	28.09	29.06
372.62	360.25	344.17	345.31	361.92	374.17	398.65	407.16
133.60	136.04	131.47	132.88	129.66	130.96	132.61	143.94
115.12	98.08	85.45	91.27	82.77	86.90	88.75	84.67
464.77	465.68	468.44	481.00	493.18	506.27	525.29	527.95
184.59	198.84	192.99	205.29	268.45	306.37	337.69	383.17
-3.44	-6.50	0.05	-3.81	-5.39	-2.38	-0.36	-1.49
1,217.29	1,217.77	1,189.35	1,227.68	1,314.46	1,383.08	1,426.22	1,486.00
196.00	204.27	210.60	218.40	243.61	267.65	313.02	330.65
331.39	345.03	361.24	396.95	444.57	502.38	532.59	595.21
135.39	140.76	150.64	178.56	200.96	234.73	219.57	264.56
1,569.72	1,602.33	1,616.62	1,672.02	1,761.49	1,835.54	1,870.30	1,919.77
488.35	535.35	567.26	605.38	655.96	709.82	711.32	742.42
579.79	623.41	647.65	681.00	728.29	784.20	790.22	826.73
91.44	88.06	80.39	75.62	72.33	74.38	78.90	84.31
1,081.37	1,066.98	1,049.36	1,066.63	1,105.53	1,125.72	1,158.98	1,177.35
152.86	155.73	158.22	160.33	160.80	159.78	159.51	161.44
46.30	43.01	41.48	39.74	37.96	38.49	36.16	36.24
882.22	868.25	849.65	866.57	906.78	927.45	963.30	979.68
75.81	78.05	79.57	82.62	84.35	87.14	92.00	95.55
975.47	995.04	1,022.90	1,045.98	1,080.35	1,110.37	1,138.86	1,174.60
25.00	24.81	22.68	21.35	21.36	20.91	23.43	24.46
17.81	16.85	16.53	18.93	20.46	22.70	26.63	22.28
464.77	465.68	468.44	481.00	493.18	506.27	525.29	527.95
216.55	234.13	217.00	246.23	338.19	396.30	447.18	500.49
-9.69	-7.96	0.11	-5.69	-32.78	-40.51	-70.08	-94.97
1,069.56	1,088.23	1,119.69	1,144.13	1,184.18	1,219.69	1,255.86	1,305.09
498.57	515.31	541.40	560.28	592.04	618.73	646.05	703.30
494.35	510.56	533.13	554.07	586.47	611.87	639.69	693.40
754.49	775.39	796.61	816.53	845.97	874.84	907.13	938.63
754.46	775.35	796.59	816.53	845.97	874.82	907.12	938.67
1,074.26	1,095.02	1,123.51	1,148.62	1,187.63	1,221.28	1,252.30	1,292.82
1,068.85	1,089.36	1,113.04	1,141.23	1,180.38	1,213.48	1,244.19	1,281.29
1,404.06	1,427.78	1,441.23	1,452.61	1,499.08	1,550.88	1,613.39	1,649.04
1,404.07	1,427.76	1,441.18	1,452.54	1,498.96	1,550.74	1,613.26	1,649.33
0.30	0.30	0.30	0.30	0.30	0.30	0.30	0.30
0.11	0.09	0.08	0.08	0.08	0.07	0.07	-0.03
0.12	0.13	0.10	0.09	0.06	-0.01	-0.02	-0.41
0.43	0.50	0.46	0.48	0.54	0.42	0.41	0.30
0.17	0.10	0.09	0.09	0.06	0.05	0.04	-
1.72	1.60	1.50	1.41	1.30	1.22	1.14	1.04
1.34	1.15	1.12	0.84	0.70	0.53	0.35	-0.07
100.10	100.00	101.43	100.56	101.81	105.07	102.67	99.07
100.73	100.00	99.73	99.68	100.03	102.79	103.60	103.48
102.51	100.00	97.82	95.80	106.94	110.35	111.73	101.33
93.37	100.00	107.49	107.25	122.77	127.95	113.55	94.97
101.96	100.00	98.30	97.55	97.20	98.99	101.00	101.31

〔注と出所〕

(注)「…」：データが存在しないことを表す。

「－」：ゼロないしは，最小単位以下の取引額を表す。

各データは小数点以下四捨五入されているため，各データの集計値と総計項目の値は一致しないことがある。

(出所) アフガニスタン，イラン，インド，インドネシア，オーストラリア，カンボジア，サモア，シンガポール，スリランカ，タイ，ニュージーランド，ネパール，パキスタン，パプアニューギニア，バングラデシュ，フィジー，フィリピン，ブータン，ブルネイ，ベトナム，マレーシア，ミャンマー，モンゴル，ラオス，韓国，香港，中国，日本の 1948 年から 2016 年までは，
International Monetary Fund (IMF), *International Financial Statistics Yearbook*, Washington, D.C., International Monetary Fund. 上記の書籍各年版（1979 年〜2016 年）と CD（2017 年 8 月）。

台湾の 1948 年〜1973 年までは，
International Monetary Fund (IMF), *International Financial Statistics Yearbook*, Washington, D.C., International Monetary Fund, 1979 年版。

台湾の 1974 年〜2016 年までは，
Department of Economic Research, The Central Bank of China, *Financial Statistics*, Taiwan District, Republic of China, (Compiled in Accordance with IFS Format), Taipei, Department of Economic Research, The Central Bank of China, 各月版。

文　　献

1. 英　文

Franklin Allen and Douglas Gale, *Comparing Financial Systems*, Mass., The MIT Press, 2000.

Franklin Allen and Douglas Gale, *Understanding Financial Crisis*, New York, Oxford University Press, 2007.

Franklin Allen and Glenn Yago, *Financing the Future: Market-Based Innovations for Growth*, New Jersey, Pearson Prentice Hall, 2010.（藤野直明監訳・空閑裕美子訳『金融は人類に何をもたらしたか：古代メソポタミア・エジプトから現代・未来まで』東洋経済新報社，2014年。）

Asian Development Bank, *Rising to the Challenge in Asia: A Study of Financial Market*, Manila, Asian Development Bank, vol. 1-vol. 12, 1999.

Asian Development Bank, *Financial Development in Pacific Island Economies*, Manila, Asian Development Bank, vol. 1-vol. 2, 2001.

Asian Development Bank, *Key Indicators for Asia and the Pacific 2015*, 46th Edition, Manila, Asian Development Bank, 2015.

Dragoslav Avramović et al., *Economic Growth and External Debt*, Baltimore, The Johns Hopkins Press, 1964.

Michael Backman, *Asian Eclipse: Exposing the Dark Side of Business in Asia*, Singapore, John Wiley & Sons (Asia) Pte Ltd, Revised Edition, 2001.

Walter Bagehot, *Lombard Street: A Description of The Money Market*, London, Henry S. King & Co., 1873.（宇野弘蔵訳『ロンバード街：ロンドンの金融市場』岩波文庫，1941年。久保恵美子訳『ロンバード街：金融市場の解説』日経BP社，2011年。）

David Barkin, *Distorted Development: Mexico in the World Economy*, Boulder, Westview Press, 1990.（吾郷健二訳『歪められた発展と累積債務：世界経済のなかのメキシコ』岩波書店，1992年。）

Tamim Bayoumi, "A Formal Model of Optimum Currency Areas", *Staff Papers*, vol. 41, no. 4, Washington, D.C., International Monetary Fund, December, 1994, pp. 537-554.

Ben S. Bernanke, *Essays on the Great Depression*, New Jersey, Princeton University Press, 2000.（栗原潤・中村猟亨・三宅敦史訳『大恐慌論』日本経済新聞出版社，2013年。）

Ben S. Bernanke, "The Global Saving Glut and the U.S. Current Account Deficit," Remarks by Governor Ben Bernanke at the Sandridge Lecture, Virginia Association of Economics, Richmond, Virginia, March 10, 2005.

Jagdish Bhagwati, *In Defense of Globalization*, New York, Oxford University Press, 2004.（鈴木主税・桃井緑美子訳『グローバリゼーションを擁護する』日本経済新聞社，2005年。）

Graham Bird, *International Macroeconomics: Theory, Policy, and Applications*, Second Edition, London, Palgrave Macmillan, 1998.（秋葉弘哉監訳『国際マクロ経済学：理論・政策・応用』文眞堂，2001年。）

Olivier Blanchard, David Romer, Michael Spence, and Joseph Stiglitz (eds.), *In the Wake of the Crisis: Leading Economists Reassess Economic Policy*, Mass., The MIT Press, 2012.

Arthur I. Bloomfield, *Monetary Policy under the International Gold Standard 1880-1914*, Federal Reserve Bank of New York, 1959.（小野一一郎・小林龍馬訳『金本位制と国際金融』日本評論社，1975年。）

Mark Blyth, *Austerity: The History of a Dangerous Idea*, New York, Oxford University Press, 2013.（若田部昌澄監訳・田村勝省訳『緊縮策という病「危険な思想」の歴史』NTT出版，2015年。）

Michael D. Bordo and Barry J. Eichengreen (eds.), *A Retrospective on the Bretton Woods System: Les-*

sons for International Monetary Reform, Chicago, The University of Chicago Press, 1993.

Ricardo J. Caballero, "On the Macroeconomics of Asset Shortages." Fourth ECB Central Banking Conference, Frankfurt, November, 2006. http://www.ecb.int/events/pdf/conferences/cbc4/Caballero_paper.pdf.

Ricardo J. Caballero, Emmanuel Farhi, and Pierre-Olivier Gourinchas, "Financial Crash, Commodity Prices, and Global Imbalances", *Brookings Papers on Economic Activity*, Fall, 2008a. pp. 1–55, http://muse.jhu.edu/journals/brookings_papers_on_economic_activity/toc/eca.2008.2.html.

Ricardo J. Caballero, Emmanuel Farhi, and Pierre-Olivier Gourinchas, "An Equilibrium Model of 'Global Imbalances' and Low Interest Rates". *American Economic Review*, vol. 98, no. 1, March, 2008b, pp. 358–393, http://econ-www.mit.edu/files/2733.

Ricardo J. Caballero and Arvind Krishnamurthy, "Global Imbalances and Financial Fragility", *American Economic Review*, vol. 99, no. 2. May, 2009, pp. 584–588. http://econ-www.mit.edu/files/3662.

Gerald Caprio, Izak Atiyas, and James A. Hanson (eds.), *Financial Reform : Theory and Experience*, New York, Cambridge University Press, 1994.

Victoria Chick, *Macroeconomics after Keynes: A Reconsideration of the General Theory*, Mass., The MIT Press, 1983.（長谷川啓之・関谷喜三郎訳『ケインズとケインジアンのマクロ経済学』日本経済評論社，1990 年。）

Victoria Chick, *On Money, Method, and Keynes*, Selected Essays (Editor: Philip Arestis and Shelia C. Dow), New York, ST. Martin's Press, 1992.

William R. Cline and Guntram B. Wolff (eds.), *Resolving the European Debt Crisis*, Special Report 21, Washington, D.C., Peterson Institute for International Economics and Brussels, Bruegel, February, 2012.

Benjamin J. Cohen, *The Future of Sterling as an International Currency*, London, Macmillan, St Martin's Press, 1971.

David C. Cole and Yung Chul Park, *Financial Development in Korea, 1945–1978*, Cambridge, Harvard University Press, 1983.

David C. Cole, Hal S. Scott, and Philip A. Wellons, *Asian Money Markets*, New York, Oxford University Press, 1995.

Michael Collins, *Banks and Industrial Finance in Britain, 1800–1939*, New York, Cambridge University Press, 1991.

Commission of The European Communities, *Report of the Study Group on the Role of Public Finance in European Integration*, vol. 1: General Report, Collection Studies, Economic and Finance Series no. A-13, Brussels, April, 1977.

Richard N. Cooper, "Eurodollars, Reserve Dollars, and Asymmetries in International Monetary System", *Journal of International Economy*, vol. 2, no. 4, September, 1972, pp. 325–344.（武藤恭彦訳『国際金融システム』HBJ 出版，1988 年，「第 7 章　ユーロ・ダラー，準備通貨としてのドル，国際通貨体制の非対称性」，155–173 頁。）

Vittorio Corbo, Morris Goldstein, and Mohsin Khan (eds.), *Growth-oriented Adjustment Programs*, Washington, D. C., International Monetary Fund and The World Bank, 1987.

Warner Max Corden, "Monetary Union", *Essays in International Finance*, no. 93, New Jersey, Princeton University Press, April, 1972.

Philip L. Cottrell, *Industrial Finance 1830–1914: The Finance and Organization of English Manufacturing Industry*, London, Methuen, 1980.

Davit R. Croome and Harry G. Johnson (eds.), *Money in Britain 1959–1969: The Papers of the Radcliffe Report -Ten Years After Conference at Hove*, Sussex, October, 1969, Oxford, Oxford University Press, 1970.（渡辺佐平・高橋泰藏監訳『金融理論と金融政策：ラドクリフ報告以降』法政大学出版局，1974 年。）

John T. Cuddington, "Capital Flight: Estimates, Issues, and Explanations", *Princeton Studies in International Finance*, no. 58, New Jersey, Princeton University Press, December, 1986.

James Bradford DeLong, and Lawrence H. Summers, "Fiscal Policy in a Depressed Economy", (http://weber.ucsd.edu/~vramey/research/DeLong%20%20Summers-Fiscal%20Policy%20in%20a%20Depressed%20Economy.pdf), 2012.

Aslı Demirgüç-Kunt and Ross Levine (eds.), *Financial Structure and Economic Growth: A Cross-Country Comparison of Banks, Markets, and Development*, Mass., The MIT Press, 2001.

Aslı Demirgüç-Kunt and Ross Levine, "Finance, Financial Sector Policies, and Long Run Growth", *M. Spence Growth Commission Background Paper*, no. 11, Washington, D.C., World Bank, 2008.

Emile Despres, Charles P. Kindleberger, and Walter S. Salant, "The Dollar and World Liquidity: A Minority View", *The Economist*, vol. 218, no. 6389, February, 5, 1966, London, pp. 526–529. In Charles P. Kindleberger, *International Money: A Collection of Essays*, London George Allen & Unwin, 1981, ch. 4, pp. 42–52. (益戸欽也訳『インターナショナル・マネー』産業能率大学出版部、1983年, 第4章「ドルと世界流動性：少数意見」71–90頁。)

Carlos Díaz-Alejandro, "Good-bye Financial Repression, Hello Financial Crash", *Journal of Development Economics*, vol. 19, no. 1-2, September-October, 1985, pp. 1–24.

Robert S. Dohner and Ponciano Intal, Jr., "The Marcos Legacy: Economic Policy and Foreign Debt in the Philippines", in Jeffry D. Sachs and Susan M. Collins (eds.), *Developing Country Debt and Economic Performance, vol. 3, Country Studies: Indonesia, Korea, Philippines, Turkey*, Chicago, The University of Chicago Press, 1989, pp. 371–614.

Michael Dooley, David Folkerts-Landau, and Peter Garber, "An Essay on the Revised Bretton Woods System", NBER Working Paper Series, *Working Paper*, no. 9971, Mass., National Bureau of Economic Research, September, 2003.

Rudiger Dornbusch, "Inflation, Exchange Rates and Stabilization", *Essays in International Finance*, no. 165, New Jersey, Princeton University Press, October, 1986.

Rudiger Dornbusch, "Capital Flight: Theory, Measurement, and Policy Issues", *Inter-American Development Bank Occasional Papers*, no. 2, Washington, D.C., Inter-American Development Bank, 1990a.

Rudiger Dornbusch, "Latin American Trade Misinvoicing as an Capital Flight and Duty Evasion", *Inter-American Development Bank Occasional Papers*, no. 3, Washington, D.C., Inter-American Development Bank, 1990b.

Rudiger Dornbusch (ed.), *Policymaking in the Open Economy: Concepts and Case Studies in Economic Performance*, EDI Series in Economic Development, New York, Oxford University Press, 1993.

Rudiger Dornbusch and Alejandro Reynoso, "Financial Factors in Economic Development", in Rudiger Dornbusch (ed.), *Policymaking in the Open Economy: Concepts and Case Studies in Economic Performance*, EDI Series in Economic Development, New York, Oxford University Press, 1993, pp. 64–89.

Gunter Dufey and Ian H. Giddy, *The International Money Market*, New Jersey, Prentice-Hall, 1978. (志村嘉一・佐々木隆雄・小林襄治訳『国際金融市場：ユーロ市場の理論と構造』東京大学出版会, 1983年。)

Gauti B. Eggertsson, and Paul R. Krugman, "Deleveraging, and the Liquidity Trap: A Fisher-Minsky-Koo Approach" (New York: Federal Reserve Bank of New York) http://www.newyorkfed.org/research/economists/eggertsson/EggertssonKrugmanR2.pdf, 2012.

Barry Eichengreen, "One Money for Europe? Lessons from the U.S. Currency Union", *Economic Policy*, vol. 5, no. 10, April, 1990a, pp. 117–187.

Barry Eichengreen, "Is Europe an Optimum Currency Area?", Department of Economics, University of California at Berkeley, *Economics Working Paper*, no. 90-151, October, 1990b.

Barry Eichengreen, *International Monetary Arrangements for the 21st Century*, Washington, D.C.,

文　　献

The Brookings Institution, 1994.（藤井良広『21世紀の国際通貨制度：二つの選択』岩波書店, 1997 年。）

Barry Eichengreen, *Global Imbalance and the Lessons of Bretton Woods*, Cambridge, Mass., The MIT Press, 2006.（畑瀬真理子・松林洋一訳『グローバル・インバランス：歴史からの教訓』東洋経済新報社, 2010 年。）

Barry Eichengreen, *Exorbitant Privilege : The Rise and Fall of the Dollar*, New York, Oxford University Press, 2011.（小浜裕久監訳・浅沼信爾解説『とてつもない特権：君臨する基軸通貨ドルの不安』勁草書房, 2012 年。）

Barry Eichengreen and Peter Lindert (eds.), *The International Debt Crisis in Historical Perspective*, Mass., The MIT Press, 1989.

Barry Eichengreen, Robert Feldman, Jefffrey Liebman, Jürgen von Hagen, and Charles Wyplosz, *Public Debts : Nuts, Bolts and Worries*, Geneva Reports on the World Economy 13, Geneva and London, International Center for Monetary and Banking Studies (ICMB) and the Centre for Economic Policy Research (CEPR), September, 2011.

Michael Emerson, Daniel Gros, Alexander Italianer, Jean Pisani-Ferry, and Horst Reichenbach, *One Market, One Money : An Evaluation of the Potential Benefits and Costs of Forming an Economic and Monetary Union*, New York, Oxford University Press, 1992.

European Commission, Communication from The Commission to The European Parliament, The Council, The European Economic and Social Committee and The Committee of The Regions, *Towards a job-rich recovery*, Strasbourg, 18. 4. 2012, COM (2012), 173 final.

Gang Fan, "Currency Asymmetry, Global Imbalances, and Rethinking of the International Currency System", in Jan Joost Teunissen and Age Akkerman (eds.), *Global Imbalances and the US Debt Problem : Should Developing Countries Support the US Dollar*, Netherlands, Forum on Debt and Development (FINDAD), 2006, pp. 87-105.

Martin S. Feldstein, "The Case Against EMU", *The Economist*, June 13, 1992, pp. 12-19.

Martin S. Feldstein, "Why Maastricht will (still) Fail", *The National Interest*, no. 32, Summer, 1993, pp. 19-22.

Martin S. Feldstein, "The Political Economy of the European Economic and Monetary Union: Political Sources of an Economic Liability", NBER Working Paper Series, *Working Paper*, no. 6150, Mass., National Bureau of Economic Research, August, 1997.

Martin S. Feldstein, "The Euro and European Economic Conditions", NBER Working Paper Series, *Working Paper*, no. 17617, Mass., National Bureau of Economic Research, November, 2011.

Stanley Fischer, *IMF Essays from a Time of Crisis : The International Financial System, Stabilization, and Development*, Mass., The MIT Press, 2004.

Stanley Fischer, Richard N. Cooper, Rudiger Dornbusch, Peter M. Garber, Carlos Massad, Jacques J. Polak, Dani Rodrik, and Savak Tarapore, "Should the IMF Pursue Capital-Account Convertibility?", *Essays in International Finance*, no. 207, New Jersey, Princeton University Press, May, 1998.（岩本武和監訳『IMF 資本自由化論争』岩波書店, 1999 年。）

Marc Flandreau, "Was the Latin Monetary Union a Franc Zone?", in Jaime Reis (ed.), *International Monetary Systems in Historical Perspectives*, London, Macmillan Press Ltd., 1995, pp. 71-89.

Robert P. Flood and Peter M. Garber, "Collapsing Exchange-Rate Regimes: Some Linear Examples", *Journal of International Economics*, vol. 17, no. 1-2, August, pp. 1-13, 1984. なお, 同論文は, 以下の文献に再録されている。Robert P. Flood and Peter M. Garber, *Speculative Bubbles, Speculative Attacks, and Policy Switching*, Mass., The MIT Press, 1994, pp. 193-211.

Jeffrey A. Frankel, "No single currency regime is right for all countries or at all times", *Essays in International Finance*, no. 215, New Jersey, Princeton University Press, August, 1999.

文　　献

Jeffrey A. Frankel and Andrew Rose, "The Endoge-
neity of the Optimum Currency Area Criterion",
Economic Journal, vol. 108, no. 449, July, 1998,
pp. 1009-1025.

Milton Friedman, "The Case for Flexible Exchange
Rates", in *Essays in Positive Economics*, Chicago,
The University of Chicago Press, 1953, pp. 157-
203.（佐藤隆三・長谷川啓之訳『実証経済学の方
法と展開』富士書房，1977年，158-204頁。）

Milton Friedman and Anna Jacobson Schwartz, "The
Great Contraction, 1929-33", in Milton Friedman
and Anna Jacobson Schwartz, *A Monetary Histo-
ry of the United States, 1857-1960*, New Jersey,
Princeton University Press, 1963, ch. 7, pp. 299-
419.（久保恵美子訳『大収縮 1929-1933』第7章
「米国金融史」日経 BP 社，2009年。）

Maxwell J. Fry, *Money, Interest and Banking in Eco-
nomic Development*, Second Edition, Baltimore,
The Johns Hopkins University Press, 1995.

Peter M. Gaber, "Notes on the Role of TARGET in a
Stage III Crisis", NBER Working Paper Series,
Working Paper, no. 6619, Mass., National Bureau
of Economic Research, June, 1998.

Joseph E. Gagnon, with Marc Hinterschweiger, *The
Global Outlook for Government Debt over the
Next 25 Years: Implications for the Economy
and Public Policy*, Policy Analyses in Interna-
tional Economics, no. 94, Washington, D.C., Peter-
son Institute for International Economics, June,
2011.

John Kenneth Galbraith, *The Great Crash, 1929*,
1997 Edition, Boston, Houghton Mifflin Co., 1997.
（村井章子訳『大暴落 1929』日経 BP 社，2008
年。）

Alexander Gerschenkron, *Economic Backwardness in
Historical Perspective*, Cambridge, The Belknap
Press of Harvard University, 1962.（絵所秀紀・
雨宮昭彦・峯陽一・鈴木義一訳『後発工業国の経
済史：キャッチアップ型工業化論』ミネルヴァ書
房，2005年。池田美智子訳『経済後進性の史的
展望』日本経済評論社，2016年。）

Subrata Ghatak, *Monetary Economics in Developing
Countries*, Second Edition, New York, St.

Martin's Press, 1995.

Subrata Ghatak and José R. Sánchez-Fung, *Monetary
Economics in Developing Countries*, Third Edi-
tion, New York, Palgrave Macmillan, 2007.

F. Boyer De La Giroday, "Myths and Reality in the
Development of International Monetary Affairs",
Essays in International Finance, no. 105, New
Jersey, Princeton University Press, June, 1974.

Raymond W. Goldsmith, *Financial Structure and De-
velopment*, Studies in Comparative Economics 9,
New Haven, Yale University Press, 1969.

Raymond W. Goldsmith, *Premodern Financial Sys-
tems: A Historical Comparative Study*, New
York, Cambridge University Press, 1987.

Morris Goldstein, *Managed Floating Plus*, Policy
Analysis in International Economics, no. 66,
Washington, D.C., Institute for International Eco-
nomics, March, 2002.

Morris Goldstein, Graciela L. Kaminsky and Carmen
M. Reinhart, *Assessing Financial Vulnerability:
An Early Warning System for Emerging Mar-
kets*, Washington, D.C., Institute for International
Economics, 2000.

Pierre-Olivier Gourinchas and Helene Rey, "From
World Banker to World Venture Capitalist: Us
External Adjustment and the Exorbitant Privi-
lege", NBER Working Paper Series, *Working Pa-
per*, no. 11563, Mass., National Bureau of Eco-
nomic Research, August, 2005.

Paul De Grauwe, *International Money: Post-war
Trends and Theories*, Oxford, Oxford University
Press, 1989.

Paul De Grauwe, *International Money*, Oxford, Ox-
ford University Press, 1996.

Paul De Grauwe, *Economics of Monetary Union*,
Eighth Edition, New York, Oxford University
Press, 2009.（田中素香・山口昌樹訳『通貨同盟
の経済学：ユーロの理論と現状分析（原書第8
版）』勁草書房，2011年。）

Paul De Grauwe, *Economics of Monetary Union*,
Ninth Edition, New York, Oxford University
Press, 2012.

John G. Gurley and Edward S. Shaw, "Financial Aspects of Economic Development", *American Economic Review*, vol. 45, no. 4, September, 1955, pp. 515-538.

Thomas E. Hall and J. David Ferguson, *The Great Depression: An International Disaster of Perverse*, Michigan, University of Michigan Press, 1998. (宮川重義訳『大恐慌：経済政策の誤りが引き起こした世界的な災厄』多賀出版, 2000年。)

Arnold C. Harberger (ed.), *World Economic Growth: Case Studies of Developed and Developing Nations*, San Francisco, Institute for Contemporary Studies Press, 1984.

Alison Harwood and Bruce L. R. Smith (eds.), *Sequencing?: Financial Strategies for Developing Countries*, Washington, D.C., Brookings Institution Press, 1997.

Thomas Hellmann, Kevin Murdock, and Joseph Stiglitz, "Financial Restraint: Toward a New Paradigm", in Masahiko Aoki, Hyung-Ki Kim, and Masahiro Okuno-Fujiwara (eds.), *The Role of Government in East Asian Economic Development: Comparative Institutional Analysis*, New York, Clarendon Press Oxford, 1997, ch. 6, pp. 163-207. (白鳥正喜監訳『東アジアの経済発展と政府の役割：比較制度分析アプローチ』日本経済新聞社, 1997年, 第6章「金融抑制：新しいパラダイムに向けて」, 183-233頁。)

James C. Ingram, "State and Regional Payments Mechanisms", *The Quarterly Journal of Economics*, vol. 73, no. 4, November, 1959, pp. 619-632.

James C. Ingram, *Regional Payments Mechanisms: The Case of Puerto Rico*, Chapel Hill, The University of North Carolina Press, 1962.

International Monetary Fund, *Balance of Payments and International Investment Position Manual, Sixth Edition (BPM6)*, Washington, D.C., International Monetary Fund, 2009.

Yoshihide Ishiyama, "The Theory of Optimum Currency Areas: A Survey", *IMF Staff Papers*, vol. 22, no. 2, Washington, D.C., International Monetary Fund, July, 1975, pp. 344-383.

Oliver Jeanne, "Currency Crisis: A Perspective on

Recent Theoretical Developments", *Special Papers in International Economics*, no. 20, New Jersey, Princeton University Press, March, 2000.

Graciela L. Kaminsky and Carmen M. Reinhart, "The Twin Crisis: The Causes of Banking and Balance-of-Payments Problems", *American Economic Review*, vol. 89, no. 3, June, 1999, pp. 473-500.

Masahiro Kawai and Shinji Takagi. "Rethinking Capital Controls: The Case of Malaysia", in Suthiphand Chirathivat, Emil-Maria Claassen and Jürgen Schroeder (eds.), *East Asia's Monetary Future: Integration in the Global Economy* , Cheltenham, UK and Northampton, MA, USA: Edgar Elgar, 2004, pp. 182-214.

Peter B. Kenen, "Convertibility and Consolidation：A Survey of Options for Reform", *American Economic Review*, vol. 63, no. 2, May, 1968, pp. 189-198.

Peter B. Kenen, "The Theory of Optimum Currency Areas: An Eclectic View", in Mundell, Robert A., and Alexander K. Swoboda, *Monetary Problems of the International Economy*, Chicago, The University of Chicago Press, 1969, part 2, pp. 41-60.

Peter B. Kenen, *Economic and Monetary Union in Europe: Moving Beyond Maastricht*, New York, Cambridge University Press, 1995.

Peter B. Kenen, and Ellen E. Meade, *Regional Monetary Integration*, New York, Cambridge University Press, 2008.

Charles P. Kindleberger, *International Economics*, Third Edition, Illinois, Richard D. Irwin Inc., 1963. (相原光・志田明共訳『国際経済学』評論社, 1966年。)

Charles P. Kindleberger, "The Price of Gold and the N-1 Problem", in Charles P. Kindleberger, *International Money: A Collection of Essays*, London, George Allen & Unwin, 1981, ch. 7, pp. 76-86. (益戸欽也訳『インターナショナル・マネー』産業能率大学出版部, 1983年, 「第6章 金価格とN-1問題」, 113-131頁。)

Charles P. Kindleberger, *International Money: A Collection of Essays*, London, George Allen & Unwin, 1981. (益戸欽也訳『インターナショナル・

マネー』産業能率大学出版部，1983年。）

Charles P. Kindleberger, *The World in Depression: 1929-1939*, Revised and Enlarged Edition, Berkeley, University of California Press, 1986. （石崎昭彦・木村一朗訳『大不況下の世界：1929-1939（改訂増補版）』岩波書店，2009年。）

Charles P. Kindleberger, *A Financial History of Western Europe*, Second Edition, New York, Oxford University Press, 1993.

Charles P. Kindleberger and Robert Z. Aliber, *Manias, Panics and Crashes: A History of Financial Crises*, Sixth Edition, Hampshire, Palgrave Macmillan, 2011. （高遠裕子訳『熱狂，恐慌，崩壊：金融危機の歴史』日本経済新聞出版社，2014年。）

Richard C. Koo, *Balance Sheet Recession: Japan's Struggle with Uncharted Economics and its Global Implications*, Singapore, John Wiley and Sons (Asia) Pte., Ltd., 2003. （楡井浩一訳『デフレとバランスシートの経済学』徳間書店，2003年。）

Richard C. Koo, *The Holy Grail of Macroeconomics: Lessons from Japan's Great Recession*, Singapore, John Wiley and Sons, 2009.

Paul R. Krugman, "A Model of Balance-of-Payment Crisis", *Journal of Money, Credit, and Banking*, vol. 11, no. 3, August, 1979, pp. 311-325. なお，同論文は，以下の文献に再録されている。Paul R. Krugman, *Currencies and Crisis*, Mass., The MIT Press, 1992, ch. 4, pp. 61-76.

Paul R. Krugman, "The International Role of the Dollar: Theory and Prospect", in John F. O. Bilson and Richard C. Marston (eds.), *Exchange Rate Theory and Practice*, Chicago, The University of Chicago Press, 1984, pp. 261-278. なお，同論文は，以下の文献に再録されている。Paul R. Krugman, *Currecies and Crisis*, Mass., The MIT Press, 1992, ch. 10, pp. 165-183.

Paul R. Krugman, "Policy Problems of a Monetary Union", in Paul De Grauwe and Lucas Papademos (eds.), *The European Monetary System in the 1990's*, New York, Longman, 1990, ch. 3, pp. 48-94. なお，同論文は，以下の文献に再録されてい

る。Paul R. Krugman, *Currency and Crises*, Mass., The MIT Press, 1992, ch. 11, pp. 185-203.

Paul R. Krugman, *Geography and Trade*, Mass., The MIT Press, 1991. （北村行伸・高橋亘・妹尾美起訳『脱「国境」の経済学：産業立地と貿易の新理論』東洋経済新報社，1994年。）

Paul R. Krugman, "Latin America's Swan Song", http://web.mit.edu/krugman/www/swansong. html., 1998.

Paul R. Krugman, *End This Depression Now!*, New York, W. W. Nortron & Company, Inc., 2012. （山形浩生訳・解説『さっさと不況を終わらせろ』早川書房，2012年。）

Pedro-Pablo Kuczynski and John Williamson (eds.), *After the Washington Consensus: Restarting Growth and Reform in Latin America*, Washington D.C., Institute for International Economics, 2003.

Philip R. Lane, "The Real Effects of European Monetary Union", *Journal of Economic Perspectives*, vol. 20, no. 4, Fall, 2004, pp. 47-66.

Donald R. Lessard and John Williamson, *Capital Flight and Third World Debt*, Washington, D.C., Institute for International Economics, 1987.

Ross Levine, "Finance and Growth: Theory and Evidence", in Philippe Aghion and Steven Durlauf (eds.), *Handbook. of Economic Growth*, Amsterdam, North-Holland, vol. 1, part A, ch. 12, 2005, pp. 865-934.

Peter H. Lindert, "Key Currencies and Gold 1900-1913", *Princeton Studies in International Finance*, no. 24, New Jersey, Princeton University Press, August, 1969.

Robert E. Lucas, Jr., 1988, "On the Mechanics of Economic Development", *Journal of Monetary Economics*, vol. 22, no. 1, July, 1988, pp. 3-42.

Carlos Massad, "The liberalization of the Capital Account: Chile in the 1990s", in Stanley Fischer, Richard N. Cooper, Rudiger Dornbusch, Peter M. Garber, Carlos Massad, Jacques J. Polak, Dani Rodrik, and Savak Tarapore, "Should the IMF Pursue Capital-Account Convertibility?", *Essays in International Finance*, no. 207, New Jersey,

Princeton University Press, May, 1998, pp. 34-46.（岩本武和監訳『IMF 資本自由化論争』岩波書店, 1999 年, 67-90 頁。）

Ronald I. McKinnon, "Optimum Currency Areas", *American Economic Review*, vol. 53, no. 4, September, 1963, pp. 717-725.

Ronald I. McKinnon, "Private and Official International Money: The Case for the Dollar", *Essays in International Finance*, no. 74, New Jersey, Princeton University Press, April, 1969.

Ronald I. McKinnon, *Money and Capital in Economic Development*, Washington, D.C., Brookings Institution, 1973.

Ronald I. McKinnon (ed.), *Money and Finance in Economic Growth and Development: Essays in Honor of Edward S. Shaw*, New York, Marcel Dekker, Inc., 1976.

Ronald I. McKinnon, *Money in International Exchange: the Convertible Currency System*, New York: Oxford University Press, 1979.（鬼塚雄丞・工藤和久・河合正弘訳『国際通貨・金融論：貿易と交換性通貨体制』日本経済新聞社, 1985 年。）

Ronald I. McKinnon, "The Order of Economic Liberalization: Lessons from Chile and Argentina", *Carnegie-Rochester Conference Series on Public Policy*, vol. 17, no. 1, 1982, pp. 159-186.

Ronald I. McKinnon, *The Order of Economic Liberalization: Financial Control in the Transition to a Market Economy*, Second Edition, Baltimore, The Johns Hopkins University Press, 1993.

Ronald I. McKinnon, *The Rules of the Game: International Money and Exchange Rates*, Mass., The MIT Press, 1996, pp. 239-251.

Ronald I. McKinnon, "Optimum Currency Areas and Key Currencies: Mundell I versus Mundell II", *Journal of Common Market Studies*, vol. 42, no. 4, November, 2004, pp. 689-715.

Ronald I. McKinnon, *Exchange Rates under The East Asian Dollar Standard: Living with Conflicted Virtue*, Mass., The MIT Press, 2005.

Ronald I. McKinnon, "China's Exchange Rate Trap: Japan Redux?", *American Economic Review*,

vol. 96, no. 2, May, 2006, pp. 427-431.

Ronald I. McKinnon, *The Unloved Dollar Standard: From Bretton Woods to the Rise of China*, New York, Oxford University Press, 2013.

Ronald I. McKinnon and Huw Pill, "Credible Liberalizations and International Capital Flows: The "Overborrowing Syndrome", in Takatoshi Ito and Anne O. Krueger (eds.), *Financial Deregulation and Integration in East Asia*, NBER-EASE vol. 5, Chicago, The University of Chicago Press, 1996, pp. 7-50.

Gerald M. Meier and Dudley Seers (eds.), *Pioneers in Development*, New York, Oxford University Press, 1984.

Gerald M. Meier (ed.), *Pioneers in Development: Second Series*, New York, Oxford University Press, 1987.

Gerald M. Meier, *Biography of a Subject: An Evolution of Development Economics*, New York, Oxford University Press, 2004.（渡辺利夫・徳原悟訳『開発経済学概論』岩波書店, 2006 年。）

Francesco Paolo Mongelli, ""New" Views on the Optimum Currency Area Theory: What is EMU Telling Us? A Theory of Optimum Currency Areas", *Working Paper*, no. 138, Frankfurt am Main, European Central Bank, April, 2002.

Robert A. Mundell, "A Theory of Optimum Currency Areas", *American Economic Review*, vol. 51, no. 4, September, 1961, pp. 657-665.（渡辺太郎・箱木真澄・井川一宏訳『【新版】国際経済学』ダイヤモンド社, 2000 年, 第 12 章「最適通貨圏の理論」, 209-220 頁。）

Robert A. Mundell, "Toward a Better International Monetary System", *Journal of Money, Credit and Banking*, vol. 1, no. 3, August, 1969, pp. 625-648.

Robert A. Mundell, "Uncommon Arguments for Common Currencies", in Harry G. Johnson and Alexander K. Swoboda (eds.), *The Economics of Common Currencies*, Mass., Harvard University Press, 1973a, ch. 7, pp 114-132.

Robert A. Mundell, "A Plan for a European Currency", in Harry G. Johnson and Alexander K. Swoboda (eds.), *The Economics of Common Curren-*

cies, Mass., Harvard University Press, 1973b, ch. 9, pp. 143-172.

Maurice Obstfeld, "The Logic of Currency Crisis", *Cahiers Économiques et Monétaires* (Banque de France), vol. 43, 1994, pp. 189-213.

Maurice Obstfeld, "Models of Currency Crisis with Self-Fulfilling Features", *European Economic Review*, vol. 40, no. 3-5, April, 1996, pp. 1037-1047.

Maurice Obstfeld and Kenneth Rogoff, "Global Imbalances and the Financial Crisis: Products of Common Causes", Paper prepared for the Federal Reserve Bank of San Francisco Asia Economic Policy Conference, Santa Barbara, CA, October, 2009, pp. 18-20.

Hugh T. Patrick, "Financial Development and Economic Growth in Underdeveloped Countries", *Economic Development and Cultural Change*, vol. 14, no. 2, January, 1966, pp. 174-189.

Hugh T. Patrick and Yung Chul Park (eds.), *The Financial Development of Japan, Korea, and Taiwan: Growth, Repression, and Liberalization*, New York, Oxford University Press, 1994.

Sidney Pollard, *European Economic Integration 1815-1970*, London, Thames & Hudson, 1974. （鈴木良隆・春見濤子訳『ヨーロッパの選択：経済統合への途 1815-1970 年』有斐閣，1990 年。）

Sidney Pollard, *The Integration of the European Economy Since 1815*, London, George Allen & Unwin, 1981.

Radcliffe Committee, *Report of the Committee on the Working of the Monetary System*, HMSO - Her Majesty's Stationery Office, Cmnd 827, 1959. （大蔵省金融問題研究会訳『ラドクリフ委員会報告』大蔵省印刷局，1959 年。）

Raghuram G. Rajan, *Fault Lines: How Hidden Fractures Still Threaten the World Economy*, New Jersey, Princeton University Press, 2010. （伏見威蕃・月沢歌子訳『フォールト・ラインズ：「大断層」が金融危機を再び招く』新潮社，2011 年。）

Carmen M. Reinhart and Kenneth S. Rogoff, *This Time is Different: Eight Centuries of Financial Folly*, New Jersey, Princeton University Press,

2009. （村井章子訳『国家は破綻する：金融危機の 800 年』日経 BP 社，2011 年。）

Carmen M. Reinhart and Kenneth S. Rogoff, *A Decade of Debt*, Policy Analyses in International Economics, no. 95, Washington, D.C., Peterson Institute for International Economics, September, 2011.

Charles Rist, *Historie des Doctrines relatives au Crédit et à la Monnaie, depuis John Law jusqu' à nos jours*, Paris, Recueil Sirey, 1938. English Version translated by Jane Degras, *History of Monetary and Credit Theory: From John Law to the Present Day*, London, George Allen and Unwin Ltd., 1940. （天沼紳一郎訳『貨幣信用学説史：ジョン・ロー以降現代に至る』実業之日本社，1943 年。）

John Robbinson, *The Generalizations of the General Theory: The Rate of Interest, and Other Essays*, London, Macmillan, 1952. （大川一司・梅村又次訳『利子率その他諸研究：ケインズ理論の一般化』東洋経済新報社，1955 年。）

Nouriel Roubini and Stephen Mihm, *Crisis Economics: A Crash Course in the Future of Finance*, New York, Penguin Press, 2010. （山岡洋一・北川知子訳『大いなる不安定：金融危機は偶然ではない，必然である』ダイヤモンド社，2010 年。）

Peter L. Rousseau and Paul Wachtel, *Financial Systems and Economic Growth: Credit, Crises, and Regulation from the 19th Century to the Present*, New York, Cambridge University Press, 2017.

Jacques Rueff, *Le Péché Monétaire de l'Occident*, Plon, 1971. （長谷川公昭・村瀬満男訳『ドル体制の崩壊』サイマル出版会，1973 年。）

Ratna Sahay, Jerald Schiff, Cheng Hoon Lim, Chikahisa Sumi, and James P. Walsh, *The Future of Asian Finance*, Washington, D.C., International Monetary Fund, 2015.

Friedrich Schneider, "The Influence of Public Institutions on the Shadow Economy: An Empirical Investigation for OECD Countries", *Review of Law & Economics*, vol. 6, no. 3, December 2010, pp. 441-468.

Joseph A. Schumpeter, *Theorie der wirtschaftlichen*

Entwicklung: Eine Untersuchung über Unternehmergewinn, Kapital, Kredit, Zins und den Konjunkturzyklus, 2nd revised ed., Leipzig: Duncker & Humblot, 1912.（塩野谷祐一・中山伊知郎・東畑精一訳『経済発展の理論（上）・（下）』岩波書店，1977 年。）

Marcelo Selowsky and Herman G. Van Der Tak, "The Debt Problem and Growth", *World Development*, vol. 14, no. 9, September, 1986, pp. 1107-1124.

Edward S. Shaw, *Financial Deepening in Economic Development*, New York, Oxford University Press, 1973.

Joseph E. Stiglitz, "Capital Market Liberalization, Economic Growth, and Instability", *World Development*, vol. 28, no. 6, 2000, pp. 1075-1086.

Joseph E. Stiglitz, *The Price of Inequality: How Today's Divided Society Endangers Our Future*, New York, W. W. Nortron & Company, Inc., 2012.（楡井浩一・峯村利哉訳『世界の 99% を貧困にする経済』徳間書店，2012 年。）

Joseph E. Stiglitz and Andrew Weiss, "Credit Rationing in Markets with Imperfect Information", *American Economic Review*, vol. 71, no. 3, June, 1981, pp. 393-410.

Joseph E. Stiglitz and Bruce Greenwald, *Towards a New Paradigm in Monetary Economics*, *Cambridge*, Cambridge University Press, 2003.（内藤純一・家森信善訳『新しい金融論：信用と情報の経済学』東京大学出版会，2003 年。）

Joseph E. Stiglitz and Members of a UN Commission of Financial Experts, *The Stiglitz Report: Reforming The International Monetary and Financial Systems in The Global Crisis*, New York, The New Press, 2010.（森史朗訳『スティグリッツ国連報告』水山産業株式会社出版部，2011 年。）

Rogério Studart, *Investment Finance in Economic Development*, London, Routledge, 1995.

Trevor W. Swan, "Longer-Run Problems of the Balance of Payments", in H. W. Arndt and W. M. Corden, *The Australian Economy, A Volume of Readings*, Melbourne, F. W. Cheshire, 1963, ch. 24, pp. 384-395. また，次の文献にも再録されている。

Selected by a Committee of The American Economic Association (Selection Committee for This Volume, Richard E. Caves and Harry G. Johnson), *Readings in International Economics*, Illinois, Ricard D. Irwin, INC., 1968, ch. 27, pp. 455-464.

Alexander K. Swoboda, "Gold, Dollar, Euro-dollars, and the World Money Stock under Fixed Exchange Rate", *American Economic Review*, vol. 68, no. 4, September, 1978, pp. 625-642.

Peter Temin, *Lessons from the Great Depression*, Mass., The MIT Press, 1989.（猪木武徳・山本貴之・鳩澤歩訳『大恐慌の教訓』東洋経済新報社，1994 年。）

Peter Temin, *Keynes: Useful Economics for the World Economy*, Mass., The MIT Press, 2014.（小谷野俊夫訳『学び直しケインズ経済学：現在の世界経済問題を考える』一灯舎，2015 年。）

Peter Temin and David Vines, *The Leaderless Economy: Why the World Economic System Fell Apart and How to Fix It*, New Jersey, Princeton University Press, 2013.（貫井佳子訳『リーダーなき経済：世界を危機から救うための方策』日本経済新聞出版社，2014 年。）

Hans Tietmeyer, *Herausforderung EURO: Wie es zum Euro kam und was er für DEUTSCHLANDS ZUKUNFT bedeutet*, München, Carl Hanser Verlag, 2005.（財団法人国際通貨研究所・村瀬哲司監訳『ユーロへの挑戦』京都大学学術出版会，2007 年。）

James Tobin, *The New Economics: One Decade Older*, New Jersey, Princeton University Press, 1974.（矢島鈞次・篠塚慎吾訳『インフレと失業の選択：ニュー・エコノミストの反証と提言』ダイヤモンド社，1976 年。）

Edward Tower and Thomas D. Willett, "The Theory of Optimum Currency Areas and Exchange-Rate Flexibility", *Special Papers in International Economics*, no. 11, New Jersey, Princeton University Press, May, 1976.

Robert Triffin, *Gold and the Dollar Crisis: The Future of Convertibility*, New Haven, Yale University Press, 1960.（村野孝・小島清監訳『金とド

文　献

ルの危機：新国際通貨制度の提案』勁草書房，1961年。）

John Williamson, *The Open Economy and the World Economy*, New York, Basic Books, 1983.（須田美矢子・奥村隆平・柳田辰雄訳『世界経済とマクロ理論』多賀出版，1990年。）

John Williamson (ed.), *Latin American Adjustment, How Much has happened?*, Washington, D.C., Institute for International Economics, 1990.

John Williamson and Molly Mahar, "A Survey of Financial Liberalization", *Essays in International Finance*, no. 211, New Jersey, Princeton University Press, November, 1998.

Henry Parker Willis, *The Genesis of The Latin Monetary Union*, Chicago, The University of Chicago Press, 1901a.

Henry Parker Willis, *A History of The Latin Monetary Union: A Study of International Monetary Action*, Chicago, The University of Chicago Press, 1901b.

The World Bank, *World Development Report 1985: International Capital and Economic Development*, New York, Oxford University Press, 1985.

The World Bank, *World Development Report 1989: Financial Systems and Development, World Development Indicators*, New York, Oxford University Press, 1989.（世界銀行『世界開発報告1989：金融部門と開発，世界開発指標』イースタン・ブック・サーヴィス，1989年。）

The World Bank, *The East Asian Miracle: Economic Growth and Public Policy—A World Bank Policy Research Report*, Washington, D.C., The International Bank for Reconstruction and Development/The World Bank, 1993.（白鳥正喜監訳／海外経済協力基金開発問題研究会訳『東アジアの奇跡：経済成長と政府の役割』東洋経済新報社，1994年。）

The World Bank, *The Emerging Asian Bond Market*, Washington, D.C., The World Bank, 1995.（日本証券経済研究所訳『アジアの公社債市場』財団法人日本証券経済研究所，1997年。）

Xiaobo Zhang and Kong-Yam Tan, "Blunt to Sharpened Razor: Incremental Reform and Distortions in the Product and Capital Markets in China", *DSGD Discussion Paper*, no. 13, Washington, D.C., International Food Policy Research Institute, August, 2004.

2. 和　文

青木昌彦・奥野正寛編『経済システムの比較制度分析』東京大学出版会，1996年。

アジア資本市場研究会（主査：川村雄介）編『ASEAN金融資本市場と国際金融センター』公益財団法人日本証券経済研究所，2015年。

池尾和人・財務省財務総合政策研究所編著『市場型間接金融の経済分析』日本評論社，2006年。

池尾和人・黄圭燦・飯島高雄『日韓経済システムの比較制度分析：経済発展と開発主義のわな』日本経済新聞社，2001年。

井澤秀記「IMFによる為替相場制度の分類改訂について」『国民経済雑誌』第201巻第4号，43-52頁，2010年4月。

石黒馨『国際経済学を学ぶ』ミネルヴァ書房，2012年。

伊東和久・高阪章・田近栄治編『経済発展と財政金融』アジア経済研究所，研究双書no. 338，1985年。

伊東和久・山田俊一編『経済発展と金融自由化』アジア経済研究所，研究双書no. 429，1993年。

伊東和久編『発展途上国の金融改革と国際化』アジア経済研究所，研究双書no. 449，1995年。

石見徹『国際通貨・金融システム　1870～1990』有斐閣，1995年。

石見徹・伊藤元重編『国際資本移動と累積債務』東京大学出版会，1990年。

石見徹・河合正弘「基軸通貨と国際通貨システム（1），（2）」『経済学論集』（東京大学），56巻2号，1990年7月，74-101頁，56巻3号，1990年10月，83-110頁。

ジョン・ウィリアムソン著／小野塚佳光編訳『国際通貨制度の選択：東アジア通貨圏の可能性』岩波書店，2005年。

植田和男『国際収支不均衡下の金融政策』東洋経済新報社，1992年。

大蔵省財政金融研究所内金融・資本市場研究会編『アジアの金融・資本市場：21世紀へのビジョン』

文　　献

社団法人金融財政事情研究会，1991 年。

大野早苗・小川英治・佐々木百合・高橋豊治『環太平洋地域の金融・資本市場』高千穂大学総合研究所，2002 年。

大場智満・増永嶺監修，（財）国際金融情報センター編『世界の金融・資本市場（第 2 巻）：アジア・大洋州編』社団法人金融財政事情研究会，1995 年。

大場智満・増永嶺監修，（財）国際金融情報センター編『変動する世界の金融・資本市場（下巻）：アジア・中南米・中東編』社団法人金融財政事情研究会，1999 年。

小川英治『国際通貨システムの安定性』東洋経済新報社，1998 年。

小川英治・財務省財務総合政策研究所編著『中国の台頭と東アジアの金融市場』日本評論社，2006 年。

奥田宏司『ドル体制とユーロ，円』日本経済評論社，2002 年。

奥田宏司『円とドルの国際金融』ミネルヴァ書房，2007 年

奥田宏司『現代国際通貨体制』日本経済評論社，2012 年。

奥田宏司「ユーロ不安の基本的性格とユーロの決済システム」『経　済』no. 239，116-126 頁，2015 年 8 月。

奥田英信「金融自由化政策と経済発展：フィリピンとタイの比較事例研究」『アジア経済』第 34 巻第 6 号，2-20 頁，1993 年 a。

奥田英信「NIEs・ASEAN 諸国の CPC 型経済発展と国際間資金移動」一橋大学研究年報『経済学研究』第 34 巻，31-64 頁，1993 年 b。

奥田英信「金融改革と発展パフォーマンス：1970 年代―80 年代のタイとフィリピンの比較」，小浜裕久・柳原透編著『東アジアの構造改革』日本貿易振興会，第 2 章所収論文，22-52 頁，1995 年。

奥田英信『ASEAN の金融システム：直接投資と開発金融』東洋経済新報社，2000 年。

奥田英信・三重野文晴・生島靖久『新版　開発金融論』日本評論社，2010 年。

奥村洋彦『現代日本経済論：「バブル経済」の発生と崩壊』東洋経済新報社，1999 年。

嘉治佐保子『国際通貨体制の経済学：ユーロ・アジア・日本』日本経済新聞社，2004 年。

梶原弘和『アジアの発展戦略：工業化波及と地域経済圏』東洋経済新報社，1995 年。

梶原弘和『アジア発展の構図』東洋経済新報社，1999 年。

加藤俊彦『本邦銀行史論』東京大学出版会，1957 年。

金木利公・鹿庭雄介「マネー激流：グローバルマネーに翻弄されるアジア新興国」小川英治・日本経済研究センター編『激流アジアマネー：新興金融市場の発展と課題』日本経済新聞出版社，2015 年，第 1 章，1-27 頁。

河合正弘「アジア NIEs・ASEAN 諸国の金融的発展と相互依存」大蔵省財政金融研究所編『フィナンシャル・レビュー』第 22 号，52-83 頁，1992 年。

河合正弘『国際金融論』東京大学出版会，1994 年。

河合正弘・QUICK 総合研究所アジア金融研究会編著『アジアの金融・資本市場：自由化と相互依存』日本経済新聞社，1996 年。

河村小百合『欧州中央銀行の金融政策』きんざい，2015 年。

神沢正典『世界経済と開発金融』ミネルヴァ書房，1995 年。

岸真清『経済発展と金融政策：韓国・タイの経験と日本』東洋経済新報社，1990 年。

黒坂佳央「日本経済の現段階と金融立国の可能性：マクロからの視点」黒坂佳央・藤田康範編著『現代の金融市場』慶應大学出版会，2009 年，207-232 頁。

呉明珊『アジア諸国の金融・資本市場』日本経済評論社，1992 年。

小浜裕久・柳原透編著『東アジアの構造調整』日本貿易振興会，1995 年。

小林慶一郎「バランスシート不況のマクロ経済論」吉川洋・通商産業研究所編集委員会編著『マクロ経済政策の課題と争点』東洋経済新報社，2000 年，167-201 頁。

小林慶一郎・加藤創太『日本経済の罠：なぜ日本は長期低迷を抜け出せないのか』日本経済新聞社，2001 年。

小林慶一郎・寺澤達也・深尾光洋編著『バランスシート再建の経済学』，東洋経済新報社，2001 年。

小宮隆太郎「最適通貨地域の理論」嘉治元郎・村上泰亮編『現代経済学の展開』勁草書房，1971 年，第 14 章，350-366 頁。

文　　献

近藤健彦・中島精也・林康史／ワイス為替研究会編著『アジア通貨危機の経済学』東洋経済新報社，1998年。

坂井秀吉・ダンテ・B・カンラス編『フィリピンの経済開発と開発政策』アジア経済研究所，1990年。

櫻川昌也・福田慎一編『なぜ金融危機は起こるのか：金融経済研究のフロンティア』東洋経済新報社，2013年。

代田純『ユーロと国債デフォルト危機』税務経理協会，2012年。

鈴木満直『開放下における韓国の金融システム：資本輸出国への道』勁草書房，1993年。

千田純一「ドルの非対称性とIMF体制」『金融経済』147号，1974年8月，37-53頁。

第一勧銀総合研究所編『アジア金融市場』東洋経済新報社，1997年。

髙木信二編『通貨危機と資本逃避：アジア通貨危機の再検討』東洋経済新報社，2003年。

高木信二『新しい国際通貨制度に向けて』NTT出版，2013年。

高阪章「アジア諸国の金融改革」大蔵省財政金融研究所編『フィナンシャル・レビュー』第27号，77-96頁，1993年。

高橋亀吉・森垣淑『昭和金融恐慌史』講談社学術文庫，1993年（なお，初版は清明会出版部より1968年に同一のタイトルで出版されている）。

高橋琢磨・関志雄・佐野哲司『アジア金融危機』東洋経済新報社，1998年。

高屋定美『欧州危機の真実：混迷する経済・財政の行方』東洋経済新報社，2011年。

竹田憲史「通貨・金融危機の発生メカニズムと伝染：グローバル・ゲームによる分析」日本銀行金融研究所『金融研究』第26巻第2号，87-130頁，2007年4月。

竹森俊平『欧州統合，ギリシャに死す』講談社，2015年。

田坂敏雄『バーツ経済と金融自由化』御茶の水書房，1996年。

谷内満『アジアの成長と金融』東洋経済新報社，1997年。

寺西重郎『日本の経済発展と金融』岩波書店，1982年。

寺西重郎『工業化と金融システム』東洋経済新報社，1991年。

寺西重郎『経済開発と途上国債務』東洋経済新報社，1995年。

寺西重郎『戦前期日本の金融システム』岩波書店，2011年。

寺西重郎・福田慎一・奥田英信・三重野文晴編『アジアの経済発展と金融システム〔東北アジア編〕』東洋経済新報社，2007年。

寺西重郎・福田慎一・奥田英信・三重野文晴編『アジアの経済発展と金融システム〔東南アジア編〕』東洋経済新報社，2008年。

徳原悟「アジア諸国における経済発展と金融制度改革（1）：概論」『月刊　状況と主体』no. 266，105-115頁，1998年1月a。

徳原悟「アジア諸国における経済発展と金融制度改革（2）：インドネシア」『月刊　状況と主体』no. 267，118-35頁，1998年2月b。

徳原悟「アジア諸国における経済発展と金融制度改革（3）：フィリピン」『月刊　状況と主体』no. 268，96-113頁，1998年3月c。

徳原悟「アジア諸国における経済発展と金融制度改革（4）：タイ」『月刊　状況と主体』no. 269，104-121頁，1998年4月d。

徳原悟「アジア諸国における経済発展と金融制度改革（5）：マレーシア」『月刊　状況と主体』no. 270，32-48頁，1998年5月e。

徳原悟「アジア諸国における経済発展と金融制度改革（6）：韓国」『月刊　状況と主体』no. 271，71-89頁，1998年6月f。

徳原悟「アジア諸国における経済発展と金融制度改革（7）：台湾」『月刊　状況と主体』no. 272，128-43頁，1998年7月g。

徳原悟「アジア諸国における経済発展と金融制度改革（8）：香港」『月刊　状況と主体』no. 273，74-92頁，1998年8月h。

徳原悟「アジア諸国における経済発展と金融制度改革（9）：香港金融市場」『月刊　状況と主体』no. 274，125-139頁，1998年9月i。

徳原悟「アジア諸国における経済発展と金融制度改革（10）：シンガポール」『月刊　状況と主体』no. 275，123-138頁，1998年10月j。

徳原悟「アジア諸国における経済発展と金融制度改革（11）：シンガポール金融市場」『月刊　状況と主

文　　献

体』no. 276, 92-107 頁, 1998 年 11 月 k。

徳原悟「アジア諸国における経済発展と金融制度改革
（12）：中国」『月刊　状況と主体』no. 278, 96-
113 頁, 1999 年 1 月 a。

徳原悟「東アジアにおける経済発展と金融システム」
『報告』第 33 号, 拓殖大学海外事情研究所,
47-58 頁, 1999 年 b。

徳原悟「ASEAN 諸国の経済発展と金融自由化」『国
際開発学研究』第 1 巻第 2 号, 拓殖大学国際開発
研究所, 59-70 頁, 1999 年 c。

徳原悟「NIES 諸国の経済発展と金融自由化」『報告』
第 34 号, 拓殖大学海外事情研究所, 225-240 頁,
2000 年。

徳原悟「東アジアの経済発展と金融自由化：台湾, タ
イ, フィリピンのケース」『国際開発学研究』第
2 巻第 4 号, 拓殖大学国際開発研究所, 100-112
頁, 2003 年 a。

徳原悟「東アジア諸国の工業化と金融システムの歴史
的変化」『国際開発学研究』第 2 巻第 4 号, 拓殖
大学国際開発研究所, 87-99 頁, 2003 年 b。

徳原悟「ブレトンウッズ II 体制とアジア諸国の外貨準
備」『国際開発学研究』第 10 巻第 2 号, 拓殖大学
国際開発研究所, 73-92 頁, 2011 年。

鳥居泰彦『経済発展理論』東洋経済新報社, 1979 年。

中條誠一『新版　現代の国際金融を学ぶ：理論・実
務・現実問題』勁草書房, 2015 年。

中西市郎・岩野茂道『国際金融論の新展開』新評論,
1972 年。

中村雅秀編著『累積債務の政治経済学』ミネルヴァ書
房, 1987 年。

西村閑也『国際金本位制とロンドン金融市場』法政大
学出版局, 1980 年。

日本銀行調査統計局「最近におけるアジア諸国の金融
制度改革」『日本銀行調査月報』第 41 巻第 2 号,
1-29 頁, 1990 年 2 月。

濱田博男編『アジアの証券市場』東京大学出版会,
1993 年。

藤田誠一・岩壺健太郎編『グローバル・インバランス
の経済分析』有斐閣, 2010 年。

堀内昭義編『累積債務と財政金融』アジア経済研究所,
研究双書 no. 409, 1991 年。

堀内昭義・山田俊一編『発展途上国の金融制度と自由
化』アジア経済研究所, 研究双書 no. 475, 1997

年。

松井謙『第三世界の開発と金融』新評論, 1977 年。

松林洋一「グローバル・インバランス：理論的展望」
藤田誠一・岩壺健太郎編『グローバル・インバラ
ンスの経済分析』有斐閣, 第 1 章, 13-37 頁,
2010 年 a。

松林洋一『対外不均衡とマクロ経済：理論と実証』東
洋経済新報社, 2010 年 b。

三重野文晴『金融システム改革と東南アジア：長期趨
勢と企業金融の実証分析』勁草書房, 2015 年。

毛利良一『国際債務危機の経済学』東洋経済新報社,
1988 年。

藪下史郎『金融システムと情報の理論』東京大学出版
会, 1995 年。

藪下史郎『貨幣金融制度と経済発展：貨幣と制度の政
治経済学』有斐閣, 2001 年。

山本栄治『基軸通貨の交替とドル：「ドル本位制」研
究序説』有斐閣, 1988 年。

吉冨勝『アメリカの大恐慌』日本評論社, 1965 年。

吉冨勝『日本経済の真実：通説を超えて』東洋経済新
報社, 1998 年。

吉冨勝『アジア経済の真実：奇蹟, 危機, 制度の進
化』東洋経済新報社, 2003 年。

吉野文雄『東アジア共同体は本当に必要なのか』北星
堂, 2006 年。

蝋山昌一「「市場型間接金融」序論」財務省財務総合
政策研究所編『フィナンシャル・レビュー』第
56 号, 2001 年 3 月, 1-10 頁。

渡辺利夫『開発経済学研究』東洋経済新報社, 1978
年。

渡辺利夫『現代韓国経済分析：開発経済学と現代アジ
ア』勁草書房, 1982 年。

渡辺利夫『開発経済学：経済学と現代アジア〔第 2
版〕』日本評論社, 1996 年。

渡辺利夫『開発経済学入門〔第 3 版〕』東洋経済新報
社, 2010 年。

渡辺利夫・金昌男『韓国経済発展論』勁草書房, 1996
年。

渡辺利夫編『概説　韓国経済』有斐閣, 1990 年。

索　引

アルファベット

BBC システム　149
BIS（国際決済銀行）　30
IMF　13, 20, 22, 23, 27, 38, 41-44, 52, 53, 68
IMF 協定　83-85
IMF 体制　84-86, 126
IMF 8 条国　29, 33, 34, 41

ア　行

アジア開発銀行（ADB）　21, 23
アジア通貨・金融危機　7, 9, 22, 118, 147
インフレーション　5, 26, 37, 42, 50, 55, 61, 65, 87, 96
インフレ的金融　50, 51, 53
オイルダラー　54
オフショア金融市場　21, 29, 30, 147

カ　行

外貨ギャップ　47, 96
外貨準備　6, 7, 29, 45, 47, 48, 50-55, 79, 82, 84, 87, 89, 92-94, 97, 102, 104, 105, 111-114, 120, 123, 125, 145
外貨不足　65
外国為替管理の緩和　20, 29, 34
外国金融機関の参入規制の緩和　146
外資を梃子にした工業化戦略　6
外部金融　13, 14
貸出金利規制　149
過剰貯蓄　112
過剰流動性　6, 42, 89-91
為替管理　21, 61, 63, 75
為替管理自由化　21, 74, 88, 146
為替レート・システム　7, 94, 99, 111, 149
韓銀スワップ　32
間接金融　7, 13-17, 22, 23, 28, 34, 36, 40, 146, 149, 150
官治金融　34
管理変動為替レート制　124
機関銀行　40
期間のミスマッチ　19, 22, 23, 103, 104, 150
基軸通貨　6, 7, 82, 94, 112, 122, 127
基軸通貨システム　82
基礎的均衡為替レート　149
逆選択　67

共通通貨　128, 129, 131, 133, 137, 138, 145
ギリシャ危機　128
金融・資本市場の育成・強化　6, 40, 81
金融改革　6, 7, 9, 15, 22, 23, 42, 43, 147
金融機関間の競争　25, 28, 34-36, 38, 40, 43, 146, 150
金融機関に対する監督・規制　25
金融機関の業容規制　9, 13
金融機関の政府所有　147
金融危機　97
金融業務規制　147
金融市場の統合　133
金融市場の「二重構造」　36
金融システム改革　22
金融自由化論　6, 65-68, 71, 73, 74, 80, 105, 151
金融深化（financial deepening）　9, 11, 13, 15, 35, 42
金融政策の独立性　80, 88, 89, 94, 132
金融制度改革　5, 25-27, 37, 38
金融仲介　5, 11, 13
金融的ショック　5
金融的発展　8, 13
金融的要因　5, 8
金融の自由化・国際化　5-7, 9, 13, 16, 20, 23, 25, 30, 31, 33, 35-38, 44, 91, 105, 146, 147, 149
金融の自由化・国際化戦略　21
金融部門　5, 6, 8, 11, 13, 18, 23, 24, 44, 95, 99, 147, 149, 151, 152
金融抑圧（financial repression）　19, 31, 37, 67
金利自由化　6, 29, 34, 68, 71
金利上限規制　68, 147
クローニズム（縁故主義）　95
グローバル・インバランス　5, 112, 127
グローバル・サプライ・チェーン　125
経常勘定　75, 87, 99
経常収支　5, 7, 46-48, 50, 54-57, 64, 65, 76, 77, 80, 93, 97, 105, 107-109, 111-113, 134, 137
経常収支赤字　96, 102, 103
限界資本産出比率　73, 74
構造調整　9, 22, 38, 51, 52, 55, 65
構造調整融資　52
国際金融機関　13, 20, 23, 53
国際金融公社（IFC）　21

索　引

国際金融のトリレンマ　79, 89, 136, 148
国際資本移動　74-76, 97
国際収支　7, 31, 41, 47, 52, 57, 58, 84, 105, 107, 109, 114, 125
　──の天井　48, 55
国際収支危機　5, 6, 9, 41, 43, 45, 50, 53, 64, 65, 97, 147, 151
国際収支表　46-48
国際通貨システム　7, 82, 85, 86, 126
国際的な銀行取付け　103
国際流動性　114
国民所得勘定　45-47
固定為替レート制　80, 89, 102, 124, 130-132, 148
　完全な──　148
コンディショナリティ　13, 22, 44

サ　行

最後の貸し手　22, 104
財政赤字　5, 41, 61, 96, 97
最適通貨圏　7, 128-130, 132, 133
　──の理論　129
債務危機　6, 25, 41, 44, 54, 55
債務返済能力　97
参入規制　9, 13, 147
資金ギャップ　21
資金配分　31
資金流出入規制　148
自己金融　14
自己資本比率規制　23, 30, 149
資産選択　62
市場型間接金融システム　150
市場型金融システム　9
市場原理主義　68
実物部門　5, 6, 11, 23, 44, 95, 97, 104, 146
資本移動の自由化　75, 79, 80, 130, 148, 149
資本勘定　75, 78, 80, 86, 88, 89, 99
資本市場の育成・強化　17, 23, 25, 28, 34, 36, 37, 40, 41, 150
資本自由化論　148
資本逃避（キャピタル・フライト）　5, 6, 45, 61, 63-65, 69, 97
資本取引規制　76
資本取引の自由化　111, 147
資本流出規制　147
資本流入規制　147
自由化の順序（sequence）　105
準備通貨　7, 125, 127
証券市場の育成・強化　15, 146

情報の非対称性　8, 20, 30, 74
情報理論　8
人為的低金利政策　26, 31, 34, 54, 55
信用収縮　7, 8, 65
信用割当　67, 73, 147, 149
ストップ・アンド・ゴー政策　49, 55
スワン・ダイアグラム　133, 137
生産要素移動　129
世界銀行　13, 20, 23, 27, 38, 41-44, 52, 53, 68

タ　行

対外開放措置　146
対外債務　5, 27, 38, 40, 42, 52, 54, 57
対外債務危機　45, 48, 147, 151
対外債務残高　56, 96
対外債務支払停止　42
対外債務支払能力　104
対外債務問題　43
短期借り・長期貸し　114, 146
短期資金移動　7, 97
中央銀行信用　61
直接金融　12-14, 16, 17, 22, 28, 73, 150, 151
貯蓄・投資ギャップ　47, 48, 95
ツイン・クライシス　97
通貨・金融危機　5, 7-9, 22, 23, 31, 52, 53, 57, 76, 88, 95, 97, 99, 102, 104, 111, 118, 120, 146, 147, 152
通貨危機　7, 97
通貨統合　128, 129, 131, 133, 137, 138, 142, 145
通貨同盟　7, 148
通貨と期間のミスマッチ　104
通貨のミスマッチ　23, 103, 104
通貨バスケット制　76, 88
通貨発行特権（Seigniorage）　85
ツーギャップ・アプローチ　49
ティンバーゲン定理　134
統一通貨　143
統制的な金融システム　6, 9, 15, 20, 44, 45, 47
トービン税　147
ドル体制　125
ドル・ペッグ制　22, 74, 76, 87, 88, 94, 97, 99, 111, 127, 147, 148
ドル本位制論　83

ナ　行

内外金利格差　62, 69, 81, 87, 88, 102
内生的経済成長論　8
内部金融　13, 14
21世紀型の通貨・金融危機　95

488

索　　引

ノンバンク　　11
ノンバンク金融機関　　16, 151

ハ　行

ハイパー・インフレーション　　50, 62, 96
バンコク・オフショア市場　　21, 91
非銀行金融機関　　11
非制度金融機関（informal finance）　　25, 29, 30
非対称性　　82, 83, 85, 87
ファイナンス・カンパニー　　92
複数為替レート制　　41
不胎化介入　　79, 87, 88, 92, 102, 123, 148
2つのギャップ　　47
2つのミスマッチ　　7, 103, 104, 146
ブミプトラ政策　　21
ブーム・アンド・バスト　　5, 6, 146
プリブミ政策　　21
不良債権　　5, 150
ブレトンウッズⅡ　　112-114, 125, 127
ブレトンウッズ体制　　112, 114, 123, 124, 127
ヘッジファンド　　148
変動為替レート制　　52, 62, 130, 146
貿易ギャップ　　47, 48, 96
貿易の対外開放度　　129-131

マ　行

マッキノン＝ショウ・モデル　　67
マネーストック　　6, 85-94
マネタリーベース　　6, 87-94
未組織金市場　　14, 19
3つのギャップ　　47, 65
民間資本移動　　6

モラル・ハザード　　40, 67, 150

ヤ　行

闇為替市場　　62
優遇貸出金利　　34
優遇税制　　20
優遇的資金配分政策　　9, 13, 19, 27, 28, 30
優先的資金配分　　14, 20, 33
輸出志向型工業化　　9, 21, 41, 51
輸出志向型工業化政策　　20, 26, 30, 38, 40, 55
輸入代替　　6
輸入代替型工業化　　9, 18-20, 41
輸入代替型工業化政策　　13, 17, 20, 26, 27, 30, 55
ユーロ　　128, 129
ユーロ危機　　129, 132, 135
ユーロ圏　　131, 133, 137, 138, 141-145
ユーロ市場　　54
預金・貸出金利　　38
　　――の自由化　　25, 27, 28, 146
　　――の上限規制　　9, 13, 14, 19, 20

ラ　行

ラブアン・オフショア市場　　21
リーディング・インダストリー　　26
流動性危機　　22, 103
流動性ジレンマ論　　114
累積債務　　6, 9, 13, 54, 56, 61, 68
累積債務問題　　5, 66
歴史経路依存性　　150

ワ　行

ワシントン・コンセンサス　　68

著者略歴

1967 年　神奈川県川崎市生まれ
1991 年　専修大学経済学部経済学科卒業
1993 年　東洋大学大学院経済学研究科博士前期課程修了
1997 年　拓殖大学国際開発研究所アジア情報センター研究員（2004 年 3 月まで）
1999 年　日本大学大学院経済学研究科博士後期課程満期退学
2004 年　拓殖大学国際開発学部専任講師
2017 年　拓殖大学より博士（国際開発）取得
現　在　拓殖大学国際学部教授，国際開発研究所長兼務

主要著書・訳書
『国際開発学Ⅰ』東洋経済新報社，2000 年（共著）
『国際開発学入門』弘文堂，2001 年（共著）
『開発経済学事典』弘文堂，2004 年（共著）
『開発経済学概論』（ジェラルド・M・マイヤー）岩波書店，2006 年（共訳）
『きっちり学ぶ経済学入門』日本評論社，2011 年（共著）
など

東アジア長期経済統計　第 7 巻

金　融

2018 年 5 月 20 日　第 1 版第 1 刷発行

監修者　渡　辺　利　夫
著　者　徳　原　　悟
発行者　井　村　寿　人

発行所　株式会社　勁　草　書　房

112-0005　東京都文京区水道 2-1-1　振替 00150-2-175253
（編集）電話 03-3815-5277　FAX 03-3814-6968
（営業）電話 03-3814-6861　FAX 03-3814-6854
装丁・板谷成雄／印刷・精興社／製本・牧製本

© TOKUHARA Satoru 2018

ISBN978-4-326-54791-3　Printed in Japan

JCOPY〈(社)出版者著作権管理機構　委託出版物〉
本書の無断複写は著作権法上での例外を除き禁じられています。
複写される場合は，そのつど事前に，(社)出版者著作権管理機構
（電話 03-3513-6969，FAX 03-3513-6979，e-mail: info@jcopy.or.jp)
の許諾を得てください。

＊落丁本・乱丁本はお取替いたします。

http://www.keisoshobo.co.jp

渡辺利夫監修

拓殖大学アジア情報センター編

東アジア長期経済統計 全12巻・別巻3

各巻＊B5判上製函入＊平均400頁

アジア諸国のこの半世紀に及ぶ統計を細大漏らさず収集し，欠落部分を独自の方法で推計し，かつ各国の統計を相互に比較可能な形で提示しようとする試み。主たる対象は，東アジアと通称されるNIES（韓国，台湾，香港，シンガポール），ASEAN諸国（タイ，マレーシア，インドネシア，フィリピン等），中国を含む国・地域，その他インド，パキスタンなどの南アジア，さらに日本，オーストラリア，ニュージーランドなどいくつかの先進国を含む。

第 1 巻	経済成長と産業構造	梶原弘和
＊第 2 巻	経済発展と人口動態	梶原弘和・武田晋一・孟建軍
＊第 3 巻	労働力	梶原弘和
＊第 4 巻	農業近代化の過程	梶原弘和
＊第 5 巻	工業発展	川畑康治
＊第 6 巻	財政	釣雅雄・茂木創・吉野文雄
＊第 7 巻	金融	徳原悟
第 8 巻	インフラストラクチュア	梶原弘和・藤本耕士
＊第 9 巻	外国貿易と経済発展	高中公男
第10 巻	国際収支	徳原悟・河口和範
＊第11 巻	社会指標	甲斐信好
＊第12 巻	中国	加藤弘之・陳光輝
＊別 巻 1	韓国	金昌男・文大宇
＊別 巻 2	台湾	文大宇
＊別 巻 3	環境	原嶋洋平・島崎洋一

＊既刊